man, überhin, flüchtiglich, schlecht genug; obiter, perfunctorie. eine Arbeit obenanä machä. eine Setzen obenanä läsä.

ob, für auf, über; super, supra, ob dem Essen, ob dem Tisch; hu, per mensam. Es sind ihr ob tu, sig, über Tausend. Man will es ob mir überwachen.

ob, für wenn. ob es euch bäte. ob ihr täte. ob es geschäch.

oben, Abend werdes. Es obet starch mit mir; Mein Sach ist sinst mehr weit.

Oben, Abend.

obenab, oben hinweg; desuper das Schacht Dach obenab herunz.

obenaben, bey oben herab; superne, obenaben brechen, oben henincher brechen; e sublime jacere. Es ist bey obenaben, d. i. aus dem Oberlande.

obenusken, oben hinaus. Es ist glychobenuß; es will glych obenuchez; es ist glych auf dem Egel; es entbrennt und waßet glych. oben über und niemen; nicht mag bey jemand, der sich hinaus will, und niegend auslangt.

obensten Knecht, ist zu Basel der Knechtdiener, welcher bey Knechte die dienste; den andersten in der Bestrich den Gaßknebel, heißist. Er hat fremer die Knechtebrabeit über allen diensgesinde, über die Pfege, kuchen, Kellermeistern, Schürern, und Hüden; bey welchen er das ein Baßeld beschicket und zu geneihen hat. f. Kellermeistern.

Oberste (die) nennen die Landlen in den Gat in d' Scheuren, da das Heftel ist, und da sie die Garben hineleg en.

Rudolf Suter, Baseldeutsch-Wörterbuch

Grammatiken und Wörterbücher des Schweizerdeutschen
in allgemeinverständlicher Darstellung,
betreut vom Bund Schwyzertütsch

Band IX

Baseldeutsch-Wörterbuch
Christoph Merian Verlag Basel

Die Vorsatzblätter zeigen faksimilierte Stellen
aus dem über 200 Jahre alten handschriftlichen
Vorläufer des neuen Wörterbuches,
dem Idioticon Rauracum von Johann Jakob Spreng
(1699–1768).

Baseldeutsch-Wörterbuch

von

Rudolf Suter

Liebe Frau Sadri,
als kleine Starthilfe ins
Abenteuer des Baseldeutschen
schenken wir Ihnen dieses
Buch. Gleichzeitig heissen
wir Sie in unserem Kreise
herzlich willkommen!

Peter Kissling

Christoph Merian Verlag Basel

CIP - Kurztitelaufnahme der Deutschen Bibliothek
Suter, Rudolf:
Baseldeutsch-Wörterbuch / von Rudolf Suter. –
Basel: Christoph Merian Verlag, 1984.
(Grammatiken und Wörterbücher des Schweizerdeutschen; Bd. 9)
ISBN 3-85616-019-1
NE: HST; GT

ISBN 3-85616-019-1

© Christoph Merian Verlag, Basel 1984
Gestaltung, Einband und Umschlag: Josef Hodel, Basel
Satz und Druck: Gustav Gissler, Offsetdruck, Basel
Einband: Buchbinderei Flügel, Basel

Zum Geleit

Im Oktober 1976 überreichte die Christoph Merian Stiftung der ihr hundertjähriges Bestehen feiernden Bürgergemeinde Basel als ein Hauptgeschenk die Baseldeutsch-Grammatik, eine erste umfassende Beschreibung unserer Muttersprache. Diese Gabe war nicht zufällig; sie gehörte in den Rahmen jenes vom damaligen Direktor der Stiftung, Dr. Hans Meier, gesteckten und heute noch geltenden Zieles, das baselstädtische Selbstbewusstsein mit allen nur möglichen Mitteln zu fördern. Demselben Ziel dienten auch die etwas früher erfolgte Übernahme und Neubelebung des Basler Stadtbuchs sowie die Gründung des Christoph Merian Verlags, in dem seither zahlreiche gehaltvolle Basiliensia erschienen sind.

Die Grammatik fand einen überraschend starken Widerhall; bereits während der Subskriptionsfrist war die erste Auflage (5000 Exemplare) ausverkauft. Dieses offensichtliche, in allen Bevölkerungskreisen festzustellende Interesse für unsere Muttersprache ermutigte die Stiftung, als ergänzendes Werk ein Wörterbuch herauszubringen, das den trotz allen Verlusten immer noch grossen Reichtum des baselstädtischen Wortschatzes darstellen sollte. Der Autor der Grammatik, Dr. Rudolf Suter, erklärte sich bereit, ein derartiges Wörterbuch zu schaffen, und zwar wiederum als Band der Reihe «Grammatiken und Wörterbücher des Schweizerdeutschen». Die Bürgergemeinde, deren Behörden von der Notwendigkeit einer solchen Arbeit für unsere Stadt ebenfalls überzeugt waren, hat in dankenswerter Weise die erforderlichen Mittel aus ihrem Anteil am Ertrag der Christoph Merian Stiftung zu Verfügung gestellt.

Die Christoph Merian Stiftung freut sich, jetzt – nach sechsjähriger Entstehungszeit – das vollendete Buch der Öffentlichkeit zu übergeben, als einen weiteren Beitrag zur Erhaltung, Stützung und bewussten Pflege des Baseldeutschen, das wohl noch mehr als andere kulturelle Elemente das eigentliche Wesen unserer Stadt sowohl ausdrückt als auch prägt. Sie dankt dem Autor, ohne dessen umfassende Kenntnisse und ohne dessen unermüdliche Arbeit die Entstehung des Werkes nicht denkbar gewesen wäre.

Basel, Ostern 1984

Andreas Linn
Direktor der
Christoph Merian Stiftung

Inhaltsverzeichnis

Vorwort

Die Stadtbasler Mundart, das Baseldeutsche, ist ein Idiom, das sich trotz starker Bedrohung und trotz verhältnismässig kleiner Trägerschaft bis heute behauptet, das heisst viele seiner typischen Eigenheiten bewahrt hat. Dennoch ist nicht zu verkennen, dass der alle Mundarten treffende Auflösungs-, Mischungs- und Verwässerungsprozess ständig weitergeht. Aufgehalten oder doch wenigstens gebremst werden kann er nur durch bewusste Sprachpflege in Familie und Schule sowie durch Dialektdichter und Medienschaffende. Solche Sprachpflege ist zwar jederzeit und überall möglich, wird jedoch durch Hilfsmittel erleichtert, zum Beispiel: Mundartliteratur, Grammatiken, Wörterbücher.

Als ein derartiges Hilfsmittel war die Baseldeutsch-Grammatik von 1976 gedacht, und sie stiess auf ein erfreulich starkes Interesse. Schon vor, aber besonders nach ihrem Erscheinen wurde häufig und immer wieder der Wunsch geäussert, neben der Grammatik, also der Beschreibung der Sprachstruktur und der Sprachgesetze, ein Inventar des gesamten Wortschatzes zur Verfügung zu haben. Es gab bisher zwar schon verschiedene Baseldeutsch-Wörterbücher, in ihrer Art gewiss brauchbare Publikationen; allein, sie genügen heute nicht mehr in allen Stücken. Gustav Adolf Seilers vortreffliche Bestandesaufnahme «Die Basler Mundart» von 1879, oft sprachlich fein differenzierend und auch volkskundlich ergiebig, ist partiell veraltet und hat überdies den Nachteil, dass die baselstädtische und die basellandschaftliche Mundart nicht scharf gegeneinander abgegrenzt sind. Fridolins «Baseldytsch-Sammlig» von 1947 (5. Auflage 1983) ist das sympathische Werk eines Sprach-Liebhabers, das aber keinen Anspruch auf Vollständigkeit und präzise Lautwiedergabe erhebt, das den Wortschatz nach Sachgebieten geordnet darbietet und kaum Notiz von der modernen Umgangssprache nimmt. Diese hingegen, wenn auch nur in der besonderen Ausprägung der «Höschsprache» – also einer Gruppensprache – kommt zum Zug in Wieselys Glossar «Verstoosch hösch» von 1950. – Zudem: heute erwartet man von einem Wörterbuch ausser den einzelnen Wörtern konsequent aufgeführte grammatikalische Daten sowie Angaben über die Bedeutungsbreite einzelner Ausdrücke, über ihre Verwendung im Sprachzusammenhang, über Stilebene und Sprachmilieu.

Angesichts dieser Sachlage beauftragte mich die Christoph Merian Stiftung, ein neues, modernen Ansprüchen genügendes Baseldeutsch-Wörterbuch abzufassen. Während dessen Ausarbeitung standen mir folgende Ziele vor Augen:

1. Es ist der ganze heute gebräuchliche Wortschatz zu inventarisieren.
2. Zudem ist der ältere, zum Teil nicht mehr lebendige Wortschatz insoweit aufzunehmen, als er in der Dialektliteratur des ganzen 19. und des beginnenden 20. Jahrhunderts vorkommt und von betagten Baslern noch verwendet wird.
3. Das mundartliche Wörterverzeichnis soll nicht nur die einzelnen Wörter samt den hochdeutschen Übersetzungen enthalten, sondern auch Auskunft geben über Formen, Verwendung im Satzzusammenhang, Bedeutungsnuancen, Sprachebene, zum Teil auch über Herkunft und Quellen.

Diese summarisch skizzierten Ziele sind dem mehrfachen Zweck des Buches untergeordnet, nämlich: die Lektüre von baseldeutscher Literatur des 20. und auch des 19. Jahrhunderts zu erleichtern, den passenden mundartlichen Ausdruck wählen und den eigenen Wortschatz erweitern zu helfen, ganz allgemein die Freude an der Muttersprache und ihrem Reichtum zu wecken und zu heben, schliesslich den Auswärtigen bei der Erlernung des Baseldeutschen zu unterstützen.

Als ausgezeichnete Vorlage für Aufbau und Systematik benützte ich das «Zürichdeutsche Wörterbuch» von Albert Weber und Jacques M. Bächtold (von diesem sowie von Johannes Jakob Sturzenegger und Rudolf Trüb völlig überarbeitet und 1983 in 3. Auflage herausgegeben).

Als baseldeutsche Quellen dienten mir die Wörtersammlungen von G. A. Seiler, Fridolin und Wiesely, ferner die verschiedenen grammatikalischen und linguistischen Abhandlungen, sodann fast alle Werke der baseldeutschen Literatur des 19. und des 20. Jahrhunderts sowie die tagtäglich gehörte Umgangssprache auf der Strasse, am Arbeitsplatz, in der Familie, im Bekannten- und im Freundeskreis, nicht zuletzt aber auch die Produktionen der Fasnachtszettel- und Schnitzelbankpoeten. Zu der Fülle des so gesammelten Materials kam noch eine grosse Anzahl von Wörtern, Wortbedeutungen, Bedeutungsnuancen und Redewendungen, die mir mitgeteilt wurden von guten Baseldeutschkennern, wie Esther Hosch-Wackernagel (†), Dr. h. c. Georg Duthaler und vor allem Peter Muster, der sogar eine ganze Kartothek zur Verfügung stellte und überdies bei der Durchsicht des Manuskripts viele wichtige Ergänzungen zumal im populärsprachlichen Bereich anregte.

Ausserdem durfte ich während der Ausarbeitung manchen wertvollen Rat und viel aufbauende Kritik vom Vorstand des Bundes Schwyzertütsch entgegennehmen, insbesondere von Dr. Rudolf Trüb. Beim Lesen der Korrekturen unterstützten mich neben den Korrektoren der Druckerei der schon genannte Peter Muster und mein Bruder Andreas Suter.

Allen diesen Helfern gilt mein herzlicher Dank, aber auch der Christoph Merian Stiftung, deren Kommission und Direktion das Werk überhaupt erst ermöglichten, sodann Paul von Matt von der Druckerei Gustav Gissler, der mit seinen Mitarbeitern die Drucklegung aufs sorgfältigste betreute, sowie dem Gestalter von Einband und Umschlag, Josef Hodel, und der Buchbinderei Flügel.

Es ist trotz aller Mühewaltung schlechterdings unmöglich, eine zum Glück noch lebendige Sprache wie das Baseldeutsche vollständig zwischen zwei Buchdeckel zu zwingen. Mit Recht wird der eine Leser dieses oder jenes ihm vertraute Wort oder eine besondere Bedeutung vermissen, der andere missbilligend die Aufnahme eines ihm unbekannten und daher unbaseldeutsch erscheinenden Wortes feststellen. Andere mögen eine ihnen schief vorkommende Übersetzung oder Definition bemängeln und wieder andere sich über allzu Derbes oder allzu Elitäres aufhalten. Die ältere Generation wird über gewisse neue Wendungen und Ausdrücke den Kopf schütteln, die jüngere manches als antiquiert belächeln – gleichviel, wenn sie es nur aus Liebe zur Sprache tun! Jedenfalls bin ich dankbar für alle Hinweise, Berichtigungen und Ergänzungen, die vielleicht einer zweiten Auflage zugute kommen werden.

Möge das Buch trotz allen seinen unvermeidlichen Fehlern und Lücken zu einem nützlichen Begleiter jedes Mundartfreundes werden und zu einer Stütze der Sprache unserer lieben Vaterstadt Basel!

Rudolf Suter

Einleitung

Abgrenzung des Wortschatzes

1. Aufgenommen in diesem Buch sind die Wörter des Baseldeutschen, die entweder im Hochdeutschen (Schriftdeutschen) nicht vorkommen oder sich von ihm unterscheiden, sei es in der Bedeutung, in einer Teilbedeutung oder in der Verwendung, sei es in der Lautung, im Geschlecht oder in der Beugung, und zwar unabhängig davon, ob sie auch in anderen alemannischen Dialekten vorkommen.

2. Das Gebiet des Baseldeutschen deckt sich mehr oder weniger mit den Grenzen des Kantons Basel-Stadt; die Sprachnuancen der baselstädtischen Landgemeinden Riehen und Bettingen wurden, da ohnehin nur noch rudimentär erkennbar, nicht besonders berücksichtigt.

3. Zur Hauptsache figurieren die heute allgemein gebrauchten oder doch bekannten Wörter der gesprochenen und geschriebenen Mundart, daneben aber auch jene Wörter, die nur in der älteren Dialektliteratur vorkommen und zum Teil noch von alten Baslern verwendet werden oder vor wenigen Jahrzehnten noch verwendet wurden. Solche nicht mehr oder kaum mehr gebräuchlichen Wörter und Wendungen, desgleichen veraltete Bedeutungen sind besonders gekennzeichnet (mit +), ebenso aber auch offensichtlich erst in jüngerer oder jüngster Zeit aufgekommene bzw. übernommene Wörter.

4. Besondere Vermerke gelten dem sozialen Umfeld, in dem ein Wort zu Hause ist – so sind kindersprachliche, schülersprachliche, soldatensprachliche, studentensprachliche Wörter eigens gekennzeichnet. Andere Vermerke gelten der Stilebene einzelner Wörter, so, wenn sie nur im engen Familien- oder Freundeskreis gebräuchlich sind, wenn sie scherzhaft verwendet werden oder wenn sie derb, grob, obszön oder vulgär sind oder wenn sie abschätzige Bedeutung haben.
Zahlreiche Wörter, Wendungen und Nebenbedeutungen entstammen der sogenannten Höschsprache und werden ebenfalls entsprechend gekennzeichnet. Es handelt sich bei der Höschsprache um ein vor allem zwischen 1930 (Beginn der grossen Arbeitslosenmisere) und 1955 (Kriegs- und Nachkriegszeit) im proletarischen Bereich besonders stark aufblühendes, durch Soldatensprache und internationale «Gaunersprache» angereichertes aggressiv-originelles Idiom, welches das «klassische» Baseldeutsch nicht unbeträchtlich beeinflusste, ja zum Teil sogar in andere Deutschschweizer Dialekte eindrang. Die Grenze zwischen Hösch- und Vulgärbereich ist naturgemäss fliessend.

5. Von Personen-, Familien-, Flur-, Orts- und Strassennamen sind lange nicht alle, sonder nur die gängigsten und für das Baseldeutsche besonders signifikanten aufgenommen. Zahlreiche familiäre Sonderformen konnten nicht berücksichtigt werden.

6. Nicht oder nur zu einem kleinen Teil berücksichtigt sind Wörter, die zwar im Dialekt gebräuchlich, aber ebensosehr im Hochdeutschen beheimatet sind, sodann noch nicht ganz assimilierte Wörter aus anderen Dialekten sowie offensichtlich kurzlebige Neubildungen, ferner spezifische Fachausdrücke aus Handwerk, Handel, Technik, Wissenschaft und Sport, schliesslich manche Tier- und Pflanzenbezeichnungen, die sich ganz einfach meiner Kenntnis entzogen.

Gliederung des Buches

Der erste Teil des Buches enthält den baseldeutschen Wortschatz samt den hochdeutschen (schriftdeutschen) Erklärungen. Der zweite Teil bietet ein hochdeutsches Register, von dem aus der erste Teil erschlossen werden kann. Über die genauere Bedeutung und die angemessene Verwendung eines Wortes gibt aber nur der erste Teil, das mundartliche Wörterverzeichnis, Auskunft.

Schreibweise

Die Schreibweise richtet sich grundsätzlich nach den bewährten Regeln, die seinerzeit Eugen Dieth aufgestellt hat (Schwyzertütschi Dialäktschrift. Leitfaden einer einheitlichen Schreibweise für alle Dialekte. Zürich 1938). Als Hauptregel gilt, dass die Wörter so geschrieben werden, wie man sie hört oder spricht, und zwar ohne Rücksicht auf das vertraute hochdeutsche Schriftbild. Im einzelnen gilt folgendes:

Vokale

Lange Vokale werden stets doppelt geschrieben, z.B. in *Glaas* «Glas», *nää* «nehmen», *leege* «legen». Dehnungs-h wird nicht verwendet; man schreibt also z.B. *Baan* «Bahn», *Lèèr* «Lehre». Kurze Vokale werden durchweg einfach geschrieben, z.B. in *Gspass* «Spass», *hèt* «hat», *wyt* «weit». Ein wichtiges Charakteristikum des Baseldeutschen sind die sogenannten entrundeten Vokale. Das heisst, der Baselstädter sagt z.B. *scheen* «schön», *Biirschte* «Bürste», *nei* «neu», *Baim* «Bäume», *siess* «süss». Obschon dieses Charakteristikum in den letzten Jahrzehnten ausserordentlich abgeschwächt worden und bei vielen Sprechern sogar (bis auf den Laut *ie*) ganz verschwunden ist, halten wir uns, selbst bei der Wiedergabe höschsprachlicher Wörter, an die entrundeten Laute. *ö* ist also unter *e*, *ü* unter *i*, *eu* unter *ei*, *äu* unter *ai*, *üe* unter *ie* zu suchen. Selbstverständlich aber soll und kann jeder diese Vokale so sprechen, wie ihm der Schnabel gewachsen ist.
Die einzelnen Vokale:

a, aa	ziemlich hell ausgesprochen, kurz z.B. in *Hand* «Hand», lang z.B. in *saage* «sagen».
ä, ää	überoffenes e, kurz z.B. in *nätt* «nett», lang z.B. in *Kääs* «Käse».
e, ee	geschlossenes e, kurz nur in durch Satzzusammenhang schwach betonter Silbe, z.B. *nyt me* «nichts mehr», lang z.B. in *Feen* «Föhn».
è, èè	offenes e, kurz z.B. in *Bètt* «Bett», lang z.B. in *Hèèr* «Herr».
e	unbetontes, farbloses e in unbetonten Vor-, Mittel- und Endsilben, z.B. in *vergoo* «vergehen», *bitzeli* «bisschen», *Lyyne* «Leinen».
y, yy	geschlossenes i, kurz z.B. in *Lyt* «Leute», lang z.B. in *Syyde* «Seide».
i, ii	offenes i, kurz z.B. in *Bitt* «Bitte», lang z.B. in *Schiine* «Schiene».
o, oo	geschlossenes o, kurz nur in durch Satzzusammenhang schwachbetonter Silbe, z.B. *no de Viere* «nach vier Uhr», lang z.B. in *Oobe* «Abend».
ò, òò	offenes o, kurz z.B. in *Òtti* «Otto», lang z.B. in *Òòrnig* «Ordnung».
u, uu	geschlossenes u, leicht nach ü tendierend, kurz z.B. in *lut* «laut», lang z.B. in *Muus* «Maus».
ù, ùù	offenes u, kurz z.B. in *Hùnd* «Hund», lang z.B. in *sùùre* «surren».
ai, aai	gesprochen a-i, aa-i, kurz z.B. in *glai* «klein», lang z.B. in *naaie* «nähen».
ei	gesprochen e-i, z.B. in *Blei* «Blei».
au	gesprochen ä-u, z.B. in *rau* «roh».
ie	gesprochen i-e, z.B. in *Liecht* «Licht».
ue	gesprochen u-e, z.B. in *guet* «gut».
ui	gesprochen u-i, nur in Ausrufewörtern, z.B. *juchui* «juchhe».

Zur alphabetischen Reihenfolge:

- Offene und geschlossene Vokale werden unterschiedslos als ein Vokal behandelt, also *e, è* als e, *i, y* als i, *o, ò* als o, *u, ù* als u.
- Da *i* und *y* für i-Laut verwendet werden, figuriert *y* mit *i* zusammen und nicht am Ende des Alphabets.
- Doppelvokale werden in der alphabetischen Abfolge wie einfache behandelt, es folgen im Alphabet demnach aufeinander: *hagge, Haas; stèlle, stèère; Loon, Lònde; Rùùgel, Rùss.*

Konsonanten

Als lang bzw. geschärft empfundene Konsonanten werden doppelt geschrieben, z.B. in *schaffe* «schaffen», *bälle* «bellen», *Sùmmer* «Sommer», *dinne* «drinnen», *èpper* «jemand», *mässe* «messen», *Strooss* «Strasse», *rytte* «reiten». Für *zz* wird sinngemäss *tz* geschrieben, z.B. in *stratze* «stehlen», Lange *ch* und *sch* werden mit Rücksicht auf die Lesbarkeit nicht doppelt geschrieben, z.B. in *bache* «backen» (nicht *bachche*), *lèsche* «löschen» (nicht *lèschsche*).

b, d, g sind stimmlos und unbehaucht.

p und **t** sind in der Regel ebenfalls unbehaucht, ausser im Anlaut von einigen Lehnwörtern, z.B. in *Phagg* «Paket», *Phaul* «Paul», *Thämpel* «Tempel», *Thee* «Tee».

gg bezeichnet unbehauchten starken Verschlusslaut, z.B. in *Sagg* «Sack», *Aggsle* «Achsel».

k bezeichnet den entsprechenden behauchten starken Verschlusslaut, der nur im Silbenanlaut vorkommt, z.B. in *Kaffi* «Kaffee», *koo* «kommen».

f und **v** werden analog dem Schriftdeutschen gesetzt, z.B. in *Faade* «Faden», *Vatter* «Vater». Wird das *v* schriftsprachlicher Wörter aber in der Mundart als *w* gesprochen, dann wird es als *w* geschrieben, z.B. in *Waase* «Vase», *Weeloo* «Velo».

ng bezeichnet den velaren (hinteren) Nasallaut, z.B. in *gring* «gering».

nng bezeichnet denselben Laut mit anschliessendem schwachem Verschlusslaut, z.B. in *Kinngel* «Kaninchen».

ngg bezeichnet den Nasallaut mit anschliessendem starkem Verschlusslaut, z.B. in *dangge* «danken».

gw bezeichnet *qu*, z.B. in *Gwartier* «Quartier».

sp und **st** werden wie im Hochdeutschen im Silbenanlaut als *schp* bzw. *schb* und *scht* bzw. *schd* gesprochen, z.B. in *Spiil* «Spiel», *Stai* «Stein». Weicht die Aussprache vom Hochdeutschen ab, wird *schp* und *scht* geschrieben, z.B. in *Haschpel* «Haspel», *glùschte* «gelüsten».

Fuge bei zusammengesetzten Wörtern

Lautliche Verschmelzungen werden in der Schrift nicht wiedergegeben. Es wird also nicht *kèmpmi* «kennt mich» geschrieben, sondern *kènnt mi,* nicht *Wampild* «Wandbild», sondern *Wandbild*. Wenn in zusammengesetzten Wörtern aufeinanderstossende Laute ein missverständliches Schriftbild ergäben, so werden die Silben durch feinen, hochgestellten Vertikalstrich getrennt, z.B. in *Èssig'gùttere* «Essigflasche», *Ùn'ghyyr* «Ungeheuer».

Akzent

Der Wortakzent (Betonung) wird in besonderen Fällen durch Unterstreichung markiert, z.B. in *uswääg* «aus dem Weg», *baaresaar* «par hasard».

Abkürzungen und Zeichen

Adj.	Adjektiv, Eigenschaftswort	Pers. Pron.	Personalpronomen,
adj.	in adjektivischer Verwendung		persönliches Fürwort
Akk.	Akkusativ, Wenfall	Plur.	Plural, Mehrzahl
Anf.	Anfang	pop.	populär, umgangssprachlich,
Art.	Artikel, Geschlechtswort		salopp
bet.	betont	Poss. Pron.	Possessivpronomen,
Dat.	Dativ, Wemfall		besitzanzeigendes Fürwort
Dem. Pron.	Demonstrativpronomen,	präd.	prädikativ, mit der Satzaussage
	hinweisendes Fürwort		verbunden
Dim.	Diminutiv, Verkleinerungsform	Präs.	Präsens, Gegenwart
eig.	eigentlich	Pron.	Pronomen, Fürwort
engl.	englisch	Ra.	Redensart, auch Sprichwort
fam.	im familiären Bereich oder	Raa.	Redensarten
	in beschränktem Kreis	refl.	reflexiv, rückbezüglich
frz.	französisch	Refl. Pron.	Reflexivpronomen,
Gen.	Genitiv, Wesfall		rückbezügliches Fürwort
griech.	griechisch	Rel. Pron.	Relativpronomen, bezügliches
H.	Hälfte		Fürwort
Höschs.	Höschsprache (Spezialidiom	s.	sächlich
	der Basler Vulgärsprache,	Schs.	Schülersprache
	vor allem zwischen 1930 und 1955)	Sing.	Singular, Einzahl
humor.	humoristisch, in scherzhafter	span.	spanisch
	Verwendung	Ss.	Soldatensprache
Inf.	Infinitiv, Grundform	Sts.	Studentensprache
Interr. Pron.	Interrogativpronomen,	Subst.	Substantiv, Hauptwort
	fragendes Fürwort	subst.	in substantivischer Verwendung
intr.	intransitiv, ohne Objekt	tr.	transitiv, mit Objekt
it.	italienisch	u.a.	und andere
jd., jdm.	jemand, jemandem	u.ä.	und ähnliche(s)
jdn., jds.	jemanden, jemandes	unbet.	unbetont
jg.	jüngeren Datums	unpers.	unpersönlich
Jh.	Jahrhundert	ütr.	in übertragener,
Komp.	Komparativ, zweite		bildlicher Bedeutung
	Steigerungsform	V.	Verb, Tätigkeitswort, Zeitwort
Kond.	Konditional, Bedingungsform	verh.	verhüllend
Konj.	Konjunktion. Bindewort	verst.	verstärkend, verstärkt
(Konj.)	Konjunktiv, Möglichkeitsform	vulg.	vulgär, derb, grob, obszön
	der Gegenwart	w.	weiblich
Ks.	Kindersprache	Zss.	Zusammensetzung(en)
lat.	lateinisch	+	veraltet, nicht mehr gebraucht
m.	männlich	→	siehe
Nom.	Nominativ, Werfall		Trennung beim Sprechen,
Num.	Numerale, Zahlwort		z.B. in un|guet
Part.	Partizip, Mittelwort	~	bereits genannter Begriff, z.B.:
pej.	pejorativ, abschätzig		*Marmel, mit ~ n spielen*

Baseldeutsch – Hochdeutsch
Hinweise für die Benützung

Alphabetik

Die fettgedruckten Stichwörter (links aussen, an der Spitze eines Artikels) sind im Prinzip nach dem ABC geordnet; es gilt einzig zu beachten, dass doppelt geschriebene (lange) Vokale als einfache Buchstaben gelten, ferner dass *i* und *y* beide unterschiedslos unter i zu finden sind, schliesslich dass *gg* zwischen *gf* und *gh* liegt, also nicht als besonderer Laut behandelt wird. Falls ein Wort verschiedene lautliche Formen hat, so sind alle alphabetisch eingeordnet und mit Hinweis (→) auf diejenige Form versehen, bei der die hochdeutsche Definition steht, z.B. *Gwatier* → *Gwartier*. Gleichlautende, aber herkunftsmässig verschiedene Wörter sind separat aufgeführt und hinten mit einer hochgestellten Ordnungszahl bezeichnet, z.B. *Duube*[1] «Taube», *Duube*[2] «Fassdaube», *Duube*[3] «Tube».

Zusammengesetzte Wörter

Aus Substantiven (Hauptwörtern) gebildete Zusammensetzungen sind unter dem ersten Bestandteil als Stichwort aufgeführt und wie das Stichwort fettgedruckt. *Diirggehoonig* ist also unter *Diirgg* zu finden, *Gaissebueb* unter *Gaiss*. Alle übrigen Zusammensetzungen sind als selbständige Stichwörter aufgeführt, z.B. *yneszue, ùffmache, kòpfuusbiirzle*. Leicht zu bildende und durchschaubare Zusammensetzungen, vor allem im Bereich des Verbums (Tätigkeitsworts, Zeitworts) sind nicht erwähnt, sie hätten denn eine vom Hochdeutschen abweichende Bedeutung oder Nebenbedeutung. Unberücksichtigt bleiben demnach z.B. *aabegoo* «hinuntergehen», *fùùrtgoo* «fortgehen», *uusegoo* «hinausgehen». Hingegen figuriert z.B. *ynegoo* «hineingehen», wegen seiner Nebenbedeutung «möglich sein».

Diminutive (Verkleinerungsformen)

Verkleinerungsformen von Hauptwörtern stehen beim entsprechenden Normalwort, also *Biechli* «Büchlein» bei *Buech* «Buch», und zwar in Normalschrift. Wenn sie eine vom Normalwort abweichende Bedeutung oder Nebenbedeutung haben, sind sie fettgedruckt, z.B. *Hyysli* «Häuschen», wegen seiner Nebenbedeutung «Abort». Gilt die Verkleinerungsform nur für eine Einzelbedeutung des Normalworts, so steht sie nach dieser Einzelbedeutung.
Verkleinerungsformen von Verben (Tätigkeitswörtern, Zeitwörtern) sind als selbständige Stichwörter aufgeführt, also nach *schaffe* «arbeiten» *schäfferle* «spielerisch arbeiten».

Worterklärungen

Die hochdeutschen Worterklärungen sind so knapp wie möglich gehalten. Teilbedeutungen sind mit einleitenden Zahlen versehen, z.B. *Biirschte* «1. Bürste. 2. kratzbürstige Frau. 3. kurzgeschnittenes Kopfhaar.» Häufig werden die Wörter anhand von Beispielsätzen, Wendungen oder Zitaten in ihrem Kontext gezeigt. Ferner sind zahlreiche feste Fügungen, bildhafte Wendungen und Redensarten, gelegentlich auch Sprichwörter aufgeführt.

Die Herkunft ist nur bei Lehnwörtern aus Fremdsprachen angegeben, und zwar jeweils nach der hochdeutschen Definition, z.B.: *ramisiere* «zusammenraffen; frz. ramasser». Ausführlichere Angaben zu Bedeutung, Herkunft, geographischer Verbreitung eines Wortes findet man im «Wörterbuch der schweizerdeutschen Sprache» (Schweizerisches Idiotikon). Gelegentlich ist in Klammern hinter der hochdeutschen Definition oder nach einem Zitat oder auch nach einer besonderen Wortform der Autor angegeben, bei dem sich das Wort bzw. eine besondere Bedeutung bzw. eine besondere Wortform findet. – Es figurieren folgende Autoren:

Aebersold	Maria Aebersold (1908–1982)	Hoffmann	Eduard Hoffmann (1864–1936)
Altwegg	Wilhelm Altwegg (1883–1971)	Jost	Walter Jost (1892–1977)
Baerwart	Theobald Baerwart (1872–1942)	Kelterborn	Rudolf Kelterborn (1843–1909)
Bernoulli	Carl Albrecht Bernoulli (1868–1937)	Kron	Emma Kron (1822–1875)
Beurmann	Emil Beurmann (1862–1951)	Küry	Gustav Küry (1904–1961)
Blasius	Felix Burckhardt (geboren 1906)	Liebrich	Fritz Liebrich (1879–1936)
Burckhardt	Jacob Burckhardt (1818–1897)	Mähly	Jakob Mähly (1828–1902)
Brenner	Albert Brenner (1835–1861)	Meyer	Theodor Meyer-Merian (1818–1867)
Fridolin	Robert B. Christ (1904–1982)	Müller	Dominik Müller
Hagenbach	Karl Rudolf Hagenbach (1801–1874)		(eig. Paul Schmitz) (1871–1953)
Hetzel	Elisabeth Hetzel (1835–1908)	Schneider	Hermann Schneider (1901–1973)
Heusler	Andreas Heusler (1865–1940)	Seiler	Gustav Adolf Seiler (1848–1936)
Hindermann	Philipp Hindermann (1796–1884)	Sieber	Ludwig Sieber (1833–1891)

Grammatische Angaben

An grammatischen Angaben bieten wir:
a) bei den Substantiven (Hauptwörtern): gleich hinter dem Stichwort das Geschlecht (m., w. oder s.) und in Klammern die Mehrzahlform, sofern sie von der Einzahlform abweicht, z.B. «*Mèntsch* m. *(-e)* Mensch», «*Graas* s. *(Greeser)* Gras», «*Kue* w. *(Kie)* Kuh». Es folgen die Zusammensetzungen mit Angabe des Geschlechts, aber ohne Angabe der Pluralform. Die Verkleinerungsform steht, falls sie für alle Teilbedeutungen gilt, nach den Zusammensetzungen, sonst bei der zutreffenden Nebenbedeutung;
b) bei Verben (Tätigkeitswörtern, Zeitwörtern): nach dem als Stichwort dienenden Infinitiv (Grundform) in Klammern das Partizip (Mittelwort) der Vergangenheit, z.B. « *sueche (gsuecht)* suchen», «*mischte (gmischted)* misten»; gegebenenfalls nach dem Partizip weitere, unregelmässige Formen des Indikativs (Wirklichkeitsform) des Präsens (Gegenwart), des Konjunktivs (Möglichkeitsform) des Präsens, schliesslich des Konditionals (Bedingungsform), also z.B. «*stäärbe (gstòòrbe;* Präs. *stiirb, stiirbsch, stiirbt, stäärbe;* Konj. *stäärb;* Kond. *stùùrb)*»;
c) bei Adjektiven (Eigenschaftswörtern): in Klammern die von der Norm bzw. vom Hochdeutschen abweichenden Steigerungsformen, z.B. «*graad (greeder, greedscht)* gerade».
d) Doppelformen. Sind zwei oder mehr Formen möglich, so werden die einzelnen Formen mit Schrägstrich voneinander getrennt, z.B. «*gryyne (grinne / gryynt)* weinen», «*lut (luter / lyter, lutscht / lytscht)* laut», «*Graan* m. *(Grään / Graane)* Kran».

Weitere grammatikalische Angaben sind in der Baseldeutsch-Grammatik von Rudolf Suter zu finden.

14

A

aa[1]**, a** *ach, ah.* 1. Überraschung ausdrückend: A duu bisch s! A wie nätt! 2. verst.: A nai! *Nein, ganz und gar nicht!* Aa joo! *Ja natürlich!* Aa nai! *Nein, das kommt überhaupt nicht in Frage!* 3. Behagen oder Zustimmung ausdrückend: Aa, wie isch das scheen! Aa, daas wäär lùschtig!

aa[2] Adv. *an.* 1. Vorsilbe: Aakoo, *ankommen.* Aaluege, *anschauen.* 2. vorausgehende Präp. verst.: An der Wand aa, *ganz nahe an der Wand.* 3. nachgestellt: *nach.* Am Gschmagg aa, *nach dem Geschmack zu schliessen.* Allem aa, *nach allem zu schliessen.* Miir aa, *meinetwegen, wenn es nach mir geht.*

ää, ä Interj. Unwillen, Ärger, Ekel ausdrückend.

ab[1] Präp. mit Dat. 1. *von, von...her, von...herab.* Ab em Disch nää, *vom Tisch wegnehmen.* Ab em Biechli nää, *vom Bankbüchlein abheben.* Ab em Blatt spiile, *vom Blatt spielen.* Ab em Sässel gùmpe, *vom Stuhl herunterspringen.* S isch mer e Stai ab em Häärz, *...vom Herzen.* Oft durch aabe verst.: Ab em Disch aabe falle, *vom Tisch herunterfallen.* 2. *weitab, losgelöst von.* Ganz ab der Wält, *völlig weltabgeschieden.* Ab der Kèttene, *ausser Rand und Band.* Ab em Flaisch koo, *abmagern.* 3. *aus.* Ab em Däller ässe. Ab em Byyroo koo. 4. *ob, über.* Ab èppisem verschrägge.. Sich ab èppisem fraie. Ab èppisem lache.

ab[2] Adv. 1. *fort, weg.* Der Dieb isch ab, *...hat sich davongemacht.* Der Gnòpf isch ab, *...ist abgerissen.* 2. *hinunter.* Der Bach ab. S Lòch ab. 3. Vorsilbe: Abfaare, *abfahren.* Abzèlle, *abzählen.* 4. verst. (Mitte 20. Jh.). Sich ain abfriere, *sehr stark frieren.* Sich ain abgrampfe, *gewaltig arbeiten.*

aba Interj. *Dummes Zeug! Geh mir weg damit! Quatsch!*

aabäffzge (aabäffzged) *anbellen, anschnauzen.*

aabälle (aabällt) *anbellen, ütr. hart anfahren.*

Abänderig w. Wechseljahre.

aabändle (aabändled) *anbändeln, Liebschaft beginnen.* Er hèt mit aineren aabändled.

aabängle (aabängled) *anwerfen.* Si händ em Stai aabängled.

aabänsle (aabänsled) 1. *anpinseln, anstreichen.* 2. *schminken* (humor., pej.).

aabasse (aabasst) *anpassen.*

ab'ässe (abgässe) *leer essen.* En abgässene Däller, *ein leer gegessener Teller.*

aabätte (aabätted) *anbeten.*

abbasse (abbasst) 1. *abwarten.* Der rächt Mòmänt abbasse. 2. *auflauern.* Em Find abbasse, *dem Feind auflauern.*

abbiege (abbooge) 1. *abbiegen.* 2.[+] *zum Zahlen drankriegen, überreden* (Baerwart).

abbiete[+] (abbòtte) *absagen, abbestellen.* Der Glètteren abbiete, *der Plätterin absagen, die Plätterin abbestellen.*

abbloose (abbloose) *abblasen, absagen, ausfallen lassen.* Me hèt das Fèscht wägen em Räägen abbloose.

abbräche (abbròche) 1. *abbrechen.* Abbròchene Riis, *kleiner Mensch* (humor.). 2.[+] *verkohlten Kerzendocht abschneiden.*

Abbrächi[+] w. (Abbrächene) *Lichtschere.*

abbringe (abbròcht) *loswerden, verkaufen.* I haa dä Husierer fascht nit abbròcht. Er hèt sy Zyyg ùff em Floomäärt abbròcht.

abbùtze (abbùtzt) 1. *abwischen, abbürsten, säubern.* Bùtz dyni Schue ab! 2. *barsch zurechtweisen.* Si hèt en wiescht abbùtzt.

abdampfe (abdampft) *abfahren, starten, sich davonmachen* (pop.).

Abdanggig w. (-e) *Leichenfeier, Trauergottesdienst.*

abdychele (abdycheled) *wegschleichen, sich leise davonmachen.*

abdiigere (abdiigered) *sich davonmachen* (Baerwart).

abdyysele (abdyyseled) *wegschleichen, sich leise davonmachen.*

abdrait *abgetragen, abgenützt.* Abdraiti Glaider.

abdrampe (abdrampt) 1. tr. *durch Gehen abnützen (Schuhabsatz).* 2. tr. *abschreiten (Route)* (pop.). 3. intr. *abtreten, wegtreten* (Ss.).

abdrätte (abdrätte) *abtreten, wegtreten.*

Abdritt m. *Abort.*

Aabee m. *Abort.* Aabeebapyyr s. *Klosettpapier.* Aabeebääseli s. *Klosettbürste*

aabe *hinunter, herunter.* Gang dèèrt aabe, *geh dort hinunter.* Kùmm aabe, *komm herunter.*

aabebängle (aabebängled) *herunterschlagen.* Nùss aabebängle, *Nüsse herunterschlagen.*

aabebùtze (aabebùtzt) *gründlich reinigen, auffrischen, neu bemalen, neu verputzen.*

S Huus aabebùtze.

aabedätsche (aabedätscht) 1. tr. *geräuschvoll herunterschlagen*. 2. intr. *herunterfallen* (pop.).

Abedeegg w. (-e), **Abideegg** w. (-e) 1. *Apotheke*. 2. *Hosenschlitz* (humor., pop.). Mach d Abedeegg zue, *schliess den Hosenschlitz*.

Abedeegger m., **Abideegger** m. 1. *Apotheker*. 2. *teurer Händler* (pop.).

Abedyt m. *Appetit*.

abedytlig *appetitlich*. En abedytlig Maitli, *ein Mädchen zum Anbeissen*.

aabedue (aabedoo) 1. *hinunter-, heruntertragen*. Si hèt d Schue in Käller aabedoo. 2. *herabsetzen, heruntermachen*. Der Lèèrer hèt em Hans sy Ùffsatz ghèèrig aabedoo.

aabefliege (aabegflooge) 1. *hinunter-, herunterfliegen*. 2. *zu Boden fallen* (Schs.).

aabegää (aabegää) *hinunter-, heruntergeben*. Ra.: D Milch aabegää, *bescheiden, kleinlaut werden, Ansprüche herunterschrauben*.

aabeegge [+] (aabeeggt) *anstarren, anstieren* (Kron).

aabegheie (aabegheit) 1. tr. *hinunterwerfen* (pop.). 2. intr. *hinunter-, herunterfallen* (pop.).

aabehuure (aabeghuurt) *niederkauern*.

aabekabittle (aabekabittled) *abkapiteln, gehörig ausschelten*.

aabekoo (aabekoo) 1. *hinunter-, herunterkommen*. Si isch in Käller aabekoo. Er isch als wie mee aabekoo ùnd hèt afo dringge. 2. *auf den Boden der Realiät zurückkehren* (pop.).

aabelyyre (aabeglyyrt) *herunterleiern*.

aabelitze (aabeglitzt) *herunterkrempeln*. Aabeglitzti Sògge.

aabeloo (aabegloo) *hinunter-, herunterlassen*. Strickvers: Yynestäche, iibereleege, dùùrezie ùnd aabeloo. Ra.: Ain am Sail aabeloo *jdm. falsche Hoffnungen machen, jdn. nasführen, irreführen, foppen*.

aabeluege (aabegluegt) *hinunter-, herunterschauen*. Ùff èpper aabeluege, *jdn. geringschätzen*.

aabemache (aabegmacht) 1. tr. *heruntermachen, schlechtmachen, ausschelten*. 2. intr. *stark regnen, schneien, hageln*. S macht ghèèrig aabe.

aabemäärte (aabegmäärted) *herunterfeilschen*.

aabenää (aabegnoo) *herunternehmen*.

abenander *entzwei*.

aabepflyymle (aabepflyymled) *hinunter-,*

herunterpurzeln (pop.).

aabèpperle (aabèpperled) *anklopfen*.

aaber, aber 1. *aber, doch*. Bet.: Nai aaber au, è aaber au, *aber nein doch*. Unbet.: Aber naai, aber naai au. Er isch aarm, aber er kaa nyt derfiir. 2. *sondern*. Nit, wil i èppen en ùn'gsèllig Wääse bii, aber wil i gäärn mit òffenen Auge draumt haa (Baerwart). 3.[+] *wieder, abermals*. Fir nyt ùnd aaber nyt, *für nichts und wieder nichts*.

Aaberwille [+] m. *Widerwille, Abneigung* (Seiler).

aabeschiesse (aabegschosse) 1. tr. *herunterschiessen, abschiessen*. E Duuben aabeschiesse. 2. tr. *hinunter-, herunterwerfen* (Schs., 20. Jh.). E Stai aabeschiesse. 3. intr. *sich rasch hinunter-, herunterbewegen, hinunterrasen*.

aabeschitte (aabegschitted) 1. tr. *hinunter-, heruntergiessen*. Er hèt sy Wyy nit drùngge, er hèt en aabegschitted. 2. intr. *stark regnen*. S hèt nùmmen eso aabegschitted.

aabeschneie (aabegschneit) *bis in die Niederungen schneien*. Ra.: By däm hèt s wyt aabegschneit, *der hat schon viele weisse Haare*.

aabeschwängge (aabegschwänggt) *hinunterspülen*.

aabestyyge (aabegstiige) *hinuntersteigen, heruntersteigen*.

aabestimme (aabegstimmt) *herunterstimmen, dämpfen* (Hindermann).

aabeszue, aabezue *abwärts, nach unten*.

aabewòòrge (aabegwòòrgt) *herunterwürgen*.

aabezinde (aabezùnde) 1. *hinunterzünden, hinunterleuchten*. 2. *herunterhauen*. Er hèt em aini aabezùnde, *er gab ihm eine tüchtige Ohrfeige* (Fridolin).

aabezue → aabeszue.

abfäädle (abgfäädled) *von Fäden befreien (Hülsenfrüchte)*.

abfasse (abgfasst) 1. *abfassen*. 2. *verhaften, arretieren* (Fridolin).

abfèèrge [+] (abgfèèrgt) *abfertigen, heimschicken*.

Abfiere s. *Durchfall, Diarrhö*.

abfyyle (abgfyylt) 1. tr. *abfeilen*. 2. intr. *davoneilen* (pop.).

abfille (abgfillt) 1. *abfüllen*. 2. *mit alkoholischem Getränk berauscht machen* (pop.).

abfingere [+] (abgfingered) *abtasten, abzählen*.

abfliesse (abgflòsse) 1. tr. *mit Löschpapier trocknen*. E Brieff abfliesse. 2. intr. *abfliessen, ablaufen*.

abfragge (abgfraggt) 1. *sich eilig davonmachen.*
2. *sterben* (vulg.).
abfùggere (abgfùggered) *abluchsen.*
abgää (abgää) 1. *abgeben.* 2. *in der Leistung*
nachlassen. 3. *von einem Amt zurücktreten,*
in den Ruhestand treten. 4. *am Ende einer*
Militärdienstleistung Effekten abgeben,
aus der Militärdientspflicht entlassen werden.
Mit fùffzig hèt er abgää.
abgändig 1. *noch abzugeben, noch zu haben.*
En abgändig Maitli, *ein heiratsfähiges Mädchen,*
das noch zu haben ist. 2. *abgelegt, nicht mehr*
gebraucht, unbrauchbar. Abgändigi Glaider.
3. *vermisst, verschollen.* Abgändigi Sòldaate.
abglaviere [+] (abglaviert) *abzählen* (humor.).
Das kènn sich dòch jeeden an de Finger abglaviere
(Sieber).
abgmässe 1. *abgemessen.* 2.[+] *gemessen,*
zurückhaltend (Kron).
abgneie (abgneit), **abgneile** (abgneiled) *niederknien.*
abgnèpfle (abgnèpfled) *abknöpfen, abschwatzen.*
abgnyyble (abgnyybled) *abklauben (Kruste, Schorf).*
abgoo (abgange) 1. *abgehen.* 2. *sich loslösen.*
Der Gnòpf isch abgange. 3. *erlöschen.* S Liecht isch
abgange.
abgratze (abgratzt) 1. tr. *wegkratzen, durch Kratzen*
entfernen. 2. intr. *sterben* (vulg.).
abgschiire (abgschiirt) 1. *abschirren (Zugtiere)*
2. *entkleiden* (humor.). Si hèt sich abgschiirt.
abgschlaage 1. *abgeschlagen, abgehauen.*
2. *erschöpft, sehr müde.* 3. *durchtrieben, mit allen*
Wassern gewaschen, tückisch. Er isch en
abgschlaagene Kaib.
abgwènne (abgwènnt) *abgewöhnen.*
abhaa (abghaa) *los sein, erledigt haben.* Jètz äntlig
hèt er die Ùffgoob ab.
Ääbhai [+] s., **Aäfhai** [+] s. (Baerwart), **Ääphai** [+] s.,
Eeffei s. *Efeu.*
abhaldig, abhèldig *geneigt, abfallend, abschüssig,*
schief liegend (meist von Gelände).
aabhalte (aabhalte) *am Leib behalten (Kleider).*
Si hèt der Mantel aabhalte.
Abhaltig w. (-e) *Abhaltung, Verhinderung.* I haan en
Abhaltig ghaa, *ich war an der Teilnahme*
verhindert.
abhange (abghange), jg. **abhänge** (abghange) intr.
abhängen.

abhängge (abghänggt) tr. 1. *abhängen.*
2. *zurücklassen, stehen lassen.* Er hèt sy Frindyyn
abghänggt.
abhaue (abghaue) 1. *kräftig abschneiden (Ast, Brot).*
2. intr. *sich davonmachen* (pop.). Hau s ab! *Mach,*
dass du fortkommst!
abhèldig → abhaldig.
abhùnde, sich (abghùnded) *schuften, schwer arbeiten.*
Abideegg → Abedeegg.
Abideegger → Abedeegger.
aabiete (aabòtte) *anbieten.*
aabinde (aabùnde) 1. *anbinden, mit Bindfaden*
befestigen. 2. *durch Verpflichtungen fesseln.*
En aabùndene Läbtig, *eine durch Pflichten stark*
beschränkte Lebensweise.
abkarwatsche (abkarwatscht) *verprügeln* (Fridolin).
abkèpfe → kèpfe.
abkiele (abkielt) 1. *kühl machen, abkühlen.*
2. intr. *kühl werden.* S hèt abkielt, *das Wetter ist*
kühl geworden.
ablaade (abglaade) 1. *abladen.* 2. *Obliegenheiten*
abgeben, sich entlasten. Er hèt ùff s Alter aanen
abglaade, *er entlastete sich im Hinblick auf sein*
Alter.
Ablauf m. (Ablaiff) 1. *Ablauf, Verlauf.* 2. *Abfluss,*
Ausflussöffnung (an Schüttstein, Badewanne,
Teich). Der Ablauff isch verstòpft.
ablauffe (abglòffe) 1. tr. *durch Laufen abnützen*
(Schuhe, Teppich). 2. intr. *abfliessen.*
ableege (abglègt) *ablegen, niederlegen.*
ablèsche (abglèscht) *Licht ausschalten, löschen.*
abliige (abglääge) *sich niederlegen.* Noon em Ässen
isch si als abglääge.
ablipfe (abglipft) *abheben (Deckel, Spielkarten).*
abloo (abgloo) 1. *ablassen, nachlassen.* Er hèt mer
drei Franggen abgloo, *er gab mir drei Franken*
Rabatt. 2. *laufen lassen.* E Rageeten abloo,
...steigen lassen. Ra.: D Sau abloo, *sich übertrieben*
ausgelassen aufführen. 3. *von sich geben* (pop.).
Mischt, Saich abloo, *Falsches, Dummes,*
Untaugliches reden oder tun.
aabloose (aabloose) *anblasen.*
abloose (abgloost) 1. *abhören.* D Wèèrtli abloose,
die auswendig gelernten Wörter durch Abfragen
prüfen. 2. *teilnehmend zuhören.* Er hèt eren
abgloost, *er hörte ihr geduldig, teilnehmend zu.*
abluege (abgluegt) *abgucken.*

abluschtere (abgluschtered) *listig ablauschen.*

abluuse (abgluust) *abschwatzen, abluchsen (meist durch List beim Spiel).*

abmache (abgmacht) 1. *entfernen, loslösen.* Der Raame vòmene Hèlgen abmache. 2. *ausdrehen.* Hèsch s Liecht abgmacht? 3. *vereinbaren.* Das isch en abgmachti Sach.

abmäärte (abgmäärted) *abmarkten, durch Feilschen abhandeln.*

abmùùrggse (abgmùùrggst) *umbringen, töten* (humor., pop.).

abnää (abgnoo) *abnehmen.* 1. *enger, schmaler stricken.* 2. *abrahmen.* D Milch abnää. 3. *photographieren.* Er hèt si abgnoo, *er photographierte sie* (Baerwart). 4. *amputieren.* Me hèt em miese s Bai abnää. 5. *Gewicht, Umfang verlieren.* Si hèt zää Kyyloo abgnoo.

Abnaaier m. *Abnäher, Naht zur Verengung von Kleidungsstücken.*

aaboole + (aaboolt) 1. *mit Steinen bewerfen.* 2. *anstarren, anstieren.*

abòminaabel *schrecklich, verabscheuungswürdig; frz. abominable.*

abpfyffe (abpfiffe) 1. *abpfeifen (Fussballspiel u.ä.).* 2. *absagen (Veranstaltung).* 3. *mit Piccoloklängen begleiten.* D Ladäärnen abpfyffe, *die Fasnachts- laterne mit Piccolospiel vom Künstleratelier zum Stammlokal der Fasnachtsclique geleiten.*

abpflätsche (abpflätscht) *geräuschvoll mit viel Wasser abwaschen.*

aabräägle (aabräägled) tr. und intr. *anbraten.*

Abrille m. *April.* Èpper in Abrille spränge, *jdm. am 1. April einen Bären aufbinden. Fällt der Gefoppte darauf herein, so ruft man:* (In) Abrille gsprängt, in d Gille glängt. **Abrillewätter** s. *Aprilwetter, wechselhaftes Wetter.*

abripse (abgript) *durch Reiben abnützen.* Abgripsti Hoose.

abrysse (abgrisse) 1. *abreissen.* 2. *ausbeuten, überfordern, zuviel Geld abnehmen* (pop., 20. Jh.). Mer sind schwäär abgrisse wòòrde.

Abrysser m. *einer, der zuviel Geld verlangt, Ausbeuter* (pop., 20. Jh.).

Abrysserei w. *Ausbeutung, Wucherei* (pop., 20. Jh.).

Abrysskaländer m. 1. *Abreisskalender.* 2. *Übervorteiler, Ausbeuter, einer, der auf Borg lebt* (Höschs.).

aabròbiere (aabròbiert) *anprobieren.*

abruume (abgruumt) *wegräumen.* Der Disch abruume, *nach dem Essen abtragen und aufräumen.*

absääge (abgsägt) 1. *absägen.* 2. *entlassen, in der Karriere behindern.* Mit abgsägte Hoose, *unverrichteter Dinge* (humor.).

Absatz m. (Absètz) *Absatz.* Rùndi Absètz haa, *bezecht sein.*

abschaffe (abgschafft) 1. *abschaffen.* 2. *abarbeiten.* Abgschaffti Händ. 3. *Bezahlung regeln, bezahlen.*

Abschaid + m., **Abschiid** m. *Abschied.* Bim Abschaidnämme, *beim Abschiednehmen* (Hindermann).

abscheilig *abscheulich.*

Abschiid → Abschaid.

abschiebe (abgschoobe) 1. tr. *abschieben.* 2. tr. *polizeilich ausweisen.* 3. intr. *widerwillig weggehen* (pop.).

abschiesse (abgschòsse) 1. tr. *abschiessen, abknallen.* 2. tr. ütr. *durch Intrigen aus einer Stellung vertreiben, unmöglich machen.* Me hèt der Diräggter abgschòsse. 3. intr. *verbleichen, Farbe verlieren.* En abgschòsseni Dabeete.

abschyyfele (abgschyyfeled), **abschuufle** (abgschuufled) *abweisen, abwimmeln.*

abschiffe (abgschifft) *Abfuhr erleiden, bei Examen oder Bewerbung durchfallen* (vulg.).

abschlägge (abgschläggt) 1. *ablecken.* 2. *abküssen* (pop.).

abschlyyche (abgschliche) *davonschleichen, heimlich oder unerlaubterweise weggehen* (pop.).

abschloo (abgschlaage) 1. tr. *abschlagen, abhauen (Ast, Kopf).* 2. tr. *verprügeln* (pop.). 3. intr. *billiger werden.* D Biire händ abgschlaage.

abschmèlze (abgschmèlzt / abgschmùlze) *abschmelzen.*

abschmiire (abgschmiirt) *verprügeln* (pop.).

abschmùtze (abgschmùtzt) *abküssen.*

abschnappe (abgschnappt) 1. *weggehen, sich davonmachen* (pop.). 2. *sterben* (Höschs.).

abschnyyde (abgschnitte) *abschneiden.*

abschränze (abgschränzt) 1. *der Länge nach abreissen.* 2. *kürzen* (pop.). Si händ em e Dail vòm Loon abgschränzt.

abschryybe (abgschriibe) *abschreiben.*

abschuufle → abschyyfele.

abschwängge (abgschwänggt) 1. tr. *spülen.* S Gschiir

abschwängge. 2. intr. *abschwenken, vom Weg abbiegen.*

abschwaarte (abgschwaarted) *verprügeln.*

abschwyyne [+] (abgschwyynt) 1. *sich drücken, sich dünnemachen, sich davonmachen.* 2. *schwinden.*

abschwiire (abgschwiirt) 1. *fortschwirren.* 2. *rasch weggehen* (pop., 20. Jh.). Schwiir ab! *Mach, dass du fortkommst!*

abseeble (abgseebled) *grob abschneiden (Brot, Blumen).*

abselut *absolut.* Adv. *durchaus.*

absyy (abgsii) *los sein.* Jètz biin i die Lyt äntlig ab.

absitze (abgsässe) 1. *tr. absitzen (Gefängnisstrafe).* Er hèt drei Jòòr abgsässe. 2. *intr. sich setzen.* Sitz ab, *nimm Platz.* Ùff e Stuel absitze, *sich auf einen Stuhl setzen.*

abspigge (abgspiggt) *abgucken (vor allem in der Schule).*

abspräche (abgspròche) *amtlich für untauglich, unerlaubt erklären.* Me hèt ene dä Oofen abgspròche.

abstaube (abgstaubt) 1. *entstauben.* 2. *stehlen* (pop.).

abstèlle (abgstèllt) 1. *abstellen, auf den Boden stellen, niederlegen.* 2. *ausschalten, ausser Betrieb setzen.* Stèll ab, *sprich nicht mehr weiter* (pop., 20. Jh.). S hèt em abgstèllt, *er wurde vor Schrecken, Erstaunen sprachlos, konnte nicht mehr weiter* (pop., 20. Jh.).

abstyyge (abgstiige) 1. *absteigen (vom Pferd, vom Fahrrad).* 2. *in untern Rang versetzt werden (Sport).*

Abstyygi w. (Abstyygene) *Absteigequartier.*

abstiile (abgstiilt) *abstielen, von Stielen befreien.* Abgstiilti Kiirsi.

Abstimmig w. (-e) *Abstimmung.*

abstingge (abgstùngge) 1. *eine Abfuhr erleiden* (pop.). 2. *weggehen* (vulg.) Stingg ab! *Mach, dass du fortkommst!*

abstoo (abgstande) 1. *abstehen.* 2. *Geschmack verlieren.* Abgstandene Wyy. 3. *absterben, verwelken.* Das Dännli isch abgstande. 4. *im Wasser Boden unter die Füsse bekommen.* Kaasch abstoo? *Kannst du den Boden mit den Füssen berühren?*

abstrùpfe (abgstrùpft) *abstreifen (z.B. Beeren vom Zweig).*

aabùtsche (aabùscht) *anstossen.* I bii amenen Èggen aabùtscht.

abverheie (abverheit) *gründlich misslingen* (pop.). En abverheiten Oobe. En abverheite Mooler, *ein Maler, der es zu nichts gebracht hat.*

abverrègge (abverrèggt) *gründlich misslingen* (vulg.). Das Fèscht isch abverrèggt.

abwääg [+], **abwäggs** [+] *abseits* (Hetzel).

abwäsche (abgwäsche) *abwaschen, Geschirr waschen.*

Abwäschlùmpe m. (Abwäschlimpe) 1. *Geschirrwaschlappen, Küchenlappen.* 2. *ütr. willenloser, charakterloser Mensch, Feigling.*

Abwyyche s. *Durchfall, Diarrhö* (fam.).

abwingge (abgwùngge) 1. *abwinken.* 2. *ablehnen.* Wo si en händ wèllen aastèlle, hèt er abgwùngge.

abwyyse (abgwiise) *abweisen.*

Abwyys'stai [+] m., **Abwyys'stèggli** [+] s. *Prellstein* (Baerwart, Fridolin).

abzèlle (abzèllt) 1. *abzählen.* Das kaa me sich an de Finger abzèlle, *das liegt doch auf der Hand.* 2. *subtrahieren.* Jètz muesch die zwaiti Zaal vò der èèrschten abzèlle.

Abzèllvääsli s. *Abzählreim.*

abzie (abzooge) 1. *abziehen, subtrahieren.* 2. *ablegen, ausziehen (Kleider).* Er hèt der Mantel abzooge. Sich abzie, *sich entkleiden.* 3. *nachschärfen (Messer auf dem Abziehstein).*

Abziehèlge m. *Abziehbild.*

abzinde (abzùnde) *Licht abschalten, ausdrehen, abschalten.*

abzische (abzischt) *rasch weggehen* (Höschs.).

abzittere (abzittered) *rasch weggehen* (Höschs.).

Abzwyygig w. (-e) *Abzweigung.*

äch, ääch *ach wo (verächtlich, unwirsch, ablehnend).*

Acht w. *Aufmerksamkeit.* Nur in: Sich in Acht nää, *sich in Acht nehmen.* In Acht nää [+], *beachten* (Meyer).

acht *acht.* Acht Hyyser, *acht Häuser.* Das Maitli isch achti, ...*ist achtjährig.* Der acht Nòvämber, *der achte November.*

ächt [1] *echt, unverfälscht.*

ächt [2], **ächter, ächtersch, ächtert, ächtertsch, ächtsch, ächtscht** *wohl, vielleicht, etwa (fragend).* Kùnnt si ächt? *Kommt sie wohl?* Schloofft er ächtert iber Nacht? *Schläft er etwa während der Nacht?* (Hindermann).

achte, sich (gachted) *bemerken, wahrnehmen.*

I haa mi nit gachted, *ich bemerkte nichts.*
Acht di emool, *pass einmal auf.*
Achtel m. *Achtel.*
Achter m. 1. *Tram Nr. 8.* 2. *Angehöriger des Jahrgangs 1908.* 3. *Zahl acht.* Er hèt en Achter gschòsse, *...Punktzahl acht.*
Achti s. 1. *Zahl acht.* Schryyb en Achti, *schreib eine Acht.* **Achtibaan** w., **Achterbaan** w. *Achterbahn.* 2. *acht Uhr.* Am Achti, *um acht Uhr.*
Achtig w. 1. *Achtung, Hochachtung, Respekt.* 2. *Obacht.* Giib Achtig, *gib acht.*
achzää *achtzehn.*
achzäät *achtzehnt.*
achzig *achtzig.* Si isch hooch in den Achzig, *sie ist hoch in den Achtzigerjahren.* Er fyyrt der Achzigscht, *...den achtzigsten Geburtstag.*
ada, adi *Adieu* (Ks.). Ada goo, *ausgehen, weggehen* (Ks.).
Aadängge s. *Andenken.*
aadeene (aadeent) *antönen.*
aadeeple (aadeepled) *spielerisch, leicht betasten.*
Aadi 1. m. *Adam, Adolf.* 2. s. *Adele, Adelheid.*
adi → ada
aadie, adie *Adieu, leb wohl, auf Wiedersehen; frz. adieu.* Auch zur Begrüssung verwendet: Adie Guusyyne, wie goot s der au? Adie duu, gäll, de kènnsch mi nit! *(Begrüssungsformel beim fasnächtlichen Intrigieren → intrigiere).*
aadytte (aaditte / aadytted) *andeuten.*
Aadyttig w. (-e) *Andeutung.*
aadoope (aadoopt) *betasten, plump berühren, durch Betasten beschmutzen.* Aadoopt Gschiir, *Geschirr mit Fingerabdrücken.*
aadräffe (aadròffe) *antreffen, zufällig begegnen.*
Adrässe w. *Adresse, Anschrift.* Ra.: An die lätzi Adrässe groote, *an den falschen Ort, an die unrichtige Person geraten.* **Adrässbuech** s. *Adressbuch, Einwohnerverzeichnis.*
aadrätte (aadrätte) *antreten.*
aadrùngge *angetrunken, bezecht.*
aadue (aadoo) 1. *antun.* 2. *sympathisch berühren.* Si hèt s em aadoo, *sie hat ihn bezaubert, für sich eingenommen.* S duet mer s aa, *ich bin davon eingenommen, angetan* (Kron).
aadùpfe (aadùpft) *antippen.*
aa'eede (aageeded) *anöden, langweilen.* Das Gschwätz eeded mi aa.

aafange → aafoo.
afe → efange.
Aff m. (-e) 1. *Affe.* Raa.: Vòm Aff bisse syy, *verrückt sein.* Aagää wien e Wald vòll Affe, *renommieren, grosses Maul führen, sehr wichtig tun* (20. Jh.). **Affefèlse** m. a) *Affenfelsen im Zoologischen Garten.* b) *abgetreppte Sitzgelegenheit im Gartenbad Eglisee* (20. Jh.). 2. *eitler, eingebildeter Mensch, dummer Kerl* (allgemeines Schimpfwort). **Affediigel** m. *eitler Fratz.* **Affekaschte** m. *ehemalige Töchterschule, Mädchengymnasium.* 3. *Rausch.* 4. *Tornister, Rucksack* (Ss.). 5. verst.: Affekèlti w. Affeschand w. **Affetheaater** s., *übertriebene, lächerliche Angelegenheit, Durcheinander, lautes Getümmel.*
affäng *kurz, kurzum, zusammengefasst, wie dem auch sei; frz. enfin.* verst. affäng brèff, *kurz und gut.*
Affääre w. 1. *Affäre; frz. affaire.* 2. *Rechtshandel.* 3. *bedeutende Angelegenheit.* S isch en Affääre, wènn men e Huus kauffe wòtt. 4. *aussereheliches Liebesverhältnis.*
Affrùnt[+] m. (-e) *Zumutung; frz. affront.*
affrùntierlig[+] *grob, unverschämt.*
Ääfhai → Ääbhai.
aafyyre (aagfyyrt) *anheizen.* Mer händ aagfyyrt, *wir haben die Heizung in Betrieb gesetzt.* Der Oofen aafyyre, *Feuer im Ofen anmachen.*
Aafyyri w. (Aafyyrene) *Bund Anfeuerholz.*
aafoo (aagfange), **aafange** (aagfange) (Präs. und Kond. → fange) *anfangen.* S Fèscht hèt aagfange. Feend aa, *fangt an.* S hèt afo räägne, *es begann zu regnen.*
aagää (aagää) 1. *angeben, nennen.* Sy Adrässen aagää. 2. *vorlügen, einreden.* Du hèsch mer e scheene Kääs aagää. 3. *verpetzen.* Si hèt en by der Bòlizei aagää. 4. *prahlen* (20. Jh.). Hooch aagää, aagää wien e Wald vòll Affe, wien e Dùùrnhalle vòll blùtti Lèèrer, *stark prahlen.* 5. *Schaukel in Bewegung setzen, den ersten Schlag beim Ballspiel geben.* 6. *beim Kartenspiel dieselbe Farbe ausspielen wie der Vorgänger.*
aagänds *anfangs.* Aagänds Wùche, *am Wochenanfang.* Aagänds Jòòr, *zu Jahresbeginn.*
aagattige (aagattiged) *an die Hand nehmen, vorbereiten, organisieren.*
Äägerschte w. *Elster.* **Äägerschtenaug** s. *Hühnerauge.*
aagfrässe *begeistert, besessen* (2. H. 20. Jh.).

Er isch en aagfrässene Faasnächtler. Er isch vòm Drùmmlen aagfrässe.

Agger m. (Ägger) *Acker.* Z Agger faare[+], *ackern, pflügen.*

ääggs! Interj. des Spottes.

äggschblyziere → **èxblyziere.**

Aggse w. *Achse.*

Aggsle w. 1. *Achsel, Schulter.* Ra.: Èppis ùff die lyychti, schwääri, grùmmi Aggsle nää, *etwas leicht-, schwer-, übelnehmen.*

Äggte → Näggte.

Aagi s. *Agathe.* Dim. Aageli s.

aagiifele (aagiifeled) *mit Stecknadeln befestigen.*

aaglòtze (aaglòtzt) *anglotzen, anstarren, anstieren.*

aagluure (aagluurt) *anglotzen, anstarren.*

aagoo (aagange) 1. *beginnen.* D Schuel isch wider aagange. 2. *zu brennen beginnen.* S Liecht goot aa. Der Bapyyrkòòrb isch aagange. 3. *anlaufen.* Die Maschiine goot schwäär aa. 4. *angehen, kümmern.* Das goot mi nyt aa. 5. *betreffen.* Was my Gsùndhait aagoot, *in betreff meiner Gesundheit.*

aagòggse[+] (aagòggst) *anöden, langweilen.*

Aagraffe w. 1. *Agraffe, Spange; frz. agraffe.* 2. *Krampe, U-förmiges Befestigungseisen.*

aagrisse *angetrunken, bezecht* (Fridolin).

aagryzle (aagryzled) *ankreuzen, mit einem Kreuzchen bezeichnen.*

aagsääche[+], **aagsee** *angesehen.*

aagschiire (aagschiirt) 1. *anschirren (Zugtiere).* 2. *ankleiden* (humor.). Die isch scheen aagschiirt gsii, *die war recht aufgetakelt.*

aagschlaage 1. *havariert.* 2. *stark ermüdet.* 3. *bezecht.* 4. *leicht verrückt.*

aagsee (aagsee) *ansehen, anmerken.* Me gsiit em der Lèèrer vò wytem aa, *man sieht ihm den Lehrer von weitem an.* Me gsiit s syne Bueben aa, *man merkt es an seinen Söhnen.*

aagstòche *angetrunken, bezecht.*

aagùùfe (aagùùft) *mit Stecknadeln befestigen.*

aagwènne (aagwènnt) *angewöhnen.*

aahaa (aaghaa) 1. *anhaben.* 2. *tragen (Kleidung).* Si hèt e roote Rògg aa, *sie trägt ein rotes Kleid.*

aha, ah̲a, aaha, ahaa Interj. des Begreifens, *aha.* Verständnisvoll bis empört: ah̲a. Verwundert bis leicht tadelnd: aaha. Nach längerem Überlegen begreifend: ahaa.

aahaimele (aaghaimeled) *anheimeln, heimatlich-vertraut vorkommen, an Heimatliches erinnern.*

aahängge (aaghänggt) 1. *anhängen.* E Waagen an Zùùg aahängge. Aim e Grangged aahängge, *jdn. anstecken.* Aineren e Kind aahängge, *eine Frau schwängern* (pop.). Ra.: Aim aahängge, aim s Muul aahängge, *jdn. beschimpfen, ihm maulend antworten.* Aim e Schlètterli aahängge, *Anzüglichkeiten über jdn., zu jdm. sagen.* 2. *andrehen.* Me het mer e Laadehieter aahänggt.

Aahängger m. *Anhänger.* 1. *angehängtes Fahrzeug.* 2. *angehängtes Schmuckstück.* 3. *Gefolgsmann.* Dim. **Aahänggerli** s. [+]*Notsitz an der Kirchenbank.*

aaheebe (aaghèbt) tr. *anhalten, stoppen*

aahògge (aaghòggt) *anbrennen (in Pfanne, Backform).* Der Kuechen isch aaghòggt.

aahuuche (aaghuucht) 1. *anhauchen.* 2. ütr. *beschimpfen, tadeln.*

Ai s. (Aier) 1. *Ei.* Lindgsòtten Ai, *weichgekochtes Ei.* Ai ùff em Blättli, *Spiegelei.* Ùn|gschaalt Ai → ùn|gschaalt. Fuul Ai, hool Ai, *untaugliche Sache, untauglicher Mensch.* **Aierdätsch** m. *Eier mit Brotstückchen in Butter gebacken.* **Aierschaale** w. *Eierschale.* Ra.: Dä hèt nò d Aierschaalen am Fiidle, *der ist noch völlig unreif* (pop.). 2. *Hoden* (vulg.). Aim d Aier schlyffe, *jdn. drillen, schikanieren* (Ss.). In d Aier bysse, *sterben* (Höschs.). Ùff den Aier syy, *erschöpft sein* (vulg.).

ai[1] Num. → **ain.**

ai[2]**!** Interj. der freudigen Überraschung.

Aicherli s. *Eichhörnchen.*

aichig *eichen, aus Eichenholz.*

Aichle w. 1. *Eichel.* 2. *unfähiger Stümper* (pop.).

Aidäggse w., **Aidèggse** w. *Eidechse.*

aidginèssisch → aidsgnèssisch.

Aidginòss → Aidsgnòss.

aidyttig *eindeutig.*

Aidoon[+] m. (Aideen) *eintöniger, wortkarger Langweiler.*

aidsgnèssisch, aidginèssisch *eidgenössisch.*

Aidsgnòss m., **Aidginòss** m. 1. *Eidgenosse.* 2. *Bundespferd.*

Aidsgnòssenschaft w., **Aidginòsseschaft** w. *Eidgenossenschaft.*

aidue → **due.**

aidwääder[+], **aitwääder**[+] *jeder beliebige* (Hetzel). Aidwäädere Daag, *in diesen Tagen, an einem der* letzten Tage (Seiler, Fridolin).

aifach *einfach.*

Aifäärber m. *Spielkartenfächer mit nur einer von vier Farben.*

Aifränggler m. *Einfrankenstück.*

aige 1. *eigen, einem selbst gehörend.* Si händ im Gaarten aigeni Èpfel. 2. *eigentümlich, sonderbar.* S isch mer ganz aige wòòrde, *mir wurde ganz sonderbar zumute.* Er isch allewyyl en Aigene gsii, *...Sporenpeter, Sonderling.* 3. *wählerisch.* Im Ässen isch si aige.

aigedlig *eigentlich, im Grunde genommen.*

aigefiesslig [+] *auf eigenen Füssen.* Er isch aigefiesslig zuen is koo.

Aigegwäggs s. 1. *Obst, Gemüse, Wein im Eigenbau.* 2. *ütr. selbst Produziertes (Bild, Gedicht usw.).*

Aigelägg m. *Selbstbeweihräucherung* (2. H. 20. Jh.).

aigelig [+] 1. *säuberlich, reinlich, pünktlich, pedantisch* (Seiler). 2. *wählerisch, eigenbrötlerisch* (Seiler, Blasius).

Aigeloob s. *Eigenlob.* Aigeloob stinggt.

Aigenùtz m. 1. *Eigennutz.* 2. [+] *eigennütziger Mensch.*

Aigeruem m. *Eigenlob, Selbstbeweihräucherung.*

aigle (gaigled) *äugeln, mit kleinen Augen blicken.*

Aigli → Aug.

aim 1. Dat. *einem, jemandem.* Mit aim Schlaag. Si schwätzt mit aim, *mit einem Mann.*
2. Akk. und Dat. von *man.* Das stèèrt aim, *das stört einen.* Das eeded aim aa, *das langweilt einen.* Das kùnnt aim gspässig vòòr, *das kommt einem merkwürdig vor.*

aimool *einmal.* Nùmmen aimool hèt er is vergässe. Aimool iber s ander, *immer wieder.*

Aimolais s. *Einmaleins.*

ain m., **aine** m., **aini** w., **ais** s., **ains** s. 1. subst. *einer, eine, eines.* S isch ainen yynekoo, *es kam einer herein.* Aini vò Ziiri, *eine (Frau) von Zürich.* Er goot mit ainere, *er geht mit einer (Frau).* Vò alle Kinder hèt nùmmen ais nit ghyyroote.
2. subst., einen Begriff ersetzend: Sòll i der aine verzèlle, *...einen Witz.* Er hèt ain sitze ghaa, *...einen Rausch.* Aine zie, *ein Glas Wein, Bier usw. trinken.* Er hèt em aini glängt, *...eine Ohrfeige.* Jètz singe mer ais, *...ein Lied.* 3. subst., einen unbestimmten Begriff ausdrückend, verst.: Sich ainen abfriere, *stark frieren.* Sich ain abflueche, *heftig fluchen.* 4. *ein und dasselbe.* S isch ais,

es kommt auf dasselbe heraus. S goot in aim, es geht in einem und demselben Arbeitsgang.
5. Num. *ein, eine, ein.* Ai Maa, ai Frau, ai Kind.
6. verst. *gross.* In ainer Angst, *in grösster Angst.* Ai Dùùrenander, *ein grosses Durcheinander.*

Ainer → Ainser.

ainerle (gainerled) *Wein deziliterweise bestellen bzw. trinken.*

ainewääg, ännewääg [+], **ènnewääg** [+] *dennoch, gleichwohl, ohnehin, sowieso.* S räägned, aber i kùmm ainewääg, *...dennoch, trotzdem.* I kaa guet byy der verbyykoo, i mues ainewägg in d Stadt, *...ohnehin.*

Ainhait (-e) *militärische Einheit* (Ss.).

Ains s., **Ais** s. 1. *Zahl eins.* S Ais gwinnt. 2. *ein Uhr.* S schloot Ais.

ains → ain.

ainschtwyyle *einstweilen.*

Ainser m., **Ainer** m. 1. *Tram Nr. 1.* 2. *Schulnote 1.* 3. *Dominostein mit einem Punkt.* 4. *Angehöriger des Jahrgangs 1901.* Dim. **Ainerli** s., **Ainserli** s.
a) *ein Deziliter Wein (als Trinkquantum).*
b) *kleinste Marmel.* Ainerli lètscht! *Wir wollen jeder mit dem Einsatz einer Marmel spielen, ich werfe die meine zuletzt* (Schs.).

aint, der (ainte, die) *der eine.* Der aint Bueb schafft, der ander goot nò in d Schuel. Die ainti striggt, die anderi heeggled. Die ainte Kinder spiile, die andere singe.

Ainzelmassge w. 1. *Einzelmaske, allein auftretender kostümierter Fasnächtler.* 2. *Alleingänger* (humor.).

ainzig 1. *einzig.* 2. [+] *ganz allein* (Meyer). 3. nur präd. *einzigartig.* Das Ässen isch ainzig.

Airäppler m. *Einrappenstück.*

Ais → Ains.

ais → ain.

aischleefig *einschläferig, nur für einen Schläfer bestimmt.*

aisdails *einesteils.*

aismools, mit aismools [+] (Meyer), **ùf aismools** [+] *plötzlich.*

Aispänner m. 1. *Einspänner.* 2. *ütr. Eigenbrötler.*

Aisse w. *Furunkel, kleiner Abszess, Eiterbeule.*

aiswägs *plötzlich.*

Aiter m. *Eiter.* **Aiterbòlle** m. *Eiterbeule, eitrige Geschwulst.*

aitwääder → aidwääder.

aakèère (aakèèrt) *einkehren.*

aakoo (aakoo) 1. *ankommen.* 2. *unfreiwillig berühren, anstossen.* I bii an die nei aagmoolti Wand aakoo. 3. *Beifall finden* (2. H. 20. Jh.). Das Stigg isch guet aakoo. 4. unpers. Was kùnnt di aa?! *Was fällt dir ein?!* Es kùnnt mi schwäär aa, *es fällt mir schwer.*

aakoole (aakoolt) *anschwindeln, anlügen.*

Akòòrd m. (Akèèrd) *Akkord.*

akuraat *akkurat, peinlich genau, pedantisch.*

Aalaag w. (-e) *Grünanlage, Park.*

alander, allander *jeder zweite.* Alander Daag.

aalääne (aagläänt) *anlehnen.*

aalänge (aaglängt) *anrühren, berühren.* Im Museeùm darf me d Sache nit aalänge.

aläärt → alèèrt.

Aalauff m. (Aalaiff) *Anlauf.*

älb [+], **èlb** *elb, braungelb, weissgelb.*

albe → amme.

Albi m. *Albert.*

aaleege (aaglègt) 1. *anziehen (Kleider).* Sich anderscht aaleege, *sich umziehen.* 2. *ans, ins Feuer legen (Holz, Kohle), nachlegen.* Leeg non e bitzeli aa.

Aaleegi w. (Aaleegene) *Kleidung, Art und Gesamtheit der Bekleidung* (pop., 20. Jh.).

alèèrt, aläärt [+] (Hindermann) *gut aufgelegt, munter, vergnügt; frz. alerte.*

Ääli s. *kindliche Liebkosung* (Ks.). Ääli mache, *liebkosen, streicheln, Wange an Wange legen.*

alibòtt *alle Augenblicke, immer wieder.*

Aalyyche [+] s. *Anleihe* (Fridolin).

aaliege (aaglooge) *anlügen.*

aalytte (aaglitte) *telephonieren.* Èpperem aalytte, *jdn. anrufen.*

all *all, ganz.* Isch das allen Angge? *Ist das der ganze Buttervorrat?* Alles Gschiir, *Gesamtheit des Geschirrs.* Alli zämme, *alle zusammen.* Allem aa, *nach allem zu schliessen.*

allander → alander.

allee! allò! allòng! Interj. *vorwärts! frz. allez, allons.* Verst. allee hòpp.

Allerfaarbdääfeli [+] s. *buntes Bonbon* (Fridolin).

allerfaarbig [+] *bunt* (Kron).

allergattig → Gattig.

Allerhailigemeeli s. *gemeinsames Essen des Fasnachts- und des Schnitzelbankcomités jeweils am 1. November* (seit 1972).

allersyts *allseits, allerseits.* Gueten Ooben allersyts, *guten Abend miteinander.*

allersòòrte [+] *aller Art.*

alletwääge [+] *durchaus, in jeder Beziehung* (Seiler).

allewyyl, allewyyle, alliwyyl *immer, stets.*

allibòtt → alibòtt.

allimool *jedesmal.*

allò → allee.

allòng → allee.

Allòngsche w. *Fussstütze, Verlängerungsstück für Lehnsessel; frz. allonge.*

allwääg *vermutlich, wahrscheinlich.* Si kèmmen allwääg glyy, *sie kommen vermutlich bald.* Jo allwääg! *Wirklich, das kann doch kaum sein!* In allwääg [+], *in jedem Fall* (Sieber).

aaloo (aagloo) 1. *anlassen.* Der Mòtòòr aaloo, *den Motor anlassen, anwerfen.* 2. *in Betrieb lassen, brennen lassen.* S Liecht aaloo, d Kòchblatten aaloo.

Aalòss m. (Aalèss) *Anlass, Veranstaltung.*

Alpenaier s. (Plur.) *Stierhoden als Speise* (pop.).

Alphòòrnbleeser m. 1. *Alphornbläser.* 2. ütr. *Strassenkehrer* (weil Besen und Stiel zusammen einem Alphorn ähneln, Höschs.).

als[1] Adv. 1. bet. *immer wieder, immer, ständig.* Er hèt mi als uusglacht. Sie sind als noonig koo, *sie sind immer noch nicht gekommen.* 2. unbet. *jeweils, früher jeweils.* Er goot zooben als go jasse. Si händ enander als Gschichte verzèllt.

als[2], **as** Konj. 1. *als, wie.* Si isch schwäärer als yych. Kùmm sò gschwind as meeglig, ...*so rasch wie möglich.* 2. *als ob.* S hèt Wùlggen, als kääm s glyy gò räägne.

alsfùùrt *immerfort, ständig* (Burckhardt).

Alt m. (-e) 1. *Vater* (pop.). 2. *Ehemann* (pop..). 3. *Chef, Patron* (pop.). 4. *Hauptmann* (Ss.).

alt (èlter, èltscht) *alt.* Alti Lyt, *alte Leute.* Alt wäärde, *altern.* Das isch en Alte, *das ist ein alter Witz, eine längst bekannte Tatsache.* Der Èltscht, der alt Hèèr, *der Vater* (humor.).

Altaane w. *Altan, ungedeckte Terrasse, Söller; it. altana.*

altbache *altbacken.* Altbacheni Wèggli. Altbachene Witz, *uralter Witz.*

altbächelig *leicht altbacken.*

Alte, die *die Alten.* 1. *die alten Leute.* 2. *die Eltern* (pop.). 3. *Name eines Trommelmarsches.*

alte (galted) *altern, alt werden.*

altele (galteled) *abgestanden riechen und/oder schmecken.*

Alterazioon[+] w. (-e) *Aufgeregtheit, Aufregung, Emotion* (Hetzel).

Altfrangg m. (-e) *altfränkisches Fasnachtskostüm.*

Alti w. (-e) *Alte.* 1. *Mutter* (vulg.). 2. *Ehefrau, Freundin, Geliebte* (vulg.). 3. *Tiermutter.*

Altyyse s. *Alteisen, Schrott.* Me sammled s Altyyse. Aber: I ghèèr noonig zuem alten Yyse.

Altjòroobe m. (Altjòreebe) *Altjahrabend, Silvester.*

altjimpferlig *altjüngferlich.*

aaluege (aagluegt) *anschauen, betrachten.*

Alumyyniùmdalbe w., **Bläächdalbe** w. *Bachletten-quartier, Paulusquartier* (humor., 1. H. 20. Jh.).

am 1. *am, an dem.* 2. *um.* Am Vieri, *um vier Uhr.*

aamache (aagmacht) 1. *befestigen.* 2. *zubereiten.* Der Salaat aamache. 3. *anzünden, einschalten (Feuer, Kerze, Licht).* 4. *anregen, animieren.* Das scheen Wätter macht aim zum Spaziere aa.

aamächelig *appetitlich, attraktiv, verlockend.*

amänd, emänd 1. *am Ende, zuletzt.* 2. *vielleicht, möglicherweise, etwa.* Bisch amänd grangg? *Bist du etwa krank?*

Ambelaasche w. *Jute; frz. emballage.*

Amboos m. (Ambees) 1. *Amboss.* 2. ütr. *Hintern* (Höschs.).

Aame *Amen.* S isch uus ùnd Aame, *es ist aus und fertig.*

Aamelòppe w., **Ammelòppe** w. *Kuvert, Briefumschlag; frz. enveloppe.*

amene, ame *an einem.*

Aami s. *Amalie, Amelie.*

aamietig *angenehm, nett, sympathisch.* En aamietige Bsuech. Aamietig Wätter.

amme, albe 1. *jeweils, gewöhnlich.* Er goot ammen am Achti in s Gschäft. 2. *einst, früher.* Er hèt albe Pfyffe graucht.

Ammedyysli s. *gestrickter Pulswärmer.*

Ammel *Anwil (Baselbieter Dorf).*

ämmel *immerhin, jedenfalls, wenigstens.* Mach, was de witt, ämmel yych kùmm nit mit der.

Ammelemääl[+] s. *Stärkemehl; frz. amidon, lat.-griech. amylum* (Hoffmann).

Ammelètte w. *Omelette, Eierkuchen, Pfannkuchen; frz. omelette.*

Ämmeli → Ämmli.

Ammelòppe → Aamelòppe.

Ämmer[+] m. *Emmer (Weizensorte, Sommerdinkel).*

Ammere w. *Ammer (Vogel).*

Ämmli[+] s., **Ämmeli**[+] s., **Mämmeli**[+] s. *gläserne Säuglingsflasche mit gläsernem Saugnapf und Einfüllöffnung an der Zylinderwand.*

aamoole (aagmoolt) 1. *bemalen, anstreichen.* 2. *schminken* (humor.).

Ampele w. *Ampel, Küchenlampe (Petrol),* jg. *Verkehrsampel.* Dim. Ämpeli s.

ampètiere (ampètiert) *belästigen, langweilen, stören; frz. embêter.*

Amsle w. 1. *Amsel.* 2. *lockeres Frauenzimmer, Dirne* (vulg.).

Amt s. (Ämter) *Amt.* Dim. **Ämtli** s. *Aufgabe in Verein, Kommission usw.*

aanaagle (aagnaagled) *festnageln.* Er sitzt doo wie aagnaagled.

an Präp. 1. *an.* Mit Dat.: An eme, amene, ame Bach. An der Wand. An de Muure. Verst.: Am Wasser aa. An èpperem syy, *jdn. mit Bitten bedrängen.* S isch an diir, *du bist an der Reihe.* Mit Akk.: An Baum, *an den Baum.* An d Muure, *an die Mauer.* An s Wasser, *ans Wasser.* Verst.: An s Wasser aane. 2. *um* (zeitlich). Am drei, *um drei Uhr.*

anaimfùùrt, inaimfùùrt *immerzu, ununterbrochen.*

Änd s. *Ende, Schluss.* Me gsiit kai Änd ab. S Änd vòm Lied, *das Schlussergebnis, der Schlusspunkt.* Ändi Wùche, Änds Wùche, *am Ende der Woche.* Am Änd → amänd.

Ändstraich m. *letzter Trommelstreich, Ende der Fasnacht* (20. Jh.).

ander 1. *ander.* Der aint ùnd der ander. 2. *besonder, stark, neu.* Jètz waait en andere Wind. Dää hèt anderi Auge gmacht, *der hat nur so gestaunt.* Daasch jètz en ander Luege, *das sieht jetz viel besser aus.* En anderi Jagd, *eine tüchtige Jagd* (Liebrich).

anderlai *anderlei.* Daas isch en Anderlai, *das ist etwas ganz Anderes, Besseres.* S sind anderlai Lyt als miir, *es sind anders geartete Leute als wir.*

anderscht, anderschter[+] 1. *anders.* Anderscht mache, *anders anpacken.* Sich anderscht aaleege, *sich umziehen.* Anderscht as nò nie, *anders als jemals* (Meyer). Dää isch anderscht ùmme, *...andersherum, homosexuell* (vulg., 20. Jh.). 2. *sehr.* Dää wiird anderscht luege! *Der wird grosse*

Augen machen.
Andi m. *Andreas.*
Ändi s. *Ende (eines Materials).* S Ändi vòm Faade, *das Fadenende.* **Ändiboodeduech**⁺ s. *aus Stoffresten gewebter Teppich.* **Ändifùngge** m. *aus Stoffresten gefertigter Winterhausschuh.*
Andyyfi m., **Antyyfi** m. *Endivie, Endiviensalat.*
Andrees m. *Andreas.* Dim. Andreesli m., s.
Änds → Änd.
ändsalleränds *zuallerletzt, schliesslich.*
Ane, Anne, Annò, Anno *Anno, im Jahre.* Anen achzig, *im Jahre 1880.* Ane Duubagg, *am St. Nimmerleinstag* (humor.). Bis Ane Duubagg, *auf unbestimmte Zeit, nie, ewig* (humor.).
aane Adv. *hin, her.* Meist mit zweitem Adv. verbunden. Kùmm do aane, *komm hieher.* Wo aane goosch? *Wohin gehst du?* An s Huus aane, *bis ganz nahe ans Haus.* Zue allem Eeländ aane, *zu allem Elend hinzu.*
ääne *jenseits, drüben.* Dèrt ääne, *dort drüben.* Äänen am Bach, *jenseits des Bachs.* Kinderreime: Ääne dääne disse, d Katz hèt gschisse. Äänige bäänige Dintefass, gang in d Schuel ùnd lèèr dy Sach. Äänige däänige dùùbeldee, dychel dachel doomynee.
aanebringe (aanebròcht) 1. *hinbringen, herbringen.* 2. *zustande bringen.* Die Aarbed hätte mer elai nie aanebròcht.
Äänedraa s. *Jenseits.*
äänedraa *jenseits, jenseits davon.*
aanedue (aanedoo) *hinbringen, hinlegen, hinsetzen, hinstellen.* Due dyni Schue doo aane. I waiss nit, woon i en sòll aanedue, *ich weiss nicht, wie ich ihn lokalisieren, identifizieren soll.*
äänedùùre *jenseits hindurch.*
aaneheebe (aaneghèbt) 1. *darbieten, hinhalten.* Si hèt mer d Schisslen aaneghèbt. 2. *herhalten.* S miend allewyyl die glyychen aaneheebe, *es müssen immer die gleichen als Sündenböcke, als Verantwortliche herhalten.*
aanekoo (aanekoo) *hinkommen, herankommen, herbeikommen.* Kùmm do aane, *komm hieher.*
aanemache (aanegmacht) 1. *hinterlassen, bescheren.* Die händ e gruusigi Òòrnig aanegmacht. 2. *urinieren, Darm entleeren.* Doo hèt e Hùnd aanegmacht. 3. *vormachen.* En X fir en U aanemache (Bernoulli). 4. refl. *sich aanemache,*

sich heranmachen.
äänenaabe *jenseits hinunter.* S goot äänenaabe mit ene, *es geht bergab mit ihnen.*
anenander *aneinander.*
äänenyyne *jenseits hinein.*
äänenuusse *jenseits hinaus.* Jètz haan i gnueg bis äänenuuse, *jetzt habe ich genug bis dorthinaus, übergenug*
aanepfyffe (aanepfiffe) *barsch herbeordern.* Er hèt der Källner aanepfiffe.
ääner (äänerscht) *gegenüberliegend, jenseitig.* Am ääneren Uufer, *am jenseitigen Ufer.* S äänerscht Uufer, *der am weitesten weg liegende Teil des jenseitigen Ufers.*
aanestèlle (aanegstèllt) *hinstellen.* Ain bleed aanestèlle, *jdn. blossstellen, blamieren.*
aanestoo (aanegstande) *sich hinstellen, hinstehen.*
Aanewääg m. *Hinweg.*
äng *eng.* Äng haa, *Atemnot haben, Beklemmung spüren.* S wiird mer äng, *ich bekomme Atemnot.*
Ängel m. *Engel.* Dim. Ängeli s. Kinderreim: D Maiteli sind Ängeli, d Buebe das sind Bängeli.
Ängerich⁺ m., **Ängerling** m. *Engerling.*
Angge m. *Butter.* Yygsòttenen Angge, *eingesottene Butter.* Siessen Angge, *frische Butter.* Uusglòssenen Angge, *Buttersauce.* Ra.: Das goot wie dùr Angge, *das geht völlig reibungslos.* **Anggeballe** w. 1. *Butterstock.* 2. *Name eines Felskopfs bei Langenbruck.* Dim. **Anggebälleli** s. *100 oder 200 Gramm Butter.* **Anggebliemli** s., **Anggeblueme** w. *Butterblume, Hahnenfuss.* **Anggegrääme** w. *Buttercreme.* **Anggehaafe** m. *Steingut-Topf für eingesottene Butter.* **Anggemeedeli** s., **Anggemoodel** m. *Pressform für Butter.* **Anggeschäärede**⁺ w. *Rückstand beim Buttereinsieden.* **Anggeschnitte** w. *Butterbrot.* **Anggeschwaizi** w. *Béchamelsauce.* **Anggeseessli** s., **Siessanggeseessli** s. *Buttersauce.* **Anggewègge** m. *Butterwecken.* Dim. **Anggewèggli** s. *Buttersemmel.*
Änggel m. *Enkel.*
änggele (gänggeled) *nach Butter riechen und/oder schmecken.*
anggewaich *butterweich.*
Ängi w. (Ängene) 1. *Enge.* 2. *Atemnot, Beklemmung.*
Ängländer m. 1. *Engländer.* 2. *verstellbarer Schraubenschlüssel.*
Angle w. *Angel.*

Anglèss[+] m. *altmodischer Männerrock;*
frz. à l'anglaise (Seiler).

änglisch *englisch.*

Angscht w. (Èngscht) *Angst.* S macht em Angscht,
es beängstigt ihn. Er miend kai Angscht haa,
fürchtet euch nicht. I ha Èngscht uusgstande,
ich hatte sehr grosse Angst.

angschtebang *angst und bang.* S isch enen
angschtebang wòòrde.

Angtugga[+] m. *Stockschirm; frz.* en tout cas.

Ääni m., **Äänigroossbappe** m., **Äänigroossvatter** m.
Urgrossvater.

Aanig w. (-e) *Ahnung.*

äänige → ääne.

Äänigroossmamme w., **Äänigroossmueter** w.
Urgrossmutter.

Äänis m. *Anis.* **Äänisbreetli** s. *süsses Weihnachts-*
gebäck mit Anis. Ùnbachen Äänisbreetli, *bleicher*
Mensch, unreifer Mensch. **Äänismixdyyrli** s.,
Äänissäftli s. *Anismixtur.*

äänlig *ähnlich.* Er isch sy äänlige Bappe, *er ähnelt*
ganz seinem Vater (Kron). Ùff ùnd äänlig → ùff.

Annebääbi s. 1. *Anna Barbara.* Dim. Annebääbeli s.
2. *einfältige Frau.*

annenander *immerfort.* Si hèt annenander gschwätzt.

ännewääg → ainewääg.

anngaschiere *engagieren; frz. engager.*

Anni s. *Anna.* Dim. Anneli s.

Anno → Ane.

Annòngse w. *Inserat; frz. annonce.*

Änte[1] w. *Ente.* **Äntefiidle** w., **Ääntefùùdi** s.
1. *hervorstehendes weibliches Hinterteil* (humor.).
2. *Herrenfrisur mit viel Nackenhaar* (humor.,
Mitte 20. Jh.). **Äntefiess** m. (Plur.) 1. *Entenfüsse.*
2. *helle Glacéhandschuhe* (humor., Mitte 20. Jh.).

Änte[2] w., m. *Ernst.*

Antyyfi → Andyyfi.

äntlig *endlich.*

äntwäder *entweder.*

Änzene[+] m., **Ènzene** m. *Enzian, Enzianschnaps.*

apaartig *apart, besonder, eigenständig, erlesen,*
reizvoll.

aaper *schneefrei.*

Aapfiff m. *scharfer Tadel, strenger Verweis.*

aapfyffe (aapfiffe) 1. *durch Pfiff Zeichen zum*
Spielbeginn geben. 2. *hart anfahren, zurechtweisen,*
beschimpfen.

aapfùùre (aapfùùrt) *anfahren, anschnauzen.*

Ääphai → Ääbhai.

Apperaat m. (Apperäät) 1. *Apparat.* 2. *grosses Stück,*
grosser Mensch (humor., 2. H. 20. Jh.).

appig[+] *abgebrochen, abgerissen.* En appige Gnòpf
ein abgerissener Knopf.

Aprille → Abrille.

Apropoo s. *schwierige Angelegenheit, unangenehme*
Sache, Belastung, Risiko. Die Rais isch fir mii
eenter en Apropoo.

apropoo *übrigens, nebenbei bemerkt, was das*
betrifft, was ich sagen wollte; frz. à propos.
A propoo Dienschte, my Magd isch mer
druusglòffe. A propoo, händ er scho gstimmt?
Übrigens, habt ihr schon gestimmt?

äär (bet.), **är**, **er** (unbet.) *er.* Grad äär isch der
Frächscht. Är waiss vyyl. Waiss er s schò?

Araabi m. *Name eines Fasnachtsmarsches.*

aaraise (aagraist) *in Gang bringen, an die Hand*
nehmen, organisieren. E Fèscht aaraise.

Aarang m. (Aaräng) *Anlauf, Schwung.*
En Aarang nää.

aaranze (aagranzt) *barsch anreden* (pop.).

Aräscht m. *Arrest.*

Ääräss w. *RS, Rekrutenschule* (Ss.).

Aarbed w. (-e) *Arbeit, Handarbeit.* Fir Aarbed lauffe,
Arbeit suchen (Schneider). **Aarbedsdisch** m.
Nähtisch. Dim. Äärbedli s. *kleine Handarbeit.*

Äärbèèri s. *Erdbeere.* **Äärbèèrigraabe** m.
Erdbeergraben (Strasse beim Zoologischen Garten).

Aarbetschwyyl *Arboldswil (Baselbieter Dorf).*

Äärbse w. *Erbse.* **Äärbsmues** s. *Erbsenbrei.*
Dim. Äärbsli s.

Äärbseli[+] s. *Berberitze, Berberitzenbeere* (Heusler,
Fridolin).

äärdbeebne (gäärdbeebned) *beben (von der Erde).*
S hèt fèscht gäärdbeebned.

Äärde w. *Erde, Erdball, Welt.* **Äärdbidem**[+] s.
Erdbeben (Hagenbach). **Äärdboodeschand** w.
riesige Schande. Aim alli Äärdboodeschand saage
jdn. gehörig ausschelten. Auch:
Gòttsäärdboodeschand. **Äärdnissli** s. *Erdnüsschen.*

Aare w. *Ar, 100 m².*

aarènne (aagrènnt) 1. *beim Laufen anstossen.*
2. *unverrichteter Dinge abziehen müssen,*
vor verschlossene Türen kommen.

Aarfle[+] w. *Armvoll.* Dim. Äärfeli s.

aarg (eerger, eergscht) 1. Adj. *arg, schlimm.* 2. Adv. *gar, sehr, ausserordentlich, schrecklich.* En aarg lùschtige Hèlge. S hèt aarg gstùngge. S isch mer eener aarg, *es ist mir wirklich gar nicht recht.*

Ääri s. *Ähre.* **Äärifäld** s. *Ährenfeld.*

aarichte (aagrichted) *Essen bereitstellen, auftragen.* Ra.: Mit em groosse Kèllen aarichte, *allzu grossen Aufwand treiben.*

aarig[+] 1. *apart, sinnig.* 2. *seltsam, kurios, unheimlich.*

Aariis s. *Recht auf den Obstüberhang an der Grundstückgrenze.*

aarysse (aagrisse) 1. *anreissen, einreissen (Papier, Stoff).* 2. *vorzeichnen (Linie).* 3. *initiieren, organisieren* (2. H. 20. Jh.).

Aarlese, Aarlise *Arlesheim (Dorf im untern Baselbiet).*

Aarleser m., **Aarliser** m. *Wein aus Arlesheimer Rebbergen.*

Aarm m. (Äärm) *Arm.* Dim. Äärmli.

aarm (eèrmer, eèrmscht) *arm, bedauernswert, kümmerlich.* En aarm Wùùseli, *ein armes kleines Wesen.* Aarmi Sach, *schäbige, kümmerliche Angelegenheit.* Du Aarme znacht → znacht.

Aarmebùggel m. *Armenpflege* (pop.).

Aarmed[+] w., **Aarmuet** w. *Armut.*

Aarmelyteblooger m., **Aarmelyteschinder** m. *hartherziger Mensch.*

Aarmelytegschmäggli s. *muffiger, kohlgeschwängerter Geruch in dürftigen Mietskasernen.*

aarmelytelig *ärmlich, armselig.*

Aarmepflääg w. *Armenpflege.*

Aarmetei w., **Aarmuetei** w. *armseliges Hauswesen.* S isch en Aarmetei bi däne Lyt.

Aarmewääg m. nur in: Ùff em Aarmewääg, *auf billige, mühelose Weise.* Er isch ùff em Aarmewääg Ooberscht wòòrde, *er wurde Oberst, ohne alle hiezu sonst notwendigen Dienstleistungen erbracht zu haben.*

Aarmuet → Aarmed.

Aarmuetei → Aarmetei.

Äärnscht[1] m. *Ernst, Ernsthaftigkeit*

Äärnscht[2] m. *Ernst (Name).* Dim. Äärnschtli m., s.

Aroone → Roone.

Aarsch m. (Äärsch) *Arsch, Hintern* (vulg.). Lägg mer am Aarsch, am Aarsch, *du kannst mich gern haben.* Raa.: Das kaasch der am Aarsch abfingere, *das kannst du dir an den Fingern*

abzählen (vulg.). Am Aarsch syy, *in grosser Verlegenheit sein* (vulg.). **Aarschgranaate** w. *Medikament in Zäpfchenform* (Ss.). **Aarschgutzi** s., **Aarschlòch** s., **Aarschveiedli** s. *Dummkopf, Einfaltspinsel, blöder Kerl* (allgemeine Schimpfworte, vulg.). Dim. **Äärschli** s. *Sprung ins Wasser mit Hintern voran* (Schs.).

aarschfiidleblùtt *splitternackt* (vulg.).

aarschfiidleglatt *spiegelglatt (vulg.).*

äärschle (gäärschled) *beim Radfahren den Hintern vom Sattel heben* (pop.).

äärschlige *mit dem Hintern voran, auf dem Hintern* (pop.).

Aarschjee m. *Sprung ins Wasser mit dem Hintern voran* (Schs.).

Aart w. (-e) 1. *Art, Art und Weise.* Ùff die Aart kèmme mer nit wyter, *auf diese Weise kommen wir nicht weiter.* Er isch en Aart e Hèèr, *er ist in gewissem Sinn ein Herr.* 2. *Stil, Qualität.* Das Kònzäärt hèt wiirggli en Aart ghaa, *...hatte Niveau.* Das hèt kai Aart ùnd kai Gattig, *das ist stillos, minderwertig, wertlos.*

aarùgge (aagrùggt) *anrücken, heranrücken.*

aarùùre (aagrùùrt) *anknurren, beschimpfen.*

Arurut[+] s. *Agar-Agar (Gelierstoff aus Meeresalgen zur Zubereitung eines Abführmittels).*

Arurutbäppli[+] s. *breiiges Abführmittel mit Agar-Agar.*

as → als[2].

ääs (bet.), **äs, es, s** (unbet.) *es.* Ääs goot no in d Schuel, *es (dieses Kind) geht noch zur Schule.* Es isch aifach nimme s Glyych. S nimmt mi wùnder.

aasaage (aagsait) *ansagen, formell mitteilen (Geburt, Taufe, Verlobung, Heirat, Tod).* S Laid aasaage, *Todesfall mitteilen.*

aasaiche (aagsaicht) 1. *anpissen* (vulg.). 2. *beschimpfen, grob zurechtweisen* (vulg.). S saicht mi aa, *es stinkt mir* (vulg.).

Aaschaffere w. *liederliche Frau, Dirne* (Höschs.).

aaschälle (aagschällt) 1. *mit Klingelzug an der Haustür läuten.* 2. mit Dat. *telephonisch anrufen.* I han em aagschällt.

aaschämme (aagschämmt) *schämen machen.* S schämmt mi aa, *ich schäme mich deswegen.*

Äsche[1] w. *Asche.* **Äschebächer** m. *Ascher.* **Äschebaan** w. *Aschenbahn.* **Äschekiibel** m. *Ascheneimer.* **Äschemittwùche** m. *Aschermittwoch.*

Äsche[2] w. *Aeschenvorstadt.* Dä Laaden isch
in der Äsche. **Äscheblatz** m. *Aeschenplatz.*
Ra.: Mach mi nit staubig, i bii nit der Äscheblatz,
öde mich nicht an, lass mich in Ruhe (Höschs.).
Äschedòòr s. *ehemaliges Stadttor am Ausgang
der Aeschenvorstadt.* **Äschegraabe** m.
Aeschengraben.
Äsche[3] w., **Èsche** w. *Esche.*
Ääschemer m., **Ääschlemer** m. *Einwohner von Aesch
(Dorf im Birseck).*
aaschiesse (aagschòsse) 1. *anschiessen, anwerfen.*
Er hèt eren e Ballen aagschòsse. 2. *im Laufen heftig
anstossen.* Si isch an e Pfool aagschòsse.
aaschiffe (aagschifft) 1. *anpissen* (vulg.).
2. *zurechtweisen* (vulg.). 3. unpers. *verdriessen*
(vulg.). S schifft mi alles aa.
aaschiggig[+], **aaschigglig**[+] *anstellig, gelehrig,
geschickt* (Kron, Seiler)
aaschysse (aagschisse) 1. *scharf zurechtweisen,
beschimpfen* (vulg.). I loo mi vo diir nit aaschysse.
2. unpers. *verdriessen* (vulg.). Die Aarbed schysst
mi aa.
Äschlemer m. *Bewohner der Aeschenvorstadt.*
Ääschlemer → Ääschemer.
aaschlyyche (aagschliche) *anschleichen.*
aaschliirge (aagschliirgt) *durch Anstreichen besudeln,
beschmieren.*
aaschloo (aagschlaage) 1. *anschlagen, befestigen.*
D Lääden aaschloo, *die Fensterläden befestigen.*
Aagschlaage fir mii! *(ruft derjenige, der beim
Versteckspiel das vereinbarte Ziel ungesehen
erreicht hat).* Verstèggis mit Aaschloo, *bestimmtes
Versteckspiel.* 2. sich aaschloo, *schmerzhaft
anstossen.* Au, i haa mer der Èlleboogen
aagschlaage.
aaschmiire (aagschmiirt) 1. *anschmieren,
verschmieren.* 2. *betrügen, hereinlegen,
übervorteilen.* Dä Grämpler hèt is aagschmiirt,
dieser Trödler hat uns hereingelegt. Jètz sind mer
aagschmiirt, *jetzt sind wir in grosser Verlegenheit.*
aaschmègge (aagschmèggt) *durch Geruchssinn
feststellen.* Me hèt s em aagschmèggt, dass er
drùnge hèt. ütr. I kaa s däm Hèlge nit aaschmègge,
dass er gfältscht isch.
aaschnalle (aagschnallt) 1. *anschnallen.* 2. *beschaffen*
(pop.). Er hèt sich e Frau aagschnallt, *er hat sich
verheiratet* (humor.).

aaschryybe (aagschriibe) *anschreiben.*
Fir dùmm aaschryybe, *als dumm bezeichnen,
für dumm halten.*
aaschruube (aagschrubt), **aastruube**[+] (aagstrubt)
anschrauben.
Ascht m. (Èscht), **Nascht**[+] m. (Nèscht) 1. *Ast.*
Raa.: Ùff d Èscht bringe, *erregt, wütend machen,
reizen.* Sich ùff d Èscht uuseloo, *sich kühn
vorwagen.* 2. *Depression.* En Ascht haa, *deprimiert
sein, ein moralisches Tief haben* (2. H. 20. Jh.).
Dim. Èschtli s.
Äschter w., s., **Äschti** s. *Esther.* Dim. Äschterli s.
äschtimiere → èschtimiere.
ase[+] *noch.* Hätt i sòllen ase jùng nit vò sällem Wääg
abbiege? (Liebrich). Assò waarm[+] *noch warm*
(Hindermann).
aasinge (aagsùnge) *ausschelten, beschimpfen,
zurechtweisen* (20. Jh).
Aasprooch w. (-e) *Ansprache.*
ass → dass.
Ässe s. *Essen.*
ässe (gässe; Präs. iss, issisch, isst, ässe; Konj. äss;
Kond. ääss) *essen.* Guet gässen isch halber gschisse
(vulg., 2. H. 20. Jh.).
Ässbstègg s. *Essbesteck.*
ässig[+] *wohlschmeckend, schmackhaft.*
Ässmantel m. (Ässmäntel) *Sabberlätzchen, Serviette
zum Umbinden für Kinder.* Dim. Ässmänteli s.
Ässstùùbe w. *Esszimmer.*
Aastalt w. (-e) *Anstalt.*
Aastand m. *Anstand, gute Manieren.* Dää hèt au kai
Aastand im Lyyb.
Aaständ m. (Plur.) *Schwierigkeiten, Scherereien.*
Mit däne Lyt het mè nyt als Aaständ.
aaständig *anständig.*
Aastèggig w. (-e) *Ansteckung.*
aastèggig *ansteckend.* En aastèggigi Grangged.
Aasteesser m. *Grundstücknachbar.*
aastoo (aagstande) 1. *anstehen, Schlange stehen.*
2. *ziemen, passen.* Das Huus stoot ene guet aa,
dieses Haus passt gut zu ihnen.
aastruube → aaschruube.
aasuuge (aagsugt) 1. *ansaugen.* 2. *nahe herankommen*
(Höschs.). Suug aa, *folge mir.* Sich aasuuge,
sich heranmachen, sich beliebt machen wollen
(pop.).
au *auch.* Mir kèmmen au. Au yych bi nùmmen

e Mèntsch. Due dòch au nit eso dùmm. E aaber au!
Aber nein doch. Wie kaasch au! *Wie kannst du nur.*
Hool dòch au e Schuufle! *Hol doch endlich
eine Schaufel.*
Aug s. (-e) *Auge.* Wo hèsch au d Auge ghaa? *Hast du
denn nichts bemerkt?* I haa kai Aug zuedoo,
ich konnte überhaupt nicht schlafen. D Auge sind
em iberlòffe, *die Tränen kamen ihm.* Hèt dää Auge
gmacht! *Wie der gestaunt hat!* **Augebligg** m.
Augenblick. Im Augebligg, der Augebligg, *soeben,
sofort.* Er isch der Augebligg fùùrtgange. I kùmm
im Augebligg. **Augsbraue** w., **Augsbruune** + w.
Augenbraue. **Augespittel** m. *Augenspital.*
Ra.: Us em Augespittel kèmme kaini Säärg,
1. *man konnte nichts anderes, nichts Besseres
erwarten.* 2. *So schlimm ist es nicht.* Dim. Aigli s.
Augschte m. *August (Monatsname).*
ausgebaust *ausgetrunken (humor.)*
Auti s. *Automobil (pop.).* Dim. Auteli s.
awa *so, was du nicht sagst!*
aawaaie (aagwaait) *anwehen.* Dä Schnùppen isch koo
wie aagwaait, ... *kam ganz plötzlich.*
aawintsche (aagwùntsche) *anwünschen.* S nei Jòòr
aawintsche, *ein gutes neues Jahr wünschen.*
aawyyse (aagwiise) *anweisen.* I bii nit ùff dii
aagwiise.
Ax + w. (Äx), **Axt** w. (Äxt) *Axt.*
äxbräss, èxbräss *absichtlich, erst recht.* Jètz kùmm i
èxbräss nit mit.
äxgyysi → èxgyysi.
äxtraa → èxtraa.
aazèlle (aazèllt) *abzählen.* Hèsch s Gligg aazèllt
(Liebrich).
aazie (aazooge) 1. *anziehen (Schraube, Riemen).*
2. *zu lange gelagert sein.* S Flaisch ziet aa.
3. *zu ziehen beginnen, sich steigern (Motor, Pferd,
Preise, Kälte).*
aazinde (aazùnde) 1. *anzünden, Licht andrehen.*
Der Baum aazinde, *die Kerzen am Weihnachtsbaum
anstecken.* 2. ütr. *aufstacheln, begeistern,
motivieren (pop., 2. H. 20. Jh.).*

B

Baabe w. (Baabe / Baabene) *einfältige, ungeschickte
Frau.*

Baabi s. *dummes Ding, nicht ernst zu nehmendes
kleines Mädchen.* **Baabeli** s. *Volltreffer (Neuner)
beim Kegelspiel.*
Bääbi s. *Barbara, Babette.* Dim. Bääbeli s.
Baabidùnggel + m. (Baabidinggel) *Puppe* (Kron),
auch Kosewort (Brenner).
Bach m. (Bäch) 1. *Bach.* E Bach mache,
urinieren (Ks.).
Bachbùmmele w. *Sumpfdotterblume.* Dim. Bächli s.
2. *Rhein* (Höschs.). **Bachgass** w. *Rheingasse*
(Höschs.).
Bäch s. *Pech.* Bäch gää, *Fersengeld geben.*
Bächvoogel m. *Pechvogel.*
bachab *den Bach hinunter.* Bachab goo, *zunichte
werden.* Bachab schigge, *verwerfen, ablehnen
(z.B. Gesetzesvorlage).*
Bachbùlver s. *Backpulver.*
bache (bache) 1. *backen.* Nit ganz bache, *geistig unreif,
verrückt.* Kinderreim: Was wämmer mache? –
Katze bache. 2. *verabreichen (Ohrfeige).* Er hèt em
aini bache (pop., Mitte 20. Jh.).
Bachede w. *Quantum, das man aufs Mal bäckt,
Backmenge.*
Bächer m. 1. *Becher.* 2. *gewöhnliches Bierglas.*
E Bächer häll bitti.
Bachestai m. *Backstein.* **Bachestaischwèèrzeli** s.
Rothaarige, Rothaariger (humor.).
Bachis m. *Zusammengebackenes.* Vo däre Sùppen
isch zlètzscht nùmme non e Bachis in der Pfanne
bliibe.
Bachoofe m. (Bacheefe) *Backofen.*
Bachstùùbe w. *Backstube.*
Baad s. (Beeder) 1. *Bad.* 2. *Kurhaus.* Dim. **Beedli** s.
Kurhaus, Ferienpension (pej.).
Badänser m. *Badenser, Einwohner von Baden
(Teil von Baden-Württemberg).*
badänsisch → baadisch.
Badänt s., jg. **Phadänt** s. *Patent.*
badänt, jg. **phadänt** *patent.* 1. *praktisch, bequem,
angenehm.* E badänti Maschiine.
2. *kameradschaftlich, kooperativ.* Der Glaibaasler
isch e badänte Thyp (Baerwart).
Baadduech s. (Baaddiecher) *Badetuch.*
baade (baaded) *baden.*
Baaderli s. *gefülltes Gänseblümchen.*
Baadglaid s. (Baadglaider), **Baadgòschtyym** + s.
Badeanzug.

Baadhyysli s. *Badeanstalt (am Rhein, am Sankt Alban-Teich).*

Baadhoose w. (Plur.) *Badehose.* Hèsch kaini Baadhoose mitgnoo?

Baadi w. *Badeanstalt* (Schs.).

baadisch, badänsisch 1. *badisch, zu Baden (Teil von Baden-Württemberg) gehörend.* Mer geend in s Baadisch go ässe. Der Sprooch aa kùnnt er us em Baadische. Baadische Baanhof, *Bahnhof der Deutschen Bundesbahn in Kleinbasel.* 2. + *verdächtig.* Das kùnnt mer baadisch vòòr.

Baadkaschte m. (Baadkäschte), jg. **Baadwanne** w. *Badewanne.*

Badroon m. (Badreen) 1. *Patron, Chef.* 2. *Kerl.* Glùngene Badroon, a) *fideler Kerl.* b) *merkwürdiger Kauz.*

Badroone w. *Patrone.* **Badroonedäsche** w. *Patronentasche.* **Badroonehilsesammler** m. *vorderste Reihe im Revolverkino* (Höschs.).

Baadstùùbe w. *Badezimmer.*

Baadwanne → Baadkaschte.

baff *überrascht, verblüfft.* Nur präd.: Si sind ganz baff gsii.

bäffere (bäffered) 1. *belfern, bellen.* 2. *schimpfen* (Müller).

bäffzge (bäffzged) 1. *bellen, kläffen.* 2. *stark husten.* 3. *schimpfen.*

Bäffzger m. *Kläffer, bellender Hund.*

Bäffzgi m. *einer, der ständig schimpft oder widerspricht, Querulant.*

bäffzig *kläffend.*

Bagaaschi w., s. 1. *Gepäck; frz. bagage.* 2. *Plunder, wertloses Sammelsurium.* 3.+ *Gesindel* (Seiler).

Bagge m. *Backe, Wange.* Er hèt gstraalt iber alli vier Bagge, *er strahlte übers ganze Gesicht* (humor., pop.). Dim. **Bäggli** s. 1. *kleine Backe.* 2. *bestimmtes kleines leckeres Stück des Forellenkopfs.*

Bai s. 1. (Plur. Bainer) *Knochen.* Wänd Si das Flaisch mit oder ooni Bai? Dreivierlig ooni Bai, *dreiviertel Pfund Fleisch ohne Knochen.* Stai ùnd Bai → Stai. **Baihuus** s. a) *Beinhaus.* b) *sehr magerer Mensch* (humor.). 2. (Plur. Bai) *Bein (Körperglied).* Si hèt s in de Bai, *sie hat eine Beinerkrankung, Wasser in den Beinen.* Aim Bai mache, *jdn. zur Eile, zum Handeln antreiben.* Wider ùff d Bai koo, *sich erholen (körperlich oder geschäftlich).* Raa.: Èppis an s Bai stryyche, *etwas als Verlust*

hinnehmen. Er hèt der verspròche Gwinnscht miesen an s Bai stryyche. Wär s nit im Kòpf hèt, hèt s in de Bai, *wer zuwenig denkt, muss um so mehr laufen.* Dim. Baili s., Bainli s. 3. kai Bai, *überhaupt niemand.*

Baiass m. (Baiasse/Baiässer) 1. *Bajazzo, Hanswurst; it. pagliaccio.* Der Bajass mache, *den Hanswurst spielen.* 2. *entsprechendes Fasnachtskostüm.*

Baibel *Beinwil (Dorf im Kanton Solothurn).*

baidersyts, baidsyts *beiderseits.*

baidi, beed+ m., **bood**+ w., **baidi** s. *beide.* Ùff boode Syte, *auf beiden Seiten* (Meyer).

baidsyts → baidersyts.

baaie (baait) *bähen, rösten.* Baait Broot, *Toast.*

baiggere (baiggered) *mit kurzen Beinen oder Schritten gehen.*

baimig, jg. **bäumig** 1. *baumstark.* 2. *mächtig, gewaltig, tüchtig.* Baimige Rusch, *Bombenrausch.*

Baimli → Baum.

bainig *beinern, aus Knochen gefertigt.*

bainle (bainled) *rasch gehen, laufen (meist von Kindern).*

baite+ (baited) *warten* (Hetzel).

Baiz w. (-e) *Wirtschaft* (pop.). Diirggischi Baiz, *unaufgeräumte Küche nach festlichem Essen* (2. H. 20. Jh.). Dim. Baizli s.

Baizer m. *Wirt* (pop.).

Baizere w. *Wirtin* (pop.).

Baizi w. (Baizene) *Beize.*

Baal+ m. (Bääl), **Ball** m. (Bäll) *Ball (Tanz).*

Balaari m. 1. *Schwätzer.* 2. *Rausch.*

Baldi m. *Theobald.* Dim. Baldeli m., s.

bälfere (bälfered) 1. *belfern, bellen.* 2. *schimpfen.*

Balgge m. (Bälgge) *Balken.* Dim. Bälggli s.

Balggòng m. (Balggeen) *Balkon; frz. balcon.* Dim. Balggèngli s., Balggeenli s.

Balle[1] w. *Ball (Spielzeug).* **Ballefuulzi**+ s., **Balleschiggerlis** s., **Balleschiggis** s. *bestimmte Ballspiele.* **Ballestand** m. *Ballwerfbude (z.B. an der Herbstmesse).* Dim. Bälleli s.

Balle[2] m. *Ballen, Stoffballen, Handballen.* Dim. **Bälleli** s. *kleiner Ballen.* E Bälleli Angge, *Butterstück zu 100 oder 200 Gramm.*

bälle (bùlle+/bällt) 1. *bellen.* 2. *stark husten.*

bällele (bälleled) *spielerisch mit dem Ball hantieren, zimperlich Ball spielen.*

Bälli m. 1. *einer, der immer schreit oder schimpft,*

Querulant. 2. *starker Husten.* Er hèt e wieschte Bälli.

bällitschiere (bällitschiert), **bèllitschiere** (bèllitschiert) 1. *prahlen, drauflos reden.* 2. *keifen, schimpfen.*

Baloon m. (Baleen) 1. *Ballon.* 2. *Rausch* (pop.). Dim. Baleenli s.

Balz m. *Balthasar.* Dim. Balzli m., s.

Bämbel *Bennwil (Baselbieter Dorf).*

bämmere (bämmered) *fest schlagen, klopfen, kräftig hinwerfen.* An d Diire bämmere. E Buech ùff der Disch bämmere.

Bammert m. (Bämmert) *Bannwart, Feldhüter.*

Bämpel m. 1. *Glockenschwengel.* 2. *Perpendikel.*

bampele (bampeled), **bample** (bampled) *baumeln.*

bampelig *baumelnd, schlaff hängend.*

Bampeluure w. *dünner, schlechter Kaffee.*

bample → bampele.

Bämsel → Bänsel.

bämsle → bänsle.

Baan[1+] m. (Bään), **Bann** m. (Bänn) *Bann, Gemarkung.*

Baan[2] w. (Baane) *Bahn, Eisenbahn.* **Baanhoof** m. Drohung: I hau der aini in Baanhoof, dass der alli Gsichtsziig entglaise (Höschs.). Dim. Bäänli s.

Band s. (Bänder) 1. *Band.* Dùr s Band, *auf der ganzen Linie.* 2. *Tonband.* Mer händ sy Reed ùff Band ùffgnoo. 3. + *Weidenrute.* Band haue+, eig. *Weidenruten schneiden,* ütr. *uneinträgliche Arbeit verrichten.* Do mècht jo ain lieber Band haue, as Kùnschtmooler syy.

Bändel m. *Band, Seidenband.* Ra.: Èpper am Bändel haa, *mit jdm. eine enge Freundschaft, ein Liebesverhältnis haben.* **Bändelhèèr** m. *Bandfabrikant.* **Bändeljùùd** m. *fahrender Bandhändler, Marktfahrer, Hausierer.* Schwätze wien e Bändeljùùd, *unermüdlich werbend reden.* **Bändelmiili**+ w. *Seidenbandfabrik* (pop.).

Bändelwùùrm m. *Bandwurm.* Dim. Bändeli s., Bändli s.

Bandi w. (Bandene) *Bande, Horde, Rotte.*

bäng! Schallwort *peng!*

Bängel m. 1. *Bengel, Knüppel, Prügel, Stange.* Raa.: Ùff em Bängel haa, *auf dem Kerbholz haben.* Das goot ùff myy Bängel. ...*auf meine Rechnung* (Fridolin). Der Bängel ùmmegheie, eig. *den Fährenseilstab auf die andere Seite legen,* ütr. *ein anderes, besseres Leben beginnen.* Aim e Bängel zwische d Bai schmaisse, *jdm. ein*

Hindernis in den Weg legen. **Bängelschyssi** w. *Latrine, meist mehrplätzig* (Ss.). 2. *Lausejunge, ungezogener Bursche.* Dim. Bängeli s. Kinderreim: D Maitli das sind Ängeli, d Buebe das sind Bängeli.

Bängelei w. 1. *Werfen, Schlagen.* 2. *Flegelei.*

Bangg[1] m. (Bängg) 1. *Sitzbank.* Dim. **Bänggli** s. *Ruhebank, Bank vor dem Haus.* 2. *Handwerkertisch.* **Bangg|gnächt** m., **Bangghoogge** m. *Halteeisen an der Hobelbank.* 3. *Fleischbank.* **Banggmaischter** m. *Chefmetzger, Metzger.* 4. *Schnitzelbank.*

Bangg[2] w. *Bank (Geldinstitut).* **Banggbiechli** s. *Sparheft.*

bänggle (bänggled) 1. *bestimmtes Kartenspiel spielen.* 2. *Schnitzelbänke singen.*

Bänggler m. 1. *Bankangestellter, Bankbeamter* (pej.). 2. *Schnitzelbanksänger.*

bängle (bängled) *schlagen, schleudern, werfen.* Ir sòlle kaini Stai bängle.

Bänglerei w. *ununterbrochenes, starkes Werfen mit Gegenständen.* Wènn hèèrt die Bänglerei äntlig ùff?!

Bangsee s. *Gartenstiefmütterchen, Stiefmütterchen; frz. pensée.*

Bangsioon w. (-e) 1. *Pension.* 2. *Ruhegehalt.* Dim. Bangsieenli s.

bangsioniere (bangsioniert) *pensionieren; frz. pensionner.*

baniere (baniert) *panieren; frz. paner.*

Baniermääl s. *Paniermehl.*

Bäänler m. *Eisenbahner.*

Bänsel m., **Bämsel** m. *Pinsel.* Der Bänsel schwinge, *Karten spielen* (humor.).

bänsle (bänsled), **bämsle** (bämsled) *pinseln.*

Bantòffle m. *Pantoffel; frz. pantoufle.* **Bantòfflezapfe**+ m. *Korken (Baerwart, Fridolin).* Dim. Bantèffeli s.

Bapyyr s. (Bapyyr / Bapyyre). 1. *Papier.* **Bapyyrmiili** w. *Papiermühle.* **Bapyyrsagg** m. *Tüte.* 2. *Wertpapier.* 3. *Ausweispapier, Dokument.* Hèsch dyni Bapyyr in Òòrnig? Dim. Bapyyrli s. **Bapyyrlischwyzer** m. *nur dem Pass nach Schweizer, neu Eingebürgerter.*

bapp in: Nit bapp saage, *kein einziges Wort sagen.*

Bappe[1] m. *Papa, Vater* (fam.). **Bappeditti** s. *Kind, das besonders am Vater hängt.* **Bappemamme** *Merkwort für rhythmische Anfangsstufe des Trommelunterrichts.* Dim. **Bappeli** s., **Bäppeli** s.

1. *Vater* (fam.). 2. *gutmütiger Alter.* 3. *Greis* (pej.).
Bappe[2] w. *Brei.* **Bappedèggel** m. *Pappe, Karton.*
Bappedipfi s. 1. *Breipfännchen.* 2. *ängstliches,*
zimperliches Mädchen oder Kind. Dim. **Bäppli** s.
bappe (bappt) *mit Kleister arbeiten, kleben.*
Bappedèggel → **Bappe**[2]
bappedipfig *geziert, zimperlich, ängstlich,*
ungeschickt.
Bappegai m. (-e) *Papagei.* Dim. **Bappegaili** s.
Bappele w. *Pappel.*
bappele (bappeled), **bapple** (bappled) *plappern,*
undeutlich und rasch sprechen.
bäppele (bäppeled) *päppeln, sorgsam füttern,*
ernähren, aufziehen.
Bapperasse w. *Papiere, Akten aller Art; frz. paperasse.*
bappig *breiig, klebrig, kotig.*
Baar s. *Paar.* E Baar Sògge. Dim. **Bäärli** s. *Pärchen,*
Liebespaar, Brautpaar, junges Ehepaar.
baar *paar, einige.* E baar Lyt, *einige Leute.*
Bäär m. (-e) *Bär.* Der Bääre, *das Wirtshaus*
zum Bären. Ra.: Aim e Bäär ùffbinde, *jdm. eine*
Lügengeschichte erzählen. **Bääredatze** m.
bestimmtes süsses Zimtgebäck. **Bääredoope** m.
1. *dicker Fausthandschuh.* 2. *Bärenklau (Pflanze).*
Bääredrägg m. *Lakritze.* **Bääredräggschnäggli**[+] s.
schneckenförmig aufgerolltes Lakritzenband.
Bääredräggschnuer[+] w. *Lakritzenrolle.*
Bääredräggstängel m. *Lakritzenstange.*
Dim. **Bäärli** s.
bäär goo[+] (gange) *durchbrennen, rennen*
(Kron, Altwegg).
baraad *parat, bereit* (nur präd.). Baraad mache,
bereitstellen, vorbereiten. S Ässen isch baraad,
das Essen steht bereit.
Baraadschaft[+] w. *Bereitschaft* (Kron, Sieber).
Baaragge w. *Baracke; frz. baraque.*
Baarched m. *Barchent.*
Baardèèr s. *Erdgeschoss; frz. parterre.*
baardu, baartu *unbedingt, um alles in der Welt;*
frz. partout.
Baare m. *Barren.* 1. *Metallbarren.* 2. *Turngerät.*
Baarefuulzi[+] s. *bestimmtes Ballspiel.*
Bääre w. 1. *Fischnetz, Fischgalgen.* Dim. **Bääreli** s.
kleines Netz zum Herausnehmen der Fische aus
dem Fischkasten. 2. *Schubkarren.*
Baareblyy m. *Regenschirm; frz. parapluie.*
Dim. **Baareblyyli** s., Baareblyynli s. (Fridolin).

Baredyys s., jg. **Pharedyys** *Paradies.*
Dim. Baredyysli s.
Barèlleli s. *Aprikose.*
baaresaar *zufällig; frz. par hasard.*
Baaresòl m. *Sonnenschirm; frz. parasol.*
Baarfiesserblatz m., **Baarfi** m. (Schs.) *Barfüsserplatz.*
baarfiesslige *mit nackten Füssen.* Si sind baarfiesslige
dùr d Stadt glòffe.
baarfuess *barfuss.* Baarfuess bis zuem Hals,
splitternackt (humor.).
Bäärg m. *Berg.* S isch mer e Bäärg, *es ist mir eine Last.*
Ra.: Iber em Bäärg syy, *das Schlimmste (einer*
Arbeit, Krankheit usw.) hinter sich haben.
Bäärgbreedig w. 1. *Bergpredigt.* 2. *Manöverkritik*
(humor., Ss.). Dim. **Bäärgli** s.
bäärgab *bergab.*
Bargètt s. *Parkett.*
bäärgig *gebirgig.*
Baari m. *Barri (Hundename).*
Baarièère w. *Barriere, Schranke; frz. barrière.*
bariere (bariert) *gehorchen; frz. parer.*
Barigge → **Bèrigge.**
Baryys *Paris.* Ra.: Ais non em andere wie z Baryys,
jedes schön der Reihe nach.
Baryyser m. 1. *Pariser.* 2. *Kondom* (vulg.).
Baryyserring m. *ringförmige Torte mit Mandeln*
und Buttercreme.
barlaare (barlaart) *sprechen; frz. parler* (Höchs.).
baarle[+] (baarlt), **barliere** (barliert) *geläufig sprechen,*
schwatzen; frz. parler.
Barlier m. *Polier, Vorarbeiter beim Bau.*
Bärlyyn, jg. **Bèrlyyn** *Berlin.*
Bäärn *Bern.* **Bäärnbiet** s. *Gebiet des Kantons Bern.*
Bäärni m. *Bernhard.* Dim. Bäärneli m., s.
Baaròmeeter m. *Barometer.*
Baart m. (Bäärt) *Bart.* Ra.: E Baart fange, yyfange,
sich blamieren, Abfuhr erleiden (1930er Jahre bis
Mitte 20. Jh.).
Bartei w. *Partei.*
barteïisch *parteiisch.*
Bäärtelisdaag m., **Bäärzelisdaag** m. *Berchtoldstag,*
2. Januar.
Bäärti[1] m. *Albert.*
Bäärti[2] s. *Berta.* Dim. Bäärteli s.
Bartyy w. (-e) 1. [+]*Landpartie, Ausflug in Gesellschaft.*
2. *Partie, Heirat.* Si hèt e gueti Bartyy gmacht, *sie*
hat sich vorteilhaft verheiratet. 3. *Spielpartie.*

Spiile mer e Bartyy Schach?

Baartli m. *Bartholomäus.* Ra.: Wisse, wo der Baartli der Mòscht hoolt, *alle Kniffe oder Schliche kennen.*

baartu → baardu.

Barùgge → Bèrigge.

bäärze (bäärzt) 1. *keuchen, stöhnen, ächzen (vor Anstrengung), sich abmühen.* 2. *mit stark gepresster Artikulation sprechen.*

Bäärzelisdaag → Bäärtelisdaag.

Bäärzi m. *einer, der immerfort keucht oder stöhnt.*

Baas, Bääs → Bääsi.

basaabel → bassaabel.

Baasaar m. (Baasäär) 1. *Bazar.* 2. *Wohltätigkeitsverkauf.*

bäschele (bäscheled) *basteln, herumbasteln, spielerisch arbeiten.*

Bäscheler m. *einer, der gern handwerkliche Kleinarbeit verrichtet, Bastler.*

baschge (baschged) *spielerisch kämpfen, im Ringen die Kräfte messen* (meist von Kindern).

Baschi m. 1. *Sebastian.* 2. *Kerl.* Er isch e dùmme Baschi. Dim. Bascheli m., s.

Baschter m. 1. *Bastard.* 2. *nicht rassenreiner Hund, Köter.*

Baschteete w. 1. *Pastete.* Dim. Baschteetli s. 2. *bequemer Mensch* (humor.). Er isch e fuuli Baschteete.

Baschwang⁺ m., **Basswang** m. *Passwang (Juraberg).*

Bääse m. 1. *Besen.* **Bääsestiil** m. *Besenstiel.* Dim. Bääseli s., Bääsemli⁺ s. 2. *Freundin* (Sts.). 3. *hässliche, ruppige Frau.* 4. *Blumenstrauss* (pej.). 5. *Jasskartenfächer* (fam.). Der Bääse schwinge, *Karten spielen* (humor.).

Baasel *Basel.* **Baaselbiet** s. *Kanton Basel-Landschaft.* **Baaselbieter** m. *Bürger oder Einwohner des Kantons Basel-Landschaft.* **Baaselhuet** m. *kegelförmiger hoher Männerhut im Basel des 17./18. Jh.* Dim. Baaselhietli → Baaslerhietli.

Baaselsèggli⁺ s. *Sack, in dem bis Ende 19. Jh. die Baselbieter ihre Ware in die Stadt brachten.*

Baaselstaab m. *Baselstab, Wappenzeichen Basels.*

Baaselwyy⁺ m. *Baslerwein.*

Bääselitze⁺ w., **Basselisse**⁺ w. *borstige Litze am Saum langer Röcke; frz. basse lice* (Fridolin).

basemänte (basemänted) *Seidenbänder auf Heimwebstuhl herstellen, weben; frz. passementer.*

Basemänter m. *Seidenbandweber.*

Bääsemli → Bääse.

Bääsi w. (Bääsi/Bääsene⁺), **Baas**⁺ w. (-e), **Bääs**⁺ w. (Bääsene) 1. *Base, Kusine.* 2. *entferntere weibliche Verwandte.* Dim. Bääsli s.

basiere (basiert) *passieren, geschehen.* Das kaa jeedem emol basiere.

Basilischg⁺ m. (-e), **Basilisgg** m. (-e) *Basilisk (Fabeltier, Halter des Basler Wappens).*

Baasler m. *Basler.* **Baaslerbèppi** → Bèppi.

Baaslerdèggel m., **Baaslerhietli** s. 1. *typischer Basler Herrenhut des ausgehenden 19. und der l. H. des 20. Jh. mit rundum eingedrückter Kalotte.* 2. *flacher, steifer Herrenstrohhut.* **Baaslerdyybli** s. *Baslertäubchen, wertvolle erste Basler Briefmarke, 1845–1854.* **Baaslerwaage** m. *hoher Kinderwagen mit rechteckigem, meist weiss gestrichenem Korbgeflecht* (bis ca. 1930).

Baaslere w. *Baslerin.*

Bass¹ m. (Bäss) 1. *Reisepass.* 2. *Bergpass.*

Bass² m. (Bäss) *Bass, Bassstimme.*

bassaabel, basaabel *leidlich, erträglich; frz. passable.*

basse (basst) 1. *passen.* Die Hoose basse wie aagòsse. 2. *gefallen.* Dy Zyygnis basst mer gaar nit. 3. *sich basse, sich gehören, sich schicken.* Das basst sich nit fir eich. 3. *aufmerksam warten, abpassen.* Do duet mer s Greeteli basse (Meyer).

Basseldang⁺ m. *Zeitvertreib; frz. passe-le-temps.*

Basserèlle w. *Laufsteg über Eisenbahngeleise, über Strasse; frz. passerelle.*

Bassewang *Passavant (Familienname).*

bassledyysle⁺ (bassledyysled) *bestimmtes Würfelspiel spielen; frz. passe-le-dix* (Kron).

Batallioonsglùnggi m. *schlechter Soldat, ⁺Dienstuntauglicher, ⁺Dienstfreier* (Ss.).

bätsche (bätscht) 1. tr. *fest schlagen.* Wietig hèt er s Buech ùff der Disch bätscht. 2. intr. *prasselnd, mit Geräusch aufschlagen.* Der Haagel bätscht an d Schyybe.

batte (batted) *ausreichen, ausgiebig vorhanden sein, wirksam sein, nützen.* S Bèèriginne hèt batted, *das Beerenpflücken gab aus, lohnte sich.* S batted alles nyt, *es nützt alles nichts.*

bätte (bätted) *beten.*

Bättel m. *Bettelkram, Zeug.* Ra.: Der Bättel aaneschmaisse, *Aufgabe oder Amt im Unmut abgeben.* **Bättelbueb** m. *Bettlerjunge.* **Bättelphagg** s. *Bettelpack, Gesindel.* **Bättelsagg** m. 1. *Bettelsack.*

2. *ständig bettelnder Mensch.*
Bättelei → Bättlerei.
bättle (bättled) *betteln, erbetteln.* Abzählvers:
Gfùnde, gstoole, bättled, kauft.
Bättler m. *Bettler.* **Bättlerkùchi**[+] w.
Name einer Höhle im Jakobsbergerholz
Bättlerei w. (-e), **Bättelei** w. (-e) *Bettelei.*
Bättschòpf m. (Bättschèpf) *Kirche, Kapelle,*
kirchliches Gemeindehaus (Höschs.).
Batze m. 1. *Batzen, Zehnrappenstück.* Raa.: E guete
Root, e gueti Uusreed isch drei Batze wäärt,
... *nicht viel wert.* Er sait nit vyyl fir e Batze, *er ist*
sehr wortkarg. 2. *Geld, Geldsumme.* Si händ e
rächte Batzen ùff der Syte, *sie haben ein*
ansehnliches Vermögen. E Batze verdiene,
etwas weniges nebenher verdienen. 3. *Geldgeschenk,*
Trinkgeld. Vò sym Gètti hèt er als an der Wienacht
e Batze bikoo. I haa em Uuslaiffer e Batze gää.
Batzeglèmmer m. *Geizhals, Geizkragen.*
Batzelaibli s. langrundes Brötchen zu 10 Rappen
(bis 1930er Jahre). Dim. Bätzeli s., Bätzli s.
bätze (bätzt) *pfuschen, stümpern.*
Batzi w. *Basler Zeitung* (pop., seit 1976).
Bätzi m. *Pfuscher, Stümper.*
batzig[+] *trotzig* (Hindermann).
baue (baut) *bauen.* Si händ baut, *sie haben sich ein*
Haus gebaut. E Fèscht baue, *ein Fest veranstalten,*
feiern (pop., 20. Jh.).
Bauele w., **Bauwele**[+] w. (Baerwart) *Baumwolle.*
bauelig *baumwollen.*
Bauhèlzli s. *Bauklötzchen.*
Baum m. (Baim) 1. *Baum.* Ab ùff d Baim!
Macht, dass ihr fortkommt! (humor.).
Wien e Baum, *stark, kräftig.* Er hèt gschlooffe wien
e Baum, ...*sehr tief.* **Baumeel**[+] s. *Olivenöl.*
Dä Wyy goot yy wie Baumeel, ... *ist sehr süffig.*
2. *Weihnachtsbaum.* D Gschängg liigen ùnder
em Baum. Der Baum aazinde, *die Weihnachtsbaum-*
kerzen anstecken. Der Baum mache,
den Weihnachtsbaum schmücken. Dim. Baimli s.
a) *Bäumchen.* b) *Gerichtsgebäude an der*
Bäumleingasse. Er mues ùff s Baimli, *er muss vor*
Gericht. **Baimlihoof** m. *Landgut zwischen Basel*
und Riehen.
bäumig → baimig.
bause (baust) *kräftig trinken* (humor.).
Bauwele → Bauele.

be- (Vorsilbe) → b-, bi-.
beed → baidi.
beedele (beedeled) *baden* (Ks.).
Bedischt[+] m. (-e) *Pietist.*
Bedrool s., **Bètrool** s. *Petroleum.* **Bedroolämpeli** s.,
Bedroollampe w., **Bedroolpfùnzle** w.
Petroleumlampe.
Bègg m. (-e) *Bäcker.* Der Bègg hèt d Frau dùùregjagt,
der Bègg hèt drin gschlooffe, *wenn das Brot grosse*
Löcher hat (humor.). **Bèggebroot** s. *vom Bäcker*
gebackenes Brot (im Unterschied zum daheim
gebackenen, → Huusbroot). **Bèggefrau** w.
Bäckersfrau. **Bèggegaitschede** w. *Gebäck, aus*
Teigabfällen hergestellt, meist von minderwertiger
Qualität. **Bèggehitz** w. *starke Hitze.* Davon
fälschlich gebildet: **Bògghitz** w. (20. Jh.).
Bèggenoofe m. *Gericht mit durcheinander-*
geschichteten Kartoffel- und Fleischstücken (Schaf,
Rind, Schwein) sowie Gemüse, mit Weisswein in
einer mit Brotteig gedeckten Schüssel im Backofen
gar gemacht (Baselbieter und Elsässer Spezialität).
Beegg m. (-e), **Beeggis** m. *trockener Rotz.*
Beeggenalbùm s., **Beeggenètwy** s. *Taschentuch*
(humor.).
beegge[+] (beegt) *starren, stieren.*
Bèggedaag m. *Johannes Beck-Tag (24. Juni)* mit
Gratiseintritt in den Zoologischen Garten (fam.).
bèggele (bèggeled) *nach Schaf- oder Ziegenbock*
riechen oder schmecken, gelegentlich auch vom
Wein, der zu lange im Gärfass gelassen wurde.
Bèggene w. *Bäckersfrau.*
Bèggi s. *Becken.* Dim. Bèggeli s. Raa.: S Bèggeli
eebe haa[+], *sorgsam haushalten müssen.* E Bèggeli
mache[+], *ein weinerliches Gesicht schneiden.*
Beeggis → Beegg.
bèggle (bèggled) *auf dem Trommelböckchen üben.*
Bèggli[1] → Bògg.
Bèggli[2] m. *Arnold Böcklin, Basler Kunstmaler*
1827–1901. Kènnsch d Dooteninsle vòm Bèggli?
beegle[+] (beegled) *bügeln, plätten* (Hoffmann).
beie (beit) *zahlen; frz. payer* (pop.).
Beiel[+] m., **Beil** s. *Beil.* Dim. Beieli s. (Baerwart),
Beili s.
beiele (beieled) *fein regnen.*
beelände (beelänced), jg. **bi'eelände** (bi'eelänced)
deprimieren, seelisch schmerzen. Die Gschicht
beelänced mi aarg.

Beelimaa m. (Beelimänner) *böser Mann, schwarzer Mann, Kinderschreck.* Mues i der Beelimaa mache? *Muss ich mit Drohung oder Gewalt einschreiten?*

Bèllänz⁺ *Bellinzona.*

bèllele (bèlleled) *Kot in Kügelchenform fallen lassen (Schaf, Ziege).*

Bèlleli → Bòlle.

Bèlleryyne w. *Pelerine, ärmelloser Umhang; frz. pélerine.*

bèllitschiere → bällitschiere.

Bèlz m. 1. *Pelz.* 2. *dichtes, üppiges Kopfhaar* (humor.).

bèlze (bèlzt) 1. *vertilgen* (pop.). Si händ zämme drei Fläsche bèlzt. 2. *Ohrfeige verabreichen.* Er hèt em aini bèlzt (Schneider).

Bèmbli → Bòmbe.

Beeni m. *Benedikt, Benjamin.* Dim. Beeneli m., s.

beenle (beenled) 1. *Bohnenspiel spielen.* 2. *Kot fallen lassen (Schaf, Ziege).*

Beenli → Boone.

Bèppeli → Bèppi.

bèpperle (bèpperled) *klopfen, anklopfen.* S hèt an s Fänschter bèpperled.

Bèppene w. *Baslerin* (humor.).

Bèppi m. 1. *Jakob, Johann Jakob.* 2. *Basler (weil Rufname Johann Jakob im Basel des 18. und 19. Jh. sehr häufig war).* Auch: Baaslerbèppi. Dim. **Bèppeli** s. a) *Basler Kind.* b) *nicht ganz vollzunehmender Mensch* (pej.).

beepschtlig *päpstlich.*

Bèèrdli → Bòòrd.

bèèrele (bèèreled) *Beeren pflücken.*

Bèèrgal⁺ m. *leinwandartiges feines Baumwollgewebe; frz. percale.* **Bèèrgalhuet**⁺ m. *Hut aus diesem Material* (Kron).

Bèèri s. 1. *Beere, Traubenbeere.* **Bèèriwyy**⁺ m. *ausgezeichneter Wein.* Dim. Bèèreli s. 2. *Fingerbeere.*

Bèrigge w., **Barigge**⁺ w., **Barùgge**⁺ w., **Bèrùgge**⁺ w. *Perücke.*

Bèrnòlli *Bernoulli (Familienname).*

Bèrnòlliaanùm s. *Bernoullianum, naturwissenschaftliches Universitätsinstitut, benannt nach den berühmten Basler Mathematikern Bernoulli.*

Bèèròng m., s. *Bahnsteig; frz. perron.*

Bèèrsig m. *Barsch, Flussbarsch.*

Bèrùgge → Bèrigge.

bees (beeser, beesischt) *böse.* Viele Bedeutungsnuancen: 1. *bösartig, fatal, gefährlich, schlimm.* Das isch e beesi Gschicht, ... *fatale Angelegenheit.* E beese Hùnd, *ein bösartiger, bissiger Hund.* Gschääch nyt Beesers! *So schlimm ist es nun auch wieder nicht.* S stoot bees ùm en, *es steht schlecht um ihn.* 2. *schwer zu bewältigen, mühsam, schadhaft.* Beese Stòff, *schwer verarbeitbarer Stoff.* Beesi Strooss, *schadhafte Strasse.* Beesi Schrift, *...unleserlich.* Beesi Glaider, *schadhafte Kleider.* 3. *boshaft, wütend, zänkisch.* Er isch bees wòòrden ùff en, *er wurde wütend auf ihn.* Dä Guet hèt e beesi Frau. E bees Muul, *ein Lästermaul.* Beesi Kinder, *ungehorsame Kinder.* 4. *entzündet, eiternd.* Beesi Auge, *entzündete Augen.* Beesi Bai, *offene Beine.* Beese Rùgge, *Rückenleiden.* 5. *stark, sehr, unangenehm, unerträglich, unwirtlich.* E beese Hueschte, *ein hartnäckiger Husten.* E beese Wind, *...kalt, schneidend.* E beese Läbtig, *ein sehr schweres Leben.* Bees Gwisse, *schlechtes Gewissen.* Beesi Sòffyy *Kalte Sophie (Eisheilige, 15. Mai).* Si mues bees ùndedùùre, *sie hat ein überaus schweres Leben.* Er hèt bees miese zaale, *er musste sehr viel zahlen.*

bèèsch *gelblichbraun, sandfarben; frz. beige.*

bèscht *best.*

Bèschtalòtzi m. *Pestalozzi.* Raa.: Der Bèschtalòtzi mache, *sich ausnützen lassen* (pop., 20. Jh.). Ych bii nit der Bèschtalòtzi, *ich lasse mich nicht ausnützen.*

Bèschtler m. *Postangestellter, Postbeamter, Postbote, Briefträger.*

beese (beest) *sich verschlimmern.* Die Wùnde beese, *der Zustand dieser Wunden verschlimmert sich.*

bèsser *besser.* E bèssere Hèèr, *ein vornehmer Herr.* E bèsseri Sauerei, *eine gehörige Schweinerei.* Jètz wiird s mer nimme bèsser! *Das ist kaum zu glauben, das ist die Höhe!* S wiird em au nimme bèsser, *es geht ihm miserabel.* S wiird nimme mee bèsser, *schlimmer kann's nicht mehr werden* (Kron).

bèssere (bèssered) *bessern, besser werden.*

Bèsserig w. *Besserung.* Gueti Bèsserig! *Ich wünsche gute Besserung.*

Beet → Beetli

Beeter m., jg. **Pheeter** m. *Peter.* Ze Beeter⁺, *zu Sankt Peter, in der Peterskirche.* Dùmme Beeter → Dùmmbeeter. **Beetersblatz** m.

Petersplatz (in Basel). **Beetersblatz** m. *Petersplatz (in Rom).* **Beetersgass** w., **Beetersbäärg** m. *Petersgasse.* **Beeterskiirche** w. *Peterskirche.* Dim. Beeterli m., s.

Beeterli s. *Petersilie.*

Beetèèterli s. *(unzuverlässig funktionierendes) Feuerzeug; aus frz.* peut-être (humor.).

Beetli s., **Beeti** s., **Beet** s. *Elisabeth.*

Bètrool → Bèdrool.

bètschiere (bètschiert), **bitschiere**[+] (bitschiert), **bùtschiere**[+] (bùtschiert) *mit Petschaft siegeln.* Bètschierte Wyy, *Wein mit versiegeltem Korken, Flaschenwein.* Bitschiert syy, *in Verlegenheit sein, in der Tinte sitzen* (Fridolin).

bètschle (bètschled) *mit Marmeln spielen.*

Bètschli → Bòtsch.

Bètt s. (Bètter) *Bett, Bettzeug.* S Bètt mache, *das Bett herrichten.* D Bètter sùnne, *Bettzeug in die Sonne legen.* In s Bètt mache, *bettnässen.* **Bèttbrinzler** m. *Bettnässer.* **Bèttfläsche** w. a) *Wärmflasche.* b) *Frau* (vulg.). **Bèttkeenig** m. *potenter Mann* (Höschs.). **Bèttlache**[+] s. *Bettlaken.* **Bèttlaade** w. *Bettgestell.* **Bèttmimpfeli** s. *Betthupferl, kleine Leckerei beim Zubettgehen.* **Bèttsaicher** m. *Bettnässer* (vulg.). Dim. **Bèttsaicherli** s. *Wiesenschaumkraut.* **Bèttschwääri** w. *Bettschwere.* **Bèttwäärgg**[+] s. *Bettzeug.* Dim. Bèttli s.

bètte (bètted) *das Bett herrichten.*

Bèttige *Bettingen (Landgemeinde im Kanton Basel-Stadt).* Ùff Bèttige goo, *zu Bett gehen* (humor.).

Bèttiger m. 1. *Bürger, Einwohner von Bettingen.* 2. *dummer Mann* (Höschs.). **Bèttigerkilbi** w. *Zusammenkunft dummer, närrischer Menschen* (Höschs.).

bèxiere[+] (bèxiert) *sich zuschulden kommen lassen, böswillig verüben.* Das aarmi Dòòr, was hèt s bèxiert? (Hindermann).

bhääb[+] *fest, dicht, gut schliessend* (Fridolin, Seiler).

bhääbig *behäbig.*

Bhalt[+] m. *Erinnerung.* Nur in: Myys Bhalts, *soviel ich mich erinnere* (Hagenbach, Kron).

bhalte (bhalte) *behalten.*

Bhaltis m. 1. *Tüte mit Süssigkeiten zum Mitnehmen von festlichen Mahlzeiten (z.B. Hochzeits-, Zunftessen), Mitbringsel.* 2. *Kot in den Windeln*

oder im Nachttopf (Ks.).

Bhängg s. (Bhängg / Bhängger) *Gehänge, hängendes Schmuckstück, Berlocke.*

bhaupte (bhaupted), **bihaupte** (bihaupted) *behaupten.*

bhiete (bhieted) *behüten.* Ausrufe der Abwehr, des Entsetzens, der Überraschung: Bhiet is! *Behüt' uns (Gott)!* Bhiet is dryyli! *Behüt uns treulich!* Segenswunsch: Bhiet ich! *(Gott) behüte euch!*

byy (bet.), **bi** (unbet.) *bei.* Blyb byyn em, *bleib bei ihm.* Bi eich, *bei euch.* Bi der Hand haa, *zur Hand haben.* Er schafft bim Staat, *er ist Staatsangestellter.* Bimmene Hòòr, byymene Hòòr, *bei einem Haar, beinahe.*

biäärdige (biäärdiged) *beerdigen, begraben.*

Biibel w. (Biible), **Biible** w. *Bibel.*

Byybeli s., **Byppeli** s. 1. *Pustel.* 2. *Kopf* (Höschs.).

byybelig *pickelig.*

Biber m. 1. *Biber (Nagetier).* 2. *gefüllter Lebkuchen.* Dim. Biberli s.

Biible → Biibel.

Byychli → Buuch.

byychlige *bäuchlings.*

Byycht w. (-e) *Beichte.* **Byychtstuel** m. *Beichtstuhl.* **Byychtvatter** m. *Beichtvater.*

byychte (byychted) *beichten.*

biider *bieder, hausbacken.*

bidipft, bidùpft *betreten, betroffen.*

bidipst *beschwipst.*

bidytte (biditte / bidytted) *bedeuten.*

Bidyttig w. (-e) *Bedeutung.*

bidryybe (bidriibe) *betreiben, Betreibung vornehmen.*

bidriebe (bidriebt) *betrüben.* Bidriebt 1. *betrübt.* 2. *trüb, trübselig.* E soon e nasskalte Daag, e Hòòrnigdaag, e bidriebte (Kron). Bidriebti Sach, *traurige Angelegenheit.*

Bidriebnùs[+] w. *Betrübnis, Betrübtheit.*

bidùpft → bidipft.

Biduure s. *Bedauern, Mitleid.* I haa Biduure mit ere.

biduure (biduurt) *bedauern.*

bidùùsled *beschwipst.*

biebele (biebeled) *sich wie ein ungezogener Knabe benehmen.*

bi'eelände → beelände.

biege (booge; Kond. bùùg[+]) *biegen.*

Bier s. *Bier.* E Bier, *ein Glas Bier.*

Bierfläschegèllert m. *unteres Kleinbasel* (humor.).
Bierydee w. *absurder Einfall.* **Bierlyych** w.
sinnlos Betrunkener. **Bieruur** w., nur in:
S isch hèggschti Bieruur, *es ist höchste Zeit.* Dim.
Bierli s. *(kleines) Glas Bier.* Er hèt in der Baiz
non e baar Bierli drùngge.
Bièsse[+] w. 1. *Fass, Stückfass (zu 10 bis 12 hl).*
2. *Geschütz; frz. pièce.*
biesse (biesst) *büssen.* Der Glùscht biesse → Glùscht.
biete (bòtte; Kond. bùtt[+]) *bieten.* D Zyt biete → Zyt.
Er hèt wider emool ain bòtte, *er hat wieder einmal
etwas geleistet, einen treffenden Spruch fallen
lassen.*
Biez w. (ohne Plur.) *kniffliges, mühseliges
Unterfangen* (Fridolin), *mühsame Arbeit.*
Bifääl m. *Befehl.*
bifääle (bifoole) *befehlen.*
Byffdègg s. *Beefsteak.* Byffdègg im Sèggli,
Zervelatwurst (Höschs.).
Byffee s., **Büffee** s. *Büfett, Anrichte; frz. buffet.*
Biffertli[+] s. *Knallpistole* (Fridolin).
bigääre (bigäärt) *begehren.*
byyge (biige / bygt) 1. *aufschichten, stapeln.*
2. *kräftig essen.*
byygele (byygeled) *spielerisch, trödelnd aufschichten.*
Bigg m. *leichter Biss, leichter Stich.* Dim. Biggli s.
Bygge w. 1. *Spiess; frz. pique.* Ra.: Vò der Byggen ùff
diene, *von der untersten Stufe an dienen.*
2. *Groll, Animosität.* E Bygge haa ùff èpper,
jdn. leicht hassen.
bigge (biggt) 1. *picken.* 2. *essen* (pop.)
Soo, jètz wämmer äntlig èppis bigge!
Biggel m. *Pickel, Spitzhacke.* Dim. Biggeli s.
biggelfèscht, biggelhaart *sehr fest, sehr hart.*
Bygger m. *Pferd, Reitpferd* (pop.). Dim. Byggerli s.
byggere (byggered) *traben* (Liebrich).
byggiere (byggiert) 1. *Sämlinge umpflanzen.*
2. *kränken.* Er isch byggiert gsii. Mach dòch kai so
byggiert Gsicht!
biggle (biggled) 1. *pickeln.* 2. *schwer arbeiten*
(pop., 20. Jh). 3. *insistieren.* (pop., 20. Jh.).
Er hèt esoo lang biggled, bis si mit em koo isch.
Byggòlo s. *Piccolo, Querpfeife.* **Byggòlodäschli** s.
spezielle Tasche für Piccolo am Hosenbein.
Byggs m. *leichter Stich.* Dim. Byggsli s.
Biggse[1] w. 1. *Büchse, Dose.* Dim. Biggsli s. Ra.:
In s Biggsli bloose[+] *zahlen.* 2. *Flinte, Gewehr.*

3. *Anzug, Kleidung* (Höschs.). E dòlli Biggse,
ein prächtiger Anzug.
Biggse[2] w. *männlicher Träger des Familiennamens
Bürgin* (Schs.).
byggse (byggst) *leicht stechen, pieken.*
Biggti[+] s. *hölzernes Rückentraggefäss, Bütte.*
Byygi w. (Byygene) *Stapel, Stoss.* Dim. Byygeli s.
bignillt *bezecht.*
Bigoobig w. (-e) *Begabung.*
bigòbt *begabt, talentiert.*
bigòplige → Gött.
bigòscht → Gött.
bigraabe (bigraabe) *begraben.*
Bigrèpnis w., s. *Begräbnis, Beerdigung.*
bigryffe (bigriffe) *begreifen.*
bigryfflig *begreiflich.*
bihaupte → bhaupte.
bikannt *bekannt.* Bikannt syy, 1. *bekannt sein.*
2. *sich auskennen.* I bii doo nit bikannt, *hier kenne
ich mich nicht aus.*
bikoo (bikoo) *bekommen, kriegen.*
Byyle w. 1. *Beule.* 2. *Kopf* (vulg.).
Bilger m., jg. **Philger** *Pilger.*
Bilgere w. (Plur.) *Zahnfleisch.*
bilgere (bilgered), jg. **philgere** (philgered) *pilgern.*
Bylioone w. *Billion.*
Byyljee s. 1. *Fahrkarte, Eintrittskarte; frz. billet.*
2. *Führerschein für Motorfahrzeuglenker*
(Mitte 20. Jh.).
Bille[1] w., jg. **Phille** w. *Pille.* Dim. Billeli s.
Bille[2] w., **Billi** s. *Sibylle.* Dim. Billeli s.
bilverle (bilverled) 1. *spielerisch mit Pulver hantieren.*
2. *schiessen* (pej.). Si händ s Òbligatòòrisch
bilverled, *...obligatorische Schiessübung absolviert.*
bimpele (bimpeled) *bimmeln.*
Binää s. *Benehmen.*
binää, sich (binoo) *sich benehmen.* Binimm di!
Führ' dich anständig auf.
binamse (binamst) *benennen* (humor.).
binde (bùnde; Kond. bùnd[+] / bänd) *binden, schnüren.*
Hèsch d Schue bùnde?
Bindeflaisch s. *Trockenflaisch.*
Bindi w. (Bindene) *Binde.* Hinder d Bindi schitte,
sehr rasch trinken.
bindig *bündig.* Bindig absääge, *genau absägen.*
kùùrz ùnd bindig.
binenander *beieinander.* Bisch nit ganz binenander?

Bist du verrückt? Guet binenander syy, *gesund sein, wohlhabend sein.*

Binetsch⁺ m. *Spinat.*

Binggis m. *Knirps, kleiner Knabe.*

Biini w. (Biinene) *Bühne.* 1. *Theaterbühne.* 2. *Decke, Plafond.* E Gryz an d Biini mache → Gryz. 3. ⁺ *Heuboden,* nur noch in Ra.: S Hai ùff der glyyche Biini haa, *völlig gleicher Meinung sein, die gleichen Absichten haben.*

Binnige *Binningen (Vorort am Südrand Basels).*

binoochem *beinahe, fast.*

Bintel m. 1. *Bündel.* 2. ⁺ *munteres kleines Kind* (Hindermann, Seiler). Gscheit Bintel, *intelligentes Kind.* Dim. Binteli s. **Bintelidaag** m. *schulfreier Samstag vor den Sommerferien.*

Bintner m. *Bündner.* **Bintnerflaisch** s. *Bündnerfleisch.*

binùtze (binùtzt) *benützen.*

bypääpele (bypääpeled) *päppeln, verhätscheln, verzärteln.*

byppele (byppeled) *langsam, lustlos, wenig essen.*

Byppeli → Byybeli, Byppi.

Byppi s. *Huhn.* **Byppibai** s. *Hühnerschenkel.* Dim. **Byppeli** s. 1. *Küken.* 2. *zimperliches Kind.* **Byppeligòttsagger** m. *Magen, Bauch* (humor.). **Byppelikääs** m. *Quark.*

byppy mache *urinieren* (Ks.).

Bypsli s. *Chignon, Haarknoten* (fam.).

Biire w. 1. *Birne (Frucht).* **Biirbaum** m., **Biirebaum** m. *Birnbaum.* **Biirebluescht** m. *Blüten des Birnbaums.* **Biireschnitz** m. *getrocknetes Birnenstück.* **Biirestiil** m. a) *Birnstiel.* b) *wertlose Kleinigkeit.* Kai Biirestiil wäärt (Meyer). **Biirewasser** s. *Birnschnaps.* **Biirewègge** m. a) *Birnbrot.* b) *vom Maschieren stark ermüdeter Fuss* (Ss.). 2. *Glühbirne.* 3. *Kopf* (pop.). E waichi Biire haa, *verrückt sein, dumm sein.* Dim. Biirli s. Kindergedicht: Jòggeli wòtt go Biirli schittle, Biirli wänd nit falle.

biirebitz, biirebitzeli *bisschen.* Kai biirebitzeli, *kein bisschen.*

Byyrene w. *Bäuerin, Bauersfrau.*

Biirger → Bùùrger.

birieffe (birueffe), **brieffe** (brueffe) *berufen.*

biriemt *berühmt.*

Birierig w. (-e) 1. *Berührung.* 2. *leichter Schlaganfall.*

Byyroo s. *Büro.* **Byyroogùmmi** m. *Bürolist* (pej.). **Byyroogùmsle** w. *Bürolistin* (pej.).

biirsche (biirscht), jg. **phiirsche** (phiirscht) *pirschen.*

Biirschte w. 1. *Bürste.* **Biirschtebinder** m. *Bürstenmacher.* Suffe wien e Biirschtebinder, *stark trinken.* Dim. Biirschtli s. **Biirschtlinèschtel**⁺ m. *borstige Litze am Saum langer Röcke.* 2. *kratzbürstige Frau.* 3. *kurzgeschnittenes Kopfhaar.*

biirschte (biirschted) 1. *bürsten, abbürsten.* Ra.: Kùùrzi Hòòr sind glyy biirschted, *wo wenig zu tun ist, ist die Arbeit rasch getan.* 2. ⁺ *verprügeln.* 3. *tüchtig trinken.* 4. *begatten, beschlafen* (vulg.). Er hèt jeedi Nacht en anderi biirschted.

Biirs w. *Birs (Fluss).* **Birsfäld**⁺ s., **Birsfälde** *Birsfelden (Vorort östlich von Basel).* **Birskòpf** m. *Areal an der Birsmündung.* **Biirspfyffe**⁺ *Pfeife aus Weidenrinde* (Meyer, Müller).

Birueff → Brueff.

Birueffig w. (-e) *Berufung.*

Biirzi s. 1. *Hinterteil des Federviehs.* 2. *Chignon, Haarknoten.*

biirzle (biirzled), **bùùrzle** (bùùrzled) *purzeln.* Zuem Kòpf uus biirzle → Kòpf.

Biirzlede w. *Purzeln, Durcheinanderfallen.*

Biis s. (Biis / Biiser) 1. *Gebiss.* 2. *Zahnprothese.* 3. ⁺ *Trense, Gebissstange am Pferdezaum.*

bis *bis.* Mer lauffe bis (ùff) Baasel. *zehn vor zwèlfi, zehn vor zwölf Uhr.* Zää bis, *zehn vor (wenn die Stunde bekannt ist).* Bis gnueg, *übergenug.* Mer blyybe dùsse, bis es räägned.

bischaide → bschaide.

bischele (bischeled) 1. *büscheln, nett zusammenbinden, herrichten, säuberlich oder insgeheim vorbereiten.* Unpers. S hèt en bischeled, *er ist hingefallen.* 2. *zurechtweisen.*

Bischeli s. *kleines Büschel, Sträusschen.* E Bischeli Schlisselbliemli.

bischryybe → bschryybe.

Bischryybig w. (-e) *Beschreibung.*

Bischtùm s. (Bischtimmer) *Bistum.*

Byyse w. *Bise.*

Byysi s., **Buus** w., **Buusi** s., **Buusle** w. *Katze, Kätzchen.* Dim. Byyseli s., Buuseli s., Busbuuseli (Ks.). Busbuss, buselibuus *(Lockruf für Katzen).* Byselibuus mache, buselibuus mache, *um den Bart streichen, schmeicheln.*

Byysiwätter s. *Bise, starker kalter Wind.* Nur in: Wie s Byysiwätter, *in höchster Geschwindigkeit.*

Byyslùft[+] m., **Byyswind** m. *Bise, kalter Wind aus Ost oder Nord.*

Byspiil s., **Byyspyyl** s. *Beispiel.*

Biss m. *Biss, Bissen.* Gimmer e Biss vò dym Èpfel.

bysse (bisse) 1. *beissen.* Nyt z bysse haa, *Hunger leiden.* Vò èppisem bisse syy, *von etwas angetan, begeistert sein.* Raa.: Vòm Aff bisse, *verrückt.* In suuren Èpfel bysse, *etwas Unangenehmes notgedrungen an die Hand nehmen.* 2. *jucken.* Dä Stòff bysst mi, ...*macht mich jucken.* 3. *wehtun, schmerzen* (pop.). Die Wùnde bysst. 4. *trinken* (humor., pop.). Y gang aine go bysse, *ich gehe etwas trinken.*

byssig *beissend, beissend kalt* (Schneider).

Bysszange w. *Beisszange.*

Byyswind → Byyslùft.

Bytel m. *Beitel, meisselartiges Werkzeug zur Holzbearbeitung.*

Bytschaama s. *Pyjama.*

bitschiere → bètschiere.

Bitt w. (-e) *Bitte.* Dim. Bittli s.

Bytt[+] w. *Feld.* Ùff der freie Bytt, *auf freiem Feld.*

bitte (bätte) *bitten.* Er hèt mi drùm bätte, *er hat mich darum gebeten.* Bitten ùnd bätte, *inständig bitten.*

Bittene w. *Bütte, Bottich, Zuber.*

Bitteri w. *Bitterkeit (Geschmack).* Me gspyyrt d Bitteri vò de Mandle.

Bitternùs[+] w. *Bitternis.*

bitti *bitte.*

bittibätti *bittebitte* (Ks.). Bittibätti mache, *inständig bitten* (pop.).

bytwaiaabel *bemitleidenswert, miserabel; frz. pitoyable.*

Bitz[+] m. *Biss, Bissen.* Adv. e bitz, *ein bisschen, ein wenig.* Dim. Bitzeli s., Bitzli 1. [+]*kleiner Bissen.* 2. *Kleinigkeit.* Me gsiit jeedes Bitzeli. Adv. e bitzeli, e bitzli, *ein bisschen, ein wenig.* E bitzeli haan i mi schò schiniert.

bitzelächt[+], **bitzelächtig**[+] *sauersüss, säuerlich.*

bitzeli → Bitz.

bitzerle (bitzerled) *pedantisch, spielerisch reinigen.*

bivòòr *bevor.*

biweeglig 1. *beweglich.* 2. [+]*rührend, herzbewegend.*

bizyte *beizeiten, früh, rechtzeitig.*

Blääch s. (Blääch / Bläächer), jg. **Bläch** s. (Bläch / Blächer) 1. *Blech (dünne Metallplatte).* Dim. Bläächli s., Blächli s. **Bläächdalbe** →

Alumyniùmdalbe. 2. *Serviertablett.* Hèsch s Kaffigschiir schò ùff em Blääch? 3. *Kuchenblech.* Nimm s Blääch us em Bachoofe. 4. [+]*Geld* (pop.). S Baukòleegiùm bruucht Blääch (Hindermann). 5. [+]*Frau* (pej., vulg.). 6. *leeres Gerede, Unsinn.* Schwätz dòch kai Blääch.

Blache w. *Plane, Wagendecke.* Dim. Blächli s.

blääche (bläächt), jg. **bläche** (blächt) *zahlen, bezahlen, blechen* (pop.).

bläächig, jg. **blächig** *blechern, aus Blech.*

Blagèèri m. *Prahler, Aufschneider; zu frz. blague.*

Blagètte w. *Plakette, Fasnachtsplakette; frz. plaquette.*

Blaggee s. *quadratisches Eisenplättchen zur Schonung der Schuhsohle; frz. plaque.*

blagiere (blagiert) *prahlen, aufschneiden; frz. blaguer.*

blaich *bleich, blass.* blaich wäärde, *erbleichen.*

Blaichschnaabel m. (Blaichschnääbel) *bleiches Kind* (fam.).

blaiderle (blaiderled) *kindlich plaudern.*

blaie (blait) *bläuen, blau machen (Wäsche vor dem Stärken).*

blaaie (blaait) *blähen.*

Blaaïig w (-e) *Blähung, Furz.*

blaitschelig *bläulich.*

Blakaat s. (Blakaat / Blakääter) *Plakat.* **Blakaatsyyle** w. *Anschlagsäule.* Dim. Blakäätli s.

blamaabel *beschämend; frz. blâmable.*

Blamaasch w. (-e), **Blamaaschi** w. (Blamaasche) *Blamage; frz. blâmage.*

blampe (blampt) *schlaff herunterhängen, baumeln.*

blämpele (blämpeled), **blämple** (blämpled) *lose, schlaff herunterhängen.*

Blämper m. 1. *herunterhängendes Schmuckstück, Anhänger.* 2. [+]*Perpendikel.*

blämpere (blämpered) 1. *lose hängen, baumeln.* 2. *Zeit totschlagen.* 3. *langsam laufen (Maschine u.ä.).*

blämperle (blämperled) 1. *baumeln.* 2. *trödeln.*

blampig *schlaff, baumelnd.*

blämple → blämpele.

Blaan m. (Blään) 1. *Plan.* 2. *Konzept, Ordnung.* Das isch kai Blaan, dääwääg ùmmezlauffe. Dim. Bläänli s.

blände (bländed) *blenden.*

bländend *brillant, hervorragend.* Er hèt bländend

grèdt.

bländig *blendend, grell.* Das isch e hailoos bländigi Lampe.

blange (blangt) *sehnsuchtsvoll, ungeduldig warten.* D Kinder blangen ùff d Wienacht. Unpers. S blangt en ⁺er *ist ungeduldig, sehnsüchtig* (Kron).

Blangge w. *Ablegebrett über dem Soldatenbett* (Ss.).

blangge (blanggt) *Effekten auf dem Ablegebrett über dem Soldatenbett ordnen* (Ss.). Ranze blangge, *faulenzen* (Ss.).

bläänle (bläänled) *spielerisch planen, obenhin Pläne schmieden.*

blääre (bläärt) 1. *plärren, weinen.* 2. *falsch, schlecht singen.*

blaarig *blendend hell, grell, stark (von Farben).* E blaarig roote Rògg.

bläärig *nach Plärren tönend, scheppernd.*

Blääsi m. *Blasius.* **Blääsidòòr** s. *ehemaliges Kleinbasler Stadttor.* **Blääsiring** m. **Blääsischuelhuus** s.

Bläsier s., **Blèsier** s. *Vergnügen; frz. plaisir.* Zùm Bläsier, *zum Vergnügen, zum Spass.*

Blaasiùs! *du kannst mich gern haben* (pop.).

blassiere (blassiert) *plazieren; frz. placer.*

Blassmang s. *Geldanlage; frz. placement.*

blätsche (blätscht), **blòtsche** (blòtscht) *platschen, mit klatschendem Geräusch herunterfallen, herunterfliessen.* S blätscht ab dem Dach e Fätze (Liebrich). Der Rääge blòtscht an s Fänschter.

Blätscherdiili w. (Blätscherdiilene), **Blätscherhalle** w. *Pissoir* (Höschs.).

blätschere (blätschered) 1. *plätschern.* 2. *belanglos daherreden.*

blatschigvòll, blatschvòll *randvoll.*

Blaatoo s. *Tablett; frz. plateau.*

Blatt s. (Blètter) *Blatt.* Ab em Blatt spiile, *vom Blatt spielen.* Drei Blatt, *drei im Kartenspiel aufeinanderfolgende Karten.* Drei Blatt, e Dreiblatt wyyse. Ünbschriibe Blatt, *unbeschriebenes Blatt, jemand, von dem man nichts (Nachteiliges) weiss.* **Blètterdaig** s. *Blätterteig.* Dim. **Blèttli** s. 1. *kleines Blatt.* 2. *Zeitung, Leibblatt* (pop.).

Blatte w. 1. *Platte.* Kalti Blatte, *Aufschnittplatte.* Häll ùff der Blatte, *intelligent, aufgeweckt.*

Blattemiesli s. *Speise aus Eiern, Zucker, Mehl, schwach gebacken, dem Flan ähnlich, aber warm*

aufgetragen. Dim. **Blättli** s. a) *kleine Platte.* **Blättli·ai** s. *Spiegelei.* b) *kleines leckeres Gericht.* c) *Fliese.* **Blättliboode** m. *Fliesenboden.* **Blättileeger** m. *Plattenleger.* 2. *Schallplatte.* Alti Blatte, *schon oft Gehörtes und Gesagtes.* Ra.: D Blatte wäggsle, *das Thema wechseln, von etwas anderem reden.*

blättle (blättled) *mit Fliesen belegen.* E blättledi Baadstùùbe.

Blättli → Blatte.

Blatz m. (Blätz) *Platz.* Der Blatz⁺, *der Münsterplatz.* Blatz mache, *Raum schaffen, Sitzgelegenheit freigeben.* Mach däre Frau Blatz. Im Blatz blyybe⁺, *an einer Stelle bleiben* (Kron). Dim. **Blätzli** s. *kleiner Platz, Ort der Geborgenheit.* Mer händ e guet Blätzli fir das Pfläägkind gfùnde.

Blätz m. 1. *Flicken, Stück Stoff.* 2. *Stück einer Oberfläche (Haut, Verputz).* Er hèt e Blätz ab am Gnei, *...eine Abschürfung am Knie.* Die Muure hèt e Blätz ab, *...hat ein Stück Verputz verloren.* Ra.: Sich Blätz ab fraie, *sich enorm freuen.* 3. *kleines Stück Land, Pflanzlandparzelle.* 4. *Birsfelden (östlicher Vorort Basels),* auch: **Blätzaarsch, Blätzbùms** (Höschs.). Dim. **Blätzli** s. a) *dünnes Fleischstück, z.B. Kalbsblätzli.* b) *kleines Gebäck, z.B.* Braager Blätzli, *süsses rautenförmiges Konfekt.* **Blätzlibaiass** m. *Fasnachtskostüm aus unzähligen bunten Lappen.*

blätze (blätzt) 1. *flicken, Flicken aufsetzen, Loch im Gewebe stopfen.* Er hèt blätzti Hoosen aa, *er trägt eine geflickte Hose.* 2. *begatten* (vulg., 20. Jh.).

Blätzede w. *Flickarbeit.*

-blätzer m. *Wagen, Gefährt.* Nur in Zss.: Aiblätzer, Vierblätzer usw.

-blätzig *mit Sitzplätzen versehen.* Nur in Zss.: aiblätzig, dreiblätzig usw.

blaudere (blaudered) *plaudern.*

Blauderi m. 1. *Schwätzer, Schwadroneur.* 2. *Geschwätzigkeit.* Er hèt der Blauderi, *er kann nicht aufhören zu reden.*

Blaue m. eig. blaue Määntig, *arbeitsfreier Montag, arbeitsfreier Tag.* Dä macht schö wider Blaue, *der arbeitet schon wieder nicht.*

Blaugryz s. 1. *Blaues Kreuz (Abstinentenvereinigung).* 2. *Blaukreuzhospiz (heute Hotel Rochat) am Petersgraben.*

Blaugryzler m. *Mitglied der Blaukreuzbewegung, Abstinent.*

Blauhueschte m. *Keuchhusten.*

Blausch m. *Vergnügungsanlass, Spass, Gaudi* (pop., 2. H. 20. Jh.). Mer hänn der Blausch ghaa, *wir hatten es sehr lustig.*

bleed 1. *blöd, fade, fadenscheinig.* E bleedi Stèll am Èèrmel. S isch mer bleed im Maage. 2. *misslich, fatal.* Das isch jètz e bleedi Sach, ...*fatale Angelegenheit.* 3. *langweilig, dumm.* Er isch e bleede Kaib.

Bleediaan m. (Bleediään / Bleediaane / Bleediääner) *Blödian.*

bleegere (bleegered) *faul herumliegen* (20. Jh.).

Blei s. 1. *Blei (Metall).* 2. *Senkblei, Lot.* Raa.: Im Blei syy, *in Ordnung sein.* In s Blei bringe, *in Ordnung bringen.* I bii nit im Blei, *mir ist nicht ganz wohl, ich bin unpässlich.* 3. *Bleistift.* Hèsch kai Blei byy der? **Bleihammer** m. Mit em Bleihammer dryyschloo, *grob, massiv werden.* **Bleimääre** w., **Bleimätz** w. *Marmel aus Blei.* **Bleischyylee** s. *Bleiweste.* Ra.: S Bleischyylee aaleege, *sich gegen ein Ansinnen wappnen, kein Gehör geben.* **Bleistift** s. *Bleistift.*

bleie (bleit) *bleien, Glasstück mit Blei einfassen (Glasmalerei).*

blei'ig *bleiern, aus Blei.*

Bleeschtli → Blooscht.

Blèsier → Bläsier.

blèssiere (blèssiert) *verwunden; frz. blesser.*

bleeterle (bleeterled) 1. *kleine Blasen treiben.* 2. *trödeln, Zeit vertun.* 3. *belanglos daherreden.*

Bleeterli m. *einer, der seine Zeit vertrödelt.*

blèttere (blèttered) 1. *blättern.* 2. *abblättern.* Die Faarb blèttered schò. 3. *schlafen* (Höschs.).

Blyyang + m. (Blyyäng) *Klappstühlchen, Feldsessel; frz. chaise pliante.*

blyybe (bliibe; Kond. blùùb +) 1. *bleiben.* 2. *tot auf dem Schlachtfeld bleiben, umkommen.*

bliebe (bliebe) *belieben.* Verkäuferinnenfrage: Was bliebt? *Was darf es sein?*

blie'e (bliet) *blühen.*

Bliejed + m. *Blütezeit* (Meyer).

bliemerant 1. *mattblau; frz. bleumourant.* 2. *schwindlig.* S isch mer ganz bliemerant wòòrde.

bliemled *geblümt, mit Blumen gemustert.*

Blieti w. (Bliete), jg.**Bliete** w. *Blüte.*

blind 1. *blind.* 2. *ungesehen.* Blindi Kaarte, *Spielkarte, deren Bild man nicht sieht.* Nimmsch e Kaarten us em blinde Hyffeli? Ra.: Der Blind nää, *sich eilig, unbemerkt davonmachen.*

Blindeschlyycher + m., **Blindschlyyche** w. *Blindschleiche.*

Blindimuus w. *Blindekuh (Spiel).*

blittle (blittled) *nackt oder halbnackt herumliegen, sonnenbaden.*

blòche (blòcht) 1. *bohnern, glänzend machen (Fussboden)* 2. *tanzen* (humor.).

Blòcher m. *Bohner, Bohnerbürste, Blocker.*

Blòchrytti + w. (Blòchryttene) *Wippe, Balkenschaukel.*

Blooder m. *Rausch.*

bloodere + (bloodered) *dumm daherreden.*

Bloog w. (-e) *Plage, Qual.* **Bloog'gaischt** m. *Quälgeist.*

blooge (blògt) *plagen, quälen, beunruhigen.* S Gwisse hèt en blògt. Ùff diirggisch blooge, «türkisch», *bis auf Blut quälen.*

Bloogerei w. (-e) *Quälerei.*

Blòng m. (Blòng / Blèng) *Stickkissen, mit Eisenfeilstaub oder Bleischrot gefüllt; frz. plomb.*

Bloosbalg m. (Bloosbälg) 1. *Blasebalg.* 2. ütr. *Lunge* (humor.).

Bloosch m. (Bleesch), **Blooscht** m. (Bleescht) *(aufgeblasener) Lederball* (Schs., 20. Jh.).

Blooscht m. 1. *starker Atem, Schnauf* (pop.). Der Blooscht goot eren uus, *sie gerät ausser Atem.* Dim. **Bleeschtli** + s. *leichter Hauch, leiser Wind* (Meyer). 2. + *aufgedunsener Bauch.*

blooschte + (blooschted) *stark blasen.* Es blooschted Stùùrm vòm Mòòrge bis in d Nacht (Liebrich).

blooschtig + *gebläht, vollgeblasen* (Liebrich).

bloose (bloose) 1. *blasen.* S bloost dùsse, *draussen weht ein kräftiger Wind.* Ra.: Bloos mer (in d Schue, in s Fiidle), *du kannst mich gern haben* (vulg.). 2. *trinken* (Höschs.). Mer wänd aine go bloose, *wir wollen eins trinken gehen.*

blooterächt → blooterig.

Blootere w. 1. *Blase (Organ), Harnblase.* Er hèt e schwachi Blootere, *er kann das Wasser nicht gut halten.* 2. *Luftblase.* Dim. **Bleeterli** s. *Bläschen.*

Bleeterliwasser s. *Mineralwasser.* 3. *Blase an der Haut, Brandblase* 4. (nur Plur.) *Blattern, Pocken.* Rächti Blootere, schwaarzi Blootere, *schwarze Pocken.* Wildi Blootere, *Windpocken.*

Blooterespidaal m. *Pockenspital* (Baerwart).
5. *Bande, fröhliche Gesellschaft.*
E ganzi Blootere Maitli ùnd Buebe.
blootere (blootere) 1. *Blasen treiben.* Die Faarb
blootered. 2. *sich bauschen.* Sy Hèmd blootered
bim Weeloofaare.
blooterig, blooterächt [+] 1. *blasig, mit Blasen oder
Blattern behaftet.* 2. *bauschig, gebauscht.*
E blooterige Rògg.
blòtsche → blätsche.
Blooze *Blotzheim (Elsässer Dorf).*
Blùùderhoose w (Plur.) *Pluderhose.*
Blueme w. 1. *Blume.* **Bluemestògg** m. *blühende
Topfpflanze.* **Bluemekachle** w. *Blumentopf.*
Dim. **Bliemli** s. 2. *Bierschaum.* 3. *Bukett des Weins.*
bluemig *blumig, mit Blumen geschmückt.*
Bluemigi Matte, *blühende Wiesen.*
Bluescht s., jg. m. (nur Sing.) *Blust, Blühen,
Gesamtheit der Blüten eines Baumes oder eines
Landstrichs.* S Bluescht vòm Gaarte (Burckhardt).
D Baim sind im Bluescht, *...in voller Blüte.*
Ra.: Er isch im Bluescht, *er steht in seiner Vollkraft,
er ist übermütig.* Dim. **Blieschtli** [+] s. *einzelne Blüte*
(Meyer).
Bluet s. *Blut.* Ùnrueig Bluet, *Unruhegeist, unruhige
Person.* Ra.: Aim s Bluet ùnder de Neegel
fiiredrùgge, *jdn. als Schuldner unter Druck setzen*
(Seiler). **Bluetiigel** m. *Blutegel.* **Bluetsuuger** m.
1. *Blutegel.* 2. *harter Gläubiger.* **Bluetwùùrscht** w.
Blutwurst.
bluete (blueted) 1. *bluten.* Bluete wien e Sau,
sehr stark bluten (pop.). 2. *zahlen.* Si händ bees
miese bluete.
bluetig *blutig, blutend.* Zuem bluetige Duume,
zuem bluetige Gnòche, *Spottnamen für bestimmte
Wirtschaften* (Höschs.).
blùnd [+] (Sieber), jg. **blònd** *blond.*
Blùnder 1. s. [+] *Wäsche.* Schwaarz Blùnder,
schmutzige Wäsche. Wyss Blùnder, *saubere Wäsche.*
Blùnderkammere w. *Wäschekammer.*
Blùnderkaschte m. *Wäscheschrank.* 2. m. *wertloses
Zeug.* Nimm dä Blùnder grad wider mit.
Blùnze [+] w. *Blutwurst.*
blùtschedigvòll *randvoll.*
blùtt *nackt, entblösst, kahl.* Blùtti Männer,
nackte Männer. Blùtte Kaffi, *Kaffee ohne Zutaten.*
Si dringgt der Thee blùtt, *...ohne Zutaten.* E blùtti

Wand, *eine Zimmerwand ohne Bilder.* I haa der
Buur blùtt, *ich habe von der Trumpffarbe
(beim Jassen) nur gerade den Bauer.*
blùttfiesslig [+] *barfüssig.* Blùttfiessligi Männer.
blùttfiesslige [+] Adv. *barfuss.* Si sind blùttfiessligen
in s nass Graas drampt.
Blùttimuus w. *nacktes Kind* (Ks.).
Blùttsalaat [+] m. *früher Salat* (Meyer, Seiler).
Blùtzger [+] m. 1. *Münze von geringem Wert.*
2. *Fünffrankenstück* (humor.).
Bòb m. *Robert.*
bood → baidi.
Boode m. (Beede) *Boden, Erdboden, Fussboden,
Gefässboden.* An Boode falle, *zu Boden fallen.*
Bis an Booden aabe griesse, *sehr ehrerbietig grüssen.*
Ùnder em Boode, *gestorben* (pop.). E Boode leege,
*den ersten Hunger stillen, vor dem Trinken etwas
essen.* Ùff em glyyche Boode, *auf derselben Etage.*
Beschimpfung: Dii sòtt men un'gspitzt in Boode
schloo! **Boodeblättli** s. *Keramikfliese.*
Boodedèggede w. *nur gerade den Boden
bedeckender Gefässinhalt.* **Boodeduech** [+] s.
Teppich. **Boodeguu** m. *Erdgeruch* (Liebrich).
Boodesùùri m. *kleiner, lebhafter Mensch* (pop).
Boodezins m. 1. *Grundstücksteuer.* 2. *Himmel und
Hölle* (Hüpfspiel). Dim. **Beedeli** s. *Treppenabsatz
(zwischen zwei Geschossen).*
boodeneebe *auf gleicher Höhe wie der Boden.*
Er sägt der Baum boodeneeben ab.
boodeschyych *zu kurz, von Hose* (humor.).
boodige (boodiged 1. *zu Boden werfen (beim
Schwingen).* 2. ütr. *überwältigen, unterkriegen.*
3. ütr. *vertilgen.* Si händ alles boodiged, wo ùff der
Disch koo isch.
boofer *ärmlich, armselig, dürftig, schofel;
frz. pauvre.*
Booge m. (Beege) 1. *Bogen (Papier-, Pfeil-,
Torbogen).* 2. *Biegung, Kurve.* Raa.: Das hèt em der
Booge gää, *das warf ihn völlig aus der Bahn,
gab ihm den Rest.* Beege mache, a) *Ausflüchte
suchen,* b) *Umstände machen.* (20. Jh.).
Boogelduech [+] s. (Boogeldiecher) *Vorhängchen über
der Kinderwiege.*
Bògg m. (Bègg) 1. *Bock (Reh-, Schaf-, Ziegenbock).*
Raa.: E Bògg schiesse, *einen kapitalen Fehler
begehen.* Luege wien e gstòchene Bògg, *überrascht,
entsetzt oder wütend starren.* 2. *Kutschbock,*

Sägebock, Turnbock. Der Bògg schloo, *beim Geräteturnen einen Überschlag vollführen,* ütr. *sterben* (Höschs.). 3. *starrsinniger Mensch.* 4. *geiler Mann* (vulg.). 5. *höchste noch im Spiel befindliche Karte einer bestimmten Farbe.* D Gryzdaamen isch Bògg. **Bògghitz** → Bèggehitz. Dim. **Bèggli** s. a) *kleiner Bock, Böcklein.* b) *Traggestell.* Mer leege das Brätt ùff zwai Bèggli. c) *Turngerät.* d) *zum «Bock» gebeugter Rücken.* **Bèggligùmpe** s., **Bèggligùmpis** s. *Bockspringen über den Vordermann in Einerkolonne.* e) *Trommelböckchen, filzbezogenes kleines Brett zum Üben der Trommelschläge.*

bògg *in Ordnung, geheuer.* Nur in: Doo isch èppis nit ganz bògg, *da ist etwas nicht ganz in Ordnung, nicht ganz geheuer.* S isch mer nit ganz bògg, *ich fühle mich unwohl.*

bògge (bòggt) *störrisch sein, trotzen.*

bòggig *eigensinnig, trotzig, widerborstig.*

bòggstyff *sehr steif, starr, ungelenk, unbeweglich.* Bòggstyff isch si doogstande.

Boiler m. 1. *Boiler.* 2. *Harnblase* (pop.). Der Boiler kippe, *urinieren* (pop.).

Boolaug s. (-e) *hervorquellendes, starrendes, staunendes Auge.*

bòldere (bòldered) *poltern, stark klopfen.* Wär hèt an d Diire bòldered?

Bòlderi m. *Polterer.*

Bòldi m. *Leopold.*

boole[1] (boolt) *starren, glotzen.*

boole[2+] (boolt) *werfen, z.B. Steine* (Hindermann, Seiler).

Bòll[+] s., **Bòllmääl**[+] s. *feines Mehl.*

Bòlle[1] m., [+]w. (Bèlle) 1. *rundlicher Klumpen, kugelförmiges Exkrement (→ Ròssbòlle).* Er hèt us eme Bòlle Laim e Männli gmacht. Dim. **Bèlleli** s. 2. *dicker, starker Mensch.* 3. *unhöflicher Mensch.* 4. *Geld, Vermögen* (pop.). Si hèt e guete Bòlle verdient.

Bòlle[2] m. *Paul; frz. Paul.*

Bòlli[+] m. *Kappe, Art von Sturzhelm für Kinder, die gehen lernen* (Fridolin).

bòllig 1. *klumpenförmig, rundlich, wulstig.* 2. *unhöflich, ruppig.*

Bòlschter s. *Polster.* Dim. Bèlschterli s.

bòlschtere (bòlschtered) *polstern.* Guet bòlschtered, *vermöglich.*

Bòlze m. (Bèlze / Bòlze) 1. *Bolzen.* 2. *dienende Frau* (vulg., 20. Jh.). Meist in Zss., → Dienschtbòlze, Serwierbòlze.

bòlze[+] (bòlzt) 1. *sich steif wie ein Bolzen fortbewegen, stolzieren.* 2. *sehr schnell fahren* (pop., jg.).

bòlzegraad *bolzengerade.*

Bòmbe w., **Bùmbe**[+] w., **Bùmme**[+] w. 1. *Bombe.* **Bùmmikèssel**[+] m. *Bombenmörser.* Dim. **Bèmbli** s. a) *kleine Bombe.* b) *Sprung mit angezogenen Beinen ins Wasser* (Schs.). 2. verst. *enorm, sehr.* Bòmbenässe. Bòmbestimmig. Bòmbesicher.

bòmbardiere (bòmbardiert), **bùmberdiere**[+] (bùmberdiert) *bombardieren.*

Boone w. 1. *Bohne (Gemüsepflanze).* Kai Boone, *überhaupt nicht.* I bii kai Boone mied. Ra.: In de Boone syy, *völlig in Gedanken abwesend sein.* **Boonegrut** s. *Bohnenkraut.* **Boonelied** s. [+]*Spottlied.* Nur in Ra.: Daas goot iiber s Boonelied, *das geht nun wirklich zu weit.* **Booneròss** s. *unförmige Frau.* **Boonestägge** m. a) *Bohnenstange.* b) ütr. *hochaufgeschossener Mensch.* **Boonestrau** s. *dürres Saubohnenkraut.* Dùmm wie Boonestrau, *sehr dumm.* 2. *Kaffeebohne.* 3. *Frau.* Dùmmi Boone. Lùschtigi Boone. Dim. Beenli s. *Böhnchen.* Wyssi Beenli, *weisse Bohnen.*

Bònne[+] w. *Magd; frz. bonne.*

Bòpmige, Bòttmige *Bottmingen (Baselbieter Dorf).*

bòppere (bòppered), **bòpple** (bòppled) *pochen, stark klopfen.* S Häärz hèt ere bòppered.

Bòppermänt[+] s. *Giftstoff.* Nur in: Gift ùnd Bòppermänt, *alles mögliche Gift* (Kron).

Bòppi m. 1. *Robert, Jakob.* 2. *Kerl.* Er isch e glùngene Bòppi.

Boopscht m. (Beepscht), jg. **Phaapscht** m. (Pheepscht) *Papst.* **Boopschtglògge** w. *Papstglocke, grösste Münsterglocke.*

Bòòrbele w. 1. *Pustel, Pickel, geschwollene Hautstelle.* 2. *grosse Marmel.*

Bòòrd s. (Bòòrd / Bèèrder) 1. *Bord, Strassenrand, Abhang, Böschung, Ufer.* 2. *Borte (an Stoff, Kleidung).* Dim. **Bèèrdli** s. a) *kleines Bord.* b) *erstes Stück einer Strickarbeit, erstes Rundumstricken.* c) *kleine Borte.*

Bòòrdrät s. *Porträt, Bildnis; frz. portrait*

bòòre (bòòrt) 1. *bohren.* 2. *hartnäckig fragen, insistieren, inständig bitten.*

Bòòrer m. *Bohrer.* Dim. Bèèrerli s.

Bòòrpmenee s., **Bòòrtmenee** s. *Börse, Geldbeutel;*
frz. portemonnaie.

bòòrze (bòòrzt) *sich abmühen, angestrengt,*
verkrampft arbeiten.

Bòòrzede w. *mühsame, verkrampfte Arbeit.*

Bòòrzerei w. (-e) *mühsames, verkrampftes Arbeiten.*

Bòschèttli s. *Ziertaschentuch; frz. pochette.*

Bòscht w. *Post, Postgebäude, Postsendung,*
Postwesen. Isch d Bòscht schò im Brieffkaschte?
Er schafft bi der Bòscht. D Bòscht wird dyyrer.
Diggi Bòscht, *böse Mitteilung, Frechheit, Zumutung*
(pop., 20. Jh.).

Bòschte m. (Bèschte) 1. *Beamtung, Stelle.* Er hèt e
rächte Bòschte, ...*eine gute Stelle.* Dim. **Bèschtli** s.
Stelle, Ämtchen. 2. *Polizeiposten.*

Bòschtuur w. (-e) *Postur, Gestalt, Statur; lat. positura.*
Si hèt e gueti Bòschtuur, *sie ist gutgewachsen.*

boosge (boosged) *böswillig verüben, verbrechen.*
Was hèsch wider boosged? *Was hast du wieder*
Böses angestellt?

Boosged w. *Bosheit* (Liebrich).

Bòsse[1]+ w., jg. **Phòsse** w. *Posse.*

Bòsse[2]+ w. *Begabung, Talent; frz. bosse.*
Er hèt d Bòsse zum Schryybe.

Bootee w. *schöne Frau; frz. beauté.*

Bòtsch m. (Bètsch) 1. *Stoss.* 2. *ungeschickter Mensch.*
3. *Kugel, grosse Marmel.* Dim. **Bètschli** s. *kleine*
Marmel. Bètschli mit Spannis, *Marmelspiel, bei*
dem die Handspanne zur Distanzmessung dient.
4. *Kopf* (pop.).

Bòtschamber m. (Bòtschämber) *Nachtgeschirr;*
frz. pot de chambre.

Bòtschauto → Bùtschauto.

bòtsche → bùtsche.

Bòtt[1] m. (Bòtte) 1. *Bote.* Der Hinggend Bòtt,
der Hinkende Bote (Kalendername). 2. +*Fuhrmann.*

Bòttedaag+ m. *Tag, an dem die Baselbieter mit*
dem Bòttewaage *in die Stadt kommen* (Kron.).

Bòtteloon+ m. *Botenlohn.* **Bòttewaage**+ m.
mit Plane bedecktes Pferdefuhrwerk für den
Seidenbandtransport.

Bòtt[2] s. 1. *Angebot.* Wäär macht e Bòtt? *Wer bietet?*
2. +*Aufgebot, Jahresversammlung,*
Zusammenkunft. Alli Bòtt → alibòtt. 3. +*Verbot.*

bòtte 1. *geboten.* 2. *verboten.* Nur noch in Kinder-
spielen lebendig: Dä Baum isch bòtte, *wer diesen*
Baum berührt, darf nicht berührt oder gefangen

werden. Yse bòtte. Stange bòtte.

Bòttmige → Bòpmige.

bòtz, jg. **phòtz** Interj. *potz,* eig. *Gotts.* Bòtz dausig,
potztausend.

bräche (bròche; Präs. brich, bräche; Kond. brääch+)
1. tr. *brechen, entzweibrechen, abbrechen.* Kiirsi
bräche, *Kirschen pflücken.* 2. tr. *erbrechen.*
Er hèt Mèggeli bròche. intr. *sich erbrechen.*
Ir Bùschi hèt jeede Daag bròche.

Bracht w. *Pracht.*

brächtig *prächtig.*

Braafezyy, Braafizyy *Paravicini (Familienname).*
Dim. **Braavezyyli** s. *bestimmtes süsses Kleingebäck*
(fam.).

Bräägel m. 1. +*Gemisch von verschiedenem Fleisch,*
das gebraten wird. 2. *Masse von herunterfallenden,*
durcheinandergeworfenen Dingen,
ütr. *Bescherung.* Do hèsch der Bräägel!

bräägle (bräägled) 1. *rösten, braten.* Bräägledi
Häärdèpfel, *Röstkartoffeln, «Rösti».* D Sùnne
bräägled, *die Sonne brennt hernieder.* 2. intr.
in Massen herunterfallen. D Nùss sind nùmmen eso
ùff der Boode bräägled. Bräägled vòll, *randvoll,*
übervoll. 3. +*ausplaudern.* S Lyysi hèt wider
emool bräägled.

Brääglede w. 1. *Portion Gebratenes.* 2. *in Mengen*
Herunterfallendes.

braiche (braicht) *treffen (Ziel, Sache).*
Er hèt s Schwaarz vò der Schyybe braicht.
Duu hèsch s wider braicht, *du hast es wieder gut*
getroffen, Glück gehabt. S hèt au in braicht,
auch ihn hat's erwischt.

braitgää (braitgää) *beim Weidlingfahren den Stachel*
schräg seitwärts in den Grund setzen.

Braiti w. (Braitene) 1. *Breite (Dimension).*
2. *Breitequartier.* Si woonen ùff der Braiti,
sie wohnen im Breitequartier. 3. *Rheinbadeanstalt*
Breite. I gang in der Braiti go baade.

Braitibaadhyysli s. *Rheinbadeanstalt Breite.*

Braitlemer m. *Bewohner des Breitequartiers.*

Bralynee s. *Praline.* Bralynee verdrampe, *furzen*
(Höschs.).

Brääme w. *Biesfliege, Bremse.* **Bräämebigg** m.
Bremsenstich. **Bräämekèssel** m. *Weihrauchfass*
(Höschs.), **Bräämekèsselschwinger** m. *Ministrant*
(Höschs.).

brääme+ (bräämt) *mit Russ oder Kreide beschmieren,*

schwärzen.
brämse (brämst) *bremsen.*
Brämsi w. (Brämsene) *Bremse (Bremsvorrichtung).*
D Brämsi ùffzie, *furzen* (Höschs.).
Brämsspuur w. (-e) 1. *Bremsspur.* 2. *Schmutz in der Unterhose* (humor., pop., Mitte 20. Jh.).
Brand m. (Bränd) 1. *Brand, Feuersbrunst.* 2. *Durst.* 3. *bestimmte Pflanzenkrankheit.*
bränsele (bränseled), **bränzele** (bränzeled) *nach Brand oder Verbranntem riechen.*
bränselig, bränzelig *brenzlig, heikel, gefährlich.*
Bränte w. 1. *Rückentraggefäss.* 2. ütr. *dicke Frau* (pop.).
bränzele → bränsele.
bränzelig → bränselig.
Brascht m. (nur. Sing.) *Hitze, Hast, Erregung, Zorn.*
Im Brascht, *in der Hitze des Gefechts, im Zorn.*
Bräschte m. *Gebresten, Gebrechen, chronisches Leiden, Beschwerde.* Drùff hänn si vò de Bräschte grèdt (Hindermann).
braschte[+] (braschted) *hasten, hastig arbeiten.*
bräschthaft *gebrechlich, kränklich.*
bräschtiere (bräschtiert), **brèschtiere** (brèschtiert) *aushalten, ertragen.* Y bräschtier dä Läärme nimme.
Bräss w. *Presse, Zeitungswesen, Gesamtheit der Zeitungen.* **Brässfreihait** w. *Pressefreiheit.*
Brässverain m. *Presseverein.*
brässe (brässt) *pressen.*
Brässi w (Brässene) *Presse, Druckerpresse, Obstpresse.*
brässiere → brèsiere.
Brasslee s. *Armband, Armreif; frz. bracelet.*
Bräät s (Bräät / Brääter) *feingehackte Wurstmasse.*
Brätsche w., **Brätschi** w. (Brätschene) *Pritsche, flaches Schlagholz des Hanswursts oder Harlekins.*
brätsche (brätscht) tr. und intr. *geräuschvoll schlagen, aufschlagen.* Der Rääge brätscht an d Schyybe.
Brätscher m. 1. *stattlicher, starker Mann* (2. H. 20. Jh.). 2. *stattliches Tier.* Dä Neifùndländer isch e ghèèrige Brätscher.
Brätschi → Brätsche.
Brätt s. (Brätter), **Britt**[+] s. (Britter) 1. *Brett.* Ra.: E Brätt vòr em Kòpf haa, *vernagelt, begriffsstutzig sein.* **Brätterbyygi** w. *Bretterstapel.* Flach wien e Brätterbyygi, *flachbrüstig. Dim.* **Brättli** s. a) *Brettchen.* b) *niedrige Spielkarte.* 2. *Tablett, Servierbrett.*

Brätzel m. *Brezel.* Dim. Brätzeli s. *kleine Brezel, Kandererbrezel.*
Breebli → Broob.
brèff *kurz, kurzum, mit einem Wort; frz. bref.*
Breiss → Bryss.
brènne (brènnt / brùnne[+]) 1. *brennen.* Ra.: Die Sach brènnt mi ùnder de Neegel, ùff de Neegel, *die Sache lässt mir keine Ruhe, drängt auf rasche Erledigung.* 2. *zahlen* (Höschs.).
brènnig *brennend.* E brènnigi Kèèrze.
Brènnschäär w. (-e) *Brennschere.*
Brèsidänt m. (-e) *Präsident.*
brèsiere (brèsiert), **brässiere** (brässiert) *pressieren, sich beeilen.*
breesmele (breesmeled) 1. *krümeln, Krümel fallen lassen.* 2. *langweilig, belanglos daherreden.* 3. *trödeln.*
Breesmeli → Broosme.
breesmelig, broosmelig *krümelig.*
breeterle (breeterled) tr. und intr. *langsam, auf kleinem Feuer braten.*
Breetisli → Brootis.
breetle (breetled) *bräteln, leicht braten, kleine Stücke auf offenem Feuer braten.*
Breevi w. *Bravheit, Tüchtigkeit.*
brèweniere (brèweniert) *benachrichtigen; frz. prévenir* (Seiler).
brèzyys *genau, bestimmt.* Brèzyys dää Laade main i.
Bricht m. *Bericht, Bescheid, Nachricht.* Hèsch guete Bricht? *Hast du gute Nachrichten?* Beese Bricht, *Hiobsbotschaft.* Gimmer Bricht, *sag mir Bescheid.*
brichte (brichted) 1. *berichten, informieren.* 2. *reden, erzählen.* Si händ zämme brichted, *sie unterhielten sich.* 3. [+](mit Akk.) *belehren.* Soo hèt d Frau Willi en brichted (Kron).
briederlig *brüderlich.*
brie'e (briet) *brühen.*
Brieff m. 1. *Brief.* **Brieffbischwäärer** m. *Briefbeschwerer.* **Brieffdrääger** m. *Briefträger.* **Brieffkaschte** m., **Brieffròòr**[+] s. *Briefkasten.* **Brieffwoog** w. *Briefwaage.* 2. [+]*kleine Tüte.* **Brieffsagg**[+] m. *grosse Tüte.* Dim. Brieffli s.
brieffe[1] (briefft) *prüfen.*
brieffe[2] → birieffe.
Brie'i w. (Brie'ene) *Brühe, Bouillon, Kochwasser.*
brie'ig *brühend.* Brie'ig haiss Wasser.

Brielaff m. (-e) *Schreihals* (pop.).
briele (brielt) 1. *brüllen, schreien.* 2. *weinen* (pop.).
Brielede w. *anhaltendes Brüllen, Schreien.*
Brieler m. *zwangshaftes Weinen, Weinkrampf.*
Brieli m. *Schreihals, Heuler.*
Briesli[+] s. *Brustdrüse des Kalbs.*
briete (brieted) *brüten.*
brietig → bruetig.
briewaarm *brühwarm*
Bryggem[+] m., **Brytigam** m. *Bräutigam.*
briigle (briigled) *prügeln.*
Briiglede w., **Briiglerei** w. (-e) *Prügelei.*
Briiglige *Brüglingen (Hofgut im Bann Münchenstein).*
Brille w. *Brille, Klosettbrille.* **Brilleschangi** m.
  Brillenträger (pej.).**Brilleschlang** w.
  1. *Brillenschlange.* 2. *Brillenträgerin* (humor., pej.).
Bryymeli s. *Primel.*
Brimmeli w. *Primarschule* (Schs.).
bringe (bròcht; Kond. brääch/bräächt) *bringen,
  einbringen.* Dää kasch nit bringe, *das musst du mir
  nicht aufbinden, diesen Witz darfst du nicht
  erzälen.* Ùff d Wält bringe, *zur Welt bringen,
  gebären.* Das bringt em syner Läbtig nyt Rächts,
  das bringt ihm sein Leben lang nichts ein (Hetzel).
Bryyni w. 1. *Bräune.* 2. *Halsbräune (Diphtherie,
  Krupp).*
brinnele (brinneled) *urinieren* (von Kindern).
Bryynsli → Bruunsli.
bryyntschelig, bruuntschelig *bräunlich.*
brinzle (brinzled) *urinieren.* Väärsli brinzle,
  Verse schmieden, dichten (humor.).
Bryys m. *Preis.*
Bryyse[1] w. 1. *Prise (Schnupftabak).* 2. [+]*Hieb,
  Beleidigung* (Hindermann).
Bryyse[2][+] w. *einfassender Stoffstreifen, Bund
  am Hemd usw.* Dim. Bryysli s. *Saum, Einfassung,
  Strickborte.*
Bryss m. (-e), jg. **Breiss** m. (-e) 1. *Preusse.*
  2. *bestimmte süsse Semmel.*
Bryyswäärgg *Preiswerk (Familienname).*
Brytigam → Bryggem.
Britschli s. 1. *kleine Pritsche (Holzrost).*
2.[+] *Nichtschwimmerabteil der ehemaligen Pfalzbade-
anstalt.*
Britt → Brätt.
brittle (brittled) *aushecken, anzetteln, heimlich
  vereinbaren.* Die baide händ zämmen èppis brittled.

Brivaathuus s. (Brivaathyyser) *Villa.*
Broob w. (-e) *Probe, Prüfung.* Dim. **Breebli** s. *kleine
  Prüfung, insbesondere Schwimmprüfung in der
  ehemaligen Pfalzbadeanstalt.*
bròbiere (bròbiert) 1. *versuchen, sich bemühen.*
  Er bròbiert z rytte. 2. *kosten (mit dem Geschmack).*
  D Sùppe bròbiere. 3. *anprobieren.* Si hèt e Bluuse
  bròbiert.
Bròbiererli s. *Kostprobe.*
Bròfässer m. (Bròfässer/Bròfessòòre) 1. *Professor.*
  2. ütr. *tüchtiger Fachmann* (2. H. 20. Jh.).
  Dä Mechaaniger isch e Bròfässer.
Bròfax m. (-e) *Professor* (Sts., pop.).
Bròfeetebèèri s. (Plur.) *weise Sprüche* (humor.).
bròfydaabel *vorteilhaft; frz. profitable.*
Brògge m. (Brègge) 1. *Brocken, eingetunktes
  Brotstück.* **Bròggehuus** s. *Brockenhaus, Institution,
  die alten Hausrat sammelt und verkauft.*
  Dim. **Brèggeli** s. *eingetunktes Brotstückchen.*
  Brèggeli schwätze, *sich erbrechen* (humor.).
  2. ütr. *starker, fester Mensch.*
Bròlli[+] m. *festes, stämmiges Kind* (Kron).
bròmewiere (bròmewiert) *promovieren, befördern.*
Brònchytiskèssel m. *Inhalationsapparat mit
  Spiritusbrenner.*
bròpper *reinlich, sauber, schmuck; frz. propre.*
Bròpscht m. (Brèpscht) 1. *Propst (Geistlicher);
  lat. propositus.* 2. *Familienname Probst.*
Bròsche w. *Brosche; frz. broche.* Dim. **Brèschli** s.
Bròschpäggt m. *Prospekt, Werbezirkular.*
bròscht! *prost, zum Wohl; lat. prosit.* Bròscht Näägeli!
  Da haben wir die Bescherung, ich danke dafür.
Broosi m. *Ambrosius.*
Broosme w. *Brosame.* Dim. **Breesmeli** s.
  kleine Brosame. I maag kai Breesmeli mee,
  ich bringe keinen Bissen mehr herunter.
broosme (broosmed) 1. *Brosamen unachtsam
  verstreuen, krümeln.* 2. ütr. *umständlich arbeiten.*
broosmelig → breesmelig.
broosmig *krümelig.*
Broot s. *Brot.* Baait Broot, *geröstetes Brot, Toast.*
  Brootbroosme w. *Brotkrümel.* **Brootwèggli** s.
  1. *runde Semmel aus Brotteig, Brötchen.* 2. ütr.
  kräftiger Muskel (Höschs.).
broote (broote) *braten.*
Brootis m. (Brootis/Breetis[+]), jg. **Broote** m. *Braten.*
  Dim. Breetisli s.

Bròzänt s. *Prozent.* Git s Bròzänt? *Gibt's einen Rabatt?*

Bruch m. (Brich) 1. *Bruch.* 2. *untaugliche, wertlose Sache oder Arbeit, missratener Anlass.* Das Fèscht isch e Bruch gsii. **Bruchbuude** w. *schlechte Firma* (pop.).

Bruuch m. (Bryych) *Brauch, Sitte, Gewohnheit.* S isch bi ùns nit der Bruuch, *das ist bei uns nicht üblich, gilt als ungehörig.*

bruuche (bruucht) *brauchen.* 1. *benötigen, nötig haben.* I bruuch e neie Mantel. Unpers. S bruucht èppis, bis ain sälber verdient. 2. *verwenden.* Fir die Aarbed bruucht me der Maissel. 3. *verbrauchen.* Die Maschiine bruucht vyyl Stroom.

Bruuchere w. *verschwenderische Hausfrau.*

Brueder m. (Brieder) 1. *Bruder.* 2. *Klosterbruder, Mönch.* **Bruederhòlz** s. *Bruderholz, Anhöhe im Süden Basels, einst Aufenthaltsort von Waldbrüdern.* 3. *Kerl* (pej., pop.). Dä Brueder hèt is bschisse. Die fuule Brieder sòlle schaffe. Gstòpfte Brueder, *Mann mit Geld.* Waarme Brueder, *Homosexueller.* Dim. **Briederli** s. 1. *Brüderchen.* 2. *Brüderlin (Familienname).*

Brueff m. (Brieff), **Birueff** [+] (Birieff) *Beruf.*

Brueffig w. (-e), **Biruefig** w. (-e) *Berufung.*

Bruet w. (-e) 1. *Brut.* 2. *Gesindel.*

bruetig, brietig *brütend.* Bruetig Huen, *brütendes Huhn* (Hindermann). Bruetig haiss, *brütend heiss.*

Brùgg w. (-e) *Brücke.* Mittleri Brùgg, *Mittlere Brücke, älteste Basler Rheinbrücke.* Dim. **Briggli** s.

Brùmbèèri s. *Brombeere.*

Brùmmelsùppe [+] w. *Gardinenpredigt* (humor.).

brùmmle (brùmmled) 1. *brummeln, brummen.* 2. [+] *brodeln.*

Brùmmli m. *mürrischer Mensch, Brummbär.*

bruun *braun.*

bruunlächt [+] *bräunlich.*

Brùnne m. (Brinne) 1. *Brunnen.* **Brùnnebùtzer** m. *Brunnenreiniger.* **Brùnnegrèssig** m. *Brunnenkresse.* **Brùnnestògg** m., **Brùnnestùmpe** [+] m. *Brunnensäule.* **Brùnnestùube** w. *Brunnenstube, Wasserreservoir.* Dim. **Brinneli** s., **Brinnli** s. a) *kleiner Brunnen.* b) *Wandwaschbecken, Lavabo.* 2. *Urin.* E Brùnne mache, *urinieren.* Dim. Brinneli s. *Urin* (Ks.). Er hèt s èèrscht Brinneli in Haafe gmacht.

Bruunsli s., **Bruunzli** s., **Bryynsli** [+] s. *bestimmtes Weihnachtskleingebäck mit Schokolade.*

bruuntschelig → bryyntschelig.

Brùnz m. (Brinz) 1. *Urin* (vulg.). **Brùnzhaafe** m., **Brùnzkachle** w. *Nachtgeschirr* (vulg.). **Brùnzhuus** s. *Pissoir* (vulg.). 2. *Unsinn* (vulg.). Verzèll kai so Brùnz.

brùnze (brùnzt) *urinieren* (vulg.). Ra.: In Schnee brùnze, *etwas ohne nachhaltige Wirkung tun* (20. Jh.).

Bruunzli → Bruunsli.

Bruusbùlver s., **Bruusibùlver** s. *Brausepulver.*

brusche → rusche.

Brùscht w. (Brischt) 1. *Brust, Busen.* Dim. Brischtli s. Brischtli wie Anggebälleli, *wohlgeformte Frauenbrust.* 2. *Hemdbrust.*

bruuse (bruust) *brausen.*

Bruusibùlver → Bruusbùlver.

Brut w. (Bryt) *Braut.* **Brutbaar** s. *Brautpaar.* **Brutgaschtierig** w. *Einladung mit Essen für Verlobte und deren Freunde und Verwandte.* **Brutgränzli** s. *Brautkranz.* **Brutlyt** *Brautleute, Brautpaar.* **Brutmaie** m. *Brautbukett.* Dim. Brytli s.

Brutschaft [+] w. (-e) *Verlobung.* Git s dènn au gaar kai neï'i Brutschaft niene? (Kelterborn).

brùttele (brùtteled) *unangenehm riechen (nach Angebranntem, feuchter Wärme, Frauen).*

brùttle (brùttled) *brummeln, leise vor sich hin schimpfen.*

bsäägne, sich (bsäägned) *sich bekreuzen, sich aufhalten, sich entsetzen.* Si hèt sich bsäägned, wo si die Schwètti gsee hèt.

bsässe *besessen.*

Bschaid w. *Bescheid, Nachricht(en).* Schlächte Bschaid bikoo.

bschaide, bischaide *bescheiden.*

bschääre (bschäärt), **bschèère** (bschèèrt) *bescheren, schenken.*

Bschäärig w. (-e), **Bschèèrig** w. (-e) 1. *Bescherung, Weihnachtsbescherung.* Miir händ d Bschäärig am Hailigen Oobe. 2. *Ergebnis* (pej.). Das isch e scheeni Bschèèrig! *Das ist sehr dumm herausgekommen!*

bschaue (bschaut) *ansehen, betrachten.* E Hèlgebuech bschaue.

bschèère → bschääre.

Bschèèrig → Bschäärig.

bschiesse (bschòsse) *besser ausreichen als erwartet, ausgiebig vorhanden sein.*

bschiessig *ausgiebig, gut ausreichend.*
Bschiss m. *Betrug, Mogelei* (pop.). Dim. Bschissli s.
bschysse (bschisse) *mogeln, betrügen* (pop.).
Er hèt sògaar syni Frind bschisse.
Bschysser m., **Bschyssi** m. *Betrüger, Mogler.*
Bschyssi → Bschysser.
Bschysskaib m. (-e), **Bschyss'siech** m. (-e) *Betrüger*
(Schs., vulg.).
Bschysszeedel m. *Spickzettel, verbotener Notizzettel*
zum Mogeln in der Schule (Schs.).
bschitte (bschitted) 1. *begiessen.* 2. *mit Jauche düngen.*
Bschitti w. (nur Sing.) 1. *Jauche.* 2. *schlechter, dünner*
Kaffee oder Tee. **Bschittiwasser** s. *schlechter,*
dünner Kaffee oder Tee.
Bschlaag m. (Bschleeg) *Beschlag (an Fenstern,*
Hufen, Schuhen usw.). **Bschlaagstògg** m.
dreiarmiger Amboss als Unterlage beim Beschlagen
von Schuhen.
bschlaage *beschlagen, versiert.*
Bschleeg s. (Sing.) *Beschlag (an Tür, Fenster usw.).*
bschliesse (bschlòsse) 1. *schliessen, zuschliessen,*
verschliessen. Isch d Diire bschlòsse? 2. *beschliessen,*
Beschluss fassen.
bschloo (bschlaage) *beschlagen.* D Schue bschloo.
S Ròss bschloo.
bschnòtte [+] *beschnitten, zu kurz (Kleider).*
bschryybe (bschriibe), **bischryybe** (bischriibe)
beschreiben.
bschùmmle (bschùmmled) *beschummeln,*
in Kleinigkeiten betrügen.
Bsètzi w., **Bsètzig** w. (nur Sing.) *Pflästerung.*
Bsètzistai m. *Pflasterstein (meist kantig).*
bsètzt 1. *besetzt.* 2. *untersetzt, fest (Statur).*
bsiibne, sich [+] (bsiibned) eig. *mit sieben Eideshelfern*
vor Gericht die Wahrheit bekräftigen, ütr. *schwören,*
sich absichern. Aber vòr em Beese duen i mi
bsiibnen ùnd bsäägne (Liebrich).
bsinne, sich (bsùnne) 1. *sich erinnern.* I bsinn mi nò
guet an säll Maitli. 2. *ausdenken.* Bsinn di ùff e
lùschtig Spiil. 3. *nachdenken.* Si hèt sich nit lang
bsùnne ùnd isch koo.
bsòffe *besoffen.* Bisch jò bsòffe! *Du bist ja verrückt*
(vulg.).
bsòòrge (bsòòrgt) 1. *besorgen, verschaffen, kaufen.*
Bsòòrg non e Pfùnd Broot. 2. *instandhalten,*
pflegen. I mues no d Wèsch bsòòrge. 3. *Denkzettel*
verabreichen (20. Jh.). Er hèt s em ghèèrig bsòòrgt.

bstande *gesetzt, würdevoll.* E bstandene Maa.
Bstègg s. (Bstègg/Bstègger) *Besteck, Essbesteck.*
Ra.: S Bstègg abgää, *sterben* (Höschs.).
bstèlle (bstèllt) *bestellen.* Ra.: Doostoo wie bstèllt
ùnd nit abghoolt, *ratlos, verlegen, verloren*
herumstehen.
bstoo (bstande) *bestehen.* Die Breedig bstoot us drei
Dail. Er het sy Èxaame bstande.
Bsuech m. (Bsiech) *Besuch.* Ùff Bsuech koo,
zu Besuch kommen. Bsuech haa, *einen oder mehrere*
Gäste zu Besuch haben. **Bsuechsladäärne** [+] w.
Besuchslaterne. Dim. Bsiechli s. Er hèt eren e
Bsiechli gmacht.
bsueche (bsuecht) *besuchen.*
bsùnder *besonder.*
bsùnderbaar 1. [+] *sonderbar,* [+] *besonder.*
2. Adv. *besonders, sehr.*
bsùnders *besonders.*
Buubiköpf m. *Pagenfrisur (vor allem in den 1920er*
und 1930er Jahren).
Buuch m. (Byych) *Bauch.* Raa.: Us em hoole Buuch
bhaupte, *behaupten, ohne Anhaltspunkte oder*
Gründe zu haben. Rùggen ùnd Buuch
aawände → Rùgge. Lieber der Buuch versprängt,
als em Wiirt e Batze gschänggt, *lieber alles aufessen,*
als dem Wirt etwas übriglassen (humor.).
Buuchwee s. *Bauchschmerzen,* ütr. *Angst,*
Lampenfieber. Das macht mer Buuchwee, *das liegt*
mir auf dem Magen. Dim. **Byychli** s. 1. *Bäuchlein.*
2. *Sprung bäuchlings ins Wasser* (Schs.).
buuche [+] (buucht) *schmutzige Wäsche mit*
Aschenlauge auskochen, Wäsche waschen.
Buuchere [+] w. *Wäscherin.*
Buuchhuus s. (Buuchhyyser) *Waschhaus,*
Waschküche.
Buuchi [+] w. (Buuchene) 1. *Waschen der Wäsche*
(mit Lauge aus Buchenholzasche). 2. *Waschtag.*
Buuchioofe [+] m. *Waschkessel mit Feuerung.*
Buuchiwäschere w. *Wäscherin.*
Buuchjee m. *Sprung bäuchlings ins Wasser* (Schs.).
Budällie w., **Butällie** w., **Butälli** w., **Budèllie** w.
Flasche (für Wein oder Schnaps); frz. bouteille.
Buude w. 1. *Bude.* 2. *Zimmer* (Sts.). 3. *Firma,*
Handwerkerbetrieb, Fabrik (pop.). In weeler Buude
schaffsch?
Buudel m. *Pudel.* Ra.: Der Buudel mache,
der Buudel syy, *untergeordnete Arbeit verrichten.*

Lang gnueg bin yy der Buudel gsii (Meyer).
Dim. Buudeli s.

Budèllie → Budällie.

Buuding m. *Pudding.*

Bueb m. (-e) 1. *Knabe.* **Buebelòtschi** w. *Badeplatz oberhalb des Wehrs in den Langen Erlen.*
Bueberampft m. *Kruste der Brotoberseite.*
Bueberòlli m., **Buebeschmègger** m. *Mädchen, das den Knaben nachläuft.* **Buebeziigli** s. *von Kindern gebildeter kleiner Fasnachtszug.*
Dim. Biebli s. 2. *Sohn.* My Bueb studiert. 3. *Bauer, höchste Jasskarte.*

Buebis s. *bubenhaftes Benehmen, Blödsinn, Unfug.*
Buebis mache, *sich bubenhaft benehmen, Unfug treiben.*

Buech s. (Biecher) *Buch.* E Sùmmerdaag, wien er im Buech stoot, *ein idealer Sommertag.* **Biechergstèll** s., **Biecherschaft** m. *Bücherregal.* **Biecherkaschte** m. *Bücherschrank.* **Buechlaade** m. *Buchhandlung.* **Buechstaabe** m. *Buchstabe.* E baar Buechstaabe, *ein paar Zeilen.* **Buechzaiche** s. *Buchzeichen.* Dim. **Biechli** s. 1. *kleines Buch.* 2. *Sparheft.* Si hèt alles Gäld ùff em Biechli.

Bueche w. *Buche.* **Buechnissli** s. *Buchecker, Frucht der Buche.*

bueche (buecht) 1. *buchen.* 2. *verabreichen (Ohrfeige, Schlag).* Er hèt em aini buecht.

bueche, buechig *buchen, aus Buchenholz.*

Buese m. *Busen.* **Buesedäsche** w. *Brusttasche.*

Buess w. (-e) *Busse.* S wäär mer e Buess, *es wäre für mich eine Strafe, höchst unangenehm.*
Buess- ùnd Bättdaag m. *Dank-, Buss- und Bettag.*

Bùff 1. m. (Biff) *kräftiger Stoss (mit Hand oder Faust).* Er hèt eren e Bùff gää. 2. s. (Plur. Bùff) *Bordell* (vulg.), ütr. *Unordnung, Durcheinander* (2. H. 20. Jh.). In däre Kùchi isch ai Bùff gsii.
Bùffèèrmel m. *Puffärmel, gebauschter kurzer Ärmel.* Dim. Biffli s.

bùffe (bùfft) *stossen, Püffe verabreichen.*

Bùgg m. (Bigg) *Beule, Delle, Vertiefung an Gegenstand.* Die Pfanne hèt e wieschte Bùgg.
Ra.: In èpper e Bùgg haa, *in jdn. verliebt sein, für jdn. eine Schwäche haben.*

Buggee s. 1. *Blumenstauss; frz. bouquet.* 2. *Aroma (Wein).*

bùgge (bùggt) *bücken.*

Bùggel m. (Bùggel / Biggel) 1. *Buckel, gekrümmter*

Rücken. Dim. Biggeli s., Bùggeli s. **Bùggelidùùrne** s. *Sonderturnen für haltungsgeschädigte Kinder* (Schs.). 2. *Rücken* (pop.). Er hèt der Bùggel vòll Schùlde. Raa.: Der Bùggel aaneheebe, *herhalten, gutstehen.* Sich der Bùggel vòll lache, *herzlich und ausgiebig lachen.* Kaasch mer der Bùggel dùrùff lauffe, der Bùggel aabèrùtsche, *du kannst mich gern haben.* D Katz laufft mer der Bùggel dùrùff, *mich schaudert, ich habe Angst.* 3. *Bodenerhebung, Hügel.*

bùggle (bùggled) *buckeln, auf dem Rücken tragen.*

bùggse [+] (bùggst) *stehlen* (Hindermann).

bùggse, jg. **bùggsig** *buchsbaumhölzern.*

bùggsiere (bùggsiert) *bugsieren, befördern.*
Der Wiirt hèt en ùff d Stroos bùggsiert.

bùggsig → bùggse.

Bùlver 1. s. *Pulver, Schiesspulver.* Dim. **Bilverli** s. *Pülverchen, Mixtur, Medikament.* 2. m. *Geld* (pop., 20. Jh.). Der Bùlver längt nienen aane, *das Geld reicht nirgends hin.*

Bùmaade w. *Pomade; frz. pommade.*

bùmaadig 1. *bequem, langsam.* 2. *klebrig.*
3. *salbungsvoll.*

Bùmbe → Bòmbe.

Bùmeranze w. 1. [+] *Orange.* 2. *kurze, dicke Frau* (pop.).

Bùmfel *Bonfol (Dorf in der Ajoie).*

Bùmfeler Gschiir [+] s. *Keramik aus Bonfol.*

Bùmme → Bòmbe.

Bùmmedäppi [+] m. *roter Weihnachtsapfel; frz. pomme d'Api (bestimmte Apfelsorte).*

Bùmmel m. (Bimmel) 1. *Ausflug, Spaziergang.*
2. *Ausflug der Fasnachtscliquen an den drei Sonntagen nach der Fasnacht.* **Bùmmelsùnntig** m. *Sonntag des Fasnachtscliquen-Ausflugs.* Dim. Bimmeli s.

Bùmmelzùùg m. (Bùmmelziig), **Bùmmler** m. *Regionalzug, Nahverkehrszug.*

Bùmmere w. *dicke Frau* (pop.). Dim. **Bùmmerli** s. 1. *kleine, dicke Frau.* 2. *wohlgenährtes, rundliches Kind.*

bùmmere (bùmmered) *dröhnen, donnern.*

Bùmmi m. 1. *grosse Marmel; frz. pomme.*
2. ütr. *Kopf* (humor.). Ra.: Aim der Bùmmi ryybe, a) *jdm. schmeicheln.* b) *jdn. abkanzeln.* 3. *Träger des Familiennamens Baumgartner* (fam.).

Bùmmikèssel → Bòmbe.

bùmmle (bùmmled) 1. *bummeln, spazieren.*

2. *trödeln.*
Bùmmler → Bùmmelzùùg.
Bùmp m. (Bimp) *Pump, Borg.* Ùff Bùmp lääbe,
mit geborgtem Geld leben.
bùmpe[1] (bùmpt) *pumpen.*
bùmpe[2]+ (bùmpt) *verprügeln.*
bùmpe[3] (bùmpt) *borgen, leihen, entleihen.* I haan em
zää Frangge bùmpt, ... *geliehen.* Er hèt bim Vatter
zää Frangge bùmpt, ...*sich ausgeborgt.*
Bùmperniggel m. 1. *noch nicht ausgewachsene Frucht
der Rosskastanie.* 2. *Pumpernickel, dichtes Brot
aus Roggenschrot.*
Bùmpernissli+ s. *Segelfrucht des Ahorns.*
Bùmphoose w. (Plur.) *Pluderhose, Frauenunterhose
mit Gummizügen.*
Bùmpi w. (Bùmpene) 1. *Pumpe.* 2. *Lunge, Herz*
(humor.). My Bùmpi wòtt nimme rächt.
Bùmpis m. (ohne Art.) *Tracht Prügel.* Bùmpis gää.
Bùmpjee m. *Feuerwehrmann; frz. pompier.*
bùmple (bùmpled) *rumpeln, dumpf tönen.*
Rùmplen ùnd bùmple (Müller).
Bùnd m. (Bind) 1. *Bund, Bündnis.*
2. *Eidgenossenschaft.* Er schafft bim Bùnd,
er ist Bundesangestellter. **Bùndesfèèrie** (Plur.)
Militärdienst (humor.). **Bùndesziegel** m.
Pumperniggel, Dauerbrot (Ss.).
3. *Zusammengebundenes, Bündel.* E Bùnd Spaarse.
4. *Hosen- oder Jupebund.* I mues der Bùnd änger
mache. Dim. Bindli s.
Bùntenèèri s. *Ehrensache, Ehrgefühl; frz. point
d'honneur.* S isch em ùff s Bùntenèèri gange,
es hat sein Ehrgefühl verletzt.
Bùppe, Bùppele → Spinnbùppe.
Buur m. (-e) 1. *Bauer, Landwirt.* **Buurebroot** s.
Bauernbrot. **Buurefaasnacht** w. *Fasnacht nach
Aschermittwoch.* **Buurefimfi**+ s. *ungeschickte Frau*
(Liebrich). **Buurefrau** w. *Bäuerin.* **Buurehoof** m.
Bauernhof. **Buurejòggi** m. a) *Bauer* (pej.).
b) *Bauernkostüm an der Fasnacht, meist für Kinder.*
Buurelyt *Bauersleute.* **Buurestùùbe** w. *Bauernstube,
Wohnzimmer im Bauernhaus.* Dim. Byyrli s.
a) *Bäuerlein.* b) *Semmel aus Brotteig* (Mitte 20. Jh.).
2. *Bube, höchste Jasskarte.* 3. *kleinste Schachfigur.*
4. *tölpelhafter Mensch.*
buur, jg. **phuur** *pur, rein, lötig.* Buure Nyyd,
schierer Neid.
Bùùrdi w. (Bùùrdene) *Bürde.* Dim. Bùùrdeli s.

buure (buurt) *Landwirtschaft betreiben.*
Buurerei w. *Landwirtschaftsbetrieb.*
Bùùrg w. (-e) *Burg.* Ùff Bùùrg+, *auf dem Basler
Münsterhügel, am Münsterplatz.* Schuel ùff
Bùùrg+, *Humanistisches Gymnasium auf dem
Basler Münsterplatz.*
Bùrgatz+ w. *Purgierung, Abführmittel;
lat. purgatio.*
Bùùrged *Burckhardt* (Familienname).
Bùùrgemaischter m., jg. **Biirgermaischter** m.
Bürgermeister. **Bùùrgemaischterli** s. *mit Anis
versetztes Kirschwasser.*
Bùùrger m., jg. **Biirger** m. *Bürger.* **Bùùrgermaind** w.
Bürgergemeinde. **Bùùrgerroot** m. *Bürgerrat.*
Bùùrgerspittel m. *Bürgerspital.*
bùùrgerlig, jg. **biirgerlig** *bürgerlich.*
Bùùrglyyber *St-Louis (Elsässer Ort an der Basler
Nordgrenze); frz. Bourg-libre (1793–1814).*
Bùùrsch m. (-e), **Bùùrscht**+ (-e) m. *Bursche,
junger Mann, Kerl.* Dim. Biirschli s.
bùùrzle → biirzle.
Buus, Busbuus → Byysi.
Bùsch m. (Bisch) *Busch.* Ab in d Bisch! *Fort ins
Gebüsch, verschwindet!* **Bùschnäägeli** s. *Bartnelke.*
bùschber *munter, gesund, vergnügt, wohlauf.*
Bùschbi+ m. *Bauch, Magen.* Der Bùschbi spigge,
stark essen (Fridolin).
Bùschel- → Bùschle.
bùschele (bùscheled) *Säugling betreuen.*
Bùschi s. *Säugling, Kleinstkind.* **Bùschistùùbe** w.
Säuglingszimmer. **Bùschiwaage** m. *Kinderwagen.*
Bùschiwoog w. *Säuglingswaage.* Dim. Bùscheli s.,
Bischeli+ s. **Bùscheliweier** m. *Leib einer Schwangern*
(Höschs.).
Bùschle w. 1. *Büschel.* 2. + «*Verpackung» des
Säuglings.* Wie in der Bùschle sògar ai Kind schò
fir s ander òft bstimmt syyg, ...*schon im Säuglings-
alter verlobt* (Kron). **Bùschelbrätt**+ s. *auf Kommode
auflegbares Brett zum Wickeln des Säuglings,
Wickelbrett.* **Bùschelkind**+ s. *Wickelkind,
Säugling.* Dim. Bischeli s.
Buscht+ m. (Byscht) *Bausch, Wattebausch* (Fridolin).
buusele (buuseled) *Haare, Textilfasern verlieren,
fusseln.*
Buuseli s. 1. *Fussel, Textilfaser, Textilfädchen.*
2. *Kätzchen.* 3. *Weidenkätzchen.*
buuselig *fusselig, behaart.*

Buusi → Byysi.

Bùss m. (Biss) *Autobus* (Mitte 20. Jh.).

Bussierstängel m. *verliebter junger Mann* (humor.).

Butälli → Budällie.

Butygg w. (-e), **Butygge** w. 1. *kleiner Verkaufsraum, Werkstatt; frz. boutique.* 2. *unaufgeräumtes Zimmer.*

Bùtsch m. (Bitsch) *Stoss.* Ùf ai Bùtsch, *auf einen Schlag, aufs Mal, plötzlich.* **Bùtschautoo** s., **Bòtschautoo** s. *Scooter auf der Rummelplatz-Autobahn.* **Bùtschhämmeli** mache, *Köpfe mit der Stirn leicht zusammenstossen* (Ks.).

bùtsche (bùtscht), **bòtsche** (bòtscht) *stossen.* Er isch an die groossi Waase bùtscht.

bùtschiere → bètschiere.

Bùtte w., **Haagebùtte** w. *Hagebutte, Scheinfrucht der wilden Rose.* Root wien e Bùtte (Meyer).

Bùttekäärnli s. *Kern der Hagebutte.*

Bùttekäärnlithee m. **Bùttemòscht** s., jg.m. *Konfitüre aus Hagebutten.* **Bùttemòschtfrau** w. *Frau, die im Herbst das ungekochte Hagebuttenmus ins Haus bringt.* **Bùttemòschtschyymli** s. *schaumiges Konfektgebäck mit Hagebuttenkonfitüre.*

butte[+] (butted), **buttle**[+] (buttled), **buttele**[+] (butteled) *auf den Armen wiegen, schaukeln.* Vers in Kinderreimen: Butte butte haie. Biebli draage Maieli, butte butte haieli.

bùtteroot *rot wie eine Hagebutte, leuchtend rot.*

Bùtz[1] m. (Bitz) 1. *Verputz.* 2. *Offiziersbursche* (Ss.).

Bùtz[2] m. (-e) *vermummte, gespenstische Gestalt, Maskierter.* **Bùtzem ùmmel** m. 1. *eingehülltes Kind* (humor., Ks.). 2. [+] *als Geist Vermummter, unheimliche Gestalt.*

Bùtze m. (Bùtze / Bitze) *Fliege am Kernobst, dem Stielansatz gegenüber,* → z.B. Èpfelbùtze.

bùtze (bùtzt) 1. *putzen, reinigen säubern.* D Schue bùtze. S Liecht bùtze, *die Kerze schneuzen.* Ra.: Bùtzt ùnd gsträält, *fein heraus, mit allem wohlversorgt.* 2. *verabreichen* (pop.). Er hèt eren aini bùtzt, *er gab ihr eine Ohrfeige.* S hèt mer aini bùtzt, *ich bekam einen elektrischen Schlag.* 3. *siegen.* Im lètschte Spiil händ miir bùtzt. 4. unpers. *zerstören.* S hèt e Sicherig bùtzt, *eine Sicherung ist durchgebrannt.* S hèt en bùtzt, *er ist gestorben* (vulg.).

Bùtzede w. *Reinemachen.*

Bùtzere w., **Butzfrau** w. (-e) *Putzfrau, Raumpflegerin.*

D

d[1] *die.* D Mueter. D Männer. D Fraue. D Kinder. Vor Adj. → die.

d[2] → duu.

dää (bet.), **dä** (unbet.) *dieser.* Dää isch s, *dieser ist's.* Dää hèsch schòn emool verzèllt, *diesen Witz hast du schon einmal erzählt.* Nimm dä Stäggen ewägg.

Daaberèttli s., **Daaburèttli** s. *Hocker, lehnenloser hölzerner Stuhl; frz. tabouret.*

Dabeete w. 1. *Tapete.* 2. *Gesichtshaut, Körperhaut* (humor.).

dabiziere (dabiziert) *tapezieren.*

Dabizierer m. *Tapezierer.*

Daabloo s. *Gemälde; frz. tableau.* Interj. *Schluss damit, reden wir nicht mehr davon, ich gebe mich geschlagen.*

Daburèttli → Daaberèttli.

Dach s. (Dächer) *Dach.* Raa.: Aim ùff s Dach gää, *jdn. verprügeln, jdn. zurechtweisen.* Ùff s Dach bikoo, *Niederlage einstecken, zurechtgewiesen werden.* S isch Fyyr im Dach, *die Lage ist explosiv.*

Dachhaas m. *Katze* (humor.). **Dachkäänel** m. *Dachrinne.* **Dachlatte** w. *Ziegelträger am Dachstuhl.* Dim. **Dächli** s. **Dächlikappe** w. *Schirmmütze.*

Dachtle[+] w. *Ohrfeige* (Seiler).

dadaa *dankeschön* (Ks.).

Dääfel → Dääfer.

Daafele w. 1. *Tafel, Schiefertafel, Wandtafel.* 2. [+] *Tafelbild, Gemälde.* Dim. **Dääfeli** s. a) *kleine Tafel.* b) *Lutschbonbon.* Rùssisch Dääfeli, *bestimmte glasharte Karamelle.*

dääfele (dääfeled) *ausplaudern, schwatzen.*

Dääfeli → Daafele.

Dääfer s., **Dääfel** s., **Verdääfer** s. *Getäfel, hölzerne Wandverkleidung.*

Daag m. (Daag / Dääg) *Tag.* Am Daag, *tagsüber, untertags.* S Daags[+], *pro Tag* (Seiler). Guete Daag, *guten Tag.* Der lieb lang Daag, *immerzu den ganzen Tag.* Am haiterhälle Daag, *am hellichten Tag.* Plur. für bestimmte Dauer: I gang fir acht Daag fùùrt. Plur. für unbestimmte Dauer: Die scheenschte Dääg vò däm Sùmmer. Kindervers: Drei Daag Rääge, drei Daag Schnee. Dat. Plur.: Mer händ syt Daage nyt mee gässe, *...seit Tagen.* Z aarme Daage koo, *verarmen.* **Daaghaiteri**[+] w. *Zeit vor der Dämmerung.* **Daagliecht**[+] s., **Daaglòch**[+] s. *kleines*

Dachfenster. **Daagwach** w. *Tagwache, Name eines Trommelmarschs.* Dim. Däägli s. Die myggerige Däägli im Winter. Guets Däägeli, *guten Tag* (Ks., fam.).

daage (dagt) *tagen, Tag werden.*

daaglang *tagelang* (Kron).

daibele (daibeled) *toben, sich zornig gebärden, trotzen.*

Daibi w. (nur Sing.) *Zorn, Wut.*

Daig m. 1. *Teig.* **Daigaff** m. *Göre, eingebildetes, hochnäsiges, verwöhntes Mädchen.* Dim. Daigli s. 2. *Gesamtheit der wohlhabenden alten Basler Familien* (humor.). Er isch vòm Daig, *er gehört zur besseren Basler Gesellschaft.*

daig 1. *überreif, weich.* Daigi Biire, *überreife Birne,* ütr. *verblödeter, seniler Mensch.* 2. *müde, schlaff, zerschlagen.* I bii ganz daig hitte.

Daiggsle w., **Dieggsle**+ w. *Deichsel.*

daiggsle (daiggsled) *deichseln, arrangieren, zuwege bringen.*

daigle (daigled) *mit Teig spielen.*

Daigler m. *Angehöriger der besseren Basler Gesellschaft, Grossbasler* (Höschs.).

Dail m. *Teil.* E Dail lääse, e Dail strigge, *die einen lesen, die andern stricken.*

daile (dailt) 1. *teilen.* 2. *Erbteilung vornehmen.*

Dailig w. (-e) 1. *Teilung.* 2. *Erbteilung.* Bi der Dailig hèt s Händel gää.

Daal s. (Dääler) *Tal.* Dim. Dääli s.

Dalbanees → Dalbemer.

Dalbe w. 1. *Sankt Alban-Quartier.* 2. *Sankt Alban-Vorstadt.* 3. *Gesamtheit der wohlhabenden Altbasler Familien.* Er ghèèrt zuer Dalbe ùnd woont au in der Dalbe, *er stammt aus alter Basler Familie und wohnt im Sankt Alban-Quartier.* **Dalbedyych** m. *Sankt Alban-Teich (Gewerbekanal).* **Dalbedòòr** s. *Sankt Alban-Tor.* **Dalbegraabe** m. *Sankt Alban-Graben.* **Dalbekiirche** w. *Sankt Alban-Kirche.* **Dalbelòch** s. *Sankt Alban-Tal, altes Gewerbequartier.* **Dalberyywääg** m. *Sankt Alban-Rheinweg.*

Dalbemer m., **Dalblemer** m., **Dalbanees** m. 1. *Bewohner des (einst vornehmen) Sankt Alban-Quartiers.* 2. *Angehöriger einer wohlhabenden Altbasler Familie.* **Dalbaneesepfindli**+ s. *Zwanzigrappenstück als schäbiges Trinkgeld* (humor.).

dalbig *wie jemand aus dem Sankt Alban-Quartier oder aus der guten Gesellschaft* (pej.).

Dalbig dùmm (Müller).

Dalblemer → Dalbemer.

Dääleli → Daalie[1].

daalyy *talein, taleinwärts.*

Daalie[1] w. *Oberleib; frz. taille.* Dim. **Dääleli** s. *Strumpfgürtel für kleine Mädchen.*

Daalie[2] w. *Dahlie (Gartenblume).*

dälle+ (dällt) 1. *tätscheln.* 2. *verprügeln* (Seiler, Fridolin).

Däller m. *Teller.* **Dällerkappe** w. *flache, tellerförmige Mütze.* **Dällerräämli** s. *Abtropfbrett, Abtropfkorb.* Dim. **Dällerli** s.

dalpe+ (dalpt) *langsam, plump gehen* (Mähly, Seiler).

dalpig *plump, ungeschickt.*

Dälschbäärg *Delsberg, Delémont.*

daaluus *talaus, talauswärts.*

däm *diesem.* Däm haan i s gsait. Mit däm Bälleli kaa me guet spiile.

Dambuur m. (-e) *Trommler; frz. tambour.* **Dambuurmaiòòr** m. *Tambourmajor.* **Dambuurmaiòòrstägge** m. *Stab des Tambourmajors.*

Daame w. 1. *Dame, gediegene Frau.* 2. *dritthöchste Jasskarte.* 3. *Königin im Schachspiel.* **Daamebrätt** s. *Damespiel (Brettspiel).* **Däämli** s. a) *Mädchen, das sich wie eine Dame gebärdet.* b) *Kokotte.*

dampe (dampt) *langfädig, ausgiebig schwatzen.*

Dampf m. (Dämpf) *Dampf.* Dampf gää, *sich beeilen.* **Dampfèpfel** m. *Bratapfel.* **Dampfhaafe** m. *Dampfkochtopf.* **Dampflòggi** w. *Dampflokomotive.* **Dampfmaschiine** w. *Dampfmaschine.* **Dampfnuudle** w. *Dampfnudel, in Wasserdampf zubereiteter Kloss aus Hefeteig (ursprünglich Schwarzwälder Spezialität).* Dim. **Dämpfli** s. 1. *kleiner Dampf.* 2. *Homosexueller* (vulg.).

dampfe (dampft) 1. *dampfen.* 2. *sich fortbewegen, reisen* (pop.). Er isch ùff Baryys dampft.

dämpfe (dämpft) 1. *dämpfen, in Dampf kochen, dünsten.* Dämpfti Häärdèpfel. 2. *feucht bügeln.* 3. *Tabak (Zigaretten, Zigarren usw.) rauchen* (pop.). Si dämpft jeede Daag e ganz Phäggli. 4. *dampfen.* Ra.: In d Händ schysse ùnd luege, wie s dämpft, *in schwieriger Lage nicht wissen, was tun* (vulg.).

dampfig *dampfend.*

Dampi m. *Schwätzer, Schwätzerin.*

Dämpis m. *kleiner Rausch.*

dääne[1] (bet.), **däne** (unbet.) Dem. Pron. Dat. *diesen.*

Mit dääne wòtt i nyt z due haa. Däne Lyt drau i nit.

dääne[2] *drüben, jenseits, auf der andern Seite.*

dängele (dängeled) 1. *dengeln, Schneide der Sense oder Sichel durch Hämmern schärfen.* 2. *begatten* (vulg., 20. Jh.).

dängg[1] *«denk ich», vermutlich, wohl, eben.* Er isch dängg by den Èltere, *...vermutlich.* De muesch dängg ùffbasse, *...eben, halt.* Mer wänd dängg goo, *...wohl.* I kaa dängg nit zaubere, *...doch.*

dängg[+2], **dänggig**[+] 1. *feucht, weich, zäh,* 2. *glitschig* (Liebrich)

Dänggdraa s. *«Denkdaran», Andenken* (humor.). Doo hèsch e glai Dänggdraa.

dangge (danggt) *danken.* Ra.: I dangg fir Òbscht, *dieses Ansinnen weise ich zurück* (pop.).

dängge (dänggt) *denken, meinen.* I dängg, mer kènnte jètz goo. Satzeinleitung: Dängg, i kaa wider lauffe, *stell dir vor...* Dängg au, der Keebi hèt in s Lòch miese. Kasch dängge! *Das kommt nicht in Frage, was stellst du dir auch vor!* I dängg nit draa! *Für mich kommt das überhaupt nicht in Frage.*

danggerscheen *«ich danke gar schön», dankeschön, recht vielen Dank.*

dänggig → dängg[2].

Dänggmool s. (Dänggmeeler) 1. *Denkmal.* 2. *Sankt Jakobs-Denkmal.* **Dänggmoolpflääger** m. *Denkmalpfleger.*

Dänggwäärzli s. *Kopf* (humor.).

Danne w. *Tanne.* **Dannenoodle** w. *Tannennadel.* **Danneriftboode**[+] m. *Fussboden aus Tannenholzriemen* (Fridolin). **Dannewald** m. 1. *Tannenwald.* 2. verh. *Teufel.* Hool s der Dannewald! (Müller).

danne[+], **dannig** *tannen, aus Tannenholz.*

dännele (dänneled) *nach Tanne riechen.*

Dänni m. *Daniel.* Dim. Dänneli m., s.

Dante w. (Dante/Dantene) 1. *Tante.* Alti Dante, *bestimmtes klassisches Fasnachtskostüm.* **Dantegòtte** w. *Patin und zugleich Tante.* Dim. Danteli s., Dänteli s., Danti s. *Tantchen* (fam.). 2. *tantenhafter Mensch.* 3. [+]*Kindergärtnerin.*

Danz m. (Dänz) *Tanz.* Dänz mache, *Schwierigkeiten, Umstände machen.* Dim. Dänzli s.

danze (danzt) *tanzen.* Danze wie der Lùmp(en) am Stägge, *eifrig, ausgelassen tanzen.*

Danzede w. *Tanzerei, privater Tanzanlass, Ball.*

Dänzer m. *Tänzer*

Dänzere w. *Tänzerin.*

dänzerle (dänzerled) *spielerisch, andeutungsweise tanzen.*

dänzle (dänzled) *tänzeln.*

dappe (dappt) *tappen, unsicher gehen.*

däppele (däppeled) 1. *mit kleinen, leisen Schritten gehen.* 2. *marschieren* (Ss., Höschs.). 3. *den Strich machen* (Höschs.). Si däppeled fir der Schòòrsch.

Däppeli m. 1. *Kind, das zu gehen anfängt.* 2. *alter, ungeschickter Mann.*

dappig *tapsig, tölpelhaft, ungeschickt.*

dääre (däärt) V. *ausgeprägt, gedehnt baseldeutsch reden.*

dääre (bet.),**däre** (unbet.) Dem. Pron. Dat. *dieser.* Dääre han i s gsait, *der habe ich die Meinung gesagt.* Däre Frau isch nit z hälffe.

däärewääg → dääwääg.

daarge[+] (daargt) *sich beim Essen besudeln* (Seiler).

Dääri m. *Mensch, der den Dialekt ausgeprägt und breit spricht.* Ùnd d Bäärner, das sind Dääri (Kelterborn).

däärig, dèèrig (Baerwart) *solch, derartig.* Däärigi Lyt maag i nit.

Daarte w. *Torte.* Dim. **Däärtli** s. *Törtchen.*

Däärwyyl *Therwil (Baselbieter Dorf).*

daas (bet.), **das** (unbet.) *dieses.* Gnau daas han i wèlle saage, *genau dies wollte ich sagen.* Gang in das Huus doo, *geh in dieses Haus hier.*

daasch (bet.), **dasch** (unbet.) *das ist.* Dasch der Dangg, *dies ist der Dank.* Dasch myy Buech, *das ist mein Buch.*

Däsche w. 1. *Tasche, Damenhandtasche, Tragtasche.* 2. *bestimmte süsse Semmel.* 3. *dämliche Frau.* Dasch dòch e dùmmi Däsche. Dim. **Däschli** s. *kleine Handtasche.*

daasmool *diesmal.*

dass, ass *dass.* I waiss, dass er grangg isch. Ass er s nùmme grad wisse! Andere Konj. verst.: I waart, bis dass er kùnnt.

Dasse w., jg. **Thasse** w. *Tasse.* **Dasseblättli** s. *Untertasse.* Dim. Dässli s.

Dätsch m. 1. *breit Zusammengedrücktes, Zusammengeschlagenes.* 2. *Schlag.* Ùff ai Dätsch, *auf einen Schlag, plötzlich.* 3. ohne Art. *Schläge, Prügel.* Er hèt Dätsch bikoo. 4. *plumper Fleck, Farbfleck.*

dätsche (dätscht) 1. intr. *laut platschend aufschlagen.*

Bi däm Zämmebùtsch hèt s dätscht. Er isch ùff
d Naase dätscht, ...*gestürzt* (pop.). 2. tr. *fest
schlagen.* Er hèt em aini dätscht, *er gab ihm eine
Ohrfeige.*

dätschle (dätschled) *tätscheln, liebkosen.*

Dätschmaischter m. *Organisator, Leiter eines
festlichen Anlasses, Conférencier* (pop.).

Dätschnaase w. *abgeplattete Nase* (pop.).

dattere [+] (dattered) 1. [+] *rasch und ermüdend
schwatzen.* 2. unpers. *tattern, zittern machen.*
Es dattered em, *er hat Angst, Lampenfieber.*

Datteri m. 1. [+] *Zungenschlag* (Seiler). 2. *Angst.*
Si hèt der Datteri. 3. *Zittergreis* (pop.).

Datze w. 1. *Tatze, Pranke.* 2. *strafender Schlag auf
die Handfläche.* **Datzestägge** m. *Meerrohr des
Lehrers.*

daub 1. *taub, gehörlos.* 2. *leer.* E daubi Nùss.
3. *wütend, zornig.*

dauche (daucht), **duuche** [+] (duucht) 1. *tauchen,
untertauchen.* 2. *schlafen gehen* (humor.).
I bii mied, i gang gò dauche.

Daucherli s. *Blesshuhn.*

Dau m. *Tau (Niederschlag).*

daue (daut) *tauen.*

dauffe (daufft) 1. *taufen.* 2. *durchnässen* (humor.).
Mer sind scheen daufft wòòrde, *wir wurden stark
durchnässt.* 3. *verdünnen, panschen* (humor.).
Dä Wyy isch daufft wòòrde.

Dauffi w. (Dauffene) *Taufe.* **Dauffiässe** s.,
Dauffisùppe w. (Hindermann) *Taufessen.*

Dauffkissi s. *Taufkissen.*

dausig 1. *tausend.* Ùff dausig ùnd zrùgg, *endlos.*
2. verh. *Teufel:* Bòtz dausig, *potztausend.*
Pfytausig, *pfui Teufel.* Dausigschiess! Ùm s dausigs
Gòttswille! *Um Himmelswillen.* Dausigsbueb m.
gefitzter Knabe. Dausigszygs s. *vertrackte
Angelegenheit.*

Dausigfiessler m. *Tausendfüssler.*

Dausigi *Tausende.*

dääwääg, däärewääg [+] *derart, auf solche Weise.*
Das macht me dääwääg, ...*folgendermassen.*

de [1] Art. Dat. Plur. *den.* De Kinder. Mit den Èltere.

de [2] → duu.

deede (deeded) *töten.*

deedele (deedeled), **deetele** (deeteled) *nach Tod
riechen, makaber aussehen, makaber wirken.*

Dèff m., s., **Dòff** m., s. *«Töff», Motorrad.*

Dim. **Dèffli** s., **Döffli** s. *Kleinmotorrad, Moped*
(2. H. 20. Jh.).

Dègg [+] s. (Dègger / Dègg) *Gedeck* (Hoffmann).

Dèggbètt s. (Dèggbètter) *Daunendecke, Duvet,
Federbett, Oberbett.*

dègge (dèggt) 1. *decken, Tisch decken.*
Wènn dèggt isch, nò kènne mer ässe. 2. *begatten
(Tiere).*

Dèggel m. 1. *Deckel.* 2. *Hut* (pop.). 3. *Detektiv*
(Höschs.). Dim. **Dèggeli** s. a) *kleiner Deckel,
Kronenkorken* b) *Hütchen* (pop.). c) *letzter Bissen
oder Trunk zum «Zudecken».* Soo, ùnd jètz git s as
Dèggeli non e Schnaps.

Dèggi w. (Dèggene) *Decke (zum Zudecken),
Bettdecke, Tischdecke.* Dim. **Dèggeli** s. *kleine
Zierdecke auf Möbeln.*

Dègglache [+] s. *Bettuch, Bettlaken.*

dèggle (dèggled) 1. [+] *durch Hutabnehmen grüssen.*
2. *abkanzeln, in die Schranken weisen,
zurechtweisen.*

dèggterle (dèggterled) 1. *nach Arzt riechen.* 2. *Arzt
spielen* (Kinder). 3. *untaugliche Heilversuche an-
stellen.* 4. *ungeschickt, unsachgemäss arbeiten.*

Dèggterlis s., **Dòggterlis** s. *Arztspiel.*

Deeguu m. *Abscheu, Widerwille; frz. dégoût.*
I haa der Deeguu bikoo.

dehaim *daheim.*

dehinde *hinter sich, hinten.* Er hèt sy Huus ùnd Hoof
dehinde gloo.

Deifel m., mit Nachdruck: **Teifel** m. *Teufel.*
Raa.: Der Deifel sticht en, der Deifel stùpft en,
er kann der Versuchung kaum widerstehen.
Wèmmen em Deifel rjefft, no kùnnt er, *wenn man
von etwas Schlimmem spricht, dann geschieht es.*
Er isch em Deifel ab em Kaare gheit, *er ist ein
durchtriebener, obskurer Kerl.* E Sauerei, dass es
em Deifel drab gruust, *eine unerhörte Schweinerei.*
Em Deifel en Òòr abschwätze, *ununterbrochen
schwatzen (z.B. um jdn. zu überreden).* Ùnd wènn
der Deifel ùff Stälze kùnnt, *unter allen Umständen*
(Liebrich). Dim. **Deifeli** s. *Teufelchen,* ütr.
munteres, wildes Kind

deiflisch 1. *teuflisch.* 2. verst. *sehr.* Mer hänn deiflisch
gfròòre.

Deiggeler m., **Deihängger** m., **Dreihängger** [+] m. verh.
Teufel. Hool s der Deiggeler!

Dekalggierhèlge [+] m. *Abziehbild; zu frz. décalquer.*

Deelefoon s. (Deelefeener), **Deelifoon** s. (Deelifeener) *Telephon.* **Deelefoonmagd**[+] w. *Telephonistin* (Müller).

Dèlf m., **Dèlfi** m. *Adolf.* Dim. Dèlfeli m., s.

delyzioos *köstlich, herrlich; lat. deliciosus, frz. délicieux.*

Dèlli s. *Adele, Adelheid.*

Dèlsbeete → Èlsbeete.

Deman̲t[+] m. (-e) *Diamant.* Dim. Demäntli s.

demòòrge *morgens, vormittags.* demòòrge frie, *frühmorgens.*

deene (deent) *tönen, klingen.* Das Glavier deent lätz, ...*klingt falsch.* Ùff èppis deene[+], *etwas antönen* (Meyer).

Deeneli → Dooni.

Dènn s. *Tenne, Dreschboden.*

dènn 1. *denn, nämlich.* Si isch in s Bètt, dènn si isch aarg mied gsii. 2. *dann irgend einmal.* Mer wänd dènn luege, wènn s eso wyt isch. I kùmm dènn emool ùff Bsuech. 3. *wirklich, tatsächlich.* Kènnen er dènn nit äntlig still syy? Si hän̲n dènn Gligg ghaa, *Sie hatten wirklich Glück.*

deepele (deepeled) 1. *ungeschickt hantieren, fingern.* 2. *zudringlich werden (gegenüber Frauen).*

Deepeler m. 1. *manuell ungeschickter Mann.* 2. *Mann, der Frauen gegenüber zudringlich wird.*

deeple (deepled) *spielerisch, ungeschickt, verstohlen tasten.*

Deepli → Doope.

Dèppig m. *Teppich.* **Dèppig|glòpfer** m. *Teppichklopfer.* **Dèppigstange** w. *Teppichstange.*

der[1] Art. Nom. *der.* Der Sùnntig. Der Bròfässer Maier. Der Hans.

der[2] Art. Dat. *der.* Gib daas der Mueter.

der[3] Pers. Pron. Dat. *dir* → diir.

deerangschiere (deerangschiert) *stören, belästigen; frz. déranger.*

derbyy *dabei.* Derbyy stoo, *dabeistehen.* Zur Bezeichnung des Gegensatzes: Er hèt gschafft, derbyy isch er nò grangg gsii, *er arbeitete, obschon er noch krank war.*

dèère (dèèrt) *dörren.* D Boone dèère. Dèèrti Biire, *Dörrbirnen.*

Dèèrees → Thèèrees.

dèèrfe (dèèrfe; Präs. daarf, dèèrfe) *dürfen.*

derfiir 1. *dafür.* Was gisch mer derfiir? S isch derfiir ùnd derwiider, *ebensoviel spricht dafür wie dagegen.*

I will der derfiir due, *ich will deinem Treiben einen Riegel schieben.* 2. *statt dessen.* Ree hèt s kaini ghaa, derfiir aber e Huffe Haase. Er schafft nit vyyl, derfiir goot er flyssig in s Wiirtshuus.

dergeege *dagegen.* Doo kaa me nyt dergeege mache.

derglyyche *dergleichen.* Derglyyche due, *so tun, als ob.* Si duet nit derglyyche, *sie tut so, als merke sie nichts.*

derhäär *daher* (örtlich). Wie kùnnsch au derhäär? *Wie kommst du daher, wie bist du auch angezogen?*

derhinder *dahinter.* S isch èppis derhinder, *da steckt etwas dahinter.* Jètz sòtte mer äntlig derhinder goo, ...*endlich ans Werk gehen.*

dèèrig → däärig.

Dèèryyne w. *Schüssel, Suppenschüssel; frz. terrine.* Dim. Dèèryynli s.

dèèrle (dèèrled) 1. *mit der Tür spielen (ständig öffnen und schliessen).* 2. *ungeschickt manipulieren.* Er dèèrled amene Maschiinli ùmme. 3. *trödeln.* Dèèrle nit eso lang ùnd kùmm!

Dèèrli → Dòòri.

dermit *damit, mit dem.* Me kaa dermit spiile.

dernääbe *daneben.* Im eewige Dernääbe, *nirgendwo, an einem unbekannten Ort, im grossen Chaos.*

dernääbegroote (dernääbegroote) *missraten.*

dernääbekoo (dernääbekoo) *zu kurz kommen, leer ausgehen, eine Gelegenheit verpassen.*

dernääbeschitte (dernääbegschitted) *daneben schütten, versehentlich vergiessen.*

dernoo, derno, dernò, dernooche, dernooched, dernood, dernoode, dnoo 1. *dann, danach.* Zèèrscht simmer go baade, dernoo gò ässe. Wènn i emool der Zyt haa, derno kùmm i gäärn. 2. *demgemäss.* S sind au Lyt dernoo, *es sind auch entsprechende Leute.* S isch mer nit dernoo, *es ist mir nicht danach zumute.*

dersiider[+] *inzwischen, seit jener Zeit* (Hetzel).

dèèrt *dort.* Lèg s dèèrt aane, *leg es dorthin.* Dèrt ääne, *dort drüben.*

dèèrtdùùre 1. *dort hindurch.* 2. *in dieser Beziehung.* Dèrtdùùre verstoot si kai Gspass.

dervoo, dervò *davon.* Was hèsch jètz dervoo? Ais dervò isch grangg gsii.

dervoobäche[+] (dervoobächt) *sich davonmachen.*

dervookoo (dervookoo) *davonkommen.* Auf Frage nach dem Befinden: I dangg, me kùnnt dervoo, *danke, es geht.*

dervoopfitze (dervoopfitzt) *davoneilen.*
dervoowitsche (dervoogwitscht) *weghuschen,*
entweichen, davoneilen.
derwääge (nicht am Satzanfang) *deswegen.*
I bii derwääge zuer Bòlizei gange. Dä Händel,
wo mer derwäägen usenander koo sind,
...dessentwegen wir uns entzweiten.
derwäärt syy *sich lohnen.* S isch nit derwäärt,
dass men èppis macht.
derwiider *dagegen, dawider.*
derwyyl, derwyyle, derwyylscht[+] 1. Adv. *inzwischen,*
unterdessen. Gang in Laade, i waart derwyyl dùsse.
2. Konj. *während.* Derwyyl iir schlooffe,
dien mir schaffe.
derzue *dazu.* Bet. doo derzue.
derzuezèlle (derzuezèllt) *dazuzählen, addieren.*
Dèschtamänt → Thèschtamänt.
dèschto *desto.* Je lènger, dèschto lieber.
Dèssèèr m., s. *Nachtisch; frz. dessert.*
deetele → deedele.
deetlig *tödlich.*
dètsche (dètscht), **dètschle** (dètschled) *anstossen,*
berühren, z.B. mit Marmeln (Schneider).
devòòrne *vorne.*
Deewyysli[+] s. 1. *kleiner Spielgewinn.* 2. *Miniatur-*
spielzeug in der Puppenstube. 3. *Schaugebäckstück,*
z.B. als Chirstbaumschmuck.
Dezämber m. *Dezember.*
dèzidiert *entschieden, bestimmt; frz. décidé.*
Er hèt e dèzidierti Mainig. Si sind dèzidiert dergeege,
...mit aller Bestimmtheit.
dii (bet.), **di** (unbet.) *dich.* Grad dii main i.
Schämmsch di nit?
dyy (bet.) **dy** (unbet.) *dein.* Das Buech isch dyy.
Was macht dy Vatter?
Dialäggt m. *Mundart.*
Diibel m., **Dùùbel** m. *Dübel.* Dim. Diibeli s.
Diibidääbi m. *dummer, zimperlicher Mensch,*
Nichtskönner (pop.).
diible (diibled), **dùùble** (dùùbled) *dübeln.*
Dyych m. *Kanal, künstlicher Wasserlauf,*
z.B. Dalbedyych, Riechedyych.
dyyche (diche / dyycht), **dyychele** (dyycheled)
leise auf den Zehen gehen, schleichen.
Dyychel[+] m. *hölzernes Wasserrohr (der Länge nach*
ausgebohrter Baumstamm). **Dyychelweier**[+] m.
einstiger Weiher beim Schützenhaus, in man

die hölzernen Rohre zum Aufschwellen legte.
dyychele → dyyche.
Dyychi m. *Schleicher, heimtückischer Mensch.*
dichtig *tüchtig.*
die[1], **di** Art. vor Adj. *die.* Die rächti Frau.
Die lùschtige Kinder.
die[2] Dem. Pron. *diese.* Grad die Schäär bruucht i,
just diese Schere brauch' ich. Die Lyt gfalle mer,
diese Leute gefallen mir. Die doo, *diese da.*
dieff *tief.*
Dieffi w. (Dieffene) *Tiefe.*
Dieggsle → Daiggsle.
Dienscht m. 1. *Dienst, Dienstleistung, Arbeits-*
ausübung. **Dienschtbòlze** m. *Dienstmädchen*
(Höschs.). **Dienschtmaa** m. *Gepäckträger.*
Dienschtmagd w., **Dienschtmaitli** s. *Dienst-*
mädchen, Magd. Dim. **Dienschtli**[+] s. *Knechtlein.*
2. *Militärdienst.* Wènn goosch in Dienscht?
Wann rückst du zum Militärdienst ein?
Dienschte m. (Plur.) *Dienstboten.* Ruf nach den
Dienstboten: Dienschte! **Dienschtediire** w.
Dienstboteneingang. **Dienschtewyy** m. *Wein für*
die Dienstboten, billiger Wein.
Dier s. (Dier / Dierer) *Tier.* Ra.: E Dier ùffjaage,
unnötigerweise etwas zur Sprache bringen,
aufbauschen. **Dierbuech** s. *Tierbuch.* Ra.: Das
ghèèrt in s Dierbuech, das isch fir in s Dierbuech,
das ist verrückt, zum Lachen. Dim. Dierli s.
Tierchen. **Dierlidòggter** m. *Veterinär.*
Dierlischinder m. 1. *Tierquäler.* 2. *Veterinär*
(Höschs.).
Dierli s. *Frucht des Kornelkirschbaums (Dirlitze).*
Dierlibaum m. *Kornelkirschbaum oder -strauch.*
diifig *emsig, flink, gewandt, hurtig.*
difisyyl *schwierig, heikel; frz. difficile.*
diftele (difteled) *tüfteln, mit Akribie an Kleinem*
arbeiten.
Difteler m., **Difteli** m. *Tüftler, akribischer Mensch,*
ideenreicher Bastler. **Difteliaarbed** w. *Tüftelarbeit,*
Arbeit, die Geschicklichkeit und Genauigkeit
verlangt.
diige[+] *getrocknet, dürr.*
Diigelflaisch[+] s. *luftgetrocknetes Fleisch.*
diigere (diigered) *gehen, laufen.*
digg 1. *dick, beleibt.* 2. *zähflüssig.* Diggi Milch.
Diggi Soosse. 3. *Zusätzliche Bedeutungen in der*
Höschs.: Diggi Bòscht, *Unverschämtheit, starker*

Tabak. Digge Brueder, *Mann mit viel Geld.*
Diggi Sach, *interessante, vielversprechende, grosse Angelegenheit.* Digg singe, *tüchtig prahlen.*

Diggdagg s. *Ticktack, Uhr* (Ks.).

Digge m. *Dicker.* In der Höschs. oft Anrede statt des Namens: Hösch Digge! *Du da, hör einmal zu!*

digge (diggt) *ticken.*

diggnääsig *hochnäsig, hochfahrend* (Sieber).

Diggsagg m. (Diggsègg) *Dickwanst, dicker Mensch* (pop.).

Dildapp m. (-e) *Tölpel, Dummkopf, ungeschickter Mensch.*

Dildi s., **Dùldi** s. *Mathilde.* Dim. Dildeli s., Dùldeli s.

Dillige *Tüllingen (südbadisches Dorf bei Riehen).*
Dilligerbäärg + m., **Dilligerhübel** m. *Tüllingerhügel.*

dyym (bet.) **dym** (unbet.) *deinem.* Gang mer ewägg mit dym Gjoomer. Mer faare nit mit myym, mer faare mit dyym Autoo.

Dimber s. *Dämmerung, Halbdunkel.*

dimber, dimberig *dämmerig, halbdunkel.*

dimbere (dimbered) *dämmern, dämmerig werden.*

Dimberi w., **Dimbernis** + w., **Dimbernùs** + w. *Abenddämmerung, Dämmerlicht, Zwielicht.*

dimberig → dimber.

Dimbernis, Dimbernùs → Dimberi.

dyymele (dyymeled) *am Daumen saugen, mit dem Daumen spielen.*

dyymle (dyymled) 1. *mit Daumenschrauben foltern, plagen, quälen.* 2. *Spiel mit Daumendrücken spielen.* 3. + *bestimmtes Messerspiel spielen* (Baerwart).

Dyymlig m. *Däumling, Handschuhfinger als Schutz für Wundverband am Finger.*

Dimmi w. *Dummheit (als Eigenschaft).*

dyyn, dyyne *deiner, deiniger.*

dyynersyts *deinerseits.*

Ding s. (Dinger) 1. *Ding, Sache.* 2. *junges weibliches Wesen* (pej.). Si isch e dùmm Ding. 3. *Verlegenheitswort, wenn man ein Wort oder einen Namen nicht gleich findet.* Gèschter isch der Ding zuen is koo und hèt e son e Dings by sich ghaa. Dim. **Dingeli** s. *kleines, kümmerliches menschliches Wesen.*

dinge! + Interj. beim Kinderspiel: *Freistatt aufgehoben.*

Dingedinge m. *Spitzname des Denkmalpflegers Rudolf Riggenbach (1882–1961).*

Dinggli + s. *in Suppe eingetauchtes Brotstückchen.*

Ra.: Er kènnt s Dinggli in der siibete Sùppe, *er kennt die Verwandtschaft bis zu den entferntesten Gliedern.*

dinn *dünn.*

dinne *drin, drinnen, im Haus.* S räägned dùsse, mer blyybe lieber dinne. Ra.: Ain dinne haa, *einen Minuspunkt bekommen haben* (pop.). Er isch z spoot koo, jètz hèt er ain dinne.

dinnlächt + *eher dünn.* Das isch e dinnlächte Stòff.

Dinnschysser m. *Durchfall, Diarrhö* (vulg.).

dinschte (dinschted) *dünsten.*

dinschtig *schwül, drückend.*

Dinte w. *Tinte.* Raa.: Dinte gsòffe haa, *verrückt sein.* In d Dinte länge, *etwas Verkehrtes, Falsches tun, ins Fettnäpfchen treten, sich in eine unangenehme Lage bringen.* **Dintebèèri** + s. *schwarzer Liguster, Ligusterbeere.* **Dintefässli** s. *Tintenfass.* **Dintelùmpe** m. 1. *Tintenwischer.* 2. *schwarz-weiss gefleckter Dalmatinerhund* (humor.). **Dinteschlägger** + m. *Schreiber, Bürolist* (humor.). **Dintezyyg** + s. *Schreibgarnitur.*

Dyp m. (-e), jg. **Thyp** m. (-e) 1. *Typ.* 2. *Persönlichkeit.* 3. *Kerl, Mann* (ohne Adj. pej.). Dòlle Dyp, *tüchtiger Mann.*

dipfe → dùpfe.

Dipfi s. 1. *irdener oder gusseiserner Kochtopf, Kasserolle.* 2. *zimperliches Mädchen, Zimperliese.*

dipfle (dipfled) *tüpfeln, mit Tupfen versehen.*

Dipfli → Dùpfe.

dippelsinnig → zipfelsinnig.

dippig *schwül, drückend.*

Dips m. *Räuschlein.*

diir[1] *dürr.*

diir[2] (bet.) **dir, der** (unbet.) *dir.* I gib s lieber diir. I haa der s dòch gsait.

dyyr *teuer.*

diräggt *direkt, unmittelbar.* Adv. *geradezu.* I bii diräggt froo, dass es räägned.

Diräggter m. *Direktor.*

diräggti + *in direkter Weise* (Kron).

Diir + w. (-e), **Diire** w. (Diire / Diirene) *Tür.* D Diiren am Schlòss loo, *die Tür einen Spalt weit offen lassen.* **Diirefalle** w. *Türklinke.* **Diirepfòschte** m. *Türpfosten.* Dim. Diirli s. *Türchen.* **Diirligyyger** + m. *fahrender Musikant,* ütr. *kümmerlicher, ausgemergelter Mensch* (Kron). **Diirlischlètzer** m. *Durchfall, Diarrhö* (humor.). **Diirliväärs** m.,

Diirlisprùch m. *Vers auf der Seitenfläche der Fasnachtslaterne.*

Diirgg m. (-e) 1. *Türke.* Rauche wien e Diirgg, *stark rauchen (Zigaretten usw.).* **Diirggebùnd** m. a) *Turban.* b) *Türkenbundlilie.* **Diirggehoonig** m., diirggische Hoonig, *bestimmte zäh-klebrige Süssigkeit an der Basler Herbstmesse.* **Diirggekòòrn** [+] s. *Mais.* 2. *aufwendige, beschwerliche Unternehmung.* Der Diirgg isch abverheit, *die Unternehmung ist gescheitert.*

Dyyri w (Dyyrene), jg. **Dyyrig** w. (-e) *Teuerung.*

Diiribiire-Gyygerli [+] s. *unfähiger Violinist (humor.).*

diirle (diirled) *an oder mit Tür oder Türklinke spielen.*

Diirmel m. 1. *Schwindelanfall.* 2. *leichter Rausch.*

diirmle (diirmled) *taumeln, torkeln.*

Diirmli → Dùùrm.

dyys *deines, das deine, deiniges.*

Disch m. *Tisch.* An Disch goo, *sich zum Essen setzen.* Vòm Disch goo, *nach dem Essen aufstehen.* Ra.: Iber der Disch aabewische, *gering achten, als nebensächlich behandeln* (Hetzel). **Dischdèppig** [+] m., **Dischduech** s. *Tischtuch.* **Dischgrachede** w. *riesige Mahlzeit, reichbefrachtete Tafel* (humor.). Dim. Dischli s.

Dischbedaat [+] m. *Disputation, Disput.*

dischbediere (dischbediert) *disputieren.*

Dyyschèstiòng [+] w. *Besuch am Sonntag nach elf Uhr, um sich für das vorangegangene Nachtessen zu bedanken; frz. digestion.*

dischgeriere (dischgeriert) *plaudern.*

dischgreet [+] *diskret* (Liebrich).

dyschle (dyschled) *tauschen, austauschen.* Si händ Brieffmaargge dyschled.

Dischteli[1] [+] m. *Antistes, einst Vorsteher der reformierten Basler Kirche, Erster Münsterpfarrer* (humor., Müller).

Dischteli[2] s. *Distelfink* (Baerwart).

Dischtle w. *Distel.* **Dischtelvoogel** [+] m., **Dischtelzwyygli** [+] s. *Distelfink* (Seiler).

dyysele (dyyseled), **dyssele** (dysseled) *leise auf den Zehen gehen, schleichen.*

dissertiere [+] *(dissertiert) desertieren* (Sieber).

Diss w. (-e) *Dissertation, Doktorarbeit* (Sts.).

Dyssi m. *Kerl, kurioser Mensch, Gigolo (verkürzt aus Schampedyss; frz. Jean-Baptiste).*

dissjèèrig *diesjährig.*

dissjòòr *in diesem Jahr.*

dissmool *diesmal* (Blasius).

Dyt [+] m. *Andeutung, Zeichen.* Er hèt em e Dyt gää.

dytle (dytled) *deuteln.* Doo git s nyt z dytle, *da gibt's nichts daran herumzudeuteln.*

dyytle (dyytled) *leise, immerwährend tuten.*

dytlig *deutlich.*

dytsch *deutsch.* Dytsch ùnd dytlig, *unmissverständlich, mit allem Nachdruck.* I haan em s dytsch ùnd dytlig gsait. Subst. im Dytsche woone, *in Deutschland wohnen.* In s Dytsch goo, *nach Deutschland gehen.* Die Dytsche, *die Deutschen.*

Dytschland s. *Deutschland.*

dytte (ditte / dytted) *deuten.*

Dittel m., jg. **Thittel** m. *Titel.*

dittele (ditteled) *mit Puppen spielen.*

Ditti s. 1. *Puppe.* **Dittigschiir** s. *Puppengeschirr.* **Dittihuus** s. *Puppenhaus.* **Dittistùùbe** w. *Puppenstube.* **Dittiwaage** m. *Puppenwagen.* **Dittiwaagle** w. *Puppenwiege.* 2. *verzärtelte, zimperliche weibliche Person.* Dim. Ditteli s. a) *kleine Puppe.* b) *zierliche Frau.*

dnoo → dernoo.

doo (bet.) do, **dò** (unbet.) 1. *da, hier.* Sinn er alli doo? Dò gsiit me s. Das Buech do han i gèschtert kauft. 2. *da, in diesem Moment.* Do isch ùf aimool d Diiren ùffgange. 3. verst. doo derfiir, doo dergeege, doo dermit.

doobe *droben.*

Doochte m. (Deechte), jg. **Doocht** m. (Deecht) 1. *Docht.* 2. *träger, geistig langsamer Mensch.*

Dòchter w. (Dèchter / Dèchtere) *Tochter.* **Dèchterschuel** w. *Töchterschule, Mädchengymnasium.* **Dòchtermaa** m. *Schwiegersohn.* Dim. Dèchterli s.

Dood m. *Tod.* Der Dood aasaage, *Todesfall mitteilen.*

dood (präd.) *tot.* S sind alli dood. Adj. → doot.

dooderfiir, doodergeege, doodermit → doo.

Dògge [+] w. *Puppe.* **Dòggedekänschterli** [+] s. *Puppenhaus, Puppenstube (meist in einen ganzen Schrank eingebaut).* Dim. Dèggeli s., Dòggeli s.

Dòggeli s. *Nachtmahr, Alpdrücken.*

Dòggter m. (Dèggter) 1. *Doktor (Titel).* Der Dòggter mache, a) *zum Doktor promovieren.* b) ütr. *Arbeit in die Länge ziehen* (humor.). **Dòggteraarbed** w. *Dissertation.* **Dòggterfraass** m. *Doktoratsessen* (Sts.). 2. *Arzt.* Dim. Dèggterli s.

dòggtere (dòggtered) *doktern, untaugliche Heilversuche anstellen.*

Dòggterlis → **Dèggterlis.**

Dòlder[+] m. *Baumwipfel.* Erhalten in: Zuem hooche Dòlder, *Vorstadtgesellschaftshaus in der Sankt Alban-Vorstadt.*

Doole w. *verdeckter Abzugsgraben, Abzugsloch.* **Doolebùtzer** m. *Kanalarbeiter.* **Dooledèggel** m. *Kanaldeckel.* **Doolelèchli** s. *Vertiefung im Kanaldeckel, beliebt als Ziel beim Marmelspiel.* Dim. Deeleli s.

Dòlgge m. (Dèlgge) 1. *Klecks, Tinten- oder Farbfleck.* Ra.: Er hèt e Dòlggen im Biechli, *er hat einen dunklen Fleck in seiner Vergangenheit.* 2. *Rausch.* Dim. Dèlggli.

dòlggig *klecksig, fleckig.*

dòll (dòller / dèller, dòllscht / dèllscht) 1. *ansehnlich, gediegen, währschaft.* E dòll Maitli. 2. *toll, erfreulich, grossartig.* Das isch e ganz e dòlli Ydee. Dòll e vòll, *«toll und voll», volltrunken.*

Dòllwègg m. (-e) *Dummkopf, Tölpel.*

Doom → **Duem.**

Dòmmaate w. *Tomate.*

doomools *damals.*

Doomynoo, Dòmmynoo *Domino.* 1. s. *Dominospiel.* 2. m. *bestimmtes Fasnachtskostüm mit weitem Mantel.*

Doon[1] m. (Deen) *Ton, Klang,* Dim. Deenli s.

Doon[2] m. (nur Sing.) *Lehm, Töpferton.* **Doonäärde** w. *Tonerde.* Èssigsuuri Doonäärde.

Doon[3] m. *Thunfisch; frz. thon.* **Doonsalaat** m. *Thonsalat.*

Dooni m. *Anton.* Dim. Deeneli s.

Dònne w. *Tonne.* Dim. Dènnli s. *schirmlose Studentenmütze* (Sts.).

dònnere → **dùnnere.**

Dònnerschiess 1. Interj. *Da schiess der Donner drein, Donnerwetter!* 2. Subst. Er isch e Dònnerschiess, *er ist ein gefitzter Kerl.*

dònnerschiessig *ungemein, verflixt.* Si isch dònnerschiessig gschiggt. E dònnerschiessigi Sach.

Dònnschtig m. (-e) 1. *Donnerstag.* 2. verh. *Donner, Teufel.* Der Dònnschtig abenander! **Dònnschtigskäärli** m. *schlimmer Kerl, Tausendsassa.*

Doope m. (Deepe) 1. *Pfote, Tatze.* 2. *Hand* (pop.). Ra.: Am Doope suuge, a) *hungern,* b) *das Nachsehen*

haben. **Doopesuuger** m. *Hungerleider, armer Schlucker.* Dim. **Deepli** s. a) *Pfötchen, Händchen.* b) *Schlag mit dem Meerröhrchen auf die Hand.*

doope (doopt) *tapsig mit der Hand berühren.* Meist in Zss.: aadoope, ùmmedoope usw.

Doopi m. 1. *täppischer Mensch.* 2. *Frauen gegenüber zudringlicher Mann.*

doopig *täppisch, tapsig, zudringlich.*

dòppelseelig[+] *doppelsohlig* (Baerwart). Dòppelseeligi Schue.

Dòppelzäntner m. *Zentner, 100 kg.*

doppled *doppelt.*

Dòòr m. *Tor, Stadttor.* Ùm s Dòòr spaziere[+], *kurzen Stadtspaziergang machen.* **Dòòrstaine**[+] w. *Steinentorstrasse.*

dòòre (dòòrt) *dürr werden, verdorren.*

Dòòredee w., s. *Dorothea.* Dim. Dòòredeeli s.

Dòòrf[1] m. *Torf.*

Dòòrf[2] s. (Dèèrfer) *Dorf.* Dim. Dèèrfli s.

dòòrge (dòòrgt) *mit feuchtem, weichem Material (Sand, Teig usw.) knetend spielen oder hantieren.*

Dòòrgis m. 1. [+]*bestimmte weiche, meist warme Süssspeise.* 2. *aus feuchtem Material geformter Kuchen oder Klumpen.* 3. *beim Kochen oder bei handwerklicher Verrichtung Missratenes.*

Dòòri s. *Dora, Dorothea, Theodora.* Dim. Dèèrli s., Dòòrli s.

dòòrmit[+] *damit, mit dem.* Do hèsch e Mässer, dòòrmit kasch bèsser schnyyde.

Dòòrne m. (Dòòrne / Dèèrn) *Dorn.*

Dòrnischter m. *Tornister, Fellranzen.* **Dòrnischterdèggel** m. *stark behaarte Männerbrust, haariger Männerrücken* (humor.).

Dòòrse[+] w. 1. *ungeschickter Mensch.* 2. *langweilige alte Frau* (Kron).

dòòrùm *darum, deswegen.*

dòòrzue → **derzue.**

Dööschwoo m. *bestimmte Automarke; frz. Citroën deux chevaux* (Mitte 20. Jh.).

doot *tot.* E dooti Stadt. Die Doote, *die Toten.* S doot Männli mache, 1. *sich (wie ein Toter) im Wasser auf dem Rücken treiben lassen.* 2. *von nichts wissen wollen, unbeteiligt tun.*

Dootebainli s. *hartes, süsses, stangenförmiges Kleingebäck mit Mandeln.*

Dootebaum[+] m. (Dootebaim) *Sarg.*

dooteblaich *totenbleich.*

Dootedanz m. (Dootedänz) *Totentanz.*
Der Dootedanz, *Platz bei der Basler Predigerkirche (ehemals Friedhofmauer mit berühmter Totentanz-Darstellung).*
dootestill *totenstill.*
Dòtsch m. (Dètsch) *Tolpatsch, ungeschickter Mensch.*
dòtschig *ungeschickt, tölpelhaft.*
Dòtteli s. *Idiötchen, Dummkopf, schwachsinniger Mensch.*
dòttere[+] (dòttered), **dùttere**[+] (dùttered) *tattern.*
Es dòttered em ùff s Èxaame, *er hat Angst im Hinblick auf seine Prüfung.*
Dòtzed s. *Dutzend.* Ùff s Dòtzed git s ais obedryy, *auf ein gekauftes Dutzend bekommt man gratis ein Stück zusätzlich.* Im Dòtzed, *im Dutzend, dutzendweise.*
dòtzedwyys *dutzendweise.*
doozemool, doozmool *dazumal, damals, einst.*
draa *daran, dran.* verst. doodraa. S isch èppis draa, *es hat etwas auf sich.* An däm Giggeli isch èppis draa, *an diesem Hähnchen ist viel Fleisch.* I bii fèscht draa, *ich bin kräftig an der Arbeit.* Jètz bisch duu draa, *jetzt bist du an der Reihe.* Drùff ùnd draa syy, *im Begriff sein.* I bii draa gsii, er kääme mòòrn, *ich war der Meinung... dra aabe, daran hinunter.* dra aane, *daran heran.* dra ùffe, *daran hinauf.*
Draab m. *Trab.*
drab 1. *davon herunter.* Er isch ùff s Ròss gùmpt, dernoo wider drab gsprùnge. D Milch ùff em Häärd kòcht, nimm si drab. 2. *darob, darüber.* Mer händ miese drab lache. I frai mi drab.
draabe (drabt) *traben.*
Drach m. (-e) 1. *Drache.* **Drachebrinneli** s. *Quellbrunnen im Allschwilerwald und am Gerberberglein.* **Drachefueter** s. *Mitbringsel des Mannes von einem Herrenessen* (humor.). 2. ütr. *böse Frau.* 3. *Drachen (Fluggerät).* Dim. Drächli s.
Drächter m., jg. **Drichter** m. *Trichter.*
drääf *treffend, prägnant.* E drääfi Antwòòrt. Er hèt drääf grèdt.
dräffe (dròffe; Präs. driff, dräffe; Kond. drääff) *treffen, antreffen, absichtlich oder unabsichtlich begegnen.* Am Fèscht han i au der Fritz dròffe.
Dragäntli[+] s. *bemalter oder beschrifteter Weihnachtsbaumschmuck aus Mehl, Eiweiss, Zucker, Tragantleim und Rosenwasser;* *lat. tragantum.*
draage (drait; Präs. draag, draisch, drait, draage; Kond. draiti / drieg[+]) *tragen.*
Drägg m. 1. *Dreck, Schmutz, Kot.* Raa.: Uusgsee wie brääglede Drägg, *krank aussehen.* Drägg am Stägge haa, *etwas auf dem Kerbholz, keine reine Weste haben.* Drägg'gòtte w. *schmutzige, unsaubere Frau* (pop.). Dräggnäscht s. *kleine, abgelegene Ortschaft* (pop.). Dräggsagg m., Dräggsau w. *sehr unsauberer Mensch* (vulg.). Dräggsèggel m., Dräggsiech m., Dräggkaib m. *gemeiner Kerl, Schuft* (vulg.). Dim. Dräggli s. *Kothäufchen.* 2. *Kleinigkeit* (vulg.) Mach dòch kai so Gschyss wäge däm Drägg. Das goot di e Drägg aa, *das geht dich überhaupt nichts an* (vulg.).
dräggelächt[+], **dräggelächtig**[+] *eher unsauber, schmuddlig* (Sieber).
dräggele (dräggeled) 1. *mit Dreck, Lehm, Sand, Schmutz spielen,* in dieser Bedeutung auch: dräggle. 2. *nach Dreck riechen oder schmecken.* 3. *nachteilig, gemein, obszön reden.* 4. *unsaubere Machenschaften betreiben.*
dräggelig *eher unsauber, schmutzig, zweideutig.*
dräggig 1. *schmutzig.* 2. *gemein.* Er hèt s ere dräggig gmacht, *er hat sie gemein behandelt.*
dräggle → dräggele.
dräggsle (dräggsled) *drechseln.*
Draguuner[+] m., **Dragooner** m. 1. *Dragoner, Kavallerist.* 2. *energische Frau* (humor.).
Draaibangg m. (Draaibängg) *Drehbank.*
draaie (draait) 1. *drehen.* 2. *drechseln.* E Dischli mit draaite Bai.
Draaigampi[+] w. (Draaigampene) *Drehschaukel (auf Karussell).*
Draaiòòrgele w. *Drehorgel, Leierkasten.*
Draaischyybe w. *Drehscheibe.*
Draaiwùùrm m., **Drillwùùrm** m. *Drehwurm.* Ütr. Der Draaiwùùrm haa, *schwindlig sein, Gefühl der Ausweglosigkeit haben.*
draakoo (draakoo) 1. *an die Reihe kommen.* 2. *unabsichtlich etwas berühren.* D Waasen isch ùmgfalle, i bii dùmmerwyys draakoo.
Dram s., [+]m. *Trambahn, Strassenbahn.* **Dramhyysli** s. *Tramwartehalle.* **Draminsle** w. *Schutzinsel.* **Dramkäärtli** s. *Tramfahrkarte.* Dim. Drämli s.
Dräämel m. *zersägtes Stück Holz, Bauholzstück, Balken.*

Drämler m. *Strassenbahner, Angestellter der Basler Verkehrsbetriebe.*

Dramp m. (Drämp) *schwere, gleichmässige Gangart.* S goot alles im glyyche Dramp wyter, *es geht alles in altgewohnter Weise weiter.*

drampe (drampt) 1. intr. *fest treten, mit schweren Schritten gehen.* Ra.: Aim ùff d Fiess drampe, *jdm. zu nahe treten, jdm. Einhalt gebieten, jdn. kränken.* 2. intr. *Velopedale treten.* Bäärgùff mues me fèscht drampe. 3. tr. *plagen, schikanieren, schinden* (Fridolin). Si isch iirer Läbtig drampt wòòrde.

drämpele (drämpeled), **drämperle** (drämperled) *trippeln, sich mit kleinen Schritten langsam fortbewegen.*

draanää (draagnoo) *an die Reihe nehmen, vorknöpfen.*

Drääne w. *Träne.* Dim. Dräänli s.

Dränggi w. (Dränggene) *Tränke.*

dräppele (dräppeled) *trippeln, mit kleinen Schritten gehen.*

Drääsch m. *Tresterbranntwein.* Kaffi Drääsch, *Kaffee mit Schnaps.*

dräsche → drèsche.

draaschitte (draagschitted) 1. *darangiessen.* 2. ütr. *kräftig trinken.* Si händ wider emool guet draagschitted, aine draagschitted.

drätte (drätte) 1. *treten.* Meist in Zss.: aadrätte, abdrätte, yydrätte, zrùggdrätte. 2. *tanzen* (Höschs.). I gang ain go drätte.

draue (draut) 1. *vertrauen.* I drau däm Friide nit räht. 2. *kirchlich oder standesamtlich trauen.* Si sind im Minschter draut wòòrde.

Drauffi w. (Drauffene) *Traufe.* Ra.: Vòm Räägen in d Drauffi koo, *aus der einen misslichen Lage in die andere kommen.*

draufflächt [+] *tropfenweise* (Fridolin).

Draum m. (Draim) *Traum.* Dim. Draimli s.

draume (draumt) *träumen.* I haa draumt, *mir träumte.*

Dreegeler m. *Drogensüchtiger* (2. H. 20. Jh.).

drèggne (drèggned) tr. *trocknen, trocken machen.*

Drei s. 1. *Drei.* S Drei isch e hailigi Zahl. 2. *drei Uhr.* Am halber Drei, *um halb drei Uhr.* Drei Viertel ùff Drei, *viertel vor drei Uhr.* Gege de Dreie, *gegen drei Uhr.* 3. *Schulnote drei.* Er hèt e Drei im Bidraage.

drei, dryy [+] *drei.*

Dreiangel m. (Dreiängel), **Dryyangel** m. (Dryyängel) 1. *winkelförmiger Riss in Tuch.* 2. *Schlaginstrument.*

Dreibätzner [+] m. *Dreibatzenstück* (Hindermann).

Dreiritt m., **Dreidrittli** s. *dreistufige Trittleiter.*

dreie- *dreiund-.* Dreiehalb, *dreieinhalb.* Dreiezwanzig, *dreiundzwanzig.*

Dreier m. 1. *Quantum von drei Dezilitern Wein.* Er hèt e Dreier drùngge. Dim. Dreierli s. 2. *Note drei, drei Punkte beim Spiel.* Er hèt e Dreier im Rächne ghaa. Si hèt e Dreier gwiirfled. Lèg der dòppled Dreier aane *(Dominostein).* 3. *Tram Nr. 3.* 4. *Angehöriger des Jahrgangs 1903.*

dreierle (dreierled) *häufig im Wirtshaus drei Deziliter Wein trinken.*

Dreifäärber m. *Spielkartenfächer mit nur drei von vier Farben.*

Dreireeder [+] m. *dreirädriger Kinderwagen.*

dreele (dreelt) *trödeln.* Was dreelsch eso lang?

Dreem [+] m. *Balken.* Dim. Dreemli s.

Dreemli → Dreem und Droom.

drèpfele (drèpfeled), **drèpfle** (drèpfled) *tröpfeln.*

Drèpfli → Dròpfe.

Drees m., **Dreesi** m. *Andreas.* Dim. Dreesli m., s.

drèsche (drèscht / dròsche), **dräsche** (dräscht / dròsche) *dreschen.*

dreeschte (dreetschted) *trösten.*

Dreeschterli s. *Trostpflaster, zum Trost gereichtes Geschenkchen (Bonbon u.ä.).* Gryyn jètz nimme, doo hèsch e Dreeschterli.

Dreesi → Drees.

Dreesòòr m., s. *Tresor, Geldschrank.* Dim. Dreesèèrli s.

Drèsswaar s. *Anrichte, meist in Kommodenform; frz. dressoir.*

dryy[1] Num. → drei.

dryy[2] Adv. *drein, darein.*

Dryyangel → Dreiangel.

Dryybai [+] s. (Dryybai / Dryybainer) *Dreibein.* 1. *dreibeiniger Hocker.* 2. *dreibeiniges Kochgeschirr* (Hagenbach).

dryybängle (dryybängled) *dreinschlagen.*

dryybe (driibe) *treiben, antreiben.*

Dryybel m. 1. *(ganze) Traube.* 2. *unreifer Mann.* Dä jùng Dryybel söll schwyyge. **Dryybelbèèri** s. *Traubenbeere.* Dim. **Dryybeli** s. *kleine Traube, Traubenbeere, kleine Beere.*

drybeliere (drybeliert) *anspornen, mit Bitten bedrängen, drangsalieren; lat. tribulare.*

driiber *darüber.*

driberaabe 1. *darüber hinunter.* 2. *sodann.*

driberuuse *darüber hinaus.*

Dryybhuus s. (Dryybhyyser) *Gewächshaus, Treibhaus.*

dryybysse (dryybisse) *hineinbeissen,* ütr. *sich tapfer ans Werk machen.* Soo, mer miend dängg dryybysse.

Drichter → Drächter.

dryydrampe → yynedrampe.

drieb *trübe.*

Driebsaal w. *Trübsal.* Driebsaal bloose, *trüben Gedanken nachhängen, melancholisch sein.*

driebsäälig *trübselig.*

drie'e[+] (driet) *zunehmen, dick werden, gedeihen.*

driele → druele.

Driese w. *Drüse.*

Driggli → Drügge.

Dryyglèggli[+] s. *nachmittägliches Dreiuhrläuten der Kirchen* (Kron).

dryygneie (dryygneit), **dryygneile** (dryygneiled) *sich hineinknien, sich ins Zeug legen.*

dryylänge (dryyglängt) 1. *hineingreifen.* 2. *Abfuhr oder Blamage erleiden* (2. H. 20. Jh.). Do hämmer wiescht dryyglängt.

dryylauffe (dryyglòffe) *Blamage erleiden.* Do simmer scheen dryyglòffe.

dryyli[+], **dryylig**[+] *treulich.* Bhiet is dryyli, *(Gott) behüte uns treulich.*

drille (drillt) *drehen.*

Drilli w. (Drillene) 1. *Drehvorrichtung.* 2. [+]*drehbarer Pranger.* 3. jg. *Drehtür.* **Drillisùppe** w., **Drimmelisùppe** w. a) *Drehschaukel auf Karussell.* b) *rasches Aufdrehen der vorher zusammengedrehten Schaukelseile.*

Drillwùùrm → Draaiwùùrm.

dryyluege (dryygluegt) *dreinblicken.* Lueg dòch nit eso nyydrig dryy.

Drimmel m. 1. *leichtes Unwohlsein, Schwindelanfall.* 2. *kleiner Rausch* (Blasius).

Drimmelisùppe → Drillisùppe.

drimmele (drimmeled) *stümperhaft, spielerisch, leise trommeln.* S drimmeled, *man hört von weitem trommeln.*

drimmle (drimmled) *schwanken, taumeln.*

drimmlig *schwindlig.* S wiird mer ganz drimmlig, mir wird ganz schwindlig.

Drimpi m. *schwachsinniger Mensch, Trottel.*

Dryyne w., **Drynètt** w., s., **Drynètte** w. *Katharina.* Dim. Dryyneli s., Drynèttli s.

dringge (drùngge; Kond. drängg[+]) *trinken.*

Dringg'gäldsyyle w. *Serviertochter* (Höschs.).

Drippli s. *Trüppchen.*

Dripsdrill m. (-e) *Durchgedrehter, Spinner.*

dripsdrillig *durchgedreht, verrückt.*

dryyschagge[+] (dryyschaggt) *schlagen, verprügeln.*

dryyschloo (dryygschlaage) *dreinschlagen.*

dryyschwätze (dryygschwätzt) *dreinreden.*

Dryssger m., **Dryssiger** m. *Dreissiger.* **Dryssgerjòòr** s. (Plur.) *dreissiger Jahre.*

dryssig *dreissig.*

Dritt m. 1. *Fusstritt.* 2. *Treppenstufe.* Dim. **Drittli** s. *Trittleiter.*

dritt *dritt.* Dritti Glass, *dritte Klasse.*

dritte (dritted) *dreifach werden,* → zwaite.

Drittel m. *Drittel.*

Drittlemer m. *Drittklässler.*

dryzää *dreizehn.*

Dryzääni s. *Dreizehn.* Ane grùmme Dryzääni, *am St. Nimmerleinstag, nie.* Do kaa me waarte bis Ane grùmme Dryzääni.

drògge *trocken.* Drògge wie Zùndel, drògge wien e Kääferfiidle, *sehr trocken (von Material).*

dròggne (dròggned) tr. und intr. *trocknen.*

droole (droolt) *kollern, abwärts rollen.* Der Hansli isch d Stääge dùrab droolt.

Droom[+] m. (Dreem) *Stücklein Faden oder Wolle.* Dim. Dreemli s. S räägned in aim Dreemli, *es regnet «in einem Faden», ununterbrochen.*

Droon m. (Dreen) 1. *Thron.* 2. *Nachtgeschirr* (fam., Ks.).

droon[+] *ohne das.* Y kaa s droon mache, *ich kann gut darauf verzichten.*

Dròpfe m. (Drèpfe) *Tropfen.* **Dròpfezèller** m. 1. *Tropfenzähler.* 2. ütr. *Prostata, Tripper* (humor., vulg.). Dim. **Drèpfli** s. 1. *Tröpfchen.* 2. *Wein.* E guet Drèpfli. 3. (Plur.) *flüssiges Medikament.* Hèsch dyni Drèpfli schò gnoo?

Droescht m. *Trost.* Interj. Hèr du myyn Droescht! *Herr du meine Güte!* **Droeschtpfläschterli** s. *kleine Tröstung (Zuspruch, Süssigkeit usw.).*

droeschtlig 1. *tröstlich.* 2. *getrost* (Kron).

Dròss m. *Tross.* **Dròssfrind**[+] m. (Plur.) *Freundinnen* *und Freunde des Brautpaars, die nicht zur Hochzeit eingeladen sind.* **Dròssgoob** w., **Dròssgschängg** s. *Hochzeitsgabe der Freunde des Brautpaars, Gemeinschaftsgeschenk.*

Droot m. (Dreet) *Draht.* Dim. Dreetli s.

Dròtschge w. *Droschke, Kutsche.* **Dròtschgegaul** m. 1. *Droschkenpferd* (pop.), 2. ütr. *plumpe Frau* (pop.). Dim Drètschgeli s.

Dròtschgjee[+] m. *Droschkenkutscher, Kutscher.*

Dròtte w. *Weinkelter.*

Dròttwaar s. *Trottoir, Gehsteig; frz. trottoir.* **Dròttwaaramsle** w. *Dirne* (Höchs.). **Dròttwaarmischig** w. *Promenadenmischung, Hundebastard* (pop.).

Dròtz m., **Drùtz**[+] m. *Trotz.*

dròtz, drùtz[+] 1. *trotz.* Dròtz em Rääge simmer go spaziere. 2. *so gut wie, besser als.* Schiesse hèt er kènne dròtz em bèschte Schaarfschitz (Sieber).

dròtzdäm, drùtzdäm[+] *obschon, wenngleich.* Mer mache gäärn mit, dròtzdäm s kai Loon git.

Druube w. *Traube.*

Druubel m., **Drùùbel** m. *Durcheinander, Getümmel, Verwirrung; frz. trouble.*

Druudi s. 1. *Gertrud.* 2. *dumme Frau* (20. Jh.). Si isch e rächt Druudi gsii. Dim. Druudeli s.

druele (druelt), **driele** (drielt) *Gesicht, Kleider, Tischtuch beim Essen beschmutzen, kleckern.*

Drueli m. *unsauberer Esser, Kleckerer.*

Druelmantel m. (Druelmäntel) *Sabberlätzchen, Kinderserviette zum Umbinden.* Dim. Druelmänteli s.

Druese w. (Plur.) *Weinhefe, Bodensatz.* Raa.: Ùff d Druese koo, *zur Neige gehen.* Ùff de Druese syy, *körperlich, seelisch oder finanziell erschöpft sein.*

drùfaabe *darauf, alsdann.*

drùff *darauf, drauf.* Gsiisch sälle Dùùrm mit de vyyle Lyt drùff? Drùff ùnd draa, *im Begriff.* I bii schò drùff ùnd draa gsii, der Bättel aanezschmaisse. Drùff ùnd drùff, *in einem fort, immerzu.* Drùff luege, *achtgeben.* Muesch drùff luege, dass niemets yynekùnnt. Verst. doodrùff. Doodrùff kaasch Gift nää, *darauf kannst du Gift nehmen.*

drùffleege (drùffglègt) 1. *darauflegen.* 2. *zusätzlich bezahlen.* Mer händ nyt draa verdient, mer händ no miese drùffleege.

Drùgge w. 1. *Schachtel, Schatulle, kleine Truhe.* Dim. Driggli s. 2. *Frau* (pej.). Alti Drùgge. Dùmmi Drùgge.

drùgge[1] (drùggt) *drücken, drängen.* Sich drùgge, *sich drücken, sich entziehen.*

drùgge[2] (drùggt) *drucken.* Liege wie drùggt, *perfekt lügen.*

Drùggede w. *Gedränge.*

Drùgger m. *Drucker.* **Drùggerschwèèrzi** w. *Druckerschwärze.*

Drùggerei w. (-e) 1. *Druckerei.* 2. *Gedränge.*

Drùggis m. *Exkrement, Kot* (Ks.).

drùggt *bedrückt, deprimiert, niedergeschlagen.*

drùm 1. *darum, um das.* Sie händ lang drùm ghändled. ...*darum gestritten.* S isch ere nit drùm, *sie ist nicht in Stimmung dazu.* Drùm ùmmen isch e Haag, *darum herum ist eine Hecke.* 2. *deshalb.* Er isch vernimftig, drùm sait er nyt. 3. *nämlich, eben.* I kaa laider nit koo, i mues drùm der Mueter hälffe.

Drùmme → Drùmmle.

Drùmmeli s. *Monstre-Trommelkonzert vor der Fasnacht* (Anf. 20. Jh.).

Drùmmle w., **Drùmme**[+] w. *Trommel.* **Drùmmelbèggli** s. *Trommelböckchen zum Üben.* **Drùmmelfäll** m. *Trommelfell.* **Drùmmelhùnd** m. *begeisterter Trommler* (2. H. 20. Jh.). **Drùmmelschleegel** m. *Trommelschlegel.* **Drùmmelschleegeli**[+] s. *Traubenhyazinthe (Muscari).* **Drùmmelschuel** w. *Trommelschule.* Dim. Drimmeli s.

drùmmle (drùmmled) *trommeln.*

drùmpe[+] (drùmpt) *plump, nachlässig gehen* (Seiler).

Drùmpeete w. 1. *Trompete.* (humor.). **Drùmpeetegòld** s. *Messing* (humor.). Dim. Drùmpeetli s. 2. ütr. *laute Stimme.*

Drùmpeeter m. *Trompeter.*

Drùmpf m. (Drimpf) *Trumpf.* Ra.: Jètz waisch, was Drùmpf isch, *jetzt weisst du, was gilt, was sich gehört, was es geschlagen hat.*

drùmpiere (drùmpiert) *täuschen; frz. tromper.* Er hèt sich drùmpiert, *er hat sich getäuscht.*

drùnder, drùnter *darunter.* Drùnder ùnde, *ganz darunter.* Drùnder ùnd driiber, *völlig durcheinander.*

Druur w. *Trauer.* **Druurrand** m. 1. *Trauerrand an Briefbogen.* 2. *schmutziger Fingernagelrand* (humor.).

druurig *traurig.* Druurig syy, *trauern.*

druus *daraus, draus.* Verst. doodruus. Doodruus wiird nyt, *daraus wird nichts.*

druusbringe (druusbròcht) *aus dem Konzept bringen, verwirren.*

druuskoo (druuskoo) 1. *aus dem Konzept, aus dem Takt geraten.* 2. *gut begreifen.* Do kùnnt jo kai Sau druus, *das versteht ja niemand* (pop.). 3. *sich auskennen, Fachmann sein* (2. H. 20. Jh.). Dää kùnnt druus, *der versteht seine Sache.*

druuslauffe (druusglòffe) *seine Stelle plötzlich aufgeben, aus der Ehe davonlaufen.* Si isch irem Maa druusglòffe.

Drùtschle w. *unangenehme, dumme Frau* (pop., Müller).

Drùtz → Dròtz.

drùtz → dròtz.

drùtzdäm → dròtzdäm.

dschùld, tschùld *schuld, schuldig.* Sii elai isch dschùld. Y mècht nit dschùld syy, wènn èppis basiert.

duu (bet.), **du, de, d** (unbet.) *du.* Duu hèsch s eso wèlle, nit yych. Wènn de mainsch, *wenn du meinst.* Saag, was d witt, *sag, was du willst.*

Duubagg m. *Tabak.* Ane Duubagg, nie. Ra.: Das isch staargge Duubagg, *das ist ein starkes Stück, das ist eine Unverschämtheit.* **Duubagghaafe** m. *Tabakstopf.* **Duubaagpfyffe** w. *Tabakspfeife.* **Duubaggròlle** w. *bestimmtes Patisseriegebäck.* **Duubaggsèggel** m. *Tabaksbeutel.*

duubagge + (duubaggt) *Pfeife rauchen.*

duubäggele (duubäggeled) *nach Tabak riechen.* In syner Studierstùùbe duubäggeled s.

Dubäärgglesammler m. *Arzt* (Höschs.).

Duube [1] w. *Taube.* **Duubedrägg** m. *Taubenkot.* **Duubeschlaag** m. *Taubenhaus, Taubenschlag.* S goot zue wie imene Duubeschlag, *es geht sehr lebhaft zu.* Dim. Dyybli s. Baasler Dyybli → Baaslerdyybli.

Duube [2] w., **Duuge** + w. *Fassdaube.*

Duube [3] w. *Tube.* E Duube Zaanbaschte.

duubedänzig *närrisch, verrückt, sehr nervös.* S isch zum Duubedänzig-Wäärde, *es ist zum Verrücktwerden.*

Dùùbel [1] m. (Dùùble/Diibel) *Dummkopf* (pop.). Der Dùùbel mache, 1. *dumm tun,* 2. *dergleichen tun, als wisse man von nichts,* 3. *sich missbrauchen, ausnützen lassen.* Ra.: Wènn den e Duubel bruuchsch, no kauff der en yysige, *ich lasse mich von dir nicht einspannen, nicht für dumm verkaufen.* Dim. Dùùbeli s. **Dùùbelischuel** w.

Rheinschulhaus, heute Theobald Baerwart-Schulhaus (Schs., 20. Jh.).

Dùùbel [2] → Diibel.

Dùùbelei w. (-e) *Eselei.* Dùùbeleie mache, *Dummheiten (z.B. finanzielle) machen.*

dùùble [1] (dùùbled) 1. *dumm tun.* 2. *pfuschen, unsorgfältig arbeiten.*

dùùble [2] → diible.

dùùblig 1. *dumm, töricht, dümmlich.* 2. *schwindlig.* S isch mer ganz dùùblig zmuet. I han e dùùblige Kòpf.

duuch 1. *niedergeschlagen, deprimiert, kleinlaut.* 2. *sehr müde.*

duuche [1] → dauche.

duuche [2] + (duucht) *niedergeschlagen machen, dämpfen.* Wènn mi s Lääbe duucht ùnd dängled (Liebrich).

Duudelsagg m. (Duudelsègg) 1. *Dudelsack.* 2. *trödelnder, saumseliger Mensch* (pop.).

Duudle + w. *einfältige, langsame Frau* (Kron).

duudle (duudled) 1. *trödeln, langsam sein.* 2. + *einfältig, kindisch tun.*

Due s. *Tun.* S isch ai Due, *es läuft auf dasselbe hinaus.* Es ghèèrt mer wäder Dängge, Gsee nòch Due mee aige zue (Burckhardt).

due (doo; Präs. due, dien / diend; Kond. dieg + / dieng +, däät) *tun.* Als Hilfsverb: I due schryybe, *ich schreibe.* Duesch lääse? *Liest du?* Als Vollverb: 1. *sich gebärden.* Hèt dää doo! *Hat der getobt!* Dùmm due, *sich töricht benehmen, sich schlecht aufführen.* Nit guet due, *Delikte verüben.* Wiescht due, *toben, sich sehr schlecht aufführen.* 2. *antun, zuleide tun.* I han ere wiirgglich nyt doo. 3. *arbeiten.* I haa no vyyl z due. 4. *legen, stellen.* Due daas ewägg. Ùff d Syte due, *ersparen.* 5. *genügen, ausreichen.* Ai Lèffel duet s. S duet s jètz, *jetzt reicht's.* 6. *einen Riegel schieben.* I will eich due fir s Muule. 7. *seelisch verarbeiten.* Der Dood vò syner Frau hèt em aarg z due gää. 8. *z wisse due, bekanntgeben, bekanntmachen.*

Duech s. (Diecher) 1. *Tuch.* Ra.: Das goot in s guet Duech, *das geht ans Lebendige, das kostet zuviel.* Dim. **Diechli** s. a) *Tüchlein.* b) *Geschirrtuch, Küchentuch.* 2. *zweifelhafte Frau.* Das Duech kùnnt mer nit in s Huus! 3. *Person* (pej.). Er isch e schlächt Duech, *er ist ein gemeiner Kerl.*

Duedaag + m. (Duedääg) *Arbeitstag, Werktag* (Küry).

Duele w. *Vertiefung, kleine Mulde, Delle.* Vòm Liige hèt s im Bètt e Duele gää.

Duem[+] m., **Doom** m. *Dom.* **Duemhoof**[+] m., **Doomhoof** m. *Domhof (oben am Münsterberg).*

Duenitguet m. *Tunichtgut, Taugenichts.*

Duuge → Duube[2].

duuge[+] (dugt) *taugen* (Hindermann).

Dùùged w. (-e) *Tugend.*

Dùggemyyser m., **Dùggemyys(e)ler** m., **Dùggemuuser** m. (Dùggemyyser) **Dùggimùnggi** m. (Kron) *Duckmäuser, tückische Person, die sich harmlos gibt.*

duuglig[+] *tauglich* (Hindermann).

Dùldi → Dildi.

Duulipaa w. *Tulpe.*

Dùlpe w. 1. *Tulpe.* 2. *tulpenförmiges Bierglas* (2. H. 20. Jh.).

Duume m. (Dyyme) *Daumen.* Raa.: Ùnder em Duume syy, *unter der Herrschaft sein (vor allem der Ehefrau).* Aim der Duume heebe, *jdm. im Geiste beistehen, Glück wünschen.* Er hèt zwai linggi Dyyme, *er ist manuell sehr ungeschickt.* Am Duume suuge, 1. *hungern.* 2. *nicht wissen, was tun.*

dùmm 1. *dumm, töricht.* Dùmme Kaib, dùmme Siech, *Dummkopf, Esel* (vulg.). 2. *fatal.* Daasch jètz wiirgglig e dùmmi Gschicht. Zue dùmm, *äusserst fatal.* 3. *schwindlig, müde.* Am andere Daag han i ganz e dùmme Kòpf ghaa.

dùmmerwyys *dummerweise.*

Dùmmi w. eig. dùmmi Schnùùre. E Dùmmi haa, *reklamieren, maulen* (pop.).

dùmmle, sich (dùmmled) *sich beeilen, sich sputen.*

Dùmmpeeter m. *bestimmtes männliches Fasnachtskostüm mit Anklang an Rokokokleidung, ursprünglich Drùmpeeter.*

dùnde *drunten, unten.* Dùnde syy, *deprimiert, niedergeschlagen sein.*

Dùndle[+] w. *träge Frau.*

Duune[+] w. *Daune* (Mähly).

dùngge[1] (dùnggt) *tunken, eintauchen.*

dùngge[2] (dùnggt) mit Akk. *dünken.* Es dùnggt mi glùnge, *es dünkt mich merkwürdig, es kommt mir merkwürdig vor.*

dùnggel (dinggler / dùnggler, dinggelscht / dùnggelscht) *dunkel.*

Dùnggimùnggi → Dùggemyyser.

Dùnggis m. *Gebäck- oder Brotstück, das man in Getränk, Sauce oder Suppe taucht.*

Dùnnel m. *Tunnel.* Dim. Dinneli s.

dùnnere[+] (dùnnered), **dònnere** (dònnered) *donnern.*

Dùnti s. *schwachbegabter Mensch.*

Dupee s. *Frechheit, Dreistigkeit; frz. toupet.*

Dùpf m. (-e), **Dùpfe** m. (Dùpfe / Dipfe) 1. *Tupfen, Punkt, kleiner runder Fleck.* Ùff der Dùpfe glych, dùpfeglyych, *genau gleich.* Dim. **Dipfli** s. S Dipfli ùff s I, *das letzte zur Vollkommenheit noch fehlende Detail.* **Dipflischysser** m. *Pedant.* **Dipflischysserei** w. *Pedanterie, Kleinlichkeit.* 2. *Schlag auf die Trommel mit nur einem Schlegel.*

dùpfe (dùpft), **dipfe** (dipft) 1. *tupfen, leicht stossen.* 2. *empfindlich treffen, kränken.* I han en mee dùpft, as i dänggt haa. 3. *tüpfeln.* E dùpfte Stòff.

dùpfeglyych → Dùpfe.

duppe[+] (duppt) *sich (aus Furcht vor Strafe) still halten* (Seiler, Binz).

Duur[1] w. *Dauer.*

Duur[2] w. 1. *Tour, Bergtour; frz. tour.* 2. *Art und Weise.* Mit dääre Duur kùnnsch nit wyt. Ùff die hooli Duur, *auf Borg, mit Zechprellerei* (2. H. 20. Jh.). Er hèt die fuuli Duur gspiilt, *er handelte unfair, schäbig* (2. H. 20. Jh.).

dùùr (bet.), **dùr** (unbet.) *durch.* Dùr s Fänschter luege. Dùr s Wasser lauffe. Dùùr ùnd dùùr, dùùredùùr, *durch und durch.*

dùrab *bergab, abwärts, hinunter.*

dùraabe *ganz hinunter.*

dùraane[+] *überall.*

Dùùrbe[+] w. *Torf* (Kelterborn).

dùrchuus *durchaus, völlig.* Er hèt dùrchuus rächt.

dùrdriibe, dùrriibe (Hindermann) *durchtrieben.*

dùùrdue (dùùrdoo), **dùùredue** (dùùredoo) *sehr abschätzig beurteilen.* Er hèt ere die Ydee dùùredoo.

duure[1] (duurt) *dauern, währen.*

duure[2] (duurt) *leid tun.* Dä Maa duurt mi.

dùùre 1. *hindurch, durch.* Lueg dùùre, *schau hindurch.* Dä Stòff isch dùùre, ... *durchgewetzt, abgenützt.* S Flaisch isch dùùre, ...*durchgebraten, gar.* Zur Verst. der Präp.: Dùr s Ròòr dùùre. 2. *vorbei.* D Fèèrie sind vyyl z gschwind dùùre. Kùnnsch emool byyn is dùùre? *Kommst du vorbei, besuchst Du uns einmal?* 3. *ausgebildet, versiert.* In Sache Biecher isch si dùùre, *von Büchern* versteht sie sehr viel.

dùùrebùtze (dùùrebùtzt) 1. *gründlich reinigen.* 2. *liederlich durchbringen, verprassen.* Er hèt sy ganz Vermeege dùùrebùtzt.

dùùredue → dùùrdue.

dùùredùùr → dùùr.

dùùrefalle (dùùregfalle), **dùùregheie** (dùùregheit) *durchfallen, Prüfung nicht bestehen.*

dùùrefigge (dùùregfiggt) *durchscheuern.*

dùùregoo (dùùregange) *vorbeigehen, verfliessen.* D Zyt goot als wie gschwinder dùùre.

dùùrehächle (dùùreghächled) *durchhecheln, unfreundlich über jdn. sprechen.*

dùùrekoo (dùùrekoo) 1. *Examen bestehen.* 2. *Erfolg haben.* Er isch mit sym Vòòrschlag dùùrekoo. 3. *überleben.* Vò acht Kinder sind nùmme vier dùùrekoo. 4. *zu einem kurzen Besuch kommen.* Noo de Sägge kèmme mer byy ich dùùre.

dùùremache (dùùregmacht) 1. *durchmachen, erleiden.* 2. *die ganze Nacht hindurch feiern.* Si händ vom Sùnntig ùff der Määntig dùùregmacht.

dùùrenää (dùùregnoo) 1. *durchnehmen, besprechen, erörtern.* Der Lèèrer hèt mit de Kinder s Aimolais dùùregnoo. 2. *durchhecheln.*

Dùùrenander s. *Durcheinander, Unordnung.*

dùrenander *durcheinander.*

dùrenänderle (dùrenänderled) *mancherlei durcheinander essen oder trinken* (Fridolin).

dùùreripse (dùùregripst) *durchscheuern.* Dùùregripsti Èèrmel.

dùùreschigge (dùùregschiggt) 1. *vorbeischicken.* 2. *mitteilen lassen* (Müller).

dùùrestiere (dùùregstiert) *gegen Widerstand oder Vernunft durchsetzen.*

dùùrestryyche (dùùregstriche) *durchstreichen.*

dùùrewägg *durchweg.*

dùùrewitsche (dùùregwitscht) *vorbeihuschen* (Hindermann).

dùùrezie (dùùrezooge) *hindurchziehen.* Beim Stricken: Dùùrezie ùnd aabeloo. D Wèsch dùùrezie, *Wäsche durch die Seifenlauge ziehen.* Èppis dùùrezie, *etwas konsequent und in einem Zug erledigen* (2. H. 20. Jh.).

Dùùrezie|ere + w. *Waschfrau, die die Wäsche durch die Seifenlauge zieht* (Kron).

dùùrezwänge (dùùrezwängt) *mit Hartnäckigkeit oder Gewalt durchsetzen, durch Zwängen*

erreichen.

Dùùrfyyli + w. *Mundfäule* (Fridolin).

Duuri m. *Arthur.* Dim. Duureli m., s.

dùryy *hinein, in Richtung auf ein Zentrum.* D Äsche dùryy, *durch die Aeschenvorstadt stadtwärts.*

dùryyne + *durch und durch* (Liebrich).

dùrlyychte (dùrlyychted) *durchleuchten, röntgen.*

Dùùrlips m. *Runkelrübe; engl.* turnip.

Dùùrlùft + m. *Zugluft.*

Dùùrm m. (Diirm), **Dùùrn** + m. (Diirn) *Turm.* Dim. Diirmli s., Diirnli + s.

Dùùrmedill m. *Tormentille (Pflanze, deren Wurzeln gegen Durchfall verwendet werden).*

Dùùrn → Dùùrm.

Dùrpfiff m. *Durchfall, Diarrhö* (pop.).

dùrriibe → dùrdriibe.

Dùùrscht m. *Durst.* Scherzhafter Spruch: Hèsch Dùùrscht? Schlieff in e Wùùrscht.

dùrùff *aufwärts, hinauf, bergan.* S goot gääch dùrùff.

dùruus *von einem Zentrum hinaus.* D Staine dùruus, *durch die Steinenvorstadt in Richtung Heuwaage hinaus.*

dùruuse + *weit hinaus* (Meyer).

dùrzooge 1. *durchwachsen, durchsetzt (Fleisch, Speck).* 2. *mittelmässig, mehr oder weniger gut* (2. H. 20. Jh.). S goot em dùrzooge.

Dùùrzùùg m. *Durchzug, Zugluft.* Dùùrzùùg mache, *kräftig lüften.* Ra.: Dùùrzùùg haa, *Glück haben, in Spiel und Geschäft* (pop.).

Dusch m. (Dysch) *Tausch.* Dim. Dyschli s.

Dùsch m. *Tusche.*

dusche[1] (duscht) *tauschen.*

dusche[2] (duscht) *duschen.*

Duschi w. (Duschene) *Dusche, Brause.* Kalti Duschi, 1. *kalte Dusche.* 2. ütr. *Enttäuschung.*

dùschter *düster, obskur, zweifelhaft.* Er macht dùschteri Gschäft.

Dùùsel m. 1. *Schwindelgefühl.* 2. *kleiner Rausch.* 3. jg. *Glück.*

dùùselig → dùùslig.

dùùsle (dùùsled) *dösen, leicht schlafen, im Halbschlaf sein.*

dùùslig, dùùselig *schwindlig, benebelt, benommen.* S isch mer dùùslig. I bii dùùslig.

duss + *still, ruhig.* Nur präd.: Si sind duss ùnd still (Kelterborn).

dùsse, dùss *draussen, im Freien.* Dinnen isch s waarm ùnd dùsse kalt. Abzählreim: Èpfel, Biire, Nùss, ùnd duu bisch dùss. Dùsse haa, *herausgebracht haben.* Jètz han i s dùsse, wie die Maschiine laufft.

duute (duuted) *tuten.*

dùttere → dòttere.

Duuzis s. *Duzen.* Er hèt mer s Duuzis aadrait. Mer händ Duuzis gmacht.

E

e[1], vor Vokal **en** *ein.* E Maa. E Frau. En Eeländ. Er isch e Schlòsser gsii, *er war Schlosser.* E Lyter drei, *ungefähr drei Liter.*

e[2] *ihn* → in[2].

è *ei, ach.* È du liebi Zyt! È nai au! *Aber nein doch!* È è! *Aber, aber!*

Ee w. (Ee'e / Ee'ene) *Ehe.* In d Ee bringe, *als Mitgift mitbringen.* **Eepaar** s. *Ehepaar.* **Eering** m. *Ehering.*

eb[1], **òb**, bet. **èb**, **oob** Konj. *ob.* I waiss nit, eb er kùnnt. Òb er no draa drängt? Oob er iberhaupt kùnnt, waiss me nit.

eb[2] Konj. *ehe, bevor.* Eb mer schaffe, ässe mer èppis.

eebe[1] *eben, flach.* Eebene Boode.

eebe[2], **èbe, ebe** Adv. 1. *just, genau, gerade.* Eebe daas, *just das.* Èbe nit, *gerade nicht.* Eebe rächt, *gerade noch recht.* 2. *eben, nämlich.* Er hèt nit kènne koo, er isch ebe grangg gsii.

Eebeni w. (Eebene) *Ebene.*

eebesfuess *ebenen Fusses, ebenerdig, im Erdgeschoss.*

eebig → eewig.

ech → eich.

Eedi m. *Eduard.* Dim. Eedeli s.

efange, efanges, efangs, afe[+] 1. *einstweilen, vorderhand.* Mer ässe glyy, diend efange d Händ wäsche. 2. *bisher, erst.* S sind efanges zwai Lyt koo. 3. *endlich.* Jètz kùnnsch efangs, wènn alles verbyy isch. 4. *nachgerade.* S wird efange kalt.

Eefeli → Oofe.

èffedlig *öffentlich.*

Eeffei → Ääbhai.

Ègg[+] s. *Ecke.* Nur noch in Zss. bei Häusernamen: Dalbenègg. Graabenègg. Soodègg.

Ègge[1] 1. m. *Ecke, Kante.* Ùm der Ègge, *um die Ecke.* An kaim Ègge, *in keiner Weise.* Ùm dausig Ègge verwandt, *sehr entfernt verwandt.* Ra.: En Èggen

abhaa, *leicht verrückt sein.* **Èggefuulzi**[+] s. *bestimmtes Ballspiel.* Dim. **Èggli** s. *Schandecke.* Im Èggli stoo, *zum Sich-Schämen in der Zimmerecke stehen.* **Èggligraage** m. *gestärkter Herrenhemdkragen mit abgewinkelten Ecken, Stehkragen, Vatermörder.* 2. m., s. *Spielkartenfarbe Karo.*

Ègge[2] m. *Edgar.*

Èggel m. 1. *Ekel, Abscheu.* 2. *ekliger Mensch.* Er isch e gruusigen Èggel, *er ist ein greuliches Ekel.*

ègglig *eklig, sehr unangenehm.*

eich (bet.), **ech, ich, i**[+] (unbet.) *euch.* Ùff eich isch kai Verlòss. I han ich s schò männgmool gsait.

eier *euer.* Eier Vatter. jg. eire Vatter. Eier Mueter, jg. eiri Mueter. Eier Kind. Eiri Hyyser.

eierais, jg. **eierains** *euereiner.*

eiersyts *euerseits.*

Eel s. *Öl.* Ra.: Eel am Huet haa, *etwas betrunken sein.* **Eelgètz** m. [+]*Ölkrüglein in Menschengestalt.* Wien en Eelgètz, *verblüfft, konsterniert, reglos.* **Eelhèlge** m. *Ölgemälde.*

elai *allein.* Vòn em elai, vòmenelai, *von selbst.*

elainig[+], **elainzig**[+] *ganz allein.*

Eeländ s. *Elend, Jammer.* S isch en Eeländ, dass er eso fuul isch. E lang Eeländ, *ein grosser, magerer Mensch* (humor.). Drùnggen Eeländ, *heulendes Elend nach starkem Alkoholgenuss.*

eeländ 1. *elend.* 2. verst. *sehr.* Eeländ schlächti Schòggelaade.

Èlefant → Èlifant.

Èlèggtrisch s. *Elektrizität, elektrischer Strom, Gesamtheit der elektrischen Installationen.* S Èlèggtrisch isch kabùtt. Hèsch s Èlèggtrisch schò zaalt? In sällem Daal händ si nò kai Èlèggtrisch.

èlèggtrisch *elektrisch.*

eelele (geeleled) *nach Öl riechen oder schmecken.*

èlf *elf.*

Èlfer m. 1. *Zahl elf.* En Èlfer im Lòtto. 2. *Tram Nr. 11.* 3. *Angehöriger des Jahrgangs 1911.*

Èlfi s. 1. *Zahl elf.* 2. *elf Uhr.* Am Èlfi, *um elf Uhr.* **Èlfizùùg** m. *Elfuhrzug.*

èlft *elft.*

Èlifant m. (-e), jg. **Èlefant** m. (-e) *Elefant.*

Elyte w. 1. *Elite.* 2. *Sängergruppe eines Gymnasiums.*

Èllastygg s. *Gummiband; frz. élastique.* **Èllastyggschue**[+] m. *Zugstiefelette* (Fridolin).

èllebeegle (gèllebeegled) *sich mit den Ellbogen*

Durchgang verschaffen, ütr. *sich rücksichtslos emporarbeiten.*

Èllebooge m. (Èllebeege) *Ellbogen.*

Èllemässe s. *Brustschwimmen in Seitenlage mit gestrecktem Schwimmarm.*

Èllemässerlis[+] s. 1. *Kinderspiel mit den Ellbogen.* 2. *Schwimmen in Seitenlage.*

Èlsass s., **Èlsis**[+] s. *Elsass.* S Fyyr im Èlsass → Fyyr[2].

Èlsässer m. 1. *Elsässer.* 2. *Elsässerwein.*

Èlsbeet w., s. *Elisabeth.*

Èlsbeete w. 1. *Elisabethenstrasse, Elisabethenquartier.* 2. *Elisabethenkirche.* In der Èlsbeete, in der Dèlsbeete[+], *in der Elisabethenkirche.* **Èlsbeetegòttsagger** m. *einstiger Elisabethenfriedhof, heute Grünanalge vor dem De Wette-Schulhaus.* **Èlsbeeteschanz** w. *Elisabethenschanze.* **Èlsbeetestrooss** w. *Elisabethenstrasse.*

Èlsis → Èlsass.

èltele (gèlteled) 1. *ältlich aussehen, allmählich altern.* 2. *abgestanden riechen oder schmecken.*

Èltere (Plur.) *Eltern.*

Èlti[+] w. *Alter* (Seiler). Sy Èlti hèt me nùmme kènne schètze.

em[1] Art. *dem.* Gib s em Vatter, ...*dem Vater.*

em[2] Pers. Pron. *ihm* → im[1].

emänd → amänd.

Eemd s. *Heu der zweiten Heuernte.*

eme, emene Art. *einem.* Mit eme Buech, mit emene Buech.

Eemely s., **Eemyli** s. *Emilie.*

emene → eme.

Eemyli → Eemely.

Èmmi s. *Emma, Emilie.* Dim. Èmmeli s.

emool, emoole 1. *einmal, einst, dereinst.* S isch emool e Maa gsii, *es war einmal ein Mann.* De wiirsch emool an mi dängge, ...*dereinst.* 2. *vorerst.* Do wäär emool s Gäld.

eemoolig *ehemalig.*

empfääle (empfoole) *empfehlen.*

Empfäälig w. (-e) *Empfehlung.* E heefligi Empfäälig vò den Èltere, *meine Eltern lassen (Sie) höflich grüssen.*

en Pers. Pron. *ihn* → in[1].

enander *einander.*

enandernoo[+] *alsbald, sofort.*

ene *ihnen* → iine.

ènnewääg → ainewääg.

eenter 1. *eher, lieber.* I mècht eenter e Woonig als e Huus. Mer kèmmen eenter as nit, *wir kommen wahrscheinlich.* 2. *ziemlich, sehr.* I find s eenter ùnnemietig. Si isch eenter e Langwuur, *sie ist eine sehr langweilige Person.*

entgeege, ergeege[+] (Kron, Mähly), **etgeege**[+] (Meyer) *entgegen.*

eentscht *ehest.* Am eentschte, *am ehesten.*

entsètzlig, erzètzlig[+] (Hagenbach), **etsètzlig** *entsetzlich, sehr.* Entsètzlig dyyr.

Ènzene → Änzene.

Èpfel m. 1. *Apfel.* **Èpfelbiirzi**[+] s. *Kerngehäuse des Apfels.* **Èpfelbùtze** m. *Fliege am Apfel (dem Stielansatz gegenüber).* Fir en Èpfelbùtze kauffe, *für einen Spottpreis kaufen.* Kai Èpfelbùtze wäärt, *völlig wertlos.* **Èpfeliirbsi** s. *Kerngehäuse des Apfels.* **Èpfelmues** s. *Apfelbrei, Apfelmus.* **Èpfelwaaie** w. *Apfelkuchen.* Dim. Èpfeli s. *Äpfelchen..* 2. *Kopf* (pop.).

èppe *etwa.* 1. *zirka, ungefähr, schätzungsweise.* Èppe dryssig Lyt. 2. *möglicherweise, vielleicht.* Hèsch èppen Angscht? 3. *hie und da, öfter, bisweilen.* Friener isch er èppe zuen is koo.

èppedie *bisweilen, hie und da* (Schneider).

Èpelètte w. *Schulterklappe; frz. épaulette.*

èppenemool *gelegentlich, hie und da, bisweilen, ziemlich oft, ziemlich selten.*

èpper *jemand.* Isch èpper koo? Iirged èpper, *irgend jemand.* Er isch èpper, *er ist eine Persönlichkeit.* Èpper Rächter, èpper Rächts, *anständiger, tüchtiger Mensch.* Èpperem, *jemandem.*

èppis *etwas.* Er kaa èppis, *er ist sehr tüchtig.* S hèt èppis, *es ist etwas an der Sache, das stimmt irgendwie.* Si händ èppis midenander, *sie haben einen Streit, eine Liebschaft.* Soo èppis kùnnt mer nimmen in s Huus, *eine solche Person kommt mir nicht mehr ins Haus* (Müller). Dä hèt èppis, *der ist recht vermöglich.* Mit soo èppisem, *mit so etwas.* An èppisem mues me stäärbe. Èppis Dùmms esoo, *so etwas Dummes.* Èppis soonigs, *so etwas.*

Èèr w. (-e) *Ehre.* Beteurung: Ùff Èèr ùnd Gwisse, ùff Èèr ùnd Sääligkait. D Èèr aadue, *die Ehre erweisen.* Z Èère bringe, *gut anwenden (so dass Anerkennung gezollt wird).* Z Èère koo, *zu Ansehen gelangen.* **Èèregsèllschaft** w. *Kleinbasler Ehrengesellschaft.* **Èèrekiibel** m. *ehrsüchtiger Mensch.* **Èèrekiibelei** w. *Ehrsüchtelei.* **Èèrezaiche** s.

Emblem einer Grossbasler Vorstadtgesellschaft oder einer Kleinbasler Ehrengesellschaft.

er[1] *er* → äär.

er[2] *ihr* → iir[3].

erässe[+] (erässe) *aufessen, fertig essen* (Hoffmann).

Èèrb[1] m. (-e) *Erbe, Empfänger der Erbschaft.*

Èèrb[2] s. *Erbe, Erbschaft, Hinterlassenschaft.*

erbaschge[+] (erbaschged) *erringen.*

Èèrbene w. *Erbin.*

èèrblig *erblich.*

ere[1] Art. Dat. *einer.* Mit ere Frau, *mit einer Frau.*

ere[2] Pers. Pron. Dat. *ihr* → iire.

ergää, sich (ergää) 1. *sich ergeben.* 2. *sich erbrechen.*

ergante (erganted) *ersteigern.*

ergeege → entgeege.

Èèrger m. *Ärger.*

èèrgere (gèèrgered) *ärgern.* S hèt mi gèèrgered, i haa mi gèèrgered.

Èèrggel[+] m., **Èèrgger** m. 1. *Erker.* 2. ütr. *grosse Nase* (humor.).

erglääre (ergläärt) *erklären.*

ergryffe[+] (ergriffe) *mit den Händen knapp fassen.*

erheebe[+] (erhoobe) *Geld von der Bank abheben* (Müller).

erheit ùnd erlooge *erstunken und erlogen.*

erhuuse[+] (erhuust) *durch haushälterische Arbeit oder Lebensweise ersparen.* Si händ mit der Zyt e glai Vermeegen erhuust.

Èèri[1] s. *Öhr.* Dim. **Èèrli**[+] s. *Fussgängerdurchgang am Stadttor* (Burckhardt).

Èèri[2] *Oeri (Familienname).*

èèrig[+] *ehern, bronzen.*

Erlääbnis s., **Erläbtnis** s. *Erlebnis.*

erlänge[+] (erlängt) *mit den Händen knapp erreichen, erlangen.*

erlauffe[+] (erlòffe) *durch Gehen oder Laufen erreichen.*

Èèrle w. *Erle.* Die Langen Èèrle, *Name des Waldparks zwischen Kleinbasel und Riehen.* Auch: die Lange (Baerwart).

erligge (erliggt) 1. *erblicken.* 2. *erkennen, herausfinden, merken.* Jètz hèt er s erliggt, *jetzt hat er den Kniff oder Trick herausgefunden.*

erluschtere (erluschtered) *erlauschen, durch Horchen erfahren.*

erlùschtiere, sich (erlùschtiert), **verlùschtiere, sich** (verlùschtiert), **lùschtiere**[+], **sich** (lùschtiert),

sich vergnügen, lustwandeln.

Èèrmel m. *Ärmel.* Raa: Us em Èèrmel schittle, *spielend erledigen, mit Leichtigkeit produzieren.* Er hèt syni Väärs us em Èèrmel gschittled. S hèt ere der Èèrmel yynegnoo, *sie liess sich unwillentlich in eine Sache ein, verliebte sich.* **Èèrmelbrättli** s. *kleines Bügelbrett mit freiem Bügelarm.*

Èèrmelschùùrz m. *Ärmelschürze, am Rücken zugeknöpft, bis ins 20. Jh. auch von Schulknaben getragen.* Dim. Èèrmeli s.

erschinde (erschùnde) *durch Rackern erwerben.*

erschrègglig *schrecklich* (Meyer, Fridolin).

èèrscht[1] Num. *erst, erster.* Der èèrscht Schnee. Die èèrschte Blueme. Interj. Èèrscht! *Ich bin der Erste! (beim Versteck- oder Marmelspiel).* In der èèrschti[+], *in der ersten Zeit* (Kron). Er isch in der Èèrschte, *er besucht die erste Schulklasse.*

èèrscht[2] Adv. *erst.* S isch mer, s syyg èèrscht Määntig. Èèrscht no → èèrschtnoo.

Èèrschteli s. 1. *Kuh, die zum erstenmal gekalbt hat.* 2. *Erstgeborenes* (Kron). 3. [+] *mannbare keusche Jungfrau* (humor., Seiler, Müller).

èèrschtens, èèrschtli[+], **èèrschtlig**[+] *erstens, erstlich.*

Èèrschtlemer m. *Erstklässler.*

èèrschtli(g) → èèrschtens.

èèrschtnoo, èèrschtnò 1. *dann noch besonders.* Sy Gaarten isch brächtig, aber èèrschtnò sy Huus! 2. *ausserdem, überdies, zudem.* Das Gschiir isch dyyr ùnd hèt èèrschtnò Spring. 3. *Warum auch nicht?* Frage: Mache mer e Spiil? Antwort: Èèrschtnoo! *Warum auch nicht, doch, das wär's!*

Èèrtli → Òòrt.

erwaarme[+] (erwaarmt) *erwarmen, warm werden.*

erwyybe (erwybt) *durch Heirat erwerben.*

èèrz- verst. *sehr, ungemein.* Èèrzdùmm. Èèrzfräch. Èèrzkadoolisch. Èèrzstèggkopf, *äusserst eigensinniger Mensch.*

erzaige, sich[+] (erzaigt) *als Gespenst erscheinen* (Sieber).

erzètzlig → entsètzlig.

erzwänge (erzwängt) *durch Quengeln erzwingen.*

es *es* → ääs.

Èsche → Äsche[3].

èschtimiere (èschtimiert), **äschtimiere** (äschtimiert) *achten, hochachten, wertschätzen; frz. estimer.*

Eeschtryych s. *Österreich.*

Èschtrigg m. *Dachboden.*

esoo, eso, esò 1. *so, auf diese Weise.* Das macht men esoo, *...folgendermassen.* 2. *solch.* Esò gspässigi Lyt, *solch merkwürdige Leute.* Esoon e scheen Huus, *ein solch schönes Haus.*

èspèsse *etwa wie, eine Art von; frz. espèce.* Er isch èspèssen e Hèèr, *er ist eine Art von Herr, beinahe ein Herr.*

Èssig m. *Essig.* Ra.: Jètz isch Èssig, *jetzt sind wir dumm dran, jetzt ist die Sache missraten.* **Èssigfässli** s. *Essigfass (aus Keramik).* **Èssig¦gùttere** w. *Essigflasche.* Scherzhafter Spruch, wenn es regnet oder etwas sehr sauer ist: Hängge d Èssig¦gùtteren uuse, s räägned Hòlzèpfel. **Èssigmuetere** w. *Essigmutter.* **Èssigseili** s. *Essigfass mit schweinsähnlicher Form.* **Èssigsògge** m. *mit Essig getränkte Socke als Mittel gegen Fieber.*

etgeege → entgeege.

etsètzlig → entsètzlig.

Èttigètte w. 1. *Etikett, Schild mit Markenbezeichnung, Preisangabe, Postanschrift usw.* Mach en Èttigètten an Kòffer. 2. *Etikette.*

etwènne+ (etwènnt) *entwöhnen.*

eu- → ei-.

Eevi s. *Eva.* Dim. Eeveli s.

ewägg *weg, fort.* Jètz isch s ewägg, *jetzt ist es verschwunden.* Gang mer ewägg! *Geh weg, komm mir nicht mit solchem Zeug!* Ewägg koo, *gestohlen werden, verschwinden.* Ewägg mache, *entfernen, austilgen.* Vòm Zwai ewägg, *von zwei Uhr an.* Zss.: Ewägg¦goo, *weggehen.* Ewäggluege, *wegschauen.* Ewäggnää, *wegnehmen,* usw.

Eewangtallie+ w. (Kron), **Wangtallie**+ w. (Baerwart) *Fächer; frz. éventail.*

eewig, eebig+ (Hindermann) *ewig.* Der Eewig haa, *der eewig Ùmgang haa,* 1. *ausgeleiert sein (z.B. Gewinde).* 2. ütr. *immer dasselbe wiederholen* (humor.). Eewig Dernääbe → dernääbe.

Eewigkait w. (-e) *Ewigkeit.* Syt Eewigkaite, *schon sehr lange.*

èxblyziere (èxblyziert), **äggschblyziere** (äggschbly ziert) *erklären, erläutern; lat. explicare, frz. expliquer.*

Èxbluuse w. *Exerzierwaffenrock* (Ss.).

èxbräss → äxbräss.

Èxdònü → Èxlimpe.

èxelänt *hervorragend, vorzüglich; lat. excellens.*

Èxgyysi s. *Entschuldigung, Vorwand, Ausrede.* Was hèsch wider fir en Èxgyysi? Phèr Èxgyysi, *schicklichkeitshalber, um einen Vorwand zu haben.*

èxgyysi, äxgyysi *ich bitte um Entschuldigung; frz. excusez.*

Èxlimpe m. (Plur.), **Èxdònü** s. *Exerzierkleidung* (Ss.).

èxtraa, äxtraa 1. *eigens.* Èxtraa wäge diir bin i koo. 2. *absichtlich.* I haa s jo nit èxtraa gmacht.

èxtraanig *besonder, ausserordentlich.* My èxtraanigi Fraid (Sieber).

Èxtrawùùrscht w., **Èxtraziigli** s. *Ausnahme, eigener Weg* (pop.). Si mues dòch allewyyl en Èxtrawùùrscht haa, en Èxtraziigli mache.

F

Fabrigg w. (-e), **Fabrygge** w. *Fabrik; frz. fabrique.*

Fabriggler m. *Fabrikarbeiter* (pej.).

Fabrigglere w. *Fabrikarbeiterin* (pej.).

fächte (gfòchte) 1. *fechten (mit Waffe).* 2. *betteln (von Fahrenden, Handwerksburschen).*

Fächtli s. *zusätzliches Garn zur Verstärkung der Strickwolle*

fadaal *fatal, schlimm.*

Faade m. (Fääde) *Faden.* Z Faade schloo, *provisorisch vornähen,* ütr. *in groben Zügen vorbereiten.* Fääde zie, *Fäden ziehen (z.B. von klebriger Flüssigkeit),* ütr. *sich davonmachen* (pop.). Raa.: Faade haa, *Charakter, Rasse, Stil haben.* Kai lange Faade mee spinne, *nicht mehr lange leben.* Kai guete Faaden an èpperem loo, *jdn. schonungslos kritisieren.*

Faadekèèrbli s. *Nähkörbchen mit verschiedenen Nähutensilien.* Ra.: E Gnùùsch im Faadekèèrbli haa, *Durcheinander im Kopf haben, nicht begreifen.*

Faadeschlaag m. *lockere Heftnaht, Heftfaden,* ütr. *Vorbereitung.* **Faadespieli** s. *Fadenrolle,* ütr. *Schnapsgläschen* (Höschs.). **Faadewiggeli** s. *zahnradförmiges Kartonscheibchen mit aufgewickeltem Faden.* **Faadezainli** s. *Nähkörbchen.* Dim. Fäädeli s., Fäädmli+ s. Ra.: S hängt amene Fäädeli, *es ist prekär, auf Messers Schneide.*

faadegraad *fadengerade,* ütr. *sehr korrekt, allzu brav.*

Fäädere w. *Feder, Vogelfeder, Schreibfeder, Spannfeder.* **Fäädereläädli** s., **Fäädereròòr**+ s. *hölzernes Schüleretui für Schreibzeug.*

Fäädereschyyfeli s. *metallene Schreibfederspitze.*

Fääderlääses s., **Fääderläsis** s. *Federlesens.* Kai Fääderlääses mache, *kurzen Prozess machen.*

Dim. Fääderli s.

fäädere (gfäädered) *federn.*

faadeschyynig *fadenscheinig.*

Faadiaan m. (Faadiään / Faadiaane / Faadiääner) *fader Kerl* (Müller, Schneider).

Fäägblätz m. *Putzlappen, Scheuertuch.*

Fäägboode m. (Fäägbeede) *hölzerner Fussboden, meist aus Tannenriemen.*

fääge (gfägt) 1. *fegen, kehren, reinigen, scheuern.* 2. *sich unruhig und rasch bewegen.* 3. *musizieren* (Höschs.) Fääg ain ùff em Saxofoon. 4. *tanzen* (Höschs.). I haa der ganz Oobe mit der Glyyche gfägt.

Fääger m. *Kerl.* Lùschtige Fääger. Schlimme Fääger.

Fägge m., **Fäggte** m. *Flügel, Fittich.* Raa.: D Fägge lo hängge, lo lampe, *mutlos sein.* Aim d Fägge stùtze, *jdn. zähmen, zurückbinden.*

Faggel m. (Fäggel) *Zettel, Zirkular* (pop.). S isch son e Faggel vò der Bòlizei koo.

Fäggte → Fägge.

faggtisch *tatsächlich, in Wirklichkeit.* Si kaa faggtisch nyt mee lääse.

Fääglùmpe m. (Fääglimpe) *Putzlappen, Scheuertuch.*

Fäägnäscht s. (Fäägnäschter) 1. *putzwütige Frau.* 2. *unruhiger Mensch, der nicht stillsitzen kann.*

fäägnäschte (gfäägnäschted) *sich ständig unruhig bewegen.*

Fäägsand m., ⁺ s. *Fegsand, Sand zum Scheuern der Dielen, Steinfliesen usw.*

Fagùnz *Zofinger, Mitglied des Zofingervereins* (Sts.).

faiss *feist, fett, wohlgenährt.* Raa.: Sälber ässe macht faiss, *mit Egoismus kommt man weiter.* S Grut faiss mache → Grut.

Faissti w. 1. *Fettigkeit.* 2. *Fett am Fleisch.*

Faal → Fall.

Fäld s. (Fälder) *Feld.* **Fäldbòscht** w. *Militärpost.* **Fäldfläsche** w. *Feldflasche.* **Fäldmaie** m. *Wiesenblumenstrauss.* **Fäldsässeli** s. *Feldstuhl, Klappstühlchen.* **Fäldsiech** m. 1. ⁺ *Aussätziger.* 2. *Feldweibel, Feldprediger* (Ss.). 3. *Kerl* (Fridolin).

fääle (gfäält) 1. *fehlen.* Fäält der èppis? *Fehlt dir etwas, bist du krank?* S fäält eren iiberaal ùnd niene, *sie weiss nicht, was ihr eigentlich fehlt* (humor.). 2. *der Arbeit fernbleiben.* Er hèt drei Wùche gfäält in de Schuel. 3. *fehlgehen, misslingen.* S kaa nit fääle, *es kann nicht schiefgehen.* Hèsch gfäält, *du hast eine falsche Antwort gegeben.*

fäälfaarbig *fehlfarben (z.B. Zigarren).*

Falyte w., jg. **Falyt** m. *Fallit, Konkurs; frz. faillite.*

Fall m. (Fäll), **Faal** ⁺ m. (Fääl) *Fall.* Im Fall èpper kùnnt, *falls jemand kommt.* Wènn den im Fall verbyykùnnsch, *falls du uns möglicherweise besuchst.* I gang im Fall go spaziere, *ich gehe spazieren, falls jemand nach mir fragen oder mich suchen sollte.*

Fäll s. *Fell, Pelz.* Ra.: E digg Fäll haa, *unempfindlich sein, sich nicht beeindrucken lassen.*

Falle w. 1. *Falle, Hinterhalt.* 2. *Türklinke.* 3. *Gesicht, Miene* (pop., 20. Jh.). Dùmmi Falle, *dummes, mürrisches Gesicht.* 4. *Aussehen* (pop., 20. Jh.). Das macht e schlächti Falle, *das sieht unansehnlich, ungut aus.*

falle (gfalle; Kond. fiel) *fallen, stürzen.* Fallend Weh, *Epilepsie.*

fällele (gfälleled) *Türklinke rasch und/oder ständig auf- und abbewegen, mit Türklinke spielen.*

Fallòbscht s. 1. *Fallobst.* 2. *Hängebusen* (humor., vulg.).

Falt m. (Fält) *Falte (in Stoff, Gestein usw.).*

faltsch (fèltscher, fèltschescht) 1. *heimtückisch, hinterhältig, treulos, verlogen, doppelzüngig.* Faltsch wie Galgehòlz, *sehr hinterhältig.* Faltsch Fùffzgerli, Faltschi Òblygazioon, *hinterhältiger Mensch.* 2. *mürrisch, verdriesslich, wütend.* 3. *gefälscht, unecht.* E faltsche Hòlbai.

Famyylie w. *Familie.* **Famyyliedaag** m. *Familientag, grössere Familienzusammenkunft mit Essen.*

Famyyliediirgg m. *Familienausflug* (pej.). Dim. Famyylieli s.

Faane m., jg. w. (Fääne) 1. *Fahne.* Dim. **Fäänli** s. a) *Fähnchen.* b) *einfaches, billiges Fauenkleid.* 2. *alkoholgeschwängerter Atem* (pop.). Er hèt e wieschte Faane haimbròcht. **Faaneniibergoob** w. a) *Fahnenübergabe.* b) *Mund-zu-Mund-Beatmung* (humor., Ss.).

fange, foo ⁺ (gfange; Präs. fang / foo, fangsch / foosch, fangt / foot, fange / feend / feen; Kond. fieng / fiengt) 1. *fangen.* 2. *bekommen* (Schs.). E Strooffùffgoob, e Gläpper fange.

Fangis s. *Fangspiel.*

Fangyyse s. 1. *Fangeisen, eisernes Fanggerät.* 2. *Ehering* (Höschs.).

Fanni s. *Stephanie, Franziska.* Dim. Fannyyli s., Fanneli s.

Fänschter s. *Fenster.* Zuem Fänschter uuselampe, *neugierig aus dem Fenster auf die Strasse schauen.* Ra.: S Gäld zum Fänschter uusegheie, uuseschmaisse, *Geld vergeuden.* **Fänschterlaade** m. *Klappladen.* **Fänschtermantel**[+] m. *Abdecktuch für Simspartie des Fensters gegen Kälte* (Baerwart). **Fänschterschyybe** w. *Fensterscheibe.* **Fänschtersimse** m. *Fenstersims.* Dim. Fänschterli s.

Faarb w. (-e) *Farbe.* E schlächti Faarb haa, *schlecht, kränklich aussehen.* Faarb aagää, *beim Kartenspiel die durch den Vorgänger gespielte Farbe nachspielen.* Faarbe draage, *zu einer farbentragenden Studentenverbindung gehören* (Sts.).

Faarbig s. *Buntwäsche (im Gegensatz zur Weisswäsche).*

faarbig *farbig, bunt.*

-fäärbig *-farben.* Aifäärbig. Dreifäärbig. Roosefäärbig.

Fäärdi → Fèèrdi.

Faare m. *Farn.* **Faaregrut** s. *Farnkraut.*

Faarewäädi[+] m. *Ochsenziemer* (Hindermann).

Fääri w. (Fäärene) *Fähre.* **Fäärimaa** m. *Fährmann.* Ra.: Verzèll du daas em Fäärimaa! *Erzähl doch keinen Unsinn* (Mitte 20. Jh.). **Fährischiff** s., **Fäärischiffli** s. *Fährschiff.* **Fäärisail** s. *Fährenseil, horizontal gespanntes Drahtseil, dem die Flussfähre entlangfährt.*

fäärn *im vergangenen Jahr.* Vò fäärn, *aus dem letzten Jahr.* Wyy vò fäärn.

fäärndrig *letztjährig.* Ra.: Das isch fäärndrige Schnee, *das ist längst vorbei und vergessen.*

Fäärni w. *Ferne.*

Fäärnsee 1. m. *Fernsehapparat* (pop., 2. H. 20. Jh.). Der Fäärnsee stoot by ùns im Ègge. 2. s. *Fernsehen, Television als Betrieb, Institution.* S Fäärnsee hèt männgs ùff em Gwisse.

Fäärse m. *Ferse, Fersenstück der Socke oder des Strumpfs.*

Faarteblaan m. (Faarteblään) *Fahrplan, Kursbuch der Bahn, überhaupt des öffentlichen Verkehrsmittels.*

fascht, faschtgaar *fast, beinahe.*

Faschtewaaie w. *«Fastenwähe», brezelförmiges, mit Kümmel bestreutes Buttergebäck (zwischen Neujahr und Ostern).* **Faschtewaaiegstèll**[+] s. *unförmiger, hässlicher Mensch* (humor., Baerwart).

Faasdääfer s., **Fassdääfer** s. *Wandverkleidung aus an den Kanten gefasten Holzriemen.*

Faasere w. *Faser.* Dim. Fääserli s.

faasere (gfaasered) *fasern.*

fääserle (gfääserled) *Fasern bilden, ausfasern.*

Faasnacht w. (-e) *Fasnacht, Fastnacht.* D Frau Faasnacht, *allegorische Personifizierung der Fasnacht als eine Art von Schutzpatronin* (humor.). Alti Faasnacht, *Fasnacht nach katholischem Brauch in der Woche vor dem Sonntag Invocavit (sechster Sonntag vor Ostern).* Ra.: Hindedryy koo wie die alti Fasnacht, *sehr spät, zu spät kommen* (humor.). **Faasnachtsbändeli** s., *bunte Papierschlange, Serpentine.* **Faasnachtsblagètte** w. *Fasnachtsabzeichen (in den Ausführungen Kupfer, Silber, Gold, seit 1911).* **Faasnachtskiechli** s. *dünn ausgerollte, in schwimmendem Fett gebackene, mit Staubzucker bestreute Flade zur Fasnachtszeit.* **Faasnachtskischte** w. *Kiste oder Truhe zum Aufbewahren der Fasnachtskostüme.* **Faasnachtskòmytee** s. *seit 1910 bestehendes Gremium zur Organisation der Basler Fasnacht.* **Faasnachtsladäärne** w. *von den Fasnachtscliquen (→ Glygge) mitgetragenes dreidimensionales erleuchtetes grosses Transparent mit satirischen Darstellungen.* **Faasnachtsnaar** m. *an der Fasnacht Kostümierter, Einzelmaske, Fasnachtsbegeisterter.* **Faasnachtszeedel** m. *während der Fasnacht von den Cliquen verteilter satirischer Text (meist in Versen) auf druckfahnenartigen Zetteln* (→ Zeedel). **Faasnachtszytig** w. *Fasnachtszeitung.*

faasnächtele (gfaasnächteled) *nach Fasnacht «riechen».* S faasnächteled, *die Fasnacht liegt in der Luft.*

faasnächtle (gfaasnächtled) *aktiv oder als Zuschauer am Fasnachtstreiben teilnehmen.*

Faasnächtler m. *aktiver Teilnehmer an der Fasnacht, Fasnachtsbegeisterter.*

Fasoon w., **Fassòng** w. *Gestalt, Form, Aussehen; frz. façon.* Er isch ganz us der Fasoon koo, *er ist dick geworden.* Si isch fassòng e Daame, *sie ist dem Aussehen nach, gewissermassen eine Dame.*

Fass s. (Fässer) 1. *Fass.* S sind e Huffe Fässer ùmmeglääge. Als Masseinheit: Drei Fass Wyy. 2. *dicker Mensch.* Dim. **Fässli** s. a) *Fässchen.* b) *dicker Mensch* (humor.). **Fässlidroole** s. *seitliches Sich-hinunterrollen-Lassen (Kinderspiel).*

Fässliduubagg m. *offener Tabak (aus dem hölzernen Tabakfass).*

Fassdääfer → Faasdääfer.

fasse (gfasst) *fassen, in Empfang nehmen, bekommen, holen* (Ss.). S Ässe fasse, *das Essen holen.* E Gläpper fasse, *eine Ohrfeige bekommen* (pop.). D Phòsuune fasse, *sterben* (Höschs.).

Fassòng → Fasoon.

Fätt s. *Fett.*

fätt *fett.*

fättig *fettig.*

Fätze m. 1. *Fetzen, abgerissenes Stück.* E Fätze Land. E Fätze Broot. 2. *starker, stämmiger Mann* (pop.).

fause [+] (gfaust) *mit der Rute prügeln* (Seiler).

Faawòry m. (nur Plur.) *Backenbärtchen; frz. favoris.*

Fazeneetli [+] s., **Fazenèttli** [+] s. *Taschentuch; it. fazzoletto.*

Fèèbel m. *Schwäche oder Sinn für etwas; frz. faible.* Si hèt e Fèèbel fir alti Meebel. Er hèt e Fèèbel fir s Maaryyli.

Feiel m. *grober, gewöhnlicher, gemeiner Kerl.*

feig *feige.*

fein *gefreut, flott, gediegen, respektabel.* Er kùnnt us ere feine Famyylie.

Fèlge w. *Felge.* Ra.: Ùff de Fèlge syy, *völlig erschöpft sein.*

Fèlle m. *Felix.*

fèlle (gfèllt) *fällen.*

fèllig *fällig.*

Fèlse m. 1. *Fels.* **Fèlsespränger** m. *starker Schnaps.* 2. *unerschütterlicher Mensch.*

fèltsche (gfèltscht) *fälschen.*

Feen m. *Föhn.* **Feenfaane** m., jg. w. *Föhnwolke.*

Fèndle m., **Fènsle** m. (meist Plur.) *Schuh* (pop., Schneider).

feene (gfeent) 1. «*föhnen*», *wehen (vom Föhn).* 2. *fönen, Haare mit Heissluft trocknen.* 3. *furzen* (pop.).

Fèèrbaar m. *gedruckte Anzeige bei Geburt, Verlobung usw.; frz. fairpart.*

fèèrchte (gfèèrchted) *fürchten.*

fèèrchterlig, jg. **fiirchterlig** *fürchterlich.*

Fèèrchtibùtz m. (-e) *furchtsamer Mensch, Angsthase.*

Fèèrdi m., **Fäärdi** m. *Ferdinand.* Dim. Fèèrdeli m., s.

Fèère → Fòòre.

fèèrge (gfèèrgt) 1. [+]*fertigen.* 2. *schleppen, transportieren.*

Fèèrger [+] m. *Angesteller, der Heimarbeit vergibt und prüft.*

fèèrig → fèèrtig.

fèèrm [+] *stark, tüchtig; frz. ferme* (Hindermann).

Fèèrmli → Fòòrm.

fèèrschle (gfèèrschled) *vorsichtig, neugierig oder insgeheim forschen oder nachfragen.*

fèèrtig, fèèrig, fèttig (pop.) *fertig.* Fèèrtig mache, *vollenden.* Èpper fèèrtig mache, *jdn. erledigen, töten* (pop.). D Sitzig isch fèèrtig, ...*beendet.* Sy Vermeegen isch fèèrtig, ...*aufgebraucht.* Fèèrtig goo, *masslos begeistert sein* (pop., 2. H. 20. Jh.).

Fèscht s. (Fèschter) *Fest.* Dim. Fèschtli s.

fèscht 1. *fest.* 2. *gedrungen, korpulent.* 3. *dauerhaft.* Fèschti Frindschaft. Fèschte Blatz, *reservierter, abonnierter Platz.* 4. *sehr, intensiv.* Mer händ fèscht an di dänggt. Fèscht schwitze, *stark schwitzen.*

fèschte (gfèschted) *feiern, Fest feiern.*

fèttig → fèèrtig.

Fètzel m. *gemeiner, mieser Kerl* (Meyer).

fètzele (gfètzeled), **fètzle** (gfètzled) intr. *foppen, spöttisch kritisieren, necken.*

Fèx m. *Felix.* Dim. Fèxli m., s.

Feez m. *Fest* (Schs., Mitte 20. Jh.).

feeze (gfeezt) *feiern, Fest feiern* (Schs., Mitte 20. Jh.).

fyycht, jg. **fiecht** *feucht.*

fyychtele (gfyychteled), jg. **fiechtele** (gfiechteled) 1. *etwas feucht sein.* D Lùft fyychteled im Hèèrbscht. 2. *nach Feuchtigkeit riechen.*

Fyychti w., jg. **Fiechti** w. *Feuchtigkeit.*

fiidele (gfiideled) *beim Gang mit dem Hintern wackeln, wackelnd gehen.* Meist in Zss.: Dervoofiidele. Ùmmefiidele usw.

Fiidle s., **Fùùdi** s. *Gesäss, Hintern* (pop.). S Fiidle vòll Schùlde, *schwer verschuldet.* Ai Häärz ùnd ai Fiidle, *ein Herz und eine Seele* (humor.). Bloos mer in s Fiidle! *Du kannst mich gern haben.* Ermunterung: Hèb Gòtt vòr Augen ùnd der Deifel im Fiidle! (humor.). I kènnt mer in s Fiidle bysse, *ich könnte mich ohrfeigen* (pop.). **Fiidlegsicht** s., **Fùùdigsicht** s. *dickes Gesicht* (vulg.). **Fiidlebùùrger** m. *Spiessbürger.* **Fùùdibaad** s. *Sonnenbad Sankt Margarethen* (Höschs.). **Fùùdibagge** m. *Hinterbacke.* **Fùùdiblätz** m., **Fùùdilùmpe** m. *Waschlappen für untere Körperpartien.* **Fùùdischwùmm** m. *Badeschwamm für untere Körperpartien.* Dim. Fiideli s., Fùùdeli s.

fiidle- verst. *sehr* (pop.). Fiidlefräch, *sehr frech.*
Fiidlewùùrscht, *völlig egal.* Fiidlehitz, *enorme Hitze.*

fiidleblùtt, fùùdiblùtt *splitternackt* (pop.).

fiidleglatt *spiegelglatt* (pop.).

Fyduz m. *Vertrauen.* Fyduz zuer Moolerei (Hetzel).

Fieber s. *Fieber.* Hooch, hoochi Fieber haa, *hohes Fieber haben.* **Fiebermässer** m. *Fieberthermometer.*

fiecht → fyycht.

fiechtele → fyychtele.

Fiechti → Fyychti.

fiele (gfielt), **fyyle** (gfyylt) *fühlen* (eher unmundartlich).

fiengge [+] (gfienggt) *mit halbheissem Bügeleisen bügeln* (Seiler).

fienggelig [+] *knitterig* (Hoffmann).

fiere (gfiert) *führen.*

Fierer m. *Führer, Bergführer.* Si sind ooni Fierer ùff s Matterhòòrn.

fietere (gfietered) *füttern.* D Dier fietere. E gfieterede Mantel.

Fieteri [+] w. *Futterstoff (von Kleidern).* Ra.: E schlächti Fieteri mache, *schlecht aussehen, unansehnlich wirken* (Baerwart).

Fieterig w. (-e) *Fütterung.*

Fyyge w. 1. *Feige.* Fyygebaum m. *Feigenbaum.* 2. *Gesicht* (pop.). Dä hèt e dùmmi Fyyge. 3. *Frau* (pej.). 4. *Vagina* (vulg.).

figge (gfiggt) 1. tr. *jucken, reiben, scheuern.* 2. intr. *hin- und herrutschen.*

Figgi ùnd Miili w. *bestimmte günstige Situation im Mühlespiel.* Ra.: Figgi ùnd Miili haa, *zwei gleichwertige Möglichkeiten haben.*

Figgsli → Fùggs.

Fyyle → Fyyli.

fyyle[1] (gfyylt) 1. *feilen.* 2. *eilen* (pop., 20. Jh.).

fyyle[2] *fühlen* → fiele.

fyylele (gfyyleled) *faulig riechen.*

Fyyli[1] w. *Fäule, Fäulnis.*

Fyyli[2] w. (Fyylene), **Fyyle** w. *Feile, Raspel.*

Fiili → Filli[3].

fille (gfillt) 1. *füllen.* 2. *betrunken machen* (pop.).

Fillede w. *Portion Eingefülltes, Füllung.*

Fillfäädere w. *Füllfeder.*

Filli[1] m. *Füllfederhalter* (Schs.).

Filli[2] [+] w. (Fillene) *Füllung* (Mähly).

Filli[3] s., **Fiili** [+] s. *Füllen, Fohlen.*

filze (gfilzt) 1. *filzen, zu Filz verarbeiten.* 2. [+] *Hut lüften, grüssen.* 3. *stehlen, stibitzen* (pop., Part. hier auch: gfùlze).

Fimf s. *Zahl fünf.*

fimf, finf *fünf.*

Fimfedryssigerstand [+] m. (Fimfedryssigerständ) *Messestand mit Einheitspreis von 35 Rp. für jeden Gegenstand.*

Fimfer m. 1. *Zahl fünf.* 2. *Punktzahl fünf beim Spiel.* 3. *Schulnote fünf.* 4. *Angehöriger des Jahrgangs 1905.* 5. *Tram Nr. 5.* Dim. **Fimferli** s. *Fünfrappenstück.* Ra.: S Fimferli ùnd s Wèggli wèlle, *zwei sich ausschliessende Möglichkeiten haben wollen.*

Fimfi s. 1. *Zahl fünf.* Ra.: S Fimfi graad syy loo, *es nicht so genau nehmen, ein Auge zudrücken.* 2. *fünf Uhr.* Am Fimfi, *um fünf Uhr.* Vò de Fimfe, vòm Fimfi aa, *ab fünf Uhr.*

Fimflyyber m. *Fünffrankenstück; frz. -livre.* **Fimflyyberglòpfe** s., **Fimflyyberglòpfis** s. *Talerklopfen (Gesellschaftsspiel).*

Fimftel m. *Fünftel.*

fyyn *fein, zart.*

Find m. *Feind.*

finde (gfùnde; Kond. fänd / fùnd [+]) *finden.*

Fyyne w., **Fyyni** s. *Josephine.* Dim. Fyyneli s.

Fyynèss [+] m., **Fyynoo** [+] m. *listiger, verschlagener Mann.*

Fynèttli s. *zartes, zimperliches Kind oder Mädchen.*

finf → fimf.

Finger m. *Finger.* Ra.: Sich der lätz Finger verbinde, *sich täuschen, sich verrechnen, etwas Verkehrtes denken, sagen oder tun.* **Fingerbèèri** s. *Fingerbeere, Fingerkuppe.* **Fingerhuet** m. *Fingerhut.* Dim. Fingerli s.

fingerle (gfingerled) *fingern, mit den Fingern tasten oder spielen.*

Fingg m. (-e) 1. *Fink.* 2. *gemeiner, liederlicher Kerl.* Er isch e ganz e druurige Fingg.

Fingge → Fùngge[2].

finggle (gfinggled) *leicht funkeln, kleine Funken sprühen.*

Fyyni → Fyyne.

Fyynoo → Fyynèss.

Fynòggeli s. *verzärteltes, zartes, zimperliches Kind* (Fridolin).

finschter *finster, dunkel.*

Finschteri w., **Finschternùs** w. *Finsternis, Dunkelheit.*
fyynsgelig → fyynzelig.
Fyynzeli s. *zartes, verzärteltes Mädchen.*
fyynzelig, fyynsgelig 1. *feingliedrig, dünn.*
2. *zimperlich.* 3. *knifflig.* E fyynzeligi Aarbed.
Fyppe m. *Philipp* (fam.). Dim. Fyppeli m., s.,
Fypseli m., s.
Fyyr[1] w. (-e) *Feier.* **Fyyroobe** m. *Feierabend.*
Jètz isch Fyyroobe, *jetzt geht's zu Ende, jetzt ist*
Schluss. **Fyyroobeglèggli** s. *Feierabendglocke.*
Fyyroobeglyt s., **Fyyroobelytte** s. *Feierabendläuten.*
Fyyr[2] s. *Feuer.* Fyyr aamache, Fyyr mache, *Feuer*
entfachen. S Fyyr goot ab, *das Feuer erlischt.*
Raa.: S isch Fyyr im Dach, *die Lage ist explosiv.*
S Fyyr im Èlsass gsee, *Funken vor den Augen sehen.*
Aim e Fyyr ùnder em Fiidlen aazinde, *jdn. zur Eile*
antreiben, jdm. Beine machen. **Fyyramstägge**[+] m.
Gaslaternenanzünder mit langer Stange, noch bis
Ende der 1920er Jahre. **Fyyrblueme** w.
Klatschmohn. **Fyyrdeifel** m. 1. *selbstgebastelter*
Feuerwerkskörper. 2. *jähzorniger Mensch.*
Fyyrhèèrnli[+] s. *Horn zum Alarmieren der*
Feuerwehr. **Fyyrhoogge** m. *Schürhaken.*
Fyyrwäärgg s. *Feuerwerk.* **Fyyrwèèr** w. *Feuerwehr.*
Fyyrzyyg s. *Feuerzeug.* Dim. Fyyrli s.
fir[1] Präp. 1. *für, zugunsten.* Due èppis fir Dy
Gsùndhait. S isch schaad fir das Maitli, *...um dieses*
Mädchen. Verst. durch zweite Präp.: Das Bapyyr
isch fir zum Schryybe. Mer spaare fir ùff d Fèèrie.
Dä Batzen isch fir in s Kässli. Dä Syyrup isch fir
gege der Hueschte, *...gegen den Husten.*
2. *als, anstelle.* Ais fir s ander nää. Si hänn s gäärn
fir empfange ghaa, *sie betrachteten es als empfangen*
(Kron). 3. *gegen.* Das Mitteli isch fir s Buuchwee.
4. [+] *vor* (örtlich). Fir si aane, *vor sich hin.*
Fir s Glaibaasel, *vor das Kleinbasel* (Meyer).
fir[2] Konj. (zur Einleitung von Zwecksätzen)
um, um zu. Fir yynezkoo bruucht men e Schlissel.
Er lègt e Mantel aa, fir dass er nit friert. Fir dass er
s numme grad wisse, *damit ihr's nur gerade wisst.*
fiir Adv. *übrig, überzählig.* S sind no Häärdèpfel fiir.
fiirblyybe (fiirbliibe) *übrigbleiben, als Rest*
zurückbleiben.
fiirchterlig → fèèrchterlig.
Fiirduech[+] s. (Fiirdiecher) *Frauen- oder*
Mädchenschürze.
fyyre[1] (gfyyrt) *Feuer entfachen, heizen.*

fyyre[2] (gfyyrt) *feiern.*
fiire Adv. *hervor, nach vorn, zum Vorschein.*
Kindervers zu Sankt Nikolaus: Gimmer Nùss ùnd
Biire, no kùmm i hinde fiire. Do kùnnt e Sprysse
fiire, *...zum Vorschein.*
fiiredrùgge (fiiredrùggt) *nach vorn drängen.*
fiiregluube (fiireglubt), **fiiregnyyble** (fiiregnyybled)
hervorklauben.
fiiremache (fiiregmacht) *herausrücken.* Mach äntly
das Gäld fiire.
fiirestoo (fiiregstande) *sich vorne aufstellen,*
vorne hinstehen.
Fiirfuess m. (Fiirfiess) *Vorderteil des Strumpffusses.*
fyyrgiggelroot, fyyrzindgiggelroot *stark feuerrot.*
fiirig *übrig, überzählig.* Do hèt s no fiirigi Riebli.
fyyrig *feurig, brennend.* Fyyrige Maa, *Irrwisch,*
verdammte Seele.
Fiirkaiffler[+] m. *Zwischenhändler, Marktverkäufer.*
Fiirkauf[+] m. (Fiirkaiff) *Vorkauf.*
fyyrle (gfyyrled) *spielerisch Feuer machen oder*
unterhalten, mit Feuer spielen.
firlieb *vorlieb.*
Fiirlifanz m. *Firlefanz, Possen, Tand, dummes Zeug.*
fyyrlig *feierlich.* Das isch au non e Fyyrlige,
das ist ein merkwürdiger Kauz (humor.).
fiirnäm[+] *vornehm.*
Fyyroobestrooss w. *Feierabendstrasse*
(im Paulusquartier).
fyyrroot *feuerrot.*
Fiirscht[1] m., [+] w. *First, Dachfirst.*
Fiirscht[2] m. (-e) *Fürst.*
fiirsi *vorwärts.* S goot fiirsi mit der Aarbed.
Fyyrtig m. (-e) *Feiertag.*
fiirzle (gfiirzled) *kleine Fürze abgehen lassen* (fam.).
Fisch m. *Fisch.* Humor. Abfertigung auf die Frage
Was isch?: Mee Wasser als Fisch. Fuuli Fisch,
Ausreden, Illusionen, wertloses Zeug. **Fischmäärt** m.
Fischmarkt. **Fischminz**[+] w. *Pfefferminze.*
Fischminzdääfeli[+] s. *Pfefferminzbonbon*
(Fridolin). **Fischminzthee**[+] m. *Pfefferminztee.*
Fischraigel m. *Fischreiher.* Dim. Fischli s.
fischele (gfischeled) *nach Fisch riechen und/oder*
schmecken.
fyschtle (gfyschtled) 1. *spielerisch mit den Fäusten*
kämpfen. 2. *bestimmtes Messerspiel spielen*
(Baerwart).
Fyschtlig m. *Fausthandschuh.*

Fyschü m. *Halstuch, Kopftuch; frz. fichu.*

Fyysel m. *Füsilier* (Ss.).

fiiserle (gfiiserled) *fein regnen.*

Fyysigugger m. *Ausspäher, Besserwisser, Pedant; lat. physicus.*

Fysymaänte (Plur.) *Dummheiten, Schwierigkeiten, Umstände; lat. visae patentes.* Iss jètz ùnd mach kaini Fysymaänte.

Fitz m. *Schlag mit der Rute.*

fitze[1] (gfitzt) *mit der Rute schlagen.* Ruummilch fitze[+], *Rahm schlagen.* S isch zuem Fitze, *das ist verrückt, sträflich* (Müller).

fitze[2] (gfitzt) 1. [+]*schön aussehen.* 2. [+]*sich brüsten.*

Fitzer m. *Dandy, Geck, Stutzer.*

flach (flècher / flacher, flèchscht / flachscht) *flach.* Flach liige, flach uusekoo, *wenig Erfolg haben* (pop., 2. H. 20. Jh.).

flachfiessig[+] *plattfüssig.*

Flachfuess[+] m. (Flachfiess) *Plattfuss.*

flächte (gflòchte; Präs. flicht, flichtsch, flicht, flächte) *flechten.*

Flaade m., w. (Flaade / Flääde) *Fladen, flacher Kuchen.* Dim. **Fläädli** s. *dünngeschnittener Omelettstreifen als Suppeneinlage.* **Fläädlisùppe** w.

fläädere (gfläädered) *flattern* (Liebrich), **Fläädermuus** w. (Fläädermyys) *Fledermaus.*

fladiere → flattiere.

Flägge m. *Fleck, beschmutzte Stelle.* Dim. Fläggli s.

Flägglig m., **Flègglig** m. *Dielenbrett, Bohle.*

Flaisch s. *Fleisch.* Ab em Flaisch koo, vòm Flaisch falle, *abmagern.* **Flaischgallere** w. *mit Fleisch- und Wurststückchen durchsetzte Gallerte.* **Flaischsalaat** m. 1. *Fleischsalat.* 2. *überfüllte Badegelegenheit* (humor.).

Flammewäärfer m. 1. *Flammenwerfer.* 2. *Feuerzeug* (humor., Mitte 20. Jh.).

Flängge m. 1. *Lappen, hängender Fetzen.* Ain am Flängge nää, *jdn. beim Kragen packen.* 2. [+]*Flitter.*

flänne → pflänne.

Flääre m., [+]w. 1. *grosser Fleck, Schmutzfleck.* 2. [+]*Maulschelle.*

Fläsche w. 1. *Flasche.* **Fläschebùtzer** m. *Flaschenbürste.* Dim. Fläschli s. 2. *Schwächling, Stümper* (pop.).

Flattierbyysi s. *Schmeichelkätzchen.* Dim. Flattierbyyseli s.

flattiere (gflattiert), **fladiere** (gfladiert) *schmeicheln,* schöntun; *frz. flatter.*

Flattuuse[+] w. *Schmeichelei, Kompliment* (Mähly).

Flèchi w. (Flèchene) *Fläche.*

fleechne[+] (gfleechned), **fleechte**[+] (gfleechted) tr. *flüchten, durch Flucht in Sicherheit bringen.*

Fleegel m., **Pfleegel**[+] m. 1. *Dreschflegel.* 2. *Flegel, Lümmel.*

Fleegrut s. *Flohknöterich (Polygonum persicaria).*

flèmme (gflèmmt) «*flämmen*», *Zigaretten usw. rauchen* (pop., 20. Jh.).

fleesse (gfleesst), **fleeze**[+] (gfleezt) *flössen.*

Fleesser m., **Fleezer**[+] m. *Flösser.* Groob wien e Fleesser, *sehr grob.*

flèssig[+] «*flüssig*», *mit Schnupfen behaftet.* I bii flèssig, *ich habe einen (starken) Schnupfen.* Auch: Der Flèssig haa.

Fleete w. 1. *Flöte.* **Fleetekeebi**[+] m. *Musikant mit mehreren, gleichzeitig gespielten Instrumenten (an Jahrmärkten usw.).* 2. *Dirne* (vulg.). Dim Fleetli s.

fleeze → fleesse.

Fleezer → Fleesser.

Fleezhoogge[+] m. (Fleezheegge) *Flösserhaken.*

flichte (gflichted) tr. und intr. *flüchten.*

flie, flie|e (gflooche[+] / gfloo|e; Kond. flùùch[+]) *fliehen.*

Fliege w. *Fliege.* **Fliegefänger** m. *Fliegenfänger, aufgehängter Klebestreifen.* **Fliegeschlyffi** w. 1. *Glatze* (humor.). 2. *pomadisiertes Kopfhaar* (humor.).

fliege (gflooge; Kond. flùùg[+]) 1. *fliegen.* 2. *stürzen, fallen* (pop.). 3. *in der Schule zurückversetzt werden, aus Anstellung entlassen werden* (pop.).

fliegig[+] *fliegend, flatternd.* Mit fliegige Hòòr, *mit wehenden Haaren.*

Fliessbapyyr s. *Löschpapier.*

Fliessblatt s. (Fliessblètter) *Löschblatt.*

fliesse[1] (gfliesst) tr. *mit Löschpapier trocknen.*

fliesse[2] (gflòsse) intr. *fliessen.* Der Ryy fliesst dùr Baasel.

Fliigel m. *Flügel.* Dim. Fliigeli s.

Flyss m. *Fleiss.* Mit Flyss, *absichtlich.* Er hèt daibeled ùnd mit Flyss d Milch uusgläärt. **Flyssgnùngele** w. *Strickwollknäuel mit eingewundenen kleinen Überraschungen, die während des Strickens frei werden.*

flyssig 1. Adj. *fleissig.* Flyssigi Kinder. 2. Adv. *fleissig, emsig, rasch, heftig, unentwegt.* Si hänn flyssig gässe. Draait der Raiff sich flyssig ùm (Liebrich).

flissig *flüssig.*
Floo m., +w. (Flee) *Floh.* **Floobigg** m. *Flohstich,*
ütr. *kleine Blutentnahme.* **Floobiini** w. *oberster*
Theaterrang. Dim. Fleeli s.
Flògge w. *Flocke.* Dim. Flèggli s.
floone (gfloont) 1. +*Flöhe fangen.* 2. *nicht arbeiten,*
faulenzen. Er hèt der ganz Daag gfloont.
3. *schikanieren.* Der Kòòrbis hèt is als gfloont,
der Korporal schikanierte uns dauernd.
Jètz simmer wider die Gfloonte, *jetzt haben wir*
wieder das Nachsehen.
Flòòri m. *Florian.* Dim. Flòòreli m., s.
flòòribùs → in flòòribus.
Flooss s. (Fleess), **Flooz**+ s. (Fleez) *Floss.*
Floossländi w. *Anlegestelle für Flosse.*
Flòsse w. 1. *Flosse.* 2. *Fuss, Hand* (humor.).
Dramp mer dòch nit als ùff d Flòsse!
Flùùdribùs+ m. *leichtsinniger Mensch, Luftikus.*
Fluech m. (Fliech) *Fluch.* Lange Fluech, *langer Kerl*
(pop.).
flueche (gfluecht) *fluchen, schimpfen.*
Flùùgere w. *Flugzeug* (Schs.).
Flùùgi m., w., s. (Flùùgi / Flùùgene) *Flugzeug* (pop.).
Flùùgzyyg s. *Flugzeug.*
Fluum m. (nur Sing.) *Flaum.* Dim. Flyymli s.
Fluumer m. 1. *Flaumbesen, Mop (mit Quasten und*
langem Stiel). 2. *langhaariger Hund* (humor.).
Dim. Flyymerli s.
fluumere (gfluumered) *mit dem Mop reinigen,*
Staub aufnehmen.
fluumig *flaumig.*
Flùss m. (Fliss) *Fluss.* **Flùssfieber**+ s. *Schnupfen.*
Dim. Flissli s.
foo → fange.
Fooggòl m., *gestärkter, vom Hemd abnehmbarer*
Kragen; frz. faux-col.
fòlge (gfòlgt) *gehorchen, gehorsam sein.*
Dä Hùnd fòlgt ùff s Wòòrt.
foolioo → in foolioo.
Fòngs m., **Fòngsi** m., **Fùngs** m., **Fùngsi** m. *Alfons.*
Dim. Fòngseli m., s., Fùngseli m., s.
Foopa m. *Fehltritt, Taktlosigkeit; frz. faux-pas.*
Dim. Foopääli s.
Fòòre w., jg. **Fèère** w. 1. *Föhre.* 2. +*Weisstanne*
(Heusler).
Fòòrm w. (-e) *Form, Backform, Model.*
Fòòrmebroot s. *kubisches Brot, Toastbrot.*

Dim. **Fèèrmli** s. *kleine Backform, Ausstechform für*
Kleingebäck, Sandförmchen als Kinderspielzeug.
Foossgusch m., **Foossgusche** w. *Fehlgeburt;*
frz. fausse couche.
Footel m. *Armstuhl, Lehnstuhl; frz. fauteuil.*
Fòtti w. (Fòttene) *Photographie* (pop., 20. Jh.).
Fòttiapperaat m. *Photoapparat.* **Fòttilaade** m.
Photogeschäft. Dim. Fòtteli s.
Fòtzeldòòrli s. *zerlumpte Frau, auch Spitzname eines*
weiblichen Basler Originals 1. H. 20. Jh.
Fòtzelschnitte w. *in Eierteig gebackene, mit Zucker*
bestreute Brotschnitte.
Fòtzle w. *herabhängender Fetzen Stoff.*
fòtzle (gfòtzled) 1. *zerfetzt, zerrissen herunterhängen.*
Dä Saum fòtzled. 2. *schlendern* (pop., 20. Jh.).
fòtzlig *zerfetzt, zerlumpt, in Fetzen herunterhängend.*
fräch *frech, unverschämt.* Er isch mer fräch koo,
er benahm sich frech mir gegenüber.
Frächhait w. (-e) *Frechheit.*
Fraid w. (-e) *Freude.* Mit dausig Fraide, *sehr gern.*
Fraidehuus s. *Bordell.* Dim. Fraidli s., Fraideli s.
(pej.).
fraidig *freudig.*
fraie (gfrait) *freuen.* Das frait mi gaar.
I frai mi ùff d Wienacht.
Frailain s., **Frèlain** s., **Frölain** s. 1. *Fräulein.*
2. *Arztgehilfin, Serviertochter, Verkäuferin.*
3. *Kindergärtnerin* (Ks.).
Frangge m. *Franken, Frankenstück.* Dim. **Fränggli** s.
1. *Franken* (pej.). Die baar Fränggli kaasch der
schängge. 2. +*vom Gast nach einem Essen in*
Privathaus unter den Teller gelegtes Trinkgeld.
Fränggler m. *Einfrankenstück.*
Franggryych s. *Frankreich.* In s Franggryych+ , *nach*
Frankreich hinein (Sieber).
Franzbrènntewyy m. *Franzbranntwein, verdünnter*
Alkohol zum Einreiben schmerzender Glieder.
Franzi s. *Französischunterricht in der Schule* (Schs.).
By wäm hèsch du Franzi? *Wer erteilt in deiner*
Klasse Französischunterricht?
Fränzi s. *Franziska.* Dim. Fränzeli s.
frääse (gfrääst) 1. *fräsen.* 2. *rasch mit Motorfahrzeug*
fahren (pop., 20. Jh.). Er isch mit hùndert ùm der
Ègge gfrääst.
Fraass m. (Frääss) 1. *Frass.* 2. *Essen* (vulg.).
Frässbaiz w. (-e) *Restaurant mit gutem und*
reichlichem Essen (pop.).

Frässbeedli s. *Hotel, Pension oder Kurrestaurant mit gutem und reichlichem Essen.*

frässe 1. *fressen.* I kènnt di frässe, *ich könnte dich vor lauter Liebe essen.* Ütr. Das friss i nit, *das akzeptiere ich nicht.* 2. *essen* (vulg.).

Frässede w., **Frässerei** w. (-e) *Fresserei, Völlerei.*

Frässer m., **Frässi** m. 1. *Fresser.* 2. *grosse Esslust, Fresssucht.* Er hèt hit der Frässi.

fräässig [+] *gefrässig, allesfressend.*

Frässkaib m. (-e) (pop.), **Fräss'sagg** m. (Fräss'sègg) (pop.), **Fräss'siech** m. (vulg.) *Fresser, Vielfrass.*

Frässzeedel m. *Notizzettel, Wisch.*

Fratz m. (Frätz) *eitles, freches Mädchen.* Dim. Frätzli s.

fratze [+] (gfratzt) *sich ungezogen aufführen.*

fratzig, frätzlig [+] 1. *eitel, hoffärtig.* 2. [+] *ungezogen.*

Frau w. (-e) 1. *Frau.* 2. *Hausherrin.* Kènnt i mit der Frau reede? 3. *Ehefrau.* Sag, wie goot s au der Frau? ...*deiner Gattin.* 4. *Mädchen, Freundin* (pop.)

Frauefüürzli s. *bestimmter kleiner Feuerwerkskörper* (Schs.), **Frauemänteli** s. *Frauenmantel (Pflanze, Achemilla vulgaris).* **Fraueschue** m. *Frauenschuh (Pflanze, Cypripedium calceolus).* Dim. **Fraueli** s. a) *kleine zierliche Frau.* b) *altes Weiblein, Mütterlein.*

fraubääsle (fraubääsled / gfraubääsled) *plaudern, schwatzen, klatschen.*

Fraueli w. *Frauenarbeitsschule* (Schs.).

Fraufaschtemäärt m. *Fronfastenmarkt (einstiger Quartalsmarkt).*

Freedi m., **Frèdi** m. *Alfred.* Dim. Freedeli m., s.

freegle (gfreegled) *frägeln, ständig kleine und lästige Fragen stellen, listig fragen.*

Freegli m. *unermüdlicher Fragesteller* (Ks.).

freen → frein.

frei 1. Adj. *frei.* I bii so frei ùnd kùmm, *ich erlaube mir zu kommen.* Frei'i Strooss, *Freie Strasse (Basler Geschäftsstrasse).* An der Freie, *an der Freien Strasse* (pop.). 2. Adv. [+] *recht, sehr.* Dä isch schò frei dùmm.

Freibùùrg *Freiburg i.Br.*

Freiestreesslemer m. *Anwohner der Freien Strasse.*

frein [+], **freen** [+] *freundlich, leutselig, wohlmeinend* (Kron, Sieber).

Frèlain → Frailain.

frèmd *fremd.* I bii frèmd doo, *ich kenne mich hier*

nicht aus. Frèmd goo, *fremdgehen, Seitensprünge machen* (pop., Mitte 20. Jh.).

frèmde (gfrèmded) *fremdeln, in fremder Umgebung oder vor fremden Personen schüchtern sein.* Das Bùschi frèmded noonig.

Frèmdeblätz m. *Fremdenort, Kurort* (pej.).

frèmdele (gfrèmdeled) 1. *nach Fremdem riechen.* 2. *fremd aussehen* (Müller).

Frèmdi w. *Fremde.* In d Frèmdi goo, *im Ausland auf Wanderschaft gehen.*

Frèmmlerkùmoode w. *Harmonium* (humor., 20. Jh.).

Frèntler m. *Angehöriger oder Sympathisant der Nationalen Front, nationalsozialistisch gesinnter Schweizer* (1930er und 1940er Jahre).

Frèsch m. (-e), jg. **Fròsch** (Frèsch) 1. *Frosch (Lurch).*

Frèscheböllwäärgg s. *Bastion der alten Basler Stadtbefestigung beim heutigen Spalenschulhaus.*

Frèschesaich m. (vulg.) nur in Wendung: Waarm wie Frèschesaich, *sehr kalt (vom Wasser).*

Frèscheschänggel m. *Froschschenkel.*

Frèscheweier m. *Froschteich.* Dim Frèschli s. 2. *Knallfrosch.* 3. *Zigarette.*

frèschtelig *kühl, leicht frostig.*

frètte [+] (gfrètted) *ängstlich sorgen* (Seiler).

Fryybùùrg *Freiburg i. Ü.*

Friide m. *Friede.* **Friidesgass** w. *Friedensgasse.*

Friider m., **Friidi** m. *Friedrich.* Dim. Friiderli m., s., Friidli m., s.

Friidi s. *Frieda.* Dim. Friideli s.

friidlig *friedlich.*

frie (friener / frie'er, friescht) *früh.* E frie'e Sùmmer. Demòòrge frie, *frühmorgens.* Frie'er, friener, *früher, einst.* Friener isch me glaub zfriidener gsii.

Friebreedig w. (-e) *Frühgottesdienst (bis 2. H. 20. Jh. zu Sankt Martin).*

frie'er → frie.

Frie'i w. *Frühe.*

Friejòòr s., jg. **Frielig** m. *Frühling.*

Friejòòrsbùtzede w., ig. **Frieligsbùtzede** w. *jährliches Grossreinemachen im Frühling.*

Friemäss w. (-e) *Frühmesse.*

friener → frie.

friere (gfròòre; Kond. frùùr [+]) *frieren.*

Friesli s. *Steinnelke.*

fryyli, jg. **fryylig** *freilich, gewiss doch, allerdings.*

Frind m. *Freund.* Dim. Frindli s.

Frindyyn w. (-e) *Freundin.* Dim. Frindyynli s.

frintlig *freundlich.*

Frintschaft w. (-e) *Freundschaft.*

frisch 1. *neu, sauber, ungebraucht.* E frische Dyräggter. Frischi Wèsch. 2. *kühl (von Witterung).* S isch frisch wòòrde dùsse.

Frischi w. *Frische.*

Frytig m. (-e) *Freitag.* An de Frytige git s Fisch zuem Zmidaagässe.

Fryywolitee w. *Spitze, mit Schiffchen hergestellte Handarbeit; frz. frivolité.*

froo *froh, erleichtert.* I bii soo froo, dass er koo sind.

Froog w. (-e) *Frage.* **Froogezaiche** s. *Fragezeichen.* Dim. Freegli s.

frooge (gfrògt; Präs. froog, frògsch, frògt, frooge; Kond. frieg[+]) *fragen.*

Frooges s. *Fragerei.* S isch ai Frooges gsii.

Fròlain → Frailain.

Fròsch → Frèsch.

Frùcht w. (Fricht) 1. *Getreide, Korn.* D Frùcht fallt im Bryys, *der Kornpreis fällt.* 2. *Frucht (Obst).* Dim. **Frichtli** s. *Früchtchen, Taugenichts.*

frùmm[+] *fromm, brav, gehorsam.*

Frùtz m., **Frùtzle** m., w. (Schs.) *Fritz.*

Fùùdi → Fiidle.

Fueder s. *Fuder.*

Fuege w. *Fuge, Spalt zwischen Bauteilen.* Das Huus isch langsam us de Fuege.

Fuer w. (-e) 1. *Fuhre, Warenladung.* **Fuermaa** m. *Fuhrmann.* Ässe, dringge, flueche wien e Fuermaa, *...sehr stark, ausgiebig.* **Fuerwäärgg** s. *Fuhrwerk.* 2. *Umstände, Lästigkeit.* S isch e Fuer gsii mit däne Lyt. 3. *lärmende Lustbarkeit.* Mer händ gèschtert e lùschtigi Fuer ghaa.

fuere (gfuert) 1. [+]*füttern (Vieh).* 2. *übermässig sättigen.* Die Sùppe fuert, *...macht sehr rasch satt.*

fuerig *sehr nahrhaft, rasch sättigend.*

fuerwäärgge (gfuerwäärggt) 1. *fuhrwerken.* 2. *energisch herumwirtschaften.* 3. *unsorgfältig arbeiten.*

Fuess m. (Fiess) 1. *Fuss.* Z Fuess, *zu Fuss.* Er isch schlächt z Fuess, *...gehbehindert.* Eebes Fuess → eebesfuess. Rùndi Fiess haa, *bezecht sein.* In de Fiess stoo, *hinderlich im Weg stehen.* Aufforderung an einen Schwätzer: Mach s Muul zue, i gsee dyni Fiess (humor., Höschs.). Wäär s nit im Kòpf hèt, hèt s in de Fiess, *wer etwas vergessen hat, muss eben zurückgehen, um es zu holen.*

E Fuess mit èpperem haa[+], *mit jdm. gut stehen.* Aim Fiess mache, *jdn. zur Eile antreiben.* Raa.: Ùff baidi Fiess falle, *trotz Widrigkeiten Glück haben.* Ùff d Fiess koo, *sich erholen.* **Fuessbaad** s. a) *Fussbad.* b) *verschüttete Flüssigkeit in der Untertasse* (humor.). **Fuessballe** w. *Ball zum Fussballspielen.* **Fuesskääs** m. *Fussschweiss* (humor.). **Fuess|sagg** m. a) [+]*Spritzleder auf dem Fuhrwerk.* b) *wärmende Fusshülle.* **Fuesswasser**[+] s. *Fussbad.* Dim. Fiessli s. a) *Füsschen.* I dramp em Hèèr ùff s Fiessli, *bestimmtes Kinderspiel.* b) *Fuss des* → *Äänisbreetli.* 2. *(tragender) Unterteil.* Fuess vòm Dänggmool, vò der Lampe. 3. [+]*altes Längenmass (ca. 30 cm).*

Fuessede w. *Fussende, nur in:* Z Fuessede, *am Fussende (meist des Bettes).*

Fueter s 1. *Futter (Nahrung).* **Fueternyyd** m. *Missgunst.* 2. *Kleiderfutter.*

fuetere (gfuetered), **fietere** (gfietered) *füttern.*

fueternyydig *missgünstig, neidisch, eifersüchtig.*

fùffzää *fünfzehn.*

Fùffzääner m. 1. *Tram Nr. 15.* 2. *Angehöriger des Jahrgangs 1915.*

fùffzäät *fünfzehnt.*

Fùffzger m., **Fùffziger** m. 1. *Fünfziger, Mann in den fünfziger Jahren.* 2. *Angehöriger des Jahrgangs 1950.* 3. *Fünfzigfrankennote.* Dim. **Fùffzgerli** s. *Fünfzigrappenstück.* Faltsch Fùffzgerli s. *hinterhältiger Mensch.*

fùffzig *fünfzig.* Er isch in de fùffzig, *er ist zwischen fünfzig und sechzig Jahre alt.*

Fùggs m. (Figgs) *Fuchs,* ùtr. *schlauer, durchtriebener Mensch.* Dim. Figgsli s.

fùggsdeifelswild *fuchsteufelswild, sehr zornig.*

fùggse (gfùggst) *foppen, mopsen, necken, ärgern.* Er fùggst mi als, *er neckt mich dauernd.* S fùggst en fèscht, *es ärgert ihn sehr.*

fùggsig *ärgerlich.*

fuul (fuuler / fyyler, fuulscht / fyylscht) 1. *faul, träge.* Si isch e fuul Pflaschter, *sie ist eine faule Person.* Bei Ratespielen: I will fuul syy, *ich will nicht mehr weiter raten.* 2. *müde.* I bi nò ganz fuul vom vyyle Schaffe. 3. *angefault, faulig.* Fuuli Èpfel. Fuuli Fisch → Fisch. 4. *dubios, untauglich.* Fuule Handel, fuule Zauber, *dubiose Angelegenheit.* Fuuli Uusreed, *billige Ausrede.* Fuule Brueder, *unzuverlässiger Mann* (Höschs.). Daasch e Fuule, *das ist ein schlechter Witz, eine fadenscheinige Ausflucht, eine dumme Bemerkung.* 5. *schlimm* (pop.). S stoot fuul mit sym Gschäft, mit syner Gsùndhait.

fuulänze (gfuulänzt) *faulenzen.*

Fuulaar s. *Halstuch; frz. foulard.*

fuuläärtig[+], **fuullächt**[+] *eher faul, faulig, angefault.*

Fuulgged w. *Faulheit.*

fuullächt → fuuläärtig

Fuulzi s., **Fuulzis**[+] s. *Ballspiel mit vielen Varianten.* Balle-, Baare-, Kappe-, Rèssli-, Schleegelfuulzi usw.

Fùndemänt s. *Fundament.* Èppis us em Fùndemänt verstoo, *etwas gründlich beherrschen.*

Fùngg m. (Fingg) *Telephonanruf* (pop., 2. H. 20. Jh.).

Fùngge[1] m. *Funke.*

Fùngge[2] m., **Fingge** m. *warmer Hausschuh, Pantoffel; lat. Plur. ficones.* D Fùngge glòpfe, *Reissaus nehmen.*

fùngge (gfùnggt) 1. *Funken sprühen.* 2. *funken.* 3. *telephonieren* (pop., 2. H. 20. Jh.).

fùnggle (gfùnggled) *funkeln.*

Fùngs → Fòngs.

fùùrchbaar 1. *furchtbar.* 2. *sehr, ungemein.* Si hèt sich fùùrchbaar ùffgrègt.

Fùùre w. *Furche.* Dim. Fiireli s.

Fùùrged *Forcart (Familienname).*

fuuribùnd *fuchsteufelswild, zornig; lat. furibundus.*

Fuuryyr m. *Lachkrampf; frz. fourire.*

fùùrt *fort.* Fùùrt syy, *abwesend sein.*

fùùrtdue (fùùrtdoo) *forttun, wegschaffen, anderswo unterbringen.* Si händ ir Hùnd miese fùùrtdue.

Fùùrz m. (Fiirz) 1. *Furz, abgehende Blähung, Wind* (pop.). Wien e Fùùrz in ere Fläsche, in ere Ladäärne, *sehr aufgeregt, hastig, ziellos* (humor., pop.). 2. *verrückte Idee, Spleen* (pop.). Isch daas jètz sy neischte Fùùrz? **Fùùrzhaschpel** m. a) *höchst unruhiger Mensch* (pop.). b) *Moped* (humor., Mitte 20. Jh.). **Fùùrzydee** w. *hirnverbrannter Einfall, Entschluss, Gedanke* (pop.). Dim. Fiirzli s.

fùùrzdrògge *sehr trocken* (pop.).

fùùrze (gfùùrzt) 1. *furzen, Wind ablassen* (pop.). 2. *sich unruhig bewegen,* z.B. dervoofùùrze, ùmmefùùrze (pop.).

Fùùrzede w., **Fùùrzerei** w. *ständiges Windablassen* (pop.).

Fùschle w. *männlicher Träger des Familiennamens* Fischer oder Vischer (Schs.).

Fuscht m. (Fyscht) *Faust.* Raa.: D Fuscht im Sagg mache, *Zorn in sich hineinfressen, insgeheim schimpfen.* Das basst wien e Fuscht ùff en Aug, *das passt überhaupt nicht.* Dim. Fyschtli s. Sich in s Fyschtli lache, *sich insgeheim freuen, schadenfroh lachen.*

fuschte (gfuschted) *kräftig, ingrimmig schimpfen.*

futiere, sich (futiert) *sich nicht kümmern; frz. se foutre.* Si hänn sich ùm ir Ùffgoob futiert.

fùttere (gfùttered) *vor sich hin keifen, fluchen, schimpfen.*

futü *futsch, kaputt, verloren; frz. foutu.*

Fùtz w. (Fitz) *Vagina* (vulg.). Dim. Fitzli s.

fùx- → fùggs-

G

gää (gää; Präs. giib, gisch, git, gänd / gänn; Kond. gääb / gäbt) *geben.* Si git alles den aarme Lyt, *sie spendet alles den armen Leuten.* Me git nyt, *man gibt nichts, d.h. ich spende nichts.* Kinderreim: Gää, gää, nimme gää; gfùnde, gstoole, wiider gää. Si gänd s noobel, *sie geben ihrer Haushalt- und Lebensführung einen vornehmen Anstrich.* Dä Bùùrsch git emol e rächte Schryyner, *aus diesem Burschen wird einmal ein guter Schreiner.* Doo git s nyt druus, *da wird nichts draus.* Dää hèt s em gää, *der sagte ihm gehörig die Meinung, prügelte ihn gehörig durch.* S git hyyr vyyl Kiirsi, *dieses Jahr gibt's viel Kirschen.* Was git s zuem Ässe? Jètz git er em (aine), *jetzt setzt er ein starkes Tempo auf* (pop.). Si git Ladyynisch, *sie erteilt Lateinunterricht.* Gääb s Gòtt, *Gott gebe es.* Gääb, wie s gääb, *komme es, wie es wolle.* Gääb, was er jaschte, *was er zapple maag, wie er auch hastet und zappelt* (Meyer). Was gisch was hèsch, *in grösster Eile.*

gääb → gää.

Gääbige «Gebingen», *nur in Wendung:* Er isch nit vò Gääbige, *er ist gar nicht freigebig* (humor.).

Gaable w. *Gabel, Heugabel.* **Gaablestiil** m. *Heugabelstiel.* **Gaablezingge** m. *Gabelzinke.* Dim. Gääbeli s. *kleine Gabel.* **Gääbelihaini** m. *Sensenmann, Tod* (humor., Küry).

gääch *steil, jäh, abschüssig.*

gäächlige+ *jählings.*

gäächzòòrnig+ *jähzornig.*

Gääder m., s. *Geäder, sehniger Teil des Fleischs.*

gääderig *sehnig, zäh.*

Gaffe w. *Taktlosigkeit, Ungeschicklichkeit im Benehmen; frz. gaffe.* Er hèt ai Gaffe noo der andere gmacht.

gaaga, gagaa (nur präd.) *senil* (pop.). Dää isch schò jètz gaaga.

Gäägeli → Gaagle.

Gaggaa m., s. *Exkrement, menschlicher Kot* (Ks.). Gaggaa mache, *stuhlen* (Ks.). Dim. Gaggi s., Gäggeli s.

Gaggelaari m. 1. *dummer Schwätzer, Laffe.* 2. *Geck.*

Gäggeli → Gäggi.

gäggeligääl *dottergelb, senfgelb, zitronengelb, auffällig gelb, unangenehm gelb.*

Gäggi m. *törichter Schwätzer.* Dim. Gäggeli m.

Gaggoo m. 1. *Kakao.* 2. ütr. *Dreck, unwegsame Gegend* (pop., 20. Jh.). Im Widerhooliger händ si is schwäär dùr der Gaggoo gjagt. Si händ naimen e Huus im Gaggoo, *...irgendwo ganz abseits.* Schòòrsch Gaggoo → Schòòrsch. Raa.: Im Gaggoo syy, *in der Patsche sitzen.* Dùr der Gaggoo zie, a) *schikanieren* (Ss.). b) *durchhecheln* (pop.).

Gaggs → Gyggs.

gaaggse (gaaggst), jg. **gaggse** (gaggst) 1. +*gackern.* 2. *stottern, unzusammenhängend oder mit Mühe reden.*

gääggse (gäägst), **gäggse** (gäggst) *falsch, heiser, unschön singen oder reden.*

Gäggsnaase w. *eingebildetes, freches, naseweises Mädchen.*

Gaagle w. 1. *ungelenkes, aufgeschossenes Mädchen.* 2. +*dumme, unruhige Frau* (Seiler). Dim. Gäägeli s.

gaagle (gaagled) *sich hin- und herwiegen, schaukeln, z.B. auf einem Stuhl.*

Gaagli m. *unruhiger Mensch.*

gaaglig 1. *unruhig.* 2. *unsicher gehend oder stehend.* E gaaglige Disch.

gaifere (gaifered) *geifern.*

Gaifermantel m. (Gaifermäntel) *Säuglingslatz, Sabberlatz.* Dim. Gaifermänteli s.

gaine (gaint) *gähnen.*

gaischte (gaischted) 1. *spuken.* 2. *sich unruhig bewegen.*

Gaiss w. (-e) *Ziege.* Maageri Gaiss, *magere Frau.*

Ra.: Das schläggt kai Gaiss ewägg, *dies steht unumstösslich fest.* **Gaissbògg** m. *Ziegenbock.*

Gaissebèlleli 1. *Ziegenkot.* 2. *so geformtes Bonbon aus Lakritze oder Schokolade.* **Gaissebueb** m. *Ziegenhirt.* **Gaissejätter** m. *Sodomit* (vulg.).

Gaissemilch w. a) *Ziegenmilch.* b) *Absinth.*

Gaisseveegler m. *kurze Ledergamasche* (Ss.).

Gaissfuess m. a) *Kistenöffner.* b) *Giersch (Pflanze, Aegropodium podagraria).* **Gaisshaas** m. *Zickleinziemer* (Fridolin). Dim. Gaissli s.

gaisse (gaisst) *klettern, steigen (wie eine Ziege).* Si sind d Stäägen ùff gaisst.

gaissgichtig *aufgeregt (meist grundlos).*

Gaissle w. *Geissel, Peitsche.* Raa.: Der lètsct Zwigg an d Gaissle haa, *eine letzte Chance haben.* Der lètsct Zwigg an d Gaissle mache, *die letzte Etappe des Lebens in Angriff nehmen.*

gaitsche (gaitscht) 1. *planschen, spritzen, vergiessen.* S Biebli gaitscht ùnd pflättered am Bächli. 2. *stark regnen.* S gaitscht wie us Kiibel. 3. *schrill schreien, schrill sprechen.*

Gaitschede w. *Verschütten von Wasser, Wasserschwall.*

Gaitschi w. (Gaitschene) *Planschbecken.*

gääl *gelb.* Gääl Veegeli, *Goldstück* (Hindermann). Gääl Wäägeli, *Transportwagen des Irrenhauses* (humor.). Subst. Gääl, *Gesamtheit der messingenen Gegenstände und Armaturen in einem Haushalt.* Allewyyl am Samschtig wird s Gääl bùtzt.

Gäälsùcht w. *Gelbsucht.*

Gaalach m. (-e) *Pfarrer* (Ss., Höchs.).

Gäld s. (Gälder) *Geld.* S lauft in s Gäld, *es kommt mit der Zeit teuer zu stehen.* **Gäldsagg** m. 1. *Sack voll Geld.* 2. *reicher Mensch.* Doo kèmme zwai rächti Gäldsègg zämme, *da heiraten zwei reiche Brautleute.* **Gäldsèggel** m. *Geldbeutel.* Er hòggt als no em Vatter ùff em Gäldsèggel, *er sitzt immer noch dem Vater auf der Tasche.* Dim. **Gäldli** s. *sehr kleines Vermögen, kümmerliches Sümmchen* (Meyer).

galèpple (galèppled) *in kleinem Galopp traben.*

Galèèri m. *Laffe.*

Gäleriebe w. *gelbe Rübe, Karotte.* Dim. Gäleriebli s.

Galge m. (Gälge) 1. *Galgen.* 2. *galgenähnliche Fischfangeinrichtung.* 3. +*altväterische galgenförmige Installation zum Schwimmenlernen.*

Galgebääre w. *quadratisches Netz am Fischergalgen.* **Galgehòlz** s., nur in Wendung: Faltsch wie

Galgehòlz, *sehr hinterhältig.* **Galgehùùbel** m.,
Galgehiibeli s. *einstiges Basler Hochgericht auf
dem Gellert.* **Galgestrigg** m., **Galgevoogel** m.
Gauner, Taugenichts. Dim. Gälgeli s., Gälgli s.
Gaali m. 1. *Laffe.* 2. *langer, aufgeschossener Kerl*
(Fridolin).
gäll *gelt, nicht wahr.* Gäll, de kùnnsch dòch?
Spruch beim fasnächtlichen Intrigieren: Gäll,
de kènnsch mit nit? Gäll aber? *Das ist doch so,
das ist doch gut, nicht wahr?* Zu mehreren Personen
oder Höflichkeitsform: Gälle, gälled, gälte Si.
Gällen, er leend mi nit im Stich? Gälle Si,
Hèr Maier? Gälte Si, Frau Miller?
gäll'lächt [+] *gelblich, leicht gelb.*
Gälle w. *laute, gellende Stimme.* Hèt dien e Gälle!
Gallere w. *Gallerte, Gelée, Sülze.* **Gallerebaschteete** w.
Pastete mit Gallertfüllung. **Gallereglaas** s.
Einmachglas für Fruchtgelée. Dim. Gällerli s.
Gäälmues [+] s. *Erbspüree.*
Gäälpfliengg [+] *fahlgelber Taugenichts,
personifizierter Tod* (humor., Sieber).
gälte (gùlte; Präs. gilt, giltsch, gilt / gilted, gälte;
Kond. gùlt [+]) *gelten.*
gälte Si → gäll.
Gältig w. *Geltung.*
gäältschelig *gelblich.*
Gäälveieli s. *Goldlack* (Blume).
Gamälle w. *militärisches Einzelkoch- und Essgeschirr;
frz. gamelle.*
Gämf → Jämf.
Gamfer m. *Kampfer.* **Gamferbèlleli** s.
Kampferkugel.
gamferle (gamferled), **gämferle** (gämferled)
nach Kampfer riechen.
gampe (gampt) *hin- und herschwanken, schaukeln.*
Der Disch gampt ùff em hòlperige Boode.
Gampiròss s. (Gampirèsser) *Schaukelpferd.*
Gämpli [+] s. *kleiner weisser Kragen, in Krause endend;
frz. guimpe.*
Gang m. (Gäng) 1. *Hausflur, Korridor.* Dim. Gängli s.
2. *Bewegung.* In Gang koo, *in Bewegung geraten.*
Z Gang koo, *zurechtkommen.* 3. *Geschwindigkeits-
stufe bei Fahrzeugen.* 4. *einzelnes Gericht einer
mehrteiligen Mahlzeit.*
gang ùnd gääb (präd.) *allgemein üblich.*
Gänggelizyyg s. *wertlose kleine Dinge, Tand;
frz. quincaille.*

gänggerle (gänggerled) *tändeln, trödeln.*
Gang'goodäsche w. *Einkaufstasche pensionierter
Männer, die die Ehefrau zum Einkauf schickt mit
der Aufforderung:* Gang go ... hoole
(humor., 2. H. 20. Jh.).
gängig 1. *begehbar.* 2. *gut gehend (Pferd).* Mer händ
nùmme gängigi Rèsser im Stall. 3. *gut verkäuflich.*
Gängigi Waar.
Gängler m., **Gänglig** m. 1. *Leit- oder Endfaden in
einer Garnsträhne, Fadenende auf Garnrolle,
Anfang einer Strange Wolle.* 2. *gewohnter Gang
oder Betrieb.* My Aarbed isch wider im Gängler,
...geht wieder in gewohnter Weise vonstatten.
Ra.: Der rächt Gänglig finde, *Gespräch in Gang
bringen.*
Gangmernoo s. *aufdringliches Parfum, Liebestrank*
(humor., Müller).
Gangwäärgg [+] s. «*Gehwerk*», *Beine* (humor.).
Gans w. (Gäns) 1. *Gans.* Ra.: I haa jètz anderi Gäns
z mälche, *ich habe jetzt anderes, Besseres zu tun.*
2. *dumme Frau.* Si isch ùnd blybt halt e Gans.
Dim. Gänsli s. **Gäns(e)limaarsch** m. *Einerkolonne,
Gänsemarsch.* Im Gänselimaarsch, *eines hinter
dem andern.* **Gänslihut** w. *Gänsehaut, Schauder.*
Bi däre Gschicht griegt me grad Gänslihut.
Gänslispiil s. *Gänsespiel.*
Gant w. (-e) *Auktion, Versteigerung.* **Gantrieffer** m.
Auktionator.
gante (ganted) *sich an einer Versteigerung beteiligen.*
Gänterli m. *langsamer Esser.*
ganz *ganz.* 1. Adj. a) *vollständig.* Die ganzi
Huushaltig. Die ganzi Zyt, *ständig, immer wieder.*
b) *intakt.* Lèg die ganze Hoosen aa, nit die blätzte.
D Uur isch wider ganz, *...repariert.* 2. Adv.
a) *ziemlich.* Er isch ganz nätt, *er ist ziemlich
sympathisch.* b) *sehr.* Si isch ganz dùrenander,
sie ist sehr verwirrt. Er hèt e ganz e guet Zyygnis,
er hat ein hervorragendes Zeugnis. c) *definitiv.* Jètz
sinn si ganz ùff Ziiri zooge. d) ganz nit, *überhaupt
nicht, keineswegs.* I mach doo ganz nit mit.
Gapischòng [+] m. *kapuzenartige Kappe aus Seide
oder Wolle; frz. capuchon.*
gaar Adv. *gar, sehr, überhaupt.* S frait is gaar,
dass er kèmme. E gaar e frintlige jùnge Maa.
I haa gaar kai Fraid.
Garachoo s. *Geschwindigkeit; span. carajo.* Nur in:
Im Garachoo, *in grosser Geschwindigkeit.*

Gaaramèldääfeli s. *Karamelle; frz. caramel.*

Gaaramèlkèpfli s. *Flan (aus Eier, Zucker, Mehl).*

Gaaraasch[+] s. (-e), **Gaaraasche** w., **Gaaraaschi** w. (Gaaraaschene) *Garage.*

gäärbe (gäärbt) *gerben.*

Gäärber m. *Gerber.* Zue Gäärbere, *in der Gerbernzunft.* **Gäärbergass** w. *Gerbergasse.* **Gäärbergässlemer** m., **Gäärbergässler** m. *Bewohner der Gerbergasse.* **Gäärberhùnd** → kòtze.

gaare[+] (gaart) *knarren.* Der Bloosbalg gaart (Liebrich).

Gaarètte w. *Schubkarren; it. carretta.*

gaarèttle (gaarèttled) *mit dem Schubkarren arbeiten, transportieren.* Sand gaarèttle.

gäärn (gäärner, gäärnscht) Adv. *gern.* gäärn haa, *lieben.* I gang gäärner in dää Laade als in sälle, *...lieber.* Am gäärnschte schaff i dehaim, *...am liebsten.*

Gäärnli s. *Einkaufsnetz.*

Gäärschte w. *Gerste.*

Gäärschtli[+] s. *kleines Vermögen, zur Seite Gebrachtes* (Sieber, Liebrich).

Gaarte m. (Gäärte) *Garten.* **Gaartedèèrli** s., **Gaartediirli** s. *Gartentürchen.* **Gaartehyysli** s. *Gartenpavillon.* **Gaartekachle** w. *Blumentopf.* **Gaarteschùùrz** m. *Gärtnerschürze.* Dim. Gäärtli s.

gäärtele (gäärteled) *spielerisch, unsachgemäss gärtnern.*

gäärtnere (gäärtnered) *gärtnern, aus Liebhaberei im Garten arbeiten.*

Gaas s. *Gas.* Gaas gää, *sich beeilen* (pop., 20. Jh.).

Gaschboo m. *Ziergefäss zur Aufnahme von Blumentöpfen; frz. cache-pot.*

Gaschnee s. *Halstuch; frz. cache-nez.*

Gascht m. (Gèscht) *Gast.* **Gaschthuet**[+] m. Nur in Wendung: S hèt der Gaschthuet ab, *es ist nicht mehr gerade neu, hat den Reiz des Neuen verloren* (Fridolin). **Gaschthuffe** m. *Wirt* (Sts.). **Gaschtstùùbe** w. 1. *Wirtsstube.* 2. *Gästezimmer (im Privathaus).*

Gaschtierig w. (-e) *Einladung mit Essen.*

gääsele (gääseled), **gaasele** (gaaseled) *nach Gas riechen.*

Gaasi w. *Gasfabrik* (pop.).

Gass w. (-e) *Gasse.* Ùff der Gass, *auf der Strasse (im Gegensatz von zu Hause).* Die Kinder sind der ganz Daag ùff der Gass. D Gass, *die Rheingasse* (Höschs.). **Gassebueb** m. *Gassenjunge.*

Gassemaitli s. *Mädchen, das gern auf der Strasse spielt.* **Gasseròlli** m. *Gassenjunge, Herumtreiber.* **Gassespiegel** m. *Fensterspiegel.* Dim. Gässli s.

Gassi goo *Hund ausführen* (pop., 2. H. 20. Jh.)

gässle (gässled) *an der Fasnacht durch Gassen und Strassen ziehen, vor allem abends und nachts.*

Gaatoodemyylängli[+] s. *bestimmtes süsses Kleingebäck; frz. gâteau de Milan,* → auch: Mailänderli.

Gatschu m. *Gummi, Radiergummi; frz. caoutchouc.* **Gatschubändel** m. *Gummiband.* **Gatschuschue** m. *Gummischuh, Galosche.*

gatschu'ig *aus Gummi.*

Gattere w., jg. **Gatter** s. 1. *Gatter.* Dim. **Gätterli** s. *Garten-, Vorgartentür.* 2. *Lattengestell, Harass.*

Gattig w. (-e) 1. *Gattung, Art.* Aller Gattig fir Sache, *Sachen aller Art.* Ùnser Gattig(s), *unsereiner, Leute von unserer Art.* 2. *gutes Aussehen.* Daas hèt e Gattig, *das sieht gut aus.* Das hèt kai Gattig, *das sieht unansehnlich aus.* Us der Gattig koo, *an Ansehnlichkeit verlieren* (Kron).

gattig[+] *artig, nett, ordentlich.*

Gätzi s. *(metallene) Schöpfkelle; it. cazza.*

Gaudi s. *Spass, Vergnügen, Lustbarkeit; lat. gaudium.*

Gauggeli[+] s. *närrisches Kind* (Kron).

Gaul m. (Gail) *Ross, Pferd, Zugpferd.* Ra.: Mach mer der Gaul nit schych, *reiz micht nicht.*

gaule[+] (gault) *herumspielen, z.B. von jungen Hunden* (Fridolin).

gaume (gaumt) *unterhaltend betreuen, hüten, sich jds. annehmen.* D Dante hèt Oobe fir Oobe d Kinder gaumt.

Gaawaljee m. *Kavalier, ritterlicher Mann; frz. cavalier.*

gaxe → gaaggse.

ge- (Vorsilbe) → g-, gi-.

Gèbse[+] w. *flaches hölzernes Milchgefäss.* Dim. **Gèbsli**[+] s. *kleine flache Schüssel.*

geege, gege Präp. mit Dat. und Akk. *gegen.* Gege de Viere, *gegen vier Uhr.* Lauffsch geg'n em Määrt aabe (Kron). Gege die Lyt kasch nyt mache.

Geeged w. (-e), **Geegned**[+] w. (-e) *Gegend.* Si isch us der Geeged, *sie stammt aus der nächsten Umgebung.*

gegeniiber *gegenüber.*

Geegi w. *Geographieunterricht* (Schs.).

Gèggs → Gòggs.

gèggschoosig → gèlggschoosig.

gèggstainled[+], **gèggstaint**[+] *kariert, gewürfelt*

(Baerwart).

Geegned → Geeged.

Gèlerètli[+] s. *Taschenuhr; frz. quelle heure est-il?*
(humor.).

Gèlggscheeslerei w. (-e), **Gèlggschooserei** w. (-e),
Gèggschooserei[+] w. (-e) *Kleinigkeit, nichtiges Tun;
frz. quelque chose.*

gèlggschoosig, gèggschoosig[+] *belanglos, nichtig,
sehr durchschnittlich, unbedeutend.*

Gèllert[1] m. *Göller, Schulterkragen; frz. collerette.*

Gèllert[2] m. *Gellert, Flur- und Strassenname im
äusseren Basler Sankt Alban-Quartier.* Si woonen
im Gèllert, ùff em Gèllert. **Gèllertstrooss**
w. *Gellertstrasse.*

Gèlte[+] w. *Traggefäss für Flüssigkeiten, Kübel, Kanne.*
Gèltezùmft w. *Basler Zunft zu Weinleuten,
benannt nach der Kanne im Wappen.*

Gemisees, Gimesees *Gemuseus (Familienname).*

Geeni m. *Eugen.* Dim. Geeneli m., s.

gènne → gùnne.

Gèpfi[+] w. *Gleichgewicht, kritischer Moment,
da ein nur halb aufliegender Gegenstand fallen wird.*
Ùff der Gèpfi, *auf der Kippe.*

Gèppel m. *Göpel, Fahrrad, Fahrzeug* (pej.).

Gèèrgeli m., s. *Georg.*

gèèrpsle (gèèrpsled) *leicht rülpsen, kleine Rülpser
von sich geben.*

Gèèrtel m. *Hippe, Schlagmesser zum Holzen.*

gèschtert *gestern.* Das Fèscht gèschtert,
das gestrige Fest.

Geeti[+] m. *Goethe.* Der Geeti sait, *Goethe sagt.*

Gètti m. 1. *Pate, Taufpate.* 2. [+] *männliches Patenkind*
(Kron). **Gèttibatze** m. *Geldgeschenk des Paten.*
Gèttibueb m., **Gèttikind** s., **Gèttimaitli** s. *Patenkind.*
3. *Protektor* (pej.) Die Stèll hèt er au nùmme bikoo,
wil er e Gètti im Verwaltigsroot hèt. 4. *gutmütiger,
freundlicher Mann* (eher pej.). Do sinn e baar alti
Gètti gsässe.

Gètz m. (-e) *Götze.* Dim Gètzli s.

gfalle (gfalle; Kond. gfiel/gfiélt) *gefallen.*
Duu gfallsch mer! *Das könnte dir so passen.*

Gfängnis w. *Gefängnis.* Maryyaa im Gfängnis,
Mariä Empfängnis (humor.).

gfäärlig, gfèèrlig *gefährlich.*

Gfäärt s. *Gefährt, Fahrzeug.* Dim. Gfäärtli s.

gfätterle → gvätterle.

Gfèll s. 1. *Gefälle.* 2. *glücklicher Zufall, Glück,*

Chance. Gfèll haa, *Glück haben.*

gfèllig 1. *dienstbereit.* E gfèllige Bùùrsch.
2. *ansprechend.* Gfèlligi Muusig. 3. Was isch gfèllig?
Was darf es sein, was hätten Sie gern? 4. Leend das
gfèlligscht syy, *lasst das gefälligst sein.*

gfèèrchtig[+] *furchterregend, fürchterlich.*

gfèèrlig → gfäärlig.

Gfiel s., jg. **Gfyyl** s. *Gefühl* (eher mundartfremd).

gfitzt 1. *sehr elegant, üb](über]elegant.* 2. *clever,
raffiniert, schlau.*

Gflääder s *Geflatter.*

Gfluech s. *Gefluche.*

Gfòòr w. (-e) *Gefahr.*

gfrait *gefreut, erfreulich.* Gfraiti Kinder.
E gfraiti Aarbed.

Gfrääs s. (Gfrääser) 1. *hässliches Gesicht, Fratze,
Grimasse.* 2. *Gesicht* (vulg.). Dim. **Gfrääsli** s.
nettes Gesicht, Kindergesicht (humor.).

gfrääs, gfrääss *gefrässig.* Gsùnd ùnd gfrääs,
kerngesund (humor.).

Gfräss s. *Fresserei.*

Gfrääss s. *schlechtes Essen* (pop.).

Gfrèèrli s. *frostempfindlicher Mensch.*

gfriere (gfròòre) *gefrieren.* Im Winter gfriert s Wasser.

Gfrischt s. (nur Sing.) *Frostbeulen.*

gh- → auch k-.

Ghaggts s., **Ghägg**[+] s., **Ghäggs**[+] s. *Gehacktes,
Hackfleisch.*

ghaim *geheim.*

Ghalt m. (Ghälter) *Lohn, Salär, Gehalt* s.
Dim. **Ghältli** s. *kleines Salär* (pej.).

Ghältli[+] s. *Aufbewahrungsort, Geheimfach in
Möbelstück* (Seiler).

Ghängel[+] *Glockenschwengel* (Meyer).

Ghängg s. (Ghängger) 1. *Gehänge.* 2. *Aneinander-
hängen, unklar-verwickelte Beziehung.*
Er hèt mit e baar Frauen e Ghängg. 3. [+] *männliche
Geschlechtsteile.*

ghässig *gehässig.*

Gheeg s. *Gehege.*

gheie (gheit) 1. tr. *werfen* (pop.). 2. intr. *fallen,
stürzen* (pop.). Er isch ùff der Ranze, ùff d Schnùùre
gheit (pop.). 3. sich gheie, nur mit Negation:
I ghei mi nit drùm, *ich kümmere mich nicht darum.*
Si gheit sich e Drägg ùm das Verbòtt (pop.).

Gheiminitdrùm m., **Gheiminyt**[+] m., **Gheidinyt**[+] m.
jemand, der sich um nichts kümmert, Luftikus.

Ghèèr s. *Gehör.*

ghèère[1] → **hèère.**

ghèère[2] (ghèèrt) *gehören.* Das Buech ghèèrt em Vatter. Däm Luusbueb ghèère Briigel. Das ghèèrt sich nit, *das ziemt sich nicht.*

ghèèrig *gehörig, stark, ziemlich.* Si händ ghèèrig gschùmpfe. I haan e ghèèrige Hùnger.

Ghètz w. *Gehetze, Hetze.*

Ghyyl s. *Geheul, Gejammer.*

ghyyr *geheuer.*

Ghiirscht s. (nur Sing.) *Gestrüpp, dorniges Gebüsch.*

Ghyys s. (Ghyys/Ghyyser) 1. *Gehäuse.* 2. [+]*Behausung* (Kron).

ghyysled *kariert, gewürfelt.* Ghyyslede Bligg, *Zuchthäuslerblick* (humor.).

ghuuche → **huuche.**

ghufftig *gehäuft, vollgehäuft.* E ghufftige Lèffel Zùgger. E ghufftig vòll Fass.

Ghùggede w. *«Gehocke», enges Beieinandersitzen* (Heusler).

Gibätt s. (Gibätt/Gibätter) *Gebet.*

Gibei[+] s. *Gebäude* (Kron).

Giibel m. 1. *Giebel.* 2. ütr. *Kopf* (Schs.). I hau der aini ùff der Giibel!

Gibòòrz s. *mühsames Arbeiten.*

Gibòtt s. 1. *Gebot.* Die zää Gibòtt. 2. *Angebot.* Wär macht e Gibòtt? *Wer bietet?*

gyyde (gyyded) *verschwenderisch leben, verschwenden.* Diend nit mit em Wasser gyyde.

Gyyder m. *Verschwender.*

Gyydi m. *Gedeon, Gideon.* Dim. Gyydeli m., s.

Gidicht s. *Gedicht.* Dim. Gidichtli s.

gidraue, sich (gidraut) *wagen.* Er hèt sich nit gidraut èppis z saage. Si gidraut sich nit elai ùff d Strooss.

Gidùld w. *Geduld.* **Gidùldsdääfeli** s. *kleines zuckerbrotartiges Plätzchen mit Bergamottölgeschmack.*

Giessfass[+] s. (Giessfässer) *mit Hahn versehener zinnener oder kupferner Wasserbehälter, mit dessen Wasser man sich die Hände wäscht.*

Gieti w. *Güte.*

Gifferli → **Gùffere.**

Gift s. 1. *Gift.* 2. [+]*giftige Gesinnung.* Si hèt e Gift ghaa (Müller). **Giftkachle** w., **Giftnuudle** w., **Giftspritzi** w. *Frau mit bösartigem Mundwerk.* **Giftschysser** m. *bösartiger, giftiger Schwätzer.*

giftele (gifteled), **giftle** (giftled) *giftig reden, sticheln.*

gyygampfe (gyygampft) *wippen, schwanken,*

schaukeln, sich auf Balkenschaukel auf- und abbewegen.

Gyygampfi w. (Gyygampfene) *Balkenschaukel, Wippe.* Kinderspruch: Gyygampfi Wasserstampfi.

Gyyge w. 1. *Geige.* Dim. Gyygeli s., Gyygli s. 2. *Frau* (pej., vulg.). Die bleedi Gyyge!

gyyge (gygt) 1. *geigen, Geige spielen.* Kaasch mer gyyge, *du kannst mich gern haben* (pop.). 2. [+]*herumzerren* (Mähly). 3. *harmonieren* (pop., 20. Jh.). Es gyygt zwische däne baide.

giigele (giigeled) *herzhaft lachen, grundlos kichern.*

Giigelsùppe w. *Lachlust, nicht enden wollendes Lachen* (fam.). Hèsch Giigelsùppe gässe? *Warum lachst du so grundlos?*

Giggel m. *Hahn.* Der Giggel schysst in Ryy[+], *der Westwind bläst (wenn der Wetterhahn auf dem Martinskirchturm seinen Schwanz gegen den Rhein wendet).* Verh.: Der Giggel sòll en hoole, *der Teufel...* **Giggelsaich** m. *Gesöff, schlechter Kaffee* (humor., Seiler). Dim. **Giggeli** s. *Hähnchen, Brathähnchen.* **Giggeligòttsagger** m. *Bauch* (humor.).

giggele (giggeled) *verstohlen, heimlich gucken, spähen.*

giggelroot *puterrot.*

gyggeriggyy *kikeriki (Ruf des Hahns).*

Giggernillis m. *wertloses Zeug, Krimskrams.*

Gyygi *Geigy (Familienname).*

Gyggs m. *kurzer, schriller Schrei.* Wäder Gyggs no Gaggs saage, *überhaupt nichts sagen.* Wäder Gyggs no Gaggs wisse, *gar nichts wissen.*

gyggs uusglacht (hämisch-höhnischer Zuruf, Schs.).

gyggse (gyggst) 1. *kurze, schrille Schreie ausstossen.* 2. *quietschen (z.B. Türangel).*

Gikäär s. *Gequengel, Geschimpfe, Gezänke.*

Gikitter s. *verhaltenes Gelächter* (Meyer).

Gille w. 1. *Jauche.* Glaar wie Gille, *völlig unklar* (humor., pop.). Vers zum ersten April: Abrille gsprängt, in d Gille glängt! Ra.: In d Gille länge, *etwas Verkehrtes sagen oder tun, ins Fettnäpfchen treten.* **Gillebùmpi** w. *Jauchepumpe.* **Gillekaare** m. *kleiner Jauchewagen.* **Gillelòch** s. *Jauchegrube.* **Gillerugger** m. a) *Unke.* b) *Made in der Jauche* c) [+]*Kanalarbeiter, Entleerer der häuslichen Jauchegruben* (humor.). d) ütr. *Schmutzfink.* **Gillesuuger** m. *Tabakspfeife* (humor.). **Gillewaage** m. *Jauchewagen.* 2. *Gesöff, schlechter Kaffee oder Tee* (pop.).

gille (gillt) *Jauche verteilen.*

gillere (gillered) 1. *Jauche verteilen.* 2. *kräftig zechen* (pop., 2. H. 20. Jh.).

Gimesees → Gimisees.

gimmele (gimmeled), **gùmmele** (gùmmeled) *radieren.*

Gimmeli s. *Gymnasium* (Schs.).

Gimmerhoolmerlängmer m., **Gimmerùndlängmer** m., **Hoolmerlängmer** m., **Längmer** m. *einer, der in untergeordneter Stellung alle mögliche Arbeit leisten muss, Faktotum* (humor.).

gimperig *zu Hüpfen und Springen aufgelegt, fröhlich, mutwillig.*

gimperle (gimperled) *kleine Sprünge machen.*

Gingg m. *Fusstritt.*

Ging'gang[+] *kleingewürfeltes Baumwollgewebe; frz. guingamp* (Kron).

gingge (ginggt) *Fusstritte geben, ausschlagen (Pferd).*

ginne (gùnne) *pflücken, ernten (Obst, Hülsenfrüchte).*

Gipfel m. 1. *Gipfel.* 2. *Kipfel, Hörnchen (Gebäck).* Dim. Gipfeli s.

Gipfli → Gùpf.

Gips m., **Jips**[+] m. 1. *Gips.* 2. *dummes Zeug, Unsinn.* Verzèll dòch kai Gips. 3. *Geld* (Höschs.).

Gyyr[+] m. (-e) *Geier.* **Gyyregaarte** m. *Geiergarten (Name eines Hauses an der Hebelstrasse).*

Gyyraff m. (-e) *Giraffe.* Dim. Gyyräffli s.

gyyre (gyyrt) *knarren, quietschen.*

girisse → grisse.

Gischpel m. *unruhiger, fahriger Mensch, Zappelphilipp.*

gischple (gischpled) *unruhig, fahrig sein.*

gischplig *unruhig, fahrig, nervös.*

Gyt[+] m. *Gier.*

gytig *gierig.*

Gitschätter s. *Scheppern, Geklapper, Geklirre.*

gytschle (gytschled) *mit Kutsche herumfahren* (pej.).

gytt *quitt.*

gitterle (gitterled) *mit Medizinflaschen hantieren, quacksalbern.*

Gitterli → Gùttere.

Gitzi s. *Kitze, Zicklein.*

Gywyyf s. in: Ùff em Gywyyf syy, *auf der Hut sein; frz. qui vive?*

gyxe → gyggse.

Gyz m. *Geiz.* **Gyzgnäpper** m. *Geizhals.*

gyzig *geizig.*

Gjääbles[+] s. *Hast, Getümmel.*

Gjätt s. 1. *zu jätendes oder gejätetes Unkraut.*

2. *unwegsame Landschaft* (Höschs.). Die woone naimen im Gjätt.

Gjoomer s. *Gejammer.*

glääbe (gläbt) *kleben.*

glääberig *klebrig.*

Glächter s. *Gelächter.*

glaade *empört, zornig.*

Glaag w. (-e) *Klage.*

glaage (glagt) 1. *klagen, wehklagen.* 2. *gerichtlich klagen.*

glai (glainer, glainscht) 1. Adj. *klein.* Glainer mache, *verkleinern.* Glainer wäärde, *abnehmen, sich vermindern.* Der Ryy wiird glainer, *der Rheinpegel sinkt.* 2. Subst. *Kind.* Der Glai isch grangg. Die Glaine miend jètz in s Bètt.

Glaibaasel s. *Kleinbasel.*

Glaibaasler m. *Kleinbasler.*

glaibig *gläubig.*

Glaibiger m. *Gläubiger.*

Glaich s. *Gelenk, Glied.* Es goot aim frisch in s Glaich, *es fährt einem kräftig in die Glieder* (Liebrich). D Glaich vò der Kèttene, *die Kettenglieder.* Ra.: In s Glaich bringe, *in Ordnung bringen.*

glaichig[+] *gelenkig.*

Glaid s. (Glaider) *Kleid.* 1. *Damenkleid.* 2. *Herrenanzug.* E Glaid aamässe, *Mass für einen Anzug nehmen.* **Glaiderbiirschte** w. *Kleiderbürste.* **Glaiderhoogge** m. *Kleiderhaken.* **Glaiderkaschte** m. *Kleiderschrank.* Dim. **Glaidli** s. a) *kleines Kleid.* b) *hübsches Frauenkleid oder Kinderkleid.*

Glaiff s. *Lauferei, Hin- und Herlaufen.*

glaiffig *geläufig.* Glaiffig Zingli, *rasches Mundwerk* (Hindermann).

Glaihyynige *Kleinhüningen (einstiges Fischerdorf im Norden Kleinbasels, jetzt eingemeindetes Rheinhafenquartier).* **Glaihyynigergòld** s. *Doublé, Messing* (humor.).

Glais s. *Geleise.* Ra.: Us em Glais koo, *Konzept verlieren, aus der Bahn geraten.*

Glammere w. *Klammer.* Dim. **Glämmerli** s. *Wäscheklammer.* **Glämmerlisagg** m. *Umhängebeutel für Wäscheklammern, ütr. unförmiger Mensch* (humor.).

glängge[+] (glänggt) *mit der Glocke Zeichen geben, einläuten.*

Glanz m. 1. *Glanz.* 2. [+] *Rausch* (Baerwart).

glänzig *glänzend, gleissend, strahlend.* E glänzige
Hooseboode.

Glapf m. (Gläpf) 1. *Knall.* Ùff ai Glapf,
auf einen Schlag, plötzlich. 2. *Klaps.* 3. *Rausch.*

Glappe w. 1. *Klappe.* 2. *Maul, Mund* (humor., pop.).
Mach d Glappe zue! *Schweig!* 3. *Bett* (pop.).
I hau s in d Glappe, *ich gehe zu Bette* (pop.).

glappe (glappt) *klappen, gelingen.* Hèt alles glappt?

Gläpper m. 1. *Ohrfeige.* 2. *Rausch.* **Gläppergässli** s.
nur in: In s Gläppergässli lauffe, a) *in eine dumme
Situation geraten.* Er isch mer in s Gläppergässli
glòffe, *ich habe ihn geohrfeigt* (pop., 2. H. 20. Jh.).
b) *Rausch bekommen* (pop., 2. H. 20. Jh.).

Gläppere w. 1. *Klapper, vorfasnächtliches Knaben-
spielzeug (Brettchen mit zwei an Stahlfedern
befestigten Bleikügelchen, mit dem sich das
Trommeln nachahmen lässt).* 2. *Vagina* (vulg.).
3. *abgewirtschaftete Dirne* (vulg.).

gläppere (gläppered) *klappern, scheppern, mit der
Gläppere hantieren.* S hèt gläppered, *es kam zu
einer harten, tätlichen Auseinandersetzung* (pop.).
Jètz hèt s gläppered, *jetzt ist das Unglück passiert.*

glaar, glòòr [+] (Meyer u.a.) *klar, wolkenlos.*

Glaara → Glòòre.

Glääri s. *Klara.* Dim. Gläärli s.

Glaaryys s., **Glòòryys** [+] s., jg. **Glattyys** s. *Glatteis.*

Glaas s. (Gleeser) *Glas.* **Gleeserdiechli** s. *Tuch zum
Abtrocknen und Glänzen der Trinkgläser.*
Dim. **Gleesli** s. 1. *Gläschen.* 2. *Glas Wein.*
Mer händ midenander e Gleesli drùngge.

Glascht m. *blendender Glanz.*

glaschte (glaschted) *hell glänzen, gleissen.*
Der See glaschted in der Sùnne.

glaschtig *blendend, gleissend, strahlend.*
Glaschtige Sùmmerdaag.

glaasere (glaasered) *Glaserhandwerk betreiben.*

glaasig → gleesig.

Glass w. (-e) *Klasse, Schulklasse.* **Glassebuch** s.
Klassenbuch. **Glassehändel** m. *Kampf zwischen
Schulklassen im Schulhof oder auf der Strasse.*
Glassewysyte w. *Einladung für eine Schulklasse in
die Wohnung eines Mitschülers.*

Glasse w. *Speiseeis; frz. glace.* **Glassemännli** s.
Eisverkäufer mit Wägelchen.

Glätscher m., jg. **Glètscher** m. *Gletscher.*
Glätschermilch w. *Absinth.*

glatt (glètter, glèttscht) 1. *glatt, geschliffen.* 2. *lustig,*

rassig, unterhaltsam (pop.). I haan e glatten Ùnggle.
E glatte Film.

Glätte w., jg. **Glètte** w. *Klette.*

glättere (glättered) *klettern.*

Glattyys → Glaaryys.

glaub *wie ich glaube oder vermute, meines Wissens.*
Si sind glaub verraist.

glaube (glaubt) *glauben.* Ra.: Draa glaube miese,
Schlimmes erdulden, sterben.

Glaun m. (Glain) *Clown.* Dim. Glainli s.

Glaus m. 1. *Klaus, Niklaus.* 2. *Dummkopf,
Schwachkopf, Nichtskönner* (pop., Mitte 20. Jh.).

Glee m. *Klee.* **Gleeblatt** s. *Kleeblatt.*

glèchled *mit kleinen Löchern versehen,
fein durchbrochen, gelocht.*

Gleeger m. *Kläger.*

glèggle (glèggled) *mit kleinen Glocken oder Schellen
klingeln.*

Glèggli → Glògge.

Gleemens m. *«Delirium tremens», starker Rausch*
(Höschs).

glèmme (glèmmt) *klemmen.* S glèmmt, *es geht nicht
recht vorwärts.*

Glèmmi w. (Glèmmene) *Klemme.* In der Glèmmi,
in starker (oft ökonomischer) Bedrängnis.

gleene (gleent) *klönen, klagen.*

Glèpfdròtschge [+] w. *Motorrad* (humor., 1. H. 20. Jh.).

glèpfe (glèpft) 1. *explodieren, knallen.*
S Fyyrwäärgg glèpft. 2. *entzweigehen, reissen.*
D Schnuer isch glèpft.

Glèpfer m. 1. *Knallbonbon.* 2. *Zervelatwurst.*
3. *untauglicher Mensch, Nichtskönner* (pop.).

Glèpferei w. (-e) *Knallerei, Schiesserei.*

glèpferle (glèpferled) 1. *leicht klopfen.* 2. *leicht
knallen.*

Glèpfschyt s. (Glèpfschyter) 1. *Gewehr, Karabiner*
(Ss.). 2. *böse Frau* (pop.).

Glèschli → Glòsche.

gleesig, gleese [+] (Kron), jg. **glaasig** *gläsern, glasartig,
glasig.* E gleesige Bligg.

Glètte → Glätte.

glètte (glètted) 1. *glätten, glatt machen.* 2. *bügeln,
plätten.*

Glèttede w. *Bügelei, Bügeltag.*

Glèttefyss [+] m. *Kerl* (Fridolin).

Glèttere w. *Büglerin, Plätterin.* **Glètterebeedli** s.
Ferienort für bescheidene Ansprüche (pej.).

Glètterevermeege s. *bescheidenes Vermögen, etwas Erspartes.* **Glètterewyy** [+] m. *Wein für die im Privathaus arbeitende Plätterin,* ütr. *billiger oder schlechter Wein* (humor.).

Glèttidisch m. *Bügeltisch.*

Glèttiduech s. (Glèttidiecher) *Bügeltuch, Bügelunterlage.*

Glèttimaa m. (Glèttimänner) *grosses Bügelbrett.*

Glèttioofe m. (Glètti'eefe) *Kohlenofen zum Aufheizen der massiv-eisernen Bügeleisen.*

Glèttyyse s. *Bügeleisen.* **Glèttyysegass** w. *Rheingasse, nach einem dort in den 1930er Jahren mittels Bügeleisen verübten Mord* (humor., Höschs.). Dim. **Glèttyyseli** s. 1. *kleines Bügeleisen.* 2. *bestimmter Trammotorwaren, Waldenburgerbahn* (humor.).

glèttyysele (glèttyyseled) *mit am Boden bleibenden Füssen kleine Schritte tun.*

Glèttistùùbe w. *Bügelzimmer.*

glètzle (glètzled) *nach fallenden Holzklötzchen tönen* (Schneider).

Gleezi m. 1. *wunderlicher, dummer oder langweiliger Kerl.* 2. *Name eines Basler Pfeifermarsches.*

glyy, glyych [+] (glyyner, glyynscht) *bald, sogleich.* Glyy wiird s Winter. Kènnen er nit glyyner koo? Mit der Yysebaan sind er am glyynschte z Ziiri, *...am raschesten.*

Glyänt m. (-e) *Klient, Kunde.*

Glibd s. *Gelübde.*

Glyybi w. *Umgebung des einstigen Klybeck-schlösschens im untern Kleinbasel, Klybeckquartier.* **Glyybischlèssli** s. *Klybeckschlösschen.*

glyyble (glyybled) *klauben, kratzen.*

glyych, glyychlig 1. *gleich, gleichartig.* Er isch glyych wie sy Vatter. Si liist die glyychlige Biecher wie ir Maa. Èppisem z glyych see, *Stil, Allüre haben, nach etwas aussehen.* Si gsäächen ùns sälber z glyych, *sie glichen uns selbst* (Burckhardt). 2. *egal, gleichgültig.* S isch mer glyych. 3. *auch.* S syyg em äärnscht, dieng er glyych der Naare mache, *...auch wenn er den Narren spiele.* 4. *gleichmässig.* Glyychlig strigge.

glyyche (gliche) *gleichen.*

Glyychgwicht s. *Gleichgewicht.*

Glyychnis s., **Glyychnùs** [+] s. *Gleichnis.*

Glyychschwäärli s. *süsses Kleingebäck, dessen Hauptbestandteile je dasselbe Gewicht haben.*

→ auch: Madleenli.

Gliid s. (Gliider) *Glied.* Dim. Gliidli s.

Gliechter s. *Gelichter, Gesindel, Pack.*

glie'e (gliet) *glühen.*

glie'ig *glühend.*

Gliiger [+] s. 1. *Unterlage, Fassgestell* (Meyer). 2. *Bett.*

Gligg s. *Glück.* **Gliggsagg** m. *Sack voll Kleie, aus dem die Kinder kleine Geschenke oder Süssigkeiten herausfischen dürfen.*

Glygge (Glygge / Glyggene) 1. *Clique, Klüngel, Gruppe;* frz. *clique.* 2. *Basler Fasnachtsvereinigung.* Dim Glyggeli s.

gligglig 1. *glücklich.* 2. Adv. *zu guter Letzt.* Hèsch jètz gligglig dòch no verlòòre?

Glimper m. *Geld* (Schs., Höschs.).

glimpere (glimpered) 1. *klimpern.* 2. *Klavier spielen* (pej.).

Glimse [+] w. *enger Spalt, Türspalt, Ritze.* Dim. Glimsli s. D Diiren amene Glimsli loo, *die Tür ein Spältchen weit offenlassen.*

glyyschperle [+] (glyyschperled) *lispeln, rascheln, säuseln* (Baerwart).

glischtele (glischteled), **glischtle** (glischtled) *lüstern sein.*

Glischteler m., **Glischtler** m. *verhemmter Lüstling.*

glischtle → glischtele.

Glischtler → Glischteler.

glyysle (glyysled), **lyysle** (glyysled) *flüstern, tuscheln.*

Glyt s. *Geläute.*

Glitter m., **Glùtter** m. *Geld* (Höschs.).

Glitteri m. *verwahrloster, alter Mann* (pop.).

Glitterliwasser s. *Mineralwasser* (20. Jh.).

Gloofter [+] m., jg. **Glafter** s. *Klafter, Holzmass von 3,386 m³.*

Glògge w. *Glocke.* **Glòggestùùbe** w. *Glockenstuhl.* **Glòggezins** m., **Glòggezùùg** m. *mutwilliges Türglockenläuten.* **Glòggezùùg** m. *Klingelzug.* Dim. Glèggli s. Er hèt wider Glèggli ghaa, *er hat wieder Glück gehabt* (humor., fam.). **Glègglibaiass** [+] m., **Glègglimaa** [+] m. *marktfahrender Musikant mit Vielfachinstument und Glöckchen am Messinghut.* **Glègglimuschee** s. *bestimmtes Kinderspiel im Dunkeln.* **Glèggliwaage** [+] m. *Kehrichtwagen mit an einer Stahlfeder schwingender Glocke* (bis 1930er Jahre).

Gloope m. (Gleepe) 1. *Pfote.* 2. *Hand* (pop.). I haa mainaidig an d Gleepe gfròòre.

glòpfe (glòpft) 1. *klopfen, schlagen.* An d Diire glòpfe. Mylydäärdienst glòpfe, *Militärdienst leisten* (pop.). 2. *prügeln* (Höschs.). Mues i di glòpfe?

Glòpfgaischt m. (Glòpfgaischter) 1. *Klopfgeist, besonders derjenige an der Utengasse Anfang 1930er Jahre.* 2. *Name eines Trommelmarsches.* 3. *Pseudonym des Baseldeutschpromotors Robert B. Christ, alias Fridolin (1904–1982).*

Glòpfyylaag w. (-e) *Prügelei, Schlägerei* (Höschs.).

glòòr → glaar.

Glòòre + w., **Glaare** w. *Sankt Klara, Klarakirche.* **Glòòregraabe** m., *Klaragraben.* **Glòòrekiirche** w. *Klarakirche.* **Glòòrematte** w. *Grünanlage im Norden der Klarakirche.*

Glòòryys → Glaaryys.

Glòsche w. *gläserne Glocke, Glassturz; frz. cloche.* Dim. **Glèschli** s. 1. *kleiner Glassturz.* 2. *Bierflasche* (Höschs.). E Glèschli bloose, *eine Flasche Bier trinken.*

Glooschter m. (Gleeschter) *Kloster.* **Glooschterfiechte** *Klosterfichten, Schulheim und Hof im Süden des Kantons Basel-Stadt.* Dim. Gleeschterli s.

Glòtz m. (Glètz) 1. *Klotz, grosses Stück.* Yystainer Glòtz, *felsiger Berg bei Istein (Südbaden).* Dim. **Glètzli** s. *Bauklötzchen.* 2. *Geld* (Höschs.).

gluube + (glubt) *klauben.*

Gluuberei + w. (-e) *Klauberei, mühsame Kleinarbeit.*

Gluubis m. *Geld* (pop., 2. H. 20. Jh.).

Glùùdi m. *Schnecke* (fam.).

Gluet w. (-e) *Glut.* Dim. Glietli s.

Glùft[1] w. (Glift) *Kluft, Spalt.*

Glùft[2] w. (Glùfte) *Anzug, Uniform* (pop.). Dim. Gliftli s. *Anzug* (Blasius).

Glùgger m. 1. *Marmel.* **Glùggerbaan** m. *Gestell zum Rollenlassen von Marmeln.* **Glùggerjùùd** m. *erpichter, geiziger Marmelspieler* (Schs.). **Glùggersagg** m. *Säckchen für Marmeln.* Dim. Gliggerli s. 2. *Auge* (pop.). 3. *Hoden* (vulg.). **Glùggersagg** m. *Hodensack* (vulg.).

Glùggere w. 1. *Gluckhenne.* 2. ütr. *allzu fürsorgliche Mutter* (humor.).

glùggere (glùggered) *mit Marmeln spielen.*

glùggse (glùggst) 1. *Schluckauf haben, aufstossen.* 2. *gluckern.* S Wasser glùggst im Ablauff.

Glùggsi m. 1. *Schluckauf.* 2. *Name eines Basler Trommelmarsches.*

Glùmp s., **Glùmps** s. *Gerümpel, Plunder,*

Unordnung, Zeugs.

glùmse (glùmst) *glimmen, schwach glühen, schwelen.*

glùmsig *glimmend, schwach glühend.*

glùnge 1. *amüsant, lustig, spassig, unterhaltsam.* S isch e rächt e glùngenen Oobe gsii. Si isch e glùngeni Nuudle. 2. *originell, interessant.* E hailoos glùngene Vòòrdraag. 3. *merkwürdig, seltsam.* Das isch au non e glùngene Keebi, ...*merkwürdiger Kauz.* S isch mer ganz glùnge zmuet. S isch schò nò glùnge, dass niemets kùnnt.

Glùngge w. *Pfütze, kleiner Tümpel.* Dim. Glingg(e)li s.

glùngge (glùnggt) 1. *trödeln, Zeit verschwenden.* 2. *sich lässig oder in ungepflegter Aufmachung fortbewegen.* Si sind in s Glaibaasel iibere glùnggt.

Glùnggi m. 1. *trödelnder Mensch.* 2. *nachlässig gekleideter Mensch.*

glùnggig *trödelnd, nachlässig, saumselig.*

gluure (gluurt) *glotzen, starren, angestrengt schauen.*

Gluuriaug s. (-e) *Glotzauge.*

Glùscht m. (Glischt) 1. *Gelüste, Lust (auf etwas).* I haa Glùscht ùff Schòggelaade. I haa kaini bsùndere Glischt. Der Glùscht biesse, *seine Gelüste vollauf befriedigen.* 2. + *besonders lecker zubereitetes kleines Gericht* (Fridolin). Dim. Glischtli s.

glùschte (glùschted) 1. *gelüsten.* S glùschted mi go z baade, *ich habe Lust zu baden.* 2. *lüstern sein.* De Maitli luege d Buebe noo, was händ si au so z glùschte? (Liebrich).

Glùschti m. 1. *Möchtegern.* 2. *Lüstling.* Alte Glùschti, *lüsterner alter Mann, Lustgreis.*

glùschtig 1. *begierig, lüstern.* Si sind glùschtig ùff e guet Ässe, ùff jùngi Maitli. 2. *Gelüste weckend, lecker.* Glùschtige Schùngge. Ain glùschtig mache, *jdm. den Speck durchs Maul ziehen.*

Gmäch + s. (Gmäch / Gmächer) *Gemächt, männliche Geschlechtsteile, Lendengegend.*

gmain 1. *gemein, schurkisch.* 2. + *leutselig, freundlich, herablassend.*

gmaintschelig *eher gemein, eher ordinär.*

Gmied s. *ständiges, lästiges Bitten, Quengelei.*

Gmies s. (Gmies / Gmieser), **Gmiesel** + s. (Hindermann) 1. *Gemüse.* Ütr. Jùng Gmies, *unreife junge Leute.* **Gmiesblätz** m. *Stück Gemüseland, Familien-, Schrebergarten.* 2. *wertloses Zeug.*

Gmiet s. (Gmieter) *Gemüt.* Ùff s Gmiet schloo, *deprimieren, traurig stimmen.* Das Räägewätter

schloot eren ùff s Gmiet. Aifach Gmiet, *harmloser,
naiver, primitiver Mensch.* **Gmietsatleet** m.,
Gmietsmòòre w. *Gemütsmensch, Phlegmatiker,
der sich nicht aus der Ruhe bringen lässt* (pop.).
gmietlig *gemütlich.*
gmùtzt → **mùtze.**
Gnaab m. (-e) *Knabe, Bursche.* Alte Gnaab,
älterer Herr (humor., pop.). **Gnaabemuusig** w.
Knabenmusik.
Gnächt m. *Knecht.* Dim. Gnächtli s.
Gnaad w. (-e), **Gnood** [+] w. (-e) *Gnade.*
gnaage (gnagt) *nagen.* Ra.: Nyt z gnaagen ùnd nyt
z bysse haa, *bettelarm sein.*
gnäägge → **nääge.**
Gnägges m., **Gnäggis** m. *Knabe, Kind* (20. Jh.).
Gnäggi m. *alter Mann* (humor., Blasius).
Gnääggi → **Nääggi.**
gnääggig → **nääggig.**
Gnaagi w. *gesottene Schweinshaxe, Eisbein* (20. Jh.).
gnaisse (gnaisst) *genau hinsehen, spähen*
(2. H. 20. Jh.).
Gnall e Fall «*Knall und Fall*», *ganz plötzlich.*
gnaarfle [+] (gnaarfled) *mit den Zähnen knirschen
oder mahlen.*
Gnäscht s. *unruhiges Hin- und Herbewegen.*
gnätsche (gnätscht) 1. tr. *Weiches oder Nasses
zusammendrücken,* intr. *das entsprechende
Geräusch von sich geben.* Si gnätscht s Naasduech
zämme, dass es nùmmen eso gnätscht. 2. *schmatzen.*
gnätschblau *intensiv blau, wie gequetschte
Körperstellen.*
gnätte (gnätted) *kneten.*
gnättig *gut knetbar.*
gnau *genau, genau nehmend.* I haan e ganz e gnaue
Schèff.
gnausig [+] *knauserig* (Hoffmann).
Gneebel m. *Knebel.* Ùff der Gneebel kauffe,
auf Kredit kaufen.
Gneedli → Gnoode.
gneeggse [+] (gneeggst) *missmutig klagen* (Baerwart).
Gnei s. *Knie.* Iber s Gnei nää, *zum Prügeln übers
Knie nehmen, prügeln.* Raa.: Ùff de Gnei syy,
körperlich oder seelisch erschöpft sein. Waichi Gnei
bikoo, *Angst bekommen.* **Gneiäggte** [+] m.
Kniekehle. **Gneiblätz** m. *flaches Gebäck aus
gewöhnlichem Teig, in Butter gebacken* (Seiler).
Gneischlòtteri m. 1. *Kniezittern.* 2. ütr. *Angst.*

Gneischnapper m. *Knieschmerz nach längerem
Bergabgehen.* **Gneistògg** m. *Kniestock, niedrige
Dachstuhlwand.* Dim. Gneili s.
gneie (gneit), **gneile** (gneiled) *knien.*
gneilige *kniend, auf den Knien.* Si hèt gneilige
der Boode gfägt.
Gnèlle w., **Gnille** w. *Kneipe, Restaurant* (Höschs).
Gnèlleschèff m. *Wirt* (Höschs.).
gnèlle (gnèllt) *mit hellem Geräusch zerbrechen,
zerbersten.*
Gnèlleli s. *kleine Knolle, kleiner Knollen.*
gnèpfle (gnèpfled) 1. *prügeln.* 2. *einen bestimmten
Trommelstreich trommeln.*
Gnèpfli → Gnòpf.
Gnèpflis [+] s. *Prügel, Streiche.* Gnèpflis gää, bikoo.
gneetelig, gnootelig *etwas rüpelhaft, eher ungehobelt.*
gnyyble (gnyybled) *klauben.* In der Naase gnyyble.
Gnyyblerei w. (-e) *Klauberei, mühsame Feinarbeit.*
gniegele (gniegeled) *nachgerade genug sein,
Überdruss bewirken.* S gniegeled mer langsam.
gniempe (gniempt) 1. *mühsam gehen.*
2. *gesundheitliche Schwierigkeiten haben.*
3. *knausern.*
Gniempi m. 1. *einer, der nur mühsam gehen kann.*
2. *Kümmerling, Geizhals.*
Gniggstaari w. *Genickstarre.* **Gniggstaarloosche** w.
vorderster Kinoplatz (Höschs.).
Gnille → Gnèlle.
Gnipferli [+] s. *Seidenfoulard, kleines Halstuch.*
Gnippel m. 1. *Knoten (in Seil u.ä.).* 2. *Durcheinander
im Kopf, Denkblockierung.* 3. *Rausch* (20. Jh.).
gnippelstier *völlig ohne Geld, mittellos* (Höschs.).
gnipple (gnipple) *knoten.*
Gnipplede w. *Durcheinander von Knoten.*
gnipplig *mit zahlreichen Knoten versehen.*
Gnischt s. (Gnischter) «*Geniste*», *alte und enge
Häusergruppe, altes und baufälliges Haus.*
Gnooblech m., jg. **Gnooblauch** m. *Knoblauch.*
Gnòche m. (Gnòche/Gnèche) *Knochen.* Alte Gnòche,
alter Mann (pop.). Kai Gnòche, *überhaupt niemand*
(pop.). **Gnòchegranz** [+] m. *auf Schnur aufgereihte
Markknochen im Waschzuber zur Zurückhaltung
der Aschenlauge.* Dim. Gnècheli s., Gnèchli s.
gnòchestier *völlig ohne Geld, mittellos* (Höschs.).
Gnood → Gnaad.
Gnoode m. (Gnoode/Gneede) *Knöchel.*
Dim. **Gneedli** s. *Fingerknöchel, Fussknöchel.*

Gnòpf m. (Gnèpf) 1. *Knopf (zum Einknöpfen)*.
2. *Knoten*. E Gnòpf in s Naasduech mache,
Taschentuch mit einem Knoten versehen, ütr. *sich
erinnern wollen*. 3. *Knospe*. Ra.: Der Gnòpf ùffdue,
ùffmache, sich positiv entwickeln. Äntlig hèt der
Hans der Gnòpf ùffdoo. 4. *kleiner Knabe, Knirps*.
Dim. **Gnòpfli** m. *Dreikäsehoch, Knirps*.
Dim. **Gnèpfli** s. a) *Knöpfchen*. **Gnèpflimeiel** [+] m.
Pokal mit getriebenen Buckeln. **Gnèpflischue** m.
Schuh zum Einknöpfen. b) *kleine Knospe*.
c) *Prügel auf den Hintern*. d) *Spätzle,
Mehlklösschen, süddeutsche Mehlspeise*.
Gnèpflischiesse s. *Basler Missionsfest, mit vielen
Teilnehmern aus dem Schwabenland* (humor.).
Gnèpflischitz m. *Missionsfestteilnehmer*.
Gnèpflischwoob m. *Spätzleliebhaber* (humor.).
gnòpfstier *völlig ohne Geld, mittellos* (Höschs.).
Gnòòrz [+] m. (Gnèèrz / Gnòòrze) 1. *missratenes
Gebäck*. 2. *Missgestalt*. 3. *Rausch*.
gnòòrze (gnòòrzt) 1. *mühsam arbeiten, sich abmühen*.
2. *nur mit Mühe durchkommen*. Er mues gnòòrze
mit sym Leenli. 3. *geizig sein, knausern*.
Gnòòrzi m. 1. *Kümmerling, kleiner Kerl*.
2. *kleinlicher Mensch, Knauser*.
Gnoot m. (-e) *Knote, Rüpel*.
gnootelig → gneetelig.
gnootig *ungehobelt, rüpelhaft*.
gnuuble [+] (gnuubled) *klauben*.
Gnuublede [+] w. *Klauberei, mühsame Kleinarbeit*.
gnueg, gnue [+] *genug*. Gnueg haa, 1. *genug zum Leben
haben*. 2. *überdrüssig sein*. Bis gnueg, gnueg bis
äänenuuse, gnueg bis oobenuuse, *übergenug,
genug bis zum Überdruss*. Adj.: Mit fyyn gnuegen
Òòre, *mit genügend feinen Ohren* (Schneider).
Dùmm gnuegi Lyt, *Leute, die dumm genug sind*.
gnüfflig *zum Anbeissen hübsch* (Fridolin).
Gnùlleri m. *Kerl* (Höschs.) **Gnùllerisprooch** w.,
Höschsprooch w. *Höschsprache, Kleinbasler
Spezialidiom von den 1930er bis zu den 1950er
Jahren*.
Gnùngele w. *Knäuel (Garn, Wolle u.ä.)*.
Gnùngelebächer m. *Knäuelbehälter*.
Dim. Gningeli s.
Gnuppe m. *Geschwulst, meist mit Eiterbildung*.
gnùùre (gnùùrt) *knurren*.
Gnùùsch s. *Unordnung, Durcheinander von
Zerwühltem*. Gnùùsch im Faadekèèrbli →

Faadekèèrbli.
Gnùss m. (Gniss) *Genuss*. I haa der Gnùss draa,
das macht mir Spass (pop.).
gnutte (gnutted) *knuten, streng behandeln,
tyrannisieren*.
Gnùtti m. *Knüppel, meist aus Seil oder Taschentuch
geknotet*.
gnùttle (gnùttled) *lebhaft liebkosen, z.B. ein Kind,
um es zum Lachen zu bringen*.
goo (gange; Präs. gang, goosch, goot, geend / geen.
Kond. gieng / giengt). 1. *gehen, sich begeben, reisen*.
Er goot iber Land. Si goot ùff Amèèrika.
2. *weggehen, Stelle verlassen*. Äntlig isch dä Bsuech
gange. My Magd goot an der Wienacht. Si isch
gange wòòrde, *sie wurde entlassen* (humor.).
3. *besuchen*. S Suusi goot in die dritti Glass.
Der Fritz goot an d Uni. 4. *geschehen*. Hit mues no
èppis goo. 5. *funktionieren*. D Naaimaschiine goot
nimme. 6. *passen, gut stehen*. Dä Rògg goot ere guet.
7. *dauern, währen*. D Sitzige geend maischtens
z lang. 8. *ergehen*. Wie isch s der au gange?
Wie goot s der? Wendung: Goot s nò? *Bist du
eigentlich verrückt?* (pop., z. H. 20. Jh.).
go, gò, gogo, goge *gehen*, abgeschwächt zur
Bezeichnung von Zukunft oder Zweck. Gang gò
luege. Mer geen gò schwimme. I mues gogen
yykauffe.
Goob w. (-e) 1. *Gabe, Geschenk, Hochzeitsgeschenk,
Spende*. **Goobedaag** m. *Vortag der Hochzeit,
an dem gemäss früher allgemeinem Brauch die
Hochzeitsgeschenke ins Brauthaus gebracht werden*.
Goobedisch m. *Gabentisch*. **Gooberoodel** m.
Wunschliste (des Bautpaars). Dim. Geebli s.
kleines Geschenk. 2. *Begabung, Berufung, Talent*.
Si hèt e bsùnderi Goob, mit de Kinder ùmzgoo.
goobe (gòbt) *zur Hochzeit schenken*. Der Ùnggle
Willi hèt e Kaffiblääch gòbt.
Goof m. (-e) *Kind* (eher pej.). Dim. Geefli s.
Goofere → Gùùfere.
goge → go.
Gògg m. *Koks*. **Gògghammer** m. *Tabakspfeife*
(Höschs.). **Gògghuffe** [+] m. *Schlackenhalde beim
Riehenteich im Kleinbasel*.
gògge [+] (gòggt) *Koks auf Schlackenhalden sammeln*.
Gòggele [+] w. *Morgenhaube der Frau* (Fridolin).
Gòggs m., **Gèggs** m., **Gògg** [+] m. (Hindermann)
halbkugelförmiger Herrenhut, Melone.

Gòggùmmere → Gùggùmmere.

gogo → go.

gòlde → gòldig.

gòldegääl[+], **gòldgääl** *goldgelb.*

gòldig, gòlde[+], **gùlde**[+], **gùldig**[+] *golden.*

Gooli m. *Torhüter; zu engl. goal.*

Gòlz[+] m. (Gèlz) *verschnittenes weibliches Schwein* (Seiler).

Gòòmbel m. *Höhe, Höhepunkt; frz. comble* (pej.).

Gòmfidyyre w., **Gòmfi** w. (pop.). *Konfitüre.*

Gòmmi → Gùmmi².

gòpferdammi, gopferglèmmi → Gòtt.

Gòòrps m. (Gèèrps) *Rülpser.* Ra.: Ùffekoo, ùffstoosse wien e suure Gòòrps, *als etwas sehr Unangenehmes in Erinnerung kommen.* Dim. Gèèrpsli s. **Gèèrpsliwasser** s. *Mineralwasser* (humor., 20. Jh.).

gòòrpse (gòòrpst) *rülpsen.*

Gòòrwee w. *Plage, Fron, lästige Pflicht; frz. corvée.*

Gòsche w. *Maul, Mundwerk.* Dim. Gèschli s. *Mäulchen.*

Gòschdyym s., **Gòsdyym** s. *Kostüm, Fasnachtsverkleidung; frz. costume.*

Gòtlètte w. 1. *Kotelett; frz. côtelette.* 2. *Backenbart.*

Gòtt m. (Gètter) *Gott.* Im Sing. meist: der lieb Gòtt, der Liebgòtt. Dat. em liebe Gòtt, em Liebgòtt.
1. Fluch- und Beteuerungsformeln, teilweise verh.: Gòpferdammi, *Gott verdamm' mich* (vulg.), gòpferdèggel, gòpferdèlli, gòpferdòòria, gòpferglèmmi, gòpfriidstùtz, gòttelètte (Schs.), verdammi, verdèggel, verdèlli, verdòòria, verglèmmi, bigòplige, bigòscht, bigòtt.
2. Segenswünsche und Dankbezeugungen: Bhiet di Gòtt, *behüt' dich Gott.* Bhiet ich Gòtt, *behüt' euch Gott.* Bhiet mi, bhiet is Gòtt, *da sei Gott vor.* Gòttloob, gòttloobedangg, *Gott sei Lob und Dank, zum Glück.* **Gòttesdrämpeler**[+] m. *Frömmler.*

Gòttsagger m. *Friedhof.* **Gòttsaggermies** s. *alte Leute* (vulg., Schs.). **Gòttsaggerjoodel** m. *heftiger Husten* (Höschs.).

Gòttsäärdboodeschand → Äärdboodeschand. Dim. Gèttli s.

Gòtte w. (Gòtte/Gòttene) 1. *Patin, Taufpatin.* **Gòttebääsi** w. *Patin und zugleich Kusine oder Tante.* **Gòttebueb** m., **Gòttekind** s., **Gòttemaitli** s. *Patenkind.* **Gòttelèffel** m. *Silberlöffel, den die Patin jährlich dem Patenkind schenkt, bis das Dutzend*

voll ist. Dim. Gòtti s., Gòtteli s. (Ks.).
2. *geschwätzig-lehrhafte Frau.*

gòttefroo *heilfroh.*

gòttegnueg *übergenug.*

Gòtti m. *Gottfried, Gotthilf, Gottlieb.*

gòttloob → Gòtt.

gòttstreefflig 1. *sehr sträflich, unverantwortlich.* Gòttstreefflige Lyychtsinn. 2. *enorm, sehr.* Er hèt sich gòttstreefflig blamiert.

gòttverlòsse *gottverlassen.* E gòttverlòsse Näscht.

Graab s. (Greeber) *Grab.* **Graabstai** m. 1. *Grabstein.* 2. *Erkennungsmarke des Wehrmanns* (Ss.). Dim. Greebli s.

Graabe m. (Grääbe) *Graben.* Dim. **Grääbli** s. 1. *kleiner Graben, Strassengraben.* 2. *Vertiefung zwischen zwei Betten.* S Kind hèt im Grääbli zwische den Èltere gschlooffe.

graabe (grabt/graabe) *graben.*

Grääbel[1] m. *Kratzer, Kratzwunde.* Dim. Grääbeli s.

Grääbel[2+] s. *Gewimmel, Getümmel, Durcheinander, Gedränge* (Blasius).

Grabinde s. *Graubünden.*

graable (graabled) 1. *krabbeln, wimmeln.* S graabled mer, *ich fürchte mich, es graut mir.* 2. [+] *mit schwachen Händen graben oder wühlen* (Hindermann).

grääble (grääbled) *kratzen, mit Kralle oder Fingernagel.*

graablig *schwindlig, höchst unbehaglich.* S wiird mer diräggt graablig.

Gräbs m. *Krebs.* Si isch am Gräbs gstòòrbe.

Gräbsfueter s. *Zigarette* (Höschs.). Dim. Gräbsli s.

Grach m. (Grääch/Grächer) 1. nur Sing. *Krach, Lärm.* Grach schloo, *aufbegehren, reklamieren.* 2. *Streit.* Si händ schò wider Grach midenander. S hèt wider neï'i Grächer gää, ...*neue Streitigkeiten.*

Grachbrueder m. *Radaumacher, streitsüchtiger Mann.* Dim. **Grächli** s. *kleiner, harmloser Streit.*

Grache m. (Gräche) *Waldschlucht, Tobel.* Die woone naimen imene Grache, ...*weit abgelegen.*

grache (gracht) 1. *krachen.* 2. *zerbersten, zerbrechen, zerreissen* (pop.). S Sail isch gracht.

Grachede w. *Gekrache.*

grächele (grächeled) *leise krachen.*

grächelig *gebrechlich, wacklig auf den Beinen.* Er isch e grächelig alt Männli gsii.

Gracher m. 1. *bestimmter laut explodierender*

Feuerwerkskörper. 2. *Name einer Kirschensorte.*
3. *alter Mann* (pej.). Meist: En alte Gracher.
grächt *gerecht.* Z grächtem → zgrächtem.
Grächtigkait w. *Gerechtigkeit.*
graad (greeder, greedscht) 1. Adj. *gerade.*
E graade Strich. S Fimfi lo graad syy → Fimfi.
2. Adv. a) *soeben.* Er isch grad yynekoo. b) *sofort.*
I kùmm graad. c) *just, ausgerechnet.* Grad äär hät s
am neetigschte. d) *gleich, eben.* Hättsch graad so
guet kènne dehaim blyybe.
graduus *geradeaus.*
graduuse *geradeheraus, offen und ehrlich.*
Er sait allewyyl graduuse, was er maint.
Graaf → Groof.
Graft w. (Grèft) *Kraft.*
grafte+ (grafted) *Kräfte messen.* I haa mit em grafted
(Liebrich).
Graage m. (Grääge) 1. *Kragen.* **Graagegnèpfli** s.,
Graagegnòpf m. *Kragenknopf.* 2. *Schaum im
Bierglas.* Dim. **Graagli** s.
graagle (gragled) *krabbeln, wimmeln.* S hèt graagled
vò Aamaisen in der Kùchi. Graagled vòll,
bis oben voll.
Graaglede w. *Haufe, Gewimmel.* E Graaglede vò
Èpfel isch oben aabe koo. E Graaglede Kinder,
eine grosse Schar Kinder.
graaglig *dicht gedrängt.* Graaglig vòll, *randvoll.*
Graichts s. *Geräuchertes, Rauchfleisch.*
Graaie w. *Krähe.* **Graaiefiess** m. (Plur.) *Krähenfüsse,
kleine Runzeln um die Augen.* **Graaiejòggi** m.
*Ehrenzeichen der Vorstadtgesellschaft zur Krähe
(Spalenvorstadt), mit Krähenmaske.*
graaie (graait) *krähen.*
Graaiel m. 1. *Kräuel, Karst.* 2. + *Kralle, Fingernagel*
(Liebrich).
graiele+ (graieled) 1. *grau werden.* 2. *nach Schimmel
riechen.*
Grais m. *Kreis.* **Graissäägi** w. 1. *Kreissäge.* 2. *steifer
Herrenstrohhut* (humor.).
graitschelig, grautschelig *gräulich, ins Graue spielend.*
Gralle w. 1. *Kralle.* 2. + *Koralle.* 3. *Halsband,
Halskette.* Dim. **Grälleli** s. a) *kleine Perle,
Glasperle.* Grälleli ùfffasse, *Glasperlen an Faden
zu einer Kette aneinanderreihen.* b) *Luftblase in
Flüssigkeit.* **Grälleliwasser** s. *Mineralwasser.*
grällele (grälleled) *perlen, moussieren.*
Grääme w. *Creme.*

gräämere (gräämered) 1. *Laden betreiben.*
2. *sich krämerhaft, kleinlich verhalten* (Seiler).
grampe (grampt) *krampen, Bahnschienen befestigen.*
Grämpel m. *Krempel, Trödelkram, wertloses Zeug.*
Gramper m. *Geleisemonteur.*
Grämper → Grämpler.
Grampf m. (Grämpf) 1. *Krampf.* 2. *schwere Arbeit.*
3. *unlautere Machenschaft.* Grämpf mache, rysse,
unlautere Machenschaften betreiben.
Dim. Grämpfli s. *kleine unlautere Machenschaft.*
grampfe (grampft) *hart arbeiten, schuften.*
Grampfer m., **Grampfkaib** m. (-e), **Grampfsiech** m. (-e)
hart, unermüdlich Arbeitender, Schwerstarbeiter.
grämple (grämpled) *mit gebrauchten Waren handeln,
Trödlergeschäft oder Kleinhandel betreiben.*
Grämpler m., **Grämper** m. *Trödler, Kleinhändler.*
Grampool m. *Lärm, Radau; frz. carambole.*
Grampoolschyybe w. *Fünffrankenstück* (Höschs.).
grampoole (grampoolt) *lärmen, randalieren.*
Gräms s. (Gräms / Grämser) *Gitterwerk,
z.B. vor Fenster.*
gramsle (gramsled) *kribbeln, krabbeln, wimmeln*
(Baerwart).
Graan m. (Grään / Graane) *Kran.* Dim. Graänli s.
grandig *grossartig.*
grangg (grèngger, grènggscht) *krank.*
Grangged w. (-e) *Krankheit.*
Granggestùùbe w. *Krankenzimmer.*
Graaniùm s. (Graaniùm / Graanie) 1. *Geranie,
Pelargonie, Storchschnabel.* 2. *Ehefrau* (Höschs.).
Granz m. (Gränz) *Kranz.* E Granz schiesse,
beim Wettschiessen einen Kranz gewinnen.
In d Gränz koo, *bei Wettbewerb in die oberen Ränge
kommen,* ütr. *in Betracht fallen, in Frage kommen.*
Dim. **Gränzli** s. 1. *kleiner Kranz.* Ra.: Aim e Gränzli
winde, *jdn. speziell loben.* 2. *Vereinigung von
Freunden oder Freundinnen, die regelmässig
zusammenkommen.* Hitte zmidaag han i s Gränzli
bi miir.
Grapoo+ s. *Scherenetui mit Fingerhut; frz. crapaud*
(Fridolin).
Grapp m. (-e) 1. *Rabe.* 2. *kleines Kind* (eher pej.).
Sind d Grappe noonig im Bètt? Dim. Gräppli s.
grapsche (grapscht), **grapse** (grapst) *raffen,
zusammenraffen.*
Graas s. (Greeser) *Gras.* **Graasaff** m. 1. *eingebildetes,
eitles Mädchen.* 2. *Tornister aus Segeltuch* (Ss.).

Dim. Greesli s.

graschee *gespuckt; frz. craché.* Er isch graschee der Vatter, *er gleicht aufs Haar dem Vater.*

gräschele (gräscheled) *raschelnd in etwas herumwühlen.*

graase (graast) 1. *Gras fressen, weiden.* 2. *Gras schneiden.*

grääsme (grääsmed) *mühsam klettern, klimmen, kriechen, steigen.*

Grääte w. *Fischgräte.* Dim. Gräätli s.

grateliere (grateliert) *gratulieren.*

Grati w. *Gratifikation* (pop.).

graatis *gratis, unentgeltlich.*

Grätsch s. (Grätsch/Grätscher) *Geschwätz, Klatsch.*

Gratte m. (Grätte) *Kratten.* 1. *Korb mit seitlichem Henkel, zum Pflücken von Obst.* 2. *Bett* (humor.).

Grattel m. *Überheblichkeit, Dünkel, Einbildung, Hochmut, Stolz.* Hèt dään e Grattel!

Grätti m. *wackliger Greis* (pej.). **Grättimaa** m. *mannförmiges Hefegebäck auf den Sankt Niklaus-Tag.*

grättig *mürrisch, missmutig.*

gratze (gratzt) *kratzen.*

grätzerle (grätzerled) *leicht kratzen.*

Grätzgrut[+] s. *Ackerskabiose* (Baerwart).

graue, sich (graut) *sich scheuen* (Meyer).

graulächt[+] *angegraut, gräulich.*

grausimausi, gruusimuusi 1. Adv. *kreuz und quer durcheinander.* 2. Subst. a) *Durcheinander, grosse Unordnung.* b) [+]*bestimmtes Gebäck mit zahlreichen Zutaten.*

Grauter m., **Gruter** m. *alter Mann* (humor., pej.).

grautschelig → graitschelig.

Grawatte w. *Krawatte, Schlips; frz. cravate.* Dim. Grawättli s.

Grääze[+] w. 1. *geflochtene Rückentrage.* Dim. Grääzli s. 2. *langsamer Mensch.*

Grääzer m. 1. *saurer Wein.* 2. [+]*süsser, neuer Wein.*

grääzle[+] (grääzled) *auf dem Rücken tragen.*

Grèbt w. *Begräbnis.* **Grèbtässe** s. *Leichenschmaus.*

Greedi[1] w. (nur Sing.) *Geradheit.*

Greedi[2], **Greet** w., s., **Greeti** s. *Gretel, Margarete.* Dim. Greedeli s. Greedeli in der Hègg, *Jungfer im Grünen (Gartenblume, Nigella damascena).*

Greefene w. *Gräfin.*

grèftig *kräftig.*

Greiel m. 1. *Greuel.* 2. *hässlicher, kitschiger*

Gegenstand. Dim. Greieli s.

greilig *greulich.* Adv. *enorm, entsetzlich, sehr.* S hèt greilig gstùngge.

Grèllhaldesaxofoon s. *Alphorn* (Höschs.).

Grèèm w. in: Kaffi Grèèm, *Kaffee mit Rahm; frz. crème.*

Gremänzel s., **Gremänzlerei** w. *Schnörkel, unnötige Verzierung; zu frz. crément.*

gremänzle (gremänzled), **grimänzle** (grimänzled) *Schnörkel, Verzierungen anbringen.* Gremänzled, *mit Schnörkeln versehen, verziert.*

grèngglig *kränklich.*

Greenli → Groone.

Grèpfli → Gròpf.

Grèpnis[+] s., **Grèpnùs**[+] s. *Begräbnis.*

Grees[+] s. *Halskrause.*

greeschpelig → grooschpelig.

greesele (greeseled) *nach Gras schmecken oder riechen, z.B. Milch.*

Greessi w. (Greessene) *Grösse.*

Grèssig m. *Kresse, Gartenkresse, Brunnenkresse.* **Grèssigsalaat** m. *Kressesalat.*

Greet, Greeti → Greedi[2].

Grèttli → Gròtt.

griibelig *kribbelig, nervös, gereizt.*

griible (griibled) 1. *grübeln.* 2. *graben.*

Gricht s. *Gericht (Justiz).*

Gryyde w. *Kreide.*

gryydeblaich *kreidebleich.*

gryydewyss *kreideweiss.*

gryydig *kreidig, weiss wie Kreide, bröcklig wie Kreide.*

Grieg m. *Krieg, Streit.* Zu jdm., der lange die Haare nicht geschnitten hat: Hèsch Grieg mit em Gwaffèèr? **Griegsfuess** m. *Kriegsfuss.* Dim. Griegli s.

griege[1] (griegt) *kriegen, streiten, zanken.*

griege[2] (griegt) *kriegen, bekommen.*

Grien s. *Kies, Schotter.* **Griengruebe** w. *Kiesgrube.*

grien *grün.* È du grieni Barmhäärzigkait! *Nein, so etwas!* (Seiler, Müller). Subst. Griene[+] m., *Polizist, nach dem bis in die 1930er Jahre getragenen grünen Uniformrock* (humor.). Subst. Griens s. *Suppenkräuter.* Due rächt vyyl Griens in d Sùppe.

Griengrut[+] s. *Spinat* (Fridolin).

grienlächt[+] *grünlich.*

Griens → grien.

Grienspoon m. *Grünspan.*

grientschelig *grünlich.*

Gries m., + s. *Griess.* **Griesbappe** w. *Griessbrei.*
Griespflutte w. *Kloss, Knödel aus Griess.*
griesse (griesst) *grüssen.* Griess ich,
(Gott) grüss' euch.
Gryff m. (-e) *Greif (Fabelvogel), Ehrenzeichen der*
Kleinbasler Gesellschaft zum Greifen, meist
Voogel Gryff *genannt. Nach diesem wird der*
Festtag aller drei Kleinbasler Ehrengesellschaften
am 13., 20., oder 27. Januar benannt. Am Voogel
Gryff isch s ganz Glaibaasel ùff de Bai. Der Gryffe,
Name eines Restaurants an der Greifengasse.
Gryffedänzli s. *Tanz des Ehrenzeichens* Gryff.
Gryffegass w. *Greifengasse.* **Gryffemeeli** s.
Festessen der drei Kleinbasler Ehrengesellschaften
am 13., 20. oder 27. Januar.
gryffe (griffe) *greifen.*
Griffel m. 1. *Griffel, Schreibstift für Schiefertafel.*
2. *Bleistift, Kugelschreiber, Schreibfeder* (Schs.).
Dim. Griffeli s.
grimänzle → gemänzle.
Grimpel m. *Gerümpel, Kram, wertloses Zeug.*
Grimpeldùrnier s. *Laienturnier (Fussball usw.).*
Grimpelkammere w. *Rumpelkammer.*
Grind m. *Kopf* (pej.), *Dickschädel, Schmollkopf.*
Si hèt mer der Grind aanegmacht, *sie schmollte*
mit mir (pop.).
gryyne (grinne / griine / gryynt) *weinen.*
gryynerig *weinerlich.*
gryynerle (gryynerled) *leise vor sich hin weinen.*
gringele (gringeled) *gering scheinen, gering wirken.*
gringelig, gringlächt + , **gringtschelig**
gering aussehend, eher gering, eher wertlos.
Gryynòlyyne w. *Krinoline; frz. crinoline.*
grintlig *gründlich.*
Gripfe + w., **Grippe** w. 1. *Krippe, Futtertrog.*
2. *Weihnachtskrippe.* 3. *Kinderhort.*
Gripp s. (Gripp / Gripper) 1. *Gerippe, Skelett.*
2. ütr. *magerer Mensch.*
Grippe w. *Grippe.*
Grippel m. *Krüppel.*
grippig *grippös.*
Grippis + m. *Fehler beim Stricken.*
Grippisgrappis m. *Krimskrams.* Adv. *wirr*
durcheinander. S isch alles grippisgrappis
ùmmeglääge.
gripple (grippled) *hart arbeiten, schuften.*
grippled *gerippt.*

Grips m. 1.+ *Kehlkopf.* 2. *Kragen.* Ain bim Grips nää.
3. *scharfer Verstand, «Köpfchen».* Dää hèt Grips.
Griis + s. *Reisig, abgefallene Koniferennadeln*
(Seiler).
Grysch s. (Grysch / Gryscher) *Geräusch.*
Dim. Gryschli s.
Griisch s. *Kleie.*
griischle (griischled) *in der Kleie wühlen, bis man ein*
darin verstecktes Geschenklein erwischt hat
(Spiel für Kinder).
Grischoone w. *Kirche und Hügel Sankt Chrischona*
ob Bettingen. **Grischoonebrueder** m. 1. *Angehöriger*
der Pilgermission auf Sankt Chrischona.
2. ütr. *Frömmler* (humor.). **Grischoonekiirchli** s.
Kirche Sankt Chrischona.
Grischt[1] m. (-e) *Christ (auch Familienname).*
Grischteverfòlger m. *Moped* (Höschs.).
Grischtmooned + m. *Dezember.* **Grischtroose** w.
Christrose.
Grischt[2] s. (Grischt / Grischter) *Gerüst, Baugerüst.*
Grischtyyn 1. w. *Christenfrau.* 2. w., s. *Christine.*
Dim. Grischtyynli s.
grischtlig 1. *christlich.* 2. *anständig, verantwortbar.*
E grischtlige Bryys haische. Zuen ere grischtlige Zyt
haimkoo.
Gryyse w. *Krise.* Dim. Gryys(e)li s.
Griisel s. *Geriesel.*
Gryysel m. *garstiger, grausliger, unappetitlicher*
Mensch (Sieber).
gryysele (gryyseled) *kriseln, nach Krise riechen.*
In däre Famyylie gryyseled s.
gryysle (gryysled) *kräuseln.* Gryysledi Hòòr,
Kraushaar.
gryysli, gryyslig *schrecklich, stark.* I han e gryyslige
Hùnger. Adv. *sehr.* I kùmm gryysli gäärn,
...überhaus gern. Si händ gryyslig Angst,
sie fürchten sich sehr.
grisse, girisse *gerissen, geschäftstüchtig,*
durchtrieben, raffiniert.
Gryte w. 1. *junges Mädchen* (Höschs.). 2. *Dirne*
(Höschs.).
Gryter → Grut.
grytle (grytled), **grytele** (gryteled) *kritteln.*
Grytli[1] → Grut.
Grytli[2] s. *Margarete, Marguerite.*
grittlige → rittlige.
Gritz[1] m. *Kratzer (an Material).* Doo isch e Gritz

im Glaas. Ra.: Mit èpperem Gritz bikoo, *Streit, Reibereien mit jdm. bekommen* (20. Jh.).

Gritz² w. 1. ⁺*Grütze.* 2. *Verstand, Intelligenz.*

gritze (gritzt) *ritzen, leicht kratzen.*

gritzelig *fein gekörnt, in feinen unzusammenhängenden Teilen geronnen.* Die Gräämen isch gritzelig wòòrde.

Gritzeliwasser s. *Mineralwasser* (Fridolin).

gritzle (gritzled) *kritzeln.*

Gritzlede w. *Kritzelei, unleserlich Geschriebenes.*

Gryz s. 1. *Kreuz.* Iber s Gryz, *kreuzweise.* Blau Gryz, *Blaukreuzvereinigung, Blaukreuzhaus.* Root Gryz, *Rotes Kreuz.* S Gryz mache, *sich bekreuzigen,* ütr. *sich entsetzen, sich entrüsten.* Ra.: E Gryz an d Biini mache, *sehr überrascht zur Kenntnis nehmen.* Was, du hèsch ghyyroote, do mues i e Gryz an d Biini mache. **Gryzjass** m. *Jass zu vieren.* **Gryzschlissel** m. 1. *Kreuzschlüssel für Autoradwechsel.* 2. ⁺*Schlüssel mit kreuzförmiger Ausweitung oberhalb des Schlüsselbarts* (Kron). **Gryzstògg** m. *Fensterkreuz, Fenster.* Die Fasaaden isch drei Gryzstègg brait. Der Gryzstògg ùm der Hals haa, *zum Fenster hinausgaffen.* Dim. Gryzli s. *Kreuzchen.* **Gryzlischysser** m. *strenger Katholik* (humor.). **Gryzlistich** m. *Kreuzstich beim Sticken.* 2. *Plage, Not.* Es isch e Gryz mit em, *es ist ein Elend mit ihm.* Mit däre Dante haan i e Gryz. 3. verst. *sehr.* Gryzdùmm. Gryzfydeel. Gryzgscheit.

gryzwyys *kreuzweise.* Gryzwyys ùnd iiberzwäärch, *ganz durcheinander, in allen Richtungen.* Du kaasch mer gryzwyys ùnd iiberzwäärch, *du kannst mich gern haben* (vulg.).

groob (greeber, grèbscht) *grob.* Groob wien e Fleesser, *sehr grob.* S Grèbscht hätte mer hinder is, *das Schlimmste hätten wir überstanden.*

grooblächt⁺, **grooblächtig**⁺ (Liebrich) *ziemlich grob, ungeschlacht.*

gròchze → grùchze.

groodle (groodled) *krabbeln, wimmeln.*

groodlig *krabbelnd, wimmelnd, dichtgedrängt.* groodlig vòll, *randvoll.*

Groof m. (-e), jg. **Graaf** m. (-e) *Graf.*

Groom m. (Greem) *Geschenk, Mitbringsel.* Hèsch mer kai Groom mitbròcht vò der Rais? Das basst mer nit in Groom, *das kommt mir ungelegen.* Dim. Greemli s.

groome (groomt) 1. *als Geschenk kaufen, schenken.*

2. ⁺*verkaufen* (Meyer). 3. ⁺*herumkramen.*

Groone w. *Krone.* Dim. **Greenli** s. 1. *Krönchen.* 2. *bestimmte gestickte oder geklöppelte Spitze.*

Gròpf m. (Grèpf) 1. *Kropf, Struma.* Ra.: Der Gròpf lääre, *seinem Unmut mit Reden Luft machen.* **Gròpfläärede** w. *gründliche Aussprache.* 2. *Verdickung am Baumstamm.* Da Kiirsibaum hèt e Gròpf. 3. *Anschnitt oder Ende des Brotlaibs.* Dim. Grèpfli s. Wäär will s Grèpfli? *Wer will den Anschnitt?*

Gròpflige *Riehen, wegen der dort früher angeblich häufigen Kropfträger* (humor.).

gròpple (gròppled) *krabbeln, kriechen, sich bäuchlings fortbewegen.*

gròschiere (gròschiert) *häkeln; frz. crocheter.*

grooschpelig, greeschpelig⁺ (Hoffmann) *knusprig, gut gebacken, beim Zerbeissen krachend.*

groose (groost) *dumpf krachen, knacken wie beim Zerbeissen spröder Speisen* (Liebrich).

groosele (grooseled), **groosle** (groosled) *leise knacken, leise krachen.*

grooslig *leise knackend, leise krachend, spröd.*

grooss (greesser, greescht) 1. *gross.* E grooss Huus. Subst. Der Grooss, *der älteste Sohn.* Subst. E Groosses, *ein grosses Glas Bier.* Subst. Er hèt e Groossi, *er führt ein grosses Maul, prahlt.* 2. *erwachsen, fortgeschritten.* S Lyysi kùnnt jètz in die groossi Schuel, ...*in die Primarschule.* Wènn den emool grooss bisch, ...*erwachsen.* Subst. Die Groosse, *die Erwachsenen.* Die Groosse blyyben ùff, die Glaine geend in s Bètt. 3. *bedeutend, ausgezeichnet.* Er hèt e groosse Namme. Das git e groossi Sach. Grooss uusekoo, *erfolgreich sein* (2. H. 20. Jh.). 4. Adv. *sehr.* Mer händ nit grooss gschafft.

Groossbappe m., **Groossvatter** m. (Groossvättere) *Grossvater.* **Groossvattersässel** m., **Groossvatterstuel** m. *Lehnsessel, Ohrensessel.* Dim. **Groossbappeli** s. *alter Mann* (pej.). Groossvätterli s. (fam.).

Groossbueb m. (-e) *Grosssohn, Enkel.*

Groossi⁺ m. *Grossvater* (Liebrich).

Groosskind s. (Groosskinder) *Enkelkind.*

Groossmamme w. (Groossmammene), **Groossmueter** w. (Groossmietere) *Grossmutter.* Dim. **Groossmieterli** s. *altes Weiblein.*

Groossroot m. (Groossreet) *Mitglied des Grossen Rates, des baselstädtischen Parlaments.*

Groossrootsdytsch s. *schlechtes Schriftdeutsch.*

Groot m. (Greet) *Grat.* Dim. Greetli s.

groote (groote) *geraten, gelingen.*

Gròtt w., +m. (-e) *Kröte.* E Gròtt im Hals haa, *erkältet sein, sich räuspern müssen.* Frächi Gròtt, *freches Mädchen* (humor.). Grinse wien e verdrampti Gròtt, *breit oder verkniffen grinsen.*

Gròttegyggser + m. *Federmesser, Radiermesser* (humor.). **Gròttelaich** m. *Eier der Kröte.*

Gròttestächer + m. *Klappmesser, Taschenmesser* (humor.). Dim. **Grèttli** s. *kleines Mädchen.* S isch wiirgglig e häärzig Grèttli.

Grootwool s. *Geratewohl.*

grùchze (grùchzt), **grùchzge** (grùchzged), **grùchse** (grùchst), **gròchze** (gròchzt) *ächzen, keuchen, klagen, stöhnen.* Si hèt au allewyyl èppis z grùchze.

Grueg m. (Grieg) *Krug.* Dim. Griegli s.

Gruess m. (Griess) *Gruss.* Dim. Griessli s.

Grùft w. (Grift) 1. *Gruft.* 2. ütr. *kränklicher, schlecht aussehender Mensch* (humor.). Dim. **Griftli** s. *kränkliches, unterernährtes Kind* (humor.).

Grùgge w. *Krücke.* Dim. **Griggli** s. *Griff am oberen Ende des Weidlingruders oder -stachels.*

grùmm (grùmmer / grimmer, grùmmscht / grimmscht) *krumm.*

grùmmlächt + *krumm, gekrümmt.*

grùmse + (grùmst) *mürrisch vor sich hin reden, leise schimpfen* (Hoffmann.).

Grùnd m. (Grind) 1. *Grund, Ursache.* 2. *Erdreich, Gartenerde.*

Grùndele w. *Gründling (kleiner Karpfenfisch).*

Grupp + m. (-e) *kleiner Kerl, Knirps* (Kron).

gruppe + (gruppt) *krabbeln, kriechen, sich bäuchlings fortbewegen* (Jost).

Gruus m. *Graus.*

gruus *kraus.*

Grùscht + m. 1. *Ausrüstung, Zeug.* 2. *alter Schirm* (Hetzel).

Gruuse[1] w. *Halskrause.* Dim. Gryysli s.

Gruuse[2] w. *Krug mit Henkel und weitem Bauch.* Dim. Gryysli s.

gruuse (gruust) *grausen, ekeln.* S gruust mer ab däm Ässe, *dieses Essen ekelt mich.* S gruust ene vòr dären Aarbed.

Gruuselbèèri s., **Gruusle** w. *Stachelbeere, Stachelbeerbusch.*

Gruuseli s. (meist Plur.) *gekrauste Locke.*

Gruuselihòòr s. *Kraushaar.* **Gruuselikòpf** m. *Krauskopf.*

gruuselig[1] *gekraust.*

gruuselig[2] *gruselig, grauslich.* Gruuseligi Gschicht, *Gruselgeschichte.*

gruusig 1. *ekelerregend, unappetitlich, widerlich.* E gruusigi Kùchi. 2. *obszön, unanständig.* Gruusige Witz, *Zote.*

gruusimuusi → grausimausi.

Gruusle → Gruuselbèèri.

gruusle[1] (gruusled) *krausen.*

gruusle[2] (gruusled) *grauen, grausen.* S gruusled aim by däm Film.

Grut s. (Gryter) 1. *Kraut.* 2. *Kohl.* Ra.: Daas macht s Grut nit faiss, *das nützt so gut wie nichts.* **Grutwiggel** m. *Kohlroulade.* 3. *Blätter von Gemüsepflanzen.* Ra.: Grut ùnd Riebe dùrenander, *alles wild durcheinander* 4. *Heilkraut.* Ra.: Doodergeegen isch kai Grut gwaggse, *da nützt alles nichts.* **Gryterschnaps** m., **Gryter** m. *Kräuterschnaps.* **Gryterthee** m. *Kräutertee.* **Gryterwyybli** s. *Kräuterfrau.* Dim. Grytli s.

Gruter → Grauter.

grutere (grutered) *gärtnern* (pej.).

grutig 1. *krautig, krautartig.* 2. *grossmäulig, ungeniert.* Sich grutig mache, *grosstun, sich wichtig machen.*

gsait ùnd doo *gesagt, getan.*

Gsaalbaader s. *Salbaderei.*

Gsangbuech s. (Gsangbiecher) *Gesangbuch, Kirchengesangbuch.*

Gsätzli + s. *Vers, Strophe eines Liedes.*

gschääch → gschee.

Gschäft s. (Gschäft / Gschäfter) 1. *Geschäft, Ladengeschäft, Büro.* Er isch der ganz Daag im Gschäft. Syni Gschäft geend schlächt, *seine geschäftlichen Unternehmungen...* Am Sùnntig händ d Gschäfter zue, *...die Geschäftshäuser.* Dim. Gschäftli s. **Gschäftlifritz** m., **Gschäftlimacher** m. *wer aus allem und jedem ein Geschäft macht, Winkelagent.* 2. *Notdurft.* Der Hansli macht sy Gschäft in Haafe.

gschäfte (gschäfted) *Geschäfte machen, Handel treiben.*

gschäggt *gescheckt.*

gschaide → schaide.

Gschaidhèèr + m. (-e) *Mitglied der bis 1831*

existierenden Basler Marktkommission (Meyer).

Gschäll s. *Geläute* (pej.).

gschämmig *beschämend.*

gschände[+] (gschänded) 1. *schelten, ausschelten.*
Èpper gschände, mit èpperem gschände.
2. *verderben lassen, vergeuden.* Si händ schò wider
s Broot gschänded.

Gschängg s. (Gschängg/Gschängger) *Geschenk.*
Jètz hämmer s Gschängg, *jetzt haben wir die
Bescherung, jetzt haben wir uns etwas aufgeladen.*
Dim. Gschänggli s.

Gschaar s. *Scharren.*

Gschäär s. 1. *Schererei.* 2. [+]*Betriebsamkeit* (Liebrich).

gschee (gschee; Präs. gschiit/gschicht[+], gscheend/
gscheen; Kond. gschääch/gschäächt) *geschehen.*
Gschääch nyt Beesers, *möge nichts Schlimmeres
passieren, das ist alles nicht so schlimm.* Gschääch,
was gschääch, *komme es, wie es wolle.* Antwort auf
Dank: S isch gäärn gschee.

gscheit *gescheit.* Nit gscheit, *total verrückt.* Due wie
nit gscheit, *sich wie verrückt gebärden.* Mer geend
gscheiter yyne, *wir gehen lieber, besser hinein.*

Gscheiti w. *Gescheitheit.*

Gschèpf s. (Gschèpf/Gschèpfer) *Geschöpf.*
Dim. Gschèpfli s. Häärzig Gschèpfli, *allerliebstes
Kleinkind.* Aarm Gschèpfli, *bedauernswertes
kleines Wesen.*

Gschyych s. (Gschyycher) 1. *missgestalteter
Gegenstand.* 2. *an Vogelscheuche erinnernde Frau.*

Gschicht w. (-e) 1. *Geschichte.* E Gschicht, Gschichte
verzèlle. **Gschichtebuech** s. *Buch mit Erzählungen.*
Dim. **Gschichtli** s. *kleine Geschichte, Märchen.*
2. *Angelegenheit.* Das isch jètz e haiteri, e beesi
Gschicht, ...*fatale Angelegenheit.* 3. (Plur.)
Umstände, Scherereien, Schwierigkeiten.
Jeedesmool, wènn si kèmme, mache si Gschichte.
Er hèt Gschichte mit der Styyrverwaltig.
4. *Aufhebens.* Mach dòch kai Gschicht wäge däne
baar Frangge.

Gschiir s. (Gschiir/Gschiirer) 1. *Geschirr im
Haushalt.* Bùmfeler Gschiir, *Geschirr aus Bonfol
(Ajoie).* Gschiir abwäsche, *Geschirr waschen.*
Gschirr schwängge, *Geschirr spülen.* Ra.: Gschiir
verschloo, *irreparabeln Schaden anrichten.*
Gschiirdiechli s. *Tuch zum Abtrocknen des
Geschirrs.* **Gschiirlyysi** s. *törichte, unsorgfältige
Frau* (20. Jh.). **Gschiirlyt**[+] (Plur.) *marktfahrende*

Geschirrhändler. **Gschiirlùmpe** m. *Abwaschlappen.*

Gschiir'räämli s. *Abtropfkorb, früher aus Holz.*

Gschiirschaft[+] m. *Geschirrschrank.* **Gschiirwasser**
s. a) *Abwasch-, Spülwasser.* b) *schlechter Kaffee*
(pop.). Dim. **Gschiirli** s. *Puppengeschirr.*
2. *Einspannvorrichtung für Zugtiere.*
3. *Gerätschaften, Handwerkszeug.* Ra.: S Gschiir
abgää, s Gschiir ewägg'gheie, *sterben* (pop.).

gschiire (gschiirt) *kutschieren, zurechtkommen.*
Mit im isch guet z gschiire, *mit ihm lässt es sich gut
zusammenarbeiten.* Esoo ka me nit gschiire,
so kann man nicht wirtschaften.

Gschyss s. *Aufhebens, Getue, Geschichten, Umstände*
(pop.). Wäge jeedem Haafekääs händ si e Gschyss
gmacht.

gschisse *verflucht, schlecht, wertlos* (vulg.).
Lòss mi in Rue mit dyne gschissene Biecher.

Gschlächt s. (Gschlächter) *Geschlecht.*

gschläggt → schlägge.

Gschlaiff s., **Gschlaigg** s., **Gschlaipf** s. 1. *Schlepperei,
mühsames Tragen.* 2. *Liebesverhältnis
Liebelei* (pej.).

Gschlamp s. *unordentlich Herunterhängendes,
schlampige Kleidung.*

Gschlaarg s. *Schmiererei.*

Gschlaarp[+] *Pfuschwerk* (Liebrich).

Gschliider s. 1. *flüssig-schlüpfrige Masse.*
2. *fades Getränk, fade Brühe.*

gschliffe → schlyffe.

Gschliirg s. *Schmiererei, schlechte Malerei.*

Gschmagg m. (Gschmägg/Gschmägger)
1. *Geschmack, Geschmacksrichtung.* D Gschmägger
sind halt verschiide. 2. *Geruch.* Dim. **Gschmäggli** s.
schlechter Geruch, schlechter Geschmack.
Dä Angge hèt e Gschmäggli.

gschmäggerlig → schmäggerlig.

gschmègge (gschmèggt) *munden.* Wie gschmèggt
eich die Waaie?

gschmèggig *schmackhaft.*

Gschmeis s. 1. *Gemengsel, Durcheinander von wert-
losem Zeug.* 2. *Geschmeiss, Ungeziefer, Gesindel.*

Gschmiir s. *Schmiererei.*

gschmuech, gschmuecht[+] (Heusler) *schwach,
schwindlig, beinahe ohnmächtig, unheimlich.*
S wiird mer gschmuech in däre schlächte Lùft.
Wènn si Bluet gsiit, wiird s ere gschmuech.

Gschnääder s. *Geschnatter, Schwätzerei.*

Gschnääfel s. 1. *unsachgemässes Zerschneiden.*
2. *Geschnipsel.* 3. *chirurgische Operation* (humor.).
Gschnätzleds → schnätzle.
Gschnyz s. *Geschneuze.*
Gschnùùder s. *ständiges Hinaufschnupfen.*
Gschnùùrpf s. *schlechte Näharbeit.*
gschòsse *verrückt.*
Gschrei s. *Geschrei.*
Gschrift + w. *Heilige Schrift, Bibel* (Hagenbach).
gschùpft → schùpfe.
Gschwaafel s. *Geschwafel, Geschwätz.*
gschwaige (gschwaigt) *zum Schweigen bringen,*
beschwichtigen. Si hèt s Bùschi gschwaigt.
gschwälle (gschwùlle), **gschwèlle** (gschwùlle)
anschwellen, schwellen, sich ausdehnen.
Der Ryy gschwillt ùnd gschwillt (Müller).
Gschwälli m. 1. *Geck, Stutzer,* 2. *Prahler.*
Gschwäär + s. *Schwäre, Geschwür* (Hoffmann).
Gschwätz s. (Gschwätz/Gschwätzer) *Geschwätz.*
Plur. *Schwätzereien, Gerüchte.* Das sind dòch alles
nùmme Gschwätzer.
Gschwauder s. *leeres Gerede, Geschwätz.*
Gschwei + s. 1. *Schwiegertochter* (Fridolin).
2. *Schwägerin* (Kron, Seiler).
gschwèlle → gschwälle.
Gschwèllti m. (Plur.) *Pellkartoffeln, Schalen-*
kartoffeln. Zum Znacht git s schò wider
Gschwèllti.
gschwind *geschwind, rasch, schnell.* E gschwinde
Laiffer. I gang nò gschwind in d Stadt. Das isch
gschwinder gsait als gmacht.
Gschwindi w. *Schnelligkeit, Eile* (Müller).
In der Gschwindi hèt si der Baareblyy vergässe.
Gschwischterti (Plur.) *Geschwister.*
Gschwischtertikind s. *Geschwisterkind, Kusine,*
Vetter.
gschwùlle *wichtigtuerisch, prahlerisch, hochtrabend.*
E gschwùlleni Reed. Due dòch nit eso gschwùlle.
gsee (gsee; Präs. gsii/gsiich +, gsiisch/gsichsch +,
gsiit/gsicht +, gseend/gseen; Kond. gsääch/
gsäächt) *sehen, erblicken.* Jètz hèsch s gsee,
jetzt kriegst du's nicht mehr. Jètz hänn er mi gsee,
jetzt gehe ich fort, mache nicht mehr mit.
Gsèff s. (Gsèff/Gsèffer) *Gesöff* (pop.).
Gseem s. 1. *verstreute Brosamen, Papierschnitzel usw.*
Mach dòch kai so Gseem. 2. *Brut, Gesindel.*
Gsètz s. (Gsètz/Gsètzer) *Gesetz.*

Gsicht s. (Gsichter) *Gesicht.* E Gsicht mache,
ein saures Gesicht machen, Grimasse schneiden.
Aim in s Gsicht länge, *jdn. ohrfeigen* (Höschs.).
Dim. Gsichtli s.
gsòtte 1. *gesotten.* 2. *wütend.* Si sind gsòtten ùff dä
Lèèrer.
Gspalt + m. (Gspält) *Spalte.*
Gspaan m. (Gspään/Gspaane), **Gspoon** + m.
(Gspeen/Gspoone) *Gespan, Genosse, Kamerad.*
Dim. Gspäänli s., Gspeenli s.
Gspängscht s. (Gspängschter) *Gespenst.*
gspängschte (gspängschted) *gespensten, spuken.*
gspängschtisch *gespenstig, spukhaft.*
gspannt → spanne.
Gspass m. (Gspäss/Gspässer) *Spass, Scherz.*
Im Gspass, zuem Gspass, *spasseshalber.* I main s jo
nùmmen im Gspass. Dyyre Gspass, *teure*
Angelegenheit. Dim. Gspässli s. Der Ùngglen
Eemyyl hèt als gäärn e Gspässli gmacht.
gspasse (gspasst) *spassen.* S syyg mit em Fyyr
nit z gspasse (Meyer).
gspässig *eigenartig, seltsam, eigenbrötlerisch.*
gspässle (gspässled) *kleine Scherze machen.*
gspeit → speie.
Gspètt s. *Gespött.*
gspyyre (gspyyrt), jg. **spyyre** (gspyyrt) *spüren.*
Der Feen gspyyre, *unter dem Föhn leiden.*
Gspyyri s. *Gespür, Einfühlungsvermögen.* Si hèt e
Gspyyri fir alti Meebel, fir granggi Lyt.
Gspoon → Gspaan.
gsprääch +, jg. **gspräächig, gspreechig** *gesprächig.*
Gspräng s. *Hast, Eile, hastiges Hin und Her.*
Nùmme kai Gspräng! *Nur mit der Ruhe.*
gspränggeled *gesprenkelt.*
Gspreech s. (Gspreech/Gspreecher) *Gespräch.*
gspreechig → gsprääch.
gspreechle (gspreechled), **speechle** (gspeechled)
plaudern, sich gemütlich unterhalten.
gspriggeled *gesprenkelt.*
Gspuur + w. *Spur, Fährte* (Hindermann).
Gspuusi s. *Freundin, Geliebte, Ehefrau* (pop.).
gstaable (gstaabled) *steif werden, steif sein, erstarren*
(meist vor Kälte).
Gstaabli m. *steifer, ungelenker Mensch.*
gstaablig *steif, ungelenk.*
Gstältli s. *Kinderunterwäsche mit Strumpfhalter.*
Gständ s. *Herumstehen vieler Menschen.*

gstande *gestanden, abgestanden.* Gstande Wasser.

Gstangg m. (Gstängg / Gstängger) *Gestank.*

Gstaat[+] m. *festliche Aufmachung, Aufwand.*
Er goot zuer Danten in sym Gstaat (Hindermann).

gstèggedig vòll, gstèggig vòll, gstèggt vòll *randvoll.*

Gstèll s. 1. *Gestell.* 2. ütr. *magerer Mensch* (humor.).

Gstèllaasch s., **Gstèllaaschi** s. *unordentlich hingestelltes, hinderliches, sperriges Zeug, Unordnung.*

Gstichel s. 1. *Hektik, unruhiges Getriebe.*
2. *giftige Anspielungen, Stichelei.*

gstyff → styff.

gstiifled *gestiefelt.*

Gstiirm s. *hastiges Durcheinander, Aufregung, Gehetze.* Ùnd nimme waisst im Gstiirm wo uus ùnd yy (Meyer).

gstoo (gstande) *gestehen.*

gstòche → stäche.

gstòggt *eingedickt, dickflüssig, sauer geworden.*
Gstòggti Milch. Gstòggti Soosse.

gstòpft 1. *gestopft.* 2. *reich* (Höschs.).
Gstòpfte Brueder, *reicher Mann.*

gstoosse vòll, gstriche vòll *randvoll.*

Gstryych s. *Gesträuch.*

gstrichled *gestreift, streifig gemustert, gestrichelt.*

Gstrùùbel s. *Durcheinander, Wirrwarr, hektisches Treiben.*

gstudiert → studiere.

Gstùnggede w. *starkes Gedränge, enges Aufeinander.*

Gsuech s. 1. *Sucherei.* 2. *Gesuch.*

Gsùms s. *Gesumme.*

gsùnd (gsinder / gsùnder, gsindscht / gsùndscht) *gesund.* Gsùnd ùnd bees, *gesund und munter, wohlauf* (humor.).

Gsùndhait w. *Gesundheit.* Auch: *Zuruf beim Zutrinken, beim Niesen.*

gsùnne *gesinnt, gesonnen.* Si isch der guet gsùnne, *sie ist dir wohlgesinnt.*

gsùnntiged → sùnntige.

Gsùùr s. *Gesurre, Lärm, Getümmel.*

Gsuus s. *Sausen, Gesause.*

Guu m. *Geschmack, Geruch; frz. goût.* Das isch nit myy Guu, *das ist nicht nach meinem Geschmack.* Das Flaisch hèt e Guu, *...hat einen (unangenehmen) Nebengeschmack.*

gùùdere (gùùdered) 1. *gluckern.* 2. *Speichel oder andere Flüssigkeit hörbar im Mund bewegen.*

guene (guent) *lüstern zuschauen, gieren.*

Guet s. (Gieter) 1. *Gut, Landgut.* Dim. **Gietli** s. *Gartenhaus vor der Stadt, Landhaus, kleines Landgut.* 2. *Hab und Gut.* Sprichwort: Gieter bruuche Hieter. 3. *Ware.* **Gieterzùùg** m. *Güterzug.* Ra.: In e Gieterzùùg yystyyge, *reich heiraten* (humor.).

guet (bèsser, bèscht) *gut.* Fir èpper guet syy, *für jdn. geradestehen, bürgen.* Duu bisch guet, *hast du merkwürdige Vorstellungen.* Syg sò guet, *sei so gut, bitte.* Nit guet due, *sich nicht einfügen, delinquieren.* Guete Mèntsch, *gutherziger Mensch.* E guete Schlùgg, *ein tüchtiger Schluck.* E Guete! *Guten Appetit.*

guete[+] (gueted) *gut werden, sich bessern (von Zuständen).*

guethèèrlig[+] *herrlich und in Freuden* (Sieber).

Guetschigg[+] m. (-e) *dummer, ungeschickter Mensch, Tölpel.*

Gùùfe w. *Stecknadel.* Dim. Giifeli s. **Gùùfekissi** s. *Nadelkissen.* **Gùùfespitz** m. *Stecknadelspitze.* Dim. **Gùùfespitzli** s. *sehr kleiner Fisch.*

Gùùfere[+] w., **Gòòfere**[+] w. *Waffel, süsses Kleingebäck; frz. gaufre.* **Gùùferekischte** w. *Waffel- oder Kleingebäckdose.*

Gùffere[+] w. *Koffer.* Dim. Gifferli[+] s.

gùfferiere[+] (gùfferiert) *einfassen, drapieren, mit der Schere wellen; frz. gaufrer.* Raingùfferiert Hyybli (Kron). Gùfferiert Grees, *gefältelte Halskrause.*

Guuge w. *Hals, Nacken.* Nur in Raa.: Aim ùff der Guuge hògge, *jdm. aufsässig sein.* Èpper ùff der Guuge haa, *jdn. auf dem Hals haben.* Gang mer ab der Guuge! *Hör' auf, mich zu belästigen!*

guuge (gugt) *schwanken, hin- und herschwanken.*

Gùùgelfuer w. (-e) *lärmender Spass, Gaudi, übermütige Belustigung.*

Gùùgelhòpf m. (Gùùgelhèpf) *Napfkuchen mit Mandeln und Rosinen.* **Gùùgelhòpfmaa** m. *behelmter Polizist* (Höschs.).

Gùgge w. 1. *Tüte.* Gùgge glääbe, *Tüten kleben,* ütr. *im Gefängnis sitzen.* **Gùggedaag** m. *Freitag vor der Fasnacht, an dem man sein Kostüm (in der Tüte) in Empfang nimmt (20. Jh.).* **Gùggedrach** m. a) *einfach gebastelter Drachen.* b) *katholische Ordensschwester* (humor.). Dim. Giggli s. *kleine Tüte.* 2. *liederliche, unangenehme Frau* (pop.). Dùmmi Gùgge. Frächi Gùgge.

Gùggehyyrli s. *erkerartiger Ausguck an*

Wohnhäusern.

Gùggemuusig w., **Gùgge** w. *fasnächtliche, laut und kakophonisch spielende Blasmusikgruppe.*

Gugger m., **Guggugg** m. 1. *Kuckuck.* 2. verh. *Teufel.* Hool s der Gugger! Was Gugguggs hèsch wider boosged? *Was zum Teufel hast du wieder angestellt?* Me mècht fascht s Guggers wäärde, *man könnte beinahe verrückt werden.* **Guggerszyyg** s. *verflixtes Zeug.*

Gùggi m. *August (Vorname).* Dim. Gùggeli m., s.

Gùggùmmere w., **Gòggùmmere** w. *Gurke; it. cocomero, frz. concombre.* Dim. Gùggimmerli s.

gugguus, gugguuseli, gugguus daa, gugguus dadaa «*guck aus*», Interj. *der Erwachsenen, die mit Kleinkindern Verstecken u.ä. spielen* (Ks.).

Guul[+] m. (Gyyl) *Gockel, Hahn.*

Gùld → Gòld.

gùlde, gùldig → gòldig.

gùmmele → gimmele.

Gùmmi[1] m. *Gummi, Radiergummi.* **Gùmmifiidle** s. *grosser Hintern, Mensch mit grossem Hintern* (humor.). Dim. Gimmeli s. *kleiner Radiergummi.*

Gùmmi[2] m., **Gòmmi** m. *Bürolist, kaufmännischer Angestellter; frz. commis* (pej.).

Gùmp m. (Gimp) *Sprung, Hüpfer.* Ra.: Dää macht kaini groosse Gimp mee, *dem geht's gesundheitlich oder finanziell immer schlechter.* Dim. Gimpli s.

Gùmpe w., **Gùmpi** w. (Gùmpene) 1. *Vertiefung im Boden.* 2. *Pfütze.* Dim. Gimpeli s.

gùmpe (gùmpt) **gùmpele** (gùmpeled) *hüpfen, springen.*

Gùmpi → Gùmpe.

Gùmpis s. *Hüpfspiel.* Kùmm, mer mache Gùmpis.

Gùmpisail → Gùmpsail.

Gùmpischt[+] m. *eingelegtes Sauerkraut; lat. compositum.* **Gùmpischtèpfel**[+] m. *in Sauerkraut eingelegter Apfel.* **Gùmpischtèpfelgsicht**[+] s. *saures Gesicht* (Hindermann). **Gùmpischtstande**[+] w. *Krautfass.* **Gùmpischtziiber**[+] m. *Kehrichteimer* (Fridolin).

Gùmpsail s. (Gùmpsailer), **Gùmpisail** s. (Gùmpisailer) *Springseil.*

Gùmsle w. *Frau* (pej.). Dim. Gimseli s.

Gùndeldingemer m., **Gùndeldinglemer**[+] m. (Baerwart) *Bewohner des Gundeldingerquartiers.*

Gùndeli s. 1. *Gundeldingerquartier.* 2. *Gundeldingerschule.*

gùnne (gùnnt), jg. **gènne** (gènnt) *gönnen.* Aim s Muul gùnne, *jdn. zu Wort kommen lassen.*

gùnnig[+] 1. *freigebig.* 2. *ausgiebig.* E gùnnig Ässe.

Gùpf m. (Gipf) *Gipfel, Kuppe, Baumwipfel, obere Rundung des Hutes.* Dim. **Gipfli** s. *runder Oberteil der Fasnachtslarve.*

Guraaschi s. *Mut; frz. courage.*

guraschiert *beherzt, mutig.*

Gùùre w. *üble, freche Frau.*

gùùre (gùùrt) *gurren.*

Gùùrgele w. *Gurgel.* Dim. Giirgeli s.

gùùrgele (gùùrgeled) *gurgeln.*

Gùùrt m. *Gürtel.* Dim. Giirt(e)li s.

Guusäng m. *Vetter; frz. cousin.*

Gùschti m. *Gustav, August.* Dim. Gùschteli s.

Guusyyne w. *Base, Kusine; frz. cousine.* Dim. Guusyynli s.

gutiere (gutiert) *schätzen, geniessen, gutheissen; frz. goûter.* Soonigi Witz gutier i nit.

Gùtsch m. (Gitsch) 1. *Schwall Flüssigkeit.* E Gùtsch Wasser. 2. *kurzer, heftiger Regenguss.* Dim. Gitschli s.

Gutsche w. 1. *Kutsche.* 2. *Fahrzeug, Auto usw.* (humor., pej.). Dim. Gytschli s.

gutschiere (gutschiert) *kutschieren.* Die gutschiere guet midenander, *die kommen gut miteinander aus.*

Gutschner m. 1. *Kutscher.* 2. *übervolles Trinkglas.* Ooha, jètz hèt s e Gutschner gää, *jetzt habe ich zuviel eingeschenkt.*

Gùttere w. 1. *Flasche (meist bauchig); lat. guttarium.* Dim. Gitterli s. *Fläschchen, Medizinfläschchen.* **Gitterlidòggter** m. *Kurpfuscher, Quacksalber.* **Gitterlischwängger** m. *Laborant* (humor.). 2. [+] *alte Frau* (pej.).

Gutti m., **Guttòggel** m. (Guttèggel) *Taschenmesser; frz. couteau* (Schs.).

gutzele (gutzeled) *Kleingebäck herstellen.* Vòr der Wienacht hèt d Mammen allewyyl gutzeled.

Gutzi s. *süsses Kleingebäck, Plätzchen.* Dim. **Gutzeli** s. 1. *kleines Plätzchen.* 2. [+] *erfreulicher Fund* (fam.). I haa bim Grämpler e Gutzeli gfùnde, *...etwas besonders Wertvolles.*

Guzghyyr[+] s. *Ungeheuer, Gespenst, hässlicher Mensch.*

Guuwerbjee[+] s. *Fussdecke beim Sitzen; frz. couvrepieds* (Fridolin).

gvätterle (gvätterled) *trödelig spielen, spielerisch*

basteln, spielerisch arbeiten.

Gvätterlizyyg s. 1. *unnütze Spielsachen.* 2. *Spielerei.*

Gvattermaa⁺ m. (Gvattermänner) *Pate* (Kron).

Gviert s. *Geviert.* In s Gviert⁺ *auf allen vier Seiten* (Hindermann).

Gwadraatdùùbel m. (Gwadraatdiibel), **Gwadraateesel** m. *gewaltiger Dummkopf.*

Gwaffèèr m. *Friseur, Haarschneider; frz. coiffeur.*

Gwaffeese w. *Coiffeuse, Friseuse; frz. coiffeuse.*

Gwaagg m. (-e) 1. *Rabe, Krähe.* 2. *Kind* (pej.). Dim. **Gwääggli** s.

gwaagge (gwaagt) 1. *quaken.* 2. ⁺*krächzen.*

Gwaggelkòpf m. (Gwaggelkèpf) *Dummkopf.*

Gwäggi m. *Stein, grosser Kiesel.*

gwaggle (gwaggled), jg. **waggle** (gwaggled) *wackeln.*

gwagglig, jg. **wagglig** *wacklig, wackelnd.* I bii no rächt gwagglig, ...*schwach auf den Füssen.*

Gwäggs s. (Gwäggs/Gwäggser) 1. *Pflanze.* Aige Gwäggs → Aigegwäggs. **Gwäggshuus** s. *Gewächshaus, Treibhaus.* 2. *krankhafte Wucherung, Geschwulst.*

Gwaal w. (-e), **Gwool**⁺ w. (-e) *Qual.*

Gwänd s. *Gewände, mit dem Mauerwerk verbundene Einfassung von Fenster und Tür.*

Gwändli s. *«kleines Gewand», Herren- oder Knabenanzug* (fam.).

Gwäntli⁺ s. *Quentchen, alte Gewichtseinheit von 3,1 oder 3,9 Gramm.*

Gwäärb s. *Gewerbe, Handwerk.* **Gwäärbschuel** w. *Gewerbeschule.* **Gwäärbli** s. *kleiner Handwerksbetrieb.*

Gwartier s., **Gwatier**⁺ s. *Quartier, Stadtviertel.*

Gwäsch s. *leeres, unnützes Geschwätz.*

Gwatier → Gwartier

Gwatsch m. 1. *Quatsch, Unsinn.* Verzèll kai Gwatsch. Gwatsch mit Soosse, *sehr grosser Unsinn* (pop.). 2. ⁺*bestimmtes Getränk* (Müller).

gwätsche (gwätscht) *quetschen.*

Gwèlb s. (Gwèlb/Gwèlber) *Gewölbe.*

gweele (gweelt) *quälen.*

Gweelerei w. (-e) *Quälerei.*

Gwèlle w. *Quelle.* Dim. **Gwèlleli** s.

gwèlle (gwùlle) *quellen.*

gweene → gwènne.

gweenlig *gewöhnlich.*

gwènne (gwènnt), jg. **gweene** (gweent) *gewöhnen.*

Gwèèr s. (Gwèèr/Gwèèrer) *Gewehr.* Dim. **Gwèèrli** s.

---

gwèèr *quer.*

Gwèèri w. *Quere.* In d Gwèèri koo.

Gwètt s., jg. **Wètt** w. *Wette.* E Gwètt mache, *eine Wette eingehen.* In s Gwètt, ùm s Gwètt, in d Wètt, *um die Wette.*

Gwicht s. (Gwicht/Gwichter) *Gewicht, Gewichtsstein.* **Gwichtstai** m. *Gewichtsstein.* Dim. **Gwichtli** s.

Gwilgg s. *Gewölk.*

Gwind s. *Schraubengewinde.* Dim. **Gwindli** s.

Gwinn → Gwinnscht.

gwinne (gwùnne) *gewinnen.*

Gwinnscht m., jg. **Gwinn** *Gewinn, gewonnener Gegenstand.* Dim. **Gwinnschtli** s.

Gwiirz s. *Gewürz, Gewürzkraut.*

gwiis 1. Adj. *gewiss, bestimmt, sicher.* I han e gwiisi Ydee, ...*ein bestimmtes Gefühl.* E gwiise Hèèr, *ein gewisser Herr.* Gwiisi Lyt, *eine bestimmte Art von Leuten.* Der Dood isch s ainzig Gwiis. 2. Adv. *sicherlich, vermutlich.* Si isch gwiis wider grangg. I waiss es fir gwiis, *ich weiss es ganz bestimmt.* 3. *freilich.* Gwiis, de magsch rächt haa, aber...

Gwisse s. *Gewissen.* Beteuerung: Ùff Èèr ùnd Gwisse, *ganz bestimmt.*

Gwoodlibèt s. *Quodlibet, Name einer vielverzweigten geselligen und kulturellen Basler Vereinigung;* lat. quod libet = was beliebt (1. H. 20. Jh.).

Gwooned w. (-e) *Gewohnheit.*

Gwùnder m. *Neugier.* Us em Gwùnder koo, *Neugier befriedigt haben.* Der Gwùnder sticht en, *die Neugier plagt ihn.*

gwùnderig *neugierig.*

gwùngge → wingge.

Gwùùsel s. *Gewimmel von Lebewesen.*

H

haa (ghaa; Präs. haa, hèsch, hèt, händ/hänn; Konj. haig/heeb; Kond. hätt) *haben.* 1. Hilfsverb. I haa dänggt. Mer händ is dröffe. 2. Vollverb mit vielen Bedeutungsnuancen. Fraid haa, *sich freuen.* Hùnger haa, *hungern.* Kalt haa, *frieren.* S hèt nò Sùppe, *es gibt noch Suppe, es ist noch Suppe vorhanden.* I haan en, *ich habe ihn erwischt.* S hèt en, *es hat ihn erwischt, er ist verrückt.* Beim Fangspiel: S hèt di, *ich habe dich erwischt.*

S hèt en, *es hat ihn erwischt, er ist verrückt.*
Beim Fangspiel: S hèt di, *ich habe dich erwischt.*
I haa s, *ich hab's gefunden, es ist mir in den Sinn*
gekommen. Si händ s vò der Faasnacht, *sie reden*
über die Fasnacht. Er hèt s mit den alte Sache, *er ist*
Antiquitätenliebhaber. Si hèt s mit eme Nääger,
sie hat ein Verhältnis mit einem Neger. Er hèt s ùff
em Häärz, *er hat ein Herzleiden.* Si händ s, si händ
s ùnd vermeege s, *sie sind recht wohlhabend.*
Si händ èppis mit däm Bueb, *sie haben mit diesem*
Knaben grosse Schwierigkeiten. Der Laade hèt hit
nit òffe, *das Geschäft ist heute nicht geöffnet.*
Am Sùnntig hänn d Lääde zue, ...*sind die Geschäfte*
geschlossen. S hèt èppis, *es hat etwas auf sich damit.*
I hätt gärn e Huus, *ich möchte ein Haus besitzen.*
Jètz hèt s es, *jetzt reicht es.* Zèèrscht muesch hèsch,
zuerst musst du etwas in Händen haben (humor.,
Schs.). Der Wènni und der Hätti → wènn.
haabe (ghaabe) *aufgehen (vom Hefeteig).*
Haaber m. *Hafer.* Ra.: Der Haaber sticht, stùpft en,
er wird übermütig. **Haabermaargg** s.
Wiesenbocksbart. **Haaberbappe** w., **Haabermues** s.
Haferbrei. **Haabersagg** m. 1. *Hafersack*
(für Pferd zum Umhängen). 2. *Tornister* (Ss.).
Haabersaggwysyte[+] w. *militärische Musterung*
(humor., Hindermann).
Haabig[+] w. *Aufgehen des Hefeteigs* (Meyer).
hääbig → heebig.
haablig *wohlhabend.*
Habse *Habsheim (Dorf im Oberelsass).*
Hächel[+] m., **Hächler** m. 1. *Nesselausschlag.*
2. *aufgerissene Haut* (Kron).
Hächle w. *Hechel, kammartiges Instrument zum*
Trennen von Fasern und Holz bei Textilpflanzen.
Ra.: Ùnder d Hächle nää[+], *gehörig durchhecheln,*
verlästern (Kron).
hächle (ghächled) *hecheln.* 1. *Hanf oder Flachs*
durch die Hechel ziehen. 2. *keuchen (z.B. vom*
Hund). 3. *schwatzen, lästern.*
Hächler → Hächel.
Hächt m., **Hècht** m. (Hoffmann) *Hecht.* Dim.
Hächtli s. 1. *kleiner Hecht.* 2. *Hechtsprung ins*
Wasser.
Haader m. (-e) *Hadern, Tuchfetzen, Stoffabfall*
(zur Papierherstellung).
Haafe m. (Hääfe) 1. *Topf, Krug, irdenes Gefäss,*
Nachtgeschirr. Ùff der Haafe goo, *Notdurft in das*

Nachtgeschirr verrichten, auf die Toilette gehen.
Haafedatze m. *Topflappen.* **Haafekääs** m.
Belanglosigkeit, Unsinn. Hyyl dòch nit wäge jeedem
Haafekääs. Dim. **Hääfeli** s. Ra.: S Hääfeli
iberlaufft, *das Mass ist jetzt voll.* **Hääfelimäärt** w.
Geschirrmarkt während der Basler Herbstmesse.
Hääfelischuel w. *Kindergarten.* **Hääfelischieler** m.
Kindergartenschüler. 2. *Schiffshafen.* **Haafebèggi** s.
Hafenbecken. 3. (nur Plur.) *Frauen, Leute*
(pej., Höschs.). S sinn e Huffe Hääfen in d Baiz koo.
hääfele (ghääfeled) *aufs Nachtgeschirr setzen.*
Me hääfeled die glaine Kinder non em Ässe.
Haafner m. 1. *Hafner, Ofensetzer.* 2. [+] *Töpfer.*
haafnere (ghaafnered) *Hafnerhandwerk betreiben.*
Hafte w. *Heftel, Haken, Spange, Öse, Agraffe.*
Dim. **Häftli** s. 1. *kleines Heftel, kleine Agraffe.*
2. *Klammer zum Zusammenhalten der Weidlings-*
bretter. **Häftlimacher** m. *Hersteller von Hefteln.*
Ra.: Ùffbasse wien e Häftlimacher, *sehr genau*
achtgeben.
Haag m. (Heeg) 1. *Hecke.* 2. *Zaun.* Raa.:
Am Haag syy, *in der Klemme stecken, ratlos sein.*
Iber der Haag frässe, *Ehebruch begehen,*
fremdgehen (Höschs.). Äänen am Haag hèt s au Lyt,
man soll sich nicht auf seinen engsten Kreis
beschränken. **Haagebueche** w. *Hainbuche,*
Weissbuche. **Haagebùtte** → Bùtte. **Haaghäx** w.
zerzauste, hässliche Frau (pop.). Dim. **Häägli** s.,
Heegli s.
Häägemerstrooss w. *Hegenheimerstrasse.*
Häägene *Hegenheim (Dorf im Oberelsass).*
hagge (ghaggt) 1. *hacken.* 2. ütr. *essen* (Höschs.).
häggele (ghäggeled) *leicht, fein hacken.*
S Beet häggele.
Haggi w. (Haggene) *Hacke, Haue.* Dim. **Häggeli** s.
Hai s. *Heu.* Raa.: Gäld haa wie Hai, *sehr viel Geld*
haben. S Hai mit aim ùff der glyyche Biini haa,
mit jdm. gleiche Ansichten, Interessen haben.
Jètz isch gnueg Hai dùnde, *jetzt reicht's aber,*
jetzt ist das Mass voll. **Haibiini** w. *Heuboden.*
Haibiirli s. *wilde Birne.* **Haiblueme** w. *abgefallene*
Grasblüte. **Haibluemethee** m. *Heublumentee.*
Haigùmper m. *Heuschrecke.* **Haimooned**[+] m. *Juli.*
Haischnùppe m. *Heuschnupfen.* **Haischòche** m.
Haufen gemähten Heus. Dim. Haischèchli.
Haistògg m. *Heustock.* **Haiwoog** w. *Heuwaage,*
einstige Vorrichtung zum Wägen der Heuwagen

vor dem Steinentor, heute Platzbezeichnung.
Haiwoogschangi + m. *sich bei der Heuwaage
anbietender Gelegenheitsarbeiter,* ütr. *Faulenzer,
Kerl* (pej.).
Haid[1] m. (-e) 1. *Heide, Ungläubiger.* **Haidenääger** m.
ungläubiger Neger. 2. verst. *enorm.* Haidegäld,
grosse Geldsumme. Haidegspass, *grosses Gaudi.*
Haideläärme, *grosser Lärm.* Haidereschpäggt,
hohe Achtung. 3. verh. *heilig.* Haidebimbam,
haidebritsch, haidebritsch an der Bèttlaade!
Donnerwetter!
Haid[2] w. (-e) *Heide (Graslandschaft).* Ryynacher
Haid, *Reinacherheide.*
haie (ghait) 1. *heuen.* 2. *pfuschen, unsorgfältig
arbeiten* (pop.).
Haiel → Heiel.
Haiggi m., **Hainer** m., **Haini** m., **Hairi** m. 1. *Heinrich.*
Dim. Haiggeli m., s., Haineli m., s., Hainerli m., s.
2. Haini, *Name des Storchs* (Ks.). 3. Haini, *Freund
Hein, personifizierter Tod* (Küry).
hailig *heilig.* Hailige Bimbam! *Donnerwetter!*
Subst. Hailige, *Heiliger.* Ra.: Du kaasch no dyni
Hailigen erlääbe, *du wirst noch böse Über-
raschungen erleben.*
Hailigebildli s. *Heiligenbildchen.*
Hailigeschyyn m. *Heiligenschein.*
hailoos 1. Adj. *heillos, gross, enorm.* Das isch e
hailoosi Frächhait. 2. Adv. *sehr.* I bi hailoos froo.
haim *heim, nach Hause.*
Haimdryyber m. *Pfarrer* (Höschs.).
Haimdùgg m. (-e) *heimtückischer Mensch.*
Haimed w. *Heimat.* **Haimedschyyn** m.
1. *Heimatschein.* 2. *zur Tracht der Markgräflerin
gehörende Hörnerhaube, grosse schwarze Kopf-
schlaufe* (humor.).
haimedzue → haimeszue.
haimelig *heimelig, gemütlich, wohnlich, traut.*
E haimeligi Stùùbe. Haimeligi Lyt.
haimeszue, haimedzue + (Kron), **haimezue** *heimwärts.*
haimgyyge + (haimgygt) *den Marsch blasen,
fortjagen* (pop.).
haimimyychele + (ghaimimyycheled) *im geheimen
etwas absprechen, tuscheln.*
haimlifaiss, haimligfaiss *gescheiter, reicher, schlimmer
usw., als es den Anschein hat.*
haimpfyffe (haimpfiffe) 1. *nach Hause
zurückbeordern* (pop.). 2. *mit Piccolospiel*

heimbegleiten (2. H. 20. Jh.).
haimschryybe (haimgschriibe) *verloren geben,
aufgeben.* Jètz kènne si haimschryybe, *jetzt sind sie
die Lackierten, können zusammenpacken*
(Baerwart).
haimstoosse (haimgstoosse) *(ein Mädchen) nach
Hause begleiten* (Schs., Sts.).
Haimwee s. *Heimweh.* **Haimweebaasler** m. *Basler,
der auswärts, z.B. in Zürich wohnt* (humor.).
haimzinde (haimzùnde) *heimleuchten.* Èpperem
haimzinde, *jdm. gehörig die Meinung sagen,
jdn. fortjagen.*
Hainer, Hainerli, Haini → Haiggi.
Haipter → Haupt.
Haiptlig m. 1. *Häuptling.* 2. *Hauptmann* (Ss.).
Hairi → Haiggi.
haische (ghaische / ghaischt) *heischen, fordern,
verlangen.* Er hèt e rächte Bryys ghaische.
haisse (ghaisse) 1. *heissen, befehlen.* Ain yynekoo
haisse, *jdn. auffordern hereinzukommen.*
2. *heissen, genannt werden, bedeuten, lauten,
nennen.* Sy Soon haisst Franz. Der dritt Väärs
haisst esoo, *der dritte Vers lautet so.* Das haisst me
gschafft, *das nennt man gearbeitet.* S haisst,
es gääb e nasse Sùmmer, *es heisst, man sagt...*
Haissi + m. *Hans* (Küry).
haisslächt + *ziemlich heiss.*
haiter 1. *hell, klar.* Haiteri Dääg. Haiteri Stùùbe.
haiteri Faarbe. 2. *fröhlich, vergnügt.* Si hèt e haiter
Gmiet. 3. *seltsam, fatal.* Duu machsch wirggli
haiteri Sache.
haitere (gheitered) *hell werden, tagen.*
Haiteri w. *Tageslicht, Helle.* Gang mer us der Haiteri,
geh mir aus dem Licht.
Haizig w. (-e) *Heizung.*
Hääl s. *Hehl.* Kai Hääl druus mache, *etwas nicht
verhehlen.* Hääl biete, *Schweigepflicht auferlegen.*
hääl *hell, ganz.* Nur in: Ùff der hääle Wält, *auf der
ganzen, weiten Welt.* Hääli Angscht, *nackte Angst*
(Schneider). Hääli Fraid, *helle Freude.* Hääl nyt,
rein gar nichts. Hääl ùff, *wohlauf, munter,
gut aufgelegt.* Die ganzi Gsèllschaft isch hääl ùff.
halb *halb.* Er isch e halbe Mooler, *er ist beinahe
ein Maler.* Halb ùnd halb, *zu gleichen Hälften,
beinahe.*
Halbbatze + m. *Fünfrappenstück.* Ra.: Schwätze
diend si nit vyyl fir e Halbbatze, *sie sind sehr*

wortkarg. **Halbbatzekòläggte**⁺ w. *Sammlung von freiwilligen kleinen Geldspenden für die Basler Mission* (1. H. 20. Jh.). **Halbbatzelaibli**⁺ s. *Brötchen für fünf Rappen* (bis 1930er Jahre).

halbbatzig *nicht vollwertig, beinahe untauglich.* Das isch e halbbatzigi Aarbed.

Halbdùùbel m. (Halbdiibel / Halbdùùble) *Halbidiot* (pop.).

halber 1. *halb.* Nùmme halber zueloose, *nur halb zuhören.* Halber vieri, *halb vier Uhr.* Am Halber, *um halb ... Uhr (wenn die nächste volle Stunde bekannt ist.* Auch: am Halbi (pop.). 2. *fast, beinahe.* I bii halber yygschlooffe by däm Vòòrdraag. I haa s no halber dänggt. Si hèt halber wèlle verraise.

halblääbig *müde, träge, lustlos.*

Halblaid s. *nicht vollständig schwarze Trauerkleidung.* Halblaid aaleege, draage.

Halbläärvli s. *Halbmaske, nur obere Gesichtshälfte bedeckend.*

halblyyne⁺, **halblyynig** *halbleinen.*

halbsyydig 1. *halbseiden.* 2. *kleinbürgerlich, nicht ganz vollwertig.* 3. *pomadig, stutzerhaft* (Fridolin). 4. *homosexuell* (pop., 20. Jh.).

Halbstùnd w. (-e) *Halbstunde.*

halbwägs *auf halbem Weg, einigermassen.* Jètz isch si wider halbwägs gsùnd.

Haale⁺ w. *Nussschale.*

Halefugg m. (-e) *Mitglied der Studentenverbindung Helvetia* (humor., Sts.).

hälffe (ghùlffe; Präs. hilff, hälffe. Kond. hùlff⁺) *helfen.* Wunsch beim Niesen: Hälff der Gòtt! I kaa mer nit hälffe, *ich kann nicht anders.* Y will der hälffe! *Ich will dir dafür tun, ich will dir Beine machen.*

haalig⁺ *leicht vom Kern zu lösen* (Kron). Haaligi Nùss, *leicht zu schälende Nüsse.*

häll 1. *hell, hellfarben.* E häll Glaidli. E hälle Daag. E Hälls, *ein Glas helles Bier.* E Stange häll, e Rùùgeli häll. 2. *aufgeweckt, gescheit.* Er isch au nit grad der Hällscht, *...nicht gerade der Gescheiteste.* E hälle Kòpf, *gescheiter Mensch.* Ra.: Häll ùff der Blatte syy, *nicht auf den Kopf gefallen sein.*

Hälli w. *Helle, Helligkeit.*

Halm m. (Halm / Hälm / Halme⁺) *Halm.* Dim. Hälmli s. S Hälmli zie, *einen Halm oder Papierstreifen als Los ziehen, auslosen.*

Hälmi m. *Wilhelm,* s. *Wilhelmine.*

Dim. Hälmeli m., s.

Hals m. (Häls) *Hals.* Grùmme Hals, *steifer Hals.* S isch mer in lätze Hals koo, *ich habe mich verschluckt,* ütr. *es hat mich geärgert, gemopst.* Iber Hals ùnd Graagen uuse, *bis zum Überdruss genug.* Ra.: D̲o̲ostoo mit em gwäschene Hals, *etwas vergeblich getan haben, in Verlegenheit sein.* **Halsabschnyyder** m. *Halsabschneider, Wucherer.* **Halsduech** s. *Halstuch.* **Halsgralle** w. *Halskette.* **Halszäpfli** s. *Gaumenzäpfchen.* S kùnnt mer bis zuem Halszäpfli, *ich habe übergenug gegessen.* Dim. Hälsli s.

Hälsig m. 1. *Halsstrick für Vieh, kurzer Strick.* 2. jg. *Hundehalsband.*

halt[1] Adv. *nun einmal, eben, trotz allem.* Was witt, er hèt halt scho dùmmi Èltere ghaa. Nò kùmm halt, *so komm eben, wenn's nicht anders geht.*

halt[2], **haltla** Interj. *halt, nicht so weiter, warte; wartet; frz.* halte-là.

halte (ghalte) 1. *anhalten, stillstehen.* S Dram halted doo nit. 2. *einhalten, erfüllen.* Sy Verspräche hèt er ghalte. 3. refl. Er halted sich guet in der Schuel.

hältere⁺ (ghältered) *gefangene Fische im fliessenden Wasser halten.*

Haltige *Haltingen (Basel benachbartes Dorf in Südbaden).*

Hamf m. 1. *Hanf.* **Hamfsoome** m. *Hanfsamen.* Ra.: S isch em wool wien em Voogel im Hamfsoome, *es ist ihm überaus wohl.* 2. *Brot* (Schs., Ss.). I nimm e Bòlle Hamf mit.

Hamme m. *Hinterschinken, Beinschinken.* Dim. Hämmeli s.

Hammer m. (Hämmer) 1. *Hammer.* Raa.: Daasch der Hammer, *das ist der absolute Höhepunkt* (Höschs.). Der Hammer lo gheie, *mit der Arbeit plötzlich aufhören, Feierabend machen* (pop.). **Hammerschlaag** m. *Hammerschlacke, Eisenspäne (früher zum Reinigen des Essbestecks und zum Füllen von Nadelkissen verwendet).* Dim. Hämmerli s. 2. verst. *grossartig* (2. H. 20. Jh.) Hammerydee *Glanzidee.* Hammeruusstèllig *grossartige Ausstellung.*

hämmere (ghämmered) *hämmern.*

hämmerle (ghämmerled) *leicht, spielerisch hämmern.*

Hämmi m. *Abraham, Hermann, Wilhelm.* Der Hämmi, *Wilhelm Bürgin, stadtbekannter Bademeister in der Schwimmschule unter der Pfalz,*

hämpfele + (ghämpfeled) *flirten, poussieren.*
Hampfle w. *Handvoll.* Dim. Hämpfeli s. *kleine Handvoll, Häufchen.* E Hämpfeli Eeländ, *jämmerlich zusammengesunkener Mensch.* E Hämpfeli Lieder (Burckhardt).
hampflewyys *haufenweise, massenweise* (Liebrich).
Hand w. (Händ) *Hand.* Vò Hand ässe, *mit der Hand essen.* Die Maschiine laufft vò Hand, *diese Maschine hat Handantrieb.* S goot ere guet us der Hand, *es geht ihr gut aus der Hand, fällt ihr leicht.* Z Hande nää, 1. *an die Hand nehmen.* 2. *in Verwahrung nehmen.* Ra.: Mit waarme Händ schängge, *noch zu Lebzeiten schenken.*
Handbèggi s. 1. *Handwaschbecken.* 2. + *hohle Hand.* E Handbèggi mache, *Hand bittend ausstrecken.*
Handduech s. *Handtuch.* **Handgäld** s. *Handgeld, Angeld, Anzahlung bei der Söldnerwerbung.* Ra.: Wider Handgäld nää, *neuen Lebensmut fassen, neu beginnen, genesen.* **Handheebi** w., **Handhiebi** + w. *Handhabe, Henkelgriff.* **Handlùmpe** + m. *Handtuch.* **Handòòrgele** w. *Handharmonika.* **Handròss** s. *Pferd rechts im Zweigespann.* **Handzwäächele** + w. *Handtuch.* Dim. Händli s., Handeli (Ks.). S scheen Händli gää, *die rechte Hand geben* (Ks.).
Händel m. *Streit, Zwist.*
händele (ghändeled) *kleinen Handel betreiben, kleine Geschäfte betreiben, meist mit magerem Ergebnis.*
Handeli w. *Handelsschule* (Schs.).
Händeli s. *kleines Handelsunternehmen* (Meyer).
Handelshèèr m. (-e) *Grosskaufmann.*
handhoochgää (handhoochgää) *das Weidlingsruder nach dem Schlag über dem Wasser nach vorn führen.*
Handi w. *Handarbeitsunterricht* (Schs.).
handkèèrùm *im Handumdrehen, unversehens.*
händle (ghändled) *streiten.*
Haane[1] m. (Hääne) *Wasserhahn.* **Haanebùùrger** s. *Leitungswasser, Trinkwasser* (humor., 2. H. 20. Jh.).
Haane[2] m. (nur Plur.) *Poulets* (Fridolin).
Hang m. (Häng) *Abhang.* Ra.: Am Hang syy, *in Verlegenheit, in der Patsche stecken.*
hange (ghange; Kond. hieng) intr. *hängen.* Er isch an ere ghange. Si hangt an em. Hange blyybe, *hängen bleiben.*

Hangeri + m. *Heinrich; frz. Henri.*
hängge (ghänggt) 1. tr. *aufhängen, hängen, henken.* D Wèsch hängge. Ra.: Me gwènnt sich an alles, au an s Hängge, *man gewöhnt sich an die extremsten Situationen.* 2. intr. *hängen.* Mer sind hängge bliibe.
Hänggede w. 1. *Aufhängerei.* 2. *Verkettung von Umständen.* 3. *Gelegenheit zum Sitzenbleiben oder Mittrinken.* Am Änd vòm Oobe hèt s non e Hänggede gää.
Hänggel m. *Henkel.* Dim. Hänggeli s.
Hänggi w. (Hänggene) *Aufhängevorrichtung.*
Hänggiflaisch s. *faseriges Fleisch, das gerne in den Zähnen hängen bleibt* (fam., 20. Jh.).
Hängscht m. 1. *Hengst.* 2. *geiler Mann* (vulg.).
Hans m., **Hansi** m. *Hans.* Ra.: S isch Hans was Hairi, *es läuft beides auf dasselbe hinaus.* Dim. Hansli m., s.
hantlig *handlich.*
Häntsche m. *Handschuh.* Wien en ùmkèèrte Häntsche, *völlig verwandelt.* **Häntschelääder** s. *Handschuhleder.* Zäch wie Häntschelääder, *sehr zäh, sehr robust.* Dim. Häntschli s.
happere (ghappered) *hapern.*
häär *her.* Wo kùnnsch häär? *Woher kommst du?* Mit däm Bròfässer isch s nit wyt häär, *dieser Professor taugt nicht viel.*
Haarasse w. *Harass, Transportkiste für Flaschen; frz. harasse.*
Häärd[1] m. *Herd.* **Häärdring** m. *eiserner Ring zur Verkleinerung der Herdlöcher.* **Häärdsched** + w. *Herdstatt, Feuerstelle* (Hetzel). Dim. Häärdli s.
Häärd[2] w. (-e) *Herde.* Dien dòch nit wien e Häärd Sei, *tobt doch nicht so.* Das isch schwäärer als e Häärd Sei z hiete, *das ist ausserordentlich schwierig.*
Häärdèpfel m. 1. *Erdapfel, Kartoffel.* Brääagledi Häärdèpfel, *in Scheiben geschnittene geröstete Kartoffeln, «Rösti».* Rau brääagledi Häärdèpfel, *«Rösti» aus rohen Kartoffeln.* Gschwèllti Häärdèpfel, Gschwèllti, *gekochte Kartoffeln, Pellkartoffeln.* Uuszoogeni Häärdèpfel, *Salzkartoffeln.* **Häärdèpfelschèllede** w. *Kartoffelschale.* **Häärdèpfelschnaps** m. *Kartoffelbranntwein.* **Häärdèpfelstògg** m. *Kartoffelbrei.* Dim. Häärdèpfeli s. 2. *Null- oder Minuspunkt beim Spiel.* I mues der schò wider e Häärdèpfel ùffschryybe.

häärdèpfle (ghäärdèpfled) *Kartoffeln ernten.*
Häärdèpfler m. *Kartoffelschnaps.*
Häärdsched + → Häärd[1].
Hääre w. *Schlinge, Falle, Fischergarn.* Wär laufft
mer in d Hääre? *Wer läuft mir ins Garn?* (Kron).
2. *Name einer der drei Kleinbasler Ehren-*
gesellschaften: zuer Hääre; *ihr Ehrenzeichen ist der*
Wilde Mann (→ Wildmaa), *ihr Wappenzeichen eine*
Schlinge. Der Hääre, *der Wilde Mann* (Beurmann).
hääretgeege + *hingegen* (Hetzel).
haarig → hòòrig.
Haarnischblätz + m. *Pfannenreiniger mit Geflecht*
aus feinen Eisen-, später Kupferringen,
einem Kettenpanzerstück ähnelnd.
haart (hèèrter, hèèrtscht) *hart.*
Häärz s. (Häärz / Häärze) *Herz, herzförmiges Gebäck,*
herzförmiges Loch im Fensterladen.
Häärzbòpper m. *Herzklopfen.* **Häärzgläpper** m.
Herzschlag (Höschs.). **Häärzkiirsi** s. *Herzkirsche*
(Prunus avium). **Häärzwasser** + s. *Sodbrennen*
(Seiler). **Häärzwässerli** + s. *Herztropfen.* Ra.:
Doo lysch, Häärzwässerli, mitsamt em Gitterli,
da haben wir die Bescherung (Fridolin).
Dim. **Häärzli** s.
haarze (ghaarzt) 1. *Harz absondern.* 2. *mühsam*
vonstatten gehen. D Aarbed haarzt.
haarzig 1. *harzreich.* 2. *mühsam vonstatten gehend.*
E haarzigi Ùffierig.
häärzig *herzig, allerliebst.*
Haas m. (-e) *Hase.* Raa.: Aim e Haas in d Kùchi jaage,
jdm. einen Auftrag oder einen Vorteil verschaffen.
E Haas ùffschyyche, *etwas Unnötiges vom Zaun*
brechen. **Haasemyyli** s. *Löwenmaul (Gartenblume).*
Dim. **Hääsli** s. 1. *Häschen.* Kai hyyrig Hääsli
mee syy, *nicht mehr gerade jung sein.* 2. *junges*
Mädchen (pop.).
Haschier + m., **Haschierer** + m. *Polizist, Stadtpolizist*
(18., 19. Jh.).
Haschpel m. (Häschpel) 1. *Haspel.* 2. *Garnwinde.*
Dim Häschpeli s.
Hascht w., + m. *Hast.* Im Hascht, *in Eile* (Meyer).
Haaselstuude w. *Haselnussstrauch.*
hääserig *schwächlich, schäbig, lausig.*
Hääsige *Häsingen (Dorf im Oberelsass).*
Hääsluus + w. (Häslyys) *Kleiderlaus.*
hässele (ghässeled) *mürrisch oder gereizt sein,*
gereizt reden.

hässig *mürrisch, übellaunig, verdriesslich, zornig.*
Hattle w. 1. *weibliches Kaninchen.* 2. *Frau*
(pej., vulg.). 3. (Plur.) *Lumpen, hässliche Kleider*
(Schneider).
Hätzle w. 1. *Eichelhäher.* 2. *Elster.* 3. *Cutaway,*
Gehrock mit abgerundeten Schössen.
haudere (ghaudered) *pfuschen, hastig, unachtsam,*
unsorgfältig arbeiten.
Hauderi m. *fahriger Mensch, Pfuscher, Stümper.*
haue (ghaue) 1. *hauen, schneiden.* Das Mässer haut
guet. Er hèt sich mit em Beil in Fuess ghaue.
Haut s es? *Geht's gut, gibt's aus?* (Müller). Raa.:
S isch ghaue was gstòche, *es läuft auf dasselbe*
hinaus. Ghauen oder gstòche, *unter allen*
Umständen. Ghauen oder gstòche, mer miend am
Säggsi dehaim syy. Es isch nit ghauen ùnd nit
gstòche, *es ist nichts Rechtes, weder Fisch noch*
Vogel. 2. *schlagen, verprügeln.* Ùff der Disch haue,
auf den Tisch schlagen, endlich für Ordnung sorgen.
Er hèt mi ghaue, *er schlug mich.* 3. *gehen,*
sich davonmachen (pop.). I hau s gschwind in
d Stadt. Hau ab! *Mach, dass du fortkommst.*
Hau s in Sagg! *Mach, dass du fortkommst.*
hauig *gut schneidend.* E hauigi Schäär.
Haupt s. (Haipter) *Haupt.* Haipter, *Bügermeister*
und Oberstzunftmeister in Basel (bis 18. Jh.).
Haiptergutsche + w. *viertürige Kutsche für die zwei*
Bürgermeister und die zwei Oberstzunftmeister
im alten Basel. **Haipterstiel** + m. (Plur.) *für die*
Obrigkeit reserviertes Chorgestühl im Basler
Münster.
hauptheechlige + *mit hoch erhobenem Haupt, freudig*
(Liebrich). Hauptheechlige lache + , *laut*
herauslachen (Seiler).
Hautsch m. (Haitsch / Hautsche) 1. *ungekämmtes*
Kopfhaar. 2. *nachlässige, unsorgfältige Frau,*
ungeschickter Mensch.
Häx w. (-e) 1. *Hexe.* **Häxebääse** m. *besenartiges*
Gestrüpp am Baum. **Häxemännli** s., **Häxewyybli** w.
Stehauffigürchen aus Holundermark mit Nagel am
unteren Ende. **Häxeschùss** m. *Hexenschuss,*
Lumbago. **Häxewäärgg** s. in: Das isch kai
Häxewäärgg, *das ist nicht schwierig.* Dim. **Häxli** s.
a) *kleine Hexe.* b) *kleines Mädchen* (humor.).
2. *hässliche, böse Frau.*
he Interj. unbet. 1. *nun ja.* He nù, *je nun, nun ja.*
He nù sò dènn, *nun denn meinetwegen.* He, i waiss

nit rächt, *na, ich weiss nicht recht.* 2. verst. He joo, *ja natürlich.* He nai, *aber nein, nicht doch.*

hè Interj. bet. 1. *wie? wie bitte?* (pop.). 2. *nicht wahr* (pop.). Du kùnnsch dòch mit, hè? Hämisch: Gäll hè! *Siehst du jetzt.*

hee Interj. bet., Aufmerksamkeit heischend. Hee, Sii dèèrt! Hee, dramp mer dòch nit ùff d Fiess.

heebe (ghèbt) 1. *halten, festhalten.* Hèb s Buech! *Halte das Buch!* Ra.: Er kaa s nit heeben ùnd nit länge, *er kann's einfach fassen.* 2. *halten, Bestand haben.* Dä Naagel hèbt, *dieser Nagel sitzt fest.* S scheen Wätter hèbt gwiss non e Wyyli.

Heebelmeeli s. *jährliches Essen am 10. Mai in Hausen (Wiesental) zur Erinnerung an den alemannischen Dichter Johann Peter Hebel (seit 1860).*

Heebi[1] w. (Heebene) *Halt, Griff, Henkel.*

Heebi[2] w., jg. **Heefi** w. *Hefe.*

heebig, hääbig [+] (Kron) *zäh am Besitz hangend.*

Heechi w. (Heechene) *Höhe, Anhöhe.* **Heechefyyr** s. *Höhenfeuer* (Fridolin). **Heecherauch** m. *Dünkel, Einbildung, Hochmut.*

Heedi s. *Hedwig.* Dim. Heedeli s.

Heefi → Heebi[2].

heeflig *höflich.*

Hèft s. (Hèfter) *Heft, aus Papierbogen geheftet.* Dim. **Hèftli** s. 1. *kleines Heft.* 2. *Zeitschrift* (pej.). **Hèftlihängscht** m. *Zeitschriftenreisender* (Höschs.).

Hèfti s. *Heft, Griff, Handgriff (an Werkzeugen, wie Messer usw.).* Ra.: S Hèfti in der Hand haa, *Herr sein, Führung innehaben.*

Hègg [+] w. nur noch in Raa.: Ùff der Hègg syy, bi der Hègg syy, *auf der Hut sein, aufmerksam sein, aufgeweckt sein.* Aim ùff der Hègg syy, *jdm. auf der Spur sein.*

hèggele (ghèggeled), **hèggle** (ghèggled) *gemütlich oder immer wieder im Wirtshaus sitzen.*

Hèggeler m., **Hèggler** m. *Wirtshaushocker.*

hèggle → hèggele.

Hèggler → Hèggeler.

heeggle (gheeggled) *häkeln.*

Heegglede w. *Häkelarbeit.*

Heeggli → Hoogge.

hèggschtens *höchstens.*

Hèggtaare w. *Hektar (Flächenmass, 10 000 m²).*

Heegli → Haag.

Heiel m., **Haiel** [+] m. 1. *Eule.* 2. *zerzauster Haarschopf.* 3. *zerzauster Mensch.* Dim. Heieli s.

Heier m., **Heuer** m. *Fünffrankenstück* (Höschs.).

Hèlblig [+] m. *Helbling (altes Brunnendurchflussmass, 4,5 Liter pro Minute).*

hèlde (ghèlded) *neigen, schief stellen.* Muesch s Bèggi hèlde, derno laufft s Wasser ab.

heele (gheelt) 1. *höhlen, aushöhlen.* 2. *austrinken* (humor., pop.). Er hèt elai e ganzi Fläsche gheelt.

Hèlfebai [+] s. *Elfenbein.*

Hèlfti w. (Hèlftene) *Hälfte.*

Hèlge m. 1. [+] *Heiligenbildchen.* 2. *Bild, Gemälde, Abbildung.* **Hèlgebuech** s. *Bilderbuch.* **Hèlgegant** w. *Bilderauktion.* **Hèlgemooler** m. a) *Kunstmaler.* b) *Maler von Schnitzelbank-illustrationen* (20. Jh.). Dim. Hèlgeli s. (eher pej.), Hèlgli s.

Heeli w. (Heelene) 1. *Höhle.* Der Stai vòr d Heeli rùùgele, *abends die Haustür verriegeln* (humor., Höschs.). Dim. Heeleli s. 2. *Restaurant Kunsthalle* (humor., 20. Jh.).

Hèll w. *Hölle.*

Hèlli s. *Helene.*

Hèlschte *Hölstein (Dorf im Baselbiet).*

hèlze [+], **hèlzig** 1. *hölzern.* Hèlzig Hèmmli, hèlzige Kittel, *Sarg* (humor.). Ra.: Der hèlzig Kittel hèt kaini Sègg, *beim Sterben kann man nichts mitnehmen* (pop.). 2. *holzig.* Hèlzigi Riebli. 3. *steif, ungelenk.*

hèlzle (ghèlzled) 1. *Brennholz kreuzweise schichten.* 2. *Glücksspiel mit Streichhölzern spielen.*

Hèmd s. (Hèmder) *Hemd.* **Hèmdheesli** s. *Hemdhose, Wäschekombination für Kinder.* Dim. Hèmmeli s., Hèmmli s. *Hemdchen, Hemd.* **Hèmmliglùnggi** m. a) *einer, der im Hemd herumläuft, nachlässig Gekleideter.* b) *Windröschen (Anemone nemorosa, Waldblume).* **Hèmmlistiil** m. *Stock des Hemdes.*

Hèmmlistògg m. *Hauptteil des Hemdes ohne Ärmel und Kragen..*

hèmdèèrmlig *hemdsärmlig.*

Hèmmli → Hèmd.

heen [+] *unwillig, erbittert, zornig.*

henù *ja nun.*

hèpperle (ghèpperled) 1. *hinkend, schwankend, stolpernd gehen.* 2. *begatten* (vulg.).

Hèpperli s. 1. *kleines Hindernis, Anlass zum Stolpern.* Aim e Hèpperli stèlle, *jdm. ein Bein stellen, Hindernis in den Weg stellen.* 2. *Geschlechtsakt* (vulg.).

Hèèr m. (-e) 1. *Herr, Kavalier, Seigneur.* Er isch e Hèèr, *er hat gute Manieren.* Der Hèèr Pfischter,

Herr Pfister. Hèèr im Sässel⁺, *fallengelassene
Masche* (Kron). **Hèèrebiebli** s., **Hèèrebygger** m.
Herrensöhnchen. **Hèèreläbtig** m. *Herrenleben.*
Hèèrelyt (Plur.) *vornehme Leute, Leute aus der
Stadt.* Dim. Hèèrli s. *Herrchen.* 2. mit best. Artikel
⁺*Pfarrer.* Ùnd dernoo hèt is der Hèèr kùmfermiert.
Hèèrefaasnacht w. *Fasnacht im Birseck,
eig. Fasnacht der katholischen Geistlichen.* 3. *Gott,
Jesus.* Beteuerungen, Flüche: Hèèr du waischt⁺,
Hèèr du Zyt, bym Hèère⁺, *bei Gott.* Der Hèèr
Jeesùs, *der Herr Jesus.* In Flüchen z.T. verh.:
Hèrggulaanum, Hèrjee, Hèrjeegger, Hèrjeeggerli,
Hèrjeeggis, Hèrjeemer, Hèrjeemerli, Hèrjeemynee,
Hèrjèsses, Hèèrschaft, Hèèrschaftyyne,
Hèèrschaftnoonemool. **Hèèrgòtt** m. *Herrgott.*
Flüche: Hèèrgòtt, Hèèrgòttnoonemool. Dim.
Hèèrgèttli s. a) *kleiner Gott.* Singe wien e Hèèrgèttli,
herrlich singen (pop.). b) *selbstherrlicher
Vorgesetzter* (humor.).
Hèèrbäärg w. (-e), **Hèèrbrig**⁺ (-e) *Herberge.*
Hèèrbrigsbäärg⁺ m. *Petersberg (heute Petersgasse).*
Fluch: Bòtz Hèèrbrigsbäärg am Spaalebäärg⁺
(humor.). **Hèèrbrigsgässli**⁺ s. *Herbergsgasse.*
Hèèrbscht m. *Herbst.* In Hèèrbscht goo, *Weinlese
verrichten.* **Hèèrbschtmooned**⁺ m. *September.*
Hèèrbschtzytloose w. *Herbstzeitlose.*
hèèrbschte (ghèèrbschted) 1. *Trauben ernten,
Ernte einbringen.* 2. ütr. *sich ausgiebig bedienen,
tüchtig erben.*
hèèrbschtele (ghèèrbschteled) *nach Herbst aussehen
oder riechen, Herbst werden.*
hèère (ghèèrt), **ghèère** (ghèèrt) *hören.*
Hèèrgòtt m. → Hèèr.
-hèèrig -haarig. Langhèèrig, roothèèrig, usw.
hèèrlig *herrlich.*
Hèèrmi m. *Hermann.* Dim. Hèèrmeli m., s.
hèèrnle (ghèèrnled) *Hornsignale geben.*
Hèèrnli s. 1. *kleines Horn.* **Hèèrnlimaa** m. *Teufel*
(humor.). **Hèèrnlischlitte** m. *Hörnerschlitten.*
2. *bestimmte Teigwarenart.* 3. a) *Grenzacherhorn.*
b) *Friedhof am Hörnli beim Grenzacherhorn.*
Hèèrnli aifach nää, *sterben* (humor.).
Hèèrnligòttsagger m. *Friedhof am Hörnli.*
Hèèrschaft w. (-e) 1. *Herrschaft, Arbeitgeberfamilie.*
D Hèèrschaft isch nit dehaim. 2. Fluchwort → Hèèr.
Hèèrti w. (Hèèrtene) *Härte, Härtegrad.* S git Ryssblei
mit verschiidene Hèèrtene.

heesele (gheeseled) 1. *mit kleinen Schritten erste
Gehversuche machen.* 2. *ängstlich, feige, furchtsam
sein.* 3. ⁺«*nach Hosen riechen*» (humor.).
S heeseled, *es ist ein Mann in der Nähe.*
Heeseler m. *Angsthase, Feigling.*
Hètz w. *Hetze, Hast.*
hii 1. *hin.* Ùff daas hii isch er gstòòrbe, *daraufhin...*
2. *kaputt, zerbrochen.* Dä Haafen isch hii.
Hiibel m., **Hùùbel** m. (Hiibel) *Hügel.* Dim. Hiibeli s.
hyyble⁺ (ghyybled) *zurechtweisen, strafen,
züchtigen.*
Hibsche → Ibsche.
hibscheli, hibschli *sachte, sorgsam, behutsam.*
hyychle (ghyychled) *heucheln.*
Hyychler m. *Heuchler.* **Hyychlerkùmoode** w.
Harmonium (humor., 20. Jh.).
hie *hier, hierzulande.* Er isch nit vò hie, *er stammt
nicht aus unserer Stadt.* Hie und doo, *bisweilen.*
Hieneli⁺ s. *kleiner Drehhahn, z.B. an Blechkanne*
(Fridolin).
hienere (ghienered) *kopflos arbeiten, kopflos
handeln.*
hieschtele (ghieschteled) *hüsteln.*
hiesig *hiesig, hier seiend, hier befindlich,
hier wohnend.* Bisch au wider emool hiesig? *Bist du
auch wieder einmal in unserer Stadt?* Hiesigi Lääde,
Ladengeschäfte in unserer Stadt. E Hiesige,
einer von hier.
hiete (ghieted) *hüten.* Si hieted by de Noochbere,
*sie passt bei den Nachbarn auf die Kinder und/oder
auf das Haus auf.*
hyffele (ghyffeled) 1. *häufeln, Häufchen machen.*
2. *Kot fallen lassen* (Ks.).
hyffig *häufig.*
hyygerle (ghyygerled) *kleingeduckt kauern.*
Higg m. 1. *Einschnitt, Kerbe, Kratzer.* Der Disch hèt
bim Ziiglen e Higg bikoo. 2. ütr. *leichte Verrücktheit.*
E Higg haa, *etwas verrückt, verschroben sein.*
hiigoo (hiigange) *kaputtgehen.*
hyyle (ghiile / ghyylt) *heulen, heftig weinen.*
Hyyler m. *krampfhaftes, zwanghaftes Weinen,
Weinkrampf.* Si hèt männgmool der Hyyler.
Hilff w. (Hilffe / Hilffene) *Hilfe, Hilfskraft, Helfer,
Helferin.* Si macht der Huushalt ganz ooni Hilff.
Er hèt e rächti Hilff an ere, *sie ist ihm eine gute
Hilfe, Helferin.*
Hilschede⁺, **Hiltschede**⁺ w. *Hülse, Schale, Obsthaut.*

hiimache (hiigmacht) 1. *kaputtmachen, zerstören.*
2. *töten* (vulg.).
Himbèèri s. *Himbeere.*
Himmel m. *Himmel.* Himmel ùnd Hèll, *bestimmtes Hüpfspiel.* Ra.: S goot zue wie im Himmel vòrùsse, *es geht sehr turbulent, verrückt zu.* **Himmelryych** s. *Himmelreich.*
himpele (ghimpeled), **himperle** (ghimperled)
1. *leicht humpeln, hinken.* 2. *hapern, stocken.*
Sy Gschäft himpeled eenter, *mit seinem Geschäft hapert es ziemlich.*
Himpeler m. 1. *Hinkender.* 2. [+]*Pfuscher, Stümper.*
3. [+]*Kleinfischer.*
hinde *hinten.* Naimen im Daal hinde, *irgendwo hinten im Tal.* Hinden ewägg ùnd vòòrne draa, *Name eines Kinderspiels, bei dem der Hinterste einer Reihe wegläuft und sich vorne anstellt.* Ra.: Der Schùss isch hinden uuse, *der Schuss ging hinten hinaus,* ütr. *Die Sache ist misslungen.*
hindedryy 1. *hintennach.* D Uur goot hindedryy.
2. *im Verzug.* Si sind mit der Aarbed aarg hindedryy.
hindedùùre *hintendurch, hintenherum.*
hindele (ghindeled) 1. *nach (nassem) Hund riechen.*
2. *Hundesport betreiben* (20. Jh.).
Hindeler m. *Hundeliebhaber, Hundenarr, Hundesportler.*
hindenùmme *hintenherum, hinter dem Rücken.*
Hindenùmme händ si wiescht iber en grèdt.
hindenuuse *hinten hinaus.* Hindenuusen isch s ganz still, *auf der Rückseite des Hauses...*
hindenùsse *draussen hinter dem Haus.*
Hinder s. *Hintern, Gesäss.* Alles an s Hinder hängge, *alles für Kleiderluxus ausgeben* (humor.).
hinder 1. Adj. *hinter, hinten gelegen.* Gang dùr die hinderi Diire. Die hinder(t)schti Diire, *die hinterste Tür.* 2. Präp. *hinter.* Hinder em Huus, *hinter dem Haus.* Hinder s Huus, *hinter das Haus.* Hinder d Aarbed goo, *sich an die Arbeit machen.* Hinder d Schòggelaade goo, *sich an die Schokolade vergreifen.*
hindere Adv. 1. *nach hinten.* Gib das Hèft hindere.
2. *ins Gefängnis* (pop.). Er isch hindere gheit, *er kam ins Gefängnis.*
hinderebyyge (hinderebiige) *tüchtig essen* (pop.).
hinderelitze → ùmmelitze.
hinderenander *hintereinander.*
hinderenanderkoo (hinderenanderkoo) *Streit*

bekommen. Die baide sind bees hinderenanderkoo.
hinderezinde (hinderezùnde) *heimleuchten.*
hinderfiir, zhinderfiir (nur präd.) *verstört, verwirrt.*
Si isch ganz hinderfiir. Hinderfiir koo, hinderfiir wäärde, *verrückt werden, durcheinander kommen.*
Sich zhinderfiir luege, *schauen bis zum Verrücktwerden.* Hinderfiir mache, *verrückt machen.*
Hinderlig [+] m. *Verhinderung, Verspätung, Verzug.*
Im Hinderlig syy, *im Verzug sein, mit der Arbeit nicht nachkommen.*
hinderrùggs *hinterrücks.*
hinderrùggsig *hinterhältig.*
hindersi, hinderzi, hinderzig *rückwärts.* Hindersi mache, *rückläufige Einnahmen haben.*
hindersinne, sich (hindersùnne) *durch Grübeln oder Nachdenken fast den Verstand verlieren, schwermütig werden.*
hinderzi(g) → hindersi.
hiinecht *heute nacht, heute abend.*
hingge (ghùngge) *hinken.*
Hinggi m. *Hinkender.* **Hinggibai** s. *«Hinkebein», Hinkender* (humor.).
Hyynige *Hüningen (Basel benachbartes Dorf im Oberelsass).*
hipfe (ghipft) *hüpfen.*
Hipfi w. (Hipfene) *Hüpfspiel, Bodenzeichnung für Hüpfspiel.*
Hypper m. *Brot* (Ss.).
hyppere (ghyppered), **hypperle** (ghypperled) *humpeln.*
Hippli s. 1. *Pfeifchen aus Weidenholz.*
2. *Trompetchen.* 3. *röhrenförmiges Kleingebäck.*
Hyppògrass m. *Hypokras, Basler Gewürzwein zu Weihnachten und Neujahr, gemischt aus Rot- und Weisswein, Zucker, verschiedenen Gewürzen, je nach besonderem Familienrezept; wohl aus griech. hypokerannymi=durcheinandermischen.*
hyyr *in diesem Jahr.*
hyyraschple (ghyyraschpled) *heiraten* (humor.).
hyyrig *heurig, diesjährig.* I bii au kai hyyrig Hääsli mee, *ich bin auch nicht mehr der Jüngste.*
hiirne (ghiirnt) *nachdenken, überlegen* (pop., 2. H. 20. Jh.).
Hiirni s. *Gehirn.* **Hiirnisteessel** [+] m. *starker Wein.* Dim. Hiirneli s.
hiirni [+], **hiirnig** [+] *hörnern, aus Horn.* Hiirni Seifriid [+], *durch Hornhaut unverwundbar gemachter*

Siegfried der Heldensage, ütr. *grober Kerl.*

Hyyroot w. (-e) *Heirat.*

hyyroote (ghyyroote) *heiraten.* Ùff Abbrùch hyyroote, *im Hinblick auf baldiges Ableben des Partners heiraten* (humor.).

Hiirsch → Hiirz.

Hiirz + m. (-e), **Hiirsch** m. (-e) *Hirsch.* Der Hiirze, *das Haus zum Hirschen (in der Aeschenvorstadt, abgebrochen).* E Hiirsch syy, *ein tüchtiger Fachmann oder Kenner sein.* Im Rächnen isch er kai Hiirsch. **Hiirzboode** m., **Hiirzeboode** m., **Hiirzbrùnne** m. *Flur- und Strassennamen.* **Hiirzekääfer** + m., **Hiirschkääfer** m. *Hirschkäfer.* Dim. Hiirzli + s., Hiirschli s.

hyscht ùnd hòtt *auf und ab, hinauf und hinunter, hierdurch und dortdurch.* Er waiss nit hyscht ùnd nit hòtt, *er ist völlig ratlos.*

hyysele (ghyyseled), **hyyserle** (ghyyserled) *an kleinen Dingen sparen.*

hyysle (ghyysled) *in Quadrate aufteilen, karieren.*

Hyysler *Heusler, Häusler (Familiennamen).*

Hyysli → Huus.

hit → hitte.

Hitte w. 1. *Hütte, Klubhütte.* 2. *Haus, Wohnhaus* (pop., pej.). Dim. Hittli s.

hitte, hit *heute.* D Sitzig hit, *die heutige Sitzung.*

hittemòòrge *heute morgen.*

hittezmidaag, hitzmidaag *heute nachmittag.*

hitteznacht, hitznacht *heute nacht.*

hittezoobe, hitzoobe *heute abend.*

hittig *heutig.*

hittigsdaags, hitzedaag, hitzedaags *heutzutage.*

Hitz w. 1. *Hitze.* **Hitzgiggel** m. *Hitzkopf, Jähzorniger.* 2. + *Fieber.*

hitzedaag → hittigsdaags.

Hoobel[1] m. (Heebel) *Hobel.* Ra.: Kaasch mer der Hoobel uusbloose, *du kannst mich gern haben.* Dim. Heebeli s.

Hoobel[2] *Hochwald (Dorf im Kanton Solothurn).*

hooch (heecher, hèggscht) *hoch.* Hooch aagää, hooch singe, *prahlen* (Höschs.). Hooch haa, *betrunken sein* (pop.). Hooch obenuuse welle, *hoch hinauswollen.*

Hoochfiessli s. *Fussglas für Wein.*

Hoochschyyn m. *Ahnung, ungefähre Kenntnis.* Kai Hoochschyyn haa, *überhaupt nicht im Bilde sein.*

Hòchzyt w. (-e) *Hochzeit.* **Hòchzytdaag** m.

Hochzeitstag. **Hòchzyt(s)frind** m., **Hòchzyt(s)frindyyn** w. *Zur Hochzeit eingeladene Freunde des Brautpaars.* **Hòchzytsstrùmpf** m. a) *Sparstrumpf.* b) *nacktes Bein* (humor.). Si hèt d Hòchzytsstrimpf aa.

Hòchzyter + m. *Bräutigam.*

Hòchzytere + w. *Braut.*

Hoof m. (Heef) *Hof.* Dim. Heefli s. 2. *Bauernhof, z.B.* Breedigerhoof *(im Süden Basels).* 3. *vornehmes altes Stadthaus, z.B.* Èptigerhoof, Bischòffshoof. 4. *Lichtschein um Sonne oder Mond.* Der Moond hèt e glaine Hoof.

Hoofmaischter m. *Hofmeister, Brautführer, Tafelmajor an der Hochzeit.*

hooferig +, **hoofrig** + *hoffärtig.*

hòffedlig *hoffentlich.*

Hòffert + w. *Hoffart.* Stinggigi Hòffert, *Tagetes (Gartenblume).*

Hòffnig w. (-e) *Hoffnung.* In der Hòffnig syy, *schwanger sein.*

hòffnigsloos 1. *hoffnungslos.* 2. verst. *enorm, sehr.* Hòffnigsloose Dùùbel. Hòffnigsloosi Sauerei. Hòffnigsloos yybilded.

Hoofmaa *Hoffmann, Hofmann (Familiennamen).* Dim. **Hoofmeli** m. *Knabe namens Hoffmann.* **Hoofmeli** s. *Mädchen namens Hoffmann.*

hoofrig → hooferig.

Hògg m. (Hègg) *Zusammensitzen, gemütliche Zusammenkunft.* D Pfaadi händ e Hògg.

Hoogge m. (Heegge) 1. *Haken.* **Hooggemässer** s. *Hippe, Rebmesser mit gebogener Klinge.* Dim. Heeggli s. *Häkchen.* 2. *Hakennase* (humor.). 3. *gekrümmter Griff (z.B. am Schirm).* 4. *männlicher Lachs.* 5. *hässliche Frau* (pop.). 6. *Schlag mit abgewinkeltem Arm oder Bein.* Aim e Hoogge schwinge, *jdm. einen Faustschlag erteilen, jdm. ein Bein stellen* (Fridolin).

hògge (ghòggt) *sitzen* (pop.). Wie hòggsch au doo, *wie sitzest du auch nachlässig da.* Er isch drei Jòòr ghòggt, *er sass drei Jahre im Gefängnis.* Do hòggt èppis in der Lùnge, *da sitzt etwas verborgen in der Lunge.* Hògge blyybe, *in der Schule sitzenbleiben.* Ain hògge loo, *jdn. im Stich lassen.*

Hògger m. *Hocker.* 1. *einer, der gern (im Wirtshaus) sitzen bleibt.* 2. *Sitzmöbel ohne Lehne.* Dim. Hèggerli s.

Hòggi w. *Hocke (beim Turnen).*

Hòlbai *Holbein (Name einer berühmten Maler-familie).* **Hòlbaiblatt** m. **Hòlbaigimnaasiùm** s. **Hòlbaistrooss** w.

Hòlder m. *Holunder.* **Hòlderbluescht** m. *Holunder-blüte.* **Hòlderstògg** [+] m. *Geliebter.* Vers zu einem Kinderspiel: Rùmpedi bùmpedi Hòlderstògg, wievyyl Finger strèggt der Bògg?

hoole (ghoolt) *holen.*

Hoolmerùndlängmer → Gimmerhoolmerlängmer.

Hòlz s. (Hèlzer) *Holz.* Z Hòlz goo, *zum Holz-sammeln, zum Holzschlagen in den Wald gehen.* Ra.: Hòlz vòr em Huus, *starker weiblicher Busen* (humor., pop.). **Hòlzbiire** w. *wilde Birne.* **Hòlzbògg** m. 1. *Sägebock.* 2. *bockiger, ungeschickter Mensch.* **Hòlzèpfel** m. *wilder Apfel.* S räägned Hòlzèpfel → Èssig'gùttere. **Hòlzhuus** s. *Schuppen zum Aufbewahren des Brennholzes.* Dim. **Hèlzli** s. *Hölzchen, Klötzchen.*

hòlze (ghòlzt) *holzen.* 1. *Holz schlagen.* 2. *grob, regelwidrig spielen.* 3. *grob, unsorgfältig arbeiten.*

Hòlzede w., **Hòlzerei** w. (-e) 1. *grob-unfaires Spiel.* 2. *Schlägerei.*

Hoonig → Hùùnig.

hòppe [+] (ghòppt) *hinken, humpeln.*

hòppere (ghòppered) *holpern.*

hòps *schwanger* (vulg.). Si isch hòps. Er hèt si hòps gmacht.

Hòòr s. *Haar.* By aim Hòòr, ùm e Hòòr, *beinahe.* Ùff s Hòòr glyych, *haargenau gleich.* (Ùm) kai Hòòr bèsser, *in keiner Weise besser.* Raa.: Hòòr ùff de Zeen haa, *energisch sein, nicht mit sich spassen lassen.* Kùùrzi Hòòr sind glyy biirschted, *wo wenig ist, ist wenig zu arbeiten, zu haben oder zu holen (z.B. beim Erben).* Aim d Hòòr us den Auge mache, *jdm. den Standpunkt klarmachen.* **Hòòreiel** m. 1. *zerzauste Frisur.* 2. *ungekämmter Mensch.* **Hòòrnoodle** w. *Haarnadel.* Aberglaube: Wènn e Hòòrnoodle verbricht, gits en Ùn'gligg. **Hòòrschnyyder** m. *Herrenfriseur* (Fridolin). **Hòòrsèggel** [+] m. *Haarbeutel* (Hetzel). Dim. **Hèèrli** s. **Hèèrlifilzer** m. *Friseur* (Höschs.).

hòränd *horrend, enorm; lat. horrendus.* Hòrändi Bryys. S Flaisch isch hòränd dyyr wòòrde.

hòòrglyych *genau gleich.* S isch mer hòòrglyych, *es ist mir völlig gleichgültig* (Seiler).

hòryybel *schrecklich; frz. horrible, lat. horribilis.*

hòòrig 1. *haarig, behaart.* 2. *empörend, ungehörig.*

In dieser Bedeutung auch: **haarig.**

Hòòrn s. (Hèèrner) *Horn.* Sich Hèèrner an Kòpf stoosse, *beim Sich-Anstossen Beulen bekommen.* Ain ùff em Hòòrn haa, e Hòòrn haa, *angetrunken sein* (Mitte 20. Jh.). **Hèèrnerkappe** w. *Hörnerhaube, Kopfbedeckung der Schwarzwälderinnentracht.* **Hòòrnòggs** m. *dummer, sturer Mensch* (pop.). Dim. Hèèrnli s. *kleines Horn,* → auch: Hèèrnli.

hòòrne (ghòòrnt) 1. *Hornsignale geben.* 2. *Hörner bekommen (von Horntieren).* 3. [+] *mürrisch sein, schmollen.*

Hòòrnig m. *Februar.*

hòòrniigle → hùùrniigle.

Hòòrnùsse w. *Hornisse.*

Hòòròòr m. 1. *Schrecken, Schauder; lat. horror.* Si hèt e Hòòròòr vòr de Wiirm. 2. *abscheulicher, garstiger Mensch.* Er isch ùnd blybt e Hòòròòr.

Hoorùgge m. *Fleisch vom Rückgrat des geschlachteten Rinds oder Schweins.*

hösch! Interj. *hörst du!* (meist gedankenlos als Anrede- oder Verstärkungswort in der Höschs. verwendet). Hösch, Digge, mach kaini Lämpe, hösch!

hösche [+] (ghòscht) *anklopfen; frz. hocher.*

hösche [+], **höschehoo** [+] *hallo! (Ruf an der geschlossenen Tür vor dem Eintreten).*

Höschsprooch → Gnùllerisprooch.

Hoose w. (nur Plur.) *Hose.* D Hoose kèère, d Hoosen ùmkèère, *Notdurft verrichten* (pop.). Raa.: D Hoosen aabeloo, *Farbe bekennen, die ganze Wahrheit sagen* (pop.). Aim d Hoosen aabeloo, *jdn. blossstellen* (pop.). D Hoosen aahaa, *in der Ehe dominieren.* **Hoosebai** s. 1. *Hosenbein.* 2. *männliches Wesen* (humor.). **Hoosebaifieber** s. *Verliebtheit einer weiblichen Person* (humor., Müller). **Hooseglùnggi** m., **Hooselòtzi** m. *einer, dem die Hose herunterrutscht, nachlässig Gekleideter.* **Hoosegnèpfli** s. (Plur.) *Prügel auf den Hintern.* **Hoosegnòpf** m. 1. *Hosenknopf.* 2. *Dreikäsehoch.* Dim. Hoosegnòpfli m. *Knirps.*

Hooselaade m. *Hosenschlitz.* Dä isch, dä hèt e beese Hooselaade, *der ist ständig hinter Frauen her* (humor., pop.). **Hooselùpf** m. 1. *Ringkampf.* 2. ütr. *harte Auseinandersetzung.* **Hoosesagg** m. *Hosentasche.* Ra.: Er kènnt d Stadt wie sy Hoosesagg, *...ganz genau, gründlich.* **Hoosesaicher** m. 1. *unreifer Knabe* (vulg.). 2. *Angsthase, Feigling* (vulg.). **Hooseschysser** m. *Angsthase, Feigling*

(vulg.). **Hoosespannis** s. *Prügel auf den Hintern.*
Dim. **Heesli** s. *Höschen, Damenunterhose.*
Hootel Lips s. *Untersuchungsgefängnis Lohnhof,*
nach dem Namen eines einstigen Verwalters
(Höschs.).
hòttere (ghòttered) *poltern, holpern, rütteln,*
z.B. von Wagen auf unebener Strasse.
hòtzle⁺ (ghòtzled) *auf- und niederschütteln*
(Hoffmann, Seiler).
Huube w. *Haube.* Raa.: Ùnder d Huube koo, *heiraten*
(von Frauen). Gang mer ab der Huube, *geh' mir*
vom Leibe, lass mich in Ruhe. Aim ùff der Huube
hògge, *jdm. aufsässig sein.* I lòss mer nit ùff
d Huube schysse, *mit mir kann man nicht einfach*
machen, was man will (vulg.). **Huubebändel** m.
Haubenband. **Huubemaise** w. 1. *Haubenmeise.*
2. *Nonne* (humor.). Dim. **Hyybli** s. *Häubchen,*
Diakonissenhaube.
Hùùbel → Hiibel.
Huuch m. *Hauch.* Er isch kai Huuch gscheiter als sy
Vatter, ...*kein bisschen gscheiter.* Dim. Hyychli s.
huuche (ghuucht), **ghuuche**⁺ (ghuucht) *hauchen.*
Kaasch mer huuche, *du kannst mich gern haben.*
Hùùdel⁺ m. (Hiidel / Hùùdle) 1. *Lappen.*
2. *liederlicher Mensch.* **Hùùdelphagg** s.
Lumpengesindel. **Hùùdelsagg**⁺ m. *Sack des*
Lumpensammlers. **Hùùdelwaar** w. a) *schlechte*
Ware. b) *Lumpenpack, Gesindel.* **Hùùdelwätter** s.
stürmisches Regenwettter. Dim. **Hùùdeli** s.
armes Geschöpflein (Meyer).
hùùdele⁺ (ghùùdeled) *mit kleinen Schritten gehen*
(Sieber).
hùùdle (ghùùled) 1. *zausen, schütteln.* 2. *liederlich*
arbeiten. 3. *Geld verschwenden.* 4. *bei starkem*
Wind in Strömen regnen.
Hueb⁺ w. *Hufe (altes Feldmass, ca. 17 ha).*
Nur noch in Flur- bzw. Strassennamen: Huebwääg,
ùff der Hueb.
Hueff m. *Huf.* **Hueffyyse** s. *Hufeisen.*
Hueffschmiid m. *Hufschmied.* **Huefschmitti** w.
Hufschmiede. Dim. Hieffli s.
Huen s. (Hiener) 1. *Huhn.* 2. *dumme, ungeschickte*
weibliche Person. **Hieneraug** s. *Hühnerauge.*
Hienerdrägg m. *Hühnerkot.* **Hienerhut** w.
Gänsehaut, Schauder. Dim. Hienli s.
Huer w. *Dirne* (vulg.). Dim. Hierli s.
huere (ghuert) *huren.*

Hueschte m., **Wueschte**⁺ m. *Husten.* Der blau
Hueschte → Blauhueschte. Dim. Hieschteli s.
hueschte (ghueschted), **wueschte**⁺ (gwueschted)
1. *husten.* 2. *reklamieren* (pop.).
Huet¹ m. (Hiet) *Hut (Kopfbedeckung).* Alte Huet,
1. *altbekannte Tatsache.* 2. *sehr wenig.* Das nùtzt is
en alte Huet. Kai alte Huet wäärt, en alte Huet
wäärt. Er waiss kai alte Huet, *er weiss überhaupt*
nichts. Eel am Huet → Eel. **Huetgùpf** m.
Hutkuppe, Hutkopf. **Huetrand** m. *Hutkrempe.*
Huetschnuer w. *Hutschnur,* nur in Ra.: Daas goot
iiber d Huetschnuer, *das geht nun allzu weit.* Dim.
Hietli s. *Hütchen.* Raa.: Kaasch mer in s Hietli
gùmpe, *du kannst mich gern haben.*
Huet² w. (nur Sing.) *Hut (Obhut).* In d Huet nää,
in Obhut nehmen (Hindermann). Mer händ no kai
Huet fir d Kinder, *wir haben noch niemand,*
der die Kinder hütet, noch keinen Babysitter.
Huffe m. (Hyffe) 1. *Haufen.* S Gäld an de Hyffe haa,
haufenweise Geld haben. 2. *grosse Menge.*
Er waiss e Huffe, *er weiss sehr viel.* E Huffe Lyt,
eine Menge Leute. Dim. **Hyffeli** s. a) *Häufchen.*
E Hyffeli Eeländ, *zusammengesunkener, nieder-*
geschlagener Mensch. b) *Kothäufchen, Exkrement.*
huffenerlai *mancherlei.* S hèt e huffenerlai Bändel.
Hùft w. (Hift) *Hüfte, Hüftstück.* D Hùft duet ere wee.
I hätt gäärn e Kyyloo Hùft.
Hùlle¹ m. *Huldreich.*
Hùlle²⁺ w. *mützenartige Kopfbedeckung für kleine*
Kinder.
Hùmmele w. 1. *Hummel.* 2. ütr. *unruhiger,*
geschäftiger Mensch.
Hùnd m. (Hind) 1. *Hund.* E Hùnd vòlle Biecher,
eine Menge Bücher. Raa.: Ùnder allem Hùnd, *unter*
jedem Niveau. Wien e briiglede Hùnd, *kleinlaut,*
niedergeschlagen. Lyt mit em Namme Miller git s
wie rooti Hind, ...*sind sehr zahlreich.* Der noobel
Hùnd spiile, *sich vornehm aufspielen* (Baerwart).
Der schlächt Hùnd mache, *sich treulos benehmen.*
Zue èppisem koo wien e Hùnd zuemene Dritt,
unverhofft etwas erreichen oder bekommen.
Aim der Hùnd gää, *jdn. entlassen.* Ùff em Hùnd syy,
finanziell, geistig oder körperlich erschöpft sein.
Anderi Hind z biirschte haa, *anderes, Wichtigeres*
zu tun haben. **Hùndsdrägg** m., **Hùndskaigel** m.
Hundekot. **Hùndskèèri**⁺ w. *Seitenarm der Ritter-*
gasse beim Ramsteinerhof, weil dort einst während

des Münstergottesdienstes die Hunde warten mussten (humor.). **Hùndsschwùmm** m. *Schwimmen nach Hundeart.* **Hùndsverlòchede** w. *unbedeutender Anlass.* Dä maint au, er mies an jeedi Hùndsverlòchede goo. Dim. Hindli s., Hùndeli s. (Ks.), Hùndli s. (fam.). 2. *Schimpf- und Verstärkungswort.* Dä Hùnd hèt mi bschisse, *dieser Hundsfott hat mich betrogen.* **Hùndsfräch,** *sehr frech.* **Hùndskèlti** w., *Hundekälte.* **Hùndskòmuun,** *überaus gewöhnlich.* **Hùndsmied,** *sehr müde.*

hùnde (ghùnded) *schuften, schwer arbeiten.*

hùndert *hundert.*

Hùnderti *Hunderte.*

hùndertscht *hundertst.*

hùndshäärig *miserabel.*

Hùùnig + m., **Hoonig** m. *Honig.*

huupe (ghupt), **huppe** (ghuppt) 1. + *rufen, jauchzen.* 2. *hupen.*

hùpfe (ghùpft) *hüpfen.* Ra.: S isch ghùpft, was gsprùnge, *es läuft beides auf dasselbe hinaus.*

Hùùrd w. (-e) *Hürde, Obsthürde.* Dim. Hiirdli s.

huure (ghuurt) *kauern.*

Huurejääglis s. *Fangspiel, bei dem nicht gefangen werden darf, wer sich niederkauert.*

huurle + (ghuurled) *heulen, stürmen; frz. hurler.*

Hùùrlimùtz m. *Négligé.* Im Hùùrlimùtz, *unangekleidet, ungekämmt, vor der Morgentoilette.*

hùùrniigle (ghùùrniigled), jg. **hòòrniigle** (ghòòrniigled) *vor Frost schmerzen.* S hùùrniigled mi an de Fiess.

Hùùrscht w. (Hiirscht) *Dickicht, Gestrüpp.* Uusgsee wie hinderzig dùr d Hiirscht, *zerzaust, mitgenommen aussehen.*

Huus s. (Hyyser) *Haus.* **Huusbògg** m. *schwarzer Bockkäfer (Holzschädling).* **Huusbroot** s. *selbstgebackenes Brot.* **Huusbsòòrgere** + w., **Huushältere** w. *Haushälterin.* **Huushälterli** + s., **Huuserli** + s. *Kerzenhalter mit mehreren Aufsteckdornen zum Aufbrauchen von Kerzenstümpfen.* **Huuslyt** (Plur.) *Mieter.* **Huusmaischter** m. *Hausbesitzer, Vermieter.* **Huusmùmpfel** m. *Stubenhocker (humor.).* **Huuspflääg** w. *Hauspflege, Hauspflegerin.* **Huusraiggi** w. *festliche Einweihung des neuen Hauses, eig. Einsegung mit Weihrauch.* **Huuswùùrz** m. *Hauswurz.* Dim. **Hyysli** s. 1. *kleines Haus.* Ra.: Us em Hyysli syy, *sehr aufgeregt,*

freudig erregt sein. **Hyyslischnägg** m. *Gehäuseschnecke.* 2. *Abort* (pop.). Ra.: Au in der Kaiser mues z Fuess ùff s Hyysli, *auch ein Hochgestellter ist nur ein Mensch.* **Hyyslibapyyr** s. *Klosettpapier.* 3. *Quadrat des karierten Papiers.* **Hyyslibapyyr** s. *kariertes Papier.*

Husaaredubagg + *Waldrebe (Clematis vitalba), deren getrocknete Stengel von Knaben geraucht werden (humor.).*

Hùsche w. *leichte Ohrfeige.*

huuse (ghuust) *haushälterisch, sparsam wirtschaften.*

Huuserli → Huushälterli.

husiere (ghusiert) *hausieren.*

Husierer m. *Hausierer.*

huuslig *haushälterisch, sparsam.*

Husse w. *Schonbezug (für Möbel); frz. housse.*

Hut w. (Hyt) 1. *Haut.* Raa.: Er kaa nit us syner Hut, *er kann nicht gegen seine Natur denken oder handeln.* Er isch e Fleegel, won en d Hut aalängt, aariert, *er ist auf der ganzen Linie ein Flegel.* Dim. Hytli s. *Häutchen.* 2. (nur mit Adj.) *Mensch, Person.* Aarmi Hut, *bedauernswerte Person.* Gueti Hut, *guter, gutmütiger Mensch.*

Hùtte w. 1. *Rückenkorb.* 2. (nur mit Adj.) *Frau.* Aarmi, gueti, liebi Hùtte.

Hùtzelbiire w. *Dörrbirne.* Dim. Hùtzelbiirli s.

Hùtzelwyybli s. *runzlige, verschrumpelte alte Frau.*

I (Y)

i¹, y, yy → yych.

i² → eich.

yy 1. *hinein, herein.* Zuer Diiren yy, *zur Tür herein.* 2. *einwärts.* D Äschen yy, *durch die Aeschenvorstadt einwärts in Richtung Innenstadt.* 3. *Vorsilbe ein-.* Yystyyge, *einsteigen.* Yybildig, *Einbildung.*

yybändle (yybändled) *mit Bändern einfassen.*

yybängle (yybängled) *einschlagen.* Schyyben yybängle.

yybänsle (yybänsled) *einpinseln, zum Rasieren einseifen.*

iibel *übel.* Iibli Sach, *böse Angelegenheit.* S isch mer iibel, *mir ist schlecht.*

iibelhèèrig *schwerhörig,* ütr. *von nichts wissen wollend.*

Iibelhòòr[+] m. (nur Sing.) *Schwerhörige(r).*

iibelnää (iibelgnoo) *übelnehmen.*

iibelzytig[+] *beschwerlich, mühsam.*

iiber (bet.), **iber** (unbet.) 1. *über.* Iber der Strooss hängt e Lampe. Er springt iber d Strooss. Verst. Iber der Bach iibere. Iber der Bach uuse. D Kappen iber der Kòpf aabe zie. 2. *mehr als.* Er isch iiber fùffzig Kyyloo schwäär. 3. èppis iiber haa, *etwas satt haben.*

iberaabe[+] *hinunter, ins untere Stockwerk.*

iberaimool *plötzlich, unversehens.*

iberaiskoo (iberaiskoo) *übereinkommen* (Kron).

iiberaal *überall.* Iibceraal ùnd niene. 1. *an allen Ecken und Enden.* 2. *nicht greifbar, nirgends.* S fäält eren iiberaal ùnd niene.

iberässe, sich (iberässe) *zuviel essen.*

iberbèggle (iberbèggled) *kopfüber stürzen.* S hèt en iberbèggled, *er ist kopfüber gestürzt.*

iberbiete (iberbòtte) *überbieten.*

iberdrampe (iberdrampt) *verstauchen, vertreten (vom Fuss).*

iberdrätte (iberdrätte) *übertreten (Gesetz, Vorschrift).*

iiberdrätte (iiberdrätte) *übertreten.* Er isch zue de Soozi iiberdrätte.

iberdryybe (iberdriibe) *übertreiben.*

Iberdryybig w. (-e) *Übertreibung.*

iberdue, sich (iberdoo) *über seine Kräfte arbeiten.* Si hèt sich im Gaarten iberdoo.

iiberdue (iiberdoo) *aufs Feuer, auf die Kochplatte stellen.* Am Èlfi duen i d Sùppen iiber.

iibere 1. *hinüber, herüber (örtlich).* Kùmm zuen is iibere. 2. *vorbei, vorüber (zeitlich).* S Grèbscht wär iibere, *das Gröbste wäre vorbei.* 3. *abgestanden, überreif, ungeniessbar geworden.* Dä Wyy isch iibere, er isch schò fascht Èssig.

iberèggs *kreuzweise, quer, schief.* Lueg mi dòch nit eso iberèggs aa.

iiberegoo (iiberegange) 1. *hinübergehen (örtlich).* 2. *vorbeigehen (zeitlich).* D Fèèrie sind vyyl z gschwind iiberegange.

iberenander *übereinander.*

iberfiere (iberfiert) 1. *überführen.* 2. [+]*schottern.* D Strooss iberfiere.

iberfrooge (iberfrògt) *überfragen.* Do biin i iberfrògt, *darauf weiss ich keine Antwort.*

ibergää (ibergää) 1. *übergeben.* 2. refl. *sich erbrechen.* S Bùschi hèt sich ibergää.

Iibergang m. (Iibergäng) 1. *Übergang.* 2. *Übergang ins neue Jahr, Jahreswechsel.* I wintsch der e gueten Iibergang.

ibergoo (ibergange) *übergehen*

ibergùmpe (ibergùmpt) *überhüpfen, überspringen.*

Iibergwändli s. *Überkleid.*

iberhaische (iberhaische) *überfordern, zuviel Geld verlangen.* Der Grämpler hèt is iberhaische.

iberhaue (iberhaue) *überstehen, verkraften* (pop.). Er hèt sy Grangged iberhaue.

iberhaupt *überhaupt.*

iberhèggle (iberhèggled) *zu lange im Wirtshaus sitzen bleiben.*

iberhinde[+] *ganz hinten, in der Zimmerecke* (Meyer).

iberhògge (iberhòggt) *über die Polizeistunde hinaus im Wirtshaus sitzen bleiben.*

iiberibermòòrn *am Tag nach übermorgen.*

iberkoo (iberkoo) *bekommen, kriegen.*

Iiberlaiffer m. *Überläufer.*

iberlauffe (iberlòffe) *überlaufen.* Achtig, d Sùppen iberlaufft.

iberleege (iberlègt) *überlegen.*

Iberleegig w. (-e) *Überlegung.*

iberlipfe, sich (iberlipft) 1. *zu grosses Gewicht aufheben und sich dadurch schädigen.* 2. *sich überanstrengen.* 3. *sich finanziell zuviel zumuten.* Si händ sich bim Bauen iberlipft.

iberloo (iberloo) *überlassen.*

ibermaarche (ibermaarcht) *über die Grenze hinausgehen, es zu weit treiben, übertreiben.*

Iibermääs s. *Übermass.*

iibermietig *übermütig.*

iibermòòrn *übermorgen.*

Iibermuet m. *Übermut.*

ibernää (ibernoo) 1. *übernehmen.* Er hèt s Gschäft vòm Vatter ibernoo. 2. refl. *sich zuviel zumuten, sich überanstrengen.* Mit säller Bäärgduur hèt er sich ibernoo. 3. *übermannen.* D Rierig hèt en ibernoo.

ibernachte (ibernachted) *übernachten.*

iibernächtig *übernächtigt.*

Iibernamme m. (Iibernämme) *Spitzname, Neckname.*

iberoobe[+] *droben, im oberen Stockwerk.*

iberrisse *übertrieben, übersetzt* (pop., 2. H. 20. Jh.). En iberrisseni Rächnig.

iberschaffe, sich (iberschafft) *sich überarbeiten.*

iberschètze (iberschètzt) *überschätzen.*

Iiberschlaag m. (Iiberschleeg) *Überschlag.*

1. ungefähre Berechnung. 2. Salto. 3. Kompresse, Wickel.

iberschloo (iberschlaage) 1. *schätzen, ungefähr berechnen.* 2. *leicht erwärmen.* D Lùft in der Stùùben isch lyycht iberschlaage. 3. unpers. *stürzen.* S hèt en iberschlaage. 4. *begatten, vergewaltigen* (vulg.).

iberschlooffe (iberschloffe) *überschlafen, gründlich überdenken.* Das mien mer zèèrscht emol iberschlooffe.

iberschnèère (iberschnèèrt) *überreden* (pop.).

iberschwätze (iberschwätzt) *überreden.*

ibersfuess[+] Adv. *im Parterre, erdgeschossig (Hindermann).*

ibersmool 1. *plötzlich.* 2. [+]*zum gleichen Zeitpunkt, zugleich* (Seiler). Me kaa nit alles zämmen ibersmool mache.

iberstèggle (iberstèggled) unpers. *kopfüber hinwerfen* (pop.). S hèt en iberstèggled, 1. *er ist kopfüber gestürzt.* 2. *er hat Konkurs gemacht.* 3. *er ist gestorben* (vulg.).

iberstèlle (iberstèllt) 1. unpers. *umwerfen* (pop.). S hèt en iberstèllt, *er ist gestürzt.* 2. *begatten* (vulg.). Er hèt aini iberstèllt.

iberstoo (iberstande) *überstehen.* Si hèt s Èxaamen iberstande.

iberùffe[+] *hinauf, ins obere Stockwerk.*

iberùnde[+] *unten, im unteren Stockwerk.*

iberwintlige Adv. *überwendlich.* Iberwintlige naaie, *so zusammennähen, dass der Faden zwei Stoffkanten umfasst.*

iiberzèllig *überzählig, überschüssig.*

iberzie (iberzooge) *überziehen.* S Kaanebee isch nei iberzooge. S Kònto iberzie.

iberzyyge (iberzygt) *überzeugen.*

iiberzytig *überreif.*

iiberzwäärch 1. *überquer.* Gryzwyys ùnd iiberzwäärch, *ganz durcheinander, in allen Richtungen.* Du kaasch mer gryzwyys ùnd iiberzwäärch, *du kannst mich gern haben* (pop.). 2. *lästig, ungelegen.* Du kùnnsch mer iiberzwäärch.

Ybidùmm s. «Ichbindumm», *fiktives Heilmittel* (humor.). Aufforderung z.B. am 1. April: Gang go Ybidùmm kauffe.

yybilde, sich (yybilded) 1. *fälschlich glauben.* 2. *starrsinnig meinen.* Er bilded sich yy, er kènn moole.

yybilded *eingebildet, dünkelhaft.*

yyblaie (yyblait), **yybleie** (yybleit) *einbleuen, durch Prügel beibringen, einschärfen.*

iible (giibled) 1. *schlimmer werden.* 2. *eitern.*

yybleie → yyblaie.

yybloose (yybloose) *zuflüstern, vorsagen* (Schs.).

Ibsche w., **Hibsche**[+] w. *Eibisch (Althaea officinalis), Hibiskus.* **Ibschedääfeli** s. *Eibischbonbon.* **Ibschedaig**[+] m., **Ibschedaigli**[+] s. *Aufstrich aus Eibischwurzelextrakt.*

yybschliesse (yybschlòsse) *einschliessen, unter Verschluss nehmen, einsperren.* Si hèt d Kinder im Käller yybschlòsse.

yybùgge (yybùggt) 1. *einbeulen.* 2. *beim Nähen oder Säumen den Stoff umlegen.*

yybùschele (yybùscheled) *einwickeln (Säugling).*

yych, yy (bet.), **y, i** (unbet.) *ich.* Wènn s èpper waiss, derno bin yych s. I glaub, i haa Fieber.

ich → eich.

Ydee w. (-e) 1. *Idee, Einfall, Gedanke.* 2. *Gefühl.* I ha aifach d Ydee, s syg èppis Aargs basiert. 3. *Imagination, Vorstellung.* Si mache sich kai Ydee, was yych ha miese lyyde. 4. *ganz kleine Menge.* S bruucht nùmme grad en Ydee Salz. Sy Zyygnis isch daasmool en Ydee bèsser. Dim. Ydeeli s.

Ydi s. *Ida.* Dim. Ydeli s.

Ydiòtt m. (-e) *Idiot, Dummkopf.* **Ydiòttehiibel** m. *Übungshang für Skianfänger* (humor.).

yydrächtere (yydrächtered) *eintrichtern.*

yydue (yydoo) 1. tr. *einhaken, zuknöpfen.* Due d Gnèpf yy. 2. intr. *sich bewölken.* Gegen Oobe hèt s yydoo.

iebe (giebt) *üben.*

Iebig w. (-e) *Übung.* Dim. Iebigli s.

yyfäädle (yygfäädled) 1. *einfädeln.* 2. *(insgeheim) in die Wege leiten.*

yyfange (yygfange) 1. *einfangen.* 2. *bekommen, erwischen* (pop.). E Gläpper yyfange, *eine Ohrfeige bekommen.* Der Schnùppen yyfange, *den Schnupfen kriegen.* E Strooffùffgoob yyfange.

Yyfer m. *Eifer.* **Yyfersùcht** w. *Eifersucht.*

yyferig, yyfrig *eifrig.*

yyfersichtig *eifersüchtig.*

Yyferte, Yfferte *Yverdon.*

yyfyyre (yygfyyrt) *heizen, anheizen.* Aim yyfyyre, *jdm. die Hölle heiss machen, jdn. zur Eile antreiben.*

yyfrig → yyferig.

yygamfere (yygamfered) *einkampfern, einmotten.*

Yyglèmmts s. *Doppelbrotscheibe mit Einlage, Sandwich* (2. H. 20. Jh.).

Yygmachts s. *Eingemachtes, Konfitüre, Kompott.*

Yygmachtsdäärtli[+] s. *Konfitüretörtchen.*

Yygmachtsglaas[+] s. *Einmachglas.*

yygnùtschle[+] (yygnùtschled) *hineindrücken* (Liebrich).

yygoo (yygange) 1. *eingehen, zugrundegehen (Pflanze, Tier).* 2. *sich zusammenziehen, schwinden (Gewebe).* D Jùnten isch bim Wäschen yygange.

yygrämse[+] (yygrämst) *mit Gitterwerk versehen, vergittern.*

yygrischte (yygrischted) *mit Baugerüst versehen.* Die Fasaaden isch schò lang yygrischted.

yygroome[+] (yygroomt) *einkaufen* (Kron).

yygsee (yygsee) *einsehen.*

Yygùss m. (Yygiss) *Einguss, Öffnung der Gussform.*

yyhängge (yyhänggt) 1. *einhängen.* D Lääden yyhängge. Si hèt em yyhänggt, *sie hängte sich bei ihm ein.* 2. *sich ins Zeug legen.* Er hèt by der Aarbed fèscht yyhänggt. Au bim Ässe hèt er rächt yyhänggt.

yyiebe (yygiebt) *einüben.*

yykèère (yykèèrt) *einkehren.*

yykòche (yykòcht) *einkochen.*

Yyl w. *Eile* (Kron).

yylaade (yyglaade) *einladen.*

Yylaadig w. (-e) 1. *Einladung.* I haa kai Yylaadig bikoo. 2. *Gesellschaft, Party.* Hitzoobe miend mer an en Yylaadig.

Yyle w. *Eule.* Dim. Yyleli s.

Ilge[+] w. *Lilie.* Alter Kinderreim: Drei Roosen im Gaarte, drei Ilgen im Wald, im Sùmmer isch s lieblig, im Winter isch s kalt.

yylytte (yyglitte) *einläuten.* Der Samschtig lytted der Sùnttig yy. D Mäss lytted yy, *die Messe wird eingeläutet.*

yylòche (yyglòcht) 1. *eingraben.* 2. *beerdigen* (vulg.). 3. *gefangensetzen* (pop.).

Ilp[+] m. (-e) *Elefant* (fam.). Dim. Ilpli s.

yyluege (yygluegt) 1. *Beim Versteckspiel die Augen schliessen, bis sich die Mitspieler versteckt haben.* 2. *das Nachsehen haben, Einbussen erleiden* (pop., 2. H. 20. Jh.). 3. *beim Zechen einschlafen* (Höschs.). 4. *sterben* (Höschs.).

im[1] (bet.), **em** (unbet.) *ihm.* Sag s dòch nùmmen im,

sag' es doch nur ihm. Giib em das Buech, *gib ihm dieses Buch.*

im[2] *in dem.* Im Huus.

yymache (yygmacht) 1. *einwickeln, einhüllen.* Mach dä Maien yy. 2. *zuknöpfen, einhaken.* Si macht der Mantel yy 3. *einkochen.* Yygmachts, *Eingemachtes, Konfitüre, Kompott.*

Imber[1][+] m. *Ingwer.* **Imbergässli** s. *Imbergässlein (einst Gasse der Gewürzkrämer).*

Imber[2] m. *Imker, Bienenzüchter.*

Imbli → Imme.

imfaal *falls,* → auch: Fall.

Imme w. *Biene.* **Immehuus** s. *Bienenhaus.* **Immestògg** m. *Bienenstock.* **Immevatter** m. *Imker.* **Immezùgger**[+] m. *Schleckzeug aus Bienenhonig* (Baerwart). Dim. Imbi s., Imbli s., Immeli s., Immli s.

Immis[+] m. 1. *Imbiss.* 2. *Mittagessen.* Z Immis ässe, *zu Mittag essen.* Der Zimmis, *das Mittagessen.* **Immisässe** s. *Mittagessen.* **Immisjäschte**[+] m. (Plur.) *innere Hitze nach dem Mittagessen* (Meyer). 3. *Mittag.* Z Immis, *um die Mittagszeit.*

Immli → Imme.

impèrtinänt *frech, unverschämt; frz. impertinent.*

Impèrtinänz w. (-e) *Impertinenz, Frechheit.*

yymùmmele (yygmùmmeled) *einmummen, warm einhüllen.*

yymùtte (yygmùtted), **yymùttele** (yygmùtteled) *feucht machen, feuchten, einspritzen (Wäsche).*

in[1] (bet.), **en, e**[+] (unbet.) *ihn.* Mainsch mii oder mainsch in? *Meinst du mich oder ihn?* Gsiisch en? *Siehst du ihn?* Nimmsch e? *Nimmst du ihn.* Das isch en, *das ist er.*

in[2] Präp. *in.* In der Stadt woone. In d Stadt goo. In drei Wùche, *innerhalb von drei Wochen, nach Ablauf von drei Wochen.* Im Faare, im Lauffe, *während des Fahrens, Laufens.* In de Dausig, *ungefähr tausend.* Verst. Im Huus inne. In s Huus yyne. In Käller aabe. In d Landschaft uuse.

in[3] *in den* (Akk.). In Ablauff schmaisse, *in den Ausguss werfen.*

in flòòribùs *herrlich und in Freuden; lat. in floribus = in Blüte.*

in foolioo *in Folioformat, in Grossformat; lat. in folio.* E Dùùbel in foolioo, *ein gewaltiger Dummkopf.*

yynachte (yygnachted) *einnachten, Nacht werden.*

in<u>ai</u>mfùùrt → an<u>ai</u>mfùùrt.

Indiaanerlis s. *Indianerspielen.*

iine (bet.), **ene** (unbet.) *ihnen, Ihnen.* Grad iine gib is nit, *just ihnen gebe ich's nicht.* Hèt èpper vò Iinen e Ryssblei? Gib s ene, *gib's ihnen.*

yyne *hinein, herein.* Antwort auf Türklopfen: Nùmmen yyne, *herein.* Vorsilbe in verbalen Zss.: Yneluege. Yneräägne. Ynestäche.

yynebyyge (yynebiige) 1. *hineinschichten.* 2. *zusammendrängen.* Er bygt zää Bisprächigen in ai Mòòrgen yyne. 3. *viel und rasch essen* (pop.). D Buebe händ ghèèrig yynebiige.

yynebòòrze (yynebòòrzt) 1. tr. *mit Mühe hineinstopfen.* Si bòòrzt d Glaider in Kòffer yyne. 2. intr. *mit Mühe eindringen.* Er isch dùr s Fänschterli yynebòòrzt.

yynedrampe (yynedrampt), **dryydrampe** (dryydrampt) 1. *hereinstapfen, grobschlächtig eintreten, hineintreten.* 2. *auf etwas hereinfallen, ins Fettnäpfchen treten.*

yynedrùgge (yynedrùggt) 1. *hineindrücken.* 2. *herunterschlingen* (pop.). Er hèt en Anggeschnitten yynedrùggt. 3. *anschwärzen, schlecht machen* (pop., Mitte 20. Jh.). Er hèt em ain yynedrùggt.

yynefalle (yynegfalle) *hereinfallen, hineinfallen.*

yynefliege (yynegflooge) 1. *hereinfliegen, hineinfliegen.* 2. *hereinfallen, auf den Leim kriechen* (pop.). Si isch ùff sy Gschwätz yynegflooge.

yynegää (yynegää) 1. *hereingeben, hineingeben.* 2. *zum gemeinsamen Haushalt finanziell beitragen.* Si hèt dehaim gwoont ùnd hèt miesen yynegää.

yynegheie (yynegheit) 1. *hineinwerfen* (pop.). 2. *hineinfallen* (pop.). 3. *hereinfallen* (pop.).

yynegoo (yynegange) 1. *hineingehen.* 2. *Platz haben.* Goot das Buech in die Gùggen yyne? Ra.: Goot s yyne? *Ist es machbar, ist es möglich?* (pop., 2. H. 20. Jh.).

yynegschlänggered, yynegschnytzt *von auswärts zugezogen, nicht zur Gesellschaft gehörend* (pop.). Si hèt en Ynegschlänggerede ghyyroote.

yynekääse (yynekääst) *hineindrücken, hineindrängen.* Si sind alli in ai Bangg yynekääst.

yynekèssle (yynekèssled) *hereinfallen, in unangenehme Lage geraten.*

yyneleege (yyneglègt) *hineinlegen, hereinlegen.*

yynelyyme (yyneglyymt) *hereinlegen, hintergehen.*

yynelitze (yyneglitzt) 1. *neugierig hineingucken*

(Schneider). 2. unpers. *hereinlegen.* S hèt en yyneglitzt.

yyneluege (yynegluegt) *hereinschauen, hineinschauen.* Luegsch gschwind byyn is yyne? *Kommst du auf einen Sprung bei uns vorbei?*

yynemache (yynegmacht) 1. *einsetzen, befestigen.* E Glaasschyyben in Raamen yynemache. 2. *Notdurft im Haus verrichten (von Tieren).* Der Hùnd hèt wider yynegmacht.

inen<u>a</u>nder *ineinander.*

yynepfitze (yynepfitzt) *hineineilen, hineinhuschen.*

yyneschlägge (yynegschläggt) *hereinschlecken,* ütr. *Anerkennung genussvoll entgegennehmen.* Er hèt das Kùmplimänt nùmmen eso yynegschläggt.

yyneschneie (yynegschneit) 1. *hereinschneien.* 2. *unerwartet zu Besuch kommen.* 3. *unerwünscht kommen.* En Ynegschneite, a) *ein von aussen kommender Neubürger.* b) *einer, der sich in einer nicht zu ihm passenden Umgebung etabliert.*

yyneschòppe (yynegschòppt) 1. *hineinstopfen.* 2. *viel und rasch essen.*

yynestäche (yynegstòche) *hineinstechen.*

yynestùpfe (yynegstùpft) *leicht hineinstechen.*

yyneszue, yynezue *nach innen, einwärts.*

yynewitsche (yynegwitscht) *hineinhuschen.*

yynezinde (yynezùnde) *hineinleuchten.*

yynezue → yyneszue.

In'gùss m. (In'giss) *innerer Kissenüberzug, der die Kissenfüllung birgt.*

inhaliere (inhaliert) 1. *inhalieren.* 2. *trinken* (Höschs.).

inne *innen.* Mer händ s Huus inne nei gmoolt. Im Huus inne, *im Haus drinnen.* Innen an der Muure, *diesseits der Mauer.*

innedraa *inwendig.* Dä Mantel hèt innedraan e Fueter.

innert *innerhalb (zeitlich).* Innert zwai Daag.

innewändig *inwendig, an der Innenseite.*

ins (bet.) Pers. Pron. Akk. *es* (nur von Lebewesen). S Maaryyli isch koo, er hèt nùmme no Auge fir ins.

inschele[+] (ginscheled) *nach Unschlitt oder Talg riechen oder schmecken.*

inständs[+] *gleichgewichtig, im Gleichgewicht.* D Woogschaale sind inständs.

intelèll *intellektuell* (humor., 2. H. 20. Jh.).

inträsant, intrèsant *interessant.*

inträsiert, intrèsiert 1. *interessiert.* 2. *auf finanziellen*

Vorteil bedacht, erpicht.

Inträssi s. (Inträsse) *Interesse.*

intrigiere (intrigiert) 1. *intrigieren, Intrigen anzetteln; frz. intriguer.* 2. *An der Fasnacht maskiert einen Unmaskierten hochnehmen.* 3. *irritieren, verwirren.* Der Läärme dùssen intrigiert mi enòòrm.

yynùgge (yygnùggt) *einnicken* (Liebrich).

yyootme (yygootmed) *einatmen.*

yyphagge (yyphaggt) 1. *einpacken.* 2. *tüchtig essen* (pop.). 3. *klein beigeben, unverrichteter Dinge abziehen.* Duu mit dyne Väärsli kaasch grad yyphagge. 4. *hässlich werden* (pop.). Si hèt in de lètschte Jòòr yyphaggt.

iir[1] 1. *irr.* 2. *grossartig, herrlich* (Schs., 2. H. 20. Jh.). Das isch en iiri Muusig.

iir[2], **ir**, jg. **iire, ire** Poss. Pron. *ihr.* Ir Vatter, *ihr Vater.* Was macht Ir Aarbed? *Was macht Ihre Arbeit?*

iir[3] (bet.) **ir, er** (unbet.) Pers. Pron. *ihr.* Grad iir sòtte s am bèschte wisse. Ir liebe Frind, *ihr lieben Freunde.* Kèmmen er? *Kommt ihr?*

yyrängge (yygränggt) 1. *ausgerenktes Glied in richtige Lage bringen.* 2. ütr. *wieder in Ordnung bringen.* Hèsch die Sach wider kènnen yyrängge?

Iirbsi s. *Kerngehäuse (von Apfel, Birne).*

iirdig[+] *irden* (Seiler). En iirdig Schisseli.

iire[1] (giirt) *irren.* I ha mi giirt.

iire[2][+] (giirt), **iirze** (giirzt) *ihrzen, mit «ihr» anreden.*

iire[3] (bet.), **ere** (unbet.) Pers. Pron. Dat. Sing. *ihr.* Mit iire kasch nit reede. I haan ere Bai gmacht.

Iirehuus s. (Iirehyyser) *Irrenhaus.*

yyrènne (yygrènnt) *einrennen, durch Rennen ruinieren.* S Häärz yyrènne (Müller).

irer Pers. Pron. Gen. *ihrer.* Nur in Zahlangaben: Irer drei, *selbdritt.* Irer vier, *selbviert.*

iirersyts *ihrerseits.*

iirged *irgend.*

yyrichte (yygrichted) *einrichten.*

Yyrichtig w. (-e) *Einrichtung, Installation.*

Iirte[+] w., **Iirti**[+] w. (Iirtene) *Ürte, Zeche.*

 Iirtemaischter m. *Zunftvorgesetzter, der für Essen und Trinken sorgt.*

yyrùgge (yygrùggt) 1. tr. *einrücken, einschieben.* En Inseraat yyrùgge. 2. intr. *zum Militärdienst einrücken.*

yyruume (yygruumt) *einräumen, mit Möbeln oder andern Gegenständen geordnet füllen.* D Stùùben yyruume. Der Biecherschaft yyruume.

iirze → iire[2].

is → ùns.

Yys s. *Eis.* Ùnder Yys[+], *unter null Grad.* Ra.: Ùnder s Yys groote, in Vergessenheit geraten. **Yysbäärg** m. 1. *Eisberg.* 2. *Name einer bestimmten Salatsorte* (2. H. 20. Jh.). **Yysblootere**[+] w. *Eisbeutel* (Fridolin). **Yysblueme** w. *Eisblume.* **Yysgrèèm** w. *Speiseeis; engl. ice-cream.* **Yyskaschte** m. *Kühlschrank.* **Yyszapfe** m. *Eiszapfen,* ütr. *gefühlloser Mensch.*

Yysääche[+] s. *Einsehen.*

isch *ist.*

yyschaffe (yygschafft) *einarbeiten.* I bii schò guet yygschafft. I haa mi langsaam yygschafft.

yyschängge (yygschänggt) 1. *einschenken.* Wyy yyschängge. 2. *Böses tun* (pop.). Däm haan i scheen yygschänggt. 3. *ergiebig sein, rentieren.* Sy Gschäft schänggt guet yy.

yyschaare (yygschaart) 1. *einscharren.* 2. *beerdigen* (vulg.).

yyschindle[+] (yygschindled) *einschienen (gebrochenes Glied).*

Yyschlaag m. (Yyschleeg) *Einschlag.* 1. *Auftreffen eines Geschosses.* 2. *breiter Saum.* 3. [+]*eingehegtes Stück Land.* 4. *Nachlass eines Teils der Kaufsumme.* 5. *Abweichung der Fahrzeugräder von der geraden Richtung.*

yyschloo (yygschlaage) *einschlagen.* 1. *durch Schlagen hineintreiben, z.B. Nagel.* 2. *zertrümmern, z.B. Fensterscheibe.* 3. *provisorisch pflanzen.* Sètzlig yyschloo. 4. *mit Lebhecke einzäunen.* 5. *grossen Erfolg haben.* Die Oopere hèt yygschlaage.

yyschlooffe (yygschlooffe) *einschlafen.*

yyschnappe (yygschnappt) *einschnappen.* Ùff èppis yyschnappe, *sich für etwas gewinnen lassen, sich auf etwas einlassen* (pop., 20. Jh.).

yyschnuufe (yygschnuuft), **yyschnuffe** (yygschnufft) *einatmen.*

Yyse s. *Eisen.* Alt Yyse, *Schrott.* Raa.: Zuem alten Yyse ghèère, *zu den nicht mehr verwendbaren (alten) Leuten gehören.* Zuem alten Yyse gheie, *als nutzlos wegwerfen.* Syni Yysen abrènne, *sich die Hörner abstossen, Jugendtorheiten begehen.* Aim ùff d Yyse goo, *jdm. scharf nachspüren.* En Yysen im Fyyr haa, *etwas in Vorbereitung haben.* E baar Yysen im Fyyr haa, *verschiedene Möglichkeiten vorbereitet oder zur Verfügung haben.* **Yysebaan** w.

Eisenbahn. Ra.: S isch hèggschti Ysebaan, *es ist*
allerhöchste Zeit. **Ysebaanbiechli** s. *Kursbuch.*
Ysebäänler m. *Eisenbahner.* **Ysebäänlerkue** w.
Ziege (humor.). **Ysebòtte** *Eisen als Freistatt beim*
Fangspiel. **Ysebrätzeli** + s. *mit dem Brezeleisen*
hergestelte dünne Waffel (Fridolin). **Ysedipfi** s.
gusseiserne Kasserolle. **Ysegass** w. *Eisengasse.*
Ysehuet m. *Eisenhut (Pflanze).* Dim. **Yseli** s.
1. *kleines Eisen.* 2. *Eisenplättchen zur Schonung*
der Schuhsohle.
yysebäänle (gyysebäänled) *mit Spielzeugeisenbahn*
spielen.
Yyseli *Iselin (Familienname).*
yysig[1] *eisig, eiskalt.*
yysig[2] *eisern, aus Eisen.*
yyskalt *eiskalt.*
yyspanne (yygspannt / yygspanne) *einspannen.*
yyspèère (yygspèèrt) *einsperren, gefangensetzen.*
yyspritze (yygspritzt) 1. *einspritzen.* 2. *besprengen.*
D Wèsch vòr em Glètten yyspritze. 3. *aufstacheln*
(2. H. 20. Jh.). Er hèt en ghèèrig yygspritzt.
isser, isserscht → ùsser[1].
isserlig → ùsserlig.
Yystand m. (Yyständ) *Einstand, festlich begangener*
Dienst- oder Stellenantritt. Der Yystand zaale,
zum Stellenantritt den Arbeitskollegen etwas
spendieren.
yystyyge (yygstiige) *einsteigen,* üt. *sich einlassen,*
sich zum Mitmachen entschliessen.
yystoo (yygstande) *sich in Reih und Glied stellen.*
In der Brimmeli hämmer als miese no der Phausen
yystoo.
yystryyche (yygstriche) *einstreichen.* I haan em s
yygstriche, *ich hab's ihm unter die Nase gerieben,*
ich hab's ihm gegeben.
Ytaliääner m. *Italiener.*
Ytaliäänere w. *Italienerin.* Dim. **Ytaliäänerli** s.
Italienermädchen.
ytäm → ytem.
ytel *eitel.* En ytli Frau.
ytem, ytäm *sei dem, wie ihm wolle, kurzum;* lat. *item.*
Waas er gnau gmacht hèt, waiss i nit – ytem,
si händ en yyglòcht.
yyverstande *einverstanden.*
yyweiⁱe (yygweit) *einweihen.*
Yyweiⁱig w. (-e) *Einweihung.*
yywwyyse (yygwiise) *einweisen.*

ix *irgend* (pop.). Ix èppis, *irgend etwas.* Ix e Maa,
irgendein Mann. Ix naime, *irgendwo.*
Yyzaalig w. (-e) *Einzahlung.* **Yyzaaligsschyyn** m.
Einzahlungsschein.
yyzie (yyzooge) 1. *einziehen (Beiträge, Steuern, Luft).*
2. *durch Gefälligkeiten, Einladungen usw.*
zu gewinnen suchen. Si ziet der Frind vò irer Dòchter
als wie mee yy. 3. intr. *Wohnung beziehen.*
Yyzieger + m., jg. **Yyziiger** m. *Einzüger.*

J

jä 1. *ja* (etwas weniger höflich als → joo). Verst. jäj<u>ä</u>.
jäjä. 2. (unbet.) *ach, ei, freilich.* Jä j<u>oo</u>, *ja natürlich,*
und ob. Jä j<u>ä</u>, *ja wirklich.* Jä nai, *also nein.*
Jä soo, *ach so.* 3. (unbet.) zur Einleitung von
Sätzen: Jä wènn wòtsch dènn aafoo? Jä hèsch nò
Gäld? Jä jètz waiss i au nimme wyter. 4. (bet.)
Einhalt gebietende Interj.: Jää, loos emool,
wart', hör' einmal zu. Jää, isch das wiirgglig wòòr?
jääble + (gjääbled) *hasten, überstürzt handeln,*
ziellos hin- und herlaufen.
Jääbles + s. *Hast, Hetzerei.*
Jacht + w. (-e), **Jagd** w. (-e) *Jagd.* So ziet der Jeeger
uus ùff d Jacht (Hindermann).
jaage (gjagt), **jaiche** + (gjaicht) *jagen.*
Jagge w. *Strickjacke.* Dim. **Jäggli** s.
Jääglis s. *Fangen, Fangspiel.*
jaiche → jaage.
Jämf +, **Jämpf** +, **Gämf** *Genf.*
jänggele + (gjänggeled) *eigentümlich, undefinierbar*
riechen oder schmecken.
Jänner m. *Januar.*
Jäänsyts s. *Jenseits.*
jänze (gjänzt) *schleudern.* Er hèt d Ballen in s Gool
gjänzt. Unpers. S hèt e Gnòpf ab em Kittel gjänzt
(Schneider). S hèt mi gjänzt, *ich hatte plötzlich*
Durchfall (Fridolin).
Japanees m. (-e) *Japaner* (humor.). D Japaneese,
Name eines Fasnachtsmarsches.
japaanische Kòòrb, Jaapaankèèfferli,
Jaapaankèèrbli → Kòòrb.
jäärig → jèèrig.
Jascht + m. (Jäschte) 1. *plötzliche Hitze, Wallung,*
Beklemmung. 2. *Eifer, Hast.* In aim Jascht,
in grosser Hast.

jaschte[+] (gjaschted) *hasten.*

jaschtig[+] 1. *gärend.* 2. *hitzig.* 3. *hastig.*

jääse (gjääst) *gären.*

jääsele (gjääseled) 1. *leicht gären.* 2. *nach Vergorenem riechen.*

jääsig *gärend.*

Jass m. (Jäss) *bestimmtes, sehr verbreitetes Kartenspiel mit vielen Varianten.* E Jass glòpfe. Mache mer e Jass? Dim. Jässli s.

jasse (gjasst) *jassen.*

jätte (gjätted) 1. *jäten.* 2. *stark werfen, schleudern* (Mitte 20. Jh.). 3. *begatten* (vulg., Mitte 20. Jh.).

jättig *verunkrautet.* E jättige Gaarte.

jee, jeeggerli, jeeggis, jeemer, jeemerli, jèsses verh. *Jesus, ach, o weh.*

jèchle (gjèchled) 1. *mit dem Weidling ins Widerwasser eines Brückenpfeilers fahren.* 2. *schwimmend einen Brückenpfeiler erreichen oder in seinem Widerwasser schwimmen.*

jeede, e jeede *jeder, ein jeder.* Jeede Maa. Jeedi Frau. Jeedes Kind. E jeede Dùùbel. Plur. jeederi[+] *alle* (Meyer).

jeedesmool *jedesmal.*

jeedwääder[+] (nur adj.) *jeder.* Jeedwäädere Maa. Jeedwääderi Frau. Jeedwääder Räschtli.

Jeeger m., jg. **Jääger** *Jäger.*

jeeggerli, jeeggis → jee.

jeelemool[+] *bisweilen, hie und da.*

jeemer, jeemerli → jee.

jeemerle (gjeemerled) *leise vor sich hin jammern, ständig ein bisschen klagen.*

jeemerlig *jämmerlich.*

jeemynee *ums Himmels willen; verh. aus lat. Jesu domine.*

jèèremy *Jesus, ach Gott* (Aebersold).

Jèèrg m. *Georg.* Dim. Jèèrgli m., s.

jèèrig, jg. jäärig *jährig, einjährig.*

-jèèrig, jg. -jäärig *-jährig.* E zääjèèrige Verdraag.

jèèrlig *jährlich.*

jèsses → jee.

Jeesùskääferli s. *Marienkäfer.*

Jètti s. *Henriette.* Dim. Jètteli s.

jètz, jètze *jetzt.*

jiidele (gjiideled) 1. *jüdisch aussehen.* 2. *kleinlich markten, feilschen.*

Jiidene w. *Jüdin.*

Jippe[+] w. *ländlicher Frauenrock; frz. jupe.*

Dim. Jippli s.

Jips → Gips.

joo, jò 1. *ja* (höflicher als → jä). Verst. aa joo, joojoo, jäjoo. 2. (unbet.) *blosses Füllwort:* Jò nai, *ach nein.* Jo du saisch, *was du nicht sagst.* 3. *Nuancierungswort:* I haa s jò allewyyl gsait, *...doch.* I mècht jò nit schimpfe, *...zwar.*

Jòch s. (Jòch / Jècher) 1. *Zugtierjoch.* 2. *Brückenjoch.* 3. *Brückenpfeiler.*

Jòchem m. *Joachim.* Dim. Jèchemli m., s., Jòchemli m., s.

Jòggel m. 1. *Jakob.* Dim. Jòggeli → Jòggi. 2. *dummer Kerl, Hanswurst.* Er macht wider der Jòggel, *er tut wieder dumm, macht den Hanswurst.*

Jòggi m. *Jakob.* Dim. Jòggeli 1. m., s. *Jakobchen.* 2. s. *Gartenbad Sankt Jakob* (Mitte 20. Jh.).

Jòggelifèscht s. *Festtag zur Erinnerung an die Schlacht bei Sankt Jakob an der Birs, 26. August 1444.*

jòggle (gjòggled) *sich unruhig hin- und her-, auf- und abbewegen.* Meist in Zss. dervoojòggle, ùmmejòggle, usw.

Jòkeb m., jg. **Jakoob** m. *Jakob.* **Jòkebsdänggmool** s. *Denkmal zur Erinnerung an die Schlacht von Sankt Jakob, 26. August 1444.* **Jòkebskiirchli** s. *Kirche zu Sankt Jakob.* **Jòkebsstrooss** w. *Sankt Jakobs-Strasse.* Dim Jòkeebli m., s. Jakeebli m., s. Jakoobli m., s.

Jooli m. *billiger, geringer Wein.*

Joomer m., jg. **Jammer** m., *Jammer, Gejammer.* **Joomergrääze** w. *stets klagender, weinerlicher Mensch.*

joomere (gjoomered) *jammern.*

joomerschaad, jg. jammerschaad *jammerschade.*

Jòòr s. *Jahr.* Mit de Jòòr(e), *mit zunehmendem Alter.* S Jòòr dùùre, *unterm Jahr, während des Jahres.* S Jòòrs emoole[+], *einmal im Jahr* (Kelterborn). Syt Jòòre, *seit Jahren.* Syt Jòòr e Daag, *seit Jahr und Tag.* Nei Jòòr → Neijòòr. **Jòrdausig** s. *Jahrtausend.* **Jòòreszyt** w. *Jahreszeit.* **Jòrhùndert** s. *Jahrhundert.* **Jòòrmäärt** m. *Jahrmarkt.* **Jòòrzaal** w. *Jahreszahl.* **Jòrzäät** s. *Jahrzehnt.* Dim. Jèèrli s. *Jährchen.* Die Jèèrli geend gschwind verbyy.

Jòòrdaan m. 1. *Jordan.* 2. *Rhein* (Höschs.).

jòòrlang, jg. jòòrelang *jahrelang.*

jòruus, jòryy *jahraus, jahrein.*

jòwòll *jawohl* (meist mit trotzig-drohendem Unterton). Jòwòll, i will der gää fir s Muule. Syg äntlig still, jòwòll!

Juchai s., **Juhai** s. *Frohlocken.* In aim Juhai isch s mit em gange, *frohlockend, in grosser Freude ging sie mit ihm.*

juchaie (gjuchait), **juhaie** (gjuhait) 1. *frohlocken.* 2. *freudig lärmen.* 3. *herrlich und in Freuden leben, prassen.*

Juchert w., **Jucherte** w. *Juchart, Feldmass von 36 a.*

juchzge (gjuchzged) *jauchzen.*

Juchzger m. 1. *Jauchzer.* 2. *+ leichter Wein* (Fridolin). 3. *+ Litermass* (Fridolin).

Jùùd m. (-e) 1. *Jude.* Gstampfte Jùùd, *Fleischkonserve* (Ss.). Ra.: E Jùùd in Himmel lipfe, *zugleich mit einem andern dasselbe denken und aussprechen.* **Jùùdefrau** w. *Jüdin.* **Jùùdefuer** + w. *unordentlich bepacktes Gefährt.* **Jùùdekiirsi** s. *Tollkirsche (Atropa).* **Jùùdenaggwaariùm** s. a) *+ Glasveranda des alten Stadtcasinos* (humor., bis 1930er Jahre). b) *Café Spillmann* (humor.). **Jùùdeschuel** w. *Judenschule, ütr. lärmiger Betrieb.* S goot zue wie in ere Jùùdeschuel. Dim. Jiidli s. 2. *geiziger, stets feilschender Mensch.* 3. *beim Malen versehentlich frei gelassene Stelle.* Ùff däre Diire hèt s e baar groossi Jùùde.

jùùfle (gjùùfled) *hasten, hastig arbeiten* (pop., 20. Jh.).

Jùùflede w., **Jùùflerei** w. (-e) *Hetzerei, hastiges Treiben* (pop., 20. Jh.).

Jùùfli m. *hastiger Mensch* (pop., 20. Jh.).

Jùùged w. 1. *Jugend.* 2. *Nachwuchs.* Bi s Millers hèt s wider Jùùged gää. **Jùùgedfèscht** s. *Jugendfest, traditionelles Sommerfest der Quartierjugend.* **Jùùgedhuus** s. *Jugendhaus.* **Jùùgedryyge** w. *Jugendriege.*

Jùùgi w. *Jugendherberge* (Schs.).

Jùggi + m. *Jukundus.*

Juhai → Juchai.

juhaie → juchaie.

Juhee s. 1. *+ hoher Sitz auf dem Postwagen* (19. Jh., Seiler). 2. *oberster Rang im Theater.* 3. *oberster Wohnraum im Dachstock, Dachzimmer.*

juhee, juhuu, juhui Interj. *juchhe!*

Jùmpfere w. 1. *Jungfer, Jungfrau.* 2. *+ Fräulein* (bis ins 20. Jh. ohne Beigeschmack des Altjüngferlichen). Guete Daag, Jùmpfere Mèèriaa. Jùmpfere, bringe Si mer non e Zwaier. Jùmpferen

Eeglinger + w., *Anstandsdame (nach einem Anf. 20. Jh. lebenden Fräulein Eglinger).* Alti Jùmpfere, *alte Jungfer.* **Jùmpfererääbe** w. *Jungfernrebe.* **Jùmpfereered** w. *Jungfernrede.* **Jùmpferezwigg** m., **Jùmpferezwiggi** w. *bestimmte Reckübung* (Müller). Dim. **Jimpferli** s. *kleines Mädchen* (humor.).

jùng (jinger, jingscht) *jung.* Subst. E Jùngs, *ein junges, neugeborenes Tier.* Ùnser Katz hèt Jùngi bikoo.

Jùnte w. *Jupe, Unterteil des Frauenrocks.*

Jùnterèssli s. *fasnächtliches Pferdchen aus Papiermaché mit Turnierrock, das vom «Reiter» um die Hüften getragen wird.* **Jùnteschmègger** m. *Frauenjäger, Schürzenjäger.* Dim. Jintli s.

Jùùrte + w. *Juchart, Feldmass von 36 a* (Baerwart).

jùscht 1. *ausgerechnet, genau, gerade, just.* De kùnnsch jùscht zuer rächte Zyt. 2. *soeben, gerade eben.* Mer händ jùscht von ich grèdt. 3. *+ wohl, wohlauf.* Als wènn s em naime nit jùscht wäär (Sieber).

jùschtemänt *eben gerade, genau; frz. justement.* Jùschtemänt daas main i, *genau das meine ich.*

K

k- → auch: gh-.

Kabälle w. *Kapelle.* **Kabällestrooss** w. *Kapellenstrasse.* Dim. Kabälleli s., Käppeli s. **Käppelijòch** s. *Kapelle auf der Mittleren Brücke.*

Kaabel s. 1. *Kabel.* 2. *Telephon, Telephongespräch* (Höschs., Schs.). E Kaabel in Ääter jätte, *telephonieren* (Höschs.). **Kaabelhyysli** s. *Telephonkabine* (Höschs.).

Kabernèttli + s., **Kabynèttli** s. *Gartenhäuschen, Gartenlaube, Gartenpavillon.*

Kaabis m. 1. *Kohl, Weisskohl.* **Kaabisblètter** s. (Plur.) *grosse Ohren* (humor.). **Kaabisköpf** m. a) *Kohlkopf.* b) *Dummkopf* (pop.). 2. *dummes Zeug, Unsinn.* Schwätz kai so Kaabis. 3. *weiblicher Busen* (vulg.).

Kabittel s. *Kapitel.* Das isch en ander Kabittel, *das ist eine andere Sache.* Ra.: Aim s Kabittel verlääse, *jdm. deutlich die Meinung sagen, jdn. abkanzeln, zurechtweisen.* Dim. Kabitteli s.

Kabizyyner + m., **Kabuzyyner** m. *Kapuziner.* Dim.

Kabuzyynerli s. *Kapuzinerkresse (Pflanze).*
kabòòris (nur präd.) *kaputt, beschädigt, zerbrochen* (humor.). Dä Haafen isch kabòòris.
Kabòtthietli[+] s., **Kabòttehietli**[+] s. *Damenhut mit Band unter dem Kinn; frz.* capote (Biedermeierzeit).
Kabùtt m. (Kabitt) *Soldatenmantel; lat.* caputium.
kabùtt, kabùttig *kaputt, zerbrochen.* Kabùtt mache, 1. *zerbrechen, zerstören.* 2. *töten* (vulg.).
Kabutze w., **Kabùtze** w. *Kapuze; lat.* caputium.
Kabuzyyner → Kabizyyner.
käch *fest, muskulös, stark, munter, kerngesund.* Käch Flaisch, *gesundes, straffes Fleisch.* Kächi Èpfel, *glatte, pralle Äpfel.* Kächi Bueben ùnd Maitli, *kerngesunde, frische Knaben und Mädchen.* Käche Brùmmer, *attraktives Mädchen* (humor., fam.).
Kachle w. 1. *Kachel, Keramikplatte.* 2. *Schüssel.*
Kachelmiesli → Blattemiesli. Dim. Kächeli s. 3. *Blumentopf.* 4. *alte Frau* (pej.).
Kadaar m. (Kadäär) *Katarrh; griech.* katarrhous.
Kaadi m. *Hauptmann* (Ss.).
Kadool m. (-e) *Katholik* (humor., Höschs.).
kadoolisch *katholisch.*
Kääfer m. 1. *Käfer.* **Kääferfiidle** w. in: Drògge wien e Kääferfiidle, *sehr trocken* (humor.). 2. *Mädchen.* E häärzige Kääfer. Dim. Kääferli s.
kääferig 1. *erregt, nervös.* 2. *verliebt.*
Kaff s. (Käffer) *Dorf, Siedlung, Stadt* (pej.).
käffele (käffeled) 1. *nach Kaffee riechen.* 2. *gemütlich, längere Zeit Kaffee trinken.*
Kaffi s., jg. m. 1. *Kaffee.* Schwaarze Kaffi, Schwaarze, *Kaffee nach dem Mittagessen.* Kèmmen er hitte zuem schwaarze Kaffi? Kaffi Guulasch, *Milchkaffee mit Brotbrocken* (Höschs.). Kaffi Byffee, Kaffi fèèrtig, Kaffi Lùz, Kaffi Sytewäägeli, *Kaffee mit Schnaps* (Mitte 20. Jh.). **Kaffiblääch** s. *Tablett zum Servieren des Kaffees.* **Kaffibùlver** s. *gemahlener Kaffee.* **Kaffidante** w. *Kaffeeliebhaber(in), ütr. Klatschbase.* **Kaffidischli** s. *Tischchen, an dem man den Kaffee trinkt.* **Kaffidringge** s. *Jause.* **Kaffikanne** w. *Kaffeekanne.* Dim. Kaffikännli s. **Kaffimiili** w. *Kaffeemühle.* **Kaffiwysyte** w. *Einladung zum Nachmittagskaffee, Kaffeekränzchen.* 2. nur s. *Café, Kaffeehaus,* z. B. *in:* Kaffi Spitz, *Café Spitz, Gesellschaftshaus der Kleinbasler Ehrengesellschaften.* Dim. **Käffeli** s. a) *mit Liebe zubereiteter, genüsslich getrunkener*

Kaffee. b) *Café, Kaffeehaus* (pop.).
kaafle (kaafled) 1. *hörbar nagen.* 2. *kritzeln, unleserlich schreiben.* 3. *ungeschickt schneiden* (Fridolin).
kai (adj.) *kein.* Kai Mèntsch. Kai Frau. Kai Kind. Kaini Lyt.
Kaib m. (-e) 1. *Kerl* (pej. bis bewundernd). Bleede Kaib, *blöder Kerl.* Glùngene Kaib, *origineller Kerl.* Dim. Kaibli s. *gefitzter Kerl* (humor.). 2. verst. *verflucht, sehr.* Das Kaibegäld. Die Kaibeschmäärze. Kaibelùschtig. Kaibedyyr.
kaibele[+] (kaibeled) *nach Aas riechen.*
Kaiberei w. (-e) *Büberei, dummer oder hinterhältiger Streich, fatale Angelegenheit.*
Kaiffer m. *Käufer.*
Kaiffere w. *Käuferin.*
Kaifferlaade m. (Kaifferlääde) *Spielzeugladen.*
kaiffig[+] 1. *zum Kauf lockend.* E kaiffig Huus. Kaiffigi Glaider. 2. *kauflustig.*
Kaigel m. 1. *Kegel.* **Kaigelbaan** w. *Kegelbahn.* **Kaigelbueb** m. *Knabe, der die Kegel aufstellt.* **Kaigelkùùgele** w. a) *Kegelkugel.* b) ütr. *glatt geschorener Kopf, Glatzkopf* (humor.). 2. *Exkrement.* Dim. Kaigeli s.
kaigle (kaigled) *kegeln.*
kaim *keinem.* I sag s kaim Mèntsch.
kain, kaine, e kain, e kaine (subst.) *keiner, niemand.* Wènn kaine mee kùnnt, gang i.
kaini, e kaini (subst.) *keine.* Kaini hèt s em kènne räch mache.
kais, e kais *keines. Kais isch z glai zuem Hälffe.*
Kalb s. (Kälber) 1. *Kalb.* 2. ütr. *dummer, dämlicher Mensch, Hanswurst.* Bisch e Kalb. S Kalb mache, *dumm tun, den Narren spielen.* **Kalbsbrootis** m., **Kalbskätzer**[+] m. (Fridolin), jg. **Kalbsbroote** m. *Kalbsbraten.* **Kalbsbrùscht** w. *Kalbsbrust.* Gfillti Kalbsbrùscht, a) *gefüllte Kalbsbrust.* b) *Schreibspiel, bei dem zwischen vorgegebenen Anfangs- und Endbuchstaben Wörter eingesetzt werden müssen.* **Kalbsvòòrässe** s. *Kalbsragout.* Dim. Kälbli s.
kalbere (kalbered) 1. *kalben.* 2. *guten Ertrag liefern, rentieren.* Das Geschäft kalbered em. Ra.: Däm kalbered nò der Säägbògg, *der hat in allem Glück.*
Kalberei w. (-e) *dummer Streich, Dummheit.* Er hèt friener vyyl Kalbereie gmacht.
Kalch m., jg. **Kalgg** m. *Kalk.* **Kalchstai** m.,

Kalggstai m. *Kalkstein.*

kalche (kalcht) *kalken.* E kalchti Muure.

kalchwyss *kalkweiss.*

kaale[+] (kaalt), **kalle** (kallt) *gerinnen, stocken; frz.* cailler. D Gallere kaalt.

Kalfaggter[+] m. *Schwindler, Schurke.*

Kalgg → Kalch.

kaalig, kallig *geronnen, gestockt, gallertartig.*

kalle → kaale.

Käller m. *Keller.* Er hèt e rächte Käller, *er hat einen gut bestückten Weinkeller.* Ra.: In Käller goo, *beim Jassen die bereits gespielten Karten durchsehen.* **Källerhals** m. *Schacht mit äusserem Zugang zum Keller.* **Källerlòch** s. *Lichtöffnung im Keller, äusserer Treppenabgang in den Keller.* **Källerschnägg** m. *Kellerschnecke.* **Källerstääge** w. *Kellertreppe.*

kallig → kaalig.

Källner m. *Kellner.*

Källnere w. *Kellnerin, Serviertochter.*

kalt (kèlter, kèltscht) *kalt.*

kaltlächt[+] *ziemlich kalt, kühl.*

Kameel s. (Kameeler) 1. *Kamel.* 2. ütr. *Dummkopf.* Dim. Kameeleli s., Kameeli s.

Kameelerlis s. *Kamelspielen.*

Kamisool[+] s. (Kamiseeler) *Wams, Knabenbluse,* jg. *Pullover; frz.* camisole. Dim. Kamiseeli s.

Kammere w. *Kammer.* Dim. **Kämmerli** s. 1. *kleine Kammer.* 2. *Versammlungsort von Männer- vereinigungen, vor allem im 18. Jh., dann auch Name von solchen,* → Wùùrzegraabekämmerli. 3. [+] *Herrengesellschaft.*

kämpfle (kämpfled) *spielerisch kämpfen.*

kample[+] (kampled) *Zwistigkeiten haben, streiten* (Seiler, Müller).

Kamùff s. (Kamiffer) *Dummkopf.*

Kaan m. (Kään) 1. *Kahn.* 2. *Bett* (humor.).

Kanaal- *Kantonal-* (humor.). Kanaalbangg, Kanaalverband, usw.

Kaanebee s. (Kaanebee'er) *Kanapee, Sofa; frz.* canapé. Dim. Kaanebeeli s.

Kanefäld s. 1. *Kannenfeld (einstiger Flurname im nordwestlichen Grossbasel).* 2. *ehemaliger Kannenfeldgottesacker, heute Kannenfeldpark.* D Groossmamme händ si ùff em Kanefäld bigraabe. 3. *Kannenfeldquartier.*

Kaanefass m. *Stickgaze, Gitterleinwand; frz.* canevas.

Käänel m. *Rinne, Dachtraufe.* **Käänelsuffer** m. *langer Mensch.*

Kaanyt m., **Kaanyter** m. *Nichtskönner* (Hindermann, Fridolin).

Kannebrätt[+] s. (Kannebrätter) 1. *Tablett.* 2. *Aufhängevorrichtung für Kannen und Krüge in der Küche.*

Kanoone w. 1. *Kanone.* **Kanoonebùtzer** m. a) *Kanonenrohrreiniger.* b) *Rohrkolben (Typha, Wasserpflanze).* Dim. Kaneenli s. 2. *tüchtiger Fachmann* (pop.). Er isch e Kanoonen im Rächne. Si isch e Kanoone im Stènògrafiere.

kanoonevòll *stockbetrunken* (pop.).

Känschterli s. 1. *Schränkchen.* 2. *Küchenschrank.*

Kantoon m. (Kanteen) 1. *Kanton.* Der grooss Kantoon, *Deutschland* (humor.). Dim. Kanteenli s. **Kanteenligaischt** m. *übertriebener, engherziger Föderalismus.* 2. [+] *Kantonist, Rekrut.* Nur in: schlächte Kantoon, *unkameradschaftlicher Mensch* (meist humor., pop.).

Kantùs m. (Kantùs/Kantisser) *Lied; lat.* cantus (Sts.). **Kantùsbriigel** m. *Liederbuch* (Sts.).

Kanzle w. *Kanzel.* Dim. Känzeli s.

Kappe w. 1. *Mütze.* Aim e Kappen aabasse, *jdn. ohrfeigen* (Höschs.). Raa.: Aim d Kappe wäsche, d Kappe bùtze, *jdn. gehörig zurechtweisen.* Kaasch mer in d Kappe schysse, *du kannst mich gern haben* (vulg.) → auch: schysse. **Kappefuulzi**[+] s. *bestimmtes Ballspiel.* Dim. Käppli s. 2. *Verstärkung der Strumpfferse oder der Schuhspitze.*

Käppeli → Kabälle.

Käppi s. *Militärmütze* (bis 20. Jh.), [+] *Tschako.*

Kapsle w. *Kapsel.* Dim. **Käpseli** s. 1. *kleine Kapsel.* **Käpseliwasser** s. *Mineralwasser* (20. Jh.). 2. *Knallerbse, Zündblättchen.* **Käpselibischtoole** w. *Knallpistole (Kinderspielzeug).*

Kapuun[+] m. (-e) *Kapaun.* Dim. Kapyynli s.

Kaare m. (Kääre) 1. *Karren, Schubkarren.* Raa.: Aim an Kaare faare, *jdn. attackieren, jdm. absichtlich ins Gehege kommen.* Der Kaare zuem Drägg uuse zie, *eine verfahrene Situation retten.* **Kaaresalbi** w. *Wagenschmiere.* 2. *Motorfahrzeug, Wagen* (pop.). Kùnnsch mit em Kaare? ...*mit dem Automobil.* Dim. Kääreli s.

kääre (käärt) *keifen, quengeln, rechten.*

karfange[+] *stockfleckig (Obst, Papier, Wäsche)* (Seiler, Fridolin).

Karfrytig m. (-e) *Karfreitag.*
Kaari m. *Karl.* Dim. Kaarli m.
karisiere (karisiert) *zärtlich sein, flirten; frz. caresser.*
Kaarli → Kaari.
Käärli m. *Kerl, Bursche* (lobend bis pej.).
Käärlibùùrsch(t) m. *gefitzter, tüchtiger Kerl.*
Kaarlyyne w. *Karoline.*
Käärne m. *Kern.* E gueti Nùss hèt e fyyne Käärne
(Liebrich). **Käärnebigger** m. *kräftige Hakennase*
(humor.).
käärnhaft *kernig, herzhaft.*
Karsamschtig m. (-e) *Karsamstag.*
Kaarscht m. (Käärscht) 1. *Karst.* 2. *Gewehr* (Ss.).
kaarschte (kaarschted) 1. *unterm Tisch mit den
Füssen scharren.* 2. *ungeschickt oder mit Mühe
arbeiten.* 3. + *Schmutz an den Schuhen ins Haus
bringen.*
Kaarschti m. *einer, der unter dem Tisch mit den
Füssen scharrt.*
Karsùmpel m. *Durcheinander, Gerümpel,
Unordnung.*
Kaarte w. 1. *Karte, Landkarte.* 2. *Visitenkarte.*
E Kaarte stoosse, e Kaarte stùpfe, *bei Besuch
Visitenkarte abgeben* (Fridolin). Dim. **Käärtli** s.
a) *Kärtchen.* b) *Tramkarte, Fahrkarte.*
Kaarteblass m. *Kompresse, Umschlag mit Leinsamen;
frz. cataplasme.*
Kartyyser m. *Kartäuser.*
käärtle (käärtled) *zur Zukunftsbefragung Karten
legen.*
Kartuus w., **Kartuuse** w. *Kartause, Kartäuserkloster.*
karwatsche + (karwatscht) *tüchtig verprügeln.*
Kaarwùche w. *Karwoche, Woche vor Ostern.*
Kääs m. 1. *Käse.* **Kääsglòsche** w. *Käseglocke.*
Kääsjòggi m. *Käseliebhaber* (humor.).
Dim. Kääsli s. **Kääsligrut** s. *Wegmalve.* 2. *Quatsch,
Unsinn* (pop.). Verzèll kai Kääs.
Kasäärne w. *Kaserne.*
Kaschper m., **Käschpi** m. *Kaspar.*
Käschperli s. *Kasper, Hauptfigur des Kasperle-
theaters.* **Käschperlitheaater** s. *Kasperletheater.*
Käschperlizyyg s. *nicht ernst zu nehmende Sache
oder Unternehmung.*
käschperle (käschperled) 1. *Kasperletheater spielen.*
2. *Dummheiten machen, unseriös arbeiten.*
Käschpi → Kaschper.
Kaschte m. (Käschte) 1. *Schrank.* Ra.: Èppis ùff em

Kaschte haa, *tüchtig, fähig sein* (pop.).
Kaschtefuess m. *Schrankunterteil.*
Kaschtestùùbe w. *Schrankzimmer, Mansarde mit
Schränken.* 2. *kräftige Postur, starker Mann* (pop.).
Dä hèt e rächte Kaschte. Er isch e Kaschte.
kääse (kääst) 1. *Käse herstellen.* 2. *drücken, drängen.*
S hèt fascht kai Blatz, mer miend kääse.
Kääsede w. *Gedränge.*
kääsele (kääseled) 1. *nach Käse riechen oder
schmecken.* 2. *nach Fussschweiss riechen* (humor.).
Kääserei w. (-e) 1. *Käserei.* 2. *Gedränge.*
Kasse w. 1. *Kasse.* D Kasse mache, *Kasse abrechnen.*
Dim. **Kässeli** s., **Kässli** s. a) *Sparbüchse.*
Sè, do hèsch èppis fir in s Kässli. b) *Sonder-
rechnung, Sonderkonto* (eher pej.). 2. *Sparkasse.*
3. *Krankenkasse.* Bi weeler Kasse bisch?
kataloogisch *katholisch* (humor.).
Kaater[1] m. (Kaater/Kääter) *Kater, männliche Katze.*
Kaater[2] m. (Kaater/Kääter) *Kater, Katzenjammer;
zu Katarrh.*
Kati s., **Käti** s., **Kätri** w. *Katharina.* Schnälli Kätri,
Durchfall, Diarrhö (humor.). Dim. Kätterli s.
Katolygg m. *Katholik.* **Katolyggeschmiss** m.
Säbelhiebwunde auf der rechten Gesichtshälfte
(humor., Sts.).
kätsche (kätscht) *fletschend, geräuschvoll kauen.*
Kätschede w. *Gekautes.*
Kätschgùmmi m. *Kaugummi.*
Katz w. (-e) 1. *Katze.* Raa.: S isch fir d Katz,
es ist vergeblich, unnütze Mühe. D Katz im Sagg
kauffe, *unbesehen etwas kaufen oder übernehmen.*
D Katz laufft mer der Bùggel ùff, *ich schaudere,
bekomme es mit der Angst zu tun.* D Katz zuem
Sagg uus loo, *mit der Wahrheit herausrücken.*
Jètz geend der Katz d Hòòr uus, *jetzt wird's
brenzlig.* Ùnd wènn s Katze haagled, *unter allen
Umständen.* **Katzebyysi** s., **Katzebuusi** s. *Katze.*
Katzedeepli s. *Katzenpfote.* **Katzedischli** s.
besonderer Nebenesstisch für Kinder.
Katzefùggs + m. *Nichtigkeiten* (Fridolin).
Katzekòpf m. *gespaltener Kiesel als Pflasterstein.*
Katzenaigli s. *Waldehrenpreis (Pflanze).*
Katzepfeetli s. *Katzenpfötchen (Antennaria,
Pflanze).* **Katzesaicheler** m., **Katzesaicher** m.
a) *bestimmte Baselbieter Weintraube.* b) *saurer
Wein.* **Katzeschwanz** m., **Katzewaadel** m.
Schachtelhalm. **Katzezingli** s. *bestimmtes süsses*

längliches Kleingebäck, auch aus Schokolade. Dim.
Kätzli s. a) *kleine Katze.* Ra.: Uusgsee wie s Kätzli
am Buuch, *krank aussehen.* b) *Weidenkätzchen.*
2. *Mädchen* (Schs., Höschs). E gueti Katz,
ein attraktives Mädchen.
kätzele (kätzeled) *nach unsauberen Katzen riechen.*
Kätzer m., jg. **Kètzer** m. 1. *Ketzer.* 2. *Kerl, schlimmer
Geselle.* 3. Suure Kätzer, *saurer Wein* (Fridolin).
katzesaichele (katzegsaicheled) 1. *nach unsauberen
Katzen riechen,* 2. ütr. *sauer schmecken
(vom Wein).*
kauscher → kooscher.
Keebi m. 1. *Jakob.* 2. Der Keebi, *der Kulturhistoriker
Jacob Burckhardt (1818–1897).* 3. (mit Adj.) *Mann,
Kerl.* Nätte, glùngene, gspässige Keebi.
Dim. Keebeli s.
Kèchene w. *Köchin.*
kècherle (kècherled) 1. *mit Liebe kochen.*
2. *spielerisch kochen (von Kindern).* 3. intr. *ständig
leicht kochen, leicht sieden.*
Kèchli *Koechlin (Familienname).*
Keefe w. *junge Erbsenschote.*
Kèfferli → Kòffer.
Keefi s., jg. **Keefig** s., jg. m. 1. *Käfig, Vogelbauer.*
2. *Gefängnis* (pop.). **Keefigflaisch** s. *Mädchen im
Schutzalter* (humor.). Dim. Keefeli s., Keefigli s.
keie → gheie.
keiffe (keifft) *keifen.*
Keel m. *Kohl.* **Keelkòpf** m. *Kohlkopf.*
Keele w. *Kehle, Hohlkehle, Kannele.* Dim. Keeleli s.
Kèlle m., jg. w. *Kelle.* 1. *Schöpfkelle, Schöpflöffel.*
Ra.: Mit em groosse Kèllen aarichte, *allzu grossen
Aufwand treiben.* **Kèllehänggi** w. a) *Aufhänge-
vorrichtung für Küchengeräte.* b) *hervorstehende
Schlüsselbeine eines mageren Menschen* (humor.).
2. *Maurerkelle.* 3. *Signalkelle (Eisenbahn,
Schiessplatz).* Dim. Kèlleli s.
Kèlsch → Kèltsch.
kèlte (kèlted) *kälten, kühlen.* Me sòtt der Wyy kèlte.
Kèlti w. *Kälte.*
Kèltsch m., **Kèlsch** m. *Kölsch, blau-weiss oder
rot-weiss gewürfelter Baumwollstoff (ursprünglich
aus Köln).*
Kèmmi s. *Kamin, Rauchfang.* S Kèmmi ruesse,
1. *Kamin reinigen.* 2. *Nase schneuzen, in der Nase
bohren* (humor.). Ra.: In s Kèmmi schrybe,
Schuldforderung abschreiben. **Kèmmifääger** m.

Schornsteinfeger. **Kèmmiflaisch** s. *Rauchfleisch.*
Dim. Kèmmeli s.
Keenig m., **Kiinig** + m. *König.*
Keenigyyn w. (-e), **Kiinigyyn** + w. (-e) *Königin.*
kènne [1] (kènnt) *kennen.*
kènne [2]; (kènne; Präs. kaa, kaasch, kaa, kènne;
Konj. kènn; Kond. kènnt) *können.* Kaasch mer
hälffe? *Kannst du mir helfen?* Wie kaa men au!
wie kann man nur (so etwas fragen, sagen, tun)!
Me kaa jo, *wie kann man nur, warum auch nicht.*
Èppis kènne, *tüchtig sein, etwas von der Sache
verstehen.* Das Lied kaa mer s, *dieses Lied gefällt
mir sehr.* Dä kaa mer s an kaim Ègge, *der passt mir
in keiner Hinsicht.* Si kènne s, *sie sind vermöglich.*
D Ùffgoobe kènne, *die Schulaufgaben
beherrschen.* Kaasch dy Gidicht? *Weisst du dein
Gedicht auswendig?* Kaasch no? *Magst du noch?* Si
kènne s guet zämme, *sie kommen gut miteinander
aus.* Du kaasch mer, *du kannst mich gern haben*
(vulg.).
kèpfe (kèpft), **abkèpfe** + (abkèpft) *köpfen.*
Me sòtt ene der Kòpf abkèpfe (Kelterborn).
kèpfle (kèpfled) 1. *Fussball mit dem Kopf stossen.*
2. *in Kopfform auswachsen (Kohl, Salat).*
3. *schmollen, trotzen.*
Kèpfli → Kòpf.
kèpflige *kopfüber, kopfvoran.* Er isch kèpfligen
in s Wasser gùmpt.
kèèrble (kèèrbled) *sich erbrechen.*
kèère (kèèrt) *kehren, wenden.* D Hoose kèère,
Notdurft verrichten (pop.).
Kèèri w. (Kèèrene) 1. *Kehre, Kurve, Wende.*
Dim. **Kèèrli** s. a) *kleine Kehre.* b) + *kleiner Spazier-
gang* (Meyer). Mache mer non e Kèèrli? 2. *Ordnung
des Reinigungsdienstes im Miethaus.*
Kèèruus m. *Kehraus, Abschluss am Samstag nach
der Fasnacht.*
Kèèrze w. 1. *Kerze.* **Kèèrzestògg** m. *Kerzenleuchter,
Kerzenhalter.* **Kèèrzestùmpe** m. *Kerzenstumpf.*
Dim. **Kèèrzli** s. a) *Weihnachtsbaumkerze.*
b) *junger Tannentrieb.* 2. *Zündkerze.* Ra.: S hèt em
e Kèèrze gspritzt, *er hatte einen guten Einfall*
(Höschs.). 3. *Becher Bier* (Höschs.). 4. *aufrechter
Sprung ins Wasser.* 5. *bestimmte Turnübung.*
Kèschte → Kòschte.
Kèschtene w. *Kastanie, Marrone.* Wildi Kèschtene,
Rosskastanie. Zaami Kèschtene, *essbare Kastanie.*

Kèschtenebaum m. *Kastanienbaum.*

Kèschtenemännli s. *Marroniverkäufer.*

kèschtlig 1. *köstlich, amüsant.* 2. *+ kostspielig, kostbar.*

Kèssel m., **Kèssi** s. 1. *Kessel.* 2. *Trommel.* 3. *Kopf* (Höschs.) I jag der aini an Kèssel. Dim. **Kèsseli** s. a) *Kesselchen.* b) *+ blechernes Verpflegungsgefäss mit mehreren Etagen.* **Kèsseliflaisch** s. *gesottenes Schweinefleisch als Speise am Schlachttag.*

kèssle (kèssled) 1. *metallisch klingen, scheppern.* 2. *trommeln* (Blasius). 3. *sich lärmig fortbewegen,* nur mit Adv. Dervookèssle. Ùmenanderkèssle.

Kèsslede w. *heftiger metallischer Lärm, Scheppern.*

Kèttene w., **Kètti** w. (Kèttene) *Kette.* Ab der Kèttene syy, *ausser Rand und Band sein.* **Kètteneglaich** s. *Kettenglied.* Dim. **Kètteli** s., **Kèttemli**+ s.

kètzerig → kòtzerig.

Kyyb+ m. *Gehässigkeit, Groll, Neid, Zorn* (Hoffmann).

kyybig *gehässig, grollend, zornig.*

kiible (kiibled) 1. *stark, wie aus Kübeln regnen.* 2. *trommeln.*

kyyche (kyycht) *keuchen.*

kyyderle (kyyderled) *ködern, schmeicheln, schöntun.* Me hèt ene lang gnueg kyyderled.

kiechle (kiechled) 1. *Küchlein backen.* 2. *ungeschickt arbeiten oder hantieren.* Was hèsch wider kiechled? 3. *liebedienern, schmeicheln, schöntun.* Dääre muesch nit kiechle.

Kiechli s. *Küchlintheater in der Steinenvorstdt.*

Kieffer m. *Küfer.* **Kiefferschùùrz** m. *Küferschürze.* Schmègge wien e Kiefferschùùrz, *stark, penetrant nach Wein riechen.*

kiel, kiellächt+ *kühl.*

kiele (kielt) *kühlen.*

Kieli w. *Kühle.*

Kien+ s. *Kienspan, Anfeuerholz* (Kron, Seiler).

kienzle (kienzled) *schmeicheln, schöntun* (Kron).

Kiifel+ m., **Kiifer** m. *Kiefer, Unterkiefer.*

Kiifer → Kiifel.

Kiifere w. *Kiefer, Föhre.*

Kifferli → Kòffer.

kiifle (kiifled) 1. *keifen, quengeln, mit Worten*

streiten. 2. *+ aushülsen (Bohnen, Erbsen).*

kiiflig *zänkisch.*

Kiigelibiirz → Kùùgele.

kygge[1] (kyggt) *hüsteln.*

kygge[2] (kyggt) *kicken, Fussball spielen; engl. kick.*

Kyggi+ m. *leiser hartnäckiger Husten.*

Kilbi w. (Kilbene) 1. *Kirchweih.* 2. *festliches Durcheinander, Lärm.* Bèttiger Kilbi → Bèttiger.

Kyyle w. *Keule.* Dim. Kyyleli s.

Kilche → Kiirche.

Kyym m. *Keim.* Dim. Kyymli s.

kyyme (kyymt) *keimen.*

kimmerlig 1. *kümmerlich.* 2. *+ bekümmert* (Kron).

Kimmi m. *Kümmel.* **Kimmignipfer** m., **Kimmispalter** m. *Pedant, Haarspalter, Knauser.*

Kimmikueche m. *Kümmelkuchen.*

Kimmispalterei w. *Haarspalterei.* **Kimmiwèggli** s. *Brötchen aus Butterteig mit Kümmel.*

Kind s. (Kinder) *Kind.* **Kindbèttere** w. *Wöchnerin.*

Kinderfiidle s., **Kinderfùùdi** s. *Kinderhintern* (pop.). Glatt wien e Kinderfiidle, *glattrasiert, runzellos* (humor.). **Kindergaarte** m. *Kindergarten.*

Kindermaitli s. *Kindermädchen.* **Kinderstùùbe** w. 1. *Kinderzimmer.* 2. *gute Erziehung, gute Manieren.* Dä hèt au gaar kai Kinderstùùbe. **Kinderwaage** m. *Kinderwagen.* **Kinderwysyte** w. *Kindereinladung.*

Kindsblootere w. (Plur.) *Windpocken.*

Kindsmagd w. *Kindermädchen.* Dim. Kindli s.

kinde (kinded) *kündigen, aufkündigen.* Er hèt kinded. S isch em kinded wòòrde. Me hèt ene d Woonig kinded.

Kynees m., **Kyneeser**+ m. *Chinese.* Dim. Kyneesli s.

Kyneesene w. *Chinesin.*

Kiini s. *Kinn.*

Kiinig → Keenig.

Kiinigyyn → Keenigyyn.

Kinngel m. *Kaninchen.* Dim. Kinngeli s.

Kinngelistall m. 1. *Kaninchenstall.* 2. *kleines, enges Wohnhaus* (humor.).

kinngele (kinngeled) *pfuschen, unsachgemäss oder unsorgfältig arbeiten.* Der Lèèrbueb hèt bees kinngeled.

Kinngeli+ w. *sonntägliche Kinderlehre* (Schs., Baerwart).

kinschtlig 1. *künstlich.* 2. *+ kunstvoll.*

Kippi w. 1. *Kippe.* S isch ùff der Kippi, *es steht unentschieden, gefährlich.* S Wätter isch ùff der

Kippi, *das Wetter ist am Umkippen.* 2. *Fallit* (pop.).
Sy Gschäft hèt Kippi gmacht. 3. Kippi mache,
a) *sterben* (humor., pop.). b) *den Gewinn hälftig
teilen.*

Kiirbis m., **Kiirbse**[+] w. (Kron) 1. *Kürbis.*
Dim. Kiirbisli s., Kiirbseli[+] s. 2. *Kopf* (humor.).

Kiirche w., **Kilche**[+] w. *Kirche.* **Kiirchebòtt** m.
Kirchenbote (Zeitung). **Kiircheduùrm** m.
Kirchturm. **Kiircheglògge** w. *Kirchenglocke.*
Kiircheliecht s. *gescheiter Mensch.* Er isch nit grad
e Kiircheliecht, *er ist nicht gerade der Gescheiteste.*
Kiirchhoof[+] m. *Friedhof* (Sieber). Dim. Kiirchli s.
Kilchli[+] s.

Kiirsi s., **Kiirse**[+] w. *Kirsche.* **Kiirsbaum** m.,
Kiirsibaum m. *Kirschbaum.* **Kiirsgaarte** m.
1. *Kirschbaumgarten.* 2. *Haus zum Kirschgarten an
der Elisabethenstrasse.* **Kiirsigratte** m. *kleiner Korb
mit seitlichem Doppelhenkel zum Kirschen-
pflücken.* **Kiirsihoogge** m. *Haken, mit dem man
die Kirschbaumzweige zum Pflücken heranzieht.*
Kiirsistai m. *Stein der Kirsche.* **Kiirsistaisèggli** s.
*Beutel mit erhitzten Kirschsteinen zum Wärmen
des Bettes.* **Kiirsiwasser** s., **Kiirswasser** s. *Kirschen-
schnaps, Kirsch.* Dim. Kiirseli s.

Kiirzi w. (Kiirzene) *Kürze.*

Kiis s., jg. m. 1. *Kies.* 2. *Geld* (Höschs.). **Kiisgruebe** w.
a) *Kiesgrube.* b) *Geldbeutel* (Höschs.).
Kiisraiber m. *Geldbeutel* (Höschs.).

kyyschpere (kyyschpered), **kyyschtere** (kyyschtered)
hüsteln, heiser reden, sich räuspern.

Kyyschperi m., **Kyyschteri** m. *heiserer, leichter Husten.*

Kischte w. 1. *Kiste, Kasten.* Dim. **Kischtli** s. *Kistchen,
Zigarrenkiste.* 2. *altes Fahrzeug* (humor.).
3. *Gefängnis, Zuchthaus.* **Kischtespänder** m.
Richter (Höschs.). 4. *Rausch* (pop.).

kyyschtere → kyyschpere.

Kyyschteri → Kyyschperi.

kiise (kiist) *mit Kies bestreuen.*

Kiiselstai m. *Kieselstein.*

Kiislig[+] m. *Kieselstein* (Heusler).

Kissi s. *Kissen.* **Kiissizieche**[+] w. *Kissenüberzug.*
Dim. Kisseli s.

Kittel m. *Rock, Veston.* **Kittelmantel** m. 1. *Berufs-
schürze.* 2. *Ärmelschürze für Knaben,
Schulkleidung* (bis ins 20. Jh.). Dim. Kitteli s.

Kittene w. *Quitte.* **Kittenebaate** w. *Quittenpaste;
von frz. pâte.* **Kittenebaum** m. *Quittenbaum.*

Kittenebùmmi m. *Quittenpaste in Kugelform.*

Kittenegallere w. *Quittengelee.*

Kittenemòscht[+] m. *Quittenkonfitüre.*

Kitteneschyymli s. *Quittenkonfekt.*

Kitteneschnitz m. (nur Plur.) *Quittenkompott.*

Kittenewiirschtli s. *Quittenpaste in Würstchenform.*

kittere (kittered), **kùttere**[+] (kùttered) *bei zurück-
gehaltenem Lachen in sich hinein kichern.*

kyttig[+], **kuttig**[+] *stockfinster.* E kuttig schwaarzi
Nacht (Meyer).

kitzele (kitzeled), **kùtzele** (kùtzeled) *kitzeln.*

Kyzli → Kuz.

koo (koo; Präs. kùmm, kùnnsch, kùnnt, kèmme;
Konj. kääm; Kond. käämt) *kommen.* Du kùnnsch
mer frintlig, *du benimmst dich mir gegenüber recht
unfreundlich.* Ùff d Wält koo, *geboren werden.*
D Sètzlig kèmme guet, *...wachsen, gedeihen.*
Vò Baasel koo, *aus Basel stammen.* S kùnnt em
langsam, *es kommt ihm langsam in den Sinn,
er macht sich nach und nach.* S kùnnt go räägne,
es beginnt demnächst zu regnen. In Sinn koo,
einfallen. Die Bluuse kùnnt der guet, *diese Bluse
steht dir gut.* Z Schlaag koo, *zurechtkommen.*
Zahlreiche Zss. mit Adv.: aabe-, yyne-, uusekoo
usw.

Kòch m. (Kèèch) *Koch.*

Kòchangge m. *Kochbutter.*

kòche (kòcht) 1. *kochen.* D Mamme kòcht e Sùppe.
D Sùppe kòcht schò lang. Er hèt s ene kòcht,
er hat's ihnen gehörig gegeben (Höschs.). 2. *ütr.
wütend sein.*

kòchig *kochend, siedend.*

Kooder m. *Schleim. Auswurf.*

koodere (koodered) *geräuschvoll spucken,
ausschleimen.*

Kòffer m. (Kèffer), **Kùffer**[+] m. *Koffer.*
Dim. Kèfferli s., Kifferli[+] s.

Koog m. (Keeg / Kooge) 1. *übler, raffinierter Kerl.*
2. verst. *verflucht, enorm.* Dä Koogepflòtsch.
Die Koogeradaubrieder. Koogeglùnge,
sehr originell.

Kòlaaiùm[+] *Kolleg, alte Universität am Rheinsprung;
lat. collegium.* **Kòlaaiùmglèggli**[+] s. *Glocke der
alten Universität* (Hindermann).

Kòlbe m. (Kèlbe) 1. *Kolben.* 2. *Flasche* (humor., fam.).
3. *Nase* (humor., pop.). 4. *dicke Zigarre*
(humor., pop.). Dim. Kèlbli s.

Kooldampf m. *Hunger* (Ss.). Kooldampf schiebe, *Hunger haben* (Ss.).

kòldere (kòldered) 1. *Schleim aushusten, ausschleimen.* 2. *schimpfen, poltern.*

Kòlderi m. 1. *missmutig Schimpfender, Polterer.* 2. *Koller.* Er hèt wider der Kòlderi.

Koole w. *Kohle.* **Koolebäärg** m. *Kohlenberg (Strasse am Leonhardshügel).* **Koolebäärg'gimnaasiùm** s. *Gymnasium am Kohlenberg.* **Koolebäärgler**[+] m. *Strassenarbeiter (im Mittelalter am Kohlenberg ansässig).* **Koolebèggi**[+] s. *kohlebeheiztes Wärmebecken.* **Koolesagg** m. 1. *Sack mit Kohle.* 2. *Pfarrer* (Höschs.). **Koolesutter** m. *Pfarrer* (Höschs.).

Kòleeg[1] m. (-e) 1. *Kollege, Berufsgenosse.* 2. *Freund* (pop.).

Kòleeg[2] s. *Kolleg, akademische Vorlesung.*

kooleraabeschwaarz *kohlrabenschwarz, tiefschwarz.*

kòlesaal *kolossal.*

Kooli m. *Rappe, schwarzes Pferd.*

Kòlmer *Colmar (elsässische Stadt).*

kòm- → auch kùm-.

Kòmfermand → Kùmfermand

kòmuun *ordinär.*

kòmuuntschelig *eher ordinär.*

kòn- → auch kùn-.

Kòndiggtèèr m. *Billeteur, Schaffner; frz. conducteur.*

Kòndyter m. *Konditor.*

Kòni 1. m. *Konrad.* 2. w., s. *Kornelia.* Dim. Kòneli s.

Kòns s., **Kònsi**[+] s. *Konservatorium* (Schs., Sts.).

Kònsi m. *Konsumverein-Laden* (pop.). Das Broot han i im Kònsi kaufft.

Kònsumròss s. 1. *Konsumverein-Verkäuferin* (humor.). 2. *plumpe Frau* (pej.).

Kòpf m. (Kèpf) *Kopf.* Im Kòpf haa, *im Gedächtnis haben, beabsichtigen, vorhaben.* Der Kòpf mache, e Kòpf aanemache, *schmollen, trotzen.* Zuem Kòpf uus biirzle[+] *Purzelbaum schlagen* (Fridolin). Der Kòpf zuemache, 1. *einschlafen* (humor.). 2. *den Mund halten* (Höschs.). Raa.: Wär s nit im Kòpf hèt, hèt s in de Bai, *wer nicht denkt, muss dafür mehr laufen.* Aim der Kòpf wäsche, *jdm. gehörig die Meinung sagen, jdn. zurechtweisen.* **Kòpfabhaini**[+] w. *«Kopfabhaustätte», Richtplatz vor dem Steinentor* (humor.). **Kòpfladäärne** w. *auf die fasnächtliche Kopfbedeckung montiertes kleines dreidimensionales Transparent.* **Kòpfwee** s. *Kopfschmerzen.* Dim. **Kèpfli** s. 1. *Köpfchen.*

2. *gestürzte Dessertportion aus kleinen runden Förmchen.* 3. *Kopfsprung ins Wasser.*

Kòpfede w. *Kopfende, nur in:* Z Kòpfede, *am Kopfende des Bettes.*

Kòpfjee m. *Kopfsprung ins Wasser.*

kòpfuusbiirzle (kòpfuusbiirzled) *sich überrollen.*

Kòòr m. (Kèèr) *Chor.* 1. *Gesangschor.* 2. *hinterer Kirchenraum mit Hochaltar.*

Kòòrb m. (Kèèrb) *Korb, Reisekorb.* Japaanische Kòòrb, Jaapaankèfferli, Jaapaankèèrbli, *leichter, aus Reisstroh geflochtener zweischaliger Reisekoffer.* Dim. Kèèrbli s.

Kòòrbis m. *Korporal* (Ss.).

Kòòrn s. (Kèèrner) 1. *einzelnes Korn.* Dim. Kèèrnli s. 2. *Getreide.* 3. *Zielvorrichtung der Schusswaffe.* Èppis ùff s Korn nää, *etwas anvisieren.* **Kòòrnnäägeli** s. *Kornblume.* **Kòòrnroose** w. *Klatschmohn.* **Kòòrnroosedääfeli**[+] s. *bestimmtes rotes Zuckerbonbon* (Fridolin).

kòschber 1. *kostbar, wertvoll.* Sich kòschber mache, *sich rar machen, sich zieren.* 2. *köstlich, amüsant.* Er hèt hailoos kòschberi Gschichtli verzèllt.

Kòschberkait w. (-e) *Kostbarkeit.*

kooscher, kauscher[+] (Hoffmann) *koscher, rein, unverdächtig; hebräisch kascher.* Das Gschäft isch nit ganz kooscher.

Kòschte m. (Kòschte / Kèschte) 1. *Kostenpunkt.* E Magd isch eben e Kòschte (Kron). 2. (Plur.) *Kosten, Unkosten.* S laufft in hoochi Kèschte, *es kommt teuer zu stehen* (Hindermann).

Kòschtlyt (Plur.) *Kostgänger.*

kòtze (kòtzt) 1. *sich erbrechen* (vulg.). Kòtze wien e Gäärberhùnd, *sich sehr heftig erbrechen.* 2. *Geständnis ablegen* (vulg.).

Kòtzede w. *Erbrochenes, Erbrechen.* (vulg.).

kòtzerig, kètzerig, kètzerlig *zum Erbrechen reizend.* S wiird mer ganz kòtzerig.

kuuche → huuche.

Kùchi w. (Kùchene) *Küche.* Ra.: Aim e Haas in d Kùchi jaage → Haas. **Kùchibaschteetli** s. *mit gehacktem Rindfleisch gefüllte kleine Pastete.*

Kùchidiechli s. *Küchentuch, Geschirrtuch.*

Kùchikänschterli s. *Küchenschrank, Vorratsschrank.*

Kùchilùmpe m. *Lappen für Küchenzwecke.*

Kùchimaitli s. *Küchenmädchen.* **Kùchimùtz**[+] m. *Küchenkleidung.* **Kùchischaft** m. *offener Küchenschrank, Küchenregal.* **Kùchischälle** w.

Küchenschelle (Pulsatilla vulgaris, Pflanze).
Kùchischmègger m. *Topfgucker.* **Kùchischùùrz** m.
Küchenschürze. **Kùchitschùmpel** m. *Küchen-
mädchen (pej.).* **Kùchiwoog** w. *Küchenwaage.*
Dim. Kùcheli s., Kicheli s.
Kuuderwältsch s. *Kauderwelsch, unverständliche
Sprache oder Sprechweise.*
kuuderwältsche (kuderwältscht) *unverständlich,
fehlerhaft reden, radebrechen.*
Kue w. (Kie) 1. *Kuh.* Finschter wie in ere Kue,
stockfinster. Ra.: Sovyyl verstoo wien e Kue vòn ere
Mùschgednùss, *gar nichts verstehen, gar nichts
begreifen.* **Kuefiidle** s. *Kuhhintern* (Schimpfwort,
vulg., im 19. Jh. sehr häufig). **Kueflaade** m., w.
Kuhdreck. **Kuehut** w. *Kuhfell.* Ra.: Das goot ùff
kai Kuehut, *das geht wirklich zu weit, das ist
unerhört.* **Kuepflätter** m. *Kuhdreck.* Dim. Kieli s.
2. *dummer Mensch.* Si isch ùnd blybt e Kue.
D Kue mache, *dumm tun, ausgelassen sein.*
Kuebaabe w. *dumme Frau.*
Kueche m. (Kieche) *Kuchen.* **Kuecheblääch** s.
Backblech. **Kuechedaig** m. *Kuchenteig.*
Dim. Kiechli s.
Kueri+ m. *Konrad.* Dim. Kuereli m., s.
Kùffer → Kòffer.
Kùùgele w. 1. *Kugel.* Dim. Kiigeli s. **Kiigelibiirz**+ m.
(Plur.) *possierliche Purzelbäume* (Schneider).
2. *Kanonenkugel, Patrone, Geschoss.* S isch kai
Kùùgele mee in däre Bischtoole. **Kùùgelegiesser** m.
halbkugelförmiger Herrenhut, Melone (humor.).
kùùgele (kùùgeled) *kugeln, rollen.* Sich kùùgele
vòr Lache, *sich vor Lachen nicht halten können.*
kùùgelerùnd *kugelrund.*
kuum *kaum.*
Kùmeedi w. (-e) 1. +*Komödie, Lustspiel.*
2. (nur Sing.) *Scherereien, Aufhebens.* Mach dòch
kai so Kùmeedi.
Kùmfermand+ m. (-e), **Kòmfirmand** m. (-e)
Konfirmand. **Kòmfirmandegwändli** s.
Konfirmationsanzug. **Kòmfirmandestùmpe** m.
sehr leichte Zigarre (humor.).
Kùmfermazioon+ w. (-e), **Kòmfirmazioon** w. (-e)
Konfirmation.
kùmfermiere+ (kùmfermiert), **kòmfirmiere**
(kòmfirmiert) *konfirmieren.*
kùmfuus+ *konfus* (Kron).
Kùmidant+ m. (-e) *Kommandant.*

kùmidiere+ (kùmidiert) *kommandieren.*
kùmisieenle (kùmisieenled) *Einkäufe besorgen.*
Kùmisioon+ w. (-e), **Kòmisioon** w. (-e) 1. *Kommission.*
2. *Einkauf, Besorgung.* I gang in d Stadt go
Kòmisioone mache. **Kùmisioonekòòrb** m.
Einkaufskorb. **Kòmisioonewäägeli** s. *zweirädriger
Einkaufswagen* (2. H. 20. Jh.). **Kòmisioonezeedel** m.
Zettel mit Einkaufsnotizen. Dim. Kòmisieenli s.
Kùmmed m. *Kumt, gepolsterter Bügel am Hals des
Zugpferds.*
Kùmmerfùùrz m. (Kùmmerfiirz) *Griesgram,
Langweiler, Nörgler* (vulg., Mitte 20. Jh.).
kùmmlig 1. *handlich, praktisch, bequem.*
Das isch wiirgglig e kùmmligi Schäär. 2. *anstellig
(von Menschen).*
Kùmmligkait+ w. (-e) *Einrichtungsgegenstand
zum angenehm Wohnen.* Das Huus hèt alli
Kùmmligkaite, *dieses Haus hat jeden Komfort.*
Kùmmoode w., **Kùmoode** w. *Kommode;
frz. commode.*
kùmood *praktisch, bequem; frz. commode.*
Kùmoode → Kùmmoode.
Kùmpaus+ m. (nur Sing.) *Streit* (Kron, Seiler).
Kùmplimänt s. (Kùmplimänt / Kùmplimänter)
1. *Kompliment, Anerkennung.* I mues Ene s
Kùmplimänt mache. 2. (Plur.) *Anstände,
Schwierigkeiten.* Mache dòch kaini Kùmplimänt,
*macht doch keine Schwierigkeiten, ziert euch doch
nicht.*
Kùmpòtte+ w., **Kòmpòtte** w., jg. **Kòmpòtt** m.
Kompott, mit Zucker gekochtes Obst; frz. compote.
Kùmpòttedaarte+ w. *Früchtekuchen* (Kron).
Kùnd m. (-e) *Kunde.* **Kùndehuus** s. (Kùndehyyser)
*Haus, in dem tageweise von auswärtigen
Arbeitskräften gearbeitet wird.* Si schafft nit
dehaim, si schafft im Kùndehuus.
kùndeliere+ (kùndeliert), **kòndòliere** (kòndòliert)
*kondolieren, Beileid aussprechen oder schriftlich
bekunden.*
Kùndelierer+ m. *Zeremonienmeister bei Bestattungen*
(18., 19. Jh.).
Kùndi m. *Landstreicher* (Schneider). **Kùndewienacht**
w. *Weihnachtsbescherung für die «Kunden», d.h.
die Brüder der Landstrasse.*
Kùnggele w. *Kunkel, Spinnrocken.* Ra.: Wäärg an der
Kùnggele haa, 1. *viel Arbeit haben, viel zu
besprechen haben* (Fridolin) 2. +*etwas*

Unangenehmes auszufechten haben (Seiler).
Kùnscht w. (Kinscht) 1. *Kunst.* **Kùnschtheeli** w.
Restaurant Kunsthalle (pop., 20. Jh.).
Kùnschtyysbaan w. *Kunsteisbahn.* **Kùnschtmooler**
m. *Kunstmaler.* 2. *Kachelofen mit Sitzbank oder*
Sitzstufe.
Kùnschti w. *Kunsteisbahn* (Schs.).
Kùnte [+] m. *Konto, laufende Rechnung, Rechnung;*
it. conto.
Kùnterfei [+] s. *Bildnis, Porträt; frz. contrefait.*
Kùntòòr [+] s. *Kontor, Schreibstube, Büro; frz.*
comptoir.
Kùnträäri [+] s. *Gegenteil; frz. contraire.*
Er isch akuraat s Kùnträäri vò sym Vatter.
kùnträäri [+] *ganz im Gegenteil* (Hetzel).
Kùnzäärt [+] s. (Kùnzäärt / Kùnzäärter) *Konzert.*
Dim. **Kùnzäärtli** s. *Theateraufführung der Basler*
Zofinger (Studenten) jeweils vor der Fasnacht
(seit Anf. 20. Jh.).
Kùpferblätz m. 1. *Lappen aus Kupferlamé und*
Baumwolle zur Reinigung der Pfannen.
2. *rothaariger Mensch* (humor.).
Kùppelazioon [+] w. (-e) *kirchliche Trauung;*
lat. copulatio.
kùppeliere [+] (kùppeliert) *kirchlich trauen;*
lat. copulare (Sieber).
kuranze [+] (kuranzt) *plagen, kujonieren, schikanieren;*
zu lat. carentia (Seiler).
Kùùrbel [+] m. (Kiirbel) *mürrischer Mensch,*
Murrkopf.
Kuurdiräggter m. 1. *Kurdirektor.* 2. *Herrenkleidung*
mit schwarzem Veston und gestreifter Hose
(humor.).
kurioos *seltsam, eigenartig, verschroben; lat. curiosus.*
Kùùrs m. (Kiirs) *Kurs.* Dim. Kiirsli s.
kùùrz (kiirzer, kiirzescht / kiirzischt) *kurz.*
kutte (kutted) intr. *stürmen.* Eb s räägned ùnd eb s
kutted znacht (Meyer).
kùttere → kittere.
kuttig → kyttig.
Kùttle[1] m. *Kurt.*
Kùttle[2] w. (nur Plur.) *Kutteln, Darmzotten,*
Kaldaunen. Ra.: Aim d Kùttle bùtze, d Kùttle
wäsche, *jdm. gehörig die Meinung sagen,*
jdn. ausschelten. **Kùttlebùtzer** m. *Kuttelnwäscher*
im Schlachthaus. **Kùttlerùgger** [+] m. *saurer Wein*
(humor.).

kùtzele → kitzele.
Kuz m. (Kyz / Kuze) *Kauz.* Dim. Kyzli s. *Käuzchen.*

L

Lääbe s. 1. *Leben.* Fir s Lääbe gäärn, *überaus gern.*
Mit Lyyb ùnd Lääbe, *mit Leib und Seele.* Ra.:
S Lääbe schänggen ùnd d Òòre lo stoo, *glimpflich*
verfahren (humor.). **Lääbesaart** w. *Lebensart.*
Lääbesmittel s. *Lebensmittel.* **Lääbeszaiche** s.
Lebenszeichen. 2. *lebhaftes Treiben.* Isch daas e
Lääben ùff der Gass.
lääbe (gläbt) *leben.* Was läbsch? *Wie geht es dir?*
Wien er lybt ùnd läbt, *wie er leibt und lebt.*
Er hèt z lääbe, *er ist ordentlich begütert.* Dä Loon
längt nit zum Lääben ùnd nit zum Stäärbe,
dieser Lohn reicht nirgendshin.
Lääbere w. *Leber.* **Lääberväärs** m. *Leberreim.*
Dim. **Lääberli** s. (Plur.) *Leber als Speise.* Hitte git s
suuri Lääberli.
Lääbhaag m. (Lääbheeg) *Hecke aus Pflanzen.*
lääbig 1. *lebend, lebendig.* S goot an s Lääbig,
es geht an die Substanz oder ans Kapital, es gilt
ernst. Der Kääs isch lääbig, *der Käse hat Maden.*
2. *lebhaft.* Der Hansli isch e lääbig Biebli.
Läbkueche m. (Läbkieche) *Lebkuchen.*
Läbtig m. 1. *Lebtag, Lebenszeit.* Myner Läbtig,
solange ich lebe, seit ich lebe. Das isch mer myner
Läbtig nò nie basiert. 2. *Leben, Lebensweise.*
Si hèt e schwääre Läbtig mit däm Maa. Das isch kai
Läbtig mee dääwääg. 3. *lebhaftes Treiben, Betrieb.*
Das isch e Wääsen ùnd e Läbtig.
Lache w. *Pfütze.* Dim. → Lächli.
Lääche [+] s. *Lehen, Pachthof.* Wiirsch e Läächen in
Zins nää (Kron). **Läächehoof** m., **Läächehuus** s.
Pachthof. **Lächelyt** (Plur.) *Pächtersleute.*
Läächemaa m. *Pächter.* Mer händ e Läächemaa
ùff em Gietli. **Läächemattstrooss** w.
Lehenmattstrasse.
lächerig [+] *lächernd, Lachen erregend.*
Lächli s. nur in Ra.: Us em Lächli git s e Bächli,
aus Lachen wird oft Weinen.
lächzge (glächzged) *lechzen* (Meyer).
Ladäärne w. 1. *Laterne.* S goot mer e Ladäärnen ùff,
es geht mir ein Licht auf (humor.).
Ladäärnemaschygge [+] w. *Zauberlaterne, Laterna*

magica. 2. *Fasnachtslaterne, dreidimensionales erleuchtetes Transparent mit satirischen Darstellungen.* **Ladäärnedrääger** m. *Fasnachtslaternenträger.* **Ladäärnemooler** m. *Fasnachtslaternenmaler.* **Ladäärneväärs** m. *Spruch auf der Fasnachtslaterne.* Dim. Ladäärnli s.

Ladättere w., **Ladittere** w. *Laterne* (humor.).

Laade[1] m. (Lääde) 1. *Fensterladen.* Ra.: Der Laaden aabeloo, a) *Feierabend machen.* b) *sich einer Sache verschliessen, sich innerlich abschliessen.* 2. *Brett.* 3. *Ladentisch, Werktisch.* Gäld ùff e Laade! *Geld her!* Raa.: Sich an Laade leege, *sich Mühe geben, sich anstrengen.* In de Lääde schaffe[+], *tüchtig arbeiten* (Kron). Èppis ùff em Laade haa, *tüchtig sein.* 4. *Ladengeschäft.* **Laadefrailain** s., **Laadejùmpfere** w., **Laademaitli** s. *Verkäuferin.* **Laadehieter** m. *Ladenhüter, schwerverkäuflicher Gegenstand.* **Laadeschwängel** m. *junger Verkäufer* (pej.). 5. *Geschäft im weitesten Sinn* (pop., Mitte 20. Jh.). Er hèt jètz en aigene Laade, *...einen eigenen Betrieb, eine eigene Unternehmung.* 6. *Restaurant* (humor., pop.). Git s nyt mee z dringge in däm Laade? Dim. **Läädeli** s., **Läädemli**[+] s. a) *kleines Ladengeschäft.* b) *Detailgeschäft* (pop.). Hool no Zùgger im Läädeli.

Laade[2] w. *Lade, Schachtel, Kistchen.* Dim Läädli s. Wie us em Läädli, *blitzsauber, geschniegelt, herausgeputzt.*

laade (glaade) 1. *laden, aufladen.* 2. *Alkohol konsumieren* (pop.). Dä hèt wider guet glaade. 3. *Schusswaffe laden.* Ütr. Si isch glaade, *sie ist voll verhaltener Wut, empört, zornig.*

läädele (glääledeled) *umherbummelnd den Ladengeschäften nachgehen* (20. Jh.).

Läädemli → Laade[1].

Lääder s. *Leder.* Er will mer an s Lääder, *er will mir schaden.* **Lääderèpfel** m. 1. *Lederapfel, bestimmte Apfelsorte.* 2. *runzliger Mensch* (humor.). **Lääderfyyli** w. *Lederfeile.* Aufmunterung: Drùff mit der Lääderfyyli! *Jetzt dran!*

Lääderer[+] m. *Gerber.*

läädere[+] (glääledered) *lodern.* S Fyyr lääledered.

läädere[+], **lääderig, läädrig** 1. *ledern, ledrig, zäh.* Läädrig Flaisch. 2. *langweilig.* E läädrige Vòòrdraag.

Laadig w. (-e) 1. *Ladung.* 2. *grosses Quantum*

Alkohol, Rausch. Dä hèt sy Laadig, *der ist recht betrunken.*

ladyynisch *lateinisch.*

Ladittere → Ladättere.

Ladrätt m. *Zapfenstreich; frz. la retraite.*

laafere (glaafered) *sich albern, läppisch benehmen, dumm schwatzen.* Aufmunterung zu seriöser Arbeit: Liifere statt Laafere!

Laaferi m. *Laffe, Schwätzer.*

Lafeete[+] w., jg. **Lafètte** *Lafette.* Aim ùff d Lafeete gää, *jdn. verprügeln.*

Laffe w. *Schulterstück von Rind oder Schwein.* Dim. Läffli s.

Läffzge w. *Lefze, Lippe.*

Laag w. (-e) *Lage.*

Lägg m. *Arschleckerei, Schmeichelei* (Mitte 20. Jh.). Aim der Lägg biete, der Lägg bringe, *jdm. schmeicheln.*

lägge (gläggt) *lecken, schmeicheln.* Lägg mer, *du kannst mich gern haben* (vulg.). I haa der Läggmer, *es ist mir alles gleichgültig, verleidet.*

Laggel m. *Dummkopf.*

läggele (gläggeled) *nach Lack riechen.*

Lägger m. *Speichellecker, Schmeichler* (20. Jh.).

Läggerli s. *Leckerli, für Basel typisches Kleingebäck mit Honig und Mandeln (vor allem zu Weihnachten und Neujahr).*

laggiere (laggiert) *lackieren.* Sich laggiere[+], *sich eine Blösse geben* (Seiler). Laggiert, *in Verlegenheit, dumm dastehend.* Gsiigled ùnd laggiert, *in allergrösster Verlegenheit* (Müller).

Läggmer → lägge.

läggmeramaarschig *gleichgültig, uninteressiert, nachlässig* (vulg.).

Läggmeramaarschkäppli s., **LMA-Käppli** s. *Baskenmütze* (pop., Mitte 20. Jh.).

Laggs m. (Laggs / Läggs / Laggse) *Lachs.*

Laggsfalle w. *Lachsfalle im Flussbett.*

Lai[1] m. (-e) *Leu, Löwe, Ehrenzeichen der Kleinbasler Gesellschaft zum Rebhaus.* Der Laie, *das Wirtshaus zum Löwen.* Der Gòldig Laie, *Haus zum Goldenen Löwen (früher in der Aeschenvorstadt, jetzt in der Sankt Alban-Vorstadt).* **Laiemyyli** s. *Löwenmaul (Pflanze).* **Laiezaan** m. *Löwenzahn (Pflanze).* **Laiezòòrn** m. *Wirtshaus zum Löwenzorn am Gemsberg.* Dim. Laili s.

Lai[2] *Leu, Löw (Familiennamen).*

Laib m. *Laib.* Laib Broot, *Brotlaib.* Dim. Laibli s.

laiche (glaicht) 1. *Laich ablegen.* 2. *Liebesbeziehungen pflegen, huren* (vulg.).

Laid s. *Leid, Trauer.* S Laid abnää, *das Beileid entgegennehmen.* Laid aaleege, Laid draage, *Trauerkleidung anziehen, tragen.* S Laid aasaage, *Verwandten und Freunden Todesfall melden (früher durch Dienstboten).* S Laid fiere [+] *als Hauptleidtragender an der Bestattung teilnehmen.* In s Laid koo, *Tod eines Nahestehenden erleben.* Im Laid syy, *in Trauer um einen Nahestehenden sein.* Z Laid → zlaid. **Laidaarbed** [+] w. *eiliges Schwarzfärben der weiblichen Trauerkleidung,* ütr. *rasch zu leistende Arbeit.* **Laidhuus** s. *Trauerhaus.* **Laidlyt** (Plur.) *Trauergesellschaft.*

laid *leid.* S isch mer laid, *es tut mir leid, ich bedaure.*

laiffele (glaiffeled) *mit kleinen Schritten gehen* (Ks.).

Laiffer m. *Läufer.* 1. *Schnelläufer.* 2. *langer Teppich.* 3. *bestimmte Schachfigur.* Dim. **Laifferli** s., **Laifterli** [+] s. *kleines Schiebefenster, Lüftungsflügel am Fenster.*

laiffig *läufig.*

Laifterli → Laifferli.

laigne (glaigned) *leugnen.*

Laim m. *Lehm.* **Laimbòlle** m. 1. *Lehmklumpen.* 2. *Marmel aus Lehm* (Schs.). **Laimgruebe** w. *Lehmgrube.* **Laimgruebewääg** m. *Leimgrubenweg (Strasse beim Dreispitzareal).* **Laimedaal** s. *Leimental, Birsigtal.*

laimig *lehmig.*

Laimsieder → Lyymsieder.

Laine → Lyyne[3].

Laischte m. *Leisten.* Ra.: Alles iber ai Laischte schloo, *alles nach der gleichen, simplifizierenden Weise behandeln.*

laischte (glaischted) *leisten.* Er hèt (sich) wider ain glaischted, *er hat wieder etwas angestellt* (pop.).

Laischtig w. (-e) *Leistung.*

laite (glaited) *leiten, lenken.*

Laitere w. *Leiter.* **Laiteresaigel** m. *Leitersprosse.* **Laiterwaage** m. *Leiterwagen.* Dim. Laiterli s.

Laitig w. (-e) *Leitung.* Ra.: E langi Laitig haa, e Gnippel in der Laitig haa, *schwer von Begriff sein.*

laitsche (glaitscht) *mit den Ellbogen aufliegen, nachlässig sitzen, faul herumliegen.*

Laizgi [+] m. *Leiterwagen* (Schs.).

Laali m. *Einfaltspinsel.* **Laalebùùrger** m.

Einfaltspinsel (Kron).

Lälle [+] w. 1. *Zunge.* **Lällekeenig** m. *Königsmaske mit uhrwerkbetriebener Zunge, einst am Grossbasler Rheintor zur Verspottung der Kleinbasler angebracht, heute im Historischen Museum der Barfüsserkirche.* 2. *Spitze, Zacke an Kleidungsstücken.* 3. *zungenähnlicher Ausschnitt.*

lälle [+] (glällt) *züngeln, lodern.*

Lälli m. 1. *Zunge.* Er hèt mer der Lälli zaigt, *er streckte mir die Zunge heraus.* 2. [+] *Lohe, lodernde Flamme.*

Laama s. 1. *Lama (südamerikanisches Kamel).* 2. *lahmer, langweiliger Mensch.*

lamäntiere (glamäntiert), **lamentiere** (glamentiert) *jammern, wehklagen, schimpfen;* lat. *lamentari.*

Lamänto s., **Lamènto** s. *Wehklage, Gejammer, Gezeter.*

Laamaasch [+] m., **Lamaaschi** m. *langsamer, träger Mensch.*

lamaaschig «*lahmarschig*», *langsam, träge.*

lamentiere → lamäntiere.

laamere [+] (glaamered) *lahm, müde, untätig herumsitzen oder herumliegen.*

Lampe w. 1. *Lampe, Leuchte.* 2. *Fasnachtslaterne* (Mitte 20. Jh.). Dim. Lämpli s.

Lämpe m. 1. *Wamme, herabhängende Halsfalte des Rindviehs.* 2. *herabhängende Unterlippe.* Der Lämpe lo hängge, *niedergeschlagen sein.* 3. Lämpe mache, *Schwierigkeiten machen* (Höschs.). **Lämpelyysi** s. *streitsüchtige Frau* (Höschs). **Lämpesämmi** m. *streitsüchtiger Mann* (Höschs). 4. [+] *Fersenkapppe am Strumpf.*

lampe (glampt) *schlaff, lose herunterhängen.* Si lampt zum Fänschter uus, *sie hält am Fenster Maulaffen feil* (humor.). Der Kòpf lo lampe, *den Kopf hängen lassen, resigniert sein.*

lämpele (glämpelet) *schlaff herunterhängen.*

lampelig, lämpelig *schlaff, schlottrig, lose herabhängend.*

Lamperyy s. (-e) *untere Wandverkleidung aus Holz, Stein oder Stuck;* frz. *lambris.*

lampig *schlaff, welk, lose herunterhängend.*

Land s. (Länder) *Land.* 1. *Grundbesitz, ertragsfähiger Boden.* Er hèt Land im Baadische. 2. *Land im Gegensatz zur Stadt.* Si woonen ùff em Land. Ab em Land, vòm Land koo, *aus ländlichen, bäuerlichen Verhältnissen stammen.* Ùff s Land goo,

133

in die Ferien aufs Land fahren. **Landai** s. a) *Landei.*
b) *Frau oder Mann vom Land, Landpomeranze*
(*humor.*). 3. *Land als politisches Gebiet.* Liechtestai
isch e glai Land. Was Lands isch⁺, *was sich gehört,*
was der Brauch ist (Sieber). **Landjeeger** m.
a) *Landjäger,* ⁺*Polizist.* b) *vierkantige, gepresste*
Trockenwurst. Dim. **Ländli** s. a) *kleines Land.*
b) *Ländliheim, Alters- und Pflegeheim in der Sankt*
Alban-Vorstadt. My Dante woont syt Jòòren im
Ländli.
Landere w. 1. *Spalier.* 2. ⁺*Deichsel des Leiterwagens.*
Landi w. *Schweizerische Landesausstellung 1939*
in Zürich (pop.).
Ländi w. (Ländene) *Landungsstelle (für Schiffe).*
Landschaft w. (-e) 1. *Landschaft,* 2. *Kanton Basel-*
Landschaft, Baselbiet. Er woont ùff der Landschaft,
...*im Kanton Basel-Landschaft.*
Landschäftler m. *Baselbieter.*
Ländsgi⁺ m., **Länzgi**⁺ m. *Landjäger, Polizist* (Schs.).
Lääne w. 1. *Lehne (von Stuhl, Bank).* 2. *Geländer.*
Die Thèèrasse hèt nò kai Lääne.
lääne (gläänt) *lehnen.*
lang (lènger, lèngscht) *lang.* E langi Laitere.
Langi Jòòr. Die Langen Èèrle → Èèrle.
Der lang Wääg → Wääg. Langi Zyt → Langizyt.
Das isch mer so lang wie brait, *das ist mir völlig egal.*
Lang mache, *viel Zeit brauchen.* Z lang mache,
zuviel Zeit brauchen. Lang mache, *verlängern.*
Mer miend der Disch lang mache.
lange⁺ (glangt) *länger werden.* D Dääg lange
nootinoo, *die Tage werden allmählich länger.*
länge (glängt) 1. *greifen, holen, reichen, verabreichen.*
Läng mer s Salz. Aim aini länge, *jdm. eine Ohrfeige*
verabreichen. Nit heebe ùnd nit länge → heebe.
In s Gsicht länge → Gsicht. 2. *ausreichen, genügen.*
S Ässe längt fir alli. Jètz längt s aber! *Jetzt reicht's*
aber.
längele (glängeled) *beim Marmelspiel gegen die Regel*
herumfingern.
Langizyt w. 1. *Langeweile.* Vòr luter Langizyt,
vòr luter Langerzyt, *vor lauter Langeweile.*
2. *Sehnsucht.* Si hèt Langizyt no der Mueter.
langlächt⁺ *ziemlich lange.*
Längmer → Gimmerhoolmerlängmer.
langsebraits⁺ *des langen und breiten, ausführlich.*
langwyylig *langweilig.*
Langwòtter m. *Langweiler, der nicht weiss,*

was er will.
Langwuer m. (-e), **Langwuur** m. (-e), **Langwuuri** m.
langweiliger Mensch.
Läänsässel m. *Lehnstuhl.*
Länzgi → Ländsgi.
Lappe m. *Hundertfrankennote* (Höschs.).
lappe (glappt) *geräuschvoll, gierig trinken, schlürfen.*
läppele (gläppeled) *geräuschvoll in kleinen Zügen*
trinken. D Katz läppeled d Milch.
läppere (gläppered) 1. *geräuschvoll schlürfen.*
2. *refl. in kleinen Teilen zusammenkommen.*
sich summieren.
Mit der Zyt läppered sich e ganz Vermeegeli zämme.
D Ùnkèschte läppere sich.
läpperig *verdünnt, kraftlos, wässerig (Getränke,*
Speisen). Das isch e läpperige Kaffi, e läpperigi
Sùppe.
Lappi m. *Dummkopf, Einfaltspinsel.*
läär *leer.*
lääre (gläärt) *leeren.*
Lääri w. *Leere.*
Läärme m. *Lärm.*
läärmig 1. *lärmend, geräuschvoll.* Läärmigi Buebe.
2. *dem Lärm ausgesetzt.* Läärmigi Woonig.
Laarve w. *Larve, Gesichtsmaske.* **Laarvelagg** m.
Firnis an der Innenseite der Fasnachtsmaske.
Dim. **Läärvli** s. 1. *kleine Maske.* 2. *nichtssagendes*
hübsches Gesicht.
lääse (glääse; Präs. liis, liisisch, liist, lääse; Konj. lääs;
Kond. lääst / läästi) *lesen.*
Lääsgsèllschaft w. *Allgemeine Lesegesellschaft,*
Bibliothek am Münsterplatz.
Lääsibuech s. (Lääsibiecher) *Lesebuch.*
Lääsratz w. (-e) *Leseratte, Bücherwurm* (Fridolin).
Lastingschue⁺ m. *schwarzer Stoff-Damenschuh;*
zu engl. last.
Lati s. *Lateinunterricht* (Schs.).
Lätsch m. 1. *Schleife, Schlaufe, Schlinge.*
Mach e scheene Lätsch an das Phäggli.
Dim. Lätschli s. 2. *mürrisch-unzufrieden verzogener*
Mund. E Lätsch mache, *unzufrieden dreinschauen.*
Ra.: Der Lätsch mache, *schlapp machen, sterben*
(Höschs.).
läätschig 1. *schlaff, weich.* 2. *unappetitlich.*
Das isch en aarg läätschig Flaisch.
Latte w. *Latte, Messlatte.* Raa.: Ain ùff der Latte haa,
jdn. nicht ausstehen, nicht mögen. Dùr d Latte goo,

entwischen. Dim. Lättli s.

Lätte m. *Letten, Töpferton, Lehm.* **Lättehoof** m.
*Lettenhof, bis 1949 Bauernhof im Neubadquartier
am Standort der heutigen Allerheiligenkirche.*

lättig *lehmig, tonhaltig.*

Lättner m. *Lettner.*

Latz m. (Lätz) *Maul* (pop., 2. H. 20. Jh.).
E dùmme Latz fiere.

lätz 1. *falsch, unrichtig, verkehrt.* An Lätze groote,
an den Falschen geraten. Lätze Finger → Finger.
Lätze Hals → Hals. Lätzi Syte, *linke Stoffseite.*
E rächt e lätz, *beim Stricken einmal rechts,
einmal links.* Daas isch lätz gange, *das lief schief.*
Lätz ùffstoo, *übellaunig aus dem Bett steigen.* Lätz
verstoo, *missverstehen.* Ooha lätz, *ach, das ist
schief gegangen.* 2. *wütend, zornig.* Lätz wäärde,
wütend werden. Due wie lätz, *toben, ausser sich
sein.*

Lätzbätzler m. *Falschmünzer* (fam., 2. H. 20. Jh.).

Lau[+] s. *Gerberlohe.*

laube (glaubt) *Laub sammeln.*

Laubflägge m. *Sommersprosse.*

laubsäägele (glaubsäägeled) 1. *mit der Laubsäge
arbeiten.* 2. ütr. *spielerisch, trödelnd arbeiten*
(pop., 20 Jh.).

Lauch m. 1. *Lauch.* **Lauchstängel** m. *magerer,
aufgeschossener Mensch* (Höschs.). 2. *Gelände,
unwegsame Gegend* (Ss., Höschs.). Die hänn is
schwäär im Lauch ùmmegjagt.

Lauff m. (Laiff) 1. *Lauf (Schnellauf, Waldlauf).*
2. *Gewehrlauf.* 3. *Bein des Wildes*
(Weidmannssprache). 4. *Frauenbein* (Höschs).
5. *gewohnheitsmässiger Drang* (pop., 2. H. 20. Jh.).
Er hèt der Lauff in s Wiirtshuus.

lauffe (glòffe; Kond. lieff/lùff[+]/lauffti) 1. *gehen.*
Näbe de Schue lauffe → Schue. Näbe d Schuel
lauffe → Schuel. 2. *den Strich machen* (vulg.).
3. *fliessen.* S Wasser laufft in s Bèggi.
4. *funktionieren, in Betrieb sein.* D Maschiine
laufft wiider. An däm Oobe mues èppis lauffe.
Wie laufft s? *Wie geht es?*

Lauffer m. *Durchfall, Diarrhö.*

lauffig[+] *laufend, fliessend* (Seiler). Lauffige Brùnne,
Brunnen mit fliessendem Wasser.

Lauffmernoo s. *aufdringliches Parfum* (humor.).

Lawòaar s., **Wäschlawòaar** s. *Waschgarnitur
(Krug und Schüssel), Waschschüssel; frz. lavoir.*

Laxierkittel[+] m. *Berufsschürze des Drogisten*
(Fridolin).

lèchle (glèchled) 1. *lochen, mit Löchern versehen
(Gürtel, Fahrkarte).* 2. *Loch für Marmelspiel
vorbereiten* (Schs.). 3. *gegen das Marmelloch hin
spielen* (Schs.).

Lèchli → Lòch.

Lèffel m. 1. *Löffel.* Ra.: Der Lèffel ableege,
ewägg'gheie, ewäggschmaisse, a) *seine Arbeit brüsk
abbrechen.* b) *sterben* (pop.). Dim. Lèffeli s. 2. *Ohr
(von Hase, Kaninchen).* 3. *menschliches Ohr*
(humor.). **Lèffelschlyffi** w. a) *Mädchenpensionat*
(humor., Fridolin). b) *Glatze* (humor.).
4. *Dummkopf.* Bisch dòch als der glyych Lèffel.

lèffele (glèffeled) *spielerisch löffeln, mit kleinem
Löffel löffeln.*

lèffle (glèffled) 1. *löffeln.* 2. refl. *zur Strafe ein Glas,
einen Schluck trinken* (Sts.). Er hèt sich e baar
Mool miese lèffle.

Lèfti m. *Leutnant* (Ss., 2. H. 20. Jh.).

leege (glègt/glait[+]; Präs. leeg, lègsch/laisch[+], lègt/
lait[+]) 1. *legen.* 2. *hereinlegen, hintergehen* (20. Jh.).
Dä Gauner hèt mi glègt. 3. *zu Fall bringen* (20. Jh.).
S hèt en glègt, *er kam zu Fall.* 4. [+] *zurechtlegen.*
I ka mer s nit leege, *ich kann es mir nicht erklären*
(Meyer).

Leegede[+] w. *wollenes Wickeltuch samt zwei Windeln*
(Kron).

Leegrand *Legrand (Familienname).*

leele (gleelt) *sich einfältig benehmen.*

Leeli m. *einer, der sich einfältig benimmt,
Dummkopf.*

Leemi m. *kleine Marmel aus Lehm* (Schs.).

leene (gleent) *leihen, borgen, ausleihen.* Er hèt mer
e Buch gleent. I han e Buech vòn em gleent.

Lèngi w. (Lèngene) *Länge.* Ùff d Lèngi, *auf die Dauer.*

Leeni s. *Magdalene.* Dùmm Leeni, *dumme Frau*
(Seiler). Dim. Leeneli s.

Lèèr w. (-e) *Lehre, Berufslehre, Lehrzeit.*

Lèèrach, Lèèrch[+] *Lörrach (Basel benachbarte
südbadische Stadt).*

Lèèrblätz m. 1. *Lappen, an dem Mädchen nähen und
sticken lernen.* 2. ütr. *Probearbeit, Erfahrungen.*
Die Aarbed isch fiir en e Lèèrblätz gsii.

Lèèrbueb m. (-e) 1. *Lehrjunge, Lehrling.* I bii nit dy
Lèèrbueb, *ich lasse mich von dir nicht herum-
kommandieren.* 2. ütr. *Stümper* (20. Jh.).

Lèèrch → Lèèrach.

lèère (glèèrt) 1. *lehren.* Er hèt em schryybe glèèrt, *er lehrte ihn schreiben.* I will di lèère, *ich werde dir schon den Meister zeigen.* 2. *lernen.* Er lèèrt Ladyynisch, *er lernt Latein.* Si lèèrt Schnyydere, *sie macht eine Schneiderinnenlehre.* Er lèèrt Schlòsser, *er macht eine Schlosserlehre.*

Lèèrer m. *Lehrer.* **Lèèrerstall** m. *Lehrerzimmer* (Schs.). Dim. **Lèèrerli** s.

Lèèrere w. (Lèèrere / Lèèreryyne) *Lehrerin.*

Lèèrerlis s. *Lehrerspielen.*

Lèèrgäld s. (Lèèrgälder) *Lehrgeld.* Lèèrgäld zaale, *Lehrgeld bezahlen,* ütr. *Erfahrungen teuer bezahlen.*

Lèèrgòtte w. *Lehrerin* (pej.).

Lèèrmaischter m. *Lehrmeister.*

Lèèrstèll w. (-e) *Lehrstelle.*

Lèschblatt s. (Lèschblètter) *Fliesspapier.*

lèsche (glèscht) *löschen, abschalten.* Hänn er s Liecht iiberaal glèscht?

Lèschhèèrnli [+] s., **Lèschhietli** [+] s. *Blechhütchen zum Auslöschen der Kerzenflamme, Löschhütchen.*

lèschtere (glèschtered) *lästern, Böses reden.* Si lèschtered iber alli Verwandte.

lèschterlig 1. *lästerlich.* 2. *sehr, ernorm.* Er hèt lèschterlig gschùmpfe. I han e lèschterlige Dùùrscht.

Lèschtermuul s. (Lèschtermyyler) 1. *Lästermaul.* 2. *klatschsüchtiger, spottsüchtiger Mensch.*

lèschtig *lästig.*

leese (gleest) 1. *lösen.* 2. *als Erlös gewinnen.* Fir dä Hèlge hämmer dausig Frangge gleest.

Leesig w. (-e) *Lösung.*

lèssig «lässig», *lustig, erfreulich, unterhaltsam* (Schs., 2. H. 20. Jh.).

leete (gleeted) 1. *löten.* 2. *kräftig trinken* (humor.).

leetig *lötig.*

Leetkòlbe m. (Leetkèlbe) 1. *Lötkolben.* 2. *kräftiger Trinker* (humor.).

lètscht 1. *letzt.* Am lètschte Dònnschtig. Ruf beim Marmelspielbeginn: Lètscht! *Ich spiele als Letzter.* 2. *ärgst* (pop., 2. H. 20. Jh.). Daasch schò no der lètscht Mischt.

lètschthi → lètschti.

Lètschti w. (nur Sing.) *letzte Zeit.* In der Lètschti, *in letzter Zeit.* Ùff d Lètschti, *gegen das Ende zu, zuletzt.*

lètschti, lètschthi, lètschtli [+] *letzthin, kürzlich,* unlängst. Do lètschti, *kürzlich einmal.*

lètterle (glètterled) 1. *lötterlen, ständig an Lotterien teilnehmen.* 2. *etwas lose, nicht mehr ganz fest sein.* An däm Weeloo lètterled èppis.

Lètzi w. (Lètzene) *Befestigungswerk, Stadtmauer.* Nur noch in Zss.: **Lètzidùùrm** m. *Stadtmauerturm im Sankt Alban-Tal.* **Lètzimuure** w. *Rest der Stadtmauer im Sankt Alban-Tal.* **Lètzistùùbe** w. *Name eines Restaurants in der Nähe des Sankt Alban-Tals.*

Leewat [+] m. *Raps.*

Lyyb m. (Lyyber) *Leib, Körper.* Beteuerung: Bi Lyyb ùnd Lääbe (Kron). Mit Lyyb ùnd Lääbe, *mit Leib und Seele.* Ùm s Lyyb e Lääbe [+], *um jeden Preis* (Kron). **Lyybesgrèft** w. (Plur.) *Leibeskräfte.* Us Lyybesgrèft. **Lyybspyys** w. *Leibspeise.* **Lyybwèsch** w. *Leibwäsche.* Dim. **Lyybli** s. *Leibchen, kurzärmliges Unterhemd.*

lyybe [+] (glybt) *leiben, leben.* Nur in Wendung: Wien er lybt ùnd läbt, *wie er leibt und lebt, wie er wirklich ist.*

Lyybig w. (-e) *Leibung, innere Begrenzung einer Öffnung (Fenster, Tür, Röhre).*

Lyybli → Lyyb.

Lyych w. (-e) 1. *Leiche.* Uusgsee wien en ùffgwèèrmti Lyych, *sehr schlecht aussehen* (humor.). 2. [+] *Abdankung, Beerdigung.* An sy Lyych isch fascht niemets koo, *an seine Beerdigung kam fast niemand.* **Lyychemeeli** s. *Leichenschmaus.*

Lyychereed w. a) *Grabrede, Leichenpredigt.* b) *Epilog auf eine missglückte Unternehmung* (humor.).

lyyche (gliiche) *leihen, ausleihen.* Lyychsch mer zää Frangge?

lyychele (glyycheled) *nach Leiche riechen.*

lyycht 1. *leicht.* 2. *leichtlebig, liederlich.* Lyychti Hut, *leichtlebige Frau.*

Lyychte w., **Lyychti** w. (Lyychtene) *Leuchte.* In däre Glass hèt s kaini bsùndere Lyychtene.

lyychte (glyychted) *leuchten.*

Lyychter m. *Leuchter.* Dim. Lyychterli s.

lyychtere (glyychtered) *leichter werden.* S Hääzli lyychtered schò (Meyer).

Lyychti w. *Leichtheit, geringes Gewicht.*

Lyychtigkait w. *Leichtigkeit.*

Lyychtkääferli s. *Glühwürmchen.*

lyyde (glitte) *leiden, dulden, ertragen.* I lyyd kaini

frèmde Lyt do inne.

liidere (gliidered) 1. *gerben.* 2. *abdichten.*

Lyydi s. *Lydia.* Dim. Lyydeli s.

lieb 1. *lieb.* E lieben Ùnggle. Lieb haa, *lieben.*
Der lieb lang Daag, *den ganzen Tag hindurch.*
Ausruf der Überraschung: E du liebi Zyt! 2. *artig,*
folgsam. Si händ ganz liebi Kinder. 3. *angenehm,*
erwünscht. Das isch mer jètz e liebe Gidangge.

Liebgòtt → Gòtt.

Liebi w. (Liebene) *Liebe.* Er hèt e Huffe Liebene ghaa,
...*eine Menge Liebschaften, Freundinnen.*
Ra.: D Liebi mues ziggled haa, *was sich liebt,*
neckt sich.

Liebschter + m., **Liebscht** m. (-e) *Liebster, Geliebter.*
Wil ääs en mècht zum Liebschter haa
(Hindermann).

Liebschti w. (-e) *Liebste.*

Liecht s. (Liechter) *Licht.* 1. (nur Sing.) *Tageslicht.*
Hèsch nò gnueg Liecht zum schaffe? Zwische
Liecht +, *in der Dämmerung.* 2. *künstliches Licht,*
Kerze. S Liecht aazinde. S Liecht ablèsche. S Liecht
schnyze, *den brennenden Kerzendocht kürzen.*
Z Liecht yylaade, *zu Besuch nach dem Nachtessen*
einlaaden. Kèmmen er z Liecht? *Besucht ihr uns*
nach dem Nachtessen? **Liechtbrächi** + w.,
Liechtbùtzschäär w. *Lichtschere.* **Liechtdääfeli** + s.
An der Kerzenflamme karamelisierter Würfelzucker.
Liechtlyt + (Plur.) *Leute, die nach dem Nachtessen*
zu Besuch kommen. **Liechtstògg** m. *Kerzenhalter,*
Kerzenleuchter. Dim. **Liechtli** s. a) *kleines Licht.*
b) *Samenstand des Löwenzahns.* Ùff der Matte
bloose d Kinder d Liechtli uus. 3. ütr. *geistige*
Leuchte. Er isch e Liecht in Sache Kùnscht. Si isch
nit grad e Liecht, *sie ist nicht besonders intelligent.*

liechte (gliechted) *lichten.*

Liechtede + w. *gesellige Zusammenkunft nach*
dem Nachtessen.

Lied s. (Lieder) *Lied.* **Liederbiechli** s. *Gesangbuch.*
Liederdaafele w. *Liedertafel, Basler Männer-*
gesangverein. **Liederdaafelehoose** w. (Plur.)
altmodisch geschnittene Herrenhose (humor.).
Dim. Liedli s.

liederlig, liedrig *liederlich.* Liederligi Aarbed.
Liederligi Lyt. S isch mer ganz liederlig, *ich fühle*
mich sehr unwohl.

liege (glooge) *lügen.* Er liegt wie drùggt,
er lügt perfekt.

liegerle (gliegerled) *immer ein bisschen lügen.*

Liegi → Lùùgi.

Liene → Niele.

Lienert m. *Leonhard.* Zet Lienert +, *zu Sankt*
Leonhard. **Lienertskiirche** w., **Lienetskiirche** w.
Leonhardskirche. **Lienertsschuel** w. *Leonhards-*
schulhaus. Strassennamen: **Lienertsstapflebäärg** m.
Lienertsstrooss w.

Lieni[1] m. 1. *Leonhard.* 2. *ungeschickter, täppischer*
Kerl. Der Lieni mache, *als Aushilfe dienen,*
Lückenbüsser sein. Lange Lieni, *langer Kerl.*

Lieni[2] + w. *Ausleihe.* Ùff der Lieni syy,
ausgeliehen sein.

Lieschtel *Liestal (Hauptstadt des Kantons*
Basel-Landschaft).

Lieschtlemer m. *Liestaler, Bürger oder Einwohner*
von Liestal.

liifere (gliifered) 1. *liefern.* Liifere statt Laafere →
laafere. 2. *zugrunde richten.* Jètz isch er gliifered,
jetzt ist er (beruflich, physisch oder psychisch)
erledigt.

lifte (glifted) *lüften.*

liftele (glifteled) *böswillig Luft aus Fahrzeugreifen*
entweichen lassen (Schs., 2. H. 20. Jh.). Er hèt em
Suusi s Weeloo glifteled.

Liftjee + m. *Liftboy, Fahrstuhlführer* (Küry).

Lifzger m. *Leutnant* (Ss.).

liige (glääge; Präs. liig, lysch / ligsch, lyt / ligt, liige;
Kond. lääg / jg. ligti) *liegen, sich legen.* Si lyt ùff
em Bètt, *sie liegt auf dem Bett.* Si lyt ùff s Bètt,
sie legt sich aufs Bett.

liiglige *liegend, im Liegen.* Er macht syyni
Schuelùffgoobe liigligen ùff em Dèppig.

Lyylaa m., + s. *Flieder, Fliederbusch.* Wysse Lyylaa.
Veielette Lyylaa.

lyylaa *lila, hellviolett.* E lyylaa Glaidli.

Lyylache + s. *Leintuch* (Liebrich).

Lyym m. *Leim.* Us em Lyym goo, *auseinanderfallen,*
entzweigehen. **Lyymsieder** m. *langweiliger Mensch.*

lyyme (glyymt) *leimen.* Ra.: Glyymt ùnd laggiert syy,
in grösster Verlegenheit, in auswegloser Lage sein.

Lyymed m. *Leumund.*

Limmeli → Lùmmel.

limpelig → lùmpelig.

Lyyn m. *Lein, Flachs.* **Lyynduech** s. *Leintuch, Laken.*
Lyynsoome m. *Leinsamen.*

Lyyna w., s., **Lyyne** w., **Lyyni** s. *Karoline.*

Dim. Lyyneli s.

lind *weich, weichgekocht.* Lind gsòtten Ai,
weiches Ei.

Lyyne[1] w., s. *Leinen, Leinenstoff.*

Lyyne[2] → Lyyna.

Lyyne[3] w., jg. **Laine** w. *Leine.*

lyyne[+], **lyynig** *leinen.* Subst. Lyynigs, *Leinenzeug.*
Si hèt ir Lyynigs versòòrgt.

lingg 1. *link.* Der lingg Aarm. Zwai linggi Händ haa,
sehr ungeschickt sein. 2. *hinterhältig.* Er isch e lingge
Kaib. 3. Adv. *falsch, schief, ungut, verkehrt.*
S isch alles lingg uusekoo.

linggerhand *links, auf der linken Seite.*

linggs (linggser, linggscht). Er kaa nùmme linggs
schiesse, *...mit der linken Hand, linksseitig.*
Si isch linggs, *sie ist Linkshänderin.* Er isch no
linggser als d Kòmunischte.

Lyyni → Lyyna.

Lyynie w. *Linie, Zeile.*

lyynig → lyyne.

linse (glinst) *scharf äugen.*

lipfe (glipft) *heben, in die Höhe heben.* E Stai lipfe.
Lipf s Hinder, *steh auf* (pop.). Der Huet lipfe,
den Hut zum Gruss abnehmen. S lipft mi, *es macht
mir übel, es ekelt mich.* S hèt en glipft, 1. *er hat
Bankrott gemacht.* 2. *er hat seine Stelle, sein Amt
verloren* (pop.). In Himmel ùffe lipfe,
überschwenglich loben.

Lyyre[1] w. (Lyyre / Lyyrene) 1. *Leier.* 2. *Leiermusik,
Litanei.* Die alti Lyyre, *immer die gleiche alte
Geschichte.* **Lyyrekaschte**[+] m. *Drehorgel.*
Lyyremaa[+] m. *Leierkastenmann.*

Lyyre[2] w. *dünnes, fades, schlechtes Getränk, Gesöff.*
Dim. Lyyrli s. **Lyyrlikaffi** m. **Lyyrlithee** m.

lyyre (glyyrt) 1. *leiern.* 2. *am selben Ort ständig hin-
und her- oder rundumbewegen (Kurbel, Türklinke).*
Aim d Òòre lyyre, *jdm. drehend die Ohren lang-
ziehen.* 3. *auf einen Knäuel winden.* 4. [+] *langsam
oder trödelnd arbeiten.*

Lyyrede w., **Lyyrerei** w. (-e) 1. *Trödlerei,
Saumseligkeit.* 2. *Litanei.*

Lyyri[+] m. *langsamer Arbeiter, der nie zur Zeit fertig
wird.*

lyyrilääre[+] (glyyriläärt) *leiernd trällern* (Liebrich).

lyys 1. *leise.* 2. *lind, ungesalzen.* E lyysi Sùppe.

lyysbache[+] *schwach gebacken.*

Lyysbeet s., **Lyysebeet** s. *Elisabeth.*

Dim. Lyys(e)beetli s.

Lyschte[1] w. *Leiste.* 1. *Holzleiste, Zierleiste.*
Dim. Lyschtli s. 2. *Schenkelbeuge.* **Lyschtebrùch** m.
Leistenbruch.

Lyschte[2] w. *Liste.* Dim. Lyschtli s.

Lyysebeet → Lyysbeet.

Lyyseese w. 1. *leichtes Bettjäckchen.* 2. *Lesetischchen;
frz. liseuse.* Dim. Lyyseesli s.

Lyysi s. 1. *Lisa, Elisabeth.* 2. *dumme, ungeschickte
Frau* (pop.). Dim. Lyyseli s.

lyysle → glyysle.

lyyslig *leise.*

liisme (gliismed) jg. *stricken.*

Liismer m. *Pullover.* Dim. Liismerli s.

Lyt (Plur.) 1. *Leute.* S hèt vyyl Lyt ghaa. Groossi Lyt,
Erwachsene. Raa.: By de Lyt syy, *zur obern
Gesellschaftsschicht gehören.* Wider zue de Lyt koo,
wieder arbeitsfähig, wieder gesund sein (pop.,
20. Jh.). **Lyteschinder** m. *Leuteschinder.*

Lytuusmacher m. *einer, der die Mitmenschen
höhnisch nachahmt oder verleumdet.* Dim. **Lytli**
(Plur.) *unbedeutende, ärmliche, kleine Leute* (pej.).
2. *Angehörige, Angestellte, Mitarbeiter, Anhänger.*
Vò myne Lyt kasch esoo èppis nit verlange.
3. *Gäste, Besuch.* Hitzoobe hämmer Lyt.

Lytenant[+] m. (Lytenänt), **Lytnant** m. (Lytnänt)
Leutnant.

lytte (glitte / glytted) *läuten.*

lyttere (glyttered) *läutern.* Ra.: Aim der Saich lyttere,
*jdm. den Standpunkt klarmachen,
jdn. zurechtweisen* (vulg.).

Lytti w. (Lyttene) 1. *Lautstärke.* 2. *Klingelvorrichtung,
Hausglocke.*

litze (glitzt) 1. [+] *knüpfen.* 2. *umbiegen, stülpen.*
3. unpers. *zu Fall bringen* (pop.). S hèt en glitzt,
er ist gestürzt, es hat ihn erwischt, er ist gestorben
(vulg.). 4. *äugen, heimlich spähend blicken.*
Si hèt dùr s Fänschter glitzt.

Lixi m. *Felix.* Dim. Lixeli m., s.

loo, lòsse (gloo / glòsse; Präs. loo / lòss, loosch / lòsch,
loot / lòsst, leend / leen; Kond. liess / liesst) *lassen.*
1. *sich lösen), locker werden.* Dä Naagel loot.
2. *fahren lassen, verlieren.* Das Fäll loot Hòòr.
Die Kanne loot, *diese Kanne ist undicht.*
Ra.: Hòòr loo, *Verluste erleiden.* 3. *bleiben lassen.*
Lòss das gfèlligscht (syy)! 4. *überlassen, übrig
lassen.* Mer leend d Räschte der Katz. 5. *zugestehen.*

Schryybe kaan er, das mues men em loo. 6. *machen,*
bewirken. Er hèt bim Schnyyder lo schaffe.
Me hèt en koo loo. 7. *gewähren lassen.*
Loon en dòch in Rue ässe. Loo si halt mache.
8. *gelten lassen* (pop.). Dä Hèlge kaa me loo,
dieses Bild ist wirklich gut.
Lòch s. (Lècher) 1. *Loch.* Lòch im Kòpf, *Kopfwunde.*
S Lòch ab, *bachab, hinunter* (vulg.). In ai Lòch
schwätze, *ununterbrochen schwatzen.* Suffe wien
e Lòch, *unmässig trinken.* Raa.: Imene Lòch syy,
stark deprimiert sein. Ai Lòch mit em andere stòpfe,
jede alte Schuld mit einer neuen bezahlen.
Lècherbèggi s. *Siebbecken, zum Waschen von Salat*
usw. **Lòchwee** s. *Schmerz nach dem Zahnziehen.*
Dim. **Lèchli** s. a) *kleines Loch.* b) *Zielloch beim*
Marmelspiel. 2. *Öffnung: Fenster, Tür, Mund* (pop.).
Doo hèt der Zimmermaa s Lòch gmacht, *da ist die*
Tür, mach, dass du fortkommst. Mach s Lòch zue!
a) *Schliess das Fenster!* b) *Halt' den Mund!* (vulg.).
3. *Gefängnis* (pop.). Er isch in s Lòch koo. 4. *üble*
Behausung. Die woonen imene scheene Lòch!
lòche (glòcht) *lochen, Löcher machen, graben.*
Loogel + m. 1. *Wassergefäss zum Aufbewahren*
lebender Fische. 2. *Weinfässchen für Imbiss auf*
dem Feld. Dim. Loogeli s.
Lògge w. *Locke.* Dim. **Lèggli** s.
Lòggi w. (Lòggene) *Lokomotive* (Ks., Schs.).
Dim. Lòggeli s.
Lòkaal s. (Lòkaal / Lòkääler) 1. *Lokal.*
2. *Fabrikationsraum.* Dim. Lòkääli s.
Lònde *London.* Ùff Lònde, *nach London.* Z Lònde,
in London.
Lòndònner m. 1. *Londoner.* 2. *Plastiküberzug zum*
Schutz des Trommelfells bei Regen (Mitte 20. Jh.).
Looni s. *Leonie.* Dim. Looneli s.
lòòrge (glòòrgt) *das R als Gaumenlaut,*
wie CH sprechen.
Lòòrgi m. *einer, der das R als Gaumenlaut spricht.*
Lòòre w. *Eleonore.* Dim. Lòòrli s.
Lòsamänt + s. *Wohnung.*
Loosan, Losaane, Losanne *Lausanne.*
Loosche w. 1. *Loge; frz. loge.* 2. *Logis, Wohnung*
(Höschs.). Dim. Leeschli s.
Lòschyy s. *Wohnung; frz. logis.* Kòscht ùnd Lòschyy,
Unterkunft und Verpflegung. Dim. Lòschyyli s.
lòschiere (glòschiert) *logieren, wohnen, übernachten;*
frz. loger.

Loosdaag + m. (Loosdääg) *Lostag, vor allem*
Tag zwischen Weihnachten und Dreikönige.
loose[1] (gloost) *horchen, lauschen, zuhören.*
I gang nùmme gò gò loose luege, *ich gehe nur als*
Beobachter hin. Loos, *hör!* Am Kissi loose,
schlafen (Höschs). Derbe Antwort an einen,
der einen immer mit «loos!» anspricht: D Sei loose,
wènn si in Bach brunze (vulg.).
loose[2] (gloost) *Los ziehen.* Mer händ gloost,
wäär zèèrscht yyne daarf.
Loosig w. (-e) 1. *Losung.* **Loosigsbiechli** s. *Losungs-*
büchlein der Brüdersozietät. 2. + *Erlös, Einnahme*
(Kron). 3. *Kot des Wildes.*
looskabittle (looskabittled) *drauflos schimpfen.*
looszie (looszooge) 1. *weggehen, abmarschieren.*
Er isch looszooge. 2. *vom Leder ziehen, schimpfen.*
Geegen èppis, iiber èpper looszie. Er hèt iber sy
Frau looszooge.
looszittere (looszittered) *rasch fortgehen,*
sich davonmachen (Höschs).
Lòtsche w., **Lòtschi** w. (Lòtschene) *stehendes Wasser*
unterhalb eines Wehrs, Flussbadeplatz.
Lòtterbueb m. (-e) *liederlicher Kerl, Herumtreiber.*
lòttere (glòttered) 1. *lose, nicht mehr fest sein,*
wackeln, klappern. Der Laade lòttered. 2. *liederlich*
leben. Er hèt syner Läbtig glòttered.
Lòtterfalle w. *ausgeleierte, lose Türklinke.*
Lòttergass + w. *Strasse, an der liederliche Leute,*
wie Dirnen und Possenreisser, wohnen.
lòtterig *wacklig, lose.* E lòtterig Gstèll.
Lòtti s. *Charlotte, Lotte.* Dim. Lòtteli s.
lòtze (glòtzt) 1. *unordentlich herabhängen (Kleider).*
2. *zerrissen, zerlumpt sein.* 3. *unordentlich gekleidet,*
nachlässig herumlaufen. Er isch in die nèggschti
Baiz glòtzt.
Lòtzi m. *nachlässig, unordentlich Gekleideter.*
lòtzig *liederlich angezogen.*
lùùdere (glùùdered) *gierig trinken.*
Lùùderi m. *einer, der gern und viel trinkt.*
Lùùdi m. *Ludwig.*
Lueder s. *liederliche Frau, Dirne.* Dim. Liederli s.
luedere (gluedered) *liederlich leben.*
luege (gluegt) 1. *schauen.* Lueg men au doo!
Sieh mal einer, nein so etwas! Luege wien e
gstòchene Bògg → Bògg. Unbet. Satzeinleitung:
Lueg, i biin efangen alt, ùnd s goot nimme
lang mit mer. 2. *aufpassen, Sorge tragen.*

Zue de Kinder luege, *auf die Kinder aufpassen, für die Kinder sorgen.* Si miend aarg luege, *sie müssen sehr sparsam leben.* Zue syner Sach luege, *sein Vermögen zusammenhalten, zu vermehren versuchen.*

Lueges s. *ständiges, intensives Schauen.* Isch daas e Lueges gsii.

Luegi w. 1. *Aussehen, Anblick.* Das macht e schlächti Luegi, *das sieht nicht gut aus.* 2. *Miene.* Er hèt e kurioosi Luegi gmacht (Sieber).

Luenz[+] w. (-e) *zweifelhafte Frau, Dirne, Luder.*

Lùft (Lift) 1. m. *Wind.* Es goot e ruuche Lùft, *es weht ein rauher Wind.* Dim. Liftli s. *Windhauch.* 2. w. *Luft.* Doo innen isch e Lùft zum Schnyyde, *...sehr schlechte Luft.* S isch diggi Lùft, *die Lage ist explosiv.* Aim d Lùft abstèlle, a) *jdn. erwürgen.* b) ütr. *jdn. ruinieren* (pop.). In d Lift goo, *aus der Haut fahren.* **Lùftditti** s. *Phantasiegestalt* (Ks., fam.).

lùfte (glùfted) 1. *lüften, Luft hereinlassen.* 2. *blasen, wehen.* S lùfted ùff däm Bäärg.

Lùftibùs m. (Lùftibùsse/Lùftibisser) *Luftikus, oberflächlicher, leichtsinniger Mensch.*

lùftig 1. *dem Wind ausgesetzt.* E lùftigen Ègge. 2. *luftig, leicht, locker.* E lùftige Daig.

Lùùg m., jg. w. (Lùùge/Lùùgene) *Lüge.*

lùgg (lùgger, lùggscht) 1. *locker, lose.* Do isch e Schruube lùgg. Lùgg loo, *nachlassen.* Lùgg strigge, *mit weiten Maschen stricken.* 2. [+] *leichtsinnig, leicht unsittlich* (Seiler). E lùggi Lääbesùffassig.

Lùgge w. (Lùgge/Lùggene) *Lücke.* D Lùgge, *Name einer Passhöhe bei Lörrach.*

Lùggebiesser m. *Lückenbüsser.*

lùgge (glùggt) *locker werden, Lücken bekommen.* D Aarbed lùggt, *... geht dem Ende entgegen.* S lùggt im Wyykäller, *die Flaschen schwinden.*

Luggi s. *Luise.* Dim. Luggeli s.

lùggloo → lùgg.

Lùggs → Lùx.

Lùùgi m., **Liegi** m. *Lügner.* **Lùùgibeeter** m., **Lùùgikaib** m., **Lùùgisiech** m., **Lùùgizapfe** m., **Lùùgizipfel** m. *notorischer Lügner.* **Lùùgizyyg** s. *Lügenzeug, Lügenwerk.*

Lùùgner m. *Lügner* (Hindermann).

Luui m. *Ludwig; frz. Louis.*

lùlle (glùllt) *saugen, schnullen, lutschen, im Mund*

zergehen lassen. E Dääfeli lùlle, *ein Bonbon lutschen.*

Lùlli m. *Schnuller, Sauger.* **Lùllizapfe** m. *Schnuller.*

Lùmmel m. *Filet, Lendenfleisch; lat. lumbulus.* Dim. Limmeli s.

Lùmp m. (-e) *Lump, Landstreicher, Strolch.* Danze wie der Lùmp am Stägge, *unermüdlich, vehement tanzen.* Dim. Limpli s., nur in Ra.: S Stimpli fir s Limpli, *den Rest kriegt der unbedeutendste Gast* (humor.).

Lùmpe m. (Limpe) 1. *Lappen, Fetzen.* Dim. Limpli s. **Lùmpeditti** s. a) *aus Lappen gefertigte Puppe.* b) *Lausemädchen* (fam.). **Lùmpedòggede** w. a) *Unordnung, unordentlicher Haushalt.* b) [+] *unordentliche Frau.* **Lùmpesammler** m. a) *Altwarenhändler.* b) *letzter Eisenbahn- oder Tramzug am Abend* (humor.). 2. (Plur.) Limpe, *Uniform* (Ss.). 3. verst. in Zss. **Lùmpedryyne** w. *zerlumpte Frau.* **Lùmpehùnd** m. *gemeiner Kerl* (pop.). **Lùmpephagg** s. *Lumpenpack.* **Lùmpesèggel** m., **Lùmpesiech** m. *Dreckskerl* (vulg.).

lùmpe (glùmpt) *liederlich leben.*

Lùmpede w. *überbordender festlicher Anlass, Völlerei.*

lùmpelig, limpelig[+] *schlaff, gelockert.* Lùmpelige Stòff. Mach di emol ganz lùmpelig, *lockere dich einmal vollständig.*

Luun[+] m., **Luune** w. *Laune.* Hit bisch ime beese Luun, *heute bist du schlechter Laune* (Hindermann).

Lùnge w. *Lunge.* **Lùngefliigel** m. 1. *Lungenflügel.* 2. *Busen* (Höschs.). Dim. Lingli s.

luunisch *launisch, wetterwendisch.*

Lùpf m. (Lipf) *einmaliges plötzliches Heben, Ruck aufwärts.*

Luppe w. *Lupe.*

Luur w. *Lauer.*

luure (gluurt) *lauern.*

Lùùrtsch[+] w. (Liirtsch) *träge, faule Frau.*

lùùrtsche[+] (glùùrtscht 1. *langsam saugen, bedächtig trinken.* 2. *undeutlich, mit Mühe reden.*

Luus w. (Lyys) *Laus.* Ra.: Lieber e Luus im Grut als gaar kai Flaisch, *lieber ein bisschen als gar nichts.* **Luusangel**[+] m. (Fridolin), **Luusbueb** m. *Lausejunge.* **Luusdante** w. *Entlauserin.*

Luushiirni s. 1. *schlechtes Gedächtnis.* 2. *vergesslicher Mensch.* **Luuskaib** m., **Luuskäärli** m. *Lausekerl, Schwindler, Spitzbube.* **Luusmaitli** s.

Lausemädchen. **Luusräche** m. 1. *Kamm zum*
Entlausen. 2. *Kamm* (humor.). **Luus˙salbi** w.
1. *Gemisch aus Honig und Butter.* 2. *Schabzieger-*
butter. **Luuszapfe** m., **Luuszipfel** m. *Lausejunge.*
lusch *verdächtig, zweifelhaft; frz. louche.*
Lüschter m. *Kronleuchter; frz. lustre.*
luschtere (gluschtered) 1. *versteckt lauern.*
2. *angestrengt horchen.*
lùschtiere → erlùschtiere.
lùschtig *lustig.* Mer händ s lùschtig ghaa,
wir amüsierten uns. Duu bisch lùschtig, *hast du*
merkwürdige Ideen.
Luuser m. *Lausekerl, Schläuling.* Dim. Luuserli s.
luusig *lausig.* E luusig Zyygnis.
lut (luter / lyter, lutscht / lytscht) *laut.* lut m<u>a</u>che,
lärmen.
Lute w. *Laute (Musikinstrument).*
luter 1. *lauter, klar, rein.* Das Wasser isch ganz luter.
Si isch e lutere Mèntsch. 2. *nichts als, nur.*
In däm Maie hèt s luter lampigi Blueme.
Vòr luter Lache, *vor lauter Lachen.*
Lùx m. *Lukas.* **Lùxedaag** m. *Lukastag, 18. Oktober*
(Tag des grossen Erdbebens von Basel im Jahre
1356). Dim. Lùxli m., s.
Luzi m. *Luzius.*

M

Maa m. (Männer / Manne) 1. *Mann.* Das isch nyt fir
Männer. Drei Manne hänn bim Ziigle ghùlffe.
Als Zähleinheit im Plur.: Si sinn vier Maa hooch
aagrùggt. Der schwaarz Maa, *unheimliche Figur,*
Popanz. Kinderspiel: Wäär fèèrchted der schwaarz
Maa? **Mannelòtschi**[+] w. *Männerbadeplatz am*
Sankt Alban-Teich und am Wehr in den Langen
Erlen. **Mannevòlgg** s. a) *Mannsperson.*
b) *Gesamtheit der Männer* (humor.). S Mannevòlgg
isch doodermit nit yyverstande. **Männeraarbed** w.
Männerarbeit. **Männersach** w. *Angelegenheit der*
Männer. 2. *Ehemann.* I kùmm elai, my Maa isch
grangg. Wie goot s au Irem Maa, em Maa?
Wie geht's auch Ihrem Mann? Dim. **Männli** s.
a) *kleiner Mann.* b) *Ehemann* (zärtlich bis pej.).
c) *Männchen, männliches Tier.* S Männli mache,
a) *Männchen machen, Ehrenbezeugungen erweisen,*
liebedienern. b) *Achtungstellung annehmen* (Ss.).

Doot Männli → doot. **Mannli** s. *kleiner (alter)*
Mann (eher pej.).
mache (gmacht; Kond. miech / miecht) *machen.*
S Ässe mache, *das Essen zubereiten.* S Bètt mache,
betten. Fyyr mache, *Feuer anzünden.* D Stùùbe
mache, *das Zimmer säubern, aufräumen.*
D Ùffgoobe mache, *die Aufgaben erledigen.*
Die Alte Schwyzer mache, *den Marsch «Die alten*
Schweizer» pfeifen und trommeln. E Fèscht mache,
ein Fest veranstalten. In s Bètt, in d Hoose mache,
...Notdurft verrichten. Lang mache, *säumen,*
trödeln. Z lang mache, *zuviel Zeit brauchen.*
Mach jètz, *beeil' dich.* Läärme mache, *Lärm voll-*
führen. Si kènne s mache, *sie haben genug Geld*
zum Leben. Si händ doo ùnd gmacht, *sie haben*
stark getobt. Er hèt sich gmacht, *er hat sich gut*
entwickelt, Fortschritte gemacht. S macht sich guet,
es wirkt schicklich. Si macht sich guet im neie
Rògg, *sie sieht gut aus in ihrem neuen Kleid.*
Der Dùùbel mache, *den Dummkopf spielen.*
Macht s der èppis? *Macht es dir etwas aus?*
Zämme macht s zää Frangge, *zusammen kostet es*
zehn Franken.
Madèèri[+] w., s. *Eiter; frz. matière.*
Madleenli s. *bestimmtes süsses Kleingebäck;*
frz. Madeleine. → auch: Glyychschwäärli.
Madratze w. *Matratze.* Dim. Madrätzli s.
Magd w. (Mägd) *Magd.* Zuer Mägd, *zur Mägd,*
Name der Vorstadtgesellschaft und des Gesell-
schaftshauses in der Sankt Johanns-Vorstadt.
Mägdestùùbe w. *Dienstbotenkammer.*
Mägdewyy m. *Dienstbotenwein,* ütr. *billiger Wein.*
Dim. Mägdli s.
mägdisch *mägdehaft,* ütr. *nicht selbständig denkend*
(Fridolin).
Maage m. (Määge) *Magen.* Der Maage verstuuche,
sich den Magen verderben. Suure Maage,
Sodbrennen. Raa.: Der Maage haa, *die Frechheit,*
Unverfrorenheit haben. Ùff em Maage, im Maage
liige, *schwer aufliegen, zu schaffen machen, Sorgen*
bereiten. Der Maage zue èppis verliere[+], *die Lust*
zu etwas verlieren. **Maagebroot** s. *bestimmtes mit*
Kräutern versetztes süsses Kleingebäck.
Maagemòrsèlle w. *quadratisches Zuckerguss-*
plättchen; zu frz. morceler. Dim. **Määgeli** s.
schwacher, empfindlicher Magen.
maager (meegerer, meegerscht) *mager.*

Magerooni s. (Plur.) *Maccaroni; it. maccheroni.*
mäggele (gmäggeled), **mèggele** (gmèggeled) *abgestanden riechen oder schmecken (meist von Fleisch).*
mäggelig, mèggelig *abgestanden riechend oder schmeckend (meist von Fleisch).*
Magsoome + m. *Gartenmohn* (Heusler).
mai *pass auf, hör', warte nur.* Mai, wènn i di verwitsch! *Wart' nur, wenn ich dich erwische!* Scherzhaft drohend: Maimai. Zu mehreren Leuten: Maied +, *wartet nur* (Müller).
Maie m. 1. *Mai (Monatsname).* **Maibändeli** s. *rotes Parteiabzeichen am ersten Mai.* **Maiekuur** + w. *Mainachtbummel auf Berg oder Hügel* (Baerwart). 2. *Blumenstrauss.* **Maiebaum** + m., **Maibaum** m. a) *Maibaum.* b) *Aufrichtebäumchen.* **Maiebliemli** s., **Maieglèggli** s., **Maieryysli** s. *Maiglöckchen.* **Maiehaafe** m. *Blumenstock.* **Maiestògg** m. *Blumenstock, Topfpflanze.* Dim. Maieli s. *Sträusschen.*
maaie (gmaait) *mähen.*
Maieraan m. *Majoran.*
Mailänderli s. *bestimmtes Weihnachtskleingebäck aus Eiern, Mehl, Zucker, mit Förmchen ausgestochen.*
mainaidig *meineidig, sehr, stark, enorm.* E mainaidige Hueschte. Mainaidig zääch.
maine (gmaint) *meinen, glauben.* Me kènnt maine, *man könnte wirklich meinen.* Sich maine, *stolz, eingebildet sein.* Patzige Antwort auf die entschuldigende Bemerkung «I haa gmaint»: D Naare maine. Main i, *weiss Gott, wirklich.* Dä hèt main i guet glaade.
Mainig w. (-e) *Meinung.* E Mainig haa, 1. *eine Meinung haben.* 2. *sehr eingebildet sein.* Das isch nit d Mainig, *so ist es nicht gemeint.*
Mais[1] m. 1. *Mais.* **Maisdiiger** m. *Italiener* (humor.). 2. *Durcheinander, Verwirrung* (Schs., Mitte 20. Jh.). Mais mache, *Verwirrung, Unruhe stiften, Widerstand leisten, reklamieren.*
Mais[2] m. *Jeremias.*
Maischter m. 1. *Meister.* Aim der Maischter zaige, *jdm. klarmachen, wer zu befehlen hat, jdn. zurechtweisen.* Èpperem Maischter wäärde, *jdm. erfolgreich widerstehen.* Èppisem Maischter wäärde, *einer Sache Herr werden.* 2. *Zunftmeister, Meister einer Vorstadt- oder Kleinbasler Ehrengesellschaft.*

Maischterbòtt s. *Zusammenkunft, Sitzung der Basler Zunft- und Gesellschaftsmeister.*
Maischtere w. *Meisterin.*
maischtere + (gmaischtered) *zurechtweisen.*
maischteriere + (gmaischteriert) *als Meister tätig sein, mit eigenen Gesellen ein Handwerk ausüben.*
Maischterloos m. (nur Sing.) *verwöhnter, wählerischer, ungezogener Mensch.*
maischterloosig 1. *verwöhnt, wählerisch.* 2. *eigensinnig, ungezogen.*
Maise[1] w. *Meise.* Dim. Maisli s.
Maise[2] w. *männlicher Träger des Namens Meier* (Schs.).
maise (gmaist) *reklamieren, Unfrieden, Unruhe, Verwirrung stiften* (pop., 2. H. 20. Jh.).
Maisel + m. (Liebrich), **Maissel** m. *Meissel.*
Maiser m. *Italiener, Tessiner* (Höschs., pej.).
maisle (gmaisled) 1. *meisseln* (Liebrich). 2. *Speisereste aus den Zähnen saugen* (Fridolin).
Maiti s. *Mathilde.*
Maitli s. (Maitli / Maitlene +) 1. *Mädchen, junges Mädchen.* **Maitlibai** s. (Plur.) *bestimmtes U-förmiges Gebäck.* **Maitlirampft** m. *Kruste der Brotunterseite.* **Maitlischmègger** m. *Knabe, der den Mädchen nachläuft* (Schs.). **Maitlistaiber** m. *Schürzenjäger.* Dim. Maiteli s. 2. *Dienstmädchen.* Ooni Maitli kènnt i s nie mache.
Määl s. *Mehl.* **Määlbappe** w. *Mehlbrei.* **Määlbäppli** s. *Mehlkleister.* **Määlbääseli** s. *Handbesen.* **Määlschwaizi** w. *Vorstufe zur Mehlsuppe.* **Määlsiech** m. *mit Mehl bestäubter Turner, der mit Kameraden lebende Bilder darbietet* (humor.), ütr. *bleicher Mensch* (humor.). **Määlsùppe** w. *Suppe aus geröstetem Mehl.* **Määlwiisch** m. *Handbesen.* **Määlwùùrm** m. *Bäcker* (humor.).
mälche (gmùlche) 1. *melken.* 2. ütr. *finanziell ausnützen.* Er hèt sy Versicherig scheen gmùlche. Gäns mälche → Gans.
mälde (gmälded) *melden.*
Mäldig w. (-e) *Meldung.*
maale (gmaale) *mahlen.* Gmaaleni Nùss, *gemahlene Nüsse.*
Malefyzbueb + m. (-e) *Lausejunge, Schlingel.*
Maaleschlòss s. (Maaleschlèsser) *Vorhängeschloss; zu frz. malle und mittelhochdeutsch malhe = Reisetasche.*
Mamme w. (Mamme / Mammene / Mämmene)

Mama, Mutter (fam.). **Mammeditti** s. *Schosskind.*
Dim. Mammeli s., Mämmeli s., Mämmerli s. (fam.).
mämmele (gmämmeled) 1. *bedächtig trinken.*
2. *gewohnheitsmässig trinken.* Der Groossbappe
mämmeled laider.
Mämmeli → Ämmli und Mamme.
Mammerlis s., **Mämmerlis** s. *Mutterspielen.*
Die Maiteli händ der ganz Noomidaag Mammerlis
gmacht, gspiilt.
Mampf m. (Mämpf) *trockene, mehlige Speise*
(Fridolin). Dä Häärdèpfelstògg isch en aarge
Mampf.
mampfe (gmampft), **mampfle** (gmampfled), **mùmpfle**
(gmùmpfled) *mit vollen Backen kauen.*
mampfig *mehlig-trocken (von Esswaren).*
mampfle → mampfe.
Mandaat s. (Mandaat / Mandääter) 1. *Mandat.*
2. *Postanweisung.*
Mandle w. *Mandel.* Dim. Mändeli s.
maane (gmaant) 1. *mahnen.* Me hèt en dreimool
miese maane, eb er zaalt hèt. 2. *erinnern.* Er maant
mi ganz an sy Ùnggle. Maan mi an sy Gibùùrtsdaag.
mangge [+] (gmanggt), **manggiere** [+] (gmanggiert)
fehlen, mangeln; frz. manquer.
mänggele (gmänggeled) *langsam, lustlos essen.*
Mänggeli m. *langsamer, lustloser Esser.*
manggiere → mangge.
Mangi w. (Mangene) *Wäschemangel.*
Mängi w. (Mängene) *Menge.*
mangle (gmangled) 1. *mangeln, fehlen.*
An was mangled s der? *Woran fehlt's dir?*
2. *schmerzlich vermissen.* I manglen en gaar,
ich vermisse ihn sehr.
mangsche (gmangscht), **mangschle** [+] (gmangschled)
genüsslich, schmatzend essen; frz. manger (Seiler).
Manier w. (-e) *Manier, gute Art, Benehmen.*
Daas isch kai Manier, dääwääg yynezdrampe.
Kaini Maniere haa, *keine Umgangsformen haben,*
unerzogen sein. Daas hèt Manier, *das hat Faden,*
Charakter.
männg *manch, viel.* adj. männgi Lyt, *manche Leute.*
Männg aarm Kind, *manches arme Kind.* subst.
E männge, männge wäär froo, *manch einer wäre*
froh.
männgerlai *mancherlei.*
männgmool *manchmal, bisweilen, oft.*
Männi m. *Emanuel, Hermann.* Dim. Männeli m., s.

Mannli, Männli → Maa.
Manòggel m. (Manèggel), **Mansgòggel** m.
(Mansgèggel) *Mann, Männlein* (humor.),
männliche Spielzeugfigur. Dim. Manòggeli s.,
Manèggeli s., Mansgèggeli s.
Manschètte *Manschette; frz. manchette.* Dim.
Manschèttli s. Ain an s Manschèttli nää,
jdm. Handschellen anlegen (Hindermann, Seiler).
Mansgi m. *Emanuel* (Schs., fam.). Dim. Mansgeli m., s.
Mansgòggel → Manòggel.
Mäntelilaarve w. *Halbmaske mit mundbedeckendem*
losem Unterteil.
Määntig m. (-e) *Montag.*
Maanu m. *Emanuel* (fam.).
Määre w. 1. *Stute.* 2. [+] *böse Frau.* 3. *grosse Marmel*
aus Blei, Stahl, Stein oder Glas.
Maarggbai s. (Maarggbainer) *Markknochen*
(zum Kochen).
Maargge m. *Marke, Briefmarke.* **Maarggenalbùm** s.
Briefmarkenalbum. **Maarggesammlig** w. *Brief-*
markensammlung. **Määrggli** s. 1. *kleine Marke.*
2. *Rabattmarke* (Ende 1983 abgeschafft).
Nämme Si Määrggli oder sòll i s abzie?
määrggele (gmäärggeled) *Briefmarken sammeln,*
sich eifrig mit Briefmarken abgeben.
Määrggeler m. *Briefmarkensammler.*
Maargg'greefler m. 1. *Einwohner der (einstigen)*
Markgrafschaft Baden. 2. *Markgräfler Wein.*
Maargg'greeflerlätsch m. *Kopfschleife der*
Markgräflerinnentracht.
Maargg'groofeland s. *(einstige) Markgrafschaft*
Baden.
Margreete w. *Sankt Margarethen (Binninger*
Kirchhügel). Mer geend ùff d Margreete.
Margreetekiirchli s. *Kirche zu Sankt Margarethen.*
Maargrytli s. *Gänseblümchen, Massliebchen.*
Maaryy 1. w., s. *Maria, Marie.* **Maryyekääferli** s.
Marienkäfer. **Maryyekiirche** w. *Kirche Sankt*
Marien. Dim. Maaryyli s. 2. w. *Geld* (Höschs.).
Maariahilff w. *Zahltag* (Höschs.).
mariggsle (gmariggsled), **mòriggsle** (gmòriggsled)
töten, ermorden (humor.).
Määrli s. *Märchen.* **Määrlibuech** s. *Märchenbuch.*
Maarmel [+] m. *Marmor.* Dim. **Määrmeli** s. *kleine*
Marmel. D Määrmeli, *Name eines Trommel-*
marsches.
marood *marode, halb krank, erschöpft,*

niedergeschlagen; frz. maraud.

Maarsch m. (Määrsch) *Marsch.* Ra.: Aim der Maarsch bloose, der Maarsch mache, 1. *jdn. energisch zur Arbeit antreiben.* 2. *jdn. ausschelten.* Dim. Määrschli s.

maarsch, marsch Interj. *vorwärts!* Maarsch, in s Bètt! *So, nun sofort zu Bett!*

marschiere (gmarschiert), **maschiere**[+] (gmaschiert) *marschieren.*

Määrt[1] m. 1. *Markt.* Z Määrt goo, *als Verkäufer oder Käufer auf den Markt gehen.* Ùff der Määrt goo, *als Käufer auf den Markt gehen.* **Määrtfrau** w., **Määrtwyyb** s. (vulg.), **Määrtwyybli** s. *Marktfrau.* **Määrtstand** m. *Verkaufsstand auf dem Markt.* 2. *Basler Marktplatz.* S Roothuus stoot am Määrt. 3. *Schererei, Durcheinander, Verwirrung.* S isch ai Määrt gsii, bis alli e Blatz gfùnde hänn.

Määrt[2] *Märkt (oberbadisches Dorf).*

määrte (gmäärted) *markten, feilschen.* Es isch e Lauffes ùnd e Määrtes hit (Meyer).

Maarti[1] m. *Martin.* **Maartisdaag** m. *Martinstag.* **Maartisgans** w. *Martinsgans.* **Maartiskiirche** w. *Martinskirche.* Dim. Maarteli m., s.

Maarti[2] s. *Martha.* Dim. Maarteli s.

Martyyni m. *Martinstag; lat. dies Martini.* Mòòrn isch Martyyni. An Martyyni, Martyyni git s e Gans.

Määs s. *Mass, Messgefäss.* Aim s Määs nää, *jdm. das Mass nehmen,* ütr. *jdm. gehörig die Meinung sagen.* Das hèt s Määs, *das reicht nun wirklich.* Ùff s Määs gnau, *genau nach Mass.* Dim. Määsli s. *kleines Messgefäss.*

Masche w. 1. *Haarschlaufe.* 2. *kurze Krawatte.* Dim. Mäschli s.

maschiere → marschiere.

Maschygge w. *Maschine* (humor.).

maschiinle (gmaschiinled) *mit der Nähmaschine arbeiten.*

Mascht m. (Mäscht/Maschte) *Mast (für Fahne, elektrische Leitung usw.).*

Maschtbùùrger[+] m. *Pfahlbürger, Spiessbürger* (Müller).

maschtig 1. *sehr nahrhaft, schwer aufliegend.* 2. *fett, feucht (vom Erdboden).*

maasere (gmaasered) *masern.*

Masge → Massge.

Mäss w. (Mässe/Mässene) 1. *Messe.* 2. *Basler*

Herbstmesse. **Mässbatze** m., **Mässgäld** s. *Geldgabe für die Kinder zum Besuch der Herbstmesse.* **Mässbuude** w. *Jahrmarktsbude.* **Mässglèggli** s. *Glocke im Martinskirchturm, die die Herbstmesse ein- und ausläutet.* **Mässgroom** m., **Mässgreemli** s. *Mitbringsel von der Herbstmesse.* **Mässhippli** s. *an der Herbstmesse gekauftes Trompetchen.* **Mässhyysli** s. *Verkaufsstand an der Herbstmesse.* **Mässlyt** (Plur.) *Marktfahrer.* **Mässmògge** m. *farbiger Zuckerstengel zum Lutschen.*

Maassbliemli[+] s. *Massliebchen, Gänseblümchen* (Meyer).

mässe (gmässe; Präs. miss, missisch, misst, mässe; Konj. mäss; Kond. määss[+]) *messen.*

Mässer s. *Messer.* Aim s Mässer an d Gùùrgele heebe, *sètze, jdn. mit Drohung oder Gewalt nötigen.* **Mässerbänggli** s. *Messerbänkchen.*

Massge w. 1. *Maske.* 2. *kostümierter, maskierter Mensch.* **Massgeball** m. *Maskenball.* Dim. **Mässgli** s. *kostümierte, maskierte weibliche Person.*

Massgi m. *Maskenball* (pop.).

massyyv 1. *massiv.* 2. *grob, plump,* [+] *ungesittet* (Seiler).

maaslaidig *verdrossen, missmutig.*

Massle w. *Roheisenbarren, Metallbrocken, Eisenplatte* (Liebrich).

Matee w., **Mati** w. *Mathematikunterricht* (Schs., 2. H. 20. Jh.).

Materialischt m. (-e) 1. *Materialist.* 2. [+] *Drogist, Kolonialwarenhändler.*

Mati → Matee.

Matsch m. (Mätsch), **Mätsch** m. 1. *Wettkampf; engl. match.* 2. *Jasspartie, bei der eine Partie alle Stiche macht.*

Matte w. *Wiese.* Gmaaiti Matte, *gemähte Wiese,* ütr. *gut vorbereitetes Wirkungsfeld, leicht zu bewältigende Aufgabe.* Die Ibersètzig isch fir in e gmaaiti Matte gsii. **Mattebliemli** s. *Gänseblümchen.* Dim. **Mätteli** s. 1. *kleine Wiese.* 2. *Schwingplatz* (humor.).

Matteei am lètschte *allerhöchste Zeit, kurz vor dem Ende, vor der Katastrophe (zu Matthäus 28,20: «...bis an der Welt Ende»).*

Mattys m. *Matthias.* Der reemisch Mattys, *der Rheumatismus* (humor.). Dim. Mattyssli m., s.

Mätz w. (-e) *Metze, Dirne* (vulg.). Dim. **Mätzli** s. *kleines Lausemädchen.*

Mätzli s. (Plur.) 1. *Kniffe, Umschweife, Unfug.*
Mach kaini Mätzli. 2. *Name eines Fasnachts-
marsches.*

Maudi m. *Kater (männliche Katze).*

mause (gmaust), **muuse** [+] (gmuust) *stehlen, stibitzen.*

me (unbet.), **mè** (bet.) *man.* 1. *jedermann.* Me läbt
nùmmen aimool. 2. *wer etwas auf sich hält,
wer Manieren hat.* Me schwätzt nit mit em vòlle
Muul. 3. *ironisch, umschreibend: du, ihr, Sie.*
Me hèt schyynts nyt glèèrt. Me sòtt no Broot hoole.
Wie kaa men au! 4. *farblos, unbestimmt.*
Me gsiit sògaar d Alpe. 5. *wer zur guten Gesellschaft
gehört.* Mè hyyrooted èpper Rächter. Mè macht bi
däm Baasaar mit.

mee 1. *mehr, häufiger, öfter.* I wòtt nyt mee wisse.
Kùmm dòch mee zuen is an den Eeebe. 2. *mehr,
in grösserer Menge, zahlreicher.* S hèt no mee Èpfel
im Käller. S hèt mee Lyt, als i gmaint haa.

Meebel s. 1. *Möbel.* Dim. Meebeli s. 2. *origineller
Mensch* (humor.). Duu bisch mer e Meebel.

meebèsser *mehr und besser sein wollend als andere
Leute.* Die meebèssere Lyt geend nit in s
Glètterebeedli.

Medallie w. *Medaille; frz. médaille.*

Meedeli → Moode, Moodel.

meege (meege; Präs. maag, magsch, maag, meege.
Konj. meeg; Kond. mècht). 1. *mögen, Lust haben.*
I maag hit nit schaffe. Magsch non e Stiggli?
2. *können, vermögen.* S maag syy, *es kann sein.*
I maag em s aifach nit saage. 3. *tragen können.*
Meegen er dä Kaschte zämme? 4. *überwinden,
besiegen.* Der Hans hèt der Fritz bim Jasse meege.
5. *leiden können, gern haben, lieben.* Si maag
d Noochberskinder. Er hèt die Frau nie meege.
6. *ärgern, kränken, wurmen.* Die Schlètterli händ
en meege. S maag mi, dass si mer nie gschriibe hèt.
7. (nur Kond.) *wollen, wünschen.* I mècht e Pfùnd
Määl. Am liebschte mècht er in s Kyynoo.

Meegeri w. *Magerkeit.*

Mègg m. (-e) *Kerl, Geck, Zuhälter* (Höschs.).

Mègge m. *Max.*

mèggele[1] (gmèggeled), **mòggele** (gmòggeled)
Brot in Kaffee oder Milch brocken und essen.

mèggele[2] → mäggele.

Mèggeli → Mògge.

mèggelig[1] *kleine Brocken bildend.* Mèggelige Kueche.

mèggelig[2] → mäggelig.

meeglig, miiglig [+] *möglich.*

Meiel [+] m. *Pokal, Humpen, grosses Trinkglas.*

Meieli s., **Meili** s. *Maria.*

Mei'is [+] m. *Münze, Geld, Vermögen* (Kron).

Meili → Meieli.

meelele (gmeeleled), **meelerle** (gmeelerled) *planlos,
spielerisch, kleinlich malen.*

Meeli s. 1. *kleines Mahl.* 2. *Gastmahl.* Meist in Zss.
→ Gryffemeeli, → Heebelmeeli, → Zùmftmeeli.

meliere (gmeliert) *mischen; frz. mêler.* Sich dryy
meliere, *sich einmischen.* Meliert, *meliert,
angegraut (Haar).*

Mèlli → Mòlli.

mèltsch *angefault, angeschlagen (von Obst).*

Mènch m., **Minch** [+] m. *Mönch.* Dim. Mènchli s.

Mèntsch (-e) 1. m. *Mensch.* Dim. **Mèntschli** s.
kleines Kind (zärtlich). 2. s. *liederliche Frau* (vulg.).

mèntschele (gmèntscheled) *sehr menschlich,
unzulänglich zugehen.* S mèntscheled au by de
Pfäärer.

mèpperle (gmèpperled) 1. [+] *mit runden Klötzen
im Freien spielen.* 2. *bestimmtes Marmelspiel
(mit Werfen der Marmeln) spielen.*

Mèpperli → Mòpper.

Mèèr s. *Meer.* **Mèèrängi** w. *Reverenzgässlein zwischen
Rheingasse und Oberem Rheinweg* (humor., pop.).
Mèèrdryybel m., **Mèèrdryybeli** s. *Korinthe, Rosine,
Weinbeere.* **Mèèrrèèrli** s. *spanisches Rohr
(einst Zeige- und Zuchtinstrument des Lehrers).*

mer Pers. Pron. → miir.

mèèr (nur quantitativ) *mehr.*

Mèèräng s. *Meringe; frz. meringue.*

Mèèräätig m. *Meerrettich; althochdeutsch merratih.*

mèèrderlig *mörderisch, mörderlich, furchtbar.*

Mèèrderlis s. *Mörderspiel.*

Mèèrggige «*Merkingen*», *Ort, wo man alles merkt*
(humor.). Dää isch au nit vò Mèèrggige, *der merkt
auch gar nichts.*

Mèèriaa *Merian (Familienname).*

Mèèridiènnli s. *Mittagsschläfchen; frz. méridienne.*

Mèèräätig → Mèèräätig.

mèèrsi, mèrsi *danke; frz. merci.*

Mèèrsel [+] m., **Miirsel** [+] m., **Mèèrser** m. *Mörser.*
Dim. Mèèrseli s., Mèèrserli s.

Mèèrz m., **Mèèrze** m. *März.* **Mèèrzeflägge** m.
Sommersprosse. **Mèèrzeglèggli** s. *Märzbecher,
Grosses Schneeglöckchen.* Bauernregel:

Mèèrzestaub bringt Graas ùnd Laub, *ein trockener März fördert die Vegetation.*

Mèèrzeli s. *Traubenhyazinthe (Muscari).*

Meesaliangse w. *unstandesgemässe Heirat; frz. mésalliance.*

Mèsch[+] s., **Mèssing** s. *Messing, Gesamtheit der messingenen Gegenstände und Armaturen im Haushalt.* S Mèsch bùtze, *das Messing reinigen,* ütr. *gehörig die Meinung sagen.* Er hèt ene s Mèsch bùtzt.

mèsche[+], **mèschig**[+] *messingen.* Mit sym mèsche Spitz (Hetzel).

mèschte (gmèschted) *mästen.*

Mètti w. 1. (Plur. *Mèttene)* [+] *Frühmesse.* 2. (nur Sing.) *lärmendes Treiben, Aufhebens.* Mach dòch kai Mètti.

mèttòng *angenommen, dass; frz. mettons.* Mèttòng, du èèrbsch, was machsch derno mit em Gäld?

Mètzg w. (-e), **Mètzgerei** w. (-e) *Fleischerei, Fleischerladen.*

mètzge (gmètzged) 1. *schlachten.* 2. refl. Sich guet mètzge, *sich gut schlagen, sich wacker halten.*

Mètzgede w. 1. *Hausschlachtung, Schlachttag, Schlachtfest.* 2. *Schlachtplatte.* 3. *chirurgischer Eingriff* (humor.).

Mètzgerei → Mètzg.

Mètzgergang m. (Mètzgergäng) *vergeblicher Gang, erfolglose Unternehmung.*

Mètzgerli s. *kleine Marmel* (Schs., Fridolin).

Meewe w. 1. *Möwe.* 2. *Hut* (Höschs.).

Meewyl *Miville (Familienname).*

mii (bet.), **mi** (unbet.) *mich.* Mainsch mii? *Meinst du mich?* I haa mi gfrògt, *ich habe mich gefragt.*

myy (bet.), **my** (unbet.) *mein.* Das isch myy Buech, nit dyys. My Vatter. Myni Èltere.

Midaag m. (Midääg) *Mittag.* Z Midaag → Zmidaag, zmidaag. **Midaagässe** s. *Mittagessen.*

Midaaglytte s. *Mittagsgeläute.* **Midaagschleefli** s. *Mittagsschläfchen.*

midenander *miteinander.*

Mie w. *Mühe.*

mied 1. *müde, schlapp.* Ain mied mache, *jdn. anöden, belästigen* (Höschs.). Mach mi nit mied. 2. *leicht betrunken.* (pop.).

miede (gmieded) *unablässig bitten, insistieren, quengeln.*

Mieder[+] s. *Mieder.* **Miederband** s. *Einfassband.*

Miedi[1] m. *einer, der unablässig insistiert, Quengler.*

Miedi[2] w. *Müdigkeit.*

Miedsyy s. *Müdigkeit, Mattigkeit* (Seiler).

miesaam *mühsam.*

Miesch[+] s. *Moos.*

mieschig[+] *moosig, bemoost.*

miese (miese; Präs. mues, muesch, mues, miend / mien; Konj. mies; Kond. miest) 1. *müssen.* Me mues schaffe. Zur Umschreibung der Befehlsform: Muesch nit eso dùmm due, *tu nicht so dumm.* Als Vollverb: I mues ùff Bäärn. D Kinder miend in s Bètt. 2. *sollen.* Mues i der Bai mache? 3. *dürfen.* De muesch nit maine, de sygsch der Bèscht.

miessig *müssig.*

Miet w. *Miete.* Nur in: Z Miet syy, *zur Miete wohnen.*

Mieterlis s. *Mutterspielen.*

Mieti w. (Mietene) *Miete, Mietzins.* Si miend vyl Mieti zaale, *...einen hohen Mietzins.*

miffele[1] (gmiffeled) *muffig riechen.*

miffele[2] (gmiffeled) *muffeln, mit kleinem Mündchen kauen.*

Miffi s. *Schmollmündchen.* Dim. Miffeli s.

Myggeli s. 1. *Maria.* 2. *leichtlebiges Mädchen.* Er hèt scho wiider e nei Myggeli am Bändel.

Mygger m. *Emil.* Dim. Myggerli m., s., Myggeli m., s. (fam.).

myggerig *gering, mies, schäbig, unansehnlich.* E myggerige Loon. E myggerig Mannli.

Myggerli[+] s. *kleines Ding, kleiner Mensch.*

Myggi s. *Maria.* Dim. Myggeli s.

Miggis m., **Myggis** m. *wertloses Zeug, Kleinkram, Gerümpel.*

Myggsli → Muggs.

miiglig → meeglig.

Milch w. *Milch.* Raa.: D Milch aabegää, *bescheiden werden, Ansprüche herabschrauben.* D Milch isch em suur wòòrde, *er ist griesgrämig, missmutig.* Wuescht in d Milch mache, *Spielverderber, Störenfried sein.* **Milchhaafe** m. *Milchtopf.*

Milchmaa m. *Milchmann.* **Milchmèggeli** s. *in Milch eingebrocktes Brot.* **Milchsùppe** w. 1. [+] *Milch mit Brotbrocken.* 2. *Flurname im Norden Grossbasels und gleichnamiges Heim.* Dim. **Milchli** s. *Kalbsmilch, Milken.*

Milhuuse *Mülhausen (oberelsässische Stadt).*

Miili w. (Miilene) 1. *Mühle.* In der Miili syy,

in der drangvollen Betriebsamkeit des Alltags, der Berufsarbeit stehen. 2. *Mühle im Brettspiel.* Aim d Miili stòpfe, *jdm. beim Mühlespiel die Mühle schliessen*, ütr. *jdm. das Handwerk legen.* Figgi ùnd Miili → Figgi. **Miiliraad** s. *Mühlrad.*

Miilistai m. a) *Mühlstein.* b) *Mühlespiel.* Dim. Miileli s.

mylidäärle (gmylidäärled) 1. *Soldaten spielen.* 2. *gern und oft Militärdienst leisten.*

Mylioone w. *Million.*

mylioonisch *enorm, ausserordentlich, sehr.* E mylioonischi Angscht. Das duet mylioonisch wee.

Mylle m., w. *Emil.*

Miller m. *Müller.* **Millereeseli** s. *Kellerassel.*

Millere w. 1. *Müllerin.* 2. *Träger oder Trägerin des Namens Müller* (Schs.). Variierbarer Merkvers für Trommelrhythmus: D Millere hèt, si hèt, d Millere hèt in d Hoose gschisse, d Millere hèt, si hèt.

Milzi [+] s., **Milz** w. *Milz.* E wyssi Milz haa, *scharf auf Männer sein* (pop.). **Milzistäche** [+] s. *Seitenstechen.*

Mimpfeli → Mùmpfel.

myyn [+] *mein.* Nur in Ausrufen: Hèr du myyn (Drooscht), *Herr, du mein Trost.* Myyn Gòtt, *mein Gott.*

Myyna w., s., **Myyni** s. *Wilhelmine.* Dim. Myyneli s.

Minch → Mènch.

Minchestai, Minggestai [+] *Münchenstein (Dorf und Burg im unteren Birstal).*

minder 1. [+] *kleiner.* Die minderi Stadt, *die kleinere Stadt, Kleinbasel* (humor., nicht pej.). 2. *von geringer Qualität.* Das isch minderi Waar. Si hèt e mindere Karaggter.

mindescht *mindest.*

mindeschtens *mindestens.*

myyne, myyn *meiner, meiniger.*

myynedwääge *meinetwegen, sei's drum.*

Myyneli → Myyni.

myynersyts *meinerseits.*

Minggestai → Minchestai.

Minggis m. 1. *Durcheinander.* 2. *wertloses Zeug, Kleinkram.*

Myyni → Myyna.

Minschter s. *Münster, Kathedrale.* **Minschterblatz** m. *Münsterplatz.*

mintlig *mündlich.*

Mynuètt [+] s. *Menuett* (Kron).

Minz 1. w. (-e) *Münzstätte.* **Minzgässli** s.

Münzgässlein *(wo einst die Basler Münzstätte lag).* 2. s. *(nur Sing.) Kleingeld, Wechselgeld.* Kènne Si mer uusegää, i haa kai Minz. Minz haa, *wohlhabend sein.* Der Räschten in Minz → Räschte.

mipfe (gmipft), **mùpfe** (gmùpft) 1. *Nase rümpfen, hochnäsig tun, schmollen.* 2. [+] *schubsen, leicht stossen.*

Mipfi m. *hochnäsiger Mensch.*

mipfig *hochnäsig.*

miir, mir (bet.), **mer** (unbet.) 1. *mir.* Gib das Buech miir. Läng mer s. 2. *wir.* Zèèrscht kèmme miir draa. Mir wisse vò nyt. Doo wääre mer.

miir nyt, diir nyt *mir nichts, dir nichts, ohne weiteres, mit Leichtigkeit.* Er isch miir nyt diir nyt in s Wasser gsprùnge.

miiraa *meinetwegen, sei's drum.*

Miirsel → Mèèrsel.

miirsle [+] (gmiirsled) *im Mörser zerstossen.*

myys *meines, das meine, meiniges.*

mischle (gmischled) 1. *mischen, Spielkarten mischen.* Bim Mischlen isch e Kaarten aabegfalle. 2. *anzetteln, im geheimen vorbereiten.* Die baide händ zämme wider èppis gmischled.

Mischlede w. 1. *Mischerei.* 2. *Gemengsel.*

Mischple w. *Mispel.*

Mischt m. *Mist.* 1. *Stalldünger.* Ra.: Der Mischt isch gfiert, *die Sache ist besiegelt.* 2. *Düngerhaufen, Kehricht.* **Mischtfingg** m. a) *unsauberer Mensch.* b) *illoyaler Mensch, Schuft.* **Mischtgaable** w. *Mistgabel.* **Mischtgratzerli** s. *Hühnchen, Hähnchen.* **Mischthuffe** m. *Misthaufen.* **Mischtkaib** m. *schlechter Kerl, Schuft* (vulg.). **Mischtkiibel** m. *Kehrichteimer.* **Mischtmänner** m. *Kehrichtabfuhrleute.* **Mischtsagg** m. *Kehrichtsack.* **Mischtwaage** m. *Kehrichtlastwagen.* 3. *Unrat, wertloses Zeug.* Schmaiss dä alt Mischt dòch ewägg. 4. *lästige Angelegenheit, dummes Zeug, Unsinn* (pop.). Die Aarbed isch dòch e Mischt. Dä hèt e groosse Mischt verzèllt.

mischte (gmischted) 1. *misten, ausmisten.* Der Stall mischte. 2. *mit Mist düngen.* D Matte mischte. 3. *Unordnung beheben, aufräumen* (pop.). Vòr em Ziigle hämmer gmischted. I mues äntlig der Käller mischte.

Mischterli → Mùschter.

myseecht → Seel.

myseraabel, myseraablig *miserabel, elend, erbärmlich,*

nichtswürdig.

myyslistill *mäuschenstill.*

Missi → **Mùss.**

Myssioonsgascht m. (Myssioonsgèscht) 1. *Gast am Basler Missionsfest.* 2. *Nassauer (humor.).*

Mytääne + w. *Handschuh ohne ganze Finger; frz. mitaine.*

mit *mit.* No mit achzig isch er Weeloo gfaare, *noch im Alter von achtzig Jahren...*

mithii + *bisweilen, hie und da* (Hindermann).

Mitlyyd s. *Mitleid.*

mitmache (mitgmacht) 1. *mitmachen, teilnehmen.* Er macht im Gsangverain mit. 2. *erleiden.* Si macht èppis mit in dären Ee.

Mitteli s. *Arzneimittel (eher pej.).*

Mitti w. (Mittene) *Mitte, Mittelteil.*

Mitwùche m. *Mittwoch.*

mitzerle + (gmitzerled) *liebevoll aufputzen, herausputzen.*

Mòdäll s. *Modell.*

Moode w. 1. *Mode.* **Moodeditti** s. *Modepüppchen.* 2. *Unart, schlechte Gewohnheit.* Sy neischti Mooden isch, dass er d Händ nimme wäscht. Dim. **Meedeli** s. a) *Modeströmung* (pej.). b) *Eigenheit, kleine Unart.*

Moodel m. (Moodel/Meedel) 1. *Prägeform, Backform, Ausstechform für Kleingebäck.* Dim. **Meedeli** s. 2. *Ausprägung.* Das Kind hèt der glyych Moodel wie sy Vatter, *...gleicht sehr dem Vater.*

moodle (gmoodled) 1. *modeln, in eine Form bringen.* 2. *erzieherisch formen.*

Mòdòòr → **Mòtòòr.**

Mògge m. (Mègge) 1. *Brocken, dickes Stück, grosser Bissen.* Suure Mògge, *Sauerbraten.* Dim. **Mèggeli** s., **Mèggli** s. *kleiner Brocken, eingebrocktes Brot.* 2. *Stengel zum Lutschen.* → Mässmògge. **Mòggedaig** m. *noch warme, weiche Masse des* Mässmògge. 3. *fester, dicker Mensch.* Dòlle Mògge, *stattliches Kind* (humor.).

mòggele → **mèggele**[1].

mòggig *brockenartig, stopfend.*

Mool[1] s. (Meeler) *Mahl.* Meist Dim. → **Meeli.**

Mool[2] s. (Mool/Meeler) 1. *Mal, Wundmal.* Blau Mool, *blauer Fleck, Bluterguss.* E baar blaui Meeler. 2. *Mal, Zeitpunkt.* En ander Mool kùmm i gäärn. Zuem èèrschte Mool, *zum erstenmal.*

Die èèrschte baar Mool hèt si Mie ghaa. Ùff s Mool, *plötzlich.*

Mòläschte w., **Mòlèschte** w. (nur Plur.) 1. *Gebrechen, Beschwerden; zu lat. molestus.* Im Alter sind nò anderi Mòläschte derzue koo. 2. *Schwierigkeiten.* I mècht kaini Mòläschte mache, *ich möchte nicht zur Last fallen.*

mòläschtiere (mòläschtiert), **mòlèschtiere** (mòlèschtiert) *belästigen, stören; lat. molestire.*

Moolbiechli s. *Malbuch.*

moole (gmoolt) *malen.*

Mooler m. *Maler, Kunstmaler.*

Moolere w. *Malerin, Kunstmalerin.*

Mòlèschte → **Mòläschte.**

mòlèschtiere → **mòläschtiere.**

Mòlièèrli + s. *Damenschnürhalbschuh mit drei oder vier Ösenpaaren.*

Moolkaschte m. (Moolkäschte) *Malkasten, Farbschachtel.*

Mòlli m., **Mèlli** m. 1. *dicker, runder Kopf.* 2. *Dickschädel.* **Mòlligrind** m., **Mòlliköpf** m. *Dickkopf, Dickschädel.*

Mòllifisch + m. *in Wasser aufgeweichter Stockfisch.*

Moolùmme + s. *einmaliges Rundumstricken.* D Moolùmmen änger wäärde bald (Kron).

Mòmänt m. (Mòmänt/Mòmänter) *Moment, Augenblick.* Im Mòmänt han i z due, *jetzt gerade...* I kùmm im Mòmänt, *ich komme sofort.* Im Mòmänt isch er fùùrtgange, *soeben...* Si kùnnt jeede Mòmänt, *sie kommt in den nächsten Augenblicken.* Dim. **Mòmäntli** s. Wänn Si nit e Mòmäntli absitze?

Moond m. (Meend) *Mond.* Dim. **Meendli** s.

Mooned m. (Mooned/Meened) *Monat.* **Moonedsräätig** m., **Moonedsräätigli** s. *Radieschen.*

Mònschter s. *Monstre-Trommelkonzert, jeweils vor der Fasnacht* (20. Jh.).

Mòntere w. *Schaufenster; frz. montre.*

Mòpper + m. *Schosshündchen, Mops.* Dim. **Mòpperli** s., **Mèpperli** s.

mòraalisch *moralisch einwandfrei.* Subst. Der Mòraalisch haa, *niedergeschlagen, deprimiert sein* (20. Jh.).

Mòòrchle w. 1. *Morchel.* 2. *Kerl, Person* (pop., 20. Jh.). Er isch e glatti Mòòrchle, *er ist ein unterhaltsamer Kerl.*

mòòrds- verst. *enorm, stark, sehr.* Mòòrdsguet.

Mòòrdsmässig. Mòòrdskèlti. Mòòrdsläärme.

Mòòre w. 1. *Mutterschwein.* 2. *üble Frau* (vulg.).

Mòòrees, Mòòris [+] (ohne Art.) *Anstand, Manieren, Respekt; lat. mores.* Hailoos haan i vòr den Ytelpfäädlemer Mòòris ghaa (Baerwart). Aim Mòòrees lèère, *jdn. zurechtweisen.*

Mòòrge m. (Mèèrge / Mòòrge) *Morgen.* **Mòòrgedringge** → Zmòòrgedringge. **Mòòrgerògg** m. *Schlafrock.* **Mòòrgestraich** m. *Morgenstreich, nächtlicher Beginn der Basler Fasnacht am Montag nach Invocavit um vier Uhr.* **Mòòrgesùppe** [+] w. *Vormahlzeit im Brauthaus am Hochzeitstag* (Seiler). Dim. Mèèrgeli s.

Mòòrggs m. (Mèèrggs) *Murks.* 1. *anstrengende, mühsame Arbeit.* 2. *verpfuschte Arbeit, schlecht gearbeitetes Werkstück.*

mòòrggse (gmòòrggst) *verkrampft, mühsam, fehlerhaft arbeiten, laborieren.*

Mòridyyrli [+] s. *Haus Augustinergasse 4, das über der Haustür den lateinischen Spruch aufweist: morituro sat = dem Todgeweihten genügt es* (Schs.).

mòriggsle → mariggsle.

Mòòris → Mòòrees.

mòòrn *morgen.* Mòòrn isch Sùnntig. Der Vòòrdraag mòòrn, *der morgige Vortrag.*

mòòrndemòòrge *morgen früh, morgen vormittags.*

mòòrndrig *morgig.*

Moos [+] w. *bestimmtes Flüssigkeitsmass, 1,5 Liter (bis 1876 verwendet).*

Mòscht m. (nur Sing.) 1. *Most, Apfelwein, Birnenwein.* **Mòschtbiire** w. *wilde Birne.* **Mòschtèpfel** m. *wilder Apfel.* **Mòschtindie** s. *Thurgau, Ostschweiz* (humor.). 2. [+] *Gutedel (Traubensorte).* Dryybel vòm scheenschte Mòscht (Meyer). 3. *Benzin für Motorfahrzeuge* (pop., 2. H. 20. Jh.).

mòschte (gmòschted) 1. *Most herstellen.* 2. *hinein-, zusammenquetschen.* 3. *tüchtig essen.*

Moose m. (Meese / Moose) 1. *Fleck, Schmutzfleck.* Die Biire händ Meese. 2. *Prellung, Quetschung.* Blaue Moose, *blutunterlaufene Quetschung.* Dim. Meesli s. Glatt ùnd ooni Meesli (Meyer).

Mòtòòr m. (-e), **Mòdòòr** m. (-e) *Motor.* **Mòtòòrweeloo** s. *Motorrad.* Dim. Mòtèèrli s.

Mòtschköpf m. (Mòtschkèpf) *dicker Kopf, Dickschädel.* Der Mòtschkòpf mache, *schmollen.*

mòtte (gmòtted), **mùtte** (gmùtted) *glimmen,* schwelen.

Mòtthuffe m. (Mòtthyffe) *schwelendes Feldabfallfeuer, Kartoffelfeuer.*

muuche (gmuucht) 1. *mürrisch, verschlossen sein* 2. *unwohl sein.*

Mùcheli[1] [+] s. *Rind, junge Kuh.*

Mùcheli[2] → Mùchle.

Muuchi m. *Murrkopf, verschlossener Mensch, Stubenhocker.*

Mùchle w. 1. [+] *Schüssel, Suppenschüssel.* 2. *grosse henkellose Tasse.* Dim. Mùcheli s.

muudere (gmuudered) *sich unwohl fühlen, fiebern, an Krankheit herumlaborieren.*

muuderig *unwohl, halb krank, fiebrig.*

Muelte w., jg. **Muelde** w. *Mulde.*

Muem m. (Miem) 1. *Schwätzchen.* 2. *Klatsch, Gerücht.* Waisch der neischt Muem schò?

mueme (gmuemt) 1. [+] *kosen, scherzen.* 2. *gemütlich schwatzen, tratschen.*

Mues[1] s. *Mus, Brei.* Dim. Miesli s.

Mues[2] s. *Muss, Müssen, lästige Verpflichtung.* S isch mer eenter e Mues, *es ist für mich ein Müssen.* S sòll fir Sii kai Mues syy, *es soll für Sie keine lästige Verpflichtung sein.*

muesig *musartig, breiig.*

Muet m. *Mut.* Z Muet, *zumute.* Dim. Mietli s.

Mueter w. (Mietere) *Mutter.* **Mueterditti** s. *Kind, das stark an der Mutter hängt, Schosskind.* **Mueterguet** s. *mütterliches Erbe.* **Muetersprooch** w. *Muttersprache.* Dim. **Mieterli** s. 1. *Mutter* (fam.). 2. *Mütterchen, alte Frau.*

Muetere w. 1. *Schraubenmutter.* 2. *Essigmutter.*

muetig *mutig.*

Mùff [+] m. (Miff / Mùff) *Weinglas (mit 0,4 Liter Inhalt).*

mùff *erbost, verdrossen, wütend* (pop., 2. H. 20. Jh.). Er isch mùff wòòrde. Er macht e mùff Gsicht, e mùffi Falle.

mùffele (gmùffeled) *muffig riechen.*

mùffelig *muffig.*

mùffle (gmùffled) 1. *behaglich kauen, essen.* Er mùffled wien e Kinngel. 2. *vor sich hin brummeln* (Liebrich).

Mùgg w. (-e) 1. *Mücke (in dieser Bedeutung* [+] *m.).* Das isch en alti Mùgg, *das ist eine altbekannte Tatsache.* **Mùggedätscher** m. *Fliegenklappe.* Dim. Miggli s. 2. *Schulhaus zur Mücke.* 3. *Korn der*

Flinte. Ra.: Ain ùff der Mùgg haa, *jdn. aufs Korn genommen haben, nicht leiden können.*
4. (nur Plur.) *Mucken, Launen.*
mùgge (gmùggt) 1. *aufmucken.* 2. *stehlen, stibitzen* (pop.). Der Lùùdi hèt myni Glùgger gmùggt. 3. *Bei der Schussabgabe zucken* (Ss.).
Muggs m. (Myggs) *Mucks, kurzer und halb unterdrückter Laut.* Dim. Myggsli s. I wòtt kai Myggsli mee hèère.
muggse (gmuggst) *mucken, aufbegehren.*
muggsmyyslistill *mucksmäuschenstill.*
Muhaimeli[+] s., **Muhaimli**[+] s. *Heimchen, Grille.*
Muul s. (Myyler) 1. *Maul des Tieres.* 2. *Mund.* Aim s Muul gùnne, *jdn. zu Wort kommen lassen.* S Muul dryyhängge, *dreinreden, sich einmischen.* Aim s Muul aahängge, *jdm. maulend antworten, jdn. beschimpfen.* Nit ùff s Muul gheit, *schlagfertig.* Aufforderung an ein Kind, dem man eine Leckerei in den Mund stecken will: Muul ùff ùnd d Auge zue! Ùff s Muul hògge, *striktes Schweigen bewahren* (pop.). Bees Muul, ùn'gwäsche Muul, *Lästermaul,* **Muulaffe** fail haa, *gaffend herumstehen.*
Muuldäsche w. *bestimmtes süsses Kleingebäck* (Baerwart). **Muulfyyli** w. *Mundfäule.*
Muulkòòrb m. *Maulkorb.* **Muulòòrgele** w. *Mundharmonika.* **Muulschälle** w. *Maulschelle, Ohrfeige.* Dim. **Myyli** s. *Mündchen, Schmollmündchen.*
muule (gmuult) *maulen, widersprechen.*
muulfuul *schweigsam, wortkarg.*
Muuli m. *einer, der immer mault.*
Mùlle w. *Träger des Familiennamens Müller* (Schs.).
Mùmmelibùtz m. (-e) *eingehülltes Kind* (humor., Ks.).
Mùmmis m. *Geld* (pop.).
Mùmpf m. *Mumps, Ziegenpeter, Entzündung der Ohrspeicheldrüse.*
Mùmpfel m. (Mimpfel) *Mundvoll, Bissen.* Dim. Mimpfeli s.
mùmpfig *plump, dick, unförmig.*
mùmpfle → mampfe.
Mùndi m. *Edmund.* Dim. Mùndeli m., s.
Mùngg m. (-e) *Murmeltier* (fam.).
mùnggelig *von schmutziger Farbe, düsterfarben, düster.* E mùnggelig Bruun. E mùnggelig Stäägehuus.
Mùnggi m. *Murrkopf, verschlossener Mensch.*
Mùùni m. 1. *Bulle, Stier, Zuchtstier.* **Mùùnifiisel** m.

Ochsenziemer. **Mùùnisèggel** m. *Geschlechtsteile des Stiers, Stierhoden als Gericht* (vulg.). Dim. Mùùneli s. 2. *bärenstarker Mann.* 3. *starrköpfiger Mann.* 4. *geiler Mann* (pop.).
Mùntuur[+] w. (-e) *Montur, Uniform.*
mùnzig → wùnzig.
Mùpf m. *Schubs, leichter Stoss.* Dim. Mipfli s.
mùpfe → mipfe.
mùùrb (mùùrber, mùùrbscht) *mürbe.* Mùùrbe Daig, *Mürbeteig.*
Mùùrbs s. *«Mürbes», vermischtes, zum Teil süsses Hefebackwerk, Brötchen.*
Muure w. *Mauer.* Dim. Myyrli s.
muure (gmuurt) *mauern.*
mùùre (gmùùrt) *murren.*
Muurer m. *Maurer (auch Familienname Maurer).*
Muus[1] w. (Myys) *Maus.* De Myys pfyffe → pfyffe.
Muusdrägg m. *Mäusekot.* Dim. **Muusdräggli** s. *bestimmtes winziges buntes Zuckerdragée.*
Muusfalle w. *Mausefalle.* Dim. **Myysli** s. 1.*Mäuschen.* 2. *junges Mädchen* (fam.). 3. *Bizeps, geschwellter Oberarmmuskel.* Dä Dùùrner hèt rächti Myysli. **Myyslihäärdèpfel** m. *mausähnliche Kartoffelsorte (Elsass).*
Muus[2] w. *Mauser, Mauserung* (Hindermann).
musche (gmuscht) *schmollen, trotzen.* Èpperem musche, *mit jdm. schmollen, jdm. gram sein.*
Mùschgednùss (Mùschgedniss) w. *Muskatnuss.*
Muschi m. *Schmoller.*
Muschkòpf m. (Muschkèpf) *Schmollkopf, Schmoller.* Der Muschkòpf mache, *schmollen.* Si isch allewyyl der glyych Muschkòpf.
Mùschle[1] w. *Muschel.* Dim. **Mischeli** s. 1. *kleine Muschel.* 2. *bestimmte muschelförmige Teigwarensorte.*
Mùschle[2] w. *Träger des Familiennamens Miescher* (Schs.).
Mùschter s. 1. *Muster, Beispiel.* 2. *nichtsnutzige Frau.* Dim. **Mischterli** s. a) *kleines Muster.* b) *Probierstückchen.* c) *Beispiel, Anekdote.* I kènnt no männg Mischterli vò däm lùschtigen Ùnggle verzèlle.
mùschtere[+] (gmùschtered) *zurechtweisen.* Der Lèèrer hèt is aarg gmùschtered.
muuse (gmuust) 1. *Mäuse fangen (von Katzen).* 2. *stibitzen, stehlen.*
Muusig w. (-e) 1. *Musik.* I loos gäärn Muusig. Muusig mache, *musizieren.* 2. *Musikgesellschaft,*

Musikkorps. Ùff der Schitzematte hèt als e Muusig gspiilt. 3. *Gesamtheit von Dingen* (humor.). Zlètscht hämmer die ganzi Muusig zämmephaggt.
Muusig'ghèèr s. *Musikgehör.* Ütr. Er hèt kai Muusig'ghèèr, *er will nichts merken (bei Ansinnen, Bettelei).*
Muusiger m. *Musiker.*
Mùss m., **Missi** m. *Hieronymus.* Dim. Misseli m., s.
mùtschlig[+] *nass, feucht, schwer (meist von Brot).*
Mùtte w. *Erdscholle mit Gras.*
mùtte → mòtte.
mùttele (gmùtteled) *schlecht, ungelüftet riechen.*
Mùttez *Muttenz (Baselbieter Dorf).*
Mùttezer m. 1. *Muttenzer.* 2. *Muttenzer Wein.*
Mùtti m. 1. [+] *Ziegenbock ohne Hörner,* [+] *Huhn ohne Schwanz.* 2. *dicker Mensch.* Ra.: S drùggt aim der Mùtti ab, *man kann es fast nicht verwinden.*
Muttig w. (nur Sing.) *Unordnung, Haufe, Durcheinander* (Fridolin).
mùttig *unverschämt.* Sich mùttig mache, *sich frech, üppig, unverschämt benehmen.*
Mùtz m. (Mitz) *Kuss* (Ks., 2. H. 20. Jh.). Dim. Mitzli s., Mùtzeli s.
mùtze (gmùtzt) *herausputzen, schniegeln.* Gmùtzt, *herausgeputzt, schmuck.*
mùtzig[+] *gestutzt, zu kurz, stumpf* (Seiler).

N

nää, nämme[+] (gnoo; Präs. nimm, nimmsch, nimmt, nämme; Kond. nääm / näämt) *nehmen.* I nimm Zùgger in Kaffi. Mer nämme der Thee dùsse, *wir trinken den Tee im Freien.* Das Mittel nimmt der Schnùppe, ...*vertreibt.* S hèt en gnoo, *es hat ihn zu Fall gebracht, erwischt.* E Gùmp nää, *springen.*
nääbe (bet.), **näbe** (unbet.) *neben.* Näben em Huus. Suech nit im Huus, suech nääben em Huus. Er stoot näbe sy Brueder, *er stellt sich neben seinen Bruder.*
Nääbeblättli s. *besonderer Leckerbissen, meist für den Hausherrn.*
näbedraa *daneben, nebenan.*
näbedùùre 1. *auf der Seite vorbei, am Ziel vorbei.* 2. *nebenher.*
Nääbel m. *Nebel.*

näbenenander *nebeneinander.*
näbenùmme *daneben herum.*
näbenuuse *seitlich hinaus.*
näbenuusegoo (näbenuusegange) *fremdgehen, Seitensprünge machen.*
näbenùsse *abseits.* Si woone nit im Dòòrf sälber, si woone näbenùsse.
Nääbestùùbe w. *Nebenzimmer, Hinterzimmer.* Dim. Nääbestiibli s.
näbezue *nebenan.*
nääble (gnääbled) *nebeln, neblig werden, fein regnen.*
nääblig *neblig.*
Nacht w. (Nächt) *Nacht.* Èpper iber Nacht haa, *jdn. bei sich übernachten lassen.* Guet Nacht, guet Nacht am Säggsi, *ums Himmels willen, das ist eine schöne Bescherung.* Guets Nächteli, *gute Nacht* (humor., Ks.). Z Nacht → Znacht, znacht.
Nachtbueb m. *nächtlicher Herumtreiber.*
Nachtdischli s. *Nachttisch.* **Nachtgòggele**[+] w. *Schlafhaube der Frau.* **Nachthaafe** m. *Nachtgeschirr.* **Nachtheiel** m. *Eule, Uhu.* **Nachthèmmli** s. *Nachthemd.* **Nachtlùft** m. *Nacht-, Abendwind.* **Nachtmool**[+] s. *Abendmahl.* **Nachtsagg**[+] m., **Nachtsèggli**[+] s. *Reisetasche zum Übernachten.* **Nachtschlùtti** s. *Schlafjacke, Nachtjäckchen.* **Nachtstuel** m. *Nachtstuhl, Stuhl mit Nachtgeschirr.*
nächt, nächte[+] *gestern nacht.*
nachte (gnachted) *Nacht werden.*
nächte → nächt.
nadyyrlig, nadierlig *natürlich.*
nadytterlig Adv. *natürlich, selbstverständlich* (humor., Schs.).
Naduur w. (-e) *Natur.*
Naagel m. (Neegel) *Nagel.* Mit Naagels Noot, *mit knapper Not.* Ra.: Neegel mit Kèpf mache, *sein Handwerk verstehen, Tüchtiges in seinem Fach leisten.* **Naagelfyyli** w. *Nagelfeile.* **Naagelschmiid** m. *Nagelschmied.* **Naagelschmitti** w. *Nagelschmiede.* Dim. Neegeli s.
Näägeli s. 1. *Nelke.* 2. *Gewürznelke.* Bròscht Näägeli → bròscht. **Näägelibùlver** s. *Pulver von gemahlenen Gewürznelken.*
Nääger m. *Neger.* Schaffe wien e Nääger, *sehr hart arbeiten.* Der Nääger syy, *derjenige sein, der die Hauptarbeit leisten muss.* E Nääger absaile, *kacken* (humor.). Das isch, wie sich d Nääger der Himmel

vòòrstèlle, *das sind Illusionen.* **Näägerbiggse**[+] w.
Geldsammelbüchse für Missionszwecke.
Näägerschwaiss m. *Kaffee* (Ss.). Dim. **Näägerli** s.
1. *Negerkind.* 2. *auf Sammelbüchse nickender*
Neger. 3. *schwarzhaariges Kind.*
Nägge → **Näggte.**
näägge (gnääggt), **gnäägge** (gnääggt) *ohne Grund*
klagen, quengeln.
naggedig *nackt, bloss.*
näggele (gnäggeled) *nörgeln, kritteln.*
Näggeli m. *Nörgler.*
Nääggi m., **Gnääggi** m. *Nörgler, Quengler.*
nääggig, gnääggig *quengelnd, weinerlich.*
näggscht *nächst (zeitlich).* Die näggschte Fèèrie.
Näggte m., **Nägge** m., **Äggte**[+] m., **Ägge**[+] m. *Nacken.*
naagle (gnaagled) 1. *nageln.* 2. *«festnageln»,*
in die Enge treiben, behaften. Er hèt mi gnaagled.
3. *klopfendes Geräusch geben (Automobil)*
(Mitte 20 Jh.). Der Mòtòòr naagled.
nai, naai *nein.* Verst. und nuanciert durch Wieder-
holung oder Zusätze: nai nai, nanaai, nenaai,
jä nai, e naai, he nai. Nai aaber au, *aber nein doch.*
naaie (gnaait) *nähen.*
Naaiede w. *Näharbeit.*
Naaiere w. *Näherin.*
Naaikèèrbli s. *Nähkorb.*
Naaimaschiine w. *Nähmaschine.*
naaimaschiinle (gnaaimaschiinled) *mit der*
Nähmaschine arbeiten.
naime 1. *irgendwo.* Naimen im Wald. 2. *irgendwie.*
S isch mer naimen ùnnemietig.
naimedùùre *irgendwie, in bestimmter Hinsicht.*
Si spinnt naimedùùre. Naimedùùre bin i nit ganz
gligglig.
naimenaane 1. *irgendwohin.* 2. verh. *auf den Abort.*
naimenanderscht *anderswo, woanders.*
naimenùmme *irgendwo in der Nähe.*
Doo naimenùmme woont s Lyysi.
naise (gnaist) 1. *herumwühlen, herumstöbern.*
2. [+]*naschen* (Kron).
nämli, nämlig *nämlich, denn.* I drau ere nit, si hèt mi
nämlig schò männgmool aaglooge.
Namme m. (Nämme) *Name.* **Nammesdaag** m.
Namenstag. **Nammesvètter** m. *Namensvetter.*
Dim. **Nämmeli** s. *eingenähte Initiale.*
nämme → **nää.**
Nandi m. *Ferdinand.* Dim. Nandeli m., s.

Napoolioon m. (Napoolieener) 1. *Napoleon.*
2. [+]*Napoleonstaler.*
Näppi m. 1. *Napoleon I.* 2. *Name eines Basler*
Trommelmarschs.
Naar m. (-e) 1. *Narr.* Fir e Naare haa, zuem Naare haa,
zum Narren halten. Aim der Naar mache,
für jdn. alles und jedes tun. **Naarebai** m.,
Naarebainli s. *Musikantenknochen, empfindlichste*
Stelle des Ellbogens. **Naarebaschi** m. *törichter*
Mensch, Tor (Sieber). **Naarehuus** s. *Irrenhaus.*
Naarekappe w. a) *Narrenkappe.* b) *Akelei*
(Pflanze). **Naaresail** s. in: Am Naaresail aabeloo,
zum besten halten. **Naarewäärgs** s., **Naarezyyg** s.
Narrenposse, Unsinn. **Naarezytig**[+] w. *Fasnachts-*
zeitung. Dim. **Näärli** s. 2. *Trieb ohne Knospe,*
missratene Gemüsepflanze.
naare[+] (gnaart) *närrisch tun, tändeln.*
näärsch *närrisch, verrückt.*
Näärve m., jg. **Näärv** (-e) *Nerv.* Ùff d Näärve gää,
auf die Nerven gehen. Us de Näärve zaant[+],
mangelhaft, ungekonnt, armselig (Fridolin).
Aim am Näärv rysse, aim der Näärv uusrysse,
jdn. überaus nervös machen (pop., 2. H. 20. Jh.).
näärve (gnäärvt) *nerven, nervös machen*
(1970er Jahre).
närvees, närvoos, nèrvees, nèrvoos *nervös.*
Näschple[+] w., **Nèschple**[+] w. *Mispel* (Hoffmann).
Nascht → Ascht.
Näscht s. (Näschter) 1. *Nest.* **Näschthòpper** m.,
Näschthèpperli s. a) *Nesthocker.* b) *Nesthäkchen.*
c) *jüngstes Kind einer Familie.* Dim. **Näschtli** s.
a) *kleines Nest.* b) *Ostereiernest (das die Kinder an*
Ostern in Verstecken suchen). 2. *Bett* (pop.). Hau s
in s Näscht, *mach, dass du ins Bett kommst.*
3. *Ortschaft* (pej.). 4. *fehlerhafte Stelle in Gebäck,*
Gewebe, Mauerwerk. 5. *putzwütige Frau.*
6. [+]*quälerische Frau* (Kron).
näschte (gnäschted) 1. *herumstöbern, räumen.*
2. *sich ständig ruhelos bewegen, sich im Bett*
herumwälzen. 3. *Nest bauen,* ütr. *Bett in Ordnung*
bringen (pop.).
näschtig *unruhig, ruhelos.*
Naase w. *Nase.* D Naase bùtze, *sich schneuzen.*
E Naase fir èppis haa, *Gespür, Sensorium für etwas*
haben. Das hèt e Naase, 1. *das hat Allüre,*
Charakter (pop.). 2. *das bietet Schwierigkeiten.* Ra.:
Aim ùff d Naase schysse, *sich jdm. gegenüber alles*

erlauben (vulg.). **Naasduech** s. *Taschentuch.*

Naasebluete s. *Nasenbluten.* **Naasebrämsi** w. *Brille*
(humor.). **Naasegnyybler** m., **Naasegriibler** *einer,*
der in der Nase bohrt. **Naaselùmpe** m. *Taschentuch*
(pop.). **Naasewasser** s. in: Ùm e Naasewasser bikoo,
für einen Pappenstiel, fast geschenkt bekommen.

Naaseweeloo s. *Brille* (humor.). Dim. Nääsli s.,
Nääseli s. (Ks.), Nääsi s. (Ks.).

nääsele (gnääseled), **nääsle** (gnääsled) *näseln.*

nass (nèsser, nèssischt) *nass.*

nätt *nett.* 1. *anmutig, hübsch.* E nätt Maitli.
2. *freundlich, gefällig, hilfsbereit.* E nätte Bòlizischt
hèt mer iber d Strooss ghùlffe. 3. *angenehm,*
unterhaltsam. E hailoos nätten Oobe.

Naazi[1] m. *Ignatius.* Dim. Naazeli m., s.

Naazi[2] m. *Nationalsozialist.*

Naazi[3] w. *Basler National-Zeitung* (pop., bis 1976).

Neebli w. *Noblesse, Vornehmheit.*

neechberle (gneechberled) *allzu vertraulich,*
zudringlich sein oder werden.

neechberlig *allzu vertraulich, zudringlich.*

neecher *näher.* Die neechere Verwandte.
Kùmm neecher.

neecherscht → nèggscht.

Neechi w. (nur Sing.) *Nähe.*

neechscht → nèggscht.

Needeli → Noodle.

Nèffer[+] m. *Onophrion.* Dim Nèfferli m., s.

neegele (gneegeled) 1. *mit kleinen Nägeln nageln.*
2. *spielerisch, unbeholfen nageln.*

Neegeli → Naagel.

nèggscht, neechscht, neecherscht *nächst (örtlich).*
Der nèggschtg Wääg goot iber Lieschtel.
Subst. die Nèggschte, *die Nächsten, die nahen*
Mitmenschen.

Nèggscchteliebi w. *Nächstenliebe.*

nei *neu.* Neie Wyy, Neie, *junger Wein.* E guet Neis,
ein gutes neues (Jahr).

neibache *frischgebacken.* E neibachene Groosroot.

Neidèèrfler m. *Mann aus Neudorf (Elsass).*

Neiebùùrg *Neuenburg, Neuchâtel.*

neijèèrle (gneijèèrled) *Neujahr, Silvester feiern.*

Neijòòr s. *Neujahr.* S Neijòòr aawintsche, *ein gutes*
neues Jahr wünschen.

Nèldi → Nòldi.

nèrvoos → närvees.

Nèschple → Näschple.

Nèschtel m. *Schnürband, Senkel.* Dim. Nèschteli s.

nèschtle (gnèschtled) *schnüren.*

Neesi s. *Agnes.*

nèsse (gnèsst) *nässen.*

Nèsselsùcht w. *Nesselfieber.*

Nèssi w. *Nässe.* In der Nèssi hògge, *ausgiebig zechen*
(Höschs.).

Nèssle w. *Nessel.*

neetig *nötig, notwendig.*

Neetigkait[+] w. (-e) *notwendiges Ding, Utensil.*

Neetli s. 1. *Rechnung (für Konsumation usw.).*
2. *Banknote.*

Neetlig m. *eingefädeltes Stück Faden.*

neetlig *notleidend.* Nur in: Neetlig due,
über vermeintliche Mittellosigkeit klagen.

Nètte w., **Nètti** s. *Annette, Antoinette.* Dim. Nètteli s.

Nètti m. nur in: Mit èpperem der Nètti mache,
mit jdm. Schindluder treiben (Höschs.).

Nètz s. *Netz.* **Nètzrùggsagg** m. *Rucksack aus*
Netzgeflecht. **Nètzwiirschtli** s. *Adrio, Kalbswurst-*
masse in Schweinsnetz. Dim. **Nètzli** s.
1. *Einkaufsnetz.* 2. *Haarnetz.*

Nèwee m., **Neewee** m., **Nòwöö** m. *Neffe; frz. neveu.*

Nyyd m. *Neid.*

Nyydel m. *Rahm, Sahne.* Gschwùngene Nyydel,
Schlagsahne.

nyydele (gnyydeled) *weinerlich quengeln.*

niider *niedrig.* E niideri Muure. Der Ryy isch niider,
der Rhein führt Niedrigwasser.

Nyydibùtz m. (-e) *Griesgram, launischer, verdrossener*
Mensch.

nyydig *missmutig, übellaunig, unwillig, verdrossen.*

nidsi *abwärts.* Es goot nidsi mit em.

Nidsibùrgatz[+] w. (nur Sing.) *Abführmittel* (Fridolin).

Nidsigänd s. «*niedergehend*», nur in: Bim Nidsigänd,
im Nidsigänd, *wenn die Winkelerhebung des*
Mondes über dem Himmelsäquator abnimmt.

nie *nie.* Oft verst. durch zusätzliche Negation:
Er hèt nie nyt gsait, ...*nie etwas.* Niemets kùnnt nie
zue mer, ...*nie jemand.*

niechtele (niechteled) *feucht, modrig, muffig riechen*
oder schmecken.

niechtelig *feucht, modrig, muffig riechend oder*
schmeckend.

niechter *nüchtern.* In niechtere Maage, *auf den leeren*
Magen.

Niechteri w. *Nüchternheit.*

niechterig[+] *nüchtern zumute* (Kron). S isch mer niechterig.

Niele w., **Liene**[+] w. (Baerwart) *Waldrebe.*

Nielewäldeli[+] s. *südlicher Teil des Nachtigallenwäldchens* (Schs., bis 1930er Jahre).

niele (gnielt) *wühlen, stöbern.*

niemets, niemer, niemerts, niemed, niem *niemand.* Si rèdt mit niemetsem, niemerem, ...*mit niemandem.*

Niemetsbaartli vò Dùggige m. 1. *niemand* (humor.). 2. *jemand, den man nicht nennen will* (humor.).

niene *nirgends.* Er isch iiberaal ùnd niene, *er ist bald hier, bald dort, nicht zu fassen.* S duet em iiberaal ùnd niene wee, *er weiss nicht recht, was ihm eigentlich wehtut.*

Niere w. *Niere.* **Nierefaissti** w. *Nierenfett.*

Nierstigg s., **Nierestigg** s. *Nierenstück, Fleisch über der Niere.* Ra.: Nit suuber iber em Nierstigg syy, *nicht über alle Zweifel erhaben sein.* **Nierli** s. *Niere als Speise.* Spannischi Nierli, *Stierhoden als Speise.*

Niesse w. *Nichte; frz. nièce.* Dim. Niessli s.

niesse (gnòsse / gniesst) *niesen.*

Niete w. *Niete.* 1. *Niet, Metallbolzen.* 2. *nicht gewinnendes Los.* 3. *unfähiger Mensch, Versager.*

Nigge w. *Veronika.*

niggele → niggle.

Niggeli m. *Nörgler, Pedant.*

niggelig *nörglerisch, pedantisch, kleinlich.*

Niggi m. *Nicolas, Niklaus, Nikolaus.* Dim. Niggeli m., s.

Nigginäggi m. *Sankt Nikolaus* (Ks.).

niggle (gniggled), **niggele** (gniggeled) 1. *nörgeln, kleinlich kritisieren.* 2. *spielerisch herumfingern.* 3. unpers. *ärgern.* S niggled mi enòòrm.

Niggles[+] m. *Nicolas, Niklaus, Nikolaus.*

nimme, nimmi *nicht mehr.* S wiird mer nimme bèsser, *das ist die Höhe.*

Nimmerli → Nùmmere.

nimmi → nimme.

nyyn *neun.* Dä Bueb isch nyyn, nyyni, nyyn Jòòr alt, ...*neun Jahre alt.*

Nyynaa *Schlaf* (Ks.) in: Nyynaa mache, *schlafen.* Nyynaa goo, *schlafen gehen.*

Nyyner m. 1. *Angehöriger des Jahrgangs 1909.* 2. [+] *Tram Nr. 9.*

Nyyni s. 1. *Zahl neun.* Schryyb e Nyyni. 2. *neun Uhr.* S isch glyy Nyyni. Vòòr de Nyyne, *vor neun Uhr.* Geege de Nyyne, geege die Nyyni, *gegen neun Uhr.*

Nyynikiirche[+] w. *Sonntagsgottesdienst um neun Uhr.* **Nyynistai** m., s., **Nyynizie** s., **Nyyntelstai** m., s. *Mühlespiel (Brettspiel).* I haa bim Nyynistai verlòòre.

Nyynifee 1. *Ninive.* 2. Fluchwort: Hèèrgòtt Nyynifee, *Donnerwetter.*

ninnele → nùnnele.

ninngere[+] (gninngered) *jammern, klagen* (Baerwart).

nyynt *neunt.*

Nyyntelstai → Nyynistai.

Nyynzger m., **Nyynziger** m. 1. *Neunzigjähriger.* Angehöriger des Jahrgangs 1890.

nyynzig *neunzig.*

Nyynziger → Nyynzger.

nyynzigscht *neunzigst.*

Niirebäärg[+], **Niirnbäärg** *Nürnberg.*

nysche (gnyscht) *verstohlen spähen, Voyeurismus betreiben* (Mitte 20. Jh.).

Nyschel[+] m. *Kopf* (vulg.).

Nyscher m. *Voyeur* (Mitte 20. Jh.).

Niss w. (nur Plur.) *Ei der Laus.* Aim ùff d Niss gää, *jdn. auf den Kopf schlagen, verprügeln.*

Nisse w. *Diakonisse* (humor.).

nit *nicht.* Er hèt mi nit griesst. Si hèt Gäld wie nit, *sie hat sehr viel Geld.* Was hèt s nit alles fir Sache ghaa, *wieviel Sachen hatte es doch.*

nyt *nichts.* Er kaa nyt, *er kann nichts.* Er isch nyt, *er hat keinen Beruf.* Nyt as Èèrger, *nur Ärger.* Miir nyt diir nyt, *ohne weiteres.* Nyt fir ùn'guet, *nichts für ungut.* Wie nyt, *als ob es nichts wäre, mit Leichtigkeit.* Er hèt dä schwäär Kòffer glipft wie nyt. Fir nyt ùnd wiider nyt, *für nichts und wieder nichts.* Us nytem wiird nyt, *aus nichts wird nichts.* Si händ mit nytem, mit nyt miese lääbe.

nytele (gnyteled) *gering scheinen, nach nichts aussehen.*

Nyteli s. 1. «*Nichtslein*», *ein Nichts, wertlose Kleinigkeit.* Humor. Antwort auf die Frage eines Kindes nach Geschenken: E gòldig Nyteli mit eme silbrige Dänggdraa. 2. *kümmerlicher Mensch.*

nytelig *gering, unansehnlich.*

nytig *nichtig, wertlos, gering, unansehnlich.*

Nytnùtz m. (-e) *Nichtsnutz, Taugenichts.*

nytnùtzig *nichtsnutzig.*

no[1], **nòch** *nach.* No der Breedig, *nach der Predigt.* Non em Ässe, nòch em Ässe, *nach dem Essen.* No Lieschtel kùnnt Lause. Er raist no Ziiri.

no², **nò**, **nòch** + *noch.* No nyt, *noch nichts.* Hèt s nò Sùppe? *Hat es noch Suppe?* Was witt no mee? *Was willst du noch mehr?* Wäder Dier nò Pflanze.

nö̀ö *nein* (vulg.).

nòch → no¹, no².

nooch (neecher, neechscht / neecherscht / nèggscht) *nahe.* Vò noochem, *aus der Nähe.*

Noochber m. (-e) *Nachbar.*

Noochbere w. *Nachbarin.*

nooche, **no**, **nò** 1. *danach, nachher, dann.* Zèèrscht kèmme die Grosse draa, nooche die Glaine. Wèmmer gässe händ, no geemer ins Bètt. 2. *nach.* I bi nooche, *ich bin soweit, ich habe aufgeholt.* In Zss. Noochemache, *nachahmen.* Noocherènne, *nachrennen.*

noochedängge (noochedänggt) *nachdenken.* Èppisem noochedängge, *über etwas nachdenken* (Meyer).

noochefaare (noochegfaare) 1. *nachfahren (mit Fahrzeug).* 2. *mit Finger oder Schreibgerät einer Linie folgen.*

noochefrooge (noochegfrògt) *nachfragen.* Èpperem noochefrooge, *sich über jdn. erkundigen.*

noochegää (noochegää), **noogää** (noogää) *nachgeben.* Spruchweisheit: Der Gscheiter git noo, der Eesel blybt stoo.

noochegoo (noochegange) *nachgehen, verfolgen.* Me sòtt däm Gschwätz noochegoo.

noochegryyne (noochegrinne / noochegryynt) *nachweinen.*

noochekoo (noochekoo), **nookoo** (nookoo) 1. *mitkommen, Tempo einhalten können.* Mit em Weeloo isch er em Dram fascht noochekoo. 2. *später nachfolgen.* Mòòrn kèmme mer nooche. 3. *begreifen.* I bii bi däm Witz nit ganz noochekoo.

noochelauffe (noocheglòffe) *nachlaufen, nachgehen, verfolgen.* Die Melòdyy laufft mer efang nooche.

noocheleege (noocheglègt) *nachlegen, nachschieben (Brennmaterial).* Mues yyhaizen ùnd e bitzeli noocheleege (Sieber).

noocheloo (noochegloo), **nooloo** (noogloo) *nachlassen.*

noocheluege (noochegluegt), **nooluege** (noogluegt) 1. *nachschauen.* Jètz kènne si irem Gäld noocheluege. 2. *kontrollieren.*

noochemache (noochegmacht) *nachahmen.*

noochenää (noochegnoo) *zu einer Arbeit anleiten,* auf den gehörigen Stand der Ausbildung bringen. Er hèt sy Soon im Gschäft noochegnoo.

nòchenander, **nonenander** *nacheinander.*

noochespringe (noochegsprùnge) *nachlaufen, nachrennen.*

noochestyyge (noochegstiige) 1. *hinterhersteigen.* Er isch eme Noochbersmaitli noochegstiige. 2. *begreifen.* Jètz bin i äntlig noochegstiige.

noochgoo (noochgange) *nahegehen.* Der Dood vòm Vatter isch ere noochgange.

noochhäär, **noohäär** *nachher, danach.*

Noochnaam w. (-e) *Nachnahme.*

noochzue, **noozue** *nahezu, beinahe.*

nodäm *nachdem, je nachdem.* Nodäm der Wind goot, so hèèrt me s Wasser (Kron).

nodynoo → nootynoo.

Noodisch m. *Nachtisch, Dessert.*

noodisnoo → notynoo.

Noodle w. 1. *Nadel.* Wie ùff Noodle syy, *vor Ungewissheit oder Ungeduld fast vergehen.* **Noodlebiggsli** s. *Nadelbehälter.* **Noodlekissi** s. *Nadelkissen.* **Noodlenèèri** s. *Nadelöhr.* Dim. Needeli s. 2. D Noodle, *die seltene (inoffizielle) Fasnachtsplakette von 1910.*

Noodlebäärg m. *Nadelberg (Grossbasler Altstadtgasse).*

nooednoo → notynoo.

Noofroog w. (-e) *Nachfrage.* I dangg der Noofroog, i dangg fir d Noofroog, *ich danke für die Frage nach meinem Befinden.*

Nooguu m. *Nachgeschmack.*

noohäär → noochhäär.

nookoo → noochekoo.

Nookùmme + m. *Nachkomme.*

Nool m. (Noole / Neeler) *dummer, langsamer, tölpelhafter, begriffsstutziger Mensch.*

Nòldi m., **Nèldi** m. *Arnold.* Dim. Nèldeli m., s.

nooloo → noocheloo.

Noolòss m. (Noolèss) *Nachlass, Erbschaft.*

nooluege → noocheluege.

Noomidaag m. (Noomidääg) *Nachmittag.*

noonemool, **nònnemool** *nochmals, noch einmal.* Verst. Zum Gugger nònnemool! Dònnerwätter noonemool!

nonenander → nòchenander.

nooni, **noonig** *noch nicht.* Noonig lang han i èppis Glùnges erläbt, *kürzlich...*

Nònn → Nùnn.

nònnemool → noonemool.

nòppere + (gnòppered) *eifrig handarbeiten.*

nòòrge (gnòòrgt) *liederlich, unsorgfältig arbeiten.*

Nòòrgede w. *liederliche Arbeit.*

Nòòrgi m. *nachlässiger Arbeiter, Pfuscher.*

Nòòrgis m. *schlechte Arbeit, Pfusch.*

Nooricht w. (-e) *Nachricht.* D Noorichte, *die Basler Nachrichten, (Tageszeitung bis 1976).*

Nòschter + m. (-e) *Nüster.*

Noosùmmer m. (Noosimmer) *Nachsommer.*

Noot[1] w. *Naht.* Dim. Neetli s.

Noot[2] w. *Not.* Noot haa, *dringend auf den Abort müssen.* Mit Naagels Noot, *mit knapper Not.* Ra.: In der Noot frisst der Deifel Fliege, *man muss sich notfalls mit wenig begnügen.*

nootabeeni, nootebeeni *wohlgemerkt; lat. nota bene.*

Noote w. *Note.* 1. *Schulnote, Zensur.* **Nooteschysser** m. *Lehrer* (humor.). 2. *Musiknote.* Noo de Noote, *gehörig, tüchtig.* **Nooteschysser** m. *Komponist* (humor.). 3. *Rechnung, Faktur.* 4. *Banknote.* Dim. Neetli s.

nootebeeni → nootabeeni.

nootynoo, nootisnoo, noodynoo, nooednoo + *nach und nach, allmählich.* S wiird nootynoo kalt. Im Wùlgeschuum verschwinde d Sänger nooednoo (Hindermann).

Nòvämber m. *November.*

Nòwöö → Nèwee.

Noowùùsel m. *spät nach den andern Geschwistern geborenes Kind, Nachgeborenes.* Dim. Noowùùseli s.

noozue → noochzue.

nù *nun.* He nù, *je nun, immerhin.* Jä nù, *ja nun, es ist nun eben so.* He nù sò dènn, *ja nun denn also, sei's drum.*

Nuudle[1] w. 1. *Nudel (aus Teig).* Dim. Nyydeli s. *Nüdelchen.* 2. *breiter Galon an der Offiziersmütze* (Ss.). En Ooberscht hèt drei Nuudle. 3. *munterer Mensch.* Er isch e glùngeni Nuudle.

Nuudle[2] w. *Naturkundeunterricht* (Schs.). **Nuudlelèèrer** m. *Naturkundelehrer* (Schs.).

nuudle (gnuudled) 1. *liebkosend drücken.* 2. + *prügeln* (Seiler).

nuefer + *munter, gesund, lebhaft.*

Nuele + w. *durch Wasser entstandenes Loch* (Hagenbach, Seiler).

Nuet w. (-e) *Nut, Fuge, Naht.* Dim. Nietli s.

nuete (gnueted) *nuten.*

Nuugaa m. 1. *Nougat; frz. nougat.* 2. *unzuverlässige Angelegenheit, wertlose Sache, Unsinn* (Höschs). Daasch dòch alles Nuugaa.

nùgge (gnùggt) *ein Nickerchen machen, schlummern.*

nùggedeetisch → nùggisch.

nùggele (gnùggeled), **nùggerle** (gnùggerled) *saugen, an den Fingern saugen (von Kleinkindern).*

Nùggerli s. *Nickerchen, Schläfchen.*

Nùggi m. *Sauger, Schnuller.* Ra.: S hèt em der Nùggi uusegjagt, *er explodierte vor Ungeduld oder Wut.* **Nùggizapfe** m. *Sauger, Schnuller.* Dim. Nùggeli s.

nùggisch, nùggedeetisch (fam.) *allerliebst, entzückend, niedlich.* E nùggisch nei Glaidli.

Nùll s. *Null.* S Nùll isch kai rächti Zaal.

Nùller m. *Null beim Schiessen oder im Spiel.* Er hèt e Nùller gschòsse. Der (dòppled) Nùller, *der augenlose Dominostein.*

Nùlli m. *Sauger, Schnuller* (fam.).

nùllhändig *freihändig.* Nùllhändig weeloofaare.

nùllkòmmablètzlig *sofort* (humor.).

nùmme *nur.* Antwort auf Türklopfen: Nùmmen yyne. I haa nùmme no drei Frangge. Das Buech isch nùmme langwyylig, *dieses Buch ist nichts als langweilig.*

Nùmmere w. 1. *Nummer.* S Nùmmere zwèlf, *das Haus mit Nummer zwölf.* **Nùmmerelòtto** s. *Zahlenlotto.* **Nùmmerespiil** s. *Nummernspiel, bei dem im Gelände die Nummer des Gegners abgelesen werden muss.* Dim. **Nimmerli** s. *eingenähte Zahl zur Kennzeichnung von Textilien.* 2. *origineller Mensch* (leicht pej.). Der Mygger isch schò nòn e Nùmmere.

nùmmero pfiff *rasch, sofort* (humor., Baerwart).

nùndebyppi, nùndebyps, nùndebùggel, nùndedie, nùndefaane verh. *im Namen Gottes; frz. au nom de Dieu.*

Nùndedie m. *Donnerskerl, Schalk, Tunichtgut* (Baerwart).

Nùnn w. (-e), jg. **Nònn** w. (-e), **Nònne** w. *Nonne.* **Nùnnefiirzli** s. 1. *bestimmtes kleines Teegebäck.* 2. *bestimmter kleiner Feuerwerkskörper.* **Nùnnewääg** w. *Nonnenweg (Strasse in Grossbasel-West).*

nùnnele (gnùnneled), **ninnele** (gninneled)
1. *mit Schlummertüchlein vor dem Einschlafen spielen (von Kleinkindern).* 2. [+] *an etwas saugen, lutschen.* 3. *Nickerchen machen, schlummern.*

Nùnneli → Nùnni.

nùnnelig → nùnnig.

Nùnni m. *Taschentuchzipfel, Schlummertüchlein.* Dim. Nùnneli s.

nùnnig [+], **nùnnelig** [+] *herzig, reizend.* E nùnnelig Bùschi.

nùùsche (gnùùscht) *stöbern, herumstöbern, suchend wühlen.*

Nùss w. 1. *Nuss, Walnuss.* Nùss bängle, *Nüsse herunterschlagen.* E Nùss ùffschloo, *eine Nuss knacken.* Abzählreim: Èpfel, Biire, Nùss, ùnd duu bisch dùss. **Nùsseel** s. *Nussöl.* **Nùssgipfel** m. *mit Nussbrei gefülltes Hörnchen.* **Nùssgipfelbòschtuur** w. *krummgewachsener, hässlicher Mensch* (humor., Schs.). **Nùsswasser** s. *Nussschnaps, Nusslikör.* Dim. **Nissli** s. *kleine Nuss, Erdnüsschen.* Spannisch Nissli, *Erdnüsschen.* **Nisslisalaat** m. *gemeiner Feldsalat.* 2. *Nichtskönner, Stümper, Versager* (pop.).

nùsse (gnùsst) *Nüsse herunterschlagen, sammeln.*

nùtz *nütze, brauchbar, tauglich.* Dä Maa isch èppis nùtz. Das Zyyg doo isch nyt nùtz. Das Maitli isch zue nyt nùtz, *...taugt zu nichts.*

Nùtze m. *Nutzen, Ertrag.*

nùtze (gnùtzt) 1. *nützen, nützlich sein.* S nùtzt alles nyt. 2. *zum Vorteil gebrauchen, nutzen.* Er nùtzt syni Goobe.

Nùtzig w. (-e) *Nutzung, Ertrag.*

nùtzlig *nützlich.*

O

ö → e.

oob Adv. *über.* D Sùppen isch oob, *die Suppe ist über dem Feuer.* Was hèsch oob? *Was hast du vor, was führst du im Schilde?*

òb Konj. → eb[1].

oobdue (oobdoo) *aufs Feuer bzw. auf die Herdplatte stellen.* Hèsch d Milch schò oobdoo?

Oobe m. (Eebe) *Abend.* Gueten Oobe, *guten Abend* (dieser Gruss wird in Basel von Mittag bis in die Nacht verwendet). Gueten Oobe! *Ei, was für eine Bescherung!* Z Oobe → Zoobe. **Oobeland** s. *Abendland.* **Oobemool** s. *Abendmahl.* **Ooberoot** s. *Abendrot.* **Oobestäärn** m. *Abendstern, Venus.* **Oobesùnne** w. *Abendsonne.* Dim. **Eebeli** s. *gemütlicher, netter Abend.* Guetsneebeli, *guten Abend* (Ks., fam., humor.).

oobe [+] (goobt) *Abend werden* (Seiler).

oobe *oben.* Ooben ùff em Kaschte, *auf dem Schrank oben.* Ooben am Dòòrf, *oberhalb des Dorfes.* Oobe blùtt, oobe nyt, *oben ohne* (2. H. 20. Jh.).

obedraa *oben, obenan, am obern Ende.* E Stange mit eme Spitz obedraa.

obedryy 1. *obendrein, ausserdem, überdies.* Si sind aarm ùnd obedryy no grangg. 2. *gratis.* Ùff s Dòtzed git s ai Stigg obedryy.

obedùùre 1. *oben durch, oben hindurch.* Mer sind obedùùre gange, *...über die Höhe.* 2. *obenhin.* Si hèt nùmme grad obedùùren abgstaubt. 3. *an der oberen Körperhälfte.* Obedùùren isch er blùtt gsii, *sein Oberkörper war unbekleidet.*

obenaa *obenan.* Obenaa isch der Vatter gsässe.

obenaabe *von oben her, von oben herab, herunter.* S macht wiescht obenaabe, *es regnet heftig.*

obenaabekoo (obenaabekoo) 1. *von oben herunterkommen.* 2. *bescheiden werden, Ansprüche zurückschrauben* (pop.).

obenaabenää (obenaabegnoo) 1. *von oben herunternehmen.* 2. *ütr. nicht nur Zinsen verbrauchen, sondern auch das Kapital angreifen.* Im Alter hèt er bees miesen oobenaabenää.

obenewägg 1. *von oben weg.* 2. *mindestens, wenigstens.* Si hèt obenewägg drei Mylioone. Fir die Aarbed muesch obenewägg vier Stùnde rächne.

obenyyne 1. *oben herein, oben hinein.* In däm Huus räägned s obenyyne. Er isch an der Gant hooch oobenyyne, *er hat an der Auktion sehr hoch geboten.* 2. *nach vorn gebückt.* Si laufft obenyyne.

obenùff *obenauf.*

obenùmme *oben herum.*

obenuuse *oben hinaus.* Si wänd hooch obenuuse, *sie wollen hoch hinaus, sie sind sehr ehrgeizig.* Er isch obenuuse, 1. *er brauste auf.* 2. *er wurde verrückt.*

oober *ober.* Der oober Stògg, *das obere Stockwerk.*

Ooberländer m. 1. *Berneroberländer, Bündner-*

oberländer. 2. *Oberleutnant* (Ss.).

Ooberlèfti m. (Ss.), **Ooberlifzger** m. (Ss.),
Ooberlytenant [+] m., **Ooberlytnant** m.
(Ooberlytnänt) *Oberleutnant.*

Ooberlyynduech s. *oberes Bettuch.*

Ooberlyt(e)nant → Ooberlèfti.

Ooberscht m. (Eeberscht / Ooberschte) *Oberst.*

oberscht, eeberscht [+] *oberst.*

Ooberschthälffer [+] m. 1. *Obersthelfer, bis ins 19. Jh.
Inhaber des zweithöchsten kirchlichen Amtes im
reformierten Basel.* 2. *oberster Knopf oder Haken
des Hosenschlitzes* (humor.). I haa zvyyl gässe,
i mues der Ooberschthälffer ùffmache.

Oobmaa m. (Oobmänner) *Obmann, Präsident
(vor allem von Fasnachtsvereinigungen).*
Oobmaameeli s. *jährliches Essen der Fasnachts-
cliquen-Obmänner* (seit ca.1970).

Òbs [+] s., **Òbscht** s. *Obst.* Kòcht Òbscht, *Kompott,*
Ra.: I dangg fir Òbscht, *das kann ich nicht
akzeptieren, da mache ich nicht mit* (pop.).

òbsi *aufwärts, nach oben.* S goot òbsi mit em,
*er macht Fortschritte (beruflich oder
gesundheitlich).*

Òbsibùrgatz [+] w. (nur Sing.) *Brechmittel.*

Òbsigänd s. «*aufwärtsgehend*», nur in:
Bim Òbsigänd, im Òbsigänd, *wenn die Winkel-
erhebung des Mondes über dem Himmelsäquator
zunimmt.* D Boone sòtt me bim Òbsigänd stègge.

Oodegòlònnie w. *Kölnischwasser; frz. eau de Cologne.*

ooder (bet.), **oder, òder** (unbet.) 1. *oder.* Schwaarz
oder wyss. Bisch mied, òder fäält der èppis?
2. *andernfalls, sonst.* Kùmm jètz äntlig, oder i gang
elai fùùrt. 3. *es sei denn, dass.* I mècht nit ùff
em Land woone, ooder i hätt en Auto. 4. *meinst du
nicht auch, nicht wahr?* (pop.). Daasch dòch
e scheene Hèlge, oder?

Oodere w. 1. *Ader.* Ra.: E groossi Oodere griege,
splendid werden (Baerwart). 2. *Veranlagung,
Neigung.* Si hèt en Oodere fir d Muusig. Er hèt e
phoeetischi Oodere. Dim. **Eederli** s. S isch kai
faltsch Eederli an ere, *sie ist ohne Fehl und Tadel.*

odioos *widerwärtig, lästig; lat. odiosus.*
En odioosi Aarbed.

Oofe m. (Eefe) *Ofen.* Hinder em Oofe hògge,
Stubenhocker sein. Ra.: Èppis im Oofe haa,
etwas in petto haben. **Oofediirli** s. *Ofentür.*
Oofeguggerli [+] s. *Bratröhre im Ofen.*

Oofekachle w. *Ofenkachel.* **Oofekiechli** s.
*Windbeutel, süsses, luftiges Gebäck, meist mit
Schlagrahm.* **Oofekuz** m. *Stubenhocker.*
Ooferòòr s. 1. *Ofenrohr.* 2. *Bratröhre im Zimmer-
ofen.* Dim. **Eefeli** s. 1. *kleiner Ofen.*
2. [+] *Homosexueller* (humor.).

Òffäärte w. *Angebot, Voranschlag; von frz. offert.*

òffe *offen, geöffnet.*

òfferiere (gòfferiert / òfferiert) *anbieten; frz. offrir.*

Òggdoober m. *Oktober.* Dim. **Òggdooberli** s.
Fetthennenart (Sedum sieboldi, Topfpflanze).

Òggs m. (-e) *Ochse.* Der Òggse, *das Wirtshaus
zum Ochsen.* Briele wien en Òggs am Spiess,
lauthals brüllen.

òggse (gòggst) *angestrengt arbeiten, büffeln*
(Schs., Sts.).

oohaa, ooha *ach wie dumm, wie schade,
wie ungeschickt.* Oohaa, das isch lätz uusekoo.
Verst. ohaa lätz.

ohaie *o weh.*

ȯhọ̈ *ja* (vulg).

Ool m. (Eel), jg. **Aal** m. (Ääl) 1. *Aal.*
2. [+] *dicker Mensch.*

Òmpeese → Ùmpaise.

ooni *ohne.* Ooni dä Mantel. Ooni dass er guete Daag
gsait het, *ohne guten Tag zu sagen.*

Oonùs s., m. *Last, lästige Verpflichtung, Fron;
lat. onus.* Das isch fir mii eenter en Oonùs.

Oopere w. *Oper.* **Ooperegùgger** m. *Opernglas.*
Dim. **Eeperli** s. *kleine Oper.*

Òpfer s. 1. *Opfer.* 2. *Kirchenopfer.* **Òpferstògg** m.
Opferstock. Dim. **Èpferli** s.

Òòr s. (-e) *Ohr.* D Òòre lo stoo, *an den Ohren ziehen.*
Raa.: D Òòre lyten aim, *man ahnt oder spürt,
dass jd. von einem spricht.* Em Deifel en Òòr
abschwätze, em Deifel en Òòr abrènne, ...*sehr,
heftig, ununterbrochen.* Ùff däm Òòr hèèrt er nyt,
in dieser Beziehung will er nichts wissen.
Òòrebhängg s., **Òòrebhängger** s. (Plur.)
Ohrgehänge. **Òòregriibler** m. *Ohrwurm.*
Òòremyggeli s. *Mumps, Parotitis.* **Òòrfyyge** w.
Ohrfeige. Dim. **Èèrli** s. *Öhrchen.* Bèttfläsche mit
Èèrli, *Bettgenossin* (Höschs.).

òòrangsch *orange, rötlichgelb; frz. orange.*

Òrangsche w. *Orange, Apfelsine; frz. orange.*

òòrdeli, òòrdelig Adv. *ziemlich.* S isch òòrdeli waarm
do inne. S hèt òòrdelig Lyt ghaa, *es hatte ziemlich*

viele Leute.

òrdinäär 1. + *gewöhnlich, gewohnt; frz. ordinaire.*
S Òrdinääri +, *die alltägliche Kost, Mundportion*
(Meyer). 2. *ordinär.*

òòrdlig *brav, folgsam, freundlich.* En òòrdlig Maitli,
ein braves, freundliches Mädchen. Er isch allewyyl
òòrdlig zue de Kinder, *...freundlich mit den Kindern.*
Auch leicht pej.: Er isch en Òòrdlige, *er ist zwar
ein netter Kerl, aber etwas dümmlich.*

Òòrgele w. *Orgel.* **Òòrgelemaa** m. *Leierkastenmann.*
Òòrgelepfyffe w. 1. *Orgelpfeife.* 2. ütr. (Plur.)
grosse Kinderschar einer Familie (humor.).
Dim. **Èèrgeli** s. *kleiner Orgel, Drehorgel.*
Èèrgelimaa m., **Èèrgelimännli** s., **Òòrgelimännli** s.
Leierkastenmann.

òòrgele (gòòrgeled) 1. *orgeln.* 2. *Autoanlasser lange
betätigen* (pop., Mitte 20. Jh.).

Òrginaal s. (Òrginaal / Òrginääler) 1. *Original.*
2. *origineller Mensch.*

òrginèll *originell.*

Òòrnig w. (-e) *Ordnung.* S isch alles in der Òòrnig,
es ist alles in Ordnung.

Òòrt s., jg. m. (Òòrt / Èèrter) *Ort.* Due dyni Sachen
an s rächt Òòrt. I kùmm dòch nie an die biriemten
Èèrter hii (Kelterborn). Dim. **Èèrtli** s. 1. *Örtchen.*
Sy Sach hèt amene glainen Èèrtli Blatz. 2. *Abort,
Abtritt.* I mues ùff s Èèrtli.

Ooschtere w. (Sing.) *Ostern.* Wyssi Ooschtere,
Ostern im Schnee. **Ooschterai** s. *Osterei.*
Ooschterflaade w. *bestimmtes flaches,
kuchenförmiges Ostergebäck.* **Ooschterhaas** m.
Osterhase. **Ooschtermääntig** m. *Ostermontag.*
Ooschternäschtli s. *Ostereiernest.*
Ooschteròggs m. *Osterochse, nur in:*
Ùffgmacht wien en Ooschteròggs, *allzu
aufdringlich geschmückt, z.B. Festteilnehmer*
(humor.). **Ooschtersamschtig** m. *Ostersonnabend.*
Ooschtersùnntig m. *Ostersonntag.*

Òschte m. *Osten.* Der Wind bloost us em Òschte,
der Wind bläst aus Ost. Der Fäärn Òschte.
1. *der Ferne Osten.* 2. *die Ostschweiz* (humor.).

Ooser + m. 1. *Schulranzen.* 2. *Umhängetasche.*

Òsgi m. *Oskar.* Dim. Òsgeli m., s.

Oote + m., **Ootem** m. *Atem.* Dim. Eetemli s.

ootme (gootmed) *atmen.*

Òtti m. *Otto.* Dim. Òtteli m., s.

P

p- → auch: b-.

pfaade (pfaaded) *Weg bahnen.*

Pfaader → Pfaadi.

Pfadeese w. *Pfadfinderin* (humor.). Dim. Pfadeesli s.

Pfaadi m., **Pfaader** m. *Pfadfinder.* Er isch by de
Pfaadi, *er macht bei den Pfadfindern mit.*
D Pfaadi, *die Pfadfinder, die Pfadfinderbewegung.*
Pfaadilaager s. *Pfadfinderlager.* **Pfaadimässer** s.
Pfadfindermesser.

Pfaff m. (-e) *Pfaffe, Pfarrer* (pej.). **Pfaffehietli** s.
Pfaffenhütchen, Spindelbaum. **Pfaffemògge** + m.
bestimmtes Gebäck aus eingelegtem Milchbrot
(Müller). **Pfafferèèrli** s. *ganz junger Löwenzahn
(als Salat verwendet).* Dim. Pfäffli s.

Pfäffer m. *Pfeffer.* Pfäffer ùnd Salz, 1. *bestimmtes
sehr rasches Seilspringen* (Schs.). 2. *grau meliert,
z.B. Schnauzer oder Stoff.* **Pfäffermiili** w. *Pfeffer-
mühle.* **Pfäfferminz** w. *Pfefferminze.*

pfäffere (pfäffered) 1. *pfeffern.* D Sùppe pfäffere.
Ütr. E pfäfferedi Reed. 2. *kräftig werfen* (pop.).
Er hèt e Stai in d Schyybe pfäffered. 3. *schiessen*
(pop.). Im Schiess'stand pfäffere si der ganz
Noomidaag.

Pfanne w. 1. *Pfanne.* Ra.: Èppis ùff der Pfanne haa,
fähig sein, tüchtig sein. **Pfanneblätz** m.
Pfannenreiniger aus Metallgeflecht.
Pfannebùtzer m. *Schachtelhalm, Zinnkraut.*
Pfannedatze m. *Topflappen (als Schutz vor Hitze).*
Pfannedèggel m. a) *Pfannendeckel.* b) *Tschinelle*
(humor., Ks.). **Pfannegratzede** w. *angebratener
Rest aus der Pfanne als Speise.* **Pfanneriibel** m.
a) *Pfannenreiniger aus Metallgeflecht.*
b) *doppelseitiges Reiswurzelbürstchen.*
Pfanneschmègger m. *Topfgucker.* Dim. Pfännli s.
2. *Frau* (pej.), *Dirne* (Höschs.).

Pfäärd s. 1. *Reitpferd* (nur in Reiterkreisen,
seit Ende 19. Jh.). 2. *Pferd (Turngerät, Lederrolle
mit vier Beinen).*

Pfaarer m. (Pfäärer) *Pfarrer.* **Pfaarersdòchter** w.
Ùnder ùns Pfaarersdèchter gsait, *ganz unter uns,
ganz im Vertrauen gesagt.* **Pfaarersfrau** w.
Pfarrfrau. Dim. Pfäärerli s.

Pfaarere w. *Pfarrerin.*

Pfaarhuus s. (Pfaarhyyser) *Pfarrhaus.*

Pfätte w., **Pfètte** w. 1. + *Pfosten.* 2. *Pfette,*

waagrechter Balken, der die Dachsparren trägt.
pfätze (pfätzt) 1. *mit den Fingern kneifen.*
2. *finanziell in die Zange nehmen.* D Styyrverwaltig
hèt en bees pfätzt.
pfeigge + (pfeiggt) *kacken, Darm entleeren* (Ks.).
Pfeigger + m., **Pfeizger** + m. *Durchfall, Diarrhö.*
Pfeeli → Pfool.
Pfèèrsig m. *Pfirsich.* **Pfèèrsigbaum** m. *Pfirsichbaum.*
Pfèèrsigstai m. *Pfirsichstein.* Dim. Pfèèrsigli s.
Pfèschtli m., **Pfèschtlibinder** m. *Pfadfinder*
(humor., pej.).
Pfètte → Pfätte.
pfy → pfui.
pfydi → pfudi.
Pfyffe w. 1. *Pfeife, Tabakspfeife.* **Pfyffedèggel** m.
a) *Deckel der langen Grossvaterpfeife.* b) Interj.
das ist mir völlig egal, da wird nichts draus! Dim.
Pfyffli s. a) *Signalpfeife.* b) *Tabakspfeife* (fam.).
Er raucht gmietlig sy Pfyffli. c) *Penis.*
Pfyfflidòggter m. *Arzt für Haut- und Geschlechts-*
krankheiten (Höschs.). **Pfyfflispiiler** m. *Päderast*
(vulg.). 2. *schnurgerade Strecke, Strasse oder Piste*
(2. H. 20. Jh.).
pfyffe (pfiffe) 1. *pfeifen.* Raa.: I pfyff drùff,
das ist mir völlig gleichgültig (pop.). Du kaasch mer
pfyffe, *du kannst mich gern haben.* Soo kènne d Lyt
is pfyffe (Meyer). Us em lètschte Lòch, ùff em
lètschte Lòch pfyffe, *physisch oder finanziell*
dem Ende nahe sein. Das isch de Myys pfiffe,
das ist ein Tropfen auf den heissen Stein, vergebliche
Liebesmüh. 2. *Piccolo spielen.* Er pfyfft byn ere
groosse Glygge.
Pfyffedèggel → Pfyffe.
pfyffegraad *bolzengerade* (20. Jh.).
Pfyffer m. *Pfeifer, Piccolospieler.* **Pfyfferziigli** s.
kleine Fasnachtsgruppe von Piccolospielern.
Pfyffere w. *Pfeiferin, Piccolospielerin.*
pfyfferle (pfyfferled) *unbeholfen, schlecht pfeifen*
oder Piccolo spielen.
Pfyyl m. *Pfeil.* **Pfyylbooge** m. *Pfeilbogen.*
Dim. Pfyyli s.
pfyyle (pfyylt) *unangenehm sein, verdriessen.*
S pfyylt mi, in Räägen uusezgoo.
Pfyyler m. 1. *Pfeiler.* 2. ütr. *stämmiges Bein*
(humor.).
Pfinder m. *Pfund Brot.* Meist Dim. Pfinderli s.
-pfindig *-pfündig.* E dreipfindige Stai, *ein drei Pfund*

schwerer Stein.
Pfingschte w. (Sing.) *Pfingsten.* D Pfingschte isch
hyyr èèrscht im Juuni. **Pfingschtnäägeli** s.
braungelbe Levkoje. **Pfingschtroose** w. *Päonie.*
Pfipfi s. 1. + *bestimmte Hühnerkrankheit.* 2. *kleines*
Unwohlsein, Unpässlichkeit. 3. *einfältige Frau*
(fam.).
Pfiirpfi s. *Haarknoten, Chignon.* Dim. Pfiirpfeli s.
pfyyserle (pfyyserled) 1. *leise zischen, leicht brausen.*
2. *ein Schläfchen machen, schlummern* (20. Jh.).
pfytausig *pfui Teufel.*
pfyteifel, pfyteiggeler *pfui Teufel.* Die woone hinder
Pfyteifel, *die wohnen sehr abgelegen* (humor.).
pfytschinder *pfui Teufel.*
Pfitz m. eig. *rascher, kurzer Streich oder Schlag.*
Nur in: Alli Pfitz, *alle Augenblicke, immer wieder.*
Im Pfitz, in aim Pfitz, *in einem Nu, sehr rasch.*
pfitze (pfitzt) 1. *sich sehr rasch fortbewegen.*
Nur in Zss.: Ynepfitze. Dùùrepfitze. 2. *fitzen,*
mit Rute schlagen.
Pflääg w. (Pflääge/Pfläägene) 1. *Pflege.*
2. *Pflegerin.* Si hèt e Pflääg miesen aastèlle.
pflääge (pflägt) *pflegen.*
Pflääger m. *Pfleger.*
Pfläägere w. *Pflegerin.*
pfläägvattere + (pfläägvattered) *verabreichen*
(humor.). Er hèt em aini pfläägvattered.
pflänne (pflännt), **flänne** (gflännt) *flennen, weinen.*
Pflänni m. *weinerliches Kind, Heulliese,*
Heulpeter.
Pflänz (Plur.) *Flausen, Umstände, Geschichten,*
Schwierigkeiten. Mach dòch kaini Pflänz.
Pflanzblätz m. *Pflanzlandparzelle, Familiengarten,*
Nutzgarten, Schrebergarten.
Pflaartsch m. (Pfläärtsch), **Pflaartsche** + w. (Meyer)
1. *grosser, unschöner Fleck.* 2. *breiiges Gericht*
(pej.) 3. *weicher Strassenkot.* 4. *Teig* (pej.).
5. *träger Mensch.*
pflaartsche (pflaartscht) *breit, faul dasitzen.*
Pflaschter s. 1. *Pflästerung, Strassenpflaster.*
Pflaschterbueb m. (-e) *Handlanger beim Bau*
(Baerwart). 2. *Wundpflaster.* Dim. **Pfläschterli** s.
kleines Pflaster, kleine Tröstung. 3. *Frau* (pej.).
Si isch e fuul Pflaschter.
pflaschtere (pflaschtered) 1. *pflastern.* 2. *pflästern.*
3. *mit breiiger Masse hantieren.*
Pflaschterer m. *Pflästerer* (Hoffmann).

pflätsche (pflätscht) *planschen, umherspritzen.*
pflätschnass *patschnass, pudelnass, tropfnass.*
Pflätter m. *hingeklaschte, halbflüssige Masse, breiiges Exkrement.*
Pflättere w. *dicke Frau* (vulg.).
pflättere (pflättered) 1. *planschen, umherspritzen.*
2. *blubbern, knattern (Motor, Auspuff)* (2. H. 20. Jh.).
pflätternass *patschnass, pudelnass, tropfnass.*
Pfleegel → Fleegel.
pflèschtere (pflèschtered) *pflästern.*
pfliege (pfliegt) *pflügen.*
Pfliengg [+] m. (-e) *Taugenichts.*
pflyymle (pflyymled) 1. *fallen, plumpsen.*
2. *dreinschlagen* (Schneider).
Pflyymli → Pfluume.
Pflòtsch m., **Pflòtz** [+] m. (Fridolin) *Matsch, aufgeweichter Schnee, nasser Schmutz, Schmutz und Schnee gemischt.* **Pflòtschwätter** s. *nasses Wetter (mit aufgeweichten Wegen).*
pflòtsche (pflòtscht), **pflòtze** [+] (pflòtzt) *planschen, platschen, umherspritzen.*
pflòtschig, pflòtzig [+] *matschig, breiig, aufgeweicht.*
E pflòtschige Wääg.
pflòtschnass *patschnass, pudelnass, tropfnass.*
pflòtze → pflòtsche.
pflòtzig → pflòtschig.
pflùùdere (pflùùdered) 1. *geräuschvoll Luft mit Speichel vermischt unter Druck aus dem Mund lassen.* 2. *schwatzen, belangloses Zeug reden (pop.).*
Pflùùderi m. *Schwätzer.*
pflùùderig, pflütterig *aufgeweicht, breiig, matschig.*
Pflueg m. (Pflieg) 1. *Pflug.* 2. *Fahrrad, Motorfahrrad* (Höschs., Schs.).
Pfluume w. *Pflaume.* **Pfluumebòppi** m. *kleiner, untersetzter, dicklicher Knabe oder Mann.* Dim. **Pflyymli** s. 1. *kleine Pflaume.* 2. *Pflaumenschnaps.* Nimmsch e Pflyymli zum Kaffi?
Pflyymliwasser s. *Pflaumenschnaps.*
Pflùntsch m. (Pflintsch) *dicke, träge Frau.*
pflùntsche (pflùntscht) *sich breitmachen, sehr nachlässig dasitzen.*
Pflutte w. 1. *Kloss, Knödel (aus Mehl, Griess, Mais, Kartoffeln usw.).* **Pfluttebègg** m. *Bäcker* (humor.).
2. *dicker, träger Mensch.* Dim. Pflyttli s.
pflutte (pflutted) *träge, faul dasitzen.*
Pflùtter m. *Matsch.* **Pflùtterbiire** w. *weiche,*

überreife Birne.
Pflùttere w. *dicke, träge Frau* (vulg.).
pflùttere (pflùttered) 1. *breiig zerfliessen.*
2. *mit Breiigem (nassem Sand usw.) spielen.*
3. *undeutlich oder dumm daherreden, schwatzen.*
4. *blubbern, unregelmässig laufen, z.B. Motor* (20. Jh.). 5. *halbkrank umherschleichen* (Fridolin).
Pflùtteri m. 1. *Schwätzer* 2. *Diarrhö, Durchfall* (pop.). 3. [+] *weichlicher Mann.*
pflùtterig → pflùderig.
Pfool m. (Pfeel) 1. *Pfahl.* 2. *kräftige Nase* (humor.). Dim. Pfeeli s.
Pfòschte m. (Pfèschte) 1. *Pfosten, senkrechter Dachstuhlbalken.* 2. *stämmiges Bein* (Höschs.). Dim. Pfèschtli s.
Pfoote w. (Pfoote / Pfeete) jg. 1. *Pfote.* 2. *Hand* (pop.). Mach d Pfeeten ewägg!
pfriendele (pfriendeled) **pfrienderle** (pfrienderled) *nach Pfrundhaus, nach Altersheim riechen.*
Pfriender m. 1. *Pfründner, Insasse des Pfrundhauses (Altersheim des Bürgerspitals), Altersheiminsasse.* 2. *geistig und/oder körperlich behinderter alter Mann* (pej.).
Pfriendere w. *Pfründnerin, Insassin des Pfrundhauses, Altersheiminsassin.*
pfrienderle → pfriendele.
Pfruend w. (-e) 1. *Pfründe.* 2. *Pfrundhaus, Altersheim des Bürgerspitals.* Aarmi Pfruend, *Pfrundhausabteilung für Minder- oder Unbemittelte.* Ryychi Pfruend, *teurere Abteilung des Pfrundhauses.* **Pfruendhuus** s. *Pfrundhaus.*
pfudi, pfydi, pfudigääggi Interj. *pfui* (Ks.).
pfuudig [+] *garstig, hässlich, schmutzig (meist vom Wetter).*
Pfuel m. (Pfiel) *Pfuhl.*
pfui, pfy *pfui.*
Pfülme m. (Pfilme) 1. *(rechteckiges) Kopfkissen.*
2. *Federbett* (fam.).
Pfùmpf m. (Pfimpf) 1. *unschön Zusammengedrücktes.* 2. *kleiner, dicker Mensch.*
Pfùnd s. 1. *Pfund (Gewicht von 500 Gramm).* Doosits wien e Pfùnd Schnitz, *faul, nachlässig, stumpf dasitzen.* Dim. Pfindli s.
2. *Zwanzigfrankennote* (Schs., Höschs.).
pfùnde (pfùnded) *Darm entleeren, kacken (pop.).*
pfùndig *grossartig, toll, imposant* (pop.).
E pfùndig Fèscht.

Pfùnzle w. 1. *Funzel, trübe Lichtquelle, Lampe.* 2. *Frau* (pej.). Das isch dòch e bleedi Pfùnzle.

Pfùpf m. (Pfipf) 1. *kleine Luft- oder Dampferuption.* 2. *Unpässlichkeit* (Küry). Dim. Pfipfli s.

pfùpfe (pfùpft) 1. *beim Verdampfen zischen.* 2. *Geräusch entbrannten Schiesspulvers von sich geben.* 3. *stossweise, verhalten lachen.* 4. *begatten* (vulg.).

Pfùpfer m. *Moped, Kleinmotorrad.* Dim. **Pfùpferli** s. *kleines Motorfahrzeug, altmodische Dampflokomotive.*

Pfùùrpf[+] (Pfiirpf) m. *Chignon, Haarknoten.*

pfùùre (pfùùrt) *schwirren, sausen, sich rasch fortbewegen.*

Pfuus m. (nur Sing.) 1. *Schlaf, Schläfrigkeit* (pop.). 2. *Atem* (pop.). Vòr luter Rènnen isch em der Pfuus uusgange. 3. *elektrischer Strom* (pop.). Die Lampe hèt kai Pfuus.

Pfuusbagge → Pfuusibagge.

Pfùsch m. (Pfisch) *schlechte, unsorgfältige Arbeit.* Dim. Pfischli s.

Pfùschi m. *Pfuscher.*

pfuuse (pfuust) 1. *mit Geräusch Dampf oder Luft ablassen, zischen.* S Wasser kòcht glyy, s pfuust schò. 2. *schlafen* (pop.).

Pfuusibagge m., **Pfuusbagge** m. (nur Plur.) *Pausbacke.*

pfuusig 1. *aufgedunsen, aufgeschwollen.* E pfuusig Gsicht. 2. *moussierend.* E pfuusige Wyy.

Pfuusiwasser s. *Mineralwasser, Sprudel (mit Kohlensäure).*

pfùtte[+] (pfùtted) *unwohl, kränklich sein.*

ph- ist in den folgenden Wörtern als p-h- und nicht als f zu sprechen.

Phadänt → Badänt.

phadänt → badänt.

Phagg s. (Phägger) 1. *Paket.* Dim. Phäggli s. *kleines Paket, kleine Packung.* Ra.: E Phäggli mache, a) *mehrere Gegenstände zusammen zu einem reduzierten Preis kaufen.* b) *eine geheime Vereinbarung treffen, einen Kuhhandel abschliessen.* Die Lyberaale händ mit de Radikaalen e Phäggli gmacht. 2. (nur Sing.) *Pack, Gesindel.*

Phaggdrääger m. 1. *Träger, Dienstmann.* 2. *Gepäckträger (am Fahrrad usw.).*

phagge (phaggt) 1. *packen, einpacken.* Phagg dy Kòffer! Mòòrn phagge mer. 2. *kritiklos*

glauben (Jost). Die Gschicht phagg i nit.

phäggle (phäggled) *ergreifen, verhaften.* Si händ en phäggled ùnd in Loonhoof bròcht.

Phalme w. *Palme.* Ain an d Phalme schitte, *kräftig zechen* (Mitte 20. Jh.). **Phalmsùnntig** m. *Palmsonntag.* Dim. Phälmli s.

Phänsùm s. (Phänsimmer) *Pensum.*

Phaapscht → Boopscht.

phärbläx → phèrbläx.

Pharedyys → Baredyys.

Phäärle w. 1. *Perle.* 2. *gute Hausangestellte.* Dim. Phäärleli s.

phärsee → phèrsee.

Phasaschier *m. Passagier.*

Phaziänt m. (-e) *Patient.* Dim. Phaziäntli s.

phènyybel *peinlich; frz. pénible.*

phèrbläx, phärbläx *perplex, verblüfft; lat. perplexus.*

phèrfäggt *untadelig; lat. perfectus.*

phèrsee, phärsee *selbstverständlich, ganz gewiss, aber natürlich; lat. per se.* I bii phèrsee kai Dipflischysser.

Phèrsònaalie w. (nur Plur.) 1. *Personalien.* 2. *Lebenslauf, der an der Leichenfeier verlesen wird.*

phèschte (phèschted) 1. [+] *beträchtlich stinken.* In däre Wiirtsstùùbe phèschtet s. 2. *schimpfen, Gift und Galle speien.* D Soozi phèschte gege die Lyberaale.

Pheeter → Beeter.

Pheeterli → Beeterli.

phichle (phichled) *picheln, kräftig trinken* (pop.).

Phietischteschwänzli[+] s. *bestimmte Zigarre der einstigen Missions-Handels-Gesellschaft* (humor.).

Philtli → Phùlt.

phyynlig *peinlich.*

Phinte w. *Kneipe, Wirtshaus.* **Phintekèèr** w. *Sauftour.*

Physchte w. 1. *Piste, Skipiste, Flugpiste.* 2. *Autostrasse, Strasse* (pop.). Ùff d Physchte goo, a) *auf Kundenbesuch gehen* (pop.). b) *auf den Strich gehen* (Höschs.). 3. *Tanzfläche* (Höschs.). Ain ùff d Physchte leege, ain ùff d Physchte fääge, *tanzen* (Höschs.).

Phòlyp m. (-e) 1. *Polyp.* 2. *Polizist* (pop., 20. Jh.).

Phòsuune w. *Posaune.* Ra.: D Phòsuune fasse, *sterben* (Höschs.).

phòsuune (phòsuunt) 1. *posaunen.* 2. *laut verkünden* (pop.).

phòtz → bòtz.

Phùlt s. (Phùlt / Philt / Philter) *Pult.*

Phùnggt m. (Phinggt) *Punkt.* Mach e Phùnggt, *hör endlich auf zu reden* (pop.). Phinggt schinde, *streben, sich beliebt machen wollen, sich einschmeicheln.* **Phùnggtschinder** m. *Streber.* Dim. Phinggtli s.

phuur → buur.

Psalmebùmpi w. (Psalmebùmpene) *Harmonium* (Höschs.).

Q

q → gw.

R

rabauzig *rauhbauzig, barsch, grob.*

Rääbe[1] w. *Rebe.* In d Rääbe goo, *im Weinberg arbeiten.* **Räbbäärg** m. *Weinberg.* **Räbgrèssig**[+] m. *gemeiner Feldsalat.* **Rääbhuus** s. *Rebhaus, einstiges Gesellschaftshaus im Kleinbasel.* **Rääblyt**[+] (Plur.), **Rääblyte** (Plur.) *Rebleute, Weinbauern.* **Rääblytezùmft** w. *Zunft zu Rebleuten.* **Rääbmässer** s. *Rebmesser.* **Räbschäär** w. *Rebschere.* **Räbstägge** m. *Rebstecken.*

Rääbe[2] w. *Rübe.* Wyssi Rääbe, *weisse Rüben.* **Rääbeliechtli** s. *ausgehöhlte Rübe als Laterne.*

Rääbel m. *abgemagertes Wesen, ausgemergelter Mensch.* Dim. Rääbeli s.

rabiaat 1. *wütend, zornig; von lat. rabies.* 2. [+] *kühn.*

rääble (grääbled) *dahinsiechen, kümmerlich leben.*

Raach w., **Rooch**[+] w. (nur Sing.). *Rache.*

Rache m. (Räche) *Rachen.* **Rachebùtzer** m., **Rachefääger** m. *billiger, saurer Wein* (humor.).

Räche m. 1. *Harke.* 2. *Rechen, Kleiderrechen.* 3. *menschliches Gebiss, Zahnprothese* (vulg.). Dim. Rächeli s.

räche (grächt) *harken, rechen.*

Rächede w. *Zusammengeharktes, Zusammengerechtes.*

rächele (grächeled) *spielerisch harken, fein harken.*

räächele (gräächeled) *ranzig riechen oder schmecken.*

räächelig *ranzig riechend oder schmeckend.*

rächne (grächned) 1. *rechnen.* 2. *sehr haushälterisch leben.* Si miend aarg rächne mit däm glaine Loon.

Rächnig w. (-e) *Rechnung.*

Rächt s. *Recht.* Rächt haa. Rächt bikoo.

rächt 1. *recht, rechtsseitig.* Me schrybt maischtens mit der rächte Hand. E rächt e lätz → lätz. 2. *richtig.* Die rächti Syte vòm Stòff, *die Stoffoberseite.* Rächti Blootere → Blootere. Wènn s mer rächt isch, *soviel ich mich erinnere, wenn ich mich recht erinnere.* Er waiss allewyyl die rächti Antwòòrt. De kùnnsch graad rächt, *du kommt just zur richtigen Zeit.* 3. *tüchtig, währschaft.* Dä Bueb git emool e rächte Schlòsser. 4. *anständig, brav, ordentlich, rechtschaffen.* Mer händ rächti Lyt in d Woonig bikoo. 5. *passend.* Isch s der rächt? *Passt es dir?* S isch mer niene rächt, *es tut mir sehr leid.* 6. *ausreichend.* Si miend aim rächt z ässe gää. Si verdient rächt. 7. *in Ordnung.* Antwort auf eine Dankbezeugung: S isch schò̲ rächt. 8. *sehr, viel.* Si isch rächt flyssig. S hèt rächt gräägned.

rächterhand *rechts.*

rächts 1. *rechts.* 2. *mit der rechten Hand.* Die maischte Schitze schiesse rächts. Er isch rächts, *er ist Rechtshänder.*

rächtser *weiter rechts.*

Raad s. (Reeder) *Rad.* Ra.: By im isch e Raad ab, er hèt e Raad ab, *er ist zornig, er ist verrückt.* Dim. **Reedli** s. 1. *Rädchen.* Ra.: E Reedli z vyyl haa, *verschroben, leicht verrückt sein.* 2. *Wurstscheibe.* Schnyyd e baar Reedli Salaami ab.

Raadio *Radio.* 1. m. *Rundfunkgerät.* 2. s. *Rundfunk als Institution.* Stèll der Raadio ab, s Schwyzer Raadio bring dòch nyt Rächts.

Radyysli s. *Radieschen.*

Rääf s. 1. *Trage, hölzernes Rückentraggestell.* 2. *böse, zänkische Frau.* Dim. Rääfli s.

Raffle[1] w. 1. *Raffel, Raspel, Reibeisen, Holzfeile.* 2. *Gebiss, Zähne* (humor.).

Raffle[2] m., w. *Raffael* (Schs.).

raffle (graffled) *raffeln, raspeln, reiben, schaben.*

Rääge m. *Regen.* **Räägedaag** m. *Regentag.* **Räägedrèpfli** s., **Räägedròpfe** m. *Regentropfen.* **Räägemantel** m. *Regenmantel.* **Räägeschiirm** m. *Regenschirm.* Dim. Räägeli s. *feiner, leichter Regen.*

räägele (gräägeled) *leicht, fein regnen.* S räägeled ùff d Linde, es räägeled dùr s Laub (Meyer).

Räägeli → Reegeli

Rageete w. *Rakete.*

räggele (gräggeled) *mäkeln, nörgeln.*

Räggeli m. *Nörgler.*

räggelig *nörglerisch, mäkelig.*

Raggeri m. *einer, der sich abrackert.*

Rägghòlder m. *Wacholder.* **Rägghòlderbèèri** s. *Wacholderbeere.* **Rägghòlderschnaps** m. *Wacholderschnaps, Gin.*

räggta + *wirklich, geradezu; lat. recta via.* Er isch räggta e Kinschtler.

Räggter m. (Räggter / Räggdòòre) *Rektor.*

Raagubaschteetli s. *Milkenpastetchen* (Fridolin).

Raiber m. 1. *Räuber.* Raiber ùnd Mèntsche mache, *Räuberspiel mit zwei Parteien spielen.* 2. + *Teil des verbrannten Kerzendochts.*

Raiberlis s. *Räuberspiel.*

raichele (graicheled) *nach Rauch riechen oder schmecken.*

raichle (graichled) *leicht rauchen.* Das Fyyrli raichled nùmme no.

Raaie w. *Reihe.* An d Raaie koo, *an die Reihe kommen.* Dòch jètz kùnnt d Raaien an in, *doch jetzt kommt er an die Reihe* (Kron).

Raiel + *Kater, männliche Katze.*

Raiff m. 1. *Reifen an Rad, Fass usw.* 2. *Spielzeugreifen, der mit kleinem Stecken angetrieben wird.* Dim. Raiffli s.

raiffle (graiffled) 1. *mit dem Reifen spielen, den Reifen rollen lassen.* D Kind händ friener als zmitts ùff der Strooss graiffled. 2. *eilen* (20. Jh.). Er isch non em Zmòòrge gschwind in d Schuel graiffled. Fir èpper raiffle, *sich für jdn. einsetzen* (20. Jh.).

Raigel m. 1. *Reiher.* 2. *ausgelassenes Kind, Wildfang.* Dim. Raigeli s.

Raigetschwyyl *Reigoldswil (Dorf im oberen Baselbiet).*

Rain m. *Hang, Abhang.*

rain 1. *rein, fein, feinkörnig, fein gemahlen.* Raine Zùgger, *Kristallzucker.* 2. *absolut.* Rain nyt, *absolut nichts, gar nichts.* Der rainscht Saustall, *geradezu ein Schweinestall.* Die raini Wòòred, *die absolute Wahrheit.*

Rainer → Raini.

Rainglèttere + w. *Büglerin von Feinwäsche* (Kron).

Raini m., **Rainer** m. *Reinhard, Reinhold.* Dim. Rainerli m., s.

Rainsträäl m. *Staubkamm, Kamm mit sehr eng stehenden Zinken.*

Rais w. (-e) *Reise.* **Raisgroom** m. *Mitbringsel von der Reise.* **Raiskòòrb** m. *Koffer aus Korbgeflecht.* **Raissagg** m., **Raissèggli** s. *Reisesack, Köfferchen.* Dim. Raisli s.

Ralliaar *Raillard (Familienname).*

Rambass m. (-e), **Rampass** m. (-e) 1. *Bauer, grober Mann.* 2. *Baselbieter* (Höschs.).

rambasse (grambasst) *sich lärmig aufführen, randalieren* (Mitte 20. Jh.).

Raame m. (Rääme) *Rahmen.* **Raamespiil** s., **Raamestiggli** s. *Gesamtheit der szenischen Darbietungen am Monstre-Trommelkonzert* (20. Jh.). **Raamespiiler** m. *Mitwirkender des Raamespiil.* Dim. Räämli s.

Ramft m. (Rämft), **Rampf** m. (Rämpf), **Rampft** m. (Rämpft) *Ranft, Brotrinde.* Dim. Rämftli s.

ramisiere (gramisiert) *raffen; frz. ramasser.*

Rammel m. 1. *Raufbold, rüder Mann.* 2. *geiler Mann.* 3. *Baselbieter* (pej., vulg.).

rammle (grammled) 1. *brünstig sein,* 2. *sich balgen, raufen.*

rammlig 1. *brünstig (von Tieren).* 2. *geil* (vulg.).

Rampass → Rambass.

Rämpel m. *magerer Mensch.* Dim. Rämpeli s.

Rampf → Ramft.

rämpfig + *mit Ranft versehen, krustig* (Seiler).

Rampft → Ramft.

rampo Adv. *ohne Gewinn und ohne Verlust* (fam.). Das Spiil isch rampo uusgange.

Rams + m., **Ramsch** + m. *jassähnliches Kartenspiel.*

Räms → Rèms.

Rämsch → Rèms.

Rämschgeli m., s. *Remigius.*

Ramse m. *Bad Ramsach (im oberen Baselbiet).* Si kuurt ùff em Ramse.

ramse + (gramst) *bestimmtes jassähnliches Kartenspiel spielen.*

Ramsele + w. 1. *Bärlauch* (Fridolin). 2. *Märzenglöckchen* (Seiler).

rämsele + (grämseled) *nach Bärlauch riechen, z.B. Milch, die von bärlauchfressenden Kühen stammt.*

raan + *dünn, hager, lang, schlank* (Hetzel).

Rand[1] m. (Ränder) *Rand.* Us Rand ùnd Band koo, *ausser Rand und Band geraten, überborden.*

Randstai m. *Bordkante.* Dim. Rändli s. *Rändchen, schmaler Rand.*

Rand[2] m. (Ränd) *Rendez-vous, Stelldichein* (Schs., 20. Jh.).

Rändle[+] w., **Rèndle**[+] w. 1. *Getreideputzmühle* (Seiler). 2. *alte Mechanik, alte Uhr* (Baerwart), *altes Automobil.*

Raane w., **Roone**[+] w. *Rande, rote Rübe.* Si hèt d Raane, *sie hat die Periode* (vulg.).
Raanesalaat m. *Randensalat.*

Range w., **Wrange** w. *Querholz zum Zusammenhalten des Weidlings.*

Rangg m. (Rängg) *Kurve, Weg-, Strassenkrümmung.* Raa.: Der Rangg finde, *sich zu helfen wissen, den Weg finden.* Z Rangg koo mit èppisem, *mit etwas zurechtkommen, fertig werden.* Kùnnsch z Rangg mit dyner Aarbed? Dim. Ränggli s.

Rängge[+] m. *grosses Stück, z.B. von Brot* (Seiler).

rängge (gränggt) *lenken, steuern, z.B. Schlitten.*

ränggle (gränggled) 1. *Kurven, Umwege machen, sich durchschlängeln.* 2. *lenken, zurechtweisen.* Der Lèèrer hèt d Luusbuebe gränggled.

rangschiere (grangschiert) *ordnen, arrangieren; frz. ranger.* Grangschiert, *ordentlich, aufgeräumt.*

räntiere → rentiere.

Ranze m. (Ränze) 1. [+] *Reisesack, Tornister.* 2. *Bauch* (pop.). Er hèt e digge Ranze. (Der) Ranze blangge, *faulenzen* (Ss.). Ùff der Ranze gää, *Prügel geben* (pop.). Der Ranze vòll griege, ùff der Ranze griege, *Prügel bekommen* (pop.). Ùff der Ranze gheie, *stürzen, zu Fall kommen* (vulg.). Sich der Ranze vòll lache, *aus Leibeskräften lachen* (pop.). Kaasch mer am Ranze hange, *du kannst mich gern haben* (vulg.). **Ranzepfyffe** s., **Ranzeschnèlle** s. *Bauchweh* (pop.). **Ranzeschnitte** w. (Plur.) *Prügel* (pop.). **Ranzewee** s. *Bauchweh* (pop.). Dim. **Ränzli** s. a) *kleiner Bauch.* Er bikùnnt langsaam e Ränzli. b) *Sprung bäuchlings ins Wasser* (Schs.).

ranze[+] (granzt) *feilschen, markten* (Fridolin).

ranzele (granzeled), **ränzele** (gränzeled) *ranzig riechen und/oder schmecken, ranzig sein.* Dä Angge ranzeled.

Rapp m. (-e) *Rappe, schwarzes Pferd.*

Rappe m. *Rappen* (kleinste Schweizermünze). Kai roote Rappe → root. **Rappespalter** m., **Räpplispalter** m. *Geizhals, Knauser.* Dim. **Räppli** s. 1. *Rappenstück.* 2. a) *ausgestanztes rundes*

Papierstückchen, z.B. Abfall von Lochbändern. b) *Konfetti.*

Rappel m. (Räppel) *Übellaunigkeit, plötzliche Verstimmung, Eigensinn.* Si hèt wider emool der Rappel bikoo.

rappelkèpfig, rappelkèpfisch *eigensinnig, störrisch.*

rapse (grapst) 1. *rapschen, hastig wegnehmen.* 2. *raffeln.* 3. *unsorgfältig ein Streichinstrument spielen* (20. Jh.).

raar *selten, besonder, wertvoll.* I haa ùff em Floomäärt nyt Raars gfùnde. Sich raar mache, *sich zurückziehen, selten zu Besuch kommen.*

Rääre w. *Knarre, Schnarre (fasnächtliches Lärminstrument aus Holz).*

rääre (gräärt) 1. *die Knarre betätigen.* 2. *das R auf Stadtbasler Art im Gaumen bilden (Zäpfchen-R).* 3. [+] *mit rauher Stimme reden.*

rääs 1. *scharf, stark gewürzt, gesalzen.* Die Sùppen isch mer z rääs. 2. *kratzbürstig, scharfzüngig.* Si isch e rääsi alti Jùmpfere.

Räschte m. *Rest.* Abfertigung: Ùnd der Räschten in Minz, *den Rest kannst du dir schenken, was du sagst, ist Unsinn, kommt nicht in Frage* (pop.). **Räschtenässe** s. *Mahlzeit aus Speiseresten.* Dim. Räschtli s. *Restchen.*

Rasierapperaat m. (Rasierapperäät) *Rasierapparat.*

Rasierbänsel m. *Rasierpinsel.*

rasiere (grasiert / jg. rasiert) *rasieren.*

Rasiermässer s. *Rasiermesser.*

Rasiersaiffi w. (Rasiersaiffene) *Rasierseife.*

Rasierstuel m. (Rasierstiel) 1. *Rasierstuhl.* 2. *billiger Kinoplatz* (Höschs.).

raasig *rasend* (Seiler, Schneider).

Rasslede w. *Gerassel.*

Räätig m., jg. **Rättig** m. *Rettich.* **Räätigsalaat** m. Dim. **Räätigli** s. *Radieschen.*

Rätsch w. (-e) *Klatschbase, Schwätzerin.*

Rätschbääre w. *quadratisches Fischernetz an Stab.*

Rätschbääsi w. (Rätschbääsene), **Rätschdante** w. *Klatschbase.*

Rätsche w., **Rätschi** (Rätsche / Rätschene) *Knarre, Schnarre (fasnächtliches Lärminstrument).*

rätsche (grätscht) 1. *schnarren, mit der Knarre lärmen.* 2. *klatschen, plaudern, schwatzen.* 3. *ausplaudern, nicht dichthalten, verraten.* S Beetli isch by der Lèèrere go rätsche.

Ratt → Ratz.

rättere (grättered) *rattern.*
Rätterkischte w. 1. *klappriges Motorfahrzeug* (humor.). 2. *grosser Wecker* (humor., Fridolin).
Rättig → Räätig.
Ratz m., w. (-e), jg. **Ratt** w. (-e) *Ratte.* Dim. Rättli s.
Rätzebälle w. *zanksüchtige Frau mit bösem Mundwerk.*
rau *roh, ungekocht.* Rau Òbscht. Rau Gmies.
Rauch m. (nur Sing.) 1. *Rauch.* 2. *Dünkel, Einbildung, Hochmut.* Er hèt en aarge Rauch, *er ist sehr eingebildet.* Dim. Raichli s.
rauche (graucht) *rauchen.* S Kèmmi raucht, *der Kamin raucht.* E Pfyffe rauche, *eine Pfeife rauchen.* Mir raucht s, *mir ist es verleidet, ich habe keine Lust* (pop., 20. Jh.).
rauchig *rauchend, rauchig.* E rauchigen Oofe, *ein Ofen, der viel Rauch entwickelt.*
rauchne⁺ (grauchned) intr. *rauchen.* S Fyyr rauchned.
Raupe w., **Ruppe** w. *Raupe.* Dim. Raipli s., Ryppli s.
Rausle w. 1. *wildes Mädchen, Wildfang.* 2. ⁺*geile Dirne* (vulg.).
rausle (grausled) *herumtollen, übermütig spielen.*
Rausli m. *gern herumtollender Knabe, Wildfang.*
Ree s. Reh. **Reerùgge** m. *Rehrücken.* Dim. Reeli s.
rèbedierlig⁺ *achtbar, anständig, ehrbar; aus frz. réputé* (Kron).
rèbeliere (grèbeliert) *rebellieren, aufbegehren.*
Reed w. (Reede / Reedene) *Rede.* Kai Reed, jo kai Reed, *davon ist keine Rede, das kommt überhaupt nicht in Frage.* **Reedhuus**⁺ s. 1. *wohltönende Stimme.* 2. *begabter Redner.* Dim. **Reedli** s. *kleine, dürftige Rede.*
reede (grèdt) *reden, sprechen.* Z Boode reede, *gründlich besprechen, Missverständnis klären.* Drùm ùmme reede, *um die Sache herumreden.*
reedere (greedered) *rädern.* I bii ganz greedered, *ich bin völlig zerschlagen, erschöpft.*
-reederig *-rädrig.* E zwaireederige Kaare.
reedlig *redlich, nach besten Kräften.* Si händ sich reedlig Mie gää.
Reegel → Reegle.
Reegeli s., **Räägeli** s. *Regula.*
Règgli → Rògg.
Règgwisyt s. (-e) 1. *Requisit; lat. requisitum.* 2. *gebasteltes Gebilde im fasnächtlichen Cortège.*
regiere (gregiert / jg. regiert) *regieren.*
Regierig w. (-e) 1. *Regierung.* 2. *Ehefrau* (humor.).

Regierigsroot m. *Regierungsrat.*
Reegle w., **Reegel** (Reegle) w. *Regel, Spielregel.* In der Reegle, *in der Regel.* Dä kènnt d Reegle noonig.
Regrut m. (-e) *Rekrut.* **Regruteschuel** w. *Rekrutenschule.*
reie (greit / graue) *reuen, leid tun.* Das Gäld reit mi, *dieses Geld reut mich, es tut mir leid um dieses Geld.* Ùnd s isch s nit graue, *und es hat es nicht bereut* (Kron).
rekùmediere⁺ (grekùmediert) *empfehlen; frz. recommander.*
rèllele (grèlleled) *zu Röllchen drehen.*
Rèlleli¹ → Ròlle.
Rèlleli² s. 1. *Realschule* (Schs.). 2. *Realgymnasium* (Schs.).
Rèlli w. *Religionsunterricht* (Schs.).
Reemi m. *Remigius.* Dim. Reemeli m., s.
Reemyyse w. *Wagenschuppen; frz. remise.*
Rèms⁺ m., **Räms**⁺ m., **Rämsch**⁺ m. *Ausweisung, Kantonsverweis; lat. remissio.* Er hèt der Rèms bikoo, *er wurde ausgewiesen.*
Rèndle → Rändle.
Rènn m. *kräftiger Stoss.*
rènne (grènnt) *rennen, eilen, laufen.*
Rènnegloode w. *Reneklode, feste grüne Pflaume; frz. reineclaude.*
rentiere (grentiert / jg. rentiert), **räntiere** (gräntiert) *rentieren, sich lohnen.*
Rèputazioonsmimpfeli⁺ s. *anstandshalber auf dem Teller zurückgelassener Rest.*
Rèère w. 1. *Rohr, Röhre.* Dim. Rèèrli s. 2. *Maul* (pop.). Er hèt e frächi Rèère ghaa. E dùmmi Rèère haa, *reklamieren.*
Rèèrli → Rèère.
reesch⁺ *knusprig.* I bach di reesch ùnd staargg (Liebrich). E reesch Broot.
Reschpägg⁺ m., **Reschpäggt** m. *Respekt, Achtung; lat. respectus.*
Reeschti w. (Reeschtene) «*Rösti*», *Röstkartoffeln, gebratene Kartoffelscheiben* (aus dem Berndeutschen, 20. Jh.).
Reeselikeel m. *Rosenkohl (Brassica oleracea).*
Reesli s. *Rosa.*
resòniere (gresòniert) *räsonieren, laut nörgeln; frz. raisonner.*
rèssele (grèsseled) 1. *nach Pferden riechen.* 2. *gern mit Pferden umgehen.*

Rèsseler m. *Pferdenarr.*

rèssle (grèssled) 1. *mit Pferden herumkutschieren.*
2. *sich rasch fortbewegen.* Er isch jeede Daag ùff
Ziiri grèssled.

Rèsslis s. *Pferdespiel.* Si mache Rèsslis, *sie spielen
Pferd und Fuhrmann.*

Reetel m. 1. *Rötel, roter Stein.* 2. *Ziegelsteinstück*
(Baerwart).

Reetele [1] *Rötteln (südbadisches Dorf).*
Reetelerschlòss, *Burg ob Rötteln.*

Reetele [2] (Plur.) *Röteln (Infektionskrankheit).*

Reeti w. *Röte.*

reetschele (greetscheled) *rötlich werden.*

reetschelig *rötlich.*

Rèttig w. (-e) *Rettung.*

Retuurbyljee s. *Rückfahrkarte.*

Retuurgutsche w., **Retuurschääse** w. *Retourkutsche.*
1. *Revanche für Einladung, Geschenk, Lob,
Beleidigung.* 2. *treffende Antwort.*

rewelutze (grewelutzt), jg. **rewòlutze** (grewòlutzt)
revoltieren (eher humor.).

Rewelutzer m. jg. **Rewòlutzer** *Revoluzzer.*

rewòlutze → rewelutze.

Rewòlverkùchi w. (Rewòlverkùchene) *Kino mit
Revolver- und Gangsterfilmen* (pop.).

rezänt *frisch, pikant, würzig; lat. recens.*

Ryy m. *Rhein.* **Ryybrùgg** w. *Rheinbrücke.*
Ryygass w. *Rheingasse.* **Ryygwäggi** m. *Rheinkiesel.*
Ryyschuelhuus s. *Rheinschulhaus,
jetzt Theobald Baerwart-Schulhaus.* **Ryywääg** m.
Rheinweg.

ryybe (griibe) 1. *reiben.* Der Bùmmi ryybe → Bùmmi.
2. *zahlen* (pop.). Er hèt e Riis griibe, *er hat tausend
Franken bezahlt.* E Rùnde ryybe, *eine Runde
bezahlen.*

Riibel m. 1. *Pfannenreiniger, doppelseitiges
Reiswurzelbürstchen.* 2. [+] *Haarknoten* (humor.).
Dim. Riibeli s.

Riibelisammed m. *Manchestertuch, Kord.*

Riibelisùppe w. 1. *Bouillon mit Einlage.* 2. *gehörige
Abreibung, Zurechtweisung* (Schs.).

Ryyberei w. (-e) *Reiberei, Zwist.*

Ryybi [+] w. (Ryybene) *Reibmühle, Ölmühle* (Seiler).

ryybis ùnd styybis → ruppis ùnd stuppis.

Ryybyyse s. 1. *Reibeisen, Küchenraffel.* 2. *böse,
streitsüchtige Frau.*

riible (griibled), **rùùble** (grùùbled) *stark reiben,*

sauber reiben, schrubben.

ryych *reich.*

Richi m. *Richard.* Dim. Richeli m., s.

Ryychner *Ryhiner (Familienname).*

richte (grichted) 1. *richten.* 2. *ordnen, bereitstellen.*
S Ässe richte. S Bètt richte. D Uur richte, *die Uhr
richtig einstellen.* 3. *einrichten, bewerkstelligen.*
I kaa s laider nit richte, zuen ich z koo.

Richtig w. (-e) *Richtung.* Alti Richtig, *Name einer
Fasnachtsclique.*

richtig 1. *richtig.* Richtig mache [+], *abmachen,
verabreden* (Kron). 2. *tatsächlich, wie erwartet.*
Ùnd richtig isch s bald wider Daag wòòrde (Sieber).
Richtig hèt er wider grègglamiert, *wie erwartet,
hat er wieder reklamiert.*

ryydig *räudig.*

Ryydigyll m. *Ridikül, Strickbeutel mit Henkeln;
frz. réticule.*

Riebe w. *Rübe.* Grut ùnd Riebe → Grut. Dim. **Riebli** s.
1. *Rübchen.* 2. *gelbe Rübe, Karotte.* **Rieblidaarte** w.
Karottenkuchen. **Riebliland** s. *Aargau* (humor.).
Rieblizùpfer m. *Elsässer* (humor.).
Rieblizùpferwaggis (Plur.) *Name einer Fasnachts-
gesellschaft.*

Riebkeel m. *Kohlrabi.*

Rieche *Riehen (Dorf im Kanton Basel-Stadt).*
Riechedyych m. *Riehenteich (Gewerbekanal von
Riehen nach Kleinbasel).* **Riechedòòr** s. *Riehentor
(abgebrochenes Kleinbasler Stadttor).*

Riechemer m. *Bürger oder Einwohner von Riehen.*

rieffe (grueffe) 1. *rufen.* Si hèt lut grueffe.
2. *herbeirufen.* Èpperem rieffe, *jdn. herbeirufen.*
Me rieft halt de Kindere zämme (Kron). Em Ueli
rieffe, *sich erbrechen* (humor.).

Rieme m. 1. *Riemen, Gürtel.* An aim Rieme,
ohne Unterbruch. Dim. Riemli s. 2. *Ruder.* 3. *Penis*
(vulg.). **Riemespanner** m. *Aphrodisiakum* (vulg.).

rieme (griemt) *rühmen, loben.* Me kaa die Aarbed nit
gnueg rieme. Antwort auf Frage nach dem Befinden:
I kaa nit rieme, *es geht mir nicht besonders gut.*

Rienaagel m. (Rieneegel), **Ruenaagel** m. (Rueneegel)
*senkrecht eingesteckter Holzzapfen als Widerlager
des Weidlingruders.*

riere (griert) *rühren.*

rierend *rührend.*

Riife w., **Rùùfe** [+] w. 1. *Erdrutsch, Steinlawine.*
2. *Schorf, Wundkruste.* **Riifebaart** m. *Milchschorf.*

ryff *reif.*

Ryffe m. *Reif, Rauhreif, Nachtfrost.*

Riffel m. *Rüffel, Tadel.*

Ryffi w. *Reife.*

riffle[1] (griffled) *riefeln, mit Rillen versehen, aufrauhen.*

riffle[2] (griffled) *rüffeln, tadeln, zurechtweisen.*

Riigel m. 1. *Riegel, Türriegel.* 2. *Querholz beim Fachwerkbau.* In Riigel baue, *in Fachwerkbauweise bauen.* **Riigelhuus** s. *in Fachwerkbauweise erstelltes Haus, Riegelbau.*

Rigge w., **Rygge** w. *Friederike, Ulrike.*

Ryggerli s. 1. *kleine Frucht.* An däm Èpfelbaum hèt s nùmme Ryggerli. 2. *kleines Wesen, Persönchen.*

riigle (griigled) *riegeln.*

rilze (grilzt) *sich faul wälzen.*

Rilzi m. *einer, der sich faul herumwälzt.*

Ryymatys m., **Ryymetys** m. (nur Sing.) *Rheumatismus.*

Rimmelibach m., **Rimpis**[+] m. *Rümelinsbach (alter Gewerbekanal vom Birsig ins Grossbasler Zentrum).* **Rimmelisblatz** m. *Rümelinsplatz.*

Rind s. (Rinder) *Rind.* **Rindflaisch** s. *Rindfleisch.* **Rindsvoogel** m. *Rindfleischroulade.* **Rindsvòòrässe** s. *Rindsragout.* Dim. Rindli s.

Rinde w. 1. *Rinde von Pflanzen.* 2. *Brotrinde, Brotkruste.*

rinde (grinded / gründe) «rinnen», *undicht sein, Flüssigkeit durchlassen.* Dä Ziiber rinded, *dieser Bottich ist undicht.* D Wasserlaitig hèt gründe, *die Wasserleitung war leck.*

Ring m. *Ring.* Der gòldig Ring stäche, *beim Karussellfahren den messingenen Ring erwischen, der zu einer Gratisfahrt berechtigt,* ütr. *Glück haben.* **Ringstäche** s. *Ringstechen beim Karussellfahren.* Dim. **Ringli** s. 1. *kleiner Ring.* 2. *ringförmiges Gebäck, Kringel.* 3. *Rauchkringel.* Er hèt bim Pfyfferauche Ringli gmacht.

ring *leicht, mühelos.*

ringe (grùnge) 1. *ringen.* 2. *wringen.*

Ringedänzli s. *Ringelreihen.*

Ringge[+] m. *Spange, Schnalle.* Dim. Ringgli s.

ringgeliränggeli *im Zickzack, kreuz und quer.*

ringgle (gringgled) 1. *zurechtweisen, bestrafen.* 2. *im Zickzack fahren.*

ringhèèrig *schalldurchlässig.* Das Huus isch rächt ringhèèrig baut.

ringkämpfle (gringkämpfled) *spielerisch ringen.*

Ripp s. *böse, zänkische Frau.* **Rippstigg** s. 1. *Rippenstück* 2. *böse Frau.*

Rippe w., **Rippi**[+] s. *Rippe.* **Rippezwigger** m. *saurer Wein* (humor.). Dim. **Rippli** s. *Rippchen, Rippenstück (meist vom Schwein).* Rippli mit Suurgrut, *Rippchen mit Sauerkraut.*

ripse (gripst) *stark reiben, scheuern.* Die Hoose ripse mi am Gnei.

Riis[1] m. (-e) 1. *Riese.* Er isch kai Riis, *er ist nicht besonders robust oder gesund.* Der Riis mache, *den Riesenschwung (= grosse Welle) am Reck vollführen,* ütr. *sterben* (Höschs.). Abbròchene Riis, *kleiner Mensch* (humor.). 2. *Tausendfrankennote* (Höschs.). 3. verst. *sehr gross.* Riisefraid, *sehr grosse Freude.* Riisegschrei, *gewaltiges Geschrei.*

Riis[2] s. 1. *Ries, Papierquantum von 1000 Blatt.* 2. *die neun Kegel des Kegelspiels oder Ort, wo die neun Kegel stehen.*

Ryys[1] s., jg. m. *Reis (Getreideart).* **Ryysbappe** w. *süsser Reisbrei, Milchreis.* **Ryysköffer** m. *aus Reisstroh geflochtener zweischaliger Koffer.*

Ryys[2] s. *Reis (Schoss, Zweig).* **Ryysbääse** m. *Reisbesen.* **Ryysbiirschte** w. *grobe Bürste.* Dim. Ryysli s.

Ryysbrätt s. (Ryysbrätter), **Ryssbrätt** s. (Ryssbrätter) *Reissbrett, Zeichenbrett.*

Rysche w. *Rüsche, Halskrause; frz. ruche.* Dim. Rysch(e)li s.

ryyschpere (gryyschpered) *räuspern* (Mähly).

Rischt s. *Rist, Fussrücken, Handrücken.* Dä Schue drùggt ùff em Rischt.

Ryyschte[+] m. *ausgehechelter Hanf* (Baerwart).

rischte (grischted) *rüsten, zurüsten.* S Gmies rischte.

Rischterli s. *Rüstmesser.*

Riisel m. *feiner atmosphärischer Niederschlag (Graupeln, Regen).*

riisele (griiseled) *rieseln, tröpfeln, leise in kleinen Teilen herunterfallen.* Der Gips riiseled ab der Biini.

Ryysfäädere w. *Reissfeder, Auszugfeder.*

riisig *riesig.*

Riisjee m. *Riesenschwung, grosse Welle am Reck* (Müller).

Ryyslaiffer m. *Reisläufer, Söldner.* D Ryyslaiffer,

Name eines Fasnachtsmarsches.

Ryysnaagel m. (Ryysneegel) *Reisszwecke.* Ra.: S isch zuem Hòòreel saiche ùnd zuem Ryysneegel schysse, *es ist zum Verzweifeln, zum Davonlaufen, unerträglich* (vulg.).

Riss m. 1. *durch Reissen entstandener Riss.* 2. *Zeichnung, Skizze, Bauplan.*

Ryssblei s. (Ryssblei / Ryssbleier) *Bleistift.*

Ryssbrätt → Ryysbrätt.

Ryysschiine w., **Ryss'schiine** w. *Reissschiene.*

Rysse s. 1. *Gliederreissen, Rheumatismus.* 2. *innere Unruhe ohne Ziel und Ursache* (pop., Mitte 20. Jh.). Si hèt s grooss Rysse.

rysse (grisse) *reissen.* Wènn alli Strigg rysse, *im Notfall, schlimmstenfalls.* Der Grooss rysse, *grosstun, wichtig tun* (pop., Mitte 20. Jh.). E Wälle rysse → Wälle.

Rissel m. 1. *Rüssel.* 2. *Nase* (pop.). Dä stèggt sy Rissel in alles, *der mischt sich in alles ein.* 3. *Mund* (vulg.). Si hèt e dùmme Rissel ghaa, *sie hat reklamiert.*

Ryss'schiine → Ryysschiine.

Ryssuus m. *Reissaus.* Der Ryssuus nää, *Reissaus nehmen* (Hindermann).

Ritscherli s. 1. *weisse Bohne* (Fridolin), *Zwergbohne.* 2. *bestimmte Erbsenart* (Seiler).

rytte (gritte) *reiten.*

Rytter m. 1. *Reiter.* 2. [+] *wilder Junge.* Dim. Rytterli s.

Ryttere w. *Reiterin.*

rytteriere [+] (grytteriert) *sich knapp im Gleichgewicht halten* (Seiler); *frz. retirer.*

Ritterspòòre m., jg. **Ritterspòòrn** m. *Rittersporn.*

Rytti w. (Ryttene) *Schaukel, an Seilen oder Ketten aufgehängt.*

rittle (grittled) *rütteln.*

rittlige, grittlige (Liebrich) *rittlings.*

Ritz m. (-e) *Ritze, Spalt.*

Rixe *Rixheim (Dorf im Oberelsass).*

Roobi m. *Robert.* Dim. Reebeli s.

Rooch → Raach.

Ròchle w. 1. *alte Frau* (vulg., Mitte 20. Jh.). 2. *altes Fahrzeug* (Mitte 20. Jh.). **Ròchlemòòre** w. *Frau* (pej., vulg.).

ròchle (gròchled) 1. *röcheln.* 2. *grunzen.* 3. *schnarchen, schlafen* (pop., Mitte 20. Jh.).

Ròchùs m. *Wut, Zorn* (Höschs.).

roode, sich (grooded) *sich bewegen, sich rühren* (Liebrich).

Roodel m. (Roodel / Reedel) *Liste, Verzeichnis.*

Rògg m. (Règg) *Frauenkleid.* Dim. **Règgli** s. 1. *einfaches, leichtes Frauenkleid.* 2. *Mädchenkleid.*

Ròlle w. *Rolle.* Ain ùff d Ròlle schiebe, *jdn. hochnehmen, necken* (pop., Mitte 20. Jh.).

Ròlli m. 1. *Kater, männliche Katze.* 2. [+] *Rassel als Spielzeug für Kleinkind.* 3. *Rollwagen für schwere Lasten* (20. Jh.). 4. *Roland.*

ròlliere [+] (gròlliert) 1. *kursieren (von Geld).* 2. *umherlaufen* (Sieber).

Ròllstääge w. *Rolltreppe.*

Roone[1] → Raane.

Roone[2] [+] w., **Aroone** w. *Aronstab.* **Roonewasser** [+] s., **Aroonewasser** s. *Schnaps, mit Aronstabblättern versetzt.*

Rooni m. *Hieronymus.* Dim. Rooneli m., s.

Ròòr s. 1. *Rohr.* 2. [+] *Tabakspfeifenrohr.* 3. *Spanisches Rohr, Peddigrohr.* **Ròòrkèèrbli** [+] s. *Reisekorb aus Peddigrohr mit Vorhängeschloss.* Dim. **Rèèrli** s. a) *kleines Rohr, kleine Röhre.* b) *Meerrohrstecken.* c) *Trinkhalm.*

Ròscht m. 1. *Rost, Eisenoxid.* **Ròschthuffe** m. a) *Rosthaufen, Schrotthaufen.* b) *altes Fahrzeug* (Höschs.). 2. *Rostpilz.* Die Èpfel händ der Ròscht.

ròschte (gròschted) *rosten.*

ròschtig 1. *rostig.* 2. *rothaarig* (humor.).

Roose w. *Rose.* **Roosekiechli** s. *süsses Gebäck, mit spiraligem Eisen geformt, in schwimmendem Fett gebacken.* Dim. Reesli s.

rooseroot *rosa, rosenrot.*

Roosi s. *Rosa, Rosalie, Rose, Rosine.* Dim. Rooseli s.

Roosiùs [+] m. *Rosiuskalender, Jahreskalender zum Einschreiben von Wäscheterminen usw.* (Hindermann)

Ròss s. (Ròss / Rèsser) 1. *Pferd.* Raa.: Schaffe wien e Ròss, *schwer arbeiten, schuften.* Do bringe mi kaini siibe Rèsser aane, *da gehe ich um keinen Preis hin.* Do mues jòn e Ròss lache, *das ist wirklich lächerlich.*

Ròssbòlle m. *Pferdeapfel.* **Ròssbòllemaarsch** *Name eines bestimmten Schweizer Militärmarsches* (humor.). **Ròssbòllemyssisyppi** m. *Rhein* (Höschs.).

Ròssbòppele w. *Pferdeapfel* (humor.).

Ròssdeeder m. *schlechter, starker Tabak.*

Ròssyyse [+] s. *Hufeisen.* **Ròsskèschtene** w. *Rosskastanie.* **Ròsskimmi** m. *wilder Kümmel.*

Ròsskòpf m. *Kaulquappe.* **Ròssnaduur** w. a) *zähe Konstitution.* b) *Mensch von zäher Konstitution.*

Ròss︱schwanz m. a) *Pferdeschweif.* b) *hinten zusammengebundenes Kopfhaar.* **Ròss︱schwèmmi** w. *Schwemme für Pferde, z.B. am einstigen Riehenteich.* **Ròsszeeche** m. *grosses Stück Brot, dicke Brotscheibe.* Dim. **Rèssli** s. a) *Pferdchen.* b) *Rössel (Schachfigur).* **Rèssligschiir** s. *Gabeltragriemen* (Ss.). **Rèsslirytti** w. *Karussell.* **Rèsslispiil** s. *Bataillons- oder Regimentsstab* (Ss.). 2. *Mensch von starker Konstitution.* 3. *stämmige Frau* (pop.). **Ròssbyff** s. *Roastbeef, Rinderbratenstück.* **ròssle** [+] (gròssled) *rasseln* (Meyer, Seiler). **Root** m. (Reet) 1. *Rat, Vorschlag, Empfehlung.* I gib der e guete Root. 2. *Ratsgremium, Ratsversammlung.* Der Grooss Root, *der Grosse Rat (Basler Kantonsparlament).* Hit isch Groosse Root, *heute tagt der Grosse Rat.* **Roothuus** s. *Rathaus.* **Roothuusglèggli** s., **Rootsglèggli** s. *Glocke auf dem Rathaus, die die Grossratssitzungen einläutet.* **Rootshèèr** m. a) *Ratsheer (im alten Basel Mitglied des Grossen oder des Kleinen Rates).* b) *Mitglied des heutigen Grossen Rates* (humor.). **Rootshèèrene** [+] w. *Frau eines Ratsherrn.* **root** (reeter, reetscht) 1. *rot.* Kai roote Santyym, kai roote Rappe, *überhaupt kein Geld.* Subst. Roote, *Rotwein.* Dringgsch Wyssen oder Roote? I haa nùmme Roots, *ich habe nur Kupfergeld.* 2. *sozialistisch.* Baasel hèt au schòn e rooti Regierig ghaa. **Roote** → root. **roote** (groote) *raten.* **Rootgiesser** m. *Buntmetallgiesser.* **Rootgrut** s. *Rotkohl.* **roothèèrig** *rothaarig.* **ròtiere** (gròtiert) 1. *rotieren.* 2. *unsicher sein, Überblick verlieren* (2. H. 20. Jh.). Er isch mit der Zyt bees in s Ròtiere koo. **rootlächt** [+] *rötlich, ins Rote spielend.* **Rootsùcht** w. *Masern.* **ròttiere** [+], sich (gròttiert) *sich zusammenrotten* (Meyer). **Ruubel** m. 1. *Rubel.* 2. *Einfrankenstück* (Höschs.). **rùùbelig, rùùblig** 1. *aufgerauht, uneben.* 2. [+] *kraushaarig.* **ruubis ùnd stuubis** → ruppis ùnd stuppis. **rùùble** → riible. **rùùblig** → rùùbelig. **ruuch** (ruucher, ruuchscht) *rauh.* Ruuch Wätter,

rauhes Wetter. Ruuch Broot, *Schwarzbrot.* Ruuche Hals, *Katarrh.* Ruuchi Lyt, *ungehobelte Leute.* Ruuche Käärli, *grober Kerl.* Ruuchi Gwalt, *rohe Gewalt.* **Rue** w. *Ruhe.* **Ruech** m. (-e) *Grobian, Rüpel, Rohling.* **rueche** (gruecht) *sich grob benehmen.* **Rueder** s. *Ruder.* **Ruederschiffli** s. *Ruderboot.* **ruedere** (gruedered) *rudern.* **Ruedi** m. *Rudolf.* Dim. Ruedeli m., s. **Rueff** m. (Rieff) 1. *Ruf, Leumund.* 2. *bestimmter Trommelschlag.* **rueig** *ruhig.* **Ruem** m. *Ruhm.* **Ruenaagel** → Rienaagel. **Ruer** w. *Ruhr.* Dim. **Rierli** s. *Ruhr bei Kindern.* **Ruess** m. *Russ.* Ra.: Mit Ruess ùnd Salz dervoojaage, *mit Nachdruck davonjagen, hinauswerfen.* **Ruessgiggli** s. *schwarze Zipfelmütze.* **ruesse** (gruesst) 1. *russen, russig werden, Russ entwickeln.* S Kèmmi ruesst. 2. *Russ entfernen.* Der Kèmmifääger ruesst der Oofe. S Kèmmi ruesse, d Naase ruesse, *sich schneuzen, in der Nase bohren* (humor.). 3. *trommeln.* My Bueb ruesst byn ere Glygge. D Drùmmle ruesst, *die Trommel ertönt* (Liebrich). 4. *begatten* (vulg.). **ruessele** (gruesseled) *nach Russ riechen.* **ruessig** *russig.* Kinderreim: Kèmmifääger, schwaare Maa, hèt e ruessig Hèmmli aa; alli Wäschere vo Baryys kènne s nimme wäsche wyss. **Ruesskaib** m. (-e) *begeisterter, fanatischer Trommler.* **Ruete** w. *Rute.* Dim. Rietli s. **Rùùfe** → Riife. **Rùùgel** m. *Rundholz.* Dim. **Rùùgeli** s. 1. *kleines Rundholz.* 2. *rundes Bündel mit Anfeuerholz.* 3. *rundliches Bierglas mit Henkel.* Frèlain, e Rùùgeli häll! **rùùgele** (grùùgeled) 1. *rollen, wälzen.* Rùùgele dä Stai do aane. 2. *zusammenrollen.* Der Mantel rùùgele. 3. *kullern.* Der Glùgger rùùgeled in s Stroossegrääbli. **Rùgg oder Biss?, Rùggis oder Schnyydis?** (Ratespiel-Frage) *Rücken oder Schneide des Messers?* **Rùggdritt** m. 1. *Rücktritt, Amtsniederlegung.* 2. *Rücktrittbremse am Fahrrad.* **Rùgge** m. *Rücken.* Rùggen ùnd Buuch aawände, *alle Kraft einsetzen, alles daransetzen.*

Rùggeladäärne w. *auf dem Rücken getragene Fasnachtslaterne.* **Rùggeruscher** m. *Homosexueller* (vulg.). **Rùggeschwùmm** m. *Schwimmen auf dem Rücken.* **Rùggewee** s. *Rückenschmerzen.*

Rùggewind m. *Rückenwind.* Dim. Riggeli s.

rùgge (grùggt) *rücken, voranrücken.* S rùggt mit der Aarbed. D Zyt rùggt.

rugge[+] (gruggt) *in tiefen Tönen gurren, quaken* (Hindermann), *knarren.*

Rùggede w. *Nachrücken, z.B. in höhere Gehaltsklasse.*

Rùgg'groot s. (Rùgg'greet) *Rückgrat.*

Rùggis oder Schnyydis → Rùgg oder Biss.

Rùggsagg m. (Rùggsègg) *Rucksack.* Dim. Rùggsèggli s.

Rùggsicht w. *Rücksicht.*

Rùggsyte w. *Rückseite.*

rùggwäärts *rückwärts.*

Ruum[1][+] m. *Rahm, Sahne.* Gschwùngene Ruum, *Schlagsahne.* **Ruumdääfeli** s. *Sahnebonbon.* **Ruumhääfeli** s. *Sahnekännchen.* **Ruum'milch** w. *Rahm, Sahne.* Gfitzti Ruum'milch[+], *Schlagsahne.*

Ruum[2] m. (Ryym) *Raum.* Dim. Ryymli s.

ruume (gruumt) *räumen, aufräumen.*

Ruumede w. *Räumung, Räumerei.*

Rùmmele[+] w. *gutmütige dicke Frau.*

Rùmpaus m. 1. *Lärm, Radau.* Rùmpaus mache, *lärmen.* 2. *Gerumpel im Bauch.*

Rùmpel m. 1. *einstiger Name des Rappoltshofs in Kleinbasel, Name einer Fasnachtsclique:* **Rùmpel-Glygge** w. 2. *Gerumpel, Geräusch im Bauch, Durchfall.* Er hèt der Rùmpel ghaa. **Rùmpelsùùri** m. *Murrkopf.*

rùmpelsùùrig *murrköpfig, mürrisch, übellaunig.*

Rùmpf m. (Rimpf) 1. *Rumpf, Leib.* Am Rùmpf syy, amene Rùmpf syy, *völlig erschöpft sein* (pop.). 2. *Falte, zerknitterte Stelle.* Dä Ròggo hèt wieschti Rimpf. Dim. Rimpfli s.

Rùmpfle w. *Falte, zerknitterte Stelle.*

rùmpfle (grùmpfled) 1. *Falten werfen, knittern.* Das Bapyyr rùmpfled bim Dròggne. 2. *zerknüllen.* Er rùmpfled d Zytig zämme.

rùmpflig *faltig, zerknittert, runzlig.*

rùmple (grùmpled) *rumpeln.*

Rùmplede w. 1. *Gerumpel, Gepolter.* 2. *Magenverstimmung, Durchfall.*

rùmpuuse (grùmpuust) *lärmen, rumoren* (Liebrich).

rùnd (rùnder / rinder, rùndscht / rindscht) *rund.*

Rùndi Absètz haa, *bezecht sein* (humor.).

Rùndi Fiess haa, 1. *vom Gehen schmerzende Füsse haben.* 2. *betrunken sein* (humor.). E rùndi Sach, *eine tadellose Angelegenheit.*

Rùndi w. (Rùnde / Rùndene) *Runde.* D Rùndi mache, *die Runde machen.* E Rùndi zaale, *jedem Mitglied einer Tafelrunde ein Glas bezahlen.*

Rùndùmmel m. 1. *Kreis.* 2. *runde Scheibe.* Dim. Rùndùmmeli s.

Rùng[+] m. (Ring) *Zeitlang, kurze Zeitspanne, Weile.* Non e Rùng waarte (Sieber). Dim. Ringli s.

Rùnggel m. (Rùnggle) *Runkelrübe.* **Rùnggelriebe** w. 1. *Runkelrübe.* 2. *Panzerwurfgranate* (Ss.).

Rùnzle w. 1. *Runzel.* Dim. Rinzeli s. 2. *alte Frau* (vulg.). **Rùnzlegyyge** w., **Rùnzleglavier** s. *Handharmonika* (humor.).

Rùpf m. (Ripf) 1. *Ziehen an den Haaren.* 2. *Quantum, das man aufs Mal ausrupft, Büschel.* Er hèt e Rùpf Hòòr in der Hand. 3. *naseweises Kind.* Das isch e fräche Rùpf. 4. zuem Rùpf, *Name einer Basler Vorstadtgesellschaft, nach ihrem einstigen Haus am Anfang der Aeschenvorstadt benannt.* 5. *An der Angelrute spürbares Anbeissen eines Fisches.*

rùpfe (grùpft) *rupfen.* Ra.: Mit aim e Hienli rùpfe, *jdn. zurechtweisen, tadeln.*

Ruppe → Raupe.

ruppis ùnd stuppis, ruubis ùnd stuubis, ryybis ùnd styybis 1. *mit Stumpf und Stiel.* 2. *Kraut und Rüben durcheinander.*

rùùre (grùùrt) *knurren.* Der Hùnd rùùrt. Der Maage rùùrt.

Rusch m. (Rysch) *Rausch.* **Ruschhändler** m. *Wirt* (Höschs.). **Ruschhandlig** w. *Kneipe, Restaurant.* **Ruschkùùgele** w. *Trunkenbold* (Höschs.). **Ruschmaa** m. *Trunkenbold, Betrunkener* (Sts.). **Ruschverkaiffer** m. *Wirt* (Höschs.). Dim. Ryschli s.

rusche (gruscht), **brusche**[+] (bruscht) *rauschen.* Drohung: Mai, jètz ruscht s dènn glyy!

Rùschtig[+] w. (-e) *alter Kram, altes Möbelstück* (Heusler).

Rùss m. (-e) 1. *Russe.* 2. *bestimmte kreuzförmige süsse Semmel.*

rùssisch *russisch.* Rùssischi Dääfeli → Dääfeli.

Rute[+] w., **Raute** w. 1. *Raute (Pflanze).* **Ruteschòss** s. *Rautenschoss, Rautentrieb, Rautenzweig* (Kron). 2. *Rhombus.* **Ruterèggli**[+] s. *Kinderröckchen aus rautenförmigen Teilen* (Hetzel).

s geschwächte Form. 1. Art. *das.* S Huus. S Maitli.
2. Gen. Art. *des.* S Walters ir Huus. S Millers,
Müllers, die Familie Müller. 3. Pron. *es.* S schneit,
es schneit. Jètz längt s, *jetzt reicht es.*
Saabel m. (Seebel), jg. **Seebel** m. *Säbel.* **Saabelbai** s.
(Plur.) *Säbelbeine, O-Beine.* Dim. Seebeli s.
Sach w. (-e) *Sache, Gegenstand, Geschäft,*
Angelegenheit. Zuer Sach luege, d Sach
zämmeheebe, *Sorge zum Vermögen tragen.*
Alti Sache, *alte Gegenstände, Antiquitäten.*
Scheeni Sache, *schöne Einrichtungsgegenstände.*
Das isch son e Sach, *das ist ein gewisses Problem.*
Das isch dòch kai Sach, *das ist doch kein Problem.*
E dùmmi Sach, *eine fatale Angelegenheit.* Er hèt sy
Sach rächt gmacht, *er hat seine Aufgabe gut erfüllt.*
Er hèt Sache gmacht, *er hat unlautere Geschäfte*
betrieben, Dummheiten begangen. Das isch dyy
Sach, *das ist deine Angelegenheit.* Dim. **Sächli** s.,
seltener **Sächeli** s. 1. *kleiner Gegenstand,*
Nippsache, Kleinigkeit. 2. *Vermögen.* Er hèt sy
Sächli ùff der Syte. 3. *Notdurft (von Kindern und*
Tieren). S Kind hèt sy Sächli in d Windle gmacht.
4. *Problemchen.* Das sind eso Sache Sächeli,
das sind ziemlich verzwickte Angelegenheiten
(humor.).
sächzää *sechzehn.*
Sächzääner m. 1. *Tram Nr. 16.* 2. *Angehöriger des*
Jahrgangs 1916.
Sächzger m., **Sächziger** m. 1. *Mann von 60 Jahren.*
2. *Angehöriger des Jahrgangs 1960.*
sächzig *sechzig.*
Säädel m. *Sitzstange für Vögel.* Dim. Säädeli s.
Ra.: Ab em Säädeli gheie, *sterben* (pop.).
Saffere w., jg. **Saffre** w. *Zunft zu Safran, Restaurant*
Safranzunft (an der Gerbergasse).
Saffre m., jg. **Saffraan** m. *Safran.*
Saftlaade m. (Saftlääde) *Restaurant, Kneipe, Bar*
(Höschs., Schs.).
Sääge m. *Segen.*
saage (gsait; Präs. saag, saisch, sait, saage; Kond. saiti)
sagen, reden, sprechen, erzählen, darlegen,
behaupten, nennen. Me sait, er syyg vermeeglig,
man sagt, es heisst, er sei reich. Dääre hèt er s gsait,
der sagte er gehörig die Meinung. Si hèt em wiescht
gsait, *sie beschimpfte ihn.* Er isch, was me saage kaa,

e gscheite Bùùrsch, *er ist wirklich ein gescheiter*
Kerl. Me hèt em nùùr der Alybaaba gsait,
man nannte ihn schlichtweg Alibaba (Jost).
Däm sait me Gligg, *das nennt man Glück.*
Was saage Si dooderzue? *Was meinen Sie dazu?*
S isch nit zuem Saage, *das ist unerhört,*
unbeschreiblich. I wòtt nyt gsait haa, *ich will nichts*
gesagt, nichts behauptet haben, ich meine ganz
unverbindlich. Sag s rächt, *drücke dich deutlich aus.*
Saag emool, bisch wiirgglig grangg gsii? *Ehrlich,*
warst du tatsächlich krank? I saag, i saag jo,
das ist wirklich unerhört. Unbet. Einleitung einer
Frage: Sag, isch dy Mammen als no grangg?
sääge (gsägt) 1. *sägen.* 2. ütr. *schnarchen.*
Säägel s. *Segel.* **Säägelschiff** s. *Segelschiff.*
Dim. Säägeli s.
säägele (gsäägeled) *spielerisch sägen.*
Säägese → Sänse.
Sagg m. (Sègg) 1. *Sack.* E Sagg Zùgger. An d Sègg goo,
an die Arbeit gehen, zugreifen. Zu jdm., der die
Tür offenlässt: Händ er aigedlig Sègg dehaim?
Habt ihr bei euch zuhause eigentlich Säcke anstatt
Türen? (humor.). Raa.: Èpper im Sagg haa, *jdn. für*
sich gewonnen haben. Der Sagg aaneschmaisse, *der*
Sagg vòr d Fiess gheie, *den Dienst aufkündigen.*
D Katz us em Sagg loo, *mit der Wahrheit heraus-*
rücken. **Sagg|gùmpe** s. *Sackhüpfen.* Dim. Sèggli s.
2. *Tasche an Kleidungsstück, Hosentasche,*
Rocktasche. Hèsch e Naasduech im Sagg?
Sagg|gäld s. *Taschengeld.* **Sagg|gäldvergaaser** m.
Moped (Schs. 2. H. 20. Jh.). **Saggkaländer** m.
Taschenagenda. **Saggladäärne** w. *Taschenlampe.*
Saggmässer s. *Taschenmesser.* **Saggryssblei** s.
Taschenbleistift, Drehbleistift. **Saggspiegel** m.
Taschenspiegel. **Saggsträäl** m. *Taschenkamm.*
Sagguur w. *Taschenuhr.* **Sagguusgoob** w. *Taschen-*
buchausgabe (Fridolin). 3. *Rucksack, Tornister.*
Sagg ab vòr d Fiess! *Rucksack, Tornister*
niederlegen! (Ss.). 4. *Kleidung* (humor.). D Sègg,
Uniform (Ss.). 5. *Bauch* (vulg.). Ùff der Sagg bikoo,
Prügel bekommen (pop.). Ùff der Sagg gheie,
stürzen, fallen (von Personen). Er isch wiescht ùff
der Sagg gheit. 6. *Kerl* (pop.). Bisch e fräche Sagg.
7. *Hodensack* (vulg.).
sagg- verst. *sehr.* Saggfräch. Sagg|groob. Saggvòll,
stockbetrunken (pop.).
saggadiere (gsaggadiert) *schikanieren; frz. saccader.*

saggermänt → sapperlòtt.

Saggermänter m. *Sackermenter, tüchtiger Kerl, Teufelskerl.*

säggs *sechs.* Er isch säggs, er isch säggsi, *er ist sechs Jahre alt.* Mit säggs, mit säggsi isch er in d Schuel koo, *mit sechs Jahren...*

Säggs s., **Säggsi** s. 1. *Sechs, Zahl sechs.* S Säggsi isch e graadi Zaal. Er hèt e Säggs bikoo, *er bekam Note sechs.* 2. *sechs Uhr.* Am Säggsi, *um sechs Uhr.* Vòòr de Säggse, *vor sechs Uhr.* **Säggsilytte** s. a) *Sechsuhrgeläut.* b) *Zürcher Sechseläuten (Frühlingsfest).* **Säggsizùùg** m. *Sechsuhrzug.*

Säggser m. *Sechser.* 1. *Tram Nr. 6.* 2. *Angehöriger des Jahrgangs 1906.* 3. *Note sechs.* 4. *Punkt- oder Augenzahl beim Spiel.* Wäär hèt der dòppled Säggser?... *Dominostein mit zwölf Augen.*

säggsezwanzig *sechsundzwanzig.*

Säggsi → Säggs.

Säägi w. (Säägene) 1. *Säge.* **Säägbògg** m., **Säägibògg** m. *Sägebock.* **Säägmääl** s. *Sägemehl.* **Säägspeen** m. (Plur.) *Sägespäne.* Dim. Säägeli s. 2. *Sägewerk.* **Säägibäärg** m. *abfallendes Teilstück der Zürcherstrasse* 3. *Nervensäge.* Sy Frau isch en aargi Säägi. 4. *Schnarcher* (humor.).

säägle (gsäägled) 1. *segeln.* 2. ütr. *fallen, stürzen* (pop.). Er isch in e Källerlòch gsäägled.

säägne (gsäägned) *segnen.* Si hèt e gsäägneden Abedyt.

Saich m. (nur Sing.) 1. *Harn, Urin* (vulg.). **Saichblueme** w. *Löwenzahn* (pop.). **Saichebäärgers** aalytte, *urinieren* (humor., pop.). **Saichkùmoode** w. *Nachttisch* (Höschs.). Der Saich lyttere → lyttere. 2. *Regen* (vulg.). Mer sind schwäär in Saich koo, *wir kamen in einen starken Regen.* **Saichwätter** s. *schlechtes Wetter, Regenwetter* (vulg.). 3. *dummes, wertloses Zeug* (vulg.). Saich schwätze, *Unsinn reden.* E Saich abloo, *etwas Dummes tun, ungenügende Arbeit leisten.* Das Buech isch e Saich, *dieses Buch ist nichts wert, langweilig.* Der Saich abloose, *widerwillig zuhören.* **Saichaarbed** w. *eklige, ungefreute Arbeit.* **Saichzytig** w. *miserable Zeitung.*

saiche (gsaicht) 1. *urinieren* (vulg.). Ra.: S isch zuem Hòòreel saiche ùnd zuem Ryysneegel schysse, *es ist zum Davonlaufen* (vulg.). 2. *stark regnen* (vulg.). 3. *undicht sein, Flüssigkeit durchlassen* (vulg.). Der Boiler saicht. 4. unpers. *verdriessen*

(vulg.). S saicht mer schò lang, *ich habe es schon seit langem satt.*

saichele (gsaicheled) *nach Harn riechen.*

saaie (gsaait) *säen.*

Saiffi w. (Saiffene) *Seife.* **Saiffiblootere** w. *Seifenblase.* **Saiffignächt** m. 1. *Seifenbehälter an der Innenseite der Badewanne.* 2. [+] *hölzerner Seifenbehälter mit durchlöchertem Boden in der Waschküche.* **Saiffiwasser** s. *Seifenwasser.* Dim. Saiffeli s. *kleines Stück Handseife.*

Saig'amm [+] w. (-e) *«Säug-Amme», Amme.*

Saigel m. *Leitersprosse.* Die Laitere hèt zää Saigel.

Sail s. (Sail / Sailer) *Seil.* Ra.: Ain am Sail aabeloo, *jdn. nasführen, necken.* **Saildänzler** m. *Seiltänzer* (Baerwart). **Sailgùmpi** w., **Sailigùmpi** w. *Springseil.* Dim. Saili s.

sailgùmpe (sailgùmpt), **sailigùmpe** (sailigùmpt) *seilhüpfen, seilspringen.*

saimle (gsaimled) *mit Saum (Naht) versehen, säumen.*

Saal m. (Sääl) 1. *Saal.* 2. [+] *grosser Salon.* Dim. **Sääli** s. *kleiner Saal, separates Sälchen eines Restaurants.*

Saaladièère [+] w. *Salatschüssel; frz. saladier.*

Salaat m. (Saläät / Salääter) 1. *Salat.* **Salaatkèpfli** s. *Salatkopf.* Dim. **Saläätli** s. *leckeres Salatgericht.* 2. ütr. *Durcheinander, Unordnung* (pop.). Si hèt ai Salaat in der Kùchi.

sälb- *selb-.* Sälbander [+], sälbzwait, *zu zweit.* Sälbdritt, *zu dritt* usw.

salbe (gsalbt) *salben, schmieren, einfetten.* Der Hals salbe, *die Kehle anfeuchten, trinken* (humor.). Schmiiren ùnd Salbe hilft allethalbe, *mit Schmiergeldern kommt man überall durch.*

sälbe, sälle *jener.* Sälbe Maa, *jener Mann.* Sälli Blueme, *jene Blume.* Säll Kind, *jenes Kind.* Sälli Lyt, *jene Leute.* Verst. sälbe Maa dèèrt.

Salbei w. *Salbei.*

sälber *selbst.* Er hèt nit sälber kènne koo, *er konnte nicht selbst kommen.* Sälber ässe macht faiss, *selbst essen macht fett.* Vòr em sälber, vòneme sälber, vò sälber, *von selbst, automatisch.*

sälbergmacht *selbstgemacht.*

sälbergstrigg 1. *selbstgestrickt.* 2. *selbstgemacht* (humor.). E sälbergstrigge Hèlge, *ein selbstgemaltes Bild.*

sälbetsmool, sälbmool, sälletsmool, sällmool *damals, zu jener Zeit.* Sälbetsmool hèt s no kaini Autoo gää.

Salbi w. (Salbene) 1. *Salbe.* 2. *Schmierfett.*
Dim. Sälbli s.
sälbverständig *selbstverständlich.*
Saalemee w., s. *Salome.* Dim. Saalemeeli s.
Saalemoo m. *Salomon.*
salemoonisch *salomonisch.*
Saali m. *Salomon.*
sali, salli, sallü, salü 1. *grüss dich, guten Tag;*
frz. salut (pop.). 2. *leb' wohl, auf Wiedersehen*
(pop.).
säälig 1. *selig.* Der Groossbappe säälig,
der verstorbene Grossvater. Er schlooft säälig.
2. *glücklich, überglücklich.* D Kinder sind säälig,
dass d Fèèrien aafeend.
Sääligkait w. 1. *Seligkeit.* Beteuerung: Ùff Èèr ùnd
Sääligkait, *bei meiner Ehre und ewigen Seligkeit.*
2. *grosses Glücksgefühl.* Si isch in ainer Sääligkait,
sie ist überglücklich.
salisant[+] *leicht Schmutz annehmend; frz. salissant.*
sälle → sälbe.
sälletsmool, sällmool → sälbetsmool
salli, sallü → sali.
Salm m. (Salme / Sälm) *Salm, Lachs.* Der Salme,
das Wirtshaus zum Salmen. **Salmewoog** w.
Salmenwaage, Salmfangeinrichtung mit vertikal
beweglichem quadratischem Netz an seitlich
schwenkbarem Ausleger. Dim. Sälmli s.
Salòng m. *Salon; frz. salon.* Dim. Salèngli s.
sälte *selten.*
salü → sali.
Salz s. *Salz.* Salz ùnd Pfäffer. 1. *Schärfe und Witz.*
2. *bestimmtes sehr rasches Seilspringen* (Schs.).
Ra.: Grad nùmme s Salz ùff s Broot verdiene,
sehr wenig verdienen.
salze (gsalzt / gsalze) *salzen.* Wägen em Yys händ si s
Dròttwaar gsalzt. Er hèt e gsalzeni Rächnig bikoo.
Sämf m., **Sämpft**[+] m., **Sänf** m. 1. *Senf.* Ra.: Sy Sämf
derzue gää, *nicht erbetene Meinung äussern, über-*
flüssigen Kommentar abgeben. 2. *dummes Zeug,*
Unsinn. Verzèll dòch kai Sämf.
samft (samfter, samfscht / samftscht) *sanft.*
Sammed m. *Samt.*
sammedig *samten, aus Samt.*
Sämmi m. *Samuel.* Dim. Sämmeli m., s.
Sämpft → Sämf.
Samschtig m. (-e) *Samstag, Sonnabend.*
Lange Samschtig, *grosser, aufgeschossener Mensch*

(humor.). Stille Samschtig, *Karsamstag.*
Sand s., jg. m. *Sand.* **Sandbapyyr** s. *Schleifpapier,*
Schmirgelpapier. **Sanddaarte** w. *Sandkuchen,*
Sandtorte. **Sandgruebe** w. 1. *Sandgrube, Kiesgrube.*
2. *Haus zur Sandgrube an der Riehenstrasse.*
In der Sandgruebe hèt s scheeni Wandmoolereie.
Sandguschti[+] m. *bestimmter Basler Sandverkäufer,*
Stadtoriginal (gestorben 1932). **Sandhuffe** m.
Sandhaufen. **Sandmaitli** s., **Sandwyybli** s. *fahrende*
Sandverkäuferin (bis 1920er Jahre). **Sandmännli** s.
1. *fahrender Sandverkäufer (bis 1920er Jahre).*
2. *imaginäres Männchen, das den Kindern zum*
Einschlafen Sand in die Augen streut.
sande (gsanded) *sanden, mit Sand bestreuen,*
Sand streuen.
sandele (gsandeled), **sändele** (gsändeled) *sandeln,*
mit Sand spielen.
Sääne w. *Sehne.* **Sääneschaidentzindig** w.
Sehnenscheidenentzündung.
Sänf → Sämf.
Sänger m. 1. *Sänger.* 2. *Angeber, Prahler* (Höschs.).
Sängere w. *Sängerin.*
sängge (gsänggt) *senken.* Der Boode hèt sich gsänggt.
Sänggel m. *Senkblei.* Im Sänggel, *im Lot.*
Im Sänggel syy, *im Lot sein,* ütr. *frisch, munter sein.*
Ra.: In Sänggel stèlle, *zur Ordnung weisen,*
zurechtweisen.
Sänngerbängg[+] m. *Handwerkszeug des*
umherziehenden Flickschusters; frz. St-Crépin =
Crispinus, Schutzpatron der Schuster.
Sänggi w. (Sänggene) *Senke.*
sänggle (gsänggled) 1. *die Senkrechte mit dem*
Senkblei bestimmen. 2. ütr. *zur Ordnung weisen,*
zurechtweisen.
Sänse w., **Säägese**[+] w. *Sense.* Ra.: In d Sänse lauffe,
sterben (Höschs.). **Sänsemaa** m. *Sensenmann, Tod.*
Ra.: Der Sänsemaa hèt bèpperled, *wenn jd. eine*
lebensgefährliche Krankheit gehabt hat (humor.).
Dim. Sänseli s.
Sänserich m. *Schnitter Tod* (humor.).
Santiglaus m. (Santiglais) *Sankt Nikolaus.*
Santihans 1. m. [+] *Sankt Johannes, Johannistag*
(24. Juni). **Santihansdryybeli** s. *Johannisbeere.*
2. w. *Sankt Johanns-Vorstadt.*
Santihansbaadhyysli s. *Rheinbadeanstalt Sankt*
Johann. **Santihansdòòr** s. *Sankt Johanns-Tor,*
eines der noch erhaltenen alten Basler Stadttore.

Santihansvòòrstadt w. *Sankt Johanns-Vorstadt.*
3. jg. s. *Sankt Johann-Quartier.*

Santihansemer m., **Santihanslemer** m. *Bewohner der Sankt Johanns-Vorstadt oder des Sankt Johann-Quartiers.*

Santym m., **Santyn**[+] m. *Rappen, Einräppler; frz. centime.* I haa kai roote Santym, *ich habe überhaupt kein Geld.* Ra.: Fir zää Santym hòffe, *nur noch ganz geringe Hoffnung haben.*

Santymspalter m. *Geizhals, Knauser.*

Santimeeter m. 1. *Zentimeter (Masseinheit).* 2. *Metermass.* Läng mer der Santimeeter.

Santinigginäggi m. *Sankt Nikolaus* (Ks.). Kinderreim: Santinigginäggi, hinder em Oofe stägg i, bring mer Nùss ùnd Biire, no kùmm i hinde fiire.

Santjooder[+] m. *Sankt Theodor.* Ze Santjooder(e)[+], *in der Theodorskirche.*

Santjòkeb m. *Sankt Jakob.* **Santjòkebsfèscht** s. *Feier zur Erinnerung an die Schlacht bei Sankt Jakob an der Birs am 26. August 1444.*

sapperlòtt, sappermänt, saggermänt *«Sakrament», Donnerwetter, um Himmels willen.*

Sapperlòtt m., **Sapperlòtter** m., **Sappermänter** m. *Tausendsassa.*

sappermänt → sapperlòtt.

sappermänte (gsappermänted) *fluchen, toben* (Liebrich).

saprischtyy *«Sakrament Christi», sackerment.*

Saarass[+] m. (Saaräss) *Rausch* (Seiler).

Säärbel m. *Kümmerling, Lebewesen, das nicht gedeihen will (Pflanze, Tier, Mensch).* Dim. Säärbeli s. *kümmerliches Geschöpf.*

säärbelig *kränklich, kümmerlich, schwächlich, serbelnd.*

säärble (gsäärbled) *serbeln, hinsiechen, verkümmern.*

Säärblede w. *Dahinsiechen.*

Saaresyy *Sarasin (Familienname).*

Sasse w. *kurzstielige Schöpfschaufel des Weidlingfahrers.*

Sässel m. *Stuhl, Sessel.* **Sässelglääber** m. *«Sesselkleber», einer, der sein Amt nicht abgeben will.* Dim. **Sässeli** s. *Stühlchen, Kinderstuhl.*

Sässelidanz m. *Spiel, bei dem man sich beim Abbrechen der Musik einen Stuhl ergattern muss,* ütr. humor. *Kampf um politische Mandate.*

Sässelidraage s. *Tragen einer Person auf den verschränkten Händen von zwei Trägern*

(meist Kinderspiel).

satt 1. *satt, gesättigt.* Sinn er satt? *Seid ihr gesättigt, habt ihr genug gegessen?* 2. *knapp, eng.* Die Hoose sind mer z satt. Satt strigge, *engmaschig stricken.* Er isch satt am Dood verbyy, *er kam knapp am Tod vorbei.*

sattlere (gsattlered) *das Sattlerhandwerk betreiben.*

Satz m. (Sètz) *Satz.* 1. *Satz in der Sprache.* Mach e ganze Satz. 2. *Serie.* E Satz Brieffmaargge. 3. *Bodensatz.* Dä Wyy hèt e Satz. 4. *Satz eines Musikstückes.* Die langsaame Sètz sind am schwäärschte. 5. *Hüpfer, Sprung.* In d Sètz bringe, *aufregen, erzürnen.* In d Sètz koo, *aufgeregt, zornig werden.* Ùff ai Satz, *in einem Mal, aufs Mal.* Dim. Sètzli s.

Sau w. (Sei) 1. *Schwein.* Briele wien e Sau, wien e gstòcheni Sau, wien e Sau am Spiess, *heftig brüllen, schreien.* Dervooschiesse wien e gsängti Sau, *wie ein gesengtes Schwein, überaus schnell davonrennen.* Bluete wien e Sau, *heftig bluten.* Uusgsee wien e Sau, *sehr schmutzig aussehen.* Raa.: D Sau abloo, *sich sehr laut, sehr ungebührlich aufführen.* I mècht ùff der Sau fùùrt, *es ist zum Verrücktwerden.* Hämmer zämme d Sei ghieted? *Wir haben keinen Grund, so vertraulich miteinander zu sein.* **Saustall** m. *Schweinestall,* ütr. *sehr unordentlicher, schmutziger Raum.* **Seiblatz** m., **Seibi** m. *Barfüsserplatz, einstiger Basler Schweinemarkt.* **Seibiglygge** w. *Name einer Fasnachtsclique.* **Seiblootere** w. *Schweinsblase.* **Seifäädere**[+] w. *Spiess zum Abfangen von Wildschweinen,* nur in Ra.: Ùff de Seifäädere syy, *in peinvoller Ungewissheit sein, grösstes Unbehagen empfinden.* **Seiòòr** s., **Seièèrli** s. *Schweinsohr.* Am Seièèrli nää, *bei den Ohren nehmen* (humor., Ks.). Dim. **Seili** s. *Schweinchen, Ferkel.* **Seilidryyber** m. *Schweinehirt,* ütr. *jemand, der eine Menschengruppe zusammenhalten muss.* 2. *Schmutzfink* (vulg.). Bisch dòch e Sau. **Saubueb** m. *ungezogener Knabe.* **Sauglògge** w., **Seiglògge** w. in Ra.: An der Sauglògge zie, d Seiglògge zie, d Sauglògge lytte, *zoten, zweideutig reden.* **Sauhùnd** m., **Saukaib** m. a) *Schmutzfink* (vulg.). b) *Schweinekerl, gemeiner Kerl* (vulg.). **Saulùft** w. *sehr schlechte Luft* (pop.). **Saumaitli** s., **Seimaitli** s. *ungezogenes Mädchen.* **Saumòòre** w., **Seimòòre** w. *Drecksweib, Schmutzfink* (vulg.). **Sauniggel** m., **Seiniggel** m.

Schweinigel. **Sauòòrnig** w. *grosse Unordnung*
(pop.). Ra.: **Seihääfeli** – Seidèggeli, *Gesindel passt*
zu Gesindel (pop.). 3. *verst. sehr, ernorm* (pop.).
E Saugäld, *sehr viel Geld.* Saugligg, *enormes*
Glück. Saulùschtig, *sehr lustig.* Sauwätter, *sehr*
schlechtes Wetter. Sauwuet, *sehr grosse Wut.*
saue (gsaut) 1. *säuisch reden, sich säuisch aufführen.*
2. *verschwenderisch umgehen.* Si händ mit irem Gäld
nùmmen eso gsaut. 3. *unsauber arbeiten* (vulg.).
4. *regnen, stürmen* (pop.). Es saut dùsse wie verrùggt.
Sauerei w. (-e) *Schweinerei* (pop.).
Saum[1] [+] m. (Saim / Saum) *Saum, altes Flüssigkeits-*
mass (136½ Liter).
Saum[2] m. (Saim) *Saum, säumende Stoffnaht.*
Dim. Saimli s.
saume (gsaumt) *säumen, mit Saum versehen.*
Schaab m., jg. **Schaabe** w. 1. *Motte, Kleidermotte.*
Ra.: Schaaben im Buuch haa, *Hunger haben*
(humor.). **Schaabekischte** w. *Mottenkiste.*
Schaabelòch s. *Textilbeschädigung durch Motten-*
frass. 2. *Mädchen, Freundin, Geliebte* (pop.,
Mitte 20. Jh.). Dim. Schääbli s.
Schabälle w., jg. **Stabälle** w. *Stabelle, hölzerner Stuhl*
mit eingesteckten Beinen; lat. scabellum.
Dim. Stabälleli s.
Schabzieger m. *Schabzieger, Kräuterkäse.*
Schachtle w. 1. *Schachtel.* Dim. Schächteli s. 2. *Frau*
(pej.). Alti Schachtle. Dùmmi Schachtle.
schaad (schaader, schaadscht) *schade.* Sind ùnd
schaad, *sehr schade, jammerschade.*
Schaadefraid w. *Schadenfreude.*
schaadefraidig *schadenfreudig.*
schäädige (gschäädiged) 1. *schädigen.* 2. *Zeche*
bezahlen lassen, Gastfreundschaft kräftig in
Anspruch nehmen (pop., Mitte 20. Jh.). Mer händ
der Hairi schwäär gschäädiged.
schaffe (gschafft) *arbeiten.* Er schafft ùff ere Bangg.
Si hèt z schaffe, *sie hat Arbeit, sie hat viel zu tun.*
Fir d Lyt schaffe, *auswärts, im Kundenhaus arbeiten*
(Kron). Si schafft amene Buech, *sie arbeitet an*
einem Buch. S Hòlz schafft, *das Holz bewegt,*
verzieht sich. Der Daig schafft, *der Teig hebt sich.*
Das git mer z schaffe, *das macht mir zu schaffen,*
macht mir Sorgen.
Schaffede w. *frauliche Handarbeit, Näharbeit.*
schäffele (gschäffeled), **schäfferle** (gschäfferled)
gemächlich, spielerisch arbeiten.

Schaffer m. *arbeitsamer, fleissiger, tüchtiger Mann.*
Schaffere w. *arbeitsame, fleissige, tüchtige Frau.*
Schafferei w. *Arbeitsweise* (pej.). Was isch au daas fir
e Schafferei, *das ist doch keine rechte Arbeitsweise.*
schäfferle → schäffele.
schaffig *arbeitsam.* Si händ schaffigi Kinder.
Schaffstùùbe w. *Arbeitszimmer, Nähzimmer.*
Schaft m. (Schäft) *Regal, offener Schrank.*
Schafthai [+] s. *Schachtelhalmbündel zur Pfannen-*
reinigung.
Schaffuuse *Schaffhausen.*
schäggerniere → tschäggeniere.
Schaaggi m. *Jacques, Jakob.* Dim. Schaaggeli m., s.
Schaibli[1] [+] *Strohuntersatz für heisse Schüsseln.*
Schaibli[2] *Schäublin* (Familienname). Der Schaibli,
jahrzehntelang in Basel verwendetes Singbuch
«Lieder für jung und alt» von J. J. Schäublin
(1822–1901).
Schaiche m. *Bein, Schenkel* (pop.). Mach d Schaichen
ab em Disch.
schaide (gschaide [+] / gschiide) 1. *scheiden.*
Kuum ghyyroote, sind si schò wider gschiide.
2. *gerinnen.* D Milch isch, d Milch hèt gschiide.
Schaidig w. (-e) *Scheidung.*
Schaidògge w. *männlicher Träger des Namens*
Scheidegger (Schs.).
Schaidwègge [+] m. *eiserner Keil zum Holzspalten*
(Seiler).
Schaal m. (Schääl) *Halstuch; engl. shawl.*
Schaale w. 1. *Schale, flache Schüssel.* Dim. Schääleli s.
2. *Schale, Umhüllung.* 3. *Kleidung, Anzug*
(pop., 20. Jh.). Er hèt e neiʼi Schaale kaufft.
Schalèttli s. *kleine Schalotte.*
Schalldämpfer m. 1. *Schalldämpfer.* 2. *Kissen als*
Sitzgelegenheit (humor., fam.).
Schälle w. *Schelle.* 1. *kleine Glocke am Kleinvieh,*
am Narrengewand usw. **Schällehalsband** s.
Kuhglockenriemen. 2. *Hausglocke.* 3. [+] *Handschelle,*
Fussschelle. **Schällehuus** [+] s., **Schällemätteli** s.,
Schällewäärgg [+] s. *Gefängnis, Zuchthaus.* 4. *Farbe*
im deutschen Jasskartenspiel. 5. *Hodensack* (vulg.).
Ra.: Aim an d Schälle länge, *jdm. schmeicheln*
(vulg.).
schälle (gschällt) 1. *klingeln, läuten, Türglocke*
betätigen. 2. *intr. laut ertönen, läuten.* S Deelefoon
schällt. Do git s kai Glògge, wo Fyyroobe schällt
(Liebrich). Ra.: Jètz hèt s gschällt, *jetzt ist das*

Mass voll, jetzt ist der Teufel los, jetzt ist's passiert.
schällehaup[+] Interj. *Warnruf beim Schlitteln.*
Schällerei w. *wiederholtes starkes Läuten.*
schällewäärgge[+] (gschällewäärggt) *Zuchthausarbeit verrichten.*
Schalte w. 1. *Bootsstange, Stachel des Weidling-fahrers.* 2. [+] *Schleusenbrett* (Seiler).
schaluu *eifersüchtig; frz. jaloux.* Nur präd.: Er isch schaluu. Schaluu wien e Katz, *sehr eifersüchtig.*
Schalusyy w. (-e) 1. *Eifersucht; frz. jalousie.*
2. *Klappladen.* 3. *verstellbares Brettchen am Fensterladen zur Regulierung des Tageslichts.*
4. *Rolladen.* Ra.: D Schalusyy(e) aabeloo, *sich verschliessen, von nichts wissen wollen.*
Schaamauch[+] m. (-e) *Hintersasse, Bürger minderen Rechts.*
Schambèggli[+] s. *Schweinsknöchlein, «Wädli»; frz. jambonneau.*
schambriere (gschambriert / jg. schambriert) *temperieren, auf Zimmertemperatur bringen; zu frz. chambre.* Dä Wyy mues me schambriere.
Schäämel m. *Schemel.* Dim. Schäämeli s.
schämme, sich (gschämmt) *sich schämen.* Schämmsch di nit ab dym schlächte Zyygnis? Sich in Booden yyne schämme, *sich sehr schämen.*
Schampannier m. *Champagnerwein.*
Schampedyss m. (-e) *Elsässer; von frz. Jean-Baptiste* (humor.).
Schämperg[+] w., **Schauebùùrg** w. *Schauenburg, Burgruine und einstiges Bad oberhalb Liestal.*
Schämpis m., **Tschämpis** m. *Champagnerwein* (pop.).
Schand w. *Schande, Schmach.* Aim alli Schand saage, *jdm. ganz gehörig die Meinung sagen, jdn. ausschelten.* **Schandebänggli** s. 1. *Anklagebank.* 2. [+] *Bank im Kindergarten, auf der das unartige Kind sich schämen musste.*
schandbaar 1. *schandbar.* 2. jg. *enorm, sehr.* E schandbaari Fraid. S isch schandbaar kalt.
schande- verst. *enorm, sehr.* Schandedyyr, *sehr teuer.* Das kòschted e Schandegäld, *...einen enorm hohen Preis.* Schandewiescht, *überaus hässlich.*
schandehalber *anstandshalber.*
Schang m. 1. *Jean.* 2. *«Johann», Diener* (humor.).
Schanger m., s. *Gattung, Art; frz. genre.* Èppis in däm Schanger, *etwas in dieser Art.* Dää Schanger Lyt gfallt mer nit. Ra.: Er hèt e Schanger, *er hat etwas Ordinäres an sich.*

Schänggel m. *Schenkel.* Dim. **Schänggeli** s. *bestimmtes wurstförmiges süsses Kleingebäck, in schwimmendem Fett gebacken.*
Schangi m. 1. *Jean, Jean-Jacques; frz. Jean.* Dim. Schangeli m., s. 2. *dubioser Mann, Kerl* (pej.).
schangschiere (gschangschiert) *wechseln, auswechseln; frz. changer.* Sich schangschiere, *sich umziehen.*
schantlig[+] *schändlich.*
Schanz w. (-e) *Schanze, Befestigungswerk, in Basel nach 1860 in Grünanlagen umgewandelt, z.B.* Elsbeeteschanz, Staineschanz. **Schanzelaiffer**[+] m. *dicker Herrenmantel.* Dim. **Schänzli** s. 1. *kleine Schanze.* 2. *Reitplatz «Schänzli» bei St. Jakob.* Mòòrn isch e Rènnen ùff em Schänzli.
schanze (gschanzt) *büffeln, schwer arbeiten.*
Schanzgnòche m. (Schanzgnèche) *Büffler, Streber* (pop.).
Schapfe m. (Schäpfe) *Schöpfschaufel des Weidling-fahrers.*
Schappedèggel m. *Hut; zu frz. chapeau* (humor., Fridolin).
Schäär w. (-e) 1. *Schere.* **Schääreschlyffer** m. a) *Scherenschleifer.* b) *Hundebastard, Promenaden-mischung* (humor.). Dim. Schäärli s. *kleine Schere, Nagelschere, Nähschere.* 2. *bestimmte Übung beim Geräteturnen.*
Scharaboonis → Schareboonis.
Scharaade w. *Scharade; frz. charade.* **Scharaadekischte** w. *Kostümkiste, Kiste oder Koffer zum Aufbewahren alter Kleider und Kostüme, die zum Scharadespielen verwendet werden.*
schäärb *ausgetrocknet, trocken.* Schäärb Broot.
Schäärbe m., jg. w. 1. *Scherbe.* 2. *Keramikart.* Das Gschiir hèt e guete Schäärbe. **Schäärbeviertel** s. *dürftiges Stadtquartier, Elendsviertel* (humor.). Dim. Schäärb(e)li s.
schäärbele (gschäärbeled) *misstönend, wie Scherben klingen.*
schäärbelig *misstönend, wie Scherben klingend, krächzend.* Schäärbeligi Stimm.
schäärbis[+] nur präd. *schief.* Das Kèmmi isch schäärbis.
Schäärdifùùrt[+] m. *Abschiedswein für die Wäscherin* (humor., Müller, Fridolin).
Schaardynièère w. 1. *Blumentisch; frz. jardinière.* 2. *Blumengefäss.*

schaare → schòòre.

schääre (gschòòre) 1. *scheren.* 2. *+ums Geld bringen.*
Gschòòre, *ohne Geld dastehend, mittellos.*

Schaarebang + m. *Pferdewagen mit Sitzbänken;*
frz. char à bancs. Dim. Schaarebänggli s.

Schareboonis m., **Scharaboonis** m., **Schaaris** m.
Kratzfuss, Kompliment.

Schäärede w. *aus der Pfanne Zusammengekratztes.*
D Schäärede dùnggt mi s Bèscht vò der Bappe.

schaarf (schèèrfer, schèèrfscht) 1. *scharf.* E schaarf
Mässer. E schaarfi Soosse. 2. *erpicht.* Si isch
schaarf ùff Schòggelaade. I bii nit schaarf drùff,
ich habe kein Interesse daran. 3. *geil* (pop.). Er isch
schaarf ùff jùngi Maitli.

Schaaris → Schareboonis.

Schaaryyse → Schòòryyse.

Schaariwaari m., s., **Schariwari** m., s.
aus verschiedensten Bestandteilen zusammen-
gesetztes Fasnachtskostüm; frz. charivari.
I gang im Schaarivaari an Mòòrgestraich.

schäärle + (gschäärled) *Volants an der Wäsche mit*
der Kräuselschere kräuseln.

Schäärlyyse + w. *Kräuselschere* (Fridolin).

scharmant *liebenswürdig, angenehm, reizend;*
frz. charmant. Scharmantì Lyt. E scharmanten
Oobe.

Schäärme m. *Dach, Obdach, Schutz, Wetterschutz.*
Am Schäärme sitze, *wettergeschützt sitzen.*
Ra.: Sy Sach am Schäärme haa, *ein Vermögen zur*
Seite, in Sicherheit gebracht haben.

Schäärmuus w. (Schäärmyys) *Maulwurf.*

Schäärmuuser m. *Maulwurffänger.*

Schaarschee m. *Einschreibesendung; frz. chargé.*
Der Bèschtler hèt e Schaarschee bròcht.

schaarschee *auf der Post eingeschrieben; frz. chargé.*
Schigg dä Brieff gscheiter schaarschee.

Schääse w. 1. *herrschaftliche Kutsche, Landauer;*
frz. chaise. E Schääse mache, *sich kostümiert mit*
einem Landauer an der Fasnacht beteiligen. Dim.
Schääsli s. 2. *Frau* (pej., pop.). E verrùggti Schääse,
ein verrücktes Frauenzimmer.

schasse (gschasst) *fortjagen, mit Schimpf entlassen;*
frz. chasser.

Schatte m. (Schätte) *Schatten.* Raa.: Am Schatte syy,
im Gefängnis sitzen. An Schatte due, *ins Gefängnis*
stecken. Schätten im Ranze haa, *Hunger haben*
(pop.).

Schatz m. 1. (Plur. Schètz) *Schatz, Kostbarkeit.*
2. (Plur. Schätz) *Liebste, Liebster.* Dim. Schatzeli s.,
Schätzeli s., Schatzi s., Schätzli s. 3. (Plur. Schätz/
Schatze) *herzlieber Mensch.* Ir sind wiirgglig
Schatze. Kosewörter: **Schatzebai** s., **Schatzefrau** w.,
Schatzekind s., **Schatzemaitli** s.

schätzele (gschätzeled) *flirten, kosen.*

Schatzig w. (-e) *amtliche Einschätzung, Bewertung.*

schatzig *allerliebst, hübsch* (2. H. 20. Jh.).

Schaubdèggi w. (Schaubdèggene) *Türvorlage.*

Schauebùùrg → Schämperg.

schèchle (gschèchled) *verzetteltes Heu zu Haufen*
ordnen, häufeln.

Schèchli → Schòche.

Scheeffer m. *Schäfer.*

Scheeffere w. *Schäferin.*

scheeffig *vom Schaf.* Scheeffige Stòtze,
Hammelkeule.

Scheeffigs s. *Schaffleisch.*

schèlle (gschèllt) 1. *schälen.* 2. *+ums Geld bringen,*
ausbeuten. 3. *auf den Arm nehmen, reizen*
(Schs., Mitte 20. Jh.). Si händ dä jùng Lèèrer fèscht
gschèllt.

Schèllede w. *Haut oder Schale von Obst, Kartoffel,*
Wurst usw.

Schèlmeliechtli + s. *kleine Blendlaterne mit*
abschirmbarer Kerze (humor.).

scheen 1. *schön.* Scheen Wätter. E scheene Hèlge.
Scheen due, *liebenswürdig sein, liebedienern.*
S scheen Händli, *die rechte Hand* (Ks.). Gib der
Dante s scheen Händli. 2. *sehr, viel* (pop.).
E scheene Batze, *viel Geld.* Mach die Stääge scheen
suuber. Dä hèt scheen gstuunt. 3. Ironisch:
E scheeni Bschäärig, scheeni Sache,
üble Bescherung.

schènant *beschämend, genierlich; frz. gênant.*

Scheenebuech *Schönenbuch (westlichstes Baselbieter*
Dorf).

schèneroos *freigebig, grosszügig; frz. généreux.*

schèniere → schiniere.

Schèpfi w. (Schèpfene) *Schöpfschaufel (für Wasser*
und Jauche).

schèppele (gschèppeled), **schèpple** (gschèppled)
1. tr. *mit der Flasche nähren.* Hèsch s Bùschi schò
gschèppeled? 2. intr. *regelmässig Wein trinken.*
Er hèt syyner Läbtig gschèppled.

Schèppeler m. *Trinker.*

schèpple → schèppele.

Schèppli → Schòppe.

schèps *schief, verschoben.* E schèpse Sässel.
Er hèt der Huet schèps aa. S isch alles schèps glòffe.

Scheèrfi w. (Scheèrfene) *Schärfe, Schärfegrad.*

Scheèslòng w. (Scheèslònnge) *Sofa, Ruhebett; frz. chaiselongue.*

Schèste w. *Geste, Gebärde, Grimasse; frz. geste.*

schètze (gschètzt) *schätzen.*

Schètzig w. (-e) *Schätzung.*

schètzigswyys *schätzungsweise.*

Schgandaal → Schkandaal.

schgandaloos → schkandaloos.

Schglaav m. (-e), jg. **Sglaav** m. (-e) *Sklave.*
Schglaavehalter m. 1. *Sklavenhalter.* 2. *Inhaber eines Büros für temporären Arbeitseinsatz* (humor., 2. H. 20. Jh.).

Schyybe[1] w. 1. *Scheibe, Fensterscheibe.* Alter Heischespruch: D Mäss lytted yy, wäär mer nyt groomt, däm schloon i d Schyyben yy. 2. *Glasbild.* E Schyybe stifte, *ein Glasbild schenken.* 3. *Begriffsstutzigkeit, geistige Verwirrung, Betrunkenheit* (Schs., 1970er Jahre). Er hèt e Schyybe. Dim. **Schyybli** s. *Scheibchen, fein geschnittene Tranche.*

Schyybe[2] w. *männlicher Träger des Namens Schäublin oder Scheibli* (Schs.).

Schiibel m. *grosser Haufen, grosses Quantum.* E Schiibel Hai. E Schiibel Spagètti. E Schiibel lache, *tüchtig lachen.* Dim. Schiibeli s.

schyybis goo[+] *zugrunde gehen (meist ökonomisch).*

schyyble (gschyybled) *in Scheiben schneiden.*

Schyyblig m. *Schübling, bestimmte lange Wurst, in Basel seit 1947 den aus der Wehrpflicht Entlassenen zum Abschiedsessen serviert.* Ra.: Der Schyyblig bikoo, *aus der Wehrpflicht entlassen werden.*

schyych *scheu, schüchtern, furchtsam.* E schyych Fraueli. Dää isch au nit schyych, *der ist recht unbescheiden, ziemlich dreist.* Ra.: Der Gaul schyych mache, *unbedacht eingreifen, eine Gelegenheit verpatzen.* Mach mer der Gaul nit schyych!

schyyche 1. (gschyycht) *scheuchen.* 2. (gschyycht / gschiche[+] / gschiiche[+], gschòche[+]) *scheuen.* Mer schyyche kaini Kèschte. S Ròss hèt gschyycht.

Schyychi w. *Scheu, Schüchternheit.*

Schyychlääder s. *Scheuklappe.*

schiebe (gschoobe) 1. tr. *schieben.* Beim Jassen: *Bestimmung der Trumpffarbe dem Partner überlassen.* 2. intr. *sich davonmachen, fortgehen* (pop.). Äntlig sind die lèschte Gèscht gschoobe. Er schiebt mit ere Näägere, *er geht mit einer Negerin* (pop.). 3. tr. *leisten, haben* (Ss.). Kooldampf schiebe, *Hunger haben.* Wach schiebe, *Wachdienst leisten.*

Schieber m. 1. *Schieber, Schiebefenster.* 2. *Schieber, dubioser Geschäftemacher.* 3. *bestimmte Jassspielart zu vieren.*

schieff *schief.* Schieff glaade haa, *betrunken sein.* Aim der Schieff, aim e Schieffe biete, *abfällige oder bösartige Bemerkung gegen jdn. fallen lassen* (Sts., Mitte 20. Jh.).

Schieffi w. (Schieffene) *Schiefe, Schiefheitsgrad.*

Schieler m. *Schüler.* **Schielerduech** s., **Schuelerduech**[+] s. *Schülertuch, ursprünglich kirchliche Tuchspende an ärmere Schüler in Erinnerung an das Basler Erdbeben vom Lukastag (18. Oktober) 1356, seit 1856 von der Lukasstiftung betreut und heute in Gutscheinform ausgerichtet.*

Schielere w. *Schülerin.*

Schiepe w. (meist Plur.) *Schuppe, Kopfschuppe.* Dim. Schiepli s.

schiepig[+] *schuppig.*

schier *beinahe, fast.*

schiesse (gschòsse) 1. tr. *schiessen, abschiessen.* S isch zum Schiesse, *das ist urkomisch.* 2. jg. tr. *gezielt werfen.* E Stai in s Wasser schiesse. 3. intr. *rasch, heftig fliessen.* S Wasser schiesst us em Ròòr. S isch em in Kòpf gschòsse, *es ist ihm zu Kopf gestiegen, plötzlich in den Sinn gekommen.* 4. intr. *hastig, ziellos rennen.* Er isch dervoo gschòsse wien e Kanoonekùùgele.

schiessig *verrückt, sehr lustig, sehr komisch.* Er hèt e schiessigi Gschicht verzèllt.

Schiessjùmpfere[+] w. *Schiessbudenfräulein* (fam.).

schyyfele (gschyyfeled) *spielerisch schaufeln.*

Schyyfeli → Schuufle.

Schiifer m. *Schiefer.* **Schiiferdaafele** w. *Schiefertafel.*

schiifere (gschiifered) 1. *flache Kiesel flach übers Wasser werfen, so dass sie mehrmals aufschlagen.* Si händ am Ryyuufer gschiifered. 2. *flach rutschen.* Er isch iber s Dròttwaar aabe gschiifered.

Schiff[1] m. 1. *Regen* (vulg., 20. Jh.). 2. *Urin, Urinieren* (pop., 20. Jh.). I mues gon e Schiff mache. 3. ütr. *Unsinn, untaugliche Arbeit* (pop.).

Er hèt wider emool e Schiff abgloo.

Schiff[2] s. *Schiff*. 1. *Wasserfahrzeug.* **Schiffländi** w.
a) *Schiffsanlegestelle.* b) d Schiffländi, *Landungs-
stelle beim Grossbasler Brückenkopf der Mittleren
Brücke.* c) *Pissoir* (humor., pop.). Dim. **Schiffli** s.
a) *kleines Schiff.* Schiffli faare, *zum Vergnügen
Schiff fahren* (Ks.). b) *Weberschiffchen.* 2. *Wasser-
behälter im Holz- oder Kohlenherd.* Schiff ùnd
Gschiir[+], *gesamte Fahrhabe* (Seiler). 3. *gut
aussehende Frau* (Höschs.). Mèèrsi, das Schiff!

schiffe (gschifft) 1. *stark regnen* (pop.). 2. *urinieren*
(pop.).

schifferle (gschifferled) *leicht regnen* (pop.).

Schiffi w. *(Schiffene) Pissoir* (pop.).

Schygg[1] m. *vorteilhafter Handel, Gewinn.*
Er hèt e guete Schygg gmacht.

Schygg[2] m. *Schick, Eleganz; frz. chic.* Dä Rògg hèt
Schygg.

Schygg[3] m. *Kautabakstück, Priem, Kaugummi.*
Amene Schygg ùmmekätsche, *an einem Priem
kauen.*

schygg *schick, elegant; frz. chic.*

schygganiere (gschygganiert) *schikanieren;
frz. chicaner.*

schygge (gschyggt) *Kautabak oder Kaugummi kauen.*

schigge (gschiggt) 1. *schicken, senden.* E Brieff
schigge. 2. *zuwerfen.* Schigg mer d Balle.
3. *fortschicken, entlassen.* Säggs Männer hämmi
wèlle nämme; y Gans – i schigg si alli zämme
(Hindermann). 4. *sich darein fügen, sich abfinden.*
Me mues sich halt dryy schigge. 5. [+] *sich beeilen.*
So, schigg di äntlig. 6. *schicklich sein, sich ziemen.*
Das schiggt sich nit fir e jùng Maitli.

Schygòòri s., jg. m. *Zichorie, Kaffeezusatz;
frz. chicorée.*

Schilderhyysli s. *Schilderhaus, Wetterschutz für
Schildwache.* E Naase wien e Schilderhyysli[+],
sehr grosse Nase (humor.).

Schyylee w. *Weste; frz. gilet.* Ra.: Aim in s Schyylee
hyyle, *jdm. sein Herz ausschütten* (pop.,
Mitte 20. Jh.). **Schyyleedäschli** s., **Schyyleesèggli** s.
Westentasche. Ra.: I kaa s nit aifach us em
Schyyleedäschli nää, *ich habe es nicht einfach so
zur Hand.*

schiile (gschiilt) *schielen.*

Schiilebinggis m., **Schiilebùngg** m. (Schiilebingg)
Schielender (humor.).

Schimmi m. *weisses Pferd, Schimmel* (Liebrich).

schimpfe (gschùmpfe) *schimpfen.* Mit èpperem
schimpfe, *jdn. ausschelten.*

Schimpfede w., **Schimpferei** w. (-e) *Geschimpfe,
ständiges Schimpfen.*

Schimpfi m. *ständig Scheltender.*

Schimpfis m. *Schelte.* Er hèt wider Schimpfis bikoo.

Schyyn m. 1. *Schein, Anschein.* Mit Schyyn,
anscheinend. 2. *Helle, Glanz.* **Schyynwiirmli**[+] s.
Leuchtkäfer. 3. *Papier, Dokument.*

schinde (gschùnde) 1. *schinden, plagen, quälen.*
2. *sich krampfhaft um etwas bemühen.*
Phinggt schinde, *sich durch Fleiss oder Streberei
Gunst erwerben.* Yydrùgg schinde, *einen guten
Eindruck machen wollen.* 3. *Vorlesungen besuchen,
ohne Kollegiengeld bezahlt zu haben* (Sts.).
4. *beim Jassen gute Spielkarten zurückhalten.*

Schinder m. 1. [+] *Nachrichter.* 2. [+] *Abdecker,
Wasenmeister.* 3. *Leuteschinder.* 4. verh. *Teufel.*
Hool s der Schinder, *hol's der Teufel.*
Pfytschinder, *pfui Teufel.* **Schindersgwalt** w. in:
Mit Schindersgwalt, *mit Teufelsgewalt* (Fridolin).

Schindhuus[+] s. (Schindhyyser) *Schlachthaus.*

Schindle w. 1. *Schindel.* **Schindlebygger** m. *Klepper*
(humor., Fridolin). **Schindlehoof** m. *Schindelhof
(Haus im St. Alban-Tal).* 2. *Farbe im deutschen
Jasskartenspiel.* Dim. Schindeli s.

schindle (gschindled) 1. *Schindeln herstellen.*
2. *mit Schindeln decken.* E Dach schindle.

Schindlueder s. *Unfug, grober Spass.* Schindlueder
dryybe, Schindlueder mache, *Unfug treiben.*
Mit èpperem Schindlueder mache, *jdn. gröblich
zum Narren halten, jdn. schändlich behandeln.*

Schindluederei w. (-e) *grober Unfug, übler Spass.*

Schiine w. 1. *Schiene.* Ab de Schiine, *weg* (pop.).
2. *weibliches Bein* (Höschs.). Die Frau hèt gueti
Schiine, *diese Frau hat schöne Beine.*
Dim. Schiinli s.

schiine (gschiint) *schienen, einschienen.*

schyyne (gschiine) *scheinen.* 1. *leuchten, Helligkeit
verbreiten.* D Sùnne schyynt. 2. *den Anschein
haben.* Das schyynt mer in der Òòrnig.

schiniere (gschiniert) **schèniere** (gschèniert) 1. *stören,
hinderlich sein, unangenehm sein; frz. gêner.*
Schiniert s di, wenn i rauch? Dä äng Mantel
schiniert mi. Schiniert s bim Lauffe? *Bist du nicht
einverstanden, hast du etwas dagegen?* (Höschs.).

Gschiniert syy, *gehemmt sein, unwohl sein*. 2. refl.
sich schämen. Schiniersch di aigedlig nit?

schyynts *«wie es scheint», wie man sagt, offenbar.*
Der Zùgger schloot schyynts wider ùff. De hèsch
di schyynts schlächt ùffgfiert. Er hèt schyynts
miese hògge.

schipfle (gschipfled) *in neckender Absicht leicht
stossen, schubsen.*

Schyppe w. *männlicher Träger des Namens Schaub*
(Schs.).

Schyyre w. *Scheune*. **Schyyrebiirzler** m.
1. [+] *Landstreicher*. 2. *Nichtsnutz*.

schiirge (gschiirgt) *schieben, vor sich hinschieben.*
Si hèt s Gmieswäägeli der Bäärg ùff gschiirgt.

Schiirm m. *Schirm*. Ra.: Der Schiirm zuemache,
sterben (Höschs.). Dim. Schiirmli s.

Schiirpf [+] m. *Schürfung, Streifwunde.*
Er hèt e Schiirpf am Gnei. Dim. Schiirpfli s.

schiirpfe (gschiirpft) *schürfen.*

Schiss m. 1. *Kot, Exkrement* (vulg.). 2. *Tätigkeit des
Stuhlens* (vulg.) Er hèt e lange Schiss gmacht.
Alli Schiss, *alle Augenblicke, immer wieder* (pop.).
3. *Angst* (pop.). Si hèt Schiss ghaa im Finschtere.

Schisshaas m., **Schissmaier** m. *Angsthase* (pop.).

schyss- verst. *enorm, sehr* (vulg.). Schyss'schuel,
verdammte Schule. Schyssfräch, *sehr frech*.
Schyssangscht, *gewaltige Angst* (Müller).

Schyssdrägg m. *Scheissdreck, Kot, Exkrement,
Scheisse* (vulg.). Die Aarbed isch kai Schyssdrägg
wäärt. Er hèt sich e Schyssdrägg drùm kimmered,
er kümmerte sich keinen Deut darum. Ra.:
Der Schyssdrägg im Moondschyyn finde, *sehr findig
sein* (vulg.). **Schyssdrääggziigli** s. *kleiner,
bescheidener Fasnachtszug mit wenig Teilnehmern*
(nicht pej.). Dim. Schyssdrääggli s.

schyssdräggele (schyssdräggeled) 1. *nach Exkrement
riechen.* 2. *widerlichen braunen Farbton haben.*

schysse (gschisse) *scheissen, Darm entleeren, kacken*
(vulg.). Raa.: I schyss ùff eier Gäld, *euer Geld ist
mir völlig egal*. S isch mer schysse, s isch mer
schysseglyych, *es ist mir völlig egal*. Kaasch mer in
d Kappe, ùff d Kappe schysse, *du kannst mich gern
haben*. Aim in d Kappe, ùff d Kappe schysse,
jdn. derb zurechtweisen. I lòss mer nit ùff d Kappe
schysse, *ich lasse mir nicht alles bieten*. Gang emool
go schysse, wo s gmaait isch, *ich möchte wohl,
aber ich kann nicht.*

schyssebyppi Interj. *ach was, dummes Zeug.*
Schyssebyppi hairassa, schyssebyppi Hienerdrägg,
Quatsch, Unsinn.

schysseglyych → schysse.

Schissel [+] m. *gestielte flache Schaufel zum
«Einschiessen» des Brotes in den Backofen.*

schyssele (gschysseled) *nach Exkrement riechen*
(pop.).

Schysser m. 1. *Scheisser, Scheisskerl* (vulg.).
2. *Durchfall, Diarrhö* (vulg.).

Schyssgass w. (-e) *«Scheissgasse»*. Nur in:
D Schyssgass ab goo, *zunichte werden, flöten gehen,
zum Teufel gehen* (pop.). Auch: S Schyssmätteli
ab goo.

Schysshaafe m. (Schysshääfe) *Nachtgeschirr* (vulg.).

Schysshyysler m. *Mitglied der Studentenverbindung
Schwizerhüsli* (humor., Sts.).

Schysshyysli s. 1. *Abort* (pop.). 2. *Studenten-
verbindung Schwizerhüsli* (humor., Sts.).

Schyssi w. (Schyssene) *Abort, Latrine* (vulg.).
Ra.: In d Schyssi länge, *sich schwer täuschen,
etwas völlig Falsches tun* (vulg.). **Schyssibapyyr** s.
Klosettpapier (vulg.). **Schyssibùtzer** m.
Toilettenreiniger (vulg.).

Schysslawäng m. nur in: Der Schysslawäng mache,
übertrieben splendid oder höflich sein (fam.).

Schissle w. 1. *Schüssel, Suppenschüssel, WC-Schüssel*.
Dim. **Schisseli** s. *Schüsselchen, Tasse*.
Schisselidòòrgis [+] m. *bestimmte Dessertspeise aus
Apfelmus, Eiweiss und Mandeln* (Fridolin).
2. *Schädel, Kopf* (vulg.). E Sprùng in der Schissle
haa, *etwas verrückt sein* (Höschs.).

Schyssmätteli → Schyssgass.

Schyt s. (Schyter) *Scheit*. **Schyterbyygi** w. 1. *geordnet
aufgeschichtete Scheiter, Holzbeige*. Schùlde wien e
Schyterbyygi, *sehr viel Schulden*. 2. ùtr. *Kuchen aus
geschichteten Löffelbiscuits mit Zwischenfüllung
aus Schokoladecreme*. Dim. Schytli s.

schyte (gschyted), **schytle** (gschytled) *Holz spalten
(zu Scheiten).*

schitte (gschitted) 1. *schütten, giessen*. Zùgger in
d Woogschaale schitte. Wasser an d Blueme schitte.
Ain an d Phalme schitte, *kräftig zechen* (fam.,
20. Jh.). 2. *stark regnen*. S hèt die ganzi Nacht
dùùre gschitted.

schytter, schitter *schäbig, unansehnlich.*

Schitti w. (Schittene) *heftiger Regenguss.*

Schittstai m. *Ausgussbecken.*

Schitzligmaitli[+] s. *aufgeschossenes Mädchen, Backfisch* (Kron, Sieber).

Schkandaal[+] m. (Schkandääl), **Schgandaal**[+] m. (Schgandääl), **Skandaal** m. (Skandääl / Skandääler) *Skandal; frz. scandale.* Dim. Skandääl s. **schkandaloos**[+], **schgandaloos**[+], **skandaloos**, **skandalees** *skandalös; frz. scandaleux.*

Schlabutzer[+] m. *Strafpredigt, Zurechtweisung* (Kron, Seiler, Sieber).

schlächt *schlecht.* S isch mer schlächt, *ich fühle mich unwohl.* S wiird mer schlächt, *mir wird übel.* Ain schlächt mache, *jdn. herabsetzen, jdn. verleumden.* Schlächte Kantoon → Kantoon.

Schlachthuus s. (Schlachthyyser) *Schlachthaus.*

Schlaag m. (Schleeg) 1. *Schlag.* Dä Schlaag isch gsässe. Z Schlaag koo, *zurechtkommen.* Kùnnsch z Schlaag mit dyner Aarbed? Ùff ai Schlaag, *in einemmal, plötzlich.* 2. *schwerer Schlaganfall.* Dim. **Schleegli** s. *Schlaganfall.* Syt sym Schleegli kan er nimme schwätze. 3. *Zimmer, Behausung, Bude* (Schs., Sts.). 4. *Volksschlag, Art, Gattung, Rasse.* Lyt vo däm Schlaag han i nit eso gäärn.

Schlägg m. *Leckerbissen, Annehmlichkeit.* Die Aarbed isch kai Schlägg. **Schläggsache** w. (Plur.) *Naschwerk, Süssigkeiten.* **Schläggstängel** m. *Stielbonbon.* **Schläggzyyg** s. *Naschwerk, Süssigkeiten.*

schlägge (gschläggt) 1. *lecken.* D Kie schlägge gäärn Salz. I wùùrd mer d Finger dernoo schlägge, *ich wäre sehr froh darum.* 2. *Süssigkeiten lutschen, zu sich nehmen.* Mit dym vyle Schlägge machsch der d Zeen kabùtt. 3. gschläggt, *geschniegelt, übertrieben sauber.* Dä Hèlgen isch vyl z gschläggt gmoolt, *dieses Bild ist allzu perfekt gemalt.*

Schlägger m. 1. *Näscher, Leckermaul.* 2. [+] *Schmeichler.*

Schläggi m. *Näscher, Leckermaul.*

Schlaiff[+] (-e) w., **Schlaipf**[+] (-e) w. *liederliche Frau, Dirne* (pop.).

schlaiffe (gschlaifft), **schlaigge** (schlaiggt), **schlaipfe** (schlaipft) *schleppen, nachschleppen.* Er hèt alli Sègg in Käller gschlaifft.

schlaigge → schlaiffe.

Schlaipf → Schlaiff.

schlaipfe → schlaiffe.

schlaiter *sachte bergab, sachte bergauf, allmählich*

abfallend, allmählich steigend. Ùff sälli Heechi goot e schlaitere Wääg. Jètz goot s wider schlaiter aabeszue.

Schlämpe m. 1. *Fetzen, Haut auf gekochter Milch.* 2. *Ende einer Zierschlaufe.* **Schlämpegrut** s. *grün gekochter Kopfkohl* (Küry). Dim. Schlämpli s.

schlampe (gschlampt) 1. *lose herunterhängen.* Dy Jùnte schlampt e bitz. 2. *unordentlich sein, etwas liederlich leben.*

Schlampi m. *träger, nachlässiger Mensch.*

Schlang w. (-e) *Schlange.* **Schlangefänger** m. *einer, der andere überlistet, Betrüger.*

Schlangefraass m. *miserables Essen* (pop.).

Schlangehansi m. *Hans Schweizer, grosser Schlangenfachmann, Stadtoriginal (1891–1975).* Dim. Schlängli s.

Schlängge m. 1. *Schlinge, Schlaufe.* 2. [+] *Fensterhaken, Schliesshaken.* 3. *Aufhänger des Kleidungsstückes.* 4. *Schnörkel beim Schreiben.* 5. ütr. *langer, schlanker Mann.* Er isch e rächte Schlängge. Dim. Schlänggli s.

schlänggere (gschlänggered) *schlenkern.*

schlängle (gschlängled) *schlängeln.*

Schlänz m. *Riss, Schranz (in Gewebe).*

schlänze (gschlänzt) *schlitzen, entzweireissen.* E Stigg Stoff abenander schlänze.

Schlappe m. 1. *Pantoffel, Hausschuh, Schuh.* Dim. Schläppli s. 2. *Schiff, Schleppkahn* (pop.).

Schlaumaiermuusig w. *Schalmei-Musik-Verein Basel-Stadt* (humor.).

Schlee m. *Gelee; frz. gelée.*

Schleebiggse[+] w. *Blasröhrchen aus Holunderrinde, zu welchem Schlehen als Geschosse verwendet werden* (Müller).

Schleeche[+] w. *Schlehe, Schwarzdorn.* **Schleechebluescht**[+] m. *Schwarzdornblüte.* **Schleechehaag**[+] m. *Schwarzdornhecke.*

Schleeffe w. *Schläfe.* Syni Schleeffe sind schò grau.

schleeffele (gschleeffeled) *schlummern, schlafen* (Ks.).

Schleegel m. 1. *Schlegel, Schlagwerkzeug, Hammer.* **Schleegelfuulzi**[+] s. *bestimmtes Ballspiel, Schlagball.* 2. *Flasche mit engem Hals und weitem Bauch, Weinflasche.* Mer händ zämme e Schleegel drùngge. 3. *Fleischkeule, z.B.* Reeschleegel, *Rehkeule.* 4. [+] *beschmutzter unterer Rand von Hose oder Frauenrock* (Seiler). Dim. Schleegeli s.

Schleeger m. *Schläger, Raufbold.*

Schleegerei w. (-e) *Schlägerei.*

Schleegli → Schlaag.

Schleidere w. 1. *Schleuder.* 2. *Gewehr, Sturmgewehr* (Ss.). 3. *altes Automobil* (pop., Mitte 20. Jh.). 4. *Serviertochter* (Höschs).

Schlèpp m. 1. *Schleppe.* 2. *Schleppstreich beim Trommeln.*

Schlètterlig m., **Schlètterli** s. *Anzüglichkeit, üble Nachrede.* Aim e Schlètterlig aahängge, *über jdn. Übles sagen, jdm. Anzügliches sagen.*

schlètze (gschlètzt) 1. *zuschlagen (Tür, Fenster).* Er hèt d Diire gschlètzt, *er schlug die Tür zu.* D Diire hèt gschlètzt, *die Tür fiel laut ins Schloss.* 2. *Geld oder andere Dinge verschwenden, vergeuden.* Am Oobe vòm Zaaldaag hèt er s gschlètzt.

Schlètzer m. *wer Geld drauflos ausgibt, Verschwender.*

schlètzig *verschwenderisch.*

Schlich m. (nur Plur.) *Schlich.* Aim ùff d Schlich koo, *jdm. auf die Spur kommen, seine Machenschaften entdecken oder aufdecken.*

schlyyche (gschliche) *schleichen.*

Schlyycher m., **Schlyychi** m. *Schleicher, falschfreundlicher Mensch.*

schlieffe (gschlòffe; Kond. schlùff⁺) 1. *schlüpfen, kriechen.* Raa.: In èpper schlieffe, a) *jdm. schmeicheln.* b) *stark in jdn. verliebt sein.* Aim in s Fiidle schlieffe, *vor jdn. kriechen, jdm. stark schmeicheln* (pop.). 2. *davonkommen.* Er isch grad no gnapp gschlòffe, *er ist knapp davongekommen, hat sein Examen knapp bestanden.*

schliesse (gschlòsse) *schliessen.* Der Laaden isch bis am zwai gschlòsse.

Schliessgùùfe w. *Sicherheitsnadel.* Dim. Schliessgiifeli s.

Schliessi w. (Schliessene) *Wehr, Wuhr zum Stauen des Wassers, insbesondere dasjenige der Wiese in den Langen Erlen.*

Schliifer m. *Schleim.*

schliiferig *schleimig, schlüpfrig, schmierig.*

Schlyffbapyyr s. *Schleifpapier.*

schlyffe (gschliffe) 1. tr. *schleifen, schärfen.* E Mässer schlyffe. E Stai glatt schlyffe, *einen Stein polieren.* E gschliffe Muul, *ein geschliffenes Mundwerk.* Du kùnnsch mer gschliffe, *du kommst mir gerade recht.* Daas goot gschliffe, *das geht leicht von der Hand.* Dää Bùùrsch wird nò gschliffe, *dieser*

Bursche wird noch Schliff bekommen. 2. intr. *gleiten, glitschen, rutschen (meist auf den Füssen und absichtlich).* Si sind ùff em Yys vò aim Ègge zuem andere gschliffe.

Schlyffer m. 1. *Schleifer.* 2. *Taugenichts, Tunichtgut* (pop.).

Schlyffi w. (Schlyffene) 1. *Schleifbahn auf dem Eis.* E Schlyffi aadryybe, *eine Schleifbahn auf dem Eis herrichten.* 2. *Schleiferei.* Ra.: In d Schlyffi koo, *in die Zucht kommen, geschliffen oder gedrillt werden.*

schlyffyysele⁺ (gschlyffyyseled) *Schlittschuh laufen, eislaufen.*

Schlyffyyseli⁺ s. *Schlittschuh.*

Schlyffstai m. *Schleifstein.*

Schlyym m. *Schleim.* **Schlyymschysser** m. *salbungsvoller Mensch, Salbader* (vulg.). **Schlyymschysserei** w. *Salbaderei* (vulg.).

schlyyme (gschlyymt) 1. *schleimen, Schleim entwickeln oder absondern.* Der Ryys foot aa schlyyme bim Kòche. 2. *salbungsvoll reden, salbadern.*

schlyymig *schleimig.*

schlimm 1. *schlimm, verschlagen.* 2. *draufgängerisch gegenüber Frauen.*

schlinge (gschlùnge) *schlingen.*

Schlipf m. *Erdrutsch, Erdrutschgebiet.* Der Schlipf, *Rebhang am Tüllingerhügel.* Er hèt Rääben im Schlipf.

schlipfe (gschlipft) *ausgleiten, ausrutschen.*

Schlipfer m. *Wein aus einem Rebberg am Schlipf (am Tüllingerhügel).*

schlipferig *schlüpfrig, glatt.*

Schliirg m., **Schliirgel** m. (Jost), **Schliirgis** m. *hingeschmierter Fleck oder Schriftzug, Schmutzfleck.*

schliirge (gschliirgt) *schmieren, schlecht malen, unsauber schreiben.* Er hèt e ganzi Syte vòll gschliirgt. D Dinte schliirgt, *die Tinte schmiert.*

Schliirgel → Schliirg.

Schliirgi m. 1. *Schmierfink.* 2. *schlechter Maler.* 3. ⁺*phlegmatischer Mensch* (Seiler).

Schliirgis → Schliirg.

Schlissel m. 1. *Schlüssel.* Änglische Schlissel, *verstellbarer Schraubenschlüssel.* **Schlisselbliemli** s. *Schlüsselblume, Primel.* **Schlisselbrätt** s. *Schlüsselbrett.* **Schlisselkèèrbli** s. *Schlüsselbehältnis.*

Dim. **Schlisseli** s. a) *Schlüsselchen.* b) *Schlüssel-blume, Primel.* 2. *Zunfthaus und Restaurant zum Schlüssel, Schlüsselzunft.*

Schlitte w. 1. *Schlitten.* 2. *Fahrzeug* (pop.). Kùnnsch mit em Schlitte? *Kommst du mit dem Auto?* 3. *Frau, Serviertochter* (Höschs.).

schlittle (gschlittled) *schlitteln, Schlitten fahren.* Alles schlittle loo, *alles fahren lassen, allem seinen Lauf lassen.*

Schlittschue m. *Schlittschuh.*

Schlitzgyyge w. *Dirne* (Höschs.).

schloo (gschlaage; Präs. schloo, schloosch, schloot, schleend / schleen; Kond. schlieg⁺/ schlieng) *schlagen.* E gschlaageni Stùnd, *eine volle Stunde.*

Schlooff m. *Schlaf.* **Schlooffhuube** w. *Schlafmütze, unaufmerksamer Mensch.* **Schlooffstùùbe** w. *Schlafzimmer.* Dim. Schleeffli s. *Schläfchen, Mittagsschläfchen.*

schlooffe (gschlooffe) *schlafen.*

schloofferig, schlooffrig *schläfrig.* E schlooffrig Liechtli blinzled root (Liebrich).

Schlòss m. (Schlèsser) *Schloss.* 1. *Schliessvorrichtung.* **Schlòsshùnd** m. *Kettenhund,* nur in: Friere wien e Schlòsshùnd, *sehr stark frieren.* 2. *Burg.* Dim. **Schlèssli** s. *Schlösschen, Lustschloss.* Kinderreim: Ryte ryte Rèssli, z Baasel stoot e Schlèssli.

schlòssere (gschlòssered) 1. *schlossern, Schlosser-handwerk ausüben.* 2. *chirurgisch tätig sein, Knochen operieren* (humor.).

schloosswyss⁺, schloowyss *schlohweiss.*

Schlòtter m., **Schlòtteri** m. 1. *Schlottern (vor Kälte oder Anstrengung).* Er hèt der Schlòtteri in de Gnei, *ihm zittern die Knie.* 2. *Angst, Furcht.* Vòr sym èèrschte Kònzäärt hèt er der Schlòtteri ghaa.

schlòttere (gschlòttered) *schlottern.*

Schlòttergètti m., **Schlòttergòtte** w. *Stellvertreter der abwesenden Taufpaten.*

Schlòtteri m. *Angsthase.*

schlòtze (gschlòtzt) *lutschen, z.B. Bonbons.*

schloowyss → schloosswyss.

Schluuch m. (Schlyych) 1. *Schlauch, Garten-, Wasserschlauch.* Dim. Schlyychli s. 2. *Bauch, Magen* (Höschs.). Hoole Schluuch, *Hunger.* Der Schluuch fille, *essen.* 3. *verbotene gedruckte Übersetzungshilfe in der Schule* (Schs.). 4. *starke Anstrengung, scharfes Exerzieren* (Ss.).

schluuche[1] (gschluucht), jg. **schlauche** (gschlaucht) *schlauchen, körperlich anstrengen, kräftig her-nehmen* (Ss.). Mer sind schwäär gschluucht wòòrde.

schluuche[2⁺] (gschluucht) *schleppend gehen, schleichen* (Hagenbach).

Schluuchi m. *langsamer, träger, nachlässiger Mensch.*

schlùchzge (gschlùchzged), jg. **schlùchze** (gschlùchzt) *schluchzen.*

schlùùdere (gschlùùdered) *flüchtig, unsorgfältig arbeiten, pfuschen.*

Schlùùderi m. *unsorgfältig Arbeitender, Pfuscher.*

Schluufi m., **Schlùùfi** m. *träger, langweiliger, nachlässiger Mensch.*

Schlùgg m. (Schligg) *Schluck.* Dää hèt e guete Schlùgg, *der kann tüchtig trinken.* Guete Schlùgg, *guter Tropfen.* E Schlùgg, e Drùgg, *und die Medizin ist geschluckt* (Ks.). **Schlùggwee** s. *Schluckschmerzen.* Dim. Schliggli s.

schlùgge (gschlùggt) *schlucken.*

Schlùmbäärgerli s., jg. **Schlùmbi** s. *mit Mehl bestäubtes kleines Brötchen (einst auf Bestellung einer Frau Schlumberger von einem Bäcker neu geschaffen).*

schlùpfe (gschlùpft) *schlüpfen* (Hoffmann, Jost).

Schlùùrbe m. *ausgetretener Schuh oder Pantoffel.* Er hèt e Schlùùrben im Hals, *er hat einen Schleim-pfropf im Hals* (humor.). **Schlùùrbeglòpfer** m. *Schuhmacher* (humor.). Dim. Schliirbli s.

schlùùrbe (gschlùùrbt), **schlùùrge** (gschlùùrgt) *schlurfen, wie in ausgetretenen Schuhen gehen.*

Schlùùrbi m., **Schlùùrgi** m. 1. *einer, der schlurfend geht.* 2. *langsamer, trödelnder Mensch.*

schlùùrge → schlùùrbe.

Schlùùrgi → Schlùùrbi.

Schlùtti m. *Wolljacke.* Dim. Schlitteli s., Schlittli s., Schlùtteli s. *Jäckchen, Wolljacke für Säugling, Kleinkind.*

schmaachte → schmoochte.

schmaffzge → schmatzge.

schmäggerlig⁺, gschmäggerlig (Fridolin) *dürftig, elend, kränklich.*

schmäggig *schmackhaft, wohlschmeckend, lecker.*

schmaisse (gschmisse) *werfen, schmeissen, schleudern.* E Sach schmaisse, *eine Sache gekonnt erledigen* (pop.).

schmaal (schmeeler, schmeelscht) *schmal.*

Schmalz s. 1. *ausgelassenes Fett.* 2. *Kraft.* Dä Maa

hèt Schmalz in den Äärm. 3. *übertriebene Sentimentalität.* **Schmalzdaggel** m. *sentimentaler Mensch.* **Schmalzlògge** w. (Plur.) *pomadisiertes Haar* (humor.).

schmalzig *sentimental.*

Schmäärze m., jg. **Schmäärz** m. (-e) *Schmerz.*

Schmäärzegäld s., jg. **Schmäärzesgäld** s. *Schmerzensgeld, Sühnegeld.*

Schmätter m. 1. *Rausch.* 2. *Niedergeschlagenheit.*

schmättere (gschmättered) *schmettern.*

schmatzge (gschmatzged), **schmaffzge** [+] (gschmaffzged) (Kelterborn) *schmatzen, geräuschvoll essen.*

schmègge (gschmèggt) 1. intr. *duften, riechen.* Die Blueme schmègge heèrlig. Do inne schmèggt s no Gaas. Er schmèggt zuem Muul uus, *er riecht aus dem Mund, hat einen schlechten Atem.* Der Angge schmèggt, *die Butter hat einen Nebengeruch.* 2. tr. *riechen, mit dem Geruchssinn wahrnehmen.* I schmègg Gaas do inne. Ütr. I kaa si nit schmègge, *ich kann sie nicht riechen, nicht ausstehen.* 3. tr. *merken* (pop.). Schmèggsch èppis? *Merkst du etwas?* Das han i dòch nit kènne schmègge, *das konnte ich doch nicht merken, nicht voraussehen.*

schmèggig [+] *riechend, übelriechend, stinkend* (Seiler). Schmèggig Flaisch, *nicht mehr frisches Fleisch.*

Schmèggiwasser s. *Parfum* (Ks.).

Schmèggschyt s. (Schmèggschyter) 1. *Nase* (humor.). 2. [+] *Gewehr* (humor., Sieber).

Schmeeli w. (Schmeelene) *Schmalheit, Schmalheitsgrad.*

schmèllele [+] (gschmèlleled) *schmunzeln, wohlgefällig lächeln* (Seiler).

schmèlze 1. intr. (gschmùlze) *schmelzen, zerfliessen.* D Glätscher schmèlze. 2. tr. (gschmèlzt / gschmùlze) *schmelzen machen.* Er hèt Blei gschmèlzt / gschmùlze.

Schmiid m. 1. *Schmied.* 2. *Schmied, Schmid, Schmidt, Schmitt (Familiennamen).*

schmiide (gschmiided) *schmieden.*

Schmyynee s. *Kamin, offene Feuerstelle im Wohnraum; frz. cheminée.*

Schmiir → Schmiiri[3].

schmiire (gschmiirt) 1. *schmieren, salben.* S Kùùgelelaager schmiire. Das laufft jo wie gschmiirt, *das läuft ja ausgezeichnet.* 2. *schlecht malen, unsauber schreiben.* 3. *bestechen.* Schmiiren ùnd Salbe hilfft allethalbe, *mit Bestechung kommt man überall durch.* 4. *beim Jassen Karte mit hoher Punktzahl in den sicheren Stich des Partners geben.*

Schmiirede w. 1. *Geschmier.* 2. *Bestechung.*

Schmiirgiggel m. *Schmierfink, Schmutzfink.*

Schmiiri[1] m. *Schmierfink, schlechter Maler.*

Schmiiri[2] w. *Schmiere, Schmierfett.*

Schmiiri[3] w., **Schmiir** w. 1. *Wache,* nur in: Schmiir(i) stoo, *bei einem Verbrechen als Komplize Wache stehen.* 2. *Polizei* (pop., 2. H. 20. Jh.). Achtig, d Schmiir kùnnt. **Schmiirlappe** m., **Schmiirlùmpe** m. *Polizist* (vulg., 2. H. 20. Jh.).

Schmiirjee m. *Schmierer, Schmierfink, schlechter Maler.*

schmiirze (gschmiirzt) *schmerzen, brennen, z.B. bei Hautentzündung* (Liebrich).

schmiirzele (gschmiirzeled) 1. [+] *leicht schmerzen.* 2. *nach Angebranntem riechen.* Die Lampeschnuer schmiirzeled. 3. *geizen, kargen, knausern.*

Schmiirzeler m. *Geizhals, Knauser.*

schmiirzelig *knauserig.*

Schmitti w. (Schmittene) 1. *Schmiede.* 2. *Gericht (Tribunal).* In d Schmitti koo, *vor Gericht kommen.*

Schmooch [+] w. *Schmach* (Meyer).

schmoochte (gschmoochted), jg. **schmaachte** (gschmaachted) *schmachten.*

Schmòllis s. *Duzen, Brüderschaft.* Schmòllis mache, *Duzbrüderschaft schliessen.* I bii Schmòllis mit em, *ich duze ihn.*

Schmuu m. *leichter Betrug.* Schmuu mache, *unsaubere Geschäfte betreiben, betrügen.*

Schmùùrdiiger m. *Essfreudiger* (humor.).

schmùùre (gschmùùrt) 1. *essen, genüsslich verzehren.* 2. [+] *tüchtig trinken* (Ss., Sts.).

Schmùùris [+] m. *bestimmte Mehlspeise mit Eiern.*

Schmuus m. *Schmeichelei, Schöntun.* Aim der Schmuus bringe, *jdm. schmeicheln.*

schmuuse (gschmuust) *kosen, lieblen.* Si händ midenander gschmuust.

schmùùsele (gschmùùseled) *unappetitlich, unsauber aussehen oder riechen.*

schmùùselig, schmùùslig *schmuddlig, leicht unsauber.* Schmùùselige Kittel. Schmùùselige Käärli.

Schmùùsli m. *unreinliches Kind, Schmierfink.*

Schmùttle w. *männlicher Träger des Namens*

Schmied, Schmid, Schmidt oder **Schmitt** (Schs.).
Schmùtz[1] m. (Schmitz) *Kuss.* Dim. Schmitzli s.
Schmùtz[2] m. (nur Sing.) *Schweineschmalz.*
schmùtzig+ *fett, fettig.*
Schnaabel m. (Schnääbel) 1. *Schnabel.* 2. *Mund* (pop.). Mach der Schnaabel zue, *schweig.* Dim. **Schnääbeli** s. a) *kleiner Schnabel.* b) *Penis kleiner Knaben* (fam.).
Schnääderänte w. «*Schnatterente», Schwatzbase.*
schnäädere (gschnäädered) 1. *schnattern.* 2. *schwatzen, tratschen.*
schnääderfrääsig, schnääderfräässig *wählerisch (meist im Essen).*
Schnääderi m. *Schwätzer.*
schnääderig *geschwätzig.*
Schnääfel m., **Schniifel**+ m. *Schnitzel, abgeschnittenes Stück.* E Schnääfel Broot. Dim. Schnääfeli s., Schniifeli+ s.
schnääfle (gschnääfled) 1. *schnitzeln, schneiden, unsachgemäss schneiden.* 2. *operieren* (pop.). Me hèt en am Maage gschnääfled.
Schnääflede w. 1. *unsorgfältiges Schneiden, zweckloses Zerschneiden.* 2. *Abfall beim Zerschneiden, Geschnipsel.* 3. *chirurgische Operation* (humor.).
Schnägg m. (-e) 1. *Schnecke.* **Schnäggeböscht** w. *langsame Beförderungsweise* (humor.). Mit der Schnäggeböscht, *sehr langsam.* **Schnäggedänz** m. (Plur.) *Schwierigkeiten, Umstände.* **Schnäggehyysli** s. *Schneckenhaus.* **Schnäggenuudle** w. *süsses Hefegebäck mit schneckenförmigen Teilstücken.* **Schnäggestääge** w. *Wendeltreppe.* Dim. **Schnäggli** s. *kleine Schnecke,* Kosewort für *kleines Mädchen.* S Suusi isch e häärzig Schnäggli. 2. *spiraliges süsses Hefegebäck mit Mandeleinlage.* 3. *Wendeltreppe.* 4. *zweirädriger Heuwagen mit Kufen am vordern Teil* (bis Mitte 20. Jh.). 5. *Vagina* (vulg.). 6. *Fünffrankenstück (wohl ursprünglich als Dirnenlohn)* (Höschs.). 7. *langsamer Mensch.*
Schnaigge w. 1. *Schnauze.* 2. *Mund* (vulg.). Halt dy ùn|gwäscheni Schnaigge.
schnaigge (gschnaiggt) *schnüffeln, neugierig stöbern.*
Schnaiggi m. *Schnüffler.*
schnäll 1. *schnell,* 2. *hübsch, gediegen* (Höschs.). Das isch au nòn e schnälli Frau.
Schnalle w. 1. *Schnalle.* 2. *Dirne* (vulg.). 3. *schlechte*

oder *fabrikmässig hergestellte Suppe* (Ss.).
Schnäpf+ m. (-e), **Schnäpfe** w. 1. *Schnepfe.* 2. *Dirne* (vulg., 20. Jh.). Dim. Schnäpfli s.
Schnäppe+ w. *Dirne* (vulg., Seiler).
schnappe (gschnappt) 1. *schnappen.* Go Lùft schnappe, *an die frische Luft gehen.* 2. *verhaften* (pop.). Me hèt en an der Gränze gschnappt. 3. *trinken* (pop.). Geemer ain go schnappe? *Trinken wir eins?* 4. *weggehen* (Höschs.). Schnapp! *Mach, dass du fortkommst!*
Schnäppere w. *schnippische, schwatzhafte Frau, Schwatzbase* (Altwegg, Fridolin).
Schnäpperli s. 1. *kleiner Rheinfisch, Leuciscus alburnus* (Fridolin). 2. *Knabenpenis* (fam.).
Schnappkaare m. (Schnappkääre) *zweirädriger, kippbarer Anhänger an einem Fuhrwerk.*
schnapple (gschnappled) *hastig reden, sich beim Reden überstürzen.*
Schnaps m. (Schnäps) 1. *Schnaps, Branntwein.* **Schnapsbrueder** m. *Schnapstrinker* (pop.). **Schnapsgùttere** w. *Schnapsflasche,* ùtr. *chronischer Schnapstrinker, chronische Schnapstrinkerin.* **Schnapsydee** w. *verrückter Einfall, absurde Idee.* **Schnapszingge** m. *rote Trinkernase.* Dim. Schnäpsli s. 2. *Schelte, Tadel, Zurechtweisung* (pop.). Aim e Schnaps gää, *jdn. ausschelten, zurechtweisen.* I haa vom Vatter Schnaps bikoo.
schnapse (gschnapst) 1. *Schnaps brennen.* 2. *schnapsen, chronisch Schnaps trinken.*
schnäpsle (gschnäpsled) *schnapsen, schnäpseln.*
schnäärchele (gschnäärcheled) *leise, leicht schnarchen.*
schnaarchle (gschnaarchled) *schnarchen.*
Schnaarchlerei w. *Schnarcherei.*
Schnaarchli m. *Schnarcher.*
Schnatte m., w. (Schnatte / Schnätte) *Schnittwunde, Riss in der Haut.* Dim. Schnätteli s.
Schnättere w. 1. *klaffende Schnittwunde.* 2. *Dirne* (vulg.).
schnättere (gschnättered) 1. *schnarren, abschnurren, mit Geräusch fallen.* S Gwicht vò der Uur isch an Boode gschnättered. Er hèt sy Wäägeli der Bäärg ab schnättere loo. 2. *mit Geräusch zuschlagen.* Er hèt d Diiren in s Schlöss gschnättered. D Diiren isch in s Schlöss gschnättered. 3. *schnellen.* E gspannt Gatschubändeli schnättere loo. D Sääne vòm Pfyylbooge schnättere loo.

schnätzle (gschnätzled) *schnitzeln, in kleine Stücke zerschneiden.* Gschnätzledi Ziibele, *fein geschnittene Zwiebeln.* I hätt gäärn Gschnätzleds, *ich möchte klein geschnittenes Fleisch.* Gschnätzledi Underhoose, *Kutteln* (humor.). S hèt en gschnätzled, *er ist hingefallen* (humor., pop.).

Schnauz m. (Schnaiz) 1. *Schnurrbart.* Ùff der Schnauz gheie, *stürzen* (pop.). Raa.: Der Schnauz stèlle, *sich wichtig gebärden.* Ùff em Schnauz syy, *erschöpft sein* (pop.). Dim. Schnaizli s.

Schnaizlimygger m. *Geck, Gigolo.* 2. *Schmutzfleck, Schmutzbahn (meist durch ablaufendes Regenwasser verursacht).* An däre Fasaade hèt s schò wiider Schnaiz.

Schnauzi m. *barsch Redender, Polterer.*

Schnee m. *Schnee.* Ra.: Das isch in Schnee brinzled, *das ist ohne grosse Wirkung.* **Schneeballe** w. *Schneeball.* **Schneebääse** m. *Schaumschläger, Küchenquirl.* **Schneeglèggli** s. *Schneeglöckchen.* **Schneewittli** s. *Schneewittchen.* Dim. **Schneeli** s. *kleiner Schneefall.* S hèt e glai Schneeli gää, *es fiel etwas Schnee.*

schneede (gschneeded) *abfällig sprechen.* Si hänn der ganz Ooben iber dä guet Ùnggle gschneeded.

schneidig *schneidig, forsch.*

Schneedigkaite + w. (Plur.) *Grobheiten* (Seiler).

schneie (gschneit) *schneien.* Ra.: S hèt em ùff d Flinte gschneit, *es ist ihm missraten.*

schneiele (gschneieled) *fein, leicht schneien.* Kinderreim: Es schneieled, es beieled, es goot e kiele Wind, ùnd d Maitli leege Häntschen aa, ùnd d Buebe lauffe gschwind.

schnèlle (gschnèllt) 1. *schnellen.* 2. + *mit raschem Ruck ziehen.* 3. *stehlen* (pop.). S hèt mer ain der Mantel gschnèllt.

Schnèère → Schnùure.

schnèère (gschnèèrt), jg. **schnùure** (gschnùùrt) *schwatzen* (pop.).

Schnèèri m., **Schnùuri** m. *Schwätzer, Prahler.*

schnyyde (gschnitte) 1. *schneiden.* 2. *bewusst übersehen.* Si hèt mi ùff der Strooss gschnitte. 3. refl. a) *sich schneiden.* b) *sich verrechnen, zu Schaden kommen.*

Schnyyder m. 1. *Schneider, Schneidermeister.* Er loot nùmme bim Schnyyder schaffe. Dim. **Schnyyderli** s. a) *Schneiderlein.* b) *bestimmter kleiner Rheinfisch,* Leuciscus bipunctatus (Fridolin). 2. *Menstruation* (vulg.). Si hèt grad der Schnyyder. 3. *Hälfte der zum Gewinnen notwendigen Punktzahl beim Jassen.* Us em Schnyyder syy, *die Hälfte der zum Gewinnen notwendigen Punktzahl beim Jassen erreicht haben,* ütr. *das Gröbste glücklich hinter sich haben.*

Schnyydere w. *Schneiderin.*

schnyydere (gschnyydered) *schneidern.*

Schnyyderei w. (-e) 1. *Schneiderwerkstatt.* 2. *Arbeit des Schneiders bzw. der Schneiderin.*

Schniifel → Schnääfel.

schnyyfele (gschnyyfeled), **schnyyferle** (gschnyyferled), **schnyffele** (gschnyffeled), **schnyfferle** (gschnyfferled) *leise, in kleinen Zügen atmen.*

Schniffi s., **Schnyyfi** s. *Mäulchen, Gesichtchen.* Dim. Schniffeli s., Schnyyfeli s.

schniffle (gschniffled) *schnüffeln.*

Schnyyfi → Schniffi.

Schnitt m. 1. *Schnitt, Zuschnitt.* 2. *Gewinn.* Er hèt bim Verkauff e guete Schnitt gmacht.

Schnitte w. 1. *Brotscheibe.* 2. (Plur.) *Prügel* (pop.). Dim. Schnittli s.

Schnittlech m., jg. **Schnittlauch** m. *Schnittlauch.* **Schnittlauchlògge** w. (Plur.) *strähniges ungewelltes Haar* (humor.).

Schnitz m. 1. *abgeschnittenes Stück (meist von Obst).* Gimmer aun e Schnitz vò dym Èpfel. 2. *gedörrtes Obststück.* Doosìtze wien e Pfùnd Schnitz, *nachlässig, faul dasitzen.* **Schnitzbùggel** m. *Buckel, stark gekrümmter Rücken bei nachlässiger Sitzweise.* Dim. Schnitzli s. 3. (Plur.) *Prügel.* Er hèt Schnitz bikoo.

schnytze (gschnytzt) 1. *schneuzen, sich schneuzen.* Er hèt miese schnytze. Si hèt d Naase gschnytzt. Der Rùgge schnytze, *kacken* (humor.). 2. *sich rasch fortbewegen, sausen.* D Rageeten isch gege der Himmel zue gschnytzt. S schnytzt e Stäärn am dùnggle Himmel aabe (Liebrich).

Schnitzelbangg m. (Schnitzelbängg) *Schnitzelbank, fasnächtliche satirische Bänkelsängerverse mit Bildern, in Wirtschaften von Kostümierten gesungen.* **Schnitzelbangghèlge** m. *Illustration zu einer Schnitzelbankstrophe.*

Schnitzelbanggkòmytee s. *1921 gegründetes Gremium zur Organisation und Pflege des Basler Schnitzelbankwesens.*

Schnitzelbänggler m., **Schnitzelbanggjee** m. (humor.)

Schnitzelbanksänger.

schnitzig 1. *freigebig, splendid.* 2. ⁺*begierig, erpicht* (Seiler).

Schnyzge w. *männlicher Träger des Familiennamens Schneider oder Schnyder* (Schs.).

Schnoogg m. (-e) 1. *Schnake, Stechmücke.* **Schnooggekèèrzli** s. (Plur.) *Name einer Fasnachtsclique* (Mitte 20. Jh.). **Schnooggelòch** s., nur im Kinderlied: Hansdampf im Schnooggelòch hèt alles, was er will. Dim. Schneeggli s. 2. (Plur.) *Schnurren, Scherze.* Er hèt nùmme Schnooggen im Kòpf. **Schnooggeliedli** s. *Lumpenliedchen.*

schnoogge (gschnooggt) *unruhig umherkriechen.*

schnòòrz *schnurz, egal, gleichgültig,* nur in: Schnòòrz syy (20. Jh.). S isch mer alles schnòòrz, *es ist mir alles gleichgültig.*

Schnùùder m. *schleimiger Rotz, Nasenschleim.* **Schnùùderbèèri** s. *Eibenbeere.* **Schnùùderbueb** m. *Rotzbube.* **Schnùùderlùmpe** m. *Taschentuch* (vulg.). **Schnùùdermaitli** s. *Göre.* **Schnùùdernaase** w. *Rotznase.*

schnùùdere (gschnùùdered) 1. *Nasenschleim hinaufziehen, hinaufschnupfen.* 2. *Schnupfen haben* (pop.).

Schnùùderi m. 1. *Rotzbube, unreifer Kerl, Nichtsnutz.* 2. *Schnupfen* (pop.).

schnùùderig *rotzig, schleimig.*

Schnuer¹ w. (Schnier) *Schnur, Bindfaden.* D Schnier abverdiene, *Korporalsabzeichen abverdienen.* Raa.: Iber d Schnuer haue, *über die Stränge hauen.* Schnier leege, *flirten, Annäherungsversuche machen* (Höschs.). **Schnuerläädli** s. *kleine Schnurschachtel.* Dim. **Schnierli** s. *Schnürchen.* Raa.: S laufft alles wie am Schnierli, *es läuft alles reibungslos.* Er kaa s am Schnierli ùffsaage, *er kann's ohne Stocken hersagen.*

Schnuer²⁺ w. (Schnier) *Schwiegertochter* (nur von den Schwiegereltern verwendet).

Schnuuf m., **Schnuff** m. *Schnauf, Atem.* Der Schnuuf goot em uus, *der Atem geht ihm aus (physisch oder finanziell).* E Schnuff mache⁺, *ein Nickerchen machen* (Hetzel). Dim. Schnyyfli s., Schnyffli s. Me hèt kai Schnyyfli ghèèrt, *es war mucksmäuschenstill.*

schnuufe (gschnuuft), **schnuffe** (gschnufft) 1. *atmen, aufatmen.* Jètz kan i äntlig wider schnuufe. 2. *schnaufen.* Er schnuuft wien e Ròss.

Schnuufer m., **Schnuffer** m. *Schnaufer, Rotzbube.* Dä jùng Schnuufer sòll s Muul halte.

Schnuff → Schnuuf.

schnuffe → schnuufe.

Schnuffer → Schnuufer.

Schnùgge⁺ w. *Liebling, herziges kleines Mädchen* (fam.). Dim. Schnùggeli s.

Schnùpf m. (nur Sing.) *Nu, rasche Bewegung,* nur in: In aim Schnùpf, *mit Leichtigkeit, sehr rasch.*

Schnùpfdubagg m. *Schnupftabak.*

schnùpfe (gschnùpft) 1. ⁺*hörbar atmen.* 2. *schnupfen.*

Schnuppe m. (Schnyppe), **Schnùppe** m. (Schnippe) *Schnupfen.* Si hèt jeedes Jòòr drei Schnyppe.

Schnùrantewaage⁺ m. *Theaterwagen der fahrenden Komödianten.*

Schnùùre w., **Schnèère** w. 1. *Schnauze von Tieren.* Dim. **Schnèèrli** s. a) *kleines Maul.* b) *Schweinsmaul (als Speise).* 2. *Mund* (vulg.). Mach d Schnùùre zue, *schweig.* Ùff d Schnùùre hògge, *schweigen.* E dùmmi Schnùùre haa, e Dùmmi haa, *ein grosses Maul führen, reklamieren.* Ùff d Schnùùre bikoo, *verprügelt werden.* Aim ùff d Schnùùre gää, *jdn. verprügeln.* E Schnùùre mache, *böse, missmutig, enttäuscht dreinschauen.* Ùff d Schnùùre gheie, *stürzen, fallen.* Ùff der Schnùùre syy, *völlig erschöpft sein.* **Schnùùregygge** w. *Mundharmonika* (pop.). **Schnùùrepflùtteri** m. *Geschwätzigkeit, Schwatzsucht.* Er hèt der Schnùùrepflùtteri, *er kann nicht aufhören zu reden.* **Schnùùrewaagner** m., **Schnèèrewaagner** m. a) *Zahnarzt* (humor.). b) *Prahler, Schwätzer.*

schnùùre¹ (gschnùùrt) *schnurren.*

schnùùre² → schnèère.

Schnùùri → Schnèèri.

Schnùùrpf m. (Schniirpf) *flüchtig, schlecht oder hässlich genähte Stelle, Pfusch.* Dim. Schniirpfli s. *kleiner Nähfehler* (Kron).

schnùrpfe (gschnùrpft) *unordentlich, hässlich nähen.*

schò *schon.*

schò *ich; frz. je,* nur mit Art.: Der Schò macht doo nit mit, *ich mache da nicht mit* (Höschs.).

Schòche m. (Schèche) 1. *einzelner kleiner Heuhaufen.* 2. *Haufen, grosse Menge.* E Schòchen ässe, *ein grosses Quantum essen.* Ra.: Si händ s an de Schèche, *sie sind reich.* Dim. Schèchli s.

Schooff s. (Schooff / Scheeff) *Schaf.* **Schooffbògg** m. *Schafbock.* **Schooffflaisch** s. *Schaffleisch.*

Schooffsèggel m., **Schooffsùùri** m. *Dummkopf, Schafskopf, blöder Kerl* (allgemeines Schimpfwort, vulg.). Dim. **Scheeffli** s. 1. *Schäfchen, Lamm.* Ra.: Sy Scheeffli in s Drògge bringe, *seinen Gewinn zur Seite schaffen.* 2. *Schäfchenwolke.*

Schòggelaade w., **Schòggi** w. (Schòggene) *Schokolade.* **Schòggelaadekaffi**[+] s. *Schokolade als Getränk.* **Schòggelaadepflätter**[+] m. *bestimmtes Kleingebäck mit Schokolade* (Müller). **Schòggelaadeschyymli** s. *Konfekt aus Schokolade und geschlagenem Eiweiss.* **Schòggibòlle** m. *kugelförmige Praline* (20. Jh.). Dim. **Schòggeläädli** s., **Schòggeli** s. (Ks.).

School[+] w. (-e) *Schlachthaus, Fleischbank, Fleischhalle.*

Schòlle m., jg. w. 1. *Scholle, Erdscholle.* 2. *Klumpen.* E Schòlle Hamf, *ein rechtes Stück Brot* (Schs., Ss.). Dim. **Schèlleli** s.

schoonlig *schonend, sorgsam.*

Schòpf m. (Schèpf) 1. *Schuppen.* Dim. **Schèpfli** s. *kleiner Schuppen, Geräteschuppen.* 2. *Gebäude* (pej.).

Schòpfe *Schopfheim (Ort im badischen Wiesental).*

Schòppe m. (Schèppe) *Schoppen.* 1. *Hohlmass von 3,75 Dezilitern.* 2. *kleines Quantum Wein.* Er hèt im Aadler männge Schòppe drùngge. Dim. **Schèppli** s. 3. *Saugflasche.* Hèt s Anneli sy Schòppe schò ghaa? 4. *weibliche Brust* (vulg.). Die hèt au no rächti Schèppe.

schòppe (gschòppt) *stopfen, hineinzwängen.* Si hèt alli Glaider in ai Kòffer gschòppt. Er hèt sy Wèggli in s Muul gschòppt.

schòppig *stopfend, sehr sättigend.* Das isch eenter e schòppig Ässe gsii.

Schòòr m. (-e) *Vorder- oder Hinterteil des Weidlings.*

Schòòre[+] w. (Plur.) *Flurbezeichnung in Kleinbasel.* **Schòòremaitli**[+] s. *junge Arbeiterin in der Seidenwinderei J. J. Richter-Linder* (19. Jh.). **Schòòrematte** w. *Flurbezeichnung.*

schòòre[+] (gschòòrt), **schaare** (gschaart) 1. *scharren.* 2. [+] *Kot zusammenscharren und wegschaffen.*

Schòòreniggel m. 1. *Kirsche im Frühstadium.* 2. *glattgeschorener Mensch* (humor.). Dim. **Schòòreniggeli** s.

Schòòryyse s., jg. **Schaaryyse** s. *Kratzeisen (am Hauseingang, zum Abstreifen des Schmutzes von den Schuhen).*

Schòòrsch m. *Georg; frz. Georges.* **Schòòrsch Gaggoo,**

Benachteiligter, Sündenbock (Höschs.). Dim. Schòòrschli m., s., Schèèrschli m., s.

Schooss w. (nur Sing.) *Schoss.* Si hèt s Kind ùff der Schooss. **Schoosshindli** s. *Schosshündchen.* **Schoosskindli** s. *Schosskind.*

Schraage m. (Schrääge) 1. *Holzgestell.* 2. *Pritsche.* 3. *Bett* (humor., pop.). 4. *Operationstisch* (humor., pop.).

Schrägge m. *Schreck, Schrecken.*

schrängge (gschränggt) *schränken.* 1. *Trommelfell mit den seitlichen Seilen spannen.* D Drùmmle schrängge. 2. *Sägezähne wechselseitig seitlich ausbiegen (zwecks Verbreiterung des «Weges»).*

Schranz m. (Schränz), **Schränz** m. *Riss im Gewebe.* Er hèt e Schränz in de Hoose. Sich e Schranz lache, *unbändig lachen.* Dim. **Schränzli** s.

schränze (gschränzt) 1. *entzweireissen.* 2. *mit Blasinstrument lärmen, z.B. im Verband einer fasnächtlichen Gùggemuusig.* 3. *furzen* (pop.).

schräpfe (gschräpft) 1. *schrappen, Unkraut wegkratzen.* S Ùn¦grut schräpfe. Der Gaartewääg schräpfe. 2. [+] *ausnehmen, überfordern.* Der Wiirt hèt is bees gschräpft.

Schräpfi w. (Schräpfene) *Schrappeisen, Unkrauthacke.*

Schrätteli s. *Nachtmahr, Schreckgeist, Alpdrücken.*

schreeg 1. *schräg.* Ra.: E Schreege dinne haa, *unvorteilhaft dastehen, einen Verweis gewärtigen* (pop., 20. Jh.). 2. *absonderlich, verschroben, dubios* (2. H. 20. Jh.). Das isch e ganz e schreegi Figuur.

Schreegi w. (Schreegene) *Schräge, Schrägheitsgrad.*

Schreegmaarsch m. (nur Sing.) in: Der Schreegmaarsch mache, der Schreegmaarsch haa, *betrunken sein* (Höschs.).

Schrei m. *Schrei.* Dim. Schreili s.

schreie (gschraue) *schreien, heftig weinen.* S Bùschi hèt gschraue. S isch zum Schreie, *das ist wirklich urkomisch.*

schrei¦ig *schreiend, grell.* E schreiigi Faarb.

Schrèpfbuude w. *Ladengeschäft oder Restaurant, wo man überfordert wird* (pop.).

schrèpfe (gschrèpft) 1. *schröpfen, zu Ader lassen.* 2. *ausbeuten, überfordern.*

schryybe (gschriibe; Kond. schrùùb[+]) *schreiben.*

Schryyber m. 1. *Schreiber.* 2. *Aktuar.*

Schryyberei w. (-e) *Schreiberei.*

schryyberle (gschryyberled) *spielerisch schreiben.*

Schryybi w. (Schryybene) *Schreibzeug, Bleistift, Feder* (Schneider).

schryybmaschiinle (gschryybmaschiinled) *mit der Schreibmaschine schreiben.* E gschryybmaschiinlede Brieff, *ein maschinengeschriebener Brief.*

Schryyner m. *Schreiner.*

schryynere (gschryynered) *schreinern.*

Schryynerei w. (-e) *Schreinerei.*

Schrooter m. *Polizist* (Höschs.).

Schruube w., **Struube**+ w. 1. *Schraube.* Ra.: D Schruube mache, *sterben* (Höschs.). **Schruubedämpferli**+ s. *anschraubbarer Schlittschuh* (humor., Schs.). **Schruubegwind** s. *Schraubengewinde.* **Schruubekòpf** m. *Schraubenkopf.* Dim. Schryybli s. *Schräubchen,* **Stryybli** s. a) +Schräubchen. b) *bestimmtes süsses Kleingebäck.* 2. *Frau* (pej., Höschs.).

schruube (gschrubt), **struube**+ (gstrubt) *schrauben.*

Schrubstògg m. (Schrubstègg) *Schraubstock.*

schrùmpfelig *eingeschrumpft, runzlig.* E schrùmpfelig alt Wyybli.

schrùmpfle (gschrùmpfled) *schrumpfen, runzlig werden.*

Schrùnd m. (Schrind) *Riss, Spalte in Eis oder Fels.*

Schuubiagg m. (-e) *Schubiack, Schuft, Schurke.* Humor. Genusregel: Männlig sind ùff -agg Aaragg, Gònjagg, Schuubiagg.

Schuuder m. *Schauder* (Liebrich).

Schue m. *Schuh.* Hooche Schue, *Stiefel, hoher Schnürschuh.* Uusgschnittene Schue+, *Halbschuh.* Raa.: In änge Schue stägge, *in knappen finanziellen Verhältnissen sein.* D Schue sind em z grooss, *er lebt über seine Verhältnisse.* Näbe de Schue lauffe, *betrunken sein* (Höschs.). Er hèt zwai linggi Schue, *er verhält sich ungeschickt.* D Schue an èpperem abbùtze, *jdn. von oben herab, gemein behandeln.* E Schue vòll zie, *einen Verlust erleiden, hereinfallen.* Kaasch mer in d Schue bloose, *du kannst mich gern haben* (pop.). Aim ùff d Schue drampe, *jdn. mit Nachdruck aufmerksam machen.* Der Wyy in d Schue schitte, *gerne trinken* (Seiler). Dä Wyy isch nit fir in d Schue, *das ist ein sehr guter Wein.*

Schuebändel m. *Schnürsenkel.* **Schuebiirschte** w., **Schuebùtzbiirschte** w. *Schuhbürste.*

Schuebiirschtli s. *Bürste für Schuhcreme.*

Schuelaade m. *Schuhgeschäft.* **Schuelèffel** m.

Schuhlöffel. In das Auto mues me mit em Schuelèffel yystyyge, *dieses Auto ist sehr klein* (humor.). **Schuelùmpe** m. *Schuhputzlappen.* Ra.: I bii dir nit der Schuelùmpe, *ich lasse mich von dir nicht missbrauchen oder schlecht behandeln* (Seiler, Liebrich). **Schuemacher** m. *Schuster, Flickschuster, Schuhmacher.* **Schuenèschtel** m. *Schnürsenkel* (Fridolin). **Schueschaft** *m. Schuhregal, Schuhschrank.* **Schuewiggsi** w. *Schuhcreme.* Dim. Schieli s.

Schuel w. (-e) *Schule.* Schuel gää, *Schulunterricht erteilen.* In d Schuel goo, *die Schule besuchen.* Schuel haa, *Schulunterricht besuchen.* Hit hämmer kai Schuel, *heute haben wir schulfrei.* Näbe d Schuel lauffe, *den Schulunterricht schwänzen.* **Schuelbueb** m., **Schuelerbueb**+ m. *Schuljunge.* **Schuelhuus** s. *Schulhaus.* **Schuelmaischter** m. *Schulmeister.* 1. *Lehrer* (pej.). 2. *Besserwisser.* **Schuelmaitli** s., **Schuelermaitli**+ s. *Schulmädchen.* **Schuelsagg** m., **Schuelersagg**+ m. 1. *Schulranzen, Schultornister.* 2. *ütr. Allgemeinbildung.* Er hèt e rächte Schuelsagg mitbikoo, *er erhielt eine gute Allgemeinbildung.* **Schuelùffgoob** w. *Schulaufgabe.*

Schueler- → Schuel-, Schieler-.

schuene+ (gschuent) *rasch gehen.*

Schuepfe w. 1. *Schöpfkelle.* 2. *Jaucheschöpfer.* 3. *Schöpfschaufel, z.B. des Weidlingfahrers.*

schueriigle (gschueriigled) *schikanieren, plagen, zurechtweisen.*

Schuufle w., **Schuffle**+ w. (Heusler) 1. *Schaufel.* Dim. **Schyyfeli** s., **Schyffeli**+ s. a) *kleine Schaufel.* b) *Schulter eines Schlachttieres (z.B. des Schweins), meist geräuchert.* c) *Schreibfederspitze.* 2. *Pik (Jasskartenfarbe).* **Schuuflebueb** m. *Pik-Bube im Jasskartenspiel.* **Schuuflebuur** m. a) *Pik-Bube im Jasskartenspiel.* b) *der Dumme oder Gutmütige, der das Nachsehen hat* (Höschs.). Mainsch, ych syyg der Schuuflebuur? 3. *Schneidezahn.*

Schugger m. *Polizist* (pej., Mitte 20. Jh.).

Schuggermyysli s. *uniformierte Hilfspolizistin* (2. H. 20. Jh.).

Schuggerei w. *Polizei* (pej., Mitte 20. Jh.).

Schuggi s. *Julie.* Dim. Schuggeli s.

Schùld w. (-e) *Schuld.* Ra.: Schùlde haa wien e Hùnd Flee, *sehr viele Schulden haben.* D Schùld → dschùld.

schùldig *schuldig.* Schùldig syy, *schulden.* Was biin i

schùldig? *Wieviel muss ich bezahlen?*
Schuum m. (nur Sing.) *Schaum.* **Schuumbääse** m.
Schneebesen (Küchengerät). **Schuumkèlle** m.
Schaumlöffel. Dim. **Schyymli** s. *schaumiges süsses*
Kleingebäck, meist mit Schokolade.
schuume (gschuumt) *schäumen.*
schuumig *schaumig, schäumend.* Aier schuumig riere.
Schuumig Wasser.
Schùnd m. (nur Sing.) 1. *Schund, Ramsch.* 2. *Possen,*
Unfug, Scherz. Schùnd mache, *Unfug treiben.*
Verzèll kai so Schùnd, *erzähl' nicht solchen Unsinn.*
I haa das nùmme zuem Schùnd gsait, *ich sagte das*
nur zum Spass.
Schùngge m. (Schingge) 1. *Schinken.*
Schùnggegipfeli s. *mit Schinken gefülltes Blätter-*
teighörnchen. **Schùnggewèggli s.** *Schinkenbrot,*
Schinkensandwich. Dim. Schinggli s.
2. *menschliches Bein* (humor., Ks.). **Schùnggebai** s.
dicker Schenkel (auch Kosewort, Ks.).
Schùnggeglòpfe s., **Schùnggeglòpfis s.** *bestimmtes*
Spiel mit Schlägen auf den Hintern oder die
Schenkel. **Schùnggeschatz** m. (Kosewort, Ks.).
3. *grosses, dickes Buch, Wälzer* (humor., pej.).
Was liisisch do fir e Schùngge?
Schüp m. *Unterteil des Frauenrocks; frz. jupe.*
Dim. Schüpli s.
Schùpf m. (Schipf) *Schubs, Stoss.* Dim. Schipfli s.
leichter Stoss.
schùpfe (gschùpft) *schubsen, stossen.* Ain ùff èppis
schùpfe, *jdn. deutlich auf etwas aufmerksam*
machen. Gschùpft, *leicht verrückt, überspannt.*
Si isch e gschùpft Huen, *sie ist eine verrückte*
Person.
schuurig 1. *schaurig, schauerlich, schauderhaft.*
2. Adv. *sehr* (Mitte 20. Jh.). Er isch schuurig suur
wòòrde.
Schurnaalgsicht + s. (Schurnaalgsichter)
Allerweltsgesicht, Dutzendgesicht (Kron).
Schùùrz m. (Schiirz) *Schürze, Berufsschürze.*
Dim. **Schiirzli** s. 1. *kleine Schürze.* 2. *Frauenschürze*
(Fridolin).
schüschiere + (gschüschiert) *urteilen, beurteilen;*
frz. juger.
Schùss m. (Schiss), **Schùtz** + m. (Schitz). 1. *Schuss.*
Dä Schùss isch zmitz ùff d Schyybe. Ra.: Der Schùss
isch hindenuuse, *die Sache lief verkehrt.* 2. *Hast,*
Eile. Mer miend im Schùss ässe, ...*mit Beeilung.*

I gang Schùss go luege, *ich gehe rasch schauen*
(Schs.). 3. *Querfäden auf dem Webstuhl,* ütr.
Ordnung, gute Verfassung. In Schùss glèpfe,
in Ordnung bringen. Im Schùss syy, *in Form sein,*
gutgelaunt sein (pop.).
Schutt m. 1. *Tritt an den Fussball; engl. shot.*
2. *Fusstritt.* Er hèt mer e Schutt gää.
Schuttballe w. *Fussball.* D Schuttballen isch
verlòòregange.
schutte (gschutted) 1. *mit Fusstritt befördern;*
engl. to shot. D Ballen in s Gool schutte.
2. *Fussball spielen.* Kùnnsch au go schutte?
Schùtzgatter s., **Schùtzgattere** + w. *Schussel, fahriger,*
nervöser Mensch.
schùtzig → schùtzlig.
schùtzle (gschùtzled) 1. *schusseln, planlos rennen.*
2. *unsorgfältig, fahrig arbeiten.*
Schùtzli m. *Schussel, fahriger, nervöser Mensch.*
schùtzlig, schùtzig + *schusslig, hastig, fahrig,*
unbesonnen.
schùtzwyys + *schussweise, stossweise* (Kron).
schwääbe (gschwäbt) *schweben.*
Schwääbel → Schwääfel.
Schwääbi w. *Schwebe.* In der Schwääbi syy, ùff der
Schwääbi syy, *in der Schwebe, unentschieden sein.*
schwach (schwècher, schwèchscht) 1. *schwach.*
2. *schuldig* (Höschs.). I biin em hùndert Stai
schwach, *ich schulde ihm hundert Franken.*
Schwachstroombaiz w. (-e), **Schwachstroomhalle** w.
alkoholfreies Restaurant (Höschs.).
Schwaade[1] m. (Schwääde) *Schwade abgemähten*
Grases.
Schwaade[2] m. (Schwaade) *Schwaden, mit Gas oder*
Rauch durchsetzte Luftströmung.
schwaadere (gschwaadered) *planschen, plätschern,*
spielerisch schwimmen. Si sind e bitzeli em Uufer
noo gschwaadered.
Schwääfel m., **Schwääbel** + m. *Schwefel.*
Schwääbelhèlzli + s. *Streichholz* (Meyer).
schwaafle (gschwaafled) *schwafeln, inhaltslos*
plaudern.
schwääfle (gschwääfled) *schwefeln.* Gschwääfledi
Fässer.
Schwaafli m. *Schwätzer.*
Schwaiss m. *Schweiss.* **Schwaissbròpäller** m. *Fuss*
(Höschs.). **Schwaissdyssi** m. *schwitzender Mann,*
nach Schweiss Riechender (pop.).

schwaissele (gschwaisseled) *nach Schweiss riechen.*

Schwaizi w. (Schwaizene) 1. *Buttersauce, Schwitze.*
2. *langfädige, nichtssagende Rede* (pop.).

Schwalbe w., **Schwalm**⁺ m. (-e) 1. *Schwalbe.*
D Schwalbe mache, *stürzen* (pop.). 2. *gefaltetes Papierflugzeug.* **Schwalbeschwanz** m. a) *bestimmter Schmetterling, Papilio machaon.* b) *Frack, Gehrock mit langen Schössen.* Dim. Schwälbli s.,
Schwälmli⁺ s.

schwämpämperlig⁺ *schwindlig, elend, schwach.*
(Kron, Seiler). S wiird aim so schwämpämperlig.

Schwänggbèggi s. *Spülbecken.*

schwängge (gschwänggt) 1. *schwenken, schwingen.*
Der Faane schwängge, *die Fahne hin- und herschwingen.* 2. *ausspülen, spülen.* S Gschiir schwängge. D Wèsch schwängge. D Fiess schwängge, *die Füsse waschen* (pop.). S Fùùdi schwängge, *baden* (humor.). Der Hals schwängge, *trinken* (humor.).

Schwänggziiber m. *Zuber zum Ausspülen der Wäsche.*

Schwanz m. (Schwänz) 1. *Schwanz, Schweif.*
Ganz am Schwanz, *ganz hinten.* Raa.: Der Schwanz yyzie, *kleinlaut werden, zurückkrebsen.*
Der Schwanz lo hängge, *mutlos sein.* Aim ùff der Schwanz drampe, a) *jdm. zu nahe treten, jdn. beleidigen, kränken.* b) *jdn. nachdrücklich erinnern.* 2. *Penis* (vulg.). **Schwanzglammere** w.
Dirne (vulg.). 3. *Person* (pop.). S waarten e baar Schwänz dùsse. Kai Schwanz, *überhaupt niemand.*
Dim. **Schwänzli** s. a) *Schwänzchen.* b) *dünner Zopf.*
c) *Knabenpenis.*

schwanze (gschwanzt) 1. ⁺*geziert gehen.* 2. *müssig umhergehen.* Am Oobe sind si in d Stadt go schwanze.

schwäpperig → schwapplig.

schwapple (gschwappled) *schwappen, in schwankender Bewegung sein.* S Wasser schwappled in der Gruuse, *das Wasser schwappt im Waschkrug.*

Schwappli⁺ m. *einfältiger Schwätzer* (Seiler).

schwapplig, schwäpperig⁺ 1. *unsicher auf den Füssen, schwindlig.* S isch mer ganz schwäpperig wòòrde.
2. *quallig, konturlos.* Schwappligi Gallere, *quallige Gallerte.* Schwappligi Ydee, *unklare Idee.*

schwäär *schwer, schwierig.* E schwääre Sagg.
E schwääri Ùffgoob.

Schwääri w. (Schwäärene) *Schwere, Gewicht.*

schwäärlächt⁺ *eher schwer, ziemlich schwer.*

schwaarz (schwèèrzer, schwèèrzescht) 1. *schwarz.*
Schwaarzi Blootere → Blootere. Der Schwaarz, *der schwarze Kaffee.* Kèmmen er zuem Schwaarze zuen is? 2. *schmutzig,* in: Schwaarz Blùnder, schwaarzi Wèsch, *schmutzige, ungewaschene Wäsche.* 3. *katholisch* (humor.).

Schwarzblùnderkammere⁺ w. *Wäschekammer.*

Schwaarzwùùrzle s. 1. *Schwarzwurzel.* 2. *Fuss* (Höschs.). 3. *Neger* (Höschs.).

Schwätzbääsi w. (Schwätzbääsene) *Klatschbase, Schwatzbase.*

schwätze (gschwätzt) 1. *reden, sprechen.* Das Kind lèèrt langsam schwätze. Er schwätzt wien e Buech.
2. *schwatzen, klatschen.* Schwätze wien e Hätzle, em Deifel en Òòr abschwätze, aim e Lòch in Kòpf schwätze, *ununterbrochen drauflos schwatzen.*
Us der Schuel schwätze, *Geheimnisse ausplaudern.*

schwaudere (gschwaudered) *inhaltslos drauflos plaudern, prahlen.*

Schwauderi m. 1. *Schwätzer, Prahler.* 2. *Schwatzsucht.*
Er hèt wider emool der Schwauderi.

schweebele (gschweebeled) 1. *schwäbischen Dialekt sprechen.* 2. *schriftdeutsch sprechen* (pop.).

Schweebene w. 1. *Schwäbin.* 2. *Deutsche* (pej.).

schweebisch 1. *schwäbisch.* 2. *deutsch* (pej.).
Ra.: Lauff in s Schweebisch⁺! *Scher' dich zum Teufel!*

Schweebli → Schwoob.

schwèche (gschwècht) *schwächen.*

Schwèchi w. (Schwèchene) *Schwäche, Schwächeanfall.*

Schweed m. *Schwede.*

Schweegere w. *Schwägerin.*

Schwèlle w. 1. *Schwelle.* 2. *waagrechtes Kantholz am Fuss des Dachstuhls oder des Fachwerks* (Fridolin).

schwèlle¹ (gschwèllt) 1. *sieden, zum Sieden bringen.*
Gschwèllti Häärdèpfel, Gschwèllti, *Siedkartoffeln, Pellkartoffeln.* 2. *das Weidlingsruder nach dem Schlag im Wasser nach vorn führen.*

schwèlle² (gschwùlle) 1. *anschwellen.* Sy Hand isch gschwùlle. 2. gschwùlle, *aufgeblasen, hochtrabend, protzig.* E gschwùlleni Reed. Er faart imene gschwùlleni Waage, *...in einem protzigen Automobil.*

Schwèllemer m. *Bewohner von Allschwil* (humor.).

Schwèllhaim *Allschwil (Vorort von Basel)* (humor.).

Schwèmmi w. (Schwèmmene) *Schwemme.*

schwèère (gschwòòre) *schwören.*

schwèèrze (gschwèèrzt) *schwärzen.*

Schwèèrzeli s. *Schwarzhaarige, Schwarzhaariger.*

Schwèèrzi w. (Schwèèrzene) *Schwärze, Schwärzegrad.*

Schwèschter w. (-e) 1. *Schwester.* Dim. Schwèschterli s.
2. *Ordensschwester.* 3. *Krankenschwester.*
Versòffeni Schwèschter[+], *bestimmtes Gebäck aus eingelegtem Milchbrot* (Müller).

Schwètti w. (Schwèttene) *Guss, Schwall, Schwemme, Pfütze, aus einem Gefäss verschüttete Flüssigkeit.*

Schwyybooge m. (Schwyybeege) 1. *Schwibbogen, Mauerbogen zwischen zwei parallelen Wänden.*
2. *Tor des inneren Mauerrings der alten Basler Stadtbefestigung.*

schwiel *schwül.*

Schwieli w. (nur Sing.) *Schwüle.*

Schwyff m. (-e) *Jude; frz. juif* (vulg.).
Dim. Schwyffli s.

schwyyge (gschwiige) *schweigen.*

Schwigg[+] m. *rasche Bewegung.* Im Schwigg, *im Nu* (Seiler).

Schwiile w. *Schwiele.* Dim. Schwiileli s.

schwiilig *schwielig.*

schwimme (gschwùmme) 1. *schwimmen.* Mer sind im Ryy gschwùmme, *wir schwammen im Rhein.*
2. *ütr. ratlos sein, nicht drauskommen.* D Regierig schwimmt männgmool aarg.

Schwimmfèscht s. (Schwimmfèschter) 1. *Schwimmfest.* 2. *Ratlosigkeit der Verantwortlichen* (humor., 2. H. 20. Jh.). Der Schèff hèt wider e Schwimmfèscht.

Schwimmschuel[+] w. (-e) *Badeanstalt, vor allem ehemalige Badanstalt im Rhein hinter dem Münster.*

schwinde (gschwùnde) *schwinden.* S isch mer gschwùnde, *ich wurde beinahe ohnmächtig (vor Freude, Schmerz, Überraschung).*

schwyyne[+] (gschwyynt) *schwinden, abnehmen, eingehen* (Seiler). S Hòlz hèt gschwyynt.

schwyyne Adj. → schwyynig.

schwinge (gschwùnge) 1. *schwingen.* D Wèsch schwinge. S Danzbai schwinge. E Maitli schwinge, *mit einem Mädchen tanzen* (Höschs.). E Wuet schwinge, *eine grosse Wut haben.* E Reed schwinge, *eine Rede halten* (humor., pop.). 2. *schlagen.* Aier schwinge, *Eier schaumig schlagen.*

Nùss schwinge, *Nüsse herunterschlagen.* E Gläpper schwinge, *eine Ohrfeige verabreichen.*

Schwingfèscht s. (Schwingfèschter) *Schlägerei* (Höschs.).

Schwingi w. (Schwingene) *Wäscheschleuder.*

Schwingròss s. (Schwingrèsser) *Schaukelpferd.*

schwyynig, schwyyne[+] *schweinern.* Schwyyne Brootis[+], *Schweinsbraten.*

Schwyynigs s. *Schweinefleisch.*

Schwyynsvòòrässe s. *Schweinsragout.*

schwiire (gschiirt) *schwirren.*

schwiirig *schwierig.* Schwiirigi Kinder, *schwer zu erziehende Kinder.*

Schwytjee[+] *Stutzer, Dandy; frz. suitier* (Müller, Fridolin).

schwitze (gschwitzt) 1. *schwitzen.* 2. *zahlen* (pop.). Er hèt bees miese schwitze fir dä Waage.

schwitzig 1. *schweisstreibend.* Das Hèmmli hèt e schwitzige Stòff. Schwitzig Wätter. 2. *schwitzend.* D Fänschterschyybe sind schwitzig, wènn s dùsse kalt isch.

Schwyz 1. *Schwyz (Kanton und Hauptort).*
2. w. *Schweiz.*

Schwyzer m. 1. *Schwyzer.* 2. *Schweizer.* 3. *Schweizer, Schweitzer (Familiennamen).*

Schwyzere w. 1. *Schwyzerin.* 2. *Schweizerin.*

Schwyzerhyysli s. 1. *Holzchalet.* 2. *Studentenverbindung Schwizerhüsli.*

schwyzerisch *schwyzerisch, schweizerisch.*

Schwoob m. (-e) 1. *Schwabe.* 2. *Deutscher* (pej.).
Schwoobedrimmeli[+] s. *kleine deutsche Trommel, ütr. Unpassendes an der Basler Fasnacht* (Fridolin).
Schwoobekääfer m. a) *Küchenschabe, Kakerlak.* b) *Deutsche, Deutscher* (humor.). **Schwoobeland** s. a) *Schwaben.* b) *Deutschland* (pej.).
Schwoobemues[+] s. *bestimmte Speise.* Dim.
Schweebli s. *rundes weisses Brötchen mit Spalte.*

Schwooff m. (Schweeff) *Schwof, Tanz, Tanzvergnügen* (pop., 20. Jh.).

schwooffe (gschwoofft) *tanzen* (pop., 20. Jh.).

Schwooger m. (Schweeger) *Schwager.*

Schwùchtle w. *Homosexueller* (Höschs.).

Schwùmm[1] m. (Schwimm) 1. *Schwamm (zum Waschen).* **Schwùmmbiggsli** s. *Dose für Schreibtafelschwämmchen.* **Schwùmmnètzli**[+] s. *Netz zum Trocknen des Toilettenschwamms.* 2. *Pilz.* Dim. Schwimmli s.

Schwùmm[2] (Schwimm) 1. *Schwimmart,* *z.B.* Rùggeschwùmm. 2. *Schwimmen.* Mer händ e Schwùmm im See gmacht, *wir haben im See geschwommen.*

schwùmmig 1. *schwammig.* 2. *von Pilzen befallen.* Schwùmmigi Bälgge.

Schwùng m. (Schwing) 1. *Schwung, Rasse, Begeisterung.* In d Schwing koo, *sich ereifern, sich begeistern.* 2. *junger Verkäufer oder kaufmännischer Angestellter, Kommis* (pop.). 3. *Menge* (20. Jh.). I han e ganze Schwùng vò däne Thasse verkaufft.

sè *da sieh, da nimm.* Sè, do hèsch e Batze.

Seebe+ *Seewen (Dorf im Kanton Solothurn).*

Seebel → Saabel.

seeble (gseebled) *säbeln.*

Seecht → Seel.

Seechtbèggi s. *Siebbecken, gelochtes Abtropfbecken.* I han e Gidäächtnis wien e Seechtbèggi, *ich habe ein Gedächtnis wie ein Sieb.*

seechte+ (gseechted) *seihen, sieben.*

Seechter m. *Sieb für Flüssigkeiten.* Dim. Seechterli s.

Sèffe w., **Sèffi** s. *Sophie.* Dim. Sèffeli s.

Sèggel m. 1. *Säckel, Geldbeutel.* **Sèggelmaischter** m. *Kassier eines Vereins, einer Zunft u.ä.* 2. *Hodensack, Penis* (vulg.). 3. Schimpfwort: *Kerl, Mann* (vulg.). Dùmme Sèggel. Fräche Sèggel usw.

sèggele (gsèggeled) *nach Sacktuch, nach Jute riechen.*

Sèggeli w. *Sekundarschule* (Schs.).

Sèggerdäär m., jg. **Sèggretäär** m. 1. *Sekretär, Schreiber.* 2. *Schreibkommode.*

sèggiere (gsèggiert / sèggiert) *plagen, schikanieren; it. seccare.*

sèggle (gsèggled) *rennen, laufen* (vulg.).

Sèggs → Seel.

Sei, Seibi, Seiblatz → Sau.

seifere (gseifered) *tropfen, Speichel oder Flüssigkeit aussondern.* Die Wùnde seifered. S Maiteli seifered bim Ässe.

seïisch 1. *säuisch, schweinemässig.* 2. *enorm, sehr.* S duet mer seïisch wee.

seile (gseiled) *kleckern, unsauber essen, schmierig hantieren.*

seiliwool *überaus wohl.* S isch mer seiliwool.

Seel w. (-e) *Seele.* Beteuerung: My Seel, myner Seel, myseecht, myner Seecht, mysèggs, myner Sèggs, *bei meiner Seele, bei Gott.* Raa.: Jètz hèt die aarmi Seel Rue, *jetzt ist er/sie/es endlich zufrieden.* Ùff aim ùmmegneie wie der Deifel ùff eren aarme Seel, *jdm. hart zusetzen.* **Seeleblittler** m. *einer, der gern von seinen seelischen Problemen spricht* (humor.). **Seeleschmätter** m. *Cafard, Depression, Katzenjammer, Liebeskummer.* **Seelesyyloo** m. *Antoniuskirche, erste Stahlbetonkirche der Schweiz* (humor., um 1927). Me hätt dä Seelesyyloo sèlle syy loo. **Seelestènz** m. *Pfarrer* (Höschs.). **Seelestindli** s. *ernste Aussprache unter vier Augen* (humor.). **Seelewèèrmer** m. 1. *Brustwärmer, Wolljacke.* 2. *Schnaps* (humor.).

seeleblittle (seeleblittled) *das Herz ausschütten, mit den eigenen seelischen Problemen hausieren* (humor.).

seeleguet *seelengut, sehr gutmütig.*

Sèlmi s. *Selma.* Dim. Sèlmeli s.

Sèpp m., **Sèppi** m. 1. *Joseph.* Dim. Sèppli m., s. 2. Sèppi, *Sturz,* nur in: E Sèppi rysse, *stürzen, zu Fall kommen* (pop.).

Septämber m. *September.*

serioos, seriees *seriös, ernsthaft; frz. sérieux.*

Serwierbòlze m., **Serwierschlitte** m. *Serviertochter* (Höschs.).

Sèèrwiete w. *Serviette, Mundtuch; frz. serviette.* **Sèèrwietebändeli**+ s., **Sèèrwietering** m. *Serviettenring.*

Sèschter+ m. 1. *Sester, Scheffel, Hohlmass von 7 Litern für Körner, Obst usw.* **Sèschtermääs**+ s. *Sestermass.* 2. ütr. *grosser Kopf* (humor.).

Sètti s. *Suzette, Susanna, Lisette.* Dim. Sètteli s.

sèttig, sòttig *solch.* Sèttigi Biecher sòtt me verbiete.

sètze (gsètzt) 1. *setzen, pflanzen.* Was sètzisch in Gaarte? 2. refl. a) *sich als Niederschlag setzen.* Der Zùgger sètzt sich an Pfanneboode. b) + *sich zur Ruhe setzen, Arbeit aufgeben* (Meyer).

Sètzgrind m., **Setzkòpf** m. (Sètzkèpf) 1. *Eigensinn.* 2. *eigensinniger Mensch.* Er isch als no der glyych Sètzgrind.

Sètzlig m. 1. *Setzling.* 2. *Kind, Sohn* (humor.).

Sglaav → Schglaav.

sii (bet.) **si** (unbet.) Pers. Pron. *sie.* Grad sii sòll no èppis saage. Si kùnnt speeter. Nit miir, nai sii händ s eso wèlle. Was maine Si? *Was meinen Sie?*

si Refl. Pron. → sich.

syy V. (gsii; Präs. bii, bisch, isch, sind / sinn; Konj. syyg / seig+; Kond. wäär) *sein.* Si isch grangg.

Er isch dervooglòffe. Syg still, bis still, *sei still.*
Sind still, syge still, *seid still.* Me sait, er syg ryych,
man sagt, er sei reich. S kaa nit syy, *das kann nicht
sein, das ist doch nicht möglich.* Er kaa nit ooni sy
Schnaps syy, *er kann nicht ohne seinen Branntwein
leben.* Lòss mi syy, *lass mich in Ruhe.* Lòss das syy,
lass das bleiben. Wäm isch das Buech? *Wem gehört
dieses Buch?* Wäm bisch du? *Wem gehörst du,
wer sind deine Eltern?* Wär isch si? *Wer kommt
(beim Fang- oder Versteckspiel) an die Reihe?*
D Sitzig isch mòòrn, *die Sitzung findet morgen
statt.* S isch mer, *ich habe das Gefühl, ich glaube
mich zu erinnern.* S isch mer, de haigsch das schòn
emol gsait. I bii in s Bètt, *ich ging zu Bette.*
Er isch ùff Nòòrwääge, *er reiste nach Norwegen.*

syy (bet.), **sy** (unbet.) Poss. Pron. *sein.* Das isch syy
Huet, nit dyyne. Sy Vatter isch dood.
Dä Hèlgen isch syy, *dieses Bild gehört ihm.*

Siib s. *Sieb.* E Kòpf wien e Siib, *ein schlechtes
Gedächtnis.* Dim. Siibli s.

siibe V. (gsibt), **siible** (gsiibled) *sieben.* Der Sand siibe.
In däre Glass isch fèscht gsibt wòòrde, ...*liess man
viele Schüler durchfallen.*

siibe Num. *sieben.* Die siibe Schwoobe, *die sieben
Schwaben.* My Bueb isch siibe, my Bueb isch siibeni,
mein Sohn ist sieben Jahre alt.

Siibener m. 1. *Zahl sieben.* Mit eme Siibener
gwinnsch. 2. *Tram Nr. 7.* 3. *Angehöriger des
Jahrgangs 1907.*

siibenezwanzig *siebenundzwanzig.*

Siibeni s. 1. *Sieben, Zahl sieben.* Wär hèt s Siibeni?
2. *sieben Uhr.* S schloot glyy Siibeni. Noo de Siibene,
nach sieben Uhr.

Siibetel m., jg. **Sibtel** m. *Siebentel.*

siibezää, jg. **sibzää** *siebzehn.*

siibezig, jg. **sibzig** *siebzig.*

siible → siibe V.

sibt *siebent.*

Sibtel → Siibetel.

sibzää → siibezää.

sibzig → siibezig.

sich, si[+] Refl. Pron. *sich.* Er hèt sich giirt, *er hat sich
geirrt.* Die Dierli gùnne si kai Rascht ùnd Rue
(Hindermann).

Syychi w. (Syychene) 1. *Seuche.* 2. *Krankheit* (pop.).
I haa d Syychi, *ich bin krank.* 3. *unerfreulicher
Zustand, unerfreuliche Mode* (Mitte 20. Jh.).

Das isch e Syychi mit dänen änge Hoose.

Sichle w. *Sichel.* **Sichlebai** s. (Plur.) *Säbelbeine,
O-Beine.* Dim. Sicheli s. **Sichelimoond** m. *Mond in
Sichelform, Mondsichel.*

sichle (gsichled) *sicheln.*

Syyde w. *Seide.* **Syydebändel** m. *Seidenband.*
Syydebängel[+] m. *Holz zum Strecken der Seide
nach dem Färben.* **Syydebapyyr** s. *Seidenpapier.*
Syydebòlle m., **Syydehaas** m. *entzückendes Kind,
Mädchen* (Kosewort). **Syydefäärberschùngge**[+] m.
Schwartenmagen (humor.). **Syydehänggi** w.
Trockenboden für die gefärbten Seidenstränge.
Syydehèèr m. *Seidenbandfabrikant.* **Syydemiesli** s.
Dessertcreme aus Rahm und Eiweiss. **Syydestuel** m.
Webstuhl für Seidenbänder.

siider, siiderhäär, jg. **sythäär** *seither, inzwischen,
unterdessen.*

Syydiaan m. (Syydiaane / Syydiään / Syydiääner)
*gefitzter, gerissener, tüchtiger, zweifelhafter Kerl;
frz. citoyen.*

syydig 1. *seiden, aus Seide.* Syydigi Grawatte.
2. *allerliebst, liebenswert, herzig.* Lueg, das syydig
Bùschi.

Syydjee[+] m. *seidener Zylinderhut.*

Siech m. (-e) 1. *tüchtiger Mann, Fachmann, Könner*
(pop.). Im Rächnen isch er e Siech. Der Siech spiile,
sich wichtig machen. 2. *Kerl, Mann* (pop.). Liebe
Siech, *freundlicher, gutmütiger Mann.* Dòlle Siech,
erstklassiger Kerl. Aarme Siech, *bedauernswerter
Mann.* Dùmme Siech, *Dummkopf.* Fräche Siech,
dreister Kerl. 3. *Rausch* (pop.). Er hèt e rächte Siech
haimdrait.

sieche (gsiecht) *sich rasch fortbewegen* (pop.). Er isch
in Käller gsiecht.

siede (gsòtte) *sieden.* Er isch gsòtte, *er ist wütend.*

siedig → sittig.

siess *süss.* Siesse Wyy, *Siesse, neuer Wein.*

Siessanggeseessli → Anggeseessli.

Siesshòlz s. (nur Sing.) *Süssholz.* Siesshòlz raschple,
rapse, *verliebt tun, schöntun.*

Siessi w. (nur Sing.) *Süsse, süsser Geschmack.*

siesslächt[+], **siesslig** *süsslich.*

Siessmuul s. (Siessmyyler) *Leckermaul, Liebhaber
von Süssigkeiten* (Kron).

syyferli, syyferlig 1. Adv. *fein säuberlich, behutsam.*
Si macht syyferli s Fänschter ùff. 2. Adj.
ansprechend, nett. E syyferlig glai Gäärtli.

Siffel m. *Säufer.*

siffig *süffig, angenehm zu trinken.*

siffle (gsiffled) *chronisch trinken.*

syffzge (gsyffzged) *seufzen.*

Syffzger m. *Seufzer.* Dim. Syffzgerli s.

syyfre[+] (gsyyfred) *säubern* (Hindermann).

Syygaare w. *Zigarre.* **Syygaarekischtli** s. *Zigarren-kiste.* Dim. Syygäärli s.

Syygarètte w. *Zigarette.* Dim. Syygarèttli s.

Siigelagg m. *Siegellack.*

syggele → suggele.

siigle (gsiigled) *siegeln.* Gsiigled ùnd laggiert → laggiere.

Siigrischt m. (-e) *Sigrist, Küster.* **Siigrischtehuus** s. *Küsterhaus.*

silber[+], **silberig, silbrig** *silbern.* E silbere Ring, *ein Silberring.* Vò de silbere Gschiire, *aus silbernem Geschirr* (Mähly). Silberigi Hòchzyt, *Silberhochzeit.*

silche (gsilcht) *kleckern, schmieren.* Die glaine Kinder silche gäärn bim Ässe.

Silchi m. *Kind, das sich beim Essen beschmiert, Kleckerer.*

silchig[+] *schmierend, kleckernd.*

Syyle w., **Suule**[+] w. (Syyle) *Säule.* Dim. Syyleli s.

sylvèschtere (gsylvèschtered), **sylvèschterle** (gsylvèschterled) *Silvester feiern.*

syym (bet.), **sym** (unbet.) *seinem.* Ùff sym Kòpf.

Simpelfranse w., **Simpelfransle** w. (Plur.) *in die Stirn fallendes gerades Haar, Ponyfrisur.*

Simse m. *Sims, Fensterbrett.* Ùff em Simse steen Blueme. Dim. Sims(e)li s.

syyn, syyne *seiner, seiniger.* Wäm sy Huet isch daas? S isch syyn, s isch syyne.

Sind w. (-e) 1. *Sünde.* 2. *Vergehen, Verstoss, Schändlichkeit.* S isch e Sind, wie die mit de Sachen ùmgeend. S isch sind ùnd schaad, s isch sindeschaad, *es ist jammerschade.* 3. verst. *enorm, sehr.* Sindedyyr, *sündhaft teuer.* Sindewiescht, *sehr hässlich.* Sindegäld, *enorme Summe.*

sindeschaad → Sind.

syyne (bet.), **syne** (unbet.) *seinen.* Mit syne Kinder.

syyner (bet.), **syner** (unbet.) *seiner.* Mit syner Frau.

syynersyts *seinerseits.*

syynerzyt *seinerzeit, damals, einst.*

singe (gsùnge) 1. *singen.* 2. *prahlen* (Höschs.). Dä Brueder hèt schwäär gsùnge. Muesch nit eso

hooch singe.

singgele[+] (gsinggeled) *nach heissem Metall riechen, glühen.* S Yysen ùff em Amboos singgeled.

syyni (bet.), **syni** (unbet.) *seine.* Syni Kinder.

Sinn m. 1. *Sinn, Zweck.* Das hèt kai Sinn, *das ist sinnlos, zwecklos.* I gsii der Sinn vò däre Maschiine nit yy. 2. *Geist, Gedächtnis.* Im Sinn haa, z Sinn haa, *beabsichtigen.* Iir händ s guet im Sinn, *da wollt ihr ja etwas Schönes unternehmen.* Es kùnnt mer aifach nit in Sinn, *es fällt mir einfach nicht ein.* Jètz isch s mer wider in Sinn koo, z Sinn koo, *jetzt erinnere ich mich wieder.* Was kùnnt eich au in Sinn? *Was fällt euch eigentlich ein?*

sinnele (gsinneled) *sonnenbaden, an der Sonne liegen.*

syyrele (gsyyreled), **syyrle** (gsyyrled) *säuerlich riechen und/oder schmecken.*

Siirggasiäng[+] m. *halbwollenes Gewebe; frz. circassienne = Tscherkessenstoff* (Sieber).

syyrle → syyrele.

syyrlig *säuerlich.*

Siirmel m. *Knote, unhöflicher Kerl, Flegel.*

siirmle (gsiirmled) 1. *sich flegelhaft benehmen.* 2. *umhertorkeln* (Schneider).

siirmlig *unhöflich, ungezogen, flegelhaft.*

siirpfe[+] (gsiirpft), **siirpfle** (gsiirpfled), **sùùrpfle** (gsùùrpfled) 1. *schlürfen, geräuschvoll trinken.* 2. *genüsslich trinken* (humor.).

Siirpfli m. *chronischer Trinker* (humor.).

syys *seines, das seine, seiniges.* Wäm sy Huus isch daas? Syys.

Syysli → Zyysi.

sit, syt *seit.* Syt der Faasnacht hèt s nimme gschneit. Syt dass i mee Milch dringg, goot s mer bèsser.

Syte w. *Seite.* Ùff d Syte due, *beiseite legen, sparen.* Ùff d Syte mache, *heimlich beiseite schaffen.* Vò der Syten aaluege, *geringschätzen, für gering achten.* Das Buech hèt hùndert Syte. **Sytestäche** s. *Seitenstechen.* **Sytewaage** m. *Seitenwagen des Motorrads.* Dim. Sytewäägeli s. Kaffi Sytewäägeli, *Kaffi mit Schnaps* (Höschs.).

sythäär → siider.

-sytig *-seitig.* En achtsytige Brieff.

sytlige *seitlings, seitlich, mit der Seite voran.* Er isch sytligen ins Graas drampt.

sitterle (gsitterled) 1. *leicht sieden.* 2. von Wunde: *leicht fliessen, leicht schmerzen.*

sittig, siedig (Hetzel) *siedend, kochend.* Sittig haiss

Wasser, *kochend heisses Wasser.*

sitze (gsässe) 1. *sitzen.* Si sitzt ùff em Sässel. Dä Kittel sitzt wie aagòsse. Dä Sprùch sitzt, *dieser Spruch trifft ins Schwarze.* 2. *sich setzen.* Sitz ùff en andere Sässel, *setz dich auf einen andern Stuhl.* Sitze Si dòch, *setzen Sie sich doch.* Ra.: Ùff s Muul sitze, *schweigen.* 3. *im Gefängnis sitzen.* Er isch drei Mooned gsässe.

Sitzig w. (-e) 1. *Sitzung.* 2. *längeres Verweilen auf dem Abort* (humor., pop.).

Sitzlääder s. *Sitzfleisch, Ausdauer.* Die Gèscht händ wider Sitzlääder ghaa, *die Gäste blieben sehr lange.* Er griegt nyt fèèrtig, er hèt aifach kai Sitzlääder.

sitzlige *sitzlings, sitzender Weise, im Sitzen.* Sitzlige glètte, *sitzend bügeln.*

Sitzriis m. (-e) *Mensch mit langem Oberkörper und kurzen Beinen* (humor.).

siize (gsiizt) *siezen.*

Sklaav → Schglaav.

soo (bet.), **so, sò, se** (unbet.) *so. 1. derart.* S isch soo haimelig by eich. → auch: esoo. 2. *solch.* So Zyyg iss i nit. Soon e Gschicht, *solch eine Geschichte.* Mit soomene Zyygnis, *mit einem solchen Zeugnis.* → auch: soonig. 3. *etwas wie.* Sie hèt sòn e Kètteli aaghaa. 4. Interj. Soo, kùnnsch au wider emool. A soo, jä soo, *ach so.* Soodeli, sooli, *so, das wär's* (fam.). Sosoo, *ei was, aha.* Auf die Frage nach dem Befinden: So soo, so soo la la, *mittelmässig.* 5. farblos: Sò hèt er halt wider emool èppis boosged. Wènn de nit witt, sò hèsch ghaa.

Soodbrènner m. *saurer, schlechter Wein.*

soodeli → soo.

sòffòòrt, sòfòòrt *sofort.*

Sògge m. (Sògge / Sègge) 1. *Socke, kurzer Strumpf.* Ra.: S hèt en us de Sògge gjagt, *er starb, er machte Fallit* (Höschs.). Dim. Sèggli s. 2. *Kerl* (pej., Höschs.). Das isch dòch e dùmme Sògge. 3. *Frau* (pej.).

sòldäätle (gsòldäätled) *Soldaten spielen, mit Zinnsoldaten spielen.*

Sòldäätlis s. *Soldatenspielen.* Sòldäätlis mache.

Sòledùùrn, Sòlledùùrn *Solothurn.*

sooli → soo.

sòlle (sòlle; Kond. sòtt / sètt) *sollen.* I sòtt gò stimme, *ich sollte abstimmen gehen.* Me hätt en sòlle maane, *man hätte ihn mahnen sollen.*

Soome m. 1. *Samen.* Dim. Seemli s. 2. *Gesindel,*

Pöbel. Do isch e beese Soome bynenander gsii.

Soon → Sùùn.

sòndere, sùndere[+] *sondern.* Nit dii, sòndere dy Vatter main i.

soonig *solch, derartig.* Soonigi Lyt basse mer nit.

Sòòrg w. (-e) *Sorge, Sorgfalt.* Mer händ Sòòrge mit de Kinder. Sòòrg gää, Sòòrg haa, *Sorge tragen.* Gib Sòòrg zue dyne Glaider. Haig Sòòrg zue dyner Gsùndhait. **Sòòrgekind** s. *Sorgenkind.* **Sòòrgestuel** m. *Lehnsessel.* Dim. **Sèèrgeli** s. *unbedeutende unnötige Sorge.* Dyyni Sèèrgeli mècht i haa, *deine unbedeutenden Sorgen möchte ich haben.*

Soosse w. (Soosse / Soossene) *Tunke; frz. sauce.* **Soossedùnggis** m. *in Sauce eingetunktes Brotstückchen.* Dim. **Seessli** s. *besonders leckere Tunke.*

sòttig → sèttig.

Sòtzi[1] *Socin (Familienname).*

Sòtzi[2] m., **Soozi** m. *Sozialist, Sozialdemokrat* (eher pej., pop.). **Sòtziregierig** w. *sozialdemokratische Regierung.*

soowisoo *sowieso, ohnehin.*

soozesaage, soozsaage *sozusagen.*

Soozi → Sòtzi[2].

soozsaage → soozesaage.

Spachtel m. (Spächtel), **Spachtle** w. *Spachtel.* Dim. Spächteli s.

spachtle (gspachtled) 1. *spachteln* (mit Spachtel). Zèèrscht wird gspachtled, derno gmoolt. 2. *Spachtelspiel spielen* (mit zugespitzten Holzknüppeln, die in der Erde stecken bleiben müssen). 3. *mit Appetit essen* (Schs., Ss.).

Spagètti m. 1. *Spaghetti.* 2. *schmaler Galon an der Offiziersmütze* (Ss.). Der Lytnant hèt ai Spaghetti am Huet.

Spägg m. *Speck.* Er hèt Spägg aagsètzt, *er ist dick geworden.* Ra.: Aim der Spägg dùr s Muul zie, *jdn. ködern, jdn. mit Verheissungen locken.*

späggig *speckig, fettig, schmierig.*

Spaich m. *Fusstritt.*

spaiche (gspaicht) 1. *Fusstritte austeilen, treten.* Er hèt mi in s Hinder gspaicht. 2. *fortjagen, brüsk entlassen* (pop.). Si isch gspaicht wòòrde. 3. *strampeln.*

Spaale w. 1. *Spalenvorstadt.* In der Spaale hèt s männgi Lääde. 2. *Spalenquartier.* Er woont naimen

in der ùssere Spaale. **Spaalebäärg** m. *Spalenberg.*
Spaalebäärglemer m. *Bewohner des Spalenbergs.*
Spaalebùggel m. *Spalenberg* (pop.). **Spaledòòr** s.
Spalentor (altes Basler Stadttor).
Spaledòòrhoose[+] w. (Plur.) *altmodische,*
im Schritt offene Frauenunterhose, deren gelappte
Stösse an die Zinnen der Spalentor-Rundtürme
erinnern (humor.). **Spaalegraabe** m. *Spalengraben.*
Spaalevòòrstadt w. *Spalenvorstadt.*
Spaalemer m. *Bewohner der Spalenvorstadt oder*
des umliegenden Quartiers.
Spalt m. (Spält) *Spalte, Riss.* Dim. Spältli s. E Spältli
an der Diire loo, *die Tür ein klein wenig offen*
lassen.
Spält m. (-e), **Spältere** w. *grosses Holzscheit.*
spalte (gspalte / gspalted) *spalten.*
spändiere → spendiere.
spängle[+] (gspängled) 1. *Kessel flicken*
(mit «Spangen»). 2. tr. *zerbrechen* (Seiler).
Spängler m. *Spengler, Klempner.*
spänglere (gspänglered) *klempnern, das Handwerk*
des Spenglers ausüben.
Spänglerei w. (-e) *Spenglerei, Klempnerei.*
Späänhäx w. (-e) *struppige, verwahrloste, hässliche*
Frau (pop.).
spanyyfle (gspanyyfled) *aufpassen, ausschauen,*
spähen, herumforschen.
späänig, speenig *trocken, strohig.* Späänige Salaat.
Speenig Flaisch.
spanne (gspannt / jg. gspanne) 1. *spannen,*
straffziehen. E Sail spanne. Das Hèmd spannt iber
den Aggsle. D Hoose spanne, *Prügel verabreichen*
(humor.). 2. *merken, Verdacht bekommen.*
Hèsch nò nyt gspannt? *Hast du noch nichts*
bemerkt? 3. *ungeduldig warten, erpicht sein.*
I bii gspannt ùff das Kònzäärt. Si spannt nùmmen
ùff sy Vermeege, *sie hat es nur auf sein Vermögen*
abgesehen.
Spanner m. 1. *Spannvorrichtung, z.B.* Hoosespanner.
2. *leichter Muskelkrampf.* I haa der Spanner
im Aarm.
Spannie s. *Spanien.*
Spannier m. *Spanier.*
Spanniere w. *Spanierin.*
Spannis → Bètschli bzw. Bòtsch.
spannisch 1. *spanisch.* Spannischi Wand → Wand.
2. *unverständlich.* Das kùnnt mer spannisch vòòr.

Spaare m. *Sparren, Dachsparren, Pfahl, Pfosten.*
späärerle (gspäärerled) *kleinlich sparen.*
Spargemänte s. (Plur.), **Spargemänter** s. (Plur.)
Schwierigkeiten, Ausflüchte, Umschweife,
Umstände. Mach kaini Spargemänte.
Spaarhaafe m. (Spaarhääfe) *Sparbüchse,*
ütr. *Erspartes, Bankguthaben.* Näbe sym Huus hèt
er non e rächte Spaarhaafe. Dim. Spaarhääfeli s.
spaarig *auseinanderstrebend (von Ästen).*
Spaarsau w. *Sparschwein, Sparbüchse.*
Dim. Spaarseili s.
Spaarse w. 1. *Spargel.* **Spaarsemiesli** s. *Spargel-*
gemüse. 2. *aufgeschossener Mensch* (humor.).
Spaarseili → Spaarsau.
Spaaseili s. *Spanferkel.*
Spatte w., jg. m. *Spaten.*
spatte (gspatted) *mit dem Spaten arbeiten.*
Spatz m. (-e) 1. *Spatz, Sperling.* Ässe wien e Spatz,
sehr wenig essen. Glaine Spatz, *Kind* (Kosewort).
Spatzehiirni s. *schwaches Denk- oder Erinnerungs-*
vermögen. Dim. **Spätzli** s. a) *kleiner Spatz.*
b) *Spätzle, Mehlklösschen.* c) *Kind* (Kosewort).
2. *Stück gekochtes Fleisch* (Ss.).
spaziere (gspaziert) *spazieren.*
Spazi m. *Spaziergang, Schulreise* (Schs.).
Spazierstägge m. *Spazierstock.*
spazifizòzle[+] (spazifizòzled), **spazifizèèrzele**
(spazifizèèrzeled) *spazieren* (humor.).
Spedaggel[+] m., **Speggdaggel** m. *Lärm, Spektakel.*
spedaggle[+] (spedaggled), **speggdaggle**
(gspeggdaggled) *lärmen, Spektakel vollführen.*
speie (gspeit) 1. *speien, spucken.* Due nit an Boode
speie. Ab èppisem speie, *etwas verabscheuen.*
Er isch der gspeit Vatter, er isch gspeit der Vatter, *er*
gleicht seinem Vater aufs Haar. Raa.: Èppis speie,
èppis an s Land speie, *Geld springen lassen*
(Fridolin). Aim in d Sùppe speie, *jdm. einen Plan*
vereiteln, das Konzept verderben. 2. *giftige*
Bemerkungen machen (pop.). Der Alt hèt wider
gege mi gspeit. 3. *reden* (pej., Höschs.). Muesch nit
fräch speie.
Speiede w. *Speichel, Spucke.*
Speihääfeli s. *Spucknapf.*
Speiz m. 1. *Speichel, Spucke.* 2. *Energie, Kraft,*
Rasse. Er hèt aifach kai Speiz.
speize (gspeizt) *speien, spucken.*
spendaabel *freigebig.*

spendiere (gspendiert), **spändiere** (gspändiert) *spendieren.* Er hèt e Rùndi gspendiert.

Spendierhoose w. (Plur.) in: D Spendierhoosen ahaa, *freigebig, spendefreudig sein* (humor.).

speene (gspeent) *spänen, mit Metallspänen abreiben.* Der Gang speene, *den Korridor spänen.*

speenig → späänig.

spèèrangelwyt, spèèrwyt[+] *sperrangelweit.*

spèère (gspèèrt) *sperren.* S Fänschter spèèrt. Sich spèère, *sich stemmen, sich widersetzen.* Er spèèrt sich mit Händ ùnd Fiess gege die Medizyyn.

Spèèri w. (Spèèrene) *Sperre.*

spèèrig 1. *sperrig, viel Raum beanspruchend.* Spèèrige Grimpel. 2. *widerborstig, eigensinnig.* Er hèt e spèèrige Karaggter.

Spèèrlig[+] m. *hölzerner Keil (zum Offenhalten eines Spalts).*

spèèrtle (gspèèrtled) *sporteln, Sport betreiben* (pej.).

spèèrwyt → spèèrangelwyt.

Speetlig m. *Spätjahr, Herbst.*

speetschtens *spätestens.*

Spètter m. *Spötter.*

spèttle (gspèttled) *spötteln, fein spotten, sich überheblich lustig machen.*

Speezel m. *Freund, Busenfreund, Kamerad.*

Spezerei w. (-e) *Spezerei.* **Spezereilaade** m. *Spezereiwarengeschäft.*

Speezi[1] m. 1. *Kamerad, Busenfreund, Spiessgeselle.* 2. *Spezialist* (pop., Müller).

Speezi[2] w. *Spezialklasse für schwierige und/oder schwachbegabte Schüler* (Schs.).

Spezierer m. *Lebensmittelhändler.*

Spyycher m. *Speicher.* Dim. Spyycherli s.

Spidaal m. (Spidääler) *Spital.* Dim. Spidää(le)li s.

spidäälele (gspidääleled) *nach Spital, nach Desinfektionsmitteln riechen.*

Spieldroog m. (Spieldreeg) *Spültrog.*

spiele (gspielt) *spülen.*

spienzle (gspienzled) *verlockend sehen lassen.* Er hèt em e Gòldstiggli gspienzled.

Spiess m. *Spiess.* Schreie wie am Spiess, *durchdringend schreien.* Dim. **Spiessli** s. 1. *kleiner Spiess.* 2. jg. *Grillspiess mit kleinen Fleisch- und Wurststücken.* 3. *Kopfsprung ins Wasser.*

Spigg m. 1. *Schnellen mit zuerst gekrümmtem Mittel- oder Zeigefinger.* Mit eme Spigg hèt er e Bèlleli an d Wand gschòsse. 2. *kurzer verstohlener Blick auf* das Blatt des Schulbanknachbarn. **Spiggrèèrli** s., **Spiggederèèrli** s. *kleines Blasrohr.* **Spiggzeedel** m., **Spiggzeedeli** s. *Spickzettel* (Schs.).

spigge (gspiggt) 1. *spicken.* Der Brootis spigge. 2. *mit dem Finger wegschnellen.* 3. *fortjagen, entlassen* (pop.). Me hèt en gspiggt. 4. [+] *durch ein Blasrohr wegblasen.* 5. *verstohlen abgucken* (Schs.).

Spiggederèèrli → Spiggrèèrli.

Spiggel m. *Zwickel, Stoffkeil, Verzierung an gestrickten Strümpfen oder Socken.* Dim. Spiggeli s.

Spiil s. (Spiiler) 1. *Spiel.* **Spiilratz** w. *leidenschaftlicher Spieler, leidenschaftliche Spielerin.*

Spiilsache w. (Plur.) *Spielsachen, Spielzeug.* Versòòrg dyni Spiilsache. **Spiilstùùbe** w. a) *Spielzimmer.* b) *Schlafzimmer* (Höschs.). c) *Büro eines über die Altersgrenze hinaus Arbeitenden* (humor., Mitte 20. Jh.). Dim. **Spiili** s. a) *Spielchen.* b) *Machenschaft* (20. Jh.). Mit miir kasch kaini Spiili mache. Daas Spiili kènne mer efange. 2. *Militärmusikkorps.* 3. S Spiil, *der Begleittross der Kleinbasler Ehrenzeichen (Tambouren, Fähnriche, Ueli) oder einer Zunft (Tambouren und Pfeifer oder Musikkorps).*

Spiiler m. *Spieler, Spielernatur.*

Spiilere w. *Spielerin.*

Spiilerei w. (-e) *Spielerei.*

Spinaat m. *Spinat.* **Spinaatwachtle** w. *Frau* (pej., Höschs.).

Spinn w. (-e) *Spinne.* **Spinnbùppe** w., **Spinnbùppele** w. *Spinnwebe, Spinnennetz.* Dim. Spinnli s.

spinne (gspùnne) 1. *spinnen.* Ra.: Kai lange Faade mee spinne, *kaum mehr lange leben.* 2. *schnurren (von der Katze).* 3. *spintisieren, leicht verrückt sein.* Spinnsch aigedlig?

spinnenyydig *sehr übellaunig.*

Spinnerei w. (-e) 1. *Spinnereibetrieb.* 2. *Hirngespinst, verrückte Idee.*

Spinnhiirni s., **Spinnkaib** m. (-e), **Spinnsiech** m. (-e) *Spinner, verrückter Mensch* (pop.).

Spinnydee w. (-e) *absurder Einfall.*

Spinnwättere → Spyywättere.

Spinnwindi w. (Spinnwindene) *Irrenanstalt* (pop., 20. Jh.).

Spyoon m. (Spyeen/Spyoone) 1. *Spion.* 2. *Fensterspiegel (meist oval und mit kleinem Schutzdächlein).* Dim. Spyeenli s.

Spyoonene w. *Spionin* (Müller).

Spyyr m. (-e), **Spyyre** w. *Schwalbe, Mauersegler, Turmschwalbe.*

Spyraale w. *Spirale.* D Spyraale mache, *ohnmächtig werden* (pop.). Dim. Spyrääleli s.

Spyraali w. *Offiziersaspirantenschule* (Ss.).

spyyre → gspyyre.

Spyyri+ s *Hausschwalbe.* Dim. Spyyreli s.

spyyse (gspiise) *speisen, essen* (humor.).

Spyysi w. (nur Sing.) *Speiseanstalt der Schweizerischen Bundesbahnen* (pop.).

Spittel m. *Spital.* Ra.: Im glyyche Spittel grangg syy, *denselben Fehler, dieselbe Schwäche haben.*

Spittelmaischter+ m. *Spitaldirektor.*

Spittelmùgg+ w. *Rekonvaleszentin, Insassin des Spitalaltersheims* (humor., Fridolin).

Spittler+ m. *Spitalinsasse, Pfründner.*

Spittlere+ w. *Spitalinsassin, Pfründnerin.*

Spitz m. 1. *Spitze.* Der Spitz vòm Ryssblei, *die Bleistiftspitze.* 2. *Sinn, Zweck* (pop.). Die ganzi Aarbed hèt kai Spitz ghaa, *...war sinn- und zwecklos.* 3. *bestimmter spitzschnauziger Hund, Spitz.* 4. *kleiner Rausch* (Müller). **Spitzbueb** m. a) *Spitzbube.* b) *bestimmtes Weihnachtsgebäck* Dim. **Spitzli** s. a) *Spitzchen.* b) *Penis kleiner Knaben* (fam.).

spitze (gspitzt) 1. *spitzen, mit Spitze versehen.* Faarbstift spitze. 2. *wegmeisseln.* 3. *erpicht sein, erhoffen.* Er spitzt ùff s Gäld vò syner Dante. 4. *begatten* (vulg.). Er hèt schò wider aini gspitzt.

Spitzi m. *Spitz, bestimmter spitzschnauziger Hund* (Baerwart).

spitzig 1. *spitz.* 2. *schnippisch, giftig.* E spitzigi Antwòòrt. 3. +*mager.* 4. Adv. *spitz, knapp.* Mer händ miese spitzig rächne.

Spyywättere+ w., **Spinnwättere** w. *Zunft zu Spinnwettern, in der die Bau- und Zimmerleute vereinigt waren.* **Spyywätterezùmft**+ w., **Spinnwätterezùmft** w.

Spoon m. (Speen) 1. *Span.* Dim. Speenli. 2. *Schrulle.* Du hèsch jo e Spoon (ab), *du spinnst ein bisschen.*

Spòòre m. 1. *Sporn.* Em Ròss d Spòòre gää. Ra.: Syni Spòòre verdiene, *Bewährungsprobe bestehen.* 2. *Schrulle, leichte Verrücktheit.* Er hèt e Spòòre, e Spòòre zvyyl. **Spòòrebeeter** m. *eigensinniger, verschrobener, wunderlicher Mensch, Sonderling.*

spòòre (gspòòrt) *mit den Fuss- oder Schuhspitzen stossen, strampeln.* Er spòòrt sy Dèggbètt ewägg.

spòòrtle (gspòòrtled) *Sport treiben.*

spoot (speeter, speetscht) *spät.* Spooti Kiirsi, *spät reifende Kirschen.*

Spootjòòr s. *Spätjahr, Herbst.*

spootlächt+ *ein bisschen spät.* E spootlächti Hòchzyt.

spòtte (gspòtted) *spotten.*

spräche (gspròche) jg. *sprechen.* Was hèt er gspròche? *Was hat er gesagt?* (humor.).

Sprächer m. jg. *Sprecher.*

Sprächstùnd w. (-e) *Sprechstunde.*

spraite+ (gspraited) *ausbreiten.* Läng mer no my Dèggi ùnd sprait si iber s Maitli hii (Meyer).

spränge (gsprängt) 1. *sprengen.* E Kèmmi spränge. E Versammlig spränge. 2. *vergebens, unnötigerweise laufen, traben machen.* Er hèt mi an s Deelefoon gsprängt. In Abrille spränge, *in den April schicken.* Nùmme nit gsprängt, *nur nicht so hastig.*

Spränsel m., **Spränzel** m. 1. +*Span zum Anfeuern.* 2. ütr. *langer, dürrer, magerer Mensch.*

spreechle → gspreechle.

Spreier m. *Spreu.* **Spreierkissi** s. *mit Spreu gefülltes Kissen.* **Spreiersagg** m. *mit Spreu gefüllte Matratze.*

spriggele (gspriggeled) *sprenkeln.*

spriggelig *gesprenkelt, gescheckt.*

springe (gsprùnge) 1. *rennen, laufen.* Ra.: Nit wyt springe kènne, *sich nicht viel leisten können.* Dä kaa au nit wyt springe mit sym Leenli. 2. *bersten, platzen, zerspringen.* D Schisslen isch gsprùnge. D Wasserlaitig isch gsprùnge.

Sprysse m., jg. w. 1. *Spleisse, Holzsplitter, kleiner Span.* 2. ütr. *kümmerlicher, mickeriger Mensch, Schwächling* (pop.).

Spryt m. 1. *Spiritus.* 2. *Benzin für Auto* (pop.). 3. *Geist, Intelligenz* (pop.).

Spritzbrùnne m. (Spritzbrinne) *Springbrunnen.*

spritze (gspritzt) 1. *spritzen.* Er spritzt ere Wasser in s Gsicht. D Rääbe gege der Määldau spritze. 2. *begiessen, besprengen.* D Blueme spritze. 3. *mit Mineralwasser mischen.* Der Wyy spritze. E Gspritzte, *ein Glas Wein mit Mineralwasser.* 4. *böse, giftig reden* (Mitte 20. Jh.). Muesch nit als gege mi spritze.

Spritzer m. *Laffe, junger Mann* (pej.). Dä jùng Spritzer hèt jo kai Aanig vòm Lääbe.

spritzerle (gspritzerled) *spielerisch, zaghaft spritzen.*

Spritzi w. (Spritzene) *Spritze.* 1. *Injektionsspritze.*

2. *Einspritzung*, ütr. *Aufmunterung*. 3. *Feuerspritze*.
Ra.: An der Spritzi syy, *leitende Funktion ausüben*.
Spritzkanne w. *Giesskanne*. Dim. Spritzkännli s.
Spritzlääder s. *Kotflügelverlängerung aus Leder oder Gummi*.
Sprooch w. (-e) *Sprache*.
Spròsse w. *Sprosse*. Ra.: Ain d Spròsse dùrùff jaage, *jdn. wütend machen* (Mitte 20. Jh.).
Sprùch m. (Sprich) 1. *Spruch, Zitat*. E Sprùch us der Biibel. 2. *Geschwätz, Scherzworte*. Das isch nit äärnscht gmaint, das isch nùmmen e Sprùch. 3. *Bonmot, witzige Bemerkung* (pop.). Dä hèt e baar gueti Sprich lo gheie. **Sprùchhuffe** m. *Witzbold* (Höschs.). Dim. **Sprichli** s. *auswendig gelernte Verse*. Saag em Santiglaus dy Sprichli ùff.
Sprùng m. (Spring) 1. *Sprung, Riss*. Das Glaas hèt e Sprùng. Raa.: Sy Blatte hèt e Sprùng, *er erzählt immer dasselbe* (humor.). E Sprùng in der Schissle haa, *verrückt sein* (Höschs.). Dim. Springli s. *kleiner Sprung, kleiner Riss*. 2. *Springen*. E Sprùng in s Wasser. I gang ùff e Sprùng in d Stadt, *ich gehe rasch, für kurze Zeit in die Stadt*. Raa.: Kaini groosse Spring me mache, *beruflich, finanziell, gesundheitlich nicht mehr vorwärtskommen*. Aim ùff d Spring, aim ùff der Sprùng koo, *jdm. auf die Schliche kommen*. 3. + *steile Strasse*, z.B. Ryysprùng.
Sprùtz m. (Spritz) 1. *Spritzer*. 2. *Wasserguss, kurzer Regenschauer*. 3. *Esprit, Geist* (20. Jh.). Die Frau hèt Sprùtz. Dim. Spritzli s.
Spuele w. *Spule*. Dim. Spieli s.
spuele (gspuelt) 1. *spulen, auf Spule aufwinden*. 2. *rasch radfahren, rasch gehen* (pop.).
spùgge (gspùggt) *spuken*. Im Spiesshoof spùggt der Daavyd Jòòris.
Spùnte m. (Spùnte / Spinte) 1. *Spund*. 2. *Kneipe, Restaurant* (pop., Mitte 20. Jh.). 3. *Fusstritt* (Höschs.).
Spuur w. (-e) *Spur*. Jo kai Spuur, *keine Spur, überhaupt nicht, ganz und gar nicht*. Dim. Spyyrli s. Er hèt nit e Spyyrli Aastand.
spùtte (gspùtted) *tüchtig essen* (pop., 20. Jh.).
Stabälle → Schabälle.
Stächbytel m. *Stechbeitel, Stechmeissel*.
stäche (gstòche) *stechen*. Schrybe wie gstòche, *sehr sauber und schön schreiben*. Gstòche dryyluege, luege wien e gstòchene Bògg, *starr,*

stechend schauen. Ghauen oder gstòche → haue. Beim Kartenspiel: Gstòche, *ich habe (mit einer höheren Karte) gestochen*.
Stächede + w. *Kinderspiel, bei dem mit Nadeln in ein Buch gestochen wird, um versteckt eingelegte Bildchen zu finden* (Kron, Fridolin).
Stachel m. (Stachle) 1. *Stachel (von Pflanzen, Insekten)*. Dim. Stächeli s. 2. *Stange mit eiserner Doppelzinke zur Fortbewegung von Weidlingen und Pontonierfahrzeugen*.
Stäächeli *Staehelin, Stähelin (Familiennamen)*.
stächig *stechend*. Stächigi Schmäärze. Stächigi Sùnne. Stächigi Auge.
Stachle[1] w. *Stachel (von Pflanzen, Insekten)*.
Stachle[2] w. *männlicher Träger des Familiennamens Staehelin* (Schs.).
Stadt w. (Stèdt) 1. *Stadt*. Dim. Stèdtli s. *Städtchen, Kleinstadt*. 2. D Stadt, *die Stadt Basel*. 3. *Innenstadt, City*. In d Stadt goo, a) *für Besorgungen in die Stadt gehen*. b) *sein Glas fertig austrinken* (Sts.).
Stadthuus s. a) *Haus der Stadt*. b) *Stadthaus, Sitz der Basler Bürgergemeinde*. **Stadthuusgass** w. *Stadthausgasse*.
Stääge w. *Treppe*. Ra.: D Stääge dùrùff gheie, *unverdient befördert werden* (humor.).
Stäägedritt m. *Treppenstufe*. **Stäägegländer** s., **Stäägelääne** w. *Treppengeländer, Handlauf*. **Stäägehuus** s. *Treppenhaus*. **Stäägeläänesyyrup** m. *schwarzer Kaffee* (Höschs.). **Stäägemäärschli** s. *Trommelgruss auf der Zunfthaustreppe beim gegenseitigen Zunftbesuch*. Dim. Stääg(e)li s. Stäägeli ùff, Stäägeli ab, *endlos auf und ab, unentschlossen hin und her*.
Stägge m. 1. *Stange, Stecken, Stock, Stab, Pfahl*. D Rääbe bruuchen e Stägge. Raa.: E Stägge derzue stègge, *etwas bleiben lassen*. Wènn s der nit basst, no stègg halt e Stägge derzue. Drägg am Stägge → Drägg. **Stäggeboone** w. *Stangenbohne*. **Stäggeladäärne** w. *auf Stange montiertes kleines Fasnachtstransparent* 2. *Spazierstock*. In d Bäärg nimm i allewyl e Stägge mit. 3. *Einfrankenstück* (pop., Schneider). Dim. Stäggli s.
stägge (gstäggt) intr. 1. *stecken*. Der Schlissel stäggt im Schlòss. 2. *sich verborgen aufhalten*. Wo stäggsch? Wo bisch au gstäggt?
stäggeblyybe (stäägebliibe) *steckenbleiben*.
staggele → staggle.

Staggelei w., **Stagglerei** w. *Gestotter, Gestammel.*
staggle (gstaggled), **staggele** (gstaggeled) *stottern, stammeln.*
Staggli m. *Stotterer.*
Stai m. 1. *Stein.* Stai bängle, *Steine werfen.*
Stai ùnd Bai, staiebai, *Stein und Bein.* S isch Stai
ùnd Bai gfròòre, *es ist alles gefroren, sehr kalt.*
Der Stai vòr d Heeli rùùgele → Heeli. Raa.: S isch
mer e Stai ab em Häärz, *ich bin sehr erleichtert.*
Stai bängle, *plumpe Anspielungen, heftige Vorwürfe
machen.* **Staiboode** m. *Fliesenboden.* **Staibrùch** m.
a) *Steinbruch.* b) *Ansammlung von Gallen- oder
Nierensteinen* (humor.). **Staieel**[+] s. *Petroleum.*
Staieesel m., **Staieeseli** s. *Kellerassel.*
Staikoolebass m. *sehr tiefe Bassstimme* (humor.).
Staimännli s. *Steinmännchen auf Berggipfel.*
Dim. Stainli s., Staili s. 2. *Kern des Steinobsts.*
Bim Kiirsiässe sòtt me d Stai uusespeie. **Staisèggli** s.
*mit Obstkernen (meist Kirschensteinen) gefüllter
Beutel zum Anwärmen des Bettes.* 3. *Franken,
Einfrankenstück* (pop.). Der Yydritt kòschted zää
Stai. 4. *Kopf* (pop., 2. H. 20. Jh.). E suure Stai haa,
e suure Stai mache, *misslaunig sein.* Miede Stai,
müder Kopf, Katzenjammer. 5. verst. *sehr.* Staialt.
Staihaart. Stairyych.
staibe (gstaibt) 1. *stauben, Staub absondern.*
S Määl staibt bim Abfille. 2. *fortjagen* (Schneider).
Si händ en gstaibt.
Staiberli[+] s. *Räuschlein.*
Staibli → Staub.
staiebai → Stai.
Staine w. *Steinenvorstadt.* Si woont syt jee in der
Staine. **Stainebach** m. *Steinenbach, einstiger
Gewerbekanal, parallel zur Steinenvorstadt laufend.*
Stainebachgässli s. *Steinenbachgässlein.*
Stainebäärg m. *Steinenberg.* **Stainedòòr** s.
ehemaliges Steinentor bei der Heuwaage.
Stainedòòrbäärg m. *Steinentorberg.*
Stainedòòrstrooss w. *Steinentorstrasse.*
Stainegraabe m. *Steinengraben.* **Stainemiili** w.
Steinenmühle. **Stainering** m. *Steinenring.*
Staineschanz w. *Steinenschanze.*
staine[+], **stainig** *steinern, aus Stein, steinig.*
Do isch men ùm der staine Disch bis fascht am
Achti gsässe (Burckhardt). E stainig Dänggmool,
ein Denkmal aus Stein. E stainige Wääg,
ein steiniger Weg.

Stainlemer m. *Bewohner der Steinenvorstadt.*
Alti Stainlemer, Jùngi Stainlemer, *Namen von
Fasnachtscliquen.*
Staal[1+] m. (Stääl), **Stall** m. (Ställ) *Stall.*
Dim. **Stääli**[+] s., **Ställi** s. 1. *kleiner Stall.* In Kinder-
lied von Abel Burckhardt 1859: I will go s Stääli
bschaue. 2. *Laufgitter.* D Kinder sòtt me nit z lang
im Ställi loo.
Staal[2] m. (Stääl) 1. *Stahl (Metallsorte).* 2. *Wetzstahl.*
Staalmääre w., **Staali** m. *Marmel aus Stahl (meist
Kugellagerkugel)* (Schs.). **Staalspeen** m. (Plur.)
Stahlspäne für die Parkettbodenreinigung.
Stääldieb m. *Dieb* (Ks.).
stääle (gstoole) *stehlen.* Das kaa mer gstoole wäärde,
darauf verzichte ich gern. Du kasch mer gstoole
wäärde, *du kommst mir gerade recht, da wird nichts
draus.* Dä hèt sy Yybildig au nit gstoole,
der hat seinen Dünkel geerbt. Ratlose Frage:
Wohäär nää ùnd nit stääle?
Staali → Staalmääre bzw. Staal[2].
Stälze w. *Stelze.* Ra.: Ùnd wènn der Deifel ùff Stälze
kùnnt, *unter allen Umständen* (Liebrich).
Stämmbooge m. (Stämmbeege), jg. **Stèmmbooge** m.
(Stèmmbeege) *Stemmbogen beim Skifahren.*
stämme (gstämmt), jg. **stèmme** (gstèmmt) 1. *stemmen.*
2. *trinken* (pop.). Ain go stämme. E Bier stämme.
3. *entlassen, fortjagen* (pop.). Me hèt der
Buechhalter gstèmmt. 4. *begatten* (Höschs.).
Stämmyyse s., jg. **Stèmmyyse** s. *Stemmeisen.*
Stämpel → Stämpfel.
Stämpeneie w. (Plur.) *Schwierigkeiten, Umschweife,
Komplikationen.* Mach kaini Stämpeneien ùnd
kùmm yyne.
Stämpfel m., jg. **Stämpel** m. *Stempel.*
Stämpfelkissi w., **Stämpelkissi** w. *Stempelkissen.*
Dim. Stämpfeli s., Stämpeli s.
Stämpfeli s. 1. *Schnapsglas.* 2. [+] *Branntweinmass
von 0,25 Deziliter.*
stämpfele (gstämpfeled), **stämpferle** (gstämpferled)
leicht, ungeduldig stampfen.
Stampfi w. (Stampfene) *Stampfe, Stampfmühle,
Stampfwerk.*
stämpfle (gstämpfled), jg. **stämple** (gstämpled)
1. *stempeln.* 2. *Arbeitslosenunterstützung beziehen,
arbeitslos sein.*
stämple → stämpfle.
Stand m. (Ständ) 1. *Stand, Stehvermögen.* Die Waase

hèt e schlächte Stand. 2. *Verkaufsstelle.* An däm
Baasaar hèt si en aigene Stand. **Standgäld** s.
Gebühr für Verkaufsstelle. 3. *Stehen, Herumstehen*
(Blasius). *Us em Stand ùffgùmpe, ohne Anlauf in
die Höhe springen.* 4. *gesellschaftlicher Rang.*
Dim. **Ständeli** s., **Ständli** s. a) *musikalisches
Ständchen.* b) *Schwatz auf der Strasse.*
Stande w. 1. *Standgefäss aus Holz, Bütte.*
2. *dicke Frau* (humor.).
standebeeni[+] *sofort, auf der Stelle; lat. stante pede.*
standegangs[+] *stehenden Fusses, stracks, sofort.*
Ständer m. 1. *Ständer, Gestell.* 2. *erigierter Penis*
(vulg.).
Stange w. 1. *Stange.* E Stange Wasser, *Urin* (humor.).
2. *hohes Glas Bier.* E Stange häll, bitti.
Dim. **Stängeli** s. *kleine Stange, Stange im Vogel-
bauer.* Ra.: Ab em Stängeli falle, *völlig überrascht
sein.* I bii fascht ab em Stängeli gfalle, won i
daas ghèèrt haa. 3. ütr. *grosser, magerer Mensch.*
Stängel m. *Stengel, Stiel.* Dim. Stängeli s.
stäntlige *im Stehen, stehend.* Er isch stäntligen
yygschlooffe.
Stänz m. (-e), **Stènz** m. (-e) 1. *Geck.* 2. *Zuhälter*
(pop.).
Stänzi s. *Konstanze.* Dim. Stänzeli s.
Stänzler m. 1. *Angehöriger der einstigen Basler
Standestruppe.* 2. [+] *übler Kerl.*
Stapfle w. 1. *Stufe, Treppenstufe, Treppe zur Haustür.*
Stapflebäärg m. *Stapfelberg, Treppenaufgang vom
Schlüsselberg zur Martinsgasse.* Dim. Stäpfeli s.
Stäpfeli ùff, Stäpfeli ab, *ewig auf und ab, bergauf
bergab.* 2. *missratener, abgetreppter Haarschnitt*
(humor.).
staar, staarig[+] *starr.*
stäärbe (gstòòrbe; Präs. stiirb, stiirbsch, stiirbt,
stäärbe; Kond. stùùrb[+]) *sterben.* Doodraa stiirbsch
gwiis nit, an däm isch no niemets gstòòrbe,
so schlimm ist das nun auch wieder nicht.
Stäärbed[+] m. *grosses Sterben, vor allem bei
Pestepidemien.*
stäärbesiibel *sterbensübel.*
Stäärbes|seel w. nur in: Kai Stäärbes|seel, *überhaupt
niemand.*
Stäärbeswèèrtli s. nur in: Kai Stäärbeswèèrtli saage,
rein gar nichts sagen, völlig dichthalten.
staargg (stèèrgger, stèèrggscht) *stark.*
Staarggi Männer. S hèt staargg gräägned.

staarig → staar.
Stäärn m. 1. *Stern.* Der Stäärne, *das Wirtshaus
zum Sternen.* Mer ässe hit im Stäärne.
Stäärneblueme w. *Narzisse.* Dim. Stäärnli s.
Sternchen. Ra.: Er hèt Stäärnli gsee, *ihm wurde
schwarz vor den Augen (z.B. nach einem Schlag
auf den Kopf).* **Stäärnlifaade** m. *auf zahnrad-
förmiges Kartonscheibchen aufgewickelter Faden.*
2. [+] *Rausch.* Er hèt e rächte Stäärn ghaa.
stäärnle (gstäärnled) *mit Sternchen versehen.*
Gstäärnled Bapyyr, *Sternchenpapier.*
Staat m. (-e) 1. *Staat, Staatswesen, Staatsverwaltung.*
Si schafft bim Staat, *sie ist Staatsgestellte.*
Staatsgrippel m. a) *Militärdienst-Untauglicher*
(pop.). b) *Staatsangestellter* (pej., humor.).
2. [+] *Prunk, Pracht, Prachtentfaltung.*
Isch daas e Staat! *Ist das eine Pracht!*
staatsmäässig[+] *prächtig, stattlich* (Sieber).
statt *anstatt, statt.* Statt dass si glòffe sind,
statt z lauffe, *anstatt zu gehen.*
Staub m. *Staub.* **Staublùmpe** m. *Staubtuch.*
Staubsuuger m. 1. *Staubsauger.* 2. *Liebhaber,
Geliebter* (Höschs.). Si hèt wider e neie Staubsuuger.
Dim. Staibli s.
staubig *staubig.* Ra.: Ain staubig mache,
jdn. anöden, langweilen (Höschs.).
staubsuuge (gstaubsugt) *staubsaugen.*
Stazioon w. (-e) *Station, Bahn-, Tram-, Bushaltestelle.*
Die näggschti Stazioon isch der Äscheblatz.
Dim. Stazieenli s.
Stèdter m. *Städter.*
stèdtisch *städtisch.*
stèffele (gstèffeled) *mit kleinen, unsicheren Schritten
gehen (von Kindern).*
Stèffi 1. m. *Christoph, Stephan.* **Stèffisdaag** m.
Stephanstag. 2. s. *Stephanie.* Dim. Stèffeli m., s.
stègge (gstègkt) tr. 1. *stecken, hineinstecken.*
Boone stègge. Sy Naasen in alles stègge. E Stägge
derzue stègge → Stägge. 2. *zu merken geben,
veranlassen.* I haan ere s gstègkt, dass si di yylaaded.
3. *verabreichen* (pop.). Er hèt em aini gstègkt,
er gab ihm eine Ohrfeige. 4. *Tempo geben* (pop.).
Er hèt em ain gstègkt, sùnscht wäär er z spoot koo,
er beeilte sich sehr, sonst wäre er zu spät gekommen.
Si hèt em e Hùnderter gstègkt, *sie fuhr mit 100 km
Geschwindigkeit.* 5. *den Meister zeigen* (pop.).
Däm haan i s gstègkt.

Stègg'grind m., **Stèggkòpf** m. (Stèggkèpf).
1. *Eigensinn.* Er hèt sy Stègg'grind. 2. *eigensinniger Mensch.* Si isch e Stèggkòpf.

Stèggkèpferei w. (-e) *Zwängerei, Halsstarrigkeit.*

stèggkèpfig *eigensinnig, halsstarrig.*

Stèggkòpf → Stègg'grind.

stèggle (gstèggled) 1. *stöckeln, stolpernd gehen.* 2. unpers. *hinfallen.* S hèt en gstèggled, *er stolperte und stürzte* (pop.).

Stèggli[1+] s. *Prellstein* (Fridolin).

Stèggli[2] *Stöckli, Stöcklin, Stoecklin (Familiennamen).*

Stèggli[3] s. *kleiner Spazierstock* (Baerwart).

Stègglig m. *Steckling.*

Stègglischue m. *Stöckelschuh.*

Steeli *Stehelin, Stehlin (Familiennamen).*

Stèll w. (-e) 1. *Stelle.* Liis die Stèll nonemool. Ùff der Stèll, ùff der Gstèll[+] (Hetzel), *auf der Stelle, sofort.* Kùmm ùff der Stèll do aane. 2. *Anstellung.* Si hèt e gueti Stèll gfùnde. Dim. Stèlleli s.

stèlle (gstèllt) 1. *stellen.* Si stèllt e Maien ùff der Disch. Der Wègger ùff Säggsi stèlle. 2. *zur Rede stellen.* Bis jètz han i en noonig kènne stèlle. 3. refl. sich stèlle. a) *sich aufplustern.* b) *sich stellen, an der Rekrutierung teilnehmen.*

Stèllig w. (-e) *Stellung.*

steene (gsteent) 1. *stöhnen.* 2. *reklamieren* (pop., 20. Jh.). Was hèsch wider z steene?

Stènz → Stänz.

Stèèr w. *Stör, tageweise Arbeit im Haus des Kunden.* Ùff der Stèèr schaffe, ùff d Stèèr goo, *im Haus des Kunden arbeiten.* D Glètteren ùnd d Schnyydere sind friener ùff d Stèèr koo. **Stèèrmètzger** m. *Metzger, der auf der Stör arbeitet.*

stèèrgge (gstèèrggt) 1. *stärken.* 2. *steifen.* Gstèèrggti Grääge. Gstèèrggti Wèsch.

Stèèrggi w. (Stèèrggene) 1. *Stärke, Stärkegrad, Dicke.* Bapyyr in verschiidene Stèèrggene. 2. *Stärkemehl.*

Stèèrig w. (-e) *Störung.*

Steessel m. *Stössel (zum Zerkleinern im Mörser).* Dim. Steesseli s.

stèttig[+] *eigensinnig* (Hindermann).

Stich m. 1. *Stich.* 2. *Masche beim Stricken.* 3. *steiles Wegstück.* Mer miend der Stich dùrùff. 4. *Nebengeruch, schlechter Geschmack, Essiggeschmack.* Der Wyy hèt e Stich. Ütr. e Stich haa, *leicht übergeschnappt sein, leicht betrunken sein.* 5. *abgestochene Karten beim Kartenspiel.*

Mer händ nùmmen ai Stich gmacht. Dim. Stichli s.

Stieffèltere (Plur.) *Stiefeltern.*

Stieffkind s. (Stieffkinder) *Stiefkind.*

Stieffmueter w. (Stieffmietere) *Stiefmutter.*

Stieffvatter m. (Stiefvättere) *Stiefvater.*

stier 1. *eigensinnig, starrsinnig, stur.* 2. *mittellos* (pop.). I bii schò wider stier, *ich habe schon wieder kein Geld mehr.* 3. *langweilig* (pop.). E stiere Vòòrdraag. Stieri Gèscht.

Stier m. *Stier, Ochse.* **Stieregrind** m., **Stiergrind** m., **Stierkòpf** m. 1. *Eigensinn.* 2. *eigensinniger Mensch.*

Stierenaug s. *Spiegelei.* Zuem Zmòòrgedringge git s Stierenaugen ùnd Spägg. Dim. Stierli s.

stiere (gstiert) *stieren, starren.*

stierig *brünstig, von Kühen.*

Stiifel m. 1. *Stiefel.* Raa.: Nit im Stiifel syy, *unwohl, misslaunig sein.* Daas sind zwai Baar Stiifel, *das sind zwei ganz verschiedene Sachen.* **Stiifelgnächt** m. *Stiefelknecht, Gerät zum Stiefelausziehen.* 2. *stiefelförmiges Bierglas.* Er hèt der Stiifel ganz elai uusdrùngge. Dim. Stiifeli s. 3. *Stil, Art und Weise* (humor., pop.). Dä schrybt e schlèchte Stiifel. In däm Stiifel isch s wytergange.

styff, gstyff[+] (Schneider) *steif.* Styff ùnd fèscht bhaupte, *hartnäckig behaupten.* E Styffe, *ein erigierter Penis* (vulg.).

Styffi w. (Styffene) *Steife, Steifheit, Steifheitsgrad.*

stiifle (gstiifled) *schreiten, marschieren* (pop.). Gstiifled ùnd gspòòrnt, *zum Aufbruch bereit.* Der gstiifled Kaater, *der gestiefelte Kater.*

Stift m. 1. *Stift.* 2. *kaufmännischer Lehrling.* Dim. Stiftli s.

Stifti w. (nur Sing.) *Lehre, Lehrzeit.* Er isch bimene Schlòsser in der Stifti.

styyge (gstiige) 1. *steigen.* S Fieber stygt. Mer styygen in s Dram. S Ròss stygt, *das Pferd bäumt sich auf.* Ra.: Aim ùff d Buude styyge, aim ùff d Guuge styyge, *jdm. auf die Pelle rücken, jdn. bedrängen* (pop.). 2. *begreifen* (pop.). Sinn er nit gstiige? *Habt ihr nicht begriffen? Seid ihr nicht nachgekommen?* 3. *wütend werden.*

Stiigele w. 1.[+] *Zaunübergang mit Sprossen.* 2. *aufgeschossene Frau.*

Stigg s. (Stigg / Stigger), **Stùgg** s. (Stùgg / Stùgger) 1. *Stück, Abschnitt.* E Stigg Broot. I kùmm e Stigg wyt mit. 2. *Musikstück, Theaterstück.* 3. *Frau* (Höschs.). E guet Stigg, *attraktive Frau, attraktives*

Mädchen. Dim. **Stiggli** s. a) *Stückchen, kleiner Abschnitt.* b) *süsses Feingebäck.* Kauf e baar Stiggli. c) *Vereinstheaterstück.* Si händ sälber e Stiggli gschriiben ùnd ùffgfiert. d) *Beispiel, Müsterchen, Kapriole, Streich.* Vo sällem Frind kènnt i no männg Stiggli verzèlle.

Stiggede w. *Stickarbeit, Stickerei.*

Stiggerei w. (-e) *Stickerei, Stickereibetrieb.*

Stiil[1] m. *Stiel, Stengel.* Die Blueme händ ganz kùùrzi Stiil. Dä Bääse hèt kai Stiil mee. Dim. Stiili s.

Stiil[2] m. *Stil, Art.* Das isch sùnscht nit sy Stiil, *das ist sonst nicht seine Art.*

Stilli w. *Stille.*

Stimm w. (-e) *Stimm.* Dim. Stimmli s.

stimme (gstimmt / humor. gstùmme) 1. *stimmen.* Die Rächnig stimmt. 2. *abstimmen.* Hèsch schò gstimmt? Wäm stimmsch? *Wem gibst du deine Stimme?*

Stindeler m. *Frömmler, Mucker, Sektierer.*

Styyne w., **Styyni** s. *Christine, Ernestine.* Dim. Styyneli s.

stingg- verst. *sehr* (pop.). Stinggfräch. Stinggfrintlig. Stinggfuul. Er hèt e Stinggwuet, *er hat eine riesige Wut.*

Stinggblueme w. *Löwenzahn.*

stingge (gstùngge) *stinken.* Dä Mischthuffe stinggt. Miir stinggt s, *ich habe keine Lust* (pop.). Ra.: S stinggt in der Fächtschuel, *etwas ist da faul.*

Stingger m. 1. *kleiner Knabe* (pej., humor.). 2. *Kot, Exkrement.* Dim. Stinggerli s. 3. *Unlust* (vulg.). I kùmm nit mit, i haa der Stingger.

stinggfingerle (gstinggfingerled) *Petting betreiben, liebkosen* (vulg.).

Stinggi s., **Stinggis** m. *Kot, Exkrement.* Dim. Stinggeli s.

stinggig *stinkend, stinkig, ranzig.* Stinggigen Angge, *ranzige Butter.*

Stinggis → Stinggi.

stipfle (gstipfled) 1. *ganz leicht stechen.* 2. *ganz leicht stossen.* Due mi nit als stipfle.

Stypper[+] m. *Stützbalken, Spriesse.*

styppere (gstyppered) 1. *mit Balken abstützen, spriessen.* 2. refl. *sich abstützen, sich stemmen.*

Styyr[1] w. (-e) *Steuer, Abgabe.* Styyre zaale.

 Styyrverwaltig w. *Steuerverwaltung, Finanzamt.*

 Styyrzeedel m. *Steuererklärung, Steuerrechnung.*

Styyr[2] s. *Steuer, Lenkvorrichtung.* **Styyrraad** s.

Steuerrad, Lenkrad.

styyre (gstyyrt) 1. *steuern, lenken.* E Schiff styyre. Èppisem styyre, *etwas auf die rechte Bahn bringen, eindämmen.* 2. *Steuern bezahlen.* Er schafft z Baasel ùnd styyrt im Baaselbiet. 3. *beisteuern.* An en Òòrgele styyre, *für eine Orgel spenden* (Kron).

stiirme (gstiirmt) 1. *stürmen.* S stiirmt ùnd dònnered. E Bùùrg stiirme, *Sturmangriff auf Burg unternehmen.* 2. *aufgeregt tun.* Stiirm dòch nit esoo. 3. *heftig fordern.* Si hèt gstiirmt, si wèll jètz äntlig goo. 4. *ungestüm eilen.* Er isch ùff s Kònsulaat gstiirmt.

Stiirmi m. *aufgeregter, ungeduldiger Mensch, Draufgänger.* Verst. **Stiirmikaib** m. (pop.), **Stiirmisiech** m. (pop.).

Stiirne w. 1. *Stirn.* Ra.: Sich in d Stiirne bysse, *sich sehr über sich selbst ärgern* (pop.). I kènnt mi in d Stiirne bysse, dass i nit zuegsait haa. 2. *Hintern* (Höschs.). Die hèt au e rächti Stiirne.

stytze (gstytzt) *stibitzen, stehlen* (Schs.).

stoo (gstande; Präs. stoo / stand, stoosch, stoot, steend / steen; Kond. stieng / stiengt) 1. *stehen.* S stoot in der Zytig. Das Règgli stoot der guet. Ra.: Mit baide Fiess ùff em Boode stoo, *Realist sein.* 2. *sich stellen, treten.* Er stoot ùff e Sässel, *er stellt sich auf einen Stuhl.* Er stoot ùff d Schwèlle, *er tritt auf die Schwelle.* 3. *ùff èppis stoo, auf etwas schwören, etwas sehr gern haben* (pop., Mitte 20. Jh.). Er stoot ùff die Medizyyn. Si stoot ùff iri Mueter.

Stòff m. (Stèff) 1. *Stoff, Tuch.* Dim. **Stèffli** s. *guter oder hübscher Stoff.* E Stèffli sag ich Iine, e bèssers finde Si niene. 2. *Getränk, Tranksame* (Sts.). 3. *Droge, Rauschgift* (2. H. 20. Jh.).

stòffle (gstòffled) *schwerfällig gehen.*

Stògg m. (Stègg) 1. *Stock, Stecken.* Dim. Stèggli s. 2. *Wurzelstock, Strunk, grosses Holzstück.* Doostoo wien e Stògg, *steif, unbeholfen dastehen.* Schlooffe wien e Stògg, *sehr tief schlafen.*

 Stòggbrùnne m. *Säulenbrunnen.* **Stòggroose** w. *Malve.* **Stògguur**[+] w. *Standuhr* (Müller).

Stòggzaan m. *Backenzahn.* Ùff de Stòggzeen lache, *unbemerkt, insgeheim lachen.* 3. *Topfpflanze mit Gefäss.* S wiird kalt, me sòtt d Stègg yynenää. Dim. Stèggli s. 4. *aufgeschichteter Haufe,* nur in Zss.: **Stòggangge** m. *Kochbutter.* Haistògg m.

Heustock. 5. *Stockwerk.* Si woonen im dritte Stògg.
6. + *Wohnquartier.* Ùm der Stògg ùmme lauffe,
durchs Wohnquartier spazieren, kleinen Stadt-
spaziergang machen. 7. *stumpfer, unbeholfener*
Mensch. Er isch ùnd blybt e Stògg. 8. D Stègg
(Plur.) *Trumpfdame und Trumpfkönig beim*
Jasssspiel. 9. verst. *sehr, völlig.* Stòggdaub, *völlig*
taub. Stòggfinschter, *stockdunkel.* Stògghaiser,
sehr heiser. Stòggkadoolisch, *erzkatholisch.*
Stòggùm + m. *kleiner Quartierspaziergang* (Fridolin).
Stòlle m. (Stòlle / Stèlle) 1. *Stollen, unterirdischer*
Gang. Im Stòlle syy, *Berufsarbeit verrichten*
(humor., 20. Jh.). 2. *Klumpen von Erde, Schmutz*
oder Schnee an den Schuhen. 3. *Berg.* Nur in Berg-
namen: Gämpestòlle m., Hoochestòlle m. 4. *Stolle,*
bestimmter Hefekuchen. Dim. **Stèlleli** s. a) kleiner
Stollen. b) + *Fuss des* → Äänisbreetli.
stòpfe (gstòpft) *stopfen, fest füllen.* D Pfyffe stòpfe,
die Tabakspfeife stopfen. Aim s Muul stòpfe,
jdn. zum Schweigen bringen. Ai Lòch mit em andere
stòpfe → Lòch. Gstòpft, *begütert, reich* (Höschs.).
Stòòre m. *Sonnenvorhang, Markise.* Ra.: Der Stòòren
aabeloo, *sich verschliessen, von nichts mehr wissen*
wollen.
Stòòrg m. (Stèèrg / Stòòrge) *Storch.* Lieber e Spatz
in der Hand als e Stòòrg ùff em Dach (Hetzel).
Lauffe wie der Stòòrg im Salaat, *steifbeinig,*
gestelzt gehen. **Stòòrgehaini** m. *Storch* (Ks.).
Stòòrgenäscht s. *Storchennest.*
Stòòrgeschnaabel m. 1. *Storchschnabel (Pflanze).*
2. *Pantograph.* **Stòòrgewyybli** s. *Storchweibchen.*
Dim. Stèèrgli s.
Stòòrze m. (Stòòrze / Stèèrze) *Strunk von Gemüse-*
pflanzen.
Stòòrzenääri s. *Schwarzwurzel; frz. scorsonère.*
Stooss m. (Steess) 1. *Stoss.* **Stoossbääre** w.,
Stoosskaare m. *Schubkarren.* Dim. Steessli s.
2. *unterer Rand von Kleidungsstücken,*
z.B. Hoosestooss, Ròggstooss. 3. *Muff, zylindrischer*
Handwärmer aus Pelzwerk. 4. *Darlehen, Vorschuss*
(Höschs.). Kaasch mer e Stooss gää?
stoosse (gstoosse) 1. *stossen.* Gstoosse vòll, *randvoll.*
2. *schieben.* S Weeloo stoosse, *das Fahrrad schieben.*
3. *zerstossen, zerkleinern.* Gstoossene Zùgger,
Kristallzucker. 4. *angrenzen.* Sy Gaarte stoosst
an d Strooss.
Stòtze m. (Stètze / Stòtze) 1. *Strunk von Gemüse-*

pflanzen. 2. *Keule, Schenkelstück von Schlacht-*
tieren. 3. *kräftiger Schenkel, festes menschliches*
Bein (pop.). Die hèt au rächti Stètze.
stòtzig *steil.*
strabaziere (gstrabaziert), **strabliziere** (gstrabliziert)
strapazieren, arg mitnehmen, abnützen.
straibe (gstraibt) *sträuben.*
Straich m. 1. *Schlag.* Er schafft kai Straich,
er arbeitet überhaupt nichts. 2. *Trommelschlag.*
3. (Plur.) *Prügel.* Der Haiggi hèt Straich bikoo.
4. *Streich, Bubenstück.*
straie (gstrait) *streuen.*
Straiffig w. (-e) *leichter Schlaganfall.*
Strääl m. *Kamm.* Dim. Strääli s., Strääleli s.
strääle (gsträält) 1. *kämmen.* Bùtzt ùnd gsträält →
bùtze. Ra.: Lätz gsträält syy, *auf dem Holzweg,*
im Irrtum sein. 2. ütr. *zurechtmachen.*
Dä Schuelùffsatz sòtt me no strääle.
strample (gstrampled) 1. *strampeln.* 2. ütr.
sich wehren. Er mues strample, fir ùff e griene
Zwyyg z koo.
Strang m. (Sträng) *Strang, Seil, Zugseil.* Ra.:
Iber d Sträng haue, *überborden, übertreiben.*
sträng 1. *streng, heftig, intensiv.* Mer händ s sträng
im Gschäft. 2. *schwer beweglich, mühsam.*
Die Diire goot sträng, ...*ist schwer zu bewegen.*
Strange w. *Strähne, Gebinde, Strang (von Garn,*
Wolle usw.). I bruuch no drei Strange Wùlle.
Dim. Strängeli s., Strängli s.
Strängi w. *Strenge.*
stratze (gstratzt) *stehlen, stibitzen* (pop.).
Strau s. *Stroh.* Ra.: Läär Strau drèsche, *inhaltslos*
daherreden. **Straubliemli** s. *Strohblume.*
Strauhälmli s. *Strohhalm, auch zum Trinken oder*
Seifenblasenmachen verwendet. **Strauhuet** m.
Strohhut. **Strausagg** m. *Strohsack.* Fluch: Hailige
Strausagg, *ums Himmels willen* (humor.).
Strauwitlig m. *Strohwitwer.*
straudùmm *überaus dumm.*
strauig *strohig, strohern.* Strauig Kèèrbli,
Strohkörbchen. Strauig Gmies, *strohiges,*
nach Stroh schmeckendes, fades Gemüse. Strauige
Vòòrdraag, *trockener, langweiliger Vortrag.*
strääze (gsträäzt) *herausspritzen, stark regnen.*
S Wasser strääzt us der kabùttige Laitig.
S hèt ghùùdlet ùnd gsträäzt, *es stürmte und goss*
wie aus Kübeln.

Streefflig m. *Sträfling.*
streefflig *sträflich.* Streefflige Lyychtsinn.
strègge (gstrèggt) 1. *strecken.* Strègg der Aarm.
D Bai strègge, a) *die Beine strecken, ausruhen.*
b) *sterben* (vulg.). 2. *verdünnen, ausreichen machen.*
D Sùppe strègge.
Strèggi w. (Strèggene) *Strecke.* Dim. Strèggeli s.
Streisselkueche m. (Streisselkieche) *Streuselkuchen,*
Hefekuchen mit Streuseln.
Stryybli → Schruube.
Strich m. *Strich.* Der Strich mache, ùff der Strich goo,
sich prostituieren (vulg.). Das haan i ùff em Strich,
das goot mer gege der Strich, *das kann ich nicht*
leiden. Dim. Strichli s.
stryyche (gstriche) *streichen.* 1. *anmalen.* D Huusdiire
stryyche. 2. *durchstreichen.* Die Uusgoob kènne
mer stryyche. 3. *glattstreichen.* En Anggeschnitte
stryyche. E gstrichenen Ässlèffel vòll. Gstriche vòll
→ gstoosse vòll. 4. refl. [+] *sich davonmachen.*
Er hèt sich gstriche.
Stryychlatte w. *kufenartige Leiste an der Unterseite*
des Weidlings zum Schutz seiner Längskanten.
stryychle (gstryychled) *streicheln.*
Striigel m. *Striegel.* Dim. Striigeli s.
Strigg m. 1. *Strick, Seil.* Raa.: Kaini Strigg verrysse,
sich nur minim anstrengen, wenig leisten. Wènn alli
Strigg rysse, *im Notfall, schlimmstenfalls.*
Dim. Striggli s. 2. *Lausejunge, Schlingel.*
strigge (gstriggt) 1. *stricken.* 2. ütr. *nicht mehr ein*
und aus wissen, alles durcheinanderbringen
(pop., 2. H. 20. Jh.).
Striggede w. 1. *Strickarbeit, Strickzeug.* 2. ütr.
Durcheinander, Wirrwarr (pop., 2. H. 20. Jh.).
Er hèt e beesi Striggede, *der kommt überhaupt*
nicht mehr draus.
striggerle (gstriggerled) *spielerisch stricken.*
Striggnoodle w. *Stricknadel.*
Striggsèggel m. *Strickbeutel.*
Striggstiifeli [+] s. *zwei durch Gummiband verbundene*
Kappen zum Aufbewahren der Stricknadeln.
Strytzi m. *Schlingel, Taugenichts, Lausejunge.*
Strooff w. (-e) 1. *Strafe.* In der Strooff syy,
a) [+] *straffällig sein oder werden.* b) *in Ungnade sein.*
I bii in der Strooff byn ere. 2. *Plage.* Die Aarbed
isch mer e Strooff. S wäär mer e Strooff, wènn i
daas miest àsse. **Strooffglass** w. *strafweises*
Nachsitzen. Dim. Streeffli s. *kleine Strafe.*

strooffe (gstroofft) 1. *strafen.* 2. *beim Jasskartenspiel*
den Gegner in einem «Weis» übertrumpfen.
Stròfyzge w. *«Strafklasse», strafweises Nachsitzen,*
Strafaufgabe (Schs.) **Stròfyzgebuech** s. *Buch zum*
Eintragen der Nachsitzstunden, Klassenbuch (Schs.).
Stroomer m. *Vagabund, Landstreicher.*
Strooss w. (-e) *Strasse.* **Stroossebùtzer** m.
1. *Strassenkehrer.* 2. *langhaariger Hund* (humor.).
Stroossegraabe m., **Stroossegrääbli** s. *Strassen-*
graben. Dim. Streessli s.
Stroossbùùrg, Stroossbrg [+] *Strassburg, Strasbourg.*
Stroossbùùrger [+] m. *bestimmte Zervelatwurst,*
heute → Uusttèller.
struub (struuber / stryyber, struubscht / stryybscht)
wirr, turbulent, schwierig. S isch struub zuegange.
Mer händ e struubi Zyt ghaa.
Struube → Schruube.
struube → schruube.
Strùùbel m. *Durcheinander, Wirrwarr.*
Strùùbelbeeter m. *Struwwelpeter.* **Strùùbelhòòr** s.
zerzaustes Haar. **Strùùbelkòpf** m. *Strobelkopf.*
Strùùbelwätter s. *Sturmwetter.*
strùùble (gstrùùbled) *stark regnen und stürmen.*
strùùblig *struppig, zerzaust.*
Struuch m. (Stryych / Stryycher) *Strauch.*
Dim. Stryychli s.
struuche [+] (gstruucht) *pflügen* (Liebrich).
strùùdle (gstrùùdled) 1. *strudeln, sieden (Wasser).*
2. *hastig, unsorgfältig arbeiten.*
Strùùdli m. *hastiger, unsorgfältiger Mensch.*
strùùdlig *hastig, unsorgfältig, flüchtig.*
Strùmpf m. (Strimpf) *Strumpf.* Raa.: Im Strùmpf syy,
gutgelaunt, wohlauf sein. Nit im Strùmpf syy,
schlecht gelaunt, unwohl sein. Das sind zwai Baar
Strimpf, *das sind zwei ganz verschiedene Dinge.*
Strùmpfkùùgele w. *Kugel zum Strümpfestopfen.*
Strùmpflòtzi m. *einer, der mit heruntergerutschten*
Strümpfen umherläuft. Dim. Strimpfli s.
Strùpf m. (Stripf) *konischer Lederring zum Spannen*
der Trommelseile.
strùpfe (gstrùpft) *strupfen, abstreifen.* D Blètter ab
den Èscht strùpfe. Kiirsi strùpfe, *Kirschen ohne*
Stiel pflücken.
Strùpfer m. *Schrubber, Scheuerbürste mit langem*
Stiel.
Struss m. (Stryss) *Vogel Strauss.* **Strussenai** s.
Straussenei. **Strussefäädere** w. *Straussenfeder.*

Stùùbe w. *Stube, Zimmer.* **Stùùbebiini** w. *Zimmerdecke.* **Stùùbegnächt** m. *Truchsess einer Zunft.* **Stùùbehògger** m., **Stùùbekuz** m. *Stubenhocker.* **Stùùbemagd** w., **Stùùbemaitli** s. *Zimmermädchen, Dienstmädchen.* **Stùùbepflutte** w. *verzärtelter, verweichlichter Mensch.* **Stùùbewaage** m. *Kinderwagen aus Korbgeflecht, mit hölzernem Untergestell, nur im Haus verwendet.* Dim. **Stiibli** s. 1. *kleines Zimmer.* 2. *kleiner Salon.* Wènn Bsuech kùnnt, fiersch en in s Stiibli.

Stùùbede w. *gemütliche abendliche Zusammenkunft* (1970er Jahre).

stùùberain 1. *stubenrein.* 2. ütr. *unverdächtig.* Das Gschäft dùnggt mi nit ganz stùùberain.

Stuuch w. (nur Sing.) *Diebstour.* Ùff d Stuuch goo, *stehlen, stibitzen gehen* (Baerwart).

stuuche (gstuucht) 1. *stauchen, krumm biegen.* 2. *stehlen, stibitzen.*

Stùùd[+] w. (Stiid) *Pfosten, Zaunpfahl* (Seiler).

Studänt m. (-e) *Student.* **Studäntebuude** w. *Studentenzimmer* (Sts.). **Studäntefueter** s. *Dörrfrüchtemischung.* **Studäntekappe** w. *Studentenmütze des farbentragenden Studenten.* **Studänteverbindig** w. *Studentenverbindung.*

Stuude w. *Staude, Busch, Strauch.* Ra.: Ùff d Stuude glòpfe, haue, schloo, *auf den Busch klopfen, mit mehr oder weniger deutlichen Anspielungen einen Wunsch kundtun, auszuhorchen versuchen.* Dim. **Styydeli** s., **Styydli** s.

studiere (gstudiert) 1. *studieren, Studium absolvieren.* E Gstudierte, *ein Akademiker.* 2. *nachdenken, überlegen.* Er hèt lang gstudiert, eb er èppis gsait hèt.

Studiererei w. (-e) *nutzloses Herumstudieren.*

Studierstùùbe w. *Studierzimmer, Arbeitszimmer des Hausherrn, Bibliothek im Privathaus.*

Stued → Stuud.

Stueffe w. *Stufe.* Dim. **Stieffli** s.

Stuegert, Stueggert[+] *Stuttgart.*

Stuel m. (Stiel) 1. *Stuhl.* Ra.: Zwische Stuel ùnd Bangg falle, *zwei Gelegenheiten zugleich verpassen.* Dim. **Stieli** s. 2. *Webstuhl, Bandwebstuhl.* **Stuellaiffer**[+] m. *Aufseher über die Bandwebstühle der Heimposamenter.* 3. *Exkrement, Stuhlgang.* 4. *Fahrrad, Moped, Motorrad* (Schs., Höschs.).

stuele (gstuelt) 1. *Stühle bereitstellen.* 2. *Darm entleeren.*

Stùgg → Stigg.

stùgge (gstùggt) *stutzen, Baumäste kappen.*

Stùmpe m. (Stimpe) 1. *Stumpf, Kerzenstumpf.* **Stùmpebääse**[+] m. *abgenützter Besen.* **Stùmpeglais** s. *nicht durchgehendes Geleise.* 2. *Schnurrest.* **Stùmpekèèrbli** s., **Stùmpeziiberli**[+] s. *Behälter für Faden- und Schnurreste.* 3. *an beiden Enden angeschnittene Zigarre.* Er hèt nyt als Stimpe graucht. 4. *Knirps.* In dieser Bedeutung auch: Stùmpis. Dim. **Stimpli** s.

Stùmpis → Stùmpe.

Stùnd w. (-e) *Stunde.* **Stùndefrau** w. *Aufwartefrau, Putzfrau, Zugehfrau.* Dim. **Stindli** s. *Stündlein, Entscheidungsstunde, Todesstunde.* Waart nùmme, dyy Stindli kùnnt au emool.

stuune (gstuunt) 1. *staunen, sich wundern.* 2. *träumerisch blicken, sinnieren.* Was stuunsch au die ganzi Zyt?

Stuuni m. *Träumer, versonnener Mensch.*

Stùpf m. (Stipf) *schwacher Stoss, Schubs.*

stùpfe (gstùpft) 1. *stechen.* Stùpf die Gùùfen in das Babyyr. Der Wùnderfitz hèt si gstùpft, *die Neugier plagte sie.* 2. *leicht stossen, schubsen.* 3. ütr. *erinnern, ermuntern.* I mues en stùpfe, dass er mer äntlig s Buech zrüggbringt.

stùpflig *stopplig, unrasiert* (Schneider).

Stùùrm m. (Stiirm) 1. *Sturm.* 2. [+]*Hutkrempe* (Seiler).

stùùrm *benommen, betäubt, schwindlig.* S wiird mer stùùrm. S isch mer stùùrm. I bii ganz stùùrm. I haan e stùùrme Kòpf. Es isch die waarmi Sùnne, wo mer stùùrm macht (Schneider).

Stùtz m. (Stitz) 1. *steiler Weg.* Jètz goot s gääch der Stùtz dùrùff. 2. *Franken, Geld* (pop.). Das kòschted ai Stùtz. Leen mer zää Stùtz. Der Stùtz isch em uusgange. 3. Plur. *Geld* (pop.). Gib Sòòrg zue dyne Stitz. Aim d Stitz uusrysse, *jdn. zum Zahlen oder zum Geldleihen nötigen* (2. H. 20. Jh.). Dim. **Stitzli** s. **Stitzlisèx** m. *Peep-show* (2. H. 20. Jh.).

subdyyl 1. *schwierig, knifflig; lat. subtilis.* 2. *sorgsam, leise.* Mach subdyyl d Diiren ùff. 3. *empfindlich* (Kron).

suuber, suufer[+] (suuberer / syyberer, suuberscht / syyberscht) 1. *sauber, reinlich, adrett.* 2. *einwandfrei.* Das isch e suuberi Sach.

Sùùdel m. *Brouillon, flüchtiger schriftlicher Entwurf.* Mach zèèrscht e Sùùdel, derno schrybsch in s rain.

Sùùdeldreegli s. *kleiner Nebenbrunnentrog.*
Sùùdelhèft s. *Entwurfsheft.* **Sùùdelwätter** s.
Regenwetter. **Sùùdelziiber**+ m. *Kehrichteimer.*
Sùùdelei w. (-e) *unsauber, unleserlich Geschriebenes
oder unsauber Gezeichnetes.*
sùùdle (gsùùdled) *unsauber, flüchtig, unleserlich
schreiben, unbeholfen zeichnen.* Dä Gnòpf hèt e
ganz Hèft vòll gsùùdled.
Sùùdlerei w. (-e) *flüchtige, unsaubere Schreibweise,
unsauber Geschriebenes oder Gezeichnetes.*
sueche (gsuecht) *suchen.*
Suechede w. *Sucherei, langes und mühsames Suchen.*
Suecherei w. (-e) *Sucherei, langes und mühsames
Suchen.*
Suechi w. *Suche.* Ùff d Suechi goo, *auf die Suche
gehen.*
suufer → suuber.
Sùff m. (Siff) *Rausch, Trunkenheit* (pop.).
Er hèt e wieschte Sùff ghaa. Im Sùff verzèllt er als
dùmm Zyyg.
suffe (gsòffe; Kond. sùff+) 1. *saufen (von Tieren).*
2. *trinken* (vulg.). Hèsch Dinte gsòffe? *Bist du
eigentlich verrückt?* 3. *gewohnheitsmässig, stark
trinken.* Laider sufft er. Suffe wien e Biirschtebinder,
suffe wien e Lòch, *unmässig viel trinken.* 4. *Benzin
verbrauchen (Motor)* (pop.). Wievyyl Lyter sufft dy
Kaare?
Suffede w. *Sauferei, Trinkgelage.*
Sufferei w. (-e) *Sauferei.*
Sufflùùdi m. *Trinker* (humor.).
suuge (gsugt / gsooge; Kond. sùùg+) *saugen.*
Raa.: Am Doope suuge, *nichts zu essen haben,
hungern.* Us em Doope suuge, *frei erfinden,
unbegründet behaupten.*
suggele (gsuggeled), **syggele** (gsyggeled) *in kleinen
Zügen saugen, lutschen.* Er hèt e Dääfeli gsyggeled.
Suule → Syyle.
Sùmme w. *Summe.* Dim. Simmli s. E rächt Simmli,
eine ansehnliche Summe.
Sùmmer m. (Simmer / Sùmmer) *Sommer.*
Sùmmerhuus s. *Hausflur, Halle, Vestibül.*
Sùmmervoogel m. *Schmetterling.*
Sùmmervoogelgäärnli s. *Schmetterlingsnetz.*
Sùmmerzyt w. *Sommerzeit.* Dim. Simmerli s.
Das isch e kùùrz Simmerli gsii.
Sùmpf m. (Simpf) *Sumpf.* **Sùmpfhuen** s.
(Sùmpfhiener) *Trinker, Zecher* (humor.).

Dim. Simpfli s.
Sùùn+ m. (Siin), **Soon** m. (Seen) *Sohn.* Dim.
Siinli+ s., Seenli s. *Söhnchen.*
sùndere → sòndere.
sùnderglyyche+ *sondergleichen.*
sùnderhaitlig+ *besonder, insbesondere.* Er hèt e
sùnderhaitligi Yybildig.
sùndiere+ (gsùndiert), jg. **sòndiere** (gsòndiert)
sondieren, zu ergründen versuchen.
Sùnne w. *Sonne.* **Sùnnebaad** s. *Sonnenbad.*
Sùnnebaareblyy+ m., **Sùnneschiirm** m. *Sonnen-
schirm.* **Sùnneblueme** w. *Sonnenblume.*
Sùnnekiechli+ s. *Kuhfladen.* **Sùnnereedli** s.,
«*Sonnenrädchen*», *kleines brezelförmiges
Buttergebäck mit Kümmel.* **Sùnnesyte** w. *Sonnen-
seite.* Dim. Sinneli s. *schwach scheinende Sonne.*
sùnne (gsùnnt) *sonnen.* D Bètter sùnne, *das Bettzeug
an die Sonne legen.*
sùnnig *sonnig.*
Sùnntig m. (-e) *Sonntag.* Sich Sùnntig(s) aaleege,
sich sonntäglich kleiden. **Sùnntigsbaschteetli** s.
*kleines rundes Pastetchen mit feingehacktem
Kalbfleisch.* **Sùnntigsglaid** s. *Sonntagskleid,
Sonntagsanzug.* **Sùnntigsgsicht** s. *forciert heitere
Miene* (Meyer). **Sùnntigsstaat**+ m.,
Sùnntigsstaat m. *Sonntagskleidung.*
Im Sùnntigsgstaat, *sonntäglich gekleidet.*
Sùnntigshals m. in: S isch eren in Sùnntigshals koo,
sie hat sich verschluckt, ütr. *sie war pikiert.*
sùnntige (gsùnntiged) *sonntäglich anziehen.* Si händ
sich gsùnntiged. Er isch gsùnntiged zuen is koo.
sùnscht, sùscht *sonst.*
Sùppe w. (Sùppe / Sùppene) *Suppe.* Ra.: Us siibe
Sùppen e Seessli, *sehr verdünnt, ganz entfernt
verwandt.* **Sùppedèèryyne** w. *Suppenschüssel.*
Sùppedrilli w. *Drehbewegung, die entsteht,
nachdem die Seile der Schaukel ineinander verdreht
worden sind* (Ks.). **Sùppefaissti** w. *von der Suppe
abgeschöpftes Fett.* **Sùppeflaisch** s. *Suppenfleisch,
in Suppe gekochtes Rindfleisch.* **Sùppegrien** s.
Suppenkräuter, Wurzelwerk. **Sùppehaafe** m.
gekochtes Rindfleisch mit Zutaten, pot-au-feu.
Sùppehuen s. 1. *Suppenhuhn.* 2. *dumme,
ungeschickte Frau* (pop.). **Sùppekèlle** m. *Suppen-
schöpfkelle.* **Sùppelèffel** m. *Suppenlöffel.*
Sùppeschissle w. *Suppenschüssel.* **Sùppeschlitz** m.
Mund, Maul (humor.). **Sùppeschuepfe**+ w.

Suppenschöpflöffel. **Sùppezeedeli**⁺ s. *Suppen-*
gutschein, Bon zum Bezug einer Suppenportion in
einer Suppenanstalt. Dim. Sippli s.
suur (suurer / syyrer, suurscht / syyrscht) 1. *sauer.*
Suure Maage → Maage. Suure Mògge → Mògge.
2. *verärgert, verdrossen* (2. H. 20. Jh.). Er isch suur
gsii, wil er kai Bryys bikoo hèt.
Suuracher m., **Surakuuser**⁺ m. *saurer Wein* (humor.).
Surakuuser → Suuracher.
Suurampfle → Suurhampfle.
sùùre (gsùùrt) 1. *surren.* 2. *schmerzen (physisch).*
S sùùrt fèscht in mym beese Finger.
sùùrele (gsùùreled) *mit dem Kreisel spielen.*
Sùùrere → Sùùri.
Suurgrut s. *Sauerkraut.*
Suurhampfle w., **Suurampfle** w. *Sauerampfer.*
Sùùri m., **Sùùrere**⁺ w. 1. *Kreisel mit waagrechten*
Rillen, halbspindel-förmig und meist aus Holz,
einst je nach Anzahl der Rillen als Männli, Wyybli
oder Staibògg *bezeichnet.* Dim. Sùùreli s.
2. *rastloser, unruhiger Mensch.*
Sùùrimùggel m. (Sùùrimiggel) *Sauertopf, Griesgram,*
Murrkopf.
suurlächt⁺ *säuerlich.*
sùùrpfle → siirpfle.
Suurriibel m. *Sauertopf, Griesgram, Murrkopf.*
Süüschee s., **Süschè** s. *Thema, das von einer*
Fasnachtsclique «ausgespielt», aufs Korn
genommen wird; frz. sujet. Was nämmen er daas
Jòòr als Süüschee?
sùscht → sùnscht.
suuse (gsuust) 1. *sausen.* 2. *sich sehr rasch*
fortbewegen. Si isch in näggschte Laade gsuust.
Suuser m. *Sauser, gärender junger Wein.*
Suusi s. *Susanna.* Dim. Syysli s.
Sùtt m. *Sud, Abkochung.*
sùttere (gsùttered) 1. *kräftig sieden.* 2. *sausen,*
rasch fahren. Er isch mit sym Laiterwäägeli in s
Dòòrf aabe gsùttered. 3. *stark schmerzen.*
Es sùttered als no in mym Aarm.

T

t- → auch: d-.
th- ist als t-h- zu sprechen.
Thalänt s. *Talent, Begabung.*

Thämpel m. *Tempel.* Zuem Thämpel uus jaage,
nachdrücklich fortweisen, fortjagen.
Dim. Thämpeli s.
Thämperänzler m. *Abstinent.*
Thämperatuur w. (-e) 1. *Temperatur.* 2. *leichtes Fieber.*
thämperiere (thämperiert) *temperieren, leicht*
erwärmen. Bitti e Bächer thämperiert.
Thee m., ⁺s. *Tee.* Dim. Theeli s.
Theedi m. *Theodor.* Dim. Theedeli m., s.
Theelefoon → Deelefoon.
Theoodere w. *Theodorskirche in Kleinbasel.*
Ze Theoodere⁺, *zu Sankt Theodor,*
in der Theodorskirche.
Thèèrasse w. *Terrasse.*
Thèèrees s., **Dèèrees** s. *Theresia.* Dim. Thèèreesli s.,
Dèèreesli s.
Thèschtamänt s., **Dèschtamänt**⁺ s. *Testament.*
Dim. **Thèschtamäntli** s. *kleine Ausgabe des Neuen*
Testaments.
Thètsge m., w. *Theodor* (Schs.).
Thyp → Dyp.
Thoobi m. *Tobias.*
tschäggeniere⁺ (tschäggeniert), **schäggerniere**⁺
(gschäggerniert), **schygganiere** (gschygganiert)
schikanieren; frz. chicaner.
Tschämpis → Schämpis.
Tschäpper m. *alter, schäbiger Hut; frz. chapeau*
(pop.).
tschäppiere⁺ (tschäppiert) *ausreissen, entweichen;*
frz. échapper.
Tschäss m. *Jazz* (20. Jh.).
Tschättere w. *Frau, Weib* (pej., vulg.). Si isch e alti,
dùmmi, gruusigi Tschättere.
tschättere (tschättered) *scheppern, klappern, klirren.*
Der Wègger tschättered. Jètz hèt s tschättered,
jetzt ist etwas Schlimmes passiert.
tschätterig *scheppernd.* E tschätterig alt Autoo.
tschau! *auf Wiedersehen! Grüss dich! it. ciao* (pop.).
Tschaute⁺ w., **Tschauti**⁺ s. *Tropf, Einfaltspinsel.*
Dim. Tschauteli s.
tschènt *grosszügig; engl. gent* (pop.).
tschiengge (tschienggt) *nachlässig, mühsam gehen,*
knielahm schlurfen.
Tschienggi m. *mühsam gehender, schlurfender Mann.*
Tschingg m. (-e) *Italiener; zu it. cinque* (pej.).
Tschinggekischte⁺ w. *automatisches Klavier*
im Wirtshaus (humor.). **Tschinggelemòòre** w.

Italiener; it. cinque la mora (humor., pej.).
Dim. **Tschinggeli** s. 1. *Italienerkind.*
2. *dunkelhaariges und dunkeläugiges Kind*
(pop.).

Tschinggene w. *Italienerin* (pej.).

Tschinnerätte w. *Becken (Schlaginstrument),*
Tschinellen.

tschyppele (tschyppeled) *leicht zausen.*

Tschytschybäänli → Tschutschubäänli.

Tschooli m. *gutmütiger, etwas beschränkter Mensch.*
Er isch allewyyl e guete Tschooli gsii.

Tschoope m. (Tscheepe) 1. *Jacke, Wams.*
Dim. **Tscheepli** s. *Jäckchen.* 2. *Veston, Herrenrock*
(pop.). S isch haiss do inne, daarf i der Tschoopen
abzie?

Tschuuder m. *Schauder, Schauer* (Schneider).

tschuudere (tschuudered) *erschauern, schaudern,*
frösteln. S tschuudered mi diräggt, wènn i die
wieschte Hèlge bschau.

tschuuderig 1. *schaudererregend, schauerlich.*
Si hèt enen e tschuuderig Määrli verzèllt. 2. *feucht,*
kalt, nasskalt. Tschuuderig Wätter.

Tschuudi + s. *verschupfter, unbedarfter Mensch*
(Baerwart). Dim. **Tschuudeli** s.

tschùld → dschùld.

Tschùmpel (Tschùmpel / Tschùmple / Tschimpel)
Trottel, Dummkopf, plumper Kerl. Der Tschùmpel
mache, 1. *sich dumm stellen.* 2. *sich gutmütig*
einspannen lassen. Dim. **Tschùmpeli** s.,
Tschimpeli s.

tschùmple (tschùmpled) *nachlässig, mit plumpen*
Schritten gehen. Si isch in s nèggscht Wiirtshuus
tschùmpled.

Tschupp m. (Tschypp) *Haarbüschel, wirres Haar.*
Dim. **Tschyppli** s. 1. *kleines Haarbüschel.*
2. *zartgliedriges kleines Mädchen* (Fridolin).

tschuppe (tschuppt), **tschupple** (tschuppled)
1. *zausen, zerzausen.* Der Hans hèt sy Hùnd
tschuppled. 2. + *schaudern, frösteln.* S tschuppt mi,
mich schaudert (Meyer).

Tschuppel m. (Tschyppel) *wirres Haarbüschel,*
ungekämmtes langes Haar. Dim. **Tschyppeli** s.

tschupple → tschuppe.

Tschutschubäänli s., **Tschytschybäänli** s. *Eisenbahn*
(Ks.).

U

ü → i, y.

ùùchig → ùùrchig.

üe → ie.

Ueli m. 1. *Ulrich.* Em Ueli rieffe, *sich erbrechen*
(humor.). 2. *Narr, Mann im Narrenkleid, der mit*
Kollegen zusammen am Tag des Vogel Gryff
(→ Gryff) *Geld für die Armen Kleinbasels sammelt.*
3. *bestimmtes klassisches Fasnachtskostüm.*

ùfaimool, ùfaismool (Meyer), **ùffsmool** *plötzlich.*

ùfenander *aufeinander.*

ùfenanderoobe *ganz dicht beieinander* (Baerwart).

Uufert w., jg. **Ùffaart** w. *Himmelfahrt,*
Himmelfahrtstag. An der Uufert hämmer frei.

ùff (bet.), **ùf** (unbet.) 1. Präp. mit Dat. und Akk.
a) *auf.* S Buech lyt ùff em Kaschte. Lèg s ùff der
Disch. Verst. Ùff em Bäärg oobe. b) *nach,*
in Richtung auf. Ùff Ziiri faare, *nach Zürich*
fahren. Ùff Dytschland raise, *nach Deutschland*
reisen. c) *auf ... hin, gegen ... zu.* Ùff de Viere,
ùff die Vieri mues i dèèrt syy, *auf, um vier Uhr*
muss ich dort sein. S isch schò Dreiviertel ùff Säggsi,
...viertel vor sechs Uhr. Ùff d Ùfffierig aane hèt si
Lampefieber bikoo. Ùff d Nacht wùùrd i kai Thee
me dringge. Er schafft ùff der Dòggter, *er arbeitet*
auf das Doktorexamen hin. d) *an.* Sie hèt s ùff em
Häärz, *sie hat ein Herzleiden.* Er hèt s ùff der
Lääbere, *er ist leberkrank.* e) *erpicht auf.*
Si isch ùff s Gäld vom Schwiigervatter (uus).
f) *in Richtung auf, in der Art von.* Er macht ùff
grangg. Si macht ùff noobel. 2. Adv. Si isch noonig
ùff, *sie ist noch nicht aufgestanden.* D Lääde
sin ùff, *die Läden sind geöffnet.* Er hèt e Huet ùff,
er hat einen Hut auf dem Kopf. Ùff ùnd äänlig,
sehr ähnlich, fast gleich. Ùff ùnd fùùrt, *rasch fort,*
auf und davon. Si hèt vò glai ùff miese schaffe,
schon als Kind musste sie arbeiten.

ùffässe (ùffgässe) *aufessen.*

ùffbäppele (ùffbäppeled), **ùffbypääpele**
(ùffbypääpeled) *aufpäppeln, sorgsam aufziehen,*
verzärteln.

ùffbasse (ùffbasst) 1. *aufpassen, aufmerken,*
aufmerksam sein. Bass ùff bim Iber-d-Strooss-Goo.
2. *im Auge behalten, hüten.* Si basst ùff d Kinder
ùff, si basst de Kinder ùff.

ùffbhalte (ùffbhalte) 1. *aufbewahren (zur Erinnerung*

oder zur weiteren Verwendung). Si hèt der
Hòchzytsrògg ùffbhalte. 2. *auf dem Kopf behalten.*
S ziet do inne, daarf i der Huet ùffbhalte?

ùffbiete (ùffbòtte) *aufbieten, zum Militärdienst
einberufen.*

ùffbigääre (ùffbigäärt) *aufbegehren* (Müller).

ùffbyyge (ùffbiige) *aufschichten.*

ùffbypääpele → ùffbäppele.

ùffblyybe (ùffbliibe) 1. *aufbleiben, nicht zu Bett
gehen.* Dèèrfe d Kinder hit lènger ùffblyybe?
2. *offen bleiben.* S Gschäft blybt bis zooben ùff.

ùffbringe (ùffbròcht) 1. *öffnen können.* I bring die
Diire nit ùff. 2. *aufbringen, z.B. Gerücht, Mode.*

ùffbruuche (ùffbruucht) *aufbrauchen.*

ùffbschliesse (ùffbschlòsse) *aufschliessen,
mit Schlüssel öffnen.* Bschliess d Diiren ùff.

ùffbùtze (ùffbùtzt) *Fussboden säubern, Schmutz
vom Boden entfernen.* Hèsch schò ùffbutzt in der
Kùchi?

ùffdauche → ùffduuche.

ùffdaue (ùffdaut) 1. tr. *auftauen, zum Tauen bringen.*
S gfròòre Flaisch ùffdaue. 2. intr. *munter, gesellig
werden.* No zwai Gleeser isch er ùffdaut.

Ùffdraag m. (Ùffdrääg) *Auftrag.* Dim. Ùffdräägli s.

ùffdraage (ùffdrait) *auftragen.*

ùffdraaie → ùffdrille.

ùffdryybe (ùffdriibe) *auftreiben, ausfindig machen.*

ùffdriibe *aufgetrieben, aufgedunsen.* Ùffdriibene
Buuch.

ùffdrille (ùffdrillt), **ùffdraaie** (ùffdraait) *aufdrehen.*

ùffdrillt, ùffdraait *animiert, sehr munter,
sehr gesprächig.*

ùffduuche (ùffduucht), jg. **ùffdauche** (ùffdaucht)
1. *auftauchen.* 2. *plötzlich, unerwartet erscheinen.*

ùffdue (ùffdoo) 1. *öffnen, aufknöpfen, auftrennen.*
E Noot ùffdue, *eine Naht auftrennen.* 2. *aufklaren.*
Zèèrscht hèt s gräägned, dernoo hèt s wider ùffdoo.

ùffe *hinauf, herauf.*

ùffegaisse (ùffegaisst) *hinaufklettern, hinaufsteigen
(meist von Kindern).*

ùffegrääsme (ùffegrääsmed) *mühsam hinaufsteigen,
hinaufklettern, hinaufkriechen.*

ùffelipfe (ùffeglipft) 1. *heraufheben, hinaufheben.*
I haa s Fässli ùff der Bangg ùffeglipft. 2. *jdm. auf
die Spur helfen.* Wo der Studänt kai Antwòòrt
gwisst hèt, hèt en der Bròfässer drùff ùffeglipft.

ùffelitze (ùffeglitzt) *aufkrempeln.* D Èèrmel ùffelitze,

die Ärmel aufkrempeln, ütr. *sich an die Arbeit
machen.*

ùffeluege (ùffegluegt) *hinaufschauen.* An èpperem
ùffeluege, *jdn. bewundern.*

ùffemäärte (ùffegmäärted) *hinaufmarkten,
Preis durch Feilschen in die Höhe treiben.*

ùffeschnùùdere (ùffegschnùùdered), **ùffeschnùpfe**
(ùffegschnùpft) *hinaufschnupfen, Rotz in die Nase
zurückziehen.* Der Schnùpfdubagg ùffeschnùpfe.

ùffestäägere [+] (ùffegstäägered) *hinaufklettern.*

ùffestyyge (ùffegstiige) *hinaufsteigen, heraufsteigen.*
Tadelnder Spruch: Wäärsch nit ùffegstiige,
wäärsch nit aabegfalle.

ùffestuele → ùffstuele.

ùffeszue, ùffezue *aufwärts.* Ùffeszue goot s schwäärer
als aabeszue, *aufwärts geht's schwerer als abwärts.*

Ùfffaart → Uufert.

ùfffasse (ùffgfasst) 1. *auffädeln, aufreihen.*
Grälleli ùfffasse. 2. *auffassen, verstehen.*

ùffgää (ùffgää) *aufgeben.* S Giphägg ùffgää.
D Hòffnig ùffgää.

ùffgaable (ùffgaabled) *aufgabeln, zufällig finden,
treffen, aufschnappen.*

ùffgaischte (ùffgaischted) *sich sehr aufregen.*
Ab däm schlächte Bricht isch er ùffgaischted.
S isch zum Ùffgaischte, *es ist zum
Verrücktwerden.*

ùffgfriere (ùffgfròòre) tr. und intr. *auftauen.*
Si hèt s Flaisch ùffgfròòre. Der Weier isch
nootynoo ùffgfròòre.

Ùffgibòtt s. *Aufgebot, militärischer Marschbefehl.*

ùffglègt 1. *gelaunt, gestimmt.* Guet ùffglègt,
gut gelaunt. Schlächt ùffglègt, *misslaunig.* I bii hit
gaar nit zum Spiilen ùffglègt, *ich bin heute gar
nicht in Spielstimmung.* 2. *offenkundig.*
En ùffglègte Schwindel.

ùffglèpfe (ùffglèpft) *aufpulvern, aufmuntern.*
Der staargg Kaffi hèt si wider ùffglèpft.

ùffglèpft *alert, munter.*

ùffgoo (ùffgange) *aufgehen.* 1. *sich öffnen.*
Die Diire goot schwäär ùff, *diese Tür lässt sich nur
schwer öffnen.* Der Bluescht goot ùff. 2. *aufsteigen.*
D Sùnne goot ùff. Der Kueche goot ùff, *der Kuchen
wird luftig.* Ra.: S isch mer ùffgange, s isch mer e
Liecht ùffgange, *mir wurden die Augen geöffnet,
ich merkte plötzlich etwas.* 3. *ohne Rest
aufgebraucht werden.* S Ässen isch guet ùffgange,

das Essen hat just für alle gereicht. Die Rächnig
goot als nit ùff.

Ùffgoob w. (-e) 1. *Aufgabe.* Si hèt e neïi Ùffgoob
ibernoo. Er hèt en Ùffgoob mit ere, *er hat es schwer*
mir ihr. 2. *Schulaufgabe.* Kinder, hänn er
d Ùffgoobe schò gmacht? Dim. Ùffgeebli s.
schwere Aufgabe (humor.).

ùffgschmisse jg. Nur präd. *hilflos, ratlos,*
in Verlegenheit (pop.). Jètz simmer scheen
ùffgschmisse.

ùffhaa (ùffghaa) 1. *geöffnet haben (Geschäft,*
Wirtschaft). Dä Laade hèt am Sùnntig ùff.
2. *als Schulaufgabe bekommen haben.*
Wasch hèsch fir mòòrn im Rächnen ùff?

ùffhaitere (ùffghaitered) 1. tr. *erheitern, aufheitern.*
2. intr. *aufklaren, heller werden.* S Wätter hèt gegen
Ooben ùffghaitered.

ùffhalse (ùffghalst) *aufhalsen, aufbürden.*

ùffhängge (ùffghänggt) *aufhängen.* Ùffghänggti
Wèsch, *aufgehängte Wäsche.*

Ùffhänggel m. *Aufhänger (an Kleidungsstück u.ä.).*

Ùffhänggi w. (Ùffhänggene) *Aufhängevorrichtung.*

ùffhaue (ùffghaue) *aufs Gemüt schlagen, nahegehen,*
deprimieren. Der Dood vò syner Frau hèt em
ùffghaue.

ùffheebe (ùffghèbt) 1. *aufheben, vom Boden*
aufheben. Hèb das Bapyyrli ùff. 2. *Hand aufheben,*
um sich zum Wort zu melden. Der Mygger hèbt in
der Schuel nùmme sälten ùff.

ùffhèère (ùffghèèrt) *aufhören.* Mit èppisem ùffhèère,
etwas beenden. Hèèr ùff mit däm Gschwätz.

ùfflaade (ùffglaade) 1. *aufladen.* 2. *mit Fingern oder*
Brot Essen auf Gabel oder Löffel schieben.

ùfflääse (ùffglääse) 1. *vom Boden aufheben,*
aufsammeln. 2. *unfreiwillig bekommen.* Si hèt e
wieschte Schnùppen ùffglääse. 3. *finden und*
mitnehmen. Wo hèsch au die Katz ùffglääse?

ùfflipfe (ùffglipft) *mit Kraft vom Boden heben.*
Kaasch dä schwäär Kiibel ùfflipfe?

ùffloo (ùffgloo / ùffglòsse) 1. *offenlassen.*
I haa s Fänschter ùffgloo. 2. *noch nicht zu Bett*
schicken. Mer händ d Kinder bis am Zääni ùffgloo.
3. refl. *sich aufplustern, sich wichtig machen.*
Er hèt sich waiss wie ùffgloo.

ùffluege (ùffgluegt) *aufschauen.*

ùffmache (ùffgmacht) 1. *öffnen.* S Fänschter
ùffmache. 2. *aufhängen, befestigen.* Er hèt der

Hèlgen an der Wand ùffgmacht. 3. *zurechtmachen.*
Die Zytig isch guet ùffgmacht. E wiescht
ùffgmachti Frau, *eine hässlich aufgetakelte Frau.*

ùffmeege (ùffmeege) *aufstehen mögen.* Si hèt fascht
nit ùffmeege.

ùffnää (ùffgnoo) 1. *auflesen.* 2. *aus dem Bett nehmen*
(Kleinkind). Si hèt s Bùschi ùffgnoo. 3. *feucht*
reinigen. Der Kùchibooden ùffnää. 4. *als Darlehen*
aufnehmen. Fir s Huus miend si Gäld ùffnää.
5. *in Obhut nehmen.* Si händ e frèmd Kind byy sich
ùffgnoo. 6. *mehr dazustricken.* 7. *trächtig werden*
(Tiere). Die Kue hèt ùffgnoo.

ùffnùtze + (ùffgnùtzt) *abnützen, aufbrauchen*
(Kron).

ùffreege (ùffgrègt) *aufregen.*

Ùffreegig w. (-e) *Aufregung.*

Ùffrichti w. (Ùffrichtene) *Richtfest (bei Neubau).*

Ùffriss m. in: En Ùffriss mache, *etwas aufgabeln,*
etwas beschaffen (Höschs.).

ùffrysse (ùffgrisse) 1. *aufreissen.* E Phäggli ùffrysse.
2. *aufgabeln, auftreiben* (Höschs.). Er hèt èppis
zum Ässen ùffgrisse. Zoobe spoot hèt er non e
Gryten ùffgrisse.

ùffruume (ùffgruumt) *aufräumen, Ordnung machen.*
D Stùùben ùffruume. Der Grimpel ùffruume.
Der Käller ùffruume.

ùffrùpfe (ùffgrùpft) *vorhalten, unter die Nase reiben*
(Hetzel). Si rùpft em sy Sufferei ùff.

ùffsaage (ùffgsait) 1. *hersagen, rezitieren, vortragen.*
D Kinder saagen em Santiglaus e Väärsli ùff.
2. *den ehelichen Pflichten nachkommen* (Höschs.).

ùffschyyche (ùffgschyycht) *aufscheuchen.* Ra.:
E Haas ùffschyyche → Haas.

ùffschiesse (ùffgschòsse) 1. *aufschiessen.*
Ùffgschòssene Salaat. 2. *hochfahren, in die Höhe*
schnellen. Si isch wietig us irem Sässel ùffgschòsse.

ùffschlänze (ùffgschlänzt) *aufschlitzen.*

ùffschmègge + (ùffgschmeggt) *ausspionieren* (Seiler).

Ùffschmèggerei + w. (-e) *Spioniererei* (Hetzel).

ùffschnyyde (ùffgschnitte) *aufschneiden.*
1. *durch Schneiden öffnen.* 2. *prahlen.*

Ùffschnyyder m. *Prahler.*

Ùffschnitt m. *Prahlerei.* Das isch dòch alles
Ùffschnitt, wo dää verzèllt.

ùffschryybe (ùffgschriibe) 1. *aufschreiben, notieren.*
D Adrässen ùffschryybe. E Landjeeger hèt en
ùffgschriibe, *ein Polizist merkte ihn für eine*

Verzeigung vor. 2. *auf Rechnung schreiben.*
I haa kai Gäld byy mer, schryybe Si s halt ùff.

ùffsètzig *aufsässig* (Müller).

ùffsmool → ùf<u>ai</u>mool.

ùffstäche (ùffgstòche) *aufstechen.*

ùffstègge (ùffgstèggt), **ùmstègge** (ùmgstèggt)
aufgeben, sein lassen, an den Nagel hängen.
Er hèt sy Brueff ùffgstèggt. Si hèt s Glavierspiilen
ùmgstèggt.

ùffstieffe [+] (ùffgstiefft) *aufstiften.*

ùffstyyge (ùffgstiige) *aufsteigen.*

ùffstoo (ùffgstande) *aufstehen.*

ùffstrègge (ùffgstrèggt) *Hand erheben, sich mit
aufgestrecktem Zeigfinger zum Wort melden.*
Dä Strääber hèt jeedesmool ùffgstrègg, wènn der
Lèèrer èppis gfrògt hèt.

ùffstuele (ùffgstuelt), **ùffestuele** (ùffegstuelt)
*Stühle (nach Wirtschaftsschluss) auf die Tische
stellen.*

ùffstùpfe (ùffgstùpft) 1. *mit leichtem Stich
aufstechen.* 2. *aufhetzen.* Er isch vò èpperem
ùffgstùpft wòòrde.

Ùffùndzuekaib m. (-e), **Ùffùndzuekaibi** [+] w.
(Ùffùndzuekaibene) (Müller) *Handharmonika*
(humor.).

Ùffwäärtere [+] w. *Aufwärterin, Bedienstete.*

ùffwèèrme (ùffgwèèrmt) 1. *aufwärmen.*
2. *wiederholen, in Erinnerung rufen* (pej.).
Muesch die alti Gschicht nit wider ùffwèèrme.

ùffzie (ùffzooge) *aufziehen.* 1. *erziehen, grossziehen.*
2. *Federmotor aufziehen.* D Uur ùffzie. 3. *In Szene
setzen, ins Werk setzen.* Si händ sy Gibùùrtsdaag
grooss ùffzooge. 4. *Hand oder Handwaffe zum
Schlag erheben, ausholen.* 5. *mit Lappen oder
Schrubber feucht reinigen.* Der Kùchibooden ùffzie.
Der Käller ùffzie. 6. *foppen, hänseln.* Si händ en
mit syner neie Flammen ùffzooge. 7. *aufregen,
aufdrehen.* D Kinder sind vòr der Wienacht räch
ùffzooge.

Ùffzgi w. (Plur.). *Schulaufgaben* (Schs.).
Iber d Fèèrie git s kaini Ùffzgi.

ùffzooge → ùffzie.

ùm 1. Präp. mit Akk. a) *um.* Ùm s Huus. Ùm s Huus
ùmme, *ums Haus herum.* Ùm d Wääg syy,
ùm e Wääg syy, ùm der Wääg syy, *in der Nähe sein.*
Ùm de Nyyne, *ungefähr um neun Uhr.* b) *für.*
Ùm Gäld ùnd gueti Wòòrt kasch alles vòn em haa.

Ùm s Verwòòrge, *um jeden Preis* (pop.). c) *nach.*
Ais ùm s ander, *eines nach dem andern.* 2. Adv.
S Kèmmi isch ùm, *der Kamin ist zusammen-
gestürzt.* Ùm ùnd aa, *rundum, über und über.*
Er isch ùm ùnd aa vòlle Faarb gsii.

ùmb- → auch: ùnb-.

Ùmbaise → Ùmpaise.

ùmdraaie → ùmdrille.

ùmdrille (ùmdrillt), **ùmdraaie** (ùmdraait) *umdrehen,
kehren.* Drill der Schlissel im Schlòss ùm. Er hèt ere
d Noteblètter ùmdraait.

Ùmduech s. (Ùmdiecher), **Ùmschwingeli** [+] s.
Wickeltuch für Neugeborenes.

ùmenand, ùmenander 1. *hin und her, umher.*
Si rènnen im Hoof ùmenander. 2. *in der Nähe.*
S isch niemets ùmenand. 3. *irgendwo in der Nähe.*
Dèèrt ùmenander stoot e Buurehuus.

ùmenanderheesele (ùmenandergheeseled) *ziellos
umhergehen* (humor.).

ùmenanderlaafere (ùmenanderglaafered) *überall
Maulaffen feilhalten, müssig umherschwatzen.*

ùmesùnscht, ùmesùscht *umsonst, gratis, erfolglos,
vergeblich.*

ùmewääg → ùm.

ùmfalle (ùmgfalle) *umfallen, stürzen.* Si isch ùff der
Strooss ùmgfalle.

ùmfliege (ùmgflooge) *umfallen, stürzen* (pop.).

Ùmgääbig w. (-e) *Umgebung.*

ùmgheie (ùmgheit) 1. intr. a) *umfallen* (pop.).
b) *schlecht werden (Milch, Wein).* c) *Meinung
ändern* (pop.). 2. tr. *umwerfen.*

ùmgoo (ùmgange) *umgehen, spuken.*
Der Glòpfgaischt goot ùm.

ùmgoo (ùmgange) *umgehen.* Er hèt s Gsètz ùmgange.

Ùmhang m. (Ùmhäng) *Vorhang, Gardine.*
Ooni Ùmhäng gseend die Fänschter blùtt uus.
Dim. Ùmhängli s.

ùmkaigle (ùmkaigled) 1. tr. *umstossen, umwerfen
(wie Kegel).* Er hèt d Fläschen am Booden
ùmkaigled. 2. intr. *umfallen* (pop.). I bii gstòlpered
ùnd ùmkaigled.

ùmme 1. *herum, umher.* Si rènne der ganz Daag im
Gaarten ùmme. 2. *in der Nähe.* Isch kai Bòlizischt
ùmme? 3. *zurück.* Dää kùnnt nie mee ùmme.
Ùmmen ùnd aane, *hin und zurück, hin und her.*
4. *vorbei.* Sooli, s Schlimmscht wäär ùmme.
Der Wyy isch ùmme, *...ist abgestanden.*

5. Vorsilbe: [+] *hin*. S strèggt mer der Däller ùmme (Kron). Der Stuel ùmmestèlle, *den Stuhl hinstellen* (Sieber).

ùmmebiete (ùmmebòtte) 1. *herumreichen*. D Gutzi ùmmebiete, ...*reihum anbieten*. 2. *herumerzählen*. Er hèt die Gschicht iiberaal ùmmebòtte.

ùmmebòòrze (ùmmebòòrzt) *sich abmühen, laborieren*. Si bòòrzt an ere Naaieden ùmme.

ùmmedanze (ùmmedanzt) *herumtanzen*. Ra. Aim ùff der Naasen ùmmedanze, *sich gegen jdn. alles erlauben*.

ùmmedèggterle (ùmmedèggterled) *herumdoktern, unsachgemäss arbeiten*. An was dèggterlesch wider ùmme?

ùmmedeeple (ùmmedeepled) *herumfingern (an Sachen und Personen)*.

ùmmedèèrle (ùmmedèèrled) 1. *herumfingern*. 2. *herumtrödeln, herumlungern*.

ùmmediftele (ùmmedifteled) *herumtüfteln*. Er difteled als no an syner Maschiinen ùmme.

ùmmediigere (ùmmediigered) *rastlos umhergehen*.

ùmmedoope (ùmmedoopt) *plump herumfingern, herumtasten*. Er doopt amene Maitli ùmme.

ùmmedrimmle (ùmmedrimmled) *ziellos umherschlendern*.

ùmmedroole (ùmmedroolt) *sich wälzen*. Das Biebli droolt im Drägg ùmme.

ùmmedùùble (ùmmedùùbled) *sich planlos herumtreiben* (pop.).

ùmmedùschtere (ùmmedùschtered) *insgeheim umherschleichen*.

ùmmefiidele (ùmmegfiideled) *beflissen herumlaufen, scharwenzeln*. (pop.). Ùm èpper ùmmefiidele, *jdm. schmeicheln*.

ùmmefingere (ùmmegfingered) *herumfingern*.

ùmmefuuge (ùmmegfugt) *herumtransportieren*.

ùmmefùùrze (ùmmegfùùrzt) *aufgeregt umherlaufen* (vulg.).

ùmmefùùse [+] (ùmmegfùùst), **ùmmefùùsele** [+] (ùmmegfùùseled) *sich geschäftig herumtreiben* (Seiler, Fridolin).

ùmmegää (ùmmegää) 1. *herumreichen*. Gib bitti s Èpfelmues ùmme. 2. *zurückgeben*. Wènn gisch mer my Gäld ùmme? 3. *vergelten*. Sie hèt em alles, was er fir si doo hèt, ùmmegää. 4. *maulend antworten, widersprechen*. Er hèt mi aapfiffe, aber i haan em ghèèrig ùmmegää.

ùmmegaischte (ùmmegaischted) 1. *herumgeistern, spuken*. 2. *unruhig umhergehen, unruhig hantieren*. Si isch im ganze Huus ùmmegaischted.

ùmmeglitzt *betrunken* (humor.).

ùmmegoo (ùmmegange) *vorbeigehen, ablaufen, verstreichen*. D Zyt isch ùmmegange wie nyt.

ùmmejòggle (ùmmegjòggled) *ziellos umherreisen* (humor.). Er isch in der ganze Schwyz ùmmegjòggled.

ùmmekaibe (ùmmekaibt) *sich stürmisch herumtreiben* (pop.).

ùmmelaafere (ùmmeglaafered) *müssig umherschwatzen, herumlungern*.

ùmmelaiche (ùmmeglaicht) *sich ständig und überall sexuell betätigen* (vulg., 20. Jh.).

ùmmelyyre (ùmmeglyyrt) 1. *lustlos herumfingern*. Si lyyrt an irer Kèttenen ùmme. 2. *herumlungern*. Er isch der ganz Daag ùmmeglyyrt.

ùmmelitze (ùmmeglitzt) *umkrempeln*. D Èèrmel ùmmelitze. Ùmmeglitzt, *betrunken* (humor.).

ùmmelòtze (ùmmeglòtzt) *nachlässig gekleidet, zerlumpt umherlaufen*.

ùmmeluege (ùmmegluegt) 1. *sich umschauen, umherschauen*. I kauff no nyt, i lueg zèèrscht ùmme. 2. *zurückschauen*. Dùmmerwyss hèt em Loot sy Frau ùmmegluegt. Ùm s Ùmmeluege, *unversehens, handkehrum*.

ùmmemache (ùmmegmacht) *laborieren*. Si macht an ere Grippen ùmme.

ùmmemuudere (ùmmegmuudered) *halb krank herumliegen*.

ùmmemuule (ùmmegmuult) *maulend widersprechen*.

ùmmemùùrggse (ùmmegmùùrggst) *ungeschickt, verkrampft, gewaltsam arbeiten oder basteln* (Hetzel).

ùmmemùschtere [+] (ùmmegmùschtered) *ständig herumnörgeln*.

ùmmenää (ùmmegnoo) 1. *herumnehmen, herumschlagen*. Der Stòff ùmmenää. Der Saum ùmmenää. 2. *zurücknehmen*. I nimm die Waar nimme ùmme.

ùmmenaise (ùmmegnaist) *herumstöbern*.

ùmmenander → ùmenander.

ùmmenäschte (ùmmegnäschted) *sich ständig unruhig (an Ort) bewegen*.

ùmmeniele (ùmmegnielt) *herumwühlen, herumstöbern*.

ùmmepflutte (ùmmepflutted) *faul, nachlässig*

herumsitzen oder herumliegen.

ùmmepfùùre (ùmmepfùùrt) *aufgeregt und rasch umherlaufen.*

ùmmepfutte[+] (ùmmepfutted) *halb krank herumliegen, am Krankwerden sein* (Fridolin).

ùmmerèssle (ùmmegrèssled) *herumkutschieren, herumvagieren.*

ùmmerilze (ùmmegrilzt) *sich faul herumwälzen, faul herumliegen.* Si sind ùff em Bètt ùmmegrilzt.

ùmmerytte (ùmmegritte) *umherreiten, herumreiten.* Raa.: Ùff èppisem ùmmerytte, *hartnäckig immer wieder auf etwas zurückkommen, auf etwas beharren.* Ùff èpperem ùmmerytte, *jdn. durch Fragen oder Vorwürfe ständig quälen.* Ùff èpperem ùmmerytte wie der Deifel ùff eren aarme Seel.

ùmmeschiesse (ùmmegschòsse) *fahrig, planlos umherlaufen* (pop.).

ùmmeschlaiffe (ùmmegschlaifft), **ùmmeschlaigge** (ùmmegschlaiggt), **ùmmeschlaipfe** (ùmmegschlaipft) *umherschleppen, überallhin mitnehmen* (pop.). Si hèt als son e wieschte Hùnd ùmmegschlaifft.

ùmmeschnaigge (ùmmegschnaiggt) *herumstöbern.* In der Schùùblaaden ùmmeschnaigge, *die Schublade durchsuchen.*

ùmmeschnoogge (ùmmegschnooggt) *umherkriechen (meist von kleinen Kindern).*

ùmmeschwanze (ùmmegschwanzt) *müssig, ziellos umherschlendern,* Wo bisch wider ùmmegschwanzt?

ùmmeschwänzle (ùmmegschwänzled) *beflissen, geschäftig hin- und hergehen, liebedienern.*

ùmmeschwiire (ùmmegschwiirt) 1. *umherschwirren.* 2. *ziellos, hastig umhergehen.*

ùmmesiirmle (ùmmegsiirmled) *sich rüpelhaft herumtreiben.*

ùmmespatte (ùmmegspatted) 1. *mit dem Spaten umstechen, umgraben.* 2. *gründlich durchsuchen* (humor.). Er hèt die ganzi Stùùben ùmmegspatted ùnd sy Ring dòch niene gfùnde.

ùmmestoo (ùmmegstande) 1. *müssig, umherstehen.* Er isch bi der Mùschtermäss ùmmegstande. 2. *unnütz, sinnlos dastehen (von Gegenständen).* Im Gang stoot son e Phalmen ùmme.

ùmmestoosse (ùmmegstoosse) 1. *umherstossen.* 2. *ütr. spazierenführen, als feste Freundin haben* (pop.). Er hèt e nätt Maitli ùmmegstoosse.

ùmmetschiengge (ùmmetschienggt) *umherschlurfen.*

ùmmewòòrge (ùmmegwòòrgt) *herumwürgen (an etwas).* Si wòòrgt amene Stigg Keel ùmme. Er hèt no lang an däre Bilaidigùng ùmmegwòòrgt.

ùm'moodle (ùmgmoodled) *umgestalten, verändern.*

Ùmpaise[+] w., **Ùmpaisse**[+] w., **Ùmbaise**[+] w., **Ùmbaisse**[+] w., jg. **Aamaise** w. *Ameise.*

Aamaisehuffe m. *Ameisenhaufen.*

Dim. **Ùmpaisli**[+] s., **Aamaisli** s.

ùmschaffe (ùmgschafft) *umarbeiten.*

Ùmschlaag m. (Ùmschleeg) 1. *Hülle, Enveloppe, Briefumschlag.* 2. *Güterumschlag.* 3. *Kompresse, Wickel.* 4. *ütr. Gardinenpredigt* (pop.). My Frau hèt mer e beesen Ùmschlaag gmacht, won i z spoot haimkoo bii.

Ùmschwingeli → Ùmduech.

ùmspatte (ùmgspatted) *umgraben (mit Spaten).*

ùmstègge → ùffstègge.

ùmstoo (ùmgstande) 1. *zugrunde gehen.* Alli Dier ùnd Pflanze sind ùmgstande. 2. *sterben, von Menschen* (vulg.). 3. *misslingen.* Das Fèscht isch grad schò am Aafang ùmgstande.

ùmwaaie (ùmgwaait) *umwehen.* S hèt mi grad ùmgwaait, won i daas ghèèrt haa, *es hat mich masslos überrascht...*

ùmzie (ùmzooge) *umziehen, Wohnung wechseln.*

Ùmzùùg m. (Ùmziig) 1. *Umzug, Cortège.* 2. *Wohnungswechsel.*

ùnagnääm *unangenehm.*

ùnamietig → ùnnemietig.

ùnaständig *unanständig, obszön.* Ùnaständigi Witz verzèlle.

ùnbache 1. *nicht gebacken.* 2. *ütr. charakterlich unreif.* Ùnbachen Äänisbreetli → Äänisbreetli.

ùnbätte *ungebeten.* Ùnbätteni Gèscht hèt me nit gäärn.

ùnbätted *ohne gebetet zu haben.* Si händ ùnbätted gässe, *sie assen, ohne ein Tischgebet gesprochen zu haben.* En ùnbätted Ässe[+], *ein Essen ohne Tischgebet.* Er isch ùnbätted yygschlooffe, *er schlief ohne Nachtgebet ein.*

ùnbhùlffe *unbeholfen.*

ùnbrueffe[+] *unberufen, ohne Auftrag oder Berechtigung.* Ùnbrueffe dass, *es sei denn dass.*

ùnbschaut *unbesehen.* Ùnbschaut händ si dä dyyr Hèlge kauft.

ùnbschraue *unbehelligt, ohne zur Rechenschaft gezogen zu werden.* Haimelig isch s em nùùr, wènn er ùnbschrauen uusdaibele daarf (Hetzel).

ùnbschriibe *unbeschrieben.* Si isch kai ùnbschriibe Blatt, *sie hat eine Vergangenheit.*

Ùndääteli[+] s., **Ùndäätli**[+] s. *Fleck, Unreinigkeit* (Fridolin). S isch kai Ùndääteli draa, *es ist makellos.*

ùnde *unten.* Im Daal ùnde, *unten im Tal.* Ùnden am Bäärg, *unterhalb des Berges, am Fusse des Berges.*

ùndedùùre *unten durch, unten hindurch.* Mer nämme lieber der Wääg ùndedùùre. Si händ bees miesen ùndedùùre, *sie lebten in dürftigsten Verhältnissen.*

Ùndedùùreschwùmm m. (Ùndedùùreschwimm) *Badeschwamm für die untern Körperteile.*

ùndelikaat *unschicklich* (Hetzel).

ùndenyyne *unten hinein.* Mit em Bryys ùndenyyne goo, *den Preis unterbieten.*

ùndenùffe *von unten herauf.*

ùndenuuse *unten heraus.* S Wasser isch bi däre Kannen ùndenuuse glòffe.

ùnder, jg. **ùnter** Präp. mit Dat. und Akk. 1. *unter.* Der Hùnd lyt ùnder em Disch. D Sèèrwieten isch ùnder der Disch gfalle. Ùnder dryssig Frangge bikùnnsch kuum e rächt Buech. 2. *während.* Ùnder em lètschte Jòòr isch weenig basiert. D Dieb kèmmen ùnder der Nacht.

Ùnderblättli s. *Untertasse.*

Ùnderdaalie w. *Untertaille, Unterleibchen.* Dim. Ùnderdääleli s.

ùndere *nach unten, unten hin.* Leeg d Zytig dèrt ùndere. Ùndere goo, *zu Bett gehen* (pop.).

ùnderenander *untereinander, durcheinander.*

ùndereschuufle (ùnderegschuufled) *beerdigen* (vulg.).

ùnderezinde (ùnderezùnde) *heimleuchten, Beine machen.* Dääne han i miesen ùnderezinde.

ùnderhänds *in Händen, in Arbeit.* Was hèsch grad ùnderhänds? *Womit beschäftigst du dich gerade?*

Ùnderjùnte w. *Unterrock.*

Ùnderlyybli s. *Unterleibchen.*

ùnderòbsi → zùnderòbsi.

Ùnderricht m., jg. **Ùnterricht** m. *Religionsunterricht, Konfirmandenunterricht.*

Ùnderschaid[+] m., jg. **Ùnterschiid** m. *Unterschied.*

ùndersmool[+] *immer wieder* (Kron).

ùnderstäche (ùnderstòche) *beim Weidlingfahren den Stachel unter dem Weidling in den Grund stechen.*

ùnderstoo (ùndergstande), jg. **ùnterstoo** (ùntergstande) *unterstehen, sich bei Niederschlag unter ein schützendes Dach begeben.* Wäge däre Schitti simmer ùndergstande.

ùnderstoo, sich (ùnderstande) *sich unterstehen, wagen.* Ùnderstoo di! *Wag' es nur (dann kannst du etwas erleben)!*

ùnderwäägeloo[+] (ùnderwäägegloo) *unterlassen, bleiben lassen.*

ùnderwäggs *unterwegs.*

Ùnderwyysig[+] w. (-e) *Unterweisung, Religionsunterricht.*

ùndòll *unangemessen, unpassend, unerfreulich.*

ùndrùngge[+] *ohne etwas getrunken zu haben, nüchtern.* Er isch ùndrùngge haimkoo.

ùneelig *unehelich.* Si isch en Ùneeligs, *sie ist ein uneheliches Kind.*

ùnemietig → ùnnemietig.

ùnfrintlig *unfreundlich.* Ùnfrintlig Wätter. Ùnfrintligi Lyt.

ùn'gässe *ohne gegessen zu haben, nüchtern.* S Biebli hèt zuer Strooff ùn'gässen in s Bètt miese.

ùn'gattig 1. *unartig, ungehorsam.* 2. *bösartig, lieblos.*

ùn'gfäär → ùn'gfòòr.

Ùn'gfèll s. *Unglück, Missgeschick, Pech.* Si händ mit ire Kinder vyyl Ùn'gfèll ghaa.

ùn'gfèllig 1. *ungefällig.* 2. [+] *unglückselig.*

ùn'gfòòr, ùn'gfäär *ungefähr.*

ùn'gfrait *unerfreulich, unangenehm.* Das isch en ùn'gfraiti Iberraschig.

ùn'gfrògt 1. *ungefragt.* Si hèt ùn'gfrògt dryygschwätzt. 2. *ohne zu fragen, ohne gefragt zu haben.* Ùn'gfrògt isch er yynedrampt.

Ùnggle m. (Ùnggle / Inggle) *Onkel.* **Ùngglegètti** m. *Pate, der zugleich Onkel ist.* Dim. Inggeli s. (humor.).

ùn'gheit *ungeschoren, unbelästigt.* Leen mi ùn'gheit mit Stammbaim ùnd Weepe (Liebrich).

ùn'ghèèrig *ungehörig.*

Ùn'ghyyr s. *Ungeheuer.*

ùn'ghyyr *ungeheuer.*

Ùn'giziifer → Ùnziifer.

ùn'grächt *ungerecht.*

ùn'graad 1. *ungerade.* S Drei isch en ùn'graadi Zaal. Zwanzig Franken ùn'graad, *etwas über zwanzig Franken.* 2. *krumm.* En ùn'graadi Lyynie.

3. *unbillig, unpassend.* S isch kai ainzig ùn|graad
Wèèrtli gfalle. Er wäär gaar nit eso ùn|graad,
wènn er nùmmen en anderi Frau hätt.

ùn|groote [+] *schmutzig, garstig* (Seiler).

ùn|grueffe *ungerufen.*

ùn|gschaalt *ohne Schale, schalenlos.* Ra.: Er isch
(wien) en ùn|gschaalt Ai, *er ist sehr empfindlich,
verletzlich.*

ùn|gschiggt 1. *ungeschickt, linkisch.* 2. *unschicklich,
taktlos.* Er hèt eenter ùn|gschiggt grèdt.

ùn|gschlooffe *ohne geschlafen zu haben.*
Ùn|gschlooffen isch er am Määntig go schaffe.

Ùn|gschueff m. (nur Sing.) *Missgestalt, missgestalteter
Mensch.*

ùn|gschueff *unförmig, unhandlich, ungeschlacht.*
Das ùn gschueff Meebel hèt niene Blatz.

ùn|gsinnt [+] *ohne sich zu besinnen, plötzlich* (Meyer).

ùn|gsòòrgt *sorgenfrei.* Si hèt en ùn|gsòòrgt Alter.

ùn|gspitzt *nicht zugespitzt.* Humor. Schelte:
Me sòtt di ùn|gspitzt in Boode schloo.

ùn|guet *ungut, übel.* Nyt fir ùn|guet! *Nimm es mir
nicht übel, nehmen Sie es mir nicht übel.*

ùn|gwäsche *ungewaschen.* Ùn|gwäsche Muul,
Lästermaul

Ùn|gwooni [+] w. (nur Sing.) *Ungewohnheit.*

ùnhaimelig *unheimlich.*

Uni w. (pop.), **Uniwèrsideet** w. (-e) *Universität.*

ùnkeit → ùn|gheit.

Ùnkèschte m. (nur Plur.) *Unkosten.* Du hèsch di nit
grad in gaischtigi Ùnkèschte gstiirzt, *du hast dich
geistig nicht besonders angestrengt.*

ùnkòmood *unpraktisch, unbequem.*

ùnkùmmlig *unpraktisch, unbequem, unhandlich.*
Das isch en ùnkùmmlige Staubsuuger.

ùnlyydig [+] *unleidlich, ungeduldig* (Seiler).

ùnmanierlig *unmanierlich.*

Ùnmoog [+] m. (-e) 1. *Mensch, den man nicht mag.*
2. *unmöglicher Mensch.*

Ùnmues → Ùnnemues.

ùnnemietig, ùnamietig, ùnemietig 1. *unangenehm,
widerlich.* Si isch en ùnnemietigi Phèrsoon.
2. *peinlich.* S isch mer gaar ùnnemietig,
dass i gstèèrt haa.

Ùnnemues s., **Ùnmues** s. (nur Sing.)
Unannehmlichkeiten, Scherereien. Die Gèscht hänn
eren Ùnnemues gmacht.

Ùnnemuet m. (Ùnnemiet) *unsympathischer,*

unangenehmer Mensch.

ùnnùtz, ùnnùtzlig [+] (Binz) *unnütz.*

ùnrebidierlig [+] «*unreputierlich*», *unanständig*
(Sieber, Seiler).

ùnryff *unreif.* Er isch syner Läbtig en ùnryffe Bueb
bliibe.

Ùnroot [+] m. *Unrat* (Meyer).

ùns (bet.), **is** (unbet.) *uns.* Ùns glaubt niemets,
uns glaubt niemand. Giib is e Stigg Broot, *gib uns
ein Stück Brot.* Ùns ka met nit bschysse, *uns kann
man nicht betrügen.* Gsiisch is mòòrn wiider,
du siehst uns morgen wieder.

Ùnschigg [+] m. *Missgeschick, unglücklicher Zufall.*

ùnschiniert *ungeniert, keck, hemmungslos.*
Saag mer ùnschiniert d Wòòred. Er hèt ùnschiniert
d Diiren ùffgmacht.

Ùnschligg [+] m. *Unschlitt, Talg.* **Ùnschliggkèèrze** [+] w.
Unschlittkerze (Sieber).

ùnser *unser.* Ùnser Gaarte, jg. ùnsere Gaarte,
unser Garten. Ùnser Sach, jg. ùnseri Sach,
unsere Sache. Ùnser Kind. Ùnseri Èltere.
Mit ùnseren Èltere.

ùnserain, ùnserainer, ùnserains, ùnserais *unsereiner.*

ùnsergattig, ùnsergattigs *Leute von unserer Art,
unsereiner.* Ùnsergattig hèt nie Gfèll, *Leute wie wir
haben nie Glück.*

ùnsersyts *unserseits.*

ùnter- → ùnder-.

ùnverschämmt, ùnverschant [+] (Meyer) *unverschämt.*

ùnverzyychlig *unverzeihlich.*

Ùnzgi m. *Religionsunterricht, Konfirmadenunterricht*
(Schs.).

Ùnziifer [+] s., **Ùngiziifer** s. *Ungeziefer.*

ùnzytig *unreif (vom Obst).*

ùnzooge *ungezogen, unerzogen.*

Uur w. (-e) *Uhr.* **Uurekèttene** w. *Uhrkette.*
Uuremacher m. *Uhrmacher.* Dim. Yyrli s.
Ührchen.

uur- *ur-, sehr.* Uurgmietlig. Uurhaimelig.

Uuräänigroossbappe m., **Uuräänigroossvatter** m.
(Uuräänigroossvättere) *Urgrossvater,
Ururgrossvater.*

Uuräänigroossmamme w. (Uuräänigroossmammene),
Uuräänigroossmueter w. (Uuräänigroossmietere)
Urgrossmutter, Ururgrossmutter.

ùùrchig, ùùchig *urwüchsig, kernhaft, unverfälscht,
echt.* En ùùrchigen Innerschwyzer Sènn.

Ùùrdel → Ùùrtel.

Uurhaan[+] m. (Uurhaane) *Auerhahn* (Sieber).

ùùrig *unverfälscht, rein.* I dringg nùmmen ùùrig Wasser. Nid ùùrig, *sonderbar, unheimlich.* Die Sach dùnggt mi nit ganz ùùrig, *diese Sache kommt mir nicht geheuer vor.*

Ùùrseli s. *eitrige Entzündung am Augenlid, Gerstenkorn; it. orzaiuolo.*

Ùùrsi s. *Ursula.* Dim. Ùùrseli s.

Ùùrtel s., **Ùùrdel** s., jg. **Ùùrdail** s. *Urteil.*

uus (bet.), **us** (unbet.) 1. Präp. mit Dat. *aus.* Us em Kèmmi, *aus dem Kamin.* Us waas lääbe die Lyt? *Wovon leben diese Leute?* Us em Kòpf, *aus dem Gedächtnis.* Si kèmmen us Zoofige, *sie stammen aus Zofingen.* Verst. Us em Kòòrb uuse, *aus dem Korb heraus.* 2. Adv. a) *hinaus, heraus.* Er kùnnt zuem Lòch uus. b) *aus, fertig.* D Schuel isch uus, *es ist Schulschluss.* S Fyyr isch uus, *das Feuer ist erloschen.* Uus ùnd Aame, *Schluss und fertig* (Liebrich). Uus ùnd fèèrtig, uus ùnd verbyy, *endgültig fertig.* Er waiss nimmen yy ùnd uus, *er weiss nicht mehr ein und aus.*

uusbache (uusbache) *ausbacken.*

uusbainle (uusbainled) 1. *Knochen aus dem Fleisch lösen.* 2. ütr. *gründlich untersuchen, erörtern.* S Gricht hèt die ganzi Affäären uusbainled.

Uusbau m. (nur Sing.) *Ausbau.*

uusbiete (uusbòtte) *feilbieten, zum Verkauf ausrufen* (Müller).

uusblampe (uusblampt) **uusblämpele** (uusblämpeled), **uusblämpere** (uusblämpered) 1. *auspendeln, langsam zum Stillstand kommen.* S Glèggli hèt uusblampt. 2. *langsam enden* (pej.). S Fèscht isch gege de Viere demòòrgen uusblampt.

uusbloose (uusbloose) *ausblasen.* E Kèèrzen uusbloose. E rau Ai uusbloose.

uusbringe (uusbròcht) *ausplaudern, verraten.*

Uusbùgg m. (Uusbigg) *Ausbuchtung, Wölbung.* Die Spritzkanne hèt ùff der Syten en Uusbùgg bikoo.

uusbùgge (uusbùggt) *ausbeulen, wölben (z.B. Blech).*

uusbùtze (uusbùtzt) 1. *auskehren, reinigen.* Si hèt der Yyskaschten uusbùtzt. 2. *nur gerade die längsten Haare wegschneiden.*

Uuscheen[+] m., **Üüscheen**[+] m. *Eugen; frz. Eugène* (Kelterborn).

Üüscheny[+] *Eugenie* (Kron).

uusdaibele (uusdaibled) 1. *aufhören, wütend zu sein.* Händ er äntlig uusdaibeled? 2. [+] *sich austoben* (Hetzel).

uusdiftele (uusdifteled), **uusediftele** (uusedifteled) *austüfteln, ausklügeln, ersinnen.*

uusdiigle (uusdiigled), **uusdiigne**[+] (uusdiigned) tr. und intr. *beim Braten oder Kochen austrocknen.* En uusdiigledi alti Jùmpfere, *eine dürre alte Jungfer* (humor.).

uusdywidiere (uusdywidiert) *ausrechnen, ausklügeln.*

uusdrampe (uusdrampt) 1. *durch Treten abnutzen.* Uusdrampti Schue. 2. *austreten* (pop.). Er isch us em Dùùrnverain uusdrampt. Er hèt gschwind miesen uusdrampe, *...Notdurft verrichten* (Ss.).

uusdrätte (uusdrätte) *austreten.*

uusdrùmmle[+] (uusdrùmmled) *öffentlich bekanntmachen.* Ain uusdrùmmle loo, *jdn. behördlich suchen lassen.*

uusdue[+] (uusdoo) 1. *aufknöpfen (Knöpfe eines Kleidungsstücks).* 2. *ausgraben.* D Häärdèpfel uusdue.

Uusduur w. *Ausdauer.*

uuse *hinaus, heraus.* I gang jètz uuse. Er ziet e Naasduech zuem Sagg uuse. Er waiss nit, wo uusen ùnd aane, *er weiss sich nicht zu helfen.*

uusebùgsiere (uusebùgsiert) *hinausschaffen* (pop.).

uusebùtze (uusebùtzt) 1. *herausputzen, schmücken.* 2. *gründlich reinigen.* S hèt guet uusebùtzt, *die Wolken sind weggefegt.*

Uusebùtzede w. *Generalreinigung, Grossreinemachen.*

uusediftele → uusdiftele.

uusedrùmpeete (uusedrùmpeeted) *ausposaunen.*

uusefèèrge (uusegfèèrgt) *hinausschaffen.*

uusegää (uusegää) 1. *herausgeben.* Kaasch mer ùff zää Franggen uusegää? Mer gänd d Wèsch uuse, *wir lassen die Wäsche auswärts waschen.* Ütr. èpperem uusegää, *jdm. schlagfertig antworten.* 2. *sich erbrechen.* S Bùschi hèt uusegää.

Uusegäld s. *Wechselgeld.*

uusegheie (uusegheit) 1. tr. *hinauswerfen* (pop.). S Gäld uusegheie, *das Geld verschwenden.* Me hèt en zuem Verain uusegheit, *man schloss ihn aus dem Verein aus.* 2. intr. *hinausfallen, herausfallen* (pop.). Er isch bi däm Wèttbiwäärb uusegheit.

uusehängge (tr. uuseghänggt / intr. uusehange) *hinaushängen, heraushängen.* Er hèt e Faanen uuseghängt. Der Faanen isch uusehange.

uusekoo (uusekoo) *herauskommen.* Der Maischter sälber isch zuen is uusekoo. Mer sind grad gnapp uusekoo, *wir konnten nur gerade die Unkosten decken.* Bi däre Sitzig isch nyt uusekoo, *...schaute nichts heraus.* Er isch grooss uusekoo, *er hatte grossen Erfolg* (2. H. 20. Jh.).

uuselampe (uuseglampt) *lose heraushängen.* S Naasduech isch zuem Sagg uuseglampt.

uuselipfe (uuseglipft) *herausheben,* ütr. *aus der Patsche ziehen.* Sy Vatter hèt en zlètscht dòch no uuseglipft.

uuselytte (uuseglitte) *herausläuten, herausklingeln.*

uuseloo (uusegloo / uuseglòsse) 1. *hinauslassen, herauslassen.* 2. *bekanntgeben (meist indiskreterweise und vorzeitig).*

uuselòttere (uuseglòttered) *durch Lotteriespiel gewinnen.*

uuseluege (uusegluegt) 1. *hinausschauen.* 2. *herausschauen, herausspringen.* Bi däm Gschäft luegt nyt uuse.

uusemäärte (uusegmäärted) *durch Feilschen herausholen.*

uusemeege (uusemeege) 1. *am Morgen aufstehen mögen.* Si maag am Mòòrgen als fascht nit uuse. 2. *finanziell davonkommen.* Wèmmen alles zämmerächned, händ si gnapp uusemeege.

uusemùtze (uusegmùtzt) *herausputzen, schmücken.*

usenander *auseinander.*

usenanderkoo (usenanderkoo) *sich entzweien.*

usenèggle (uusegèggled) *hinausekeln.*

uusepfyffe (uusepfiffe) *herauspfeifen, durch Pfiff oder Zuruf aus dem Haus kommen lassen* (Schs.). Der Hans hèt der Schòòrsch nò zoobe spoot uusepfiffe.

uusepfitze (uusepfitzt) *rasch hinauseilen, hinausschiessen, hinauswischen* (pop., Fridolin).

uusepfùpfe (uusepfùpft) *herausplatzen (vor Lachen).*

uuseruume (uusegruumt) *wegräumen, hinausschaffen.* Si händ alli Meebel uusegruumt.

uuseschälle (uusegschällt) *herausklingeln.* Zmitz in der Nacht hèt er der Dòggter uusegschällt.

uuseschinde (uusegschùnde) *herausschinden, mit Anstrengung Gewinn oder Vorteil erzielen.*

uuseschloo (uusegschlaage) *herausschlagen.*

uuseschmaisse (uusegschmisse) *hinauswerfen.* Si hèt s Gäld aifach nùmmen eso uusegschmisse. Er isch us em Vòòrstand uusegschmisse wòòrde.

uusespigge (uusegspiggt) 1. *mit dem Finger wegschnellen.* 2. *entlassen, hinauswerfen* (pop.). D Fabrigg hèt en uusegspiggt.

uusestäche (uusegstòche) 1. tr. *ausstechen.* 2. intr. *herausstechen, herausragen.*

uusestryyche (uusegstriche) 1. *wegstreichen.* Er hèt e ganzen Abschnitt us sym Sùùdel uusegstriche. 2. *herausstreichen, rühmen.*

uuseszue, uusezue *nach aussen.* Die Diire goot uuseszue ùff. S goot uuseszue, *es geht dem Frühling entgegen.*

uusewitsche (uusegwitscht) *hinaushuschen, entwischen, sich rasch davonmachen.*

uusewòòrge (uusegwòòrgt) *herauswürgen.*

uusezue → uuseszue.

uusfèèrschle (uusgfèèrschled) *durch neugieriges Fragen ausforschen, listig ausfragen.* Er hèt sy Frind als wider uusgfèèrschled.

uusfètzele (uusgfètzeled) *verhöhnen, verspotten.*

uusfiisere [+] (uusgfiisered) *ausfasern.* Uusgfiisered Stòff.

uusfysiguggere [+] (uusfysiguggered) *ausforschen, ausspähen* (Hetzel).

uusfòtzle (uusgfòtzled) *sich zerfetzen, sich ausfasern.* En uusgfòtzlede Saum.

uusfreegle (uusgfreegled) *hartnäckig, listig ausfragen.*

uusfrooge (uusgfrògt) *ausfragen.* Antwort auf lästige Frage: Däm sait me d Lyt uusgfrògt!

Uusfuer w. (-e) *Ausfuhr.*

uusfùggse (uusgfùggst) *verspotten, foppen.*

uusgää (uusgää) 1. tr. *ausgeben.* Vyl Gäld uusgää. Duu muesch uusgää, *du musst die erste Karte (des Kartenspiels) ausspielen.* Ain uusgää, *eine Runde bezahlen* (2. H. 20. Jh.). 2. intr. *gut ausreichen, ausgiebig sein.* Die Wùlle git uus. Die Daigwaare gänd uus.

uusgaischte [+] (uusgaischted) *den Geist aufgeben, sich sehr stark aufregen* (Seiler).

uusgänds *ausgangs, am Ende von.* Uusgänds Mooned, *am Ende des Monats.* Uusgänds Abrille, *Ende April.* Uusgänds Wùche, *am Ende der Woche.*

uusgfitzt *listig, raffiniert, verschlagen.*

uusgimmele (uusgimmeled) *ausradieren.*

uusglèffled *ausgeleiert, ausgetreten.* Uusglèffledi Maschiine. Uusglèfflede Schue.

Uusglyych m. *Ausgleich.*

uusglyyrt *ausgeleiert, abgenützt.* En uusglyyrti

Naaimaschiine.

uusglitsche (uusglitscht) *ausgleiten, ausrutschen.*

uusglòsse *ausgelassen.* 1. *verflüssigt.* Uusglòssenen Angge. 2. *übermütig.* Uusglòsseni Kinder.

uusgoo (uusgange) 1. *ausgehen, spazierengehen.* 2. *erlöschen, ausgehen, enden.* S Liecht goot uus. Der Ootem goot eren uus. Dä Ròmaan goot schläct uus. 3. *unsichtbar werden, verschwinden.* Dròtz allem Riiblen isch dä Moose nit uusgange.

Uusgoob w. (-e) *Ausgabe.* Dim. Uusgeebli s.

uusgschämmt *schamlos, obszön, unzüchtig* (Fridolin).

uusgschiire (uusgschiirt) 1. *ausschirren.* 2. *entkleiden* (humor.). Si hèt sich uusgschiirt. 3. ütr. *durchhecheln* (fam.). Am Stammdisch händ si der Regierigsroot uusgschiirt.

uusgsee (uusgsee) *aussehen.* Jètz gsiisch wider bèsser uus.

uusgspeit *ausgespuckt,* ütr. *ausgesprochen, gleich wie.* Der Glaibaasler isch en uusgspeiten Altruuscht (Baerwart). Si isch die uusgspeiti Mueter, *sie ist genau gleich wie ihre Mutter.*

uushaa (uusghaa) 1. *ausgetrunken haben* (pop.). Hèsch dy Glaas uus? 2. *Unterrichtsschluss haben.* Hit hämmer e Stùnd friener uus.

uushängge (uusghänggt) *aushängen.* D Vòòrfänschter uushängge. Ra.: S hèt em uusghänggt, *er ist über-geschnappt.*

uusheebe (uusghèbt) 1. [+] *ausreichen, haltbar sein* (Kron). Das Hèmd hèbt schò nòn e Zytli uus. 2. *ausheben, rekrutieren.*

Uushilff w. (Uushilffe / Uushilffene) *Aushilfe, Aushilfsperson.* Si hèt als no kai Uushilff fir ir Huushaltig gfùnde.

uushùùdle[+] (uusghùùdled) *ausplündern* (Meyer).

uusjasse (uusgjasst) «*ausjassen*», *bereinigen, vereinbaren* (pop.). Im Bùndesroot händ si das nei Gsètz schò lang uusgjasst.

uuskoo (uuskoo) 1. *auskommen.* Mit däm Loon kùmm ych nit uus. Si kèmme guet uus midenander. 2. *bekanntwerden (gegen den Willen der Beteiligten).* Die ganzi Affäären isch uuskoo.

Uuskùmft w. (Uuskimft) *Auskunft.*

Uuslaiffer m. 1. *Ausläufer.* 2. *Polizist* (Höschs.).

uuslääre (uusgläärt) *ausleeren.* Si hèt s dräggig Wasser uusgläärt. Der Milchhaafen isch uusgläärt.

uuslääse (uusglääse) *auslesen, auswählen.*

uuslauffe (uusglòffe) 1. intr. *auslaufen, ausfliessen.*

Alles Wasser isch uusglòffe. 2. tr. [+] *durch Laufen abnützen.* D Sandstaistapflen isch uusglòffe gsii (Baerwart).

uuslèffele (uusglèffeled) *mit kleinem Löffel auslöffeln, spielerisch auslöffeln.*

uuslèffle (uusglèffled) *auslöffeln.*

uusleene (uusgleent) *ausleihen.*

uuslèère (uusglèèrt) *auslernen, Lehre beenden.* Me hèt nie uusglèèrt, *man hat nie ausgelernt.*

uuslèsche (uusglèscht) 1. tr. *löschen, auslöschen.* S Liecht uuslèsche. S Fyyr uuslèsche. 2. intr. *erlöschen.* S Liecht lèscht uus. S lèscht d Sùnnen uus, *die Sonne erlischt* (Liebrich).

uuslytte (uusglitte) tr. und intr. *ausläuten.* S Mässglèggli lytted d Mäss uus. D Mäss lytted uus.

uusloo (uusgloo / uusglòsse) *auslassen.* 1. *ausfliessen lassen, flüssig machen.* Der Anggen uusloo. Uusglòssenen Angge, *eingesottene Butter.* 2. *beiseite lassen, überspringen, weglassen.* Bim Lääse han i e baar Syten uusgloo. Hitte leemer s Midaagässen uus. 3. *erweitern, verlängern (Kleider).* E Ròģģ uusloo.

uusluuse (uusgluust) *ausplündern, geschäftlich oder beim Spiel* (pop.). Er isch vò sym Speezi wiescht uusgluust wòòrde.

uusmache (uusgmacht) *ausmachen.* 1. *auslöschen.* S Fyyr uusmache. 2. *entfernen, verschwinden lassen.* Fläggen uusmache. 3. *ausgraben, herausklauben, herausreissen.* Baim uusmache. Boonen uusmache, *Bohnen enthülsen.* 4. *vereinbaren, abmachen.* Das isch en uusgmachti Sach. 5. *erspähen, erkennen.* Kaasch dä Dùùrm ùff sällem Bäärg uusmache? 6. [+] *vor den Leuten schlechtmachen, ins Gerede bringen.* 7. *höhnisch nachahmen.* Me sòtt d Lyt nit dääwääg uusmache. 8. *behelligen, stören.* Macht s der nyt uus, wènn i rauch? 9. *bewirken.* Das Mitteli macht èppis uus.

Uusmachmues s. *Gericht aus jungen Erbsen.*

uusmaarche (uusgmaarcht) *Grenze festlegen,* ütr. *bereinigen.*

uusnää (uusgnoo) 1. *ausnehmen, z.B. Fisch, Geflügel.* 2. *ausfragen, verhören, vernehmen* (pop.). Der Richter hèt dä Dieb ghèèrig uusgnoo. 3. *ausbeuten, berauben.* Dä Gauner hèt sògar syni aigene Frind uusgnoo.

Uusnaam w. (-e) *Ausnahme.* Dim. Uusnäämli s.

uusnùtze (uusgnùtzt) *ausnützen.*

uusootme (uusgootmed) *ausatmen.*

uuspfyffe (uuspfiffe) *auspfeifen.*
Das nei Theaaterstigg isch uuspfiffe wòòrde.

uusphagge (uusphaggt) 1. *auspacken.* D Gschänggli uusphagge. 2. *Enthüllungen, Geständnisse machen* (pop.). Vòr em Richter hèt er uusphaggt.

uusrächne (uusgrächned) *ausrechnen.*

Uusreed w. (-e) *Ausrede, Vorwand.* Er hèt allewyyl e fuuli Uusreed baraad. E gueti Uusreed isch drei Batze wäärt, ...*nicht viel wert.*

uusrichte (uusgrichted) 1. *gerade in die Reihe stellen.* Si hèt d Gleeser scheen uusgrichted. 2. *mitteilen, bestellen.* Hèsch myni Griess uusgrichted? 3. [+] *verklatschen, lächerlich machen* (Kron). 4. *erwirken.* Si händ nyt oder nùmme weenig uusgrichted.

uusrieffe (uusgrueffe) 1. *ausrufen.* 2. *prahlen, das grosse Wort führen, reklamieren* (pop., 2. H. 20. Jh.).

uusringe (uusgrùnge) *auswringen.* S nass Handduech uusringe.

uusrysse (uusgrisse) 1. *herausreissen.* E fuule Zaan uusrysse. 2. *sich ausborgen, abschwatzen* (Höschs.). I haan em zää Stai uusgrisse, *ich habe mir von ihm zehn Franken ausgeborgt.* 3. intr. *ausreissen, fliehen.* Er isch dehaim uusgrisse.

uusrue'e (uusgruet) *ausruhen.*

Uusrueff m. (Uusrieff) 1. *Ausruf.* **Uusrueffzaiche** s. *Ausrufezeichen.* 2. *Mindestgebot an Auktion.*

Uus'sääche [+] s., **Uusgsee** s. *Aussehen.*

uusschääre (uusgschäärt) *auskratzen.* Si hèt d Pfannen uusgschäärt.

uusschaube (uusgschaubt) *aussortieren, aussondern.* I ha alli schlächte Biecher uusgschaubt.

uusschitte (uusgschitted) *ausschütten, ausgiessen.* S Häärz uusschitte.

uusschlieffe (uusgschlòffe) 1. *ausschlüpfen.* 2. *sich entfalten (von Knospen).* Iber Nacht isch der Kiirsibluescht uusgschlòffe.

uusschlipfe (uusgschlipft) *ausgleiten, ausrutschen.* Ùff der glatte Stapflen isch si uusgschlipft.

uusschnuufe (uusgschnuuft), **uusschnuffe** (uusgschnufft) 1. *ausatmen.* 2. *verschnaufen.* Leend mi dòch zèèrscht e bitzeli uusschnuufe.

ùsse 1. *aussen.* Das Huus isch ùsse scheener als inne. Wyter ùsse, *weiter aussen.* Zùsserscht ùsse, *zuäusserst.* Ùssen an der Muure, *jenseits der Mauer.*

2. *draussen.* Ùff em See ùsse, *auf dem See draussen.*

ùssedùùre 1. *aussen durch.* Er kènne nit dùr der Gaarte goo, er miend ùssedùùre. 2. *äusserlich, von aussen gesehen.* Ùssedùùre isch das Huus in der Òòrnig, aber innedùùren isch s wiescht.

ùsser[1] (ùsserscht), **isser** (isserscht) *äusser.* Isch die ùsseri Diire zue? Sy Ùsser(s), *sein Äusseres.* Er isch isserscht gligglig gsii.

ùsser[2] *ausser, es sei denn.* Ùsser emen alten Ùngglen isch niemets koo. Mer verraisen am Mäntig, ùsser es kùnnt èppis derzwische, ...*es sei denn, es komme etwas dazwischen.*

ùsserlig, isserlig *äusserlich.*

ùssert [+] *ausserhalb von.* Ùssert em Huus, *ausserhalb des Hauses.*

ùssewändig *an der Aussenwand befindlich.*

Ùssland s. *Ausland.*

Ùssländer m. *Ausländer.*

Ùssländere w. *Ausländerin.*

ùssländisch *ausländisch.*

uusspanne (uusgspannt) *ausspannen.* 1. *aus dem Gespann nehmen (Zugtier).* 2. *abspenstig machen, wegnehmen* (pop.). Er hèt sym Koleeg d Frindyyn uusgspannt. 3. *ausruhen, sich erholen.*

uusspèggeliere [+] (uusgspèggeliert) *ausforschen, herauszubringen versuchen* (Seiler).

uusspiile (uusgspiilt) 1. *ausspielen (Karten, Trümpfe).* 2. *aufs Korn nehmen, satirisch darstellen* (20. Jh.). Was spiilt eiri Glygge fir e Süüschee uus?

uusspintisiere (uusgspintisiert) *ausspinnen, sich mit Phantasie ausdenken* (pej.).

uusstäche (uusgstòche) 1. *mit kleiner Gebäckform aus ausgerolltem Teig ausstechen.* Si hèt d Mailänderli mit ganz alte Fèèrmli uusgstòche. 2. *übertreffen.* Er hèt sy Rywaal uusgstòche.

uusstaine (uusgstaint), **uusstainle** (uusgstainled) *aussteinen, entsteinen.* D Kiirsi uusstaine.

Uusstèller m. 1. *Aussteller, z.B. an Warenmesse.* 2. *Zervelatwurst, etwas kürzer und feiner als der* → *Glèpfer.*

Uusstich m. *Ausstich, entscheidende Schlussphase bei Spiel oder Wettkampf.*

Uusstyyr w. (-e) *Aussteuer.* Dim. Uusstyyrli s.

uusstoo (uusgstande) *ausstehen.* I ha alli Èngscht uusgstande. I kaa die Frau nit uusstoo.

uussueche (uusgsuecht) *auswählen.*

ùsswändig *auswendig, aus dem Gedächtnis.*

ùsswäärts *auswärts.* Hitten ässe mer ùsswäärts.

Uusverkauff m. (Uusverkaiff) *Ausverkauf.*

uswääg *aus dem Weg.* Gang mer uswääg!

Uuswaal w. (-e) *Auswahl.*

uuswaale (uusgwaalt) *ausrollen, flach rollen (Teig).*

uusweie (uusgweit), **uusweiele** (uusgweieled) *mit Grimassen verhöhnen, höhnisch nachahmen, nachäffen.*

uuswyyche (uusgwiche) *ausweichen.*

Uuswyychi w. (Uuswyychene) *Ausweichstelle.*

Uuswyys m. *Ausweis.*

uuswyyse (uusgwiise) *ausweisen.* Me hèt en us der Schwyz uusgwiise. Am Zòll mues me sich uuswyyse.

uuswitsche (uusgwitscht) *entwischen, entkommen* (Schneider).

uuszänsle (uuszänsled) *foppen, hänseln.*

uuszèère + (uuszèèrt) *tuberkulös sein, an Tuberkulose erkrankt sein* (Fridolin).

Uuszèèrig w. (nur Sing.) *Schwindsucht, Lungentuberkulose.*

uuszie (uuszooge) 1. *ausziehen, Wohnung aufgeben.* 2. *mit weit ausholenden Schritten rasch marschieren.* Mer miend fèscht uuszie, wènn mer der Zùùg nò wänd verwitsche. 3. *zur militärischen Weiterbildung und Beförderung bestimmen.* Me hèt en am Änd vò der Regruteschuel uuszooge.

uuszooge *aus dem Wasser gezogen.* Uuszoogeni Schwaarzwùùrzle.

Uuszùùg m. (Uusziig) *Auszug.* 1. *Zusammenfassung, Kurzfassung, Extrakt.* I haa nùmmen en Uuszùùg vò däm Buech gläase. 2. *jüngste Altersklasse der schweizerischen Armee.* Er isch bim Uuszùùg. 3. *Auszug aus der Wohnung.* Si händ schòn e baar Uusziig hinder sich.

Utter s. (Ytter) *Euter.*

V

v → auch: w.

Väärs m. *Vers, Strophe.* Der zwait ùnd der dritt Väärs vò däm Lied, *die zweite und die dritte Strophe dieses Liedes.* Verzèll kai lange Väärs, *fass' dich kurz.* Ra.: Sich e Väärs ùff èppis mache, *sich seine Sache denken, sich etwas erklären.* Doodrùff kan i mer kai Väärs mache, *das kann ich mir nicht erklären. Dim.* **Väärsli** s. *kleines Gedicht.*

Jeedes Kind hèt em Santiglaus e Väärsli ùffgsait. Väärsli brinzle, *Verse schmieden, dichten* (humor.).

Väärslibrinzler m. *Verseschmied, Dichter, Poet* (humor.).

Vatter m. (Vättere / Vätter) *Vater.* **Vatterguet** + s. *väterliches Erbe.* **Vatterland** s. *Vaterland.* **Vatterstadt** w. *Vaterstadt.* **Vatterùnser** s. *Vaterunser (Gebet). Dim.* Vätterli s., Vatterli s., Vatti m. (fam.).

vatterländisch 1. *vaterländisch.* 2. *tüchtig, währschaft.* E vatterländische Rusch. 3. verst. *sehr.* Vatterländisch flueche.

Vatti → Vatter.

Vee s. *Vieh.* Dä Buur hèt rächt vyyl Vee. **Veedòggter** m. *Veterinär.* **Veedryybermantel** m. *langer Herrenmantel aus Kamelhaar oder Schaffell* (humor.).

Veegeli *Vögelin (Familienname).*

veegeliwool *ungemein wohl, wohlauf.* S isch mer veegeliwool.

veegle (gveegled), **voogle** (gvoogled) 1. *begatten* (vulg.). 2. *schikanieren* (Ss.).

Vègtene w. *Vögtin.*

Veiedli s., **Veieli** s. *Veilchen.* **Veiedliwùùrze** + w. *Veilchenwurzel, für zahnende Kinder zum Benagen.*

veielètt *violett.* E Veilelètte, *ein Angehöriger der Militärjustiz, Militärrichter* (Ss.).

velicht → vilicht.

Vèlli w. *Völle.*

ver- Vorsilbe, hochdeutsch *er-, ver-, zer-* entsprechend.

Verainli s. *Nachmittagszusammenkunft von Freundinnen, Teekränzlein.* **Verainliaarbed** w., **Verainlischaffede** w. *Handarbeit während des Teekränzchens.*

verbache (verbache) *zu stark gebacken werden, beim Backen zusammenkleben.*

verbäche (verbächt) *verpechen.*

verbämmere (verbämmered) *zerschlagen, zerschmeissen* (pop.).

verbändle (verbändled) *mit Bändern einfassen, mit Band verknüpfen, eng verbinden.*

verbappe (verbappt) *verkleben.*

Verbäärglis + s. *Versteckspiel.*

verbaarme (verbaarmt) *erbarmen.* S hèt mi verbaarmt, *es hat mir sehr leid getan* (Kron). S verbaarmt mi ab däm Eeländ, *dieses Elend geht mir sehr nahe.* S isch zum Verbaarme, *es ist erbarmenswert.*

verbaschigùnggele + (verbaschigùnggeled) *durcheinanderbringen* (Liebrich).

verbaaslere (verbaaslered) *sehr baslerisch, allzu baslerisch werden.*

verbasse (verbasst) *verpassen, verfehlen.* Si hèt der Zùùg verbasst.

verbätsche (verbätscht) *zerschlagen, zerschmettern.* Si hèt s ganz Gschiir verbätscht.

verbätte (verbätte) *verbeten.* I mècht mer daas verbätte haa.

verbyy *vorbei.* Am Huus verbyy, *am Haus vorbei.* Die Zyt isch verbyy wie nyt, *diese Zeit verging im Nu.*

verbyybeled *pickelig, voller Pusteln.* E wiescht verbyybeled Gsicht.

verbiete (verbòtte) *verbieten.* S Muul verbiete, *Schweigepflicht auferlegen.*

verbyykoo (verbyykoo) *vorbeikommen, Besuch abstatten.* Kèmmen er hittezoobe byyn is verbyy? *Besucht ihr uns heute abend?*

verbilverle (verbilverled) *verpulvern (mit vielen kleinen Ausgaben).*

verbypääpele (verbypääpeled) *verwöhnen, verzärteln.*

verbysse (verbisse) 1. *zerbeissen.* 2. *verbeissen, meistern, zurückhalten.* Der Glùscht verbysse (Hindermann). S Lache verbysse.

verblämpe (verblämpt), **verblämpere** (verblämpered), **verblämple** (verblämpled) *verplempern, verländeln, vertun.* Er hèt Zyt ùnd Gäld verblämpered.

verblätze (verblätzt) *mit vielen Lappen flicken.* Verblätzti Hoose.

verblätzt *voller Schürfwunden* (Seiler), ütr. + *seelisch verletzt.*

verbleeterle (verbleeterled) *verländeln, vertun, verschwenden.* Er hèt s ganz Vermeege verbleeterled.

verblèttere (verblèttered) 1. *Blätter verlieren.* D Baim verblètteren im Hèèrbscht. 2. refl. *sich verblättern, eine aufgeschlagenen Buchseite verlieren.* I haa mi verblèttered.

verbòldere (verbòldered), **verboole** + (verboolt) *durch Schläge zerstören, zerschlagen.*

Verbòtt s. *Verbot.*

verbòtte Adv. *ungemein, sehr.* Verbòtte dùmm. Verbòtte wiescht.

verbräche (verbròche) 1. *zerbrechen.* tr. Si hèt e Däller verbròche. intr. Der Däller isch bim Aabefalle verbròche. 2. *verbrechen.* I waiss nit, was er verbròche hèt, jeedefalls hèt men en yygspèèrt.

Verbrächergimnaasium s. *Rheinschulhaus, heute Theobald Baerwart-Schulhaus* (humor., Schs.).

verbräägle (verbräägled) tr. und intr. *zu stark braten, anbrennen.* Si hèt d Blätzli verbräägled. D Blätzli sind verbräägled.

verbrèggele (verbrèggeled) tr. und intr. *zerbröckeln.*

verbreesmele (verbreesmeled) 1. *zerkrümeln,* ütr. *verländeln, leichtsinnig oder achtlos vertun.* 2. *in kleine Krümel zerfallen, Krümel bilden.* Dä Kueche verbreesmeled.

verbriele (verbrielt) *verlästern, verleumden.* Er hèt en bi alle syne Frind verbrielt.

verbrielt *verweint* (pop.). Das Kind hèt e ganz verbrielt Gsicht.

verbròggle (verbròggled) *zerbröckeln* (Baerwart).

verbroosme (verbroosmed) 1. *zerkrümeln, mit Brosamen unachtsam bestreuen.* Hèsch wider s ganz Dischduech verbroosmed. 2. *in Krümel zerfallen.* E Sanddaarte verbroosmed gäärn.

verbroote (verbroote) tr. und intr. *allzu stark braten.* An der Sùnne sind mer fascht verbroote.

verbrùmbèèrle (verbrùmbèèrled) *verländeln, vertun.* Si hèt ir ganz Vermeege verbrùmbèèrled.

verbùgge (verbùggt), **verbùggle** (verbùggled) *verbeulen, verbiegen, eindrücken.* D Kaffikannen isch aarg verbùggled. E verbùggled Weeloo.

verbùlvere (verbùlvered) *verpulvern, sinnlos verschwenden.* Er hèt sy Èèrb verbùlvered.

verbùmeränzle (verbùmeränzled) *durch Nachlässigkeit verderben lassen, verländeln.* Ra.: Das isch zuem Verbùmeränzle, *das ist zum Davonlaufen, das ist arg* (Sieber, Seiler).

verbùtze (verbùtzt) 1. *verputzen, mit Verputz versehen.* D Fasaade verbùtze. 2. *durchbringen, verschwenden.* Er hèt sy Mässgäld gschwind verbùtzt ghaa. 3. mit Negation: *ausstehen.* I kaa das Gschwätz nimme verbùtze.

verdääfele (verdääfeled) *verleumden, verpetzen.* Si hèt en bim Schèff verdääfeled.

Verdääfer → Dääfer.

verdääfere (verdääfered), **verdääfle** (verdääfled) *täfeln.* E verdääferedi Wand. E verdääfledi Stùùbe.

verdaibe (verdaibt) *erzürnen.*

verdätsche (verdätscht) 1. *durch Schlag oder Fall zerdrücken.* En Ai verdätsche. S Gschiir verdätsche. 2. *durch Schlag oder Fall zerdrückt werden.* Der Kuechen isch verdätscht. S hèt en verdätscht,

a) *er wurde wütend.* b) *er machte Bankrott.* c) *er starb* (vulg.). 3. *verprügeln* (pop.). Si händ enander verdätscht.

verdattered *verdattert, verwirrt, eingeschüchtert.*

verdèffle (verdèffled) *verprügeln* (pop.).

verdèggel! → Gòtt.

verdeifle (verdeifled) tr. *verderben, vergällen, zunichte machen* (pop.). Das Dräggwätter hèt is die ganze Fèèrie verdeifled.

verdèèrbe (verdòòrbe; Kond. verdùùrb⁺) *verderben, böswillig beschädigen.* Du verdiirbsch mer die ganzi Fraid.

verdèèrle (verdèèrled) *vertändeln, vertun.* E Huffe Zyt verdèèrle.

vèèrderscht → vòòrder.

verdiible (verdiibled) *mit Dübeln versehen, mit Dübeln befestigen.*

Verdieffig w. (-e) *Vertiefung.*

verdiigle (verdiigled) *durch Hitze völlig ausdorren.* S Flaisch im Zwischenoofen isch verdiigled.

verdinge (verdùnge) *verdingen.*

verdyyre (verdyyrt) *verteuern.*

verdyschle (verdyschled) *vertauschen, verwechseln.*

verdittele (verditteled) *verhätscheln, verzärteln.*

Verdoocht m. (Verdeecht) *Verdacht.*

verdoope (verdoopt) *durch Finger- oder Handabdrücke beschmutzen.* Die Dischblatten isch wiescht verdoopt.

verdòòre (verdòòrt) *verdorren.*

verdòòriaa! → Gòtt.

verdraage (verdrait) 1. *aushalten, ertragen.* I verdraag d Hitz nimme. 2. *austragen, verteilen.* Zytige verdraage.

Verdrääger m. *Austräger.*

verdrägge (verdräggt) *beschmutzen, verunreinigen.*

verdraaie (verdraait), **verdrille** (verdrillt) *verdrehen.* D Hoosedrääger sind verdraait. Du hèsch alles verdrillt, won i gsait haa.

verdraait *verdreht, hinterhältig.* Er isch e verdraaite Koog.

verdrampe (verdrampt) 1. *zertreten.* Er verdrampt sy Syygarètten am Boode. Ütr. I lòss mi nit verdrampe, *ich lasse mich nicht unterdrücken.* 2. *übertreten, verstauchen.* I ha der Fuess verdrampt. 3. *vertreten (Füsse).* S isch kalt, i mues e bitzeli d Fiess verdrampe.

verdrängge (verdränggt) *ertränken.*

verdrèsche (verdròsche) *verprügeln.*

verdryybe (verdriibe) *vertreiben.*

verdrille → verdraaie.

verdringge (verdrùngge) 1. intr. *ertrinken.* 2. tr. *vertrinken.* Er hèt Huus ùnd Hoof verdrùngge.

verdrinne (verdrùnne) *entrinnen.*

verdròpfe (verdròpft) 1. intr. *abtropfen, austropfen.* S Gschiir verdròpfe loo. 2. tr. *vertropfen.* Mit em nasse Mantel der Gang verdròpfe.

verdruele (verdruelt) *beklecksen, beim Essen beschmutzen.* Er hèt sy ganzi Grawatte verdruelt.

verdrùgge (verdrùggt) 1. *zerdrücken.* 2. *essen, verspeisen* (pop.).

verdrùggt *hinterhältig, duckmäuserisch.* E verdrùggti Gùmsle.

verdùùble (verdùùbled) 1. tr. *auf dumme Weise vertun.* Zyt, Gäld, Gläägehaite verdùùble. 2. intr. *dumm werden.* Mit sächzig isch er faggtisch schò verdùùbled gsii.

verduudle (verduudled) *müssig verbringen, vertrödeln.* Si hèt der ganz Noomidaag verduudled.

verdue (verdoo) 1. *vertun, unnütz ausgeben, durchbringen.* Er hèt syni bèschte Jòòr ùnd èèrschtno alles Gäld verdoo. 2. ⁺*verleiden machen.* Si hèt em s Dringgen ai fir alli Mool verdoo. 3. refl. *sich ausbreiten, es sich bequem machen.* Si händ sich im Gaartehyysli gmietlig verdoo.

verdùùrschte (verdùùrschted) *verdursten.*

verdusche (verduscht) *vertauschen, verwechseln.*

verdùttered⁺ *verdattert.*

verèxgysiere, sich⁺ (verèxgysiert) *sich entschuldigen; frz. s'excuser.*

verfigge (verfiggt) *durch Reiben abnutzen.* Verfiggti Hoose.

verfille (verfillt) *abfüllen.* D Fläsche verfille (Müller).

verfinded *verfeindet.*

verfiisere (verfiisered) *zerfasern, sich in Fasern auflösen.*

verflixt 1. Adj. *verflucht, verwünscht, verzwickt, ärgerlich* 2. Adv. *sehr.* S isch mer verflixt ùnnemietig.

verflueche (verfluecht) *verfluchen.*

verfluecht (verfliechter, verfliechtscht) *verflucht.*

verfòtzle (verfòtzled) *zerfetzen.* Verfòtzled ùmmelauffe, *zerlumpt umhergehen.*

verfrässe (verfrässe) V. 1. *zerfressen.* D Schaabe verfrässe d Dèppig. 2. *durch Essen verbrauchen* (pop.). Er hèt alles Gäld verfrässen ùnd versòffe.

verfrässe Adj. *gefrässig, gern und viel essend, verfressen.*

verfriere (verfròòre) *erfrieren.*

verfròòre *erfroren, durchfroren.*

verfuerwäärgge (verfuerwäärggt) *ausweglos machen, verpfuschen.* E verfuerwäärggte Bidriib.

verfuule (verfuult) *verfaulen.*

vergää (vergää) 1. *vergeben, verzeihen.* Er hèt ere dä Kòòrb nie vergää. 2. *erteilen, zuteilen.* En Ùffdraag vergää. En Aarbed vergää. 3. ⁺*Gift geben.* Er hèt ere vergää, *er gab ihr Gift.* 4. *Spielkarten falsch verteilen.* Ooha, jètz han i vergää. 5. *etwas unter seiner Würde tun.* Du vergisch der nyt, wènn de sälber au mitschaffsch.

vergääbe, vergääbes, vergääbets 1. *vergeblich.* Si waarted vergääbets. 2. *gratis, unentgeltlich.* Si schafft ganz vergääbes fir s Root Gryz. 3. nit vergääbets, *nicht ohne Ursache.* Nit vergääbets hèt s an säller Strooss Verbòttdaafele.

vergaischte (vergaischted) *den Geist aufgeben.* Si isch fascht vergaischted vòr Ùffreegig. S isch zuem Vergaischte, *es ist zum Aus-der-Haut-Fahren.*

vergaitsche (vergaitscht) *verschütten (Flüssigkeit).*

vergalschtere → vergèlschtere.

vergälte (vergùlte) *vergelten.* Vergält s Gòtt! Vergelt's Gott, dankeschön.

vergange⁺ *letzthin, kürzlich, unlängst.*

vergänggele (vergänggeled), **vergänggerle** (vergänggerled) *vertändeln, vertun.*

vergante (verganted) 1. *versteigern.* 2. *verkaufen* (pop.).

Vergäss m. *Vergessen,* nur in: Im Vergäss, *aus Vergesslichkeit, aus Unachtsamkeit.* I haa im Vergäss d Diire nit bschlòsse.

vergässe (vergässe; Präs. vergiss, vergissisch, vergisst, vergässe; Kond. vergääss) *vergessen.* Vergiss daas, das kaasch vergässe, *red' nicht mehr davon, da wird nichts draus* (pop., 2. H. 20. Jh.).

vergèlschtere (vergèlschtered), **vergalschtere**⁺ (vergalschtered) *verstören, ängstigen, ins Bockshorn jagen.* Si hèt ganz vergèlschtered dryygluegt.

vergyyde (vergyyded) *vergeuden.*

vergiete (vergieted), **verguete**⁺ (vergueted) *vergüten.*

vergiigele⁺ (vergiigeled) *nicht mehr können vor Lachen, vor Lachen vergehen.*

verginschtig *missgünstig.*

vergitterle (vergitterled) 1. *fast erfrieren.* 2. *sich ängstigen, vor Angst schaudern.*

vergitzle⁺ (vergitzled) *fast vergehen vor Lachen, Neugier, Ungeduld.*

verglaide (verglaided) *verkleiden, kostümieren.*

verglèmme (verglèmmt) 1. *verklemmen.* Der Riigel hèt sich verglèmmt. 2. *unterdrücken (Hunger, Gelüste).* 3. *verkneifen* (pop., Mitte 20. Jh.). Verglèmm dyni dùmme Sprich!

verglèmmi! → Gòtt.

verglèpfe (verglèpft) 1. *zerplatzen, zerknallen, zerspringen, bersten.* Der Lùftbaloon isch verglèpft. 2. *bersten vor Lachen, Freude, Wut usw.* Si isch fascht verglèpft vòr Fraid. 3. *durchbringen, verjubeln, verschwenden.* Er hèt sy Mässgäld in aim Pfitz verglèpft ghaa.

Verglyych m. *Vergleich.*

verglyyche (vergliche) *vergleichen.*

verglyychlige *vergleichsweise.*

verglòpfe (verglòpft) 1. *zerklopfen, durch Klopfen zerkleinern.* 2. *verschwenden, durchbringen* (pop., Mitte 20. Jh.). Er hèt der ganz Loon verglòpft. 3. *verprügeln* (pop.).

verglùmse (verglùmst) *verglimmen, verglühen, langsam erlöschen.* S Fyyr im Oofe verglùmst nootynoo.

verglùngge (verglùnggt) *durch Trödeln oder Nachlässigkeit verpassen, trödelnd hinausschieben.* E Brieff verglùngge. En Yylaadig verglùngge. Verglùnggt derhäärkoo, *ungepflegt, schlecht angezogen daherkommen.*

verglùschte (verglùschted) *vor Verlangen, vor Gelüst vergehen.* S Phäärleköppli, wo s schò lang dernoo verglùschted (Hetzel).

vergnätsche (vergnätscht) *zerdrücken, zerquetschen.* Vergnätschti Bètter. Vergnätschti Wèsch.

vergnèlle (vergnèllt) 1. *bersten, zerspringen, zerplatzen* (20. Jh.). D Schisslen isch vergnèllt. 2. unpers. *sterben* (vulg.). S hèt en vergnèllt.

vergniegt *vergnügt.*

vergniempe⁺ (vergniempt) *schieftreten.* Si hèt iri Schue vergniempt.

vergnòòrggse (vergnòòrggst) *durch Ungeschicklichkeit verpfuschen.*

vergnòòrzt 1. *verklemmt, engherzig.* 2. *unsauber gearbeitet.* E vergnòòrzti Naaierei.

vergnuuse[+] (vergnuust) *verwinden, darüber hinwegkommen.* Si kaa s nit vergnuusen ùnd verwinde (Hindermann).

vergnùttle (vergnùttled) *zerknüllen, zerknittern* (Fridolin).

vergoo (vergange) 1. *vergehen, zergehen.* Der Daag isch vergange. Der Zùgger vergoot im Wasser. 2. refl. *sich vergehen.* Er hèt sich amene Maiteli vergange.

vergoobe (vergòbt) *testamentarisch vermachen, testamentarisch schenken.*

Vergoobig w. (-e) *Vergabung, testamentarische Schenkung, Stiftung.*

vergòlde (vergòlded) 1. *vergolden.* E Raame vergòlde. 2. *verkaufen, in Geld umwandeln* (pop.). 3. *mit Gold, Schmuck, Geld, hohem Lohn ausstatten.* Er hèt sy Frau vergòlded. In syner neie Stèll isch er vergòlded wòòrde.

vergrääble (vergrääbled) *zerkratzen, mit Fingernagel oder Kralle.* D Katz hèt mer d Hand vergrääbled.

vergrache (vergracht) 1. *zusammenbrechen, Bankrott machen.* 2. refl. *sich verlieben.* Er hèt sich in s Èmmi vergracht. Er isch vergracht in das Maitli. 3. refl. *sich verfeinden.*

vergracht 1. *verfeindet.* Die baide sind mit enander vergracht. 2. *verliebt.*

vergrämple (vergrämpled) *verhökern, billig verkaufen.*

vergratze (vergratzt) *zerkratzen.* Vergratzti Meebel.

vergrinne *verweint.* Es hèt e ganz e vergrinne Gsicht.

vergritze (vergritzt) *leicht zerkratzen.*

vergrooschpele (vergrooschpeled) *geräuschvoll zerbeissen, zermalmen.*

vergroote (vergroote) *misslingen, missraten.* Dä Kuechen isch mer ganz vergroote.

verguete → vergiete.

vergùnne (vergùnnt) *missgönnen.* Er vergùnnt em sogaar s Ranzewee, *er gönnt ihm auch gar nichts.*

Vergùnscht[+] m. *Missgunst, Neid* (Küry).

vergwanggt *unklar, nebulos, verschwommen.* Er hèt als eso vergwanggti Ydee'e.

vergwante (vergwanted) *verhökern, billig verkaufen.*

verhächle (verhächled) *durchhecheln, verlästern.*

verhagge (verhaggt) 1. *zerhacken,* 2. *verhökern, verkaufen* (Höschs.).

verhamschtere[+] (verhamschtered) *aufessen (Proviant oder Vorrat).*

verhandle (verhandled) *verhandeln, bereden.* Si händ die neischti Liebschaft verhandled.

verhaue (verhaue) 1. *zerhauen, zerschneiden.* 2. *verprügeln.* 3. refl. *sich irren, sich verirren, sich verrechnen.* Mit däre Hòffnig han i mi bees verhaue. Bim Rächne hèt er sich verhaue.

verhautsche (verhautscht) *in Unordnung bringen.* Si hèt alli iri Glaider verhautscht.

verheebe (verhèbt) 1. *zuhalten, verschliessen.* Bi däm Läärme mues me sich d Òòre verheebe. 2. *dicht schliessen.* Dä Haane verhèbt guet. 3. *zurückhalten, unterdrücken.* S Lache verheebe. Verhèb s! *Schweig, sprich nicht weiter!* I kaa s kuum verheebe, bis si kèmme, *ich kann's kaum erwarten, bis sie kommen.*

verheie (verheit) 1. *kaputtmachen, verderben, zerbrechen* (pop.). Si hèt e Huffe Gschiir verheit. Er hèt sich der Maage verheit, *...den Magen verdorben.* 2. *kaputtgehen, zerbrechen* (pop.). D Waasen isch verheit. Die Aarbed isch verheit, *...missraten.*

verhienere (verhienered) *durch Kopflosigkeit verlegen, zunichte machen, verderben.* Si händ die ganze Vòòrreet verhienered.

verhienered *kopflos, verstört, verwirrt.*

verhiile *verweint.* Verhiileni Auge.

verhyyroote (verhyyrooted) *verheiraten.* Die baide sind dòch schò lang verhyyrooted.

Verhyyrootig w. (-e) *Verheiratung, Heirat.*

verhòggt 1. *muffig.* Verhòggti Lùft. 2. *tief sitzend, nicht recht zum Ausbruch kommend.* Er hèt e verhòggte Hueschte ùnd sii e verhòggti Grippe. Verhòggte Fùùrz, *vermeintliche Krankheit* (humor.).

verhùùdle (verhùùdled) 1. *zerzausen.* Verhùùdledi Hòòr. 2. *stark verregnen.* Gegen Oobe simmer wiescht verhùùdled wòòrde.

verhùnze (verhùnzt) *verhunzen, mutwillig oder durch Ungeschicklichkeit verderben.* Im Theaater händ si em Schiller syni Raiber verhùnzt.

verhuuse[+] (verhuust) *durch Misswirtschaft verbrauchen.* Was d Èltere gspaart händ, händ d Kinder glyy verhuust ghaa.

veryyfere, sich (veryyfered) *sich ereifern.* Si hèt sich ganz veryyfered.

veryyse (veryyst) *vereisen.* Veryysti Stroosse.

verjaage (verjagt) 1. *verjagen.* 2. *zersprengen.*

Sy digge Buuch hèt fascht d Hoose verjagt.
S hèt e Kèssel verjagt, *ein Kessel ist geborsten.*
Vor Daibi hèt s mi fascht verjagt. S hèt en verjagt,
a) *er hat Konkurs gemacht* (pop.). b) *er ist gestorben*
(Höschs.). 3. *durchbringen, verschwenden*
(Höschs.). Er hèt sy ganze Glòtz verjagt, *er brachte
sein ganzes Geld durch.*

verjänze (verjänzt) *zersprengen.* En Äärdbeebe hèt
ir Huus verjänzt. S hèt en verjänzt, *er starb plötzlich*
(Höschs.).

verjääse (verjääst) *vergären.*

verjääst 1. *vergoren, schimmlig.* Verjääst Yygmachts.
2. *verwahrlost, ungepflegt, schlecht aussehend,
verwaschen* (pop., 2. H. 20. Jh.). Do isch son e
verjääste Kaib zuen is ghòggt.

verjätte (verjätted) 1. *zersprengen, zerbersten lassen*
(pop.). S hèt die ganzi Muure verjättet. S hèt en
verjätted, a) *er explodierte (vor Zorn, vor Lachen
usw.).* b) *er machte Konkurs* (Höschs.). c) *er starb*
(Höschs.). 2. *rasch vertun, verschwenden* (Höschs.).
Er hèt an aim Oobe dausig Stütz verjätted.
3. *verunkrauten.* Der Gaarte verjätted nootynoo.
E verjättede Wääg.

verjätted → verjätte.

verjuchaie (verjuchait) *verjubeln, leichtsinnig
durchbringen.* S Èèrb verjuchaie.

verkachle (verkachled) *verderben, vermasseln,
verpatzen.*

verkaafle (verkaafled) 1. *zernagen.*
Verkaafledi Fingerneegel. 2. *zerkratzen.*
E verkaafledi Dischblatte. 3. *vollkritzeln.*
E verkaafled Zaichnigsblatt.

verkaibe (verkaibt) *verderben, zunichte machen,
vermasseln* (pop.). Der Rääge hèt die ganzi Stimmig
verkaibt. Mit syne dùmme Sprich hèt er is der ganz
Oobe verkaibt.

Verkaiffer m. *Verkäufer.*

Verkaiffere w. *Verkäuferin.*

verkalcht, jg. **verkalggt** *verkalkt.* Verkalchti
Wasserlaitige. Verkalchti Oodere.

verkalfaggtere [+] (verkalfaggtered) *verlästern,
verleumden, anschwärzen.*

verkätsche (verkätscht) *zerkauen, schmatzend
zerquetschen.* Er hèt e verkätschti Syygaaren
im Muul.

verkauffe (verkaufft) *verkaufen.* Verlòòren ùnd
verkaufft, *völlig im Stich gelassen, völlig hilflos.*

verkèlte (verkèlted) *erkälten.* Bisch verkèlted?
I haa mi bim Baade verkèlted.

Verkèltig w. (-e) *Erkältung.*

verkèschtige (verkèschtiged) 1. *beköstigen, verköstigen*
2. refl. [+] *sich in Unkosten stürzen, sich's etwas
kosten lassen.*

verkiechle (verkiechled) 1. *vergeuden.* 2. *durch
Unachtsamkeit oder Liederlichkeit verderben oder
verlieren.*

verkimmle (verkimmled) *verhökern, billig verkaufen.*

verkoo (verkoo) 1. *verkommen, verderben.*
Er isch mit em Alter als wie mee verkoo.
2. *Orientierung verlieren, sich irren.* Ùff däne
Waldwääg kaa me bees verkoo. Bim Lääse bin i
verkoo.

verkòche (verkòcht) *auskochen, zu stark kochen.*
D Sùppen isch verkòcht. I haa der Ryys verkòcht.

verkoodere (verkoodered) *mit Auswurf oder Speichel
besudeln.* E verkoodered Naasduech.

verkoole (verkoolt) 1. intr. *verkohlen, zu Kohle
werden.* S Hòlz isch verkoolt. 2. tr. *in Schwierig-
keiten bringen, hintergehen.* Du hèsch mi wider
aarg verkoolt.

verkòtze (verkòtzt) *mit Erbrochenem besudeln*
(vulg.). In sym Rusch hèt er die ganzi Stùùbe
verkòtzt.

verkùttle (verkùttled) *verknüllen, zerknittern
(Kleider, Textilien)* D Hoose sind ganz verkùttled.

verkutze (verkutzt) *zerzausen* (Liebrich).
Verkutzti Hòòr.

verlächne (verlächned) *leck werden, austrocknen.*
S Fass verlächned an der Sùnne. I bii fascht
verlächned bi däre Hitz.

verlaafere (verlaafered) *mit Schwatzen oder Nichtstun
verschwenden.* Er hèt syni bèschte Jòòr verlaafered.

Verlaag m. (Verlääg) 1. (nur Sing.) *Unordnung,
Durcheinander.* Er hèt e groosse Verlaag ùff sym
Schrybdisch. 2. *Verlagsunternehmen.*
Dim. Verläägli s.

verlääge Adj. 1. *verlegen, ratlos.* Si macht e verlääge
Gsicht. 2. *durch Liegen zerknittert.* E verlääge Bètt.

verlaide (verlaided), **vertlaide** [+] (vertlaided) *verleiden.*
Du hèsch mer die ganzi Vòòrfraid verlaided.
Das Spiil verlaided aim glyy.

Verlaider m. *Überdruss.* Der Verlaider bikoo,
überdrüssig werden. Sich der Verlaider äsze,
bis zum Überdruss essen.

verlaidig *verleiden machend, bald verleidend,* *langweilig.* Das isch eenter e verlaidigi Muusig.

verlaigne (verlaigned) *verleugnen.*

verlaimde (verlaimded), **verlyymde** (verlyymded) *verleumden.*

Verlaimdig w., (-e), **Verlyymdig** w. (-e) *Verleumdung.*

verläppere (verläppered) 1. *unachtsam verschütten.* 2. *vergeuden.* E Vermeegen isch glyy verläppered.

verlääse (verlääse) 1. *ordnen, sortieren.* D Èpfel verlääse. 2. *feierlich vorlesen.* E Biibelstèll verlääse. Ra.: Aim der Thäggscht verlääse, *jdm. gehörig die Meinung sagen.* 3. refl. *sich verlesen, falsch lesen.* Bim Vòòrlääse hèt er sich e baar Mool verlääse.

Verlääsede w., **Vertlääsede** w. 1. *Sortierung, Durchsuchung.* Eb i d Biecher yygruumt haa, han i e groossi Verlääsede gmacht. 2. *Untersuchung.* S hèt e langi Verlääsede bruucht, bis me gwisst hèt, wäär dschùld isch.

verlauffe (verlòffe) 1. *zergehen, zerfliessen.* Der Angge verlaufft in der Wèèrmi. 2. refl. *auseinandergehen.* No der Breedig händ sich d Lyt verlòffe. 3. refl. *sich verlaufen, Orientierung verlieren.* Si händ sich im Wald verlòffe. 4. *mit Gehen Zeit verbrauchen.* I haa iber drei Stùnde verlòffe.

verleege (verlègt) 1. *verlegen, ausbreiten.* E Dèppig verleege. 2. *an einen falschen Ort legen.* I find my Buech nimme, i haa s glaub verlègt.

verlèère (verlèèrt) *verlernen.*

verlèsche (verlèscht / verlösche) *erlöschen.*

verlèsslig *verlässlich, zuverlässig.*

verlètterle (verlètterled) *mit Lotteriespiel durchbringen.* Er hèt Huus ùnd Hoof verlètterled.

verlyyche (verliiche) *verleihen.*

verlyyde (verlitte) *ertragen, aushalten.* I kaa s Flueche nit verlyyde. S mag s no verlyyde, *es geht gerade noch.* Wènn s es verlyyde maag, wènn s sich verlyyde maag, *wenn es die Mittel erlauben.* S maag nyt me verlyyde, *die Grenze des Möglichen ist erreicht.*

verlieb, jg. **vòrlieb** *vorlieb.* Mit èppis verlieb nää, *sich mit etwas begnügen.*

verliebe, sich (verliebt) *sich verlieben.*

Verliebtnis[+] w. *Verliebtheit* (Kron).

verliederle (verliederled) 1. tr. *durch Liederlichkeit verderben, verlieren, verschwenden.* 2. intr. *verkommen.* Er isch laider räschtlos verliederled.

verliere (verlòòre; Kond. verlùùr[+]) *verlieren.* Verlòòren ùnd verkaufft → verkaufft.

verlyymde → verlaimde.

Verlyymdig → Verlaimdig.

verlyyme (verlyymt) *verleimen.*

verlytte (verlitte / verlytted) *ausläuten, zu läuten aufhören.* S hèt verlitte, jètz foot d Breedig aa.

verloo (verloo / verlòsse) *verlassen.* Er hèt sy Frau verlòsse. Ùff in ka me sich verloo. E verlòsse Huus.

Verloobig w. (-e) *Verlobung.* D Verloobig aasaage, *die Verlobung bekanntgeben.*

verlòche (verlòcht) 1. *einscharren.* Si händ die dooti Katz im Gaarte verlòcht. Ra.: S Gäld verlòche, *sein Geld verlustreich anlegen.* Er hèt sy Gäld in e groosse Neibau verlòcht. 2. *beerdigen* (vulg.). 3. *abseits unterbringen* (pop.). Me hèt en in ere glaine Fyliaale verlòcht.

verloose[1] (verloost) *auslosen.* Wämmer die Sache nit lieber verloose?

verloose[2], **sich** (verloost) *sich verhören.* Sag die Nùmmere noonemool, i haa mi verloost.

Verloosede w., **Verloosig** w. (-e) *Verlosung, Lotterie.*

Verlòss m. *Verlass.* Ùff die Lyt isch wiirgglig Verlòss, *auf diese Leute kann man sich wirklich verlassen.*

verlòttere (verlòttered) 1. tr. *liederlich verschwenden.* Si hèt ir ganz Mueterguet verlòttered. 2. intr. *aus den Fugen geraten.* Das Huus isch aarg verlòttered.

verlòtzt *sehr nachlässig gekleidet.* Lauff nit eso verlòtzt ùmme!

verluedere (verluedered) 1. tr. *durchbringen, verprassen, verschwenden.* 2. intr. *herunterkommen, verkommen.* E verluederede Landstryycher.

verluege, sich (verluegt) 1. *sich versehen, falsch sehen.* I mues mi verluegt haa, der Zùùg faart èèrscht speeter. 2. *sich vergaffen.* Er hèt sich in das aamächelig Maitli verluegt.

verlùfte (verlùfted) 1. *lüften.* D Stùùbe verlùfte. 2. *gelüftet werden.* D Glaider verlùften ùff em Balggòng. I gang go verlùfte, *ich gehe an die frische Luft.*

verlùmpe (verlùmpt) 1. tr. *verprassen, durchbringen.* 2. intr. *verlumpen, an den Bettelstab geraten.* Er isch am Verlùmpe, *er steht vor dem Konkurs* (pop.).

Verlùscht m. (Verlischt), **Verlùùrscht**[+] m. (Verliirscht) Verlust.

verlùschtiere → erlùschtiere.

verluust *verlaust, verwahrlost.*

vermache (vermacht) 1. *abdichten, fest schliessen, zumachen.* E Spalt vermache. 2. *testamentarisch vermachen.* Er hèt sy Gäld em Dùùrnverain vermacht.

vermaale (vermaale / vermaalt) *zermahlen.*

vermeeble (vermeebled) 1. *stark beschädigen, zerstören.* 2. *verprügeln* (pop.).

Vermeege s. *Vermögen.* Dim. Vermeegeli s. *nettes kleines Vermögen.*

vermeege (vermeege) *genügend Mittel haben.* Si händ s ùnd vermeege s, *sie sind recht wohlhabend.* I vermag s, *ich kann es mir leisten.*

vermeeglig *wohlhabend, reich.*

vermyyde (vermiide) *vermeiden.*

vermischle (vermischled) *vermischen.*

vermòòrggse (vermòòrggst) *vermurksen, durch verkrampfte oder falsche Manipulation unbrauchbar machen.* Mit eme lätze Schlissel hèt er s Schlòss vermòòrggst. E vermòòrggsti Sach, *eine ausweglose Angelegenheit.*

vermòschte (vermòschted) 1. *zu Most verarbeiten.* 2. *zerquetschen.*

vermoose (vermoost) *beflecken, beschmutzen.* Vermoosti Glaider.

vermuese (vermuest) 1. *zu Mus machen.* 2. *zu Mus werden.* Die Banaane sind iiberzyttig, si vermuese schò.

vernää (vernoo) 1. *vernehmen, zu Gehör bekommen.* 2. *einvernehmen.* Der Richter hèt en zuer Sach vernoo.

vernaaie (vernaait) *vernähen, zunähen.* E Wùnde vernaaie.

vernaise (vernaist) *beim Herumwühlen verlegen.* I haa dä Brieff vernaist.

vernaare, sich (vernaart) *sich vernarren, sich verlieben.*

vernäschte (vernächsted), **vernischte** (vernischted) *infolge Unordentlichkeit verlegen.*

vernètze (vernètzt) *durchnässen, völlig nass machen.* S Bùschi hèt syni Windle vernètzt.

vernimftig *vernünftig.*

vernischte → vernäschte.

vernytte (vernytted), **vernyttige** (vernyttiged) *herabwürdigen, heruntermachen, als wertlos hinstellen.* Der Kùnschtgrytigger hèt alli iri Hèlge vernyttiged.

vernuudle (vernuudled) *lebhaft liebkosen (Kleinkind).*

vernùùsche (vernùùscht) *durch Herumwühlen verlegen.* Hèsch äct dy Ring naime vernùùscht?

vernùssbiggled[+] *niedergeschlagen, konsterniert* (Sieber).

verpfitze (verpfitzt) *herausplatzen, herauslachen.*

verpflääge (verpflägt) *verpflegen.*

verpflùttere (verpflùttered) *breiig zerfliessen.* Die Galleren isch ganz verpflùttered.

verpfùpfe (verpfùpft) *vor innerem Druck bersten, platzen, herausplatzen.* Si isch fascht verpfùpft vòr Lache. Sich verpfùpfe, *sich verraten, ein Geheimnis verraten.* Dùmmerwyys han i mi verpfùpft.

verphicht[+] *erpicht* (Meyer).

verquanggt → vergwanggt.

verquante → vergwante.

verrääble (verräbled) *nach und nach elend zugrunde gehen, krepieren, elend sterben.*

verräche (verrächt) *mit dem Rechen, mit der Harke verteilen.* Der Sand ùff em Wääg verräche.

verraichere (verraichered) *verräuchern.* E verraicheredi Stùùbe.

verraise (verraist) 1. *verreisen, wegreisen, Reise antreten.* 2. *sich davonmachen* (pop.). Verrais äntlig! 3. verraist syy, a) *in Gedanken abwesend sein.* b) *unter Drogeneinfluss stehen* (pop., 2. H. 20. Jh.).

verrängge (verränggt) *verrenken.* E verränggte Fuess. Verränggte Maage, *Magenverstimmung.*

verrätsche (verrätscht) *ausplaudern, verpetzen.* Sich verrätsche, *sich verraten.*

verrauche (verraucht) 1. intr. *verrauchen, in Rauch aufgehen.* S Fyyr isch verraucht. Ütr. Sy Daibi isch verraucht, *sein Zorn ist verraucht.* 2. tr. *vollrauchen.* E verrauchti Wiirtsstùùbe.

verreede (verrèdt / verreeded) *sich versprechen, sich verplappern.*

verrègge (verrèggt) 1. *verrecken, krepieren.* 2. *sterben* (vulg.). Ùm s Verrègge, *um alles in der Welt* (vulg.). Ra.: Verrègg am Schatte![+] *Hol dich der Teufel!* (pop., Seiler). 3. *misslingen* (vulg.). Die Ùffierig isch bees verrèggt.

verrèggt 1. *verflucht* (vulg.). Ra.: Verrèggt am Schatte, *das ist eine sehr fatale Angelegenheit* (pop.). 2. *sehr, enorm* (vulg.). Das isch verrèggt schwiirig.

verrènne, sich (verrènnt) *festfahren, sich hartnäckig verbohren.* Er hèt sich in e Spinnydee verrènnt.

verryybe (verriibe) 1. *verreiben.* 2. *zerreiben.*

verriible (verriibled) *durch Scheuern zerreiben.*
Verriibledi Manschètte.

Verrichtig w. (-e) *Verrichtung, Arbeit, Obliegenheit.*
Gueti Verrichtig! *Möge deine Arbeit gut gelingen.*

verrieche (verròche) *Aroma, Geruch verlieren.*
Der Kaffi verriecht in der òffene Biggse.

verriere (verriert) 1. *durchrühren, zu Brei rühren.*
Määl ùnd Aier verriere. 2. refl. *sich rühren,
sich bewegen.* Do stoot si ùnd verriert sich nit
(Liebrich).

verriigle (verriigled) *verriegeln, versperren.*

verripse (verripst) *durchscheuern, abwetzen.*
Dä verripst Sässel sòtt me nei iberzie.

verrysse (verrisse) 1. *zerreissen.* Er hèt us Wuet
sy Dienschtbiechli verrisse. E Schnaps non em Ässen
isch guet zum Verrysse. D Schnùùre verrysse,
a) *das Maul vollnehmen, prahlen* (vulg., Schneider).
b) *reklamieren, tadeln* (vulg.). Unpers.
S hèt en verrisse, a) *er hat Bankrott gemacht* (pop.).
b) *er ist gestorben* (vulg.). S Syydebapyyr verrysst
lyycht. 2. *verreissen, vernichtend kritisieren.*
Der Rèzensänt hèt das nei Buech verrisse.

Verrysserli s. *Schnaps nach üppiger Mahlzahl als
Verdauungshilfe.*

verroode, sich (verrooded) *sich bewegen, sich rühren.*
Ùm s Verroode, *um jeden Preis* (pop.). Er wòtt ùm s
Verroode nit in s Bètt.

verroote (verroote) 1. *verraten.* 2. *erraten.*

verrueffe *verrufen, anrüchig.*

verruesse (verruesst) *verrussen, russig werden.*
E verruessti Schmitti.

verrùggt 1. *verrückt.* 2. *zornig* (pop.). 3. Adv. *sehr,
überaus.* Das sind verrùggt nätti Lyt. Mer händ
verrùggt vyyl glacht.

verrùmpfle (verrùmpfled) tr. und intr. *zerknüllen,
zerknittern.* I han e Zytig verrùmpfled.
S Syydebapyyr verrùmpfled gäärn.

verrùpfe (verrùpft) 1. *zerrupfen,* 2. ütr. *vernichtend
kritisieren* (20. Jh.).

Versääche → Versee.

versääge (versägt) *zersägen.*

versaiche (versaicht) 1. *bepissen, mit Urin
verunreinigen* (vulg.). Versaichti Ùnderhoose.
2. *verregnen* (vulg.). E versaicht Fèscht.

versaile (versailt) *am Seil herunterlassen, betrügen.*

versalze (versalzt / versalze) 1. *versalzen.* 2. ütr.

verderben, vergällen. Si hèt mer die ganzi Vòòrfraid
versalzt.

Versammlig w. (-e) 1. *Versammlung,* 2. *religiöse
Zusammenkunft.*

versängge (versänggt) 1. *versenken.* 2. *einsperren*
(pop.). 3. *hintergehen, betrügen, versetzen* (pop.).

versäärble (versäärbled) *langsam, qualvoll sterben,
verkümmern.*

versässe *versessen, erpicht.*

versaue (versaut) 1. *beschmieren, beschmutzen* (pop.).
2. ütr. *vermasseln, verderben* (vulg.).

verschaabe[+] *abgeschabt, schäbig, abgenützt.*
Verschaabe derhäärkoo (Kron).

verschaffe (verschafft) 1. *verschaffen, besorgen.*
Er hèt eren e Stèll verschafft. 2. *verarbeiten.*
Bim Wääbe hèt si alli Wùlle verschafft.
Der Dood vò syner Frau hèt er nie verschafft,
mit dem Tod seiner Frau wurde er nie fertig.
3. *durcharbeiten, kneten.* Der Daig verschaffe.

Verschaalig w. (-e) *Verschalung.*

verschängge (verschänggt) *verschenken.*

verschaare (verschaart) 1. *verscharren.* 2. *begraben*
(vulg.).

verschyyche (verschyycht) *verscheuchen.*

verschiebe (verschoobe) *verschieben.*

verschiesse (verschòsse) 1. *erschiessen,* ütr. *unmöglich
machen.* Er hèt sälle Dichter imene beesen Artiggel
verschòsse. 2. *verschiessen, durch Schiessen
verbrauchen.* Ra.: Er hèt sy Bùlver verschòsse,
er hat keine Argumente mehr. 3. refl.a) *auf die
falsche Scheibe schiessen, daneben treffen.*
b) *sich heftig verlieben.* Er hèt sich in s Suusi
verschòsse. 4. intr. *abschiessen, Farbe verlieren,
verblassen.* Verschòsseni Dabeete.

verschiffe (verschifft) 1. *verregnen* (vulg.). Verschiffti
Fèèrie. 2. *bepissen* (vulg.). E verschifften
Aabeedèggel.

verschysse (verschisse) 1. *verkacken, mit Exkrementen
verunreinigen* (vulg.). 2. *verderben* (vulg.). Er hèt s
mit sym Maischter verschisse, *er hat sich mit seinem
Meister entzweit, ist bei ihm in Ungnade gefallen.*
E verschisseni Sach, *eine hoffnungslose Angelegen-
heit.* Es goot mer verschisse, *es geht mir miserabel.*

verschitte (verschitted) *verschütten, versehentlich
vergiessen.*

verschytte (verschytted) *zu Scheiten spalten.*

verschittle (verschittled) *durcheinanderschütteln.*

Verschlaag m. (Verschleeg) 1. *Lattenverschlag.*
2. *Zimmer (humor., pop.).*
verschlägge (verschläggt) *für Schleckzeug
verbrauchen.* S Sagg'gäld verschlägge.
verschläggt *wählerisch (vor allem beim Essen).*
verschlaiffe (verschlaifft), **verschlaigge** (verschlaiggt),
verschlaipfe[+] (verschlaipft) *verschleppen.*
E verschlaiffti Halsentzindig.
verschlänggere (verschlänggered) *vergeuden,
verprassen, verschwenden.*
verschlänze (verschlänzt) *zerfetzen, zerreissen.*
Verschlänzti Lyyndiecher.
verschlauffe (verschlaufft) *einschlaufen, Riemenende
verknoten (Ss.).*
verschlètze (verschlètzt) *verprassen, durchbringen,
verschwenden.*
verschlieffe, sich (verschlòffe) 1. *sich verkriechen,
sich verbergen.* 2. *abhanden kommen, unauffindbar
werden.* My Brille hèt sich naime verschlòffe.
verschlyyme (verschlyymt) *verschleimen.*
verschliirge (verschliirgt) *verschmieren.*
verschloo (verschlaage) 1. *verschlagen.* S hèt em
d Stimm verschlaage, der Ootem verschlaage.
2. *zerschlagen.* E Haafe verschloo. 3. *verprügeln*
(pop.). Diir sòtt me der Ranze verschloo.
verschlooffe (verschlooffe) *verschlafen.*
I ha der Mòòrgestraich verschlooffe.
Si hèt sich allewyyl verschlooffe.
verschmäärze (verschmäärzt), **verschmiirze**[+]
(verschmiirzt) *verschmerzen.*
verschmiirze → verschmäärze.
verschmitzle (verschmitzled) *zärtlich abküssen.*
verschmoochte (verschmoochted) *verschmachten*
(Müller).
verschmùùsle (verschmùùsled) *beschmutzen,
besudeln, unsauber machen.* Die Wand isch ganz
verschmùùsled.
verschmùtze (verschmùtzt) *abküssen, mit Küssen
bedecken.*
verschnääfle (verschnääfled) 1. *in kleine Stücke
zerschneiden, durch Zerschneiden unbrauchbar
machen.* Si hèt die scheenschte Bapyyrbeege
verschnääfled. 2. *durch chirurgischen Eingriff
verunstalten* (pop.). Der Bròfässer hèt ere s ganz
Gsicht verschnääfled.
verschnäpfe, sich (verschnäpft) *sich versprechen,
sich unfreiwillig verraten.*

verschnapse (verschnapst) 1. *mit Branntweintrinken
verbrauchen, durchbringen.* S Vermeege
verschnapse. 2. *zu Branntwein destilieren.* Si händ
die maischten Èpfel miese verschnapse.
verschnapst *versoffen (infolge Branntweintrinkens).*
verschnätzle (verschnätzled) *schnitzeln, in kleine
Stücke zerschneiden.*
verschnyyde (verschnitte) 1. *zerschneiden.*
Der Kueche verschnyyde. 2. *falsch zuschneiden.*
Si hèt der Stòff aarg verschnitte. 3. *verschneiden,
kastrieren.* 4. *von Wein oder Schnaps: zweckmässig
mischen.* Verschnittene Wyy, verschnittene Schnaps.
Verschnittes s. *Aufschnitt, in Scheiben geschnittenes
verschiedenartiges Fleisch, Wurst, Schinken.*
I sòtt nò hùndert Gramm Verschnittes haa.
verschnùùdere (verschnùùdered) *mit Rotz besudeln.*
E verschnùùdereden Èèrmel. I bii ganz
verschnùùdered, *ich habe einen starken Schnupfen*
(pop.).
verschnuufe (verschnuuft), **verschnuffe** (verschnufft)
verschnaufen.
verschnùùrpfe (verschnùùrpft) *hässlich, schrumpfig
zusammennähen.*
verschòppe (verschòppt) *verstopfen, abdichten.*
D Doolen isch verschòppt.
verschòsse 1. *stark verliebt.* 2. *verblasst.*
E verschòsse Blau.
verschrägge[1] (verschräggt) *erschrecken, in Schrecken
versetzen.* Der Santiglaus hèt d Kinder verschräggt.
verschrägge[2] (verschrògge; Präs. verschrigg,
verschriggsch, verschriggt, verschrägge)
erschrecken, in Schrecken geraten. I verschrigg
sùnscht nit, aber doo biin i verschrògge.
verschränze (verschränzt) *zerfetzen, zerreissen.*
In ainer Daibi hèt er s Dischduech verschränzt.
verschreie (verschraue) *verschreien, in üblen Ruf
bringen, verleumden.* Verschraueni Zaal, *verrufene
Zahl, Unglückszahl* (Hindermann).
verschryybe (verschriibe) 1. *verschreiben, verordnen.*
Der Dòggter verschrybt e Mitteli. 2. *falsch schreiben.*
I haa der aige Namme verschriibe. I haa mi
verschriibe. 3. *vollschreiben.* Si hèt s ganz Blatt
verschriibe. 4. *letztwillig verfügen, testieren.*
D Dante Roosi hèt ir ganz Vermeegen ùns
verschriibe.
verschrùmpfle (verschrùmpfled) *zusammen-
schrumpfen.* Verschrùmpfledi Èpfel.

E verschrùmpfled alt Männli.

verschruube (verschrubt) *verschrauben.*

verschùnde *zerschunden, zerschürft.*

verschùpfe (verschùpft) *beiseite setzen, stiefmütterlich behandeln, verstossen.*

verschwaarte (verschwaarted) *verprügeln* (pop.).

verschwätze, sich (verschwätzt) *sich versprechen, sich verplappern.*

verschweegered *verschwägert.*

verschwèlle (verschwèllt) 1. *aufquellen lassen, aufschwellen machen.* S Wasser verschwèllt s Hòlz. 2. *einweihen, feiern.* E Granz, e Bryys verschwèlle. E Doote verschwèlle, *zu Ehren eines Verstorbenen trinken* (vulg.).

verschwèère, sich (verschwòòre) *mit Nachdruck schwören, beteuern.* Er hèt sich verschwòòren, er gieng nie mee in sälli Baiz. I mècht mi nit verschwèère, *ich kann das nicht mit voller Sicherheit behaupten.*

verschwyyge (verschwiige) *verschweigen.*

verschwiige[1] *verschwiegen, schweigsam.*

verschwiige[2], **verschwyyge** *geschweige denn* (Baerwart).

verschwinde (verschwùnde) 1. *verschwinden.* 2. *auf den Abort gehen.* I mues gschwind verschwinde.

Verschwindibùs *Verschwinden* (humor.), in: Verschwindibùs mache, *verschwinden.* Humor. Zauberformel: Hooggùs booggùs verschwindibùs.

verschwitze (verschwitzt) 1. *durchschwitzen.* Verschwitzti Glaider. 2. *heftig schwitzen.* I verschwitz bi däre Hitz. 3. *vergessen* (pop.). Au, jètz han i die Sitzig ganz verschwitzt.

verschwùlle *verschwollen, aufgeschwollen.* Verschwùlleni Auge, Verschwùlle Holz.

verschwùmme *verschwommen.*

Versee s., **Versääche**[+] s. *Versehen.* Us Versee, *aus Versehen, versehentlich.*

versèggle (versèggled) *narren, betrügen, hereinlegen, nasführen, in Verlegenheit bringen* (pop.). Mii kaasch nit aifach so versèggle.

verseemle (verseemled) *unachtsam verstreuen.* Er verseemled sy Duubagg iiberaal.

versètze (versètzt) 1. *an andern Posten versetzen.* 2. *verpflanzen, umtopfen.* 3. *verpfänden.* Er mues sy Uur versètze.

versyyche (versyycht) *verseuchen.*

Versicherig w. (-e) *Versicherung.*

versyycht *leidenschaftlich, passioniert* (Mitte 20. Jh.). Er isch e versyychte Jasser.

versyyfere, sich (versyyfered) *Nachgeburt ausstossen (von Tieren).*

Versyyferig w. (-e) *Nachgeburt, Ausstossen der Nachgeburt (bei Tieren).*

versilbere (versilbered) 1. *versilbern.* Versilbered Bstègg. 2. *zu Geld machen, verkaufen.*

versilche (versilcht) 1. *mit Farbe bestreichen.* 2. *beklecksen, beim Essen beschmutzen, besudeln.* Der Ässmantel isch ganz versilcht. Versilchti Händ.

versindige, sich (versindiged) *sich versündigen.*

versòffe *versoffen, durch Trinken heruntergekommen, trunksüchtig.*

versoole (versoolt) 1. *verprügeln.* 2. *narren, betrügen, hintergehen.* Jètz simmer scheen versoolt, ...in grösster Verlegenheit.

versoome (versoomt) *Samen ausstreuen, Samen fallen lassen.* Auch: sich versoome. S Ùn|grut versoomt (sich).

versòòrge (versòòrgt) *versorgen.* 1. *an seinen Ort tun.* S Naasduech versòòrge. S Gschiir versòòrge. 2. *in Anstalt oder Heim unterbringen.* Me hèt en laider miese versòòrge. 3. *ütr.* [+]*essen, trinken.* Si hèt ire Kaffi mit Zwyybagg versòòrgt ghaa (Hetzel).

verspègguliere (verspèggguliert) *mit Spekulieren verbrauchen.* Er hèt s ganz Èèrb verspèggguliert.

verspèère (verspèèrt) *versperren, im Wege sein.* Das nei Huus verspèèrt die ganzi Uussicht.

verspeete, sich (verspeeted) *sich verspäten.*

Verspeetig w. (-e) *Verspätung.*

Verspräche s. *Versprechen.*

verspräche (verspròche; Präs. versprich, versprichsch, verspricht, verspräche; Kond. versprääch) 1. *versprechen, geloben.* 2. *verloben.* Si isch schò verspròche, *sie ist bereits verlobt.* Sich verspräche, *sich verloben.*

verspränge (versprängt) *zersprengen, platzen machen.* Humor. Spruch: Lieber der Buuch versprängt, als em Wiirt e Batze gschänggt.

verspringe (versprùnge) *zerspringen.*

verstaable (verstaabled) *vor Kälte erstarren* (Hoffmann).

verstäche (verstòche) 1. *zerstechen.* D Schnoogge händ en aarg verstòche. 2. *stopfen, mit Faden und*

Nadel ausbessern. D Sògge verstäche.
Verstächede w. *Stopfarbeit.*
verstampfe (verstampft) *zerstampfen, heftig zertreten.*
verstègge (verstèggt) *verstecken, verbergen.*
Verstèggerlis s., **Verstèggis** s., **Verstègglis** s.
Versteckspiel. Verstèggis mache, Verstèggis spiile,
Verstecken spielen. Verstèggis mit Aaschloo
→ aaschloo.
verstèlle (verstèllt) 1. *verstellen, an falschen Ort stellen.*
D Stùndefrau verstèllt jeedesmool d Sache ùff der
Kùmoode. 2. *umstellen.* D Uur verstèlle.
3. *versperren.* Der Gang isch mit Meebel verstèllt.
4. *entstellen, verunstalten.* 5. *verändern.* D Stimm
verstèlle. Sich verstèlle, *sich verstellen.*
verstyyge, sich (verstiige) *sich versteigen.*
verstigge (verstiggt) *ersticken.*
verstoo (verstande) *verstehen, begreifen.* Verstoosch,
was i main? Sy Handwäärgg verstoo, *sein Handwerk
gründlich beherrschen.* Lätz verstoo, *missverstehen.*
verstòpfe (verstòpft) 1. *verstopfen.* E verstòpften
Ablauff. 2. *stopfen.* Strimpf verstòpfe.
Verstòpfig w. (-e) *Verstopfung, schlecht
funktionierender Stuhlgang.*
verstrègge (verstrèggt) *durch Strecken oder Zerren
überanstrengen oder verrenken.* Er hèt der Fuess
verstrèggt.
verstryyche (verstriche) 1. *verstreichen, breit verteilen.*
Der Anggen ùff em Broot verstryyche.
2. *mit zähflüssiger Masse, z.B. Kitt, verschliessen.*
E Lòch in der Muure verstryyche. 3. *intr.
verstreichen, vergehen.* S isch vyyl Zyt verstriche.
verstrùùble (verstrùùbled) *zerzausen.*
Verstrùùbledi Hòòr.
verstrùpfe (verstrùpft) *zerzausen, zerpflücken.*
E verstrùpfte Bääse.
verstuuche (verstuucht) *verstauchen.* Si hèt d Hand
verstuucht. Verstuuchte Maage, *Magenentzündung.*
Er hèt e verstuuchti Zùnge, *er stottert* (humor.).
Verstuuchig w. (-e) *Verstauchung.*
verstuune (verstuunt) *erstaunen, sich wundern,
befremdet sein.* I bi ganz verstuunt ab däre Bracht.
verstùpfe (verstùpft) *mit kleinen Stichen zerstechen.*
versùùdle (versùùdled) *beschmieren, beschmutzen,
mit hässlicher Schrift vollschreiben.* Die èèrschti
Syten isch ganz versùùdled.
Versuech m. (Versiech) *Versuch.* Dim. Versiechli s.
versueche (versuecht) *versuchen, probieren, kosten.*

Versuecherli s. *kleine Kostprobe.* Witt nit e
Versuecherli bròbiere?
versuffe (versòffe) 1. tr. *vertrinken, mit Trinken
verbrauchen.* Haab ùnd Guet versuffe. 2. intr.
ertrinken (vulg.). In syne Schue versuffe,
viel zu grosse Schuhe tragen (humor.). In der Aarbed
versuffe, *mit Arbeit überlastet sein.* Im Bapyyr
versuffe, *in den Aktenbergen beinahe ertrinken.*
Versufferlis s. *Spiel, bei dem Ertrinken gemimt wird*
(Schs.).
versuume (versuumt) 1. *versäumen, verpassen.*
Si hèt der Zùùg versuumt. 2. *aufhalten.*
Du versuumsch mi mit dym Gschwätz. 3. refl.
sich verspäten. I haa mi laider versuumt.
versuure (versuurt) *versauern, griesgrämig,
altjüngferlich werden.*
versùùre (versùùrt) *nachlassen, vergehen
(von Schmerzen).*
versuuse (versuust) 1. +*zu gären aufhören.*
2. *nachlassen, vergehen (von Schmerzen).*
Vèèrteli → Vòòrtel.
vertlaide → verlaide.
Vertlääsede → Verlääsede.
vertlauffe[+] (vertlòffe) *davonlaufen.* Volksreim:
S Gäld isch versòffe, der Maa isch vertlòffe.
vertleene (vertleent) *ausleihen, borgen,
sich ausborgen.* Er hèt Gäld vòn ere vertleent.
Vertleent ùmmestoo, *sich deplaziert, überflüssig
vorkommen.*
vertnùgge[+] (vertnùggt) *einnicken, entschlummern.*
vertschlipfe (vertschlipft) 1. *entschlüpfen, entgleiten.*
2. *ausgleiten, ausrutschen.*
vertschlooffe[+] (vertschlooffe) *einschlafen.*
Äntlig isch er vertschlooffe.
vertschuppe (vertschuppt), **vertschupple**
(vertschuppled) *zerzausen.* Vertschuppti Hòòr.
Si kùnnt vertschuppled derhäär.
vertwitsche (vertwitscht) *entwischen.* Im Mòmänt
isch s mer vertwitscht, *soeben ist es mir entfallen.*
verùnkòschte[+] (verùnkòschted) *in Unkosten stürzen.*
S isch nit ùnser Aart, èpper z schenieren oder
z verùnkòschte (Kron).
verùnschigge[+] (verùnschiggt) *durch Ungeschicklich-
keit zugrunde gehen lassen, verderben lassen.*
verwache (verwacht) *erwachen, aufwachen.*
Wènn bisch verwacht?
verwääfere[+] (verwääfered) 1. flicken (Textilien).

2. refl. *gestikulieren, sich ereifern.* Si hèt sich wie lätz verwääfered.

verwääge, verwooge[+] *verwegen.*

verwäggsle (verwäggsled) *verwechseln.*

verwaaie (verwaait) *verwehen.* S wiird nit verwaaie mit Mòòrgewind ùnd Gleeserglang (Burckhardt).

verwalche (verwalcht) 1. *durchwalken.* 2. *verprügeln.*

verwääle[+] (verwäält) *verwelken.*

verwamse (verwamst) *verprügeln.*

verwäärfe (verwòòrfe) *verwerfen.* 1. *ablehnen.* E Gsètz verwäärfe. 2. *Fehlgeburt haben (von Tieren).* D Kue hèt verwòòrfe. 3. *durcheinanderwerfen.* D Händ verwärfe. 4. *beim Kartenspiel wertlose Karten in den Stich werfen.* Hèsch nit gsee, dass i verwòòrfe haa? 5. refl. *Verwerfung bilden, krumm werden.* S Hòlz an der Biini hèt sich verwòòrfe.

verwäärgge (verwäärggt) 1. *seelisch verarbeiten.* 2. [+]*verprügeln.*

verwaarme[+] (verwaarmt) *erwarmen, warm bekommen, warm werden* (Meyer).

verwaarte[+] (verwaarted) *sehnlich erwarten.* Si hèt s kuum kènne verwaarte.

verwäsche *verwaschen.* Verwäscheni Sògge. E verwäsche Gsicht, *ein nichtssagendes Gesicht.*

verwätsche (verwätscht) *ohrfeigen.*

verwättered[+] *verwittert.*

verwègge (verwèggt) *aufwecken, zur Unzeit wecken* (Baerwart).

verwènne (verwènnt), jg. **verweene** (verweent) *verwöhnen.*

verweèrme[+] (verweèrmt) *wärmen, erwärmen.*

verwiche[+] *vergangen.* Syt em verwichenen Oobe, *seit dem letzten Abend* (Meyer). Adv. *kürzlich, unlängst.*

verwieschte (verwieschted) 1. *verwüsten.* 2. *vergeuden.* Si hänn wider s Broot verwieschted.

verwiifle (verwiifled) *wiebeln, stopfen (Textilien).*

verwyyle (verwyylt) *verweilen.* Sich mit èppisem verwyyle, *sich mit etwas gut unterhalten.*

verwinde (verwùnde) *verwinden, seelisch verarbeiten.* Hèsch dä Schlètterlig noonig verwùnde?

verwiirge (verwiirgt) *erwürgen.*

verwiirle (verwiirled) *verwirren, durcheinander-bringen.* D Wùllen isch verwiirled. Jètz verwiirlesch alles, *jetzt bringst du alles durcheinander.*

Verwyys m. *Verweis, Tadel.*

verwitsche (verwitscht) *erwischen, durch Zufall oder Absicht.* Jètz haan i di verwitscht, *jetzt habe ich dich erwischt, bin dir auf die Schliche gekommen.* D Grippe hèt en bees verwitscht. I haan e Schnùppe verwitscht.

verwooge → verwääge.

verwòòrge (verwòòrgt) 1. *erwürgen.* 2. *herunter-würgen,* ütr. *mit Mühe seelisch verarbeiten.* Er kaa s nit verwòòrge, dass er die Stèll nit bikoo hèt. 3. *ersticken.* Er isch fascht draa verwòòrgt. Ùm s Verwòòrge, *um jeden Preis.*

verwùùrme (verwùùrmt) *wurmig, wurmstichig werden.* Verwùùrmti Kinder. Verwùùrmti Meebel.

verwùùrschtle (verwùùrschtled) *durcheinander-bringen.*

verzaable (verzaabled) *vor Ungeduld, Sehnsucht, Angst vergehen.*

verzaige (verzaigt) *anzeigen, z.B. bei der Polizei.* Er hèt is verzaigt, wil mer Radau gmacht händ.

verzapfe (verzapft) 1. *durch Zapfen verbinden.* Verzapfti Bälgge. 2. *vom Fass ausschenken.* Neie Wyy verzapfe. 3. *erzählen* (pej.). Hèt die wider e Kääs verzapft!

verzääserle[+] (verzääserled) *zerfasern.*

verzèlle (verzèllt) 1. *erzählen.* Määrli verzèlle. Em Fäärimaa verzèlle → Fäärimaa. 2. refl. *falsch zählen, beim Zählen irren.* I haa mi in de Masche verzèllt.

verzèttle (verzèttled) 1. *Gras zum Dörren ausbreiten.* 2. *verzetteln, verstreuen, vergeuden.* Si hèt iri Grèft vyyl z vyyl verzèttled.

verzyyche (verziiche) *verzeihen.*

verzyychlig[+] *verzeihlich.*

verzie (verzooge) *verziehen.* 1. *in eine andere, falsche Form ziehen.* S Dischduech isch verzooge. 2. *schlecht erziehen, verwöhnen.* Verzoogeni Kinder. 3. refl. a) *durch Ziehen andere Form bekommen.* S Hòlz hèt sich verzooge. b) *weggehen, verschwinden.* Verzie di äntlig! *Mach, dass du endlich fortkommst!* D Wùlgge händ sich verzooge.

verziirne (verziirnt) 1. *erzürnen, zornig machen.* Si hèt en mit irem Gschwätz verziirnt. 2. refl. [+]*zornig werden.* Bappe, ach, verziirn di nit! (Hindermann).

verzuuse (verzuust) *zerzausen.*

verzwatzle (verzwatzled) *vor Ungeduld vergehen.* S isch zuem Verzwatzle, *das ist nicht zum Aushalten.*

verzwyyfle (verzwyyfled) *verzweifeln.*
Vètter m. (-e) 1. *Vetter, Cousin.* 2. *entfernter Verwandter, der oft auch mit* Hèr Vètter *angesprochen wird.* **Vèttergètti** m. *Vetter und zugleich Pate.* Dim. Vètterli s. **Vètterliwiirtschaft** w. *Vetternwirtschaft, Nepotismus.*
vèxiere (vèxiert) *necken; frz. vexer.*
Viich s. (Viicher) *Tier, Ungeziefer* (pej.). Jètz hèt mi wider son e Viich gstòche.
Vyeenli⁺ s. *Levkoje* (Blume).
vier *vier.* Das Biebli isch vieri. Ùff alle Viere, *auf allen Vieren.* Alli Vieri strègge, *sich breit ausstrecken* (Baerwart).
Vierègg s. 1. *Rechteck.* 2. *Quadrat.* Dim. Vierèggli s. **Vierègglibapyyr** s. *kariertes Papier.* 3. *Häusergeviert.* I spazier e bitz ùm s Vierègg.
Vierer m. 1. *Tram Nr. 4.* 2. *Angehöriger des Jahrgangs 1904.* 3. *Zahl vier.* Er hèt e Vierer gwiirfled. Fir dä Ùffsatz hèt si e Vierer bikoo.
vierezwanzig *vierundzwanzig.*
Vieri s. 1. *Zahl vier.* 2. *vier Uhr.* S schloot grad Vieri. 3. *Schulnote vier.* Im Singe han i nùmmen e Vieri.
Vierlig m. *Viertelpfund, 125 Gramm.* I hätt gäärn drei Vierlig ooni Bai, *ich hätte gern 375 Gramm Fleisch ohne Knochen.*
viert *viert.* Jeede vierte Schwyzer.
Viertel 1. m. *Viertel, vierter Teil.* Am Viertel ab Achti, *viertel nach acht Uhr.* Drei Viertel ùff Achti, *viertel vor acht Uhr.* 2. s. *Stadtviertel, Stadtteil.* Mer woonen imene stille Viertel. S Wild Viertel⁺, *äusseres Kleinbasel* (Baerwart). Dim. **Vierteli** s. a) *kleines Viertel.* b) *Viertelliter Wein.*
viertle (gviertled) 1. *vierteilen.* 2. ⁺ *Viertelstunden schlagen* (Kron). D Uur hèt schò wider gviertled.
Viertlemer m. *Viertklässler.*
vierzää *vierzehn.*
vierzäät *vierzehnt.*
Vierziger m., **Vierzger** m. 1. *Mann zwischen 40 und 50 Jahren.* 2. *Wein des Jahrgangs 1940.* 3. *Angehöriger des Jahrgangs 1940.*
Viggi m. *Viktor.* Dim. Viggeli m., s.
vyyl 1. *viel.* Vyyl Lyt, *viele Leute.* Vyyl alti Fraue, *viele alte Frauen.* Mit vyyl, *mit vielem.* Vyyl bèsser. 2. *häufig, oft.* Dä Sùmmer simmer vyyl gò baade.
vilicht, vilichte⁺ (Hetzel), **vilichter**⁺, **vilichtert**⁺ (Hindermann), **vilichted**⁺ (Kelterborn), **vilichtscht**⁺, **velicht** *vielleicht, möglicherweise.*

Vyppere w., **Wyppere**⁺ w. (Fridolin) 1. *Viper.* 2. *böse, scharfzüngige Frau.*
vò *von.* Vò nyt kùnnt nyt. S Huus vò der Mueter. S Gschäft vòm Vatter. Vò doo aa, vò dèèrt ewägg, *seither.* Vò Hand ässe, *mit blosser Hand essen.* Vò Hand zaichne, *freihändig zeichnen.* Vò Stand ùffegùmpe, *aus dem Stand hinaufspringen.* Vò de Säggsen aa, *ab sechs Uhr.*
Voogel m. (Veegel) *Vogel.* Voogel Gryff → Gryff. Ra.: E Voogel haa, *leicht verrückt sein, ausgefallene Ideen haben* (pop.). **Voogelfieterig**⁺ w. *Futterstelle für Vögel, Vogelhäuschen.* **Voogelhai** s. *bestimmte Eier-Brot-Speise.* **Voogelhyysli** s. *Vogelhäuschen.* **Voogelschyychi** w. *Vogelscheuche,* ütr. *hässlicher Mensch.* Dim. Veegeli s. Beim Photographieren: Achtig, s Veegeli kùnnt, *Achtung, ich knipse* (humor.). **Veegeli-F** s. *Buchstabe V* (humor.). **Veegeli-Fischer** *Familienname Vischer, mit V geschrieben* (humor.). **Veegeligrawatte** w. *Krawatte in Schmetterlingsform, «Fliege».*
voogle → veegle.
Vooglerei w. (-e) 1. *Begattung* (vulg.). 2. *Schikane* (Ss.).
Vògtsmaa⁺ m. (Vògtsmänner) *Vormund* (Kron).
Vòlgg s. (Vèlgger) *Volk.* Dim. Vèlggli s.
vòll (vèller / vòller, vèllscht / vòllscht) 1. *voll.* S Määs isch vòll, *das Mass ist voll,* ütr. *jetzt ist es genug, jetzt reicht's aber.* E vòlle Rùggsagg. 2. *beschmutzt.* Vòlli Windle. I haa mi bi dären Aarbed vòll gmacht. Ra.: D Hoose vòll haa, *Angst haben* (pop.). 3. *betrunken* (pop.). Er isch jeeden Oobe vòll. Do lyt e Vòllen im Stroossegraabe.
vòlle *voll, voller.* E Kòòrb vòlle Biire. Do diend si vòlle Breissehoochmuet schwätze, *...voll Preussen-Hochmut...* (Kelterborn).
Vòllwiggs m. *Festtracht der farbentragenden Studenten.* Ütr. Si isch im Vòllwiggs koo, *sie kam festlich herausgeputzt* (humor.).
vòm *von dem.*
Vòmbrùnn, Vònbrùnn *von Brunn (Familienname).*
vòmenelai → elai.
vòmesälber → sälber.
Vònbrùnn → Vòmbrùnn.
Vòndermiil *Von der Mühll (Familienname).*
vònemelai → elai.
vònemesälber → sälber.
Vònspyyr *von Speyr (Familienname).*
vòòr (bet.) **vòr** (unbet.) 1. *Präp. mit Dat. und Akk.*

vor. Vòr der Diire wische. Vòr d Diire stèlle.
Vòr s Huus uuse, *vor das Haus hinaus.* Vòr de Dreie,
vor drei Uhr. Vòr luter Angscht, *vor lauter Angst.*
2. Adv. *übrig, überschüssig.* Isch nò Sùppe vòòr?
3. Konj. *ehe, bevor.* Vòr s yynachted, *bevor es
Nacht wird.*

vòòraa, vòraa *voran, vorwärts.* S goot vòòraa mit der
Aarbed.

vòraakoo (vòraakoo) 1. *vorankommen.* 2. *es zu etwas
bringen, Karriere machen.*

vòòraamache[1] (vòòraagmacht) *geschäftlich
prosperieren.*

vòraamache[2] (vòraagmacht) *sich beeilen.*
Mach äntlig vòraa!

vòraane *vorher, vorhin* (Schneider).

Vòòrässe s. *Ragout aus kleingeschnittenem Fleisch.*

vòòrässe (vòòrgässe) *Erbteil vorbeziehen* (humor.).

vòòrbòòrschte[+] (vòòrbòòrschted) *neue Borsten
in Bürste einsetzen.*

Vòòrdel → Vòòrtel.

vòòrder (vèèrderscht[+] / vòòrderscht) *vorder.*

Vòòrdraab m. 1. [+] *Reitervorhut.* 2. *Gesamtheit der
einer umherziehenden Fasnachtsclique voraus-
gehenden kostümierten Platzmacher, teils zu Pferd.*

Vòòrdrääbler m. *Platzmacher an der Fasnacht.*

Vòòrèltere (Plur.) 1. *Ahnen.* 2. [+] *Grosseltern.*

vòremsälber → sälber.

vòòrewägg *vorweg.*

Vòòrfänschter s. 1. *Vorfenster.* 2. (Plur.) *Brille*
(humor.).

vòòrfäärn *im vorletzten Jahr.*

vòòrgää (vòòrgää) *beim Spiel einen Vorteil gewähren.*

Vòòrgängere w., **Vòòrgang**[+] m. *Frau, die vor der
Mutter das Neugeborene betreut und schon vor der
Geburt ins Haus kommt, Kinderschwester.*
Vòòrgangwyy[+] m. *kräftiger Wein für die Kinder-
schwester.*

vòòrgèschtert *vorgestern.*

vòòrhaa (vòòrghaa) 1. *vorhaben, beabsichtigen.*
2. *Vorhaltungen machen, vorwerfen.* Du kaasch
mer nyt vòòrhaa.

Vòòrhand w. (nur Sing.) 1. *Recht, die erste Karte
auszuspielen.* 2. *Vorkaufsrecht.*

vòòrig 1. *vorhergehend.* Im vòòrige Jòòr, *im letzten
Jahr.* 2. *übrig, überschüssig, überzählig.* Mer händ
sògaar vòòrigi Zyt. 3. Adv. *vorher, vorhin, soeben.*
Vòòrig isch grad e Husierer koo.

vòòrigblyybe (vòòrigbliibe) *übrigbleiben.*

vòryyne *vornübergebeugt.* Si laufft vòryyne.

vòòrkoo (vòòrkoo) 1. *vorkommen, sich ereignen.*
In däne Bäärg kùnnt Kùpfer vòòr. E soon e Stùùrm
kùnnt nùmme sälte vòòr. 2. *dünken, scheinen.*
Das kùnnt mer ganz gspässig vòòr. 3. *erscheinen.*
Sy Mammen isch em im Draum vòòrkoo.

vòrlieb → *verlieb.*

vòòrmache (vòòrgmacht) 1. *zeigen, wie etwas gemacht
wird.* Mach mer die Dùùrniebig emool vòòr.
2. *vortäuschen.* Miir kasch nyt vòòrmache.
3. *ersparen, Saldo erwirtschaften.* Er hèt in däm
Jòòr guet vòòrgmacht.

vòòrnächte[+] *vorgestern nacht.*

vòòrnäm *vornehm.* Vòòrnämmi Lyt.

Vòòrnamme m. (Vòòrnämme) *Vorname.*

vòòrne *vorn.* Vòòrnen ewägg ùnd hindedraa,
*bestimmtes Kinderspiel, bei dem sich jeweils die
Vordersten hinten anstellen müssen.*

vòòrnedùùre 1. *vorn durch.* 2. *äusserlich.*
Vòòrnedùùren isch er frintlig, *nach aussen gibt er
sich freundlich.*

vòòrnenyyne *vorn hinein.*

vòòrnenùmme 1. *vorn herum.* 2. *äusserlich.*

vòòrnenuuse *vorn hinaus.*

Vòòrrytter m. *Vorreiter, Reiter im* Vòòrtraab *einer
Fasnachtsclique.*

Vòòrschiirzli[+] s. *Zofenschürzchen.*

Vòòrschlaag m. (Vòòrschleeg) *Vorschlag.*
Vòòrschlaaghammer m. 1. *Vorschlaghammer.*
Ra.: Mit em Vorschlaaghammer koo, *sehr massiv
werden.* 2. *starker, fester Mann* (Höschs.).

vòòrschuene[+] (vòòrgschuent / vòòrgschuet) *Schuhe
vorn erneuern* (Seiler). Vòòrgschuet Kiini,
vorstehendes Kinn (humor., Kron).

Vòòrstègger[+] m. *unter der Brust der Frauentracht
angebrachter steifer Teil* (Hetzel).

Vòòrtel m. (Vèèrtel), **Vòòrdel** (Vèèrdel) *Vorteil.*
Dim. **Vèèrteli** s. *kleiner Vorteil, Kniff.* Bi dären
Aarbed mues me halt d Vèèrteli kènne.

vòruuse *hinaus, vors Haus.* Stèll der Mischtkiibel
vòruuse.

vòrùsse *draussen, im Freien.* Vòrùsse frässe,
vorstehende Zähne haben (humor.).

vòòrvòrfäärn *vor drei Jahren.*

vòòrzue *immerzu, kontinuierlich.*

Vreeneli → Vreeni.

Vreeni s. *Verena.* Dim. **Vreeneli** s. 1. *Verena.*
2. *schweizerisches Zehnfranken- oder Zwanzig-
frankengoldstück.*
Vroone w., **Vrooni** s. *Veronika.* Dim. Vrooneli s.

W

wa? *was?, wie?* → auch: waas.
wääbe (gwoobe) *weben.*
Wääber m. *Weber.* **Wääbergnächt** m. *bestimmte
langbeinige Spinne.*
Wääbere w. *Weberin.*
wääbere → wääfere.
Wäbstiibeler m. 1. *einer, der in der «Basler Webstube»*
(→ Wäbstùùbe) *arbeitet.* 2. *Schwachbegabter,
geistig Behinderter* (humor.). 3. *Witz über Leute in
der «Basler Webstube».* Si hänn der ganz Oobe
Wäbstiibeler verzèllt.
Wäbstùùbe w. *«Basler Webstube», Werkstätte für
geistig Behinderte.*
Wäbstuel m. (Wäbstiel) *Webstuhl.*
Wach w. (-e) *Wache, Wacht.* Wach schiebe,
Wachdienst tun (Ss.).
wachber [+] *wachsam.*
Wächte w. *Wächte, überhängende Schnee- oder
Eismasse, Schneeverwehung.*
Wächter m. 1. *Wächter.* 2. [+] *menschliches Exkrement
auf der Strasse* (humor., Seiler).
Waade w. *Wade.* **Waadebindi** w. *Wickelgamasche.*
S hèt vyyl Neischnee, mer miend d Waadebindinen
aaleege. **Waadeschaaber** m. *steile Treppe* (humor.,
Fridolin). **Waadespanner** m. *Wadenkrampf,
Wadenmuskel-Zerrung.* Dim Wäädeli s., Wäädli s.
Wäädel m. *Wedel, Staubwedel.* Dim. Wäädeli s.
wäädele (gwäädeled) *mit kurzen Schritten gehen.*
wäder 1. *weder.* Wäder duu no äär. Wäder Dängge,
Gsee nòch Due (Burckhardt). 2. [+] *als* (nach Komp.).
Er isch greesser wäder duu, *er ist grösser als du.*
wäädle (gwäädled) *wedeln.*
Wadt w. *Kanton Waadt, Waadtland,* **Wadtland** s.
Waadtland. **Wadtländer** m. 1. *Einwohner des
Kantons Waadt.* 2. *Waadtländerwein.*
wääfere [+] (gwääfered), **wääbere** [+] (gwääbered)
gestikulieren.
wäffele (gwääfeled) *plaudern, schwatzen
(von Kleinkindern).*

Waffle w. 1. *Waffel.* 2. [+] a) *gutes Mundwerk.*
b) *Klatschbase.* **Waffelyyse** s. *Waffeleisen.*
Dim. **Wäffeli** s. a) *kleine Waffel.* b) *Plauder-
mäulchen.*
Wääg m. 1. *Weg.* Im Wääg syy, *hinderlich sein.*
In Wääg koo, *in die Quere kommen, hinderlich
werden.* Ùm d Wääg syy, ùm der Wääg syy,
ùm e Wääg syy, *in der Nähe sein.* Us em Wääg goo,
meiden. Der hooch Wääg aanestèlle, *senkrecht...*
Der lang Wääg aanefalle, *der Länge nach stürzen.*
Der lang ùnd der brait Wääg, *des langen und
breiten.* Du kaasch mer der lang ùnd der brait Wääg,
du kannst mich gern haben (vulg.). Der lätz Wääg,
falsch, verkehrt. Das hèsch der lätz Wääg
aagattiged, muesch s ùff der ander Wääg bròbiere.
Wäägmacher m. *Wegmacher, Strassenarbeiter.*
Wäägwyyser m. *Wegweiser.* 2. *Scheitel,
Scheitellinie, Haarscheide.* Er hèt der Wääg wie die
maischte linggs. Dim. **Wäägli** s. a) *Weglein.*
I kènnt e Wäägli dùr der Ryy suffe, *ich habe einen
Riesendurst.* b) *Scheitel.* **Wääglidramper** m.
grosser Schuh (humor.).
Waage m. (Wääge) 1. *Wagen.* 2. *Automobil.*
Waageglygge w. *Fasnächtlergruppe, die auf einem
Wagen am fasnächtlichen Cortège teilnimmt.*
Waagehuus [+] s. *Wohnwagen des fahrenden Volkes*
(Kron). Dim. **Wäägeli** s. *kleiner Wagen,
Puppenwagen.*
wääge (gwooge; Präs. wiig, wigsch, wigt, wääge)
1. *wiegen.* Er wigt sächzig Kyyloo. 2. *wägen*
(Präs. wääg, wägsch, wägt, wääge). Si wägt der
Zùgger ùff der Kùchiwoog.
wäge (unbet.), **wääge** (bet.) *wegen.* Wägen em Rääge,
wegen des Regens. Wäge däm, *deswegen.* Wägen im,
seinetwegen. Wägen ùns, *unsertwegen.* Wäge miir
muesch nit waarte, *meinetwegen...*
wäägemyyne, wäägemiir *meinetwegen denn,
sei's drum.*
wääger, wäägerli, wäärli *wahrlich, wirklich.*
In Kinderlied von Abel Burckhardt: S isch wäärli
bald jètz Zyt.
Wagge m *Kiesel, Rheinkiesel.*
Waggel m. (Wäggel) 1. *Ausmarsch, Marsch,
Wanderung* (pop.). 2. *Strichgang* (vulg.). Si goot ùff
der Waggel. **Waggeldante** w., **Waggelgryte** w. *Dirne*
(vulg.).
Waggis m. 1. [+] *roher Mensch, Grobian.* 2. *Elsässer*

(humor., pej., seit ca. 1870). 3. *bestimmtes Fasnachtskostüm (blaue Bluse, weisse Hose, Holzschuhe, Zipfelmütze, Maske mit riesiger Nase, Gemüsenetz und derber Knüppel).*

waggle (gwaggled) 1. *marschieren* (Ss.). 2. *den Strichgang machen* (vulg.). 3. *wackeln* → gwaggle.

Waggs s. *Wachs.* **Waggsduech** s. *Wachstuch.*

Waggsliecht[+] s. *Kerze.* **Waggsstògg**[+] m. *Kerzenhalter, Kerzenleuchter.*

waggse[1] (gwaggse) *wachsen, gross werden.* Der Ryy waggst, *der Rheinwasserpegel steigt.* Em Boode zue waggse, *mit dem Alter kleiner werden* (humor.).

waggse[2] (gwaggst) *mit Wachs glätten.* Schlächt gwaggsti Schyy, *schlecht gewachste Skier.*

Wäggsel m. *Wechsel.*

wäggsle (gwäägsled) *wechseln.*

waggsig[1] 1. *das pflanzliche Wachstum anregend, wachstumfördernd, wüchsig.* S isch waggsig Wätter. 2. *rasch, gut wachsend.* Waggsigi Baim.

waggsig[2] *wächsern.* Waggsigi Ängeli, *wächserne Engelchen.*

Waggsschwindi[+] w. (nur Sing.) *Wachstumsschmerzen während der körperlichen Entwicklung* (Fridolin).

Waagle w. *Wiege.*

waagle (gwaagled) 1. *in der Wiege wiegen.* 2. [+] *mit dem Wiegemesser schneiden* (Seiler). Beeterli waagle, *Petersilie wiegen.*

waagnere (gwaagnered) *das Handwerk des Wagners betreiben.*

waagrächt → woogrächt.

Waibel m. *Ratsdiener, Gerichtsdiener.*

waible (gwaibled) 1. *werben, werbend umhergehen.* Er hèt fir sy nei Buech gwaibled. 2. *eifrig, eilig umhergehen.*

waich *weich.* Der Waich uusehängge, *sich mitleiderregend gebärden* (pop., 2. H. 20. Jh.).

Waiche → Wyychi.

Waichi[+] w. (Waichene) *«Einweichung», starker Regenguss* (Fridolin). Si händ e rächti Waichi bikoo.

Waid s. (-e) *Weide.* Z Waid goo, *das Vieh auf die Weide bringen.*

waide (gwaided) *weiden.* 1. *das Vieh auf die Weide bringen, weiden lassen.* 2. ütr. *hüten, unterhalten.* Si waided iri Grooskinder. 3. *auf der Weide fressen.*

waidli, waidlig Adv. *rasch, geschwind, hurtig.* Lèg di waidli aa!

Waidlig m. 1. *Weidling, Boot, das mit seitlichem Ruder und/oder mit Stachel fortbewegt wird.* **Waidligfaarer** m. *Weidlingfahrer.* 2. *grosser Schuh* (humor.).

waidlig → waidli.

Waaie w. *Wähe, Früchtekuchen, flacher Kuchen mit auf den ausgerollten Teig gelegten Obststückchen, auch mit Sahne, Zwiebeln oder Käse.* **Waaieblääch** s. 1. *Backblech für Wähe.* Flach wien e Waaieblääch, *flachbrüstig* (humor.). 2. *grosser Hut* (Höschs.). Dim. Waaieli s.

waaie (gwaait) *wehen.*

Waisebueb m. (-e) 1. *Waisenknabe.* 2. *ahnungsloser Mensch.* I bii au kai Waisebueb, *auch ich verstehe etwas von der Sache.*

Waisehuus s. *Waisenhaus (ehemaliges Kartäuserkloster in Kleinbasel).*

Waisevatter m. (Waisevätter) *Waisenhausvorsteher.*

Waislige *Wenslingen (Dorf im oberen Baselbiet).*

Waal[1] → Wall.

Waal[2] w. (-e) *Wahl.*

wääl[+] *welk.*

Walchi m. 1. [+] *gewaltiger Esser.* 2. *vierschrötiger, ungeschlachter Mann.*

Wald m. (Wälder) *Wald.* **Waldbrueder** m. *Eremit.* Dim. Wäldeli s., Wäldemli[+] s., Wäldli s. *kleiner Wald, Gehölz.*

Waldebùùrg → Wallebùùrg.

Waldebùùrgerli s. *Waldenburgerbahn, Schmalspurbahn zwischen Liestal und Waldenburg.*

wäldele (gwäldeled) *als Liebespaar im Wald spazierengehen* (pop.).

Waldi m. 1. *Waldemar.* 2. *häufiger Hundename, vor allem für Dackel.* Dim. Waldeli m., s.

Waldiwaggs[+] s. *sehniges Fleischstück* (Altwegg, Fridolin).

waale (gwaalt) 1. *rollen (Teig).* Der Gutzidaig waale. 2. refl. [+] *sich wälzen* (Kron).

wääle[+] (gwäält) *welken.*

Waalhòlz s. (Waalhèlzer) *Nudelholz, Teigroller.*

Wall m. (Wäll), **Waal**[+] m. (Wääl) 1. *Wall (Befestigung).* Wall ùnd Graabe. 2. *Schwall siedenden Wassers.* Lòss zwai Wäll driiber goo, *lass es zweimal aufkochen.*

Wällblääch s. (Wällblääch / Wäälbläächer) *Wellblech.*

Wälle w. 1. *Welle, Woge.* 2. *Reisigbündel.* Dim. **Wälleli** s. *Bündel mit Anfeuerholz.* 3. *Haarwelle.*

4. *Sauferei, Fest* (pop., 20. Jh.). E Wälle rysse
e Wälle mache, e Wälle schmiide, *ein Fest,*
ein Gelage abhalten, eine Sauftour absolvieren.
wälle (gwällt) *wellen, wogen (Liebrich).*
Wallebùùrg, Wallebrg +, jg. **Waldebùùrg** *Waldenburg*
(Städtchen im oberen Baselbiet).
wällele (gwälleled) tr. und intr. *leicht wellen, kräuseln.*
Walli s., **Wälli** s. *Valerie.*
Wält w. (-e) *Welt.* Ùff d Wält bringe, *gebären.*
Ùff d Wält koo, *geboren werden.* Ab der Wält,
weit weg. Ab der Wält miese, *sterben.* Niemets ùff
der hääle Wält, *niemand auf der ganzen, weiten*
Welt.
Walti m. *Walter.*
wältsch *welsch, der französischsprachigen Schweiz*
zugehörig. Me gspyyrt der wältsch Yyflùss. Subst.
Die Wältsche, *die französisch sprechenden*
Schweizer. Im Wältsche, *in der französisch-*
sprachigen Schweiz. Er goot e Jòòr in s Wältsch,
fir Franzeesisch z lèère.
wältschele (gwältscheled) 1. *mit französischem*
Akzent sprechen. 2. *an die französischsprachige*
Schweiz, an Französisches erinnern.
In däre Wiirtschaft wältscheled s fèscht.
Wältschhaan + m. (Wältschhaane) *Truthahn.*
Wältschland s. *französischsprachige Schweiz.*
walzere (gwalzered) *Walzer tanzen.*
wäm *wem.*
Wämpe m., **Wampe** m. (Wämpe) 1. *Wamme, grosse*
Hängefalte zwischen Hals und Brust (bei Tieren).
2. *grosses Stück, Fetzen.* E Wämpe Broot.
wamse (gwamst) 1. *werfen, schleudern* (Schs.).
Er hèt e Stai in d Schyybe gwamst. Er hèt em aini
gwamst, *er versetzte ihm einen Schlag.* 2. *verprügeln.*
waan + *kraftlos, abgestanden* (Fridolin). Waane Wyy,
Wein, der den qualitativen Höhepunkt über-
schritten hat.
Wand w. (Wänd) *Wand.* Spannischi Wand,
zusammenklappbarer Wandschirm. Raa.:
An e Wand aane schwätze, *vergeblich reden,*
vergeblich argumentieren. Die glatte Wänd ùff goo,
fast vergehen vor Nervosität, Wut, Verzweiflung
usw. **Wandfuulzi** + s. *bestimmtes Ballspiel*
(Ball wird an die Hausmauer geworfen).
Dim. **Wändli** s.
Wandlede + w. *Dienstbotenwechsel, Tag des Mägde-*
wechsels.

Wändròòr s. *Strahlrohr (am Feuerwehrschlauch).*
S Wändròòr fiere, s Wändròòr heebe, *pissen*
(humor.).
wäänele (gwääneled) *nach abgestandenem Wein,*
nach leerem Fass riechen oder schmecken.
wäänelig *abgestanden riechend oder schmeckend.*
Wangg m. (nur Sing.) *Bewegung.* Kai Wangg due,
kai Wangg mache, *sich überhaupt nicht bewegen,*
ütr. *nicht im geringsten entgegenkommen.*
Wangscht + m. (Wängscht), **Wanscht** m. (Wänscht)
1. *Wanst.* 2. + *Vielfrass* (Hindermann).
Wangtallie → Eewangtallie.
Wannylie w. *Vanille.* **Wannyliegrääme** w.
Vanillecreme. **Wannyliekèpfli** s. *kleiner Vanille-*
pudding.
Wanscht → Wangscht.
Wäntele w. 1. *Wanze (Insekt).*
Wäntelebrässi w. *Handharmonika* (humor.).
Wäntelebuude w. *miserable Unterkunft.*
Wäntelegyygampfi w. *altes, schlechtes Bett*
(humor.). 2. *kleine flache Schnapsflasche,*
«Flachmann».
Waar w. (-e) 1. *Ware.* **Waarehuus** s. *Warenhaus.*
Dim. **Wäärli** s. (nur Sing.) *Habseligkeiten* (pej.).
Si phaggt ir Wäärli yy ùnd goot. 2. *Material,*
Materialbeschaffenheit. Dasch gueti Waar,
das ist gute Qualität. 3. *Menschengruppe* (pej.),
Gesindel. Die Waar kùnnt mer nit in s Huus.
Glaini Waar, *Kinder* (humor.). Frèmdi Waar,
fremdes Volk (pej., Hindermann).
wäär (bet.), **wär** (unbet.) 1. *wer.* Wäär vò eich waiss es?
Wär s waiss, sòll ùffstrègge. 2. *wen.* Wär hèsch in
der Stadt dròffe?
wäärbe (gwòòrbe; Präs. wiirb, wiirbsch, wiirbt,
wäärbe; Kond. wùùrb +) *werben.*
Wäärbig w. (-e) *Werbung.*
wäärde (wòòrde; Präs. wiird, wiirsch, wiird, wäärde;
Konj. wäärd; Kond. wùùrd) *werden.* Du wiirsch nò
an mi dängge. Si wiird grangg syy, *sie ist vermutlich*
krank. S wiird mer iibel, *mir wird schlecht.*
Er wiird e Schlòsser, *er wird Schlosser.*
Wääre w. *Maulwurfsgrille, Erdkrebs.*
wäären, wäred *während.* Wäred em Ässe,
während des Essens. Wääred er nò s Muul vòll hèt,
foot er z schwätze.
wäären *wer, wen* (Ks.). Wäären kùnnt dènn doo,
wäären wäär?

wäärfe (gwòrfe; Präs. wiirf, wiirfsch, wiirft, wäärfe; Konj. wäärf; Kond. wùùrf⁺) *werfen.*

Wäärg s. *Werg, Abfallfasern bei der Flachs- und Hanfspinnerei.* Wäärg an der Kùnggele → Kùnggele.

Wäärgg s. *Werk, Arbeit.* **Wäärggmaischter** m. *Werkmeister.* **Wäärggstatt** w. *Werkstatt.* **Wäärggzyyg** s. *Werkzeug.* Dim. **Wäärggli** s. *unbedeutendes Werk.*

wäärgge (gwäärggt) *manuell arbeiten.* Aim zlaid wäärgge, *gegen jdn. arbeiten.*

wäärli → wääger.

waarm (wèèrmer, wèèrmscht) 1. *warm.* Èppis Waarms, *warme Speise, warmes Getränk.* Jètz mues i äntlig èppis Waarms haa. Ra.: Mit waarme Händ schängge, *noch zu Lebzeiten schenken.* 2. *homosexuell* (pop.). E waarme Bruder, e Waarme, *ein Homosexueller.*

waarme (gwaarmt) *erwarmen, warm werden, wärmer werden.* S waarmt langsaam vòrùsse.

waarmlächt⁺ *lau, handwarm.*

waarne (gwaarnt) 1. *warnen.* 2. ⁺*zur Predigt läuten.* Es hèt im Minschter gwaarned scho (Hindermann). 3. *Schussabgabe melden (auf dem Schiessplatz).*

Waarner m. *die Schussabgabe Meldender (auf dem Schiessplatz).*

wäärschaft *dauerhaft, bodenständig, solid.*

Wäärt m. *Wert.* S hèt kai Wäärt, s isch sich nit der Wäärt, *es lohnt sich nicht, ist sinnlos, zwecklos.*

waarte (gwaarted) *warten.* D Buure waarten ùff der Rääge. I waart der am Ègge, *ich warte an der Ecke auf dich.* Ùff daas hämmer grad nò gwaarted, *das fehlte gerade noch, das ist völlig überflüssig.* Ùff dii han i grad gwaarted! *Du kommst mir recht ungelegen.*

Wäärtig¹ m. (-e) *Werktag.* Volksreim: Der Hansli isch e braave Maa, hèt d Sùnntigshoosen am Wäärtig aa. Sich Wäärtig aaleege, *Werktagskleidung anziehen.* **Wäärtigsglaid** s. *Werktagskleidung, Strassenanzug.* **Wäärtigsgsicht** s. *Alltagsgesicht, mürrische Miene.* Jètz hèt er wider sy Wäärtigsgsicht.

Wäärtig² w. (-e) *Wertung.*

Waartstùùbe w. *Wartezimmer.*

wäärwaise (gwäärwaist) *werweissen, hin und her beraten.* Si wäärwaise, wo si dùùre goo sòlle.

Wäärze¹ w. *Warze.* Dim. Wäärz(e)li s.

Wäärze² w. *männlicher Träger des Familiennamens Werthemann* (Schs., pop.).

waas, wass (bet.), **was** (unbet.) *was.* Was mainsch? *Was meinst du?* Vò waas reeden er? *Wovon redet ihr?* Wenn man etwas nicht verstanden hat: was, waas, wass, wa? Höflicher: Waas maine Si, waas mainsch? Was Guggers machsch wiider? *Was zum Teufel...?*

waas fir *was für, wie beschaffen.* Was fir e Maa mainsch? *Welchen Mann meinst du?* I mècht e scheene Stòff, i waiss nùmme noonig, waas fir aine. Was fir Lyt sind daas, was sind daas fir Lyt? *Was für Leute sind das?* S hèt rooti ùnd grieni Èpfel, waas fiirigi wòttsch?

wääs⁺, **wiis**⁺ *holzig, faserig, pelzig (Rettich, Rübe).*

Wäsch- → auch: Wèsch-.

Wäschbèggi s. *Waschbecken, Abwaschbecken.* S schitted wie us Wäschbèggi, *es regnet gewaltig.*

Wäschblätz m. *Waschlappen.*

Wäschblätzuusdrùggede⁺ w. *aus dem Waschlappen ausgedrücktes Wasser* (Seiler).

Wäschbluuse w. *waschbare Bluse (früher aus Baumwolle).* Dim. Wäschblyysli s.

Wäschbrätt s. (Wäschbrätter) *Waschbrett.*

Wäschdatze m. (Wäschdätze/Wäschdatze) *handschuhförmiger Waschlappen.*

wäsche (gwäsche) 1. *waschen.* D Händ wäsche. Raa.: Aim der Kòpf wäsche, *jdm. gehörig die Meinung sagen, jdn. ausschelten.* Doostoo mit em gwäschene Hals, *mit abgesägten Hosen dastehen, sich vergeblich auf etwas gefreut haben.* 2. *verabreichen* (pop.). Er hèt em aini gwäsche, *er gab ihm eine Ohrfeige.*

Wäschere w. *Wäscherin, Waschfrau.*

Wäscherehand w. *vom Wasser aufgeweichte Hand.*

Wäschfässli⁺ s. *Wassergefäss über dem Handwaschbecken.*

Wäschfrau w. (-e) *Waschfrau.*

Wäschgruuse w. *Wasserkrug auf dem Waschtisch.*

Wäschkùmoode w. *Waschkommode, Waschtisch (meist mit Schubladen und Marmorplatte).*

Wäschlawòaar → Lawòaar.

Wäschlùmpe m. (Wäschlimpe) 1. *Waschlappen.* Der Schaitel mit em Wäschlùmpe zie, *eine Glatze haben* (humor.). 2. *Feigling, charakterschwacher Mensch.*

Wäschpi s. 1. *Wespe.* **Wäschpinäscht** s. *Wespennest.* **Wäschpistich** m. *Wespenstich.* 2. *Motorrad «Vespa»* (Mitte 20. Jh.).

Wäschrògg m. (Wäschrègg) *waschbares Frauenkleid*

(früher aus Baumwolle). Dim. **Wäschrèggli** s.
Wäschwyyb w. (Wäschwyyber) 1. *Waschfrau* (pej.).
2. *Schwätzer, Schwätzerin.*
Wääse s. *Wesen.* 1. *Betrieb, lautes Treiben, Aufhebens,*
Aufregung. Isch daas e Wääse! *Ist das ein Betrieb!*
E Wääse mache, e Wääses mache, *eine Geschichte*
machen, Aufhebens machen. D Mueter isch imene
Wääse, *...in grosser Aufregung.* 2. *Geschöpf.*
Si isch wiirgglig en aarm Wääse. Dim. **Wääseli** s.,
→ auch: **Wùùseli.**
waaseli *was* (Ks.). Waaseli machsch doo?
Was machst du da? Verst. Waaseli waas?
Wasser s. *Wasser.* Grooss Wasser, *Hochwasser*
(Meyer). In s Wasser koo, *schwitzen* (Mitte 20. Jh.).
In s Wasser goo, *sich ertränken.* Luter Wasser hyyle,
herzzerreissend weinen, **Wassergrien** s. *Wasser-*
pflanzen (Schneider). In däm Weier hèt s vyyl
Wassergriens. **Wasserjùmpfere** w. 1. *Nixe.* 2. *Libelle.*
Wassersagg m. *Hohlraum im Tabakspfeifenkopf*
zum Auffangen der Flüssigkeit, die sich beim
Rauchen bildet. **Wasserschyychi** w. *Wasserscheu.*
Wasserstampfi → Gyygampfi. **Wasserstai** m.
Ausgussbecken in der Küche (früher meist aus
Sandstein). Dim. **Wässerli** s. 1. *Mineralwasser.*
2. *flüssiges Heil- oder Schönheitsmittel.*
3. *Schnäpslein* (humor.).
wässere (gwässered) *wässern.*
wässerle (gwässerled) 1. *mit Wasser spielen.*
2. [+] *urinieren.*
wasserschyych *wasserscheu.* Wasserschyychi Hoose,
zu kurze Hose (humor.).
Watsch w. (Wätsch) *Ohrfeige.*
wätschbachnass, wätschnass *pudelnass,*
schweisstriefend
watte (gwatted) *waten.*
Wätter s. 1. *Wetter.* Scheen Wätter. Schlächt Wätter.
Ra.: Bi aim guet Wätter mache, *jdn. günstig*
stimmen. **Wätterbricht** m. *Wetterbericht.*
Wätterfrèsch m., jg. **Wätterfròsch** m. *Wetterfrosch,*
Meteorologe (humor.). Der Wätterfrèsch stygt,
es gibt schönes Wetter. **Wätterhyysli** s. *Wetter-*
häuschen. **Wätterlaich** [+] m., **Wätterlyychte** s.
Wetterleuchten, Blitz ohne Donner. **Wätterlòch** s.
Ort oder Gegend, wo oft schlechtes Wetter herrscht.
Wättersyyle [+] w. *Wetterstation in gusseiserner*
Säule. **Wättersyte** w. *Wetterseite.* Dim. **Wätterli** s.
sehr schönes Wetter. Isch daas e Wätterli hitte!

2. *Unwetter, Sturm.* Gèschtert isch e Wätter iber
d Stadt gange.
wätterlaichne [+] (gwätterlaichned), **wätterlyychte**
(gwätterlyychted) *wetterleuchten.*
wätterli [+], **wätterlig** [+] *tüchtig, gewaltig, sehr.*
Er hèt wätterlig gfluecht.
wättersflingg *sehr flink, sehr rasch.*
watz [+] *begierig, erpicht, verrückt* (Hindermann).
Waudi m. *Gassenkind.*
Wauwau m. *Hund* (Ks.). Dim. Wauwauli s.
Wee s. *Weh, Schmerzen.* S fallend Wee [+],
die Epilepsie.
wee (wee'er / mee wee, weescht / am maischte wee)
weh. Doo duet s mer nùmmen e bitzeli wee,
do ùnde macht s mer mee wee, am weeschten aber
duet s do ùff der Syte.
Wèchnere → Wichnere.
weedue (weedoo) *wehtun, Schmerz bereiten,*
schmerzen. Das hèt mer in der Seel weedoo.
Wègge m. 1. *Wecken, längliches Weizenbrot.*
Dim. **Wèggli** s. *kleiner Wecken, Brötchen, Semmel.*
S Fimferli ùnd s Wèggli → Fimferli. **Wègglibueb** m.
a) *Bäckerjunge, fahrender Brot- und Semmel-*
verträger. b) *untüchtiger junger Bursche,*
Nichtskönner. Ra.: Doostoo wien e Wègglibueb,
sich blamiert haben. **Wègglihängscht** m. *Brötchen-*
verkäufer (Schs., Fridolin). 2. *menschlicher Fuss*
(Höschs.). Hösch, dramp mer nit ùff d Wègge!
Ùff de Wègge syy, *erschöpft sein* (Ss.).
Wei m. *Weih.*
Weier m. *Weiher.* Dim. **Weierli** s. 1. *kleiner Weiher.*
2. *Vertiefung im Kartoffelbrei zur Aufnahme*
der Sauce.
weierle (gweierled) *mit Wasser spielen.*
weissge [+] (gweissged) *winseln, bellen* (Meyer).
wel → wil.
weele (gweelt) *wählen.*
weele m. *welcher,* **weeli** w. *welche,* **weeles** s. *welches.*
Weele Baum mainsch? Weeli Frau gfallt der am
bèschte? Doo sind zwai Biecher, weeles witt lääse?
weelyydig *wehleidig.*
wèlle[1] (wèlle; Präs. will / wòtt, witt / wòttsch,
will / wòtt, wänd / wänn; Konj. wèll; Kond.
wòtt / wòtti / wètt) *wollen.* I will nyt mee wisse.
I wòtt, i miest, *ich wollte, ich müsste, das kommt*
für mich nicht in Frage. I will der! *Ich will dir dafür*
tun, ich will dir Beine machen! Das will s mer,

das gefällt mir. S will em nit, *es will ihm nicht geraten.*

wèlle[2] (gwèllt) *«wallen machen», leicht kochen.* Gwèllti Milch.

Weeloo s., jg. **Wèllo** *Velo, Fahrrad.* Ùffgrègt Weeloo, *Motorfahrrad, Moped* (humor.). **Weeloobùmpi** w. *Luftpumpe für Fahrrad.* **Weelooduur** w. *Ausflug mit Fahrrad.* **Weeloofaarer** m. 1. *Radfahrer.* 2. *Anpasser, der nach oben buckelt und nach unten tritt* (humor.). Dim. Weeleeli s., Wèlleeli s. *kleines Fahrrad, Kinderfahrrad.*

weeloofaare (weeloogfaare), jg. **wèllofaare** (wèllogfaare) 1. *radfahren.* 2. *nach oben buckeln und nach unten treten* (humor.).

wèlze (gwèlzt) *wälzen.*

Wèlzer m. *Wälzer, dickes Buch.*

weemache (weegmacht) *wehtun, schmerzen.*

weeneli → weenig.

weenig 1. adj. *wenig.* Weenig Òbscht. Weenig Mèntsche. Mit weenig Biecher, *mit wenigen Büchern.* Die weenige Lyt, wò koo sind. Hit hèt s weeniger Lyt als gèschtert. Die weenigschte Däller sind suuber. 2. subst. *wenig.* Weenig isch mee als nyt. Si isch mit weenig zfriide, *...mit wenigem.* 3. adv. a) *selten.* Er kùnnt nùmme weenig zuen is. b) *ein bisschen.* Mach e weenig gschwinder. Auch: e weeneli, e weenigli[+].

weenigschtens *wenigstens.*

wènn 1. *wenn.* Wènn s räägned, blyybe mer dehaim. Der Wènn-i ùnd der Hätt-i, *der «Wenn-ich und der Hätt-ich», nachträgliche fruchtlose Überlegungen* (humor.). 2. *wann.* Wènn kèmmen er? *Wann kommt ihr?* Er waiss noonig, wènn er koo kaa, *...wann er kommen kann.*

Wèntyyl s. 1. *Ventil.* Ra.: S Wèntyyl ùffdrille, *sich ungehemmt gehen lassen* (pop., 2. H. 20. Jh.). 2. *Nase, Atemorgane* (Höschs.). Aim s Wèntyyl zueschruube, a) *jdn. erwürgen.* b) *jdn. finanziell bedrängen.*

wèère (gwèèrt) 1. *verwehren, verbieten.* D Mueter hèt em s Flueche gwèèrt. 2. refl. *sich wehren, sich anstrengen, sich behaupten.* Er hèt sich guet gwèèrt am Èxaame.

wèèrme (gwèèrmt) *wärmen.*

wèèrmele (gwèèrmeled) *Nach Aufgewärmtem riechen oder schmecken.*

Wèèrmi w. (Wèèrmene) *Wärme, Wärmegrad.*

An d Wèèrmi stèlle, *warm stellen.* Die Kòchblatte hèt verschiideni Wèèrmene. **Wèèrmistùùbe**[+] w. *Lokal am Claraplatz, wo sich arme Leute wärmen konnten (1930er Jahre).*

Wèèrni m. *Werner.* Dim. Wèèrneli m., s., Wèèrnerli m., s.

Wèèrtiggoo m. *Vertiko, Zierschrank mit Aufsatz* (Aebersold).

werùm → wùrùm.

Wèsch w. 1. *Wäsche (Bettwäsche, Leibwäsche usw.).* Dùmm us der Wèsch luege, *dumm dreinschauen* (Höschs.). 2. *Waschen, Waschtag.* Hitte hämmer Wèsch. **Wèschglämmerli** s. *Wäscheklammer.* **Wèschhaafe** m. *Waschkessel mit Feuerung.* Dim. Wèschhääfeli s. *kleiner Waschkessel (mit Herdfeuer beheizt).* **Wèschhänggi** w. a) *Aufhängevorrichtung für Wäsche.* b) *Fernsehantenne* (humor., 2. H. 20. Jh.). **Wèschhuus** s. *Waschhaus, Waschküche.* **Wèschstitzi** w. *gegabelte hölzerne Wäscheseilstütze.* Dim. **Wèschli** s. *kleine Wochenwäsche.* 3. *Zeug, Sache* (Höschs.). Bring die Wèsch! *Bring das Zeug!*

Wèsch- → auch: Wäsch-.

Wètt → Gwètt.

Wèttigli[+] s. *Elritze, karpfenartiger Fisch (Cyperinus phoxinus).*

Weeweeli s. *Wehwehchen, kleiner Schmerz, unbedeutende Krankheit* (Ks. und pej.). Si rènnt wäge jeedem glaine Weeweeli zum Dòggter.

Wyy m. *Wein.* Roote Wyy, *Rotwein.* Wysse Wyy, *Weisswein.* **Wyybèèri** s. *Weinbeere, Rosine.* **Wyyblääch** s. *Servierbrett für Wein.* **Wyykäller** m. *Weinkeller.* **Wyylyt**[+] (Plur.) *Weinhändler.* **Wyylyte** w., **Wyylytezùmft** w. *Zunft zu Weinleuten.* **Wyymooned**[+] m. *Oktober.* Dim. **Wyyli** s., **Wyynli** s. *besonders feiner Wein.* Nai au, isch daas e guet Wyynli!

Wyyb s. (Wyyber) *Weib, Frau* (vulg.). Das Wyyb wòtt i nimme gsee. Mit Wyyb ùnd Kind, *mit Frau und Kindern.* S isch mer nit wie andere Wyyber, *ich bin unpässlich* (humor., pop.). **Wyyberaarbed** w. *Frauenarbeit* (pej.). **Wyybervòlgg** s. *Weibsvolk* (humor. oder pej.). **Wyyberzyyg** s. 1. *Frauenangelegenheit* (pej.). 2. *Menstruation* (vulg.). Dim. **Wyybli** s. 1. *kleine alte Frau.* 2. *Weibchen, Tierweibchen.* 3. *typisch frauliches Mädchen* (humor.). S Lyysi isch schön e rächt Wyybli.

Wyybäärtli s. *rautenförmiges kleines schwarzes Hustenbonbon.*

wyybisch *weibisch.*

wyyblig *weiblich, fraulich.*

wyyche (gwiche) *weichen.*

Wicheli → *Wùche.*

Wyychi w. (Wyychene), jg. **Waiche** w. *Weiche (Eisenbahn).*

wichig *eine Woche alt.* E wichig Bùschi.

-wichig *-wöchig.* Zwaiwichig. Zääwichig.

Wichnere w., jg. **Wèchnere** w. *Wöchnerin.*

Wichnereschisseli[+] s. *bestimmtes Essgeschirr für die Wöchnerin.*

Wiid[+] w. *aus Weidenruten gedrehtes Band.*

Wyyde w. *Weide, Weidenstock, Weidenbaum.* **Wyydekätzli** s. *Weidenkätzchen.* **Wyydereesli** s. *Weidenröschen (Epilobium).* **Wyyderuete** w. *Weidenrute.*

wiider (bet.) **wider** (unbet.) *wieder, wiederum.* wiider ùnd wiider, als wiider, *immer wieder.*

Widerhooliger m. *militärischer Wiederholungskurs.*

wiiderkaie (wiiderkait) *wiederkäuen.*

Wiiderkaier m. *Wiederkäuer.*

wiiderig *widrig.*

widerleege (widerlègt) *widerlegen.*

wiiderlig *widerlich.*

Wiiderloose s. *Wiederhören,* in: Ùff Wiiderloose, *auf Wiederhören* (Mitte 20. Jh.).

Wiiderluege s. *Wiedersehen,* in: Ùff Wiiderluege, *auf Wiedersehen.*

Wiidersee s. *Wiedersehen,* in: Ùff Wiidersee, *auf Wiedersehen.*

widerstoo (widerstande) *widerstehen.* Dä Spägg widerstoot mer.

wie *wie.* Wie? *Wie bitte?* Wie mainsch? *Wie meinst du, was meinst du?* So grooss wien e Nùss. Dä het wie doo, *der hat sehr getobt.* Wien i s au drill, *wie ich's auch drehe.*

wielig[+] 1. *voll Menschengewühl* (Liebrich). 2. *aufwühlend* (Liebrich). E wieligi Muusig.

Wienacht w. (nur Sing.) *Weihnachten.* Raa.: Zwische Wienacht ùnd Brattele, *irgendwann, irgendwo* (humor.). Das isch wie Wienacht im Sùmmer, 1. *das ist herrlich, wunderbar.* 2. *das gibt's gar nicht.* Wienacht haa, *Glück haben* (pop., Mitte 20. Jh.). **Wienachtsbaum** m. *Christbaum, Weihnachtsbaum.* Der Wienachtsbaum mache, *den Christbaum*

herrichten, schmücken. **Wienachtsgutzi** s. *Weihnachtskonfekt, weihnachtliches Kleingebäck.* **Wienachtskindli** s. *Christkind.*

wienächtele (gwienächteled) *auf Weihnachten zugehen, nach Weihnachten riechen.* S wienächteled schò iiberaal.

wiescht 1. *schmutzig.* Wieschti Wèsch. E wieschte Boode. 2. *hässlich.* Wieschti Hyyser. Wieschti Gsichter. 3. *unanständig, grob.* Wieschti Witz verzèlle. Wiescht schwätze. De bisch e Wieschte, *du bist ein schlimmer Geselle* (humor.). 4. *bösartig, schlimm.* Si hèt e wieschte Hueschte. Er hèt e wieschte Läbtig ghaa mit säller Frau. Wiescht due, *toben, stürmen.* D Kinder händ wiescht doo. Ùff em Bäärg oobe hèt s rächt wiescht doo. 5. Adv. *sehr, stark.* Er hèt wiescht miese zaale.

wieschte (gwiescht(ed) *verschwenderisch umgehen.* Si händ mit em Broot gwieschted.

Wieschti w. (Wieschtene) 1. *Wüste.* 2. *Hässlichkeit.*

wiesoo *wieso, warum.*

wiete (gwieted) *wüten, toben.*

wietele (gwieteled) *sich wütend gebärden (Kinder, alte Leute).*

wietig 1. *wütend, zornig.* 2. *heftig, verbissen.* Er hèt wietig drùffloos gschafft.

wievyyl *wieviel.*

wyff *lebhaft, aufgeweckt; frz. vif.*

Wiggel m. *Wickel, Kompresse.* Ain am Wiggel nää, *jdn. am Kragen nehmen, zur Rechenschaft ziehen.* Dim. Wiggeli s.

Wiggi m. *Viktor.* Dim. Wiggeli m., s.

wiggle (gwiggled) *wickeln.* Raa.: Lätz gwiggled syy, *im Irrtum sein.* Ain ùm der Finger wiggle, *jdn. nachgiebig oder geneigt machen.*

Wiggs m. 1. *Wichs, Festkleidung des Verbindungsstudenten* (Sts.). 2. (ohne Art.) *Prügel.*

wiggse (gwiggst) 1. *wichsen, polieren.* D Schue wiggse. Der Boode wiggse. 2. *prügeln.* 3. *spendieren, zahlen.* Er hèt e Fläsche gwiggst.

Wiggsi w. (Wiggsene) *Wichse.*

Wiggslyschte w. *Fussleiste (Kante zwischen Fussboden und Wand).*

Wyyl[1] w. *Weile, Musse.* Der Wyyl haa, *Zeit haben.* Sich der Wyyl nää, *sich Zeit nehmen* (Meyer). Dim. Wyyli s. *Weilchen.* Noon eme Wyyli, *nach ganz kurzer Zeit.*

Wyyl[2] *Weil am Rhein (badisches Nachbardorf).*

244

wil, wel *weil.*

wild 1. *wild.* Wildi Roose. Wilde Maa → Wildmaa.
Wildi Blootere → Blootere. Due wien e Wilde,
due wie wild, *toben.* 2. *nicht farbentragend,*
als Student keiner farbentragenden Verbindung
angehörend (Sts.). 3. *nicht organisiert.* Wildi
Schnitzelbänggler. 4. *zornig.* Er isch wild wòòrde.

wildele (gwildeled) 1. *herumtollen, ausgelassen*
spielen. 2. *nach Wild riechen und/oder schmecken.*

Wildmaa m. (nur Sing.) *Wilder Mann, eines der drei*
Kleinbasler Ehrenzeichen. Em Wilde Maa sy Dännli,
das Tannenbäumchen des Wilden Mannes.
Hausbezeichnung an der Freien Strasse:
Zuem Wilde Maa.

wyyle [+], **sich** (gwyylt) *sich verweilen, sich aufhalten.*
Ùnd wyylt si lang derbyy (Meyer).

Wyyli → Wyy, Wyyl.

Wyyljee [+] m. *Öl- und Essiggestell; frz. huilier*
(Fridolin).

Willi m. *Wilhelm.*

willkùmme *willkommen.*

Willwangg [+] m. (Willwängg) *Unentschlossener,*
Wankelmütiger.

willwänggig [+] *unentschlossen, wankelmütig, launisch.*

wimme (gwimmt) *Trauben lesen, herbsten.*

Wimmed m. *Weinlese.*

Wyymooned [+] m. (Wyymooned/Wyymeened)
Weinmonat, Oktober.

Wimpere w. *Wimper.*

wimsle [+] (gwimsled) *wimmeln, sich tummeln* (Hetzel).

Wind m. *Wind.* In e beese Wind lauffe [+],
einen geschwollenen Kopf bekommen (Seiler).
Windhùnd m. 1. *Windhund.* 2. *charakterloser*
Mensch. **Windlòch** [+] s. *Rost, auf dem über Kohlen*
gekocht wird, Feuerstelle. **Windmiili** w. *Windmühle.*
Dim. **Windli** s. *leichter, angenehmer Wind.*

winde[1] (gwinded) *wehen.* S winded fèscht, *es geht*
ein starker Wind.

winde[2] (gwùnde) *winden, aufwinden.* Wùlle winde,
Wolle aufwickeln. Ra.: Aim e Gränzli winde,
jdm. ein Kompliment machen, jdn. loben.

windewee *höchst unwohl, himmelangst.* S wiird ere
windewee (Meyer).

Windi w. (Windene) 1. *Winde, Aufzugvorrichtung,*
Hebegerät. 2. *Dachausbau, in welchem die Winde*
befestigt ist, Dachraum. Mer händ als ùff der
Windi gspiilt.

windig *windig.* 1. *dem Wind ausgesetzt.* E windigen
Ègge. 2. *charakterlos, mies.* E windige Käärli.
3. *gering, liederlich, billig.* Windig Wäärggzyyg.
Windigi Aarbed. Windigi Uusreed.

Windle w. *Windel.* **Windlelaade** [+] w. *Kommode*
mit Aufsatz, zur Unterbringung der Säuglings-
wäsche und der Säuglingsutensilien.

windsch, wintsch *windschief, verzogen, krumm.*
E windsche Raame. Das Fänschter isch windsch.

Windschi [+] w., **Wintschi** [+] w. *windschiefer Zustand,*
Schiefheit.

wyynele (gwyyneled) *nach Wein riechen.*
Dä Maa wyyneled.

wingge (gwùngge) 1. *winken.* 2. *Schuss anzeigen*
(Schiessplatz). 3. *verabreichen* (pop.).
I haan em aini gwùngge, *ich gab ihm eine Ohrfeige.*

Wyynli → Wyy.

wintere (gwintered) *Winter werden.* S wintered
nootynoo.

Winter m. *Winter.* **Wintergfrischt** s. *Frostbeulen.*
Wintermooned [+] m. *Wintermonat, November.*

wintsch → windsch.

wintsche (gwùntsche) *wünschen.*

Wintschi → Windschi.

Wyppere → Vyppere.

wiirge → wòòrge.

Wiirggbrätt [+] s. (Wiirggbrätter) *Teigbrett, Nudelbrett.*

Wiirggig w. (-e) *Wirkung.*

wiirggli [+], **wiirgglig** 1. *wirklich, in der Tat.*
I bi wiirgglig froo, dass de koo bisch. 2. [+] *gerade,*
jetzt.

Wiirlede w. *durcheinander geratene Fäden, Wirrwarr,*
Durcheinander. Bim Strigge hèt s e Wiirlede gää.
Ùtr. Er hèt e Wiirlede, *er kommt nicht mehr draus,*
er bringt Gedanken durcheinander.

Wiirt m. *Wirt.* **Wiirtsfrau** w. *Wirtin.* **Wiirtshuus** s.
Wirtshaus, Restaurant. **Wiirtslyt** (Plur.) *Wirtsleute,*
Wirtepaar.

wiirte (gwiirted) *als Wirt tätig sein.* An däm Fèscht
diemer sälber wiirte.

Wiirtene w. *Wirtin.*

Wiirtschaft w. (-e) 1. *Wirtschaft, Restaurant.*
Dim. Wiirtschäftli s. *kleines, heimeliges Restaurant.*
2. *Haushaltführung.* Die fiert e scheeni Wiirtschaft!
3. *Volkswirtschaft.* D Wiirtschaft gspyyrt d Gryyse.

wiirzele (gwiirzeled) «*würzeln*», *Tannenbäumchen*
samt Wurzeln schütteln und hin- und herbewegen

(vom Wilden Mann am «Vogel Gryff»).
Wiirzi w. (Wiirzene) *Würze.*
Wyys[1] m. *Vorweisung bestimmter Karten beim Jassspiel.* Myy Wyys isch heecher als dyyne.
Wyys[2] w. (-e) *Art, Weise.* Ùff die Wyys kèmme mer nit wyter. I bi in kainer Wyys bilaidiged.
wyys *weise.* E wyysen alte Maa.
wiis → wääs.
wysawyy *gegenüber; frz. vis-à-vis.* Wysawyy vòm Minschter, em Minschter wysawyy, *dem Münster gegenüber.*
Wysawyy s. *Gegenüber, gegenübersitzende Person, gegenüberliegendes Haus, gegenüberliegende Wohnung.* Mer händ e wiescht Wysawyy.
Wiisch m. 1. *Wischer.* Dä Wiisch hèt fascht kaini Hòòr mee. 2. + *Wisch, Fetzen Papier.* 3. + *zusammengekehrter Haufen* (Seiler). Dim. Wiischli s.
wische (gwischt) 1. *wischen, trocknen.* D Auge wische. 2. *kehren (säubern).* Der Boode wische. 3. *verabreichen* (pop.). Er hèt eren aini gwischt, *er gab ihr eine Ohrfeige,* ütr. *er sagte ihr die Meinung.* 4. *tanzen* (Höschs.). Wämmer ain go wische? *Wollen wir zusammen tanzen?*
Wischede w. *Zusammengekehrtes, Kehricht.*
Wischedekischtli s. *Kehrichtbehälter.*
Wischerli s. *Handbesen.*
Wischpel m. *unruhiger, zappeliger Mensch.*
wischple (gwischpled) *sich unruhig bewegen.*
wischplig *unruhig, zappelig.*
Wiise w. *Wiese (Fluss des Wiesentals).*
Wiisebammert+ m. *Bannwart des Gebiets um die Wiese.* **Wiisedaal** s. *Wiesental.*
wyyse (gwiise) 1. *weisen, zeigen.* Das wiird sich schò nò wyyse. 2. *lenken, steuern.* Der Schlitte wyyse. 3. *bestimmte Karten beim Jassspiel vorweisen.*
Wiisel s. *Wiesel.* Dim. Wiiseli s. Gschwind wien e Wiiseli.
Wiisgrut+ s. (nur Sing.) *essbare Wiesenkräuter* (Kron).
Wyyshait w. (-e) *Weisheit.* Isch daas dy ganzi Wyyshait? *Ist das alles, was du weisst?* Ra.: Er maint, er haig d Wyyshait mit Lèffel gfrässe, *er hat eine gehörige Einbildung* (pop.).
Wyyshaitsbiggse w. *überkluger, eingebildeter Mensch* (Seiler).
Wyysig w. (-e) *Weisung.*

Wysyte w. *Visite, Arztvisite, Besuch, Einladung; frz. visite.* Z Wysyte koo, *eingeladenerweise zu Besuch kommen.* **Wysytenaarbed**+ w., **Wysyteschaffede**+ w. *feine Handarbeit, an der man während der Dameneinladung arbeitet.*
Wysyteladäärne+ w. *Besuchslaterne der alten Zeit, als die Strassenbeleuchtung noch mangelhaft war.*
Wysytestùùbe w. *Besuchszimmer, Salon.* Dim. Wysyteli s., Wysytli s.
wyss *weiss.*
wisse (gwisst; Präs. waiss, waisch, waiss / waisst+, wisse) *wissen.* I waiss vò nyt, *ich weiss von nichts.* Er waiss èppis, *er weiss sehr viel, er ist sehr gebildet.* Waisch no? *Weisst du noch, erinnerst du dich?* Me waiss ganz nyt vòn em, *man weiss nichts Nachteiliges über ihn, sein Leumund ist gut.* Waisch dy Väärs? *Kannst du dein Gedicht auswendig?* S sind waiss nit wievyyl Lyt koo, *es kamen unzählige Leute.*
wyssge (gwyssged), **wyssgle** (gwyssgled), **wyssle** (gwyssled) *weissen, tünchen.* Der Käller wyssge. Ra.: Ainere d Kùchi wyssgle, *eine Frau begatten* (vulg., 2. H. 20. Jh.).
Wyssgrut s. *Weisskohl.*
Wyssnaaiere w. *Weissnäherin.*
Wysszyyg s. *Weisszeug, weisse Tisch- und Leibwäsche.*
Wysszyygkaschte+ m. *Wäscheschrank.*
wyt (wyter, wytscht) *weit.* Wyter mache, *ausweiten.*
Wytamyyn s. *Vitamin.* Wytamyyn B, *«Vitamin Beziehungen», nützliche Beziehungen, Vetternwirtschaft.*
wyte (gwyted) *weiten, dehnen.* D Schue wyte.
wytele (gwyteled) *nur von weitem gut aussehen.* Das Däämli wyteled.
wyter, wyters Adv. *weiter.* S räägned als wyter, *es regnet immerfort weiter.*
wytermache (wytergmacht) 1. *weiterfahren, fortfahren.* Guet, mach dääwääg wyter. 2. *militärische Karriere einschlagen* (Ss.). No der Regruteschuel hèt er grad wytergmacht.
wyters → wyter.
Witfrau w. (-e) *Witwe.*
Wyti w. (Wytene) 1. *Weite, Kleiderweite.* 2. *Ferne.* In d Wyti luege.
wytlaiffig *weitläufig.*
Witlig m. *Witwer.*
Witsch m. *Nu,* in: Im Witsch, in aim Witsch, *im Nu,*

flugs, plötzlich.

witsche (gwitscht) *huschen.* D Muus isch in s Lòch gwitscht.

wytùmme *weitherum, in weitem Umkreis.* Er isch der ainzig Dòggter wytùmme.

wytuus *weitaus.*

Witz m. 1. *Witz.* Er hèt e lùschtige Witz verzèllt. Mach kaini Witz! *Erzähl keinen Unsinn!* I haa s nùmme zuem Witz gsait, *ich sagte das nur spasseshalber.* 2. *Geist, Verstand.* Si hèt rächt vyyl Witz. 3. *Sinn, Zweck.* Das isch dòch der Witz vò däre Maschiine.

witzig *witzig, geistreich.*

woo (bet.), **wo, wò** (unbet.) 1. *wo.* Wo isch my Huet? 2. Relativpartikel für alle Geschlechter und Fälle: *der, die, das, welcher, welche, welches.* Dä Maa, wo dèèrt stoot. Die Frau, wo striggt. D Kinder, wo spiile. D Kinder, wo si mit ene gspiilt hèt, *die Kinder, mit denen sie spielte.* Dä Bueb, won em s Weeloo gstoole wòòrden isch, *...dessen Fahrrad gestohlen wurde.* Die Hyyser, wo s drin kai Baadstùùbe hèt, *...in welchen...* 3. Konj. *als, nachdem.* Won er s gmèèrggt hèt, *als er es merkte.* Wo mer gässe ghaa händ, simmer go spaziere, *nachdem wir gegessen hatten, gingen wir spazieren.*

woaane *wohin.*

wodùùre *wo hindurch, in welcher Richtung.*

Woog w. (-e) *Waage.* S stoot ùff der Woog, *es ist unentschieden, ungewiss.* **Woogschyt** s. *Querholz an der Wagendeichsel.* Dim. Weegli s.

wooge (gwògt) *wagen, riskieren.* E gwògti Sach, *eine gewagte Sache.*

wooghalsig *waghalsig.*

woogrächt, jg. **waagrächt** *waagerecht.*

wool (weeler, weelscht) *wohl.* S isch mer wool, *ich fühle mich wohl.* Dehaim isch s mer am weelschte.

Wòlang m., s. 1. *gefälteter Besatz an Vorhängen, Kleidern usw.; frz. volant.* Dim. Wòlängli s. 2.[+] *Autosteuerrad.*

woole (gwoolt) *wohl werden, wohler werden.* S hèt em gwoolt.

woolfel[+] (weelfler, weelfelscht) *wohlfeil, billig.*

woollächt[+] *wahrlich, freilich* (Hagenbach).

woolriechig, woolschmèggig *wohlriechend.*

Woolsyy s. *Wohlsein,* in: Zuem Woolsyy! *Prost!*

woolwyyslig *wohlweislich.*

woone (gwoont) 1. *wohnen.* 2. *Zeit behaglich verbringen* (pop., Mitte 20. Jh.).

wooneli *wo* (Ks.). verst. wooneli woo?

Woonig w. (-e) *Wohnung.* Dim. Weenigli s.

wònnig *herrlich, herzerfreuend, beglückend.*

Woonstùùbe w. *Wohnzimmer.*

Woope m., jg. s. (Weepe), **Wòppe** s. (Wèppe / Wòppe) *Wappen.* **Woopeschyybe** w. *Wappenscheibe.* Dim. Weep(e)li s., jg. Wèpp(e)li s.

wòòr *wahr.* S isch aber nit wòòr! *Das kann doch einfach nicht sein.* E wòòri Bracht, *eine wirkliche Pracht.*

Wòòred w. (-e) *Wahrheit.* Soonigi Wòòrede hèèrt me nit gäärn.

wòòrge (gwòòrgt), **wùùrge**[+] (gwùùrgt), jg. **wiirge** (gwiirgt) *würgen, herunterwürgen.* S wòòrgt mi, *es gibt mir sehr zu schaffen.*

Wòòrgede w. *Würgerei,* ütr. *mühsame, forcierte Arbeit.*

wòòrhaftig *wahrhaftig.*

wòòrsaage (wòòrgsait) *wahrsagen.*

Wòòrsaagere w. *Wahrsagerin.*

wòòrschyynlig, wòòrschynts *wahrscheinlich.*

Wòòrt s. (Wòòrt / Wèèrter) *Wort.* Er hèt e baar nätti Wòòrt gsait, *er sagte ein paar freundliche Worte.* Me sòtt kaini wieschte Wèèrter bruuche, *man sollte keine hässlichen Wörter oder Ausdrücke verwenden.* Aim s Wòòrt gùnne, *jdn. zu Worte kommen lassen, jdn. anhören.* Dä Hùnd fòlgt ùff s Wòòrt. S sòll e Wòòrt syy, *es soll gelten (Abmachung, Vereinbarung).* Ai Wòòrt git s ander, *nach und nach gibt es ein Gespräch oder Streitgespräch.* Dim. Wèèrtli s. I mues e Wèèrtli mit em reede, *ich muss ihn ernsthaft zur Rede stellen.*

wòrùm → **wùrùm.**

Wrange → **Range.**

Wuube w. 1. *stattliche, behäbige Frau.* 2. jg. *derbe Frau, Weibsbild* (pej.). Die Wuube sòll mer nò aimool dääwääg koo!

Wubse w. *Weibsbild.*

Wùche w. *Woche.* Dreimool in der Wùche, *dreimal wöchentlich.* I kaa nùmmen in der Wùche, *ich kann nur unter der Woche, werktags.* **Wùchebèt** s. *Wochenbett.* **Wùùchedaag** m. *Werktag.* **Wùchedùùbel**[+] m. *steifer Hals* (Fridolin). **Wùchekùmoode** w. *Kommode mit sieben Schubladen für Herrenwäsche.* **Wùchenändi** s.

Wochenende, Weekend (20. Jh.). **Wùchewèsch** w.
kleine Wäsche der Leibwäsche. **Wùùchewischede** w.
1. *Kehricht einer Woche.* 2. *Gericht aus den Speise-*
resten einer ganzen Woche (humor.). Dim. Wicheli s.
Die Wicheli schnytze nùmmen eso dùùre.
Wùchner m. *Schüler, der während einer Woche für*
die Ordnung im Schulzimmer verantwortlich ist.
(Schs.).
wùùdle[+] (gwùùdled) *wedeln.*
Wuecher m. *Wucher.*
wuechere (gwuechered) *wuchern.*
Wuecherer m. *Wucherer.*
Wuer s. *Wehr, Wuhr, Buhne.* **Wuerässe**[+] s. *jährliches*
Essen der für das Wasserwesen der Wiese (Fluss im
Wiesental) verantwortlichen badischen und Basler
Beamten (Meyer).
wuerele (gwuereled) *nach Wuhr, Schlamm,*
Feuchtigkeit riechen.
Wuescht m. 1. *Schmutz, Unrat.* 2. [+] *Eiter* (Seiler).
Ra. Wuescht in d Milch mache, *das Spiel verderben,*
Störenfried sein.
Wueschte → Hueschte.
wueschte → hueschte.
Wùlgge w. 1. *Wolke.* **Wùlggegratzer** m. *Wolken-*
kratzer. Dim. Wilggli s. *Wölkchen.* I nimm nùmme
grad e Wilggli Milch in Kaffi. 2. *dicke Frau*
(humor., Mitte 20. Jh.).
wùlggig *wolkig.*
Wùlle[1] w. 1. *Wolle.* Ra.: Si sind guet in der Wùlle,
sie sind recht wohlhabend. **Wùlledèggi** w.
Wolldecke. **Wùllegnùngele** w. *Wollknäuel.*
Wùlletscheepli s. *Wolljäckchen.* **Wùllewindi** w.
Aufwindevorrichtung für Wolle. 2. *Zorn, Wut.*
Er hèt e Wùlle gschwùnge, *er hatte eine grosse Wut*
(pop.). In d Wùlle koo, *wütend werden.* Er hèt e
Wùllen ùff mi, *er hat eine Wut auf mich.*
Wùlle[2] m., w. Wilhelm (Schs.).
wùllig *wollen.* Wùlligi Sògge, *Wollsocken.*
wùmsle (gwùmsled) 1. *wimmeln.* 2. *geschäftig sein.*
Wùnder s. 1. *Wunder.* Ùff e Wùnder hòffe.
Kai Wùnder isch er eso blaich, *es verwundert nicht,*
dass er so bleich ist. Du kaasch no dyni Wùnder
erlääbe. Er maint Wùnder was er syyg, *er meint,*
er sei etwas ganz Besonderes. Das isch s Wùnder!
Das ist eine wunderbare Sache (Schs., Mitte 20. Jh.).
Wùnderfitz m. a) *Neugier.* Der Wùnderfitz sticht en,
die Neugier plagt ihn. Spruch als Antwort auf

neugierige Frage: Wùnderfitz hèt d Naase gspitzt.
b) *neugieriger Mensch.* Si isch allewyyl e Wùnderfitz
gsii. **Wùndergiggli** s. *Bonbontüte mit Über-*
raschung. **Wùndernaase** w. *neugieriger Mensch.*
2. verst. *prächtig, hervorragend* (2. H. 20. Jh.).
E Wùnderhèlge. Wùndergryte, *Prachtsmädchen.*
Wùnderydee, *grossartige Idee.* Wùndersälte,
sehr selten. Wùnderscheen, *wunderschön.*
wùndere, sich (gwùndered) *sich wundern.*
wùnderfitzig *neugierig.*
Wùntsch m. (Wintsch) *Wunsch.* Dim. Wintschli s.
wùnzig, wùnzelig, mùnzig *winzig.*
Wùùrf m. (Wiirf) *Wurf.* E schmaale Wùùrf,
ein magerer Mensch (Höschs.). **Wùùrfsasse** w.
Schöpfschaufel des Weidlingsfahrers mit langem
Stiel. Dim. Wiirfli s.
wùùrge → wòòrge.
Wuuri s. *weicher Teil des Brotes.* **Wuuribèlleli** s.
Brotkügelchen.
Wùùrm m. (Wiirm) *Wurm.* Raa.: Wiirm haa,
verrückte Ideen haben (pop.). Aim d Wiirm us der
Naase zie, *jdn. durch listiges Fragen zum Sprechen*
bringen. Dim. **Wiirmli** s. 1. *Würmchen.* Wiirmli
baade, *fischen* (humor.). 2. *bedauernswertes kleines*
Kind. Lueg, das aarm Wiirmli!
wùùrmäässig, wùùrmässig *wurmstichig.*
Wùùrscht w. (Wiirscht). Raa.: S isch mer wùùrscht,
es ist mir egal. S goot ùm d Wùùrscht, *es geht um*
Entscheidendes, ums Ganze. Ùff der Wùùrscht
rytte, *auf Kosten anderer Leute leben, nassauern.*
Wùùrschtreedli s. *Wurstscheibe.* **Wùùrschtrytter** m.
wer auf anderer Leute Kosten lebt, Nassauer.
Wùùrschtwègge m., jg. w. *längliches Blätterteig-*
gebäck mit Hackfleischfüllung. Dim. Wiirschtli s.
wùùrschte (gwùùrschted) *wursten, Würste herstellen.*
wùùrschtig *gleichgültig, nachlässig.* Wùùrschtig
schaffe. E wùùrschtigi Aarbed.
wùùrschtle (gwùùrschtled) *wursteln.*
wùrùm, wòrùm, werùm *warum.*
Wùùrze[+] w., **Wùùrzle** w. 1. *Wurzel.*
Wùùrzegraaberkämmerli s. *Name einer Kleinbasler*
Herrenvereinigung. **Wùùrzlekasyynoo** s.
vegetarisches Restaurant (humor., 20. Jh.).
Dim. Wiirzeli s. *Würzelchen.* **Wiirzelibiirschte** w.
Bürste aus Reisstroh. 2. *origineller Mensch*
(20. Jh.). Das isch au nòn e Wùùrzle!
Wùùrzle[1] → Wùùrze.

Wùùrzlę[2] *männlicher Träger des Familiennamens Wirz* (Schs.).

Wùùsel m. *Lebewesen, lebhaftes Kind.*
Dim. **Wùùseli** s. *sehr kleines, allzu kleines Kind.* Jee, das aarm Wùùseli!

wùùsele (gwùùseled) *wuseln, wimmeln, krabbeln, sich rasch bewegen.*

X

x → auch: gs, ggs.

Xafti m. *Xaver.* Dim. Xafteli m., s.

Xandi m. *Alexander.* Dim. Xandeli m., s.

Z

z → zue.

zää, zääche[+] *zehn.* Zää Rèsser, *zehn Pferde.* Dä Bueb isch zää, zääni, zää Jòòr alt.

zaable (zaabled) *zappeln, ungeduldig sein.*

Zaabli m. *zappliger Mensch, Zappelphilipp.*

zaablig *zappelig, nervös, ungeduldig.* Ain zaablig mache, *jdn. nervös machen.*

zääch 1. *zäh.* Zääch Flaisch. Zääch wie Häntschelääder, wie Schyychlääder, wie Soolelääder, *ausserordentlich zäh.* 2. *robust, widerstandsfähig.* S isch e zääche Mèntscheschlaag. 3. *hartnäckig.* Si händ zääch midenander verhandled.

zääche → zää.

zäächflissig *zähflüssig.*

Zäächi w. *Zähigkeit.*

Zaagel[+] m. (Zäägel) *Schwanz, Schweif.* Dim. Zäägeli s.

Zägg m. (-e) 1. *Zecke.* 2. *aufsässiger, zudringlicher Mensch*

Zagge m. (Zägge) 1. *Zacke, Zacken, Spitze.* Ùff dää Zagge miemer glättere. **Zaggereedli** s. *gezacktes Rädchen, mit dem der Stoff ausgezackt wird.* Dim. Zäggli s. Das Zaanreedli hèt ganz glaini Zäggli. 2. *Schrulle* (2. H. 20. Jh.). E Zagge (ab) haa, *verschroben, verrückt sein.* 3. *Geschwindigkeit, Dynamik* (2. H. 20. Jh.). E Zagge drüff haa, *schnell fahren, schnell laufen, schnell und intensiv arbeiten.*

zäggle (zäggled) *auszacken, mit Zacken versehen.*

Stòff mit eme zägglede Rand.

Zaiche s. 1. *Zeichen.* Alli Zaiche flueche, *kräftig fluchen.* Dim. Zaicheli s. 2. [+] *Kirchengeläute vor dem Gottesdienst.* Mache gschwind, me lytted schò s Zaiche.

Zaichnig w. (-e) *Zeichnung.* **Zaichnigslèèrer** m. *Zeichenlehrer.* **Zaichnigssaal** m. *Zeichensaal.* **Zaichnigsstùnd** w. *Zeichenstunde.* Dim. Zaichnigli s.

zaige (zaigt) *zeigen.* Aim der Maischter zaige, *jdn. deutlich seine Überlegenheit fühlen lassen.* Aim zaige, wo Gòtt hòggt, *jdn. gehörig zurechtweisen.* Diir will i s schò nò zaige! *Mit dir werde ich schon noch fertig!* Kèèren ùnd zaige, *Scheibe wechseln und Treffer zeigen (Schiessplatz).*

Zaiger m. 1. *Uhrzeiger, Zeiger eines Messgeräts.* Dim. Zaigerli s. 2. *Scheibenzeiger (Schiessplatz).* **Zaigerkèlle** m. *Stab, mit dem das Schiessresultat auf der Scheibe gezeigt wird (Schiessplatz).*

Zaine w. *grosser Korb mit zwei Griffen, Wäschekorb.* **Zainemacher** m. *Korbmacher.* Dim. Zainli s.

Zaal w. (-e) *Zahl.* Dim. Zääleli s.

Zaaldaag m. (Zaaldääg) 1. *Zahltag.* 2. *Lohn.* Er hèt der ganz Zaaldaag versòffe. Der Zaaldaag mache, *die Lohntüten vorbereiten.*

zaale (zaalt) *zahlen, bezahlen.* Hèsch d Styyre schò zaalt?

zallerèèrscht *zuallererst.*

zallerlètscht *zuallerletzt.*

zaam (zaamer / zeemer, zaamscht / zeemscht) *zahm.*

zämme 1. *zusammen.* 2. verst. in Zss. *sehr, stark.* Ais zämmeflueche, *kräftig, anhaltend fluchen.* Ais zämmeschwätze, *ununterbrochen schwatzen.*

zämmebache (zämmebache) intr. *zusammenbacken, beim Backen zusammenkleben.*

Zämmebùtsch m. (Zämmebitsch) *Zusammenstoss, Kollision.*

zämmebùtsche (zämmebùtscht) *zusammenstossen, kollidieren.*

zämmedätsche (zämmedätscht) 1. tr. *zusammendrücken.* Er isch ùff d Èpfel gsässen ùnd hèt si zämmedätscht. Zämmedätscht, a) *zusammengedrückt.* b) *sehr niedergeschlagen.* 2. intr. *geräuschvoll zusammenfallen* (pop.). Das Huus isch bim Äärdbeebe zämmedätscht.

zämmedrùmmle (zämmedrùmmled) *zusammentrommeln, zusammenrufen.* Der Brèsidänt drùmmled der Verain zämme.

zämmefaare (zämmegfaare) *zusammenfahren.*
1. *beim Fahren zusammenstossen.* 2. *sich zu einer Hochzeit versammeln (meist im Brauthaus).*
3. *zusammenzucken, erschrecken.*
Zämmefaarede w. *Besammlung vor der Hochzeit (meist im Brauthaus).*
zämmefiesslig, zämmefiesslige *mit beiden Füssen zugleich* (Liebrich).
zämmegää (zämmegää) *zusammengeben, kirchlich trauen.* Der Pfaarer hèt si im Minschter zämmegää.
zämmegheie (zämmegheit) 1. tr. *zusammenwerfen, zerschmeissen* (pop.). 2. intr. *zusammenfallen, zusammenstürzen* (pop.).
zämmegrache (zämmegracht) *einstürzen, zusammenbrechen.* Er isch bi der Aarbed zämmegracht, *er brach während der Arbeit zusammen.*
zämmehaue (zämmeghaue) 1. *zusammenschlagen, zertrümmern.* 2. *mit Genuss essen, vertilgen* (pop.).
zämmeheebe (zämmeghèbt) *zusammenhalten.* Ra.: Wie Bäch ùnd Schwääfel zämmeheebe, *durch dick und dünn zusammenhalten.*
zämmelääbe (zämmegläbt) 1. *zusammenleben.*
2. *im Konkubinat leben.*
zämmelauffe, sich (zämmeglòffe) *sich summieren.* Das laufft sich glyy emool in e Simmli zämme.
zämmeleege (zämmeglègt) 1. *zusammenfalten.* Dischdiecher zämmeleege. Zämmeglègt, [+] *gebückt, gekrümmt.* E zämmeglègt Fraueli. 2. *gemeinsam beisteuern.* Si händ fir die Rais dausig Frangge zämmeglègt. 3. *zertrümmern, zu Schrott fahren* (humor., 2. H. 20. Jh.). Er hèt sy Autoo zämmeglègt.
Zämmelytte s. *Kirchengeläute vor Gottesdienstbeginn.*
zämmeramisiere (zämmegramisiert) *zusammenraffen.*
zämmerùmpfle (zämmegrùmpfled) *zerknittern, zusammenknüllen.*
zämmeschysse (zämmegschisse) *gründlich zurechtweisen, tadeln* (vulg.). Der Alt hèt mi zämmegschisse.
zämmeschloo (zämmegschlaage) 1. *zusammenschlagen, zerstören.* D Händ zämmeschloo. S Gschiir zämmeschloo. 2. *zusammensetzen, aufstellen (Möbel).* Der Kaschte zämmeschloo, *den Schrank zusammensetzen.*
zämmeschnyydere (zämmegschnyydered) *zusammenflicken. zusammennähen, zurechtschustern* (pop.).

zämmestuuche (zämmegstuucht) 1. *völlig krummbiegen, mit Druck verkürzen.* 2. *scharf zurechtweisen.* Der Maischter hèt der Lèèrbueb bees zämmegstuucht. 3. *zusammenstehlen* (pop.).
zämmezèlle (zämmezèllt) *zusammenzählen, addieren.* Das kaa me sich guet zämmezèlle, *das kann man sich an den Fingern ausrechnen.*
Zaan m. (Zeen) *Zahn.* Die dritte Zeen, *Zahnprothese* (humor.). Langi Zeen haa, *Hunger haben* (humor.). Raa.: Ùff d Zeen bysse, *sich zusammennehmen, durchhalten wollen.* Ain ùff der Zaan nää, *etwas trinken.* Aim d Zeen zaige, *abwehrend drohen.* Däm diend d Zeen au nimme wee, *der ist schon längst gestorben* (pop.). **Zaanbiirschtli** s. *Zahnbürste.* **Zaandòggter** m. *Zahnarzt.* **Zaanlùgge** w. 1. *Zahnlücke.* 2. *Bezeichnung eines von der Baulinie zurückstehenden Hauses (z.B. Sankt Alban-Vorstadt Nr. 25, Sanitätsdepartement).* **Zaansyyde** w. *Zahnseide.* **Zaanwee** s. *Zahnweh, Zahnschmerzen.* Dim. Zeenli s.
zaane (zaant) *zahnen, Zähne bekommen.* Zuem dritte Mool zaane, *Zahnprothese bekommen* (humor.). Us de Näärve zaant → Näärv.
Zääner m. *Zehner.* 1. *Angehöriger des Jahrgangs 1910.* 2. *Zahl zehn.* Er hèt e Zääner im Lòtto. I haan e Zääner gschòsse. **Zäänerneetli** s. *Zehnfrankennote.* **Zäänerstiggli** [+] s. *süsses Kleingebäck zu zehn Rappen.* Dim. **Zäänerli** s. *Zehnrappenstück.*
zäänerscht *am weitesten weg, weit jenseits.* Zäänerscht am See, *am entferntesten Teil des jenseitigen Ufers.* Zäänerscht ääne, *ganz weit dort drüben.*
Zanggyyse s. «Zankeisen», *streitsüchtiger Mensch.*
Zaani m. *Zahnarzt* (Ks., Schs.).
Zääni s. 1. *Zehn, Zahl zehn.* 2. *zehn Uhr.* S isch glyy Zääni. Am Zääni geemer. Vòòr de Zääne, *vor zehn Uhr.* **Zääniphause** w. *Zehnuhrpause.* 3. *Zehnuhrbrot.* Was nimmsch zuem Zääni mit? **Zäänidäschli** s. *kleine Umhängetasche für Zehnuhrbrot.*
zänne (zännt) *flennen, eigensinnig weinen.*
Zänni m. *weinerliches, eigensinniges Kind.*
zänsle (zänsled) *hänseln, foppen.*
Zäänte [+] m. *Zehnt, Zehnter, Abgabe, Zins.* **Zääntekäller** m. *Zehntenkeller.* **Zäänteschyyre** w. *Zehntenscheune.*
Zäntner m. *einfacher Zentner, 50 kg.*

zäntùmme[+] *überall, ringsum, weithin.*

Zapfe m. (Zäpfe) *Zapfen.* 1. *Korken, Pfropfen.* Zapfe haa, *nach dem Korken riechen oder schmecken.* Ojee, dä Wyy hèt Zapfe. Ra.: Jètz isch der Zapfen ab, *jetzt ist das Unglück passiert, jetzt ist es genug.* **Zapfegäld** s. a) *Entschädigung an den Wirt, wenn man zu einem Essen den eigenen Wein mitbringt.* b) *Beteiligung des Servierpersonals am Umsatz von Flaschenwein.* **Zapfeguu** m. *Korkengeruch des Weins.* **Zapfestraich** m. *Zapfenstreich, Signal zum Einrücken vom abendlichen Ausgang* (Ss.). **Zapfezie'er** m. *Korkenzieher.* **Zapfezie'erlògge** w. *spiralige Locke.* 2. *Sauger, Mundstück der Säuglingsflasche.* 3. *Gehalt, Lohn* (pop.). Er ziet e guete Zapfe, *er bezieht einen guten Lohn.* 4. *Holz- oder Metallzapfen.* Dim. **Zäpfli** s. a) *kleiner Korken.* b) *Gaumen- oder Halszäpfchen.* c) *Medikament in Zäpfchenform.*

zäpfe (zäpft), **sich zäpfe**[+] (zäpft) *rennen, laufen, davoneilen.*

zäpfele (zäpfeled) *nach Korken riechen oder schmecken.* Dä Wyy zäpfeled.

Zääsantyymläärvli[+] s. *billige Fasnachtsmaske.*

Zääserli[+] s. 1. *Wurzelfaser.* 2. *kränkliches, schwächliches Kind.*

zäät *zehnt.* Jeede Zäät(e), *jeder Zehnte.*

Zäätel m. *Zehntel, zehnter Teil.*

zättere (zättered), **zèttere** (zèttered) *zetern.*

Zatz[+] w. (-e) 1. *läufige Hündin.* 2. *Dirne* (vulg.).

zaubere (zaubered) *zaubern.* I kaa dòch nit zaubere! *Du kannst doch nichts Unmögliches von mir verlangen.*

Zauberladäärne w. *Zauberlaterne, Laterna magica.*

zbass *zupass.* Das kùnnt mer grad zbass.

zdood *zu Tode.* Er isch zdood verschrògge.

zdoodschloo (zdoodgschlaage) *totschlagen.*

zdròtz, zdrùtz[+] *zum Trotz, erst recht.*

ze → zue.

zeeberscht → zooberscht.

Zeeche m. *Zehe.* Das duet mer wool bis in groosse Zeechen aabe, *das tut mir äusserst wohl.* **Zeechejääglis** s. *Haschen nach den Zehen eines im Bett Liegenden* (fam.). **Zeechekääs** m. *Fussschweiss* (pop.). Dim. Zeecheli s.

zeechele (zeecheled), **zeechle** (zeechled) *sich auf die Zehenspitzen stellen, auf den Zehenspitzen stehen oder gehen.* I mues zeechle, fir sälle Haafen

aabezlänge.

zed[+], **zet**[+] *zu Sankt.* Zed Lienert, *zu Sankt Leonhard.* Zed Maarti, *zu Sankt Martin.*

Zeedel m. 1. *Zettel, Formular, Merkblatt.* 2. [+] *Auftragsliste des Seidenbandfabrikanten für den Posamenter.* 3. *Fasnachtszettel,* → Faasnachtszeedel. **Zeedelrùùgeli** s. *Rolle mit gebündelten Fasnachtszetteln* (20. Jh.). Dim. **Zeedeli** s. *kleiner Zettel, Merkzettel.* Im Laaden: I mues gschwind ùff em Zeedeli luege.

zèlle (zèllt) *zählen.* Ùff zwanzig zèlle. Ùff mii kasch zèlle, *auf mich kannst du zählen, dich verlassen.*

Zèllner m. *Zöllner.*

Zèllraame m. (Zèllrääme) *Zählrahmen.* Dim. Zèllräämli s.

zem → zuem.

zeeme (zeemt) *zähmen.*

zeenele (zeeneled) *zahnen, Zähne bekommen* (Ks.).

zeenled *gezahnt.* E zeenlede Rand.

zèpfle (zèpfled) *in Zopfform flechten, in Zopfform bringen.* Der Daig zèpfle. Der Mischthuffe zèpfle.

zer → zuer.

zèère[1] (zèèrt) *zerren.*

zèère[2] (zèèrt) *zehren.*

zèèrnele (zèèrneled) *sich zornig gebärden (Kinder).*

zèèrscht *zuerst.*

zet → zed.

Zèttel m. *Zettel, Längsfäden auf dem Webstuhl.*

Zèttemli[+] s. *lang hingestreute Reihe körnigen Materials* (Hoffmann). E Zèttemli Schiessbùlver.

zèttere → zättere.

zèttle (zèttled) 1. *beim Weben den Zettel machen.* 2. *Heu mit der Gabel locker verstreuen.*

Zèttlere w. *Einfädlerin des Zettels (in der Seidenbandfabrik).*

zfriide *zufrieden.*

zfuess → Fuess.

zfuessede → Fuessede.

zglyych → glyych.

zgrächtem 1. *zu Recht, wie es sich gehört,* 2. *gründlich.*

zhinderfiir → hinderfiir.

zhinderscht *zuhinterst.* Zhinderscht hinde, *ganz zuhinterst.*

Ziibele w. 1. *Zwiebel.* **Ziibelegrind** m. *Dummkopf, unfähiger Mensch* (vulg.). **Ziibelerèèrli** s. *Kraut der Zwiebel* **Ziibeleschwaizi** w. *Zwiebelschwitze.*

Ziibelesètze s. *Schulhofspiel, bei dem einer nach dem andern auf die gebückten Rücken einer hintereinanderstehenden Schülerreihe springt.*

Ziibelewaaie w. *flacher Zwiebelkuchen, vor allem während der Fasnacht gegessen.* Dim. **Ziibeli** s. a) *kleine Zwiebel.* b) *Setzzwiebel.* 2. *Taschenuhr* (humor.). 3. *Kopf* (Höschs.). **Ziibeleschnèlle** s. *Kopfschmerzen* (Höschs.).

Ziiber m. *Zuber, Bottich.* Dim. Ziiberli s.

Zydroone w. 1. *Zitrone.* **Zydrooneschittler** m. *Italiener* (humor.). Dim. Zydreenli s. 2. *Citroën-Auto* (pop.).

zie (zooge; Präs. zie, ziesch, ziet, ziend / zien; Kond. zùùg⁺) 1. *ziehen.* Er ziet e Wäägeli. Si ziend ùff Ziiri. Me mues der Thee lò zie. Dä Wääg ziet sich, *...zieht sich in die Länge.* Raa.: Aine zie, *ein Glas Wein oder Bier trinken.* E Schue vòll zie, *in die Patsche treten.* 2. *erziehen.* Si hèt iri Kinder guet zooge. 3. *anhaltend oder stark schmerzen* (pop.). Dä Schnatte ziet, *diese Schnittwunde schmerzt.* Dä Gläpper hèt zooge, *diese Ohrfeige tat weh.* 4. *zugig sein.* Do inne ziet s, mach d Diire zue.

Ziefäggte m. *liederliche, umhervagierende Frau, Dirne.*

Ziegel m. 1. *Ziegel, Dachziegel.* 2. *Rausch* (pop.). Er hèt e ghèèrige Ziegel haimdrait. Dim. Ziegeli s.

Zielämpe⁺ m. *Handharmonika* (humor., Baerwart).

Ziemässer s. *Ziehmesser, Schneid- und Hobelwerkzeug des Küfers und des Wagners mit zwei Handgriffen.*

Ziemer → Zyymer.

Ziestängel m. *Stielbonbon* (20. Jh.).

Ziewùùdel → Ziiwùùdel.

Zifferblatt s. (Zifferblètter) 1. *Zifferblatt.* Dim. Zifferblèttli s. 2. *Gesicht* (humor.).

Zyyg¹ m. (-e) *Zeuge.* **Zyygegäld** s. *Zeugengeld, Entschädigung für Zeugenaussage.*

Zyyg² s. 1. *Zeug, Sache, Kram, Gesamtheit von Sachen* (pej.). Ghei dòch das Zyyg ewägg. Mit däm Zyyg wòtt ych nit z due haa. Zyyg ùnd Sache, *Menge von unnützen und wertlosen Dingen.* Verst. Zygs. I verstand nyt vò däm Zygs. 2. *Rüstzeug, Begabung.* Dää hèt s Zyyg zuemene Lèèrer. **Zyyghuus** s. *Zeughaus, Arsenal.* Dim. **Zyygli** s. *Utensilien, Handwerkszeug.* 3. ⁺*Kleidung* (Meyer). 4. *Periode, Menstruation* (vulg.). Si hèt grad s Zyyg. 5. *Unsinn.* Schwätz dòch kai so Zyyg. Dùmm Zyyg,

dùmm Zygs! *Unsinn!*

Ziigeldaag m. (Ziigeldääg) *Tag des Wohnungswechsels.*

Ziigelmaa m. (Ziigelmänner / Ziigelmanne) *Umzugsmann, Arbeiter des Möbeltransport-Unternehmens.*

Ziigelwaage m. (Ziigelwääge) *Möbelwagen.*

Ziiger m. 1. *Zieger, Weichkäse, Kräuterkäse.* **Ziigerstògg** m. *Ziegerkegel.* 2. *geronnener Augenschleim.*

Zigge (Plur.) *Schwierigkeiten, Dummheiten* (pop., Mitte 20. Jh.). Mach kaini Zigge!

Ziggelfritz m. *einer, der ständig hänselt.*

ziggle (ziggled) *foppen, hänseln, necken.*

Ziggli m. *einer, der ständig hänselt.*

Zigyyner m. 1. *Zigeuner.* 2. *unsteter, unordentlicher Mensch.*

Zigyynere w. *Zigeunerin.*

zigyynere (zigyynered) *vagabundieren, unordentlich leben.*

ziigle (ziigled) 1. *zügeln, im Zaum halten.* 2. *Wohnung wechseln, umziehen, Hausrat transportieren.* Si ziigln Ändi Mooned. Er hèt syni Sachen in Käller ziigled.

Ziiglede w. *Wohnungswechsel.*

Zyygnis s., **Zyygnùs⁺** s. *Zeugnis.*

Zylaschter m. *Zylinderhut* (humor.).

Zyyle w. *Zeile.* Dim. Zyyleli s.

Zyylede w. *gerade Reihe.* D Hyyser steend in ainer Zyylede.

Zyymer m. (Fridolin), **Ziemer** m. *Rückenstück vom Schlachtfleisch.* Dim. Zyymerli s., Ziemerli s., jg. Zimmerli s.

zimftig, zimpftig 1. *einer Zunft angehörend, zunftmässig.* Er isch bi de Wyylyte zimftig. 2. *tüchtig, gehörig, reichlich, stark.* E zimftige Hùnger. E zimftigi Aarbed. Zimftig schaffe.

Zimftler m., **Zimpftler** *Zunftmitglied, Zunftbruder.*

zimli, zimlig *ziemlich.*

Zimmed m. *Zimt.* **Zimmedstängel** m. *Zimtstange.*

Zimmedstäärn m. *Zimtstern, süsses weihnachtliches Kleingebäck in Sternform mit Zimt und Zuckerglasur.*

Zimmer s. *Zimmer.* **Zimmerduur** w. *Zimmerreinigungsdienst* (Ss.). **Zimmerlinde** w. 1. *Zimmerlinde.* 2. *Ehefrau, Freundin* (Höschs.).

Zimmerli → Zyymer.

Zimmis → Immis.

Zimperyynli s., **Zipperdryynli**[+] s., **Zipperyynli**[+] s. *zimperliches Mädchen, Zimperliese.*

zimpfer[+], **zimpferlig** *zimperlich, geziert.*

zimpftig → zimftig.

Zimpftler → Zimftler.

zinde (zùnde) *zünden.* 1. *leuchten.* Gang, zind ere mit der Ladäärne. 2. *Tadel erteilen, scharf zurechtweisen.* 3. *verabreichen* (pop.). Er hèt em aini zùnde, *er hat ihm eine heruntergehauen.* 4. *schmerzen* (pop.). Die Watsch hèt zùnde, *diese Ohrfeige hat wehgetan.* 5. *sticheln, reizen* (pop.). Muesch nit zinde! 6. *flirten* (Höschs.). Hèsch gsee, wie sälli zùnde hèt?

zinderle[+] (zinderled) *mit Feuer spielen.*

zindgiggelroot, **zindroot** *feuerrot, puterrot.*

Zindhèlzli s. 1. *Streichholz.* 2. *dürrer, hagerer Mensch.*

zindroot → zindgiggelroot.

Zingge[1] m., jg. w. 1. *Zinke (der Gabel usw.).* 2. *Nase* (humor.). Hèt dien e wiechste Zingge! 3. *Gaunerzinken, Hinweiszeichen der Fahrenden.*

Zingge[2] w. *Hyazinthe.* Meist Dim. Zinggli s.

Zinggeglaas s. *Hyazinthenglas.*

zinngiere (zinngiert) *verabreichen* (Schs., pop.). Aim aini zinngiere, *jdm. eine herunterhauen.*

zinne[+], **zinnig** *zinnen, zinnern.* Zinnig Wääsli, *Zinnväschen.* Kinderreim: Anggebroot in der Not, d zinne Pfanne dùsse stoot.

zinnerscht *zuinnerst.* Zinnerscht inne, *ganz zuinnerst.*

zinnig → zinne.

Zins w. (-e) *Zins, Hauszins, Miete.* Dim. Zinsli s.

Zinslibigger m. 1. *wer von den Zinsen lebt, Rentner* (humor.). 2. *geiziger Kapitalist.*

zinse (zinst) *Zins zahlen.*

zinserle (zinserled), **zinsgerle** (zinsgerled) *mit Feuer spielen.*

Zinserler m., **Zinserli** m., **Zinsler** m. *einer, der gern mit Feuer spielt.*

zinsle (zinsled) 1. *mit Feuer spielen.* 2. [+]*abluchsen, wegnehmen* (Baerwart). Der Hans hèt em Mygger e Glùgger zinsled.

Zinsler → Zinserler.

Zipfel m. 1. *Zipfel eines Tuches.* **Zipfelkappe** w. *Zipfelmütze.* 2. *Wurstzipfel.* 3. *Einfaltspinsel, Dümmling.* Bisch dòch e Zipfel. Dim. **Zipfeli** s. a) *Zipfelchen.* b) *Knabenpenis* (Ks.).

zipfelsinnig, **dippelsinnig**[+] (Seiler) *närrisch, verrückt.*

Me kènnt diräggt zipfelsinnig wäärde.

zipferle (zipferled) *leicht oder spielerisch zupfen.*

zipfle (zipfled) *einen Zipfel der Kleidung sehen lassen* (Fridolin).

Zipperdryynli, **Zipperyynli** → Zimperyynli.

Ziircher m. *Zürcher.*

Ziirchere w. *Zürcherin.*

ziirggle (ziirggled) *zirkeln, sorgfältig abmessen, tüfteln.*

Ziiri *Zürich.* **Ziiribiet** s. *Kanton Zürich.* **Ziiribieter** m. *Bewohner des Kantons Zürich.* **Ziirilai** m. *Zürcher Löwe (Wappenhalter).* **Ziirizytig** w. *Neue Zürcher Zeitung.*

ziirle[+] (ziirled) *leicht oder spielerisch zerren.* E Biebli ziirled an eme Kèttemli (Kron).

Ziirlede w. *Durcheinander beim Stricken.*

ziirne (ziirnt) *zürnen, zornig sein, übelnehmen.* Si miend s nit ziirne, *Sie müssen es nicht übelnehmen.* Abschiedsformel nach einer Auseinandersetzung: Lääbe Si wool ùnd ziirne Si nit.

Zischgeli s. 1. *Franziska.* 2. [+]*Judenmädchen.* 3. *Mädchen* (eher pej.). Er hèt wider e Zischgeli ùffgaabled.

Zyschtig m. (-e) *Dienstag.* An de Zyschtige kaan i nie koo.

Zyyser[+] m., **Zyysli** s. *Zeisig.*

Zyysi s. *Susanna.* Dim. Zyys(e)li s., Syysli[+] s.

Zyysli → Zyyser, Zyysi.

zisserscht → zùsserscht.

Zyt[1] w. (-e) *Zeit.* Der Zyt haa, *Zeit haben.* Sich der Zyt nää, *sich Zeit nehmen.* Mer händ no alli Zyt, *wir haben noch reichlich Zeit.* Vòr èppis Zyt[+], *vor einiger Zeit* (Kron). Ùff die èèrschti Zyt, *in der ersten Zeit, anfangs.* S isch Zyt (fir) in d Schuel, *es ist Zeit, in die Schule zu gehen.* Aim d Zyt biete[+], aim d Zyt wintsche[+] *jdn. grüssen.* È du liebi Zyt! *Du meine Güte!* Hèèr du Zyt! *Donnerwetter!* Was isch fir Zyt? Was fir Zyt isch? Weeli Zyt isch? *Wieviel Uhr ist es?* Humor. Antwort auf diese Frage nach der Uhrzeit: Zyt, dass de di bèsseresch (20. Jh.). **Zytverdryyb** m. *Zeitvertreib.* Dim. **Zytli** s. *längere Zeit.* I waart schòn e Zytli.

Zyt[2]+ s. (nur Sing.) *Wanduhr* (Seiler). S Zyt ùffzie, *die Wanduhr aufziehen.* Dim. **Zytli**[+] s. *Taschenuhr* (Seiler).

zytewyys *zeitweise.*

Zytig w. (-e), **Zytùng**[+] w. (-e) *Zeitung.* **Zytigsanni** s.
*Name eines zeitungsverkaufenden weiblichen
Basler Stadtoriginals der 1920er und 1930er Jahre.*
Zytigsbapyyr s. *Zeitungspapier.* **Zytigsfrau** w.
Zeitungsausträgerin. **Zytigsverdrääger** m.
Zeitungsausträger. Dim. Zytigli s.
zytig, zytlig[+] 1. *zeitig, frühzeitig.* 2. *reif.* D Biire sind
jètz zytig.
Zitrapp[+] s., **Zitteräppeli**[+] s. *Hautflechte,
Hautausschlag* (Seiler).
Zittere w. *Zither.*
zittere (zittered) 1. *zittern.* 2. *sich rasch fortbewegen*
(Höschs.). Er isch in d Stadt zittered.
Zitteri m. 1. *einer, der ständig zittert.* En alte Zitteri,
ein Zittergreis. 2. *Zittern.* Si hèt der Zitteri,
sie zittert anhaltend.
Zittersau w. (Zittersei) *Motorrad, Moped* (Höschs.).
Zytùng → Zytig.
Ziiwùùdel[+] m., **Ziewùùdel**[+] m. *schmutziger unterer
Saum des bodenlangen Frauenkleids* (Meyer).
zkòpfede → Kòpfede.
zlaid *zuleide, mit böser Absicht, aus Trotz.*
Jètz kùmm i zlaid nit mit. Mahnung an Zeugen:
Niemetsem zlieb ùnd niemetsem zlaid reede,
*niemandem zum Vorteil und niemandem zum
Nachteil aussagen.*
zlaiddue (zlaiddoo) *zuleide tun.* Er duet kaim Dierli
èppis zlaid.
zlaidlääbe (zlaidgläbt), **zlaidwäärgge** (zlaidgwäärggt)
ständig auf den Schaden jds. hinwirken.
Er hèt de Noochbere zlaidgläbt, woon er hèt kènne.
Zlaidlääber m., **Zlaidwäärgger** m. *Quertreiber.*
zlètscht *zuletzt.*
zlètschtamänd 1. *zuallerletzt, schliesslich,
zu guter Letzt.* Zlètschtamänd wiird er nò Dirägter.
2. *möglicherweise.* Wär waiss, zlètschtamänd hèt si
der Zùùg verbasst.
zlieb *zuliebe.* Niemetsem zlieb ùnd niemetsem zlaid
→ zlaid.
zliecht → Liecht.
zmèèrgele (zmèèrgeled) *gemütlich frühstücken*
(20. Jh.).
Zmidaag s. *Mittagessen.* Was git s zuem Zmidaag?
Hèsch schò Zmidaag ghaa? **Zmidaagässe** s.
Mittagessen.
zmidaag *mittags, nachmittags.* Zmidaag schafft er nit,
nachmittags arbeitet er nicht. Zmidaag am Vieri,

um 16 Uhr.
zmidaagässe (zmidaag'gässe) *zu Mittag essen.*
zmitts, zmittse *mitten.* Zmitts in s Schwaarz,
mitten ins Schwarze.
zmittsdrin *mittendrin.*
zmittsdùùre *mittendurch.*
Zmòòrge s. (Zmèèrge) *Frühstück.* Git s au Angge
zuem Zmòòrge? **Zmòòrgedisch** m.,
Zmòòrgedringgdisch m. *Frühstückstisch.*
Zmòòrgedringge s. *Frühstück.*
Zmòòrgedringg'gschiir s., **Zmòòrgegschirr** s.
Frühstücksservice.
zmòòrgedringge (zmòòrgedrùngge) *frühstücken.*
zmuet *zumute.* S isch mer gspässig zmuet,
mir ist merkwürdig zumute.
Znacht s. (Znächt) *Abendessen, Nachtessen.*
Wènn sòll i s Znacht richte? Kèmme zuem Znacht
zuen is. **Znachtässe** s. *Abendessen, Nachtessen.*
znacht *nachts.* Du Aarme znacht!
Du bedauernswerter Mensch!
znachtässe (znachtgässe) *zu Abend essen.*
Was händ er znachtgässe?
znèggscht *zunächst (örtlich), ganz nahe.* Der Laaden
isch doo znèggscht ùm die Ègge.
Znyyni s. *Neunuhrbrot.* Zuem Znyyni nimmt er als
e Wèggli mit. **Znyynidäschli** s. *kleine Umhänge-
tasche für den Schulimbiss.*
znyt, znyte *zunichte.* Hòffnige, wo znyt geen
(Schneider). Die Verloobig isch znyte gange.
Zoobe s. *Vesperbrot, kleine Nachmittagsmahlzeit.*
Zuem Zoobe hèt s als Thee ùnd Broot gää.
Zoobedringge s. *Vesperbrot, kleine Nachmittags-
mahlzeit.*
zoobe *abends.* Zoobe spoot, spoot zoobe, *spät abends.*
Am Määntig zoobe, *am Montagabend.* Zooben
am Achti, *abends um acht Uhr.*
zoobedringge (zoobedrùngge) *vespern, kleine
Nachmittagsmahlzeit zu sich nehmen.*
zooberscht, zeeberscht (Kelterborn, Fridolin)
zuoberst.
Zòlgge m. *herunterhängender Rotz* (Seiler, Fridolin).
zòlggig[+] *starke Verdickungen aufweisend, verdickt.*
Zòller[+] m. *Zöllner* (Schneider).
Zòlli m. *Zoologischer Garten* (pop.).
Zòloogische Gaarte m., **Zòloogisch** m. *Zoologischer
Garten.* Mer geend gäärn in Zòloogische (Gaarte).
Zòpf m. (Zèpf) 1. *Zopf, Haarflechte.* E Zòpf mache,

a) *einen Zopf flechten.* b) *kacken* (vulg.).
Ra.: Aim der Zòpf mache, *jdn. zurechtweisen.*
2. *zopfförmiges Gebäck.* Dim. Zèpfli s.
Zòòres m. *Zorn, Wut* (Höschs.).
Zòòrniggel m. *Jähzorniger.*
zòttle (zòttled) *zotteln, langsam gehen, schlendern.*
Zòttlede w. *ungeordneter Trupp, ungeordnete Reihe.*
E ganzi Zòttlede Kinder.
Zòtzle w. *Zottel, Quaste.* **Zòtzleraaie** w. *Gänsemarsch, Einerkolonne beim Spiel der Kinder.* Dim. Zètzeli s.
zrächt *zurecht.*
zrächtkoo (zrächtkoo) *zurechtkommen, fertig werden.*
Kùnnsch zrächt mit dyner Aarbed?
zrächtmache (zrächtgmacht) *zurechtmachen, ordnen.*
zringelùm, zringsedùm, zringselùm, zringsùm,
zringùm *rundum, im Kreis herum, ringsum.*
Zringelùmgùùrt [+] m., **Zringsùmgùùrt** [+] m. *bewegliche Hilfsleine beim altväterischen Schwimmunterricht in den Rheinbadeanstalten.*
zrùgg *zurück.* Bring s Buech zrùgg. Er isch nò rächt zrùgg, ...*im Rückstand, zurückgeblieben, unterentwickelt.* Der Wääg zrùgg, *der Rückweg.*
zrùggdrätte (zrùggdrätte) *zurücktreten.*
Zrùggfaart w. (-e) *Rückfahrt.*
Zrùggwääg m. *Rückweg.*
Zùchthyysler m. *Zuchthäusler.*
Zùchthuus s. (Zùchthyyser) *Zuchthaus, Gefängnis.*
Zùchthuushängscht m. *Zebra* (humor.).
Zùchthuuswiirzeli s. *Finger* (Höschs.).
zue, zù ze, z *zu.* 1. Präp. Si sind zue mer koo.
Er isch zuen ere gsässe. Z Baasel, *in Basel.*
Z Amèèrikaa, *in Amerika.* Kèmmen er z Liecht?
Kommt ihr «zu Licht», nach dem Nachtessen zu Besuch? Z Määrt goo, *auf den Markt gehen.*
Z aarme Daage koo, *zu armen Tagen kommen.*
Verschmelzung mit Art.: Zem, zuem, zùm Dòggter, *zum Arzt.* Zer, zuer, zùr Gòtte, *zur Patin.*
Zeme, zemene, zueme, zuemene, zùme, zùmene Huus, *zu einem Haus.* 2. vor Inf.: I gidrau mi nit, mit em z reede. Das macht mer z schaffe.
3. Adv. a) *zu, allzu, sehr.* Die Muusig isch z lyyslig, ...*zu leise.* Das isch zue nätt, dass er an is dänggt händ. b) *geschlossen.* Dä Laade hèt mòòrn zue.
Jètz isch d Diire zue. Dä Bùùrsch isch zue, ...*steht unter Alkohol- oder Drogeneinfluss* (pop., 2. H. 20. Jh.).
zueche *hinzu, herzu, heran.* Kai Find si zueche draut,

kein Feind wagt sich heran (Hindermann).
Zuedaat w. (-e) *Zutat.* Dim. Zuedäätli s.
Zuedue s. *Dazutun.*
zuedue (zuedoo) 1. *verschliessen.* Si hèt der Kaschte zuedoo. 2. *anschaffen.* Si händ e neien Yyskaschte zuedoo. 3. *sich bewölken.* S duet zue, *der Himmel bewölkt sich.*
Zuefaal m. (Zuefääl), jg. **Zuefall** m. (Zuefäll) *Zufall.*
zuefèllig *zufällig.*
zuegää (zuegää) *zugeben, gestehen.* Gib s dòch äntlig zue.
Zuegge [+] m. *Ausguss, Schnabel (an Kanne, Krug).* Dim. Zieggli s.
zuehaa (zueghaa) 1. *verschaffen, zuhalten.* Er hèt em e guete Bòschte zueghaa. 2. *geschlossen haben.* Der Gwaffèèr hèt am Mäntig zue.
zueheebe (zueghèbt) *zuhalten, verschlossen halten.* Er hèbt s Brùnneròòr zue. D Diire zueheebe.
zuekoo (zuekoo) *herankommen können.* In däm änge Schaft kùmm i mit em Schruubeziel er fascht nit zue.
zueloose (zueglost) *zuhören.* D Lyt, wo zueloose, *die Zuhörerschaft.*
zueluege (zuegluegt) *zuschauen, mitansehen.* S isch nit zum Zueluege, wie du gvätterlesch.
Zuelueger m. *Zuschauer.*
zuem, zem, zùm *zum, zu dem.*
zuemache (zuegmacht) *schliessen, verschliessen.* Mach d Diire zue. D Wiirtschafte machen am Zwèlfi zue.
zuenig *geschlossen.* Zuenigi Fläsche, *noch nicht entkorkte Flasche.*
zuer, zer, zùr *zur, zu der.*
Zuerytter m. *Zureiter.*
zueschanze (zuegschanzt) *zuhalten, verschaffen.* Me hèt em e rächten Ùffdraag zuegschanzt.
zueschlètze (zuegschlètzt) *zuschlagen, zuwerfen.* In ainer Daibi hèt si d Diire zuegschlètzt.
zueschloo (zuegschlaage) *zuschlagen.*
zueschnättere (zuegschnättered) 1. tr. *zuschlagen, zuwerfen.* Er schnättered der Fänschterlaade zue. 2. intr. *sich rasch und geräuschvoll schliessen.* Der Fänschterlaaden isch zuegschnättered.
zuespitze (zuegspitzt) *zuspitzen, spitz machen.* Zuem Zuespitze hèt er nòn e Schnäpsli gnoo, *um den Genuss abzurunden...*
Zuestand m. (Zueständ) 1. *Zustand.* Das Huus isch

imene myseraable Zuestand. 2. (Plur.) *Anfall,*
starke Aufregung. Zueständ bikoo, *einen Anfall*
bekommen, ausser sich geraten.
Zueversicht w. (nur Sing.) *Zuversicht.* Ra.:
Das isch e scheeni Zueversicht, *das kann ja nett*
werden.
Zùùg m. (Ziig) 1. *Zug, Festzug, Fasnachtszug,*
Gruppe von Festzugsteilnehmern. Dim. **Ziigli** s.
a) *Züglein.* b) *kleine Fasnächtlergruppe.* Ra.:
Er macht elai e Ziigli, *er tanzt aus der Reihe,*
ist ein Eigenbrötler. 2. *Eisenbahnzug.*
Der Zùùg halted z Lieschtel. 3. *Zugluft, Durchzug.*
Do inne hèt s Zùùg. 4. *Trinkvermögen* (pop.).
Er hèt maini e guete Zùùg, 5. *Charakterzug.*
Das isch e schlächte Zùùg vòn ere. Ra.: Ain ùff em
Zùùg haa, *jdn. nicht leiden können* (Fridolin).
Zùgger m. (Zigger) *Zucker, Zuckerstück.*
Si hèt Zùgger, *sie ist zuckerkrank.* Gimmer e Zùgger,
gib mir ein Stück Zucker. Raine Zùgger, *Kristall-*
zucker. Ra.: Aim Zùgger in s Fiidle bloose,
jdm. schmeicheln (humor., pop.). **Zùggerbègg** m.
Konditor. **Zùggerbèggerei** w. *Konfiserie, Konditorei.*
Zùggerkandel m., **Zùggerkandis** m. *Kandiszucker;*
it. zucchero candito. **Zùggermues** s. *Zuckererbsen*
samt Schoten als Gericht. **Zùggerpflyymli s.**
Mirabelle. **Zùggerstògg** m. *Zuckerhut, kegelförmig*
gepresster Zucker. Dim. **Ziggerli** s. a) *Zückerchen.*
b) *kleine Tröstung.* Aim e Ziggerli gää, *jdn. trösten.*
Zùggerli s. *süsses Mädchen* (fam., Müller).
zùggig *zuckend* (Fridolin).
Zùùger m. *bestimmte Jassart.*
zùùig *der Zugluft ausgesetzt.* Zùùgige Gang,
der Zugluft ausgesetzter Korridor.
zùm → zuem.
Zùmft w. (Zimft), **Zùmpft** w. (Zimpft) *Zunft.*
Zùmfthuus s. *Zunfthaus.* **Zùmftmaischter** m.
Zunftmeister. **Zùmftmeeli** s. *Zunftessen.*
Zùmftsèggel m. *Zunftkasse.* **Zùmftstùùbe** w.
Zunftstube, Zunftlokal.
Zùndel m., jg. **Zùnder** m. *Zunder, Feuerschwamm.*
Mit Stai ùnd Zùndel, *mit Feuerstein und Zunder.*
zùndelroot *feuerrot.*
Zùnderòbsi s. *Durcheinander.*
zùnderòbsi, ùnderòbsi *drunter und drüber,*
durcheinander. D Kinder händ alles zùnderòbsi
gmacht. Si isch ganz zùnderòbsi, *sie ist ganz*
verwirrt, sehr aufgeregt.

zùnderscht *zuunterst.* Zùnderscht ùnde,
ganz zuunterst.
Zùnge w. *Zunge.* Raa.: E bruuni Zùnge haa,
Arschlecker, Schmeichler sein (pop.). Diir sòtt me
d Zùnge schaabe, *sei nicht so wählerisch.* Dim.
Zingli s. 1. *kleine Zunge.* 2. *Zünglein an der Waage.*
3. *süsses, flaches, längliches Kleingebäck.*
Zùpfe w. (Zipfe / Zùpfe) 1. + *Zopf, Haarflechte.*
Zùpfebändel m. *Zopfband.* **Zùpfelätsch** m.
Zopfschleife. 2. *zopfförmiges Gebäck.* Dim. Zipfli s.
zùpfe (zùpft) *zupfen.* S zùpft mi, *es reizt mich.*
zùr → zuer.
zùsserscht, zisserscht *zuäusserst.* Zùsserscht ùsse,
ganz zuäusserst. Er isch zùsserscht ùsse,
er ist seinem Ende nahe.
zvèèrderscht → zvòòrderscht.
Zvieri s. *Vesperbrot* (Mitte 20. Jh.).
zvyyl *zuviel.*
zvòòrderscht, zvèèrderscht + (Kron) *zuvorderst,*
ganz vorn.
Zwäächele + w. *Handtuch.* Dim. Zwäächeli s.
zwääg 1. *gesund, wohlauf.* Si isch gaar nit zwääg.
In de Fèèrien isch men als am zwäägschte.
Bisch zwääg? *Bist du gesund?* Wie bisch zwääg?
Wie geht es dir gesundheitlich? I bii schlächt zwääg,
ich bin gar nicht wohlauf. 2. *übtr. begütert,*
gut verdienend (pop.). Dä isch maini räch zwääg,
dem geht es finanziell recht gut.
zwäägbiege (zwäägbooge) *zurechtbiegen.*
zwäägbringe (zwäägbròcht) *zuwege bringen.*
Niemets hèt der Drach kènne deede, aber der
Geeòòrg hèt s zwäägbròcht.
Zwägg m. *Zweck.* Die Sammlig isch fir e guete Zwägg.
zwäághämmere (zwääg'ghämmered) *zurechthämmern.*
zwäágleege (zwääg'glègt) *bereitlegen.* D Glaider
zwäágleege.
zwäágmache (zwääg'gmacht) *zurechtmachen,*
vorbereiten. Mach di zwääg fir in d Stadt,
zieh dich für einen Gang in die Stadt an.
E Thäggscht zwäágmache, *einen Text für den*
Druck vorbereiten.
zwäágschnydere (zwääg'gschnyydered) *zurecht-*
schneidern.
zwai s., **zwee** + m., **zwoo** + w. *zwei.* Zwoo alti Jùmpfere
(Hindermann). Länge zwai Kyyloo? Joo, mit zwai /
zwaie / zwaine + han i gnueg. E Wùche zwai,
eine bis zwei Wochen. Das Kind isch zwai,

...zwei Jahre alt.

Zwai s. *Zwei, Zahl zwei.* Am Zwai, *um zwei Uhr.* Er hèt e Zwai im Bidraage, ...*Note zwei.*

zwaiehalb *zweieinhalb.*

Zwaier m. *Zweier.* 1. *Zwei Deziliter Wein.* Er dringgt e Zwaier Wysse. Dim. Zwaierli s. 2. *Zahl zwei, Note zwei.* Fir dä Ùffsatz hèt si nùmmen e Zwaier bikoo. Dim. **Zwaierli** s. *Marmel im Wert von zwei Punkten* (Schs.). 3. *Tram Nr. 2.* 4. *Angehöriger des Jahrgangs 1902.* 5. *Brotlaib zu zwei Pfund.* 6. *zweisitziges Ruderboot.*

zwaierle (zwaierled) *häufig zwei Deziliter Wein trinken.*

Zwaifäärber m. *Spielkartenfächer mit nur zwei von vier Farben.*

Zwaifränggler m. *Zweifrankenstück.*

Zwairäppler m. *Zweirappenstück.*

zwaischleeffig *zweischläfrig, für zwei Personen eingerichtet.* Zwaischleeffig Bètt, *französisches Bett.*

zwait *zweit.* Z zwait, *zu zweit.* Zwaite mache, *den zweiten Platz erringen,* ütr. *keinen rechten Erfolg haben.* Sälbzwait → sälb-.

zwaite, sich (zwaited) *sich zum zweitenmal ereignen.* Was sich zwaited, das dritted sich, *was zweimal geschieht, geschieht auch ein drittes Mal.*

Zwaitlemer m. *Zweitklässler.*

zwänge (zwängt) 1. *durch Pressen einklemmen, quetschen.* Si hèt au no der grooss Kòffer in Lift zwängt. 2. *trotzen, lamentieren, quengeln.* D Kinder händ soo lang zwängt, bis si ùff d Mäss händ dèèrfe.

Zwäng'grind → Zwängkaib.

Zwängi m. *einer, der etwas hartnäckig erzwingen will, Trotzkopf.*

zwängig *eigensinnig, rechthaberisch* (Seiler).

Zwängkaib m. (-e), **Zwängkòpf** m. (Zwängkèpf), **Zwäng'grind** m. *einer, der hartnäckig etwas erzwingen will, Trotzkopf.*

Zwanzger → Zwanziger.

zwanzig, zwänzig + (Hindermann) *zwanzig.* Er isch zwanzig, *er ist zwanzig Jahre alt.* Si isch in de Zwanzig(er), *sie ist in den Zwanzigerjahren.*

Zwanzigabachtimuul s., **Zwanzigabachtischnùùre** w. *mürrische Miene* (humor., Mitte 20. Jh.).

Zwanziger m., **Zwanzger** m. 1. *Zwanzigfrankennote.* 2. *Angehöriger des Jahrgangs 1920.* **Zwanzigerstiggli** + s. *süsses Kleingebäck zu 20 Rappen.* Dim. **Zwanzigerli** s., **Zwanzgerli** s.

Zwanzigrappenstück.

zwanzigscht *zwanzigst.*

Zwäärg m. (-e) *Zwerg.* Dim. Zwäärgli s.

Zwaschpel m. *zappliger, unruhiger Mensch.*

Zwätschge w. 1. *Zwetschge, Pflaume.* Spruch bei umständlichem Zählen: Aimool Zwätschge, zwaimool Zwätschge (humor.). **Zwätschgebaum** m. *Zwetschgenbaum.* **Zwätschgegrind** m., **Zwätschgeköpf** m. *Dummkopf* (pop.). **Zwätschgelyysi** s. *dumme Frau* (pop.). **Zwätschgemòscht** + s., jg. m. *Zwetschgenkonfitüre.* **Zwätschgewaaie** w. *flacher Zwetschgenkuchen.* 2. *unangenehme, dumme Frau* (vulg.). Die bleedi Zwätschge! **Zwätschgesalaat** m. *Frauenversammlung* (humor., vulg.).

zwee → zwai.

zweie (zweit) *veredeln, propfen.* Dä Kiirsibaum isch zweit.

zwèlf *zwölf.* Er isch zwèlf, zwèlfi, zwèlf Jòòr alt.

Zwèlfer m. 1. *Tram Nr. 12* (bis 1980). 2. *Angehöriger des Jahrgangs 1912.* 3. *Dominostein mit Punktzahl zwölf.*

Zwèlfi s. 1. *Zwölf, Zahl zwölf.* Gsiisch das Zwèlfi ùff sällem Schild? 2. *zwölf Uhr.* S schloot Zwèlfi. **Zwèlfizùùg** m. *Zwölfuhrzug.*

zwèlft *zwölft.*

zwiider *zuwider.* Die Aarbed isch mer zwiider.

Zwyyfel m. *Zweifel.* Dim. Zwyyfeli s.

zwyyfle (zwyyfled) *zweifeln.*

Zwyyg m. *Zweig.* Ra.: Ùff kei griene Zwyyg koo, *trotz allem Bemühen nichts erreichen.* Dim. Zwyygli s.

Zwigg m. 1. *leichter, knapper Peitschenhieb.* 2. *quastenförmiges Ende der Peitschenschnur.* Der lètscht Zwigg an der Gaissle → Gaissle. **Zwiggschnuer** w. *besonders hart gedrehte Schnur.* 3. a) *unfruchtbares Männchen oder Weibchen.* b) *Zwitter.* c) *Homosexueller* (vulg.). Dim. Zwiggli s.

zwigge (zwiggt) 1. *zwicken.* 2. *mit der Peitsche knallen.* 3. *trinken* (pop.). Geemer ain go zwigge?

zwyygle (zwyygled) *mit Zweigchen schlagen oder necken* (Schneider).

zwille *um...willen.* Em Aaschtand zwille, *anstandshalber.*

zwinge (zwùnge) 1. *zwingen.* 2. *mit Anstrengung beenden, bezwingen.* Also, zwinge mer das lètscht Stigg no!

zwiirble (zwiirbled) *schwindlig schwanken, taumeln.*

zwiirblig *schwindlig, taumelig.*

zwische *zwischen.* Zwische dääne baiden isch kai Ünderschiid. Stand zwische die baide Hyyser. Zwische Liecht, *zwischen Tag und Nacht, in der Dämmerung.*

zwischedinne[+], **zwischeninne** *zwischendrin.*

zwischedryy *zwischendrein.*

zwischedùùre *zwischendurch, hie und da.* Zwischedùùren isch er ganz vernimftig.

zwischenyyne *zwischendrein, hie und da.*

zwischeninne → zwischedinne.

Zwischenoofe m. (Zwischeneefe) *Backofen im Herd.* Dim. Zwischeneefeli s. Ra.: Èppis im Zwischeneefeli haa, 1. *etwas in Vorbereitung haben.* 2. *ein Kind erwarten, guter Hoffnung sein* (humor.).

zwitschere (zwitschered) *zwitschern.*

zwitzere (zwitzered) 1. [+]*zwinkern.* 2. *blinken, flimmern, glänzen.* Ünd zwischedùùre zwitzered der Ryy (Liebrich).

zwoo → zwai.

zwòòr *zwar.*

Zwùggel m. *kleiner Mensch, Knirps* (pop.).

Hochdeutsch – Baseldeutsch

Hinweise für die Benützung

Zielsetzung

Das hochdeutsch-baseldeutsche Register erschliesst den baseldeutschen Wortschatz vom Hochdeutschen her. Es enthält in knapper Fassung und in alphabetischer Ordnung die hochdeutschen (schriftdeutschen) Erklärungen der im ersten Teil aufgeführten Mundartwörter, freilich ohne Einzelangaben über Bedeutungsnuancen, Verwendung, Sprachebene, Alter usw. Diese sind im ersten Teil zu finden.

Dadurch, dass Mundartwörter gleicher oder sehr ähnlicher Bedeutung unter demselben hochdeutschen Stichwort versammelt sind, dient das Register auch als Synonymenverzeichnis (Verzeichnis sinngleicher und sinnverwandter Ausdrücke).

Abgrenzung

Aus naheliegenden Gründen konnten nicht sämtliche im ersten Teil vorkommenden hochdeutschen Definitionen aufgenommen werden, sondern nur die bezeichnendsten, ebensowenig alle Zusammensetzungen. Ferner fanden, mit wenigen Ausnahmen, feste Wendungen, Redensarten oder Sprichwörter keine Aufnahme, da sie nicht mit einem einzigen Stichwort zu übersetzen sind. Hingegen figurieren Wörter, die zwar im Dialekt eine genaue formale Entsprechung, jedoch ein vom Hochdeutschen abweichendes Geschlecht oder zusätzliche Bedeutungen haben.

Stichwortform

Die hochdeutschen Stichwörter entsprechen nach Möglichkeit den Worterklärungen im Mundartteil; gelegentlich aber sind sie auf Hauptbedeutungen verkürzt. Erklärungen, die aus mehr als einem Wort bestehen, wie «unsorgfältig arbeiten», «mühsam gehen», «mit Wasser spielen», «böse Frau», sind unter den Einzelwörtern angeführt, also z.B. «unsorgfältig arbeiten» sowohl unter «unsorgfältig» als auch unter «arbeiten», «mit Wasser spielen» sowohl unter «Wasser» als auch unter «spielen». Manchmal ist der Sinn eines hochdeutschen Wortes durch einen Zusatz in Klammern verdeutlicht, z.B. «Heide (Landschaftsform)», «Heide (Ungläubiger)», «Bank (Geldinstitut)», «Bank (Sitzgelegenheit)», «übertreten (Fuss)».

Reihenfolge der Stichwörter

Die fettgedruckten hochdeutschen Stichwörter sind alphabetisch aufgereiht. Bei gleichbuchstabigen Wörtern geht das Wort mit grossem Anfangsbuchstaben demjenigen mit kleinem Anfangsbuchstaben voraus, z.B. «Ungeheuer», dann «ungeheuer». Erscheint ein Stichwort mehrere Male, so folgen auf das einfache Stichwort zuerst die Unterbegriffe, dann ganze Fügungen, z.B. «Klumpen», dann «Klumpen, feuchter» oder: «Wein», dann «Wein, billiger», «Wein, saurer», dann «Wein, nach ~ riechen».

Die zu einem hochdeutschen Stichwort gehörenden Mundartwörter folgen streng alphabetisch.

A

Aal Aal, Ool
Aargau Riebliland
Aas, nach ~ riechen kaibele
abarbeiten abschaffe
abbiegen abbiege
Abbildung Hèlge
abblasen abbloose, abpfyffe
abbrechen abbräche
Abdankung Abdanggig
Abdecker Schinder
abdichten liidere, vermache,
verschòppe
Abend Oobe
Abend werden oobe
Abendessen Znacht,
Znachtässe
Abendland Oobeland
abendliche Zusammenkunft
Liechtede
Abendmahl Nachtmool,
Oobemool
Abendrot Ooberoot
abends zoobe
Abendsonne Oobesünne
Abendstern Oobestäärn
aber aaber
Abfall Schnääflede
abfallend abhaldig, abhèldig
abfällig sprechen schneede,
spritze
abfeilen abfyyle
abfertigen abfèèrge
abfinden, sich sich schigge
abfliessen abfliesse
Abfluss Ablauff
Abführmittel Bùrgatz
abfüllen abfille, verfille
abgeben abgää
abgebrochen appig
abgehen abgoo
abgelegt abgändig
abgenützt verschaabe
abgenützter Besen
Stùmpebääse
abgeplattete Nase

Dätschnaase
abgestanden waan, wäänelig
**abgestanden riechen und/
oder schmecken** altele,
èltele, mäggele, wäänele
abgetragen abdrait
abgucken abluege, abspigge,
spigge
Abhaltung Abhaltig
abhanden kommen
sich verschlieffe
Abhang Hang, Rain
abhängen abhängge
abheben ablipfe
abheben (von Konto) erheebe
abhören abloose
abkanzeln dèggle
abklauben abgnyyble
abknöpfen abgnèpfle
Abkochung Sùtt
abküssen abschlägge,
abschmùtze, verschmùtze
ablassen abloo
ablauschen abluschtere
ablecken abschlägge
Ablegebrett Blangge
ablegen ableege
ablehnen abwingge
abluchsen abfùggere, abluuse
abmarkten abmäärte
abmühen, sich bòòrze,
ùmmebòòrze
Abnäher Abnaaier
abnehmen abnää,
glainer wäärde, schwyyne
Abneigung Aaberwille
abnützen strabaziere,
strabliziere, ùffnùtze
abnützen (durch Gehen)
abdrampe, ablauffe,
uuslauffe
abnützen (durch Reiben)
abripse, verfigge
Abort Abdritt, Aabee, Èèrtli,
Hyysli, Schysshyysli,
Schyssi
abpassen basse

Abraham Hämmi
Abrechnerei Verlääsede
Abreibung Riibelisùppe
abreissen abrysse, abschränze
Abreisskalender
Abrysskaländer
absagen abbiete
absägen absääge
Absatz Absatz
abschalten (Licht) ablèsche,
abzinde
Abscheu Deeguu
abscheulich abòminaabel,
abscheilig
abschieben abschiebe,
abschyyfele
Abschied Abschaid,
Abschiid
abschiessen abschiesse,
verschiesse
abschirren abschiire
abschlagen abschloo
abschmelzen abschmèlze
abschneiden abhaue,
abschnyyde, abseeble
abschreiben abschryybe
abschreiten abdrampe
abschüssig abhaldig,
abhèldig, gääch
abschwatzen abgnèpfle,
abluuse, uusrysse
abschwenken abschwängge
abseits abwääg, näbenùsse
absichern, sich bsiibne, sich
absichtlich äxbräss, äxtraa,
mit Flyss
Absinth Gaissemilch,
Glätschermilch
absitzen absitze
absolut abselut
abstauben abstaube
abstehen abstoo
absteigen abstyyge
Absteigequartier Abstyygi
abstellen abstèlle
absterben abstoo, verrääble
abstielen abstiile

Abstimmung Abstimmig
Abstinent Blaugryzler,
  Thämperänzler
abstreifen abstrùpfe, strùpfe
abstützen styppere
absurder Einfall Bierydee,
  Fùùrz, Fùùrzydee,
  Schnapsydee
Abszess Aisse
abtasten abfingere
abtreten abdrampe, abdrätte
Abtropfbecken Seechtbèggi
Abtropfbrett, Abtropfkorb
  Dällerräämli, Gschiirräämli
abwarten abbasse
abwärts aabeszue, nidsi
Abwaschbecken Wäschbèggi
abwaschen abwäsche
abwaschen (geräuschvoll)
  abpflättere
Abwaschlappen
  Gschiirlùmpe
Abwaschwasser
  Gschiirwasser
abweisen abschyyfele,
  abwyyse
abwetzen verripse
abwinken abwingge
abwischen abbùtze
abzählen abfingere,
  abglaviere, abzèlle, aazèlle
Abzählreim Abzèllväärsli
Abziehbild Abziehèlge,
  Dekalggierhèlge
abziehen abzie
Abzugsgraben, Abzugsloch
  Doole
Abzweigung Abzwyygig
ach a, ä, ää, è, jee, jeeggis,
  jeemer, ooha
ach was aba
ach wo äch
Achse Aggse
Achsel Aggsle
Acht Achti, Achter
acht acht
achtbar rèbedierlig

Achtel Achtel
Achterbahn Achtibaan
Achtung Achtig, Reschpäggt
achtzehn achzää
achtzig achzig
Acker Agger
Ackerskabiose Grätzgrut
Adam Aadi
addieren derzuezèlle,
  zämmezèlle
Adele Aadi, Dèlli
Adelheid Aadi, Dèlli
Ader Oodere
adieu aadie, sali, salü, tschau
Adolf Aadi, Dèlf, Dèlfi
Adressbuch Adrässbuech
adrett suber, suufer
Adrio Netzwiirschtli
Aeschenplatz Äscheblatz
Aeschenvorstadt Äsche²
Affäre Affääre
Affe Aff
Agar-Agar Arurut
Agathe Aagi
Agnes Neesi
Agraffe Hafte
ah aa¹
aha aaha, aha
Ahnen Vòòrèltere
ähnlich äänlig
Ahnung Aanig,
  Hoochschyyn
ahnungsloser Mann
  Waisebueb
Ahornfrucht Bùmpernissli
Ähre Ääri
Ährenfeld Äärifäld
Akademiker Gstudierte
Akelei Naarekappe
Akten Bapperasse
Aktuar Schryyber
Albert Albi, Bärti¹
Alexander Xandi
Alfons Fòngs, Fòngsi, Fùngs,
  Fùngsi
Alfred Freedi, Frèdi
alkoholfreies Restaurant

  Schwachstroombaiz,
  Schwachstroomhalle
alkoholischer Atem Faane
all all
alle alli, jeederi
allein ainzig, elai, elainig,
  elainzig
Alleingänger Ainzelmassge
aller Art allersòòrte
allerliebst häärzig,
  nùggedeetisch, nùggisch,
  nùnnelig, nùnnig, schatzig,
  syydig
allerseits allersyts
Allerweltsgesicht
  Schuurnaalgsicht
allmählich steigend schlaiter
allseits allersyts
Alltagsgesicht Wäärtigsgsicht
Alpdrücken Dòggeli,
  Schrätteli
Alphons → Alfons
Alphorn Grèllhaldesaxofoon
Alphornbläser
  Alphòòrnbleeser
als als, as, wo
alsbald enandernoo
Altan Altaane
altbacken altbache,
  altbächelig
alte Frau Dòòrse, Gùttere,
  Hùtzelwyybli, Kachle,
  Mieterli, Ròchle, Rùnzle,
  Wyybli
alte Jungfer Jùmpfere
Alte Universität Kòlaaiùm
Alteisen Altyyse
Alter Èlti
alter Mann Bappeli, Däppeli,
  Glitteri, Gnäggi,
  Gnòche, Gracher, Grätti,
  Grauter, Gruter, Mannli,
  Pfriender
altern alte
Altersheim Pfruend,
  Pfruendhuus
altjüngferlich altjimpferlig

altmodische Frauenunterhose
Spaaledòòrhoose
altmodische Hose
Liederdaafelehoose
Altwarenhändler Grämpler,
Lùmpesammler
Amalie Aami
Amboss (für Schuhe)
Bschlaagstògg
Ambrosius Broosi
Ameise Aamaise, Ùmbaise,
Ùmbaisse, Ùmpaise,
Ùmpaisse
Amelie Aami
Amen Aame
Amme Saigamm
Ampel Ampele
amputieren abnää
Amsel Amsle
an aa², an
anbändeln aabändle
anbellen aabäffzge, aabälle
anbieten aabiete, òfferiere
anbinden aabinde
anblasen aabloose
anbraten aabräägle
anbrennen aahògge,
verbräägle
Andenken Aadängge,
Dänggdraa
andernfalls oder
anders anderscht
anderswo naimenanderscht
andeuten aadytte
Andeutung Aadyttig, Dyt
Andreas Andi, Andrees,
Drees, Dreesi
aneinander anenander
Anekdote Mischterli
anfangen aafoo
anfangs aagänds
Anfeuerholz Aafyyri, Kien
angeben aagää
Angebot Bòtt², Gibòtt,
Òffäärte
angefault fuul, fuulig,
mèltsch

angehen aagoo
Angel Angle
Angelegenheit Affääre, Sach
angenehm aamietig, nätt,
scharmant
angenommen, dass mèttòng
angesehen aagsääche
angetrocknet schäärb
angetrunken aadrùngge,
aagrisse, bidipst
angewöhnen aagwènne
Angst Angscht, Datteri,
Schiss, Schlòtter, Schlòtteri
angst und bang angschtebang
Angsthase Fèèrchtibùtz,
Heeseler, Schisshaas,
Schissmaier, Schlòtteri
ängstigen, sich vergitterle
ängstlich sorgen frètte
anhaben aahaa
anhalten (intr.) halte
anhalten (tr.) aaheebe
anhängen aahängge
Anhänger (Schmuck)
Aahängger, Blämper
Anhängerwagen (kippbar)
Schnappkaare
anhauchen aahuuche
anheimeln aahaimele
anheizen aafyyre, fyyre,
yyfyyre
animieren aamache, aazinde
animiert ùffdrillt
Animosität Bygge
Anis Äänis
Anismixtur Äänismixdyyrli,
Äänissäftli
Anklagebank
Schandebänggli
ankleiden aagschiire, aaleege
anklopfen aabèpperle,
bèpperle, hòsche
anknurren aarùùre
ankommen aakoo
ankreuzen aagryzle
Anlass Aalòss
Anlass, unbedeutender

Hùndsverlòchede
Anlass, vergnüglicher
Blausch, Fuer, Gùùgelfuer
anlassen aaloo
Anlauf Aalauff, Aarang
anlaufen aagoo
anläuten aalytte, aaschälle
Anlegestelle (für Flosse)
Floossländi
**Anlegestelle (für
Wasserfahrzeuge)**
Floossländi, Ländi,
Schiffländi
anlehnen aalääne
Anleihe Aalyyche
anlügen aakoole, aaliege,
aaschwindle
Anna Anni
Anna-Barbara Annebääbi
Annette Nètte, Nètti
Anno Ane
anöden aaeede, aagòggse
anpassen aabasse
Anpasser Weeloofaarer
anpfeifen aapfyffe
anpinseln aabänsle
anpissen aasaiche, aaschiffe
anprobieren aabròbiere,
bròbiere
anreissen aarysse
Anrichte Byffee, Drèsswaar
anrüchig verrueffe
anrücken aarùgge
anrufen (telephonisch)
aalytte, aaschälle, fùngge
anrühren aalänge
ansagen aasaage
ansaugen aasuuge
anschaffen aaschaffe, zuede
anschauen aaluege, bschaue
Anschein Schyyn
anschiessen aaschiesse
anschirren aagschiire
anschlagen aaschloo
Anschlagsäule Blakaatsyyle
anschleichen aaschlyyche
anschnallen aaschnalle

263

anschnauzen aapfùùre
anschrauben aaschruube
anschreiben aaschryybe
Anschrift Adrässe
anschwellen gschwälle,
    gschwèlle, schwèlle²
anschwindeln aakoole
anspornen drybeliere
Ansprache Aasprooch
ansprechend gfèllig, syyferlig
Anstalt Aastalt
Anstand Aastand, Maniere,
    Mòòrees, Mòòris
anständig aaständig,
    grischtlig, rächt, rèbedierlig
Anstandsdame Jùmpferen
    Eeglinger
anstandshalber
    schandehalber
Anstandsrest
    Rèputazioonsmimpfeli
anstarren aabeegge, aaboole,
    aaglòtze, aagluure
anstatt statt
ansteckend aastèggig
Ansteckung Aastèggig
anstehen aastoo
anstellig aaschiggig
Anstellung Bòschte, Stèll
anstiften → **aufstiften**
anstossen (berühren) aakoo,
    dètsche, dètschle
anstossen, heftig aarènne,
    aaschiesse
anstossen, schmerzhaft
    aaschloo
anstossen (unfreiwillig)
    aakoo
Anstrengung Schluuch
antippen aadùpfe
Antistes Dischteli¹
Antoinette Nètte, Nètti
Anton Deeneli, Dooni
antönen aadeene, deene
Antoniuskirche Seelesyyloo
antreffen aadräffe, dräffe
antreten aadrätte

antun aadue
Antwort (treffende)
    Retuurgutsche
antworten uusegää
anwehen aawaaie
anwerfen aabängle, aaboole,
    aaschiesse
Anwil Ammel
anwünschen aawintsche
Anzeige Fèèrbaar
anzeigen (polizeilich)
    verzaige
anzetteln brittle, mischle
anziehen (Kleider) aaleege
anziehen (Schraube) aazie
anziehen, sich, sonntäglich
    sich Sùnntig aaleege,
    sich sùnntige
Anzug (Kleid) Biggse, Glaid,
    Glùft², Gwändli, Schaale
Anzüglichkeit Schlètterli,
    Schlètterlig
anzünden aamache, aazinde
apart apaartig, aarig
Apfel Èpfel
Apfel, wilder Hòlzèpfel,
    Mòschtèpfel
Apfelkuchen Èpfelwaaie
Apfelmus Èpfelmues
Apfelsine Bùmeranze,
    Òrangsche
Apfelwein Mòscht
Aphrodisiakum
    Gangmernoo,
    Riemespanner
Apotheke Abedeegg,
    Abideegg
Apotheker Abedeegger,
    Abideegger
Apparat Apperaat
Appetit Abedyt
appetitlich abedytlig
Aprikose Barèlleli
April Abrille
Aprilwetter Abrillewätter
Arbeit Aarbed
Arbeit, mühsame Biez,

Bòòrzede, Bòòrzerei,
Gibòòrz, Gluuberei,
Gnyyblerei, Gnuublede,
Grampf, Mòòrggs
Arbeit, rasche Laidaarbed
Arbeit, schwere Grampf
Arbeit, unsorgfältige
    Nòòrgede, Nòòrgis, Pfùsch
arbeiten due, schaffe,
    wäärgge
arbeiten, als Bauer buure
arbeiten, langsam lyyre
arbeiten mit Laubsäge
    laubsäägele
arbeiten, mit Nähmaschine
    maschiinle, naaimaschiinle
arbeiten, mühsam bòòrze,
    gnòòrze, kaarschte,
    mòòrggse
arbeiten, schwer biggle,
    grampfe, gripple, yyhängge,
    òggse, schanze
arbeiten, spielerisch bäschele,
    gvätterle, käschperle,
    laubsäägele, schäffele,
    schäfferle
arbeiten, umständlich
    broosme
arbeiten, ungeschickt
    dèggterle, hienere, kiechle
arbeiten, unsorgfältig
    dùùble¹, fuerwäärgge, haie,
    haudere, hòlze, hùùdle,
    käschperle, kinngele,
    mòòrggse, nòòrge, saue,
    schùtzle, strùùdle
arbeiten, zuviel sich iberdue
    sich iberlipfe, sich ibernää,
    sich iberschaffe
Arbeiter, unermüdlicher
    Grampfer, Grampfkaib,
    Grampfsiech, Raggeri
Arbeiter, unsorgfältiger
    Nòòrgi, Pfuschi
arbeitsam schaffig
arbeitslos sein stämpfle,
    stämple

Arbeitsweise Schafferei
Arbeitszimmer Schaffstùùbe
Arboldswil Aarbetschwyyl
Ärger Èèrger
ärgerlich fùggsig, verflixt
ärgern èèrgere, fùggse
Arlesheim Aarlese, Aarlise
Arm Aarm
arm aarm
Armband Brasslee
Ärmel Èèrmel
Ärmelschürze Èèrmelschùùrz,
    Kittelmantel
Armenpflege Aarmebùggel,
    Aarmepflääg
ärmlich aarmelytelig, boofer
armselig aarmelytelig, boofer
armseliges Hauswesen
    Aarmet̲ei
Armut Aarmed
Armvoll Aarfle
Arnold Nèldi, Nòldi
Aroma (Wein) Buggee
Aronstab Aroone, Roone[2]
Aronstabschnaps
    Roonewasser
arrangieren bischele,
    rangsch ière
Arsch Aarsch
Arschleckerei Lägg
Art Aart, Duur[2], Gattig,
    Stiil, Wyys[1]
Arthur Duuri
artig gattig, lieb
Arzneimittel Mitteli
Arzt Dòggter,
    Dubäärgglesammler
Arzt spielen dèggterle
Arztspiel Dèggterlis,
    Dòggterlis
Asche Äsche[1]
Aschenbahn Äschebaan
Ascheneimer Äschekiibel
Aschermittwoch
    Äschemitwùche
Ast Ascht
Atem Oote, Ootem, Pfuus,

Schnuuf, Schnuff
Atem, alkoholischer Faane
Atem, starker Blooscht
Atemnot Ängi
Atmen ootme, schnuufe,
    schnuffe, schnùpfe
atmen, leise schnyyfele,
    schnyyferle, schnyffele,
    schnyfferle
attraktiv aamächelig
auch au
Auerhahn Uurhaan
auf uff
aufbegehren muggse,
    ùffbigääre
aufbewahren ùffbhalte
aufbieten ùffbiete
aufbleiben ùffblyybe
aufbrauchen ùffbruuche,
    ùffnùtze
aufbringen ùffbringe
aufdrehen ùffdraaie, ùffdrille
aufeinander ùfen̲ander
aufessen erässe, ùffässe,
    verhamschtere
auffädeln ùff'fasse
auffassen ùff'fasse
auffrischen (Fassade)
    aabebùtze
Aufgabe Ùffgoob
aufgabeln ùffgaable, ùffrysse
aufgeben ùffgää, ùffstègge,
    ùmstègge
aufgeblasen gschwùlle
Aufgebot Bòtt[2], Ùffgibòtt
aufgedunsen pfuusig
Aufgehen (Hefeteig) Haabig
aufgehen ùffgoo
aufgehen (Hefeteig) haabe
aufgerauht rùùbelig
aufgeregt gaissgichtig,
    ùffgrègt
aufgeregt umherlaufen
    ùmmefùùrze,
    ùmmepfùùre,
    ùmmeschiesse,
    ùmmeschwiire, ùmmesùùre

aufgeregter Mensch Stiirmi,
    Stiirmikaib, Stiirmisiech
Aufgeregtheit Alterazioon
aufgeschossene Frau
    Boonestägge, Stiigele
aufgeschossenes Mädchen
    Gaagle
aufgeschwollen pfuusig,
    verschwùlle
aufgetakelte Frau Gschyych
aufgeweckt häll, wyff
aufhalten (hinhalten)
    versuume
aufhängen hängge,
    ùffhängge, ùffmache
Aufhänger
    (am Kleidungsstück)
    Schlängge, Ùffhänggel
Aufhängerei Hänggede
Aufhängevorrichtung
    Hänggi, Ùffhänggi
Aufhängevorrichtung
    (Kannen, Krüge)
    Kannebrätt
Aufhängevorrichtung
    (Wäsche) Wèschhänggi
aufheben ùffheebe
Aufhebens Gschyss,
    Kùmeedi, Mètti, Wääse
aufhetzen ùffstùpfe
aufhören ùffhèère
aufklaren ùffdue, ùffhaitere
aufknöpfen ùffdue, uusdue
aufkrempeln ùffelitze
aufladen ùfflaade
auflauern abbasse
auflesen ùffheebe, ùfflääse,
    ùffnää
aufmerksam warten basse
Aufmerksamkeit Acht
aufnehmen ùffnää
aufpäppeln ùffbääpele,
    ùffbäppele, ùffbypääpele
aufpassen spanyyfle,
    ùffbasse
aufplustern, sich sich ùffloo
aufpulvern ùffglèpfe

aufquellen lassen verschwèlle
aufrauhen riffle
aufräumen mischte,
 ùffruume
aufregen ùffreege
aufregen, sich ùffgaischte,
 sich ùffreege, uusgaischte,
 vergaischte
Aufregung Alterazioon,
 Gaissgichter, Gstiirm,
 Ùffreegig, Wääse, Zueständ
aufreissen ùffrysse
Aufrichtebäumchen
 Maiebaum
aufsagen ùffsaage
aufsammeln ùfflääse
aufsässig ùffsètzig
aufschauen ùffluege
aufscheuchen ùffschyyche
aufschichten byyge, ùffbyyge
aufschiessen ùffschiesse
aufschlagen, geräuschvoll
 bätsche, dätsche
aufschliessen ùffbschliesse,
 ùffmache
aufschlitzen ùffschlänze
aufschneiden ùffschnyyde
Aufschnitt Verschnittes
aufschreiben ùffschryybe
aufstacheln aazinde,
 yyspritze
aufstechen ùffstäche,
 ùffstùpfe
aufstehen ùffstoo
aufstehen mögen ùffmeege
aufsteigen ùffstyyge
aufstiften yyspritze, ùffstieffe
aufstossen (Schluckauf)
 glùggse
auftauchen ùffdauche,
 ùffduuche
auftauen ùffdaue, ùffgfriere
Auftrag Ùffdraag
auftragen ùffdraage
auftreiben ùffdryybe
auftrennen ùffdue
aufwachen verwache

aufwärmen ùffwèèrme
Aufwartefrau Stùndefrau,
 Ùffwäärtere
aufwärts dùrùff, òbsi,
 ùffeszue, ùffezue
aufwecken verwègge, wègge
Aufwindevorrichtung (Wolle)
 Wùllewindi
aufwühlend wielig
aufzeichnen ùffrysse
aufziehen ùffzie
Auge Aug, Glùgger
äugeln aigle
äugen gnaisse, linse, litze
Augenblick Mòmänt
Augenbraue Augsbraue
Augenschleim Ziiger
Augenspital Augespittel
August (Monat) Augschte
August (Name) Gùggi,
 Gùschti
Auktion Gant
Auktionator Gantrieffer
aus uus, us
ausatmen uusootme,
 uusschnuufe, uusschnuffe
ausbacken uusbache
Ausbau Uusbau
ausbeulen uusbùgge
ausbeuten abrysse, mälche,
 schèlle, schräpfe, schrèpfe
Ausbeuter Abrysser,
 Abrysskaländer
ausborgen, sich bùmpe[3],
 uusrysse, vertleene
ausbreiten spraite
ausbreiten, sich sich verdue
Ausbuchtung Uusbùgg
ausdenken sich bsinne,
 uusspintisiere
ausdorren verdiigle
ausdrehen (Licht) ablèsche,
 abmache
auseinander usenander
Auseinandersetzung
 Hooselùpf
auseinanderstrebend (Äste)

spaarig
ausfasern uusfiisere,
 uusfòtzle
Ausflug Bùmmel
ausforschen uusfèèrschle,
 uusfysiguggere
ausfragen uusfèèrschle,
 uusfreegle, uusfrooge,
 uusnää
Ausfuhr Uusfuer
ausführlich langsebraits
Ausgabe Uusgoob
ausgangs uusgänds
ausgeben uusgää
ausgehen uusgoo
ausgelassen gimperig,
 uusglòsse
ausgeleiert uusglèffled,
 uusglyyrt
ausgerechnet jùscht,
 jùschtemänt
ausgesprochen uusgspeit
ausgetrunken ausgebaust
ausgiebig bschiessig, gùnnig
ausgiessen uuslääre,
 uusschitte
ausgleiten schlipfe,
 uusglitsche, uusschlipfe,
 vertschlipfe
ausgraben uusdue, uusmache
Ausguck, erkerartiger
 Gùggehyyrli
Ausguss (an Kanne) Zuegge
Ausgussbecken Schittstai,
 Wasserstai
aushalten bräschtiere,
 verlyyde
aushängen uushängge
ausheben uusheebe
aushecken brittle
Aushilfe Uushilff
ausholen ùffzie
aushülsen kiifle
auskehren uusbùtze,
 uusebùtze
auskommen uuskoo
auskratzen uusschääre

Auskunft Uuskùmft
Ausland Ùssland
Ausländer Ùssländer
Ausländerin Ùssländere
ausländisch ùssländisch
auslassen uusloo
Ausläufer Uuslaiffer
ausläuten uuslytte, verlytte
ausleeren uuslääre
Ausleihe Lieni[2]
ausleihen bùmpe[3], leene,
    lyyche, uusleene, vertleene
auslernen uuslèère
auslesen uuslääse, uussueche
auslöffeln uuslèffle
auslöschen lèsche, uuslèsche,
    uusmache
auslosen Hälmli zie, verloose
ausmachen uusmache
Ausmarsch Waggel
ausmisten mischte
Ausnahme Èxtrawùùrscht,
    Èxtraziigli, Uusnaam
ausnehmen uusnää
ausnützen uusnùtze
auspacken uusphagge
auspendeln uusblampe
auspfeifen uuspfyffe
ausplaudern bräägle, dääfele,
    rätsche, schwätze,
    uusbringe, verrätsche,
    sich verschnäpfe
ausplündern uushùùdle
ausposaunen phòsuune,
    uusedrùmpeete
Ausprägung Moodel
ausradieren uusgimmele
ausrechnen uusrächne
Ausrede Èxgyysi, Uusreed
ausreichen batte, bschiesse,
    länge, uusgää, uusheebe
ausreissen uusrysse
Ausruf Uusrueff
ausrufen uusrieffe
Ausrufezeichen
    Uusrueffzaiche
ausruhen uusrue'e, uusspanne

Ausrüstung Grùscht, Zyyg
Aussätziger Fäldsiech
ausschalten abstèlle
ausschelten aabekabittle,
    aasaiche, aasinge
ausschenken (vom Fass)
    verzapfe
ausschirren uusgschiire
ausschlagen (Pferd) gingge
ausschleimen koodere,
    kòldere
ausschlüpfen uusschlieffe
ausschütten uusschitte
Aussehen Falle, Gattig,
    Luegi, Uusgsee, Uus'sääche
aussehen uusgsee
aussehen, unsauber
    schmùùsele
aussen ùsse
aussen durch ùssedùùre
ausser ùsser[2]
äusser isser, ùsser[1]
ausserhalb von ùssert
äusserlich isserlig, ùssedùùre,
    ùsserlig, vòòrnedùùre
aussortieren uusschaube
ausspannen uusspanne
ausspielen uusspiile
ausspielen (gleiche Farbe)
    aagää
ausspinnen uusspintisiere
ausspionieren ùffschmègge
Aussprache, ernste
    Seelestindli
Aussprache, gründliche
    Gröpfläärede
ausspülen schwängge
ausstechen uusestäche,
    uusstäche
Ausstechform Fèèrmli,
    Moodel
ausstehen uusstoo, verbùtze
aussteinen uusstaine,
    uusstainle
Aussteller Uusstèller
Aussteuer Uusstyyr
Ausstich Uusstich

aussuchen uussueche
austoben, sich uusdaibele
austragen (verteilen)
    verdraage
Austräger Verdrääger
austreten uusdrampe,
    uusdrätte
austrinken heele
austrocknen uusdiigle,
    uusdiigne, verdiigle,
    verdòòre, verlächne
austropfen verdròpfe
austüfteln uusdiftele,
    uusediftele
Ausverkauf Uusverkauff
auswählen uuslääse,
    uussueche
auswärtiger Basler
    Haimweebaasler
auswärts ùsswäärts
auswechseln schangschiere
ausweichen uuswyyche
Ausweichstelle Uuswyychi
Ausweis Uuswyys
ausweisen abschiebe,
    uuswyyse
Ausweisung Räms, Rämsch,
    Rèms
ausweiten wyter mache
auswendig ùsswändig
auswringen uusringe
Auswurf Kooder
Auswurf, mit ~ besudeln
    verkoodere
auszacken zäggle
ausziehen (Kleider) abzie
ausziehen (aus Wohnung)
    uuszie
Auszug Uuszùùg
Autobus Bùss
automatisch vòmenelai,
    vòr em sälber, vò sälber
automatisches Klavier
    Tschinggekischte
Automobil Auti, Kaare,
    Waage
Autosteuerrad Wòlang

Autostrasse Physchte
avancieren, militärisch
  wytermache
Axt Ax, Axt

B

Babette Bääbeli, Bääbi
Bach Bach
Bachlettenquartier
  Alumyyniùmdalbe,
  Bläächdalbe
Backblech Kuecheblääch,
  Waaieblääch
backen bache
Backenbärtchen Faawòry,
  Gòtlètte
Backenzahn Stòggzahn
Bäcker Bègg, Määlwùùrm,
  Pfluttebègg
Bäckerjunge Wègglibueb
Bäckersfrau Bèggefrau,
  Bèggene
Backfisch Schitzligmaitli
Backform Fèèrmli, Fòòrm
Backmenge Bachede
Backofen Bachoofe,
  Zwischenoofe
Backpulver Bachbùlver
Backstein Bachestai
Backstube Bachstùùbe
Bad Baad
Badeanstalt Baadhyysli,
  Baadi, Schwimmschuel
Badeanstalt Sankt Johann
  Santihansbaadhyysli
Badeanzug Baadglaid
Badegelegenheit, überfüllte
  Flaischsalaat
Badehose Baadhoose
baden baade, beedele
Badenser Badänser
Badeplatz Lòtsche, Lòtschi
Badeschwamm (für
  untere Körperhälfte)
  Fùùdischwùmm,

Ùndedùùreschwùmm
Badetuch Baad'duech
Badewanne Baadkaschte,
  Baadwanne
Badezimmer Baadstùùbe
badisch badänsisch, baadisch
bähen baaie
bahnen pfaade
Bahnsteig Bèèròng
bald glyy, glyych
balgen, sich rammle
Balken Balgge, Dräämel,
  Dreem
Balkenschaukel Gyygampfi
Balkon Balggòng
Ball (Spielzeug, Sportgerät)
  Balle[1], Bloosch, Schuttballe
Ball (Tanz) Baal, Danzede
Ballen Balle[2]
Ballon Baloon
Balthasar Balz, Balzli
Band Band, Bändel
Bande (Horde) Bandi,
  Blootere
Bänder, mit ~ n einfassen
  yybändle
Bandfabrikant Bändelhèèr
Bank (Geldinstitut) Bangg[2]
Bank (Sitzgelegenheit)
  Bangg[1]
Bankangestellter Bänggler
Bankguthaben Spaarhaafe
Banknote Neetli
Bann Baan
Bannwart Bammert
Bannwart (an der Wiese)
  Wiisebammert
Baracke Baaragge
Barbara Bääbeli, Bääbi
Barchent Baarched
Bärenklau Bääredoope
Bärentatze Bääredoope
barfuss baarfuess,
  blùttfiesslig
Barfüsserplatz
  Baarfiesserblatz, Baarfi,
  Seibi, Seiblatz

Bärlauch Ramsele
Bärlauch, nach ~ riechen
  rämsele
Barometer Baaromeeter
Barren Baare
Barri (Hundename) Baari
Barsch Bèèrsig
Bartnelke Bùschnäägeli
Bartholomäus Baartli
Base Bääsi, Guusyyne
Basel Baasel
Baselbieter Baaselbieter,
  Landschäftler, Rambass,
  Rammel, Rampass
Basel-Landschaft Baaselbiet,
  Baselland, Landschaft
Basilisk Basilischgg
Baskenmütze
  Läggmeramaarschkäppli
Basler Baasler, Baaslerbèppi,
  Bèppi
Basler, auswärtiger
  Heimweebaasler
Basler Nachrichten
  (Zeitungsname)
  Baasler Noorichte
Basler Zeitung
  (Zeitungsname) Batzi
Baslerhut Baaselhuet,
  Baaslerdèggel, Baaslerhietli
Baslerin Baaslere, Bèppene
baslerisch werden verbaaslere
Baslertäubchen
  (Postwertzeichen)
  Baaslerdyybli
Baslerwein Baaselwyy
Bastard Baschter
basteln bäschele
basteln, spielerisch gvätterle
Bastler Bäscheler
Bauch Byppeligòttsagger,
  Buuch, Bùschbi,
  Giggeligòttsagger, Ranze,
  Sagg, Schluuch
bäuchlings byychlige
Bauchschmerzen Buuchwee,
  Ranzepfyffe,

Ranzeschnèlle, Ranzewee
Bauer Buur, Buurejòggi,
Rambass, Rampass
Bäuerin Byyrene, Buurefrau
Bauernbrot Buurebroot
Bauernhof Buurehoof
Bauernstube Buurestùùbe
Bauersleute Buurelyt
baufälliges Haus Gnischt
Bauklötzchen Bauhèlzli,
Glètzli
baumeln bampele, blampe,
lampe
baumelnd bampelig
Baumgartner (Name) Bùmmi
baumstark baimig
Baumwipfel Dòlder, Gùpf
Baumwolle Bauele
baumwollen bauelig
Bauplan Riss
Bausch Buscht
bauschen, sich blootere
Bazar Baasaar
beabsichtigen vòòrhaa
Beamtung Bòschte
beben (Erde) äärdbeebne
Béchamelsauce
Anggeschwaizi
Becher Bächer
Becken Bèggi
Becken (Schlaginstrument)
Tschinnerätte
Bedauern Biduure
bedauern biduure
bedeuten bidytte
bedeutend grooss
Bedeutung Bidyttig
bedrückt drùggt, duuch
Beefsteak Byffdègg
beeilen, sich brèsiere,
sich dùmmle, Gaas gää,
sich schigge, vòraamache
beerdigen biäärdige,
bigraabe, yyschaare,
ùndereschuufle, verlòche,
verschaare
Beerdigung Bigrèpnis, Grèbt,

Grèpnis, Grèpnùs
Beere Bèèri
Beeren pflücken bèèrele
Befehl Bifääl
befehlen bifääle
befestigen (festmachen)
aamache, aaschloo,
yynemache
befestigen, mit Dübeln
verdiible
befestigen, mit Stecknadeln
aagiifele, aagùùfe
Befestigungswerk Lètzi
beflecken vermoose
beflissen umherlaufen
ùmmefiidele, ùmmefùùse,
ùmmeschwänzle, waible,
wùmsle
befördern bròmewiere
begabt bigòbt
Begabung Bigoobig, Bòsse,
Goob, Thalänt, Zyyg
begatten biirschte, blätze,
dängele, dègge, hèpperle,
iberschloo, iberstèlle, jätte,
pfùpfe, ruesse, spitze,
stämme, veegle, voogle
Begattung Vooglerei
begegnen aadräffe, dräffe
begehbar gängig
begeistern aazinde
begeistert aagfrässe
Begeisterung Schwùng
begierig glùschtig, watz
begiessen bschitte, spritze
beginnen aafoo
begraben → **beerdigen**
Begräbnis → **Beerdigung**
begreifen bigryffe, druuskoo,
noochekoo, noochestyyge,
styyge
begreiflich bigryfflig
begütert gstòpft, vermeeglig,
zwääg
behaarte Brust
Dòrnischterdèggel
behalten bhalte

behaupten bhaupte
Behausung Ghyys
behüten bhiete
behutsam → **sorgsam**
bei bi, byy
bei Gott (Fluch) bigòplige,
bigòscht, bigòtt
Beichte Byycht
beichten byychte
Beichtstuhl Byychtstuel
Beichtvater Byychtvatter
beide baidi
beiderseits baidersyts,
baidsyts
beieinander binenander
Beieinandersitzen Ghùggede,
Hògg
Beifall finden aakoo
beige bèèsch
Beil Beiel
Bein Bai, Lauff, Pfyyler,
Pfool, Pfòschte, Schaiche,
Schiine, Schùngge, Stòtze
beinahe → **fast**
beinern bainig
Beinhaus Baihuus
Beinschinken Hamme
Beinwil Baibel
Beispiel Byspiil, Mischterli,
Mùschter, Stiggli
beissen bysse
beissend byssig
Beisszange Bysszange
beisteuern yynegää, styyre
Beitel Bytel
beizeiten bizyte, zytig, zytlig
bekannt bikannt
bekannt werden uuskoo
beklecksen verdruele,
versilche
bekommen bikoo, fange,
fasse, griege[2], iberkoo,
yyfange, ùfflääse
beköstigen verkèschtige
bekreuzen, sich bsäägne, sich
bekümmert kimmerlig
beladen laade

belanglos gèggschoosig,
gèlggschoosig
Belanglosigkeit
Gèlggschooserei,
Haafekääs
belästigen ampètiere,
mòläschtiere, mòlèschtiere
Belastung Apropoo, Oonùs
belegen, mit Fliesen blättle
belehren brichte
Beleidigung Bryyse
belfern bälfere
belieben bliebe
bellen bäffere, bäffzge,
bälfere, bälle, weissge
Bellinzona Bèllänz
bemalen aamoole
bemitleidenswert bytwaiaabel
benachrichtigen brèweniere
Benedikt Beeni
Benehmen Binää
benehmen, sich sich binää
benehmen, sich, einfältig
leele
benehmen, sich, flegelhaft
siirmle
benehmen, sich, grob rueche
benennen binamse
Bengel Bängel
Benjamin Beeni
Bennwil Bämbel
benommen → **schwindlig**
benötigen bruuche
benützen binùtze, bruuche
Benzin (für Motor) Mòscht,
Spryt
bepissen versaiche,
verschiffe
bequem kùmmlig, kùmood
bequemer Mensch Baschteete
Berberitze Äärbseli
Berchtoldstag Bäärtelisdaag,
Bäärzelisdaag
bereden verhandle
bereinigen uusmache
bereit baraad
bereitlegen zwääggleege

Bereitschaft Baraadschaft
bereitstellen richte
bereitstellen (Essen) aarichte
Berg Bäärg
bergab bärgab, durab, nidsi,
bergauf bärgùff, dùrùff, òbsi
Bergführer Fierer
Bergpredigt Bäärgbreedig
Bericht Bricht, Bschaid
berichten brichte
Berlin Bärlyyn
Berlocke Bhängg
Bern Bäärn
Berneroberländer
Ooberländer
Bernhard Bäärni
Bernoulli Bèrnòlli
Bernoullianum
Bèrnòlliaanùm
bersten grache, springe,
verglèpfe, vergnèlle,
verpfùpfe
Berta Bäärti[2]
berufen birièffe,brieffe[2]
Beruf Birueff, Brueff
Berufsschürze Kittelmantel,
Laxierkittel, Schùùrz
Berufung Birueffig, Brueffig
berühmt biriemt
berühren aalänge, draakoo
Berührung Biririg
Besammlung (im Brauthaus)
Zämmefaarede
Besatz Wòlang, Wòlängli
beschädigen vermeeble
beschaffen aaschnalle
beschämend gschämmig,
schènant
Bescheid Bricht, Bschaid
Bescheid wissen druuskoo
bescheiden bschaide
bescheidener Ferienort
Glètterebeedli
bescheren aanemache,
bschääre, bschèère
Bescherung Bräägel,
Bschäärig, Bschèèrig

beschimpfen aahängge,
aahuuche, aapfyffe,
aarùùre, aasaiche,
aaschiffe, aaschysse,
aasinge, zämmeschysse
Beschlag Bschlaag, Bschleeg
beschlagen bschloo
beschliessen bschliesse
beschmieren aaschliirge,
aaschmiire, versaue,
versilche, versùùdle
beschmutzen verdoope,
verdrägge, verdruele,
vermoose, versaue,
verschmùùsle, versilche,
versùùdle
beschnitten (Kleider)
bschnòtte
beschreiben bischryybe,
bschryybe
Beschreibung Bischryybig
beschummeln bschùmmle
beschwerlich iibelzytig
beschwerliche Unternehmung
Diirgg
beschwichtigen gschwaige
beschwipst bidipft, bidùùsled
Besen Bääse
Besen, abgenützter
Stùmpebääse
besessen aagfrässe, bsässe
besetzt bsètzt
besiegen meege
besitzgierig hääbig, heebig
besonder ander, apaartig,
bsùnder, bsùnderbaar, raar
besonders bsùnderbaar,
bsùnders, èèrschtnoo
besorgen bsòòrge, verschaffe
Besorgung Kòmisioon,
Kùmisioon
besser bèsser
bessern bèssere, guete
Besserung Bèsserig
Besserwisser Fyysigugger,
Schuelmaischter
best bèscht

270

Bestattung → **Beerdigung**
bestechen schmiire
Bestechung Schmiirede
bestehen bstoo
bestehen (Examen) dùùrekoo
bestellen bstèlle
bestreuen, mit Kieselsteinen
kiise
Besuch Bsuech,
Dyyschèstiòng, Wysyte
Besuch machen dùùrekoo,
verbyykoo
besuchen bsueche
Besuchslaterne
Bsuechsladäärne,
Wysyteladäärne
Besuchszimmer
Wysytestùùbe
besudeln aaschliirge,
versùùdle
besudeln, sich daarge
besudeln, mit Auswurf
verkoodere
besudeln, mit Erbrochenem
verkòtze
besudeln, mit Exkrement
verschysse
besudeln, mit Rotz
verschnùùdere
betasten aadeeple, aadoope
betätigen, sich, sexuell laiche,
ùmmelaiche
betäubt stùùrm
beten bätte
beteuern sich verschwèère
betrachten aaluege, bschaue
betreiben bidryybe
betreuen gaume, waide
Betrieb, gewohnter Dramp,
Gängler, Gänglig
Betriebsamkeit Gschäär
betrüben bidriebe
Betrübnis Bidriebnùs
Betrug Bschiss, Schmuu
betrügen aaschmiire,
bschysse, bschùmmle, leege,
Schmuu mache, versaile,

versèggle, versoole
Betrüger Bschysser, Bschyssi,
Bschysskaib, Bschyss'siech,
Schlangefänger
betrunken bsòffe, dùùslig,
kanoonevòll, mied,
ùmmeglitzt, vòll, zue
betrunken machen abfille,
fille
Betrunkener Bierlyych
Bett Bètt, Glappe, Gliiger,
Gratte, Näscht, Schraage,
Wäntelegyygampfi
Bett herrichten s Bètt mache,
bètte, näschte
Bettel Bättel
Bettelei Bättlerei
betteln bättle, fächte, haische
bettelnder Mensch Bättelsagg
Bettelsack Bättelsagg
Bettgestell Bèttlaade
Betthupferl Bèttmimpfeli
Bettingen Bèttige
Bettinger Bèttiger
Bettjäckchen Lyseese
Bettlaken Dègglache
Bettler Bättler
Bettnässer Bèttbrinzler,
Bèttsaicher
Bettschwere Bèttschwääri
Bettuch Dègglache
Bettuch, oberes
Ooberlyynduech
Bettzeug Bèttwäärgg
Beule Byyle, Bùgg
bevor bivòòr, eb[2]
bewähren, sich sich halte
bewältigen meege, zwinge
bewegen, sich sich roode,
sich verriere, sich verroode
bewegen, sich, lärmig kèssle
bewegen, sich, unruhig
fäägnäschte, figge, fùùrze,
gaischte, gischple, näschte,
sùùre, wischple
beweglich biweeglig
Bewegung Wangg

bewerfen aaboole
bewerkstelligen richte
bewirken uusmache
Bewohner des Breitequartiers
Braitlemer
Bewohner der Freien Strasse
Freiestreesslemer
Bewohner der Gerbergasse
Gäärbergässlemer,
Gäärbergässler
Bewohner des
Gundeldingerquartiers
Gùndeldingemer,
Gùndeldinglemer
Bewohner des Kantons Zürich
Ziiribieter
Bewohner von Riehen
Riechemer
Bewohner des
Sankt Alban-Quartiers
Dalbanees, Dalbemer,
Dalblemer
Bewohner des
Sankt Johann-Quartiers
Santihansemer,
Sanithanslemer
Bewohner der
Sankt Johanns-Vorstadt
Santihans(l)emer
Bewohner der Spalenvorstadt
Spaalemer
Bewohner der Steinenvorstadt
Stainlemer
bewölken, sich yydue, zuedue
bewölkt wùlggig
bezahlen zaale
bezahlen, zusätzlich
drùffleege
bezecht aagschlaage,
aagstòche, bidipst, bignillt,
mied
Beziehung, in dieser ~
dèèrtdùùre
Beziehung, unklare Ghängg
Beziehungen, gute
Wytamyyn B
Bibel Biibel, Biible, Gschrift

bieder biider
biegen biege, zämmestuuche
Biegung Booge
Biene Imbi, Imbli, Immeli, Immli
Bienenhaus Immehuus, Immestògg
Bienenstock Immehuus, Immestògg
Bienenvater Immevatter
Bienenzüchter Imber[2]
Bierflasche Glèschli
Bierglas Bächer, Dùlpe, Rùùgeli, Stange, Stiifel
Bierschaum Blueme, Graage
Biertrinker, starker Bierlùùdi
bieten biete
Bild Bild, Hèlge
Bilderauktion Hèlgegant
Bilderbuch Hèlgebuech
Bildnis Bòòrdrät, Kùnterfei
Billeteur Kòndiggtèèr
Billett Byyljee
billig woolfail, woolfel
billige Fasnachtsmaske Zääsantyymläärvli
billiger Kinoplatz Badroonehilsesammler, Gniggstaarloosche, Rasierstuel
billiger Wein Dienschtewyy, Glètterewyy, Jooli, Mägdewyy
Billion Bylioone
bimmeln bimpele
Binde Bindi
binden binde
Bindfaden Schnuer
Binningen Binnige
Birnbaum Biirebaum
Birne Biire
Birne, wilde Hòlzbiire, Mòschtbiire
Birnenblüte Biirebluescht
Birnenwein Mòscht
Birnschnaps Biirewasser
Birs Biirs

Birsfelden Biirsfäld, Birsfälde, Blätz, Blätzaarsch, Blätzbùms
Birsigtal Laimedaal
bis bis
Bise Byyse, Byysiwätter, Byyslùft, Byyswind
bisher efange
Biss, leichter Bigg
bisschen bitzeli, weenigli
Bissen Biss, Bitz, Mùmpfel
Bistum Bischtùm
bisweilen èppe, èppedie, èppenemool, hie ùnd doo, jeelemool, mithii
Bitte Bitt
bitte bitti
bitten bitte
Bitterkeit Bitteri
Bitternis Bitternùs
blähen blaaie
Blähung Blaaiig, Fùùrz
Blamage Blamaasch
Blamage erleiden dryydrampe, dryylänge, dryylauffe
Blase Blootere
Blasebalg Bloosbalg
Blasen treiben bleeterle, blootere
blasen bloose
blasen, stark blooschte
blasig blooterig
Blasius Blääsi
Blasmusik, fasnächtliche Gùggemuusig
Blasröhrchen Schleebiggse, Spiggderèèrli, Spiggrèèrli
blass blaich
Blätter verlieren verblèttere
Blätterteig Blètterdaig
blau (matt) bliemerant
blau (stark) gnätschblau
bläuen blaie
Blaues Kreuz Blaugryz
bläulich blaitschelig
Blech Blääch

blechen (zahlen) blääche
blechern bläächig
Blei Blei
bleiben blyybe
bleicher Mensch Määlsiech
bleiches Kind Blaichschnaabel
bleien bleie
bleiern bleiig
Bleistift Blei, Bleistift, Griffel, Ryssblei
blenden blände
blendend bländig
Blendlaterne Schèlmeliechtli
Blesshuhn Daucherli
Blick (verstohlener) Spigg
Blindekuh Blindimuus
Blindschleiche Blindeschlyycher, Blindschlyyche
blinken zwitzere
blöd bleed
blond blònd, blùnd
Blotzheim Blooze
blubbern (Motor) pflättere, pflùttere
Blühen Bluescht
blühen bliele
Blume Blueme
Blumengefäss Schaardynièère
Blumenstock Bluemestògg, Maiestògg
Blumenstrauss Bääse, Maie
Blumentisch Schaardynièère
Blumentopf Bluemekachle, Gaartekachle, Kachle, Maiehaafe
blumig bluemig
Bluse, waschbare Wäschbluuse
Blust Bluescht
Blut Bluet
Blüte Blieti, Blieschtli
Blutegel Bluetiigel, Bluetsuuger
bluten bluete

272

Blütezeit Bliejed
blutig bluetig
Blutwurst Bluetwùùrscht,
Blùnze
Bock Bògg
Bock, nach ~ riechen bèggele
Böckchen (zum Trommeln)
Bèggli
Bockkäfer (schwarzer)
Huusbògg
Böcklin (Name) Bèggli
Bockspringen Bèggligùmpe
Boden Boode
Bodensatz Druese
Bogen Booge
Bohle Flägglig, Flègglig
Bohne Boone
Bohne, weisse Ritscherli
Bohnenkraut Boonegrut
Bohnenstange Boonestägge
Bohner Blòcher
bohnern blòche
Bolzen Bòlze
bolzengerade bòlzegraad,
pfyffegraad
bombardieren bòmbardiere,
bùmberdiere
Bombe Bòmbe, Bùmbe,
Bùmme
Bombenmörser Bùmmikèssel
Bonbon Allerfaarbedääfeli,
Dääfeli
Bonfol Bùmfel
Bonmot Sprùch
Bootsstange Schalte, Stachel
Bordell Bùff, Fraidehuus
Bordkante Randstai
borgen bùmpe[3], leene, lyyche,
uusrysse, vertleene
Borsten einsetzen
vòòrbòòrschte
borstige Litze
Biirschtlinèschtel
Borte Bòòrd
bösartig bees, wiescht
Böschung Bòòrd
böse bees

böse Frau Bääse, Biirschte,
Drach, Giftkachle,
Giftnuudle, Giftspritzi,
Glèpfschyt, Häx, Määre,
Rääf, Rätzebälle, Ryybyyse,
Ripp, Rippstigg, Vyppere
böser Mann Beelimaa,
Giftschysser
Bosheit Boosged
böswillig verüben bèxiere,
boosge
Bote Bòtt[1]
Botenlohn Bòtteloon
Bottich Bittene, Ziiber
Bottmingen Bòpmige
Bouillon Brie'i
boxen fyschtle
Brand, nach ~ riechen
bränsele, bränzele,
schmiirzele
Brandblase Blootere
Branntwein Schnaps
Braten Broote, Brootis
braten bräägle, broote
braten, langsam breeterle
braten, leicht breetle
Brathähnchen Giggeli
Bratröhre (im Ofen)
Oofeguggerli, Ooferòòr
Brauch Bruuch
brauchen bruuche
braun bruun
Bräune Bryyni
bräunlich bryyntschelig,
bruunlächt
Brause Duschi
Brausepulver Bruusbùlver
Braut Brut, Hòchzytere
Brautbukett Brutmaie
Brautführer Hoofmaischter
Bräutigam Bryggem,
Brytigam, Hòchzyter
Brautkranz Brutgränzli
Brautpaar Bäärli, Brutbaar,
Brutlyt
brav frùmm, òòrdlig
Bravheit Breevi

brechen bräche
Brechmittel Òbsibùrgatz
Brei Bappe, Mues[1]
breiig bappig, muesig,
pflòtschig
breiig zerfliessen pflùttere,
verpflùttere
Breite Braiti
Breitequartier Braiti
Breitequartier,
Bewohner des ~ s
Braitlemer
breiter Galon Nuudle
Bremse (Arretiervorrichtung)
Brämsi
Bremse (Insekt) Brääme
bremsen brämse
Bremsenstich Bräämebigg
Bremsspur Brämsspuur
brennen lassen aaloo
brennend brènnig, fyyrig
Brennschere Brènnschäär
brenzlig bränselig, bränzelig
Brett Brätt, Britt, Laade[1]
Bretterstapel Brätterbyygi
Brezel Brätzel
Bricelet Yysebrätzeli
Brief Brieff
Briefbeschwerer
Brieffbischwäärer
Briefkasten Brieffkaschte,
Brieffròòr
Briefmarke Maargge
Briefmarken sammeln
määrggele
Briefmarkensammler
Määrggeler
Briefmarkensammlung
Maarggesammlig
Briefträger Bèschtler,
BrIefffdrääger
Briefumschlag Aamelòppe,
Ùmschlaag
Briefwaage Briefffwoog
Brille Brille, Naasebrämsi,
Naaseweeloo,
Vòòrfänschter

Brillenschlange Brilleschlang
Brillenträger Brilleschangi
Brillenträgerin Brilleschlang
bringen bringe
Brocken Brògge, Mògge
Brockenhaus Bròggehuus
brodeln brùmmle
Brombeere Brùmbèèri
bronzen èèrig
Brosame Broosme
Brosche Bròsche
Brot Broot, Hamf, Hypper
Brot, eingebrocktes Mèggeli,
  Milchmèggeli
Brot, selbstgebackenes
  Huusbroot
Brot, das Weiche vom ~
  Wuuri
Brotanschnitt Gròpf
Brötchen Batzelaibli,
  Byyrli, Brootwèggli,
  Halbbatzelaibli, Mùùrbs,
  Schlùmbäärgerli, Schlùmbi,
  Schweebli, Wèggli
Brotkügelchen Wuuribèlleli
Brotrinde Bueberamft,
  Maitliramft, Ramft,
  Rampf, Rampft, Rinde
Brotschaufel Schissel
Brotscheibe Ròsszeeche,
  Schnitte
Brotstückchen, eingetauchtes
  Dinggli, Dùnggis, Mèggeli,
  Soossedùnggis
Brotverträger Wègglibueb
Brouillon Sùùdel
Brücke Brùgg
Brückenjoch Jòch
Brückenpfeiler Jòch
Brückenpfeiler,
  an ~ schwimmen jèchle
Bruder Brueder
Bruderholz Bruederhòlz
brüderlich briederlig
Brüderlin (Name) Briederli
Brüderschaft Schmòllis
Brüglingen Briiglige

Brühe Brie'i
Brühe, fade Gschliider
brühen brie'e
brühend brie'ig
brühwarm briewaarm
brüllen briele
Brummbär Brùmmli
brummeln brùmmle, brùttle,
  grùmse, mùffle
Brunnen Brùnne
Brunnenkresse Brùnnegrèssig
Brunnensäule Brùnnestògg,
  Brùnnestùmpe
Brunnenstube Brùnnestùùbe
brünstig rammlig, stierig
brünstig sein rammle
Brust Brùscht
Brust, behaarte
  Dòrnischterdèggel
Brust, weibliche Kaabis,
  Lùngefliigel, Schòppe
Brust, wohlgeformte Brischtli
Brustdrüse (vom Kalb) Briesli
brüsten, sich aagää, fitze²
Brustschwimmen (in
  Seitenlage) Èllemässe,
  Èllemässerlis
Brusttasche Buesedäsche
Brustwärmer Seelewèèrmer
Brut Bruet
brüten briete
brütend brietig, bruetig
Büberei Kaiberei
Buch Buech, Schùngge,
  Wèlzer
Buche Bueche
buchen (aus Buchenholz)
  bueche, buechig
Bücherregal Biecherschaft
Bücherschrank
  Biecherkaschte
Buchhandlung Buechlaade
buchsbaumhölzern bùggse,
  bùggsig
Büchse Biggse¹
Buchstabe Buechstaabe
Buchzeichen Buechzaiche

Buckel Bùggel, Schnitzbùggel
buckeln bùggle
bücken bùgge
Büfett Byffee
büffeln òggse, schanze
Büffler Schanzgnòche
Bügelbrett Èèrmelbrättli,
  Glèttimaa
Bügeleisen Glèttyyse
bügeln beegle, glètte
bügeln, feucht dämpfe
bügeln, halbheiss fiengge
Bügeltag Glèttede
Bügeltisch Glèttidisch
Bügeltuch Glèttiduech
Bügelzimmer Glèttistùùbe
Büglerin Glèttere,
  Rainglèttere
Bühne Biini
Bukett (Blumen) Maie
Bukett (Wein) Blueme,
  Buggee
Bulle Mùùni
bummeln bùmmle
Bündel Bintel
Bundesverwaltung Bùnd
bündig bindig
Bündner Bintner
Bündnerfleisch
  Bintnerflaisch
Bündnis Bùnd
bunt allerfaarbig, faarbig
Buntmetallgiesser
  Rootgiesser
Buntwäsche Faarbig
Burckhardt (Name) Bùùrged
Bürde Bùùrdi
Bürger Biirger, Bùùrger
Bürgergemeinde
  Bùùrgergmaind
bürgerlich bùùrgerlig
Bürgermeister
  Bùrgemaischter
Bürgerrat Bùùrgerroot
Bürgerspital Bùùrgerspittel
Bürgin (Name) Biggse²
Büro Byyroo, Kùntòòr

Bürolist Byyroogùmmi,
Dinteschlägger, Gòmmi,
Gùmmi², Schwùng
Bürolistin Byyroogùmsle
Bursche Bùùrsch, Bùùrscht,
Käärli
Bürste Biirschte
Bürste, grobe Ryysbiirschte
bürsten biirschte
Bürstenmacher
Biirschtebinder
Büschel Bischeli, Bùschle,
Rùpf
büscheln bischele
Busen Buese, Kaabis,
Lùngefliigel
Busenfreund Speezel, Speezi¹
Busse Buess
büssen biesse
Bütte Biggti, Bittene
Butter Angge
**Butter, nach ~ riechen und/
oder schmecken** änggele
Butterblume Anggebliemli,
Anggeblueme
Butterbrot Anggeschnitte
Butterform Anggemoodel
Buttersauce Anggeseessli,
Schwaizi, Siessanggeseessli
Buttersemmel Anggewèggli
Butterstock Anggeballe,
Anggebälleli
Butterwecken Anggewègge
butterweich anggewaich

C

Cafard Ascht,
Seeleschmätter
Café Käffeli, Kaffi
Café Spitz Kaffi Spitz
Chalet Schwyzerhyysli
Champagner Schampannier,
Schämpis, Tschämpis
Chance Gfèll
charakterlos windig

Charakterzug Zùùg
Charlotte Lòtti
Chef Alt
Cheminée Schmyynee
Chignon Bypsli, Biirzi,
Pfiirpfi, Pfùùrpf
Chinese Kynees, Kyneeser
Chinesin Kyneesene
chirurgische Operation
Gschnääfel, Mètzgede,
Schnääflede
Chor Kòòr
Christ Grischt¹
Christine Grischtyn,
Grischtyyne, Styyne, Styyni
Christkind Wienachtskindli
christlich grischtlig
Christoph Stèffi
Citroën 2 PS Dööschwoo
Citroën-Auto Zydroone
City Stadt
clever gfitzt
Clique Glygge
Clown Glaun
Colmar → Kòlmar
Creme Grääme
Cutaway Hätzle

D

da doo
dabei derbyy
Dach Dach, Schäärme
Dachboden Èschtrig
Dachfenster Daagliecht,
Daaglòch
Dachraum Windi
Dachrinne Dachkäänel,
Käänel
Dachsparren Spaare
Dachstuhlwand Gneistògg
Dachtraufe Käänel
Dachzimmer Juhee
dafür derfiir
dagegen dergeege, derwiider
daheim dehaim

daher (begründend) → **deshalb**
daher (örtlich) derhäär
daherreden blätschere,
bleeterle, bloodere,
breesmele
Dahinsiechen Säärblede
dahinsiechen rääble, säärble
dahinter derhinder
Dahlie Daalie²
Dalmatinerhund Dintelùmpe
damals doomools,
doozmool, sälbetsmool,
sälbmool, sälletsmool,
sällmool, syynerzyt
Damenkleid Glaid, Glaidli
Damespiel Daamebrätt
damit (=dass) fir² dass
damit (=mit dem) dermit,
dòòrmit
dämmerig dimber, dimberig
Dämmerlicht Dimberi,
Dimbernis, Dimbernùs
dämmern dimbere
Dämmerung Dimber
Dämmerung, Zeit vor der ~
Daaghaiteri
dampfen dampfe, dämpfe
dämpfen (Stimmung)
aabestimme, duuche
dampfend dampfig
Dampfkochtopf Dampfhaafe
Dampflokomotive
Dampflòggi
Dampflokomotive, kleine
Pfùpferli
Dampfnudel Dampfnuudle
danach dernoo, dernooche,
dernoode, dnoo, nooche
Dandy Fitzer, Schwytjee
daneben dernääbe, näbedraa
daneben herum näbenùmme
Daniel Dänni
Dankbesuch
(nach einem Essen)
Dyyschèstiòng
dankeschön dadaa,
danggerscheen, mèèrsi,

mèrsi
dann dènn, dernoo, dernooche, dernoode, dnoo, driberaabe, drùfaabe
daran draa
darangiessen draaschitte
darauf (örtlich) drùff
darauf (zeitlich) driberaabe, drùfaabe
daraus druus
darein dryy²
Darlehen Stooss
Darm entleeren → scheissen
darob drab
darstellen (satirisch) uusspiile
darüber driiber
darüber hinaus driberuuse
darum dòòrùm, drùm
darunter drùnder, drùnter
das s
das ist daasch, dasch
dass ass, dass
Dauer Duur¹
dauerhaft fèscht
dauern (zeitlich) duure¹, goo
Daumen Duume
Daumen, am ~ saugen dyymele
Daumen, mit ~ spielen dyymele
Däumling Dyymlig
Daune Duune
davon dervoo, dervò
davon herunter drab
davoneilen abfyyle, dervoobäche, dervoopfitze, dervoowitsche
davonkommen schlieffe
davonlaufen druuslauffe
davonmachen, sich abdampfe, abdiigere, abfyyle, abfragge, abhaue, abschnappe, abschwyyne, abschwiire, abstingge, abzische, dervoobäche, haue, looszittere, schiebe, schnappe, sich stryyche,

uusewitsche, verraise, verschwinde, sich verzie
dazu derzue
dazustricken ùffnää
Dazutun Zuedue
dazuzählen derzuezèlle
Deckbett → Federbett
Decke (von Räumen) Biini
Decke (zum Zudecken) Dèggi
Deckel Dèggel
decken dègge
dehnen wyte
Deichsel Daiggsle, Dieggsle, Landere
dein dyy, dy
deinem dyym, dym
deinen (Dat. Plur.) dyyne, dyne
deinerseits dyynersyts
deines dyys
Delle Bùgg, Duele
Delsberg Dälschbäärg
dem em
den (Dat. Plur.) de¹
denen dääne, däne
dengeln dängele
denken dängge
Denkmal Dänggmool
denn dènn
dennoch ainewääg
Depression Ascht, Seeleschmätter
deprimieren beelände, duuche, ùffhaue
deprimiert drùggt, duuch, dùnde, marood, vernùssbiggled
der der
der eine der aint
derart dääwääg, esoo
derartig → solch
dergleichen derglyyche
desertieren dissertiere
deshalb dòòrùm
Dessert Dèssèèr, Noodisch
desto dèschto
deswegen derwääge, dòòrùm

Detailgeschäft Läädeli
Detektiv Dèggel
deuteln dytle
deuten dytte
deutlich dytlig
deutsch dytsch
Deutsche Schweebene
Deutscher Schwoob
Deutschland Dytschland, Schwoobeland
Dezember Dezämber, Grischtmooned
Diakonisse Nisse
Diakonissenhaube Hyybli
Diamant Demant
Diarrhö → Durchfall
dich dii, di
dicht bhääb
dicht beeinander ùfenanderoobe
dick mùmpfig
dick werden drie'e
dicke Frau Bränte, Bùmeranze, Bùmmere, Bùmmerli, Pflättere, Pflùntsch, Pflùttere, Rùmmele, Stande, Wùlgge
dicker Herrenmantel Schanzelaiffer
dicker Mensch Bòlle, Brògge, Diggsagg, Fass, Fässli, Mògge, Mùtti, Ool, Pflutte
dickes Kind Mògge
Dickicht Ghiirscht, Hùùrscht
dicklicher Mann Pfluumebòppi
Dickschädel Grind, Mèlli, Mòlli, Mòlligrind, Mòllikòpf, Mòtschkòpf
Dickwanst Diggsagg
die d, di, die¹
Dieb Stääldieb
Diebestour Stuuch
dienende Frau Bòlze
Dienst Dienscht
Dienstag Zyschtig
dienstbereit gfèllig

Dienstboten Dienschte
Dienstboteneingang
Dienschtediire
Dienstbotenkammer
Mägdestùùbe
Dienstbotenwechsel
Wandlede
Dienstbotenwein
Dienschtewyy, Mägdewyy
Dienstmädchen
Dienschtbòlze,
Dienschtmagd,
Dienschtmaitli, Magd,
Maitli, Stùùbemagd,
Stùùbemaitli
Dienstmann Phaggdrääger
Dienstuntauglicher
Batallioonsglùnggi,
Staatsgrippel
diese die[2]
diesen (Dat. Plur.) dääne[1],
däne
dieser (Nom. m.) dää, dä
dieser (Dat. w.) dääre, däre
dieses daas, das
diesjährig dissjèèrig, hyyrig
diesmal daasmool, dissmool
dir diir[2], dir, der
Direktor Diräggter
Dirne Amsle, Aaschaffere,
Dròttwaaramsle, Fleete,
Gläppere, Gryte, Huer,
Lueder, Luenz, Mätz,
Pfanne, Rausle, Schlaiff,
Schlaipf, Schlitzgyyge,
Schnalle, Schnäpfe,
Schnäppe, Schnättere,
Schwanzglammere,
Waggeldante, Waggelgryte,
Zatz, Ziefäggte
diskret dischgreet
Disput Dischbedaat
disputieren dischbediere
Dissertation Diss,
Dòggteraarbed
Distelfink Dischteli[2],
Dischtelvoogel,

Dischtelzwyygli
doch aaber
Docht Doochte
doktern dòggtere
Doktor Dòggter
Doktorarbeit Diss,
Dòggteraarbed
Doktoratsessen
Dòggterfraass
Dokument Bapyyr, Schyyn
Dom Doom, Duem
Domhof Doomhoof,
Duemhoof
Domino Dòmmynoo,
Doomynoo
Donnerskerl
Dònnschtigskäärli,
Nùndedie
Donnerstag Dònnschtig
Donnerwetter!
Dònnerschiess, haidebritsch
doppelsohlig dòppelseelig
Dora Dèèrli, Dòòri, Dòòrli
Dorf Dòòrf[2]
Dorn Dòòrne
Dorothea Dèèrli, Dòòredee,
Dòòri, Dòòrli
Dörrbirne Hùtzelbiire
dörren dèère
Dörrfrüchtemischung
Studäntefueter
dort dèèrt
dort hindurch dèèrtdùùre
Dose Biggse[1]
dösen dùùsle
dottergelb gäggeligääl
Doublé Glaihyynigergòld
Drache Drach
Drachen Drach, Gùggedrach
Draht Droot
drängen drùgge, kääse
drängen, nach vorn
fiiredrùgge
drangsalieren drybeliere
drapieren gùfferiere
drauf drùff
draus druus

draussen dùsse, ùsse, vòrùsse
drechseln dräggsle, draaie
Dreck Drägg, Gaggoo
Dreckskerl Dräggkaib,
Saukaib, Lùmpehùnd,
Lùmpesèggel, Lùmpesiech
Drehbank Draaibangg
Drehbleistift Saggryssblei
drehen draaie, drille
Drehhahn Haane, Hieneli
Drehorgel → **Leierkasten**
Drehschaukel Draaigampi,
Drillisùppe, Drimmelisùppe
Drehscheibe Draaischyybe
Drehtür Drilli
Drehvorrichtung Drilli
Drehwurm Draaiwùùrm,
Drillwùùrm
Drei Drei, Dreier
drei drei, dryy[1]
Dreiangel (Winkelriss)
Dreiangel, Dryyangel
Dreibatzenstück Dreibätzner
Dreibein Dryybai
Dreier Dreier
Dreikäsehoch Hoosegnòpf
drein dryy[2]
dreinblicken dryyluege
dreinreden dryyschwätze
dreinschlagen dryybängle,
dryyschloo, pflyymle
dreissig dryssig
Dreiuhrläuten Dryyglèggli
Dreizehn Dryzääni
dreizehn dryzää
dreschen dräsche, drèsche
Dreschflegel Fleegel, Pfleegel
Drittel Drittel
Drittklässler Drittlemer
droben doobe, iberoobe
Drogensüchtiger Dreegeler
Drogist Materialischt
dröhnen bùmmere
Droschke Dròtschge
Droschkenpferd
Dròtschgegaul
drüben dääne[1]

drucken drùgge²
drücken drùgge¹, nuudle
Drucker Drùgger
Druckerschwärze
Drùggerschwèèrzi
drunten dùnde
Drüse Driese
du d, de, du, duu
Dübel Diibel, Dùùbel²
Dübel, mit ~ n befestigen
verdiible
dübeln diible, dùùble²
dubios fuul, lusch
Duckmäuser Dùggemyyser,
Dùggemyysler,
Dùnggimùnggi
duckmäuserisch verdrùggt
duften schmègge
dulden lyyde
dùmm bleed, dùmm,
straudùmm
dumm tun dùùble¹
dumm werden verdùùble
dumme Frau Annebääbi,
Baabe, Druudi, Duudle,
Gschiirlyysi, Huen,
Kuebaabe, Lyysi, Pfipfi,
Sùppehuen, Zwätschgelyysi
dummer Mann Bèttiger,
Dùùbel¹, Laalebùùrger,
Laali
dummer Mensch Diibidääbi,
Dùùbel, Hòòrnòggs, Kalb,
Kue, Nool, Tschooli,
Tschuudi, Tschùmpel,
Wäbstiibeler
dummer Streich Kalberei,
Stiggli
dummerweise dùmmerwyys
dummes Mädchen Baabi
Dummheit Dimmi
Dummheiten Fysimatänte
Dummkopf Aarschgutzi,
Aarschveiedli, Dildapp,
Dòllwègg, Dòtteli, Dùùbel¹,
Glaus, Gwaggelkòpf,
Halbdùùbel, Ydiòtt,

Kaabiskòpf, Kameel,
Kamùff, Laggel, Lappi,
Lèffel, Leeli, Schooffsèggel,
Schooffsùùri,
Schuuflebuur, Tschooli,
Tschuudi, Tschùmpel,
Ziibelegrind, Zipfel,
Zwätschgegrind,
Zwätschgekòpf
dümmlich dùùblig
düngen (mit Jauche) bschitte,
gillere
Dünger (aus Stall) Mischt
Dünkel Grattel,
Heecherauch, Rauch
dunkel dùnggel, finschter
Dunkelheit Finschteri,
Finschternùs
dünken dùngge²
dünn dinn, dinnlächt, raan
dünnemachen, sich
abschwyyne
dünsten dämpfe, dinschte
durch dùùr, dùr
durch und durch dùùredùùr,
dùryyne
durchaus abselut, dùrchuus
durchbrennen bäär goo
Durcheinander Bùff,
Druubel, Dùùrenander,
Gnùùsch, Grääbel²,
Grausimausi, Gruusimuusi,
Gstiirm, Gstrùùbel,
Karsùmpel, Kilbi, Mais,
Määrt, Minggis, Muttig,
Salaat, Striggede, Strùùbel,
Verlaag, Wiirlede, Ziirlede,
Zùnderòbsi
durcheinander dùrenander,
grausimausi, grippisgrappis,
gruusimuusi,
ùnderenander, ùnderòbsi,
zùnderòbsi
durcheinander essen
dùrenänderle
durcheinander trinken
dùrenänderle

durcheinanderbringen
verbaschigùnggele,
verhautsche, verwiirle,
verwùùrschtle
durcheinanderschütteln
verschittle
Durchfall (Diarrhö) Abfiere,
Abwyyche, Dinnschysser,
Diirlischlètzer, Dùùrpfiff,
schnälli Kätri, Lauffer,
Pfeigger, Pfeizger,
Pflùtteri, Rùmplede,
Schysser
durchfallen abschiffe,
dùùrefalle, dùùregheie,
gheie
durchfroren verfròòre
durchgedreht dripsdrillig
durchhecheln dùùrehächle,
dùùrenää, uusmache,
verhächle
durchleuchten dùrlyychte
durchnässen dauffe, vernètze
durchrühren verriere
durchscheuern dùùrefigge,
dùùreripse, verripse
durchschwitzen verschwitze
durchsetzen dùùrestiere,
dùùrezwänge
durchsetzt dùrzooge
durchstreichen
dùùrestryyche, stryyche
durchtrieben abgschlaage,
dùrriibe, dùrdriibe, girisse,
grisse
durchwachsen dùrzooge
durchwalken verwalche
durchweg dùùrewägg
dürfen dèèrfe
dürftig boofer,
gschmäggerlig,
schmäggerlig
dürr diige, diir¹
dürr werden dòòre
Durst Brand, Dùùrscht
Dusche Duschi
duschen dusche²

düster dùschter
düsterfarben mùnggelig
Dutzend Dòtzed
Duvet Dèggbètt
Duzen Duuzis, Schmòllis

E

eben (flach) eebe[1]
eben (just, nämlich) eebe[2],
    èbe, ebe, halt[1]
Ebene Eebeni
ebenerdig eebesfuess
echt ächt
Ecke Ègg, Ègge[1]
Edgar Ègge[2]
Edmund Mùndi
Eduard Eedi
Efeu Ääbhai, Ääfhai,
    Ääphai, Eeffei
egal fiidlewùùrscht, glyych,
    schysse, schnòòrz
Ehe Ee
Ehefrau Alti, Frau,
    Graaniùm, Gspuusi,
    Regierig, Zimmerlinde
ehemalig eemoolig
Ehemann Alt, Maa
Ehepaar Eepaar
eher eenter
Ehering Eering, Fangyyse
ehern èèrig
ehest eentscht
Ehre Èèr
Ehrensache Bùntenèèri
Ehrgefühl Bùntenèèri
Ehrsüchtelei Èèrekiibelei
Ehrsüchtiger Èèrekiibel
Ei Ai
ei ai, è
Eibisch Hibsche, Ibsche
Eibischbonbon Ibschedääfeli
Eichel Aichle
Eichelhäher Hätzle
eichen aichig
Eichhörnchen Aicherli

Eidechse Aidäggse, Aidèggse
Eidgenosse Aidsgnòss
eidgenössisch aidsgnèssisch
Eierkuchen Ammelètte
Eierschale Aierschaale
Eifer Yyfer
Eifersucht Yyfersùcht,
    Schalusyy
eifersüchtig fueternyydig,
    yyfersichtig, nyydisch,
    schaluu
eifrig yyferig
eigen aige
eigenartig gspässig, kurioos
Eigenbrötler Aispänner
eigenbrötlerisch aige, aigelig
Eigenlob Aigeloob,
    Aigeruem
Eigennutz Aigenùtz
eigennütziger Mensch
    Aigenùtz
eigens äxtraa, èxbräss, èxtraa
Eigensinn Rappel, Sètzgrind,
    Sètzkòpf, Stègg'grind,
    Stèggkòpf, Stieregrind,
    Stierkòpf
eigensinnig rappelkèpfig,
    rappelkèpfisch, spèèrig,
    stèggkèpfig, stèttig, stier,
    zwängig
eigensinniger Mensch
    Sètzgrind, Sètzkòpf,
    Stègg'grind, Stèggkòpf,
    Stieregrind, Stierkòpf,
    Zwäng'grind, Zwängi,
    Zwängkaib, Zwängkòpf
eigentümlich aige, gspässig
eigentümlich riechen und/
    oder schmecken jänggele
Eile Yyl, Schùss
eilen raiffle, rènne
Eimer Kèssel, Kiibel
ein ai, e
ein- yy-
einander enander
einarbeiten yyschaffe
einatmen yyootme,

yyschnuufe, yyschnuffe
Einbildung Grattel,
    Heecherauch, Rauch
einbleuen yyblaie
eindeutig aidyttig
eine, der der aint
einem aim, eme
einen (Akk. m.) ain, aine
einer (Nom. m.) ain, aine
einer (Dat. w.) ere[1]
Einerkolonne
    Gänslimaarsch, Zòtzleraaie
einesteils aisdails
einfach aifach
einfädeln yyfäädle
Einfall (Idee) Ydee
Einfall, absurder Bierydee,
    Fùùrz, Fùùrzydee,
    Schnapsydee
einfältig sich benehmen leele
Einfaltspinsel Aarschveiedli,
    Laalebùùrger, Laali, Lappi,
    Tschaute, Tschauti, Zipfel
einfangen yyfange
Einfassband Miederband
einfassen gùfferiere
einfassen, mit Bändern
    yybändle
Einfassung (textil) Bryyse,
    Bryysli
einfetten salbe
Einfrankenstück Aifränggler,
    Fränggler, Stägge, Stai,
    Stùtz
Einfühlungsvermögen
    Gspyyri
eingebildetes Mädchen
    Daigaff, Gäggsnaase
eingebrocktes Brot Mèggeli,
    Milchmèggeli
eingedickt gstòggt
eingefädelter Faden Neetlig
Eingefülltes Fillede
eingehegtes Landstück
    Yyschlaag
eingehen yygoo
eingehülltes Kind

Bùtzemùmmel,
Mùmmelibùtz
eingelegtes Kraut Gùmpischt
eingenähte Initiale Nämmeli
eingenähte Nummer
Nimmerli
eingeschrieben schaarschee
eingeschrumpft schrùmpfelig
eingetauchtes Brotstück
Dinggli, Dùnggis, Mèggeli
eingraben yylòche, yyschaare
Einguss Yygùss
einhängen yyhängge
Einheit Ainhait
einhüllen yymùmmele
einige e baar
einigermassen halbwägs
einkampfern yygamfere
Einkauf Kòmisioon,
Kùmisioon
Einkäufe besorgen
kùmisieenle
einkaufen yygroome
Einkaufskorb
Kòmisioonekòòrb,
Kùmisioonekòòrb
Einkaufsnetz Gäärnli, Nètzli
Einkaufstasche
Gang'goodäsche
Einkaufswagen
Kòmisioonewäägeli,
Kùmisioonewäägeli
einkehren yykèère
einkochen yykòche, yymache
einladen yylaade
Einladung Yylaadig, Wysyte
Einladung (einer Schulklasse)
Glassewysyte
Einladung (für Verlobte)
Brutgaschtierig
Einladung (mit Essen)
Gaschtierig
einlassen, sich yyschnappe,
yystyyge
einläuten glängge, yylytte
einmal aimool, emool
Einmaleins Aimolais

einmotten yygamfere
einmummen yymùmmele
einnachten yynachte
einnicken yynùgge, vertnùgge
einpacken yyphagge
Einrappenstück Airäppler,
Santyym
einräumen yyruume
einrenken yyrängge
einrennen yyrènne
Einrichtung Yyrichtig
einrücken yyrùgge
Eins Ainer, Ainser, Ains, Ais
einschärfen yyblaie
einscharren yyschaare,
verlòche
Einschätzung (amtliche)
Schatzig
einschenken yyschängge
einschienen yyschindle,
schiine
einschlafen yyluege,
yyschlooffe, vertschlooffe
einschläferig aischleeffig
Einschlag Yyschlaag
einschlagen yybängle,
yyschloo
einschlaufen verschlauffe
einschliessen yybschliesse
einschnappen yyschnappe
Einschnitt Higg
Einschreibesendung
Schaarschee
Einsehen Yysääche
einsehen yygsee
einseifen (zum Rasieren)
yybänsle
einsetzen (befestigen)
yynemache
einsetzen, sich raiffle, waible
einspannen yyspanne
Einspänner Aispänner
einsperren yybschliesse,
yyspèère, versängge
einspritzen yyspritze
einspritzen (Wäsche)
yymùtte, yymùttele,

yyspritze
Einspritzung Spritzi
einst albe, emool, friener
Einstand Ystand
einstehen yystoo
einstreichen yystryyche
einstürzen → zusammenfallen
einstweilen ainschtwyyle,
efange
eintauchen dùngge[1]
eintrichtern yydrächtere
Eintrittskarte Byyljee
einüben yyiebe
einvernehmen vernää
einverstanden yyverstande
einwandfrei suuber
einweihen yyweie
Einweihung Yywei'ig
einweisen yywyyse
einwickeln (Gegenstand)
yymache, yyphagge
einwickeln (Säugling)
yybùschele
Einwohnerverzeichnis
Adrässbuech
einzahlen yyzaale
Einzahlung Yyzaalig
Einzahlungsschein
Yyzaaligsschyyn
Einzelkochgeschirr Gamälle
Einzelmaske Ainzelmassge
einziehen yyzie
einzig ainzig
einzigartig ainzig
Einzüger Yyzieger, Yyziiger
Eis Yys
Eisbein Gnaagi
Eisberg Yysbäärg
Eisbeutel Yysblootere
Eisblume Yysblueme
Eisen Yyse
Eisenbahn Yysebaan,
Tschytschybäänli,
Tschutschubäänli
Eisenbahn, mit ~ spielen
yysebäänle
Eisenbahner Bäänler,

Yysebäänler
Eisenbahnzug Zùùg
Eisengasse Yysegass
Eisenhut Ysehuet
Eisenplättchen
  (an Schuhsohle) Blaggee,
  Yyseli
eisern yysig[2]
Eisheiliger Yyshailige
eisig yysig[1]
eiskalt yyskalt
eislaufen schlyffyysele,
  Schlittschue lauffe
Eisverkäufer Glassemännli
Eiszapfen Yyszapfe
eitel fratzig, ytel
Eiter Aiter, Madèèri,
  Wuescht
Eiterbeule Aisse, Aiterbòlle
eitern iible
eiternd bees
eitles Mädchen Fratz
Ekel Èggel
ekelerregend gruusig
ekeln gruuse
eklig ègglig
elb älb
Elefant Èlifant, Ilp
elegant gfitzt, schygg
Eleganz Schygg[2]
elektrisch èlèggtrisch
elektrische Installation
  Èlèggtrisch
Elektrizität Èlèggtrisch
Elend Eeländ
elend eeländ, myseraabel
Elendsviertel Schäärbeviertel
Eleonore Lòòrli
Elf Èlf, Èlfer, Èlfi
Elfenbein Hèlfebai
Elisabeth Beetli, Èlsbeet,
  Lyysbeet, Lyysebeet, Lyysi
Elisabethenkirche Èlsbeete,
  Èlsbeetekiiche
Elisabethenstrasse Èlsbeete,
  Èlsbeetestrooss
Ellbogen Èllebooge

Ellbogen gebrauchen
  èllebeegle
Elritze (Fisch) Wèttigli
Elsass Èlsass, Èlsis
Elsässer Rieblizùpfer,
  Schampedyss, Waggis
Elsässerwein Èlsässer
Elster Äägerschte, Hätzle
Eltern Alte, Èltere
Emanuel Männi, Mansgi,
  Maanu
Emil Mygger, Mylle
Emma Èmmi
Emilie Eemely, Eemyli,
  Èmmi
Emmer Ämmer
empfehlen empfääle,
  rekùmediere
Empfehlung Empfäälig
empfindlich subdyyl
empörend haarig, hòòrig
emsig diifig, flyssig
Ende Änd, Ändi
enden, langsam uusblampe
Endivie Andyyfi, Antyyfi
endlich äntlig, efange
endloses Lachen Giigelisùppe
Energie Speiz
eng äng, satt
engagieren anngaschiere
Enge Ängi
Engel Ängel
Engerling Ängerich,
  Ängerling
engherzig gnòòrzig,
  vergnòòrzt
Engländer Ängländer
englisch änglisch
Enkelkind Groosskind
enorm hailoos, mylioonisch
Ente Änte
entfernen abmache,
  uusmache
entfliehen abgoo
entgegen entgeege, ergeege,
  etgeege
entkleiden abgschiire, abzie,

uusgschiire
entkommen → entwischen
entlassen absääge, schasse,
  schigge, spaiche, spigge,
  stämme, stèmme, uusegheie,
  uuseschmaisse, uusespigge
entlassen werden fliege
entlaufen vertlauffe
Entlauserin Luusdante
entleihen bùmpe[3], leene,
  lyyche, vertleene
entrinnen verdrinne
entschieden dèzidiert
entschlummern yynùgge,
  vertnùgge
entschlüpfen vertschlipfe
entschuldigen, sich
  sich verèxgysiere
Entschuldigung Èxgyysi
entsetzlich entsètzlig,
  erzètzlig, etsètzlig
entsteinen uusstaine,
  uusstainle
entstellen verstèlle
entweder äntwäder
entweichen dervoowitsche,
  tschäppiere, vertwitsche
entwischen uuswitsche,
  vertwitsche
entwöhnen etwènne
Entwurfsheft Sùùdelhèft
entzückendes Kind
  Syydenängel, Syydebòlle,
  Syydehaas, Syydeli,
  Zùggerli
entzwei abenander,
  usenander
entzweireissen schlänze,
  schränze
Enzian Änzene
Enzianschnaps Änzene
Epilog Lyychereed
er äär, er
erbarmen verbaarme
Erbe Èèrb[1], Èèrb[2]
Erbe, mütterliches
  Mueterguet

Erbe, väterliches Vatterguet
erben, tüchtig hèèrbschte
Erbin Èèrbene
erbleichen blaich wäärde
erblich èèrblig
erblicken erligge
erbost mùff
erbrechen, sich bräche,
  sich ergää, sich ibergää,
  kèèrble, kòtze, uusegää
Erbrochenes Kòtzede
Erbrochenes, mit ~ m
  besudeln verkòtze
Erbschaft Èèrb², Noolòss
Erbse Äärbse
Erbse, junge Keefe
Erbsenbrei Äärbsmues
Erbspüree Gäälmues
Erbteil vorbeziehen vòòrässe
Erbteilung Dailig
Erdbeben Äärdbidem
Erdbeere Äärbèèri
Erde Äärde
Erdgeruch Boodeguu
Erdgeschoss Baardèèr
erdgeschossig eebesfuess,
  ibersfuess
Erdkrebs Wääre
Erdnüsschen Äärdnissli,
  Nissli
Erdreich Gründ
Erdrutsch Riife, Schlipf
Erdrutschgebiet Schlipf
Erdscholle Mùtte, Schòlle
ereifern, sich sich veryyfere,
  sich verwääfere
Eremit Waldbrueder
Erfolg haben dùùrekoo
erfreulich gfrait, lèssig
erfreut froo
erfrieren verfriere, vergitterle
ergeben, sich sich ergää
Ergebnis, ungutes Bschäärig
erheben (Hand) ùffheebe,
  ùffstrègge
erinnern, sich sich bsinne
Erinnerung Bhalt

erkälten verkèlte
Erkältung Verkèltig
erkennen uusmache
Erkennungsmarke (Militär)
  Graabstai
Erker Èèrggel, Èèrgger
erkerartiger Ausguck
  Gùggehyyrli
erklären erglääre,
  äggschblyziere, èxblyziere
erlauschen erluschtere
Erle Èèrle
Erlebnis Erlääbnis, Erläbtnis
erledigen dùùrezie
erleichtert froo
erleiden dùùremache
erleiden, Verlust yyluege
Erlös Loosig
erlöschen abgoo, uusgoo,
  uuslèèsche, verlèsche
ermorden abmùùrggse,
  mariggsle, mòriggsle
ermüdet aagschlaage
ermuntern stùpfe
Ernestine Styyne, Styyni
Ernst (Ernsthaftigkeit)
  Äärnscht¹
Ernst (Name) Änte, Äärnscht²
ernste Aussprache
  Seelestindli
ernten hèèrbschte
erpicht inträsiert, intrèsiert,
  schaaf, schnitzig,
  verphicht, watz
erpicht sein spanne, spitze
erpichter Marmelspieler
  Glùggerjùùd
erraten verroote
erreichen erlänge
erreichen (durch Laufen)
  erlauffe
erringen erbaschge
erscheinen (spukhaft)
  sich erzaige, vòòrkoo
erschiessen verschiesse
erschöpft abgschlaage,
  marood

erschrecken (intr.)
  verschrägge²
erschrecken (tr.) verschrägge¹
ersinnen uusdiftele,
  uusdywidiere, uusediftele,
  uusspintisiere
ersparen erhuuse
erst (Adv.) èèrscht²
erst (Num.) èèrscht¹
erstarren gstaable, verstaable
erstaunen verstuune
erstens èèrschtens, èèrschtli,
  èèrschtlig
Erstgeborenes Èèrschteli
ersticken verwòòrge
Erstklässler Èèrschtlemer
erstunken und erlogen
  erheit ùnd erlooge
Ertrag Nùtze, Nùtzig
ertragen bräschtiere,
  verdraage, verlyyde
ertränken verdrängge
ertrinken verdringge,
  versuffe
Eruptiönchen Pfùpf
erwachen verwache
erwachsen grooss
erwarmen verwaarme,
  waarme
erwärmen verwèèrme
erwärmen, leicht iberschloo
erwarten (sehnlich) verwaarte
erweitern (Kleider) uusloo
erwerben (durch Heirat)
  erwyybe
erwerben (durch Rackern)
  erschinde
erwirken uusrichte
erwirtschaften erhuuse,
  vòòrmache
erwischen yyfange,
  verwitsche
erwürgen verwiirge,
  verwòòrge
erzählen brichte, verzapfe,
  verzèlle
erziehen zie

erzürnen verziirne
erzwingen erzwänge
es ääs, äs, es, ins, s
Esche Äsche³, Èsche
Eselei Dùùbelei
Essbesteck Ässbstègg
Essen Ässe, Fraass
Essen, schlechtes Fraass,
  Gfrääss, Schlangefraass
essen ässe, bigge, frässe,
  hagge, mangsche,
  mangschle, mùffle,
  schmùùre, spachtle, spyyse,
  spùtte, verdrùgge, versòòrge
essen, durcheinander
  dùrenänderle
essen, kräftig bèlze, byyge,
  hinderebyyge, yyhängge,
  yynebyyge, yynedrùgge,
  yyneschòppe, yyphagge,
  mòschte, spachtle
essen, lustlos byppele,
  mänggele
essen, zu Abend znachtässe
essen, zu Mittag zimmisässe,
  zmidaagässe
essen, zuviel sich iberässe
Esser, langsamer Gänterli,
  Mänggeli
Essfreudiger Schmùùrdiiger
Essig Èssig
Essigfass Èssigfässli,
  Èssigseili
Essigflasche Èssig'gùttere
Essigmutter Muetere
Esslust Frässer, Frässi
Esszimmer Äss'stùbe
Esther Äschter, Äschti
Etikett Èttigètte
etwa ächt, emänd, èppe
etwas èppis
euch eich, ech, ich, i
euer eier, eire
euereiner eierais
euerseits eiersyts
Eugen Geeni, Uuscheen,
  Üüscheen

Eugenie Üüscheny
Eule Heiel, Yyle, Nachtheiel
Euter Utter
Eva Eevi
ewig eebig, eewig
Exerzieren, scharfes
  Schluuch
Exerzieruniform Èxdönü,
  Èxlimpe
Exerzierwaffenrock Èxbluuse
Exkrement Bèlleli, Bhaltis,
  Bòlle, Drùggis, Gäggeli,
  Gaggaa, Gaggi, Hyffeli,
  Kaigel, Pflätter, Sächli,
  Schiss, Schyssdrägg,
  Stingger, Stinggi, Stinggis,
  Wächter
Exkrement, mit ~ besudeln
  verschysse
Exkrement, nach ~ riechen
  schyssdräggele, schyssele
explodieren glèpfe

F

Fabrik Fabrigg, Fabrygge
Fabrikarbeiter Fabriggler
Fabrikarbeiterin Fabrigglere
Fabrikationsraum Lòkaal
Fächer Eewangtallie,
  Wangtallie
Fachmann Bròfässer,
  Hiirsch, Kanoone, Siech
fade bleed
fade Brühe Gschliider
Faden Faade
Faden, eingefädelter Neetlig
Faden, sternförmig
  aufgewickelt Stäärnlifaade
Fadenende (auf Garnrolle)
  Gängler, Gänglig
fadengerade faadegraad
Fadenrolle Faadespieli
fadenscheinig bleed,
  faadeschyynig
Fadenstück Droom

fader Kerl Faadiaan
Fahne Faane
Fahrausweis Byyljee,
  Dramkäärtli, Käärtli
Fähre Fääri
Fahrender Kùndi
Fahrende,
  Weihnachtsbescherung
  für ~ Kùndewienacht
fahrender Musikant
  Diirligyyger
Fährenseil Fäärisail
Fahrgast Phasaschier
fahrig gischplig, schùtzig,
  schùtzlig
Fahrkarte Byyljee, Käärtli
Führmann Fäärimaa
Fahrplan Faarteblaan
Fahrrad Gèppel, Pflueg,
  Stuel, Weeloo, Wèllo
Fährschiff Fäärischiff,
  Fäärischiffli
Fährte Gspuur
Fahrzeug Gfäärt, Gutsche,
  Kischte, Ròchle,
  Röschthuffe, Schlitte
Faktotum
  Gimmerhoolmerlängermer,
  Gimmerùndlängmer,
  Hoolmer,
  Hoolmerlängmer, Längmer
Fall Faal, Fall
Falle Falle, Hääre
fallen falle, fliege, gheie,
  pflyymle, säägle, schnättere
fällen fèlle
fällig fèllig
falsch lätz
falsch lesen sich verlääse
falsch singen blääre, gääggse
falsch verteilen vergää
fälschen fèltsche
fälschlich glauben
  sich yybilde
Falschmünzer Lätzbätzler
Falte Falt, Rùmpf, Rùmpfle
Falten werfen rùmpfle

faltig rùmpflig
Familienausflug
Famyyliediirgg
Familiengarten Pflanzblätz
Familienzusammenkunft
Famyyliedaag
Fangeisen Fangyyse
fangen fange
Fangspiel Fangis, Jääglis
-farben -fäärbig
Farbschachtel Moolkaschte
Farn Faare, Faaregrut
Faser Faasere
faseriges Fleisch
Hänggiflaisch
Fasern bilden faasere,
fääserle
fasern faasere, fääserle
Fasnacht Faasnacht
Fasnacht feiern faasnächtle
Fasnacht im Birseck
Hèèrefaasnacht
Fasnacht, nach ~ «riechen»
faasnächtele
fasnächtliche Blasmusik
Gùggemuusig
Fasnachtsabzeichen Blagètte,
Faasnachtsblagètte
Fasnachtsbegeisterter
Faasnächtler,
Faasnachtsnaar
Fasnachtsende Ändstraich
Fasnachtskostüm, bestimmtes
alti Dante, Baiass,
Blätzlibaiass, Buurejòggi,
Doomynoo, Dùmmpeeter,
Schaariwaari, Ueli, Waggis
Fasnachtslaterne
Faasnachtsladäärne,
Ladäärne, Lampe
Fasnachtsmaske, billige
Zääsantyymläärvli
Fasnachtsplakette →
Fasnachtsabzeichen
Fasnachtsthema Süschee,
Süschè
Fasnachtszeitung

Faasnachtszytig,
Naarezytig
Fasnachtszettel
Faasnachtszeedel, Zeedel
Fasnachtszug Zùùg
Fasnachtszug (von Kindern)
Buebeziigli
Fasnachtszug, kleiner
Schyssdrägcziigli
Fass Bièsse, Fass
Fassdaube Duube[2], Duuge
Fassgestell Gliiger
fast binoochem, fascht,
faschtgaar, halber,
halb ùnd halb, noochzue
Fastenwähe Faschtewaaie
Fastnacht → **Fasnacht**
fatal bleed, dùmm, fadaal,
haiter
faul fuul, fuuläärtig,
fuullächt
faul herumliegen bleegere,
Ranze blangge
faul herumsitzen
ùmmepflutte
Fäule Fyyli[1]
faulenzen floone, fuulänze,
Ranze blangge
Faulenzer Haiwoogschangi
Faulheit Fuulgged
faulig fuul, fuuläärtig,
fuulig, fuullächt
Fäulnis Fyyli[1]
Fäulnis, nach ~ riechen
fyylele
Faust Fuscht
Fausthandschuh Bääredatze,
Fyschtlig
Februar Hòòrnig
fechten fächte
Feder Fäädere
Federbett Dèggbètt, Pfùlme
Federlesens Fääderlääsis
Federmesser Gròttegyggser
federn fäädere
Federspitze Fäädereschyyfeli
fegen fääge

Fegsand Fäägsand
fehlen fääle, mangge,
manggiere, mangle
Fehler (beim Stricken)
Grippis
fehlfarben fäälfaarbig
Fehlgeburt Foossgusch,
Foossgusche
fehlgehen fääle
Fehltritt Foopa
Feier Fyyr[1]
Feierabend Fyyroobe
Feierabendglocke
Fyyroobeglèggli
Feierabendläuten
Fyyroobeglyt,
Fyyroobelytte
Feierabendstrasse
Fyyroobestrooss
feierlich fyyrlig
feiern fèschte, feeze, fyyre[2],
verschwèlle
feiern, ununterbrochen
dùùremache
Feiertag Fyyrtig
feiertägliche Miene
Sùnntigsgsicht
Feige Fygge
feige feig
Feigling Abwäschlùmpe,
Heeseler, Hooseschysser,
Wäschlùmpe
feilbieten uusbiete
Feile Fyyle, Fyyli[2]
feilen fyyle[1]
feilschen jiidele, määrte,
ranze
fein (zart) fyyn
Feinarbeit, mühsame
Gnyyblerei
Feind Find
feiner Niederschlag Riisel
feines Mehl Bòll, Bòllmääl
Feingebäck Stiggli
feingliedrig fyynsgelig,
fyynzelig
feinkörnig rain

feist faiss
Feld Bytt, Fäld
Feldflasche Fäldfläsche
Feldhüter Bammert
Feldprediger Fäldsiech
Feldsalat (gemeiner)
Nisslisalaat, Rääbgrèssig
Feldsessel Blyyang,
Fäldsässeli
Feldstuhl Blyyang,
Fäldsässeli
Feldweibel Fäldsiech
Felge Fèlge
Felix Fèlle, Fèx, Lixi
Fell Bèlz, Fäll
Fellranzen Dòrnischter
Fels Fèlse
Fenster Fänschter
Fensterhaken Schlängge
Fensterkreuz Gryzstògg
Fensterladen Laade
Fensterscheibe
Fänschterschyybe, Schyybe[1]
Fenstersims Fänschtersimse
Fensterspiegel Gassespiegel,
Spyoon
Ferdinand Fäärdi, Fèèrdi,
Nandi
Ferienort, bescheidener
Glètterebeedli
Ferienpension Beedli
Ferkel Seili
Ferne Fäärni, Wyti
Fernsehantenne
Wèschhänggi
Fernsehapparat Fäärnsee
Ferse Fäärse
Fersenkappe Kappe, Lämpe
Fersenverstärkung
(am Strumpf) Kappe
fertig fèèrig, fèèrtig, fèttig
fertigen fèèrge
Fest Blausch, Fèscht, Feez,
Lùmpede, Wälle
fest bhääb, fèscht
fest schlagen bämmere,
bängle, bòldere

festfahren sich verrènne
festhalten heebe
festnageln aanaagle, naagle
Fett Fätt, Schmalz
Fett (am Fleisch) Faissti
Fett (von der Suppe)
Sùppefaissti
fett faiss, fätt, maschtig,
schmùtzig
fettig fättig, schmùtzig,
späggig
Fettigkeit Faissti
Fetzen Fätze, Fòtzle,
Schlämpe, Wampe, Wämpe
feucht dängg[2], dänggig,
fyycht, fiecht, mùtschlig
feucht bügeln dämpfe
feucht reinigen ùffnää, ùffzie
feucht sein fyychtele,
fiechtele
feuchten yymùtte, yymùttele
feuchter Klumpen Dòòrgis
Feuchtigkeit Fyychti, Fiechti
Feuchtigkeit, nach ~ riechen
fyychtele, fiechtele, wuerele
Feuer Fyyr[2]
Feuer, mit ~ spielen fyyrle,
zinderle, zinserle, zinsle
Feuer, aufs ~ stellen iiberdue,
oobdue
feuerrot fyyrgiggelroot,
fyyrroot,
fyyrzindgiggelroot,
zindgiggelroot, zindroot,
zùndelroot
Feuerschwamm Zùndel,
Zùnder
Feuerstelle Häärdsched,
Schmyynee, Windlòch
Feuerwehr Fyyrwèèr
Feuerwehrmann Bùmpjee
Feuerwerk Fyyrwäärgg
Feuerwerkskörper Fyyrdeifel,
Frauefiirzli, Frèsch,
Gracher
Feuerzeug Beetèèterli,
Fyyrzyyg, Flammewäärfer

feurig fyyrig
Fieber Fieber, Hitz,
Thämperatuur
fiebern muudere
Fieberthermometer
Fiebermässer
fiebrig muuderig
Filet Lùmmel
finden finde, ùffgaable
Finger Finger,
Zùchthuuswiirzeli
Fingerbeere Bèèri,
Fingerbèèri
Fingerhut Fingerhuet
fingern deepele, fingerle
finster dùnggel, finschter
Finsternis Finschteri,
Finschternùs
Firlefanz Fiirlifanz
Firma, schlechte Brùchbuude
First Fiirscht[1]
Fisch, kleiner Gùùfespitzli
**Fisch, nach ~ riechen und/
oder schmecken** fischele
Fischbehälter Loogel
Fischer (Familienname)
Fùschle
Fischernetz Bääre,
Rätschbääre
Fischgräte Grääte
Fischmarkt Fischmäärt
Fischreiher Fischraigel
fitzen fitze, pfitze
Fläche Flèchi
flache Mütze Dällerkappe
flacher Kuchen Waaie
flaches Milchgefäss Gèbse
Flachs Lyyn
Fladen Flaade
Flan Gaaramèlkèpfli
Flasche Budällie, Fläsche,
Gùttere, Kòlbe, Schleegel,
Wäntele
Flaschenbürste
Fläschebùtzer
flattern fläädere
Flaum Fluum

Flaumbesen Fluumer
flaumig fluumig
flechten flächte
flechten (in Zopfform) zèpfle
Fleck Dätsch, Flägge, Flääre,
Moose, Pflaartsch,
Ùndääteli, Ùndäätli
fleckig dòlggig
Fledermaus Fläädermuus
Flegel (Lümmel) Bängel,
Fleegel, Pfleegel, Siirmel
flegelhaft siirmlig
flegelhaft sich benehmen
siirmle
Fleisch Flaisch
Fleisch, faseriges
Hänggiflaisch
Fleischbank Bangg[1], School
Fleischerladen Mètzg,
Mètzgerei
Fleischkeule Schleegel,
Stòtze
Fleischstück Spatz
Fleischstück, sehniges
Waldiwaggs
Fleiss Flyss
fleissig flyssig
flennen flänne, pflänne,
zänne
Flickarbeit Blätzede
Flicken Blätz
flicken blätze, verblätze,
verwääfere
flicken (Kessel) spängle
Flieder Lyylaa
Fliege Fliege
Fliege (am Kernobst) Bùtze
Fliege (Krawatte)
Veegeligrawatte
fliegend fliegig
Fliegenfänger Fliegefänger
Fliegenklappe
Mùggedätscher
fliehen flichte, flie'e
Fliese Blättli, Boodeblättli
Fliesen, mit ~ belegen blättle
Fliesenboden Blättliboode

fliessen fliesse[2], lauffe
fliessend lauffig
Fliesspapier Lèschblatt
flimmern zwitzere
flink diifig, wättersflingg
flirten hämpfele, karisiere,
schätzele, zinde
Flohknöterich Fleegrut
Flohstich Flohbigg
Florian Flòòri
Floss Flooss, Flooz
Flosse Flòsse
flössen fleesse, fleeze
Flösser Fleesser, Fleezer
Flösserhaken Fleezhoogge
Flöte Fleete
flott fein
Fluch Fluech
fluchen flueche, sappermänte
flüchten (tr.) fleechne,
fleechte
flüchten (intr.) flichte
flüchtig strùùdlig
Flügel Fägge, Fäggte, Fliigel
Flugzeug Flùùgere, Flùùgi,
Flùùgzyyg
flüssig flèssig, flissig
Flüssigkeit durchlassen rinde
flüstern glyysle, lyysle
Föderalismus (übertriebener)
Kanteenligaischt
Föhn Feen
föhnig feenig
Föhnwolke Feenfaane
Föhre Fèère, Fòòre
folgsam òòrdlig
folgendermassen dääwääg,
esoo
foltern
(mit Daumenschrauben)
dyymle
Fön Feen
fönen feene
foppen fètzele, fètzle, fùggse,
ùffzie, uuszänsle, zänsle,
ziggle
Forcart (Name) Fùùrged

fordern haische
Form Fasoon, Fassòng,
Fòòrm, Moodel
formell mitteilen aasaage
formen moodle
forschen fèèrschle
fort ab, ewägg, fùùrt
fortbewegen, sich dampfe,
gutschiere, rèssle
fortbewegen, sich, rasch
pfitze, pfùùre, schiesse,
schnytze, sieche, spuele,
stiirme, suuse, zittere
fortfahren wytermache
fortjagen haimgyyge,
haimzinde, schasse, spaiche,
spigge, staibe, stämme,
stèmme, verjaage
Frack Schwalbeschwanz
Frage Froog
frägeln freegle
fragen frooge
fragen, hartnäckig bòòre,
freegle
Fragerei Frooges
Fragesteller Freegli
Franken Frangge, Fränggli,
Ruubel, Stägge, Stai, Stùtz
Frankreich Franggryych
Franse Fransle
Franzbranntwein
Franzbrènntewyy
Franziska Fanni, Fränzi,
Zischgeli
französischer Akzent,
mit ~ sprechen wältschele
französischsprachig wältsch
französischsprachige Schweiz
Wältschland
Französischunterricht Franzi
Fratz Affediigel
Fratze Gfrääs
Frau Bèttfläsche, Boone,
Frau, Hùtte, Schiff[2], Stigg
Frau (pej.) Blääch, Däsche,
Drùgge, Drùtschle, Duech,
Fygge, Gygge, Gùgge,

Gùmsle, Gùùre, Hattle,
Hùtte, Lyysi, Mätz,
Mèntsch, Mòòre, Mùschter,
Pfanne, Pflaschter,
Pfùnzle, Schachtle,
Schääse, Schlitte, Schruube,
Sògge, Spinaatwachtle,
Tschättere, Wyyb, Wuube,
Wubse, Zwätschge
Frau, alte Dòòrse, Gùttere,
Hùtzelwyybli, Kachle,
Mieterli, Ròchle, Rùnzle,
Wyybli
Frau, aufgeschossene
Boonestägge, Stiigele
Frau, aufgetakelte Gschyych,
Schiff[2]
Frau, böse Bääse, Biirschte,
Drach, Giftkachle,
Giftnuudle, Giftspritzi,
Glèpfschyt, Häx, Määre,
Rääf, Rätzebälle, Ryybyyse,
Ripp, Rippstigg, Vyppere
Frau, dicke Bränte,
Bùmeranze, Bùmmere,
Bùmmerli, Pflättere,
Pflùntsch, Pflùttere,
Rùmmele, Stande, Wùlgge
Frau, dienende Bòlze,
Dienschtbòlze
Frau, dumme Annebääbi,
Baabe, Druudi, Duudle,
Gans, Gschiirlyysi, Huen,
Kuebaabe, Lyysi, Pfipfi,
Sùppehuen, Zwätschgelyysi
Frau, hässliche Bääse,
Gschyych, Haaghäx, Häx,
Hoogge, Späänhäx
Frau, kostümierte Mässgli
Frau, plumpe Booneròss,
Dròtschgegaul,
Glämmerlisagg,
Kònsumròss
Frau, putzwütige Fäägnäscht,
Näscht
Frau, schmutzige Dräggʼgòtte,
Saumòòre

Frau, schöne Bootee, Schiff[2]
Frau, streitsüchtige
Lämpelyysi, Rätzebälle,
Ryybyyse, Ripp
Frau, träge Duudle, Dùndle,
Lùùrtsch, Pflaschter
Frau, unruhige Gaagle
Frau, zerlumpte Fòtzeldòòrli,
Lùmpedryyne
Frauenangelegenheit
Wyyberzyyg
Frauenarbeit Wyyberaarbed
Frauenbein Lauff
Frauenjäger Jùnteschmègger
Frauenkleid Rògg
Frauenkleid, waschbares
Wäschrògg
Frauenmantel Frauemänteli
Frauenrock, ländlicher Jippe
Frauenrock (Unterteil) Schüp
Frauenschuh Fraueschue
Frauenschürze Schiirzli
Frauenunterhose
Bùmphoose, Heesli
Frauenunterhose, altmodische
Spaaledòòrhoose
Frauenversammlung
Zwätschgesalaat
Fräulein Frailain, Frèlain,
Fròlain, Jùmpfere
frauliches Mädchen Wyybli
frech fräch, impèrtinänt
Frechheit Frächhait,
Impèrtinänz
frei frei
Freiburg i. Br. Freibùùrg
Freiburg i. Ü. Fryybùùrg
Freie Strasse, Bewohner der ~
Freiestreesslemer
freigebig gùnnig, schèneroos,
schnitzig, spendaabel
freihändig nùllhändig
freilich fryyli, fryylig,
woollächt
Freitag (Wochentag) Frytig
fremd aussehen frèmdele
fremd, nach ~ riechen

frèmdele
Fremde Frèmdi
fremdeln frèmde
Fremdenort Frèmdeblätz
fremdgehen frèmd goo,
näbenuusegoo
fressen frässe
Fresser Frässer, Frässi,
Frässkaib, Frässʼsagg,
Frässʼsiech
Fresserei Frässede, Frässerei,
Gfräss
Fresssucht Frässer, Frässi
Freude Fraid
freudig fraidig,
hauptheechlige
freuen fraie
Freund Frind, Kòleeg,
Speezel, Speezi
Freundin Bääse, Frindyyn,
Gspuusi, Zimmerlinde
freundlich freen, frein,
frintlig, òòrdlig
Freundschaft Frintschaft
Frieda Friidi
Friede Friide
Friendensgasse Friidesgass
Friederike Rigge, Rygge
Friedhof Gòttsagger,
Kiirchhoof
friedlich friidlig
Friedrich Friider, Friidi,
Friidli
frieren friere
Frische Frischi
frischgebacken neibache
Friseur Gwaffèèr, Hèèrlifilzer
Hòòrschnyyder
Friseuse Gwaffeese
Fritz Frùtz, Frùtzle
fröhlich gimperig, haiter
Frohlocken Juchai, Juhai
frohlocken juchaie, juhaie
Frömmler Gòttesdrämpeler,
Grischoonebrueder,
Stindeler
Fron Gòòrwee, Oonùs

Fronfastenmarkt
Fraufaschtemäärt
Frosch Frèsch, Fròsch
Froschschenkel
Frèscheschänggel
Froschweiher Frèscheweier
Frost, vor ~ schmerzen
hòòrniigle, hùùrniigle
Frostbeulen Gfrischt,
Wintergfrischt
frösteln tschuudere, tschuppe
frostempfindlicher Mensch
Gfrèèrli
Frucht Frùcht
Früchtchen Frichtli
Früchtekuchen
Kùmpòttedaarte, Waaie
früh bizyte, frie
Frühe Frie'i
früher (einst) albe, als[1],
amme, friener
früher Salat Blùttsalaat
Frühgottesdienst Friebreedig,
Friemäss
Frühling Friejòòr
Frühmesse Friemäss, Mètti
frühmorgens demòòrge frie
Frühpredigt Friebreedig
Frühstück Zmòòrge,
Zmòòrgedringge
frühstücken zmòòrgedringge
frühstücken, gemütlich
zmèèrgele
Frühstückstisch
Zmòòrgedisch,
Zmòòrgedringgdisch
Frühstücksservice
Zmòòrgedringg'gschiir,
Zmòòrgegschiir
frühzeitig zytig, zytlig
Fuchs Fùggs
fuchsteufelswild
fùggsdeifelswild, fuuribùnd
Fuge (Nut) Nuet
fühlen fiele, fyyle[2]
führen fiere
Führer Fierer

Führerschein Byyljee
Fuhrmann Bòtt, Fuermaa
fuhrwerken fuerwäärgge
Füllen Fiili, Filli[3]
füllen fille
Füllfederhalter Fillfäädere,
Filli[1]
Füllung Fillede, Filli[2]
Fundament Fùndemänt
Fünf Fimf, Fimfer, Fimfi
fünf fimf, fimfi
Fünffrankenstück Blùtzger,
Fimflyyber,
Grampoolschyybe, Heier,
Heuer, Schnägg
Fünfrappenstück Fimferli,
Halbbatze
Fünftel Fimftel
fünfzehn fùffzää
Fünfzehner Fùffzääner
fünfzig fùffzig
Fünfziger Fùffzger, Fùffziger
Fünfzigfrankennote
Fùffzger, Fùffziger
Fünfzigrappenstück
Fùffzgerli
Funke Fùngge[1]
funkeln finggle, fùnggle
Funken sprühen fùngge
funken fùngge
funktionieren goo, lauffe
Funzel Pfùnzle
für fir[1]
Furche Fùùre
furchtbar fùùrchbaar,
mèèrderlig
fürchten fèèrchte
fürchterlich fèèrchterlig,
gfèèrchtig
furchterregend gfèèrchtig
furchtsamer Mensch
Fèèrchtibùtz
Fürst Fiirscht[2]
Furunkel Aisse
Furz Blaai'ig, Fùùrz
furzen Bralinee verdrampe,
d Brämsi ùffzie, feene,

fiirzle, fùùrze, schränze
Füsilier Fyysel
Fuss Flòsse, Fuess,
Schwaissbròpäller,
Schwaarzwùùrzle, Wègge
Fussbad Fuessbaad,
Fuesswasser
Fussball Bloosch, Schuttballe
Fussball spielen kygge, schutte
Fussboden Boode
Fussboden, hölzerner
Fäägboode
Fussdecke Guuwerbjee
Füsse, auf eigenen ~ n
aigefiesslig
Fussel Buuseli
fusseln buusele
Fussende Fuessede
Fussglas Hoochfiessli
Fussleiste Wiggslyschte
Fussrücken Rischt
Fusssack Fuess'sagg
Fussschweiss Fuesskääs,
Zeechekääs
Fussschweiss, nach ~ riechen
kääsele
Fussstütze Allòngsche
Fusstritt Dritt, Gingg,
Schutt, Spaich, Spùnte
Fusstritte erteilen gingge,
spaiche
futsch futü
füttern fietere, fuere, fuetere
Futterstoff Fieteri
Fütterung Fieterig

G

Gabe Goob
Gabel Gaable
Gabeltragriemen
Rèssligschiir
gackern gaggse, gaaggse
gähnen gaine
Galgenhügel Galgehiibeli,
Galgehùùbel

Gallert Flaischgallere, Gallere
Gallertpastete
Gallerebaschteete
Galon, breiter Nuudle[1]
Galon, schmaler Spagètti
Galosche Gatschuschue
Gamasche Gaisseveegler
Gangart Dramp
Gänseblümchen Maargrytli,
Maassbliemli, Mattebliemli
Gänseblümchen (gefülltes)
Baaderli
Gänsehaut Gänslihut,
Hienerhut
Gänsemarsch
Gänslimaarsch, Zòtzleraaie
Gänsespiel Gänslispiil
Garage Gaaraasch,
Gaaraasche, Gaaraaschi
Gardine Ùmhang
Gardinenpredigt
Brùmmelsùppe, Ùmschlaag
gären jääse
gärend jaschtig, jääsig
gärender Wein Suuser
**Garn (zur Verstärkung
der Wolle)** Fächtli
Garnwinde Haschpel
garstig pfuudig, ùn'groote
garstiger Mensch Èggel,
Gryysel, Hòòròòr
Garten Gaarte
Gartenerde Grùnd
Gartenpavillon Gaartehyysli,
Kabernèttli, Kabynèttli
Gartentürchen Gaartedèèrli,
Gaartediirli, Gätterli
gärtnern gäärtnere, grutere
gärtnern, spielerisch gäärtele
Gärtnerschürze
Gaarteschùùrz
Gas, nach ~ riechen gääsele
Gasfabrik Gaasi
Gaslaternenanzünder
Fyyramstägge
Gasse Gass
Gassenjunge Gassebueb,

Gasseròlli
Gassenkind Waudi
Gast Gascht
Gäste Bsuech, Lyt
Gastzimmer Gaschtstùùbe
Gatter Gatter, Gattere
Gattung Gattig, Schanger,
Schlaag
Gaudi Blausch, Gùùgelfuer
Gaumenzäpfchen Halszäpfli,
Zäpfli
Gauner Galgestrigg,
Galgevoogel
Gaunerzeichen Zingge[1]
Geäder Gääder
Gebäck, missratenes Gnòòrz
Gebäude Gibei, Schòpf
geben gää
Gebet Gibätt
gebirgig bäärgig
Gebiss Biis, Räche, Raffle[1]
gebläht blaait, blooschtig
geblümt bliemled
Gebot Gibòtt
Gebratenes (Portion)
Brääglede
Gebrechen Bräschte,
Mòläschte, Mòlèschte
gebrechlich bräschthaft,
grächelig
Gebresten Bräschte,
Mòläschte, Mòlèschte
gebückt bùggt, zämmeglègt
Geck Fitzer, Gaggelaari,
Gschwälli, Mègg,
Schnaizlimygger, Stänz,
Stènz
Gedeck Dègg
**gedehnt baseldeutsch
sprechen** dääre
gedeihen drie|e
Gedeon → Gideon
Gedicht Gidicht, Väärsli
Gedicht, kleines Väärsli
gediegen dòll, schnäll
Gedränge Drùggede,
Drùggerei, Gstùnggede,

Kääsede, Kääserei
Geduld Gidùld
Gefahr Gfòòr
gefährlich gfäärlig
Gefälle Gfèll
gefallen gfalle
gefällig gfèllig
gefälligst gfèlligscht
gefälscht faltsch
gefangensetzen yylòche,
yyspèère
Gefängnis Gfängnis, Keefi,
Keefig, Kischte, Lòch,
Schällemätteli,
Schällewäärgg, Zùchthuus
gefitzter Kerl Dònnerschiess,
Dònnschtigskäärli,
Fyynèss, Fyynoo,
Saggermänter, Syydiaan
Geflatter Gflääder
Gefluche Gfluech
gefrässig frässig, gfrääs,
gfrääss, verfrässe (Adj.)
gefreut fein, gfrait
Gefühl Gfiel, Gfyyl, Ydee
gegen fir[1], geege
Gegend Geeged, Geegned
Gegend, unwegsame Gaggoo,
Gjätt, Lauch
Gegenteil Kùnträäri
Gegenüber Wysawyy
gegenüber gegeniiber,
wysawyy
Gehalt (Lohn) Ghalt, Zapfe
Gehänge Bhängg, Ghängg
gehässig ghässig, kyybig
Gehässigkeit Kyyb
gehäuft ghufftig
Gehäuse Ghyys
Gehäuseschnecke
Hyyslischnägg
Gehege Gheeg
geheim ghaim
Geheimfach Ghältli
gehen diigere, goo, lauffe
gehen, auf den Zehenspitzen
zeechele, zeechle

gehen, eilig baiggere, bainle, diigere, uuszie
gehen, leise dyyche, dyychele, dyysele, dyssele
gehen, mit kleinen Schritten däppele, drämperle, dräppele, glèttyysele, heesele, hùùdele, laiffele, wäädele
gehen, mühsam gniempe
gehen, schwerfällig dalpe, drampe, drùmpe, stòffle, tschiengge, tschùmple
gehen, stolpernd stèggle
gehen, wackelnd fiidele
Gehetze Ghètz, Gstiirm, Jääbles, Jùùflede
geheuer bògg, ghyyr
Geheul Ghyyl
Gehirn Hiirni
Gehölz Wäldeli, Wäldemli
Gehör Ghèèr
gehorchen bariere, fòlge
gehören ghèère[2]
gehören, sich aastoo, sich basse, sich ghèere[2]
gehörig ghèèrig
Geier Gyyr
geifern gaifere
Geige Gygge
geigen gygge
Geigy (Name) Gyygi
geil rammlig, schaarf
geiler Mann Bògg, Hängscht, Mùùni, Rammel
Geissel Gaissle
Geist (Intelligenz) Grips, Gritz[2], Spryt, Sprùtz, Witz
geistreich witzig
Geiz Gyz
Geizhals Batzeglèmmer, Gyzgnäpper, Gniempi, Rappespalter, Räpplispalter Santymspalter Schmiirzeler
geizig gyzig,
Gejammer Gjoomer,

Lamänto
Gekautes Kätschede
Geklapper Gitschätter
Geklirre Gitschätter
gekörnt gritzelig
Gekrache Grachede
gekraust gruuselig[1]
gekrümmt grùmmlächt
Gelächter Gikitter, Glächter
Gelände Lauch
geläufig glaiffig
gelaunt ùffglègt
Geläute Glyt, Gschäll
gelb gääl
gelb (grell) gäggeligääl
gelblich gäällächt, gäältschelig
Gelbsucht Gäälsùcht
Geld Batze, Blääch, Bòlle, Bùlver, Gäld, Gips, Glimper, Glitter, Glòtz, Gluubis, Glùtter, Kiis, Maaryy, Mei'is, Mùmmis, Stùtz
Geldanlage Blassemang
Geldbeutel Bòòrpmenee, Gäldsèggel, Kiisgruebe, Kiisraiber, Sèggel
Geldgeschenk Batze
Geldsammelbüchse (der Mission) Näägerbiggse, Näägerli
Geldschrank Dreesòòr
Geldstück Batze
Gelee Gallere
Geleise Glais
Geleisemonteur Gramper
Gelenk Glaich
gelenkig glaichig
Gelichter Gliechter
Geliebte Gspuusi, Schatz, Zimmerlinde
Geliebter Hòlderstògg, Liebscht, Liebschter, Schatz
gelingen groote
Gellert (Quartier) Gèllert[2]

gelocht glèchled
gelt gäll
gelten gälte
Geltung Gältig
Gelübde Glibd
Gelüste Glùscht
gelüsten glùschte
gemahlener Kaffee Kaffibùlver
Gemälde Daabloo, Daafele, Hèlge
gemein dräggig, gmain
gemeiner Kerl Dräggkaib, Dräggsèggel, Dräggsiech, Feiel, Fètzel, Fingg
Gemeinschaftsgeschenk Dròssgoob, Dròssgschängg
Gemengsel Gschmeis, Mischlede
Gemüse Gmies, Gmiesel
Gemuseus (Name) Gemisees, Gimesees
Gemüt Gmiet
gemütlich gmietlig, haimelig
gemütlich frühstücken zmèèrgele
gemütliche Zusammenkunft Hògg
Gemütsmensch Gmietsatleet, Gmietsmòòre
genau akuraat, brèzyys, gnau, jùscht, jùschtemänt
genau gleich dùpfeglyych, hòòrglyych
Genf Gämf, Jämf, Jämpf
Genickstarre Gniggstaari
genierlich schènant
geniessen gutiere
genug gnue, gnueg
genug sein gniegele, länge
genügen due, länge
Genuss Gnùss
geöffnet òffe, ùff
geöffnet haben ùffhaa
Geographieunterricht Geegi
Georg Gèèrgeli, Jèèrg, Jèèrgli, Schòòrsch

Gepäck Bagaaschi
Gepäckträger Dienschtmaa,
Phaggdrääger
gepresst sprechen bäärze,
lòòrge, rääre
gerade graad, jùscht,
jùschtemänt
geradeaus graduus
geradeheraus graduuse
geradezu dyräggt, räggta
Geradheit Greedi[1]
Geranie Graaniùm
Gerassel Rasslede
geraten groote
Geräteschuppen Schèpfli
Geratewohl Grootwool
Gerätschaft Gschiir
Geräusch Grysch
geräuschvoll aufschlagen
brätsche, dätsche
geräuschvoll schlagen
bämmere, bängle, bòldere
geräuschvoll trinken lappe,
siirpfe, siirpfle, sùùrpfle
gerben gäärbe, liidere
Gerber Gäärber, Lääderer
Gerbergasse, Bewohner der ~
Gäärbergässlemer,
Gäärbergässler
gerecht grächt
Gerechtigkeit Grächtigkait
gereizt griibelig
Gericht (Justiz) Baimli,
Gricht, Schmitti
Gericht, leckeres Blättli,
Glùscht
Gerichtsdiener Waibel
gering gringelig, nytelig,
nytig, windig
gering scheinen gringele,
nytele
geringschätzen aabeluege
gerinnen kaale, kalle, schaide
Gerippe Gripp
gerippt grippled
gerissen girisse, grisse
gern gäärn

geronnen gritzelig, kaalig,
kallig
Gerste Gäärschte
Gerstenkorn (am Auge)
Ùùrseli
Gertrud Druudi
Geruch Gschmagg
Geruch, muffiger
Aarmelytegschmäggli
Geruch, schlechter
Gschmäggli
Geruch verlieren verrieche
Gerücht Muem
Gerumpel Rùmpel,
Rùmplede
Gerümpel Glùmps, Grimpel,
Karsùmpel
Gerüst Grischt[2]
gesagt, getan gsait ùnd doo
gesalzen rääs
Gesangbuch Gsangbuech,
Liederbiechli
Gesäss → Hintern
Geschäft Gschäft, Gschäftli,
Laade, Sach
Geschäftemacher
Gschäftlifritz,
Gschäftlimacher
geschehen basiere, gschee
gescheit gscheit, häll
gescheiter Mensch
Kiircheliecht, Liecht
Gescheitheit Gscheiti
Geschenk Goob, Groom,
Gschängg
geschickt aaschiggig
Geschimpfe Schimpfede,
Schimpferei
Geschirr Gschiir
Geschirrhändler (fahrende)
Gschiirlyt
Geschirrmarkt Hääfelimäärt
Geschirrschrank
Gschiirschaft
Geschirrtuch Diechli,
Gschiirdiechli, Kùchidiechli
Geschlecht Gschlächt

Geschlechtsakt Hèpperli
Geschlechtsteile, männliche
Ghängg, Gmäch, Sèggel
geschlossen zue, zuenig
geschlossen haben zuehaa
Geschmack Gschmagg, Guu
Geschmeiss Gschmeis
Geschmier Gschlaarg,
Gschliirg, Gschmiir,
Schmiirede
Geschnatter Gschnääder
Geschneuze Gschnyz
geschniegelt gschläggt
Geschnipsel Gschnääfel
Geschöpf Gschèpf, Wääse,
Wùùsel
Geschöpfchen Gschèpfli,
Wääseli, Wùùseli
geschorener Kopf
Kaigelkùùgele
Geschrei Gschrei
Geschütz Bièsse
Geschwätz Grätsch,
Gschwaafel, Gschwätz,
Gschwauder, Gwäsch
geschwätzig schnääderig
geschweige verschwiige[2],
verschwyyge
geschwind gschwind
Geschwindigkeit Garachoo,
Zagge
Geschwister Gschwischterti
Geschwisterkind
Gschwischtertikind
Geschwulst Gnuppe,
Gschwùlscht, Gwäggs
gesellige Vereinigung Gränzli
Gesetz Gsètz
gesetzt bstande
Gesicht Falle, Fyyge, Gfrääs,
Gsicht, Läärvli, Zifferblatt
Gesicht, saures
Gùmpischtèpfelgsicht,
Lätsch
Gesichtchen Schniffi,
Schnyyfeli, Schnyyfi
Gesims Simse

Gesindel Bagaaschi,
Bättelphagg, Bruet,
Gliechter, Gschmeis,
Gseem, Hùùdelphagg,
Hùùdelwaar, Phagg,
Soome, Waar
Gesöff Giggelsaich, Gille,
Gschliider, Gsèff, Lyyre²
Gespan Gspoon
Gespenst Gspängscht,
Guzghyyr
gespenstig gschpängschtig
Gespött Gspètt
Gespräch Gspreech
gesprächig gsprääch,
gspräächig, gspreechig
gesprenkelt gspränggeled,
gspriggeled, spriggelig
gespuckt graschee, gspeit,
uusgspeit
Gespür Gspyyri, Naase
Geste Schèste
gestehen gstoo, zuegää
Gestell Gstèll
gestern gèschtert
gestern nacht nächt, nächte
gestiefelt gstiifled
gestikulieren wääfere
Gestotter Stagglede,
Stagglerei
Gesträuch Gstryych
gestreift gstrichled
Gestrüpp Ghiirscht,
Hùùrscht
gestutzt mùtzig
Gesuch Gsuech
Gesumme Gsùms
gesund bùschber, gsùnd,
zwääg
Gesundheit Gsùndhait
Gesurre Gsùùr
Getäfel Dääfer, Verdääfer
Getränk Gsèff, Stòff
Getreide Frùcht
Getreideputzmühle
Rändle, Rèndle
getrocknet diige

getrost drooschtlig
Getue Gschyss
Getümmel Druubel,
Grääbel², Wääse
Geviert Gviert
Gewächs Gwäggs
Gewächshaus Dryybhuus,
Gewäggshuus
gewaltig baimig, wätterlig
Gewände Gwänd
gewandt diifig
Gewehr Angelruete,
Glèpfschyt, Gwèèr,
Kaarscht, Schleidere,
Schmèggschyt
Gewerbe Gwäärb
Gewerbeschule
Gwäärbschuel
Gewicht Gwicht
Gewichtsstein Gwichtschtai
Gewimmel Grääbel²,
Graaglede, Gwùùsel
Gewinn Gwinn, Gwinnscht,
Schygg¹, Schnitt
gewinnen gwinne
gewiss gwiis
Gewissen Gwisse
gewöhnen gweene, gwènne
Gewohnheit Gwooned
gewöhnlich gmaintschelig,
gweenlig, kòmuuntschelig,
òrdinäär
gewohnter Betrieb Dramp,
Gängler, Gänglig
Gewölbe Gwèlb
Gewölk Gwilgg
gewürfelt gèggstainled,
gèggstaint, ghyysled
Gewürz Gwiirz
Gewürznelke Näägeli
Gewürznelkenpulver
Näägelibùlver
gezahnt zeenled
Gezänke Gikäär
geziert bappedipfig
Gideon Gyydi
Giebel Giibel

Gier Gyt
gieren guene
gierig gytig
giessen schitte
Giesskanne Spritzkanne
Gift geben vergää
Giftstoff Bòppermänt
Gigolo Dyssi, Fitzer,
Schnaizlimygger, Stänz
Gipfel Gùpf
Gips Gips, Jips
Giraffe Gyyraff
Gitterleinen Kaanefass
Gitterwerk Gräms
Glacéhandschuhe Äntefiess
Glanz Schyyn
glänzen glaschte
Glasbild Schyybe¹
Glaserhandwerk betreiben
glaasere
Glasperle Grälleli
Glassturz Glòsche
glätten glètte
glätten, mit Wachs waggse²
Glanz Glascht
glänzend (strahlend) glänzig
Glas Glaas
Glas Wein Gleesli
Glatteis Glaaryys, Glattyys,
Glòòrryys
glattgeschorener Mensch
Schòòreniggel
glattstreichen stryyche
Glatze Fliegeschlyffi,
Lèffelschlyffi
Glatzkopf Kaigelkùùgele
glauben, fälschlich
sich yybilde
glauben, kritiklos phagge
gläubig glaibig
Gläubiger Glaibiger
Gläubiger, harter
Bluetsuuger
gleich glyych, glyychlig
gleichen glyyche
Gleichgewicht Gèpfi,
Glyychgwicht

gleichgewichtig inständs
gleichgültig
  läggmeramaarschig,
  wùùrschtig
gleichmässig glyychlig
Gleichnis Glyychnis,
  Glyychnùs
gleissen glaschte
gleissend glaschtig
gleiten (auf dem Eis) schlyffe
Gletscher Glätscher,
  Glètscher
Gletscherspalte Schrùnd
Glied Glaich, Gliid
Gliederreissen Rysse
glimmen glùmse, mòtte,
  mùtte
glimmend glùmsig
glitschig dängg[2], dänggig
Glocke Glògge, Lytti, Schälle
Glockenschwengel Bämpel,
  Ghängel
Glockenstuhl Glòggestùùbe
Glotzauge Gluuriaug
Glück Dùùsel, Gfèll, Gligg
gluckern glùggse, gùùdere
Gluckhenne Glùggere
glücklich gligglig
glucksen → gluckern
Glücksgefühl Sääligkait
Glühbirne Biire
glühen glie'e, singgele
glühend glie'ig
Glühwürmchen
  Lyychtkääferli,
  Schyynwiirmli
Glut Gluet
Gnade Gnaad, Gnood
Goethe Geeti
Gold Gòld, Gùld
golden gòlde, gòldig, gùlde,
  gùldig
Goldlack Gäälveieli
Goldmünze Gòldstigg
Goldstück (schweizerisches,
  zu 10 oder 20 Franken)
  Vreeneli

Göller Gèllert[1]
gönnen gènne, gùnne
Göre Daigaff,
  Schnùùdermaitli
Gott Gòtt, Hèèr, Liebgòtt
Gott verdamm' mich (Fluch)
  gòpferdammi,
  gòpferdèggel, gòpferdèlli,
  gòpferdòòriaa,
  gòpferglèmmi, verdammi,
  verdèggel, verdèlli,
  verdòòria, verglèmmi
Gottesdienst um neun Uhr
  Nyynikiirche
Gottfried Gòtti
Gotthilf Gòtti
Gottlieb Gòtti
Götze Gètz
Graben Graabe
graben graabe, griible, lòche
Grabrede Lyychereed
Grabstein Graabstai
Graf Graaf, Groof
Gräfin Greefene
Gras Graas
Gras, nach ~ riechen und/
  oder schmecken greesele
Gras schneiden graase
Grat Groot
Gratifikation Grati
gratis graatis, obedryy,
  ùmesùnscht, ùmesùscht,
  vergääbe, vergääbes,
  vergääbets
gratulieren grateliere
Graubünden Grabinde
grauen gruuse, gruusle[2]
gräulich graitschelig,
  graulächt, grautschelig
Graus Gruus
grausen gruuse, gruusle[2]
Greif (Fabeltier) Gryff
greifen gryffe
Greifengasse Gryffegass
grell bländig, blaarig
Grenzacherhorn Hèèrnli
Gretel Greedeli, Greedi[2]

Greuel Greiel
greulich greilig
Griesgram Kùmmerfùùrz,
  Nyydibùtz
Griess Gries
Griessbrei Griesbappe
Griesskloss Griespflutte
Griff Handheebi, Heebi[1],
  Hèfti, Hoogge
Griffel Griffel
Grill Rooscht
Grille (Insekt) Muhaimeli,
  Muhaimli
Grillspiess Spiessli
Grippe Grippe
grippös grippig
grob groob, wiescht
grob sich benehmen rueche
grob spielen hòlze
grobe Bürste Ryysbiirschte
Grobheiten Schneedigkaite
Grobian hiirni Seifriid,
  Ruech, Waggis
Groll Bygge, Kyyb
grollend kyybig
grossartig dòll, grandig,
  pfùndig
Grossbasler Daigler
Grösse Greessi
grosse Ohren Kaabisblètter
grosse Tüte Brieffsagg
Grosseltern Vòòrèltere
grosser Hintern Gùmmifiidle
grosses Stück Rängge, Wämpe
Grosskaufmann Handelshèèr
grossmäulig grutig
Grossmutter Groossmamme,
  Groossmueter
Grossrat Groossroot
Grossreinemachen
  Friejòòrsbùtzede,
  Frieligsbùtzede,
  Uusebùtzede
Grossvater Groossbappe,
  Groossi, Groossvatter
grosszügig schèneroos,
  tschènt

grübeln griible
Gruft Grùft
grün grien
Grünanlage Aalaag
Grundbesitz Land
gründlich grintlig, zgrächtem
gründlich reinigen
dùùrebùtze, uusebùtze
gründlich untersuchen
uusbainle
gründliche Aussprache
Gròpfläärede
Gründling Grùndele
Grundstücksteuer Boodezins
grünlich grienlächt,
grientschelig
Grünspan Grienspoon
grunzen ròchle
gruselig gruuselig[2]
Gruss Gruess
grüss dich sali, salli, sallü,
salü, tschau
grüssen griesse
grüssen (mit Hutabnehmen)
dèggle, filze
Grütze Gritz[2]
gucken giggele
Gummi Gatschu, Gùmmi[1]
Gummi, aus ~ bestehend
gatschu'ig
Gummiband Èllastygg,
Gatschubändel
Gummischuh Gatschuschue
Gundeldingerquartier
Gùndeli
Gundeldingerquartier,
Bewohner des ~ s
Gùndeldingemer,
Gùndeldinglemer
Gundeldingerschule Gùndeli
Gurgel Gùùrgele
gurgeln gùùrgele
Gurke Gòggùmmere,
Gùggùmmere
gurren gùùre, rugge
Gürtel Gùùrt, Rieme
Gustav Guschti

gut guet
gut aussehen (von weitem)
wytele
gut schneidend hauig
gut verkäuflich gängig
Güte Gieti
gute Beziehungen
Wytamyyn B
gute Hausangestellte Phäärle
Gutedel (Traubensorte)
Mòscht
guten Abend! gueten Oobe,
guetsneebeli
guten Tag! aadie, guete Daag,
guets Däägeli, salü
Gymnasium Gimmeli

H

Haar Hòòr
Haar, kurzes Biirschte
Haar, pomadisiertes
Fliegeschlyffi,
Schmalzlògge
Haar, ungewelltes
Schnittlauchlògge,
Simpelfranse, Simpelfransle
Haar, üppiges Bèlz
Haar, zerzaustes Hautsch,
Heiel, Hòòreiel,
Strùùbelhòòr, Tschupp
Haarbeutel Hòòrsèggel
Haarbüschel Tschupp,
Tschuppel
haarig hòòrig
-haarig -hèèrig
Haarknoten Bypsli, Biirzi,
Pfiirpfi, Pfùùrpf, Riibel
Haarnadel Hòòrnoodle
Haarnetz Nètzli
Haarscheide Wääg
Haarschlaufe Lätsch, Masche
Haarspalter Kimmignipfer,
Kimmispalter
haben haa
Habseligkeiten Wäärli,

Zyygli
Habsheim Habse
Hacke Haggi
hacken hagge
Hackfleisch Ghägg, Ghäggs,
Ghaggts
Hadern Haader
Hafer Haaber
Haferbrei Haaberbappe,
Haabermues
Hafersack Haabersagg
Hafner Haafner
Hafnerhandwerk betreiben
haafnere
Hagebutte Bùtte, Haagebùtte
Hagebuttenkonfitüre
Bùttemòscht
hager raan
Hahn (Ventil) Haane
Hahn (Vogel) Giggel, Guul
Hahnenfuss Anggebliemli,
Anggeblueme
Hainbuche Haagebueche
Häkchen Heeggli
Häkelarbeit Heegglede
häkeln gròschiere, heeggle
Haken Hoogge
Hakennase Hoogge
halb halber
halbheiss bügeln fiengge
Halbidiot Halbdùùbel
halbleinen halblyyne,
halblyynig
Halbmaske Halbläärvli,
Mäntelilaarve
halbseiden halbsyydig
Hälfte Hèlfti
Halsbräune Bryyni
Halskette Gralle
Halskrause Grees, Gruuse[1],
Rysche
halsstarrig stèggkèpfig
Halstuch Fyschü, Fuulaar,
Gaschnee, Gnipferli,
Halsduech, Schaal
halt (Interj.) halt, haltla
halten heebe

Haltestelle (Bus, Tram)
Stazioon
Haltingen Haltige
hämmern hämmere
hämmern, spielerisch
hämmerle
Hammerschlacke
Hammerschlag
Hand Doope, Gloope, Hand,
Pfoote
Handarbeit Aarbed,
Schaffede, Wysytenaarbed,
Wysyteschaffede
Handarbeitsunterricht Handi
Handbesen Määlbääseli,
Määlwiisch, Wischerli
handeln, kopflos hienere
Handelsschule Handeli
Handelsunternehmen, kleines
Händeli
Handhabe Handheebi,
Handhiebi, Heebi[1]
Handharmonika
Handòòrgele, Rùnzlegyyge,
Rùnzleglavier,
Ùffùndzuekaib,
Wäntelebrässi, Zielämpe
Handkarren Bääre
Handlanger Pflaschterbueb
Handlauf Lääne
handlich hantlig, kùmmlig,
kùmood
Handrücken Rischt
Handschelle Schälle
Handschuh Häntsche
Handschuh (ohne
ganze Finger) Mytääne
Handtuch Handduech,
Handlùmpe,
Handzwäächele
Handumdrehen, im
handkèèrùm
Handvoll Hampfle
handwarm waarmlächt
Handwaschbecken
Handbèggi
Handwerkertisch Bangg[1]

Handwerkszeug Zyygli
(→ Zyyg[2])
Handwerkszeug (des
Flickschusters)
Sänggerbängg
Hanf Hamf
Hanf (ausgehechelt)
Ryyschte
Hanfsamen Hamfsoome
Hang Rain
Hängebusen Fallòbscht
hängen (intr.) hange, hängge
Hans Haissi, Hansi
hänseln → foppen
Hanswurst Baiass, Jòggel,
Kalb
hapern happere, himperle
Harass Gatter, Gattere,
Haarasse
Harke Räche
harken räche
harken, spielerisch rächele
harmonieren gygge
Harmonium
Frèmmlerkùmoode,
Hyychlerkùmoode,
Psalmebùmpi
Harnblase Blootere, Boiler
hart haart
Härte Hèèrti
harter Gläubiger Bluetsuuger
hartnäckig zääch
hartnäckig fragen bòòre,
freegle
Hase Haas
Haselnussstaude
Haaselstuude
Häsingen Hääsige
Haspel Haschpel
hässlich pfuudig, wiescht
hässliche Frau Bääse,
Gschyych, Haaghäx, Häx,
Hoogge, Späänhäx
hässlicher Mensch
Faschtewaaiegstèll,
Guzghyyr, Nùssgipfel,
Ùn'gschueff,

Voogelschyychi
Hässlichkeit Wieschti
Hast Bracht, Gjääbles,
Gspräng, Hascht, Hètz,
Jääbles, Jascht, Schùss
hasten braschte, jääble,
jaschte, jùùfle
hastig jaschtig, schùtzig,
schùtzlig, strùùdlig
hastig sprechen schnapple
hastiger Mensch Jùùfli,
Schùtzgatter,
Schùtzgattere
Haube Huube
Haubenband Huubebändel
Hauch Huuch
hauchen ghuuche, huuche
Haue Haggi
hauen haue
häufeln hyffele
häufeln (Heu) schèchle
Haufen Graaglede, Huffe,
Schiibel, Schòche, Stògg,
Wiisch
haufenweise hampflewyys
häufig hyffig
Häupter Haipter
Häuptling Haiptlig
Hauptmann Alt, Haiptlig,
Kaadi
Haus Huus
Haus (pej.) Hitte
Haus, baufälliges Gnischt
Hausangestellte, gute
Phäärle
hausbacken biider
Hausbesitzer Huusmaischter
Hauseinweihung Huusraiggi
Hausflur Gang,
Sùmmerhuus
Hausfrau, verschwenderische
Bruuchere
Hausglocke Lytti, Schälle
Haushälterin Huusbsòòrgere,
Huushältere
haushälterisch huuslig
haushälterisch leben luege,

rächne
Hausherrin Frau
hausieren husiere
Hausierer Husierer
Hauspflege (Institution und Person) Huuspflääg
Hausschlachtung Mètzgede
Hausschuh Bantòffle, Fùngge[2], Schlappe
Hausschwalbe Spyyri
Hauswesen, armseliges Aarmet<u>ei</u>
Hauswurz Huuswùùrz
Haut Hut
Haut (menschliche) Dabeete, Hut
Haut (auf Milch) Schlämpe
Haut (Schale) Schèllede
Hautarzt Pfyfflidòggter
Hautflechte Zitrapp, Zitteräppeli
havariert aagschlaage
he! hee
heben lipfe, ùfflipfe
Hechel Hächle
hecheln hächle
Hecht Hächt, Hècht
Hechtsprung Hächtli
Hecke Haag
Hecke (aus Pflanzen) Lääbhaag
Hedwig Heedi
Hefe Heebi[2], Heefi
Hefebackwerk Mùùrbs
Heft (Griff) Hèfti
Heft (aus Papier) Hèft
Heftel Hafte
Heftelmacher Häftlimacher
heftig wiescht
Heftnaht Faadeschlaag
Hegenheim Häägene
Hegenheimerstrasse Häägemerstrooss
Hehl Hääl
Heide (Landschaftsform) Haid[2]
Heide (Ungläubiger) Haid[1],

Haidenääger
heikel bränselig, bränzelig, difisyyl
heilfroh gòttefroo
Heiligenbild Hèlge
Heiligenschein Hailigeschyyn
Heiliger Hailige
Heilkraut Grut, Grytli
heillos hailoos
heim haim
Heimat Haimed
Heimatschein Haimedschyyn
heimbegleiten haimstoosse
Heimchen Muhaimeli, Muhaimli
heimelig haimelig
heimleuchten haimgyyge, haimzinde, hinderezinde, ùnderezinde
heimlichfeiss haimlifaiss
heimschicken abfèèrge, haimgyyge
heimtückischer Mensch Dyychi, Haimdùgg
heimwärts haimeszue, haimezue
Heinrich Haiggi, Hainer, Haini, Hairi
Heirat Hyyroot
heiraten hyyraschple, hyyroote
heischen haische
heizen fyyre[1], yyfyyre
Heizung Haizig
Hektar Hèggtaare
Hektik Gstichel
Helbling Hèlblig
Helene Hèlli
helfen hälffe
hell haiter, hääl, häll
hell werden haitere
Helle Haiteri, Hälli
Helligkeit Haiteri, Hälli
Helveter (Student) Halef<u>ugg</u>
Hemd Hèmd, Hèmmeli, Hèmmli
Hemdbrust Brùscht

Hemdenmatz Hèmmliglùnggi
Hemdhose Hèmdheesli
hemdsärmelig hèmdèèrmlig
hemmungslos ùnschiniert
Hengst Hängscht
Henkel Handheebi, Hänggel, Heebi[1]
henken hängge
Henri Hangeri
Henriette Jètti
her aane, häär
herabsetzen aabedue, aabemache, dùùrdue, dùùredue, uusmache, vernytte, vernyttige
herankommen aanekoo, aasuuge
herankommen können zuekoo
heranmachen, sich sich aanemache, aasuuge
herauf ùffe
heraufheben ùffelipfe
heraufkrempeln ùffelitze
heraus uuse
herausfinden erligge
herausgeben uusegää
heraushängen uusehängge, uuselampe
herausheben uuselipfe
herausholen (durch Feilschen) uusemäärte
herausklingeln uuselytte, uuseschälle
herauskommen uusekoo
herausplatzen uusepfùpfe, verpfitze, verpfùpfe
herausputzen mitzerle, mùtze, uusebùtze, uusemùtze
herausrücken fiiremache
herausschauen uuseluege
herausschinden schinde, uuseschinde
herausschlagen uuseschloo
herausspritzen strääze

herausstreichen uusestryyche
herauswürgen uusewòòrge
herbeirufen rieffe
herbeordern aanepfyffe
Herberge Hèèrbäärg,
   Hèèrbrig
Herbergsgasse
   Hèèrbrigsgässli
Herbst Hèèrbscht, Speetlig,
   Spootjòòr
Herbst, nach ~ riechen
   hèèrbschtele
Herbst werden hèèrbschtele
herbsten hèèrbschte, wimme
Herbstmesse (in Basel) Mäss
Herd Häärd[1], Häärdsched
Herde Häärd[2]
herein yyne
hereinfallen dryydrampe,
   yynedrampe, yynefalle,
   yynefliege, yynegheie,
   yynekèssle
hereinlegen aaschmiire,
   yyneleege, yynelyyme,
   yynelitze, leege, verkoole,
   versèggle, versoole
hereinschauen yyneluege
hereinschlecken yyneschlägge
hereinschneien yyneschneie
hereinstapfen yynedrampe
herhalten aaneheebe
Hermann Hämmi, Hèèrmi,
   Männi
Herr Hèèr
Herrchen Hèèrli
Herrenanzug Biggse[1], Glaid,
   Glùft, Schaale
Herrengesellschaft Kämmerli
Herrenleben Hèèreläbtig
Herrenmantel, dicker
   Schanzelaiffer
Herrenmantel, langer
   Veedryybermantel
Herrensöhnchen Hèèrebiebli,
   Hèèrebygger
Herrgott Hèèrgòtt
herrichten bischele,

zwäägmache
herrichten (Bett)
   bètte, näschte
herrlich hèèrlig, wònnig
herrlich und in Freuden
   guethèèrlig, in flòòribùs
herüber iibere
herumdoktern
   ùmmedèggterle
herumerzählen ùmmebiete
herumfahren (mit Kutsche)
   gytschle
herumfingern ùmmedèèple,
   ùmmedèèrle, ùmmedoope,
   ùmmefingere, ùmmelyyre
herumfingern
   (beim Marmelspiel) längele
herumkramen groome
herumliegen, faul bleegere
herumliegen, nackt oder
   halbnackt blittle
herumlungern ùmmelaafere,
   ùmmelyyre
herumnörgeln
   ùmmemùschtere
herumreichen ùmmebiete,
   ùmmegää
herumreiten ùmmerytte
herumschlagen (Stoff)
   ùmmenää
herumschleppen
   ùmmeschlaiffe,
   ùmmeschlaigge,
   ùmmeschlaipfe
herumsitzen, faul
   ummepflutte
herumsitzen, lahm laamere
herumspielen gaule
Herumstehen Gständ, Stand
herumstöbern naise, näschte,
   niele, ùmmenaise,
   ùmmeniele,
   ùmmeschnaigge
herumtollen rausle, wildele
herumtransportieren
   ùmmefuuge
herumtreiben, sich, planlos

ùmmedrimmle,
ùmmedùùble,
ùmmeschwanze,
ùmmesiirmle
Herumtreiber Gasseròlli
Herumtreiber, nächtlicher
   Nachtbueb
herumwühlen gräschele,
   naise, niele, ùmmenaise,
   ùmmeniele
herumwürgen ùmmewòòrge
herunter aabe
herunterfallen aabedätsche,
   aabegheie
herunterfallen (in Mengen)
   bräägle
Herunterfallendes
   (in Mengen) Brääglede
herunterfeilschen
   aabemäärte
herunterhängen blampe,
   blämperle, lampe, lòtze,
   schlampe
herunterhängen (in Fetzen)
   fòtzle
herunterhauen (Ohrfeige)
   aabezinde
herunterkommen aabekoo,
   verkoo, verluedere
herunterkrempeln aabelitze
herunterlassen aabeloo
herunterleiern aabelyyre
heruntermachen →
   herabsetzen
herunternehmen aabenää,
   obenaabenää
herunterpurzeln
   aabepflyymle
herunterschauen aabeluege
herunterschiessen
   aabeschiesse
herunterschlagen
   aabebängle, aabedätsche
herunterschneien
   aabeschneie
herunterspülen
   aabeschwängge

herunterwürgen aabewòòrge,
  verwòòrge, wòòrge
hervor fiire
hervorragend èxelänt
Herz Bùmpi, Häärz
Herz ausschütten seeleblittle
herzbewegend biweeglig
herzerfreuend wònnig
herzhaft käärnhaft
Herzkirsche Häärzkiirsi
Herzklopfen Häärzbòpper
Herzschlag Häärzgläpper
Herztropfen Häärzwässerli
herzu zueche
Hetze Hètz, Jääbles,
  Jùùflede
Heu Hai
Heu (der zweiten Heuernte)
  Eemd
Heuboden Biini, Haibiini
heucheln hyychle
Heuchler Hyychler
heuen haie
Heuhaufen Schòche
heulen hyyle, huurle
Heulpeter Pflänni
heurig hyyrig
Heuschnupfen Haischnùppe
Heuschrecke Haigùmper
Heusler (Name) Hyysler
Heustock Haistògg
heute hit, hitte
heute abend hiinecht,
  hittezoobe, hitzoobe
heute morgen hittemòòrge
heute nachmittag
  hittezmidaag, hitzmidaag
heute nacht hiinecht,
  hitteznacht, hitznacht
heutig hittig
heutzutage hittigsdaags,
  hitzedaag
Heuwaage Haiwoog
Hexe Häx
Hexenschuss Häxeschùss
Hibiskus Hibsche, Ibsche
hier doo, hie

Hieronymus Missi, Mùss,
  Rooni
hierzulande hie
hiesig hiesig
Hilfe Hilff
hilflos ùffgschmisse
Hilfskraft Hilff
Hilfspolizistin
  Schuggermyysli
Himbeere Himbèèri
Himmel, um ~ s willen
  jeemynee
Himmel und Hölle (Spiel)
  Boodezins
himmelangst windewee
Himmelfahrt Uufert,
  Ùfffaart
Himmelreich Himmelryych
hin aane, hii
hinauf dùrùff, iberùffe, ùffe
hinaufheben ùffelipfe
hinaufklettern ùffegaisse,
  ùffegrääsme, ùffestäägere
hinaufmarkten ùffemäärte
hinaufschauen ùffeluege
Hinaufschnupfen
  Gschnùùder
hinaufschnupfen schnùùdere,
  ùffeschnùùdere,
  ùffeschnùpfe
hinaufsteigen ùffestyyge
hinaus dùruus, dùruuse,
  uuse, vòruuse
hinausekeln uusenèggle
hinausfallen uusegheie
hinauslassen uuseloo
hinausschaffen uusebùgsiere,
  uusefèèrge, uuseruume
hinausschauen uuseluege
hinauswerfen uusegheie,
  uuseschmaisse
hinbringen aanebringe,
  aanedue
Hindernis, kleines Hèpperli
hindurch dùùre
hindurchziehen dùùrezie
hinein dùryy, yyne

hineinbeissen dryybysse
hineindrücken yygnùtschle,
  yynedrùgge, yynekääse
hineingeben yynegää
hineingreifen dryylänge
hineingucken yynelitze
hineinhuschen yynepfitze,
  yynewitsche
hineinknien, sich dryygneie,
  dryygneile
hineinlegen yyneleege
hineinleuchten yynezinde
hineinquetschen mòschte
hineinschauen yyneluege
hineinschichten yynebyyge
hineinstopfen yynebòòrze,
  yyneschòppe, schòppe
hineintreten dryydrampe,
  yynedrampe
hingegen hääretgeege
hingeklaschte Masse Pflätter
hinhalten (Hand) aaneheebe
hinken himpele, hingge,
  hòppe
Hinkender Hinggi, Hinggibai
hinkommen aanekoo
hinlegen aanedue
hinstehen aanestoo
hinstellen aanedue, annestèlle
hinstellen, sich aanestoo
hinten dehinde, hinde
hinten durch hindedùùre
hinten hinaus hindenuuse
hinten hinein hindenyyne
hintenherum hindedùùre,
  hindenùmme
hintennach hindedryy
hinter hinder
Hinterbacke Fùùdibagge
hintereinander
  hinderenander
hintergehen leege, yyneleege,
  verkoole, versèggle,
  versoole
hinterhältig faltsch,
  hinderrùggsig, lingg,
  verdraait, verdrùggt

hinterhersteigen
  noochestyyge
Hintern Amboos, Aarsch,
  Fiidle, Fùùdi, Hinder,
  Stiirne
Hintern, grosser
  Gùmmifiidle
hinterrücks hinderrùggs
Hintersasse Schaamauch
Hinterzimmer Nääbestùùbe
hinüber iibere
hinübergehen iiberegoo
hinunter aabe, dùrab,
  dùraabe
hinunterfallen aabefalle,
  aabegheie
hinuntergeben aabegää
hinuntergiessen aabeschitte
hinunterlassen aabeloo
hinunterleuchten aabezinde
hinunterpurzeln
  aabepflyymle
hinunterrasen aabeschiesse
hinunterschauen aabeluege
hinunterspülen
  aabeschwängge
hinuntertragen aabedue
hinunterwerfen aabegheie
hinunterwürgen aabewòòrge
Hinweg Aanewääg
Hippe Gèèrtel,
  Hooggemässer
Hirn Hiirni
Hirngespinst Spinnerei
Hirsch Hiirsch, Hiirz
Hirschkäfer Hiirzekääfer
Hitze Hitz
Hitze, plötzliche Jascht
Hitze, starke Bèggehitz,
  Fiidlehitz
hitzig jaschtig
Hitzkopf Hitzgiggel
Hobel Hoobel[1]
hoch hooch
hochachten èschtymiere
Hochachtung Achtig,
  Reschpäggt

hochfahren ùffschiesse
Hochmut Grattel, Rauch
hochnäsig diggnääsig, mipfig
hochnäsiger Mensch Mipfi
höchstens hèggschtens
hochtrabend gschwùlle
Hochwald (Dorf) Hoobel[2]
Hochzeit Hòchzyt
Hocke Hòggi
Hocker (Stuhl) Daaberèttli,
  Hògger
Hoden Ai, Glùgger
Hodensack Glùggersagg,
  Sagg, Schälle, Sèggel
Hof Hoof
Hoffart Hòffert
hoffärtig hooferig, hoofrig
Hoffentlich hòffedlig
Hoffmann (Name) Hoofmaa
Hoffnung Hòffnig
hoffnungslos hòffnigsloos
höflich heeflig
Höhe Heechi
Höhenfeuer Heechefyyr
Höhepunkt Gòòmbel,
  Hammer
Höhle Heeli
höhlen heele
Hohlkehle Keele
Holbein (Name) Hòlbai
holen fasse, hoole, länge
Hölle Hèll
holpern hòppere, hòttere
Hölstein Hèlschte
Holunder Hòlder
Holunderblüte
  Hòlderbluescht
Holz Hòlz
Holzbeige Schyterbyygi
Holzbündel Rùùgeli
holzen hòlze
Holzerei Hòlzede, Hòlzerei
hölzern hèlzig
hölzerner Fussboden
  Fäägboode
hölzernes Wasserrohr
  Dyychel

Holzfeile Raffle
holzig hèlzig, wääs, wiis
Holzschuppen Hòlzhuus
Holzsplitter Sprysse
homosexuell
  anderscht ùmme,
  halbsyydig, waarm
Homosexueller Dämpfli,
  Eefeli, Rùggeruscher,
  Schwùchtle,
  waarme Brueder, Zwigg
Honig Hoonig, Hùùnig
horchen loose[1], luschtere
hören ghèère[1], hèère
Hörnchen (Gebäck) Gipfel
Hörner bekommen hòòrne
Hörnerhaube
  Haimedschyyn,
  Hèèrnerkappe
hörnern hiirni, hiirnig
Hörnerschlitten
  Hèèrnlischlitte
Hornisse Hòòrnùsse
Hörnli-Friedhof Hèèrnli,
  Hèèrnligòttsagger
Hornsignale geben hèèrnle,
  hòòrne
horrend hòränd
Höschsprache
  Gnùllerisprooch,
  Hòschsprooch
Hose Hoose
Hose, altmodische
  Liederdaafelehoose
Hosenbund Bùnd
Hosenmatz Hooseglùnggi,
  Hooselòtzi
Hosenschlitz Abedeegg,
  Hooselaade
Hosentasche Hoosesagg
hübsch gnùfflig, nätt,
  schatzig
Huf Hueff
Hufe (Feldmass) Hueb
Hufeisen Hueffyyse,
  Ròssyyse
Hufschmied Hueffschmiid

Hufschmiede Hueffschmitti
Hüfte Hùft
Huftstück Hùft
Hügel Bùggel, Hiibel,
　Hùùbel
Huhn Byppi, Huen,
　Mischtgratzerli
Hühnerauge
　Äägerschtenaug, Hieneraug
Hühnerkot Hienerdrägg
Hühnerschenkel Byppibai
Huldreich Hùlle[1]
Hummel Hùmmele
humpeln himperle, hyppere,
　hypperle, hòppe
Humpen Meiel
Hund Wauwau
Hund, langhaariger Fluumer,
　Stroossebùtzer
Hund, nach ~ riechen hindele
Hundebastard
　Schääreschlyffer
Hundehalsband Hälsig
Hundekot Hùndsdrägg,
　Hùndskaigel
Hundeliebhaber Hindeler
Hundertfrankennote Lappe
Hundesport betreiben
　hindele
Hundesportler Hindeler
Hündin (läufige) Zatz
Hunger Kooldampf
Hungerleider Doopesuuger
Hüningen Hyynige
hupen huupe, huppe
hüpfen gùmpe, hipfe, hùpfe
Hüpfspiel Gùmpis, Hipfi
Hürde (Obstgestell) Hùùrd
huren huere
hurtig diifig, waidli, waidlig
huschen witsche
hüsteln hieschtele, kygge[1],
　kyyschpere, kyyschtere
Husten Gòttsaggerjoodel,
　Hueschte, Kyggi,
　Kyyschperi, Wueschte
husten hueschte, wueschte

husten, stark bäffzge, bälle
Hustenbonbon,
　rautenförmiges Wyybäärtli
Hut (Kopfbedeckung)
　Dèggel, Gèggs, Gòggs,
　Graissäägi, Huet[1], Kiibel,
　Meewe, Schappedèggel,
　Strauhuet, Tschäpper,
　Waaieblääch, Syydjee,
　Zylaschter
Hut (Obhut) Hègg, Huet[2]
hüten gaume, hiete, waide
Hutkopf Huetgùpf
Hutkrempe Huetrand,
　Stùùrm
Hutschnur Huetschnuer
Hütte Hitte
Hyazinthe Zingge[2], Zinggli
Hyazinthenglas Zinggeglaas
Hypokras Hyppògrass

I

ich yych, ych, y, i
Ida Ydi
Idee Ydee
Idiot Ydiòtt
Ignatius Naazi[1]
ihm im[1], em
ihn in[1], en, e
ihnen iine, ene
ihr (Dat. Sing. w.) iire[3], ere
ihr (Nom. Plur.) iir[3], ir, er
ihr (Poss. Pron.) iir[2], ir, ire
ihrer irer
ihrerseits iirersyts
ihrzen iire[2], iirze
Imagination Ydee
Imbiss Immis
Imker Imber[2], Immevatter
immer allewyyl, allewyyle,
　alliwyyl, als[1]
immer wieder alibòtt, als[1],
　ùndersmool
immerfort alsfùùrt,
　anaimfùùrt, annenander

immerhin ämmel
immerzu vòòrzue
impertinent impèrtinänt
Impertinenz Impèrtinänz
imposant pfùndig
in in, z
in dem im[2]
Indinanerspielen Indiaanerlis
ineinander inenander
Ingwer Imber[1]
Initiale, eingenähte Nämmeli
innen inne
Innenstadt Stadt
innerhalb (zeitlich) innert
insistieren biggle, bòòre
instandhalten bsòòrge
intelligent häll
Intelligenz Grips, Gritz,
　Spryt
interessant glùnge, inträsant,
　intrèsant
Interesse Inträssi
interessieren inträsiere,
　intrèsiere
intrigieren intrigiere
inwendig innedraa,
　innewändig
inzwischen dersiider,
　derwyyl, siider, siiderhäär,
　sythäär
irden iirdig
irgend iirged, ix
irgendwie naime, naimedùùre
irgendwo naime
irgendwohin naimenaane
irr iir[1]
irren iire[1]
irren, sich sich iire[1],
　sich verhaue, verkoo,
　sich verschiesse
Irrenhaus Iirehuus,
　Naarehuus, Spinnwättere,
　Spinnwindi
irritieren intrigiere
Iselin (Name) Yyseli
ist isch
Italiener Ytaliääner,

Maisdiiger, Maiser,
Tschingg, Tschinggelemòòre,
Zydrooneschittler
Italienerkind Tschinggeli
Italienerin Ytaliäänere,
Tschinggene

J

ja jä, joo, jò, öh<u>ö</u>
Jäckchen Schlittli, Tscheepli
Jacke Schlùtti, Tschoope
Jacques Schaaggi
Jagd Jacht, Jagd
Jäger Jääger, Jeeger
jählings gäächlige
Jahr Jòòr
Jahr, im vergangenen ~ fäärn
Jahr, im vorletzten ~
vòòrfäärn
Jahr, in diesem ~ dissjòòr,
hyyr
jahraus jahrein jòruus jòryy
jahrelang jòòrelang, jòòrlang
Jahreswende Iibergang
Jahreszahl Jòòrzaal
Jahrhundert Jòrhùndert
jährig jäärig, jèèrig
jährlich jèèrlig
Jahrmarkt Jòòrmäärt
Jahrmarktsbude Mässbuude
Jahrtausend Jòrdausig
jähzornig gäächzòòrnig
jähzörniger Mensch
Fyyrdeifel, Zòòrniggel
Jakob Bèppi, Bòppi, Jòggel,
Jòggi, Jòkeb, Keebi,
Schaaggi
Jammer Eeländ, Jammer,
Joomer
jämmerlich jeemerlig
jammern jeemerle, joomere,
lamäntiere, lamentiere
jammernder Mensch
Joomergrääze
jammerschade

jammerschaad,
joomerschaad
Januar Jänner
Japaner Japanees
Jass zu vieren Gryzjass,
Schieber
jäten jätte
Jauche Bschitti, Gille
Jauche, mit ~ düngen
bschitte, gille, gillere
Jauchegrube Gillelòch
Jauchemade Gillerugger
Jauchepumpe Gillebùmpi
Jauchewagen Gillewaage
jauchzen huupe, juchzge
Jauchzer Juchzger
Jause Kaffidringge,
Zoobedringge, Zvieri
jawohl jòwòll
Jazz Tschäss
je nachdem jeenodäm,
nod<u>ä</u>m
Jean Schang, Schangi
Jean-Jacques Schangi
jedenfalls ämmel
jeder jeede, e jeede,
jeedwääder
jeder beliebige aidwääder
jeder zweite al<u>a</u>nder
jedesmal allimool
jemand ain, aine, èpper
jemandem aim, èpperem
jener sälbe, sälle
jenseitig ääner
Jenseits Äänedraa, Jäänsyts
jenseits ääne, äänedraa,
dääne[2]
jenseits hinaus äänenuuse
jenseits hinein äänenyyne
jenseits hinunter äänenaabe
Jeremias Mais[2]
Jesus Hèèr, Hèr Jeesùs,
Jèèremy, Jèsses
jetzt jètz, jètze
jeweils als[1], albe, amme
Joachim Jòchem
Johann-Jakob Bèppi

Johannisbeere
Santihansdryybeli
Johannistag Santihans
Joseph Sèpp, Sèppi
Josephine Fyyne, Fyyneli,
Fyyni
Juchart Juchert, Jùùrte
jucken bysse, figge
Jude Jùùd, Schwyyff
Judenmädchen Zischgeli
Judenschule Jùùdeschuel
Jüdin Jiidene, Jùùdefrau
**jüdisch aussehen und/oder
sprechen** jiidele
Jugend Jùùged
Jugendfest Jùùgedfèscht
Jugendhaus Jùùgedhuus
Jugendherberge Jùùgi
Jugendriege Jùùgedryyge
Jukundus Jùggi
Juli Haimooned
junge Erbse Keefe
junger Verkäufer
Laadeschwängel, Schwùng
junger verliebter Mann
Bussierstängel
junges Mädchen Hääsli
Jungfer Jùmpfere
Jungfer im Grünen
Greedeli in der Hègg
Jungfernrebe Jùmpfererääbe
Jungfernrede Jùmpferereed
Jungfrau Èèrschteli,
Jùmpfere
Jungmannschaft Jungi
Jupe Jùnte
just eebe, èbe, graad
Jute <u>A</u>mbelaasche

K

Kachel Kachle
kacken → scheissen
Käfer Kääfer
Kaffee Kaffi,
Näägerschwaiss,

Stäägeläänesyyrup
Kaffee trinken käffele
Kaffee, gemahlener
Kaffibùlver
**Kaffee, nach ~ riechen und/
oder schmecken** käffele
Kaffee mit Rahm
Kaffi Grèèm,
Kaffi mit Ruum'milch
Kaffee mit Schnaps
Kaffi Byffee, Kaffi Drääsch,
Kaffi fèèrtig, Kaffi Lùz,
Kaffi Sytewäägeli
Kaffee, schlechter
Bampeluure, Bschitti,
Giggelsaich, Gschiirwasser,
Lyyre, Lyyrlikaffi
Kaffeekränzchen
Kaffiwysyte
Kaffeeliebhaber Kaffidante
Kaffeemühle Kaffimiili
Käfig Keefi, Keefig
Kakao Gaggoo
Kakerlak Schwoobekääfer
kalben kalbere
Kalbsbraten Kalbsbrootis,
Kalbskätzer
Kalbsbrust Kalbsbrùscht
Kalbsmilch Milchli
Kalbsragout Kalbsvòòrässe
Kalk Kalch, Kalgg
kalken kalche
Kalkstein Kalchstai,
Kalggstai
kalkweiss kalchwyss
Kälte Kèlti
Kalte Sophie beesi Sòffyy
Kamelspielen Kameelerlis
Kamerad Gspäänli, Gspeenli,
Gspoon, Speezel, Speezi
kameradschaftlich badänt
Kamin Kèmmi, Schmyynee
Kaminfeger →
Schornsteinfeger
Kamm Luusräche, Strääl
kämmen strääle
Kammer Kammere

kämpfen, spielerisch baschge,
kämpfle
Kampfer Gamfer
Kampfer, nach ~ riechen
gamferle, gämferle
Kampferkugel
Gamferbèlleli
Kanal Dyych
Kanalarbeiter Doolebùtzer,
Gillerugger
Kanaldeckel Dooledèggel
Kanapee Kaanebee
Kandiszucker Zùggerkandel,
Zùggerkandis
Kaninchen Kinngel
Kaninchen, weibliches Hattle
Kaninchenstall Kinngelistall
Kanne Gèlte
Kannenfeld Kanefäld
Kante Ègge
Kantonal- Kanaal-
Kantonsverweis Räms,
Rämsch, Rèms
Kanzel Kanzle
Kapellchen Käppeli
Kapelle Kabälle
Kapelle auf Mittlerer Brücke
Käppelijòch
Kapital angreifen
obenaabenää
Kapitel Kabittel
Kappe, kapuzenförmige
Gapischòng
Kapsel Kapsle
Kaput (Soldatenmantel)
Kabùtt
kaputt futü, hii, kabòòris,
kabùtt, kabùttig
kaputtgehen hiigoo, verheie
kaputtmachen hiimache,
verheie
Kapuze Kabutze, Kabùtze
Kapuziner Kabizyyner,
Kabuzyyner
Kapuzinerkresse
Kabuzyynerli
Karamelle Gaaramèldääfeli

Karfreitag Karfrytig
karieren hyysle
kariert gèggstainled,
gèggstaint, ghyysled
kariertes Papier
Hyyslibapyyr
Karl Kaari, Kaarli
Karo (Spielkartenfarbe) Ègge
Karoline Kaarlyyne, Lyyna,
Lyyne², Lyyni
Karotte Gäleriebe, Gäleriebli,
Riebli
Karottenkuchen Rieblidaarte
Karren Bääre, Kaare
Karsamstag Karsamschtig,
Ooschtersamschtig
Kartause Kartuus, Kartuuse
Kartäuser Kartyyser
Karte Kaarte
Karten legen käärtle
Kartoffel Häärdèpfel
Kartoffelbrei
Häärdèpfelstògg
Kartoffelfeuer Mòtthuffe
Kartoffelschale
Häärdèpfelschèllede
Kartoffelschnaps
Häärdèpfelschnaps,
Häärdèpfler
Karton Bappedèggel
Karussell Rèsslirytti
Karwoche Kaarwùche
Käse Kääs
**Käse, nach ~ riechen und/
oder schmecken** kääsele
Käseglocke Kääsglòsche
Käseliebhaber Kääsjòggi
Käserei Kääserei
Kaserne Kasäärne
Kaspar Kaschper, Käschpi
Kasperle Käschperli
Kasperletheater
Käschperlitheater
Kasperletheater spielen
käschperle
Kasserolle Dipfi, Ysedipfi
Kassier Sèggelmaischter

302

Kastanie Kèschtene

Kastanienbaum
Kèschtenebaum

Katarrh Kadaar

Kater (männliche Katze)
Kaater[1], Maudi, Raiel, Ròlli

Katharina Dryyne, Drynètt,
Drynètte, Kati, Käti, Kätri,
Kätterli

Kathedrale Minschter

Katholik Gryzlischysser,
Kadool, Katolygg

katholisch kadoolisch

Kätzchen Byyseli, Buuseli

Katze Byysi, Buus, Buusi,
Dachhaas, Katz

Katze, unsaubere,
nach ~ riechen kätzele
katzesaichele

Katzenjammer Kaater[2]

Katzenpfote Katzedeepli,
Katzepfeetli

Kauderwelsch Kuuderwältsch

kauderwelschen
kuuderwältsche

kauen, geräuschvoll kätsche

kauen (Kautabak) schygge

kauern hyygerle, huure

kauern, sich aabehuure

kaufen bsòòrge, groome

Käufer Kaiffer

Käuferin Kaiffere

Kaugummi Kätschgùmmi,
Schygg[3]

Kaulquappe Ròsskòpf

kaum kuum

Kautabak Schygg[3]

Kauz Kyzli, Kuz

Kavalier Gaawaljee, Hèèr

Kavallerist Dragooner,
Draguuner

Kegel Kaigel

Kegelbahn Kaigelbaan

Kegelkugel Kaigelkùùgele

Kehle Gùùrgele, Keele

Kehlkopf Grips

Kehraus Kèèruus

Kehre Kèèri

kehren (säubern) wische

Kehricht Mischt, Wiisch,
Wischede

Kehricht (einer Woche)
Wùchewischede

Kehrichtabfuhrleute
Mischtmänner

Kehrichteimer
Gùmpischtziiber,
Mischtkiibel, Sùùdelziiber

Kehrichtwagen Glèggliwaage,
Mischtwaage

keifen kääre, keiffe, kiifle

Keil Schaidwègge, Spèèrlig

Keim Kyym

keimen kyyme

kein kai, kain, kaine

keinem kaim

Kelle Kèlle

Keller Käller

Kellerassel Millereeseli,
Staieeseli

Kellerschacht Källerhals

Kellerschnecke Källerschnägg

Kellertreppe Källerstääge

Kellner Källner

Kellnerin → Serviertochter

kennen kènne[1]

Keramikfliese Boodeblättli

Kerbe Higg

Kerl Baschi, Bòppi, Badroon,
Bùùrsch, Dyp, Dyssi,
Fääger, Fäldsiech,
Glèttefyss, Gnùlleri, Kaib,
Kantoon, Käärli, Keebi,
Lieni[1], Mòòrchle, Sagg,
Siech, Thyp

Kerl (pej.) Brueder, Gleezi,
Gnaab, Haiwoogschangi,
Kaib, Kätzer, Koog, Lieni[1],
Lùùdi, Mègg, Schangi,
Schnùùderi, Sògge

Kerl, fader Faadiaan

Kerl, gefitzter Dònnerschiess,
Dònnschtigskäärli,
Fyynèss, Fyynoo,
Saggermänter, Syydiaan

Kerl, gemeiner Dräggkaib,
Dräggsèggel, Dräggsiech,
Feiel, Fètzel, Fingg

Kerl, kleiner Gnòòrzi

Kerl, langer lange Fluech,
Gaali, Käänelsuffer,
lange Lieni, Schlängge,
Spaarse

Kerl, liederlicher Fingg,
Lòtterbueb, Lùmp,
Schlyffer

Kern Käärne

Kern (Steinobst) Stai

Kerngehäuse (Apfel, Birne)
Iirbsi

kerngesund käch

kernig käärnhaft, käärnig

Kerze Kèèrze, Liecht,
Waggsliecht

Kerzendocht, verbrannter
Raiber

Kerzenhalter Huushälterli,
Kèèrzestògg, Liechtstògg,
Waggsstògg

Kerzenlöscher Lèschhèèrnli,
Lèschhietli

Kerzenstumpf Kèèrzestùmpe,
Stùmpe

Kessel Kèssel, Kiibel

Kette Kèttene, Kètti

Kettenglied Kètteneglaich

Kettenhund Schlòsshùnd

keuchen bäärze, gròchze,
grùchse, grùchze, grùchzge,
hächle, kyyche

Keuchhusten Blauhueschte

Keule Kyyle

kichern giigele, kittere,
kùttere

kicken kygge[2], schutte

Kiefer (Baum) Fèère, Fòòre,
Kiifere

Kiefer (Schädelteil) Kiifel,
Kiifer

Kienspan Kien

Kies Grien, Kiis

Kiesel Gwäggi, Kiiselstai,
Kiislig, Wagge
Kieselsteine, mit ~ bestreuen
kiise
Kiesgrube Griengruebe,
Kiisgruebe
kikeriki gyggeriggyy
Kind Gnägges, Gnäggis,
Goof, Grapp, Gwaagg,
Kind, Mèntschli, Rùpf,
Sètzlig
Kind, bleiches
Blaichschnaabel
Kind, dickes Mògge
Kind, eingehülltes
Bùtzemùmmel,
Mùmmelibùtz
Kind, entzückendes
Syydebòlle, Syydehaas,
Syydeli, Syydenängel,
Zùggerli
Kind, kränkliches Griftli,
Zääserli
Kind, munteres kleines Bintel
Kind, nacktes Blùttimuus
Kind, närrisches Gauggeli
Kind, weinerliches Zänni
Kind, wildes Raigel, Rausli
Kind, zimperliches Byppeli,
Fynèttli, Fynòggeli
Kindereinladung
Kinderwysyte
Kindergarten Hääfelischuel,
Kindergaarte
Kindergärtnerin Dante,
Frailain, Frèlain, Frölain
Kinderhintern Kinderfiidle
Kinderhort Grippe
Kinderlehre Kinngeli
Kindermädchen
Kindermaitli, Kindsmagd
Kinderschar
(einer einzigen Familie)
Òòrgelepfyffe
Kinderschreck Beelimaa
Kinderschwester Vòòrgang,
Vòòrgängere

Kinderstuhl Sässeli
Kinderunterwäsche
Gstältli, Hèmdheesli
Kinderwagen Baaslerwaage,
Bùschiwaage, Kinderwaage,
Stùùbewaage
Kinderzimmer Kinderstùùbe
kindlich plaudern blaiderle,
wäffele
Kinn Kiini
Kinoplatz, billiger
Badroonehilsesammler,
Gniggstaarloosche,
Rasierstuel
Kipfel Gipfel
Kippe Gèpfi, Kippi
Kirche Bättschòpf, Kilche,
Kiirche
Kirchenbote (Zeitung)
Kiirchebòtt
Kirchengeläute (vor
Gottesdienst) Zaiche,
Zämmelytte
Kirchengesangbuch
Gsangbuech
Kirchenopfer Òpfer
Kirchweih Kilbi
Kirsch Kiirswasser,
Kiirsiwasser
Kirsch mit Anis
Bùùrgemaischterli
Kirschbaum Kiirsbaum,
Kiirsibaum,
Kirschbaumgarten
Kiirsgaarte
Kirsche Kiirse, Kiirsi
Kirsche, Stein der ~ Kiirsistai
Kirsche, unreife
Schòòreniggel
Kirschgarten (Haus- und
Strassenname) Kiirsgaarte
Kissen Kissi, Schalldämpfer
Kissenüberzug (äusserer)
Kissizieche
Kissenüberzug (innerer)
In'gùss
Kiste Kischte

Kistenöffner Gaissfuess
kitzeln kitzele, kùtzele
kläffen bäffe, bäffzge
kläffend bäffzig
Kläffer Bäffzger
Klafter Gloofter
Klage Glaag
klagen glaage, gneeggse,
gròchze, grùchze,
lamäntiere
Kläger Gleeger
Klammer Glammere
Klammer zum
Zusammenhalten
der Weidlingbretter Häftli
Klang Doon[1]
Klappe Glappe
klappen gygge, glappe
Klapper Gläppere
klappern glappere, gläppere,
tschättere
Klappladen Fänschterlaade,
Schalusyy
Klappmesser Gròttestächer
Klappstuhl Blyyang,
Fäldsässeli
Klaps Glapf
klar glaar, glòòr, luter
Klara Glääri, Gläärli
Klarakirche Glòòre,
Glòòrekiirche
Klasse Glass
Klassenbuch Ströfyzgebuech
Klatsch Grätsch, Muem
Klatschbase Dampi,
Kaffidante, Rätsch,
Rätschbääsi, Rätschdante,
Schnääderänte,
Schnäppere, Schwätzbääsi,
Wäschwyyb
klatschen (schwatzen)
fraubääsle, rätsche,
schwätze
Klatschmohn Kòòrnroose
klauben glyyble, gluube,
gnyyble, gnuuble
Klauberei Gluuberei,

Gnyyblerei, Gnuublede
Klavier, automatisches
Tschinggekischte
kleben bappe, glääbe
klebrig bappig, bùmaadig,
glääberig
Kleckerer Drueli, Silchi
kleckern driele, druele, seile,
silche
kleckernd silchig
Klecks Dòlgge
klecksig dòlggig
Klee Glee
Kleid Glaid
Kleiderbürste
Glaiderbiirschte
Kleiderhaken Glaiderhoogge
Kleiderlaus Hääsluus
Kleiderrechen Räche
Kleiderschrank
Glaiderkaschte
Kleidung Aaleegi, Zyyg
Kleidung, schlampige
Gschlamp
Kleie Griisch
Kleie, in der ~ wühlen
griischle
klein glai
klein beigeben yyphagge
Kleinbasel Glaibaasel
Kleinbasel, unteres
Bierfläschegèllert
Kleinbasler Glaibaasler
kleinbürgerlich halbsyydig
kleine Dampflokomotive
Pfùpferli
kleiner glainer, minder
kleiner Fasnachtszug
Schyssdräggziigli, Ziigli
kleiner Fisch Gùùfespitzli
kleiner Kerl Gnòòrzi, Grupp
kleiner Mensch Boodesùùri,
Myggerli, Pfùmpf,
Ryggerli, Zwùggel
kleiner Spielgewinn
Deewyysli
kleines Gedicht Väärsli

kleines Handelsunternehmen
Händeli
kleines Hindernis Hèpperli
kleines Mädchen Gròtt,
Grèttli
kleines Vermögen Gäldli,
Gäärschtli,
Glètterevermeege
Kleingeld Minz
Kleinhandel treiben
gräämere, grämple, händele
Kleinhändler Grämpler
Kleinhüningen Glaihyynige
Kleinigkeit Biirestiil, Bitzeli,
Drägg, Gèlggscheeslerei
kleinlich sparen späärerle
Kleinmotorrad → **Moped**
Kleinstadt Stèdtli
Kleinstkind Bùschi
Klemme Glèmmi
klemmen glèmme
Klempner Spängler
Klempnerei Spänglerei
klempnern spänglere
Klepper Schindlebygger
Klette Glätte, Glètte
klettern gaisse, glättere,
grääsme
Klient Glyänt
klimmen grääsme
klingeln glèggle, lytte, schälle
Klingelvorrichtung Lytti
Klingelzug Glòggezùùg
klingen, nach Scherben
schäärbele
klirren tschättere
klönen gleene
klopfen glòpfe
klopfen, stark bämmere,
bòldere, bòppere
Klopfgeist Glòpfgaischt
Klosettbrille Brille
Klosettpapier Aabeebapyyr,
Hyyslibapyyr,
Schyssibapyyr
Kloss Pflutte
Kloster Glooschter

Klosterbrueder Brueder,
Mènch
Klotz Glòtz
Klubhütte Hitte
Kluft Glùft[1]
Klumpen Bòlle, Schòlle,
Stòlle
Klumpen, feuchter Dòòrgis
Klüngel Glygge
Klybeck (-quartier) Glyybi
Knabe Bueb, Gnaab,
Gnägges, Gnòpf, Gnòpfli,
Stingger
Knabenmusik
Gnaabemuusig
knacken groose
knacken, leise groosele,
groosle
Knall Glapf
Knallbonbon Glèpfer
knallen glèpfe
knallen, mit der Peitsche
glèpfe, zwigge
Knallerbse Käpseli
Knallerei Glèpferei
Knallfrosch Frèsch, Fròsch
Knallpistole Biffertli,
Käpselibischtoole
knapp satt, spitzig
Knarre Rääre, Rätsche,
Rätschi
knarren gaare, gyyre
Knäuel Gnùngele
Knäuelbehälter
Gnùngelebächer
Knauser Gniempi, Gnòòrzi,
Kimmignipfer,
Kimmispalter,
Rappespalter,
Räpplispalter,
Santymspalter,
Schmiirzeler
knauserig gnausig, gniempig,
gnòòrzig, schmiirzelig
knausern gniempe, gnòòrze,
schmiirzele
Knebel Gneebel

Knecht Gnächt
Knechtlein Dienschtli,
Gnächtli
kneifen (klemmen) pfätze
Kneipe Gnèlle, Gnille, Phinte,
Ruschhandlig, Saftlaade,
Spùnte
knetbar gnättig
kneten dòòrge, gnätte,
verschaffe
Knie Gnei
Kniekehle Gneiäggte
knien gneie, gneile
kniend gneilige
Knieschmerz Gneischnapper
Kniezittern Gneischlòtteri,
Gneischnapper
Kniff Mätzli, Vèèrteli
knifflig fyynsgelig, fyynzelig,
subdyyl
Knirps Binggis, Gnòpfli,
Grupp, Hoosegnòpf(li),
Stùmpe, Stùmpis, Zwùggel
knirschen gnaarfle
knitterig fienggelig
Knoblauch Gnooblech
Knöchel Gneedli, Gnoode
Knochen Bai, Gnòche
Knödel Pflutte
Knolle(n) Gnèlleli, Gnòlle
Knopf Gnòpf
Knospe Gnòpf
Knote Gnoot, Siirmel
Knoten Gnippel, Gnòpf
knoten gnipple
knotenreich gnipplig
knüpfen gnipple, litze
Knüppel Bängel, Gnùtti
knurren gnùùre, rùùre
knusprig greeschpelig,
grooschpelig, reesch
knuten gnutte
Koch Kòch
Kochbutter Kòchangge,
Stòggangge
kochen (tr.) kòche, wèlle[2]
kochen (intr.), leicht kècherle

kochen (mit Liebe) kècherle
kochen, spielerisch kècherle
kochend kòchig, sittig
Köchin Kèchene
**Kochtopf (irden oder
gusseisern)** Dipfi
ködern kyyderle
Koechlin (Name) Kèchli
Koffer Gùffere, Kòffer,
Kùffer, Raiskòòrb,
Rais'sagg
Kohl Grut, Kaabis, Keel
Kohle Koole
Kohlenberg Koolebäärg
Kohlkopf Kaabiskòpf,
Keelkòpf
kohlrabenschwarz
kooleraabeschwaarz
Kohlrabi Riebkeel
Kohlroulade Grutwiggel
Kokotte Däämli
Koks Gògg
Kolben Kòlbe
Kolleg Kòlaaiùm, Kòleeg[2]
Kollege Kòleeg[1]
Koller Kòlderi
kollern droole
kollidieren zämmebùtsche
Kollision Zämmebùtsch
Kolmar Kòlmer
Kölnischwasser
Oodegòlònnie
Kolonialwarenhändler
Materialischt
kolossal kòlesaal
Kölsch Kèlsch, Kèltsch
Komfort Kùmmligkait
komisch schiessig
Kommandant Kùmidant
kommandieren kùmidiere
kommen koo
Kommentar Sämf, Sänf
Kommission Kòmisioon,
Kùmisioon
Kommode Kùmmoode,
Kùmoode
Komödie Kùmeedi,

Kùmeedie
Kompliment Kùmplimänt
Komponist Nooteschysser
Kompott Yygmachts,
Kòmpòtt, Kòmpòtte,
Kùmpòtte
Kompresse Iiberschlag,
Ùmschlaag, Wiggel
Kompresse (mit Leinsamen)
Kaarteblass
Konditor Kòndyter,
Zùggerbègg
Konditorei Kòndyterei,
Zùggerbèggerei
kondolieren kòndòliere,
kùndeliere
Kondom Baryyser
Konfirmand Kòmfermand,
Kùmfermand
Konfirmation
Kòmfermazioon,
Kùmfermazioon
Konfiserie Zùggerbèggerei
Konfitüre Gòmfi,
Gòmfidyyre, Yygmachts
Konfitüreglas
Yygmachtsglaas
Konfitüretörtchen
Yygmachtsdäärtli
konfus kùmfuus
König Keenig, Kiinig
Königin Keenigyyn,
Kiinigyyn
Konkurs Falyte, Falyt, Kippi
können kènne[2], meege
Könner Bròfässer, Hiirsch,
Kanoone, Siech
Konrad Kòni, Kueri
Konservatorium Kòns, Kònsi
Konstanze Stänzi
konsterniert vernùssbiggled
Konsumverein-Laden Kònsi
Konsumverkäuferin
Kònsumròss
kontinuierlich vòòrzue
Konto Kùnte
kontrollieren noocheluege

Konzert Kònzäärt, Kùnzäärt
Kopf Byybeli, Byyle, Biire, Bòtsch, Bùmmi, Dänggwäärzli, Èpfel, Giibel, Grind, Kèssel, Kiirbis, Kòpf, Mèlli, Mòlli, Nyschel, Schissle, Sèschter, Stai, Ziibele
Kopf, geschorener Kaigelkùùgele
Kopf, mit ~ stossen kèpfle
köpfen abkèpfe, kèpfe
Kopfende Kòpfede
Kopfhaar → Haar
Kopfkissen Pfùlme
Kopflaterne Kòpfladäärne
kopflos handeln hienere
Kopfschleife der Markgräflerinnen-Tracht Haimedschyyn, Hèèrnerkappe, Maargg'greeflerlätsch
Kopfschmerzen Kòpfwee, Ziibeleschnèlle
Kopfschuppe Schiepe
Kopfsprung Hächtli, Kèpfli, Kòpfjee, Spiessli
Kopftuch Fyschü
kopfüber kèpflige
Koralle Gralle
Korb Kòòrb, Zaine
Korbmacher Zainemacher
Kordsamt Riibelisammed
Korinthe Mèèrdryybel
Korken Bantòfflezapfe, Zapfe
Korken, nach ~ riechen und/ oder schmecken zäpfele
Korkengeruch Zapfeguu
Korkenzieher Zapfezie'er
Korn (Getreide) Frùcht, Kòòrn
Korn (des Gewehrs) Mùgg
Kornblume Kòòrnnäägeli
Kornelia Kòni
Kornelkirsche Dierli, Dierlibaum

Korporal Kòòrbis
korpulent fèscht
korrekt faadegraad
Korridor Gang
koscher kauscher, kooscher
kosen schmuuse
kostbar kèschtlig, kòschber
Kostbarkeit Kòschberkait
Kosten Kèschte
kosten (Geschmack prüfen) bròbiere, versueche
Kostenpunkt Kòschte
Kostgänger (Plur.) Kòschtlyt
köstlich delyzioos, kèschtlig, kòschber
Kostprobe Bròbiererli, Versuecherli
kostspielig kèschtlig
Kostüm Gòschdyym, Gòsdyym
kostümieren verglaide
kostümierte Frau Mässgli
kostümierter Mensch Massge
Kostümkiste Scharaadekischte
Kot Drägg
Kot (fäkal) → Exkrement
Kot fallen lassen (von Tieren) bèllele, beenle, hyffele
Kotelett Gòtlètte
Köter Baschter
Kotflügelverlängerung Spritzlääder
krabbeln graable, graagle, gramsle, groodle, gròpple, gruppe, wùùsele
Krach Grach
krachen grache, groose
krächzen gwaagge
Kraft Graft, Schmalz
Kräfte messen grafte
kräftig essen bèlze, byyge, hinderebyyge, yyhängge, yynebyyge, yynedrùgge, yyneschòppe, yyphagge, mòschte, spachtle
kräftig trinken biirschte,

draaschitte, gillere, leete, lùùdere, phichle, suffe
kraftlos waan
Kragen Graage, Grips
Kragen (getrennter) Fooggòl
Kragen (mit Krause) Gämpli
Kragenknopf Graagegnèpfli
Krähe Graaie, Gwaagg
krähen graaie
Krähenfüsse Graaiefiess
Kralle Graaiel, Gralle
krampen grampe
Krampf Grampf, Spanner
Kran Graan
krank grangg
kränkeln gniempe
kränken byggiere, dùpfe
Krankenkasse Kasse
Krankenschwester Schwèschter
Krankenzimmer Granggestùùbe
Krankheit Grangged, Syychi
kränklich bräschthaft, grèngglig, gschmäggerlig, säärbelig, schmäggerlig
kränklicher Mensch Grùft, Rääbel, Säärbel
kränkliches Kind Griftli, Zääserli
Kranz Granz
Kränzchen Gränzli
Kratten Gratte
kratzbürstig rääs
Kratzeisen (für Schuhe) Schaaryyse, Schòòryyse
kratzen glyyble, gnyyble, gratze, grätzerle, gritze
kratzen (mit Kralle oder Fingernagel) grääble
Kratzer Grääbel[1], Gritz[1], Higg
Kratzfuss Scharaboonis, Schareboonis, Schaaris
Kratzwunde Grääbel[1]
Kräuel Graaiel
kraus gruus

kräuseln gryysle, gruusle[1],
   schäärle, wällele
Kräuselschere Schäärlyyse
krausen gruusle[1]
kraushaarig rùùbelig
Kraut Grut
Kraut, eingelegtes Gùmpischt
Kräuterfrau Gryterwyybli
Kräuterschnaps Gryter,
   Gryterschnaps
Kräutertee Gryterthee
krautig grutig
Krawatte Grawatte, Masche
Krebs Gräbs
Kreide Gryyde
kreidebleich gryydeblaich
kreideweiss gryydewyss
kreidig gryydig
Kreis Grais, Rùndùmmel
Kreisel Sùùri
Kreisel, mit ~ spielen sùùrele
Kreissäge Grais'säägi
Krempel Grämpel
krepieren (zugrunde gehen)
   verrääble
Kresse Grèssig
Kreuz Gryz
Kreuz, Blaues Blaugryz
Kreuzstich Gryzlistich
kreuzweise gryzwyys,
   iberèggs
kribbelig griibelig
kribbeln gramsle
kriechen grääsme, gròpple,
   gruppe, schlieffe
Krieg Grieg
kriegen griege
Kriegsfuss Griegsfuess
Krimskrams Giggernillis,
   Grippisgrappis
Kringel Ringli
Krinoline Gryynòlyyne
Krippe Gripfe, Grippe
kriseln gryysele
kritiklos glauben phagge
kritisieren, vernichtend
   verrysse, verrùpfe

kritteln gryttele, grytle,
   näggele, niggele
Kritzelei Gritzlede
kritzeln gritzle, kaafle
Krone Groone
Kronenkorken Dèggeli
Kronleuchter Lüschter
Kropf Gròpf
Kröte Gròtt
Krücke Grùgge
Krug Grueg, Gruuse[2], Haafe
Krümel fallen lassen
   breesmele
krümelig breesmelig,
   broosmelig, broosmig
krümeln breesmele, broosme
krumm grùmm, ùn'graad
Krüppel Grippel
krustig rämpfig
Kübel Gèlte, Kèssel, Kiibel
Küche Kùchi
Kuchen Kueche
Kuchen, flacher Waaie
Kuchenblech Blääch,
   Kuecheblääch
Küchenkleidung Kùchimùtz
Küchenlampe Ampele
Küchenlappen
   Abwäschlùmpe,
   Kùchilùmpe
Küchenmädchen
   Kùchimaitli,
   Kùchitschùmpel
Küchenregal Kùchischaft
Küchenschabe
   Schwoobekääfer
Küchenschelle (Pflanze)
   Kùchischälle
Küchenschrank Känschterli,
   Kùchikänschterli
Küchenschürze Kùchischùùrz
Kuchenteig Kuechedaig
Küchentuch Diechli,
   Kùchidiechli
Küchenwaage Kùchiwoog
Küchlein backen kiechle
Küchlintheater Kiechli

Kuckuck Gugger, Guggugg
Küfer Kieffer
Küferschürze Kiefferschùùrz
Kugel Kùùgele
kugeln kùùgele
kugelrund kùùgelerùnd
Kugelschreiber Griffel
Kuh Kue
Kuh, erstmals kalbende
   Èèrschteli
Kuhdreck Kueflaade,
   Sùnnekiechli
Kuhfell Kuehut
Kuhglockenriemen
   Schällehalsband
kühl frèschtelig, frisch,
   kaltlächt, kiel, kiellächt
Kühle Kieli
kühlen kèlte, kiele
Kühlschrank Yyskaschte
kühn rabiaat
Küken Byppeli
kullern rùùgele
Kümmel Kimmi
Kümmel, wilder Ròsskimmi
Kümmelbrötchen
   Kimmiwèggli
Kümmelkuchen
   Kimmikueche
kümmerlich kimmerlig,
   säärbelig
kümmerlicher Mensch
   Dingeli, Gniempi,
   Kùmmerfùùrz, Nyteli,
   Rääbel, Säärbel, Sprysse
kümmern, sich sich gheie
Kumt Kümmed
Kunde Kùnd
Kundenhaus Kùndehuus
kündigen kinde
Kunkel Kùnggele
Kunst Kùnscht
Kunsteisbahn Kùnschti
Kunsthalle-Restaurant Heeli,
   Kùnschtheeli
künstlich kinschtlig
künstlicher Wasserlauf

Dyych

Kunstmaler Hèlgemooler,
Kùnschtmooler
kunstvoll kinschtlig
Kuppe Gùpf
Kürbis Kiirbis, Kiirbse
Kurdirektor Kuurdiräggter
Kurhaus Baad
Kurhaus mit guter Küche
Frässbeedli
Kurort Frèmdeblätz
Kurpfuscher Gitterlidòggter,
Gitterlischwängger
Kurs Kùùrs
Kursbuch Faarteblaan,
Yysebaanbiechli
kursieren ròlliere
Kurt Kùttle[1]
Kurve Booge, Kèèri, Rangg
Kurven machen ränggle,
ringgle
kurz kùùrz
kurz (Hose) boodeschyych
Kürze Kiirzi
kurze Ledergamasche
Gaisseveegler
kurzes Haar Biirschte
kürzlich lètschthi, lètschti,
lètschtli, vergange,
verwiche
kurzum affäng, brèff, ytem,
ytäm
Kusine Bääsi,
Gschwischtertikind,
Guusyyne
Kuss Mùtz, Schmùtz[1]
Küster Siigrischt
Küsterhaus Siigrischtehuus
Kutschbock Bògg
Kutsche Dròtschge, Gutsche,
Schääse
Kutscher Dròtschgjee,
Gutschner
kutschieren gschiire,
gutschiere, rèssle
Kutteln Kùttle[2]
Kuvert Aamelòppe

L

Laborant Gitterlischwängger
laborieren ùmmebòòrze,
ùmmemache
lächeln schmèllele
Lachen, endloses
Giigelisùppe
lachen giigele, kittere,
kùttere, pfùpfe
lächernd lächerig
Lachkrampf Fuuryyr
Lachs Laggs, Salm
Lachs, männlicher Hoogge
lackieren laggiere
Lade Laade[2]
Laden (Fensterladen,
Ladengeschäft) Laade[1]
Läden betrachten läädele
laden laade
Ladengeschäft Laade[1]
Ladenhüter Laadehieter
Ladung Laadig
Lafette Lafeete, Lafètte
Laffe Gaggelaari, Galèèri,
Gaali, Laaferi, Spritzer
lahm herumsitzen laamere
Laienturnier Grimpeldùrnier
Laken Lyylache, Lyynduech
Lakritze Bääredrägg
Lamm Scheeffli
Lampe Lampe, Pfùnzle
Lampenfieber Buuchwee
Landauer Schääse
Landesausstellung (1939)
Landi
Landjäger Landjeeger,
Länzgi
Landkarte Kaarte
ländlicher Frauenrock Jippe
Landpartie Bartyy
Landpomeranze Landai
Landstreicher Kùndi,
Schyyrebiirzler, Stroomer
Landstück, eingehegtes
Yyschlaag
Landungsstelle Ländi

lang lang, langlächt
Länge Lèngi
langer Kerl Gaali,
Käänelsuffer, lang Eeländ,
lange Fluech, lange Lieni,
Schlängge
langer Herrenmantel
Veedryybermantel
länger werden lange
längere Zeit Zytli
Langeweile Langizyt
langfädige Rede Schwaizi
langhaariger Hund Fluumer,
Stroossebùtzer
langsam arbeiten lyyre
langsam braten breeterle
langsam enden uusblampe
langsamer Esser Gänterli,
Männgeli
langsamer Mensch Doochte,
Grääze, Laama,
Laamaasch, Lamaaschi,
Lyyri, Pflaartsch, Schliirgi,
Schluuchi, Schluufi,
Schlùùrbi, Schnägg
langweilen aaeede, aagòggse
ampètiere
Langweiler Aidoon,
Kùmmerfùùrz, Laama,
Langwòtter, Langwuer,
Lyymsieder
langweilig lääderig,
langwyylig, verlaidig
Lappen Hùùdel, Lùmpe
Lärm Grach, Grampool,
Jùùdeschuel, Kèsslede,
Rùmpaus
lärmen grampoole,
rùmpuuse, spèdaggle,
spèggdaggle
lärmend läärmig
lassen loo, lòsse
Last Bùùrdi, Oonùs
lästerlich lèschterlig
Lästermaul Lèschtermuul
lästern hächle, lèschtere
lästig lèschtig, oodioos

lateinisch ladyynisch
Lateinunterricht Lati
Laterna magica
Ladäärnemaschygge
Laterne Ladäärne, Ladättere,
Ladittere
Laub sammeln laube
Laubsäge, mit der ~ arbeiten
laubsäägele
Lauer Luur
lauern luure, luschtere
laufen → rennen
laufend lauffig
Läufer Laiffer
Lauferei Glaiff
Laufgitter Stääli, Ställi
läufig laiffig
Laufsteg (über Bahngeleise)
Basserèlle
Laune Luun, Luune
Launen Mùgge
launisch luunisch
Laus Luus
Lausanne Loosan, Losaane,
Losanne
lauschen loose[1]
Lausejunge Bängel,
Luusangel, Luusbueb,
Luuser, Luuszapfe,
Luuszipfel, Malefyzbueb,
Saubueb, Strigg, Strytzi
Lausekerl Luuser, Luuskaib,
Luuskäärli
Lausemädchen Lùmpeditti,
Luusmaitli, Mätzli,
Saumaitli
lausig luusig
laut lut
Laute Lute
laute Stimme Drùmpeete,
Gälle
Läuten, wiederholtes
Schällerei
läuten lytte, schälle
lauter luter
läutern lyttere
Lautstärke Lytti

Lavabo Brinnli
leb wohl aadie, lääb wool,
salü, tschau
Leben Lääbe
leben lääbe
leben, haushälterisch huuse,
luege, rächne
leben, liederlich lòttere
lebend lääbig
lebendig lääbig
Lebensart Lääbesaart
Lebenslauf (an Leichenfeier)
Phèrsònaalie
Lebensmittel Lääbesmittel
Lebensmittelhändler
Spèzierer
Lebensweise Läbtig
Lebenszeichen Lääbeszaiche
Lebenszeit Läbtig
Leber Lääbere
Leber (als Speise) Lääberli
Leberreim Lääberväärs
lebhaft lääbig, nuefer, wyff
Lebkuchen Läbkueche
Lebkuchen (gefüllt) Biiber
Lebtag Läbtig
lechzen lächzge
leck sein rinde, saiche
lecken lägge, schlägge
lecker glùschtig, schmäggig
Leckerbissen Schlägg
leckeres Gericht Blättli,
Glùscht
Leckerli Läggerli
Leckermaul Siessmuul
Leder Lääder
Lederfeile Lääderfyyli
Ledergamasche, kurze
Gaisseveegler
ledern läädere, lääderig,
läädrig
leer daub, läär
leer essen abässe
Leere Lääri
leeren lääre
Lefze Läffzge
legen due, leege

Legrand (Name) Leegrand
Lehen Lääche
Lehenmattstrasse
Läächemattstrooss
Lehm Laim, Lätte
Lehm, mit ~ spielen dòòrge
Lehmgrube Laimgruebe
lehmig laimig, lättig
Lehmklumpen Laimbòlle
Lehne Lääne
lehnen lääne
Lehnstuhl Footèl,
Groossvattersässel,
Groossvatterstuel,
Läänsässel, Sòòrgestuel
Lehre Lèèr, Stifti
lehren lèère
Lehrer Lèèrer, Nooteschysser,
Schuelmaischter
Lehrerin Lèèrere, Lèèrgòtte
Lehrerspielen Lèèrerlis
Lehrerzimmer Lèèrerstall
Lehrgeld Lèèrgäld
Lehrling Lèèrbueb, Stift
Lehrmeister Lèèrmaischter
Lehrstelle Lèèrstèll
Lehrzeit Lèèr, Stifti
Leib Lyyb
Leibchen Lyybli
Leibeskräfte Lyybesgrèft
Leibspeise Lyybspyys
Leibung Lyybig
Leibwäsche Lyybwèsch
Leiche Lyych
Leiche, nach ~ riechen
lyychele
Leichenfeier Abdanggig,
Lyych
Leichenpredigt Lyychereed
Leichenschmaus Grèbtässe,
Lyychemeeli
leicht lyycht
leicht braten breetle
leicht erwärmen iberschloo
leicht kochen (intr.) kècherle
leicht rauchen raichle
leicht schlafen dùùsle,

ninnele, nùnnele, pfyyserle,
schleeffele
leicht schneien schneiele
leicht stampfen stämpferle
leichte Zigarre
Kòmfermazioonsstùmpe
leichter Biss Bigg
leichter Schlaganfall Birierig,
Straiffig
leichter Wein Juchzger
leichter werden lyychtere
Leichtheit Lyychti
Leichtigkeit Lyychtigkait
leichtlebig lyycht
leichtsinniger Mensch
Flùùdribùs
Leid Laid
leid tun duure[2]
leiden lyyde
leidlich bassaabel
Leier Lyyre[1]
Leierkasten Draaiòòrgele,
Lyyrekaschte
Leierkastenmann
Èèrgelimaa, Èèrgelimännli,
Lyyremaa, Òòrgelemännli,
Òòrgelimaa
leiern lyyre
leihen bùmpe[3], leene, lyyche
Leim Lyym
leimen lyyme
Leimental Laimedaal
Lein Lyyn
Leine Laine, Lyyne[3]
Leinen Lyyne[1]
leinen lyyne, lyynig
Leinenstoff Lyyne[1]
Leinenzeug Lyynigs
Leinsamen Lyynsoome
Leintuch Lyylache,
Lyynduech
leise lyyslig
leise atmen schnyyfele,
schnyyferle, schnyffele,
schnyfferle
leise gehen dyyche, dyychele,
dyysele, dyssele

leise knacken groosele,
groosle
leise schimpfen brùttle,
grùmse
leise zischen pfyyserle
Leiste Lyschte[1]
Leisten Laischte
leisten laischte
Leistenbruch Lyschtebrùch
Leistung Laischtig
leiten laite
Leiter Laitere
Leiter (eines festlichen
Anlasses) Dätschmaischter
Leitersprosse Saigel, Spròsse
Leiterwagen Laizgi
Leitfaden Gängler, Gänglig
Lendenfleisch Lùmmel
lenken laite, rängge, rängglе,
wyyse
Leonhard Lienert, Lieni[1]
Leonhardskirche
Lienertskiirche
Leonhardsschule
Lienertsschuel
Leonhardsstrasse
Lienertsstrooss
Leonie Looni
Leopold Bòldi
lernen lèère
Lesebuch Lääsibuech
Lesegesellschaft
Lääsgsèllschaft
lesen lääse
lesen, falsch sich verlääse
Leseratte Lääsratz
Lesetischchen Lyseese
Lesezeichen Buechzaiche
Lettner Lättner
letzt lètscht
letzte Zeit Lètschti
letzthin lètschthi, lètschti,
lètschtli, vergange, verwiche
letztjährig fäärndrig
Leu Lai[1], Lai[2]
Leuchte Lyychte, Liecht
leuchten lyychte, zinde

Leuchter Lyychter
Leuchtkäfer Schyynwiirmli
leugnen laigne
Leumund Lyymed, Rueff
Leute Lyt
Leute, vornehme Hèèrelyt
Leuteschinder Lyteschinder
Leutnant Lèfti, Lifzger,
Lytenant, Lytnant
leutselig frein, freen, gmain
Levkoje Pfingschtnäägeli,
Vyeenli
Libelle Wasserjùmpfere
Licht Liecht
lichten liechte
Lichtschere Abbrächi,
Liechtbrächi,
Liechtbùtzschäär
lieb lieb
Liebe Liebi
liebeln schmuuse
lieben gäärn haa, meege
liebenswürdig scharmant
Liebeskummer
Seeleschmätter
Liebesverhältnis Affääre,
Gschlaiff, Gschlaigg,
Gschlaipf
liebkosen dätschle, gnùttle,
nuudle, vernuudle
Liebkosung Ääli
Liebling Schnugge
lieblos ùn'gattig
Liebste Gspuusi, Schatz
Liebster Hòlderstògg,
Liebschter, Schatz,
Staubsuuger
Lied Kantùs, Lied
Liederbuch Gsangbuech,
Kantùsbriigel, Liederbiechli
liederlich liederlig, liedrig,
windig
liederlich leben lòttere
liederlicher Kerl Fingg,
Lòtterbueb, Lùmp,
Schlyffer
Liedertafel (Chor)

Liederdaafele
liefern liifere
liegen liige
liegend liiglige
Liestal Lieschtel
Liestaler Lieschtlemer
Liftboy Liftjee
Liguster (schwarzer)
Dintebèèri
lila lyylaa
Lilie Ilge
Lina → Karoline
lind lind, lyys
Linie Lyynie
link lingg
links linggerhand, linggs
Lippe Làffzge
Lisa Lyysi
Lisette Sètti
lispeln glyschperle
Liste Lyschte², Roodel
listiger Mann Fyynèss,
Fyynoo
Litanei Lyyre, Lyyrede,
Lyyrerei
Litermass Juchzger
Litze, borstige
Biirschtlinèschtel
loben rieme
Loch (durch Mottenfrass)
Schaabelòch
lochen lèchle, lòche
Locke Lògge
Locke, spiralige
Zapfezie‘erlògge
locken spienzle
locker lùgg
lodern läädere, lälle
Löffel Lèffel
**Löffel (als Geschenk
der Patin)** Gòttelèffel
löffeln lèffele, lèffle
Loge Loosche
Lohe (Feuer) Lälli
Lohe (Gerberlohe) Lau
Lohn Ghalt, Zaaldaag, Zapfe
lohnen, sich derwäärt syy,

rentiere
lokalisieren aanedue
Lokomotive Lòggi
London Lònde
Londoner Lòndònner
Lörrach Lèèrach, Lèèrch
Los ziehen loose²
los sein absyy
löschen abzinde, lèsche,
uuslèsche, uusmache
Löschhütchen Lèschhèèrnli,
Lèèschhietli
Löschpapier Fliessbapyyr,
Fliessblatt
lose lòtterig, lùgg
lose sein lètterle, lòttere
lose Türklinke Lòtterfalle
lose werden loo, lùgge
lösen leese
loslösen, sich abgoo
Losung Loosig
Lösung Leesig
Losungsbüchlein
Loosigsbiechli
loswerden abbringe
löten leete
Lötkolben Leetkòlbe
Lotte Lòtti
Lotterie Verloosede
lötterlen lètterle
Löw (Familienname) Lai²
Löwe Lai¹
Löwenmaul (Blume)
Haasemyyli, Laiemyyli
Löwenzahn Laiezaan,
Pfafferèèrli, Saichblueme
Seiblueme, Stinggblueme
Löwenzorn (Restaurant)
Laiezòòrn
Lücke Lùgge
Lückenbüsser Lùggebiesser
Luder Lueder, Luenz
Ludwig Lùùdi, Luui
lüften lùfte, verlùfte
luftig lùftig
Luftikus Flùùdribùs,
Gheidinyt, Gheiminyt,

Gheiminitdrùm, Lùftibùs
Lüge Lùùg
lügen liege
Lügenwerk Luugizyyg
Lügner Lùùgi, Lùùgibeeter,
Lùùgikaib, Lùùgisiech,
Lùùgizapfe, Lùùgizipfel
Luise Luggi
Lukas Lùx
Lukastag Lùxedaag
Lump Hùùdel, Lùmp
Lumpen Hattle, Lùmpe
Lumpenliedchen
Schnooggeliedli
Lumpenpack Hùùdelphagg,
Hùùdelwaar, Lùmpephagg
Lunge Bloosbalg, Bùmpi
Lungentuberkulose
Uuszèèrig
Lupe Luppe
Lust Glùscht
Lustbarkeit Fuer, Gaudi,
Gùùgelfuer
lüstern glùschtig
lüstern sein glischtele,
glischtle, glùschte
lüstern zuschauen guene
lustig glatt, glùnge, lèssig
lustiger Mensch Nuudle¹,
Wùùrzle
Lüstling Glischteler,
Glischtler, Glùschti
lustlos essen byppele,
mänggele
Lustschloss Schlèssli
lustwandeln sich erlùschtiere
Lutschbonbon Dääfeli
lutschen lùlle, schlòtze,
syggele, suggele
Luzius Luzi
Lydia Lyydi

M

machen due, mache
Machenschaft Grampf, Spiili

Mädchen Gryte, Kääfer, Katz, Maitli, Schaab
Mädchen (pej.) Ding, Myggeli, Zischgeli
Mädchen, aufgeschossenes Gaagle
Mädchen, dummes Baabi
Mädchen, eingebildetes Daigaff, Gäggsnaase, Graasaff
Mädchen, eitles Fratz, Graasaff
Mädchen, frauliches Wyybli
Mädchen im Schutzalter Keefigflaisch
Mädchen, junges Hääsli, Maitli, Myysli
Mädchen, kleines Gròtt, Grèttli, Jimpferli, Myysli
Mädchen, verzärteltes Ditti, Fyynzeli, Mammeditti, Mueterditti
Mädchen, zimperliches Bappedipfi, Dipfi, Fynèttli, Zimperyynli, Zipperdryynli, Zipperyynli
Mädchengymnasium Affekaschte, Dèchterschuel
Mädchenkleid Règgli
Mädchenpensionat Lèffelschlyffi
Magd Bònne, Dienschtbolze, Dienschtmaitli, Magd, Maitli
Magdalene Leeni
mägdehaft mägdisch
Magen Byppeligòttsagger, Bùschbi, Maage, Schluuch
mager maager, raan, spitzig
magerer Mensch Baihuus, Gripp, Gstèll, Lauchstängel, Rämpel, Spränsel, Spränzel, Stange
Magerkeit Meegeri
mähen maaie
Mahl Meeli, Mool[1]
mahlen maale

Mahlzeit, reiche Dischgrachede
Mai Maie
Maibaum Maiebaum
Maiglöckchen Maiebliemli, Maieglèggli, Maieryysli
Maikäfer Maiekääfer
Mainachtsbummel Maiekuur
Mais Diirggekòòrn, Mais[1]
Majoran Maieraan
mäkeln räggele
Mal Mool[2]
Malbuch Moolbiechli
malen moole
malen, spielerisch meelele, meelerle
Maler Mooler
Malerin Moolere
Malkasten Moolkaschte
Malve Stòggroose
Mama Mamme
mampfen mampfe, mampfle, mùmpfle
man me
manch männg
mancherlei huffenerlai, männgerlai
Manchestertuch Riibelisammed
manchmal männgmool
Mandel Mandle
Mangel (Wäscherolle) Mangi
mangeln fääle, mangge, manggiere, mangle
Manieren (gute) Kinderstùùbe, Maniere, Mòòrees, Mòòris
manipulieren, ungeschickt dèèrle
Mann Maa, Keebi, Siech
Mann, ahnungsloser Waisebueb
Mann, alter Bappeli, Däppeli, Datteri, Glitteri, Gnäggi, Gracher, Grätti, Grauter, Gruter, Mannli, Pfriender, Zitteri

Mann, böser Beelimaa, Giftschysser
Mann, dicklicher Pfluumebòppi
Mann, dummer Bèttiger, Dùùbel[1], Laalebùùrger, Laali
Mann, geiler Bògg, Hängscht, Mùùni, Rammel
Mann, gemeiner Fingg, Sèggel
Mann, junger verliebter Bussierstängel
Mann, liederlicher Fingg, Schlyffer
Mann, listiger Fyynèss, Fyynoo
Mann, potenter Bèttkeenig
Mann, schlurfender Schlùùrbi, Tschienggi
Mann, starker Brätscher, Fätze, Kaschte, Mùùni, Vòòrschlaaghammer, Walchi
Mann, streitsüchtiger Grachbrueder, Lämpesämmi
Mann, unreifer Dryybel, Schnuufer, Schnuffer, Spritzer
Mann, zudringlicher Doopi
Männchen Männli, Manòggel, Mansgòggel
männliche Geschlechtsteile Ghängg, Gmäch, Sèggel
männlicher Lachs Hoogge
Mannsperson Mannevòlgg
Manöverkritik Bäärgbreedig
Märchen Määrli
Märchenbuch Määrlibuech
Margarete Greedeli, Greedi[2], Greet, Greeti, Grytli[2]
Maria, Marie Maaryy, Meieli, Meili, Myggeli, Myggi
Marienkäfer Jeesùskääferli, Maryyekääferli

Marienkirche Maryyekiirche
Marke Maargge
Markgräflerwein
Maargg'greefler,
Maargg'greeflerwyy
Markgrafschaft Baden
Maargg'groofeland
Markise Stòòre
Markt Määrt[1]
Märkt Määrt[2]
markten jiidele, määrte,
ranze
Marktfrau Määrtfrau,
Määrtwyyb
Marktplatz in Basel Määrt
Marmel Ainerli, Bètschli,
Bleimääre, Bleimätz,
Bòòrbele, Bòtsch, Bùmmi,
Glùgger, Laimbòlle, Leemi,
Määre, Määrmeli,
Mètzgerli, Staalmääre,
Zwaierli
Marmeln, mit ~ spielen
bètschle, glùggere, lèchle
Marmelspieler, erpichter
Glùggerjùùd
Marmor Maarmel
marode marood
Marrone Kèschtene
Marsch Maarsch, Waggel
Marschbefehl Ùffgibòtt
marschieren däppele,
marschiere, maschiere,
stiifle, uuszie, waggle
Martha Maarti[2]
Martin Maarti[1]
Martinsgans Maartisgans
Martinskirche Maartiskiirche
Martinstag Martyyni,
Maartisdaag
März Mèèrz, Mèèrze
Märzbecher Mèèrzeglèggli
Märzenglöckchen Ramsele
Masche (beim Stricken) Stich
Maschine Maschygge
maschinenschreiben
schryybmaschiinle

Masern Rootsùcht
Maske Laarve, Massge
Maskenball Massgebaal
Maskierter Bùtz[2]
Mass Määs, Moos
Masse, hingeklaschte Pflätter
Masse, schlüpfrige Gschliider
Massliebchen Maassbliemli
Mast Mascht
mästen mèschte
Match Matsch, Mätsch
Mathematikunterricht
Matee, Mati
Mathilde Dildi, Dùldi, Maiti
Matratze Madratze
Matsch Pflòtsch, Pflùtter
matschig pflòtschig,
pflùùderig, pflùtterig
Matthias Mattys
Mauer Muure
mauern muure
Mauersegler Spyyr
Maul Gòsche, Latz, Lòch,
Muul, Rèère, Schnùùre
Maulaffen feilhalten laafere,
ùmenanderlaafere
Mäulchen Miffi, Myyli,
Schniffi
maulen muule
Maulkorb Muulkòòrb
Maulschelle Muulschälle
Maulwurf Schäärmuus
Maulwurffänger
Schäärmuuser
Maulwurfsgrille Wääre
Maurer Muurer
Maurerkelle Kèlle
Maus Muus[1]
mäuschenstill myyslistill,
mùggsmyyslistill
Mausefalle Muusfalle
Mäusekot Muusdrägg
Mauserung Muus[2]
Max Mègge
Medaille Medallie
Medikament, tropfenförmiges
Drèpfli

Meer Mèèr
Meerrettich Mèèräätig
Meerrohr Datzestägge,
Mèèrrèèrli
Mehl Määl
Mehl, feines Bòll, Bòllmääl
Mehlbrei Määlbappe
mehlig-trocken mampfig
Mehlkleister Määlbäppli
mehr mee, mèèr
Meier (Name) Maier, Maise[2]
mein myy, my
meineidig mainaidig
meinem mym
meinen sich yybilde, maine
meinen (Dat. Plur.) myyne,
myne
meinerseits myynersyts
meines myys
meinetwegen myynedwääge,
miiraa, wäägemyyne,
wäägemiir
Meinung Mainig
Meise Maise[1]
Meissel Maisel, Maissel
meisseln maisle, maissle
Meister Maischter
Meisterin Maischtere
melden mälde
Meldung Mäldig
melken mälche
Melone (runder Herrenhut)
Gèggs, Gògg, Gòggs,
Kùùgelegiesser
Menge Huffe
Menge (sehr kleine) Ydee,
Ydeeli
Mensch Hut, Meebel,
Mèntsch, Mòòrchle,
Nùmmere
Mensch (pej.) Kuefiidle,
Nùmmere
Mensch, aufgeregter Stiirmi,
Stiirmikaib, Stiirmisiech
Mensch, bequemer
Baschteete, Pflaartsch,
Pflutte

Mensch, bettelnder
Bättelsagg

Mensch, bleicher Määlsiech

Mensch, dicker Bòlle,
Brògge, Diggsagg, Fass,
Fässli, Mògge, Mùtti, Ool,
Pflutte

Mensch, dummer Diibidääbi,
Dùùbel, Hòòrnòggs, Kalb,
Kue, Nool, Tschooli,
Tschuudi, Tschùmpel,
Wäbstiibeler

Mensch, eigennütziger
Aigenùtz

Mensch, eigensinniger
Sètzgrind, Sètzkòpf,
Stèggꞌgrind, Stèggkòpf
Stieregrind, Stierkòpf,
Zwängꞌgrind, Zwängi,
Zwängkaib, Zwängkòpf

Mensch, frostempfindlicher
Gfrèèrli

Mensch, furchtsamer
Fèèrchtibùtz

Mensch, garstiger Èggel,
Gryysel, Hòòròòr

Mensch, gescheiter
Kiircheliecht, Liecht

Mensch, glattgeschorener
Schòòreniggel

Mensch, hartherziger
Aarmelyteblooger,
Aarmelyteschinder

Mensch, hässlicher
Faschtewaaiegstèll,
Guzghyyr, Nùssgipfel,
Nùssgipfelbòschtuur,
Ùnꞌgschueff,
Voogelschyychi

Mensch, hastiger Jùùfli,
Schùtzgatter, Schùtzgattere

Mensch, heimtückischer
Dyychi, Haimdùgg

Mensch, hochnäsiger Mipfi

Mensch, jähzorniger
Fyyrdeifel, Zòòrniggel

Mensch, jammernder

Joomergrääze

Mensch, kleiner Boodesùùri,
Myggerli, Pfùmpf,
Ryggerli, Zwùggel

Mensch, kostümierter
Massge

Mensch, kränklicher Grùft,
Rääbel, Säärbel

Mensch, kümmerlicher
Dingeli, Diirligyyger,
Kùmmerfùùrz, Nyteli,
Rääbel, Säärbel, Sprysse

Mensch, langsamer Doochte,
Grääze, Laama,
Laamaasch, Lamaaschi,
Pflaartsch, Schliirgi,
Schluuchi, Schluufi,
Schlùùrbi, Schnägg

Mensch, leichtsinniger
Flùùdribùs

Mensch, lustiger Nuudle[1],
Wùùrzle

Mensch, magerer Baihuus,
Gripp, Gstèll,
Lauchstängel, Rämpel,
Spränsel, Spränzel, Stange

Mensch, mürrischer
Brùmmli, Kùmmerfùùrz,
Kùùrbel, Muuchi, Mùnggi,
Nyydibùtz, Rùmpelsùùri,
Sùùrimùggel, Suurriibel

Mensch, neugieriger
Wùnderfitz, Wùndernaase

Mensch, reicher Gäldsagg

Mensch, schwachsinnger
Dòtteli, Drimpi,
Wäbstiibeler

Mensch, sentimentaler
Schmalzdaggel

Mensch, starker Brògge,
Kaschte, Mògge, Ròss

Mensch, tantenhafter Dante

Mensch, tapsiger Doopi

Mensch, trödelnder Bleeterli,
Duudelsagg, Schlùùrbi

Mensch, überkluger
Wyyshaitsbiggse

Mensch, unerschütterlicher
Fèlse

Mensch, ungekämmter
Hòòreiel

Mensch, ungelenker
Gstaabli, Stògg

Mensch, ungeschickter
Dildapp, Doopi, Dòòrse,
Dòtsch, Guetschigg,
Hautsch, Hòlzbògg

Mensch, unhöflicher Bòlle

Mensch, unmöglicher
Ùnmoog

Mensch, unordentlicher
Schlampi

Mensch, unruhiger
Fäägnäscht,
Fùùrzhaschpel, Gaagli,
Gischpel, Hùmmele, Sùùri,
Wischpel, Zaabli,
Zwaschpel

Mensch, unsauberer
Dräggsagg, Dräggsau,
Mischtfingg, Schmùùsli,
Schweiniigel

Mensch, verweichlichter
Stùùbepflutte

Mensch, wählerischer
Maischterloos

Mensch, wortkarger Aidoon

Mensch, zudringlicher Zägg

menscheln mèntschele

Menstruation Raane,
Schnyyder, Wyyberzyyg,
Zyyg

Menuett Minuètt

Merian (Name) Mèèriaa

Meringe Mèèräng

merken erligge, schmègge,
spanne

Merkzettel Zeedeli

Messe Mäss

messen mässe

Messer Gutti, Guttòggel,
Mässer

Messerbänkchen
Mässerbänggli

Messgefäss (Mass) Määs
Messing Drùmpeetegòld,
　Gääl, Glaihyynigergòld,
　Mèsch
messingen mèsche, mèschig
Metall,
　nach heissem ~ riechen
　singgele
Metallbrocken Massle
Meteorologe Wätterfrèsch,
　Wätterfròsch
Metermass Santimeeter
Metze Mätz
Metzger Banggmaischter
mich mii, mi
Mieder Mieder
Miene Luegi
Miene, feiertägliche
　Sùnntigsgsicht
Miene, mürrische
　Zwanzigabachtimuul,
　Zwanzigabachtischnùùre
Miescher (Name) Mùschle²
Miete Miet, Mieti
Mieter (Plur.) Huuslyt
Mietzins Mieti, Zins
Milch Milch
Milch mit eingebrocktem Brot
　Milchmèggeli, Milchsùppe
Milchgefäss, flaches Gèbse
Milchkaffee mit Brocken
　Kaffi Guulasch
Milchmann Milchmaa
Milchreis Ryysbappe
Milchschorf Riifebaart
Milchtopf Milchhaafe
militärisch avancieren
　wytermache
Militärmusikkorps Spiil
Militärpost Fäldbòscht
Militärrichter Veielètte
Milken Milchli
Milkenpastetchen
　Raagubaschteetli
Million Mylioone
Milz Milz, Milzi
mindest mindescht

mindestens oobenewägg
Mindestgebot Uusrueff
Mineralwasser
　Bleeterliwasser,
　Glitterliwasser,
　Gèèrpsliwasser,
　Grälleliwasser,
　Gritzeliwasser,
　Pfuusiwasser, Wässerli
Miniaturspielzeug
　(in Puppenstube)
　Deewyysli
Ministrant
　Bräämekèsselschwinger
mir mer, miir, mir
mir nichts, dir nichts
　miir nyt, diir nyt
Mirabelle Zùggerpflyymli
mischen meliere, mischle
Mischerei Mischlede
miserabel hùndshäärig,
　myseraabel
Mispel Mischple, Näschple
Missgeschick Ùn'gfèll,
　Ùnschigg
Missgestalt Gnòòrz,
　Ùn'gschueff
Missgunst Vergùnscht
missgünstig fueternyydig,
　verginschtig
Missheirat Meesaliangse
Missionsfest Gnèpflischiesse
Missionsfestteilnehmer
　Gnèpflischitz
Missionskollekte
　Halbbatzekòläggte
misslingen abverheie,
　abverrègge,
　dernääbegroote, fääle,
　ùmstoo, vergroote verrègge
missmutig grättig,
　maaslaidig, nyydig
missraten → **misslingen**
missratenes Gebäck Gnòòrz
misstönend schäärbelig
Mist Mischt
misten mischte

Mistgabel Mischtgaable
Misthaufen Mischt,
　Mischthuffe
Mitbringsel Bhaltis, Groom
Mitbringsel (von Herrenessen)
　Drachefueter
Mitbringsel (von Reise)
　Raisgroom
miteinander midenander
mitkommen
　(Tempo einhalten)
　noochekoo
Mitleid Biduure, Mitlyyd
Mittag Midaag
Mittagessen Immis,
　Immisässe, Midaagässe,
　Zimmis, Zimmisässe,
　Zmidaag, Zmidaagässe
Mittagsgeläute Midaaglytte
Mittagsschläfchen
　Mèèridiènnli,
　Midaagschleeffli
Mitte Mitti
mitteilen uusrichte
mitteilen, formell aasaage
mitteilen lassen dùùreschigge
mittellos gnippelstier,
　gnòchestier, gnòpfstier,
　stier
mittelmässig dùrzooge
mitten zmitts, zmittse
mittendrin zmittsdrin
mittendurch zmittsdùùre
Mittwoch Mitwùche
Miville (Name) Meewyl
Möbel Meebel
Möbelwagen Ziigelwaage
Möchtegern Glischteler,
　Glùschti
Mode Moode, Syychi
Model Moodel
Modell Mòdäll
modeln moodle
Modepüppchen Moodeditti
Modeströmung Moode
Mogelei Bschiss
mogeln bschysse

mögen meege
Mogler Bschysser, Bschyssi, Bschysskaib, Bschyss'siech
möglich meeglig, miiglig
möglicherweise amänd, èppe, zlètschtamänd
Mohn (Gartenmohn) Magsoome
Mohn (wilder) Kòòrnroose
Moment Mòmänt
Monat Mooned
Mönch Glooschterbrueder, Mènch, Minch
Mond Moond
Mondsichel Sichelimoond
Monstre-Trommelkonzert Drùmmeli, Mònschter
Montag Määntig
Montur Mùntuur
Moos Miesch
moosig mieschig
Mop Fluumer
Moped Dèffli, Dòffli, Fùùrzhaschpel, Grischteverfòlger, Pflueg, Pfùpfer, Sagg'gäldvergaaser, Zittersau
Morchel Mòòrchle
mörderisch mèèrderlig
Mörderspiel Mèèrderlis
Morgen Mòòrge
morgen mòòrn
morgen früh mòòrndemòòrge
Morgenhaube Gòggele
morgens demòòrge
Mörser Mèèrsel, Mèèrser, Miirsel
Most Mòscht
Most, zu ~ verarbeiten vermòschte
mosten mòschte
Motorfahrzeug Kaare, Rätterkischte
Motorrad Dèff, Dòff, Glèpfdròtschge,

Mòtòòrweeloo, Stuel, Zittersau
Motte Schaab
Mottenkiste Schaabekischte
moussieren bleeterle, grällele, pfyyserle, pfuuse
moussierend pfuusig
Möwe Meewe
Mücke Mùgg
Mucken Luune, Mùgge
mucken muggse
Mucker Stindeler
Mucks Muggs
müde daig, duuch, fuul, halblääbig, mied
Müdigkeit Miedi[2], Miedsyy
Muff Stooss
muffeln miffele[2]
muffig niechtelig, verhòggt
muffig riechen miffele[1], mùffele
muffig riechen und/oder schmecken niechtele
muffiger Geruch Aarmelytegschmäggli
Mühe Mie
mühelos ring
Mühle Miili
Mühlespiel Miilistai, Nyynistai, Nyynizie, Nyyntelstai
Mühlstein Miilistai
mühsam gnòòrzig, haarzig, iibelzytig, miesaam
mühsam arbeiten bòòrze, gnòòrze, kaarschte, mòòrggse
mühsam gehen gniempe
mühsame Arbeit Biez, Bòòrzede, Bòòrzerei, Gibòòrz, Gluuberei, Gnuublede, Mòòrggs
Mulde Duele, Muelde, Muelte
Mülhausen Milhuuse
Müller Miller
Müller (Name) Miller,

Millere, Mùlle
Müllerin Millere
Mumps Mùmpf, Òòremyggeli
Münchenstein Minchestai, Minggestai
Mund Glappe, Gòsche, Muul, Rissel, Schnaabel, Schnaigge, Schnùùre, Sùppeschlitz
Mundart Dialäggt
munden gschmègge
Mundfäule Dùùrfyyli, Muulfyyli
Mundharmonika Muulòòrgele, Schnùùregyyge
mündlich mintlig
Mundportion Òrdynääri
Mundvoll Mùmpfel
Mund-zu-Mund-Beatmung Faaneniibergoob
Münster Minschter
Münsterhügel Bùùrg
Münsterplatz der Blatz, Minschterblatz
munter alèèrt, bùschber, käch, nuefer, ùffglèpft, zwääg
munteres kleines Kind Bintel
Münzgässlein Minzgässli
Münzstätte Minz
mürbe mùùrb
Mürbeteig mùùrbe Daig
Murks Mòòrggs
Murmel → Marmel
Murmeltier Mùngg
murren mùùre
mürrisch grättig, hässig, rùmpelsùùrig
mürrisch sein hässle, hòòrne, muuche
mürrische Miene Zwangzigabachtimuul, Zwanzigabachtischnùùre
mürrischer Mensch Brùmmli, Kùmmerfùùrz, Kùùrbel,

Muuchi, Mùnggi,
Nyydibùtz, Rùmpelsùùri,
Sùùrimùggel, Suurriibel
Mus Mues[1]
Mus, zu ~ verarbeiten
vermuese
Mus, zu ~ werden vermuese
Muschel Mùschle[1]
Musik Muusig
Musikant, fahrender
Diirligyyger
Musikantenknochen
Naarebainli
Musikgehör Muusig'ghèèr
Musikkorps Muusig
Musiknote Noote
musizieren fääge
Muskatnuss Mùschgednùss
Muskel Brootwèggli,
Myysli
Muskelkrampf Spanner
Muss (Pflicht) Mues[2]
Musse Wyyl[1]
müssen miese
müssig miessig
müssig umhergehen
schwanze
Muster Mùschter
Musterung (Militär)
Haabersaggwysyte
Mut Guraaschi, Muet
mutig guraschiert, muetig
Muttenz Mùttez
Muttenzer Mùttezer
Mutter Alti, Mamme,
Mueter
mütterliches Erbe
Mueterguet
Mutterschwein Mòòre
Mutterspielen Mammerlis,
Mämmerlis, Mieterlis
Muttersprache
Muetersprooch
mutwillig gimperig
Mütze Hùlle[2], Kappe
Mütze, flache Dällerkappe

N

nach no[1], nò, noo, nòch,
nooche, ùff
nach aussen uuseszue,
uusezue
nach hinten hindere
nach unten ùndere
nach vorn fiire
nach vorn drängen
fiiredrùgge
nachahmen noochemache,
uusmache, uusweie
Nachbar Noochber
Nachbarin Noochbere
nachdem nodäm, wo
nachdenken sich bsinne,
hiirne, noochedängge,
studiere
nacheinander nòchenander,
nonenander
nachfahren noochefaare
Nachfrage Noofroog[1]
nachfragen noochefrooge
nachgeben noochegää,
noogää
Nachgeborenes Noowùùsel
Nachgeburt Versyyferig
Nachgeburt ausstossen
sich versyyfere
nachgehen noochegoo
nachgerade efange
Nachgeschmack Nooguu
nachher dernoo, nooche
Nachkomme Nookùmme
Nachlass Noolòss
nachlassen (in der Leistung)
abgää, noocheloo, nooloo
nachlassen (Schmerz)
noocheloo, nooloo,
versùùre, versuuse
nachlässig
läggmeramaarschig,
liederlig, wùùrschtig
nachlässig angezogen lòtzig,
verlòtzt
nachlässig sitzen laitsche,

pflaartsche, pflùntsche,
pflutte
nachlaufen noochelauffe,
noocherènne,
noochespringe
nachlegen aaleege
Nachmittag Noomidaag
Nachnahme Noochnaam
Nachricht Bricht, Bschaid,
Nooricht
Nachrichter Schinder
Nachrücken Rùggede
nachschärfen abzie
nachschauen noocheluege,
nooluege
nachschieben (Brennmaterial)
noocheleege
Nachsitzen Strooffglass,
Stròffyzge
Nachsommer Noosùmmer
nächst (örtlich) neecherscht,
neechscht, nèggscht
nächst (zeitlich) näggscht
Nächstenliebe Nèggschteliebi
Nacht werden nachte
Nachtessen Znacht,
Znachtässe
Nachtgeschirr Bòtschamber,
Brùnzhaafe, Brùnzkachle,
Droon, Haafe, Nachthaafe,
Schysshaafe
Nachtgeschirr,
auf das ~ setzen hääfele
Nachthemd Nachthèmmli
Nachtigallenwäldchen
(Teil des ~ s) Nielewäldeli
Nachtisch Dèssèèr, Noodisch
nächtlicher Herumtreiber
Nachtbueb
Nachtmahr Dòggeli,
Schrätteli
nachts znacht
Nachtstuhl Nachtstuel
Nachttisch Nachtdischli,
Saichkùmoode
Nachttopf → Nachtgeschirr
Nachtwind Nachtlùft

nachweinen noochegryyne
Nachwuchs Jùùged
Nacken Ägge, Äggte, Guuge,
    Nägge, Näggte
nackt blùtt, naggedig
nackt herumliegen blittle
nacktes Kind Blu̱ttimuus
Nadel Noodle
Nadelbehälter Noodlebiggsli
Nadelberg Noodlebäärg
Nadelkissen Gùùfekissi,
    Noodlekissi
Nadelöhr Noodlenèèri
Nagel Naagel
Nagelfeile Naagelfyyli
nageln naagle
Nagelschmied Naagelschmiid
Nagelschmiede
    Naagelschmitti
nagen gnaage, kaafle
Näharbeit Naaiede
Nähe Neechi
nahe nooch
nahegehen noochgoo,
    ùffhaue
nähen naaie
nähen, unordentlich
    schnùùrpfe
näher neecher
Näherin Naaiere
nahezu noochzue
Nähkörbchen Faadekèèrbli,
    Naaikèèrbli
Nähmaschine Naaimaschiine
Nähmaschine, mit ~ arbeiten
    naaimaschiinle, maschiinle
nahrhaft maschtig
Naht Noot[1]
Naht (zur Verengung)
    Abnaaier
Nähtisch Aarbedsdisch
Nähzimmer Schaffstùùbe
Name Namme
Namenstag Nammesdaag
nämlich drùm, ebe, halt,
    nämli, nämlig
Napfkuchen Gùùgelhopf

Napoleon Napoolioon,
    Näppi
Napoleonstaler Napoolioon
Narr Naar, Naarebaschi, Ueli
Narrenkappe Naarekappe
Narrenposse Naarewäärgg,
    Naarezyyg
närrisch dippelsinnig,
    duubedänzig, näärsch,
    zipfelsinnig
närrisch tun naare
närrisches Kind Gauggeli
Narzisse Stäärneblueme
Näscher Schlägger, Schläggi
Naschwerk Schläggsache,
    Schläggzyyg
Nase Èèrgger, Käärnebigger,
    Kòlbe, Naase, Pfool,
    Rissel, Schmèggschyt,
    Wèntyyl, Zingge[1]
Nase, abgeplattete
    Dätschnaase
Nasenschleim Schnùùder
nasführen aabeloo, versèggle
nass mùtschlig, nass
Nassauer Myssioonsgascht,
    Wùùrschtrytter
Nässe Nèssi
nässen nèsse
nasses Wetter Pflòtschwätter
nasskalt tschuuderig
Nationalsozialist Naazi[2]
National-Zeitung Naazi[3]
Natur Naduur
Naturkundeunterricht
    Nuudle[2]
natürlich nadierlig,
    nadyyrlig, nadytterlig
Nebel Nääbel
nebeln nääble
neben nääbe
nebenan näbedraa, näbezue
nebeneinander näbenenander
Nebentischchen (für Kinder)
    Katzedischli
Nebenzimmer Nääbestùùbe
Nebenzimmer (im Restaurant)

    Sääli
neblig nääblig
necken fètzele, fètzle, fùggse,
    vèxiere, ziggle
Neffe Nèwee, Neewee, Nòwöö
Neger Nääger,
    Schwaarzwùùrzle
Negerkind Näägerli
Négligé Hùùrlimùtz
nehmen nää, nämme
Neid Nyyd, Vergùnscht
neidisch fueternyydig,
    nyydisch, schaluu
neigen hèlde
nein naai, nai, no̱i̱ò
Nelke Näägeli
Nepotismus
    Vètterliwiirtschaft
Nerv Näärve
nerven näärve
Nervensäge Säägi
nervös duubedänzig,
    gischplig, kääferig, närvees,
    närvoos, nèrvees, nèrvoos
Nessel Nèssle
Nesselausschlag Hächel,
    Hächler
Nesselfieber Nèsselsùcht
Nest Näscht
Nesthäkchen Näschthèpperli,
    Näschthòpper
Nesthocker Näschthòpper
nett gattig, nätt, syyferlig
neu frisch, nei
Neue Zürcher Zeitung
    Ziirizytig
Neuenburg Neiebùùrg
Neugier Gwùnder,
    Wùnderfitz
neugierig gwùnderig,
    wùnderfitzig
neugieriger Mensch
    Wùnderfitz, Wùndernaase
Neujahr Neijòòr
Neujahr feiern neijèèrle
Neun Nyyn, Nyyner, Nyyni
neun nyyn

Neuner Nyyner
neunt nyynt
Neunuhrbrot Znyyni
neunzig nyynzig
Neunziger Nyynzger,
  Nyynziger
neunzigst nyynzigscht
nicht nit
nicht mehr nimme, nimmi
nicht wahr gäll
Nichte Niesse
nichtig nytig
Nichtigkeiten Haafekääs,
  Katzefùggs
nichts nyt
Nichtskönner Diibidääbi,
  Fläsche, Glaus, Glèpfer,
  Kaanyt, Kaanyter, Niete,
  Nùss, Wègglibueb
Nichtsnutz Nytnùtz,
  Schyyrebiirzler, Schnùùderi
Nickerchen Nùggerli
nie nie
niedergeschlagen → deprimiert
Niedergeschlagenheit Ascht,
  Schmätter
niederknien abgneie, abgneile
niederlegen, sich abliige
Niederschlag, feiner Riisel
niedlich nùggedeetisch,
  nùggisch, syydig
niedrig niider
niedrige Spielkarte Brättli
niemand niem, niemed,
  niemer, niemerts, niemets,
  Niemetsbaartli vò Dùggige
Niere Niere
Niere (als Speise) Nierli
Nierenfett Nierefaissti
Nierenstück Nierestigg,
  Nierstigg
niesen niesse
Niet Niete
Niete Niete
Nik(o)laus Glaus, Niggi,
  Niggles
nimm! sè

nirgends niene
Nisse (Ei der Laus) Niss
Noblesse Neebli
noch ase, no², nò, nòch
noch nicht nooni, noonig
nochmals noonemool,
  nònnemool
Nom de Dieu (Fluch)
  nùndebyppi, nùndebyps,
  nùndebùggel, nùndedie,
  nùndefaane
Nonne → Ordensschwester
Nonnenweg Nùnnewääg
nörgeln näggele, niggele,
  niggle, räggele, resòniere
Nörgler Näggeli, Niggeli,
  Räggeli
nörglerisch näggelig,
  niggelig, räggelig
Not Noot²
nota bene nootabeeni,
  nootebeeni
Notdurft Gschäft
Note Noote
notieren ùffschryybe
nötig neetig
nötig haben bruuche
Notizzettel Frässzeedel,
  Zeedeli
notleidend neetlig
Notsitz (an der Kirchenbank)
  Aahänggerli
Nougat Nuugaa
November Nòvämber,
  Wintermooned
Nu Schnùpf, Schwigg,
  Witsch
nüchtern niechter,
  ùndrùngge, ùn'gässe
Nüchternheit Niechteri
Nudel Nuudle¹
Nudelbrett Wiirggbrätt
Nudelholz Waalhòlz
Null Nùll, Nùller
Nummer Nùmmere
Nummer, eingenähte
  Nimmerli

Nummernspiel Nùmmerespiil
nun nù
nun einmal halt
nun ja he
nur nùmme
Nürnberg Niirebäärg,
  Niirnbäärg
Nuss Nùss
Nüsse sammeln nùsse
Nussöl Nùsseel
Nussschale Haale
Nussschnaps Nùsswasser
Nüster Nòschter
Nut Nuet
nuten nuete
nütze nùtz
Nutzen Nùtze
nützen nùtze
nützlich nùtzlig
Nutzung Nùtzig

O

o weh jee, jeeggis, jeemer,
  ohaie
ob eb¹, òb
Obdach Schäärme
O-Beine Sichlebai
oben oobe, obedraa
oben durch obedùùre
oben hinein obenyyne
oben ohne oobe blùtt,
  oobe nyt
obenan obedraa, obenaa
obenauf obenùff
obendrein obedryy
obenhin obedùùre
obenhinaus obenuuse
ober oober
Oberbett → Federbett
oberes Bettuch
  Ooberlyynduech
Oberleib Daalie¹
Oberleutnant Ooberländer,
  Ooberlèfti, Ooberlifzger,
  Ooberlytnant

Oberst Oobchscht
oberst eeberscht, oobersch
oberster Theaterrang Juhee
Obersthelfer (Pfarrer)
Oobchschthälffer
obgleich dròtzdäm,
drùtzdäm
Obmann Oobmaa
obschon dròtzdäm,
drùtzdäm
obskur dùschter, lusch
Obst Òbs, Òbscht
Obststückchen Schnitz
obszön gruusig, ùnaständig,
uusgschämmt
Ochse Òggs, Stier
Ochsenziemer Faarewäädi,
Mùùnifiisel
oder ooder, oder, òder
Oeri (Name) Èèri[2]
Ofen Oofe
Ofenkachel Oofekachle
Ofenrohr Ooferòòr
Ofensetzer Haafner
Ofentür Oofediirli
offen òffe, ùff
offen bleiben ùffblyybe
offener Tabak Fässliduubagg
offenkundig ùffglègt
offenlassen ùffloo
öffentlich èffedlig
öffnen ùffdue, ùffmache
öffnen können ùffbringe
Offiziersaspirantenschule
Spyraali
Offiziersbursche Bùtz[1]
oft männgmool, vyyl
ohne ooni
ohne das droon
ohnehin ainewääg, soowisoo
Ohr Lèffel, Òòr
Öhr Èèri[1]
Ohren, grosse Kaabisblètter
Ohrfeige Dachtle, Gläpper,
Hùsche, Muulschälle,
Òòrfyyge, Watsch
ohrfeigen verwätsche

Ohrgehänge Òòrebhängg,
Òòrebhängger
Ohrwurm Òòregriibler
Oktober Òggdoober,
Wyymooned
Öl Eel
**Öl, nach ~ riechen und/oder
schmecken** eelele
Ölgemälde Eelhèlge
Olivenöl Baumeel
Ölkrüglein Eelgètz
Öl- und Essiggestell Wyyljee
Omelette Ammelètte
Omelettstreifen Fläädli
Onkel Ùnggle
Onophrion Nèffer
Oper Oopere
Operation, chirurgische
Gschnääfel, Mètzgede,
Schnääflede
Operationstisch Schraage
operieren (chirurgisch)
schnääfle, schlòssere
Opernglas Ooperegùgger
Opfer Òpfer
Orange Bùmeranze,
Òrangsche
orange òòrangsch
Ordensschwester
Gùggedrach, Huubemaise,
Nùnn, Schwèschter
ordentlich gattig,
grangschiert
ordinär gmaintschelig,
kòmuun, komuuntschelig,
òrdynäär
ordnen rangschiere
Ordnung Òòrnig
Organisator Dätschmaischter
organisieren aagattige,
aaraise, aarysse
Orgel Òòrgele
Orgelpfeife Òòrgelepfyffe
Original Òòrginaal, Wùùrzle
originell glùnge, òrginèll
Ortschaft (pej.) Dräggnäscht,
Kaff, Näscht

Oskar Òsgi
Osten Òschte
Osterei Ooschterai
Ostereiernest Näschtli,
Ooschternäschtli
Osterhase Ooschterhaas
Ostermontag
Ooschtermäntig
Ostern Ooschtere
Österreich Eeschtryych
Ostersamstag Karsamschtig,
Ooschtersamschtig
Ostersonntag
Ooschtersùnntig
Otto Òtti

P

Paar Baar
paar baar
Pächter Läächemaa
Pächtersleute Läächelyt
Pachthof Lääche,
Läächehoof, Läächehuus
Pack Bättelphagg, Bruet,
Gliechter, Gschmeis
packen phagge
Päderast Pfyfflispiiler
Pagenfrisur Buubiköpf
Paket Phagg
Palmsonntag Phalmsùnntig
panieren baniere
panschen dauffe
Pantoffel Bantòffle, Fingge,
Fùngge[2], Schlappe,
Schlùùrbe
Pantograph
Stòòrgeschnaabel
Panzerwurfgranate
Rùnggelriebe
Päonie Pfingschtroose
Papagei Bappegai
Papier Bapyyr
Papier, kariertes
Hyyslibapyyr
Papierflugzeug Schwalbe

Papierschlange Faasnachtsbändeli

Pappel Bappele

päppeln bäppele, bypääpele

Papst Boopscht

päpstlich beepschtlig

Paradies Baredyys

Paravicini (Name) Braafezyy

Parfum Gangmernoo, Lauffmernoo, Schmèggiwasser

Paris (Stadt) Baryys

Park Aalaag

Parkett Bargètt

Partei Bartei

parteiisch barteiïsch

Partie Bartyy

Party Yylaadig

Pass Bass

passabel bassaabel

Passagier Phasaschier

Passavant (Name) Bassewang

passen basse, goo

passieren basiere

passioniert aagfrässe, versyycht

Passwang Baschwang

Pastete Baschteete

Pate Gètti, Gvattermaa

Pate (und zugleich Onkel) Ùngglegètti

Pate (und zugleich Vetter) Vèttergètti

Patenkind Gèttibueb, Gèttikind, Gèttimaitli, Gòttebueb, Gòttekind, Gòttemaitli

Patent Badänt

Patient Phaziänt

Patin Gòtte

Patin (und zugleich Kusine) Gòttebääsi

Patin (und zugleich Tante) Dantegòtte

Patron Badroon

Patrone Badroone, Kùùgele

Patronentasche Badroonedäsche

Paulusquartier Alumyyniùmdalbe, Bläächdalbe

Pausbacke Pfuusbagge, Pfuusibagge

Pech Bäch

Pechvogel Bächvoogel

Pedant Dipflischysser, Fyysigugger, Kimmignipfer, Kimmispalter, Niggeli

Pedanterie Dipflischysserei

pedantisch aigelig, akuraat, niggelig

Peep-show Stitzlisèx

peinlich phènyybel, phyynlig, ùnnemietig

Peitsche Gaissle

Peitsche, mit der ~ knallen zwigge

Peitschenhieb Zwigg

Peitschenschnurende Zwigg

Pelargonie Graaniùm

Pelerine Bèlleryyne

Pellkartoffeln Gschwèllti, gschwèllti Häärdèpfel, uuszoogeni Häärdèpfel

Pelz Bèlz

Penis Pfyffli, Rieme, Schnääbeli, Schnäpperli, Schwanz, Sèggel, Spitzli, Ständer, Zipfeli

Pension Bangsioon

Pensum Phänsùm

Perle Phäärle

perlen grällele

Perpendikel Blämper

perplex phèrbläx

Person (pej.) Duech

Persönchen Ryggerli

Persönlichkeit Dyp, èpper, Thyp

Perücke Bèrigge

Pestalozzi Bèschtalòtzi

Peter Beeter

Petersgasse Beetersgass, Hèèrbrigsbäärg

Petersilie Beeterli

Petersplatz (in Basel) Beetersblatz

Petersplatz (in Rom) Beetersblatz

Petroleum Bedrool, Staieel

Petroleumlampe Bedroolämpeli

Pfadfinder Pfaader, Pfaadi, Pfèschtli, Pfèschtlibinder

Pfadfinderin Pfadeese

Pfaffe Pfaff

Pfaffenhütchen (Pflanze) Pfaffehietli

Pfahl Pfool, Stägge, Stùùd

Pfanne Pfanne

Pfannendeckel Pfannedèggel

Pfannenreiniger Haarnischblätz, Kùpferblätz, Pfanneblätz, Pfanneriibel, Riibel

Pfarrer Gaalach, Haimdryyber, Hèèr, Koolesagg, Pfaff, Pfaarer, Seelestènz

Pfarrerin Pfaarere

Pfarrerstocher Pfaarersdòchter

Pfarrfrau Pfaarersfrau

Pfarrhaus Pfaarhuus

Pfeffer Pfäffer

Pfefferminzbonbon Fischminzdääfeli

Pfefferminze Fischminz, Pfäfferminz

Pfeffermühle Pfäffermiili

pfeffern pfäffere

Pfeifchen (aus Weidenholz) Hippli

Pfeife Pfyffe

Pfeife (aus Weidenrinde) Biirspfyffe

Pfeife rauchen duubagge

pfeifen pfyffe

pfeifen, schlecht (Piccolo) pfyfferle

Pfeil Pfyyl

Pfeilbogen Pfyylbooge
Pfeiler Pfyyler
Pferd Bygger, Gaul, Pfäärd,
Ròss
Pferd, nach ~ riechen rèssele
Pferdeapfel Ròssbòlle,
Ròssbòppele
Pferdenarr Rèsseler
Pferdespiel Rèsslis
Pferdewagen (mit Sitzbänken)
Schaarebang
Pfette Pfätte, Pfètte
Pfingsten Pfingschte
Pfirsich Pfèèrsig
Pfirsichbaum Pfèèrsigbaum
Pflanze Gwäggs, Stògg
pflanzen, provisorisch
yyschloo
Pflanzlandparzelle Blätz,
Gmiesblätz, Pflanzblätz
Pflästerer Pflaschterer
pflastern pflaschtere
pflästern pflaschtere,
pflèschtere
Pflasterstein Bsètzistai,
Katzekòpf
Pflästerung Bsètzi,
Pflaschter
Pflaume Pfluume,
Rènnegloode
Pflaumenschnaps Pflyymli,
Pflyymliwasser
pflegen pflääge
Pfleger Pflääger
Pflegerin Pflääg, Pfläägere
pflücken ginne
pflücken (Beeren) bèèrele
Pflückkorb Gratte
Pflug Pflueg
pflügen pfliège, struuche
Pfosten Pfätte, Spaare,
Stùùd
Pfote Doope, Gloope, Pfoote
pfropfen zweie
Pfrundhaus Pfruend,
Pfruendhuus
Pfrundhaus, nach ~ riechen

pfriendele
Pfründner Pfriender, Spittler
Pfründnerin Pfriendere,
Spittelmùgg, Spittlere
Pfuhl Pfuel
pfui pfy, pfydi, pfudi,
pfudigääggi, pfui
pfui Teufel pfytausig,
pfyteifel, pfyteiggeler,
pfytschinder
Pfund Pfindli, Pfùnd
Pfund (Brot) Pfinder,
Pfinderli
-pfündig -pfindig
Pfusch (beim Nähen)
Schnùùrpf
pfuschen bätze, dùùble[1],
haie, haudere, schlùùdere
Pfuscher Bätzi, Hauderi,
Himpeler, Pfùschi,
Schlùùderi
Pfuschwerk Gschlaarp,
Nòòrgis
Pfütze Glùngge, Gùmpe,
Gùmpi, Lache, Schwètti
Phantasiegestalt Lùftditti
Philipp Fyppe
Phlegmatiker Gmietsatleet,
Gmietsmòòre
Photographie Fòtti
Piccolo (Querpfeife) Byggòlo
Piccolo spielen pfyffe
Piccolospieler Pfyffer
Piccolospielerin Pfyffere
picheln phichle
Pickel (Haue) Biggel
Pickel (Pustel) Byybeli
pickelig byybelig,
verbyybeled
pickeln biggle
picken bigge
pieken byggse
Pietist Bedischt
Pik (Spielkartenfarbe)
Schuufle
pikant rezänt
Pilger Bilger

Pilgermissionar
Grischoonebrueder
pilgern bilgere
Pille Bille[1]
Pilz Schwùmm[1]
Pinsel Bämsel, Bänsel
pinseln bämsle, bänsle
pirschen biirsche
pissen → urinieren
Pissoir Blätscherdiili,
Brùnzhuus, Schiffi,
Schiffländi
Piste Physchte
Plafond Biini
Plage Bloog, Gòòrwee, Gryz,
Strooff
plagen blooge, dyymle,
drampe, gweele, kuranze,
schinde, sèggiere
Plakat Blakaat
Plakette Blagètte
Plan Blaan
Plane Blache
planen, spielerisch bläänle
planlos hyscht ùnd hòtt
planlos sich herumtreiben
ùmmedrimmle,
ùmmedùùble,
ùmmeschwanze,
ùmmesiirmle
planlos umherreisen
ùmmejòggle
Planschbecken Gaitschi
planschen gaitsche, pflätsche,
pflättere, pflòtsche,
schwaadere
Planwagen Bòttewaage
plappern bappele
plärren blääre
platschen blätsche, pflòtsche
plätschern blätschere,
schwaadere
Platte Blatte
Plattfuss Flachfuess
plattfüssig flachfiessig
Platz Blatz
Plätzchen Blätzli**

Plätzchen (Kleingebäck)
Gutzi
Plätzchen (Kleingebäck)
herstellen gutzele
-plätzer -blätzer
Platzmacher (Fasnacht)
Vòòrdrääbler
Plaudermäulchen Wäffeli
plaudern blaudere,
dischgeriere, fraubääsle,
schwätze
plaudern, kindlich blaiderle,
wäffele
plazieren blassiere
plötzlich aismools, aiswägs,
Gnall e Fall, iberaimool,
ùfaimool, ùfaismool,
ùffsmool, ùn'gsinnt
plötzliche Hitze Jascht
Pluderhose Blùùderhoose,
Bùmphoose
plump bòllig, dalpig,
mùmpfig
plump tasten doope
plumpe Frau Booneròss,
Dròtschgegaul,
Glämmerlisagg,
Kònsumròss
plumpsen pflyymle
Plunder Bagaaschi, Glùmp
pochen bèpperle, bòppere
Pocken Blootere
Pokal Meiel
Polier Barlier
Polizei Schmiiri[3], Schuggerei
Polizeiposten Bòschte
Polizist Griene,
Gùùgelhòpfmaa, Haschier,
Haschierer, Landjeeger,
Länzgi, Phòlyp,
Schmiirlappe,
Schmiirlùmpe, Schrooter,
Schugger, Uuslaiffer
polstern bòlschtere
Polterer Bòlderi, Kòlderi,
Schnauzi
poltern bòldere

Pomade Bùmaade
pomadiertes Haar
Fliegeschlyffi,
Schmalzlògge
Ponyfrisur Simpelfrans(l)e
Porträt Bòòrdrät, Kùnterfei
Posaune Phòsuune
posaunen phòsuune
Posse Bòsse[1]
Possen Schùnd
Post Bòscht
Postangestellter Bèschtler
Postanweisung Mandaat
Postbote Bèschtler,
Brieffdrääger
Posten Bòschte
Postgebäude Bòscht
Postsendung Bòscht
Pot-au-feu Sùppehaafe
potenter Mann Bèttkeenig
potz bòtz
potztausend bòtzdausig
Poulet Haane[2]
Pracht Bracht
prächtig brächtig,
staatsmäässig
Prägeform Moodel
prägnant drääf
prahlen aagää, bällitschiere,
blagiere, schwaudere, singe,
ùffschnyyde, uusrieffe
Prahler Blagèèri, Gschwälli,
Sänger, Schnèèrewaagner,
Schnùùrewaagner,
Schwauderi, Ùffschnyyder
Prahlerei Ùffschnitt
praktisch badänt, kùmmlig,
kùmood
Praline Bralynee,
Schòggibòlle
Pranger (drehbarer) Drilli
Pranke Datze
Präsident Brèsidänt
prassen juchaie, juhaie
Preis Bryys
Preiswerk (Name)
Bryyswäärgg

Prellstein Abwyys'stèggli,
Stèggli[1]
Presse (Obst, Druck) Brässi
Presse (Zeitungswesen) Bräss
pressen brässe, drùgge, kääse
pressieren brèsiere
Preusse Breiss, Bryss
Priem Schygg[3]
Primarschule Brimmeli,
groossi Schuel
Primel Bryymeli
Prise Bryyse
Pritsche (Holzgestell)
Britschli, Schraage
Pritsche (Schlagholz)
Brätsche, Brätschi
Probe Broob
Probearbeit Lèèrblätz
probieren bròbiere
Probierstückchen Mischterli
Probst (Name) Bròpscht
Professor Bròfässer, Bròfax
Promenadenmischung
Dròttwaarmischig,
Schääreschlyffer
promovieren bròmewiere
Propst Bròpscht
Prospekt Bròschpäggt
prosperieren vòòraamache[1]
prost bròscht
Prostatahypertrophie
Dròpfezèller
provisorisch pflanzen
yyschloo
prüfen brieffe[1]
Prüfung Breebli, Broob
Prügel Bùmpis, Dätsch,
Gnèpfli, Gnèpflis,
Hoosegnèpfli,
Hoosespannis,
Ranzeschnitte, Schnitte,
Schnitz, Wiggs
Prügelei Briiglede, Briiglerei,
Glòpfyylaag, Schleegerei,
Schwingfèscht
prügeln briigle, fause, glòpfe,
gnèpfle, nuudle, wamse,

wiggse
Prunk Staat
Pudding Buuding
Pudel Buudel
pudelnass pflätschnass,
pflätternass, pflòtschnass,
wätschbachnass,
wätschnass
Puffärmel Bùffèèrmel
Pullover Liismer
Pulswärmer Ammedyysli
Pult Phùlt
Pulver Bùlver
Pulver, mit ~ spielen bilverle
Pumpe Bùmpi
pumpen bùmpe[1]
Pumpernickel Bùmperniggel,
Bùndesziegel
Punkt Dùpf, Dùpfe, Phùnggt
Puppe Baabidùnggel, Ditti,
Dògge
Puppe, mit ~ spielen dittele
Puppengeschirr Dittigschiir
Puppenhaus Dittihuus,
Dòggedekänschterli
Puppenstube Dittistùùbe
Puppenwagen Dittiwaage,
Wäägeli
Puppenwiege Dittiwaagle
pur buur
Purzelbäume Kiigelibiirz
Purzeln Biirzlede
purzeln biirzle
Pustel Byybeli, Bòòrbele
puterrot giggelroot
putzen bùtze
Putzfrau Bùtzere, Bùtzfrau,
Stùndefrau
Putzlappen Fäägblätz
Putzteufel Fäägnäscht
putzwütige Frau Fäägnäscht,
Näscht
Pyjama Bytschaama

Q

Quacksalber Gitterlidòggter,
Gitterlischwängger
quacksalbern gitterle
Quadrat Hyysli, Vierègg
quaken gwaagge, rugge
Qual Gwaal, Gwool
quälen blooge, gweele
Quälerei Bloogerei,
Gweelerei
Quälgeist Bloog'gaischt
Qualität Aart
quallig schwapplig
Quark Byppelikääs
Quartier Gwartier, Gwatier
Quaste Zòtzle
Quatsch Gwatsch
Quelle Gwèlle
quellen gwèlle
Quengelei Gikäär, Gmied
quengeln gnäägge, kääre,
kiifle, miede, näägge,
nyydele, zwänge
quengelnd gnäägig,
nääggig, zwängig
Quengler Miedi[1], Nääggi,
Zwängi
Quentchen Gwäntli
quer iberèggs, iiberzwäärch
Querholz (beim Fachwerkbau)
Riigel
Querholz (am Weidling)
Range, Wrange
Quertreiber Zlaidlääber,
Zlaidwäärgger
Querulant Bäffzgi, Bälli
quetschen gwätsche, zwänge
quietschen gyggse, gyyre
quitt gytt
Quitte Kittene
Quittenbaum Kittenebaum
Quittengelee Kittenegallere
Quittenkompott
Kitteneschnitz
Quittenkonfekt
Kitteneschyymli

Quittenpaste Kittenebaate,
Kittenebùmmi,
Kittenewiirschtli

R

Rabatt Bròzänt, Yyschlaag
Rabe Grapp, Gwaagg
Rache Raach, Rooch
Rachen Rache
Rackerer Grampfer, Raggeri
Rad Raad
Radau Rùmpaus
Radaumachen Grachbrueder
radebrechen kuuderwältsche
rädern reedere
radfahren weeloofaare
Radfahrer Weeloofaarer
radieren gimmele
Radiergummi Gatschu,
Gùmmi[1]
Radieschen Moonedsräätig,
Radyysli, Räätigli
-rädrig -reederig
Raffael Raffle[2]
Raffel Raffle[1], Ryybyyse
raffeln raffle, rapse
raffen grapsche, grapse,
ramisiere, rapse
raffiniert girisse, grisse,
uusgfitzt
Ragout Vòòrässe
Rahm → Sahne
Rahmen Raame
Raillard (Name) Ralliaar
Rakete Rageete
Ramsach Ramse
Ramsch Schùnd
randalieren grampoole,
rambasse
Rande Raane, Roone[1]
Randensalat Raanesalaat,
Roonesalaat
randvoll blatschigvòll,
blùtschedigvòll,
bräägled vòll, graaglig vòll,

gstèggedig vòll
Ranft Ramft, Rampf,
Rampft
ranzig stinggig
ranzig riechen und/oder
schmecken räächele,
ranzele, ränzele
Rappe Kooli, Rapp
Rappen (Münze) Rappe,
Santym, Santyn
Raps Leewat
rapschen rapse
rasch gschwind, waidli,
waidlig
rasch sich fortbewegen pfitze,
pfùùre, schiesse, schnytze,
sieche, spuele, stiirme,
suuse, zittere
rasche Arbeit Laidaarbed
rasend raasig
Rasierapparat
Rasierapperaat
Rasiermesser Rasiermässer
Rasierpinsel Rasierbänsel
Rasierseife Rasiersaiffi
räsonieren resòniere
Raspel Fyyli[2]
Rassel (Spielzeug) Ròlli
rasseln ròssle
rastlos umhergehen
ùmmediigere
Rat Root
raten roote
Rathaus Roothuus
ratlos ùffgschmisse, verlääge
ratlos sein schwimme, strigge
Ratlosigkeit Schwimmfèscht
Ratsdiener Waibel
Ratsherr Rootshèèr
Ratte Ratt, Ratz
rattern rättere
Räuber Raiber
Räuberspiel Raiberlis
Rauch, nach ~ riechen und/
oder schmecken raichele
rauchen dämpfe, rauche,
rauchne

rauchen, leicht raichle
rauchen, Pfeife duubagge
rauchen (Zigaretten usw.)
dämpfe, flèmme
rauchend rauchig
Rauchfleisch Graichts,
Kèmmiflaisch
räudig ryydig
Raufbold Rammel, Schleeger
rauh ruuch
rauhbauzig rabauzig
Raum Ruum[2]
räumen ruume
Räumerei Ruumede
Raumpflegerin Bùtzere,
Bùtzfrau, Stùndefrau
Räumung Ruumede
Raupe Raupe, Ruppe
Rausch Aff, Balaari, Baloon,
Blooder, Dämpis, Dips,
Diirmel, Dòlgge, Drimmel,
Glanz, Glapf, Gläpper,
Gleemens, Gnippel,
Gnòòrz, Kischte, Laadig,
Rusch, Saarass, Schmätter,
Schreegmaarsch, Siech,
Spitz, Staiberli, Stäärn,
Sùff, Ziegel
rauschen rusche
Rauschgift Stòff
räuspern, sich kyyschpere,
kyyschtere
Raute Raute, Rute
rautenförmiges
Hustenbonbon Wyybäärtli
Rautentrieb Ruteschòss
Realgymnasium Rèlleli[2]
Realschule Rèlleli[2]
Rebe Rääbe[1]
Rebleute Rääblyt
Rebleutenzunft
Rääblytezùmft
Rebmesser Rääbmässer
Rebschere Räbschäär
Rebstecken Räbstägge
Rechen Räche
rechen räche

rechnen rächne
Rechnung Kùnte, Neetli,
Noote, Rächnig
Recht Rächt
recht rächt
Rechteck Vierègg
rechten kääre
rechthaberisch zwängig
rechts rächts, rächterhand
Rechtshandel Affääre
rechtzeitig bizyte
Rede Reed
Rede, langfädige Schwaizi
reden → sprechen
redlich reedlig
Redner (begabter) Reedhuus
Regal Schaft
Regel Reegel, Reegle
Regen Rääge, Saich, Schiff[1]
Regenguss Gùtsch, Schitti,
Sprùtz, Waichi
Regenschirm Baareblyy,
Räägeschiirm
Regentropfen Räägedrèpfli,
Räägedròpfe
Regenwetter Hùùdelwätter,
Saichwätter, Sùùdelwätter
Regionalzug Bùmmelzùùg,
Bùmmler
regnen, schwach beiele,
fiiserle, räägele, schifferle
regnen, stark aabeschitte,
gaitsche, hùùdle, kiible,
saiche, saue, schiffe, schitte,
strääze, strùùble
Regula Räägeli, Reegeli
Rehrücken Reerùgge
Reibeisen Raffle[1],
Ryybyyse
reiben figge, ryybe, riible,
ripse, rùùble
Reiberei Gritz[1], Ryyberei
Reibmühle Ryybi
reich gstòpft, ryych,
vermeeglig, zwääg
reiche Mahlzeit
Dischgrachede

reichen länge
reicher Mensch Gäldsagg
Reif (Niederschlag) Ryffe
reif ryff, zytig
Reife Ryffi
Reifen Raiff
Reifen, mit dem ~ spielen
raiffle
Reigoldswil Raigetschwyyl
Reih und Glied,
sich in ~ stellen yystoo
Reihe Raaie, Zèttemli,
Zyylede, Zòttlede
Reihe, an die ~ kommen
draakoo
Reiher Raigel
rein buur, luter, rain, suuber,
suufer
Reinemachen Bùtzede
Reinhard Rainer, Raini
Reinhold Rainer, Raini
reinigen aabebutze, butze,
uusebutze
reinigen, feucht ùffnää,
ùffzie
reinigen, gründlich
dùùrebùtze, uusebùtze
reinigen, spielerisch bitzerle
reinlich bròpper, syyferlig
Reis (Getreideart) Ryys[1]
Reis (Zweig) Ryys[2]
Reisbesen Ryysbääse
Reisbrei Ryysbappe
Reise Rais
Reisekorb Kòòrb,
Ròòrkèèrbli
reisen dampfe
Reisesack Rais'sagg, Ranze
Reisetasche (zum
Übernachten)
Nachtsagg
Reisig Griis
Reisigbündel Wälle, Wälleli
Reisläufer Ryyslaiffer
Reissaus Ryssuus
Reissbrett Ryysbrätt,
Ryssbrätt

reissen rysse
Reissfeder Ryysfäädere
Reissschiene Ryysschiine,
Ryssschiine
Reisszwecke Ryysnaagel
reiten rytte
Reiter Rytter
Reiterin Ryttere
Reitervorhut Vòòrdraab
Reitpferd Pfäärd
reizen schèlle, ziggle, zinde,
zùpfe
reizend häärzig,
nùggedeetisch, nùggisch,
nùnnelig, nùnnig,
scharmant, syydig
reklamieren hueschte, maise,
steene
Rekonvaleszentin
Spittelmùgg
Rekrut Regrut
Rekrutenschule Ääräss,
Regruteschuel
rekrutieren uusheebe
Rektor Räggter
Religionsunterricht Rèlli,
Ùnderricht, Ùnterricht,
Ùnderwyysig, Ùnzgi
Remigius Rämschgeli,
Rämschgi, Reemi
Remise Reemyyse
Rendez-vous Rand[2]
Reneklode Rènnegloode
rennen bäär goo, diigere,
fyyle, raiffle, rènne,
schiesse, sèggle, springe,
spuele, zäpfe, sich zäpfe
rentieren yyschängge,
kalbere, rentiere
Respekt Achtig, Mòòrees,
Mòòris, Reschpägg(t)
respektabel fein
Rest Räschte
Restaurant Baiz, Gnèlle,
Gnille, Phinte,
Ruschhandlig, Saftlaade,
Spùnte, Wiirtschaft,

Wiirtshuus
Restaurant, alkoholfreies
Schwachstroombaiz,
Schwachstroomhalle
Restaurant, mit guter Küche
Frässbaiz
Restaurant, vegetarisches
Wùùrzlekasyyno
Restaurant betreiben wiirte
Rettich Räätig
Rettichsalat Räätigsalaat
Rettung Rèttig
reuen reie
Revanche Retuurgutsche
revoltieren rewelutze
Revoluzzer Rewelutzer
Revolverkino Rewòlverkùchi
rezitieren ùffsaage
Rhein Bach, Jòòrdaan, Ryy,
Ròssbòllemyssisyppi
Rheinbadeanstalt Breite
Braitibaadhyysli
Rheinbrücke Ryybrùgg
Rheingasse Bachgass, Gass
Glèttyysegass, Ryygass
Rheinkiesel Ryygwäggi
Rheinschulhaus
(Theobald Baerwart-
Schulhaus) Dùùbelischuel,
Ryyschuelhuus,
Verbrächergimnaasiùm
Rheinweg Ryywääg
Rheumatismus Ryymatys,
Ryymetys, Rysse
Rhombus Raute, Rute
Richard Richi
Richter Kischtespänder
Richtfest Ùffrichti
richtig rächt, richtig
Richtplatz Kòpfabhaini
Richtung Richtig
Ridikül Ryydigyll
riechen rieche, schmègge
riechen, muffig miffele[1],
mùffele
riechen, nach Aas kaibele
riechen, nach Bärlauch

rämsele
riechen, nach Bock bèggele
riechen, nach Brand bränsele,
  bränzele schmiirzele
riechen, nach Exkrementen
  schyssdräggele, schyssele
riechen, nach Fasnacht
  faasnächtele
riechen, nach Fäulnis fyylele
riechen, nach Feuchtigkeit
  fyychtele, fiechtele, wuerele
riechen, nach Fremdem
  frèmdele
riechen, nach Fussschweiss
  kääsele
riechen, nach Gas gääsele
riechen, nach heissem Metall
  singgele
riechen, nach Herbst
  hèèrbschtele
riechen, nach Hund hindele
riechen, nach Kampfer
  gamferle, gämferle
riechen, nach Leiche lyychele
riechen, nach Pferd rèssele
riechen, nach Pfrundhaus
  pfriendele
riechen, nach Russ ruessele
riechen, nach Sacktuch
  sèggele
riechen, nach saurem Wein
  katzesaichele
riechen, nach Schimmel
  graiele
riechen, nach Schweiss
  schwaissele
riechen, nach Spital
  spidäälele
riechen, nach Tabak
  duubäggele
riechen, nach Tanne dännele
riechen, nach Tod deedele,
  deetele
riechen, nach unsauberer
  Katze kätzele,
  katzesaichele
riechen, nach Urin saichele

riechen, nach Weihnachten
  wienächtele
riechen, nach Wein wyynele
riechen, unangenehm
  brùttele
riechen, ungelüftet mùttele
riechen und/oder schmecken,
  abgestanden altele, èltele,
  mäggele
riechen und/oder schmecken,
  eigentümlich jänggele
riechen und/oder schmecken,
  muffig niechtele
riechen und/oder schmecken,
  nach Butter änggele
riechen und/oder schmecken,
  nach Fisch fischele
riechen und/oder schmecken,
  nach Gras greesele
riechen und/oder schmecken,
  nach Kaffee käffele
riechen und/oder schmecken,
  nach Käse kääsele
riechen und/oder schmecken,
  nach Korken Zapfe haa,
  zäpfele
riechen und/oder schmecken,
  nach Öl eelele
riechen und/oder schmecken,
  nach Rauch raichele
riechen und/oder schmecken,
  nach Schmutz dräggele
riechen und/oder schmecken,
  nach Unschlitt inschele
riechen und/oder schmecken,
  nach Wild wildele
riechen und/oder schmecken,
  ranzig räächele, ranzele,
  ränzele
riechen und/oder schmecken,
  säuerlich syyrele
riechend schmèggig
riefeln riffle[1]
Riegel Riigel
riegeln riigle
Riehen Gröpflige, Rieche
Riehen, Bewohner von ~

Riechemer
Riehenteich Riechedyych
Riehentor Riechedòòr
Riemen Rieme
Ries Riis[2]
Riese Riis[1]
rieseln riisele
Riesenschwung Riisjee
riesig riisig
Rind Mùcheli[1], Rind
Rindfleischroulade
  Rindsvoogel
Rindsragout Rindsvòòrässe
Ringelreihen Ringedänzli
ringen, spielerisch
  ringkämpfle
Ringstechen Ringstäche
ringsum zringelùm,
  zringedùm, zringselùm,
  zringsùm, zringùm
Rinne Käänel
Rippe Rippe, Rippi
Rippenstück Rippli,
  Rippstigg
Risiko Apropoo
Riss Schlänz, Schranz,
  Schränz, Schrùnd, Sprùng
Rist Rischt
Rittersporn Ritterspòòre
Ritze Glimse, Ritz
ritzen gritze
Rixheim Rixe
Roastbeef Ròssbyff
Robert Bòb, Bòppi, Roobi
robust zääch
röcheln ròchle
Rock (Veston) Kittel
roh (ungekocht) rau
Rohling Ruech
Rohr Ròòr
Röhre Rèère
Rohrkolben Kanoonebùtzer
Roland Ròlli
Rolladen Schalusyy
rollen droole, kùùgele, rèllele,
  rùùgele, waale
Rolltreppe Ròllstääge

Rollwagen (für Lasten) Ròlli
röntgen dùrlyychte
Rosa Reesli, Roosi
rosa rooseroot
Rosalie Roosi
Rose Roose
Rosenkohl Reeselikeel
Rosine (Beere) Mèèrdryybeli,
  Wyybèèri
Rosine (Name) Roosi
Rosiuskalender Roosiùs
Rössel (Schachfigur) Rèssli
Rosskastanie Ròsskèschtene
Rost (Eisenoxid) Ròscht
Rost (Bratrost) Rooscht
rosten ròschte
rösten baaie, bräägle, reeschte
Röstkartoffeln bräägledi
  Häärdèpfel, Reeschti
Rostpilz Ròscht
rot (wie Hagebutten)
  bùtteroot
Röte Reeti
Rötel Reetel
Röteln Reetele²
rothaarig roothèèrig
Rothaarige(r)
  Bachestaischwèèrzeli
Rotkohl Rootgrut
rötlich reetschelig, rootlächt
rötlich werden reetele
Rötteln Reetele¹
Rotwein roote Wyy, Roote
Rotz Schnùùder, Zòlgge
Rotz, mit ~ besudeln
  verschnùùdere
Rotz, trockener Beegg,
  Beeggis
Rotzbube Schnùùderbueb,
  Schnùùderi, Schnuufer,
  Schnuffer
rotzig schnùùderig
Rotznase Schnùùdernaase
Rübe Rääbe², Riebe
Rübenlicht Rääbeliechtli
Ruck (aufwärts) Lùpf
Rücken Bùggel, Rùgge

rücken rùgge
Rückenkorb Hùtte
Rückenschmerzen Rùggewee
Rückenschwimmen
  Rùggeschwùmm
Rückenstück (Rind, Schwein)
  Hoorùgge, Ziemer, Zyymer
Rückentrage Grääze, Hùtte,
  Rääf
Rückentraggefäss Biggti,
  Bränte
Rückenwind Rùggewind
Rückfahrkarte Retuurbyljee
Rückfahrt Zrùggfaart
Rückgrat Rùgg'groot
Rucksack Sagg
Rückseite Rùggsyte
Rücksicht Rùggsicht
Rücktritt Rùggdritt
Rücktrittbremse (am Fahrrad)
  Rùggdritt, Rùggdrittbrämsi
rückwärts hindersi,
  hinderzig, rùggwäärts
Rückweg Zrùggwääg
Ruder Rueder
Ruderboot Ruederschiffli
Ruderlager (des Weidlings)
  Rienaagel, Ruenaagel
rudern ruedere
Rudolf Ruedi
Ruf Rueff
rufen huupe, rieffe
Rüffel Riffel
rüffeln riffle²
Ruhe Rue
Ruhebett Schèèslòng
Ruhegehalt Bangsion
ruhelos näschtig
ruhig rue'ig
Ruhm Ruem
rühmen rieme
Ruhr Ruer
rühren riere
rührend rierend
rülpsen gòòrpse
Rülpser Gòòrps
Rümelinsbach Rimmelibach,

Rimpis
Rümelinsplatz Rimmeliblatz
rumpeln bùmple, rùmple
Runde Rùndi
runde Semmel aus Brotteig
  Brotwèggli, Byyrli
Rundfunk Raadioo
Rundfunkgerät Raadioo
Rundholz Rùùgel
rundlich bòllig
rundum → **ringsum**
Rundumstricken Moolùmme
Runkelrübe Dùùrlips,
  Rùnggle, Rùnggelriebe
Runzel Rùnzle
runzlig schrùmpfelig
Rüpel Gnoot, Ruech
rüpelhaft gneetelig,
  gnootelig, gnootig
Rüsche Rysche
Russ Ruess
Russ entfernen ruesse
Russ, nach ~ riechen ruessele
Russe Rùss
Rüssel Rissel
russen ruesse
russig ruessig
Rüstmesser Rischterli
Rute Ruete
Rute, mit ~ schlagen fitze¹
rutschen (flach) schiifere
rütteln rittle
Ryhiner (Name) Ryychner

S

Sabberlatz Ässmantel,
  Druelmantel, Gaifermantel
Säbel Saabel, Seebel
Säbelbeine Sichlebai
säbeln seeble
Sache Sach
Sache, untaugliche Brùch
sachte hibscheli, hibschli
Sack Sagg
sackerment sapperlòtt,

sappermänt, saprischtyy
Sacktuch, nach ~ riechen
   sèggele
säen saaie
Safran Saffraan, Saffre
Safranzunft Saffere, Saffre
Säge Säägi
Sägebock Bògg, Hòlzbògg,
   Säägibògg
Sägemehl Säägmääl
sagen saage
sägen sääge
sägen, spielerisch säägele
Sägespäne Säägspeen
Sägewerk Säägi
Sahne Nyydel, Ruum[1],
   Ruum'milch
Sahnebonbon Ruumdääfeli
Sahnekännchen Ruumhääfeli
Saint-Louis Bùùrglyyber
Salär Ghalt
Salat Salaat
Salat, früher Blùttsalaat
Salatkopf Salaatkèpfli
Salatschüssel Saaladièère
Salbader Schlyymschysser
Salbaderei Gsaalbaader,
   Schlyymschysserei
salbadern schlyyme
Salbe Salbi
Salbei Salbei
salbungsvoll bùmaadig
Salmenwaage Salmewoog
Salome Saalemee
Salomo Saalemoo, Saali
Salon Saal, Salòng,
   Wysytestùùbe
Samen Soome
Samen verstreuèn versoome
Samstag Samschtig
Samt Sammed
Samuel Sämmi
sandeln sandele
sanden sande
Sandgrube Sandgruebe
Sandhaufen Sandhuffe
Sandkuchen Sanddaarte

Sandverkäufer Sandmännli
Sandverkäuferin Sandmaitli,
   Sandwyybli
Sandwich Yyglèmmts
sanft samft
Sänger Sänger
Sängerin Sängere
Sankt Alban Dalbe
Sankt Alban-Quartier Dalbe
Sankt Alban-Quartier,
   Bewohner des ~ s
   Dalbanees, Dalbemer,
   Dalblemer
Sankt Alban-Tal Dalbelòch
Sankt Alban-Teich
   Dalbedyych
Sankt Chrischona
   Grischoone
Sankt Elisabethen Èlsbeete,
   Dèlsbeete
Sankt Jakob (Kirche und
   Häuser) Santjòkeb
Sankt Jakob (Schwimmbad)
   Jòggeli, Jòggelibaad
Sankt Jakobs-Denkmal
   Dänggmool,
   Jòkebsdänggmool
Sankt Jakobs-Fest
   Jòggelifèscht,
   Santjòkebsfèscht
Sankt Jakobs-Kirche
   Jòkebskiirchli
Sankt Jakobs-Strasse
   Jòkebsstrooss
Sankt Johann-Quartier
   Santihans
Sankt Johann-Quartier,
   Bewohner des ~ s
   Santihansemer,
   Santihanslemer
Sankt Johanns-Tor
   Santihansdòòr
Sankt Johanns-Vorstadt
   Santihans
Sankt Johanns-Vorstadt,
   Bewohner der ~
   Santihansemer,

Santihanslemer
Sankt Margarethen
   Margreete
Sankt Margarethen-Kirche
   Margreetekiirchli
Sankt Nikolaus Nigginäggi
   Santiglaus, Santinigginäggi
Sankt Theodor Santjooder,
   Theoodere
Sarasin (Name) Saaresyy
Sarg Dootebaum
satt satt
sättigen fuere
sättigend fuerig, schòppig
Sattlerhandwerk betreiben
   sattlere
sauber bròpper, frisch,
   suuber, suufer
säuberlich syyferlig
säubern abbùtze, bùtze,
   syyfre, ùffbùtze
Saubohnenkraut Boonestrau
Sauce Seessli, Soosse
sauer suur
Sauerampfer Suurampfle,
   Suurhampfle
säuerlich syyrlig, suurlächt
säuerlich riechen und/oder
   schmecken syyrele
Sauertopf Sùùrimùggel,
   Suurriibel
saufen suffe
Säufer → Trinker
Sauferei Suffede, Sufferei,
   Wälle
Sauftour Phintekèèr, Wälle
saugen lùlle, lùùrtsche,
   ninnele, nùggele, nùggerle,
   nùnnele, syggele, suuge,
   suggele
saugen, am Daumen dyymele
Sauger → Schnuller
Saugflasche Schòppe
Säugling Bùschelkind, Bùschi
Säugling betreuen bùschele
säuisch sei'isch
Säule Syyle, Suule

Säulenbrunnen Stòggbrùnne
Saum (Rand) Saum[2]
Saum, schmutziger
    Ziewùùdel, Ziiwùùdel
säumen (Stoff) saimle, saume
saurer Wein Grääzer,
    Katzesaicher, Kùttlerùgger,
    Rachebùtzer, Rachefääger,
    Rippezwigger,
    Soodbrènner, Suuracher,
    Surakuuser, suure Kätzer
saures Gesicht
    Gùmpischtèpfelgsicht,
    Lätsch
säuseln glyschperle
Sausen Gsuus
sausen pfùùre, suuse, sùttere
Sauser Suuser
schäbig hääserig, myyggerig,
    schitter, schytter,
    verschaabe
Schabzieger Schabziiger
Schachtel Drùgge, Laade[2],
    Schachtle
Schachtelhalm
    Katzeschwanz, Katzewaadel
Schachtelhalmbündel
    Schafthai
schade schaad
Schadenfreude Schaadefraid
schadenfreudig
    schaadefraidig
schadhaft bees
Schaf Schooff
Schafbock Schooffbògg
Schäfchenwolke Scheeffli
Schäfer Scheeffer
Schäferin Scheeffere
Schaffhausen Schafuuse
Schaffleisch Scheeffigs,
    Schooff'flaisch
Schaffner Kòndiggtèèr
Schafskopf Schooffsèggel,
    Schooffsùùri
Schale Schaale
Schale (Haut) Schèllede
schälen schèlle

Schalenkartoffeln
    Gschwèllti,
    gschwèllti Häärdèpfel
schalenlos ùn'gschaalt
schalldurchlässig ringhèèrig
Schallplatte Blatte
schämen, sich sich schämme,
    sich schiniere
schämen machen aaschämme
schamlos uusgschämmt
schandbar schandbar
Schande Schand
Schande, riesige
    Äärdboodeschand
Schandecke Èggli
schändlich schantlig
Schanze Schanz
Scharade Scharaade
scharf rääs, schaarf
Schärfe Schèèrfi
scharfes Exerzieren Schluuch
Scharren Gschaar
scharren kaarschte, schaare,
    schòòre
scharwenzeln ùmmefiidele
Schatten Schatte
Schatulle Drùgge
schätzen èschtimiere, gutiere,
    schètze
Schätzung Schatzig, Schètzig
schätzungsweise èppe,
    schètzigswyys
Schaub (Name) Schyppe
Schäublin (Name) Schaibli[2],
    Schyybe[2]
Schauder Gänslihut,
    Hòòròòr, Schuuder,
    Tschuuder
schaudern tschuudere,
    tschuppe
Schauen Lueges
schauen luege
Schauenburg Schämperg,
    Schauebùùrg
schauerlich tschuuderig
schauern tschuudere
Schaufel Schuffle, Schuufle

Schaufenster Mòntere
Schaugebäck Deewyysli
Schaukel Rytti
schaukeln gaagle, gampe,
    gyygampfe, rytte
Schaukelpferd Gampiròss,
    Schwingròss
Schaum Schuum
schäumen schuume
schäumend schuumig
schaumig schuumig
schaumig schlagen fitze[1]
    schwinge
Schaumlöffel Schuumkèlle
Schaumschläger
    (Küchengerät)
    Schneebääse, Schuumbääse
schaurig schuurig
scheckig gschäggt
Scheffel Sèschter
Scheibe Schyybe[1]
Scheibli (Name) Schyybe[2]
Scheidegger (Name)
    Schaidògge
scheiden schaide
Scheidung Schaidig
Schein Schyyn
scheinen schyyne
Scheissdreck Schyssdrägg
scheissen aanemache,
    Gaggaa mache, pfeigge,
    pfùnde, schysse, stuele
Scheisskerl Schysser
Scheit Schyt
Scheitel (Haar) Wääg
Schelle Schälle
Schelte Schimpfis, Schnaps
schelten gschände, schimpfe
Scheltender Schimpfi
Schemel Schäämel
Schenkel Schaiche, Schänggel
schenken bschääre, goobe,
    groome
Scheppern Gitschätter,
    Kèsslede
scheppern gläppere, kèssle,
    tschättere

scheppernd bläärig,
tschätterig
Scherbe Schäärbe
Scherbe, nach ~ n tönen
schäärbele
Schere Schäär
scheren schääre
Scherenetui Grapoo
Scherereien Aaständ,
Gschäär, Kùmeedi, Pflänz,
Spargemänte(r),
Stämpeneie
Scherz Gspass
Scherzwort Sprùch
Scheu Schyychi
scheu schyych
scheuchen schyyche
scheuen schyyche
scheuen, sich sich graue
scheuern fääge, figge, ripse
Scheuertuch Fäägblätz,
Fääglùmpe
Scheuklappe Schyychlääder
Scheune Schyyre
Schick Schygg²
schick schygg
schicken schigge
Schiebefenster(chen)
Laifferli, Laifterli, Schieber
schieben schiebe, schiirge,
stoosse
schief schäärbis, schèps,
schieff
Schiefer Schiifer
Schiefertafel Schiiferdaafele
Schiefheit Schieffi,
Windschi, Wintschi
schieftreten vergniempe
schielen schiile
Schieler Schiilebinggis,
Schiilebùngg
Schiene Schiine
schienen schiine
Schiessbudenfräulein
Schiessjùmpfere
schiessen bilverle, pfäffere,
schiesse

Schiesserei Glèpferei
Schiesspulver Bùlver
Schiff Schiff², Schlappe
Schiffsanlegestelle
Schiffländi
Schikane Vooglerei
schikanieren drampe, floone,
kuranze, saggadiere,
schäggerniere, schygganiere,
schueriigle, sèggiere,
tschäggeniere, veegle,
voogle
Schilderhaus Schilderhyysli
Schimmel (Pferd) Schimmi
Schimmel (Pilz),
nach ~ riechen graiele
schimmlig verjääst
schimpfen bäffere, bäffzge,
bälfere, bällitschiere,
flueche, fuschte, fùttere,
kòldere, lamäntiere,
looskabittle, looszie,
phèschte, schimpfe
schimpfen, leise brùttle,
grùmse
Schindel Schindle
Schinken Schùngge
Schinkenbrot
Schùnggewèggli
Schirm Baareblyy, Schiirm
Schirmmütze Dächlikappe
schlachten mètzge
Schlachthaus Schindhuus,
Schlachthuus, School
Schlachtplatte Mètzgede
Schlackenhalde (Kohle)
Gògghuffe
Schlaf Nyynaa, Pfuus,
Schlooff
Schläfe Schleeffe
schlafen blèttere, pfuuse,
ròchle, schlooffe
schlafen, leicht dùùsle,
ninnele, nùnnele, pfyyserle,
schleeffele
schlafen gehen dauche
schlaff blampig, lampelig,

lämpelig, lampig, läätschig,
limpelig, lùmpelig
Schlafhaube Nachtgòggele
schläfrig schloofferig,
schlooffrig
Schlafrock Mòòrgerògg
Schlag Dätsch
Schlag, kurzer
auf die Trommel Dùpf
Schlag, mit Meerrohr
auf die Hand Datze, Deepli
Schlag, mit Rute Fitz, Pfitz
Schlaganfall Schleegli
Schlaganfall, leichter
Birierig, Straiffig
Schlaganfall, schwerer
Schlaag
Schlagen Bängelei
schlagen haue, schloo
schlagen, fest bämmere,
bängle, bòldere, dätsche
schlagen, geräuschvoll
bòldere, brätsche
schlagen, mit Rute fitze¹,
pfitze
Schläger Schleeger
Schlägerei → Prügelei
Schlagmesser (zum Holzen)
Gèèrtel
Schlagsahne
gschwùngene Nyydel,
gfitzti Ruum'milch,
gschwùngene Ruum
schlampige Kleidung
Gschlamp
Schlange Schlang
schlängeln schlängle
Schlauch Schluuch
schlauchen schluuche¹
Schlaufe Lätsch, Schlängge
schlecht schlächt
schlecht pfeifen (Piccolo)
pfyfferle
schlechte Firma Brùchbuude
schlechte Ware Hùùdelwaar,
Schùnd
schlechter Geruch

Gschmäggli
schlechter Kaffee Bschitti,
Bschittiwasser, Giggelsaich,
Gschiirwasser, Lyyre,
Lyyrlikaffi
schlechter Soldat
Batallioonsglùnggi
schlechter Tabak Ròssdeeder
schlechter Tee Bschitti,
Bschittiwasser, Lyyre,
Lyyrlithee
schlechtes Essen Fraass,
Gfrääss, Schlangefraass
schlechtmachen →
herabsetzen
Schleckzeug
(aus Bienenhonig)
Immezùgger
Schlegel Schleegel
schleichen dyyche, dyychele,
dyysele, dyssele, schlyyche,
schluuche[2]
Schleicher Dyychi,
Schlyycher, Schlyychi
Schleifbahn Schlyffi
Schleife (Band) Lätsch
schleifen schlyffe
Schleiferei Schlyffi
Schleifpapier Sandbapyyr,
Schlyffbapyyr
Schleifstein Schlyffstai
Schleim Kooder, Schliifer,
Schlyym
schleimen schlyyme
schleimig schliiferig,
schlyymig, schnùùderig
schlendern zòttle
schlenkern schlänggere
Schleppe Schlèpp
schleppen fèèrge, schlaiffe,
schlaigge, schlaipfe
Schlepperei Gschlaiff,
Gschlaigg, Gschlaipf
Schleppstreich
(beim Trommeln) Schlèpp
Schleuder Schleidere
schleudern bängle, jänze,

jätte, schmaisse, wamse
schliessen (verschliessen)
bschliesse, schliesse,
zuedue, zuemache
Schliesshaken Schlängge
schliesslich ändsalleränds,
zlètschtamänd
schlimm aarg, fadaal, fuul,
schlimm, wiescht
schlimmer werden iible
Schlinge Hääre, Schlängge
Schlingel Strigg, Strytzi
Schlitten Schlitte
schlittenfahren schlittle
Schlittschuh Schlyffyyseli,
Schlittschue,
Schruubedämpferli
schlitzen schlänze
schlohweiss schloowyss,
schlooswyss
schlossern schlòssere
Schlottern Schlòtter,
Schlòtteri
schlottern schlòttere
schluchzen schlùchze,
schlùchzge
Schluckauf Glùggsi
Schluckauf haben glùggse
Schluckschmerz Schlùggwee
schlummern ninnele, nùgge,
nùnnele, pfyyserle,
schleeffele
schlüpfen schlieffe, schlùpfe
schlüpfrig schliiferig,
schlipferig
schlüpfrige Masse Gschliider
schlurfen schlùùrbe,
tschiengge
schlürfen lappe, läppere,
siirpfe, siirpfle, sùùrpfle
schlurfender Mann
Schlùùrbi, Tschienggi
Schluss Änd
Schlüssel Schlissel
Schlüsselbehältnis
Schlisselkèèrbli
Schlüsselblume

Schlisselbliemli, Schlisseli
Schmach Schmooch
schmachten schmaachte,
schmoochte
schmackhaft
äässig, gschmèggig,
schmäggig
schmaler Galon Spagètti
Schmalheit Schmeeli
Schmalspurbahn Glèttyyseli
schmatzen schmatzge
Schmeichelei Flattuuse,
Lägg, Schmuus
schmeicheln fladiere,
flattiere, kyyderle, kiechle,
kienzle, lägge
Schmeichler Lägger,
Schlägger
schmeissen schmaisse
Schmerz Schmäärze
schmerzen bysse, schmiirze,
schmiirzele, sitterle, sùùre,
sùttere, weedue, weemache,
zie, zinde
schmerzen, vor Frost
hòòrniigle, hùùrniigle
Schmerzensgeld
Schmäärzegäld,
Schmäärzesgäld
Schmetterling Sùmmervoogel
Schmetterlingsnetz
Sùmmervoogelgäärnli
schmettern schmättere
Schmied Schmiid
Schmied (Name) Schmiid,
Schmùttle
Schmiede Schmitti
schmieden schmiide
Schmiere (Fett) Schmiiri[2]
schmieren salbe, schliirge,
schmiire, silche
Schmierer Schliirgi,
Schmiiri[1], Schmiirjee,
Silchi
Schmiererei Gschlaarg,
Gschliirg, Gschmiir
Schmierfett Salbi, Schmiiri[2]

Schmierfink Schmiiri, Schmiirjee, Schmùùsli
schmierig schliiferig, späggig
schminken aabänsle, aamoole
Schmirgelpapier Sandbapyyr
schmollen hòòrne, kèpfle, mipfe, mùpfe, musche
Schmoller Muschi, Muschkòpf
Schmollmündchen Miffi, Myyli, Schniffi
Schmuck (am Weihnachtsbaum) Dragäntli
schmuck bròpper
schmuddlig dräggelächt, dräggelächtig, schmùùselig
schmunzeln schmèllele
Schmutz Drägg, Wuescht
Schmutz (in der Unterhose) Brämsspuur
Schmutz, nach ~ riechen dräggele
Schmutz, mit ~ spielen dräggele, dräggle
schmutzanziehend salisant
Schmutzfink Saumòòre, Sauniggel, Seiniggel
Schmutzfleck Flääre, Moose, Schliirg, Schliirgel, Schliirgis, Schnauz
schmutzig dräggig, pfuudig, schwaarz, wiescht
schmutzige Frau Drägg'gòtte, Saumòòre
schmutziger Saum Ziewùùdel, Ziiwùùdel
Schnabel (an Kanne) Zuegge
Schnake Schnoogg
Schnalle Ringge, Schnalle
Schnaps Seelewèèrmer, Verrysserli
Schnaps, starker Fèlsespränger
Schnaps brennen schnapse
schnapsen schnapse,

schnäpsle
Schnapsflasche Schnapsgùttere, Wäntele
Schnapsglas Faadespieli, Stämpfeli
Schnapstrinkerin Schnapsgùttere
schnarchen ròchle, sääge, schnäärchele, schnaarchle
Schnarcher Säägi, Schnaarchli
Schnarcherei Schnaarchlerei
Schnarre Rääre, Rätsche, Rätschi
schnarren rätsche, schnättere
schnattern schnäädere
Schnauf Blooscht, Schnuuf, Schnuff
Schnaufer Schnuufer, Schnuffer
Schnauze Schnaigge, Schnùùre
Schnecke Glùùdi, Schnägg
Schneckenhaus Schnäggehyysli
Schneeball Schneeballe
Schneebesen (Küchengerät) Schneebääse, Schuumbääse
schneefrei aaper
Schneeglöckchen Schneeglèggli
Schneeglöckchen (grosses) Mèèrzeglèggli
Schneemann Schneemaa
Schneeverwehung Wächte
Schneewittchen Schneewittli
schneiden haue, kaafle, schnääfle, schnätzle, schnyyde
Schneider Schnyyder
Schneider (Name) Schnyyder, Schnyzge
Schneiderin Schnyydere
schneidern schnyydere
Schneiderwerkstatt Schnyyderei
Schneidezahn Schuufle

schneidig schneidig
schneien schneie
schneien, leicht schneiele
schnell gschwind
Schnellbewegung Spigg
schnellen schnättere, schnèlle, spigge
Schnelligkeit Gschwindi
Schneuzen Gschnytz
schnippisch spitzig
Schnittlauch Schnittlauch, Schnittlech
Schnittwunde Schnatte, Schnättere
Schnitzel Schnääfel, Schniifel
Schnitzelbank Bangg[1], Schnitzelbangg
Schnitzelbank singen bänggle
Schnitzelbankillustration Schnitzelbangghèlge
Schnitzelbanksänger Bänkler, Schnitzelbänggler, Schnitzelbanggjee
schnitzeln schnääfle, schnätzle, verschnätzle
Schnörkel Gremänzel, Gremänzlerei, Schlängge
Schnörkel anbringen gremänzle, grimänzle
schnüffeln schnaigge, schniffle
Schnüffler Schnaiggi
Schnuller Lùlli, Lùllizapfe, Nùggi, Nùggizapfe, Nùlli, Zapfe
Schnupfen Flèssig, Flùssfieber, Schnùùderi, Schnuppe, Schnùppe
Schnupftabak Schnùpfdubagg
Schnur Schnuer[1]
Schnurbehälter Stùmpekèèrbli, Stùmpeziiberli
Schnürchen Schnierli
schnüren binde, nèschtle
schnurgerade pfyffegraad

Schnurrbart Schnauz
Schnurren Schnoogge
schnurren schnùùre[1], spinne
Schnurrest Stùmpe
Schnurschachtel
　Schnuerläädli
Schnürsenkel Schuebändel,
　Schuenèschtel
schnurz schnòòrz
schofel boofer
Schokolade Schòggelaade,
　Schòggi
schon schò
schön scheen
Schonbezug (für Möbel)
　Husse
schöne Frau Bootee
Schönenbuch Scheenebuech
schonend schoonlig
schöpfen schèpfe
Schopfheim Schòpfe
Schöpfkelle Gätzi, Kèlle,
　Schuepfe
Schöpfschaufel Sasse,
　Schapfe, Schèpfi, Schuepfe,
　Wùùrfsasse
Schoppen Schòppe
Schorf Riife
Schornstein Kèmmi
Schornsteinfeger
　Kèmmifääger
Schoss (Mutterleib) Schooss
Schoss (Zweig) Ryys[2]
Schosshündchen Mòpper,
　Schoosshindli
Schosskind Mammeditti,
　Mueterditti, Schoosskindli
Schotter Grien
schottern iberfiere
schräg schreeg
Schräge Schreegi
Schrank Kaschte
Schränkchen Känschterli,
　Käschtli
Schranke Baarièère
schränken schrängge
Schrankunterteil
　Kaschtefuess
Schrankzimmer
　Kaschtestùùbe
Schranz Schlänz
Schrappeisen Schräpfi
schrappen schräpfe
Schraube Schruube, Struube
schrauben schruube, struube
Schraubengewinde Gwind,
　Schruubegwind
Schraubenmutter Muetere
Schraubenschlüssel,
　verstellbarer Ängländer
Schraubstock Schrubstògg
Schrebergarten Gmiesblätz,
　Pflanzblätz
Schrecken Hòòròòr,
　Schrägge
schrecklich erschrègglig,
　gryyslig, hòryybel
Schrei Schrei
Schrei, schriller Gyggs
schreiben schryybe
schreiben, spielerisch
　schryyberle
schreiben, unleserlich kaafle,
　sùùdle
schreiben, unsauber sùùdle
Schreiber Schryyber
Schreiberei Schryyberei
Schreibfeder Fäädere, Griffel
Schreibgarnitur Dintezyyg
Schreibkommode Sèggerdäär
Schreibzeug (Bleistift, Feder)
　Schryybi
schreien briele
schreien, schrill gaitsche,
　gyggse
Schreihals Brielaff
Schreiner Schryyner
Schreinerei Schryynerei
schreinern schryynere
Schriftdeutsch sprechen
　schweebele
schrill schreien gaitsche,
　gyggse
schriller Schrei Gyggs

Schritt, mit kleinen ~ en gehen
　däppele, drämperle,
　dräppele, glèttyysele,
　heesele, hùùdele, wäädele
schröpfen schrèpfe
Schrott Altyyse, alt Yyse
schrubben riible, rùùble
Schrubber Strùpfer
Schrulle Spoon, Spòòre,
　Zagge
schrumpfig zusammennähen
　verschnùùrpfe
Schubkarren Gaarètte, Kaare,
　Stoossbääre, Stoosskaare
Schubkarren,
　mit ~ transportieren
　gaarèttle
Schubs Mùpf, Schùpf, Stùpf
schubsen mipfe, mùpfe,
　schipfle, stipfle, stùpfe
schüchtern schyych
Schüchternheit Schyychi
Schuft Dräggkaib,
　Dräggsèggel, Dräggsiech,
　Hùnd, Mischtfingg,
　Mischtkaib, Schuubiagg
schuften sich abhùnde,
　grampfe, gripple, hùnde,
　schanze
Schuh Fèndle, Fènsle,
　Schlappe, Schlùùrbe,
　Schue, Wääglidramper,
　Waidlig
Schuhbürste
　Schuebützbiirschte
Schuhcreme Schuewiggsi
Schuhgeschäft Schuelaade
Schuhlöffel Schuelèffel
Schuhmacher
　Schlùùrbeglòpfer,
　Schuemacher
Schuhputzlappen
　Schuelùmpe
Schuhregal Schueschaft
Schulaufgabe
　Schuelùffgoob, Ùffgoob
schuld dschùld

schulden schùldig syy,
  schwach syy
Schule Schuel
Schüler Schieler
Schülerin Schielere
Schülertuch Schielerduech
Schulhaus Schuelhuus
Schuljunge Schuelbueb,
  Schuelerbueb
Schulmädchen
  Schuelermaitli,
  Schuelmaitli
Schulmeister
  Schuelmaischter
Schulnote Noote
Schulranzen Ooser,
  Schuelersagg, Schuelsagg
Schuppe Schiepe
Schuppen Schòpf
Schürfung Schiirpf
Schürhaken Fyyrhoogge
Schurke Kalfaggter,
  Schuubiagg
Schürze Fiirduech, Schùùrz
Schürzenjäger Maitlistaiber
Schuss Schùss, Schùtz
Schussel Schùtzgatter,
  Schùtzgattere, Schùtzli
Schüssel Dèèryyne, Kachle,
  Mùchle, Schaale, Schissle
Schüsselchen Gèbsli,
  Mùcheli[2]
schusseln schùtzle
schussweise schùtzwyys
Schüttelfrost Schlòtter,
  Schlòtteri
schütteln hòtzle
schütten schitte
Schutzhülle für Trommelfell
  Lòndònner
Schwabe Schwoob
Schwäbin Schweebene
schwach gebacken lyysbache
schwach regnen beiele,
  fiiserle, räägele, schifferle
Schwäche Fèèbel, Schwèchi
schwächen schwèche

schwacher Wind Bleeschtli,
  Liftli, Windli
schwächlich hääserig
Schwächling Fläsche, Sprysse
schwachsinniger Mensch
  Dòtteli, Drimpi,
  Wäbstiibeler
Schwade Schwaade[1]
Schwaden Schwaade[2]
schwafeln schwaafle
Schwager Schwooger
Schwägerin Gschwei,
  Schweegere
Schwalbe Schwalbe,
  Schwalm, Spyyr, Spyyri
Schwall (Flüssigkeit) Gùtsch,
  Schwètti, Waal[1], Wall
Schwamm Schwùmm[1]
schwammig schwùmmig
schwanger hòps
schwanken drimmle, gampe,
  guuge
Schwanz Schwanz, Zaagel
schwappen schwapple
Schwäre Gschwäär
Schwartenmagen
  Syydefäärberschùngge
Schwarzdorn Schleeche
Schwarzdornblüte
  Schleechebluescht
Schwarzdornhecke
  Schleechehaag
Schwärze Schwèèrzi
schwarze Zipfelmütze
  Ruessgiggli
schwärzen brääme, schwèèrze
Schwarzhaarige(r)
  Schwèèrzeli, Tschinggeli
Schwarzwurzel
  Schwaarzwùùrzle,
  Stòòrzenääri
Schwatz Muem, Ständli
schwatzen bleeterle, dampe,
  dattere, laafere, mueme,
  pflùùdere, pflùttere,
  rätsche, schnäädere,
  schnèère, schnùùre[2],

  schwätze, schwaudere
Schwätzer Balaari, Blauderi,
  Dampi, Gaggelaari,
  Gäggeli, Gäggi, Laaferi,
  Pflùùderi, Pflùtteri,
  Schnääderi,
  Schnèèrewaagner, Schnèèri,
  Schnùùrewaagner,
  Schnùùri, Schwaafli,
  Schwappli, Schwauderi,
  Wäschwyyb
Schwätzerei Gschnääder
Schwätzerin → **Klatschbase**
Schwatzsucht Blauderi,
  Schnùùrepflùtteri,
  Schwauderi
schweben schwääbe
Schwede Schweed
Schwefel Schwääbel,
  Schwääfel
schwefeln schwääfle
Schweif Schwanz, Zaagel
schweigen schwyyge
schweigen machen gschwaige
Schweigepflicht Hääl
schweigsam muulfuul
Schwein Mòòre, Sau
Schwein, verschnittenes Gòlz
Schweinefleisch Schwyynigs
Schweinehirt Seilidryyber
Schweinehund Sauhùnd
Schweinekerl Saukaib
schweinemässig sei'isch
Schweinerei Sauerei
schweinern schwyyne,
  schwyynig
Schweineschmalz Schmùtz[2]
Schweinestall Saustall
Schweinsblase Seiblootere
Schweinshaxe (gesotten)
  Gnaagi
Schweinsknöchlein
  Schaambèggli
Schweinsohr Seiòòr
Schweinsragout
  Schwyynsvòòrässe
Schweiss Schwaiss

Schweiss, nach ~ riechen
schwaissele
schweisstreibend schwitzig
Schweiz Schwyz
Schweizer Schwyzer
Schweizerin Schwyzere
schwelen glùmse, mòtte,
mùtte
Schwemme Schwèmmi
schwenken schwängge
schwer schwäär, schwäärlächt
schwer arbeiten biggle,
grampfe, gripple, hùnde,
òggse, schanze
Schwere Schwääri
schwere Arbeit Grampf
schwerer Schlaganfall
Schlaag
schwerfällig gehen dalpe,
drampe, drùmpe, stòffle,
tschiengge, tschùmple
schwerhörig iibelhèèrig
Schwerhörige(r) Ibelhòòr
schwermütig werden
sich hindersinne
Schwerstarbeiter Grampfer,
Grampfkaib, Grampfsiech
Schwester Schwèschter
Schwibbogen Schwyybooge
Schwiegersohn Dòchtermaa
Schwiegertochter Gschwei,
Schnuer²
Schwiele Schwiile
schwielig schwiilig
schwierig difisyyl, schwiirig
Schwierigkeiten Aaständ,
Dänz, Fysimatänte,
Mòläschte, Pflänz,
Schnäggedänz,
Spargemänte(r),
Stämpeneie
Schwimmart Schwùmm²
Schwimmbad Sankt Jakob
Jòggeli, Jòggelibaad
Schwimmen Schwùmm²
schwimmen schwaadere
schwimmen,

an Brückenpfeiler jèchle
Schwimmen nach Hundeart
Hùndsschwùmm
Schwindelanfall Diirmel,
Drimmel
schwinden abschwyyne,
schwinde, schwyyne
Schwindler Kalfaggter
schwindlig bliemerant,
drimmlig, dùùblig, dùmm,
dùùslig, graablig,
gschmuech,
schwämpämperlig,
schwäpperig, schwapplig,
stùùrm, zwiirblig
Schwindsucht Uuszèèrig
schwingen schwängge,
schwinge
Schwingplatz Mätteli
schwirren pfùùre
Schwitze Schwaizi
schwitzend schwitzig
Schwitzender Schwaissdyssi
**Schwizerhüsli
(Studentenverbindung)**
Schysshyysli,
Schwyzerhyysli
schwören sich bsiibne,
schwèère, sich verschwèère
schwül dinschtig, dippig,
schwiel
Sebastian Baschi
Sechs Säggs, Säggser, Säggsi
sechs säggs
Sechseläuten Säggsilytte
Sechser Säggser
sechst säggst
Sechsuhrzug Säggsizùùg
sechzehn sächzää
Sechzehner Sächzääner
sechzig sächzig
Sechziger Sächzger
Seele Seel
seelengut seeleguet
Seewen Seebe
Segel Säägel
segeln säägle

Segelschiff Säägelschiff
Segen Sääge
segnen säägne
sehen gsee
Sehne Sääne
Sehnenscheidenentzündung
Sääneschaidentzindig
sehnig gääderig
sehniges Fleischstück
Waldiwaggs
Sehnsucht Langizyt
sehnsüchtig warten blange
sehr anderscht, aarg, bees,
bsùnderbaar, deiflisch,
dònnerschiessig, eeländ,
eenter, entsètzlig, fèscht,
fiidle-, fùùrchbaar, ganz,
gaar, ghèèrig, gòttstreefflig,
greilig, gryyslig, gryz-,
grooss, hailoos, hòränd,
hùnds-, kaibe-, kooge-,
lèschterlig, mainaidig,
mylioonisch, rächt, sagg-,
sau-, schandbaar, scheen,
schyss-, schuurig, sei'isch,
sinde-, staargg, stingg-,
stògg-, uur-, vatterländisch,
verbòtte, verflixt, verrùggt,
wätterlig, wiescht, zimftig,
zimpftig
Seide Syyde
seiden syydig
Seidenband Bändel,
Syydebändel
Seidenbandfabrik
Bändelmiili
Seidenbandfabrikant
Syydehèèr
Seidenbandweber
Basemänter
Seidenpapier Syydebapyyr
Seife Saiffi
Seifenbehälter Saiffignächt
Seifenblase Saiffiblootere
Seifenwasser Saiffiwasser
seihen seechte, siibe, siible
Seil Hälsig, Sail, Strigg

seilspringen sailgùmpe, sailigùmpe
Seiltänzer Saildänzler
sein (V.) syy
sein (Pron.) syy, sy
seine (Plur.) syyni, syni
seinem syym, sym
seinen (Dat. Plur.) syyne, syne
seinerseits syynersyts
seinerzeit syynerzyt
seines syys
seit sit, syt
Seite Syte
Seitenstechen Milzistäche, Sytestäche
Seitenwagen Sytewaage
seither → inzwischen
-seitig -sytig
seitlich hinaus näbenuuse
seitlings sytlige
Sekretär Sèggerdäär
Sektierer Stindeler
Sekundarschule Sèggeli
selb- sälb-
selbst sälber
selbstgebackenes Brot Huusbroot
selbstgemacht sälbergmacht
selbstverständlich sälbverstäntlig
selbstverständlich (das versteht sich von selbst) phärsee, phèrsee
selig säälig
Seligkeit Sääligkait
Selma Sèlmi
selten raar, sälte
seltsam aarig, glùnge, gspässig, kuurioos
Semmel Mùùrbs, Wèggli
Semmel, runde aus Brotteig Byyrli, Brootwèggli
Senf Sämf, Sämpft, Sänf
senil gaga
Senkblei Sänggel
Senke Sänggi

Senkel (Schnürband) Nèschtel
senken sängge
Sense Säägese, Sänse
Sensenmann Sänsemaa, Sänserich
sentimental schmalzig
sentimentaler Mensch Schmalzdaggel
Sentimentalität Schmalz
September Hèèrbschtmooned, Septämber
serbeln rääble, säärble
seriös sèriees, sèrioos
Serpentine (aus Papier) Faasnachtsbändeli
Serviertablett Blääch, Brätt
Serviertochter Dringg'gäldsyyle, Frailain, Frèlain, Källnere, Schleidere, Schlitte, Sèrwierbòlze, Sèrwierschlitte
Serviette Sèèrwiete
Serviettenring Sèèrwietering
Sester Sèschter, Sèschtermääs
setzen, sich absitze, sitze
Setzling Sètzlig
Setzzwiebel Ziibeli
Seuche Syychi
seufzen syffzge
Seufzer Syffzger
sexuell sich betätigen laiche, ùmmelaiche
Sibylle Bille[2], Billi
sich sich, si
Sichel Sichle
sicheln sichle
Sicherheitsnadel Schliessgùùfe
sicherlich gwiis
sie sii, si
Sieb Seechter, Siib
Siebbecken Seechtbèggi
Sieben Siibe, Siibener, Siibeni

sieben (seihen) seechte, siibe, siible
sieben (Num.) siibe
siebent siibet, sibt
Siebentel Siibetel, Sibtel
siebzehn siibezää, sibzää
siebzig siibezig, sibzig
sieden (intr.) sitterle, sùttere, strùùdle
sieden (tr.) schwèlle[1], siede
siedend kòchig, sittig
Siedkartoffeln Gschwèllti, gschwèllti Häärdèpfel, uuszoogeni Häärdèpfel
Siedlung Kaff, Näscht
Siegellack Siigelagg
siegeln bètschiere, siigle
siegen bùtze
sieh! sè
siezen siize
Signalpfeife Pfyffli
Sigrist Siigrischt
silbern silber, silberig, silbrig
Silvester Altjòroobe
Silvester feiern neijèèrle, sylvèschtere, sylvèschterle
Sims Simse
singen, falsch blääre, gääggse
singen, unschön gääggse, gäggse
Singgruppe (am Gymnasium) Elyte
Sinn Sinn, Spitz, Witz
sinnieren stuune
Sitte Bruuch
sitzen hògge, sitze
sitzen, gemütlich hèggele, hèggle
sitzen, nachlässig laitsche, pflaartsche, pflùntsche, pflutte
sitzen bleiben, zu lange iberhèggle, iberhògge
sitzenbleiben (Schule) fliege, hògge blyybe
Sitzfleisch Sitzlääder
sitzlings sitzlige

Sitzstange Säädel
Sitzung Sitzig
Skandal Schgandaal, Schkandaal, Skandaal
skandalös schkandalees, schkandaloos, skandalees
Skelett Gripp
Skizze Riss
skizzieren ùffrysse
Sklave Schglaav, Sglaav
so dääwääg, esoo, soo, so, sò
Socin (Name) Sòtzi[1]
Socke Sògge
Sodbrennen Häärzwasser
Sodomit Gaissejätter
soeben graad, jùscht, vòòrig
Sofa Kaanebee
sofort enandernoo, graad, nùllkòmmablètzlig, nùmmero pfiff, sòffòòrt, sòfòòrt, ùff der Stèll
sogleich glyy, glyych
Sohn Bueb, Soon, Sùùn
solch däärig, dèèrig, eso, sèttig, soonig
Soldat, schlechter Batallioonsglùnggi
Soldaten spielen mylidäärle, sòldäätle
Soldatenmantel Kabùtt
Soldatenspielen Sòldäätlis
Söldner Ryyslaiffer
sollen sòlle
Solothurn Sòlledùùrn
Sommer Sùmmer
Sommersprosse Laubflägge, Mèèrzeflägge
Sommerzeit Sùmmerzyt
sonderbar aige, bsùnderbaar
sondergleichen sùnderglyyche
Sonderkonto Kässeli, Kässli
Sonderling Spòòrebeeter
sondern aaber, sòndere, sùndere
sondieren sòndiere, sùndiere
Sonne Sùnne

sonnen sùnne
Sonnenbad Sùnnebaad
sonnenbaden blittle, sinnele
Sonnenblume Sùnneblueme
Sonnenschirm Baaresòl, Sùnnebaareblyy, Sùnneschiirm
Sonnenseite Sùnnesyte
Sonnenvorhang Stòòre
sonnig sùnnig
Sonntag Sùnntig
sonntäglich sich anziehen sich Sùnntig(s) aaleege, sich sùnntige
Sonntagskleid Sùnntigsglaid, Sùnntigsgstaat, Sùnntigs'staat
sonst sùnscht, sùscht
Sophie Sèffe, Sèffi
Sorge Sòòrg
Sorge tragen luege
sorgen, ängstlich frètte
sorgenfrei ùn'gsòòrgt
Sorgenkind Sòòrgekind
sorgsam hibscheli, hibschli, schoonlig, syyferlig, subdyyl
sortieren verlääse
Sortierung Verlääsede, Vertlääsede
sowieso soowisoo
Sozialist Sòtzi[2], Soozi
sozialistisch root
sozusagen soozesaage, soozsaage
Spachtel Spachtel, Spachtle
spachteln spachtle
Spachtelspiel spielen spachtle
spähen giggele, gnaisse, linse, litze, nysche, spanyyfle
Spalenberg Spaalebäärg, Spaalebùggel
Spalengraben Spalegraabe
Spalenquartier Spaale
Spalentor Spaledòòr
Spalenvorstadt Spaale, Spalevòòrstadt

Spalenvorstadt, Bewohner der ~ Spaalemer
Spaliergitter Landere
Spalt(e) Glimse, Glùft[1], Gspalt, Ritz, Spalt
spalten (Holz) schyte
Span Spoon
spänen speene
Spanferkel Spaaseili
Spange Ringge
Spanien Spannie
Spanier Spannier
spanisch spannisch
spanisches Rohr Mèèrrèèrli
spannen spanne
Spannvorrichtung Spanner
Sparbüchse Spaarhaafe, Spaarsau
sparen, kleinlich spääerle
Spargel Spaarse
Spargelgemüse Spaarsemiesli
Sparheft Banggbiechli, Biechli
Sparren Spaare
sparsam huuslig
Sparschwein Spaarsau
Spass Blausch, Gaudi, Gspass, Gùùgelfuer, Schindlueder
spassen gspasse
spät spoot, spootlächt
Spaten Spatte
spätestens speetschtens
Spätjahr Speetlig, Spootjòòr
Spätzle Gnèpfli, Spätzli
spazieren spaziere, spazifzèèrzele, spazifizòzle
spazierenführen ùmmestoosse
Spaziergang Bùmmel, Kèèrli
Spazierstock Spazierstägge, Stägge, Stèggli[3]
Speck Spägg
speckig späggig
Speichel Speiede, Speiz
Speichellecker Lägger
Speicher Spyycher

speien speie, speize
Speiseanstalt Spyysi
Speiseeis Glasse, Yysgrèèm
speisen spyyse
Spektakel Spedaggel,
Speggdaggel
Spende Goob, Spänd
spenden gää
spendieren spendiere, wiggse
Spengler Spängler
Spenglerei Spänglerei
Sperling Spatz
sperrangelweit
spèèrangelwyt, spèèrwyt
Sperre Spèèri
sperren spèère
sperrig spèèrig
Spezereiwarengeschäft
Spezereilaade,
Spezereiläädeli
Spezialist Speezi[1]
Spezialklasse Speezi[2]
spicken spigge
Spickzettel Bschysszeedel,
Spiggzeedel(i)
Spiegelei Blättli'ai, Stierenaug
spiegelglatt aarschfiidleglatt,
fiidleglatt
Spiel Spiil
spielen, grob hòlze
spielen, mit Daumen dyymele
spielen, mit Eisenbahn
yysebäänle
spielen, mit Feuer fyyrle,
zinderle, zinserle, zinsle
spielen, mit Kreisel sùùrele
spielen, mit Lehm dòòrge
spielen, mit Marmeln
bètschle, glùggere, lèchle
spielen, mit Pulver bilverle
spielen, mit Puppe dittele
spielen, mit Reifen raiffle
spielen, mit Schmutz
dräggele, dräggle
spielen, mit Teig daigle,
dòòrge
spielen, mit Tür dèèrle, diirle

spielen, mit Türklinke fällele
spielen, mit Wasser wässerle,
weierle
Spieler Spiiler, Spiilratz
Spielerei Gvätterlizyyg
Spielerin Spiilere, Spiilratz
spielerisch arbeiten bäschele,
gvätterle, käschperle,
laubsäägele, schäffele,
schäfferle
spielerisch basteln gvätterle
spielerisch gärtnern gäärtele
spielerisch hämmern
hämmerle
spielerisch harken rächele
spielerisch kämpfen baschge,
kämpfle
spielerisch kochen kècherle
spielerisch malen meelele,
meelerle
spielerisch planen bläänle
spielerisch reinigen bitzerle
spielerisch ringen
ringkämpfle
spielerisch sägen säägele
spielerisch schreiben
schryyberle
spielerisch spritzen spritzerle
spielerisch stricken striggerle
spielerisch tanzen dänzerle
spielerisch tasten deeple
spielerisch zupfen zipferle,
ziirle
Spielgewinn, kleiner
Deewyysli
Spielkarte, niedrige Brättli
Spielzeug Spiilsach
Spielzeugladen Kaifferlaade
Spielzimmer Spiilstùùbe
Spiess Bygge, Spiess
Spiessbürger Fiidlebùùrger,
Maschtbùùrger
Spinat Binetsch, Griengrut,
Spinaat
Spindelbaum Pfaffehietli
Spinne Spinn
Spinnennetz Spinnbùppele

Spinner Dripsdrill,
Spinnhiirni, Spinnkaib,
Spinnsiech
Spinnrocken Kùnggele
Spinnwebe Spinnbùppele
Spinnwettern (Zunft)
Spinnwättere, Spyywättere
spintisieren spinne
Spion Gassespiegel, Spyoon
Spionin Spyoonene
spiralige Locke
Zapfezie'erlògge
Spiritus Spryt
Spital Spidaal, Spittel
Spital, nach ~ riechen
spidäälele
Spitaldirektor
Spittelmaischter
Spitz (Hund) Spitz, Spitzi
spitz spitzig
Spitzbube Luuskaib,
Luuskäärli, Spitzbueb
Spitze Spitz
Spitze (Textil) Fryywolitee,
Greenli, Lälle
Spitzhacke Biggel
Spitzname Iibernamme
Spleen Bierydee, Fùùrz,
Fùùrzydee, Schnapsydee
Spleisse Sprysse
splitternackt
aarschfiidleblùtt,
fiidleblùtt, fùùdiblùtt
Sporn Spòòre
sporteln spèèrtle, spòòrtle
spötteln spèttle
spotten spèttle, spòtte
Spötter Spètter
Sprache Sprooch
sprechen barlaare, baarle,
reede, saage, schwätze,
speie, spräche
sprechen, abfällig schneede,
spritze
sprechen, gedehnt
baseldeutsch dääre
sprechen, gepresst bäärze,

lòòrge, rääre
sprechen, hastig schnapple
sprechen, mit französischem Akzent wältschele
sprechen, schriftdeutsch schweebele
sprechen, undeutlich lùùrtsche
Sprecher Sprächer
Sprechstunde Sprächstùnd
sprengen spränge
sprenkeln spriggele
Spreu Spreier
Spriesse Stypper
spriessen (abstützen) styppere
Springbrunnen Spritzbrùnne
springen (hüpfen) gimperle, gùmpe, gùmpele
Springseil Gùmpisail, Gùmpsail, Sailgùmpi, Sailigùmpi
Spritze Spritzi
spritzen, spielerisch spritzerle
Spritzer Sprùtz
Spritzleder (auf Fuhrwerk) Fuess'sagg
Sprüche, weise Bròfeetebèèri
Sprudel → **Mineralwasser**
Sprung (Hüpfer) Gùmp, Sprùng
Sprung (ins Wasser) Aarschjee, Aärschli, Bèmbli, Byychli, Buuchjee, Hächtli, Kèpfli, Kèèrze, Kòpfjee, Ränzli, Spiessli, Sprùng
Spucke Speiede, Speiz
spucken koodere, speie, speize
Spucknapf Speihääfeli
spuken gaischte, gspängschte, spùgge, ùmgoo, ùmmegaischte
Spülbecken Schwänggbèggi
Spule Spuele
spulen spuele

spülen abschwängge, schwängge, spiele
Spültrog Spieldroog
Spund Spùnte
spüren gspyyre
Staatsangestellter Staatsgrippel
Stab (Stange) Stägge
Stab (militärischer) Rèsslispiil
Stabelle Schabälle, Stabälle
Stachel Stachel, Stachle[1]
stacheln stachle
Städter Stèdter
städtisch stèdtisch
Stadtmauer Lètzi
Stadttor Dòòr
Stadtviertel Viertel
Staehelin (Name) Stäächeli, Stachle[2]
Stahl Staal[2]
Stahlspäne Staalspeen
Stall Staal[1], Stall
stammeln staggle
Stampfe Stampfi
stampfen, leicht stämpfele, stämpferle
Stampfmühle Stampfi
Stampfwerk Stampfi
Ständchen Ständli
Standestruppensoldat Stänzler
Standgefäss Stande
ständig allewyyl, als, alsfùùrt
Standuhr Stògguur
Stange Bängel, Stägge
Stangenbohne Stäggeboone
Stapel Byygi
stapeln byyge
stark fèèrm, staargg
stark blasen blooschte
stark husten bäffzge, bälle
stark klopfen bämmere, bòldere, bòppere
stark regnen aabeschitte, gaitsche, hùùdle, kiible, saiche, saue, schiffe, schitte,

sträaze, strùùble
starke Hitze Bèggehitz
Stärkemehl Ammelemääl
stärken stèèrgge
starker Atem Blooscht
starker Biertrinker Bierlùùdi
starker Mann Brätscher, Fätze, Kaschte, Mùùni, Vòòrschlaaghammer, Walchi
starker Mensch Brògge, Mògge, Ròss
starker Schnaps Fèlsespränger
starker Wein Hiirnisteessel
starr staar, staarig
starren beegge, boole, gluure, stiere
starrsinnig stier
statt dessen derfiir
stattlicher Kerl Brätscher
Statur Bòschtuur
stauben staibe
Staubkamm Rainsträäl
staubsaugen staubsuuge
Staubsauger Staubsuuger
Staubtuch Staublùmpe
stauchen stuuche
Staude Stuude
staunen stuune
Stechbeitel Stächbytel
stechen byggse, stäche, stipfle, stùpfe
stechend stächig
Stechmücke Schnoogg
Stecken Stägge, Stògg
stecken (tr.) stègge
stecken (intr.) stägge
steckenbleiben stäggeblyybe
Stecknadel Gùùfe
Stecknadel, mit ~ n befestigen aagiifele, aagùùfe
Stecknadelspitze Gùùfespitz
Stehelin (Name) Steeli
stehen stoo
stehen, auf den Zehenspitzen

zeechele, zeechle
stehend stäntlige
Stehkragen Èggligraage
stehlen abstaube, bùggse,
  filze, mause, mùgge, muuse,
  schnèlle, stytze, stratze,
  stuuche
Stehlin (Name) Steeli
steif bòggstyff, gstyff, hèlzig,
  styff
steif werden (vor Kälte)
  gstaable
Steife Styffi
steifen stèèrgge
Steifheit Styffi
steigen styyge
steigend, allmählich schlaiter
steil gääch, stòtzig
steile Treppe Waadeschaaber
steiler Weg Stich, Stùtz
Stein Gwäggi, Stai
Stein der Kirsche Kiirsistai
Steinengraben Stainegraabe
Steinenmühle Stainemiili
Steinenschanze Staineschanz
Steinentor Stainedòòr
Steinentorstrasse Dòòrstaine
Steinenvorstadt Staine,
  Stainevòòrstadt
Steinenvorstadt,
  Bewohner der ~
  Stainlemer
steinern staine, stainig
steinig stainig
Steinmännchen (Gipfelsignal)
  Staimännli
Steinnelke Friesli
Stelldichein Rand²
Stelle Stèll
Stelle (Beamtung) Bòschte,
  Stèll
stellen stèlle
stellen, aufs Feuer iiberdue,
  oobdue
stellen, sich, in Reih und Glied
  yystoo
Stellung Stèllig

Stelze Stälze
stemmen stämme, stèmme
Stemmbogen Stämmbooge,
  Stèmmbooge
Stemmeisen Stämmyyse,
  Stèmmyyse
Stempel Stämpel, Stämpfel
Stempelkissen Stämpelkissi
stempeln stämpfle, stämple
Stengel Stängel, Stiil¹
Stephan Stèffi
Stephanie Fanni
Stephanstag Stèffisdaag
Sterben (Epidemie) Stäärbed
sterben abfragge, abgratze,
  abschnappe, iberstèggle,
  yyluege, stäärbe, ùmstoo,
  vergnèlle, verrääble,
  verrègge, versäärble
sterbensübel stäärbesiibel
Sterbenswörtchen
  Stäärbeswèèrtli
Stern Stäärn
Sternchen, mit ~ versehen
  stäärnle
sternförmig aufgewickelter
  Faden Stäärnlifaade
Steuer (Abgabe) Styyr¹
Steuer (Lenkvorrichtung)
  Styyr²
Steuererklärung Styyrzeedel
steuern styyre
Steuerverwaltung
  Styyrverwaltig
Stich Bigg, Byggs
Stichelei Gstichel
sticheln giftele, zinde
Stickarbeit Stiggede
Stickerei Stiggerei
Stickkissen Blòng
Stiefelknecht Stiifelgnächt
stiefeln stiifle
Stiefeltern Stieffèltere
Stiefmutter Stieffmueter
Stiefvater Stieffvatter
Stiel Stängel, Stiil¹
Stielbonbon Schläggstängel,

Ziestängel
Stier Mùùni, Stier
Stierhoden (als Speise)
  Alpenaier, Mùùnisèggel,
  spannischi Nierli
Stil Aart, Stiifel, Stiil²
still duss
still halten, sich duppe
Stille Stilli
Stimme Stimm
Stimme, laute Drùmpeete,
  Gälle
Stimme, wohltönende
  Reedhuus
Stimmung dämpfen
  aabestimme
stinken phèschte, stingge
stinkend schmèggig, stinggig
stöbern niele, nùùsche,
  schnaigge
Stock Stägge
stockbetrunken saggvòll
stockdunkel kyttig, kuttig,
  stòggdùnggel,
  stòggfinschter
stöckeln stèggle
Stöckelschuh Stègglischue
Stockfisch (aufgeweicht)
  Mòllifisch
stockfleckig karfange
Stöckli, Stöcklin (Namen)
  Stèggli²
Stockschirm Angtugga
Stockwerk Stògg
Stoecklin (Name) Stèggli²
Stoffkeil Spiggel
stöhnen gròchze, grùchze,
  steene
stolpernd gehen stèggle
stolzieren bòlze
Stopfarbeit Verstächede
stopfen schòppe, stòpfe
stopfen (Textilien) verstäche,
  verwiifle
stopfend mòggig
Stopfkugel Strùmpfkùùgele
stopplig stùpflig

Stör Stèèr
Storch Haini, Stòòrg,
  Stòòrgehaini
Storchennest Stòòrgenäscht
Storchschnabel
  Stòòrgeschnaabel
stören ampètiere,
  deerangschiere,
  mòläschtiere, mòlèschtiere
störrisch rappelkèpfig,
  rappelkèpfisch
Störung Stèèrig
Stoss Bòtsch, Bùff, Bùtsch,
  Rènn, Schùpf, Stooss
Stössel Steessel
stossen bòtsche, bùffe,
  bùtsche, schùpfe
stossen, mit Kopf kèpfle
stossweise schùtzwyys
Stotterer Staggli
stottern gaaggse, gaggse,
  staggle
stracks standegangs
Strafe Strooff
strafen strooffe
sträflich gòttstreefflig,
  streefflig
Sträfling Streefflig
Strafpredigt Schlabutzer
Strahlrohr (Feuerwehr)
  Wändròòr
Strähne (Wolle, Garn) Strange
strampeln spaiche, spòòre,
  strample
Strang Strang, Strange
strapazieren strabaziere,
  strabliziere
Strassburg Stroossbrg,
  Stroossbùùrg
Strasse Strooss
Strassenarbeiter
  Koolebäärgler,
  Wäägmacher
Strassenbahn Dram, Drämli
Strassenbahner Drämler
Strassengraben Grääbli,
  Stroossegraabe

Strassenkehrer
  Alphòòrnbleeser,
  Stroossebùtzer
Strassenkot Pflaartsch
Strassenrand Bòòrd
sträuben straibe
Strauch Struuch
Strauss (Blumen) Buggee,
  Maie
Strauss (Vogel) Struss
Straussenei Strussenai
Straussenfeder
  Strussefäädere
Streber Phùnggtschinder,
  Schanzgnòche
Strecke Strèggi
Streich, dummer Kalberei,
  Stiggli
streicheln stryychle
streichen stryyche
Streichholz Schwääbelhèlzli,
  Schwääfelhèlzli, Zindhèlzli
Streichholzspiel spielen hèlzle
Streit Grach, Grieg, Händel,
  Kùmpaus
streiten griege[1], händle,
  kample
streitsüchtige Frau
  Lämpelyysi, Rätzebälle,
  Ryybyyse, Ripp
streitsüchtiger Mann
  Grachbrueder,
  Lämpesämmi
streng sträng
Strenge Strängi
streuen straie
Streuselkuchen
  Streisselkueche
Strichgang Waggel
Strick Hälsig, Strigg
Strickarbeit Striggede
Strickbeutel Ryydigyll,
  Stricksèggel
Strickborte Bryyse[2]
stricken liisme, strigge
stricken, spielerisch striggerle
Strickjacke Jagge

Stricknadel Striggnoodle
Stricknadelbehälter
  Striggstiifeli
Strickzeug Striggede
Striegel Striigel
Strobelkopf Strùùbelkòpf
Stroh Strau
Strohblume Straubliemli
strohern strauig
Strohhalm Strauhälmli
Strohhut Graissäägi,
  Strauhuet
strohig strauig
Strohsack Strausagg
Strohuntersatz Schaibli[1]
Strohwitwer Strauwitlig
Strolch Lùmp
Strom (elektrischer) Pfuus
Strophe Väärs
strudeln strùùdle
Strumpffuss, Vorderteil
  des ~ es Fiirfuess
Strumpfgürtel Dääleli
Strunk Stògg, Stòòrze, Stòtze
struppig strùùblig
Struwwelpeter Strùùbelbeeter
Stube Stùùbe
Stubenhocker
  Huusmùmpfel, Muuchi,
  Oofekuz, Stùùbehògger
Stück Stigg, Stùgg
Stück, grosses Rängge,
  Wämpe
Student Studänt
Studentenmütze
  Studäntekappe
Studentenzimmer
  Studäntebuude
Studierzimmer
  Studierstùùbe
Stufe Dritt, Stapfle, Stueffe
Stuhl Daaberèttli, Hògger,
  Sässel, Schabälle, Stabälle,
  Stuel
Stühle bereitstellen stuele
Stümper Aichle, Fläsche,
  Glèpfer, Himpeler, Kaanyt,

343

Kaanyter, Lèèrbueb, Nùss
Stumpf Stùmpe
Stunde Stùnd
Stundenfrau Stùndefrau
stürmen (Wetter) kutte,
stiirme, strùùble
Sturmwetter Strùùbelwätter
Sturz Sèppi
stürzen falle, fliege, gheie,
iberbèggle, iberschloo,
iberstèggle, iberstèlle,
säägle, ùmfalle, ùmfliege,
ùmgheie, ùmkaigle
stürzen, sich, in Unkosten
sich verkèschtige,
sich verùnkòschte
Sturzhelm (für Kinder) Bòlli
Stute Määre
Stuttgart Stuegert, Stueggert
Stützbalken Stypper
stutzen stùgge
Stutzer Fitzer, Schwytjee
stutzerhaft halbsyydig
subtrahieren abzèlle, abzie
Suche Suechi
suchen sueche
Sucherei Gsuech, Suechede,
Suecherei
Sud Sùtt
sudeln schmiire, sùùdle
süffig siffig
Sülze Flaischgallere, Gallere
Sümmchen Gäldli, Simmli
summieren, sich sich läppere,
sich zämmelauffe
Sumpf Sùmpf
Sumpfdotterblume
Bachbùmmele
Sünde Sind
Suppe Schnalle, Sùppe
Suppenfleisch Sùppeflaisch,
Sùppehaafe
Suppengutschein
Sùppezeedeli
Suppenhuhn Sùppehuen
Suppenkräuter Grien,
Sùppegrien

Suppenlöffel Sùppelèffel
Suppenschöpflöffel
Sùppekèlle, Sùppeschuepfe
Suppenschüssel
Sùppedèèryyne,
Sùppeschissle
surren sùùre
Susanna Sètti, Syysli, Suusi,
Zyysi, Zyysli
süss siess
Süsse Siessi
Süssholz Siesshòlz
süsslich siesslächt, siesslig
Suzette Sètti
sympathisch aamietig

T

Tabak Duubagg
Tabak, offener
Fässliduubagg
Tabak, schlechter Ròssdeeder
Tabak, nach ~ riechen
duubäggele
Tabaksbeutel Duubaggsèggel
Tabakspfeife Duubaggpfyffe,
Gillesuuger, Gògghammer,
Pfyffe
Tabaksrolle (Gebäck)
Duubaggròlle
Tabakstopf Duubagghaafe
Tablett Blääch, Blaatoo,
Brätt, Kannebrätt
Tadel Aapfiff, Riffel
tadeln riffle
Tafel Daafele
Tafelbild Daafele
Tafelmajor (an Hochzeit)
Hoofmaischter
täfeln verdääfere, verdääfle
Tag Daag
Tagedieb Haiwoogschangi
tagelang daaglang
tagen (Tag werden) daage,
haitere
Tageslicht Haiteri

Taille Daalie[1]
Taktlosigkeit Gaffe
talaus daaluus
talein daalyy
Talent Bòsse[2] , Bigoobig,
Goob, Thalänt, Zyyg
Talg Ùnschligg
Tambourmajor
Dambuurmaiòòr
Tand Gänggelizyyg
tändeln gänggerle
Tanne Danne
Tanne, nach ~ riechen
dännele
tannen dannig
Tannennadel Dannenoodle
Tannentrieb Kèèrzli
Tante Dante
tantenhafter Mensch Dante
Tanz Danz, Schwooff
Tanzanlass Danzede,
Schwooff
tänzeln dänzle
tanzen blòche, danze, drätte,
fääge, schwooffe, walzere,
wische
tanzen, spielerisch dänzerle
tanzen, Walzer walzere
Tänzer Dänzer
Tanzerei Danzede
Tanzfläche Physchte
Tapete Dabeete
tapezieren dabiziere
Tapezierer Dabizierer
tappen dappe
tapsig dappig, doopig
tapsiger Mensch Doopi
Tasche Däsche
Tasche (an Kleidung) Sagg
Taschenagenda Saggkaländer
Taschenbleistift Saggryssblei
Taschenbuchausgabe
Sagguusgoob
Taschengeld Sagg'gäld
Taschenkamm Saggsträäl
Taschenlampe Saggladäärne
Taschenmesser

Gròttestächer, Gutti,
Guttòggel, Saggmässer
Taschenspiegel Saggspiegel
Taschentuch Beeggenalbùm,
Fazeneetli, Fazenèttli,
Naasduech, Naaselùmpe,
Schnùùderlùmpe
Taschentuchzipfel Nùnni
Taschenuhr Gèlerèttli,
Ziibele, Zytli
Tasse Dasse, Mùcheli[2],
Mùchle, Schisseli
tasten, plump doope
tasten, spielerisch deeple
tatsächlich faggtisch, richtig
tätscheln dälle, dätschle
tattern dattere, dòttere,
dùttere
Tatze Datze, Doope
Tau (Niederschlag) Dau
taub daub
Taube Duube[1]
Taubenkot Duubedrägg
Taubenschlag Duubeschlaag
tauchen dauche, duuche
tauen daue
Taufe Dauffi
taufen dauffe
Taufessen Dauffiässe,
Dauffisùppe
Taufkissen Dauffkissi
Taufpate Gètti
Taufpatenersatz
Schlòttergètti,
Schlòttergòtte
Taufpatin Gòtte
taugen duuge
Taugenichts Duenitguet,
Frichtli, Galgestrigg,
Galgevoogel, Nytnùtz,
Pfliengg, Schlyffer, Strytzi
tauglich duuglig
taumeln diirmle, drimmle,
zwiirble
Tausch Dusch
tauschen dyschle, dusche[1]
täuschen drùmpiere

tausend dausig
Tausende Dausigi
Tausendfrankennote Riis[1]
Tausendfüssler
Dausigfiessler
Tausendsassa
Dònnschtigskäärli,
Nùndedie, Sapperlòtt,
Sapperlòtter, Sappermänter
Tee Thee
Tee, schlechter Bschitti,
Bschittiwasser, Lyyre,
Lyyrlithee
Teekränzchen Verainli
Teig Daig
Teig, mit ~ spielen daigle,
dòòrge
Teigbrett Wiirggbrätt
Teigroller Waalhòlz
Teil Dail
teilen daile
teilnehmen mitmache
teilnehmen, an Versteigerung
gante
teilnehmend zuhören abloose
Teilung Dailig
Telephon Deelefoon,
Deelifoon, Kaabel
Telephonanruf Fùngg
telephonieren aalytte,
aaschälle, fùngge
Telephonistin
Deelefoonmagd
Telephonkabine Kaabelhyysli
Television Fäärnsee
Teller Däller
Tempel Thämpel
Temperatur Thämperatuur
temperieren schambriere,
thämperiere
Tenne Dènn
Teppich Boodeduech, Dèppig
Terrasse Thèèrasse
Tessiner Maiser
Testament Dèschtamänt,
Thèschtamänt
testieren verschryybe

teuer dyyr
Teuerung Dyyri, Dyyrig
Teufel Deifel, Deiggeler,
Deihängger, Dreihängger,
Gugger, Guggugg,
Hèèrnlimaa, Schinder
Theaterbühne Biini
Theaterrang, oberster
Floobiini, Juhee
Theaterwagen
Schnùrantewaage
Theobald Baldi
Theodor Theedi, Thètsge
Theodorkirche Theoodere
Theresia Dèèrees, Thèèrees
Therwil Däärwyyl
Thonsalat Doonsalaat
Thron Droon
Thunfisch Doon[3]
Thurgau Mòschtindie
ticken digge
tief dieff
tief sitzend (Krankheit)
verhòggt
Tiefe Dieffi
Tier Dier, Viich
Tinte Dinte
Tinte trocknen abfliesse
Tintenwischer Dintelùmpe
Tisch Disch
Tischtuch Dischduech
Titel Dittel, Thittel
Toastbrot Fòòrmebroot
Tobel Grache
toben daibele, due, mache,
sappermänte, wiete
Tobias Thoobi
Tochter Dòchter
Töchterschule Affekaschte,
Dèchterschuel
Tod Dood, Gääbelihaini,
Gäälpfliengg, Haini,
Sänsemaa, Sänserich
Tod, nach ~ riechen deedele,
deetele
tödlich deetlig
Toilettenreiniger

Schyssibùtzer
Tollkirsche Jùùdekiirsi
Tolpatsch Dòtsch
Tölpel Dịldapp, Dòllwègg,
 Guetschigg
tölpelhaft dòtschig
Tomate Dòmmaate
Ton (Klang) Doon[1]
Ton (Lehm) Doon[2]
tönen deene
tönen, nach Scherben
 schäärbele
Tonne Dònne
Topf Haafe
Töpfer Haafner
Topfgucker Kùchischmègger,
 Pfanneschmègger
Topflappen Haafedatze,
 Pfannedatze
Topfpflanze Bluemestògg,
 Maiestògg, Stògg
Tor (Tür) Dòòr
Torf Dòòrf[1], Dùùrbe
Torhüter Gooli
töricht dùùblig
Tormentille Dùùrmedill
Tornister Dòrnischter,
 Graasaff, Haabersagg,
 Ranze, Sagg
Törtchen Däärtli
Torte Daarte
tot dood, doot
töten abmùùrggse, deede,
 fèèrtig mache, hiimache,
 mariggsle, mòriggsle
totenbleich dooteblaich
totenstill dootestill
Totentanz Dootedanz
totschlagen zdoodschloo
Tour Duur[2]
Trab Draab
traben (wie ein Pferd)
 byggere, draabe
trächtig werden ùffnää
Trage Rääf
träge lamaaschig
träge Frau Duudle, Dùndle,

Lùùrtsch, Pflaschter
tragen draage
tragen (als Kleidung) aahaa
tragen können meege
Traglast Bùùrdi
trällern lyyrilääre
Trambahn Dram, Drämli
Tramfahrkarte Dramkäärtli
Tramwagenführer Drämler
Tranche Schyybli
Träne Drääne
Tränke Dränggi
transportieren fèèrge
transportieren,
 mit Schubkarren gaarèttle
Traube Dryybel, Druube
Traubenbeere Dryybelbèèri,
 Dryybeli
Traubenhyazinthe
 Drùmmelschleegeli,
 Mèèrzeli
trauen (kirchlich) kùppeliere,
 zämmegää
Trauer Druur, Laid
Trauerrand Druurrand
Trauerfeier Abdanggig,
 Lyych
Trauergesellschaft Laidlyt
Trauerhaus Laidhuus
Trauerkleidung Halblaid,
 Laid
Traufe Drauffi, Käänel
Traum Draum
träumen draume
Träumer Stuuni
traurig druurig
Trauung Kùppelazioon
treffen braiche, dräffe
treffend drääf
Treiben Wääse
treiben dryybe
Trense Biis
Treppe Stääge
Treppe, steile Waadeschaaber
Treppenabsatz Beedeli
Treppengeländer
 Stäägegländer, Stäägelääne

Treppenhaus Stäägehuus
Treppenstufe Dritt, Stapfle
Tresterbranntwein Dräsch
treten drampe, drätte
treten (mit Fuss) gingge,
 spaiche
treulich dryyli
Trichter Drächter, Drichter
trinken ainerle, bause, bysse,
 bloose, dreierle, dringge,
 inhaliere, lùùrtsche,
 mämmele, schèppele,
 schmùùre, schnappe, siffle,
 siirpfle, stämme, stèmme,
 suffe, versòòrge, zwaierle,
 zwigge
trinken, durcheinander
 dùrenänderle
trinken, geräuschvoll lappe,
 siirpfe, siirpfle, sùùrpfle
trinken, Kaffee käffele
trinken, kräftig biirschte,
 draaschitte, gillere, leete,
 lùùdere, phichle, suffe
Trinker Bierlùùdi, Leetkòlbe,
 Lùùderi, Schèppeler, Siffel,
 Siirpfli, Sufflùùdi,
 Sùmpfhuen
Trinkgeld Batze, Fränggli
Trinkglas Glaas, Meiel, Mùff
Trinkglas, übervolles
 Gutschner
Trinkhalm Rèèrli
Trinkvermögen Zùùg
trippeln drämperle, dräppele
Tripper Dròpfezèller
Tritt Dritt
Trittleiter Dreidritt, Drittli
trocken drògge, fùùrzdrògge,
 schäärb, späänig, speenig
Trockenboden (für Seide)
 Syydehänggi
Trockenfleisch Bindeflaisch,
 Diigelflaisch
trocknen drèggne, dròggne
trocknen (mit Löschpapier)
 abfliesse, fliesse[1]

Trödelei Lyyrede, Lyyrerei
trödeln blämperle, bleeterle,
breesmele, bùmmle, dèèrle,
dreele, duudle, gänggerle,
glùngge
trödelnder Mensch Bleeterli,
Duudelsagg, Glùnggi,
Schlùùrbi
Trödler Grämpler
Trommel Drùmme,
Drùmmle, Kèssel, Kiibel
Trommelböckchen Bèggli,
Drùmmelbèggli
Trommelfell Drùmmelfäll
trommeln drùmmle, gnèpfle,
kèssle, kiible, ruesse
trommeln, stümperhaft
drimmele
Trommelschlag Rueff,
Schlèpp, Straich
Trommelschlegel
Drùmmelschleegel
Trommelschule
Drùmmelschuel
Trommelseil-Spanner Strùpf
Trommler Dambuur
Drùmmelhùnd, Ruesskaib
Trompetchen Hippli
Trompete Drùmpeete
trompeten (laut) schränze
Trompeter Drùmpeeter
tröpfeln drèpfele
Tropfen Dròpfe
tropfen seifere
tropfenförmiges Medikament
Drèpfli
tropfenweise draufflächt
Tropfenzähler Dròpfezèller
tropfnass pflätschnass,
pflätternass, pflòtschnass
Tross Dròss
Trost Drooscht
trösten dreeschte
tröstlich drooschtlig
Trostpflaster Dreeschterli,
Pfläschterli
Trotz Dròtz, Drùtz

trotz dròtz, drùtz
trotzdem ainewääg
trotzen bògge, daibele,
kèpfle, zwänge
trotzig batzig, bòggig
Trotzkopf Zwäng'grind,
Zwängi, Zwängkaib,
Zwängkòpf
trübe drieb
Trübsal Driebsaal
trübselig bidriebt, driebsäälig
Trumpf Drùmpf
Trunkenbold Ruschkùùgele,
Ruschmaa, Sufflùùdi
trunksüchtig versòffe
Trupp Zòttlede
Trüppchen Drippli
Truthahn Wältschhaan
Tschako Käppi
Tschinelle Pfannedèggel,
Tschinnerätte
Tube Duube[3]
tuberkulös sein uuszèère
Tuch Duech
tüchtig dichtig, rächt,
vatterländisch, wätterlig,
zimftig, zimpftig
tüchtig erben hèèrbschte
tückisch abgschlaage
Tüftelarbeit Difteliaarbed
tüfteln diftele, ziirggle
Tüftler Difteler, Difteli
Tugend Dùùged
Tüllingen Dillige
Tüllingerhügel Dilligerhiibel
Tulpe Duulipaa, Dùlpe
Tümpel Glùngge
Tun Due
tun due
tünchen wyssge, wyssgle
Tunichtgut Duenitguet,
Frichtli, Schlyffer
Tunke Soosse
tunken dùngge[1]
tüpfeln dipfle
Tupfen Dùpf, Dùpfe
tupfen dùpfe

Tür Diir, Diire, Lòch
Tür, mit der ~ spielen dèèrle,
diirle
Turban Diirggebùnd
turbulent struub
Türke Diirgg
Türklinke Diirefalle, Falle
Türklinke, lose Lòtterfalle
Türklinke, mit ~ spielen
fällele
Turm Dùùrm, Dùùrn
Türpfosten Diirepfòschte
Türspalt Glimse
Türvorlage Schaubdèggi
tuscheln glyysle, lyysle,
haimimyychele
Tüte Bapyyrsagg, Gùgge
Tüte, grosse Brieffsagg
Tüte, kleine Brieff, Giggli
tuten dyytle, duute
Typ Dyp, Thyp
tyrannisieren gnutte

U

übel iibel, ùn'guet
übel (zum Erbrechen) iibel,
kètzerig, kètzerlig, kòtzerig
übellaunig hässig, nyydig,
rùmpelsùùrig, spinnenyydig
Übellaunigkeit Rappel
übelnehmen iibelnää, ziirne
übelriechend schmèggig
üben iebe
über iiber, iber, oob
überall dùraane, iiberaal,
zäntùmme
überanstrengen, sich
sich iberdue, sich iberlipfe,
sich ibernää
überdies èèrschtnoo, obedryy
Überdruss Verlaider
übereinander iberenander
übereinkommen iberaiskoo
überführen iberfiere
überfordern abrysse,

iberhaische, schräpfe,
schrèpfe
überfragen iberfrooge
Überführung (Brücke)
B̲asserèlle
überfüllte Badegelegenheit
Flaischsalaat
Übergang Iibergang
übergeben ibergää
übergehen ibergoo
übergenug gòttegnueg
überglücklich säälig
überhaupt iberhaupt
überhüpfen ibergùmpe
Überkleid Iibergwändli
überkluger Mensch
Wyyshaitsbiggse
überlassen iberloo
überlaufen iberlauffe
Überläufer Iiberlaiffer
überleben dùùrekoo
überlegen iberleege
Überlegung Iberleegig
Übermass Iibermääs
übermorgen i̲ibermòòrn
übermütig iibermietig,
uusglòsse
übernachten ibernachte,
lòschiere
übernächtigt iibernächtig
übernehmen ibernää
überquer iiberzwäärch
überreden abbiege,
iberschnèère, iberschwätze
überreif daig, iiberzytig
überrollen, sich
kòpfuusbiirzle
überschätzen iberschètze
Überschlag Iiberschlaag
überschlagen iberschloo
übersehen (absichtlich)
schnyyde
Übersetzungshilfe (gedruckt)
Schluuch
überspringen ibergùmpe,
uusloo
überstehen iberhaue, iberstoo

übertreffen uusstäche
übertreiben iberdryybe,
ibermaarche
Übertreibung Iberdryybig
übertreten (Fuss) iberdrampe,
verdrampe
übertreten (Vorschrift)
iberdrätte
übertrieben iberrisse
übervoll → randvoll
übervolles Trinkglas
Gùtschner
überwältigen boodige
überwendlich iberwintlige
überzählig fiir, fiirig, vòòr,
vòòrig, iiberzèllig
überziehen iberzie
üblich gang ùnd gääb, gängig
übrig fiir, fiirig, vòòr, vòòrig
übrigbleiben fiirblyybe,
fiirigblyybe, vòòrblyybe,
vòòrigblyybe
übrigens a̲propoo
Übung Iebig
Übungshang (beim Skifahren)
Ydiòttehiibel
Ufer Bòòrd
Uhr Diggdagg, Uur
Uhrkette Uurekèttene
Uhrmacher Uuremacher
Ulrich Ueli
Ulrike Rigge, Rygge
um ùm
um - willen zwille
um zu fir² z
umarbeiten ùmschaffe
umbiegen litze
umdrehen ùmdraaie,
ùmdrille
umfallen ùmgheie
Umgangsformen Maniere
Umgebung Ùmgääbig
umgehen ù̲mgoo
umgehen ùmg̲oo
umgestalten ùm'moodle
umgraben spatte,
ùmmespatte, ùmspatte

Umhängetasche (für Schule)
Ooser, Zäänidäschli,
Znyynidäschli
umher ùmenand, ùmenander,
ùmme
umhergehen, müssig
schwanze
umhergehen, rastlos
ùmmediigere
umherkriechen schnoogge
umherlaufen ròlliere
umherlaufen, aufgeregt
ùmmefùùrze, ùmmepfùùre,
ùmmeschiesse,
ùmmeschwiire
umherlaufen, beflissen
ùmmefiidele, ùmmefùùse,
ùmmeschwänzle, waible,
wùmsle
umherreisen, planlos
ùmmejòggle
umherschauen ùmmeluege
umherschleichen
ùmmedùschtere
umherschlendern
ùmmedrimmle
umherschlurfen
ùmmetschiengge
umherstehen ùmmestoo
umhertorkeln siirmle
umkommen blyybe
umkrempeln ùmmelitze
umlegen (Stoff) yybùgge
umpflanzen (Sämlinge)
byggiere
umranden saume
Umschweife Mätzli
umsonst ùmesùnscht,
ùmesùscht, vergääbe,
vergääbes, vergääbets
Umstände Kùmplimänt,
Pflänz, Spargemänte(r)
umständlich arbeiten
broosme
umstellen verstèlle
umwehen ùmwaaie
umwerfen ùmgheie, ùmkaigle

348

umziehen, sich
anderscht aaleege
umziehen
(in andere Wohnung) ziigle
Umzugsmann Ziigelmaa
Umzugstag Ziigeldaag
Unachtsamkeit Vergäss
unangemessen ùndòll
unangenehm ùnagnääm,
ùnamietig, ùnnemietig
unansehnlich myggerig,
nytelig, schitter, schytter
unanständig gruusig,
ùnaständig, ùnrebidierlig
unappetitlich gruusig,
läätschig
Unart Moode
unartig ùn'gattig
unaufgeräumtes Zimmer
Butygg
unbedeutend gèggschoosig,
gèlggschoosig
unbedeutender Anlass
Hùndsverlòchede
unbedingt baardu
unbehaglich graablig
unbehelligt ùnbschraue
unbeholfen ùnbhùlffe
unberufen ùnbrueffe
unbeschrieben ùnbschriibe
unbesehen ùnbsee
unbillig ùn'graad
unbrauchbar abgändig
undeutlich sprechen
lùùrtsche
undicht sein rinde, saiche
unecht faltsch
unehelich ùneelig
unentschlossen willwänggig
Unentschlossener Willwangg
unentwegt flyssig
unerfreulich ùndòll, ùn'gfrait
unermüdlicher Arbeiter
Grampfer, Grampfkaib,
Grampfsiech
unerschütterlicher Mensch
Fèlse

unfähiger Violinist
Diiribiire-Gyygerli
unförmig mùmpfig,
ùn'gschueff
unfreundlich ùnfrintlig
Unfug Schindlueder,
Schindluederei, Schùnd
ungebeten ùnbätte
ungebraucht frisch
ungeduldig zaablig
ungefähr èppe, ùn'gfäär,
ùn'gfòòr
ungefällig ùn'gfèllig
ungefragt ùn'gfrògt
Ungeheuer Ùn'ghyyr
ungeheuer ùn'ghyyr
ungehobelt gneetelig,
gnootelig, gnootig, ruuch,
siirmlig
ungehörig ùn'ghèèrig
ungekämmter Mensch
Hòòreiel
ungekocht rau
ungelegen iiberzwäärch
ungelenker Mensch Gstaabli,
Stògg
ungelüftet riechen mùttele
ungemein dònnerschiessig
ungeniert grutig, ùnschiniert
ungeniessbar iibere
ungerade ùn'graad
ungerecht ùn'grächt
ungerufen ùn'grueffe
ungesalzen lind
Ungeschicklichkeit
(im Benehmen) Gaffe
ungeschickt dalpig, dappig,
dòtschig
ungeschickt arbeiten
dèggterle, hienere, kiechle
ungeschickt manipulieren
dèèrle
ungeschickter Mensch
Dildapp, Doopi, Dòòrse,
Dòtsch, Guetschigg,
Hautsch, Hòlzbògg
ungeschlacht grooblächt

ungeschoren ùn'gheit
ungewaschen ùn'gwäsche
ungewelltes Haar
Schnittlauchlògge,
Simpelfranse, Simpelfransle
Ungewohntheit Ùn'gwooni
Ungeziefer Gschmeis,
Ùn'giziifer, Ùnziifer, Viich
ungezogen fratzig
Unglück Ùngfèll
unglückselig un'gfèllig
ungutes Ergebnis Bschäärig
unhandlich ùn'gschueff
unheimlich ùnhaimelig
unhöflich bòllig, siirmlig
unhöflicher Mensch Bòlle
Uniform Glùft, Limpe,
Mùntuur, Sègg
Universität Uni,
Uniwèrsideet
Universität, alte Kòlaaiùm
Universitätsglocke
Kòlaaiùmglèggli
Unke Gillerugger
unklar vergwanggt
unklare Beziehung Ghängg
Unkosten Kèschte, Ùnkèschte
Unkosten, sich in ~ stürzen
sich verkèschtige,
sich verùnkòschte
Unkraut Gjätt
Unkrauthacke Schräpfi
unleidlich ùnlyydig
unleserlich schreiben kaafle,
sùùdle
Unlust Stingger
unmanierlich ùnmanierlig
unmöglicher Mensch
Ùnmoog
unnötige Verzierung
Gremänzel, Gremänzlerei
unnütz ùnnùtz, ùnnùtzlig
unordentlich nähen
schnùùrpfe
unordentlicher Mensch
Schlampi
Unordnung Bùff,

Dùùrenander, Gnùùsch,
Grausimausi, Gruusimuusi,
Gstèllaasch, Karsùmpel,
Lùmpedòggede, Muttig,
Sauòòrnig, Verlaag
unorganisiert wild
Unpässlichkeit Pfipfi, Pfùpf
unpraktisch ùn'gschueff,
ùnkòmood, ùnkùmmlig
unrasiert stùpflig
Unrat Mischt, Ùnroot,
Wuescht
unreif ùnryff, ùnzytig
unreif (charakterlich)
ùnbache
unreife Kirsche
Schòòreniggel
unreifer Mann Dryybel,
Schnuufer, Schnuffer,
Spritzer
Unreinigkeit Ùndääteli,
Ùndäätli
unruhig gaaglig, gischplig,
näschtig, wischplig, zaablig
unruhig sich bewegen figge,
fùùrze, gaischte, gischple,
jòggle, näschte, wischple
unruhige Frau Gaagle
unruhiger Mensch
Fäägnäscht,
Fùùrzhaschpel, Gaagli,
Gischpel, Hùmmele, Sùùri,
Wischpel, Zaabli,
Zwaschpel
uns is, ùns
unsauber dräggelig
unsauber aussehen
schmùùsele
unsauber schreiben sùùdle
unsauberer Mensch
Dräggsagg, Dräggsau,
Mischtfingg, Schmùùsli,
Schweiniigel
unschicklich ùndelikaat,
ùn'gschiggt
Unschlitt Ùnschligg
Unschlitt nach ~ riechen und/

oder **schmecken** inschele
unselbständig denkend
mägdisch
unsereiner ùnserain,
ùnserainer, ùnserains,
ùnserais, ùnsergattig,
ùnsergattigs
unserseits ùnsersyts
Unsinn Blääch, Brùnz, Gips,
Gwatsch, Haafekääs,
Kaabis, Kääs, Mischt,
Naarezyyg, Nuugaa, Saich,
Sämf, Zyyg
unsorgfältig arbeiten
dùùble[1], fuerwäärgge, haie,
haudere, hòlze, hùùdle,
kinngele, mòòrggse,
nòòrge, saue, schùtzle,
strùùdle
unsorgfältige Arbeit
Nòòrgede
unsorgfältiger Arbeiter
Nòòrgi
untadelig phèrfäggt
untaugliche Sache Brùch
unten dùnde, iberùnde, ùnde
unten durch ùndedùùre
unten heraus ùndenuuse
unten herein ùndenyyne
unten hinaus ùndenuuse
unten hinein ùndenyyne
unter ùnder, ùnter
unterbringen versòòrge
unterdessen → **inzwischen**
unterdrücken verdrampe
unterdrücken (Bedürfnis)
verglèmme, verheebe
untereinander ùnderenander
Unteres Kleinbasel
Bierfläschegèllert
unterhaltsam glatt, lèssig
Unterhemd Lyybli
Unterkiefer Kiifel, Kiifer
unterkriegen boodige, meege
Unterlage Gliiger
unterlassen ùnderwääge loo
Unterleibchen Ùnderdaalie,

Ùnderlyybli
Unterlippe Lämpe
Unternehmung, beschwerliche
Diirgg
Unterrock Ùnderjùnte
Unterschied Ùnderschaid,
Ùnderschiid
untersetzt bsètzt
unterstechen
(beim Weidlingfahren)
ùnderstäche
unterstehen, sich
sich ùnderstoo
untersuchen, gründlich
uusbaine
Untersuchungsgefängnis
(Lohnhof) Hootel Lips
Untertaille Ùnderdaalie
Untertasse Dasseblättli,
Ùnderblättli
unterwegs ùnderwäggs
Unterweisung Ùnderwyysig
ununterbrochen feiern
dùùremache
unverantwortlich
gòttstreefflig
unverdächtig kauscher,
kooscher
unverfälscht ùùrchig,ùùrig
Unverfrorenheit Maage
unverschämt affrùntierlig,
impèrtinänt, mùttig,
ùnverschämmt, unverschant
unversehens handkèèrùm
unverständlich spannisch
unverzeihlich ùnverzyychlig
unwegsame Gegend Gaggoo,
Gjätt, Lauch
unwillig heen
unwohl muuderig, schlächt,
windewee
unwohl sein muuche,
muudere, pfùtte
Unwohlsein Pfipfi, Pfùpf
üppiges Haar Bèlz
Urgrossmutter
Äänigroossmamme,

Uuräänigroossmamme
Urgrossvater Ääni,
Äänigroossbappe,
Uuräänigroossbappe
Urin Brùnne, Brunz, Saich,
Schiff[1]
Urin, nach ~ riechen saichele
urinieren aanemache,
byppy mache, brinnele,
brinzle, brùnze, saiche,
schiffe, wässerle
Ursache Grùnd
Ursula Ùùrseli, Ùùrsi
Urteil Ùùrdail, Ùùrdel,
Ùùrtel
urteilen schüschiere
urwüchsig ùùrchig
Utensil Neetigkait

V

Vagina Fyyge, Fùtz,
Gläppere, Schnägg
Valerie Walli, Wälli
Vanille W<u>a</u>nnylie
Vanillepudding
Wannyliekèpfli
Vater Alt, Bappe, Vatter
vaterländisch vatterländisch
väterliches Erbe Vatterguet
Vatermörder Èggligraage
vegetarisches Restaurant
Wùùrzlekasyyno
Veilchen Veiedli, Veieli
Veilchenwurzel Veiedliwùùrze
Velo → Fahrrad
verabreichen (Ohrfeige)
bache, bèlze, bueche, bùtze,
pfläägvattere, stègge,
wäsche, wingge, wische,
zinde, zinngiere
verabscheuungswürdig
abòmynaabel
Veranlagung Oodere
veranlassen stègge
veranstalten baue, mache

verarbeiten verschaffe,
verwäärgge, verwinde,
verwòòrge
verarbeiten, zu Most
vermòschte
verärgert suur
verbeissen verbysse
verbeten verbätte
verbeulen yybùgge, verbùgge
verbieten verbiete, wèère
verbinden (mit Band)
verbändle
verblassen abschiesse,
verschiesse
verbleichen → verblassen
verblüfft baff, phèrbläx
Verbot Bòtt[2], Verbòtt
verboten bòtte, verbòtte
verbrannter Kerzendocht
Raiber
verbrauchen bruuche,
verhuuse
verbrechen bèxiere, boosge,
verbräche
Verdacht Verdoocht
verdächtig lusch
verdattert verdattered,
verdùttered
verderben (tr.) verdeifle,
verdèèrbe, verhienere,
verhùnze, verkachle,
verkaibe, versalze, versaue,
verschysse, verùnschigge
verdickt zòlggig
verdorren verdiigle, verdòòre
verdrehen verdraaie, verdrille
verdriessen aasaiche,
aaschysse, pfyyle, stingge
verdünnen strègge
verdursten verdùùrschte,
verlächne
veredeln (Baumzucht) zweie
vereinbaren abmache, brittle,
uusjasse, uusmache
Vereinigung, gesellige Gränzli
vereisen veryyse
Verena Vreeni

verfaulen verfuule
verfehlen verbasse
verfeinden, sich
sich vergrache
verfeindet verfinded
verflixt dònnerschiessig
verfluchen verflueche
verflucht gschisse, kaibe-,
kooge-, verrèggt
verfolgen noochegoo,
noochelauffe
verfressen verfrässe
vergaben vergoobe,
verschryybe
Vergabung Vergoobig
vergaffen, sich sich verluege
vergällen verdeifle
vergangen verwiche
vergären verjääse
vergeben vergää, verzyyche
vergeblich → umsonst
vergehen vergoo
vergehen (vor Lachen)
vergiigele, vergitzle
vergehen (vor Ungeduld)
vergitzle, verzaable,
verzwatzle
vergehen (vor Verlangen)
verglùschte, verzaable,
verzwatzle
vergelten ùmmegää, vergälte
Vergessen Vergäss
vergessen vergässe,
verschwitze
vergeuden → verschwenden
vergiessen → verschütten
vergittern yygrämse
Vergleich Verglyych
vergleichen verglyyche
vergleichsweise verglyychlige
verglühen verglùmse
Vergnügen Bläs<u>i</u>er
vergnügen, sich erlùschtiere
vergnüglicher Anlass Blausch
vergnügt alèèrt, vergniegt
vergüten vergiete, verguete
verhaften abfasse, phäggle,

schnappe
verhätscheln bypääpele,
  verbypääpele, verdittele
verheiraten verhyyroote
Verheiratung Verhyyrootig
Verhinderung Abhaltig
verhöhnen uusweie,
  uusweiele
verhökern vergwante,
  vergrämple, verkimmle
verhunzen verhùnze
verjagen jaiche
verjubeln verglèpfe, verglòpfe
  verjuchaie
verkacken verschysse
verkalkt verkalcht
verkaufen vergante, vergòlde,
  vergrämple, vergwante,
  verhagge, verkauffe,
  verkimmle, versilbere
Verkäufer Verkaiffer
Verkäufer, junger
  Laadeschwängel, Schwùng
Verkäuferin Laadefrailain,
  Laadejùmpfere,
  Laademaitli, Verkaiffere
verkäuflich, gut gängig
Verkaufsbude Mässhyysli
Verkaufsstelle Stand
verkehrt lätz, lingg
Verkettung (von Umständen)
  Hänggede
verklatschen verdääfele,
  verrätsche
verkleben verbappe
verkleiden verglaide
verklemmen verglèmme
verklemmt vergnòòrzt
verkneifen verglèmme
verkommen verkoo,
  verliederle
verköstigen verkèschtige
verkrampft arbeiten bòòrze
verkriechen, sich
  sich verschlieffe
verkümmern versäärble
verkünden phòsuune,

uusdrùmmle
verlängern (Kleider) uusloo
Verlass Verlòss
verlassen verloo
verlässlich verlèsslig
verlästern verbriele,
  verkalfaggtere
verlaust verluust
verlegen (Adj.) verlääge
verlegen (V.) verleege,
  vernaise, vernäschte,
  vernischte, vernùùsche
verleiden verlaide, vertlaide
verleidend verlaidig
verleihen verlyyche
verleimen verlyyme
verlernen verlèère
verletzt (seelisch) verblätzt
verleugnen verlaigne
verleumden verbriele,
  verdääfele, verkalfaggtere,
  verlaimde, verlyymde
Verleumdung Verlaimdig,
  Verlyymdig
verlieben, sich sich vergrache,
  sich verliebe, sich vernaare,
  sich verschiesse
verliebt kääferig, vergracht,
  verschòsse
Verliebtheit Hoosebaifieber,
  Verliebtnis
verlieren verliere
verloben verspräche
Verlobung Brutschaft,
  Verloobig
verlockend aamächelig
verlogen faltsch
verloren geben haimschryybe
Verlosung Verloosede,
  Verloosig
verlumpen verlùmpe
Verlust Verlùùrscht, Verlùscht
Verlust erleiden yyluege
vermachen vergoobe,
  vermache, verschryybe
vermasseln verkachle,
  verkaibe, versaue

vermeiden vermyyde
Vermieter Huusmaischter
vermischen vermischle
vermissen mangle
vermisst abgändig
Vermögen Vermeege
Vermögen, kleines Gäldli,
  Gäärschtli,
  Glètterevermeege,
  Vermeegeli
vermurksen vermòòrggse
vermutlich allwääg, dängg[1],
  gwiis
vernachlässigen sich futiere
vernähen vernaaie
vernarren, sich sich vernaare
vernehmen vernää
vernichtend kritisieren
  verrysse, verrùpfe
vernünftig vernimftig
Veronika Nigge, Vroone,
  Vrooni
verpatzen verkachle
verpechen verbäche
verpetzen verrätsche
verpfänden versètze
verpflanzen versètze
verpflegen verpflääge
Verpflichtung Mues
verpfuschen verfuerwäärgge,
  vergnòòrggse
verplempern verblämpe,
  verblämpele, verblämpere,
  verblämperle
verprassen dùùrebùtze,
  verglèpfe, verglòpfe,
  verliederle, verlùmpe,
  verschlänggere, verschlètze
verprügeln abkarwatsche,
  abschloo, abschmiire,
  abschwaarte, biirschte,
  bùmpe[2], dälle, dryyschagge,
  haue, karwatsche,
  verdätsche, verdèffle,
  verdrèsche, verglòpfe,
  verhaue, vermeeble,
  verschloo, verschwaarte,

versoole, verwalche,
verwamse, verwäärgge,
wamse
verpulvern verbilverle
Verputz Bùtz[1]
verraten verroote
verräuchern verraichere
verrechnen, sich
sich schnyyde
verregnen verhùùdle,
versaiche, verschiffe
verreiben verryybe
verreisen verraise
verrenken verrängge,
verstrègge
Verrichtung Verrichtig
verriegeln verriigle
verrückt dippelsinnig,
dripsdrillig, duubedänzig,
gschòsse, gschùpft, lätz,
näärsch, schiessig, verrùggt,
watz, zipfelsinnig
verrufen verrueffe
verrussen verruesse
Vers Väärs
Vers auf der Fasnachtslaterne
Ladäärnesprùch,
Ladäärneväärs
Versager Aichle, Niete, Nùss
Versammlung Versammlig
versauern versuure
versäumen versuume
verschaffen bsòòrge
Verschalung Verschaalig
verscharren verschaare
verschenken verschängge
verscheuchen verschyyche
verschieben verschiebe
verschlafen verschlooffe
verschlagen abgschlaage,
schlimm
verschleimen verschlyyme
verschleppen verschlaiffe,
verschlaigge, verschlaipfe
verschliessen bschliesse,
zuedue, zueheebe,
zuemache

verschlimmern, sich beese
verschmerzen verschmäärze,
verschmiirze
verschmieren verschliirge
verschnaufen uusschnuufe,
uusschnuffe, verschnuufe,
verschnuffe
verschneiden verschnyyde
verschnittenes Schwein Gòlz
verschollen abgändig
verschrauben verschruube
verschreiben verschryybe
verschreien verschreie
verschroben kuurioos
verschütten (Flüssigkeit)
vergaitsche, verläppere,
verschitte
verschwägert verschweegered
verschweigen verschwyyge
verschwenden gyyde, hùùdle,
saue, schlètze, verblämpe,
verblämpere, verblämple,
verbleeterle, verbreesmele,
verbrùmbèèrle, verbùtze,
verdèèrle, verdùùble,
verdue, vergänggele,
vergänggerle, vergyyde,
verglèpfe, verglòpfe,
verjaage, verjätte,
verkiechle, verlaafere,
verläppere, verlètterle,
verliederle, verlòttere,
verluedere, verlùmpe,
verschlänggere, verschlètze,
verwieschte, verzèttle,
wieschte
Verschwender Gyyder,
Schlètzer
verschwenderisch schlètzig
verschwenderische Hausfrau
Bruuchere
verschwiegen verschwiige[1]
verschwollen verschwùlle
verschwommen vergwanggt,
verschwùmme
Versehen Versääche, Versee
versehen, sich verkoo,

sich verlääse, sich verluege
Verseschmied Väärslibrinzler
versessen versässe
verseuchen versyyche
versiert bschlaage
versilbern versilbere
verspäten, sich sich verspeete,
sich versuume
Verspätung Hinderlig,
Verspeetig
verspekulieren verspègguliere
versperren verspèère, verstèlle
verspotten uusfètzele,
uusfùggse
Versprechen Verspräche
versprechen verspräche
versprechen, sich
sich verreede,
sich verschnäpfe,
sich verschwätze
Verstand Grips, Gritz[2], Witz
verstauchen verstuuche
Verstauchung Verstuuchig
Versteckspiel Verbäärglis,
Verstèggerlis, Verstèggis,
Verstègglis
verstehen verstoo
versteigen, sich sich verstyyge
versteigern vergante
Versteigerung Gant
Versteigerung,
an ~ teilnehmen gante
verstellbarer
Schraubenschlüssel
Ängländer
verstopfen vermache,
verschòppe, verstòpfe
Verstopfung Verstòpfig
verstören vergalschtere,
vergèlschtere
verstört hinderfiir,
vergèlschtered, verhienered,
zhinderfiir
verstreichen verstryyche
verstreichen (vorbeigehen)
ùmmegoo
verstreuen verseemle

verstreuen (Heu) zèttle
Versuch Versuech
versuchen bròbiere, versueche
vertändeln verblämpe,
verblämpere, verblämple,
verbleeterle, verbreesmele,
verbrùmbèèrle, verdèèrle,
verdùùble, verdue,
vergänggele, vergänggerle
vertauschen verdyschle,
verdusche
verteilen, falsch vergää
Vertiefung Duele, Gùmpe,
Nuele, Verdieffig
Vertiko (Zierschrank)
Wèèrtiggoo
vertilgen (Essen) bèlze,
boodige
Vertrauen Fyd_u_z
vertreiben verdryybe
vertrinken verdringge,
versuffe
vertrödeln verduudle,
verglùngge
vertun → verschwenden,
vertändeln
verüben, böswillig bèxiere,
boosge
verunkrautet jättig, verjätted
verunreinigen verdrägge
verwahrlost verjääst, verluust
verwaschen verwäsche
verwechseln verwäggsle
verwegen verwääge, verwooge
verwehen verwaaie
verwehren wèère
verweichlichter Mensch
Stùùbepflutte
verweilen verwyyle,
sich wyyle
verweint verbrielt, vergrinne,
verhiile
Verweis Aapfiff, Verwyys
verwelken verwääle
verwenden bruuche
verwerfen verwäärfe
verwinden vergnuuse,

verwinde
verwirren druusbringe,
intrigiere, verwiirle
Verwirrung Druubel, Mais,
Määrt
verwittert verwättered
verwöhnen verbypääpele,
verweene, verwènne, verzie
verwöhnt maischterloosig
verwunden blèssiere
verwüsten verwieschte
verzählen, sich sich verzèlle
verzärteln bypääpele,
verbypääpele, verdittele
verzärteltes Mädchen Ditti,
Fyynzeli
Verzeichnis Roodel
verzeihen vergää, verzyyche
verzeihlich verzyychlig
verzetteln verzèttle
verziehen verzie
Verzierung, unnötige
Gremänzel, Gremänzlerei
Verzug Hinderlig
verzweifeln verzwyyfle
verzwickt verflixt
Vespamotorrad Wäschpi
Vesperbrot Zoobe,
Zoobedringge, Zvieri
verspern zoobedringge
Vestibül Sùmmerhuus
Veston Kittel, Tschoope
Veterinär Dierlidòggter,
Dierlischinder, Veedòggter
Vetter Gschwischtertikind,
G_uu_säng, Vètter
Vetternwirtschaft
Vètterliwiirtschaft
Vieh Vee
viel vyyl
Vielfrass Frässer, Frässi,
Frässkaib, Fräss'sagg,
Fräss'siech, Wangscht
vielleicht èppe, velicht,
vilicht, vilichte, vilichter,
vilichtert, vilichtscht
Vier Vier, Vierer, Vieri

vier vier
Vierer Vierer
viert viert
vierteilen viertle
Viertel Vierlig, Viertel
Vierteliter Vierteli
Viertelpfund Vierlig
Viertelstunde schlagen viertle
Viertklässler Viertlemer
vierundzwanzig
vierezwanzig
vierzehn vierzää
vierzehnt vierzäät
vierzig vierzig
Vierziger Vierzger, Vierziger
Viktor Viggi, Wiggi
Villa Brivaathuus
violett veielètt
Violinist, unfähiger
Diiribiire-Gyygerli
Viper Vyppere, Wyppere
Vischer (Familienname)
Fùschle
Visite Wys_y_te
Visitenkarte Kaarte
Vitamin Wytamyyn
Vogel Voogel
Vogelbauer Keefi, Keefig
Vogelhäuschen
Voogelfieterig, Voogelhyysli
Vogelscheuche
Voogelschyychi
Vögtin Vègtene
Volkswirtschaft Wiirtschaft
Völle Vèlli
vollenden fèèrtig mache
voller vòlle
Völlerei Frässede, Lùmpede
völlig dùrchuus
vollrauchen verrauche
vollschreiben verschryybe
vollständig ganz
Volltreffer (Kegelspiel)
Baabeli
von vò
von Brunn (Name)
Vòmbrùnn, Vònbrùnn

Von der Mühll (Name)
Vòndermiil
von – her, von – herab ab[1]
von oben herunter obenaabe
von Speyr (Name) Vònspyyr
von unten herauf ùndenùffe
vor vòòr, vòr
voran vòòraa
vorankommen vòòraakoo
voranrücken rùgge
Vorarbeiter Barlier
vorbei dùùre, ùmme, verbyy
vorbeigehen dùùregoo,
  verbyygoo
vorbeigehen (zeitlich)
  iiberegoo, verbyygoo
vorbeihuschen dùùrewitsche
vorbeikommen verbyykoo
vorbeischicken dùùreschigge
vorbereiten aagattige,
  bischele, zwäägmache
vorbeziehen, Erbteil ~
  vòòrässe
vorder vòòrder
Vorderteil des Strumpffusses
  Fiirfuess
vorerst emool
Vorfenster Vòòrfänschter
vorgestern vòòrgèschtert
vorhaben vòòrhaa
vorhalten ùffrùpfe
Vorhang Ùmhang
Vorhang (über Wiege)
  Boogelduech
Vorhängeschloss
  Maaleschlòss
vorher vòraane, vòòrhäär,
  vòòrig
vorhergehend vòòrig
Vorkauf Fiirkauff
Vorkaufsrecht Vòòrhand
vorknöpfen draanää
vorkommen vòòrkoo
Vorlesung (akademische)
  Kòleeg[2]
vorlieb firlieb, verlieb, vòrlieb
vorlügen aagää

vormittags demòòrge
Vormund Vògtsmaa
vorn vòòrne
vorne herum vòòrnenùmme
vorne hinaus vòòrnenuuse
vorne hindurch vòòrnedùùre
vorne hinein vòòrnenyyne
vornehm fiirnäm, vòòrnäm
vornehme Leute Hèèrelyt
Vornehmheit Neebli
vornübergebeugt vòryyne
Vorratsschrank
  Kùchikänschterli
Vorreiter Vòòrrytter
vorsagen yybloose
Vorschlag Vòòrschlaag
vortäuschen vòòrmache
Vorteil Vòòrdel, Vòòrtel
Vorteil gewähren vòòrgää
vorteilhaft bròfydaabel
Vorwand Èxgyysi, Uusreed
vorwärts vòòraa, vòraa, fiirsi
vorwärts! allee, allò, allòng
vorweg vòòrewägg
vorweisen wyyse
vorwerfen (tadeln) vòòrhaa
vorzüglich èxelänt
Voyeur Nyscher

W

Waadt Wadt
Waage Woog
waagerecht waagrächt,
  woogrächt
Wache Schmiiri[3], Wach
Wacholder Rägghòlder
Wacholderbeere
  Rägghòlderbèèri
Wachs Waggs
Wachs, mit ~ glätten waggse[2]
wachsam wachber
wachsen waggse[1]
wachsen (Pflanzen) koo,
  waggse[1]
wachsend waggsig[1]

wächsern waggsig[2]
wachstumfördernd waggsig[1]
Wachstumsschmerzen
  Waggsschwindi
wackeln gwaggle, lètterle,
  lòttere, waggle
wackelnd gehen fiidele
wacklig grächelig, gwagglig,
  wagglig
Wadenkrampf
  Waadespanne
Waffel Goofere, Gùùfere,
  Wäffeli, Waffle
Waffeldose Gùùferekischte
Waffeleisen Waffelyyse
Wagen Kaare, Waage
wagen sich gidraue, wooge
wägen wääge
Wagenschmiere Kaaresalbi
Wagenschuppen Reemyyse
waghalsig wooghalsig
Wagnerhandwerk betreiben
  waagnere
Wähe Waaie
Wahl Waal[2]
wählen weele
wählerisch aige, aigelig,
  maischterloosig,
  schnääderfräässig,
  verschläggt
wählerischer Mensch
  Maischterloos
wahr wòòr
währen duure
während (Konj.) derwyyl,
  wyyl
während (Präp.) wääred
wahrhaftig wòòrhaftig
Wahrheit Wòòred
wahrlich wääger, wäägerli,
  wäärli, woollächt
wahrnehmen sich achte
wahrsagen wòòrsaage
Wahrsagerin Wòòrsaagere
währschaft dòll, rächt,
  ùùrchig
wahrscheinlich allwääg,

wòòrschyynlig,
wòòrschyynts
Waisenhausvorsteher
Waisevatter
Waisenknabe Waisebueb
Waldehrenpreis Katzenaigli
Waldemar Waldi
Waldenburg Wallebrg,
Wallebùùrg
Waldenburgerbahn
Glèttyyseli, Waldebùùrgerli
Waldrebe Husaareduubagg,
Liene, Niele
Waldschlucht Grache
Wall Waal[1], Wall
Wallung Jascht
Walnuss Nùss
Walter Walti
wälzen wèlze
wälzen, sich rilze,
ùmmedroole, sich waale
Walzer tanzen walzere
Wälzer Schùngge, Wèlzer
Wamme Lämpe, Wampe,
Wämpe
Wandschrank Wandkaschte
Wanduhr Zyt[2]
Wandverkleidung (hölzerne)
Dääfel, Dääfer, Faasdääfer,
Fassdääfer
Wandverkleidung (untere)
Lamperyy
Wandwaschbecken Brinnli
wankelmütig willwänggig
Wankelmütiger Willwangg
wann wènn
Wanst Wangscht
Wanze Wäntele
Wappen Woope, Wòppe
Wappenscheibe
Woopeschyybe
Ware Waar
Ware, schlechte Hùùdelwaar,
Schùnd
warm waarm, waarmlächt
Wärmbecken Koolebèggi
Wärme Wèèrmi

wärmen wèèrme
Wärmflasche Bèttfläsche
warnen waarne
warte nur mai, maimai
warten baite, waarte
warten, aufmerksam basse
warten, sehnsüchtig blange
Wartezimmer Waartstùùbe
warum werùm, wòrùm,
wùrùm
warum auch nicht èèrschtnoo
Warze Wäärze[1]
was waas, was
was? wa?, waas?, waaseli?
waschbare Bluse
Wäschbluuse
waschbares Frauenkleid
Wäschrògg
Waschbrett Wäschbrätt
Wäsche Blùnder, Wèsch
Wäsche waschen buuche
Wäschekammer
Blùnderkammere,
Schwaarzblùnderkammere
Wäscheklammer Glämmerli,
Wèschglämmerli
Wäscheklammerbeutel
Glämmerlisagg
waschen wäsche
waschen (Wäsche) buuche
Wäscherin Buuchere,
Dùùrezie'ere, Wäschere,
Wäschfrau, Wäschwyyb
Wäscheschleuder Schwingi
Wäscheschrank
Blùnderkaschte,
Wysszyygkaschte
Wäscheseilstütze Wèschstitze
Waschhaus Buuchhuus,
Wèschhuus
Waschkessel Wèschhaafe,
Wèschhääfeli
Waschkommode
Wäschkùmoode
Waschküche Buuchhuus
Waschlappen Wäschblätz,
Wäschdatze, Wäschlùmpe

Waschlappen
(für untere Körperhälfte)
Fùùdiblätz, Fùùdilùmpe
Waschschüssel Lawòaar
Waschtag Wèsch
Waschtisch Wäschkùmoode
Wasser, mit ~ spielen,
wässerle, weierle
Wasserbehälter
(zum Händewaschen)
Giessfass, Wäschfässli
Wasserbehälter (im Herd)
Schiff[2]
Wasserhahn Haane[1]
wässerig läpperig
Wasserkrug (auf Waschtisch)
Wäschgruuse
Wasserlauf, künstlicher
Dyych
wässern wässere
Wasserpflanzen Wassergrien
Wasserreservoir Brùnnestùbe
Wasserrohr, hölzernes
Dyychel
Wasserscheu Wasserschyychi
wasserscheu wasserschyych
Wasserschwall Gaitschede,
Gùtsch
waten watte
Wattebausch Buscht
weben wääbe
weben (Seidenbänder)
basemänte
Weber Wääber
Weberin Wääbere
Weberschiffchen Schiffli
Webstube Wäbstùùbe
Webstuhl Wäbstuel, Stuel
Webstuhl (für Seidenbänder)
Syydestuel, Stuel
Wechsel Wäggsel
Wechselgeld Minz, Uusegäld
Wechseljahre Abänderig
wechseln schangschiere,
wäggsle
Wecken Wègge
Wedel Wäädel

wedeln wäädle, wùùdle
weder wäder
Weekend Wùchenändi
Weg Wääg
Weg, steiler Stich, Stùtz
weg ewägg
wegen wääge, wäge
weggehen abhaue, abschiebe, abschnappe, abschwiire, abstingge, abzische, abzittere, ada goo, ewägg'goo, haue, looszie, looszittere, schiebe, verraise
wegkratzen abgratze, schräpfe
Wegkrümmung Kèèri, Rangg
weglassen uusloo
Wegmalve Kääsligrut
wegmeisseln spitze
wegnehmen ewäggnää
wegräumen abruume
wegschaffen fùùrtdue
wegschauen ewäggluege
wegschleichen abdyychele, abdyysele
wegschnellen spigge, uusespigge
wegstreichen uusestryyche
Wegweiser Wäägwyyser
weh wee
wehen lùfte, waaie, winde[1]
wehleidig weelyydig
Wehr Schliessi, Wuer
wehren, sich strample
wehtun weedue, weemache
Wehwehchen Weeweeli
Weib Wyyb, Wuube, Wubse
Weibchen Wyybli
weibisch wyybisch
weiblich wyyblig
weibliche Brust Schòppe
weibliches Kaninchen Hattle
Weibsvolk Wyybervòlgg
weich daig, dängg[2], dänggig, lind, waich
Weiche (Geleise) Waiche, Wyychi

weichen wyyche
weichgekocht lind
Weichkäse Ziiger
Weide (Baum) Wyyde
Weide (Wiese) Waid
weiden graase, waide
Weidenkätzchen Kätzli, Wyydekätzli
Weidenröschen Wyydereesli
Weidenrute Band, Wyyderuete
Weidling Waidlig
Weih Wei
Weiher Weier
Weihnachten Wienacht
Weihnachten, nach ~ riechen wienächtele
Weihnachtsbaum Baum, Wienachtsbaum
Weihnachtsbaumkerze Kèèrzli
Weihnachtsbescherung für Fahrende Kùndewienacht
Weihnachtskonfekt Wienachtsgutzi
Weihrauchfass Bräämekèssel
Weil a.Rh. Wyyl[2]
weil wel, wil
Weile Rùng, Wyyl[1]
Wein Wyy
Wein, nach ~ riechen wynnele
Wein, billiger Dienschtewyy, Glètterewyy, Jooli, Mägdewyy
Wein, gärender Suuser
Wein, leichter Juchzger
Wein, saurer Grääzer, Katzesaicher, Kùttlerùgger, Rachebùtzer, Rachefääger, Rippezwigger, Soodbrènner, Suuracher, Surakuuser, suure Kätzer
Wein, saurer, nach ~ riechen katzesaichele
Wein, starker Hiirnisteessel
Weinbauern Rääblyt

Weinbeere Mèèrdryybel, Wyybèèri
Weinberg Räbbäärg
weinen blääre, briele, gryyne, hyyle, pflänne
weinerlich gryynerig
weinerliches Kind Zänni
Weinfässchen Loogel
Weinhändler (Plur.) Wyylyt, Wyylyte
Weinhefe Druese
Weinkeller Wyykäller
Weinkelter Dròtte
Weinkrampf Brieler, Hyyler
Weinlese Wimmed
Weinleutenzunft Gèltezùmft, Wyylytezùmft
Weise Wyys[1]
weise wyys
weise Sprüche Bròfeetebèèri
weisen wyyse
Weisheit Wyyshait
weiss wyss
Weissbuche Haagebueche
weisse Bohne Ritscherli
weissen wyssge, wyssgle
Weisskohl Wyssgrut
Weissnäherin Wyssnaaiere
Weisswein Wysse, wysse Wyy
Weisszeug Wysszyyg
Weisung Wyysig
weit wyt
weitab ab[1]
weitaus wytuus
Weite Wyti
weiten wyte
weiter wyter, wyters
weiter links linggser
weiter rechts rächtser
weiterum wytùmme
weithin wytùmme
weitläufig wytlaiffig
welcher (Interr. Pron.) was fir ain, weele
welcher (Rel. Pron.) wo
welk lampig, wääl
welken wääle

Wellblech Wällblääch
Welle Wälle
wellen wälle
welsch wältsch
Welt Wält
wem wäm
wen wäär, wär
Wendeltreppe Schnägg,
  Schnäggestääge
wenden kèère
wenig weenig, weeneli,
  weenig, weenigli
wenigstens ämmel,
  weenigschtens
wenn wènn
Wenslingen Waislige
wer wäär, wär, wääreli
werben waible, wäärbe
Werbung Wäärbig
werden wäärde
werden, zu Mus vermuese
werfen bängle, boole, gheie,
  pfäffere, schiesse,
  schmaisse, wamse, wäärfe
Werg Wäärg
Werk Wäärgg
Werkstatt Butygg
Werktag Duedaag, Wäärtig[1],
  Wùchedaag
Werkzeug Wäärggzyyg
Werner Wèèrni
Werthemann (Name)
  Wäärze[2]
wertlos gringelig, gringlächt,
  gringtschelig
wertloses Zeug Blùnder,
  Gänggelizyyg, Giggernillis,
  Gips, Gmies, Grämpel,
  Grimpel, Gschmeis,
  Myggis, Minggis, Mischt,
  Nuugaa, Rùschtig, Saich,
  Schùnd
Wertpapier Bapyyr
wertschätzen èschtimiere
Wertung Wäärtig[2]
wertvoll kòschber, raar
werweissen wäärwaise

Wesen Wääse
Wespe Wäschpi
Wespennest Wäschpinäscht
Wespenstich Wäschpistich
Weste Schyylee
Westentasche
  Schyyleedäschli,
  Schyyleesèggli
Wette Gwètt, Wètt
Wetter Wätter
Wetter, nasses
  Pflòtschwätter
Wetterfrosch Wätterfrèsch,
  Wätterfròsch
Wetterleuchten Wätterlaich,
  Wätterlyychte
wetterleuchten wätterlaichne,
  wätterlyychte
Wetterschutz Schäärme
Wetterseite Wättersyte
Wetzstahl Staal[2]
Wichs Wiggs
Wichse Wiggsi
wichsen wiggse
Wickel Iiberschlaag,
  Ùmschlaag
Wickelgamasche Waadebindi
Wickelkind Bùschelkind,
  Bùschi
wickeln wiggle
Wickeltuch (für Säugling)
  Leegede, Ùmduech,
  Ùmschwingeli
widerborstig bòggig, spèèrig
widerlegen widerleege
widerlich ùnamietig,
  ùnnemietig, wiiderlig
widersetzen, sich sich spèère
widersprechen muule,
  ùmmegää
widerstehen widerstoo
widerwärtig odioos, wiiderlig
Widerwille Aaberwille,
  Deeguu
widrig wiiderig
wie wie
wiebeln verwiifle

wieder aaber, wiider, wider
wiederholtes Läuten
  Schällerei
Wiederholungskurs
  Widerhooliger
Wiederhören Wiiderloose
wiederkäuen wiiderkaie
Wiederkäuer Wiiderkaier
Wiedersehen Wiiderluege,
  Wiidersee
Wiege Waagle
wiegen wääge
wiegen (auf den Armen)
  butte
wiegen (in der Wiege) waagle
Wiese Matte
Wiese (Flussname) Wiise
Wiesel Wiisel, Wiiseli
Wiesenblumenstrauss
  Fäldmaie
Wiesenbocksbart
  Haabermaargg
Wiesenkräuter (essbar)
  Wiisgrut
Wiesental Wiisedaal
wieso wiesoo
wieviel wievyyl
Wild, nach ~ riechen
  und/oder schmecken
  wildele
wilde Birne Hòlzbiire,
  Mòschtbiire
wilder Apfel Hòlzèpfel,
  Mòschtèpfel
wilder Kümmel Ròsskimmi
Wilder Mann Hääre,
  Wildmaa
wildes Kind Raigel, Rausli
Wildfang Raigel, Rausli
Wilhelm Hälmi, Hämmi,
  Willi, Wùlle[2]
Wilhelmine Hälmi, Myyna,
  Myyneli, Myyni
willkommen willkùmme
wimmeln graable, graagle,
  groodle, wimmle, wimsle,
  wùmsle, wùùsele

wimmelnd graaglig, groodlig
Wimper Wimpere
Wind Lùft, Wind
Wind, schwacher Bleeschtli,
 Liftli, Windli
Windbeutel (Gebäck)
 Oofekiechli
Winde (Hebegerät) Windi
Windel Windle
Windelkommode
 Windlelaade
winden (flechten) winde²
Windhauch Liftli
windig windig
Windmühle Windmiili
Windpocken Kindsblootere
Windröschen (Blume)
 Hèmmliglùnggi
windschief windsch, wintsch
Winkelagent Gschäftlifritz,
 Gschäftlimacher
winken wingge
winseln weissge
Winter werden wintere
winzig mùnzig, wùnzelig,
 wùnzig
Wippe Blòchrytti,
 Gyygampfi
wippen gyygampfe
Wirbelsäule Rùgg'groot
Wirkung Wiirggig
wirr struub
Wirrwarr Striggede,
 Strùùbel, Wiirlede
Wirt Baizer, Gaschthuffe,
 Gnèlleschèff,
 Ruschhändler,
 Ruschverkaiffer, Wiirt
Wirtepaar Wiirtslyt
Wirtin Baizere, Wiirtene,
 Wiirtsfrau
Wirtschaft → Restaurant
wirtschaften (pej.)
 fuerwäärgge
wirtschaften, sparsam
 hyyserle, huuse
Wirtshaus → Restaurant

Wirtshaushocker Hèggeler,
 Hèggler, Hògger
Wirtsleute Wiirtslyt
Wirtsstube Gaschtstùùbe
Wirz (Name) Wùùrzle²
Wisch Frässzeedel, Wiisch
Wischer Wiisch
wissen wisse
wissen (Bescheid) druuskoo,
 dùsse haa
Witwe Witfrau
Witwer Witlig
Witzbold Sprùchhuffe
wo woo, wo, wò, wooneli
wo hindurch wodùùre
Woche Wùche
Wochenbett Wùchebètt
Wochenende Wùchenändi
Wochenwäsche Wèschli
wöchig wichig
Wöchnerin Kindbèttere,
 Wichnere
wogen wälle
wohin woaane
wohl (vermutlich) ächt,
 dängg¹
wohl werden woole
wohlauf bùschber, hääl ùff,
 jùscht, seiliwool,
 veegeliwool, wool, zwääg
wohler werden woole
wohlfeil woolfail, woolfel
wohlgeformte Brust Brischtli
wohlgemerkt nootabeeni,
 nootebeeni
wohlhabend haablig,
 vermeeglig
wohlriechend woolriechig,
 woolschmèggig
Wohlsein Woolsyy
wohltönende Stimme
 Reedhuus
wohlweislich woolwyyslig
wohnen lòschiere, woone
Wohnung Loosche, Lòschyy,
 Woonig
Wohnung wechseln ùmzie,

ziigle
Wohnungswechsel Ùmzùùg,
 Ziiglede
Wohnwagen Waagehuus
Wohnzimmer Woonstùùbe
Wolke Wùlgge
Wolkenkratzer
 Wùlggegratzer
wolkenlos glaar, haiter
wolkig wùlggig
Wolldecke Wùlledèggi
Wolle Wùlle¹
wollen (V.) wèlle¹
wollen (Adj.) wùllig
Wolljacke Schlùtti,
 Seelewèèrmer,
 Wùlletscheepli
Wolljacke (für Säugling)
 Schlittli
Wollknäuel Wùllegnùngele
Wort Wòòrt
wortkarg muulfuul
wortkarger Mensch Aidoon
wringen ringe, uusringe
Wucher Wuecher
Wucherei Abrysserei
Wucherer Halsabschnyyder,
 Wuecherer
wuchern wuechere
wüchsig waggsig¹
wühlen graable, naise, niele,
 nùùsche
wühlen, in der Kleie griischle
Wuhr → Wehr
wundern, sich stuune
Wundmal Mool²
Wundpflaster Pflaschter
Wunsch Wùntsch
wünschen wintsche
würdevoll bstande
würgen wiirge, wòòrge,
 wùùrge
Würgerei Wòòrgede
Wurm Wùùrm
wurmig werden verwùùrme
wurmstichig wùùrmäässig
Wurst Wùùrscht

wursteln wùùrschtle
wursten wùùrschte
Wurstmasse Bräät
Wurstscheibe Reedli,
  Wùùrschtreedli
Würze Wiirzi
Wurzel Wùùrze, Wùùrzle[1]
Wurzelfaser Zääserli
Wurzelstock Stògg
würzig rezänt
wuseln wùùsele
Wüste Wieschti
Wut Brascht, Daibi, Kyyb,
  Ròchùs, Wùlle[1], Zòòres
wüten wiete
wütend bees, daub, faltsch,
  fuuribùnd, gsòtte, lätz,
  mùff, rabiaat, verrùggt,
  wietig, wild
wütend sein kòche
wütend werden styyge

X

Xaver Xafti

Y

Yverdon Yyferte, Yfferte

Z

Zacke Zagge
zäh gääderig, lääderig, zääch
zähflüssig zäächflissig
Zähigkeit Zäächi
zahlen beie, blääche, bluete,
  brènne, ryybe, schwitze,
  wiggse, zaale
zählen zèlle
Zahlenlotto Nùmmerelòtto
Zählrahmen Zèllraame
Zahltag Maariahilff,
  Zaaldaag

zähmen zeeme
Zahnarzt Zaandòggter
Zahnbürste Zaanbiirschtli
zahnen zaane, zeenele
Zahnfleisch Bilgere
Zahnlücke Zaanlùgge
Zahnprothese Biis, Räche
Zahnschmerzen Zaanwee
Zahnseide Zaansyyde
Zapfenstreich Ladrätt
zappelig gischplig, wischplig,
  zaablig
zappeln zaable
Zappelphilipp Zaabli
Zauberlaterne
  Ladäärnemaschygge,
  Zauberladäärne
Zaun Haag
Zaunpfahl Stùùd
Zaunübergang Stiigele
zausen hùùdle, tschypperle,
  tschuppe, tschupple
Zebra Zùchthuushängscht
Zeche (Rechnung) Iirte, Iirti
Zecke Zägg
Zehe Zeeche
Zehenspitzen,
  auf den ~ gehen oder stehen
  zeechele, zeechle
Zehn Zää, Zääner, Zääni
zehn zää, zääche
Zehner Zääner
Zehnfrankennote
  Zäänerneetli
Zehnrappenstück Batze,
  Zäänerli
zehnt zäät
Zehntel Zäätel
Zehnter (Abgabe) Zäänte
Zehnuhrbrot Zääni
zehren zèère[2]
Zeichen Zaiche
Zeichenbrett Ryysbrätt,
  Ryssbrätt
Zeichenlehrer Zaichnigslèèrer
Zeichensaal Zaichnigssaal
Zeichenstunde

Zaichnigsstùnd
Zeichnung Riss, Zaichnig
Zeile Lyynie, Zyyle
Zeisig Zyyser, Zyysli
Zeit Zyt[1]
Zeit, längere Zytli
Zeit, letzte Lètschti
zeitig zytig, zytlig
Zeitlang Rùng, Wyyli
Zeitschrift Hèftli
Zeitschriftenreisender
  Hèftlihängscht
Zeitung Blèttli, Zytig, Zytùng
Zeitungsausträger
  Zytigsverdrääger
Zeitungsjunge
  Zytigsverdrääger
Zeitungspapier Zytigsbapyyr
Zeitvertreib Basseldang,
  Zytverdryyb
zeitweise zytewyys
Zentimeter Santimeeter
Zentner Zäntner
zerbeissen verbysse,
  vergrooschpele
zerbersten gnèlle, grache,
  vergnèlle
zerbrechen spängle,
  verbräche, verheie
zerbröckeln verbrèggele
zerdrücken verdätsche,
  verdrùgge
zerfallen verlòttere
zerfasern verfiisere,
  verzääserle
zerfetzen verfòtzle,
  verschränze
zerfetzt fòtzlig
zerfliessen verlauffe
zerfliessen, breiig pflùttere,
  verpflùttere
zerfressen verfrässe
zerhacken verhagge
zerhauen verhaue
zerkauen verkätsche
zerklopfen verglòpfe
zerknittern → zerknüllen

zerknittert rùmpflig
zerknittert (durch Liegen)
   verlääge
zerknüllen rùmpfle,
   vergnùttle, verkùttle,
   verrùmpfle, zämmerùmpfle
zerkratzen vergrääble,
   vergritze, verkaafle
zerkrümeln verbreesmele,
   verbroosme
zerlumpt fòtzlig
zerlumpte Frau Fòtzeldòòrli,
   Lùmpedryyne
zermahlen vermaale
zernagen verkaafle
zerpflücken verstrùpfe
zerquetschen vergnätsche,
   vermòschte
zerreiben verryybe, verriible
zerreissen (intr.) glèpfe,
   grache, rysse, verrysse
zerreissen (tr.) verrysse,
   verschränze
zerren zèère[1]
zerrupfen verrùpfe
zersägen versääge
zerschlagen verbämmere,
   verbätsche, verbòldere,
   verheie, verschloo
zerschmeissen zämmegheie
zerschneiden verschnääfle,
   verschnätzle, verschnyyde
zersprengen verjaage,
   verjätte, verspränge
zerspringen springe,
   verglèpfe, vergnèlle,
   verspringe
zerstampfen verstampfe
zerstechen verstäche,
   verstùpfe
zerstören bùtze,
   zämmeschloo
zerstossen (im Mörser)
   miirsle, stoosse
zertreten verdrampe
zertrümmern zämmeleege
Zervelatwurst Glèpfer,

Stroossbùùrger, Uusstèller
zerzausen verhùùdle,
   verkutze, verstrùùble,
   verstrùpfe, vertschuppe,
   vertschupple, verzuuse
zerzaust strùùblig
zerzaustes Kopfhaar
   Hautsch, Heiel, Hòòreiel,
   Strùùbelhòòr, Tschupp
zetern zättere, zèttere
Zettel (des Gewebes) Zèttel
Zettel (Papier) Faggel, Zeedel
Zeug Zyyg[2]
Zeug, wertloses Blùnder,
   Gänggelizyyg, Giggernillis,
   Gips, Gmies, Grämpel,
   Grimpel, Gschmeis,
   Myggis, Minggis, Mischt,
   Nuugaa, Rùschtig, Saich,
   Schùnd, Zyyg[2]
Zeuge Zyyg[1]
Zeugnis Zyygnis, Zyygnùs
Zichorie Schygòòri
Zicklein Gaissli, Gitzi
Zickleinziemer Gaisshaas
zickzack ringgeliränggeli
Zickzackspitze Schlangelitzli
Ziege Gaiss, Yysebäänlerkue
Ziegel Bachestai, Ziegel
Ziegelsteinstück Reetel
Ziegenbock Gaissbògg,
   Mùtti
Ziegenhirt Gaissebueb
Ziegenkot Gaissebèlleli
Ziegenmilch Gaissemilch
Ziegenpeter Mùmpf
Zieger Ziiger
Ziegerkegel Ziigerstògg
ziehen zie
ziemen aastoo, sich ghèère,
   sich schigge
ziemlich eenter, ganz,
   òòrdeli, òòrdelig, zimli,
   zimlig
ziemlich heiss haisslächt
Zierdecke Dèggeli
Ziertaschentuch Bòschèttli

Zigarette Fròsch,
   Gräbsfueter, Syygarètte
Zigarre Syygaare, Stùmpe
Zigarre, leichte
   Kòmfermazioonsstùmpe
Zigeuner Zigyyner
Zimmer Buude, Schlaag,
   Stùùbe
Zimmer, unaufgeräumtes
   Butygg
Zimmerdecke Stùùbebiini
Zimmermädchen
   Stùùbemagd, Stùùbemaitli
zimperlich bappedipfig,
   fyynsgelig, fyynzelig,
   zimpfer, zimpferlig
zimperliches Kind Byppeli,
   Fynettli, Fynòggeli
zimperliches Mädchen
   Bappedipfi, Dipfi, Fynèttli,
   Fyynzeli, Zimperyynli,
   Zipperdryynli, Zipperyynli
Zimt Zimmed
Zimtstange Zimmedstängel
Zimtstern Zimmedstäärn
Zinke Zingge[1]
zinnern zinne, zinnig
Zins entrichten zinse
Zipfelmütze Zipfelkappe
Zipfelmütze, schwarze
   Ruessgiggli
zirka èppe
zirkeln ziirggle
zischen (Dampf) pfùpfe,
   pfuuse
zischen, leise pfyyserle
Zither Zittere
Zitrone Zydroone
zitronengelb gäggeligääl
Zittergreis Datteri, Zitteri
Zittern Zitteri
zittern zittere
Zofenschürzchen
   Vòòrschiirzli
Zofinger (Student) Fagùnz
Zöllner Zèllner, Zòller
Zoologischer Garten Zòlli,

Zoloogisch
Zopf Zòpf, Zùpfe
Zopfband Zùpfebändel
Zopfschleife Zùpfelätsch
Zorn → Wut
zornig → wütend
Zottel Zòtzle
zotteln zòttle
zu z, ze, zù, zue,
zu Abend essen znachtässe
zu kurz kommen
  dernääbekoo
zu lange sitzen bleiben
  iberhèggle, iberhògge
zu Mittag essen zimmisässe,
  zmidaagässe
zu Recht zgrächtem
zu zweit sälbander
zuallererst zallerèèrscht
zuallerletzt ändsalleränds,
  zlètschtamänd
zuäusserst zisserscht,
  zùsserscht
Zuber Bittene, Ziiber
zubereiten aamache
Zuchthaus Keefi, Zùchthuus
Zuchthäusler Zùchthyysler
Zuchtstier Mùùni
zuckend zùggig
Zucker Zùgger
Zuckererbsen Zùggermues
Zuckerhut Zùggerstògg
Zuckerstengel Mässmògge,
  Ziestängel
zudem èèrschtno
zudringlich doopig,
  neechberlig
zudringlich sein neechberle
zudringlicher Mann Doopi
zudringlicher Mensch Zägg
zuerst zèèrscht
zufällig baaresaar
zuflüstern yybloose
zufrieden zfriide
zugig zùùgig
Zugluft Dùùrlùft, Dùùrzùùg,
  Zùùg

zugrunde gehen yygoo,
  schyybis goo, ùmstoo,
  verrääble
zugrunde richten liifere
Zugseil Strang
Zugstiefelette Èllastyggschue
zuhalten zuehaa, zueheebe,
  zueschanze
Zuhälter Mègg, Stänz, Stènz
zuhinterst zhinderscht
zuhören loose[1], zueloose
zuhören, teilnehmend
  abloose
zuinnerst zinnerscht
zuknöpfen yydue, yymache
zuleide zlaid
zuleide tun zlaiddue,
  zlaidlääbe, zlaidwäärgge
zuletzt amänd, zlètscht,
  zlètschtamänd
zuliebe zlieb
zum zem, zuem, zùm
zum Trotz zdròtz, zdrùtz
zumute zmuet
Zumutung Affrùnt
zunächst (örtlich) znèggscht
Zündblättchen Käpseli
zünden zinde
Zunder Zùndel, Zùnder
Zunft Zùmft, Zùmpft
Zunftbruder Zimftler,
  Zimpftler
Zunftessen Zùnftmeeli
Zunfthaus Zùmfthuus
zünftig zimftig, zimpftig
Zunftkasse Zùmftsèggel
Zunftlokal Zùmftstùùbe
Zunftmeister Maischter,
  Zùmftmaischter
Zunftmeisterzusammenkunft
  Maischterbòtt
Zunftstube Zùmpftstùùbe
Zunge Lälle, Lälli, Zùnge
züngeln lälle
Zungenschlag Datteri
zunichte znyt
zunichte werden bachab goo

zuoberst zeeberscht,
  zooberscht
zupass zbass
zupfen zùpfe
zupfen, spielerisch zipferle,
  ziirle
zur zer, zuer, zùr
Zürcher Ziircher
Zürcher Löwe Ziirilai
Zürcherin Ziirchere
zurecht zrächt
zurechtbiegen zwäägbiege
zurechthämmern
  zwääghämmere
zurechtkommen gschiire,
  zrächtkoo
zurechtmachen bischele,
  strääle, ùffmache,
  zrächtmache, zwäägmache
zurechtschneidern
  zwäägschnyydere
zurechtschustern
  zämmeschnyydere
zurechtweisen abbùtze,
  aahuuche, aapfyffe,
  aasaiche, aaschysse,
  aasinge, bischele, dèggle,
  hyyble, maischtere,
  mùschtere, ränggle, riffle,
  ringgle, sänggle,
  schueriigle, zämmeschysse,
  zämmestuuche, zinde
Zurechtweisung
  Riibelisùppe, Schlabutzer,
  Schnaps
Zureiter Zuerytter
Zürich (Kanton) Ziiribiet
Zürich (Stadt) Ziiri
zürnen ziirne
zurück ùmme, zrügg
zurückbegleiten,
  mit Piccolospiel
  haimpfyffe
zurückbeordern haimpfyffe
zurückgeben ùmmegää
zurückhalten verglèmme,
  verheebe

zurückschauen ùmmeluege
zurücktreten zrùggdrätte
zusammen zämme
zusammenbacken
zämmebache
zusammenbrechen vergrache
zusammendrücken (Nasses)
gnätsche
zusammendrücken
(plötzlich, stark)
zämmedätsche
zusammenfahren
zämmefaare
zusammenfallen
zämmedätsche,
zämmegheie, zämmegrache
Zusammengebackenes Bachis
Zusammengedrücktes
Dätsch, Pfùmpf
Zusammengeharktes
Rächede
Zusammengekehrtes
Wiisch, Wischede
Zusammengekratztes
Schäärede
zusammenhalten
zämmeheebe
zusammenkleben (intr.)
verbache, zämmebache
Zusammenkunft Bòtt[2]
Zusammenkunft, abendliche
Liechtede
Zusammenkunft, gemütliche
Hògg, Stùùbede
zusammenleben zämmelääbe
zusammenlegen zämmeleege
zusammennähen, schrumpfig
verschnùùrpfe
zusammenraffen grapsche,
grapse, zämmeramisiere
zusammenrollen rùùgele
zusammenrotten, sich
sich ròttiere
zusammenrufen
zämmedrùmmle
zusammenschlagen
zämmeschloo

zusammenschrumpfen
verschrùmpfle
zusammensetzen (Möbel)
zämmeschloo
Zusammensitzen Hògg
Zusammenstoss
Zämmebùtsch
zusammenstossen
zämmebùtsche
zusammenzählen zämmezèlle
zusammenziehen, sich yygoo
zusätzlich bezahlen
drùffleege
zuschauen zueluege
zuschauen, lüstern guene
Zuschauer Zuelueger
zuschlagen zueschloo
zuschlagen (Tür, Fenster)
schlètze, zueschlètze,
zueschnättere
zuschliessen bschliesse
Zuschnitt Schnitt
zuspitzen zuespitze
Zustand Zuestand
zustande bringen aanebringe
Zutat Zuedaat
zuunterst zùndersch
zuverlässig verlèsslig
Zuversicht Zueversicht
zuviel zvyyl
zuviel arbeiten sich iberdue,
sich iberlipfe, sich ibernää,
sich iberschaffe
zuviel essen sich iberässe
zuvorderst zvèèrdersch,
zvòòrdersch
zuwege bringen zwäägbringe
zuwerfen schigge
zuwider zwiider
zwanzig zwanzig, zwänzig
Zwanzigfrankennote Pfùnd,
Zwanzger, Zwanziger
Zwanzigrappenstück
Zwanzgerli, Zwanzigerli
zwar zwòòr
Zweck Sinn, Spitz, Witz
Zwei Zwai, Zwaier

zwei zwai, zwee, zwoo
zweideutig (obszön) dräggelig
Zweier Zwaier
Zweifel Zwyyfel
zweifelhaft lusch
zweifeln zwyyfle
Zweifrankenstück
Zwaifränggler
Zweig Zwyyg
Zweirappenstück
Zwairäppler
zweischläfrig zwaischleeffig
zweit zwait
Zweitklässler Zwaitlemer
Zwerg Zwäärg
Zwergbohne Ritscherli
Zwetschge Zwätschge
Zwetschgenbaum
Zwätschgebaum
Zwetschgenkonfitüre
Zwätschgemòscht
Zwetschgenkuchen
Zwätschgewaaie
Zwickel Spiggel
Zwiebel Ziibele
Zwiebelkraut Ziibelerèèrli
Zwiebelkuchen Ziibelewaaie
Zwiebelschwitze
Ziibeleschwaizi
Zwielicht Dimberi,
Dimbernis, Dimbernùs
zwinkern zwitzere
zwischendrein zwischedryy
zwischendrin zwischedinne,
zwischeninne
zwischendurch zwischedùùre
Zwischenhändler Fiirkaiffler
zwischenhinein zwischenyyne
zwitschern zwitschere
Zwitter Zwigg
Zwölf Zwèlf, Zwèlfer, Zwèlfi
zwölf zwèlf
zwölft zwèlft
Zwölfuhrzug Zwèlfizùùg
Zylinderhut Syydjee,
Zylaschter

Literatur

Ausgewertete Basler Mundartliteratur

Maria Aebersold: S Honorar und anderi baseldytschi Gschichte. Basel 1977.

Peter Amerbach: Uff der Bank (Theaterstück). Aarau 1924.

Fritz Amstein: E verunglickti Messpartie (Theaterstück). Basel 1921. – D'Fiirprob (Theaterstück). Basel 1921. – D'r Lullizapfe (Theaterstück). Basel 1921. – E missverstandene Volkszeller (Theaterstück). Basel 1921. – Rotkäppchen (Versgeschichte). Basel 1921. – Baselditschi Plaudereie, in: Basler Plaudereien. Basel 1927.

Theobald Baerwart: Sällmol (Prosa). Basel 1926. – Im Morgerot (Prosa). Basel 1929. – Im diefschte Glaibasel (Prosa). Basel 1935. – Maisepfiff (Prosa und Verse). 2. Auflage Basel 1936. – Neuausgabe gesammelte Werke, 1. Band Basel 1967, 2. Band Basel 1969.

Baselditschi G'schichten und Versli fir unseri Schnoke. o. O., o. J. (um 1920).

Basilea poetica (Gedichte). Basel 1897 (2. Auflage).

Basilea poetica (Gedichte), dritte Folge. Basel 1955.

Carl Albrecht Bernoulli: Basler Totentanz (Theaterstück). Basel 1920. – Der Stellvertreter (Theaterstück). Basel 1920. – Glegglimuschee (Theaterstück). Centralblatt des Schweiz. Zofingerverein, 62. Jahrgang, Heft 5.

Blasius (Felix Burckhardt): Kleine Stadtmusik (Gedichte). Basel 1951. – Soll i oder soll i nit? (Gedichte). Basel 1956. – Spritzfährtli (Gedichte). Basel 1958. – I bin e Bebbi (Gedichte). Basel 1967. – Der Till von Basel (Versepos). Basel 1972.

Albert Brenner: Baslerische Kinder- und Volksreime. Basel 1857.

Abel Burckhardt: Kinder-Lieder. Basel 1859. Neuausgabe Basel 1923.

Felix Burckhardt → Blasius.

Jacob Burckhardt: E Hämpfeli Lieder. Basel 1853. Neuausgabe Basel 1918.

Robert B. Christ: Der Glopfgaischt goht um (Prosa). Basel 1964.

Tobias Christ: D'Helgegant (Theaterstück). – Der Wahltag (Theaterstück). Basel 1921.

Wilhelm Christ → Abraham Glettyse.

Armin Faes: Der Alt under em Duume (Prosa). Basel 1972. – E Nase voll Basel (Prosa). Liestal 1978.

Abraham Glettyse (Wilhelm Christ-Iselin): Vier Lustspiele. Basel 1923.

Karl Rudolf Hagenbach: Gedichte. 2. Auflage Basel 1863.

Elisabeth Hetzel: Haimelig! fir Jung und Alt (Prosa). Basel 1885. – Weitere Prosastücke in: → Schwizer-Dütsch.

Philipp Hindermann: Humor und Ernst (Gedichte). Basel 1866 und 1875.

Walter Jost: Der Alibaba baseldytsch. Basel 1942. Neuausgabe Basel 1980.

Anna Keller: z'Basel an mym Rhy (Gedichte). Basel o. J. – Glick und Säge! (Gedichte). Basel o.J. (um 1948).

Rudolf Kelterborn: Die Rigi-Reise (Theaterstück). Basel o. J. (um 1870). – Die gestörte Kaffeevisite (Theaterstück). Basel 1874. – Weitere Stücke in: → Schwizer-Dütsch.

Emma Kron: Bilder aus dem Basler Familienleben in baseldeutschen Versen (Hexameter–Epos). Basel 1867.

Gustav Küry: jä und jo (Gedichte). Basel 1945. – 's het ebbis (Gedichte). Basel 1948. – Fein und sydig (Gedichte). Basel 1950. – Wemme d Lyt kennt und der Wäg waiss (Gedichte). Basel 1957.

Gertrud Lendorff: Das Wunder (Theaterstück). Zürich o. J. (um 1945).

Fritz Liebrich: Masken (Theaterstück). Basel 1920. – D'Fähri (Gedichte). Basel 1932. – Neuausgabe: Die baseldeutschen Gedichte. Basel 1979.

Jakob Mähly: Rhigmurmel (Gedichte). Basel 1862.

Theodor Meyer-Merian: Wintermayeli (Gedichte). Basel 1857. – Us der Heimet (Gedichte). Basel 1860.

Dominik Müller (Paul Schmitz): Neue Verse, Basel 1910. – Im Winkel (Gedichte und Theaterstücke). Basel 1917. – Zeitgedichte. Basel 1918. – Mein Basel (Gedichte). Basel 1919. – Basler Theater (Theaterstücke). Basel 1922. – Dr Schtaatsnagel (Theaterstück). Basel 1926. – Im Schwäfelbeedli (Theaterstück). Basel 1926. – Sammelsurium poeticum (Gedichte). Basel 1928.

Albertine Nüsseler: Gmiethlige Wohrhet (Gedichte). Basel 1893.

Anna Oehler: D Jumpfere (Prosa). Basel 1912.

Jakob Probst: Landfrieden (Gedichte). Basel 1876.

Hans Räber: Roti Räbbli (Prosa). Basel 1958.

Moritz Ruckhaeberle: Uf der Friedes-Insle (Theaterstück). Basel 1923. – In der süssen Maus (Theaterstück). Basel 1924. – Der goldig Lychtsinn (Theaterstück). Basel 1924. – E suuberi Schdube (Theaterstück). Zürich o. J. (um 1924).

Migger Schimpf: Äne am Bach (Prosa). Basel 1982.

Hermann Schneider: Der erscht Akkord (8 dramatische Stücke). Basel o. J. (um 1937). – Ein Friedensspiel. Basel 1945. – Die goldigi Stadt (Erzählungen). Basel 1971.

Schwizer-Dütsch. Sammlung deutsch-schweizerischer Mundartliteratur, gesammelt und herausgegeben von Otto Sutermeister. Zürich 1882–1889. Aus dem Kanton Basel, Heft 1–4. Darin zahlreiche Beiträge von Elisabeth Hetzel, Rudolf Kelterborn, Ludwig Sieber u.a.

Ludwig Sieber: 's Liebes-Exame (Prosa). Basel 1873. – Der Kasper vo Binze (Prosa). Basel 1874. – Jagd, Raub und Krieg (Prosa). Basel 1875. – Der Fischraigel (Prosa). o. O., o. J. – Weitere Beiträge in: → Schwizer-Dütsch.

Rudolf Suter u.a.: Bâlade (Gedichte). Basel 1951.

Otto Sutermeister → Schwizer-Dütsch.

J. Vogt: In der Obesunne (Gedichte). Basel 1950.

Wiesely (Otto Wiesler): Dasch der Hammer Hösch (Prosa). Basel o. J. (um 1953). – e Gugge voll Basler Witz (Prosa). Basel o. J. (um 1955).

Heidy Würth: E Stiggli blaue Himmel (Gedichte). Basel 1957.

Adolf Zinsstag: Helge und Gschichte us em alte Basel. Basel 1940. 4. Auflage Basel 1964.

Weiterführende Literatur (Auswahl)

Schweizerisches Idiotikon. Wörterbuch der schweizerdeutschen Sprache. Frauenfeld 1881 ff. (jetzt im 14. Band).

Sprachatlas der deutschen Schweiz, herausgegeben von Rudolf Hotzenköcherle. Bern 1962 ff. (bisher 5 Bände).

Über das Baseldeutsche im besondern:

Wilhelm Altwegg: Handschriftliche Aufzeichnungen zur baselstädtischen Dialektologie (auf der Universitätsbibliothek Basel).

Basler Studentensprache. Eine Jubiläumsausgabe für die Universität Basel, dargebracht vom Deutschen Seminar in Basel. Basel 1910.

Gustav Binz: Zur Syntax der baselstädtischen Mundart (nur die Lehre von der Bedeutung der Wortklassen umfassend). Stuttgart 1888.

Fridolin (Robert B. Christ): e Baseldytsch-Sammlig. Ygruumt in zwelf Fächli und in e Vytryne. Mit Helge vom Ferdi Afflerbach. 5. Auflage, Basel 1983.

Andreas Heusler: Der alemannische Konsonantismus in der Mundart von Baselstadt. Strassburg 1888.

Eduard Hoffmann: Der mundartliche Vokalismus von Basel-Stadt in seinen Grundzügen dargestellt. Basel 1890.

Salomé Monnier-Im Hof: Baseldytsch. E Fible fir Nitbasler. Riehen 1977.

Ernst Erhard Müller: Die Basler Mundart im ausgehenden Mittelalter. Bern 1953.

Gustav Adolf Seiler: Die Basler Mundart (Wörterbuch der baselstädtischen und basellandschaftlichen Mundart). Basel 1879. Unveränderter Nachdruck Wiesbaden 1970.

Rudolf Suter: Die baseldeutsche Dichtung vor J. P. Hebel. Basler Mundart und Mundartforschung im 17. und 18. Jahrhundert. Basel 1949.

Rudolf Suter: Baseldeutsch-Grammatik. 1. und 2. Auflage, Basel 1976.

Wiesely (Otto Wiesler): Verstoosch hösch (Wörterbüchlein der Höschsprache). Basel 1950.

Grammatiken und Wörterbücher des Schweizerdeutschen

Der Bund Schwyzertütsch, gegründet 1938 als Verein zur Pflege der schweizerdeutschen Dialekte in ihrer Vielfalt und Leistung – in sinnvoller Aufgabenteilung von Mundart und Hochsprache –, betreut unter anderm die Reihe der

Grammatiken und Wörterbücher des Schweizerdeutschen
in allgemeinverständlicher Darstellung:

I. *Zürichdeutsche Grammatik,* von Albert Weber. Zürich 1948, 2., durchgesehene Auflage Zürich 1964. Vergriffen, Neuausgabe geplant.

II. *Luzerndeutsche Grammatik,* von Ludwig Fischer. Zürich 1960. Vergriffen, Nachdruck in Vorbereitung.

III. *Zürichdeutsches Wörterbuch,* von Albert Weber und Jacques M. Bächtold, Zürich 1961. 2. Auflage Zürich 1968. 3., überarbeitete und stark erweiterte Auflage, Verlag Hans Rohr, Zürich 1983.

IV. *Zuger Mundartbuch,* von Hans Bossard und Peter Dalcher. Zürich 1962, jetzt im Verlag H. R. Balmer AG, Zug.

V. *e Baseldytsch-Sammlig,* von Fridolin (= Robert B. Christ). 5. Auflage, Birkhäuser Verlag, Basel 1983.

VI. *Baseldeutsch-Grammatik,* von Rudolf Suter. 1. und 2. Auflage, Christoph Merian Verlag, Basel 1976.

VII. *Davoserdeutsches Wörterbuch,* von Martin Schmid, Gaudenz Issler, Christian und Tilly Lorez. Verlag Walservereinigung Graubünden, Chur 1982.

VIII. *Urner Mundartwörterbuch,* von Felix Aschwanden und Walter Clauss. Verlag Bibliotheksgesellschaft Uri, Altdorf 1982. 2. Auflage Altdorf 1983.

IX. *Baseldeutsch-Wörterbuch,* von Rudolf Suter. Christoph Merian Verlag, Basel 1984.

In Arbeit:
Mundartwörterbuch des Simmentals, von Armin Bratschi und Rudolf Trüb.
Mundartwörterbuch der Landschaft Baden im Aargau, nach Sachgruppen, von Heinrich Meng.

Bezugsnachweis für die ganze Reihe: Buchhandlung Hans Rohr, CH-8024 Zürich.

Der Bund Schwyzertütsch

Der Bund Schwyzertütsch, 1938 von Dr. Adolf Guggenbühl (Schweizer-Spiegel-Verlag) und Prof. Eugen Dieth (Universität Zürich) als Verein zur Pflege der schweizerdeutschen Dialekte gegründet, setzt sich für die Mundart im allgemeinen, für ihren guten Gebrauch in Wort und Schrift, für die Erhaltung der Lebenskraft und Vielfalt der verschiedenen schweizerdeutschen Dialekte ein – dies in sinnvoller Aufgabenverteilung Mundart / Hochsprache.

Hiezu bedient er sich folgender Mittel:

- Einheitliche *Richtlinien für die Schreibweise* aller Dialekte (sog. Dieth-System) sind als Hilfe für Mundartschreibende bestimmt.
- Die allgemeinverständlichen *Wörterbücher und Grammatiken* des Schweizerdeutschen (s. S. 366) zeigen den Bau oder den Wortschatz einzelner Dialekte und wollen als Nachschlagewerke gebraucht werden. Die Reihe wird auf weitere Mundarten erweitert.
- Der Bund Schwyzertütsch fördert auch andere *sprachpflegerische Publikationen* wie auch die gute *Mundartliteratur,* namentlich durch Beratung und Fürsprache.
- Die Gruppen oder befreundete Organisationen veranstalten *Mundartkurse* für Fremdsprachige (in Zürich, Winterthur, Zug usw., in Basel die Gesellschaft für das Gute und Gemeinnützige); hiezu werden eigene Lehrmittel verwendet.
- Die «*Sprachstelle*» ist ein allgemeiner Auskunfts- und Beratungsdienst für alle Fragen der schweizerdeutschen Dialekte.
- Im *Vierteljahrsblatt «Schweizerdeutsch»* werden Probleme der Mundart behandelt und Neuerscheinungen besprochen.

Von den Mitgliedern, die in allen Gegenden der Schweiz wohnen und in Zürich und Zug zu selbständigen Gruppen zusammengefasst sind, wirken viele auch privat oder beruflich im Sinn des Vereins; Mundartpflege betreiben auch die angeschlossenen Kollektivmitglieder: die Deutschfreiburgische Arbeitsgemeinschaft, die Vereinigung für Walsertum mit Sitz in Brig, die Walservereinigung Graubünden und der Zentralverband Schweizer Volkstheater.

Werden auch Sie Mitglied!

Anfragen und Anmeldungen leitet der Christoph Merian Verlag (St. Alban-Vorstadt 5, 4052 Basel) gern an die zuständige Stelle weiter.

Tüpfe (das,) ... daß ... über ... zu ... Hell. Doppe, Duppe

Tüpfdein, (Schimpflw.) der über mit der Süßler ... geht.

... tum, einer Endung gewisser Haupt-nennwörter. Sie wird meist thum und noch wichtiger Thumb oder gar Thoumb geschrieben, wie unsere Alten auch getan haben. der ... Sache begehet man damit in der mehreren Zahl, da man z.E. Gelehrtthümer, Fürstenthümer und dergl. für Gelehrtümer, Für-tümer, Zu schreiben pflegt.

*Türnen, in das Gefängniß legen, in carcerem conjicere.

Tümmel, (das,) Kaufh. Hat eine Übereinkunft mit temetum, Wein.

Tünhes, (das,) ... und ... mit Bänder, ... Sine, u. dergl. ...

Türamelig, schwindelig, taumelig.
Türamelen, schwindelen, taumelen, taumeln.

Tünvai, (die,) Ernährung; caritas annonae.